KB076475

알베르트 슈페어의 기억

히틀러에 대한 유일한 내부 보고서

국립중앙도서관 출판예정도서목록(CIP)

알베르트 슈페어의 기억: 히틀러에 대한 유일한 내부 보고서
알베르트 슈페어 지음; 김기영 옮김. ―개정판.―

서울: 마티, 2016
896p.; 152×225mm

원표제: Erinnerungen
원저자명: Albert Speer
색인수록
독일어 원작을 한국어로 번역

ISBN 979-11-86000-34-2 03920: ₩37,000
히틀러 정권[―政權]
독일(국명)[獨逸]

925.073-KDC6
943.086-DDC23
CIP2016013317

알베르트 슈페어의 기억

히틀러에 대한
유일한 내부 보고서

알베르트 슈페어 지음
김기영 옮김

마티

일러두기

이 책의 미주는 각주와 미주로 구성되어 있다.

미주는 모두 지은이 주이며, 본문의 각주 가운데 별표(*)는 지은이 주, 대거(†,‡)는 편집자 주이다.

자서전이란 좋다고만은 할 수 없는 기획이다. 자신의 일생을 성찰하고 매 시기를 비교하며 발전했는지 측량하고 그 의미를 이해하려고 할 때 앉을 수 있는 어떤 의자가 존재한다는 근본적인 가정이 깔려 있다. 사람은 스스로를 성찰할 수 있으며 해야만 한다. 그러나 현재는 물론이고 과거의 자신을 측량할 수는 없다.

— 카를 바르트

3부

시작하며

“이제 회고록을 쓰시겠군요?” 1945년 5월, 내가 플렌스부르크에서 처음 만났던 미국인 가운에 한 사람이 물었다. 이후 24년이 흘렀고, 그중 21년을 독방에서 보냈다. 긴 세월이었다.

회고록을 쓰면서 나는 경험한 그대로 과거를 기술하려고 노력했다. 많은 사람은 이 책이 왜곡되었다고 믿을 테고, 내 관점이 잘못되었다고 생각할 것이다. 그들이 옳을 수도 있고 그렇지 않을 수도 있다. 나는 경험한 일들을 서술하며 지금 이 순간 과거의 경험을 어떻게 바라보는지에 대한 나의 입장도 밝혔다. 작업 내내 과거를 왜곡하지 않으려고 노력했다. 그 시절의 화려함이나 잔혹함을 포장하지 않기 위해 무엇보다 애썼다. 당시의 동지들이 나를 비난한다면 어쩔 수 없는 일이다. 나는 진실하려고 노력했을 따름이니.

나의 시대는 재앙 속에서 절정을 구가했고, 이 기록의 목적은 피할 수 없었던 재앙의 전제를 밝히는 데 있다. 한 인간이 무소불위의 권력을 가질 때 어떤 일이 벌어지는지 보여주고 싶었고, 그의 본질을 명확히 하고 싶었다. 뉘른베르크 재판에서 나는, 만일 히틀러에게 친구가 있다면 내가 바로 그 친구일 거라고 말했다. 나는 그에게 열정과 청춘의 영광을 빚지고 있다. 이제는 사라진 공포와 죄악들도….

히틀러가 나를 비롯해 다른 모든 사람에게 어떻게 보였는지 묘사하는 과정에서 많은 장점이 부각될 것이다. 그는 여러 면에서 유능하고 헌신적인 사람이었을지도 모른다. 하지만 글을 써내려가면서 더 많은 생각을 했고, 그 장점들이 껍데기에 불과했다는 생각이 든다. 히틀러에 대한 좋은 인상들은 단 한 번의 잊을 수 없는 경험으로 상쇄되었다. 바로 뉘른베르크 재판이다. 나는 그곳에서 들은 한 유대인 가족의 죽음에 관한 진술을 잊을 수 없다. 남편과 아내, 아이들이 죽음을 향해 걸어가는 장면이 생생히 떠오른다.

뉘른베르크에서 나는 20년 형을 선고받았다. 뉘른베르크 전범재판은 역사를 정리하는 데는 성공하지 못했지만 죄의 대가는 치르도록 했다. 비록 역사적 무게에 비해 형량은 미미했다 하더라도, 시민으로서의 내 존재에 종말을 고하기에는 충분했다. 뉘른베르크는 나의 삶을 파괴했고 선고한 형량을 넘어 아직도 나를 벌하고 있다.

— 1969년 1월 11일, 알베르트 슈페어

1부

1

출생과 어린 시절
Herkommen und Jugend

우리 조상들 가운데는 슈바벤 출신도 있고 베스터발트의 가난한 농부도 있다. 슐레지엔이나 베스트팔렌 출신도 있었다. 그들은 주목받지 못한 인생을 살다 간 대다수의 서민들과 같았다. 오직 한 사람의 예외가 있었으니 그는 바로 세습 제국원수 프리드리히 페르디난트 추 파펜하임 백작(1702~93)[1]이다. 그는 혼외관계였던 후멜린과 여덟 아들을 두었지만 자식들의 안녕에 대해서는 그리 걱정하지 않은 듯하다.

그로부터 3세대가 흐른 후, 나의 할아버지 헤르만 홈멜이 태어났다. 그는 슈바르츠발트[†]의 가난한 삼림 노동자의 아들이었지만 말년에 이르러서는 독일에서 가장 큰 전동공구 공장과 정밀기계 공장의 소유자가 되었다. 엄청난 재산에도 불구하고 할아버지는 검소한 생활을 했고 아랫사람들에게 친절했다. 스스로도 열심히 일했지만, 무엇보다 어떻게 하면 사람들이 방해받지 않고 효율적으로 일할 수 있는지 잘 알았던 것 같다. 슈바르츠발트 출신답게 그는 입도 뻥긋하지 않고 벤치에 몇 시간이나 앉아 있을 수

---

† Schwarzwald: 독일 남서부 라인 강 동쪽으로 뻗어 있는 산맥. 슈바르츠발트는 검은 숲(흑림)이란 뜻이며, 나무가 울창해 숲에 들어가면 햇빛이 보이지 않는다고 해서 붙여진 이름이다. 헤세, 하이데거 등이 독일적인 정신을 표상하는 대표적인 장소로 언급했다.

있었다.

비슷한 시기에 그의 형제인 베르톨트 슈페어는 신고전주의 양식의 건물을 여럿 설계해 도르트문트에서 부유한 건축가로 기반을 잡았다. 비록 요절했지만 네 아들이 교육을 받을 수 있을 정도의 유산은 남겼다고 한다. 두 할아버지의 성공은 19세기 중반 독일의 급속한 산업화에 기댄 것이었다. 그렇다고 조건이 비슷했던 사람들이 모두 성공한 것은 아니다.

일찍 머리가 하얗게 셌던 내 아버지의 어머니, 그러니까 나의 할머니는 어린 시절 내 마음에 사랑보다는 존경을 불러일으킨 분이었다. 인생을 간단한 개념으로 포착하시던 할머니는 진지했고, 강한 에너지로 주변 사람들을 지배했다.

나는 1905년 3월 19일 일요일 정오 만하임에서 태어났다. 어머니는 봄날의 때아닌 폭풍과 천둥소리 때문에 교회에서 들려오는 종소리가 묻혀버렸다고 말씀하시곤 했다.

아버지는 1892년 29세의 나이로 개인 건축사무소를 차렸다. 당시 만하임은 개발 붐이 한창이이었고 아버지는 가장 바쁜 건축가였다. 1900년 무렵 아버지는 마인츠의 부유한 사업가의 딸과 결혼했는데 이미 상당한 재산을 모은 후였다.

아버지가 만하임에 지은 저택 가운데 하나인 우리 집은 중상류층 양식으로 부모님의 사회적 위상에 잘 부합했다. 공들여 만든 정교한 철 대문이 달린 인상적인 저택이었다. 자동차가 정원을 따라 들어와 현관 계단 앞에서 멈출 수 있도록 설계되었다. 현관에 들어서면 화려하게 장식된 입구가 손님을 맞이했다. 하지만 아이들, 즉 나와 두 형제는 언제나 집 뒤편 계단을 이용해야 했다. 별다른 특징 없는 회랑으로 이어지는 그곳은 어둡고 좁고 가팔랐다. 아이들은 카펫이 깔린 우아한 정문 현관과는 별 인연이 없었다.

어린 시절 우리의 활동 영역은 뒷채에 있는 침실에서 널찍한 부엌까지였다. 방이 열네 개나 있는 화려한 본채에 가기 위해선 넓은 부엌을 지나야 했다. 네덜란드 델프트산(産) 고급스러운 타일로 꾸며진 현관 전실에는 가짜 벽난로가 있었다. 그곳에서 부모님을 기다리던 손님들은 프랑스제 가구와 궁중 풍의 장식품들로 가득한 큰 홀로 안내받았다. 화려하게 빛나던 샹들리에가 특히 기억에 남는다. 아버지가 1900년 파리 박람회에서 구입한 장식들로 꾸며진 실내 정원의 모습은 지금도 눈에 선하다. 화려하게 깎은 인도풍 가구들, 손으로 직접 수놓은 커튼, 태피스트리가 덮인 긴 의자, 야자나무와 같은 화려한 외국 식물이 이국적인 분위기를 연출했다. 부모님은 종종 그곳에서 아침식사를 했고 아버지는 우리를 위해 자신이 어린 시절 즐겨 먹던 베스트팔렌 스타일의 햄롤을 만들어주셨다. 이어진 거실에 대한 기억은 희미하지만 벽 쪽으로 패널을 덧붙인 네오고딕 양식의 식당은 아직도 마법처럼 생생하게 다가온다. 테이블은 스무 명은 거뜬히 앉을 수 있을 정도로 거대했다. 그곳에서 나는 세례를 받았고 종종 가족 모임이 이루어졌다.

어머니는 우리 가족이 만하임에서 사회지도층에 속한다는 사실을 확인할 때마다 큰 기쁨과 자긍심을 느꼈다. 아마도 당시 만하임에서 그런 풍족하고 호사스러운 생활을 누릴 수 있는 집은 20~30가구에 불과했을 것이다. 생활수준을 유지하기 위해 많은 고용인이 필요했다. 어린 우리 형제들이 몹시도 따랐던 요리사는 말할 것도 없고, 부엌 시중을 드는 하녀와 침실 담당 하녀가 따로 있었다. 가끔은 집사도 고용했으며 운전기사는 언제나 대기 중이었다. 또 우리를 돌봐줄 유모도 필요했다. 하녀들은 하얀 모자를 쓰고 검은 드레스에 하얀 앞치마를 둘렀다. 집사는 자줏빛 제복에 금단추를 달았고, 가장 화려한 옷을 입은 사람은 운전기사였다.

부모님은 우리가 행복한 유년을 보낼 수 있도록 최선을 다했다. 그러나 어떻게 보면 부와 사회적 지위, 의무감, 대가족을 꾸리는 일, 유모와 하인들이 오히려 부모님의 바람을 방해했다고도 볼 수 있다. 지금도 어린 시절 느꼈던 부자연스러움과 불편함이 떠오른다. 게다가 나는 현기증에 시달리고 기절하는 일이 잦았다. 하이델베르크 출신의 저명한 의학교수였던 주치의는 나에게 "혈관 신경이 약하다"는 진단을 내렸다. 병은 심각한 심리적 부담으로 작용해 나는 일찍이 외부 상황이 주는 스트레스에 민감한 아이가 되어버렸다. 나를 더욱 괴롭힌 것은 친구들과 두 형제가 항상 나보다 강하다는 사실로 인해 느껴야 했던 열등감이었다. 그들의 거칠고 제멋대로인 행동에서 그들이 나를 얼마나 만만하게 여기는지 분명하게 드러났다.

결점은 종종 그것을 극복할 수 있는 능력을 이끌어낸다. 어쨌든 나는 병 덕분에 소년의 세계에 좀 더 잘 적응하는 법을 터득하게 되었다. 훗날 어려운 상황이나 성가신 사람들을 대하는 데 능력을 발휘할 수 있었다면, 그것은 몸이 약해 곤란을 겪었던 소년 시절에 길러진 재능이라고 하겠다.

프랑스인 가정교사와 함께 외출을 할 때면 우리는 사회적 신분에 걸맞게 옷을 말끔히 차려 입어야 했다. 당연히 거리는 물론이고, 공원에서도 뛰어 놀아서는 안 됐다. 우리가 마음껏 놀 수 있는 유일한 공간은 집 안의 뜰이었는데, 방을 몇 개 합친 크기에 불과했다. 뜰을 바라보고 있는 것은 높은 저택들의 뒷모습이었다. 뜰에는 맑은 공기에 굶주린 나무 두세 그루가 가엾게 서 있었고 담에는 담쟁이 넝쿨이 우거져 있었다. 한쪽 구석에 쌓인 석회암 둔덕은 (피서용) 작은 돌집이 있었다는 것을 말해주었다. 봄이 되면 푸른 잎들을 뒤덮은 진한 그을음이 우리를 더럽고 지저분한 대도시 아이들로 만들어버렸다. 학교에 들어가기 전 제일 친했던 단짝은 관리인의 딸 프리다였다. 번잡한 지역에 사는 서민들의 맹숭맹숭한 단순함과 돈독한 가족 관계가 언제나 나의 호기심을 자극했다.

나는 손꼽히는 가문의 자녀들이 다니는 명문 사립학교 초등부에 입학했다. 세상과 동떨어진 분위기에서 학창 시절을 보낸 덕분에, 나중에 공립 고등학교에 들어가 떠들썩한 아이들과 섞이게 되사 처음 한 달 동안 힘든 시간을 보내야 했다. 어쨌든 나에게도 크벤저라는 친구가 생겼는데, 그에게서 거의 모든 종류의 오락거리와 놀이를 배울 수 있었다. 크벤저가 부추겨 용돈으로 축구공을 사 오자, 너무도 서민적인 충동구매에 부모님은 경악했다. 특히 크벤저가 가난한 집 자식이라는 사실에 더욱 놀라워했다. 통계와 기록에서 나의 소질이 드러나기 시작한 때가 아마 이 무렵인 듯하다. 나는 출석부에 표시된 사항들을 전부 나의 '포에닉스 학생용 캘린더'에 기록해두었다가, 매달 누가 가장 많은 벌점을 받았는지 통계를 냈다. 자주 순위에 오르는 아이들을 예상하지 못했다 하더라도 별로 귀찮은 일은 아니었다.

아버지의 설계사무소는 집 바로 옆 건물이었다. 그곳에서 건축업자들을 위한 커다란 설계도들이 만들어졌다. 설계도는 종류에 상관없이 푸른색의 투명한 종이에 그려졌는데, 지금도 아버지 사무실을 생각하면 종이 냄새가 느껴진다. 설계사무소 건물은 유겐트슈틸†이라기보다는 네오르네상스 양식이었다. 이후 아버지는 베를린의 유명 건축가 루트비히 호프만의 더 차분한 고전주의 양식을 모델로 삼았다.

그 사무실에서 내가 첫 번째 '예술작품'을 완성한 것은 열두 살 때였다. 아버지 생일선물로 우화적인 '일생의 시계' 같은 그림이었다. 완성작은 코린트식 기둥과 복잡한 소용돌이무늬로 장식된 화려한 틀에 짜 넣었다. 손에 넣을 수 있는 모든 물감을 사용했고 사무실 직원들의 도움도 받아 후기 제국양식의 멋진 모조품을 만들 수 있었다.

1914년 무렵, 부모님이 소유한 바캉스용 차량과 시내에서 타던 세단은 내 기술적 열정의 중심이었다. 전쟁이 시작되자 타이어가 귀해져 자동차들은 꼼짝 못한 채 차고에 서 있어야 했지만, 기사의 마음이 내킬 때면 운전석에 앉아볼 수 있는 행운을 누렸다. 나는 처음으로 기계에 대한 도취에 빠져들었다. 당시는 아직 기술의 시대에 다가서지 못한 때였다. 이 짜릿한 쾌감은 아주 오랜 후에 다시 한 번 내 인생으로 찾아왔다. 뉘른베르크

† Jugendstil: 독일의 아르누보를 일컫는 말로, 이전의 복고주의 양식에 비해 '젊은' 양식이란 뜻이다.

에서 재판을 받고 슈판다우 형무소에서 지내는 동안 나는 라디오도 텔레비전도 전화도 자동차도 없이 19세기 인간처럼 살았다. 심지어 불을 켜고 끄는 것도 내 소관이 아니었다. 10년간의 수감생활 후 전동 바닥광택기가 주어졌을 때, 나는 비슷한 황홀경을 느낄 수 있었다.

1915년에는 기술 혁명의 또 다른 산물과 마주치게 되었다. 그것은 바로 만하임에 배치되어 런던 공습에 투입된 체펠린 비행선이었다. 체펠린을 조종하는 대위와 장교들이 우리 집 단골손님이었기에 우리 형제들은 비행선으로 초대를 받았다. 열 살 꼬마였던 나는 거대한 기술 문명의 산물 앞에 섰다. 우리는 자동 곤돌라에 기어올라가 어둡고 신비한 선체 안 복도를 지나 조종실로 들어갔다. 저녁 하늘을 향해 출발한 비행선은 우리 집 위로 가뿐하게 날아올랐다. 장교들은 어머니에게 빌려 온 홑이불을 열심히 흔들었다. 밤마다 나는 비행선에 불이 붙고 친구들이 모두 죽는 공포에 시달렸다.*

전선에서 반복되는 전진과 후퇴, 군인들의 고통에 대한 나의 상상은 끝없이 이어졌다. 밤이면 실제로 전투가 벌어지던 멀리 베르됭에서 가끔 천둥소리 같은 굉음이 들려 왔다. 어린아이 특유의 동정심에 사로잡혔던 나는 부드러운 침대를 버려둔 채 딱딱한 바닥에 내려와 잠을 청하는 것으로 군인들의 궁핍함을 나눌 수 있다고 생각했다.

예외 없이 만하임에도 식량난이 찾아왔다. 지역 유지였음에도 시골에 친척이나 아는 사람이 없었던 우리 가족은 그저 겨울 순무에 의존할 수밖에 없었다. 어머니는 순무를 이용한 다양하고 멋진 요리를 개발했지만 너무 배가 고팠던 나머지 나는 돌처럼 딱딱한 개밥을 몰래 조금씩 먹어 한 봉지나 축내버렸다. 만하임 공습은—오늘날의 기준으로 보면 그리 큰 폭격은 아니었지만—시간이 지날수록 점점 더 잦아졌다. 바로 옆집에 작은

* 1917년 독일군 전력에 큰 손실이 나자 비행선을 이용한 공격은 중단되었다.

폭탄이 떨어진 일도 있었다. 내 소년기의 다음 장이 시작되었다.

1905년부터 우리 가족은 하이델베르크 근처에 여름 별장을 가지고 있었다. 별장은 채석장 비탈에 서 있었는데, 하이델베르크 성은 그 채석장의 돌로 지어졌다고 한다. 비탈 뒤쪽에는 오덴발트 언덕이 솟아 있고 오래된 나무들 사이로 하이킹 도로가 나 있었다. 길쭉한 개간지 너머로 네카어 계곡이 언뜻 언뜻 보였다. 그곳에서는 모든 것이 평화로웠다. 별장에는 멋진 정원과 채소밭이 있었고 이웃집에서는 소를 길렀다. 1918년 여름, 우리 가족은 그곳으로 옮겨 갔다.

나의 건강은 눈에 띄게 좋아졌다. 눈보라가 치고 비가 오는 날에도 45분은 족히 넘는 거리를 걸어서 학교에 갔다. 천천히 뛰어오는 날도 있었다. 전쟁이 끝난 지 얼마 되지 않은 때라 자전거 구하기가 하늘의 별 따기였다.

학교 가는 길에 있던 조정클럽 회관에 가입한 나는 1919년부터 2년 동안 키를 잡았다. 몸이 약했음에도 불구하고 곧 클럽에서 가장 열심히 하는 축에 끼게 되었다. 열여섯이 되면서 정조수로 발돋움했고 몇몇 경기에도 참여했다. 처음으로 무언가를 향한 열망에 사로잡혀 한계를 뛰어넘는 경기를 펼쳤다. 나를 흥분시킨 것은 작은 조정클럽에서 동료들에게 인정받는다는 사실이 아니었다. 그보다는 나의 리듬에 따라 대원들을 이끄는 기회를 얻을 수 있다는 점이 매력적이었다.

우리는 대부분 패했다. 하지만 팀플레이를 펼치면 각자의 단점들이 자연스럽게 묻힌다는 것과 통일을 이룬 일련의 동작이 어떻게 작용하는지를 인상 깊게 느꼈고 이를 의식하는 계기가 되었다. 조정 경기는 자기 수양에도 도움이 되었다. 나는 춤과 와인, 담배에서 즐거움을 찾는 친구들을 무시했다.

열일곱 살이 되던 해, 나는 등굣길에 한 소녀를 만났다. 그녀는 훗날 나의 아내가 된다. 사랑에 빠지면서 나는 더욱 공부에 열중했다. 만난 지 1년 후 우리는 내가 대학을 졸업하자마자 결혼하기로 약속했다. 수학을 잘

했던 나는 점점 다른 과목에도 재능을 보여 반에서 가장 우수한 학생이 되었다.

나의 독일어 선생님은 열렬한 민주주의 옹호자였는데 가끔 우리에게 자유민주주의 성향의 신문 『프랑크푸르트차이퉁』을 읽어주었다. 하지만 학교에서 나는 완전히 비정치적이었다. 우리는 보수적인 부르주아 세계관에 기반을 둔 교육을 받고 있었기 때문이다. 바이마르 공화국을 탄생시킨 혁명에도 불구하고 여전히 사회의 권력 분배와 전통적인 권위는 신의 질서에 속한다는 믿음이 강했다. 우리는 20세기 초 온 세상을 휩쓴 시대적 분위기에 거의 아무런 영향을 받지 않았다. 학교는 교과과정이나 과목에 대해 어떤 비판도 제기할 수 없었고 국가 권력에 대해서도 마찬가지였다. 학교 권위에 대한 무조건적인 믿음이 강요되었으니, 세상의 질서를 의심한다는 건 생각조차 할 수 없었다. 학생 신분이었던 우리는 사실상 절대주의 체제 속에서 지배받고 있었다. 더욱이 당시에는 정치적 판단력을 기를 수 있는 사회학 같은 과목은 아예 없었고, 고학년이 되어도 독일어 숙제는 문학적 주제로 에세이를 쓰는 것이 고작이었다. 그 시기의 학생들에게는 사회적 문제를 생각해볼 수 있는 기회가 주어지지 않았다. 그렇다고 학교 밖에서 학생들 스스로 교외 활동을 하며 정치적 행사에 참여하는 분위기도 아니었다. 지금과 그때의 결정적인 차이점은 일반인은 외국 여행을 하지 못했다는 점이다. 해외여행을 할 돈이 있다 하더라도 젊은 학생들의 여행을 도와줄 조직이나 단체가 전무한 실정이었다. 이 사실은 대단히 중요한 의미를 가진다. 그 결과 여론을 조장하는 새로운 정치 전략에 모든 세대가 무방비로 노출되었기 때문이다.

보통 집에서도 정치적 화제는 오가지 않았다. 1914년 이전에 아버지가 진보주의자로 알려져 있었다는 점을 생각하면 기이한 일이 아닐 수 없다. 아버지는 아침마다 『프랑크푸르트차이퉁』이 배달되기를 목이 빠지게 기다렸고, 비판적 주간지 『짐플리치시무스』와 『유겐트』를 읽었다. 아버지는 강력한 사회 개혁을 주창하는 프리드리히 나우만의 사상에 동조했고,

1923년 이후부터는 쿠텐호페-칼레르기의 범유럽주의를 열렬히 지지했다. 내가 원하기만 했다면 아버지는 나와 정치에 관해 논하는 것을 분명 즐기셨을 것이다. 그렇지만 나는 아버지와의 정치적 논쟁을 의도적으로 피했고 아버지 또한 강요하지 않았다. 정치적 무관심은 당시 젊은이들의 특징이었다. 전쟁의 패배와 혁명, 인플레이션은 젊은이들을 지치게 했고 정치에 대한 환상을 앗아갔다. 나의 경우는 정치적 견해를 형성하고 정치적 판단력의 바탕이 되는 범주를 구분할 기회마저 잃은 셈이다.

나는 하이델베르크 성 공원을 지나는 등굣길이 마음에 들었다. 성의 폐허와 아래쪽 도시들을 꿈꾸듯 바라보며 테라스를 즐겨 거닐었다. 허물어져가는 성채와 얽히고설킨 오래된 골목을 선호하는 취향은 오래도록 남아 훗날 풍경화를 모으는 취미로 발전했다. 특히 내가 좋아한 것은 하이델베르크 낭만주의 작품들이었다. 성으로 향하는 길에서 나는 가끔 시인 슈테판 게오르게를 만났다. 위엄과 자긍심으로 빛나는 모습이 꼭 성직자 같았다. 위대한 종교 설교자 게오르게는 틀림없이 사람들에게 감화력을 발휘했을 것이다. 나도 그에게 자석과 같은 끌림을 느꼈으니까. 형은 고학년이 되자 게오르게 선생의 문하로 들어갔다.

나는 음악을 좋아했다. 1922년까지 만하임에서 젊은 푸르트벵글러의 연주를 들었고, 후에는 에리히 클라이버를 좋아했다. 당시 나에게는 베르디가 바그너보다 감동적이었다. 푸치니는 엉터리 같았다. 이후에는 림스키코르사코프의 교향곡에 매료되었으며, 말러의 교향곡 5번은 다소 복잡한 듯했지만 그래도 참 마음에 들었다. 연극 공연을 본 이후로는 게오르크 카이저가 가장 중요한 현대 극작가라고 믿었다. 그의 작품 안에서는 가치관과 돈의 힘이 서로 치열한 싸움을 벌였다. 입센의 『들오리』를 본 후에는 사회지도자란 우스꽝스러운 인물일 뿐이라는 결론을 내렸다. 그들을 가리켜 "터무니없는 사람들"이라고 일기장에 적어두기도 했다. 로맹 롤랑의 소설 『장 크리스토프』를 읽고는 베토벤을 향한 열정에 사로잡혔다.[2]

따라서 내가 부유한 생활을 거북하게 느끼게 된 것은 사춘기 소년의 반항심이 폭발했기 때문이 아니다. 내가 진보적 성향의 작가들을 좋아하고 조정클럽이나 산악회 천막에서 친구를 사귄 이유는 좀 더 심오한 것이었다. 당시 상류사회 젊은이들은 부모님이 속해 있는 배타적인 모임에 기대 친구와 미래의 결혼상대를 찾는 것이 관례였다. 그러나 나는 평범하고 건실한 장인의 가정에서 이 모두를 찾았다. 심지어 나는 극단적인 좌파 성향에 본능적으로 공감을 느끼기도 했다. 비록 이런 성향이 분명한 형태로 드러나진 않았지만 말이다. 무엇보다 나는 정치적 파벌에 속하는 것 자체에 알레르기를 일으켰다. 1923년 프랑스가 루르를 점령해 민족 감정을 강하게 자극할 때까지 이런 태도는 계속되었다.

놀랍게도 나의 아비투어† 에세이가 우리 반에서 최고 성적을 받았다. 그런데도 졸업 연설에서 교장이 "이제 고귀한 업적과 명예를 향한 길이 여러분 앞에 활짝 열렸습니다"라고 말했을 때 나는 스스로에게 "너와는 상관없는 이야기야"라고 중얼거렸다.

학교에서 제일가는 수학 실력을 뽐내던 나는 수학을 더 공부하고 싶었지만 아버지는 그럴싸한 이유를 내세우며 반대했다. 내가 아버지 뜻에 굴복하지 않았더라면 나는 논리의 법칙을 연구하는 수학자가 되었을 것이다. 소년 시절부터 자연스럽게 친숙해진 건축가라는 직업이 유일한 선택인 듯했다. 결국 할아버지, 아버지에 이어 건축가가 되겠다는 나의 결정에 아버지는 몹시 기뻐했다.

첫 학기는 카를스루에 인근에 있는 공과대학에서 시작했다. 매일매일 물가가 무섭게 치솟았기 때문에 금전적인 문제를 고려하지 않을 수 없었다. 1주일에 한 번씩 용돈을 받았는데 한 주가 끝날 때쯤이면 놀라운 액수의 돈이 흔적도 없이 사라져버렸다. 1923년 9월 중반, 사선서 여행을 하던 나

† Abitur: 1788년 도입된 독일의 논술시험.

는 슈바르츠발트에서 이렇게 썼다. “이곳의 물가는 정말 싸다! 하루 숙박에 40만 마르크, 저녁 한 끼에 180만 마르크, 우유 한 통에 25만 마르크.” 그로부터 6주 후, 인플레이션이 정점에 다다르기 직전에는 레스토랑에서의 한 끼 식사가 100~200억 마르크에 이르렀다. 학교 구내식당에서도 저녁 한 끼가 10억 마르크 이상이었고 극장표가 3~4억 마르크에 달했다.

물가가 치솟자 우리 가족은 도리 없이 돌아가신 할아버지의 회사와 공장을 달러를 받고 헐값에 팔아야 했다. 덕분에 나는 한 달에 16달러를 용돈으로 받으며 돈 걱정에서 해방돼 풍족한 생활을 누릴 수 있었다.

1924년, 인플레이션이 어느 정도 가라앉자 나는 뮌헨 공과대학으로 옮겨 뮌헨에서 1925년까지 지냈다. 1925년 봄에 감옥에서 석방된 히틀러가 그곳에서 정치 선동을 재개했지만 그때는 그에게 아무런 관심도 두지 않았다. 약혼녀에게 보냈던 긴 편지는 밤늦도록 공부에 열중하고 있다는 일상과 3, 4년 안에 결혼하자는 애틋한 꿈으로 가득 채워졌다.

방학이 되면 약혼녀 그리고 몇몇 친구와 어울려 산장에 묵으며 오스트리아 알프스에 올랐다. 나는 고집스럽게 친구들을 설득해 완주를 강행하곤 했는데 가끔 폭풍이나 우박, 추위와 같은 혹독한 기상 조건 속에서 어려움을 겪기도 했다. 앞을 내다볼 수 없을 만큼 짙은 안개에 휩싸인 날에도 결코 정상을 포기하지 않았다. 힘든 여정이었지만 등산은 진정한 성취감을 안겨주었다. 정상에 오르면 먼 평원을 덮고 있는 깊은 회색 구름이 내려다보였다. 아래쪽에 사는 사람들이 가련하게 여겨지면서 모든 면에서 우리가 그들보다 높이 있는 것처럼 뿌듯하게 느껴졌다. 젊음과 자만심에 가득 차 있던 우리는 가장 뛰어난 사람들만이 산에 오른다고 믿었다. 산꼭대기에서 내려와 다시 낮은 땅의 일상으로 돌아오면 한동안 도시의 번잡함에 당혹스러워하곤 했다.

때때로 접이식 보트를 타고 여행을 하며 자연 속으로 빠져들기도 했다. 보트 여행은 당시로서는 대단히 새로운 스포츠였다. 강가에 오늘날처럼 각종 편의시설이 구비되어 있지 않았기 때문에 절대 고요 속에서 하류로 여행을 계속했고 밤이면 멋진 곳을 골라 텐트를 쳤다. 이처럼 여유로운 하이킹과 보트 여행의 즐거움은 조상들에겐 그저 일상생활이었을 터였다. 아버지만 해도 1885년 도보와 마차를 번갈아가며 뮌헨에서 나폴리로 여행을 했다고 한다. 나중에 자신의 승용차로 유럽 전체를 누빌 수 있게 되었지만, 아버지는 그때의 여행이 일생에서 최고로 멋진 여행이었다고 회상하곤 했다.

우리 세대는 이런 식으로 잠시나마 자연에 몰입했다. 중산층의 협소한 일상에 대한 낭만적인 반항이기도 했지만, 무엇보다 점점 복잡해지고 있는 세상이 우리에게 요구하는 것들로부터 피신하는 방법이었다. 우리는 우리를 둘러싼 세상이 조화를 잃어간다고 믿었다. 자연에서, 산과 강의 계곡에서, 창조의 조화를 다시 느껴보고 싶었던 것이다. 깊은 산일수록 외딴 계곡일수록 더 강하게 마음이 끌렸다. 나는 당시 그 어떤 청년 운동에도 참여하지 않았다. 그런 모임들은 대체로 내가 추구하던 자연 속으로의 고립과는 거리가 멀었다.

1925년 가을부터는 뮌헨에서 사귄 몇몇 친구와 함께 베를린 샤를로텐부르크 공과대학에서 수업을 들었다. 한스 펠치히 교수†에게 수업을 듣고 싶었지만 그는 자신의 제도 수업에 학생 수를 엄격히 제한했다. 제도 실력이 기준에 미치지 못한 나는 그의 수업을 들을 수 없었다. 건축가로서의 재능에 의심을 품기 시작했던 때였으므로 탈락에 별 놀라움은 없었다. 다음 학기에 하인리히 테세노 교수‡가 부임했다. 그는 단순한 장인정신을 옹

† Hans Poelzig(1869~1936): 독일의 표현주의 건축가로 환상적이고 유토피아적인 작품을 남겼으며 '베를린 대극장'을 설계했다.

‡ Heinrich Tessenow(1876~1950): 당시의 아방가르드 건축에 반대한 독일의 건축가로 엄격한 기하학에 기반을 둔 건축을 추구했다. 자본주의와 공산주의를 모두 배격하고 독일 중간 계급의 이데올로기를 옹호한 그의 건축이론은 파시즘과 근친성을 지닌다고 평가받기도 한다.

호했고 건축의 표현은 극도로 절제되어야 한다고 믿었다. "겉치레를 최소화하는 것이 중요하다." 나는 곧장 약혼녀에게 편지를 썼다.

> 새로 오신 교수님은 정말 대단해. 지금까지 그렇게 똑똑한 사람을 본 적이 없어. 나는 선생님에게 열광하고 있고 대단한 열정으로 공부하고 있어. 그분은 현대적이지는 않지만 어떤 의미에서는 현대적인 걸 뛰어넘었다고 할 수 있어. 겉으로 보면 상상력이 별로 없고 소박해 보여, 나처럼 말이지. 하지만 그분의 작품은 심오한 경험을 표현해주고 있다고! 그분의 지성은 놀라우리만치 예리해. 나는 열심히 노력해서 1년 안에 선생님의 '수제자 그룹'에 들어볼 참이야. 그리고 다음 해에는 조교가 되고 싶어. 가능성은 대단히 높아. 기회가 왔을 때 내가 하고 싶은 뭔가를 할 수 있다는 말이지.

내가 시험을 통과해 그의 조교가 되는 데는 반년밖에 걸리지 않았다. 테세노 교수는 나의 자극제였고, 7년 뒤 더욱 실력 있는 스승을 만날 때까지 그 관계는 줄곧 유지되었다.

건축사 교수인 다니엘 크렝커 역시 존경의 대상이었다. 알자스 출신으로 열성적인 고고학자였던 그는 지극한 애국자였다. 한번은 슈트라스부르크 대성당 사진을 보여주면서 눈물을 터뜨리는 바람에 강의를 잠시 중단해야 했다. 크렝커 교수에게 나는 알브레히트 하우프트의 『독일의 건축예술』에 대한 리포트를 제출했다. 물론 약혼녀에게 편지를 쓰는 것도 잊지 않았다.

> 타 인종이 얼마간 섞이는 것은 바람직한 것 같아. 만일 오늘날 우리가 쇠퇴의 길을 걷고 있다면 그것은 여러 인종이 섞여서 그런 것이 아니야. 강력한 힘으로 번성하던 중세부터 피는 섞이

> 기 시작했고, 프로이센에서 슬라브인들을 몰아냈을 때나 훗날 유럽의 문화를 미국에 전해주었을 때도 그랬어. 우리는 에너지가 고갈되었기 때문에 쇠퇴하는 거야. 이집트나 그리스, 로마에서도 같은 일이 일어났지. 그걸 막을 방법은 없어.

1920년대의 베를린은 나의 학창 시절의 설레는 배경이었다. 도처에서 멋진 공연들이 이어졌는데 그 가운데 막스 라이하르트가 연출한 「한여름 밤의 꿈」, 엘리자베스 베르그너가 연출한 버나드 쇼의 「성녀 조운」, 팔렌베르크가 연출한 피스카토어의 「슈바이크」 등이 깊은 인상을 남겼다. 에리히 하렐의 신나는 풍자극도 언제나 나를 매혹했다. 반면 세실 드 밀의 허풍스러운 화려함에는 별 감흥을 느끼지 못했다. 10년 뒤에 내가 그의 극장을 멋지게 설계하게 될 줄은 상상도 못했지만 말이다. 당시 학생이던 나에게 그의 영화는 '미국적인 저속함'의 전형으로 여겨진 게 사실이다.

이외의 예술 작품에는 온통 빈곤과 실직의 그림자가 짙게 드리우고 있었다. 슈펭글러의 『서구의 몰락』은 우리가 살아가는 시대가 로마제국 말기와 같은 퇴락의 시기라고 믿게 만들었다. 인플레이션과 침체된 분위기, 유명무실한 독일제국…. 그의 에세이 「프로이센주의와 사회주의」를 읽고는 흥분을 감출 수 없었다. 사치스러움에 대한 경멸과 함께 위안을 주는 표현들이 있었기 때문이다. 이 점에서 슈펭글러와 테세노의 사상은 일치한다. 하지만 테세노 교수는 슈펭글러와 달리 미래에서 희망을 보았다. 테세노는 빈정대는 어조로 당시의 풍조였던 '영웅 숭배'를 다음과 같이 꼬집기도 했다.

> 우리 주변에는 이해할 수 없는 '내단한' 영웅이 있는 것 같나. 그들의 높은 목표와 능력은 최악의 공포 앞에 선 사람들도 미소 짓게 하며 현실의 어려움이 순간적인 것이라고 생각하게 한다. 수공예와 작은 마을이 다시 번성하기 전에 반드시 유황의

> 비가 내릴 것이고, 연옥을 지나온 나라들은 다음 세대의 번성을 준비하게 될 것이다.[3]

1927년 여름, 9학기를 마친 나는 건축가 자격시험에 합격했고, 이듬해 봄에는 학교에서 가장 젊은 조교가 되었다. 스물셋이었다. 전쟁이 끝나던 해 나는 시장에서 점을 본 적이 있었는데 점쟁이는 이렇게 예언했다. "당신은 젊어서 명성을 얻고 일찍 은퇴하게 될 것이오." 그때는 점성술사의 예언을 진지하게 받아들일 만했다. 원하기만 하면 나도 테세노 선생님처럼 교수가 될 것이 확실해 보였기 때문이다.

조교가 되고 나는 결혼을 서둘렀다. 우리는 흔히들 하는 것처럼 이탈리아로 신혼여행을 떠나는 대신, 접이식 보트와 텐트를 들고 메클렌부르크의 숲이 우거진 고요한 호수로 떠났다. 우리는 슈판다우에서 배를 띄웠는데, 훗날 내가 20년을 보내게 될 형무소와 불과 수백 미터밖에 떨어지지 않은 곳이었다.

2

직업과 소명
Beruf und Berufung

1928년 초에 왕실 건축가로 일할 기회가 찾아왔다. 아프가니스탄의 통치자 아만 울라가 자신의 나라를 재건하고자 했는데, 이를 위해 독일의 젊은 기술자들을 채용하고자 한 것이다. 도시건축과 도로건설 교수인 요제프 브릭스가 그룹을 꾸렸다. 나는 도시계획과 건축을 맡고 카불에 세워질 공과대학에서 학생들에게 강의를 한다는 계획이었다. 아내와 나는 머나먼 아프가니스탄에 대한 읽을 수 있는 모든 책을 구해다가 읽었다. 우리는 그곳의 단순한 건물들과 그 나라에 어울리는 건축 스타일을 구상했다. 거대한 산맥을 담은 사진들을 보며 스키 여행을 꿈꾸기도 했다. 그쪽에서 제시하는 조건도 마음에 들었다. 모든 것이 확정되고 힌덴부르크 대통령이 아프가니스탄 왕에게 고마움을 표하자마자 비보가 날아들었다. 아프가니스탄에 쿠데타가 일어나 왕실이 전복되었다는 소식이었다.

나는 아프가니스탄 행을 조금은 고민하고 있었는데, 아만 울라 정권이 몰락하면서 어떤 결정도 내릴 필요가 없어졌다. 테세노 교수와 계속 함께 있을 수 있다는 것만이 작은 위로가 되었다. 나는 1주일에 3일 세미나 준비만 충실히 하면 되었고 대학에는 5개월의 방학이 있었다. 그럼에도 보수가 300제국마르크나 되었는데, 오늘날의 800독일마르크*와 비슷한 값어치를 지니는 돈이었다. 테세노 교수는 강의를 하지 않았다. 그가 큰 강의실에 들어가는 이유는 오직 50명쯤 되는 학생들의 논문을 수정하기 위해서였다. 그는 1주일에 고작 4~6시간 정도만 학교에 있었고, 학생들을 가르치고 리포트를 수정하는 일은 나의 몫이었다.

첫 달은 특히 힘들었다. 학생들은 나에게 상당히 비판적인 태도를 보였고 나의 무지와 약점을 꼬집으려고 시도했다. 팽팽한 긴장을 해소하는 데는 시간이 필요했다. 한편, 넘치는 자유시간을 활용하고자 소망했던 건축 설계 의뢰는 전혀 들어오지 않았다. 아마도 나이가 너무 어렸기 때문이리라. 더욱이 불경기로 인해 건축 업계 전체가 매우 침체된 상태였다. 딱 하나의 예외라면 처갓집에서 하이델베르크에 집을 짓겠다며 부탁을 해온 것이다. 아주 간소한 건물이었다. 이어 두 채의 건물을 설계했고 다시 일이 끊겼다. 하나는 반제† 저택의 두 개의 주차장 증축이었고 다른 하나는 학술교류단의 베를린 사무실 설계였다.

1930년 우리는 빈으로 흐르는 도나우 강 하류 슈바벤에 위치한 도나우에싱겐에서 두 척의 보트를 띄웠다. 우리가 돌아왔을 무렵, 9월 14일 제국의회 선거가 있었다. 아버지가 대단히 크게 걱정을 하던 모습이 기억난다. 선거에서 (아돌프 히틀러가 이끄는) 민족사회주의 독일노동당(나치당)이 107석을 얻어 뜨거운 화젯거리로 떠올랐다. 아버지는 민족사회주의당의 사회주의적 경향을 몹시 비관적으로 전망했고, 사회민주당과 공산당의 선전에도 심기가 편치 않았다.

우리 대학은 당시 민족사회주의 주창자들의 아성이었다. 건축과 학생들의 소규모 공산주의 모임은 펠치히 교수의 강의로 몰렸다. 반면 민족사회주

---

* 이 책에 기록된 모든 독일마르크는 1969년 화폐개혁을 고려하지 않은 수치이다.

† Wannsee: 베를린 남서부에 위치한 호수. 부유한 사람들의 별장이 있는 곳으로 유명하다. 훗날 1942년 1월 나치 관료들은 반제 빌라(1914~15년 건축)에 모여 유대인 말살 계획을 논의한다.

의자들은 테세노 교수에게로 기울었다. 그가 히틀러에 대한 반대 입장을 직접적으로 나타냈는데도 말이다. 표현하지도 의도하지도 않았지만 테세노의 입장과 민족사회주의자들의 이데올로기 사이에는 공통분모가 있었다. 테세노 교수 스스로는 이를 자각하지 못했다. 그가 만일 자신의 생각과 민족사회주의자들의 견해 사이에 그 어떤 공통점이라도 발견했다면 분명 경악을 금치 못했을 것이다.

무엇보다 테세노 교수는 이렇게 가르쳤다. "양식(Stil)은 사람에게서 나온다. 자신이 살고 있는 곳에 애정을 느끼는 것은 인간의 본성이다. 국제적인 것은 진정한 문화가 아니다. 진정한 문화는 민족이라는 모태에서 태어난다."[1]

히틀러 역시 예술의 국제화를 폄훼했다. 부활의 뿌리를 조국 독일 땅에서 찾아야 한다는 것이 민족사회주의자들의 신념이었다. 테세노 교수는 대도시를 싫어했고 농민의 미덕을 찬양했다. "대도시는 끔찍한 곳이야. 오래된 것과 새로운 것이 뒤섞여 있어. 대도시는 충돌의 장소야. 잔인한 충돌이지. 모든 미덕은 거대한 도시 바깥에 머물러야 해. 도시의 풍습이 농촌으로 번지면 농부들을 타락시킬 걸세. 아무도 농민의 입장에서 생각하지 않으니 정말 딱한 일이지." 같은 맥락에서 히틀러도 대도시의 도덕적 타락을 비난했다. 그는 문명의 악영향에 대해 경고했는데, 문명이라는 것은 인간의 생물학적 존재를 손상시킨다는 내용이었다. 무엇보다 히틀러는 건강한 농민들이 국가의 기둥이라고 강조했다. 히틀러는 당시를 관통하던 이러저러한 시대적 조류를 감지하는 데 성공했다. 대부분 산만하고 파악되지 않은 상태였지만, 그는 이 조류를 명확하게 구분하고 자신의 목적을 위해 활용할 능력을 지니고 있었다.

학생들의 리포트를 첨삭하는 과정에서 민족사회주의를 따르는 학생들이 가끔 나를 정치적 토론으로 끌어들였다. 자연스럽게 테세노 교수의 사상을 두고 열띤 토론이 이어지기도 했다. 논리적 토론에 훈련된 학생들은 아버지의 표현을 그대로 차용한 나의 어설픈 반대 의견을 손쉽게 제압하곤 했다.

학생들은 자신의 신념을 위해 극단적으로 치우치는 경향이 짙었다. 그리고 히틀러의 당은 젊은 세대의 이상주의에 직접적으로 호소했다. 결국 의도하지는 않았지만 테세노 교수 같은 사람도 그 불꽃에 부채질을 한 셈이 아니던가. 1931년 무렵 테세노는 이렇게 선언했다. "매우 단순하게 사고하는 누군가가 나타날 것이다. 오늘날에는 사고라는 것이 너무 복잡해져 버렸다. 마치 농부처럼 문명에 물들지 않은 사람이 모든 문제를 쉽게 해결할 것이다. 그는 아직 타락하지 않았기 때문이다. 그리고 그는 자신의 단순한 생각을 실천에 옮길 수 있는 추진력도 지녔을 것이다."[2] 이 발언은 마치 히틀러의 등장을 알리는 예언 같았다.

히틀러는 베를린 대학과 샤를로텐부르크 공과대학 학생들을 상대로 연설을 했다. 학생들은 나에게 함께 가자고 청했다. 아직 설득된 것은 아니었지만, 내 사상에 확신이 없었기 때문에 학생들과 함께 그의 연설을 들으러 갔다. 장소는 '하젠하이데'라는 이름의 맥주홀이었다. 더러운 벽과 좁은 계단, 조악한 인테리어가 궁핍한 분위기를 연출했다. 주로 노동자들이 맥주파티를 여는 곳인 듯했다. 홀 안은 너무 많은 사람들로 꽉 차 있었다. 마치 베를린의 모든 학생이 그를 보고 그의 말을 듣고자 하는 것 같았다. 지지자들은 너무도 경애하고, 반대자들은 극도의 거부감을 보이는 히틀러를 말이다. 교수들도 많이 보였는데 그들은 비어 있는 연단 중간의 상석을 차지하고 있었다. 대학 교수들의 존재는 자칫 별것 아닌 것으로 전락할 수도 있었던 그 모임에 중요성과 사회적 인정을 부여했다. 나와 학생들도 연단 위 상석에 앉을 수 있었다. 연설자와 그리 멀지 않은 자리였다.

히틀러가 들어왔다. 그는 수많은 학생 시시사의 열렬한 환영을 받으며 나타났다. 열광에 넘치는 분위기 자체만으로 나는 깊은 인상을 받았지만 그의 모습 또한 나를 놀라게 했다. 포스터나 캐리커처에서는 언제나 군복 차림에 나치당의 상징인 하켄크로이츠가 새겨진 밴드를 팔에 두른 모습이었다. 머리카락도 언제나 이마 위로 흘러내렸다. 그러나 그날은 잘 맞는 감색 양복 차림에 너무도 품위 있어 보였다. 그의 모든 것이 적절한 겸손함을 풍겼다. 나중에 알게 된 사실이지만 히틀러는 계획적이든 직관적이든 간에 주변 정황을 파악하고 적응하는 데 뛰어난 재능이 있었다.

박수갈채가 몇 분간 계속되자 히틀러는 약간 부담스러운 듯 박수를 중단시키려고 했다. 그리고는 낮은 음성으로 망설이듯, 조금은 쑥스러운 듯, 역사적인, 연설이라기보다는 강연을 시작했다. 히틀러는 매력적이었다. 그의 반대자들이 선전한 내용과 모든 것이 정반대였기 때문에 더욱 그랬다. 광적인 선동가, 쉿소리를 내며 흥분에 몸을 흔드는 군복 차림의 남자. 그의 침착한 음성은 박수갈채 속에서 단 한 번도 흐려지지 않았다.

그는 솔직하게 미래에 대한 자신의 불안을 토로했다. 그의 풍자는 자의식이 깃든 유머로 어느 정도 부드러워졌다. 그가 풍기는 독일 남부 지역의 매력이 유쾌하게도 나의 고향마을을 떠올리게 했다. 냉정한 프로이센 사람들은 결코 그런 식으로 나를 사로잡지 못했다. 처음 보였던 수줍음은 사라지고 어느덧 음성이 높아졌다. 그는 다급한 듯 말했고, 마치 최면을 걸 듯한 설득력을 발휘했다. 그가 풍기는 분위기가 연설 내용보다 훨씬 심오했다. 사실, 그가 무슨 말을 했는지는 잊은 지 오래다.

무엇보다 나는 그 열정에 빨려 들어갔다. 거의 온몸으로 느껴질 정도였다. 연사가 한 문장 한 문장 말을 이어갈 때마다 열정은 숨김없이 배어 나왔다. 그것은 나의 의혹을 몰아내주었고 주저함을 사라지게 만들었다. 반대자들에게는 발언 기회가 주어지지 않았기 때문에 순간적으로나마 전원 합일의 환상을 심화시켰다. 마침내, 그의 연설이 더 이상 설득을 위한 수단이 아닌 것처럼 보이기 시작했다. 도리어 그는 이제 거대한 하나의 덩어리로 변한 관중들이 기대하는 바를 그대로 표현하고 있는 듯했다. 혈기 왕성한 학생들과 독일 최고 대학 교수들을 가죽 끈 하나로 엮어 유순하게 이끄는 일이 그에게는 너무도 자연스러워 보였다. 그러나 그날 저녁의 히틀러는 아직 어떠한 비난에도 면역력을 가지고 있는 완벽한 통치자의 모습은 아니었다. 그는 전방위적 공격에 노출되어 있었다.

사람들은 맥주 한 잔을 앞에 두고 보냈던 감동적인 그날 저녁시간을 나중에 토론거리로 삼았을지 모른다. 나의 학생들과도 그런 기회가 있었다. 연설이 끝난 뒤 나는 혼자 있고 싶었다. 흔들리는 마음으로 작은 차를 타고 밤을 향해 나섰다. 하벨 근처 소나무 숲에 멈추어 오랜 시간 산책을 했다.

희망이 보이는 것 같았다. 우리는 이제 새 이상과 지식, 새로운 임무를 부여받은 것이다. 슈펭글러의 암울한 예언이 논박되고 새로운 로마제국이 탄생하리라는 히틀러의 예언이 실현될 듯했다. 저물기는커녕 궤도에 오르고 있는 공산주의의 위험성은 제어될 수 있고, 희망 없는 실직 대신 경제회복을 해낼 수 있다고 히틀러는 우리에게 강변했다. 유대인 문제는 단지 주변적인 것으로 언급했을 뿐이다. 나는 반유대주의자가 아니었지만 그런 발언에 신경이 쓰이지는 않았다. 나도 다른 사람들과 마찬가지로 학창 시절과 대학 시절 내내 많은 유대인 친구들과 함께 지냈다.

나에게 무척 중대한 사건이었던 히틀러의 연설이 있은 지 몇 주 후, 친구들과 함께 스포츠궁전에서 벌어진 시위에 참석했다. 당시 민족사회주의 독일노동당 베를린 관구장이었던 괴벨스의 연설이 시작되었다. 느낌이 너무도 달랐다. 공을 들여 다듬은 문장과 예리한 서술, 괴벨스의 채찍 아래 점점 더 열정과 증오의 광기로 요동치는 군중들. 그곳은 마치 마녀의 가마솥과 같은 흥분의 도가니였다. 6일간이나 이어지는 자전거 경주대회에서나 목격할 수 있는 장면이었다. 불쾌한 기분이 들었다. 히틀러에게 받은 긍정적인 인상들이 완전히 사라지지 않았지만 다소 사그라졌다.

괴벨스와 히틀러는 행사에 모인 대중의 본능을 분출시키는 방법을 알고 있었고, 평범한 사람들의 시민적 삶 속에 숨겨진 열정에 호소하는 방법을 터득하고 있었다. 잘 훈련된 두 선동가는 한 곳에 모인 노동자와 프티부르주아, 학생 들을 하나의 군중으로 뒤엉키게 해 그들의 사고를 마음대로 조정하는 데 성공했다. 그러나 지금 와서 생각하면 그 정치가들 또한 소망과 백일몽을 따라가는 군중에 의해 만들어진 존재다. 물론 괴벨스와 히틀러는 대중의 본능을 꿰뚫는 능력을 가지고 있었지만, 좀 더 깊은 내막을 들여다보면 그들은 오히려 군중들로부터 자신의 존재를 끌어냈던 것이다. 분명 군중은 히틀러와 괴벨스가 치는 박자에 맞추어서 포효했지만, 그들은 진정한 지휘자는 아니었다. 포효의 주제를 군중들이 먼저 정하고 있었기 때문이다. 궁핍과 불안정, 실업, 절망에 보상받기 위해 이 익명의 무리는 강박과 포악함과 방종에 사로잡혀 수시간 동안 열광했다. 그것이 열렬한 민족주의의 모습이라고는 할 수 없었다. 오히려 시간이 지나면서 개인이 받는 경제적 고통과 파탄이 희생자를 요구하는 광기로 바뀌어갔고, 히틀러와 괴벨스는 그들에게 제물을 던져주고 있었다. 정적을 비난하고 유대인을 헐뜯으며 강렬하고 본능적인 열정에 호소하면서 어떤 방향을 제시하고 있었다.

스포츠궁전이 텅 비었다. 군중은 조용히 포츠다머슈트라세를 따라 내려갔다. 괴벨스의 연설로 고양된 자신감을 안고 그들은 온 거리를 활보했다. 교통 체증이 빚어지면서 자동차들이 빠져나가지 못하고 있었다. 길 한쪽에는 경찰 분대와 특별 순찰요원들이 트럭에 탄 채 대기하고 있었지만 처음에는 아무런 조치를 취하지 않았다. 군중을 자극하지 않기 위해서였을 것이다. 하지만 상황이 계속되자 경찰이 도로를 정리하기 위해 곤봉을 높이 든 채 군중을 향해 몰려가기 시작했다. 나는 그 과정을 지켜보면서 분개했다. 그런 규모로 경찰력이 투입되는 장면은 처음이었다. 그 순간 나는 군중에게 일종의 동지애를 느꼈다. 군중을 향한 깊은 공감과 공권력에 대한 거부감이 나를 사로잡았다. 나의 감정은 정치적 성향과 아무 관련이 없었다. 사실, 별다른 일은 일어나지 않았고 부상자도 없었다.

다음 날 나는 나치의 민족사회주의 독일노동자당에 가입신청을 했고 1931년 12월 474,481번째 당원이 되었다.

그것은 전혀 극적인 결정이 아니었다. 그날 이후로도 나는 스스로를 정치 집단의 당원으로 여겨본 일이 없다. 나는 민족사회주의 독일노동자당을 선택한 것이 아니라 히틀러의 추종자가 된 것이다. 그를 처음 보는 순간 마력에 사로잡혔고 그 이후 그에게서 벗어나지 못했다. 그의 연설에는 특별한 것이 있었다. 썩 듣기 좋은 목소리도 아니었건만 기막힌 단순함으로 문제의 복잡성을 공격하는, 약간은 괴상하고 진부한 태도가 나를 당혹스럽게 하는 동시에 매혹했다. 나는 히틀러의 계획에 대해 아는 바가 없었다. 무슨 일이 벌어지고 있는지 파악하기 시작한 시점에는 이미 그에게 사로잡혀 있었다.

나는 인종차별주의 단체인 독일문화투쟁연대의 회합에도 참석했다. 그곳에서 나의 스승 테세노 교수가 주창했던 목표들이 완곡하게 비난당하는 것을 들었음에도 히틀러에게 매료된 마음은 떨쳐지지 않았다. 연사 가운데 한 명은 오래된 형식과 예술적 원칙으로 되돌아갈 것을 주창하기도 했다. 그는 모더니즘을 공격했고, 마침내는 테세노와 그로피우스, 미스 반 데어 로에, 샤로운, 멘델존, 타우트, 베렌스, 펠치히 등이 속해 있던 건축학회 '데어 링'(Der Ring)을 격하게 비난했다. 여기에 항의해 학생 한 명이 연설 내용에 이의를 제기하며 학생다운 열정으로 교수님을 옹호하는 내용의 편지를 히틀러에게 보냈다. 곧 그는 당 지도부로부터 형식적인 답장을 받았는데, 그들도 테세노 교수의 업적에 대해 대단한 존경심을 가지고 있다는 내용이었다. 우리는 그 편지에 큰 무게를 두었다. 하지만 나는 테세노 교수에게 나치당원이 되었다는 사실은 이야기하지 않았다.*

---

* 1933년 이후 테세노에 대한 온갖 비난이 일었다. 그가 출판업자 카시러나 그 주변 사람들과 친분이 있다는 것도 비난의 대상이었다. 정치적 성향을 의심받은 것도 모자라 교수직까지 박탈당했다. 나는 내게 주어진 특권으로 교육장관을 설득해 그가 다시 임용되도록 손썼다. 테세노는 전쟁이 끝날 때까지 베를린 공과대학에 재직했다. 1945년 이후 그의 명성은 높아졌고 베를린 공과대학 최초의 학장이 되었다. 그는 1950년에 아내에게 보낸 편지에 이렇게 썼다. "1933년이 지나면서 슈페어는 완전히 다른 사람이 된 듯 보였소. 하지만 나는 예전부터 알던 친절하고 품성이 바른 슈페어 외에 다른 사람은 생각할 수 없다오."

어머니가 하이델베르크에서 나치 돌격대의 거리 퍼레이드를 본 것은 아마 그 무렵이었을 것이다. 혼란스러운 시대에 질서 정연한 퍼레이드 장면, 온 세상이 절망으로 뒤덮인 가운데 목격된 힘이 넘치는 모습에 어머니도 마음이 움직였던 모양이다. 하여간 누구의 연설을 들은 것도 아니고 선전 책자를 접하지도 못했던 어머니도 나치당에 가입했다. 어머니와 나는 우리의 결정이 진보적인 가족문화를 위배한 듯한 가책을 느꼈다. 어쨌든 우리는 서로에게 그리고 아버지에게 가입 사실을 숨겼다. 몇 년이 흐른 후, 내가 히틀러의 측근이 된 후에야 어머니와 나는 우연한 기회에 같은 나치 당원이라는 사실을 알게 되었다.

사람들은 인생에서 가장 중요한 문제인 직업 선택을 경솔하게 하는 경우가 너무 많다. 직업을 선택하는 근거와 앞으로의 전망에 대해 충분한 고민조차하지 않는다. 일단 선택을 하고 나면 우리는 비판적 사고에 스위치를 내리고 자신을 정해진 직업에 맞추기 위해 노력한다.

히틀러의 당원이 되기로 한 나의 결정도 그와 비슷하다. 예를 들어, 왜 나는 히틀러의 연설에서 받은 최면에 걸린 듯한 느낌을 그대로 따라갔을까? 왜 모든 정당들이 내건 이념의 가치와 무가치성에 대해 철저하고 체계적인 검증을 하지 않았던가? 왜 나는 각종 정당의 강령, 히틀러의 『나의 투쟁』이라든가 로젠베르크†의 『20세기의 신화』와 같은 책을 읽지 않았던가? 지식인으로서 나는 철저하게 자료를 모으고 기초 건축학을 공부할 때 습득했던 편견 없는 방식을 적용해 다양한 가치관을 검증해보았어야 했다. 그렇게 하지 못한 나의 실수는 부적절한 정치 학습에 그 뿌리를 둔다. 그 결과 나는 비판의식을 잃었고 민족사회주의 이데올로기에 빠져버린 학

† Alfred Rosenberg(1893~1946): 친위대 명예대장으로 극단적인 배타주의를 표방한 그의 사상은 나치 사상의 이론적 토대를 형성했다. 뉘른베르크 전범재판에서 교수형을 선고받아 처형당했다.

생들과의 논쟁에서도 대항할 수 없었던 것이다.

그때 내가 원하기만 했더라면 히틀러가 독일제국의 영토를 동쪽으로 확장하려 천명했다는 것, 그가 골수 반유대주의자라는 것, 독재 정권을 추구한다는 것, 일단 집권하면 민주 절차를 말살하고 오로지 권력만을 따를 것이라는 것, 이 전부를 깨달을 수 있었을 것이다. 나의 교육 수준을 감안할 때 스스로 다양한 가치관을 표방하는 책과 잡지, 신문을 읽고 모든 신비화 전략을 꿰뚫어보려 노력하지 않았다는 것 자체가 이미 범죄였다. 내가 초기 단계에서 저지른 죄악은 뒷날 히틀러를 위해 일했던 죄악만큼 중대하다. 상황을 파악할 수 있는 위치에 있었다는 것, 그럼에도 불구하고 사고를 회피한 행동은 그 시작부터 이어지는 결과에 직접적인 책임이 있기 때문이다.

나는 나치당의 정책에서 많은 오점을 발견했다. 그러나 시간이 지나면서 점차 다듬어지리라고 믿었다. 역사적인 혁명의 시기에 흔히 일어나는 일이기도 했다. 나에게 중요한 일은 미래의 '공산주의 독일'인가 아니면 '민족사회주의 독일'인가에 대한 개인적인 선택이었다. 양극 사이에 존재했던 정치적 완충지대는 사라지고 없었기 때문이다. 1931년만 해도 히틀러가 중립을 향하고 있다고 믿을 엄연한 근거들이 있었다. 그 드러난 근거 안에 기회주의적인 계산이 깔려 있었다는 것은 물론 깨닫지 못했지만 말이다. 히틀러는 정권에 참여하기 위해 온건파로 보여야만 할 필요가 있었다. 지금 기억으로는 당시 나치당은 문화와 경제 전반에 미치는 이른바 유대인들의 지나친 영향력을 비난하는 수준을 넘어서지 않았다. 나치의 요구는 다양한 분야에서 유대인의 참여를 그들의 인구 비율 수준으로 줄여야 한다는 정도였다. 더욱이 구민족주의 노선 하르츠부르크 전선과의 연대로 나는 그의 대중연설 내용과 정치적 견해 사이에 상충되는 점이 있다고 믿게 되었고, 오히려 그 상충되는 부분을 대단히 희망적으로 받아들였다. 사실 히틀러의 유일한 목표는 권력의 쟁취였고, 이를 위해 가능한 한 모든 방법을 동원했던 것이다.

당에 가입한 후에도 나는 유대인 친구들과 어울렸다. 비록 내가 반유대주의 정당에 몸담은 사실을 알거나 의심한 경우라도 그들은 먼저 관계를 끊지 않았다. 그때나 그 이후에나 내가 유대인에게 느끼는 반감은 거의 없었다. 나의 어떤 연설이나 편지, 행동에도 반유대주의적인 흔적이나 표현이 등장한 적은 없었다.

만일 히틀러가 1933년 이전에, 몇 년 후 유대인 회당을 불사르고 전쟁을 일으키고 유대인들과 정적을 학살할 거라고 했다면, 그는 나를 비롯해 1930년 이후 그를 지지하게 된 대부분의 측근을 잃었을 것이다. 1930년 9월 선거 이후 가입한 새로운 당원들에 대해 쓴 1931년 11월 2일 자 『공격』 지 사설 '9월 입당자들'로 미루어보아 아마도 괴벨스는 그 사실을 알고 있었던 것 같다. 괴벨스는 사설에서 유산계급과 교육받은 부르주아 인텔리들의 영입에 대해 경고했고, 그들은 옛 전사들만큼 믿음을 주는 존재가 아니라고 역설했다. 비록 지적 능력에서는 훨씬 앞서지만, 성향과 원칙에서 새 당원들은 옛 동지들보다 월등히 낮은 곳에 있다고 주장했다. "그들은 나치 운동이 단지 선동으로 높은 수준에 올랐으니 이제는 자신들이 나서 리더십과 전문지식을 발휘해야 한다고 생각한다. 이것이 바로 인텔리들의 사고방식이다!"

그 저주받은 당에 입당하기로 한 결정으로 인해 나는 평생 처음으로 중산층이라는 출신 성분과 환경 등 나의 지난 삶을 부정해야 했다. 내가 생각했던 것보다 훨씬 빨리 '결정의 시간'이 나에게 다가왔다. 마르틴 부버의 표현을 빌자면, "한 당의 책임에 뿌리 내린 것"이다. 즐겁지 않은 일에 대해서는 사고를 회피하는 성향 탓에 나는 균형감각을 잃었다. 그 점에서 나도 다른 수백만 명과 다르지 않다. 무엇보다도 이런 정신적 나태함이 민족사회주의 체제를 조장했고 형성했으며, 급기야 그들의 승리를 확인시켜 주었다. 그리고 한 달에 몇 마르크의 회비를 지불함으로써 나는 정치적 의무감을 청산할 수 있다고 생각했다.

하지만 그 결과는 얼마나 엄청났던가!

나의 이런 피상적인 태도는 근원적인 실책을 최악으로 만들었다. 히틀러의 당에 입당함으로써, 이미 나는 본질적으로 강제 노동의 야만성과 전쟁의 파괴, 수백만 명에 달하는 이른바 "바람직하지 못한 무리"의 죽음, 정의의 말살, 모든 악의 고양으로 직접 연결되는 책임을 지게 된 것이다.

1931년의 나는, 14년 후 자신이 저지른 온갖 가공할 범죄를 진술해야 할 자리에 서게 될 줄은 꿈에도 상상하지 못했다. 그 범죄들은 내가 나치당에 입당하는 순간 이미 약속된 것이었다. 삶의 21년을 포기한 것으로 나의 경솔함과 무분별, 전통과의 결별을 사죄할 수 있을지 알 수 없는 일이다.

3

갈림길
Weichenstellung

당시의 내 일이나 가족, 성향에 관해 말하면 좀 더 확실하고 구체적인 얘기가 나올 것이다. 새롭게 움튼 정치적 흥미는 아직도 나의 사고에서 주변적인 위치에 머물고 있었다. 나는 무엇보다도 한 명의 건축가였을 뿐이다.

승용차를 소유했다는 이유로 나는 새로 조직된 민족사회주의당 자동차운전자연합의 회원이 되었다. 새로 만들어진 조직이었으므로 나는 곧바로 가족과 함께 살고 있던 베를린 교외 지역(반제 구역)의 책임자가 되었다. 그렇지만 나는 당의 비중 있는 정치 활동에는 아무런 관심이 없었다. 나는 우연히 반제에서 유일하게 차를 가진 당원이었고, 나의 지구에서도 마찬가지였다. 대부분의 당원들은 자신들이 꿈꾸어온 혁명이 일어난 후에야 자동차를 가질 수 있을 것으로 믿었다. 그들은 언젠가 올 그날을 위해 부유한 교외 지역에서 적당히 차량을 동원할 수 있는 준비를 하고 있었다.

당에 가입한 후 서부 지역 본부에서 가끔 나에게 일을 부탁했다. 이 지역 본부는 단순하지만 지적이고 혈기왕성한 젊은 제분업자 카를 한케가 이끌고 있었다. 그는 아름다운 그루네발트 지역에 집을 한 채 빌려 그곳을 후에 조직 본부로 삼으려 했다. 1930년 9월 14일 선거에서 성공을 거둔 나치당은 이미지 쇄신을 위해 노력 중이었는데, 그는 나에게 그 집을 다시 꾸며달라고 제안했다. 물론 보수는 없었다.

우리는 벽지와 커튼, 페인트에 대해 의논했다. '공산주의적'이라고 힌트를 주었음에도 한케는 나의 조언에 따라 바우하우스† 벽지를 선택했다. 그는 과장된 제스처로 나의 경고를 일축했다. "우린 뭐든 최고의 것을 선택할 겁니다. 비록 공산주의자들이 만든 것이라 할지라도 말이에요." 이렇게 말하며 그는 히틀러와 그 동지들이 지난 몇 년에 걸쳐 해온 일들에 대해 이야기했다. 그들은 이념과 상관없이 성공을 약속하는 것이라면 무엇이든 취했다. 사실, 이념의 주제도 대중에게 미칠 효과에 따라 바뀌었으니까.

나는 현관을 선홍색으로, 사무실은 강렬한 노란색으로 칠했고 창에는 진홍색 커튼을 달아 포인트를 주었다. 그 일은 실제 건축을 해보고 싶었던 나의 오랜 욕망을 충족시켰기에 의심할 나위 없이 혁명 정신을 발휘하고 싶었다. 그러나 나의 작품에 대한 반응은 두 가지로 나뉘었다.

1932년 초, 대학 조교의 월급이 줄었다. 프로이센 주의 예산 균형을 위한 긴축 재정의 일환이었다. 큼직한 건물이 들어서는 일은 눈을 씻고 봐도 없었고 경제 상황은 점점 더 절망적으로 기울어갔다. 조교 노릇은 3년이면 충분했다. 나와 아내는 테세노 교수의 조교를 그만두고 만하임으로 이사를 하기로 결정했다. 가족 소유의 건물을 관리하면서 기본적인 생계를 유지할 수 있었기에 그때까지 내세울 것이 없었던 건축가로서의 활동을 조심스럽게 시작해볼 참이었다.

만하임에서 인근 기업들과 아버지의 사업 동지들에게 '독립된 건축가'로서 내가 할 수 있는 일을 설명하는 편지를 셀 수 없이 쓰면서 스물여섯 살짜리 건축학도에게 일을 맡겨주기를 헛되이 기다렸다. 당시에는 만하임에서 기반을 잡고 있던 건축가들도 일을 구하지 못하는 실정이었다. 건축

---

† 현대의 건축과 디자인 전반에 걸쳐 엄청난 영향을 미친 바우하우스는 1933년 나치스의 집권으로 문을 닫는다. 미국으로 망명한 바우하우스 출신의 미스 반 데어 로에는 일리노이 공과대학에, 발터 그로피우스는 하버드 대학에, 모호이너지는 시카고에 자리를 잡음으로써 바우하우스의 교육 이념과 교수법은 20세기에 지배적인 영향력을 행사했다.

현상설계 대회에 참가해서 사람들의 관심을 조금이나마 모아보려 했지만, 나는 3등 안에 입상하지 못했고 계획안 판매도 여의치 않았다. 그 암울한 시절에 내가 유일하게 했던 일은 아버지의 건물 한 층을 리모델링하는 것이었다.

만하임에서 나치당은 바덴 지역 특유의 편안한 분위기에 젖어들었다. 베를린에서 열린 열광적인 당 행사 이후 나도 서서히 행사 분위기에 빠져들고 있었는데, 만하임에서는 마치 볼링클럽 회원이 된 느낌이었다. 만하임에는 민족사회주의당 자동차운전자연합이 없었으므로 당은 나에게 차량 친위대 대원 자리를 주었다. 그때는 그것이 당원 신분을 의미한다고 생각했지만, 사실은 손님에 불과했다. 1942년 당원 자격을 갱신하려고 했을 때 내가 차량 친위대가 아니라는 것을 알게 되었다. 1932년 7월 31일에 있을 선거를 준비하기 시작하면서 아내와 나는 선거전의 열기도 느껴보고, 뭔가 도울 일이 있으면 도울 겸해서 베를린으로 갔다. 일을 구하지 못한 채 침체기가 계속되자 정치에 대한 나의 관심이 급격히 높아졌다. 히틀러의 승리를 위해 내 몫을 하고 싶었다. 베를린에는 휴가 중 며칠만 머물 생각이었다. 이후에는 우리가 오래전부터 준비해온 동프로이센 호수로 보트 여행을 떠날 계획이었다.

나는 차를 몰고 베를린 서부 지역본부에 도착해 민족사회주의당 자동차운전자연합 의장 빌 나겔에게 도착을 보고했다. 그는 나에게 주변 지역에 흩어져 있는 본부를 돌아다니는 연락책 역할을 부탁했다. '붉은' 물결이 가득한 지역으로 차를 몰고 들어설 때마다 불편함을 느꼈다. 나치당원들은 지하 셋방에 사무실을 차리고 있었는데, 차라리 땅에 파놓은 구멍이라고 부르는 편이 나을 듯했고 폭력 난동의 피해를 입기 십상일 듯했다. 나치당이 공산당을 제압하고 있는 곳은 극히 일부분에 불과했다. 가장 위험 지역 가운데 하나인 모아비트 지역 책임자의 근심 어리고 불안한 얼굴을 지금도 잊을 수 없다. 세 명의 당원이 하나의 이상을 위해 생명의 위험을 무릅쓴 채 자신의 건강마저 희생하고 있었다. 권력에 눈이 먼 한 남자의 허상에 이용당하고 있다는 사실은 전혀 상상하지도 못한 채 말이다.

1932년 7월 27일, 히틀러는 에베르스발데에서 있었던 오전 집회를 끝내고 베를린 슈타켄 공항에 도착할 예정이었다. 나의 임무는 히틀러의 안내원을 슈타켄에서 다음 모임 장소인 브란덴부르크 스타디움으로 이동시키는 것이었다. 세 개의 엔진이 달린 비행기가 착륙하자 히틀러와 몇몇 보좌관들이 내렸다. 나와 안내원을 제외하고 공항에는 아무도 없었다. 나는 존경을 표하기 위해 조금 떨어져 서 있었지만, 자동차가 도착하지 않아 히틀러가 보좌관을 나무라는 장면을 목격할 수 있었다. 그는 화가 나 앞뒤로 서성이며 채찍으로 굽이 높은 부츠를 내리쳤다. 성마르고 통제력을 잃은 사람이 자신의 부하를 경멸적으로 대하는 모습이었다.

그날의 히틀러는 학생 모임에서 나를 매료했던 조용하고 점잖은 그 남자가 아니었다. 깊이 생각해보지는 않았지만, 난 그때 히틀러의 놀라운 이중성을 느꼈던 것 같다. 사실 '다중성'이 더 적절한 표현이다. 히틀러는 뛰어난 배우적 직감으로 대중 앞에서는 변화하는 상황에 따라 행동을 바꿀 수 있었지만 측근이나 보좌관, 부관 들에겐 자신의 성격을 그대로 드러냈다.

자동차들이 도착했다. 나는 담당 승객을 덜컹거리는 내 차에 태우고 히틀러의 차량 행렬을 몇 분 앞서 전속력으로 달렸다. 브란덴부르크 스타디움 인근 도로는 사회민주주의당과 공산당 지지자들로 가득 메워져 있었다. 내 차에 탄 안내원이 당복을 입고 있었으므로 군중들의 분위기가 험악해졌다. 몇 분 뒤 히틀러가 수행원들과 도착했을 때 시위대가 거리로 쏟아져 들어오기 시작했다. 히틀러의 차는 간신히 길을 뚫고 천천히 앞으로 나아갔다. 거리를 통과하는 내내 히틀러는 운전석 옆에 한 치의 흔들림 없이 곧은 자세로 서 있었다. 나는 그 순간 약간의 존경심을 느꼈고 사실 지금도 그렇다. 공항에서의 부정적인 느낌은 말끔히 사라지고 말았다.

나는 스타디움 바깥에 차를 세워두고 기다렸다. 그의 연설을 듣지는 못했지만 관중들이 우레와 같은 박수로 히틀러의 연설을 몇 분씩 중단시키고 있다는 것을 알 수 있었다. 당가가 흘러나오며 행사의 끝을 알렸고 우리는 다시 출발했다. 세 번째 집회장소인 베를린 스타디움이 히틀러를 기다리고 있었다. 역시 스탠드는 군중들로 꽉 차 있었는데 안에 들어가지 못한 수천 명의 인파가 바깥에 줄지어 서 있는 모습이 보였다. 수시간 동안 사람들은 참을성 있게 기다렸다. 히틀러는 이번에도 많이 늦었다. 내가 한케에게 히틀러가 오고 있는 중이라고 전하자 그 내용이 곧 스피커를 통해 안내되었다. 거대한 박수가 터져 나왔다. 내 평생 나로 인해 듣게 된 처음이자 마지막 박수갈채였다.

그다음 날 나의 미래가 결정되었다. 아내와 내가 탈 보트는 이미 기차역에 도착해 있었고 동프로이센으로 가는 표도 예매해둔 상태였다. 우리는 밤기차를 탈 계획이었다. 그런데 정오 무렵 한 통의 전화가 걸려 왔다. 민족사회주의당 자동차운전자연합을 이끌고 있는 나겔의 전화였는데, 한케가 나를 찾는다는 내용이었다. 한케는 이미 베를린 구역 책임자 자리에 올라 있었다.

한케는 나를 기쁘게 맞았다. "당신을 찾기 위해서 여기저기를 다 수소문했어요. 우리 지역 본부를 다시 지어보지 않겠소?" 그는 내가 방에 들어서자마자 이렇게 물었다. "난 이 일에 대해서 오늘 박사님*과 의논할 생각이오. 상황이 좀 급해서요."

예정대로라면 몇 시간 뒤 나는 기차에 앉아 있었을 것이다. 그리고 외진 동프로이센 호수에 있는 나를 그 누구도 몇 주간은 찾아내지 못했을 것이다. 그랬다면 그들은 적합한 다른 건축가를 찾아냈을 것이다. 수년간 나는 그 우연을 행운의 전환점이라고 여겼다. 나는 갈림길에 서 있었다.

20년이 지나 슈판다우에서 제임스 진 경의 글을 읽는다.

> 철로를 따라 움직이는 기차의 진행 방향은 오직 한 방향으로

---

* 괴벨스는 당원들에게 언제나 박사님으로 불렸다. 당시 나치당에 문학 박사는 거의 없었다.

> 미리 결정되어 있다. 그러나 기찻길은 여기저기에서 또 다른 선로를 선택할 수 있는 연결지점으로 이어지고, 기차는 연결점에서 맞닥뜨리는 아주 미세한 힘에 의해 이곳 혹은 다른 곳으로 방향을 바꾸게 된다.

새 지역본부는 웅장한 포스슈트라세에 위치해 있었다. 독일 각 주들의 공관건물이 들어선 곳이었다. 뒤쪽 창문을 통해 나는 85세의 힌덴부르크 대통령이 공원을 산책하는 모습을 볼 수 있었다. 종종 정치인들이나 군장성들과 함께이기도 했다. 한케가 말한 대로 당은 눈에 보이는 조건에서나마 정치권력과 가까운 곳으로 접근하길 원했다. 나의 임무는 그렇게 중요한 일은 아니었다. 다시 한 번 나는 벽을 칠하고 사소한 물품을 교체하는 일을 맡았다. 내가 꾸민 회의실과 관구장 사무실은 소박한 분위기였는데, 당의 재정 사정도 있었지만 내가 여전히 테세노의 영향력에서 벗어나지 못했기 때문이기도 했다. 하지만 이런 단조로움은 19세기 독일의 번영기인 그륀더차이트† 양식의 화려한 조각이 새겨진 나무와 주형틀을 이용해 만든 회벽으로 상쇄되었다. 베를린 관구에서 가능한 한 빨리 본부를 사용하길 원했기 때문에 나는 밤낮으로 일했다. 관구장 괴벨스를 본 일은 거의 없다. 1932년 11월 6일로 다가온 선거와 그 준비가 괴벨스의 모든 시간을 차지했다. 괴벨스는 떠들썩하게 몇 번인가 나타났지만 그렇게 큰 관심을 보이지는 않았다.

수리는 끝났고 비용은 예상을 훨씬 초과했다. 선거 결과는 참패였다. 당원 수는 줄어들었고 경리는 밀린 청구서 더미 위로 손가락을 꼼지락거렸다. 일꾼들에게 텅 빈 지갑을 보여주는 게 그가 할 수 있는 유일한 일이

† Gründerzeit: '기초를 세운 시대'라는 뜻으로 프로이센을 중심으로 한 독일제국이 수립된 1871년부터 그 후 10년을 일컫는다.

었다. 당원인 일꾼들은 당의 파산을 막기 위해서라도 돈을 받을 때까지 기다리는 수밖에 없었다.

개관식이 있은 며칠 뒤, 히틀러가 자기 이름을 딴 관구 사무실을 시찰하러 왔다. 히틀러는 건물에 만족한 듯했고 그 소식에 나는 자긍심을 느꼈다. 비록 그가 내가 애써 추구한 건축의 단순미를 찬양했는지, 아니면 원래 있던 빌헬름 시대‡의 장식들을 좋아했는지는 모르지만 말이다.

나는 곧 만하임으로 돌아갔다. 아무것도 변한 것은 없었다. 점점 더 악화되는 경제 사정과 함께 내게 일이 들어올 가능성도 더 낮아졌다. 정치 상황은 한층 더 혼란스러운 국면을 맞았다. 하나의 사건이 터지면 다른 사건이 잇따라 터졌고 이내 사람들은 관심을 거두었다. 우리 가족에겐 모든 것이 예전 그대로였다. 1933년 1월 30일 히틀러가 총리에 임명되었다는 소식을 신문을 통해 알게 되었다. 당분간은 그 일이 나에게 아무런 영향도 미치지 않았다. 얼마 후 나는 당의 만하임 지역 모임에 참석했는데, 당원들의 품성과 지적 수준이 너무 낮아 놀랐다. 순간적으로 이런 생각이 들었다. "이런 사람들이 한 나라를 통치할 수는 없어." 나의 걱정은 불필요한 것이었다. 오래된 관료 체제는 히틀러 아래서도 건재했고, 나랏일은 순탄하게 굴러가고 있었다.*

그리고 1933년 3월 5일 선거가 있었다. 1주일 후, 베를린에서 지역 조직을 이끌고 있던 한케로부터 전화를 받았다. "베를린으로 와줄 수 없겠

---

‡ 1918년 일어난 혁명으로 성립한 바이마르 공화국(1919~33) 이전 시대, 즉 프로이센을 중심으로 성립한 독일제국 시대의 건축양식을 뜻한다. 당시 황제였던 빌헬름 황제의 이름에서 따온 명칭이다.

* 특히 집권 초기에 히틀러는 기존 조직들을 그대로 활용했다. 행정 관료주의 안에서 공무원들은 하던 대로 업무를 이어갔다. 히틀러는 구제국군대와 국방군에서 자신의 군사 참모들을 발굴했고, 노동문제와 같은 현실적인 사안에 대해서도 기존 노조 간부들을 활용했다. (내가 업계분담론 원칙을 도입한 후) 1942년 군수 산업 생산성 차원에서 놀라운 성과를 달성한 핵심 인물들도 1933년 이전에 이미 부각되었던 사람들이다. 여기서 주목할

소? 여기에 당신이 할 일이 있어요. 언제 올 수 있죠?" 나는 작은 BMW 스포츠카에 기름을 채우고 옷가방을 쌌다. 그리고는 밤새 달려 베를린에 도착했다. 잠시 눈을 붙인 후 아침에 사무실에 나와 있을 한케에게 전화를 걸었다. "지금 당장 박사님을 모시고 와야겠어요. 새 청사 건물을 보고 싶어 하시니 말이야."

그 덕에 나는 괴벨스와 빌헬름 광장에 있는 우아한 건물에 함께 입장하는 의식을 치르게 되었다. 청사는 유명한 19세기 건축가인 카를 프리드리히 싱켈의 작품이었다. 아마도 히틀러를 기다렸음 직한 시민 수백 명이 새로운 선전장관에게 손을 흔들었다. 나는 비단 그곳뿐만 아니라 베를린 전체에서 새로운 생명력이 움트고 있다는 느낌을 받았다. 기나긴 고난의 시간을 보낸 사람들은 이제 힘차고 희망차 보였다. 이번만큼은 관행적인 개각이 아닌 그 이상의 무엇이 있다는 사실을 누구나 알고 있었다. 그리고 결정의 시간이 다가왔다는 것도 느껴졌다. 여러 무리의 사람들이 거리 부근에 모여 있었다. 낯선 사람들끼리 일상적인 대화를 나누며 웃기도 하고 혹은 정치적 사건들에 대해 자신의 견해를 표현하기도 했다. 하지만 어디에선가 말없이 당 조직원들이 정적들에게 가차 없는 보복을 자행하고 있었고, 수만 명의 사람들은 자신들의 혈통과 종교, 신념 때문에 두려움에 떨어야 했다.

장관 청사를 보고 나서 괴벨스는 나에게 건물을 다시 고치고, 집무실이나 회의실 같은 중요한 장소에 가구를 들이라고 일렀다. 그는 공사 견적이나 자금 확보에 대한 고민은 하지 말고 당장 일에 착수하라고 공식 명령

부분은 기존의 검증된 조직과 히틀러 체제에서 새로이 선발된 관료들이 힘을 모아 큰 성공을 이루었다는 점이다. 그러나 조화로운 단계는 일시적일 뿐이었다. 채 한 세대가 지나지 않아 새로운 교육 이념에 충실한 아돌프 히틀러와 오르덴스부르겐(나치 지도자 양성학교)에서 교육받은 새로운 인물들이 요직에 배치되었다. 이들은 당내에서도 무자비하고 오만하다는 평가를 받았다.

했다. 나중에 일이 전개되는 방식도 마찬가지였지만, 다소 독재자 같은 태도였다. 청사 수리는 고사하고 새로 만들어진 선전부에 대한 예산도 확보하지 못한 상태였기 때문이다. 나는 싱켈의 인테리어와는 다른 방식으로 청사를 꾸미려고 노력했다. 하지만 괴벨스는 내 작품이 썩 마음에 들지 않은 듯했다. 몇 달 뒤 그는 청사를 뮌헨의 연합연구회에 다시 맡겨 '원양 정기선 스타일'(steamline style)로 고쳐달라고 했다.

한케는 장관 비서라는 영향력 있는 자리에 앉았고 새 장관의 대기실을 솜씨 좋게 다스렸다. 나는 우연히 그의 책상에서 템펠호프 평원에서 5월 1일 열릴 야간 집회의 장식물에 대한 스케치를 보았다. 그 스케치에 나의 혁명적인 감성과 건축가적인 감각이 모두 분개했다. "이건 사냥협회 분위기군요." 내가 이렇게 외치자 한케가 말했다. "자네가 더 잘 해볼 수 있다면 한번 해보게."

그날 밤, 나는 커다란 연단을 그리고 그 뒤로 커다란 현수막 세 개를 걸었다. 10층 건물보다 더 높은 현수막은 나무 버팀목으로 지탱됐다. 세 개 가운데 두 개는 흑과 백, 붉은색으로 구성했고 그 사이에 나치의 상징을 넣은 현수막이 있었다. (이건 좀 위험한 아이디어였다. 강풍이 불 경우 이 현수막들은 돛처럼 휘날릴 테니까.) 현수막들은 강한 조명을 받도록 했다. 그 스케치가 바로 받아들여져 나는 한 걸음 더 나아갈 수 있었다.

자긍심에 찬 나는 스케치를 테세노 교수에게 보여주었다. 하지만 그는 견실한 기술자로서의 이상에 집착했다. "자네가 뭔가 대단한 걸 만들었다고 생각하나? 이건 과시용이야. 그뿐이라고." 그러나 한케의 말에 의하면 히틀러는 나의 구상을 몹시 마음에 들어 했다. 비록 괴벨스가 그 아이디어를 자기 것이라고 주장했지만 말이다.

몇 주 후, 괴벨스는 식량장관 관저로 입주했는데 식량장관 후겐베르크가 그 집의 처분권을 주장했기 때문에 집을 억지로 빼앗은 것이나 다름없었다. 식량장관 자리는 독일 민족주의당에 할당된 상태였지만 6월 26일 후겐베르크가 내각에서 사임함으로써 싸움은 곧 끝이 났다.

나는 장관의 관저를 수리하는 일과 큰 홀을 짓는 일을 맡았다. 무모하게도 나는 집과 별채를 두 달 안에 완성하겠다는 약속을 하고 말았다. 히틀러는 내가 시한을 지킬 수 있다고 믿지 않았고, 괴벨스는 나의 의욕을 자극할 목적으로 히틀러의 그런 의중을 알려주었다. 작업은 밤낮을 가리지 않고 3교대로 이루어졌다. 나는 건물 외관에서 가장 작고 섬세한 부분까지 통일성을 갖추도록 주의를 기울였다. 그리고 마지막 며칠 동안 커다란 건조기구를 설치해 가동시켰다. 관저 건물은 마침내 약속한 날짜에 정확하게 완성되었고 가구까지 놓였다.

괴벨스의 관저를 장식하기 위해 나는 베를린 국립미술관의 에버하르트 한프슈탱글에게 놀데의 수채화 몇 점을 빌렸다. 괴벨스와 그의 아내는 히틀러가 마음에 들지 않는다고 말하기 전까지 그 그림들을 몹시 좋아했다. 히틀러가 다녀간 후 장관은 나를 불렀다. "저 그림들을 당장 떼어내게. 이곳에 적당치 않아!"

현대회화 유파들이 1937년에 이르러 모조리 '타락한 무리'로 분류되기 전까지, 나치가 정권을 잡은 지 처음 몇 달간 한두 개의 유파에게는 그나마 기회가 있었다. 에센 출신의 초기 당원이자 황금 당배지를 달았던 한스 비데만이 선전부에서 예술 분야를 이끌었기 때문이다. 놀데의 그림과 관련된 에피소드를 모르던 비데만은 놀데와 뭉크 학파의 전시품들을 모아 혁명과 국민 예술의 모범이라며 선전장관에게 권했다. 이미 분위기를 파악한 괴벨스는 의심을 받을 수 있는 그림들을 즉시 없애버렸다. 현대회화에 대한 당의 거부 반응에 비데만이 동참하지 않자 그는 선전부 내의 한직으로 좌천되었다. 이 시기에 일어난 권력 집중 현상과 괴벨스의 비굴함은 대단히 기묘했다. 오랜 세월 동안 자신의 측근들에 대해, 심지어 취향에 관해서도 히틀러가 휘두른 절대 권력에는 뭔가 괴이한 면이 있다. 괴벨스는 히틀러 앞에서 그저 머리를 조아릴 뿐이었다. 하지만 괴벨스와 나는 같은 배를 타고 있었다. 현대미술에 편안함을 느끼던 나도 암묵적으로 히틀러의 견해를 받아들였으니까.

괴벨스가 내린 임무를 완성하자마자 나는 뉘른베르크로 불려 갔다. 1933년 7월이었다. 이제는 여당이 된 나치당의 첫 전당대회가 준비 중이었다. 승리자의 기쁨이 배경이 될 건축물에도 표현되어야 했는데 그 지역 건축가들이 만족스러운 구상을 내놓지 못하고 있었다. 나는 비행기 편으로 뉘른베르크로 날아갔고 그곳에서 스케치를 작성했다. 지역 건축가들에게는 새로움이 부족했다. 사실 그들은 5월 1일의 템펠호프 행사 디자인을 그대로 도용하고 있었다. 현수막 대신 나는 거대한 독수리를 제안했다. 체펠린 비행장을 장식할, 수십 미터가 넘는 날개를 핀 독수리를 수집된 나비처럼 나무틀에다 고정시켰다.

뉘른베르크 전당대회를 조직하던 책임자는 혼자 결정을 내릴 수 없다며 나를 뮌헨에 있는 중앙당사로 보냈다. 베를린 바깥에서 무명인사였던 나는 소개장을 들고 뮌헨으로 갔다. 중앙당사는 건물, 아니 축제용 장식치장에 많은 신경을 쓴 듯했다. 도착하고 몇 분 뒤, 나는 스케치를 들고서 루돌프 헤스의 화려한 사무실에 서 있었다. 그는 나에게 말 한마디 할 기회조차 주지 않았다. "이런 문제는 각하만이 결정하실 수 있네." 그는 간단히 전화통화를 하더니 이렇게 이야기했다. "각하께서는 사저에 계시네. 내가 태워다주지." 처음으로 나는 히틀러 아래서 '건축'이라는 단어가 얼마나 신비한 힘을 가진 것인지 깨닫게 되었다.

차는 프린츠레겐텐 극장이 보이는 곳에 위치한 저택에 멈추었다. 나는 2층으로 올라가 대기실로 안내되었다. 싸구려 기념품들과 선물들이 진열되어 있었고 가구 역시 저급한 취향을 말해주고 있었다. 비서가 한쪽 문을 열면서 편안하게 환대했다. "들어오시죠."

그렇게 나는 히틀러 앞에 섰다. 독일제국의 막강한 총리 앞에. 책상에는 권총이 하나 놓여 있었다. 따로 보관하던 총을 꺼내 청소를 하던 중인 듯했다. "스케치를 올려놔 보게." 히틀러는 나를 쳐다보지도 않은 채 간결하게 말했다. 그리고는 권총 부속품들을 옆으로 치우더니 나의 스케치를 흥미롭다는 듯, 하지만 말없이 살펴보았다. "좋아." 그것으로 끝이었다. 그가 다시 권총을 만지기 시작해 나는 혼란스러움을 느끼며 방을 나왔다.

내가 뉘른베르크로 돌아와 히틀러를 직접 만나 허락을 받았다고 보고하자 모두들 대단히 놀라워했다. 전당대회를 준비하던 당원들이 히틀러가 그 어떤 스케치에도 혹할 거라는 걸 알았더라면, 아마 여럿이 대표단을 만들어 뮌헨으로 갔을 것이다. 그랬더라면 나는 기껏해야 사람들 뒤에 서 있어야 했을 것이다. 그러나 당시에는 히틀러의 취미에 대해 아는 당원들이 없었다.

1933년 가을, 히틀러는 뮌헨 출신의 건축가이자 원양 정기선 유로파를 설계하고 브라운하우스를 다시 지은 파울 루트비히 트로스트에게 의뢰해 베를린에 있는 총리 관저를 완전히 개조하고 가구를 들여놓도록 했다. 일은 최대한 빠른 시일 내에 이루어져야 했다. 뮌헨 출신인 트로스트의 건축 감독관은 베를린 건축회사들이나 관행에는 친숙하지 않았다. 그리고 히틀러는 젊은 건축가를 한 사람 다시 뽑아 괴벨스가 쓸 별채를 맡겼다. 주어진 시간은 극히 짧았다. 그는 나에게 뮌헨 출신 감독관의 조수 역할을 할당했다. 나의 일은 건축회사들을 상대하거나 베를린의 건축계에서 일어나는 온갖 복잡한 일들을 처리하고, 필요할 때마다 개입해 공사 속도를 조절하는 것이었다.

히틀러와 감독관, 내가 관저에 대한 면밀한 시찰을 하면서 우리의 협력은 시작되었다. 그로부터 6년 후인 1939년, 히틀러는 한 기사에서 총리 관저의 예전 상태를 다음과 같이 썼다.

> 1918년 혁명 이후 그 건물은 점점 더 부식해갔다. 지붕의 대부분은 썩었고 다락들은 완전히 황폐해졌다. 나의 전임자들이 보통 석 달에서 다섯 달을 버티지 못하고 교체되었기 때문에 그들은 앞서 살던 사람들의 더러움을 지울 필요를 느끼지 못했거나, 혹은 뒤에 오는 후임자들이 자신보다 나은 환경에서 살

> 게 되는 것에 관심이 없었을 것이다. 그들은 외국 손님들에게 보여줄 권위를 갖추지 못했고, 어쨌든 그들은 여기에 별로 관심을 가지지 않았다. 그 결과 건물은 완전히 방치되었다. 천장과 바닥에는 곰팡이가 피었고 벽지와 카펫은 너덜너덜해졌다. 집 안 곳곳에 참을 수 없는 악취가 가득했다.[1]

분명 과장이다. 그렇지만 총리 관저는 정말 믿을 수 없을 만큼 상태가 좋지 않았다. 부엌에는 조명도 거의 없었고 구식 스토브가 버티고 있었다. 그 많은 사람들을 위해 욕실은 단 하나뿐인데다 욕실 설비가 적어도 30년은 더 된 것 같았다. 싸구려 취향이 드러나는 곳은 셀 수 없이 많았다. 나무로 된 듯 보이는 문은 나무 색으로 페인트칠을 했을 뿐이었고, 대리석 꽃병도 대리석 무늬만 입힌 금속 병이었다. 히틀러는 승리에 도취된 듯 소리쳤다. "이것이 옛 공화국의 총체적 부패상이다. 총리 관저를 외국 손님들에게 보여줄 수 없다니. 누군가 여길 찾는다면 나는 수치심을 느낄 것이다."

약 세 시간 정도 철저히 탐색을 하는 동안 우리는 다락에도 올라가보았다. 문지기는 설명했다. "이 문을 열고 들어가면 옆 건물로 통합니다요."

"무슨 뜻인가?"

"이 다락 통로는 각 부처 건물에 연결되는뎁쇼, 아들론 호텔까지 연결됩니다요."

"왜 이런 걸 만들었지?"

"바이마르 공화국 초기에 폭도들이 관저를 점령하고 총리를 가둘 가능성이 있었습니다. 이 통로는 만일의 사태에 총리가 빠져나갈 수 있게 대비한 비상용입죠."

히틀러가 그 문을 열었다. 그랬더니 아니나 다를까, 바로 연결된 외무부 건물로 갈 수 있었다. "이 문을 폐쇄하게. 더 이상 이런 문은 필요 없어."

수리가 시작된 후 히틀러는 거의 매일 정오 무렵 비서 한 사람을 데리고 와 상황을 확인했다. 공사 진척도를 체크했고, 점차 완성되어가는 여러 개의 방을 보며 기뻐했다. 곧 공사 인부들도 그에게 친근하고 편안하게 인사하게 되었다. 나치 친위대 대원 둘이 민간인 복장을 하고 조용히 뒤에서 있었음에도 불구하고 이러한 장면은 소박한 분위기를 연출했다. 히틀러는 공사 중인 집 안에서 편안함을 느끼는 듯 행동했고, 인기에 영합하는 어떠한 행위도 하지 않았다.

그의 시찰에는 감독관과 내가 함께 동행했다. 히틀러는 간명하지만 친절한 태도로 우리에게 여러 가지 질문을 했다. "이 방은 언제 회칠을 할 건가? 창문은 언제 달지? 뮌헨에서 세부 설계도가 도착했던가? 아직 안 왔어? 내가 직접 교수(그는 트로스트를 이렇게 불렀다)한테 물어봐야겠군." 다른 방에 가서는 이런 말을 했다. "오, 여긴 칠이 끝났군. 어제까지만 해도 안 돼 있었는데 말이지. 이런, 천장이 멋진 걸. 그 교수가 이런 일 하나는 잘해…. 언제쯤 완성될 것 같나? 나는 급해 죽겠어. 지금 있는 데가 콧구멍만한 꼭대기층 국무장관 집인데, 아무도 초대할 수가 없다네. 공화국은 우스꽝스러울 정도로 예산에 인색했지. 자네도 현관에 들어와 봤지? 엘리베이터는 또 어떻던가? 한낱 백화점도 그보다는 나을 걸세." 실제로 그 엘리베이터는 걸핏하면 멈추는 게 일이었고 고작 세 사람밖에 탈 수 없었다.

이것이 히틀러의 말투였다. 그리고 그의 자연스러움에 내가 매료되었다는 것은 상상하기 어렵지 않다. 그는 총리인 동시에 독일의 모든 것을 재생시키기 위한 시작점에 서 있었고, 실직자들에게 일자리를 주었으며, 대규모 경제 프로그램을 착수한 장본인이었다. 오랜 세월이 흐른 후에야 그리고 아주 사소한 근거들을 통해 나는 그의 소박함 뒤에 선전을 위한 치밀한 계산이 깔려 있었음을 깨닫기 시작했다.

불쑥 찾아온 히틀러를 안내해 공사 상태를 점검한 것이 20~30차례에 이르렀을 무렵, 그는 시찰 도중 불쑥 나를 초대했다. "오늘 저녁 함께 들지 않겠나?" 그의 느닷없는 초대에 당연히 나는 무척 기뻤다. 더욱이 그의 냉담한 태도를 고려할 때 전혀 기대하지 않았던 차라 기쁨은 더욱 컸다.

나는 공사장에서 기어올라 다니는 데 익숙해 있었다. 그런데 그날따라운 나쁘게도 회반죽 통이 위쪽 발판에서 나에게로 떨어졌다. 나는 딱한 표정으로 회반죽이 묻은 재킷을 쳐다봤다. "그냥 오기만 해. 위층에 새 옷들이 있다네."

히틀러의 집에는 이미 다른 손님들이 기다리고 있었다. 괴벨스도 있었는데 일행에 내가 포함된 것을 보자 상당히 놀라는 표정을 지었다. 히틀러는 자신의 방으로 나를 데려가더니, 비서를 시켜 짙은 감색 양복을 가져오게 했다. "이걸세, 우선 입고 있게나." 나는 히틀러를 따라 식당으로 들어갔고 상석인 그의 옆자리에 앉았다. 분명히 그는 나를 마음에 들어 했다. 괴벨스는 내가 흥분해 완전히 잊고 있던 무엇인가를 눈치챘다. "아니, 자네가 왜 각하의 배지*를 달고 있나? 그 재킷, 자네 옷이 아니지?" 히틀러가 대신 대답했다. "그래, 그건 내 옷이야."

그날 히틀러는 처음으로 나에게 개인적인 질문을 몇 가지 던졌다. 그제야 히틀러는 내가 5월 1일 행사의 무대를 담당한 사람이라는 것을 알아챘다. "오, 그랬군. 그럼 자네가 뉘른베르크 행사도 맡은 건가? 건축가 한 사람이 스케치를 들고 찾아오긴 했었지. 맞아, 그게 자네였구먼! 나는 자네가 괴벨스의 집을 약속 날짜에 완성하리라고는 생각지도 못했었지." 그는 내가 당원인지에 대해서는 묻지 않았다. 내가 보기에는, 예술가의 경우 히틀러는 당원이든 아니든 별로 신경 쓰지 않는 듯했다. 정치적 질문 대신에 그는 나의 출신과 건축가로서의 경력, 아버지와 할아버지가 지은 건물들에 대해서 가능한 한 많은 것을 알고 싶어 했다. 몇 년이 지나 히틀러는 그날 나를 초대한 일에 대해 이렇게 썼다.

---

* 히틀러는 당원들 가운데 유일하게 황금으로 된 '통치권의 배지'를 달고 있었다. 독수리 한 마리가 발에 스바스티카(卍)를 잡고 있는 모습이다. 다른 당원들은 당원 배지를 달았다. 그러나 히틀러의 재킷은 평범한 시민의 양복과 조금도 다르지 않았다.

> 자네는 식사를 하는 동안 내 주의를 끌었네. 나는 나의 건설 계획을 맡길 만한 건축가를 찾고 있었지. 젊은 친구를 원했는데 먼 미래까지 내다본 구상이었기 때문이었네. 내가 죽은 뒤에도 내가 부여한 권한으로 그 계획을 실현해줄 사람이 필요했어. 나는 자네를 바로 그 사람이라고 생각했다네.

좌절뿐이었던 노력만 수년간 해온 뒤였고, 나는 뭔가를 미친 듯이 이루고 싶었다. 스물여덟 살이었다. 위대한 건물을 지어달라는 의뢰를 받는다면, 파우스트처럼 영혼이라도 팔았을 것이다. 나는 나의 메피스토펠레스를 찾은 것이다. 그는 괴테만큼이나 매력적으로 다가왔다.

4

나의 자극제
Mein Katalysator

나는 천성적으로 열심히 일하는 유형이다. 그렇다 하더라도 재능을 발전시키고 새로운 에너지를 모으기 위해서는 특별한 자극이 필요한 법이다. 히틀러와 함께한 순간 나는 그 자극제를 발견했다. 그 이상의 효과를 가진 자극제는 있을 수 없었다. 언제나 빠른 속도로, 더 신속히, 나의 모든 힘은 앞으로 모아졌다.

내 앞의 도전을 극복해나가면서 나는 삶의 진정한 중심인 가족을 포기했다. 히틀러의 지배력 아래 나는 완전히 일에 사로잡혔다. 다른 아무것도 중요치 않았다. 히틀러는 측근들이 최고의 노력을 하도록 몰아붙이는 방법을 알고 있었다. 그는 이렇게 말하곤 했다. "사람은 목표가 클수록 성장하는 법이지."

슈판다우 감옥에서 보낸 20년 동안 나는 자주 스스로에게 물었다. 내가 히틀러의 진정한 모습과 그가 세운 나치 정권의 실체를 알았다면 어떻게 했을까? 그 대답은 진부하고 하찮은 것이다. '히틀러의 건축가'라는 위치는 곧 나에게 절대적인 것이 되어버렸다. 서른 살이 채 되기 전에 그 어떤 건축가도 꿈꿀 수 없었던 위대한 사업이 내 앞에 펼쳐져 있음을 목격했다.

일에 매달리는 강도는 해결해야만 할 모든 다른 문제를 억눌러버렸다. 하루하루 다급하게 지나가는 일정 속에서 엄청나게 많은 일들이 질식당했다. 이 회고록을 쓰면서 점점 더 놀라게 된다. 1944년 이전까지 나 자신이나 나의 행동에 대해 성찰해본 시간이 극히 드물었다는 것, 아니 거의 없었다는 것, 그래서 내 존재에 대해 되돌아본 일이 없었다는 사실 때문이다. 그 당시를 회상하면, 마치 뭔가가 나를 공중에 붕 뜨게 해 내 뿌리를 비틀어버리고 나를 향해 외계의 광선이라도 쏘아댄 듯한 느낌이 든다.

과거를 떠올릴 때 가장 곤혹스러운 점은 가끔씩 치밀어 올랐던 불안감이 주로 건축가로서 나아갈 방향에만 연관되어 있었다는 사실이다. 나는 점점 더 테세노 교수의 원칙과 멀어지고 있었다. 한편, 주변 사람들이 유대인에 대해, 프리메이슨과 사회민주당, 여호와의 증인에 대한 압제를 공공연하게 선언할 때마다 직접 가담하지 않는 한 나와는 상관없는 일이라고 생각했다. 일반 당원들에게는 위대한 정책은 너무도 복잡한 것이라 자신이 판단할 문제가 아니라는 원칙이 주입되었다. 대표자가 따로 있으므로 그들은 그 어떤 일에도 개인적인 책임을 질 필요가 없다고 믿게 되었다. 당원들이 양심의 갈등을 느끼지 않도록 하기 위한 나치당의 장치였다. 따라서 당원들의 대화와 토론은 무미건조함을 넘어서지 못했다. 똑같은 생각을 가진 사람들이 자신의 생각을 주장하는 일은 지겨울 따름이다.

더 악랄했던 것은 개인의 책임을 자신의 분야에 제한하는 방침이었다. 그것은 명시적으로 요구되었다. 건축가, 의사, 판사, 기술자, 군인, 농부 할 것 없이 누구나 자신이 속한 직업 조직이 있었다. 당원이라면 반드시 가입해야 하는 이 직업 조직은 무슨 무슨 '회'라고 불렸다(의사회, 예술가회 등등). 이 용어는 사람들이 어떻게 고립되고 닫힌 삶의 영역으로 칩거해 들어가는지를 잘 묘사해준다. 히틀러의 통치 기간이 길어질수록 더 많은 사람의 마음이 이 고립된 공간 속에 갇혔다. 만일 이런 체제가 여러 세대를 거쳐 지속되었다면, 모든 조직이 시들어 독일은 마침내 계급주의 시회에 도달했을 것이다. 이 직업 조직과 1933년에 선포된 민족공동체(Volksgemeinschaft)의 모순은 놀라운 것이었다. 직업 조직은 민족공동체가 약속하는 통합을 억누르는 효과를 불러왔고 어쨌든 통합을 방해하는 역할을 했다. 결국 독일은 완전히 고립된 개인들의 사회로 나아갔을 것이다. 오늘날에는 낯설게 들릴지 모르지만 "모두를 위해 총통께서 모든 일을 제안하고 처리하신다"는 표현은 당시 우리에게는 공허한 슬로건이 아니었다.

우리는 청소년 시절부터 원칙에 물들어 있었다. 우리가 지키는 원칙들은 비록 독일제국의 전체주의는 아니더라도 독재 성향이 강한 관료주의 국가로부터 나온 것이었다. 더욱이 우리는 이런 원칙을 국가의 권위적인 성격이 한층 강화되는 전시에 교육받았다. 아마도 여기에는 히틀러 체제에서 다시 마주쳤던 유의 사고방식을 위해 군인처럼 우리를 교육해두려는 계산이 깔려 있었을 것이다. 독일 국민의 피 속에는 엄격한 공공질서가 흘렀고, 바이마르 공화국의 진보 성향은 느슨하고 모호하며 모든 면에서 바람직하지 않은 것처럼 보여졌다.

의뢰인들이 쉽게 찾아오도록 나는 베렌슈트라세에 있는 화가의 작업실을 빌려 사무실을 차렸다. 총리 청사와 수백 미터 떨어진 위치였다. 나의 조수들은 모두 젊은 친구들이었는데, 아침부터 늦은 밤까지 개인 생활을 접고 일에 전념했다. 점심은 보통 샌드위치 몇 개가 전부였다. 거의 밤 10시가 되어 일을 마쳤고 모두 지친 몸으로 하루를 마감하며 가까운 와인바로 몰려가 간단히 요기했다. 거기서도 그날 일에 대한 토론이 이어졌다.

중요한 임무는 그리 빨리 오지 않았다. 나는 히틀러로부터 가끔 급한 일거리들을 받았는데, 아마도 내가 기한 내에 완성하는 데 능하다고 믿는 듯했다. 총리 청사 2층에 있던 이전 집무실에는 빌헬름 광장으로 향해 난 창문 세 개가 있었다. 1933년 초, 몇 달 동안 항상 수많은 군중들이 그곳에 모여 구호를 외치며 총리를 만나게 해달라고 요구했다. 그래서 히틀러가 그 방을 사용하는 것이 불가능해졌다. 그도 그 집무실을 마음에 들어하지 않았다. "방이 너무 작아. 18평이라니. 고작 비서실 크기 아닌가. 외국 손님이라도 오면 난 어디 앉으라는 거지? 여기 구석에라도 앉을까? 그리고 이 책상의 크기는 사무실 직원용밖에 안 되는군."

히틀러는 나에게 정원이 내려다보이는 홀을 새 집무실로 개조하라고 했다. 비록 임시라고 여기긴 했지만, 1938년 새로 지어진 총리 청사로 옮기기 전까지 그는 5년 동안 새 집무실에 만족하며 지냈다. 우리의 계획에 따르면 1950년까지 새로운 총리 청사가 지어질 예정이었다. 새 청사에는 히틀러와 다음 세기를 이어갈 후임자들을 위해 궁전 같은 집무실이 지어질 계획이었는데, 크기는 280평에 달해 원래의 집무실보다 60배가 컸다. 하지만 그 문제에 대해 히틀러와 이야기를 나눈 후 나는 작업실에 틀어박혀 그의 커다란 홀을 수리하기 바빴다. 면적은 17평에 불과했다.

일이 진척되면서 옛 집무실은 사용되지 않았다. 히틀러는 군중들에게 자신의 모습을 보이고 싶어 했고 나에게 급히 서둘러서 새롭고 '역사적인 발코니'를 지으라고 했다. "전에 있던 창은 너무 불편했어. 사방에서 나를 볼 수가 없었지. 몸을 바깥으로 내밀 수 없었으니까." 히틀러는 자신의 위치가 만족스러운 듯 자랑스레 말했다. 그러나 총리 청사를 처음 수리했던 건축가 에두아르트 요프스트 지들러 베를린 공대교수는 우리가 자신의 건축물에 손을 댄다며 불만을 제기했다. 그리고 람머스 제국재판소 위원장이 발코니를 짓는 것은 예술가의 지적 재산권을 위배하는 행위라는 주장에 동의했다. 히틀러는 이러한 반대를 비웃듯 일축했다. "지들러는 빌헬름 광장 전체를 망쳐놓았어. 저 건물은 제국의 중심부가 아니라 마치 비누 공장 사무실 같지 않나? 그러고도 무슨 할 말이 있어. 내가 자기에게 공사를 맡겨야 한다고 믿는 건가?" 그럼에도 히틀러는 지들러 교수에게 다른 일을 맡김으로써 그의 기분을 달래주었다.

몇 달 뒤 나는 아우토반 건설에 참여하는 인부들의 숙소를 지으라는 지시를 받았다. 현장 공사가 막 시작된 터였다. 기존의 노동자 숙소 시설은 히틀러의 마음에 차지 않았다. 그는 새로운 개념의 모델을 만들어보라고 지시했다. 깨끗한 부엌과 욕실, 휴게실을 갖추고 침실에는 두 개의 침내만 두도록 했다. 이런 스타일의 숙소는 그때까지의 건축 현장 상황을 고려해 볼 때 엄청난 진보였다. 히틀러는 건물에 관심이 많았고 나에게 숙소 건물이 노동자에게 미치는 효과를 보고하도록 지시했다. 이것이야말로 내가 민족사회주의당 지도자에게 기대하던 태도였다.

총리 청사 수리가 완성되기까지 히틀러는 총리청 꼭대기에 자리한 총리청 비서실장 람머스의 관저에 머물렀다. 그곳에서 나는 히틀러와 점심, 혹은 저녁식사를 자주 즐겼다. 저녁식사에는 주로 자신의 충복들을 불렀는데, 수년간 기사 노릇을 해온 슈렉, 나치 친위대 지휘관 제프 디트리히, 제국공보실장 오토 디트리히 박사, 두 사람의 부관 브뤼크너와 샤우프, 공식 사진사 하인리히 호프만 등이었다. 테이블에는 열 명 이상이 앉을 수 없었으므로, 자리는 이 사람들로 빈틈이 없었다. 점심 때는 히틀러의 오랜 뮌헨 동지들이 나타났다. 아만, 슈바르츠, 관구장 바그너 등이 그들이다. 다임러 벤츠의 뮌헨 지사장 베어린의 모습도 자주 보였는데, 그는 히틀러에게 개인 승용차를 제공하고 있었다. 장관들은 거의 참석하지 않았다. 힘러, 룀, 슈트라이허 등의 모습은 거의 볼 수 없었지만 괴벨스와 괴링은 자주 눈에 띄었다. 하지만 그럴 때에도 공식적인 내각 각료들은 거의 제외되었다. 람머스는 관저의 주인이라고 할 수 있는데도 한 번도 초대되지 않았다는 점이 특이하다. 분명 무슨 이유가 있었을 것이다.

히틀러는 이들과의 자리에서 그날 있었던 일들을 이야기했다. 그는 이 시간을 집무의 긴장에서 벗어나는 기회로 여겼다. 관료주의 사례를 깬 일화들이 자주 화제로 올랐는데, 제국총리로서 겪어야 하는 관료주의는 그의 숨통을 조일 정도로 위협적이었을 것이다.

> 처음 몇 주 동안 온갖 잡다한 일들이 나의 결정을 기다리고 있었네. 내 책상 위에는 매일 서류가 산더미처럼 쌓였고, 아무리 열심히 일해도 언제나 새로운 서류들이 도착했지. 드디어 나는 이 무의미한 일에 끝장을 보고 말았지. 내가 만일 그런 식으로 계속 일했다면 아무것도 이루지 못했을 거야. 그 서류들이 나에게 생각할 수 있는 시간적 여유를 전혀 주지 않았으니까. 내가 더 이상 서류를 검토하지 않겠다고 하자, 사람들은 중요한

> 결정이 지연되고 있다고 말했지. 하지만 난 결심했어. 책상을 깨끗이 치워 아주 중요한 일에만 신경을 쓰겠다고 말이야. 그런 식으로 난 관료들에게 지배당하지 않고 발전적인 방향으로 주도할 수 있었지.

가끔 그는 자신의 운전기사에 대해 이렇게 말했다.

> 슈렉은 최고의 기사라네. 우리의 엔진은 시속 160킬로미터를 넘겨도 끄떡없을 만큼 좋지. 우린 항상 과속을 해. 하지만 최근에는 내가 슈렉에게 시속 80킬로미터를 넘기지 말라고 말하고 있다네. 나에게 무슨 일이 일어나면 얼마나 꼴이 우스운가? 미제 차를 골려 먹는 일은 정말 재미있어. 우리는 미제 차 뒤를 바짝 따라가고 있었지. 놈들이 우릴 따돌리려고 속력을 내더군. 우리 메르세데스에 비하면 미국 차는 쓰레기에 불과해. 놈들의 엔진으로는 우릴 앞지르기 힘들어. 얼마 안 있어 엔진이 과열되는 바람에 놈들은 길옆에다 차를 세워야만 했다네. 시무룩한 표정들이라니. 어찌나 통쾌하던지.

저녁식사 후엔 엉성한 영사기를 돌리며 뉴스나 영화를 보았다. 처음에는 직원들이 영사기 다루는 데 너무 서툴러 종종 화면이 거꾸로 나오거나 영화가 중단되기도 했다. 그런 실수가 일어나도 히틀러는 오히려 보좌관들보다 유머러스한 태도를 보였다. 되레 보좌관들이 하급 직원들을 호통 치기 일쑤였다.

영화는 히틀러와 괴벨스가 의논해 정했다. 보통은 당시 베를린의 극장에서 상영되고 있는 작품들이었다. 히틀러는 가벼운 오락물이나 멜로물, 사회영화들을 좋아했다. 에밀 야닝스와 하인츠 뤼만의 영화들, 헤니 포르텐, 릴 다고버, 올가 체코바, 자라 레안더, 예니 유고의 작품들은 나오는 즉시 준비해야 했다. 사기꾼이 등장하는 풍자극도 그에게 큰 즐거움을 주었다. 우리는 일반에게는 상영되지 않는 외국 영화도 자주 보았다. 스포츠와 산악영화들은 가끔 있었지만 동물이나 자연, 여행에 관련된 작품은 없었다. 히틀러는 또 내가 좋아하던 버스터 키튼, 찰리 채플린의 코미디에는 관심을 보이지 않았다. 독일 영화로만 매일 저녁 두 편씩 상영하기에는 역부족이었기 때문에 두 번 이상 보여주는 영화들도 많았지만, 신기하게도 비극적인 스토리는 없었다. 두 번 이상 본 영화들은 주로 화면이 근사하거나 히틀러가 좋아하는 배우들이 나오는 영화였다. 저녁나절 한두 편의 영화를 감상하는 것은 히틀러의 취미이자 습관이었고, 전쟁이 시작되기 전까지 이어졌다.

1933년 겨울, 히틀러와의 저녁식사에서 나는 우연히 괴링의 옆자리에 앉게 되었다. "각하! 슈페어 씨가 각하의 관저를 짓고 있나요? 각하의 건축가로 삼으신 건가요?" 나는 '그의 건축가'가 아니었지만 히틀러는 그렇다고 대답했다. "그럼 슈페어 씨에게 제 집도 좀 손봐달라고 해도 되겠습니까?" 히틀러는 그의 청을 들어주었다. 괴링은 식사가 끝나자 나의 의사는 묻지도 않은 채 자신의 리무진에 나를 태워 전리품인 양 운반했다. 그가 선택한 관저는 프로이센의 상무장관이 쓰던 곳이었다. 프로이센이 1914년 이전에 지은 호화로운 저택으로 라이프치히 광장 뒤 초원에 있었다.

몇 달 전 그 집은 괴링의 지시에 따라 프로이센 국고를 들여 수리되고 있었다. 한번은 히틀러가 와서 보더니 탐탁지 않은 듯 말했다. "어두워! 이렇게 어두운 집에서 어떻게 살아. 우리 교수님 작품을 보게. 모든 것이 밝고 깨끗하고, 심플하다고!" 나도 사실은 그 집을 보고 스테인드글라스 창과 무거운 벨벳 커튼, 육중한 르네상스 가구들이 즐비한 음울한 작은 방들이 토끼 사육장처럼 얽혀 있다고 생각했다. 나치의 갈고리 상징인 하켄크로이츠가 걸린 예배당 같은 분위기의 방도 있었다. 천장과 벽, 마룻바닥에도 하켄크로이츠는 반복되었고 뭔가 지극히 엄숙하고 비극적인 일이 일어날 것만 같은 기분이 들었다.

우두머리의 비판이나 지적 하나가 측근의 행동에 즉각적인 변화를 일으킨다는 것은 나치 체제의, 사실 모든 독재 체제의 특성이다. 그 중후한 인테리어가 자기 성향에 맞고 그 속에서 상당히 편안했을지도 모르지만, 괴링은 막 설치한 인테리어를 당장 걷어치웠다. “쳐다볼 필요도 없다네. 더 이상 못 견딜 지경이야. 자네 마음대로 한번 해보게. 전권을 일임하지. 단, 각하의 집과 같은 분위기면 좋겠어.” 멋진 임무였다. 돈은 항상 그렇듯 괴링에게 문제가 되지 않았다. 1층은 벽을 무너뜨려 여러 개의 방들을 네 개의 큰 공간으로 바꾸었다. 가장 큰 방이 42평에 달해 히틀러의 방과 비슷한 크기가 되었다. 별채 하나가 세워졌고 창틀은 대부분 청동으로 만들었다. 당시에는 청동이 귀했기 때문에 사소한 용도에 사용할 경우 높은 벌금을 물어야 했다. 하지만 이 역시 괴링에게는 문제가 되지 않았다. 그는 공사를 점검하러 올 때마다 기쁨을 감추지 못했다. 마치 생일을 맞은 아이처럼 미소를 짓거나 손을 비비며 큰 소리로 웃기도 했다.

괴링의 가구는 그의 체격에 맞추었다. 오래된 르네상스식 책상은 그에 비해서 상당히 컸는데 의자의 등받이가 머리 위로 솟아오를 정도로 높았다. 마치 왕자의 관이라도 얹혀 있는 듯했다. 책상 위에는 두 개의 은촛대가 있었는데, 책상 위에 긴 그림자를 드리우면서 히틀러의 큰 사진을 비추었다. 히틀러가 그에게 하사했던 원판은 그렇게 크지 않았지만 괴링은 사진을 몇 배로 확대해서 걸었고 방문객들마다 히틀러가 그에게 내린 특별한 영예로 알고 놀라워했다. 히틀러는 언제나 실물 크기의 사진을 트로스트 부인이 특별히 디자인한 은도금 액자에 넣어서 선물한다는 것을 다들 알고 있었기 때문이다.

벽에는 커다란 그림이 걸려 있었는데 영사실인 옆방으로 들어가는 문을 내기 위해 거의 천장 가까이에 걸려 있었다. 상당히 낯이 익은 그림이었다. 차차 알게 된 것이지만, 괴링은 태연하게 “그의” 프리드리히 황제 박물관 관장에게 명령해 박물관에서 가장 값나갈 것 같아 보이는 루벤스의 「수사슴을 사냥하는 다이아나」를 집에 가져다 걸게 했던 것이다.

공사하는 동안 괴링은 제국의회 맞은편에 있는 제국의회 의장의 집에 머물렀다. 의장의 저택은 20세기 초 신흥부자(nouveau riche) 로코코 스타일의 건물이었다. 그의 관저에 대한 논의는 주로 그곳에서 이루어졌다. 회의에는 종종 공장 연합 감독관 가운데 한 사람인 파에프케 씨가 참석했다. 그는 백발이 성성한 신사로, 괴링을 기쁘게 해주려고 무척 노력했다. 하지만 괴링이 아랫사람을 대할 때 보이는 퉁명스러운 태도에 이내 위축되었다.

어느 날 우리는 괴링과 함께 빌헬름 황제 시대 네오로코코 풍의 방에 앉아 있었다. 벽은 장미 문양이 가득한 얕은 부조로 장식되어 있었는데 조잡하기 그지없었다. 심지어 괴링도 그렇게 생각했던 것 같다. “감독관님, 이 벽이 어떤가요? 그리 나쁘진 않죠”라는 괴링의 질문에 노신사는 “끔찍하군요”라는 대답 대신 자신 없는 태도를 보였다. 그는 자신의 막강한 고용인이자 고객의 의견에 반대하고 싶지 않았으므로 애매하게 대답한 것이다. 괴링은 그를 놀려줄 기회임을 간파하고 나에게 윙크를 보냈다. “감독관님, 벽이 정말 아름답지 않습니까? 모든 방을 이렇게 장식할 생각입니다만. 슈페어 씨와 그 문제를 논의하고 있었지요. 안 그런가, 슈페어?” “물론입니다. 벌써 도면이 준비되었습니다.” “어떻습니까, 감독관님. 이게 바로 우리가 원하는 스타일이죠. 마음에 쏙 드실 거라고 생각합니다.” 노인은 몸을 꼬았다. 그의 예술적 양심이 이마에 굵은 땀방울을 맺히게 했고 난처함으로 턱수염이 떨렸다. 괴링은 이를 눈치채고 계속 파에프케를 몰아 대답을 들으려고 했다. “자, 벽을 한번 찬찬히 살펴봐요, 장미꽃들이 감겨 올라가는 모습이 얼마나 멋집니까? 마치 장미 정원에 나와 있는 것 같지 않소? 그런데 감독관님은 이런 무늬를 그렇게 좋아하지 않는다고 말씀하시는군요?” “아뇨, 좋습니다. 좋아요.” 절망에 빠진 노신사는 괴링의 말을 인정했다. “예술품에 대한 식견으로 유명한 감독관님 같은 분은 이렇게 멋진 예술품에 감탄을 해야 마땅하죠. 말씀해보세요. 정말 아름답지 않습니까?” 긴 게임 끝에 파에프케는 굴복했고 괴링이 원하는 찬사의 말을 늘어놓고 말았다.

"항상 이런 식이야!" 괴링은 나중에 경멸하듯 말했다. 그것은 사실이었다. 괴링을 포함해서 모든 사람이 다 그런 식이었다. 식사 때마다 괴링은 히틀러에게 자신의 집이 얼마나 환하고 밝아졌는지, 얼마나 값비쌌지 입에 침이 마르도록 이야기했다. "이제 제 관저도 각하의 저택처럼 됐습니다."

만일 히틀러가 자신의 벽을 장미로 뒤덮었다면 괴링도 분명 장미를 고집했을 것이다.

1933년 겨울 무렵, 그 결정적인 저녁식사 초대가 있은 지 불과 한두 달 후부터 나는 히틀러의 측근으로 인정받기 시작했다. 히틀러의 총애를 받는 사람들은 나를 포함해 몇 명 되지 않았다. 비록 나는 천성적으로 과묵하고 말이 없었지만 히틀러는 분명한 호감을 보였다. 나는 히틀러가 젊은 시절 이루지 못했던 위대한 건축가의 꿈을 나에게 투사하고 있는 것 아닌가 하고 종종 스스로에게 물었다. 하지만 그런 가능성을 고려하더라도 히틀러는 너무도 자주, 순전히 직관적으로 행동했다. 그가 나에게 왜 그렇게 따뜻하게 대했는지 아직도 해답을 찾을 수 없다.

나는 나중에 신봉하게 되는 신고전주의 양식과 여전히 멀리 떨어져 있었다. 우연히 1933년 가을에 만들어진 설계도 몇 점이 보존되어 있다. 뮌헨 그륀발트에 세워질 당 학교 공모전을 위해 준비한 계획안이었다. 공모전에는 모든 독일의 건축가들이 초대되었다. 나의 작품은 이미 멜로드라마 같은 수법과 위압적인 축 설계에 많이 의존하고 있었다. 그러나 여전히 테세노 교수에게서 배운 절제된 표현이 사용되었다.

히틀러는 트로스트, 나와 함께 수상작을 뽑기 전에 참가 작품들을 둘러보았다. 그런 공모전에서는 스케치에 사인을 하지 못하도록 되어 있다. 물론 나는 상을 타지 못했다. 판정이 내려진 뒤 작가의 이름이 밝혀지자 스튜디오에서 대화를 하고 있던 트로스트가 내 작품을 추켜세웠다. 그리고 놀랍게도 히틀러는 100여 점의 작품 속에 섞인 내 작품을 몇 초밖에 보지 않았는데도 세부적인 내용을 기억하고 있었다. 히틀러는 조용히 트로스트의 칭찬을 묵살했다. 히틀러는 아마도 내가 그의 마음에서 원하고 있는 건축가와는 아직 거리가 멀다고 생각했을 것이다.

히틀러는 2, 3주마다 뮌헨으로 갔다. 그리고 나와 동행하는 횟수가 점점 잦아졌다. 기차에서 그는 보통 신이 나서 "교수님"이 완성하고 있을 설계도 이야기를 했다. "내 생각에는 말이지, 미술관 평면도 설계 수정을 마쳤을 것 같군. 고칠 부분이 좀 있었거든. 그리고 식당이 아직도 끝나지 않았을까? 우리는 바커를의 조각상 스케치들도 볼 수 있을 거야."

도착하자마자 히틀러는 트로스트 교수의 작업실로 향했다. 스튜디오는 테레지엔슈트라세 뒤 초라한 공터에 있었다. 뮌헨 공과대학과도 멀지 않은 곳이다. 여러 해 동안 페인트칠을 하지 않은 허름한 계단을 올라 3층으로 갔다. 서로의 위상에 민감한 트로스트는 절대 계단까지 나와 히틀러를 맞이하는 일이 없었고, 떠날 때도 아래층으로 내려오지 않았다. 대기실에 들어선 히틀러는 트로스트에게 인사했다. "도저히 앉아서 기다릴 수가 있어야 말이죠, 교수님. 뭔가 새로운 거 있으면 좀 봅시다." 우리는 급히 작업실로 들어갔다. 히틀러와 내가 서 있는 동안 트로스트는 언제나처럼 침착하고 조용한 태도로 자신의 구상을 담은 설계도를 펼쳤다. 그러나 히틀러가 그토록 총애하던 그 건축가는 자신의 후임자만큼은 운이 좋지 못했다. 히틀러가 흡족함을 나타낸 일이 거의 없었기 때문이다.

잠시 후, 트로스트의 아내가 히틀러의 뮌헨 청사에 사용될 직물과 벽지 샘플을 보여주기도 했다. 섬세하고 절제된 스타일이라 화려한 것을 좋아하는 히틀러의 취향에 비해 너무 점잖았다. 하지만 히틀러는 마음에 들어 했다. 당시 부유층에서 유행하던 균형 잡힌 부르주아적 분위기와 조용한 화려함에 마음이 끌렸던 모양이다. 두세 시간 정도 흐르면 히틀러는 퉁명스럽지만 거짓 없는 태도로 뮌헨 사저로 떠날 채비를 했다. 그는 나에게 짧은 몇 마디를 던졌다. "오스테리아로 오게. 점심을 먹자구."

보통 2시 반 정도가 되면 나는 오스테리아 바이에른으로 갔다. 예술가들이 자주 찾았던 오스테리아는 히틀러의 단골 레스토랑이 된 후 예상치 못한 명성을 누렸다. 그런 곳에서는 말쑥한 차림의 히틀러나 제복을 입은 수행원들보다는 렌바흐나 슈투크 주변에서 볼 수 있는 긴 머리와 덥수룩한 수염을 기른 예술가들이 훨씬 어울린다. 그러나 히틀러는 오스테리아를 편하게 생각했다. '좌절한 예술가'로서 그는 분명 자신이 한때 추구했던 분위기를 즐겼다. 이제 그는 그 분위기를 잃었을 뿐 아니라 완전히 경계를 넘어서버렸는데도 말이다.

히틀러에게 초대받은 사람들이 히틀러가 올 때까지 여러 시간을 기다리는 일도 자주 있었다. 오스테리아에는 보통 부관 한 사람과 바이에른 관구장 바그너가 전날 밤의 폭음에서 깨어날 경우 나와 있었다. 그리고 물론 히틀러의 오래된 지기이자 사진사인 호프만의 모습도 보였다. 호프만은 그 시간쯤 되면 약간 취해 있기 일쑤였다. 그리고 사람들의 호감을 자아내는 영국 아가씨 밋포드 양도 함께했다. 드물기는 해도 화가나 조각가가 나오는 경우도 있었다. 그러고 나면 공보실장 디트리히 박사가 도착한다. 그리고 변함없이 루돌프 헤스의 비서 마르틴 보어만이 나타난다. 전혀 시선을 끌지 않는 스타일의 사람이었다. 거리에는 수백 명의 주민들이 기다리고 있었는데, 우리의 모습이 곧 히틀러가 나타난다는 신호였기 때문이다.

바깥에서 환호성이 들렸다. 히틀러는 낮은 파티션으로 한쪽을 가린, 우리가 항상 앉는 구석자리를 향해 걸어왔다. 화창한 날이면 우리는 나무 그늘이 있는 작은 뜰로 나갔다. 히틀러는 주인과 두 종업원에게 명랑하게 인사를 건넨다. "오늘은 뭐가 맛있소? 라비올리? 그렇게 맛있지만 않다면 정말 매력적인 요리인데 말이지!" 그는 손가락을 톡톡 쳤다. "여기는 모든 것이 완벽해요, 내 허리 사이즈에 내해 고민할 필요만 없다면 말이오. 총통은 자신이 좋아하는 음식을 마음껏 먹을 수 없다는 사실을 가끔 잊어버리는 것 같더군." 그는 메뉴를 천천히 살펴보더니 라비올리를 주문했다.

각자 좋아하는 음식을 주문했다. 커틀릿, 프랑스 요리, 헝가리 와인이

나왔다. 죽은 짐승의 고기를 좋아하는 이들과 와인 애호가에 대해 히틀러가 가끔 농담을 했지만 누구나 도취된 분위기에서 먹고 마셨다. 개인적인 취향을 존중하는 분위기였다. 정치 이야기는 하지 않는다는 것이 모인 사람들의 암묵적인 합의였다. 유일한 예외는 밋포드 양이었는데, 그녀는 몇 년 뒤 국제적 긴장이 높아진 이후에도 자신의 조국을 위해 목소리를 높였고 히틀러에게 영국과 협정을 맺으라고 간청하기도 했다. 히틀러의 묵살에도 불구하고 그녀는 노력을 중단하지 않았다. 1939년 9월 영국이 전쟁 선언을 하던 날, 그녀는 작은 권총을 가지고 뮌헨에 있는 영국 정원에서 자살을 시도했다. 히틀러는 특별히 의료진을 보내 그녀를 간호하게 했고 몸을 움직일 수 있게 되자마자 스위스를 통과하는 특별 열차 편으로 그녀를 고국 영국으로 돌려보냈다.

식사를 하는 동안 아침에 트로스트 교수를 방문했던 일이 주제로 올랐다. 히틀러는 트로스트 교수의 설계에 대해 아낌없는 찬사를 늘어놓았다. 그는 별로 힘들이지 않고 모든 상세한 부분을 기억했다. 내가 테세노 교수님에게 막연하게 경탄을 보냈던 것처럼, 그와 트로스트의 관계는 어떻게 보면 사제지간 같았다.

히틀러의 이런 성격은 대단히 매력적이었다. 주변의 다른 사람에게 숭배를 받는 한 인간이 아직도 누군가에게 존경심을 품을 수 있다는 것이 놀라웠다. 자신을 건축가라고 여겼던 히틀러는 그 분야의 전문가가 가진 훌륭한 능력에 존경을 표했다. 이런 모습은 정치인 히틀러에게서는 전혀 찾아볼 수 없는 것이다.

그는 뮌헨의 출판 가문 부르크만 집안이 자신을 트로스트 교수에게 소개시켰던 당시를 진솔하게 이야기했다. 그의 표현을 빌자면, 트로스트의 작품을 처음 보았을 때 "마치 눈에 씐 콩깍지가 벗겨지는 느낌이었다"는 것이다. "그동안 내가 만든 설계도들을 더 이상 참을 수 없게 되었지. 그분을 만난 것이 얼마나 행운인지 몰라!" 우리는 동의하는 수밖에 없었다. 만일 트로스트의 영향을 받지 않았다면 건축에 대한 그의 취향이 어땠을까

하는 생각만으로도 끔찍하다. 한번은 나에게 20대 초반에 그렸던 스케치북을 보여준 일이 있었다. 빈의 링슈트라세에 네오바로크 양식으로 공공건물을 짓는다는 계획이었다. 1890년대에나 가능했던 이야기다. 더욱 신기했던 점은 건축 설계용 스케치북에 무기나 전함 설계도도 함께 들어 있었다는 것이다.

히틀러의 성향과 비교하면 트로스트의 건축은 상당히 절제된 스타일이었다. 따라서 그가 히틀러에게 미친 영향은 제한적일 수밖에 없었다. 마지막에 가서 히틀러는 자신의 초기 스케치의 모델로 삼았던 건축가들과 건물을 찬미했다. 그 가운데는 샤를 가르니에가 지은 파리 오페라하우스도 있었다. "파리 오페라하우스의 계단은 세상에서 최고로 아름답지. 화려한 드레스를 입은 숙녀들과 유니폼을 입은 남자들이 줄지어 내려오는 장면을 상상해봐. 이봐 슈페어 선생, 우리도 그런 걸 지어야 한다고!" 그는 빈 오페라하우스에 대해서도 열을 올렸다. "지구상에서 가장 장엄한 오페라하우스지. 거기서 어우러지는 음향은 정말 대단해. 젊은 시절 나는 네 번째 줄 관람석에 앉았지…." 그는 빈 오페라하우스를 설계한 두 명의 건축가 가운데 한 명인 에두아르트 판 데어 뉠에 대해 할 말이 많았다. "그는 오페라하우스가 실패작이라고 생각했어. 자네도 알겠지만, 너무 절망에 빠진 나머지 오페라하우스 개관식 전날 총으로 자기 머리를 쏘고 말았네. 개관식에서 그 오페라하우스가 뉠의 최고 성공작이었음이 입증되었어. 모든 이가 건축가에게 찬탄을 보냈으니까." 이런 이야기를 시작으로 히틀러는 자신이 겪은 어려움으로 화제를 옮긴다. 어려운 순간에 운 좋은 전환점이나 사건이 있었고 누군가 나타나 그를 구해주었다는 것이다. 이야기의 교훈은 이렇다. "절대 포기해선 안 돼."

그는 특히 헤르만 헬머(1849~1919)와 페르디난트 펠너(1847~1916)가 지은 극장건물들을 좋아했다. 이들은 19세기 말 오스트리아-헝가리제국과 독일에 후기 바로크 양식과 비슷한 스타일의 극장을 많이 지었다. 히틀러는 이 건물들의 위치를 정확히 알고 있었고, 나중에는 세상 사람들이 외면하던 아우크스부르크에 있는 극장을 개조했다.

동시에 히틀러는 19세기에 활동했던 절제된 스타일의 건축가들도 좋아했다. 드레스덴의 오페라하우스와 미술관, 빈의 호프부르크와 기타 여러 박물관을 설계한 고트프리트 젬퍼(1803~79), 아테네와 빈에 멋진 고전주의 건물들을 디자인한 테오필 한젠(1803~83) 등도 높이 평가했다. 자신이 찬미해 마지않던 파리 오페라하우스도 마찬가지지만, 히틀러는 오직 설계도로만 그 작품들을 알고 있었다. 1940년, 독일군이 브뤼셀을 점령하자마자 히틀러는 나를 보내 풀라르트(1817~79)의 대법원 건물에 가보게 했다. 내가 돌아가자 히틀러는 건물의 세부적인 부분까지 자세히 물었다.

건축에 대한 히틀러의 열정은 이 정도로 대단했다. 하지만 그는 결국 빌헬름 2세가 궁중건축가 이네를 통해 추구했던 과장이 심한 네오바로크 양식에 끌렸다. 근본적으로 네오바로크는 바로크 양식에 퇴폐적인 면이 더해진 것으로, 로마제국이 멸망할 때 나타났던 양식에 비유된다. 히틀러는, 회화와 조각과 마찬가지로, 자신의 젊은 시절을 사로잡았던 건축에 머물러 있었다. 1880년에서 1910년 사이의 세계가 그의 정치적 이데올로기는 물론이고 예술적 취향까지 결정한 것이다.

상반되는 충동은 히틀러의 특성이다. 그는 젊은 시절에 큰 영향을 받은 빈적인 요소들을 찬미했지만, 동시에 이렇게 선언하기도 했다.

> 내가 처음 건축에 대해 배우게 된 것은 트로스트 교수를 통해서였네. 돈을 좀 갖게 되자 나는 트로스트 교수의 것과 비슷한 가구들을 하나씩 사들였지. 나는 그의 건물들을 보았고, 유로파의 약속을 보았어. 그리고 브루크만 부인의 모습으로 내 앞에 나타나 이 거장을 나에게 인도해준 운명에 항상 감사했지. 당이 점점 큰 의미를 갖게 되면서 나는 그에게 브라운하우스를 개조하고 가구를 갖추어달라고 부탁했어. 자네도 알 거야. 그 일로 얼마나 말들이 많았는지. 당내 속물들에겐 그것이 돈

낭비로 보였겠지. 공사를 하는 동안 트로스트 교수에게서 얼마나 많은 것을 배웠는지 몰라!

파울 루트비히 트로스트는 베스트팔렌 출신이었고 키가 아주 크고 마른 체격이었다. 머리는 거의 삭발에 가까웠다. 조용조용 대화하는 편이었고 제스처는 되도록 삼갔다. 그는 페터 베렌스, 요제프 올브리히, 브루노 파울, 발터 그로피우스 등의 건축가들과 함께 활동했다. 이들은 1914년 이전, 장식이 많은 유겐트슈틸에 반대하는 운동을 이끌었고, 장식을 거의 배제한 간결한 접근과 현대적 요소가 가미된 검소한 전통을 주창했다. 트로스트는 공모전에서 가끔 상을 타기도 했는데 1933년 이후에야 독일 건축계를 이끄는 대가로서 두각을 나타냈다.

당 기관지가 여기에 대해 자주 다루었음에도 불구하고 그때만 해도 "총통의 스타일"이 없었다. 제국의 공식 건축 스타일로 분류되는 것은 트로스트를 통해 전수된 신고전주의뿐이었다. 그러나 그것은 변형되고, 과장되어 가끔은 우스꽝스러울 정도로 왜곡되어버렸다. 히틀러는 도리아 양식과 독일적인 세계 사이에 일종의 연관성이 있다는 믿음 때문에 고전 양식이 가지는 불변의 가치를 더욱 높이 평가했다.† 그럼에도 불구하고 히틀러의 정신세계 속에서 이념적 기초가 있는 건축 스타일을 찾으려고 한다면 실수다. 그것은 그의 실리적인 사고방식과 어울리지 않는 일일 테니까.

그가 정기적으로 나를 뮌헨에 데리고 가 건축에 대한 논의를 한 데에는 나름의 의도가 있었다. 내가 트로스트의 문하생이 되길 바랐던 것이다. 나

† 도리아 양식은 이오니아, 코린트 양식과 함께 고대 그리스의 세 가지 오더(order) 가운데 하나이다. 도리아 양식은 셋 가운데 가장 원초적이고 남성적이며 단순한 형태로, 고대 그리스와 독일을 연결하려고 한 히틀러의 생각에 가장 부합하는 것이었다.

는 배우기를 열망했고 실제로 트로스트에게 많은 것을 배웠다. 내 두 번째 스승의 정교하고 절제된 건축은 나에게 확고한 영향을 미쳤다.

오스테리아에서 길게 이야기를 늘어놓던 시간도 끝이 났다. "교수님이 오늘 관저 계단 벽에 합판공사를 한다는군. 궁금해서 못 견디겠어. 브뤼크너, 차를 대기시켜. 바로 가볼 테니까." 그리고 나에게 물었다. "자네도 같이 갈 거지?"

히틀러는 차에서 내리자마자 서둘러 계단을 향했고 아래층과 복도, 계단을 모두 자세히 살펴보았다. 그리고는 기쁨에 가득 차 위층으로 올라갔다. 히틀러는 건물 전체를 둘러보았다. 히틀러가 설계도의 세부 사항을 완벽히 기억하고 있었으므로 관계자들은 깜짝 놀랐다. 그는 공사 진척에 직접 관여하고 그 건물을 좌우하는 주인공이 바로 자신이라는 점에 만족한 채 다음 목적지로 향했다. 뮌헨 보겐스하우젠에 있는 사진사의 집이었다.

날씨가 좋을 때는 호프만의 작은 뜰에서 커피를 마셨다. 다른 집 정원에 둘러싸인 그의 뜰은 60평이 채 되지 않았다. 히틀러는 케이크를 극구 사양했지만 끝내 포기하고 호프만 부인에게 불평을 늘어놓으며 자기 몫으로 나온 케이크를 들었다. 태양이 밝게 빛나는 날이면 제국총리 히틀러는 웃옷을 벗고 셔츠 차림으로 풀밭에 눕기도 했다. 호프만의 집에서 그는 편안해 보였다. 한번은 루트비히 토마의 책을 가지고 오라고 해 큰 소리로 읽기도 했다.

히틀러는 호프만이 고르라며 들고 오는 그림들을 좋아했다. 처음에는 호프만이 수집한 그림들이나 히틀러의 낙점을 받는 작품들이 나를 놀라게 했지만, 점차 그의 예술적 취향에 익숙해졌다. 나는 여전히 로트만, 프리스, 코벨과 같은 초기 낭만주의 작가들의 풍경화를 계속 수집했지만 말이다.

호프만과 히틀러가 좋아했던 작가들 가운데 에두아르트 그뤼츠너가 있었다. 비틀거리는 사제들이나 술 취한 집사들이 등장했기 때문에 금주가였던 히틀러가 좋아할 만한 그림은 아니었다. 그러나 히틀러는 그 작품들의 '예술적' 가치를 높이 평가했다. "아니 뭐라고? 이 그림이 5,000마르크밖에 안 된단 말인가?" 내가 보기엔 2,000마르크 이상이 될 수 없었다. "호프만! 이건 주워 온 거나 다름없군그래. 여기 이 디테일을 좀 봐. 세상 사람들은 그뤼츠너의 가치를 모르고 있어." 그뤼츠너의 다음 작품은 좀 더 비쌌다. "그뤼츠너는 아직 세간의 관심을 받지 못했을 뿐이야. 렘브란트도 죽은 뒤 수십 년간 제대로 대접을 받지 못했지. 그의 그림은 거의 값이 매겨지지도 못했어. 두고 봐, 그뤼츠너도 언젠간 렘브란트 정도의 값을 받게 될 거야. 렘브란트가 살아 돌아온다 해도 이보다 잘 그릴 수는 없을걸."

히틀러는 모든 예술 분야에서 19세기 말을 인류 역사 최고의 문화적 전성기로 여겼다. 그것이 사실로 인정되지 않는 것은 우리가 19세기에서 아직 멀어지지 않았기 때문이라고 강변했다. 하지만 그의 찬사는 인상파에 이르러 멈추어버렸다. 예외적으로 라이블이나 토마의 작품에 나타난 자연주의는 예술을 (정치적) 행동주의로 접근한 그의 입장과 잘 들어맞았다. 그는 마카르트를 최고로 여겼고 슈피츠베크에 대해서도 찬사를 멈추지 않았다. 나는 히틀러의 취향을 이해할 수 있었다. 그가 찬양하는 것이 대담하고 인상파적인 화풍이라기보다는 완고한 중산층적 장르의 특징, 즉 슈피츠베크가 당시의 소도시 뮌헨을 신사적으로 조롱했던 부드러운 유머에 지나지 않았지만 말이다.

얼마 후, 사진사가 깜짝 놀랄 일이지만, 슈피츠베크 작품에 대한 히틀러의 관심을 악용한 위조품이 발견되었다. 히틀러는 작품의 진품 여부에 대해 의심을 품기 시작했지만 곧 이러한 의심을 누르고 악의에 가득 차 말했다. "자네도 알지? 호프만이 걸어둔 슈피츠베크의 작품들 가운데에 가짜가 있다는 것을 말야. 난 한눈에 알아봤는걸. 하지만 그림을 모으는 그의 즐거움을 빼앗지 말자고." 그는 뮌헨에 있는 동안 자주 썼던 바이에른 억양으로 말했다.

히틀러는 카를톤 찻집을 자주 찾았다. 겉만 번드르르한 화려한 곳이었는데, 모조 가구와 가짜 크리스털 샹들리에가 걸려 있었다. 뮌헨의 다른 곳에서처럼 사람들이 와서 사인을 해달라고 하는 일이 없었기 때문에 방해받지 않고 머물 수 있는 그곳을 히틀러는 좋아했다.

밤늦게 히틀러의 청사에서 종종 전화가 걸려 왔다. "총통께서 자동차 편으로 카페 헤크에 가시려고 하는데 슈페어 씨도 오셨으면 해서요." 나는 침대에서 일어나야 했고, 그런 날은 새벽 2~3시가 되기 전에는 돌아올 가능성이 없었다.

가끔 히틀러는 이런 사과를 하기도 했다. "투쟁을 하는 동안 밤늦게까지 자지 않는 습관이 들었지 뭔가. 집회를 마치고 나면 오랜 동지들과 함께 시간을 보냈고, 연설을 하고 나서는 감정이 격해져 새벽까지 잠들지 못했었지."

카페 헤크는 카를톤 찻집과 대조되는 곳이었다. 소박한 나무 의자와 철제 테이블이 있었다. 당원들의 오랜 단골집으로, 히틀러가 가끔 동지들을 만나던 곳이기도 했다. 그러나 1933년부터 이런 만남들은 모두 중단되었다. 뮌헨 동지들은 히틀러에게 오랜 세월 헌신을 다한 사람들이었다. 나는 히틀러가 가까운 뮌헨의 옛 동지들을 모아 그룹을 만들 것이라고 기대했지만 그런 일은 없었다. 오히려 히틀러는 옛 동지로부터 연락이 오면 퉁명스럽게 굴었고, 온갖 이유를 동원해 만남을 거절하거나 미루었다. 물론 옛 정치동지들은 히틀러가 바람직하다고 생각한 (겉으로는 친근하게 대했지만) 존경어린 거리감으로 언제나 히틀러를 대하지는 않았다. 그들은 과도하게 가까움을 표하는 경우가 많았는데, 히틀러와 가까운 것처럼 굴 수 있다는 그들의 믿음은 이제 스스로에게 새로운 역사적인 사명을 부여한 히틀러를 불편하게 했다.

극히 드문 경우지만 그는 한두 사람의 옛 동지를 방문하기도 했다. 거대한 저택을 소유한 그들은 대부분 중요한 직책을 맡고 있었다. 동지들의 연례모임은 1923년 11월 9일 반란을 기념해 뷔르거프로이켈러에서 열렸다. 놀랍게도 히틀러는 그 모임을 기다리지 않았다. 참석이 내키지 않았음이 분명했다.

1933년이 지나면서 다양한 관점을 지닌 여러 개의 분파들이 급속히 생겨났다. 이들은 다른 파벌을 염탐하고 경멸했고, 당은 조롱과 혐오가 뒤섞인 분위기로 가득했다. 새로운 우두머리들은 가까운 지인을 자기 주변으로 끌어모으느라 바빴다. 힘러는 절대적 충성을 바치는 친위대 간부들과 어울렸다. 괴링도 자신의 추종자 집단을 만들었고 그 가운데는 친구와 가까운 지인, 부관 들도 포함돼 있었다. 그런가 하면 괴벨스는 문학이나 영화 관계자들과 함께하는 것을 좋아했다. 헤스는 동종요법약물에 관심이 많았고 실내악을 사랑했으며, 좀 괴팍하지만 흥미를 끄는 인사들과 어울렸다.

지식인이었던 괴벨스는 뮌헨에서 활동했던 히틀러의 거칠고 교양 없는 옛 동지들을 경멸했고, 그들도 위선적인 지식인의 지적 야망을 조롱했다. 괴링은 뮌헨의 속물도 괴벨스도 자신에게는 어울리지 않는 상대로 여기며 가까이 하지 않았다. 반면 (한동안 최고위층 자제라는 선입견으로 표현되던) 친위대의 엘리트주의적 사명감으로 가득 차 있던 힘러는 모든 파벌에 대해 절대적인 우월감을 느꼈다. 히틀러도 어딜 가나 자신만의 수행원들을 대동하고 다녔는데 운전기사, 사진사, 조종사, 비서들로 언제나 같은 인물들이었다.

히틀러는 이 다양한 파벌들을 정치적으로 통합시켰다. 그러나 집권 1년이 지나면서 힘러와 괴링, 헤스는 저녁식사 테이블이나 영화관람 시간에 얼굴을 잘 비추지 않았다. 함께 모인 자리에서는 새 정권의 구성원으로서 서로 어울리는 척이라도 해야 하기 때문이다. 그들이 얼굴을 내민다 해도 오로지 관심은 서로에 대한 유대관계보다는 히틀러의 환심을 사는 일에만 집중되었다.

히틀러도 각 파벌 우두머리들을 인간적으로 맺어주려는 노력을 하지 않았다. 상황이 점점 악화된 나중에는 파벌들끼리의 교류에 대해 외려 날카로운 의혹의 시선을 보내게 되었다. 모든 것이 끝나고 나서야, 고립된 세상의 축소판 같던 파벌의 지도자들이 룩셈부르크의 한 호텔에 함께 모일 기회를 가졌다. 모두가 죄수의 신분이었으므로 어쩔 수 없었다.

뮌헨에 머무는 동안 히틀러는 정부나 당 일에 거의 관심을 두지 않았다. 베를린이나 오버잘츠베르크에 있을 때보다도 정도가 심했다. 보통 하루 한두 시간 정도만 회의에 참석할 짬이 났다. 히틀러는 건물 사이를 돌아다니거나 작업실, 카페, 레스토랑에서 휴식을 취하거나 측근들을 모아 놓고 기나긴 독백을 하면서 대부분의 시간을 보냈다. 그들은 보통 히틀러의 변하지 않는 이야기 주제에 익숙해져 있었으므로 따분함을 감추려고 온갖 괴로운 노력을 다해야 했다.

뮌헨에서 2, 3일을 보내고 나면 히틀러는 차를 타고 "산", 즉 오버잘츠베르크로 갈 준비를 하라고 명령했다. 우리는 오픈카를 타고 먼지투성이 도로를 몇 시간씩 달렸다. 당시 잘츠부르크까지 이어지는 아우토반 건설이 우선 과제로 추진되는 중이었다. 우리의 차량 행렬은 보통 킴제 호숫가 람바흐 마을에 이르러 멈추었는데, 마을 레스토랑에서 커피와 함께 히틀러의 의지도 굴복시키는 기막힌 맛의 페이스트리를 맛볼 수 있었기 때문이다. 그러고 나서 손님들은 두 시간 정도 더 먼지를 들이마시면서 달린다. 차들이 일렬종대로 달리기 때문이다. 베르히테스가덴을 지나 오버잘츠베르크에 있는 히틀러의 멋진 통나무집에 도착하기까지, 온통 움푹 팬 경사진 산길이 이어졌다. 통나무집은 처마가 긴 지붕에 실내는 검소했다. 식당과 작은 거실, 침실 세 개가 있고 가구는 오래된 독일 농가 스타일이라 편안한 프티부르주아적 분위기를 풍겼다. 놋쇠로 된 카나리아 새장과 선인장 하나, 고무나무가 그런 느낌을 더욱 강하게 했다. 그를 숭배하는 여성들이 만든 것으로 보이는 떠오르는 태양이나 '영원한 충성의 맹세'와 함께 나치 상징이 수놓아진 장식품과 베개 들이 있었다. 히틀러는 약간 당황한 기색을 보이며 나에게 설명했다. "뭐 대단한 건 아니지만 다들 선물받은 거라서 버릴 수가 있어야 말이지."

곧 그는 침실에서 나왔는데 재킷을 벗고 노란 타이에 연한 하늘색 면으로 된 바이에른식의 스포츠 재킷 차림이었다. 그때부터 히틀러는 자신의 건축 계획에 대해 이야기를 시작했다. 몇 시간 뒤 작은 메르세데스 세단을 타고 두 명의 비서 볼프 양과 슈뢰더 양이 나타났다. 이들과 함께 소박한 뮌헨 아가씨 한 사람이 오는 경우가 많았는데, 예쁘다기보다는 상냥하고 신선한 느낌의 얼굴로 겸손한 여성이었다. 그녀가 히틀러의 연인 에바 브라운이라는 사실을 당시에는 그 누구도 알아채지 못했다.

히틀러와의 관계를 드러내지 않기 위해 그녀들의 세단은 공식 자동차 행렬에는 끼지 않았다. 여비서들은 에바 브라운의 정체를 숨기기 위한 위장술에 지나지 않았다. 나는 히틀러와 에바 브라운이 서로 친밀한 관계를 드러내는 것을 그토록 피하다가 밤늦은 시간 함께 2층 침실로 올라가는 행동이 이상할 뿐이었다. 왜 두 사람이 그토록 불필요한 거리 두기를 했는지 지금도 이해할 수가 없다. 우린 그의 최측근이었고 결국 모든 것을 알아챌 수밖에 없는데도 말이다.

에바 브라운은 히틀러의 측근들에게도 일정 거리를 유지했고 나에게도 마찬가지였다. 그러나 그녀의 태도는 시간이 흐르면서 조금씩 달라졌다. 우리가 서로에게 친숙해지자, 도도하다는 느낌을 주기까지 한 그녀의 절제된 태도가 사실은 단지 당혹감 때문이었음을 깨닫게 되었다. 에바 브라운은 히틀러의 측근들 앞에서 자신의 이중적인 위치를 잘 알고 있었다.

히틀러에 대해 알아가던 초창기에 그의 부관이자 비서였던 에바 브라운은 히틀러와 통나무집 안에 머무를 수 있는 유일한 사람이었다. 보어만과 공보실장 디트리히를 비롯해 다른 손님들 예닐곱 명은 두 여비서와 함께 가까운 산장에 머물렀다.

오버잘츠베르크에 집을 짓겠다는 히틀러의 결정은 자연에 대한 그의 사랑을 뜻한다고 생각했다. 물론, 그것은 나의 오해였다. 히틀러는 아름다운 풍광에 대해 자주 경탄했는데, 사실 그가 매료된 것은 조화를 이룬 자연의 풍경이 아니라 심연의 무시무시함이었다. 히틀러가 제대로 표현할 수는 없었지만 강렬한 감흥이었을 것이다. 나는 히틀러가 꽃을 별로 좋아하지 않으며 단지 장식물로 여기고 있음을 눈치챘다. 1934년 무렵, 간혹 베를린 여성 단체 대표들은 안할터 역에서 있을 히틀러 환영식을 준비하면서 선전장관의 비서인 한케에게 전화를 걸어 히틀러가 무슨 꽃을 좋아하는지 묻곤 했다. 한케는 나에게 이렇게 말했다. "내가 여러 군데 전화를 걸어서 부관들에게 각하가 무슨 꽃을 좋아하는지 물어봤지만 대답을 들을 수가 없더군. 각하는 좋아하는 꽃이 없는 것 같소." 그는 잠시 생각에 잠기더니 이렇게 말했다. "자네 생각은 어떤가, 슈페어? 각하께서 에델바이스를 좋아한다고 하면 어떨까? 그게 무난할 것 같은데. 흔치 않은 꽃인데다가 바이에른 산악 지방에서 자라지. 그냥 에델바이스로 하자구." 그 이후 에델바이스는 공식적으로 "총통의 꽃"으로 자리 잡았다. 히틀러의 이미지가 대부분 선전부의 재량에 달려 있음을 보여주는 단적인 예다.

히틀러는 과거에 경험했던 산악여행에 대해 자주 이야기했다. 등반 전문가의 입장에서 보면 별로 이야깃거리가 되지 못하는 수준이었다. 그는 등산이나 알파인 스키는 하지 않았다. "산속에 오래 머물면서 끔찍한 겨울을 인위적으로 늘인다는 게 뭐가 즐겁나?" 1941~42년의 끔찍한 겨울 행군 이전에도, 히틀러는 눈에 대한 거부감을 여러 번 드러냈다. "내 마음대로 할 수만 있다면 스키를 없애버리겠어. 스키를 타면서 겪게 되는 사고도 다 사라지겠지. 물론 산을 오르는 군인들은 그런 바보들 가운데 뽑아야 하겠지만 말이야."

1934~36년, 히틀러는 여전히 국가 소유의 삼림지대를 누비며 도보 여행을 계속했다. 여행에는 그의 손님들과 친위대 경호원 서너 명이 평상복을 입고 함께했다. 에바 브라운도 허용되었지만 여비서들과 함께 일행의 제일 마지막에서 따라왔다. 누군가 앞줄로 불려나가는 것은 비록 대화가 드문드문 이어지더라도 히틀러의 호감을 받는다는 징표로 여겨졌다. 한 시간 반 정도 지나면 히틀러는 파트너를 바꾸었다. "공보실장을 오라고 해." 그러면 그때까지 곁에 있던 사람은 제일 뒤로 물러난다. 히틀러는 걸

음이 빨랐다. 지나가다가 마주치는 여행객들은 길가로 물러나 존경에 찬 인사를 건넸다. 몇몇 사람들, 주로 여성들이나 소녀들은 용기를 내 히틀러에게 말을 걸기도 했는데, 그럴 때면 히틀러는 몇 마디의 상냥한 대답을 해주었다.

한 시간 정도 걸으면 나타나는 숲속의 작은 호텔 호흐렌저가 우리의 목적지였다. 일행은 나무로 만들어진 소박한 야외 테이블에 앉아 우유나 맥주를 마셨다. 드문 일이지만 더 멀리 걷는 때도 있었다. 육군원수 블롬베르크 장군과 함께 갔던 여행이 떠오른다. 대화 소리가 들리지 않도록 멀찌감치 떨어져 걷던 우리는 히틀러와 장군이 진지하게 군사 문제를 의논한다고 생각했다. 숲속 공터에서 잠시 쉴 때도 히틀러는 그의 부관들에게 나머지 일행과 상당히 떨어진 곳에 담요를 넓게 펴라고 했고 장군과 함께 그 위에 몸을 뻗고 휴식을 취했다. 평화롭고 순진무구해 보이는 풍경이었다.

한번은 차를 타고 쾨니히스제까지 가서 그곳에서 모터보트를 타고 바르톨로메 반도까지 가기도 했다. 혹은 세 시간 정도 걸어서 섀리트켈을 넘어 쾨니히스제까지 가기도 했다. 도보여행의 끝무렵이면 우리는 날씨가 좋아 산책 나온 사람들 사이를 이리저리 비켜서 지나가야 했다. 신기한 것은 그렇게 많은 사람들이 시골풍의 바이에른식 복장을 하고 있는 히틀러를 알아보지 못했다는 것이다. 그 누구도 히틀러가 하이킹하는 사람들과 뒤섞여 있으리라곤 상상하지 못한 모양이다. 우리가 목적지인 쉬프마이스터 레스토랑에 도착하기 직전에야 일단의 열렬 추종자들이 들뜬 표정으로 뒤를 따르기 시작한다. 방금 마주친 사람이 누구인지 뒤늦게 깨달은 것이다. 히틀러는 앞장서서 거의 뛰다시피 걸었고 우리는 레스토랑 문에 도달하기 전에 점점 늘어나는 군중들에 둘러싸였다. 우리 일행이 커피와 케이크를 드는 동안 바깥 광장은 사람들로 가득 찼다. 히틀러는 경찰이 배치되길 기다렸다가 우리를 데리러 온 오픈카에 탔다. 앞좌석을 뒤로 젖힌 후 히틀러는 많은 사람이 자신을 볼 수 있도록 왼손으로 자동차 앞 유리창을 잡고 운전기사 곁에 섰다. 차가 인파에 휩싸여 천천히 가기 시작하면

두 사람의 경호원이 차 앞으로 가고 옆으로 세 명이 더 선다. 나는 언제나 처럼 히틀러 바로 뒷자리에 앉아 있었는데, 기쁨과 흥분으로 달아오른 수많은 얼굴을 결코 잊을 수 없다. 히틀러가 집권한 1년 동안, 그의 차가 어디에서 멈추든 이런 광경이 되풀이되었다. 대중의 환희는 웅변이나 선전으로 끌어내진 것이 아니라 단지 히틀러의 존재 자체가 불러일으킨 것이었다. 군중 속 개인은 불과 몇 초 안에 이러한 영향력에 감화되었고, 히틀러는 매순간 대중의 숭배에 노출되어 있었다. 그 당시에 나는 사석에서 드러나는 그의 개인적인 습관들을 알면서도 히틀러를 숭배했다.

숭배의 대소동에 내 마음이 혹한 것은 수긍이 가는 일이다. 그러나 더욱 나를 압도했던 것은 내가 이 국가적 우상과 건축에 대해 몇 분, 나중에는 몇 시간, 영화를 보며 옆자리에 앉아 혹은 오스테리아에서 라비올리를 먹으면서 이야기를 나누었다는 것이다. 너무도 대비되는 두 장면에 나는 매료되었다.

불과 몇 달 전만 해도 나는 건물을 설계하고 지을 수 있다는 기대감에 들떠 있었다. 이제 완전히 히틀러의 마법에 포획당한 나는 조금의 망설임도 없이, 아무 생각도 할 수 없을 만큼 그에게 사로잡혔다. 나는 히틀러가 가는 곳이면 어디든 따를 준비가 되어 있었다. 나에 대한 그의 표면적인 관심은 단지 건축가로서 영광스러운 작업에 착수하도록 하는 데 있는 것처럼 보였다. 오랜 세월 후 슈판다우에서 나는 스스로 인간의 가장 고귀한 특권, 즉 자율성을 저버린 사람들*에 대한 에른스트 카시러의 글을 읽었다.

---

* 에른스트 카시러는 이렇게 말한다. "그러나 여기에 교육받은 지식인들이 있다. 정직하고 단정한 이 사람들은 돌연 인간이 가진 최고의 특권을 포기했다. 그들은 자유롭길 중단했고, 주체이길 그만두었다." 그 앞에는 이런 내용도 있다. "인간은 더는 환경에 의문을 가지지 않는다. 그는 모든 것을 당연하게 받아들인다"[『국가의 신화』(뉴헤이븐: 예일 대학교 출판부, 1946), 286쪽].

나도 그들 가운데 한 사람이었던 것이다.

1934년 두 사람의 죽음이 히틀러의 개인적·정치적 영역의 한계를 바꾸었다. 히틀러의 건축가 트로스트가 몇 주간 심하게 앓고 난 뒤 죽었다. 1월 21일이었다. 그리고 8월 2일 제국대통령 힌덴부르크가 서거했다. 그의 죽음으로 총리였던 히틀러가 전권을 위임받게 된다.

앞서 1933년 10월 15일, 히틀러는 진지한 태도로 뮌헨 독일 미술관 기공식에 참석했다. 그는 아름다운 은망치를 세게 내리치는 의식을 행했다. 트로스트가 이날을 위해 미리 준비해둔 것이었다. 그런데 망치가 부러지고 말았다. 몇 달 뒤 히틀러는 그날의 일을 떠올리면서 이렇게 말했다. "망치가 부러졌을 때 그것이 사악한 저주라는 생각이 번뜩 들었다네. 뭔가 좋지 않은 일이 일어날 거라는 생각이 들었지. 그 망치가 왜 부러졌는지 이제 알 것 같아. 그는 죽을 운명이었던 거야." 히틀러가 이렇게 미신을 신봉하는 모습을 나는 여러 번 목격했다.

나에게 트로스트의 죽음은 엄청난 상실이었다. 우리 둘 사이에는 이제 막 친밀함이 싹트고 있었고, 인간적으로나 건축에 관해서나 그에게 많은 도움을 받고 있었다. 트로스트가 죽던 날 만난 괴벨스의 선전부에서 차관을 맡고 있던 발터 풍크는 다른 생각을 하고 있었다. 풍크는 둥그스름한 얼굴에 긴 시가를 물고서 이렇게 말했다. "축하하네! 이제 자네가 1인자야."

내 나이 스물여덟이었다.

5

건축적 과대망상
Gebaute Megalomanie

한동안 히틀러는 마치 자신이 트로스트의 일을 이어받으려는 듯 보였다. 그는 고인이 된 건축가의 비전을 무시한 채 건물이 완성될까 봐 노심초사했다. "최선을 다해 내 손으로 일을 마무리지을 것이야." 히틀러는 훗날 군통수권도 비슷한 방식으로 인수했는데, 역시 예상 밖의 일이었다.

분명 히틀러는 지난 몇 주 동안 잘 굴러가는 작업실을 자신이 책임지게 될 줄 상상하지 못한 채 그 과정을 즐겼을 것이다. 뮌헨으로 향하면서 가끔 나누었던 설계와 스케치에 대한 토론을 통해 그는 스스로 트로스트의 역할을 맡을 준비를 했다. 그리고 몇 시간 후에는 작업대에 앉아 직접 설계도를 수정하곤 했다. 작업실 책임자였던 갈은 단순하고 직선적인 바이에른 사람으로, 끈기 있는 태도로 트로스트가 남긴 설계를 옹호했다. 그는 히틀러가 새로 제안한 세부 사항을 받아들이지 않았고 자신이 더 잘할 수 있다는 것을 보여주었다.

히틀러는 서서히 갈에게 신뢰를 느꼈고 곧 암묵적으로 설계를 포기하기 시작했다. 히틀러가 갈의 능력을 인정한 것이다. 얼마간의 시간이 흐른 후 히틀러는 갈을 작업실 책임자로 임명하고 그에 따른 여러 부수적인 일을 일임했다.

히틀러는 또 오랫동안 친구처럼 지내온 교수의 미망인과도 가까운 관계를 유지했다. 그녀는 취향과 개성이 강한 여성이었고, 종종 색다른 관점으로 고위 관직에 있는 남성들보다도 더 고집스럽게 자신을 변호했다. 그녀는 단호하게 그리고 가끔은 격정적으로 남편의 작업을 지키려 했고, 그 격함은 보는 사람이 두려움을 느낄 정도였다. 그녀는 보나츠를 심하게 비난했는데, 그가 트로스트 교수의 뮌헨 쾨니히 광장 설계를 무모하게 반대하고 나섰기 때문이다. 트로스트 부인은 현대건축가 보르헬저와 아벨에 대해서도 거칠게 공격했다. 게다가 자신이 가장 좋아하는 뮌헨 출신의 건축가를 히틀러에게 추천했을 뿐 아니라 예술가나 예술 행사에 대해 비난이나 칭찬을 늘어놓으며 자신의 취향을 공공연히 드러냈다. 물론 히틀러는 그녀의 의견에 귀를 기울였고 둘은 언제나 의견 일치를 보았다. 때문에 실제로 그녀는 뮌헨 예술계에서 중재자 역할을 하기도 했다. 그러나 불행히도 회화에 관해서는 영향력이 없었다. 히틀러가 사진사 호프만에게 매년 열리던 미술 대전시회를 위해 출품된 작품들을 선별하는 일을 맡겼다. 트로스트 부인은 한쪽으로 치우친 작품 선정에 자주 불만을 드러냈지만 그림에 관해서만큼은 히틀러도 양보하지 않았다. 그녀는 곧 전시장에 발길을 끊었다.

만일 나에게 주변 사람들에게 그림을 선물할 기회가 주어졌다면 나는 주저 없이 히틀러의 선택을 받지 못한 채 창고에 쌓여 있는 그림들 가운데 하나를 선택했을 것이다. 요즘 지인들의 집에 걸린 그림들을 볼 때마다 나는 그 그림들이 히틀러의 선택을 받아 전시됐던 그림들과 구분할 수 없을 정도로 별 차이가 없다는 사실에 충격을 받곤 한다. 그림들 사이의 차이가 한때는 무척이나 격렬한 논쟁의 주제였건만 어느새 사라져버린 것이다.

룀 사건†이 일어났을 때 나는 베를린에 있었다. 온 도시가 초긴장 상태였다. 전투 대열을 갖춘 군인들이 티어가르텐에 배치되었다. 무장 경찰을 가득 태운 트럭이 거리를 가로질러 질주했다. 그때의 분위기는 훗날 베를린에서 겪게 될 1944년 7월 20일과 유사했다.

사건이 발생한 다음 날, 괴링이 베를린의 사태가 수습됐다고 발표했다. 7월 1일 오후, 뮌헨에서 관련자들의 체포가 마무리된 뒤 히틀러가 돌아왔다. 나는 그의 부관으로부터 한 통의 전화를 받았다. "혹시 새로운 설계도 완성된 것 있습니까? 지금 가지고 오랍니다." 히틀러의 마음을 건축으로 돌려보려는 부관들의 노력의 일환이었다.

그는 대단히 흥분한 상태였다. 아마도 스스로 엄청난 위험을 넘겼다고 확신했을 것이다. 나 또한 지금까지도 룀 사건이 히틀러에게 하나의 분수령이었다고 믿고 있다. 그는 자신의 대담함을 과시하려고, 어떻게 비제 호숫가에 있는 한젤마이어 호텔 쪽으로 방향을 돌렸는지 여러 번 반복해서 설명했다. "우리는 무장도 하지 않았네. 생각해보라구. 그리고 그 미친놈이 무장 대원들을 데리고 있다가 공격할지도 모르는 일이었어." 동성애적인 분위기에 역겨움을 느꼈다고 했다. "한 방에는 소년 둘이 벌거벗고 있더군." 히틀러는 자신의 개인적인 결단으로 최후의 참극을 피했다고 믿는 듯했다. "그런 상황을 해결할 수 있는 사람은 나밖에 없네. 그 누구도 못해!"

히틀러의 측근들은 룀과 그를 따르는 무리의 사생활에 대해 가능한 한 상세한 정보를 계속 퍼뜨리면서 처형된 돌격대장을 더욱 더 혐오의 대상으로 만들었다. 브뤼크너는 히틀러에게 베를린에 있는 돌격대 본부에서 발견된 룀과 부관들이 만찬에서 즐겼던 메뉴들을 보여주었다. 메뉴에는 놀랄 정도로 다양한 요리들이 있었는데, 개구리 다리, 새의 혀, 상어 지느러미, 갈매기 알, 명품 프랑스 와인과 최고급 샴페인 등 외국 요리들이 즐비했다. 히틀러는 냉소적으로 말했다. "그렇군, 이런 게 바로 진짜 혁명이로

† 1934년 6월 30일 일어난 피의 숙청. 정규군과는 별도의 군사조직 나치스 돌격대(SA)의 수장 에른스트 룀과 그 부하들이 봉기를 꾀한다는 명목으로 체포돼 재판도 없이 숙청된 사건. '장검의 밤'(Nacht der Langen Messer)으로도 불린다. 히틀러와 함께 나치 혁명을 이끈다고 여겼던 룀과 돌격대를 제거하여 친위대가 권력의 핵심으로 부상하고 히틀러는 군부를 완전히 장악하게 된다.

군그래. 우리의 혁명은 놈들에 비해 너무 평범했던 게야."

대통령에게 전화를 한 뒤 히틀러는 다시 신이 났다. 힌덴부르크 대통령이 그의 작전을 용인했고 이렇게 덧붙였다는 것이다. "상황에 따라 필요하다면 극단적인 방법도 필요해. 유혈 사태도 감수해야지." 신문에는 힌덴부르크 대통령이 히틀러 총리와 프로이센 주 총리 헤르만 괴링*의 작전을 치하한 것으로 보도되었다.

당 지도부는 진압 작전을 정당화하느라 갑자기 분주해졌다. 위대한 작전이 치러진 이날은 임시의회에서 진행한 히틀러의 특별 연설로 마무리되었다. 무력 진압의 결백함을 역설하는 대목에서 그의 죄책감이 묻어났다. 히틀러의 이러한 자기변호는 이후에는 좀처럼 찾아볼 수 없었고, 1939년 전쟁이 시작되었을 때도 마찬가지였다. 법무부장관 귄터도 히틀러의 합리화에 말려들었다. 귄터는 초당파적이며 히틀러에 의존적이지 않았기 때문에 그의 지지는 의혹을 느끼는 이들에게 특별한 무게감을 줄 수 있었다. 군부가 슐라이허 장군의 죽음을 조용히 인정한 것은 대단히 중요한 부분이다. 그러나 나를 비롯한 비정치적인 지인들에게 인상적으로 다가왔던 부분은 힌덴부르크의 태도였다. 제1차 세계대전에 야전 지휘관으로 참전했던 그는 중산층의 존경을 받고 있었다. 내가 학교에 다니던 시절 이미 교과서에 등장해 현대사의 강력하고 확고부동한 영웅으로 추앙받는 인물이었다. 제1차 세계대전이 끝나던 해에는 평범한 아이들조차 1마르크 기부 운동에 참여해 힌덴부르크의 커다란 동상을 세우는 국가적인 행사에 앞장섰다. 내가 아는 한, 힌덴부르크는 권위의 상징이었다. 그러니 히틀러의 작전을 대법원이 허용한 것은 나치당으로서는 대단히 고무적인 일이었다.

룀 사건 이후 대통령과 법무장관, 장성들로 대표되는 우파가 히틀러를

---

* 힌덴부르크가 괴링에게도 비슷한 내용의 전보를 보냈다는 것을 감옥에서 풍크에게 들어 알게 되었다. 힌덴부르크가 그에게 축하 전보를 보낸 내막은 풀리지 않는 수수께끼로 남아 있다.

지지한 것은 우연이 아니다. 반유대주의라는 비천한 적대감을 경멸했던 그들은 히틀러가 주창하는 과격한 반유대주의를 거의 신경조차 쓰지 않았다. 보수주의는 인종주의라는 망상과는 아무런 교집합이 없었다. 히틀러가 룀과 돌격대 문제에 개입한 것에 대한 공감은 엉뚱한 이유에서 비롯된 것이다. 1934년 6월 30일 피의 숙청 이후, 돌격대가 이끄는 나치당 내부의 강력한 좌파들이 제거되었다. 좌파들은 혁명의 성과에서 소외되었다고 느끼고 있었다. 물론 거기에도 이유가 있다. 1933년 혁명 이전에 양성된 돌격대원 대다수는 히틀러의 이른바 사회주의적 프로그램을 적극적으로 실천했다. 반제에서 나는 짧은 기간이긴 했지만, 돌격대원들이 언젠가는 확실한 보상을 받으리라는 기대 속에 시간과 개인적 안전을 포기하면서 당의 가장 밑바닥에서 나치 운동을 위해 얼마나 헌신하는지 목격할 기회가 있었다. 그런데 아무것도 주어지지 않자 분노와 불만이 형성되었다. 그들의 분노가 그 시점에서 폭발한 것은 당연한 일이다. 어쩌면 히틀러의 행동이 사실 룀이 계획하고 있던 '두 번째 혁명'을 좌절시켰는지도 모른다.

이 와중에 우리 모두는 양심을 누그러뜨렸다. 나를 포함해 많은 사람이 변명거리를 찾아 달려들었다. 그보다 2년 전이었다면 괴로움을 느꼈을 일들이 이제 새로운 환경에서 마땅한 일로 받아들여졌다. 문제가 될 만한 의혹들은 모두 억압되었다. 수십 년이 지나 지금 생각해보면 그때 우리의 경박한 모습에 다리가 후들거린다.[1]

그 사건으로 인해 바로 다음 날 내게 새로운 일이 주어졌다. "가능한 한 빨리 보르지히 궁을 손봐야 해. 돌격대 지도부를 뮌헨에서 베를린으로 옮길 생각이야. 가까이 둘 수 있도록 말이지. 당장 일에 착수해주게나." 보르지히 궁은 부총리 관저라며 반대하는 나에게 히틀러는 같은 말을 되풀이했다. "당장 가서 비우라고 하게! 두 번 생각할 필요 없어!"

그의 명령을 받은 나는 즉시 파펜 부총리의 집무실로 갔다. 그곳 직원들은 히틀러의 계획에 대해 아무것도 모르고 있었다. 그들은 나에게 새 건물을 물색할 때까지 몇 달만 기다려달라고 사정했다. 내가 그냥 돌아오자 히틀러는 광분하며, 즉시 건물을 비울 것과 직원들이 있든 말든 상관없이 바로 작업을 시작할 것을 다시 한 번 명령했다.

파펜의 모습은 계속 보이지 않았다. 그의 보좌관들은 동요를 보였지만 1~2주 내에 서류를 정리해서 임시 사무실로 옮기겠다고 약속했다. 나는 더 망설이지 않고 건물 안으로 일꾼들을 불러 홀과 대기실 벽과 천장에서 육중한 석고 장식물들을 떼어내는 작업을 시작했다. 엄청난 소음과 먼지가 일기 시작했다. 먼지는 문틈을 통해 사무실로 들어갔고 온갖 법석을 떠는 통에 업무를 보는 것이 불가능했다. 히틀러는 기뻐했다. 그는 집무실 이전을 승인하면서 신경질적으로 뇌까렸다. "먼지투성이 관리들!"

그로부터 24시간 후, 직원들과 그들의 모든 짐이 쫓겨나갔다. 그런데 한 사무실 바닥에 많은 양의 피가 말라붙어 있었다. 6월 30일 파펜의 보좌관 헤르베르트 폰 보제가 그곳에서 총격을 당했던 것이다. 순간 나는 두려움에 떨며 방에서 도망쳤지만, 그 일은 더 이상 나에게 영향을 미치지 않았다.

8월 2일 힌덴부르크가 별세했다. 그날 히틀러는 나에게 동프로이센 타넨베르크† 기념비에 장례식장을 준비해달라고 조용히 부탁했다.

기념관 안뜰에 나무 스탠드를 높이 세운 다음 안뜰을 둘러싸는 높은 탑에 현수막을 늘어뜨려 장식했다. 장례식장은 검소한 모습이었다. 힘러가 친위대원들과 몇 시간 머무르는 동안 대원들은 나에게 보안 정책에 대해 설명했다. 내가 스케치를 하는 동안 그는 냉담한 태도를 유지했다. 나는 힘러가 차갑고 비인간적이라는 인상을 받았다. 그는 사람들과 함께 일을 하는 것이 아니라 사람들을 조종하는 것처럼 보였다.

---

† 타넨베르크는 지금은 폴란드의 스텡바르크로, 제1차 세계대전 당시 제8군 사령관이었던 힌덴부르크가 이끄는 독일군이 소련군을 맞아 결정적 승리를 거둔 독일의 전승지이다.

밝은 색의 깨끗한 나무 벤치가 의도했던 분위기에 방해가 되는 듯했다. 날씨가 좋았기 때문에 나는 벤치를 검은색으로 칠했다. 그런데 불행히도 밤이 되자 비가 내리기 시작했다. 비는 며칠 동안 계속되었고 페인트는 마르지 않았다. 우리는 베를린에서 특별기 편으로 공수해 온 검은 천으로 벤치를 덮었다. 하지만 젖은 페인트가 배어났고 이 일로 장례식에 왔던 많은 조문객들이 옷을 버리고 말았다.

장례식 전날 밤, 힌덴부르크의 관은 포차에 실려 동프로이센 노이데크에 있는 그의 저택에서 기념비로 운반되었다. 횃불 행렬과 함께 제1차 세계대전 독일 제1연대 깃발들이 관을 수행했다. 그 어떤 말도 그 어떤 명령도 없었다. 이 경외의 침묵이 다음 날부터 시작된 조직적인 장례식 행사보다 훨씬 더 감동적이었다.

아침이 되자 힌덴부르크의 관이 명예의 뜰 가운데 설치된 관대에 놓였다. 연사의 강단은 거리를 두지 않고 관 바로 곁에 세워졌다. 샤우프가 서류가방에서 장례식 연설 원고를 꺼내 연단 위에 올려두자 히틀러가 앞으로 걸어나갔다. 히틀러는 말을 시작하다가 망설이더니 엄숙한 의식에 걸맞지 않게 화가 난 듯 머리를 저었다. 그의 부관이 원고를 잘못 전달한 것이다. 부관이 다가와 실수를 바로잡자 히틀러는 놀라울 정도로 침착하고 형식적인 태도로 원고를 읽기 시작했다.

히틀러의 참을성을 고려할 때 힌덴부르크는 너무도 오랫동안 히틀러에게 골칫거리였다. 노인은 완고했고 많은 문제에 둔했다. 히틀러는 교활한 술책이나 음모를 동원해서, 또는 특유의 순발력에 의존해 그를 이겨내야 했다. 히틀러의 약삭빠른 행동 가운데 하나는 당시 괴벨스의 차관이자 동프로이센 태생의 풍크를 대통령의 오전 언론 브리핑에 보냈던 일이다. 대통령과 같은 고향 출신이었던 풍크는 많은 뉴스 가운데 힌덴부르크가 거부감을 느낄 만한 내용이나 비난을 야기할 뉴스들을 빼내곤 했다.

힌덴부르크와 그의 정치적 동지들은 새 정권이 왕정을 회복시키길 기대했다. 하지만 그것은 히틀러의 의도와는 거리가 멀었다. 그는 이런 말을 자주했다.

> 나는 사회민주당 장관들, 그러니까 제버링 같은 사람들이 연금을 계속 받을 수 있도록 승인했네. 그들이 최소한 한 가지 이상의 공은 세웠으니까. 바로 왕정 폐지야. 대단한 진보지. 우리가 나아갈 길을 닦아준 셈이네. 그런데 이제 와서 내가 왕정을 부활하길 기대한다는 말이지? 내가 가진 권력을 딱 잘라서 말인가? 이탈리아를 보게! 나를 그런 멍청이라고 생각하는 걸까? 왕은 절대 최측근 신하들에게 고마움을 느끼지 않아. 우리는 비스마르크만 기억하면 돼. 아니야, 난 절대 속아 넘어가지 않을 거야. 호엔촐레른 왕가가 아무리 친절하게 군다 해도 말이야.

1934년 히틀러가 처음으로 나에게 놀랄 만큼 중대한 임무를 맡겼다. 뉘른베르크 체펠린 비행장에 있는 경기장을 허물고 벽돌 건물로 다시 짓겠다는 계획이었다. 나는 영감에 찬 아이디어를 떠올리려 애쓰며 첫 스케치를 완성하느라 끙끙댔다. 웅장한 계단을 짓고 긴 열주로 위쪽을 마무리한다. 양끝에는 석조 교대를 짓는다. 물론 그 스케치는 페르가몬 제단에서 힌트를 얻은 것이다. 그런데 영광스러운 손님들을 위한 플랫폼에 문제가 있었다. 나는 되도록이면 눈에 띄지 않게 귀빈용 플랫폼을 스탠드 중간쯤에 만들기로 했다.

몇 번의 실패 후 히틀러에게 설계를 봐달라고 청했다. 나는 설계가 용도에서 많이 벗어났을까 봐 걱정스러웠다. 길이는 400미터에 달했고 높이는 24미터였다. 로마에 있는 카라칼라 욕장에 두 배 길이였다.

히틀러는 시간을 끌며 전문가와 같은 태도로 모델을 이리저리 자세히 살펴보았다. 조용히 설계도를 살펴보는 얼굴이 내내 무표정했다. 합격 판정을 받지 못할 것이라는 예감이 들었다. 이윽고, 히틀러를 처음 만나러 갔던 그날처럼 퉁명스러운 대답이 떨어졌다. "좋아." 그러고는 휭 하니 자리를 떠났다. 장광설을 늘어놓을 거라는 예상을 깨고 히틀러가 왜 그렇게 간단하게 결정을 내렸는지 지금까지도 이해가 되지 않는다.

보통의 건축가들의 경우 처음 그린 설계도는 대개 승인을 받지 못한다. 히틀러는 수정하는 것을 좋아했고 심지어는 공사가 진행 중인데도 세부사항을 고치자고 고집을 피우기도 했다. 내 능력을 처음 테스트한 후 그는 어떤 개입도 하지 않은 채, 내가 하자는 대로 내버려두었다. 이후 히틀러는 나의 의견을 존중했고 나를 자신과 같은 자격을 지닌 건축가로 대했다.

히틀러는 건축의 목적을 자신의 시대와 정신을 후세에 전달하는 것이라고 말했다. 궁극적으로 역사상 위대한 시대를 기억하게 해주는 것은 기념비적인 건축물이라는 철학자 같은 말을 하기도 했다. "로마제국의 유산은 무엇인가? 만일 건축물이 없었다면 오늘날 그 시대를 무엇으로 엿볼 수 있단 말인가? 국가의 역사에는 반드시 쇠퇴기가 있게 마련이라고." 히틀러는 역설했다. "최악의 쇠퇴기에 권력자들의 건축은 번성했던 역사를 말해줄 것이야. 당연히 새 국가 정신이 건축만으로 일어서는 것은 아니지만 기나긴 무기력함 뒤에 위대한 국가 정신이 다시 태어난다면 선대의 기념비들이 가장 강력한 교훈이 되는 것은 사실이고. 무솔리니는 로마제국 시대의 건축물들이 영웅적 정신을 상징한다고 자민족을 추켜세우기도 했어. '현대에 다시 태어나는 로마제국'이라는 이념을 퍼뜨려 국가 전체를 고무시킬 수 있었지. 우리의 건축은 수세기 이후, 미래 독일의 양심에게 말을 건넬 것이야." 이런 식의 주장을 하며 히틀러는 건축의 영원불멸한 가치를 강조했다.

곧장 체펠린 비행장의 공사를 착수했다. 최소한 강단이라도 완성해서 다가오는 전당대회를 그곳에서 치를 계획이었다. 땅을 고르기 위해 뉘른베르크 시내 전차 터미널을 옮겨야 했다. 나는 터미널 건물을 폭파한 후 잔해 곁을 걸어보았다. 콘크리트 더미에서 불쑥 솟아난 철근들에 벌써 녹이 슬고 있었다. 좀 있으면 얼마나 흉한 꼴로 변할지 쉽게 그림이 그려졌다. 그 황량한 장소는 나에게 몇 가지 생각을 던져주었다. 훗날 내가 "폐허 가치 이론"이라는 그럴듯한 제목을 달아서 히틀러에게 제시했던 내용이다. 현대의 건축은 히틀러가 강변해온 미래 세대를 향한 '전통의 연결점'이 되기에는 적합하지 않았고, 녹슨 쓰레기 더미가 히틀러가 말하는 과거의 기념비에서 찬양했던 영웅 정신을 보여준다는 것은 상상할 수 없었다. 나의 '이론'은 이러한 딜레마를 해결하기 위해 제기된 것이다. 특별한 건축 자재를 사용하고 특정한 역학 원리를 적용함으로써 수백 년 혹은 수천 년이 지난 다음 건물이 쇠퇴하더라도 로마의 건축물처럼 보이게 건물을 지을 수 있어야 한다는 이론이었다.[2]

"폐허 이론"이 무엇인지 묘사하기 위해 나는 낭만적인 그림을 준비했다. 체펠린 비행장의 스탠드가 수세기 동안 방치된 후 어떻게 변할 것인지에 대한 상상도였다. 넝쿨이 무성하게 자라나고 기둥은 무너져내리고 벽은 허물어질 것이다. 그러나 뼈대는 여전히 그대로다. 히틀러의 측근들에게는 이 그림이 불경스러운 것으로 여겨졌다. 이제 막 출발한, 수천 년을 번영할 독일제국의 쇠락기를 상상했다는 사실만으로도 히틀러의 측근들은 모욕감을 느꼈을 것이다. 그러나 히틀러는 나의 아이디어를 논리적이고 계몽적인 것으로 받아들였다. 그는 앞으로 지을 모든 주요 건축물에 "폐허 가치 이론"을 적용하라고 명령했다.

전당대회 장소를 시찰하던 중 히틀러는 보어만 쪽으로 몸을 돌려 아주 부드러운 말투로 앞으로는 슈페어도 당 제복을 입어야 하지 않겠느냐고 넌지시 제안했다. 히틀러와 지속적으로 만나는 사람들은, 그의 주치의나 사진사, 다임러 벤츠 기술자까지 이미 제복을 받은 상태였다. 유일하게 민간인 복장을 하고 있던 내 차림새가 전체적인 통일감을 해친다는 느낌을 주었으리라. 동시에 이 사소한 제스처는 히틀러가 비로소 나를 최측근으로 인식하기 시작했음을 의미했다. 총리 청사나 베르크호프에서는 누군가 민간인 복장을 하고 나타나도 결코 견책의 말을 한 적이 없었고, 히틀러 스스로도 가능한 한 평상복 입기를 즐겼다. 그러나 여행이나 시찰 등 공식적인 입장에 섰을 때는 언제나 예외 없이 당의 제복을 갖추었다. 1934년이 시작되면서 나는 히틀러의 총통 비서인 루돌프 헤스 소속의 국장으로 임명되었다. 몇 달 뒤 괴벨스도 전당대회, 하비스트 페스티벌, 5월 1일 기념식 등을 준비한 공로로 나에게 같은 직위를 주었다.

1934년 1월 30일부터 독일노동전선 위원장 로베르트 라이의 권고에 따라 여가활동 모임이 만들어졌다. 나는 모임들 가운데 이름만으로도 조롱거리가 될 법한 '노동의 아름다움'이라는 분과를 총괄하게 되었다. 정말이지 '고된 노동이 선사하는 즐거움'만큼이나 우스꽝스러운 이름이었다. 그 모임을 주도했던 라이는 무엇이든 일반화하는 경향이 있었는데 언젠가 네덜란드 여행 도중 광산촌 림부르크의 모습이 인상에 깊이 박혔던가보다. 말끔하고 깨끗하며 아름다운 정원으로 둘러싸여 있는 림부르크의 모습을 본 라이는 독일의 모든 산업이 그 예를 따라야 한다고 믿게 되었다. 어찌되었든, 그의 프로젝트는 적어도 나에게는 대단히 만족스러운 일이었다. 먼저 우리는 공장주들을 설득해 사무실을 현대화하고 꽃을 심도록 했다. 아스팔트가 있던 자리에 잔디밭을 가꾸고 자투리 황무지는 작은 공원들로 꾸며 노동자들이 휴식시간을 보낼 수 있는 공간을 마련했으며, 공장 내 창문을 넓히고 매점을 짓도록 촉구했다. 거기서 멈추지 않았다. 수선이 필요한 도구들을 새롭게 디자인했고 단순하고 편리한 부엌도구에서 무거운 가구까지 대량으로 생산해냈다. 또 교육용 영화를 상영하고 조명, 통풍과 관련해 업주들을 상담했다. 우리는 전직 노동조합 지도자들과 해체된 예술·공예 단체 회원들을 캠페인에 끌어들였다. 노동자들의 생활 조건을 향상시켜 계급 없는 민중의 사회로 향해 간다는 명분 아래 모든 사람이 헌신적으로 참여했다. 솔직히 히틀러가 여기에 별 관심을 보이지 않자 다소 실망을 느꼈다. 그는 건축물 하나에 대해서는 아주 세심한 부분까지 몰입하면서도 이와 같은 사회적 캠페인의 진척 사항에 대한 보고를 들을 때면 너무도 무관심한 태도로 일관했다. 차라리 히틀러보다는 베를린 주재 영국대사가 훨씬 큰 관심을 나타냈던 것 같다.*

당내 서열이 높아짐에 따라 나는 1934년 봄에 처음으로 히틀러가 당수로서 베푸는 공식 저녁 리셉션에 초청을 받았다. 아내도 함께였다. 우리는 총리 청사 큰 식당에 준비된 라운드 테이블에 6~8명씩 모여 앉았다. 히틀러는 테이블 사이를 다니며 다정하게 인사를 했고 부인들과 얼굴을 익혔다. 그가 우리에게 다가왔기에 나는 아내를 소개했다. 그때까지 한 번도 히틀러에게 아내 이야기를 한 적이 없었다. 며칠 후에 그는 다정하게 핀잔 투로 말했다. "아니 왜 그동안은 소개를 안 했던 건가?" 그녀가 마음에 들었던 모양이다. 사실 자신의 아내를 히틀러에게 소개하거나 아내에 관해 히틀러에게 얘기하는 것이 부관들의 임무처럼 여겨지는 분위기였다. 내가 아내를 그때까지도 소개하지 않은 것은 히틀러가 자신의 애인을 대하는 태도가 싫었기 때문이다. 가만히 생각해보니 히틀러 자신의 프티부르주아적 배경이 부관들의 행동에 반영된 것 같다. 히틀러가 아내를 만나던 첫날 그는 점잔을 떨며 말했다. "부인의 남편께서는 나를 위해 지난 4,000년 동안 한 번도 만들어지지 않았던 건물을 세우려고 하십니다."

매년 전당대회는 당의 중소 규모 기구들, 이른바 민족사회주의 독일노동당에 속한 다양한 산하 조직들을 이끄는 담당자들의 회합을 목적으로 체펠린 비행장에서 열렸다. 돌격대와 독일노동전선, 군조직은 이념과 기강을 과시함으로써 대규모 회합에서 최고의 모습을 보이고, 히틀러와 초청 인사들에게 깊은 인상을 남기고자 했다. 그러나 군소 산하조직 지도자들 대부분은 그럴듯한 옷차림을 챙겨 입을 만한 형색이 못되었다. 얼마 안 되는 보수를 받으면서도 묵직한 아랫배를 만드는 데 너무 애를 썼던 모양이다. 그들을 질서 정연한 행진에 내보내는 것은 도무지 상상할 수가 없었다. 이 문

---

* "실제로 나치 조직과 사회제도에는 우리 영국의 행복과 건강 그리고 오랜 민주주의에 크게 도움이 될 만한 것이, 즉 우리가 배우고 받아들여야 할 것이 많다. 이는 광적인 민족주의와 이데올로기와는 구분해야 한다"[네빌 헨더슨, 『미션의 실패』(뉴욕, 1940), 15쪽].

제 때문에 전당대회 준비를 위한 분과에서 여러 차례 회의를 열어야 할 정도였다. 이미 당내에서는 그들의 외모에 대해 냉소적이었는데, 그렇다고 지도자들 모두를 행렬에서 제외할 수도 없는 노릇이었다. 급기야 내가 희한한 아이디어를 내놓았다. "그들을 어두울 때 행진하도록 하면 어떨까요."

그리하여 행렬이 정비되었다. 각 지방 단체들을 대표하는 수천 개의 깃발들이 광장을 둘러싼 높은 담 뒤쪽에 준비상태로 대기한다. 기수들이 열 개의 그룹으로 나뉘어 줄을 만들고 그 사이로 산하조직 지도자들이 행진을 한다. 이 행사는 밤에 이루어질 것이므로 밝은 조명으로 깃발을 비추고 깃발 꼭대기에 거대한 독수리를 세운다. 이것만으로도 극적인 연출이 가능했지만 나는 만족하지 않았다. 문득, 하늘 위 수 킬로미터를 밝게 비추는 새로운 방공 탐조등을 본 기억이 떠올랐다. 나는 곧장 히틀러에게 방공 탐조등 130개를 사용하게 해달라고 청했다. 괴링은 펄쩍 뛰었다. 130개의 방공 탐조등은 전략적으로 비축해두어야 할 분량을 넘어서는 엄청난 양이었기 때문이다. 하지만 나의 제안을 반가워한 히틀러가 괴링을 설득했다. "만일 우리가 그렇게 많은 조명을 한꺼번에 사용한다면, 다른 나라에서는 우리가 방공 탐조등 속에서 헤엄이라도 친다고 생각할 걸세."

효과는 상상보다 훨씬 강렬했다. 130개의 날카롭고 선명한 빛은 광장 주변에 12미터 간격으로 배치되어 6,500~7,000미터 상공까지 파고들었다. 허공으로 쏘아올린 광선들이 하나의 찬란함으로 모아지면서 어마어마하게 큰 공간의 느낌을 만들어냈다. 광선들은 바깥벽을 넘어서서 무한대로 솟아오르는 육중한 기둥과도 같았다. 여기저기서 구름들이 빛의 화환 사이로 움직이며 광선의 신기루에 초현실적인 놀라움을 더해주었다. 이 '빛의 성전'은 최초의 조명 건축인 동시에 나에게는 가장 아름다운 건축개념이자, 시간의 흐름을 극복한 유일한 유산이라고 생각한다. 영국 대사 헨더슨은 이렇게 썼다. "그 숭고하고 아름다운 빛의 효과는 마치 얼음으로 된 성전 안에 들어와 있는 듯한 느낌을 주었다."[3]

기공식에 고위관리들과 장관들, 사무장들, 관구장들을 부르지 않을 방법이 없었다. 이들 역시 그리 인상적이지 못한 무리들이다. 행진 담당 지휘자들이 모든 방법을 동원해 이들에게 올바르게 줄 서는 법을 알려주었다. 히틀러가 나타나자 이들은 바짝 긴장한 채 뻣뻣하게 굳은 팔을 들어 경의를 표했다. 뉘른베르크 의사당 기공식에서 히틀러는 두 번째 열에 서 있는 나를 바라보았다. 그는 자신의 손을 나에게 내밀기 위해 엄숙한 의식을 잠시 중단시켰다. 그 특별한 총애의 표시에 너무도 압도되어 나는 인사를 하기 위해 쳐든 손을 내 앞에 서 있던 프란코니아 관구장 슈트라이허의 대머리 위에 떨어뜨리고 말았다.

전당대회 기간에 히틀러는 연설을 준비하거나 수많은 회합에 참석하느라 바빠 측근들이 아는 한 대회장에 거의 모습을 드러내지 않았다. 그는 외국 손님들과 사절단의 수가 해가 갈수록 늘어난다는 점에 특별한 만족감을 느꼈는데, 서방 민주국가에서 온 손님들에게 특히 세심한 신경을 썼다. 히틀러는 급히 점심을 먹으면서도 옆에 선 비서들에게 각국 사절들의 수많은 이름을 읽게 했다. 그는 전 세계가 독일 민족사회주의당에 보내는 관심에 큰 기쁨을 느꼈다.

나 역시 전당대회 기간에 히틀러가 나타나는 모든 건물을 책임지고 있는 사람으로서 정신없이 바쁜 일정을 보냈다. '장식 책임자'로서 회합이 열리는 곳마다 미리 배열을 확인했고, 즉시 다음 장소로 향해야 했다. 당시 나는 깃발을 선호했는데 걸 수 있는 곳이라면 어디든 사용했다. 칙칙한 건축물에 색의 향연을 벌이는 나만의 방법이었다. 나는 히틀러가 디자인한 나치의 상징 하켄크로이츠가 독일의 삼색기보다 이런 용도에 더 잘 어울린다고 생각했다. 물론, 장식적인 목적으로 이용되는 깃발은 건물과 멋드러지게 어우러져 외관을 부각시키거나 반대로 추한 19세기 건물을 처마에서 인도까지 감추기 위해 쓰였기 때문에 언제나 깃발 그 자체의 상징이나 권위가 고려되는 것은 아니었다. 나는 황금리본을 깃발에 달아 붉은색을 강조하는 효과를 노리거나, 진정한 깃발의 축제를 위해 고슬라와 뉘른베르크의 좁은 거리를 가로질러 집집마다 깃대를 꽂아 하늘이 거의 가려지도록 했다. 내가 추구하는 것은 언제나 그림 같은 드라마였다.

이런 일들에 몰입하느라 나는 수사적 분방함으로 불리는 그의 '문화적 연설'을 제외하고는 히틀러의 집회를 거의 놓쳤다. 연설 초안은 그가 오버잘츠베르크에 있는 동안 미리 준비하는 경우가 많았다. 당시에는 그의 연설을 그다지 좋아하지 않았는데, 수사적 화려함보다는 직설적인 내용과 지적 수준 때문이었던 것 같다. 슈판다우에서 형기를 마치고 나면 그 연설들을 다시 읽어보기로 결심했다. 당시에는 내가 혐오감을 느끼지 못했던 그 세계에서 무언가를 찾을 수 있으리라는 가정에서 말이다. 그러나 복역 중에 다시 읽은 그의 연설문은 일말의 기대를 저버린 채 실망만을 안겨주었다. 당시에는 그토록 큰 의미로 다가왔던 일들이 이제는 너무도 공허하게 느껴진다. 긴장이 해소된 환경에서는 얄팍하고 불필요하게 느껴지는 것들이었다. 더욱이 연설 속에는 권력을 위해 문화의 의미를 함부로 왜곡해 이용하겠다는 히틀러의 의도가 공공연히 드러나 있었다. 이런 말에 한때는 깊은 감동을 받았다는 사실을, 나의 기억을 도무지 이해할 수가 없다. 그때는 왜 그랬던가.

전당대회 첫 행사는 결코 놓칠 수 없었다. 푸르트벵글러의 지휘로 베를린 국립오페라가 연주하는 바그너의 「뉘른베르크의 명가수」였다. 바이로이트 축제에 버금가는 화려한 밤의 공연장이 당연히 넘쳐나는 사람들로 북적일 거라고 기대했다. 주요 인사 1,000여 명에게 초대장과 티켓을 보낸 터였다. 그렇지만 상황은 절망스러웠다. 그들은 뉘른베르크 맥주와 프란코니아 와인에 더 관심이 많았고, 당 지도부가 고전음악에 조예가 깊다는 소문이 있었으므로 자기를 제외한 모든 당원이 착실하게 의무를 다할 거라고 생각했던 것이다. 하지만 사실 지도급 인사들은 대체로 미술이나 문학과 마찬가지로 음악에도 별 관심이 없었다. 히틀러의 측근 가운데 지식인으로 알려진 괴벨스마저 푸르트벵글러가 지휘하는 베를린 필하모닉의 정기 연주회에 가지 않았다. 제3제국의 유명인사들 가운데는 내무장관인 프리크 정도만이 연주회에서 얼굴을 마주칠 수 있었다. 음악을 좋아하던 히틀러 역시 1933년부터는 공식 행사와 함께 열리는 베를린 필하모닉 연주회에만 드물게 참석했다.

이러저러한 정황을 고려한다면, 1933년 「뉘른베르크의 명가수」 공연 당시 히틀러가 중앙 관람석에 들어섰을 때 뉘른베르크 오페라하우스가 거의 텅 비어 있는 상황은 어느 정도 납득할 만한 것이었다. 하지만 상황을 예측하지 못했던 히틀러는 상당히 초조한 반응을 보였다. 아무 말도 하지 않았지만 텅 빈 공연장에서 연주하는 일은 예술가들에게도 분명 고역이었을 것이다. 히틀러는 당장 순찰 경관들을 보내 고위직 인사들을 불러오게 했다. 집무실에서, 맥줏집에서, 카페에서 사람들이 불려 왔지만 텅 빈 객석을 메우기에는 역부족이었다. 다음 날 관리들 사이에서는 어제 저녁 때 각자 어디에 있다가 붙들려 왔는지에 대한 우스꽝스러운 무성한 소문이 나돌았다.

다음 해 히틀러는 지도부 인사들에게 당 행사의 일환으로 펼쳐지는 음악 공연에 필히 참석하라는 지시를 내렸다. 억지로 참석한 사람들의 얼굴에는 지겨운 기색이 역력했고 잠을 못 이기고 곯아떨어지는 이들도 많았다. 히틀러는 뛰어난 연주에 빈약한 박수갈채가 여전히 합당하지 않다고 여겼던 모양이다. 1935년부터는 무관심한 당 인사들 대신 일반 시민들이 표를 사도록 조치했다. 그제야 오페라하우스는 히틀러가 원하는 수준의 고양된 분위기와 열띤 박수갈채로 메워졌다.

나는 현장을 둘러보고 밤늦게 도이치호프 호텔로 돌아왔다. 히틀러의 측근과 관구장들, 사무장들을 위해 예약된 곳이었다. 호텔 레스토랑에서는 보통 나이든 관구장들이 맥주를 마시며 모여 앉아 당이 혁명 이념과 노동자들을 배신했다고 거칠게 성토하는 장면이 연출되곤 했다. 그것은 민족사회주의 독일노동당 내에서 반사본주의 소식을 이끌었던, 허풍쟁이로 전락한 그레고어 슈트라서의 이념이 아직 살아 있다는 신호였다. 이들은 술에 취해야만 오래된 혁명적 기력을 되찾았다.

1934년 전당대회에서는 처음으로 히틀러가 보는 앞에서 군사훈련이 실시되었다. 그날 저녁 히틀러는 군 야영지를 공식 방문했다. 전직 상병이었던 그는 친숙한 세계에 들어와 있는 듯 보였다. 군인들과 어울려 캠프파이어를 하거나 어울려 농담을 주고받았다. 히틀러는 상당히 긴장이 풀어진 상태가 되어 돌아왔는데, 밤늦은 간식을 드는 동안 군인들과 만난 이야기를 아주 자세히 들려주었다.

그러나 군 사령부에서는 그리 기뻐하지 않았다. 군담당 부관인 호스바흐는 군인들의 '기강 해이' 문제를 제기했다. 그는 군인들에게 친숙한 태도를 보이는 것은 앞으로 있어서는 안 된다고 주장했다. 국가원수의 위엄을 손상시킨다는 이유였다. 히틀러는 그런 비판을 짜증스러워하면서도 못 이기는 척 그 말에 따르려는 눈치였다. 나는 이런 히틀러의 소심한 태도에 깜짝 놀라곤 했는데 아무튼 군과 관련된 문제는 신중히 접근해야 한다는 것과 국가원수로서 자신의 역할이 아직도 불안정하다는 것을 동시에 느끼는 듯했다.

전당대회를 준비하는 동안 나는 학창시절 깊은 인상을 받았던 한 여성을 만나게 되었다. 바로 레니 리펜슈탈이다. 그녀는 잘 알려진 산악 스키 영화를 만들거나 영화에 직접 출연하고 있었다. 히틀러는 레니에게 전당대회에 대한 영화를 만들도록 했다. 그 일에 관여한 유일한 여성으로서, 그녀는 자신에게 계속 제동을 거는 당 조직과 잦은 갈등을 일으켰다. 나치당은 여성을 비하하는 경향이 강했기 때문에 그토록 자신만만한 여성은 견뎌내기 힘들었을 것이다. 그녀가 자신의 목적을 위해 남자들의 세계를 움직이는 방법을 터득한 이후에는 더욱 그랬다. 음모가 꾸며지고 리펜슈탈을 축출하기 위한 온갖 중상모략이 헤스의 귀로 흘러 들어갔다. 하지만 첫 번째 전당대회 기록 영화는 감독으로서의 재능에 의심을 품었던 자들마저 그녀를 인정하게 만들었다. 리펜슈탈에 대한 공격은 곧 사라졌다.

내가 처음 리펜슈탈을 소개받을 때 그녀는 작은 상자에서 빛바랜 신문 스크랩을 꺼내들었다. "3년 전에 당신이 대관구 본부를 새로 지었을 때 신문에 난 사진을 오려둔 거예요." 왜 그녀가 그런 행동을 했는지 놀라서 물었다. "그때 생각했어요. 당신의 두뇌가 언젠가 중요한 역할을 할 날이 오리라고…. 물론 제 영화에도요."

내 기억으로는 1935년도 전당대회의 엄숙한 화면 중 일부가 지워진 일이 있었다. 레니의 청으로 히틀러는 그 장면을 스튜디오에서 다시 촬영하라는 명령을 내렸다. 나도 그때 의사당홀 장면의 배경을 만들기 위해 불려 갔고 연단 위의 엑스트라 역할까지 했다. 나는 연단 쪽으로 스포트라이트를 비추었다. 스태프들이 분주히 움직였고 슈트라이허와 로젠베르크, 프랑크 등이 자기가 해야 할 대사를 명심한 채 각본 순서에 따라 오르내림을 반복했다. 헤스가 도착해, 첫 번째 장면을 위해 포즈를 잡았다. 그는 당대회에서 3만여 명의 관중 앞에서 했던 것과 똑같은 장면을 재연하고는 엄숙하게 손을 들었다. 헤스는 놀랄 만큼 강렬한 열정으로 당시 히틀러가 앉아 있었던 쪽으로 정확히 몸을 돌리고는 돌연 말문을 열어 주의를 집중시켰다. "나의 지도자여, 당신을 당 대회의 이름으로 환영합니다. 다음 순서로 넘어갑니다. 이번엔 총통 각하의 연설이 있겠습니다." 그 이후 나는 헤스의 감정적 진정성을 믿지 않게 되었다. 나머지 세 사람도 텅 빈 스튜디오 안에서 뛰어난 연기력을 보여주어 타고난 배우임을 입증했다. 나는 혼란스러웠지만 리펜슈탈은 반대로 실제 상황보다 연기된 상황이 훨씬 낫다고 생각하는 모양이었다.

그때까지 나는 집회에서 관중들의 엄청난 박수를 유도해내는 히틀러의 감정 조절 기술에 감탄하고 있었다. 나는 선동적 요소에 대해서는 전혀 눈치채지 못했다. 알고 보면 나 자신도 시각적인 장치로 선동에 일조하고 있었음에도 말이다. 하지만 나는 적어도 연사의 감정 자체는 진실하다고 믿었다. 때문에 그날 스튜디오에서 알게 된 사실, 관중이 없이도 열정적인 감정을 진짜처럼 연기할 수 있다는 것에 불쾌함을 느꼈다.

뉘른베르크 프로젝트를 준비하던 내 마음속에는 트로스트의 고전주의와 테세노의 간소함이 혼재되어 있었다. 나는 그것을 '신고전주의'라기보다는

'신고전주의적'이라고 하겠다. 그것을 도리아 양식에서 끌어냈다고 믿었기 때문이다. 나는 자신을 속이고 있었고 이 건물들이 프랑스 혁명 기간 중의 파리의 샹 드 마르에 비견되는 기념비적인 배경을 제공해야 한다는 것을 의도적으로 잊고 있었다. 비록 당시의 자재들은 좀 더 소박했지만 말이다. '고전적인 것'이나 '단순함'과 같은 용어들은 내가 뉘른베르크에서 채용했던 웅장한 요소들과는 어울리지 않는다. 그러나 지금도 가장 마음에 드는 것은 훗날 히틀러를 위해 만들었던, 좀 더 실용적인 다른 작품들이 아니라 뉘른베르크 스케치다.

도리아 양식을 선호하는 내 성향 때문인지, 1935년 처음 해외여행에 나섰을 때도 나는 르네상스식 궁전과 웅장한 건물들이 즐비한 이탈리아로 향하지 않았다. 비록 이런 건물들이 내가 원하는 스타일과 근사한 전형을 제공해줄 수 있었겠지만 말이다. 대신 나는 그리스로 갔다. 나의 건축적인 충정을 어디에 바치고 싶어 하는지 상징하는 결정이었다. 아내와 나는 도리아 양식의 건물들을 찾아 헤맸다. 아테네에 새로 지어진 스타디움을 보고 느꼈던 감동을 결코 잊지 못할 것이다. 2년 후 스타디움을 설계하게 되었을 때 나는 그곳의 U자형 기본 모양을 차용했다.

델포이에서는 그리스의 예술적 창조성이 아시아의 이오니아식 식민지에서 얻어진 부로 얼마나 오염되었는지 느꼈다. 높은 예술적 의식이 얼마나 예민한 것인지, 이상적인 개념이 얼마나 쉽게 아무것도 아닌 것으로 왜곡될 수 있는지 입증되는 대목이다. 내 작품들은 결코 이런 식으로 변질되지 않으리라, 이런 생각에 나는 행복했다.

1935년 6월 우리가 여행에서 돌아왔을 때 베를린 슐라흐텐제에 있는 나의 집이 완성되어 있었다. 집은 아담한 규모였고 38평에 식당과 거실이 각각 하나, 침실 몇 개가 갖추어져 있었다. 최근 제국지도부 인사들이 어마어마한 저택으로 이사하는 분위기와는 의도적인 대비를 이루었다. 우리는 그런 조류를 피하고 싶었다. 그들은 화려하고 경직된 관료주의로 둘러싸이면서 스스로 느린 '석화 현상' 속에 갇혔다. 그들의 사생활도 예외가 아니었다.

어차피 나에게는 그만한 돈이 없었기 때문에 더 큰 집은 지을 수도 없었을 것이다. 집을 짓는 데 7만 마르크가 들었다. 그 돈을 마련하기 위해 아버지에게 부탁해 3만 마르크를 빌렸다. 나는 당과 국가를 위해 프리랜서 건축가로 일하고 있었지만 수입은 여전히 적었다. 시대 조류에 부합하는 이상주의적 열정 속에서 나는 공적으로 짓는 건물들에 대해 건축가로서의 수입을 포기하고 있었다.

나의 이러한 태도는 당내에서 놀라움을 불러일으켰다. 하루는 괴링이 기분 좋게 농담을 건넸다. "저, 슈페어 씨, 하는 일이 그렇게 많으니 수입도 짭짤하겠군요?" 내가 그렇지 않다며 간단히 답하자 그는 믿을 수 없다는 듯이 나를 바라보았다. "아니 그게 말이 됩니까? 당신처럼 바쁜 건축가가? 내 생각에 1년에 20~30만 마르크는 벌 거 같은데. 말도 안 돼요. 이렇게 멋진 일이 또 어디 있다고. 당신은 마땅히 돈을 받아야 해요!" 그 이후로 나는 한 달에 1,000마르크에 달하는 보수를 받게 되었다. 뉘른베르크 건물들을 제외하고서 말이다. 그러나 내가 직업적 독립성을 고수하면서 공직을 사양한 것은 금전적인 이유 때문만은 아니었다. 내 생각에 히틀러는 관료보다는 건축가에게 큰 신뢰를 느끼는 사람이었다. 관료주의에 대한 그의 편견은 세상 모든 것을 채색했다. 프리랜서 건축가로서 경력을 마감하기 직전 나의 재산은 150만 마르크에 달해 있었고 정부로부터 받아야 할 보수도 100만 마르크 정도 남아 있었다.

우리 가족은 그 집에서 행복하게 살았다. 아내와 내가 한때 꿈꾸었던 대로 함께했던 가족의 행복에 대해 언젠가 쓸 수 있기를 희망한다. 그러나 집에 도착할 무렵이면 이미 한밤중이었고 아이들은 잠들어 있었다. 나는 지친 몸으로 조용히 아내와 한동안 앉아 있었다. 이러한 경직성은 점점 더 일상적인 것이 되었고 이 문제에 대해 성찰하기 시작했을 때 나와 다른 사람들의 상황은 크게 다르지 않았다. 그들은 겉으로 과시하는 일에 열중하느라 가정생활을 망치고 있었고 관료주의의 경직성 속에서 얼어붙었다. 나의 삶은 지나치게 많은 일 때문에 경직되어갔다.

1934년 가을, 한때는 에베르트와 힌덴부르크 밑에서 일했고 이제는 총리실 국장을 맡고 있는 오토 마이스너가 나에게 전화를 했다. 히틀러와 뉘른베르크까지 동행해야 하니 다음 날 바이마르로 오라는 것이었다.

그즈음 나는 순간순간 떠오르는 아이디어들을 스케치하느라 곧잘 새벽까지 앉아 있었다. 전당대회를 위해 지어야 할 중요한 건물들, 군사훈련장, 거대한 스타디움, 히틀러의 연설과 콘서트를 위한 홀, 이 모든 건물을 기존 건물 가까이 지어서 대규모 센터를 만들면 어떨까 하는 구상을 했다. 하지만 구상일 뿐 실행에 옮길 엄두를 내지 못하고 있었다. 모든 결정은 히틀러 혼자 내렸고 나는 그저 조심스레 설계도를 그려낼 뿐이었다.

바이마르에서 히틀러는 나에게 파울 슐체-나움부르크 교수의 당 포럼 스케치를 보여주었다. "꼭 거대한 시골 시장 같아. 뭔가 특별한 것이 없어." 그는 불평했다. "예전과 차별화되는 게 없어. 당 포럼 건물을 짓는다면 앞으로 수백 년 동안 누구나 그 건물을 보면서 그 시대에 독특한 건축양식이 있었다고 생각할 수 있어야지. 뮌헨에 있는 쾨니히 광장처럼 말이야." 슐체-나움부르크는 독일문화투쟁 동맹을 이끄는 지도자로 자신의 설계 제안에 대해 변호할 기회를 갖지 못했을 뿐 아니라 심지어 히틀러와 만날 수조차 없었다. 그의 명성을 완전히 무시한 채 히틀러는 설계도를 내던져버리면서 새로 설계를 공모하라고 명령했다.

그런 다음 우리는 니체의 집으로 갔다. 그곳에는 니체의 누이인 푀르스터 니체 부인이 히틀러를 기다리고 있었다. 고독하고 별난 분위기의 그 여성은 분명 히틀러와 어울릴 만한 사람이 아니었다. 서로 엇갈리는 피상적인 대화가 이어졌다. 다행스럽게도 양쪽을 모두 만족시킬 만한 결론이 내려졌다. 히틀러는 오래된 니체 저택에 별채를 짓고 싶어 했고, 푀르스터 니체 부인은 슐체-나움부르크가 그 설계를 맡아주길 바랐다. "그분이 이런 일에는 더 나을 겁니다. 오래된 집을 그대로 유지하면서 뭔가 변화를 주는 일이니까요." 히틀러는 말했다. 그는 파울에게 시답잖은 일을 맡기게 된 것이 유쾌한 모양이었다.

다음 날 아침, 우리는 차를 타고 뉘른베르크로 갔다. 당시 히틀러는 기차를 더 좋아했지만 바로 당일 내가 확인해야 한다는 이유였다. 여느 때와 마찬가지로 그는 군청색 7리터 고성능 엔진의 메르세데스 오픈카 운전석 옆에 앉았고, 나는 그 뒷자리를 차지했다. 내 곁에는 그의 비서가 앉아 히틀러의 요구에 따라 자동차 지도와 딱딱한 롤빵, 약, 안경 등을 주머니에서 꺼내주었다. 우리 뒷자리에는 부관인 브뤼크너와 공보실장 디트리히가 앉았다. 똑같은 모양의 수행 차량에는 다섯 명의 건장한 경호원들과 주치의 브란트 박사가 탔다.

튀링겐 숲을 지나서 인가가 빽빽한 지역으로 들어오자 문제가 발생했다. 마을을 지나는 동안 우리를 알아본 사람들이 생긴 것이다. 주민들이 깜짝 놀랐다가 정신을 가다듬기 전에 우리는 서둘러 그들을 스쳐 지났다. 히틀러가 말했다. "조심해. 다음 마을은 쉽게 지나가기 힘들 거야. 지역 당원들이 분명히 우리가 온다고 전화를 해댔을 테니까." 정말 온 거리가 환호하는 사람들로 가득했다. 경찰이 애써 길을 정리했지만 자동차는 걸음마 이상의 속도를 내지 못했다. 우리가 군중을 빠져나왔을 때도 몇몇 열혈분자들이 철로 통제용 장애물로 도로를 막고 히틀러 일행을 좀 더 오래 붙잡아 두고자 했다.

이렇게 우리의 여행은 지체되었다. 점심때가 되었을 때 비로소 힐트부루크샤우젠의 작은 식당에 도착했다. 몇 년 전 히틀러가 독일 국적을 얻기 위해 참사관직을 맡았던 곳이다. 하지만 아무도 그 일에 대해서 언급하지는 않았다. 식당 주인과 그의 아내는 깜짝 놀라 서 있었다. 얼마간의 난감한 문제들을 해결한 후 히틀러의 비서가 어떤 음식이 가능한지 알아보았다. 시금치 스파게티였다. 기다리는 시간이 길어지자 비서가 부엌에 가서 상황을 확인했다. "여자 분들이 너무 긴장한 상태라 스파게티가 다 된 것인지 판단이 안 선다고 합니다."

그동안 바깥에서는 수천 명의 주민들이 모여들어 히틀러를 연호하고 있었다. "이곳을 잘 빠져나가야 할 텐데." 그는 식당 밖으로 나가면서 말했다. 천천히 비 오듯 떨어지는 꽃송이를 맞으며 우리는 중세풍 문에 도달했다. 젊은이들이 우리가 보는 앞에서 문을 닫았고 아이들은 자동차 위로 올라왔다. 히틀러는 사인을 해주어야만 했다. 그러고 나니 문이 열렸고 주민들이 웃음을 지었다. 히틀러도 그들과 함께 웃었다.

시골 어디에 가나 농부들은 농기구를 내팽개치고 달려왔고 여인들은 손을 흔들었다. 승리의 행진이었다. 차가 움직이기 시작하면 히틀러는 뒤쪽으로 몸을 기대 나에게 소리쳤다. "지금까지 독일인 중에 이런 환호를 받은 이는 루터뿐이지! 그가 시골 마을을 지나갈 때면 여기저기서 사람들이 모여들어 환호를 했다네. 오늘처럼 말일세!"

그의 대단한 인기는 당연했다. 온 국민들이 당시 경제와 외교 분야에서 성과를 거두고 있던 히틀러를 믿었다. 사람들은 강력하고 자랑스럽고 통일된 독일을 위해 염원을 이루어줄 지도자가 히틀러뿐이라고 믿었다. 의심의 여지가 없었다. 가끔 의혹이 머리를 들어도 나치 정권의 업적과 트집잡기 좋아하는 외국 정부들이 히틀러를 인정하고 있다는 점을 상기하며 스스로를 안심시켰다.

군중들의 격렬한 숭배 장면이 이어지는 동안 나 또한 적지 않은 자극을 받았다. 차에 탔던 이들 가운데 이 군중의 열광에 현혹되지 않는 단 한 사람이 있었다. 오랫동안 히틀러의 기사 노릇을 해온 슈렉이다. 나는 그가 이렇게 중얼거리는 것을 들은 적이 있다. "국민들의 불만은…, 당원들이 자만하고 거만하게 굴며 옛 시절을 잊어버릴 때 싹트기 마련이지요." 그가 일찍 세상을 뜨자 히틀러는 그의 유화 초상화를 오버잘츠베르크 서재에 어머니 초상화와 함께 걸어두었다.[4] 아버지의 것은 없었다.

우리가 바이로이트에 도착하기 직전, 히틀러는 작은 메르세데스 세단으로 옮겨 탔다. 반프리트 저택으로 향하는 차로, 사진사 호프만이 운전했다. 그곳에는 비니프레트 바그너 부인이 그를 기다리고 있었다. 나머지 일행은 인근 온천으로 갔다. 히틀러가 뮌헨에서 베를린으로 가는 길에 주기적으로 밤을 지내던 곳이다. 여덟 시간 동안 우리는 210킬로미터밖에 오지 못했다.

히틀러가 반프리트에서 늦게까지 머문다는 연락을 전해 들었다. 다음 날 아침 뉘른베르크에 가기로 되어 있었기 때문에 나는 적잖이 당황했다. 히틀러는 뉘른베르크 시 당국이 제안한 건축 계획을 승인할지도 몰랐다. 시 당국은 나름대로 꿍꿍이속이 있었다. 만일 그렇게 된다면 내 제안은 고려의 대상조차 되지 못할 것이다. 히틀러는 결코 결정을 번복하는 일이 없었다. 이런 상황에서 나는 슈렉에게 의지했다. 그에게 전당대회장을 위한 내 계획을 설명하자, 슈렉은 차 안에서 히틀러에게 꼭 말해보겠다고, 긍정적인 반응을 보일 경우 스케치를 보여주겠다고 약속했다.

다음 날 아침, 우리가 출발하기 직전 나는 히틀러의 스위트룸으로 불려갔다. "자네 계획이 마음에 들었어. 오늘 리벨 시장과 함께 의논해보겠네."

2년 후였다면 히틀러는 시장에게 이렇게 말했을 것이다. "이것이 전당대회장 구상이요. 이대로 만들어볼 겁니다." 하지만 1935년만 하더라도 히틀러는 아직 완벽한 지배력을 행사하지 못했고 내 스케치를 책상 위에 꺼내 놓기 위해 한 시간이나 사전 설명을 해야 했다. 당연히 시장은 히틀러가 내놓은 스케치를 훌륭하다고 평가했다. 나이 든 당원으로서 그는 맞장구치는 데 익숙했다.

내 구상이 합당한 평가를 받자 히틀러는 뉘른베르크 동물원을 옮기는 것이 좋겠다는 생각을 한 모양이다. "동물원 측이 우리 제안을 받아들일까요? 내가 알기로는 호락호락하진 않을 것 같소만. 물론 새롭고 더 훌륭한 동물원을 짓기 위한 비용은 지불할 겁니다."

시의 이익을 지키기 위해 신경을 곤두세우고 있넌 시장은 이렇게 제안했다. "주주회의를 소집해서 그들의 주식을 사들이면 어떨까요…." 히틀러는 모든 절차에 따를 준비가 되어 있다는 입장을 나타냈다. 바깥에 나온 리벨 시장은 손바닥을 비비면서 직원에게 말했다. "이상해, 각하께서 왜 저렇게 오랫동안 우리를 설득하려 애쓰는 걸까? 물론 우리야 나치당에 동물원을 팔고 새것을 지으면 좋지. 오래된 동물원이라 끼고 있어 봐야 좋을 게 없다구. 세상에서 제일 멋진 동물원을 짓는 거야. 사람들은 구경하기 위해 돈을 내겠지." 이리하여 뉘른베르크 시민들은 새 동물원을 갖게 되었다. 이것이 나의 구상 중 유일하게 실현된 것이다.

그날 우리는 뮌헨으로 가는 기차를 탔다. 저녁에 부관 브뤼크너에게 전화가 걸려 왔다. "선생의 망할 놈의 구상도 말이오. 그런 거 각하께 드리지 말아요. 어젯밤 한숨도 못 주무셨다구요. 상당히 흥분하셨죠. 다음부터는 나한테 먼저 물어봐요!"

대규모 단지를 짓기 위해 뉘른베르크 전당대회장 협회가 결성되었다. 썩 내켜하지는 않았지만 재정장관이 자금 조성을 담당했고, 무슨 변덕인지 몰라도 히틀러는 종교장관 케를이 협회장을 맡게 했다. 부회장직에는 마르틴 보어만을 임명했는데 당 비서직 외에 처음으로 맡게 되는 중요한 대외 직책이었다.

공사 비용은 7~8억 마르크에 달했다. 오늘날의 가치로 환산하면 3조 마르크(7억 5,000만 달러)에 해당하는 돈이다. 8년 뒤, 나는 4일마다 그만큼의 돈을 군비에 쓰게 되었다.[5] 관계자들의 숙소를 포함해서 단지는 약 2,000평 정도였다. 빌헬름 2세 시절에도 뉘른베르크는 '독일 국민 축제' 개최지로 2킬로미터×0.6킬로미터 면적에 대한 개발 계획이 있었다.

히틀러의 승인이 떨어진 2년 뒤 나의 뉘른베르크 계획은 1937년 파리 국제박람회에 표본으로 전시되어 그랑프리를 받았다. 단지의 남쪽 끝에는 행진 광장이 있었다. 그 이름은 전쟁의 신 마르스와 히틀러가 징병제를 실시했던 달을 함께 상징하는 것이었다.* 거대한 단지 가운데 1킬로미터×

---

* 이와 함께 프랑크제국의 국회를 뜻하기도 한다.

0.7킬로미터의 땅이 소규모 군사 훈련을 위해 할당되었다. 이에 비해 페르세폴리스(BC 5세기)의 다리우스 1세와 크세르크세스의 궁전은 457미터×274미터에 불과했다. 16만 명의 관중이 앉을 수 있는 거의 15미터에 이르는 높이의 스탠드가 전체 공간을 둘러쌀 것이다. 40미터가 넘는 탑 스물네 개가 이 스탠드를 더욱 돋보이게 할 것이다. 스탠드 중앙에는 귀빈들을 위한 좌석이 마련되고, 여성의 조각상이 그 위에 장식된다. 64년에 네로 황제가 주피터 신전 위에 36미터의 거대한 동상을 세운 적이 있었다. 뉴욕에 있는 자유의 여신상이 46미터다. 우리의 동상은 그보다 14미터가 더 높다.

행진 광장에서 북쪽, 멀리서도 보이는 호엔촐러 왕가의 오래된 뉘른베르크 성이 있는 쪽으로 2킬로미터 길이, 80미터 폭의 널찍한 대로가 펼쳐진다. 군인들이 50미터 너비의 대열로 열을 지어 그 길을 따라 행진하게 된다. 이 대로는 전쟁이 일어나기 전에 완공되었다. 탱크가 지나가도 끄떡없을 만큼 묵직한 화강암으로 포장되었고, 도로 표면은 절도 있게 걷는 군인들을 위해 매끈하게 손질되었다. 오른쪽에는 전망대를 세워 히틀러가 군 장성들과 함께 나란히 서서 군사 퍼레이드를 볼 수 있게 하고, 반대쪽에는 주랑을 만들어 연대별로 깃발을 꽂아둘 수 있도록 했다.

높이가 1.8미터인 주랑은 그 뒤로 솟아 있는 '거대한 스타디움'을 돋보이게 하는 역할을 했다. 히틀러는 스타디움에 40만 명 수용을 명시했다. 역사상 가장 큰 스타디움은 15만~20만 명을 수용할 수 있는 로마의 키르쿠스 막시무스 원형 대전차경기장이다. 근대에 지어진 스타디움들은 보통 10만 명 정도의 관람객을 수용한다.

쿠푸왕의 피라미드는 바닥면의 길이가 230미터, 높이가 147미터로 체적이 9만 3,000세제곱미디에 이른다. 뉘른베르크 스타디움은 553미터 길이에 약 463미터 너비이므로 31만 4,000세제곱미터를 넘을 것으로 예상했다.[6] 케오프스의 피라미드보다 세 배 이상 큰 규모다. 뉘른베르크 스타디움은 경기장으로서는 인류 역사상 가장 큰 건축물에 포함될 것이었다.

히틀러가 요구한 인원을 수용하기 위해서는 스탠드의 높이가 91미터 이상이어야 했다. 타원형을 채택하는 것도 불가능했다. 타원형의 움푹 패인 둥그런 공간은 열기를 더 달구고 관람객들을 심리적으로 불안하게 만든다. 나는 아테네식 U자 모양의 스타디움 쪽으로 생각을 돌렸다. 우리는 비슷하게 생긴 모양의 구릉을 택해 나무 구조물로 울퉁불퉁한 부분을 없애 보았다. 궁금했던 점은 위쪽 스탠드에서 스포츠 경기를 볼 수 있느냐는 것이다. 실험 결과는 예상보다 훨씬 긍정적이었다.

뉘른베르크 스타디움의 건설 비용은 2억~2억 5,000만 마르크 정도로 예상되었다. 지금으로 약 10억 마르크(2억 5,000만 달러)에 해당하는 돈이다. 히틀러는 이 예산안을 조용히 받아들였다. "비스마르크급 전함 두 척을 짓는 것보다는 덜 드는구먼. 전함은 곧 부서지고 10년이면 녹슨 고철 덩어리가 되고 말지. 그러나 건축물은 수백 년을 간다네. 혹 재정장관이 얼마가 드는지 물어보더라도 절대 대답하지 말게. 이렇게 큰 건물은 아무도 지어본 일이 없다고만 해둬." 수백만 마르크 상당의 화강암 주문이 들어갔다. 바깥쪽을 위해서는 분홍색, 스탠드를 짓기 위해서는 흰색 화강암이 필요했다. 기반 공사를 하기 위해 현장에는 거대한 구덩이가 만들어졌다. 전시에는 이곳이 아름다운 호수로 바뀌었으니, 이 사실만으로도 스타디움의 규모를 짐작할 수 있을 것이다.

스타디움 북쪽으로는 행진대로가 스타디움의 그림자가 드리워지는 넓은 호수를 가로지른다. 그러고 나서 이 단지는 지금도 서 있는 의사당 오른쪽, 히틀러가 문화에 관한 연설을 하기 위해 만들어진 문화홀 왼쪽으로 광장이 들어서면서 완성된다.

히틀러는 나를 이 단지의 담당 건축가로 임명했다. 의사당만은 1933년 루트비히 루프가 설계한 것을 따랐다. 히틀러는 나에게 설계와 공사에 대한 재량권을 주었고 해마다 열리는 정초식에 빠짐없이 참석했다. 그러나 이런 초석들은 차례로 시청과 운동장으로 옮겨져 벽공사가 시작될 때까지 기다려야 했다. 1937년 9월 9일, 스타디움 정초식에서 히틀러는 엄숙한 태도로 먼저 나와 악수를 했고, 이어서 모여 있는 당 지도부와 차례로 악수를 했다. "오늘은 자네 일생 최고의 날이네!" 나의 대답을 보면 아마 그때도 나는 확신을 가지지 못했던 것 같다. "아닙니다. 오늘이 아닙니다, 각하. 최고의 날은 이 건물이 완성되는 날입니다."

1939년 초 히틀러는 건설 노동자들에게 한 연설에서 자신이 추구하는 규모를 합리화했다. "왜 항상 가장 커야만 하냐고요? 내가 원하는 것은 독일 국민의 자존심을 다시 세우는 일입니다. 우리는 열등하지 않습니다. 아니 그 반대로 우리는 다른 나라에서 이룬 모든 것을 똑같이 이룰 것입니다."[7]

규모에 대한 집착은 히틀러 정권의 전체주의적 성향 때문만은 아니었다. 모든 상황에서 자신의 힘을 과시하고자 하는 경향과 충동은 짧은 시간에 부를 축적한 이들의 특징이다. 그리스 시대의 대규모 건축물들을 시칠리아나 소아시아에서 찾아볼 수 있듯이 말이다. 이들 도시가 보통 독재자의 지배를 받았다는 것도 재미있는 일이다. 심지어 페리클레스 시대의 아테네에서조차 피디아스가 만든 아테나 파르테노스의 동상은 12미터에 달했다. 더욱이 세계의 7대 불가사의 유물도 규모 때문에 명성을 얻었다. 에페수스의 다이아나 신전, 할리카르나수스의 마우솔레움, 로도스의 콜로서스 거상, 올림피아의 제우스상 등이다.

거대한 건축물에 대한 히틀러의 요구에는 건축 노동자들에게 말한 것 이상의 의미가 숨겨져 있었다. 그는 자신의 업적을 빛내고 자긍심을 과장하기 위해 가장 거대한 것을 추구했다. 이 건축물들은 그가 자신의 의도를 가까운 측근들에게 밝히기 이미 오래전부터, 세계 지배를 향한 소망을 확인하게 한다.

나 역시 설계도와 돈, 건설회사를 이용해 역사의 증인들을 세운다는 개념에 도취되어 있었다. 그럼으로써 우리의 업적이 수천 년 전해질 것이라는 믿음을 가졌다. 최소한 규모에서만큼은 다른 위대한 역사적인 건축물들을 능가한다는 것을 보여줄 때마다 히틀러는 흥분했다. 물론 그가 성급한 흥분을 내보이는 일은 없었다. 그는 찬사를 많이 아꼈다. 아마도 그러한 순간에 히틀러는 분명 경외심 같은 것을 느꼈을 테지만, 그 감정은 자신을 향한 것이었고 스스로 의도했고 영원에 투사하고자 했던 자신의 위대함을 향한 것이었다.

스타디움의 주춧돌을 놓았던 1937년 전당대회 마지막 연설을 히틀러는 다음과 같은 의미심장한 말로 끝맺었다. "우리 독일은 비로소… 독일제국을 건설한 것입니다." 육군 원수 폰 블롬베르크가 감정이 격해져 눈물을 터뜨렸다고 저녁 만찬에서 그의 부관인 브뤼크너가 보고했다. 히틀러는 이 슬로건에서 약속하는 바를 군부가 동의한다는 의미로 여겼다.

외교관계의 새 국면을 열지도 모르는 이 알쏭달쏭한 한마디 말을 두고 수많은 논란이 일었다. 나는 그 말의 의미를 알고 있었다. 연설을 하기 얼마 전, 한번은 히틀러가 갑자기 자신의 집으로 올라가는 계단에서 나를 멈춰 세우더니 비서들에게 먼저 가라고 하고는 이렇게 말했다. "우리는 위대한 제국을 건설할 거야. 모든 게르만 사람을 포용하는 나라지. 우리 제국은 노르웨이에서 시작해서 이탈리아 북쪽까지야. 난 그 일을 이루고야 말 걸세. 내 생명이 허락하는 한!"

그것은 상당히 절제된 표현이었다. 1937년 히틀러는 나의 베를린 전시실을 방문했다. 우리 두 사람은 2미터 높이의 40만 명을 수용할 스타디움 모형 앞에 서 있었다. 그것은 정확히 눈높이였다. 모형은 실제와 비슷하도록 섬세하게 제작되었고 강력한 스포트라이트가 비추고 있었기 때문에 조금의 상상력만 곁들인다면 완공되었을 때의 장엄함을 미리 느껴볼 수 있었다. 모형 곁 보드에는 핀으로 설계도가 붙여져 있었다. 히틀러는 그 쪽으로 몸을 돌렸다. 우리는 올림픽게임에 대해 이야기했고 여러 번 그랬듯이 내가 설계한 경기장은 올림픽 경기 기준에 정확히 따른 것이 아니라고 설명했다. 그러자 히틀러는 마치 올림픽 기준은 차후에 얼마든지 바꿀 수 있다는 듯, 음색 하나 변하지 않고 담담하게 말했다. "문제될 거 없네. 1940년 올림픽은 도쿄에서 열릴 거야. 하지만 그 이후엔 언제라도 독일에서 열릴 때가 오겠지, 이 스타디움에서 말이야. 그때 가서 경기장 기준을 정하면 돼."

우리의 꼼꼼한 계획에 따르면 이 스타디움은 1945년 당 전당대회에 맞추어 완공될 예정이었다.

6

위대한 임무
Der grüßte Auftrag

히틀러는 오버잘츠베르크 정원을 이리저리 거닐고 있었다. "정말 어떻게 해야 할지 모르겠네. 어려운 결정이야. 나는 영국과 손을 잡고 싶지만 역사적으로 영국은 배반을 밥 먹듯 하는 나라가 아닌가. 그들 편에 섰다간 괜히 이탈리아와의 우호관계마저 망칠지 몰라. 그러고 나면 영국이 등을 돌릴 것이고 결국은 양쪽 다 소원해질 수 있겠지." 1935년 가을 히틀러는 여느 때처럼 오버잘츠베르크까지 동행한 자신의 측근들에게 이렇게 말을 던지곤 했다. 그 시점에 무솔리니는 대규모 공습으로 에티오피아를 침공했다. 에티오피아 황제는 도주했고 새 로마제국이 공표되었다.

그 후 1934년, 히틀러는 불운의 이탈리아 방문길에 올랐다. 그는 무솔리니는 좋아했지만 이탈리아인과 이탈리아의 정책은 신뢰하지 않았다. 이제 히틀러는 자신의 의혹을 거의 확신하면서 독일은 두 번 다시 이탈리아와 동맹을 맺어서는 안 된다는 힌덴부르크의 정치적 유지를 떠올렸다. 영국의 지휘 아래 국제연맹은 이탈리아에 경제 제재를 취하고 있었다. 그가 이탈리아와 동맹을 맺을지 영국과 손을 잡아야 할지 결정한 것은 바로 그 시점이었다. 히틀러 스스로 밝힌 내용이다. 그는 스스로 장기적인 전망 아래 그 결정을 내렸다고 말했다. 국제 협상의 대가였던 히틀러는 영국을 침범하지 않겠다는 의지를 밝혔다. 이것은 히틀러가 원한 선택이었고 자주 화제로 삼았다. 하지만 상황은 히틀러에게 다른 선택을 불가능하게 했다. 히틀러는 결국 무솔리니와 손을 잡을 수밖에 없게 되었다. 이념적인 관계와 인간적인 친분에도 불구하고 그것은 쉽지 않은 결정이었다. 한동안 히틀러는 주변 상황으로 그런 결정을 내릴 수밖에 없었다고 엄숙한 어조로 말하곤 했다. 몇 주 뒤 최종 투표 결과, 제재가 비교적 가벼운 것으로 드러나자 그는 훨씬 만족스러워했다. 이 일로 히틀러는 영국과 프랑스가 그 어떤 모험도 원하지 않고 위험도 무릅쓰려 하지 않는다는 결론을 내렸다. 훗날 생각하면 무모했다고밖에 할 수 없는 조치들이 뒤따랐다. 히틀러의 말에 따르면, 서방 정부들은 나약함과 우유부단함을 스스로 입증했다.

1936년 3월 7일, 독일군이 무장 해제된 라인란트로 진격해 들어가면서 그는 이러한 믿음을 재확인했다. 이것은 로카르노 조약[†]의 명백한 위반이었고 연합국 측에서 보자면 군사적 대응이 가능한 도발이었다. 히틀러는 초조하게 반응이 나오기를 기다렸다. 그날 뮌헨행 특별열차에는 히틀러가 탄 칸에서 뿜어져 나오는 팽팽한 긴장감이 감돌았다. 어느 역에선가 메시지가 전달되기도 했다. 히틀러는 안도의 한숨을 쉬었다. "드디어! 영국 왕이 개입하지 않겠다고 했어. 그는 약속을 지킨 거야. 이렇게 되면 일사천리지." 그는 마치 영국 왕실이 의회와 정부에 큰 영향력을 행사하지 못한다는 사실을 잊은 듯 보였다. 그러나 군대를 동원하기 위해서는 국왕의 승인이 필요했으므로 그런 뜻에서 했던 말일 것이다. 어쨌든 히틀러는 극도로 불안해했고 훗날 전 세계를 상대로 전쟁을 일으킬 때도 항상 라인란트의 재무장이 자신이 했던 일 가운데 가장 대담한 것이었다고 말하곤 했다. "우리에게는 군대라고 할 수 있는 것이 없었네. 당시 폴란드가 개입

† 독일, 영국, 프랑스, 이탈리아, 벨기에 5개국 간의 상호 안전 보장, 독일 국경의 현상 유지 등을 골자로 하는 1925년 스위스 로카르노에서 체결된 조약. 제1차 세계대전 이후 중부 유럽의 안전 보장이 목적이었다.

했다면 맞설 힘이 없었고 만일 프랑스가 조치를 취했더라면 바로 무너졌을 거야. 우리의 저항은 며칠 가지 못했을 테지. 그리고 독일 공군이라는 것도 그땐 우스운 수준이었어. 고작 루프트한자에서 만든 Ju-52가 몇 대 있긴 했지만 거기에 실을 폭탄도 없었으니까." 에드워드 8세가 왕위를 포기하고 윈저 공작이 된 이후, 히틀러는 독일 민족사회주의당에 대한 그의 우정을 자주 언급했다. "확신컨대 우리는 그를 통해 영국과 항구적인 우호 관계를 맺을 수 있었을 걸세. 그가 왕위에 계속 머물렀다면 모든 것이 달라졌을 거야. 그가 왕위에서 물러난 것이 우리에겐 엄청난 손실이지." 그 후로 히틀러는 영국 정부 내의 음흉한 반독일 세력에 대해 맹공격을 퍼붓곤 했다. 히틀러는 영국을 동맹국으로 만들어두지 않았던 것에 대해 집권 기간 내내 뼈저리게 후회했다. 후회는 윈저 공과 그의 부인이 1937년 10월 22일 오버잘츠베르크로 히틀러를 방문했을 때 더욱 깊어졌다. 두 사람은 분명 제3제국이 이룩한 업적에 대해 치하하는 말을 했을 것이다. 라인란트의 재무장에 성공한 지 몇 달 후, 히틀러는 베를린 올림픽을 둘러싼 화기애애한 분위기에 한껏 고무되었다. 민족사회주의당이 통치하는 독일에 대한 국제사회의 적대감은 이미 지난 일이라고 그는 생각했다. 세계 각국의 저명인사에게 독일이 평화를 사랑하는 나라라는 인상을 심으라는 칙령을 내렸다. 그 스스로도 열성적으로 경기를 관람했다. 독일 선수들이 많은 승리를 거두자 히틀러는 크게 기뻐했다. 그러나 미국의 흑인 육상선수 제시 오언스가 연속적으로 금메달을 따자 그는 노발대발했다. 어깨를 으쓱하며 이렇게 빈정대기도 했다 "역시 정글 출신의 흑인은 미개하지만 체력은 문명화된 백인보다 강하군." 따라서 흑인들과 시합을 벌이는 것은 공정하지 못하기 때문에 앞으로 흑인은 올림픽 경기에 나오지 못하게 해야 한다고 주장했다. 히틀러는 또한 프랑스팀이 엄숙하게 올림픽 스타디움에 입장할 때 베를린 시민들이 환호하는 모습을 보고 기뻐했다. 그들은 손을 든 채 히틀러의 좌석을 지나 행진했고 그 모습은 관중을 열광시켰다. 박수갈채가 길어지면서 독일이 이웃 서방국가들과 평화로운 관계를 맺고

화해하기를 원하는 대중의 바람이 감지됐다. 베를린 시민들이 외국 선수들을 뜨겁게 환영하는 모습을 본 히틀러의 표정은 기쁨보다는 착잡함으로 해석해야 옳을 것이다.

1936년 봄, 히틀러는 나를 데리고 아우토반을 시찰했다. 대화 도중 그는 이렇게 말하기도 했다. "공사할 것이 하나 더 생겼구먼. 지금까지 했던 것 가운데 가장 위대한 것이야." 그는 더 이상 설명하지 않았다. 히틀러가 때때로 베를린 도시계획을 위한 아이디어를 직접 스케치했다는 것은 사실이다. 베를린 중심부 계획을 나에게 보여준 것은 6월이 되어서였다. "나는 베를린 시장에게 새 대로의 폭이 왜 120미터가 되어야 하는지 참을성 있게 설명했네. 그런데도 그는 90미터짜리 도로 계획서를 보여주더군." 몇 주 뒤, 당 원로이자 베를린 『공격』 지 편집장이기도 한 리페르트 시장이 다시 불려왔지만 바뀐 것은 없었다. 그가 보여준 도로의 폭은 여전히 90미터였다. 리페르트 시장은 히틀러의 건축적 구상에 대해 어떤 열의도 표하지 않았다. 처음엔 히틀러도 그냥 언짢아하면서 리페르트가 뚱뚱하고 대도시를 다스리기에는 무능하다고 말했다. 그리고 무엇보다 자신이 부여하고자 하는 역사적 중요성을 이해하지 못한다고 불만을 터뜨렸다. 시간이 지날수록 리페르트를 향한 히틀러의 발언은 더욱 격해졌다. "리페르트는 무능해. 멍청한 실패자, 아무것도 아닌 인간이지." 내가 놀랐던 건 히틀러가 시장이 있을 때는 결코 자신의 불만을 내색하지 않으며 그의 견해를 꺾으려고 노력조차 하지 않는다는 사실이었다. 이처럼 초창기 시절에는 히틀러도 가끔, 이유를 설명하는 고역을 민망해하며 피하려고 했었다. 4년간 이와 같은 일이 반복되었다. 그러던 어느 날 베르크호프에서 나와 찻집으로 걸어가면서 다시 한 번 리페르트의 우둔함에 대해 골똘히 생각하던 히틀러는 괴벨스에게 전화를 걸어 단호하고 분명하게 베를린 시장을 경질하라고 명령했다.

1936년 여름까지 히틀러는 분명 베를린에 대한 자신의 구상을 시 당국에 일임할 생각이었다. 하지만 그는 나를 불러들여 베를린 계획을 맡겼다. "지금까지 베를린 시가 한 일이 아무것도 없네. 이제부터는 자네가 기획을 해봐. 이 기획서를 가져가게. 뭔가 준비되면 나에게 보여주고. 자네도 알다시피, 난 이런 일이라면 언제라도 시간을 낼 수 있지 않나." 히틀러가 말한 대로, 엄청난 폭의 대로 구상은 그가 베를린과 관련된 다양한 계획들을 연구하기 시작한 20대 초반으로 거슬러 올라간다. 그는 기존의 기획이 전부 부적절하다고 판단하고, 스스로 아이디어를 짜보기로 한 것이다.* 당시에도 그는 안할터와 포츠담 기차역을 템펠호프 평원 남쪽으로 옮기기로 결정했었다. 이렇게 하면 도시 중심부는 넓은 철로에서 해방되고, 지게스조일레를 시작으로 조금만 더 길을 닦으면 멋진 고층 건물이 늘어선 4.8킬로미터의 웅장한 대로가 탄생할 것이다.

확실히 베를린의 모든 건축적 비례는 히틀러가 새 대로에서 상상한 두 개의 건물에 의해 변화될 것 같았다. 북쪽 의사당 옆으로 그는 거대한 대회의장을 구상했다. 로마에 있는 산피에트로 성당처럼 돔 지붕이지만 몇 배나 큰 규모다. 돔의 직경은 251미터, 그 아래 약 1만 1,522평의 면적에 15만 명이 운집할 수 있다. 베를린에 대한 전반적인 구상이 아직 유동적이던 기획 초기, 히틀러는 회의장 규모는 중세적 개념을 바탕으로 결정해야 한다고 설명했다. 예를 들어 울름 성당도 843평 넓이지만, 그것이 지어지기 시작한 14세기 울름의 전체 인구는 아이와 노인들을 포함해 1만 5,000명에 불과했다는 것이다. "성당은 꽉 차지 않았지. 그와 비교하면 15만 명을 수용하는 회의장은 수백만 인구의 베를린에 비해 너무 작다고 할 수 있어."

---

* 그는 아마도 마르틴 뫼촐러의 설계를 참조했을 것이다. 뫼촐러의 작품들은 1927년 베를린에서 열린 주요 미술 전시회에서 볼 수 있다. 사실 그 작품들은 히틀러의 것과 놀라울 정도로 흡사하다. 알프레트 신츠의 책 『베를린: 도시의 운명과 도시 건설 계획』(브라운슈바이크, 1964)을 슈판다우 형무소에서 읽기 전까지는 나도 그 사실을 몰랐다.

이 건물에 균형을 맞추기 위해 히틀러는 122미터 높이의 개선문을 짓고자 했다. "최소한 세계대전 전사자들을 위한 가치 있는 기념비가 될 거야. 180만 전몰자들의 이름을 화강암에 새겨 넣을 걸세. 국가가 세우는 베를린 기념비로는 얼마나 하잘것없는가. 이 위대한 나라에 비해 얼마나 비루하고 위엄 없는 건물인가." 그는 나에게 카드에 그린 스케치 두 장을 건네주었다. "내가 10년 전에 그린 것들이네. 항상 간직하고 있었지. 언젠가는 내가 이것들을 세우리라 의심치 않았거든. 그리고 지금이 바로 시작할 때야."

히틀러도 설명했지만, 그가 그린 스케치를 살펴보면 이미 198미터 직경의 돔에 100미터 높이의 개선문을 구상하고 있었음을 알 수 있다. 놀라운 것은 그 건물들의 웅장함이 아니라, 그런 건물을 지을 일말의 가능성도 없는 시점에서 승리를 기념하는 건축물에 집착했다는 사실이다. 그리고 당시와 같은 평화 시에 히틀러가 지속적으로 국제사회의 인정을 받고자 하는 욕구를 표출함과 동시에 오로지 전쟁으로만 가능한 제국의 승리를 표현하는 건물을 구상하고 있다는 사실을 지금 생각하면, 불길한 충격으로 다가온다. "베를린은 큰 도시야. 그러나 진정한 대도시는 아니지. 세계에서 가장 아름답다는 파리를 보라고. 아니면 빈. 웅장한 도시들이지. 베를린은 건물들이 제멋대로 들어서 있을 뿐이야. 우리는 반드시 파리와 빈보다 멋진 도시를 건설해야 하네." 이것은 그가 여러 차례 토론을 통해 강조하던 점이다. 우리는 주로 그의 관저에서 의견을 나누었다. 보통 다른 손님들이 모두 돌아간 후였으므로 진지한 대화가 가능했다.

젊은 시절 히틀러는 빈과 파리의 설계에 대해 조심스럽게 연구했고, 그에 대한 비상한 기억력을 드러내기도 했다. 빈에서 그는 웅장한 건물들이 시 있는 링슈트라세, 시청과 의사당, 콘서트홀, 호프부르크와 쌍둥이 기념비에 경탄했다. 그는 이 지역을 정확한 비례로 그려냈고, 기념비와 같은 멋진 공공건물들은 어디서나 자유롭게 보일 수 있도록 설계해야 한다는 교훈을 다시 한 번 새겼다. 히틀러는 빈은 자신의 이상과 일치하지 않는다고 하면서도 네오고딕 양식의 시청건물과 그 도시를 찬미했다. "여기 시청건물은 빈을 잘 표현하고 있지. 그에 비해 베를린 시청사는 어떤가. 빈보다 더 아름다운 건물을 지을 거야, 그렇고말고." 히틀러가 더욱 깊은 인상을 받은 것은 1853~70년에 250만 골드 프랑이 투입된 파리의 거대한 재건축 프로젝트와 새 대로 건설이었다. 히틀러는 이 공사를 진행시켰던 조르주 오스만을 역사상 최고의 도시 설계사로 여겼고, 내가 그를 능가하길 원했다. 오스만이 이 공사를 위해 수년간 투쟁했다는 사실 때문에, 히틀러도 자신의 베를린 도시계획안이 반대에 부딪힐 것을 예상했다. 그는 자신의 권위만이 그러한 난관을 돌파할 수 있는 힘이라고 믿었다. 그러나 처음에는 히틀러도 시 당국자들을 설득하기 위해 교묘한 방법을 썼다. 베를린시는 히틀러의 제안에 주저했다. 땅을 고르고, 대로, 공원, 고속 수송철도를 건설하는 데 들어가는 적지 않은 비용이 고스란히 시의 부담이 될 것이 분명했기 때문이다. "메클렌부르크의 뮈리츠제에 새로운 수도 건설을 고려하고 있습니다. 연방정부가 옮겨 갈지도 모른다는 위협 속에서 베를린 시민들이 얼마나 활기를 띨 수 있을지 확인해보죠." 그는 말했다. 그리고 사실 그의 말을 뒷받침할 만한 몇 가지 일이 일어나기도 했다. 시의 원로들은 베를린 도시계획 비용을 부담할 준비가 되었다고 밝혔다. 그럼에도 불구하고 몇 달 동안 히틀러는 오히려 독일식 워싱턴을 만들겠다는 계획을 흘리고 다녔다. 그리고 무에서 이상적인 새 도시를 창조한다는 것에 대해 자주 이야기했다. 그러나 결국 히틀러는 그 이상을 거부했다. "인위적으로 만들어진 수도는 생명력이 없습니다. 워싱턴이나 캔버라를 생각해보세요. 독일의 카를스루에도 마찬가지지만, 이런 도시에는 생명력이 용솟음치지 않아요. 지겨운 관료들만 우글거리는 곳이기 때문이죠." 이 에피소드가 히틀러의 연기였는지 아니면 일시적으로나마 신도시 건설 쪽으로 마음이 기울었던 것인지 확신할 수없다.

그의 계획에 영감을 준 것은 파리 샹젤리제에 있는 개선문이다. 약 50미터 높이로 1805년 나폴레옹 1세가 공사를 시작했다. 이 건물은 히틀러가 구상하는 거대한 개선문과 광활한 대로의 모델이 되었다. "샹젤리제는 폭이 약 100미터나 돼. 어쨌든 베를린 대로는 그보다 20미터 이상 넓어야 해. 선견지명이 있었던 위대한 선제후가 17세기에 60미터 폭의 운터덴린덴을 건설했을 때, 샹젤리제를 설계한 오스만만큼 오늘날의 교통량을 예측하지 못했어."

이 프로젝트를 위해 히틀러는 총리 비서실장 람머스에게 나의 권한을 확대하고, 내가 총리 직속으로 들어가도록 한다는 내용의 규정을 만들게 했다. 그렇게 되면 내무장관이나 베를린 시장도, 베를린 관구장 괴벨스도 나에게 통제권을 행사할 수 없게 된다. 사실 히틀러는 공공연하게 나의 기획안을 시 당국이나 당에 보고해야 하는 의무를 면제해주었다.[1] 내가 히틀러에게 프리랜서로서 참여하고 싶다고 말했을 때 그는 그 자리에서 승낙해주었다. 람머스는 관료직에 대한 나의 거부감을 잘 고려해 법적인 장치를 마련했다. 내 사무실은 정부기관에 속하지 않은, 넓게 보면 독립적인 연구소의 직위를 가지게 되었다.

1937년 1월 30일, 나는 공식적으로 히틀러의 '위대한 건축 과업'을 위임받게 되었다. 오랫동안 히틀러는 나에게 걸맞은 칭호에 대해 연구했다는데, 마침내 풍크가 멋진 아이디어를 냈다. 그것은 '제국 수도건설 총감독관'이었다. 내게 임명장을 수여하는 히틀러의 표정에 가끔 나타나던 쑥스러움이 떠오른다. 점심식사 후에 그는 임명장을 내 손에 꼭 쥐어주며 말했다. "잘 해보게나." 히틀러와 나의 계약을 관대하게 해석한다면, 나는 공식 서열에서 제국비서실장과 맞먹게 되었다. 서른둘의 나이에 나는 정부 관료석 세 번째 줄 토트 박사의 옆자리를 차지하게 되었고, 국가 공식만찬 석상에서는 아랫줄 맨 끝자리가 부여되었다. 자동적으로 모든 국빈 방문객으로부터 정해진 훈장을 받았다. 월급으로 받은 1,500마르크는 프리랜서로 받은 보수에 비하면 그리 크지 않은 금액이었다.

게다가 2월이 되자 히틀러는 교육장관에게 파리저 광장에 있는 오래된 예술 아카데미 건물을 비우라고 무뚝뚝하게 지시했다. 건축 감찰관이란 뜻의 GBI라는 이름으로 나의 사무실을 입주시키기 위함이었다. 그가 아카데미 건물을 선택한 이유는, 중간의 부처 청사 정원을 지나 사람들의 눈에 띄지 않고 바로 왕래할 수 있었기 때문이다. 곧 그는 이 편리함을 마음껏 즐겼다.

히틀러 도시계획의 중대한 결함은 전체적인 완성도를 고려하지 못했다는 점이다. 파리의 샹젤리제보다 두 배 반이나 더 긴 베를린판 샹젤리제에 너무 집착한 나머지 인구 400만이 살고 있는 도시 베를린에 대한 개념을 완전히 잃어버렸다. 도시계획 전문가들에게 이런 대로는 전체적인 재구성이 이루어진다는 가정 아래 의미와 기능을 가진다. 히틀러에게 대로는 과시용 작품이었고 그 자체로서 목적이었다. 더욱이 그 대로는 철로 문제를 해결해주지 못하고 있다. 베를린을 둘로 나누는 거대한 철길은 불과 몇 마일 남쪽으로 옮겨질 예정이었다.

제국교통부 국장이자 독일 주요 철로의 설계자인 라이프브란트는 히틀러의 베를린 도시계획에서 수도의 철로 시스템을 전체적으로 재조정할 가능성을 포착했다. 우리는 함께 가장 이상적인 해결책을 찾았다. 그것은 베를린 교외 열차, 링반의 선로를 두 라인 늘리고 장거리 열차를 그쪽으로 통과하게 하는 것이다. 이렇게 함으로써 도시 북쪽과 남쪽의 중앙역을 가질 수 있었고, 여러 개의 역이 불필요해졌다. 새롭게 철로를 정비하는 데 드는 비용은 10~20억 마르크 정도로 추산됐다.[2]

그렇게 된다면 남쪽에 있는 오래된 철로를 없애고 넓은 대로를 만들 수 있고, 도시 중심부에 광활한 공터를 확보해 40만 명이 거주할 수 있는 주택가를 건설할 수 있다.[3] 이 계획의 최대 걸림돌은 히틀러와 내가 대로의 시작점에 짓기로 했던 돔형 대회의장을 포기하려 하지 않았다는 점이다. 회의장 앞 넓은 공간은 비워둬야 했다. 베를린의 원활한 교통 흐름에 큰 기여를 할 수도 있었던 그 계획은 과시용 건물을 위해 희생되었다. 그리고 남북을 연결하는 교통은 우회로 인해 큰 방해를 받을 것으로 보였다.

기존의 60미터 폭의 도로를 서쪽 헤어슈트라세 쪽으로 확장할 것이고,

동쪽으로도 같은 폭으로 도로를 넓힐 예정이었다. 이 작업은 이전의 프랑크푸르트 가로수 길을 확장하면서 1945년 이후 부분적으로 이루어진 상태였다. 이 동서축 대로는, 남북축과 마찬가지로 아우토반으로 인해 조성된 순환도로까지 이어진다. 그리고 신도시는 베를린 동쪽으로 예정되었다. 이런 식으로 비록 우리의 계획이 도시 중심부를 밀어버리는 것이지만, 결국은 베를린 인구의 두 배를 수용할 수 있는 면적을 만들어냈다.[4]

두 축의 대로에 사무용 건물들이 줄지어 늘어서고, 끝으로 갈수록 건물의 규모는 작아진다. 교외로 가까워질수록 건물의 층수가 낮아져, 급기야는 널찍한 녹지로 둘러싸인 주택가가 나온다. 이런 구조를 통해 나는 일반적인 도시 중심가의 협소함을 피하고자 했다. 이와 같은 기획은 축 구조를 채용할 때 필연적으로 탄생하는 것이고, 녹지 공간을 도시 중심부까지 이어지게 하는 장점을 가지고 있었다.

두 거대한 중심축의 네 개의 말단 지점에 있는 아우토반 너머에는 공항을 지을 부지도 마련했다. 랑스도르퍼 호수는 수상 공항의 착륙지점 역할을 하게 될 것이다. 그 당시에 우리는 곧 수상 비행기의 시대가 올 거라고 상상했다. 템펠호프 공항은 미래의 새 도시 중심부에 지나치게 가까이 자리하고 있었기 때문에, 코펜하겐의 티볼리와 같은 오락공원으로 바꿀 계획이었다. 몇 년 안에 이 엇갈리는 축들이 다섯 개의 환으로 대체되고, 열일곱 개의 방사형 도로가 생겨날 거라고 상상했다. 모든 도로의 폭은 60미터로 정했다. 그러나 우리가 당장 확정할 수 있는 부분은 고층 건물들이 들어설 자리였다. 축의 중간점과 환의 부분부분을 연결하고 교통 체증을 완화하기 위해 고속수송 철도에 대한 계획이 수립되었다. 서쪽에는 올림픽 스타디움과 면한 곳에 대학가를 조성하기로 했다. 운터덴린덴에 있는 프리드리히 빌헬름 대학의 건물들은 너무 오래되어 최악의 상태였기 때문이다. 대학가 북쪽으로는 병원과 연구소, 의과대학이 있는 메디컬 센터가 들어선다. 뚝 떨어져 있는 박물관과 의사당 사이의 슈프레 강 유역은 그동안 고물상과 작은 공장들이 들어서 있던 저개발 지역이었다. 이곳에도 베클린 박물관 등 새로운 건물들이 들어설 것이다.

아우토반 인근의 순환도로를 지나서는 위락 지구가 계획되었다. 이 지역의 전형적인 브란덴부르크 소나무 숲은 내가 관할하는 삼림청 고위 관리가 위탁관리하고 있었다. 그곳에는 소나무 대신 낙엽수림을 조성할 계획이었다. 블로뉴 숲을 모델로 삼아 수백만 베를린 시민들을 위해 그루네 숲에 하이킹 도로를 만들고 휴식장소와 레스토랑, 체육 시설을 지을 것이다. 작업은 이미 시작되었다. 프리드리히 대제가 슐레지엔 전쟁의 비용을 대기 위해 벌목했던 오래된 혼합림을 회복하기 위해, 나는 수십만 그루의 낙엽수를 심었다. 베를린 도시계획을 위해 추진되었던 계획들 가운데 지금까지 보존된 것은 낙엽수림뿐이다.

베를린 도시계획을 위한 작업을 진행하는 와중에, 대로 건설에 치우친 히틀러의 요점 없는 원래 계획에서 새로운 도시에 대한 아이디어가 떠올랐다. 정황을 고려해볼 때 원래 히틀러의 구상은 그리 중요하지 않았다. 최소한 도시 재개발에 관한 한 나는 히틀러의 과대망상을 훨씬 넘어서고 있었다. 나는 히틀러가 도시 재개발에 관심을 가진 일은 없다고 생각했다. 최초의 아이디어를 확장해 일을 크게 벌여 놓고 나에게 재량권을 준 것이다. 히틀러는 재개발 사업에는 별로 흥미를 보이지 않았다. 그는 구상도를 자주 봤지만 그냥 흘끗 보는 정도였고 몇 분 뒤에는 노골적으로 지겨운 눈치를 보이면서 "베를린 대로 계획은 어디 있나?"라고 물었다. 그러고 나서는 정부 각 청사 건물과 사무실 건물, 주요 기업들의 전시장과 새 오페라하우스, 화려한 호텔, 놀이 궁전 등의 그림을 보면서 즐거움에 빠져들었다. 나도 물론 그 즐거움에 동참했다. 그럼에도 불구하고 나는 이 건물들을 전체 계획의 일부로만 생각했다. 하지만 히틀러는 그렇지 않았다. 영원한 건축물을 향한 열정에 사로잡힌 히틀러는 교통 체계나 주거 공간, 공원 등에 거의 관심을 두지 않았다. 그는 사회적 공간에 무관심했다.

반면 헤스는 사회적 공간에만 큰 관심을 보였고 도시의 연출적 측면에 눈길을 주지 않았다. 한번은 내 작업실까지 와서는 과시적 측면에만 너무

치중하는 것 아니냐며 힐난한 적도 있다. 나는 화려한 건물을 짓는 데 벽돌 하나를 올릴 때마다, 똑같은 수의 벽돌을 공공주택을 짓는 데 사용하겠다고 헤스에게 약속했다. 히틀러는 이런 얘기를 들을 때마다 짜증스러워했다. 그는 자신의 요구가 더 중요하다고 역설했지만 그렇다고 우리 사이의 약속을 무효화하진 않았다.

넓은 의미에서 나는 히틀러의 건축가로서 모든 건축가를 지휘하는 수석 건축가라고 할 수 있었다. 그러나 꼭 그렇지만도 않았다. 뮌헨과 린츠를 재건했던 건축가들에게도 같은 권한이 주어졌다. 시간이 흐르면서 히틀러는 특수한 임무를 위해 점점 더 많은 건축가들을 고용했다. 전쟁이 시작되기 전까지 10~12명 정도의 건축가들이 도시계획 사업에 함께 참여했다.

건물에 대한 의문이 제기될 때마다 히틀러는 재빠른 스케치 파악 솜씨와 평면설계와 실물 묘사로 3차원의 입체 공간을 상상할 수 있는 능력을 과시했다. 바쁜 정무 일정에도 불구하고, 항상 전국 각 도시에서 열 개 내지는 열다섯 개 정도의 공사를 추진하고 있음에도 불구하고, 그림이 제시될 때마다(물론 그 사이에 보통 몇 달이 흐르게 마련임에도) 그는 즉각 맥락을 되살려내고는 자신이 요구했던 변화가 무엇이었는지 기억해냈다. 히틀러가 오래전에 했던 제안이나 요구를 잊었을 것이라고 추측했던 사람들은 전혀 그렇지 않음을 곧 깨달았다.

건축 문제로 논의가 오갈 때면 히틀러는 보통 자제력 있고 정중하게 행동했다. 그는 자신이 원하는 변화를 부드럽게 제안했고 상대를 모욕하는 기미는 전혀 보이지 않았다. 자신의 정치적 보좌관들을 대할 때와는 완전히 다른 모습이다. 건축가는 건축물에 책임을 져야 한다는 믿음 속에 히틀러는 자리에 함께 참석한 관구장이나 사무장보다는 건축가를 격려해 의견을 듣고자 했다. 비전문적인 고위 관료가 건축가의 설명에 끼어드는 것도 원치 않았다. 만일 건축가의 견해가 자신과 상반된다 할지라도 히틀러는 고집을 부리지 않았다. "좋아요, 그 말이 옳아. 그게 더 낫겠군."

덕분에 나 또한 창조적 독립성을 잃지 않을 수 있었다. 나와 히틀러가 이견을 보일 때도 종종 있었지만 그렇다고 나에게 자신의 견해를 강요한 일은 단 한 번도 없었다. 우리가 비교적 평등한 관계를 유지했다는 사실은 훗날 내가 군수장관이 되었을 때 다른 주요 장관과 현장 지휘관들보다 큰 권한을 행사할 수 있었던 배경이 된다.

히틀러가 고집스럽고 무례하게 반응할 때는 주로 적대감에 기인한 무언의 반대를 감지했을 때다. 예를 들어, 한 세대의 건축 교육을 이끌어온 보나츠 교수도 뮌헨에 세워진 트로스트의 새 건물에 대해 비판한 이후 아무런 일을 배정받지 못했다. 히틀러가 보나츠를 그토록 탐탁지 않아 했기 때문에 토트는 아우토반에 다리 몇 개를 짓는 문제마저 감히 그와 상의하지 못했다. 나와 트로스트 부인이 끼어들어서야 보나츠를 원상복귀시킬 수 있었다. "왜 보나츠에게 다리를 맡기면 안 된다는 거죠?" 트로스트 부인이 히틀러에게 물었다. "그분은 그런 기술적 건축에 아주 전문가인데요." 그녀의 말은 충분한 중량감을 발휘했고 이후 보나츠에게 다리를 짓는 일이 맡겨졌다.

히틀러는 반복해서 강조했다. "내가 얼마나 건축가가 되고 싶었는지 모른다네." 나는 능청스럽게 대답했다. "각하가 그렇게 됐다면 제가 할 일이 하나도 없을 겁니다." 히틀러가 다시 말한다. "아니, 자네, 자네는 말이야. 어쨌든 열심히 해서 성공한 거지!" 난 가끔 자문해본다. 히틀러가 만일 젊은 시절에 돈이 많은 고객을 만나서 건축가로 고용되었다면 정치가로서의 길을 저버릴 수 있었을까? 그러나 근본적으로 그의 정치적 임무에 대한 인식과 건축을 향한 열망은 분리될 수 없다는 생각이 든다. 히틀러가 1925년 무렵 그린 두 장의 스케치가 그것을 설명해준다. 36세의 히틀러는 정치적 경력이 사실상 좌절된 상황을 맞았다. 그런 순간에 개선문과 돔형 대회의장으로 자신의 성공에 월계관을 씌울 수 있는 정치 지도자가 되리라는 상상은 가당찮은 것이었다.

내무부 차관 푼트너가 히틀러에게 베를린 올림픽 스타디움의 첫 재건 설계도를 보여주는 순간 올림픽위원회는 난처한 입장에 빠지고 말았다. 건축가 오토 마르흐는 빈 스타디움과 유사한 유리 칸막이 벽이 있는 콘크리트 건축물을 디자인했다. 현장을 시찰한 히틀러는 분노와 흥분 상태로 되돌아왔다. 그와 몇 가지 문제를 논의하기 위해 불려 갔던 나는 히틀러가 푼트너에게 올림픽을 취소하라고 무뚝뚝하게 지시하는 것을 목격했다. 국가원수가 개회선언을 해야 하기 때문에 본인이 가지 않으면 경기가 열릴 수 없다고 히틀러는 말했다. 히틀러는 절대 그와 같은 현대식 유리상자 안에는 발을 들여놓지 않겠다는 입장이었다.

하룻밤 동안 나는 어떻게 이미 지어진 철골조를 자연석으로 입힐 수 있는지 보여주는 스케치를 그려냈고 좀 더 육중한 코니스를 만들었다. 유리 칸막이들이 제거되자 히틀러는 만족했다. 히틀러는 추가 비용을 마련할 방법을 확인했으며 마르흐 교수도 변화에 찬성했다. 어차피 올림픽은 베를린에서 열릴 수밖에 없었다. 히틀러가 그 위협을 실천에 옮겼을지, 아니면 단지 성질을 부린 것에 불과했을 뿐인지 잘 알 수 없었지만 말이다.

히틀러는 가끔 화를 내는 방법으로 자신의 뜻을 관철하곤 했다. 1937년에는 갑자기 파리 박람회에 참가하지 않겠다고 고집을 부린 일도 있었다. 초청이 이미 수락되고 독일 전시관이 정해진 상황이었다. 그는 자신이 본 모든 설계에 강하게 반대했다. 때문에 경제부는 나에게 설계를 부탁하게 되었다. 소련과 독일의 전시관은 박람회장에서 서로 마주 보는 위치에 배정되었다. 프랑스 측 책임자가 의도적으로 배치한 것이다. 파리 박람회장을 돌아보던 중 나는 우연히 소련 전시장의 비밀스러운 스케치들이 보관되어 있는 방에 들어가게 되었다. 소련 전시장은 높은 단 위에 10미터 높이의 쌍둥이 조각상이 의기양양하게 독일 전시관 쪽으로 향해 있는 모습이었다. 돌아온 나는 굵직한 기둥 위에 거대한 입체상을 디자인했다. 마치 쌍둥이의 맹습을 막고 있는 듯한 형상이었다. 탑의 코니스에서 스바스티카 문양을 발로 움켜쥔 독수리 한 마리가 소련 조각상을 내려다보고 있는 모습이었다. 나는 그 건축물로 황금메달을 받았고 소련 측 건축가도 같은 상을 받았다.

독일 전시관을 기념하는 만찬에서 나는 베를린 주재 프랑스 대사 앙드레 프랑수아-퐁세를 만났다. 그는 나의 작품을 파리에 전시하라고 권했고 그 대가로 베를린에서 현대 프랑스 회화전을 열겠다고 했다. 프랑수아-퐁세 대사는 프랑스가 건축에서는 많이 뒤떨어져 있지만 회화에서는 배울 점이 있을 거라고 지적했다. 나는 프랑수아-퐁세의 제안을 히틀러에게 보고했다. 성사된다면 내가 건축가로서 국제적인 명성을 누릴 기회가 열리게 된다. 그는 대사의 달갑지 않은 제안을 침묵으로 넘겼다. 승낙도 거절도 하지 않았다. 그의 침묵은 다시는 그 말을 꺼내지 말라는 의미다.

파리에 머무는 동안 나는 샤이오 궁전과 현대미술관, 아직 다 지어지지 않은 트라보 공공 박물관을 구경했다. 아방가르드 건축가 오귀스트 페레가 설계한 것이다. 프랑스도 공공건물에서는 신고전주의 건축양식을 선호한다는 사실이 놀라웠다. 가끔 신고전주의 양식이 전체주의 국가의 특징이라고 아는 사람들도 있는데 언제나 그런 것은 아니었다. 오히려 신고전주의는 시대 전반적인 사조였고 로마와 모스크바, 우리가 세운 베를린 설계뿐만 아니라 워싱턴과 런던, 파리에까지 그 흔적이 남아 있다.[5]

프랑스 화폐로 여윳돈이 생겨 아내, 친구들과 함께 차를 타고 프랑스를 둘러보기로 했다. 우리는 천천히 남쪽으로 여행하며 성과 성당을 구경했다. 카르카손은 활기로 가득 차고 아름다운 곳이었다. 비록 중세에는, 오늘날 우리에게 원자폭탄 방공호가 그렇듯, 가장 전형적인 요새 가운데 하나였지만 말이다. 성 안 호텔에서 오래된 프랑스 와인을 즐기며 며칠 더 그곳에 머물기로 했다. 그런데 갑자기 저녁에 전화가 걸려 왔다. 프랑스의 외진 마을, 히틀러의 부관들과 멀리 떨어진 곳이라 안전하다고 믿었는데…. 더욱이 우리의 목적지를 아무도 알지 못했으니 말이다.

하지만 프랑스 경찰은 보안에 관한 여러 이유로 우리의 움직임을 주시하고 있었던 모양이다. 어쨌든 오버잘츠베르크에서 문의를 했을 때 프랑스 경찰은 우리의 행방을 바로 보고했다. 전화의 음성은 히틀러의 부관 브뤼크너였다. "내일까지 이곳으로 오셔야겠습니다." 나는 안 된다고 말했다.

자동차로 최소한 이틀 반은 걸릴 것이다. “내일 오후에 회의 일정이 잡혀 있습니다. 각하께서는 슈페어 씨가 참석하길 원하십니다.” 나는 다시 한 번 힘없는 항의를 했다. “잠시만요. 좋아요. 하지만 총통께서는 선생이 어디 있는지 알고 계십니다. 내일까지 돌아오셔야겠는데요.”

나는 비참함과 분노를 느꼈고 당황스러웠다. 히틀러의 비행사와 오랜 통화 끝에 히틀러의 개인 전용기가 프랑스에 착륙할 수 없다는 것을 알게 되었다. 다행히 아프리카에서 출발해 다음 날 새벽 6시에 마르세유에 기착하는 독일 화물기에 내가 탈 자리를 마련할 수 있었다. 그러면 히틀러의 특별기가 슈투트가르트에서 베르히테스가덴 인근의 아인링 공항까지 나를 실어다 줄 것이었다.

그날 밤 우리는 마르세유를 향해 출발했다. 달빛 아래에서나마 아를의 로마 양식 건축물들을 볼 수 있었다. 그것이 우리 여행의 목적이었지만, 이를 위해 허락된 시간은 단 몇 분뿐이었다. 새벽 2시, 일행은 마르세유의 호텔에 도착했고 세 시간 후 나는 공항으로 출발했다. 그리고 오후 무렵 나는 지시대로 오버잘츠베르크에 있는 히틀러 앞에 모습을 나타냈다. “오, 슈페어 선생, 미안하군. 회의는 연기했네. 함부르크 현수교에 대해 자네 의견을 먼저 듣고 싶어서 말이지.” 토트 박사가 히틀러에게 샌프란시스코의 금문교를 능가하는 거대한 다리의 설계도를 보여주라고 제안한 바 있었다. 다리 공사는 1940년 이후에야 시작될 예정이었기 때문에 일주일의 휴가를 추가로 줄 수도 있었을 텐데, 히틀러는 그러지 않았다. 또 한 번은 아내와 함께 비행기 편으로 추그스피체를 찾았을 때의 일이다. 히틀러의 부관이 어김없이 전화를 걸어 왔다. “내일 오후 오스테리아에서 만찬이 있습니다. 참석하셔야겠는데요.” 내가 힘들다고 하자 그는 즉시 끼어들었다. “안 됩니다. 급한 회의라서요.” 오스테리아에서 히틀러는 다음과 같은 말로 나를 맞았다. “이런, 자네가 이렇게 나타나주니 너무 좋구먼. 아니 그런데 어떻게 돌아오게 된 거지? 난 어제 슈페어가 어디 있는지 궁금하다고 물었을 뿐인데. 하여간…, 하지만…, 잘 와주었어. 만사 제쳐두고 스키나 타는 게 어때?"

이런 면에서 외무장관 노이라트는 고집스러웠다. 늦은 밤 히틀러가 부관에게 말했다. "외무장관에게 이야기할 것이 있어." "외무장관께서는 벌써 잠자리에 드셨을 텐데요." 부관의 대답이다. "내가 원할 때는 자리에서 일어나야 한다고 가서 전해." 다시 전화를 했지만 부관은 쩔쩔매며 말했다. "장관님께서는 아침에 나오실 수 있다고 하십니다. 지금은 피곤해서 주무신답니다." 상대가 이렇게 단호함을 보이면 히틀러는 포기하지만 불편한 심기를 내내 감추지 못한다. 히틀러는 사소한 반항이라도 결코 잊는 법이 없었고 기회가 오는 즉시 보복을 가했다.

오베람머가우 근처에서 약혼자 마르가레테 베버와 함께한 슈페어.
두 사람 모두 열아홉 살이었다.

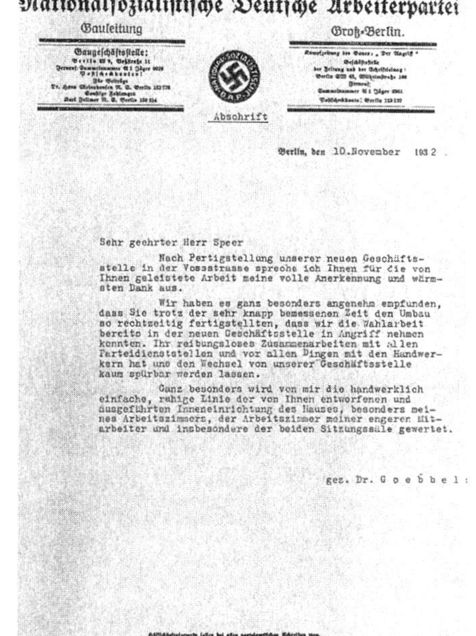

Nationalsozialistische Deutsche Arbeiterpartei

Gauleitung Groß-Berlin.

Abschrift

Berlin, den 10.November 1932 .

Sehr geehrter Herr Speer

Nach Fertigstellung unserer neuen Geschäftsstelle in der Vossstrasse spreche ich Ihnen für die von Ihnen geleistete Arbeit meine volle Anerkennung und wärmsten Dank aus.

Wir haben es ganz besonders angenehm empfunden, dass Sie trotz der sehr knapp bemessenen Zeit den Umbau so rechtzeitig fertigstellten, dass wir die Wahlarbeit bereits in der neuen Geschäftsstelle in Angriff nehmen konnten. Ihr reibungsloses Zusammenarbeiten mit allen Parteidienststellen und vor allen Dingen mit den Handwerkern hat uns den Wechsel von unserer Geschäftsstelle kaum spürbar werden lassen.

Ganz besonders wird von mir die handwerklich einfache, ruhige Linie der von Ihnen entworfenen und ausgeführten Inneneinrichtung des Hauses, besonders meines Arbeitszimmers, der Arbeitszimmer meiner engeren Mitarbeiter und insbesondere der beiden Sitzungssäle gewertet.

gez. Dr. G o e b b e l s

새로운 당 청사 완공을 맞아 슈페어를 치하하는 괴벨스의 편지.

1932년 베를린 스포츠궁전에서 연설하고 있는 괴벨스.

'예술의 전당' 모형을 검토하고 있는 히틀러와 건축가 트로스트, 1933년.
히틀러는 자신의 첫번째 건축가였던 뮌헨 출신의 트로스트를 '교수님'이라고 불렀다.

1933년 9월 3일 전당대회에서의 히틀러의 등장을 알리는 서곡으로 비행한 그리프 체펠린 호를 군중들이 일제히 바라보고 있다.

날개를 펼친 길이가 80미터가 넘는 슈페어의 독수리, 체펠린 비행장에 임시로 마련된 스탠드 위에 세워졌을 때 군중들은 열광했다.

히틀러를 보기 위해 구총리 청사의
'역사적 발코니'(Historischen Balkon) 앞으로 모여든 군중, 1933년 봄.

새 총리 청사의 발코니.

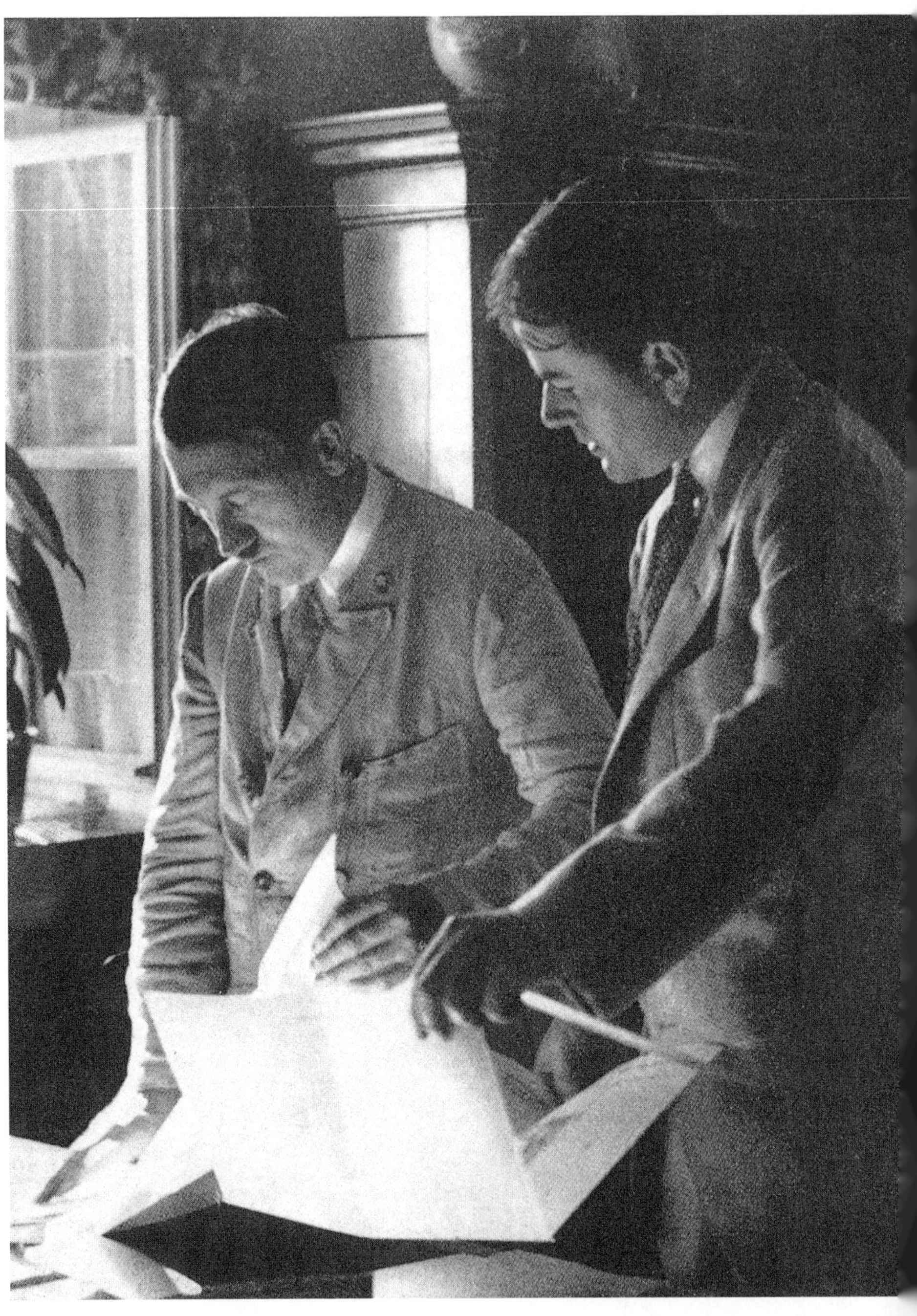

오버잘츠베르크의 집무실에서
슈페어의 건축 설계안을 함께 살피는 히틀러,
1934년 봄.

자신의 전용자동차 메르세데스에서 잠이 든 히틀러, 1934년.

1932년 무렵에는 환호와 격려하는 군중들 때문에 히틀러는 종종 차를 멈추어야만 했다.

히틀러가 지나가기 위해서 길을 만드는 모습, 1935년.

1935년 바이에른 주민들로부터 환영을 받고 있는 히틀러. 히틀러 뒤로 부관 보어만
(마르틴 보어만의 형인 알베르트)과 전속 사진사 하인리히 호프만, 친위대 경호원들이 보인다.

화강석의 표면처리와 색깔을 살펴보기 위해서 뉘른베르크 스타디움 건설 예정지에
실물 크기로 만든 구조물을 슈페어가 살펴보고 있다.

일부분을 실제 크기로 지어본 뉘른베르크 스타디움 현장.
왼쪽에서 오른쪽으로 뉘른베르크 시장 리벨, 스타디움의 건축기술진 리버만,
뉘른베르크 건설위원회 의장 그루만과 알베르트 슈페어.

친위대 상급대장 쥐트너와 그의 성실한 부관 샤우프와 함께 뉘른베르크를 찾은 히틀러.

슈페어가 설계한 40만 석 규모의 뉘른베르크 스타디움 나무모형.
모형은 1936년에 완성되었지만 지어지지는 못했다.

뉘른베르크 전당대회에서 슈페어가 전조등으로 선보인 드라마틱한 광경.
영국대사 네빌 헨더슨 경은 이를 "얼음으로 지은 성전"이라고 불렀다.

7

오버잘츠베르크
Obersalzberg

기업의 대표든 국가원수든, 독재 권력을 휘두르는 지배자든 간에 권력자가 빠지는 특별한 함정이 있다. 권력자를 추종하는 이들은 권력자의 총애를 너무도 바라 마지않기 때문에 추종자들은 가능한 모든 방법을 동원해 총애를 얻고자 한다. 히틀러의 측근들 사이에도 노예근성이 만연해 있어서 그들은 경쟁적으로 헌신을 드러내려 했다. 이런 현상은 지배자까지 흔들어놓아 서서히 부패하게 만든다. 권력을 가진 자의 주요한 자질은 이런 상황에서 어떻게 대응하느냐에 따라 결정된다. 나는 이러한 위험에서 스스로를 지켜낸 기업가들과 군인들을 알고 있다. 권력이 수십 년간 지속되는 곳에서는 썩지 않는 부류도 지속적으로 생겨나기 마련이다. 히틀러 주변에는 프리츠 토트를 포함한 극소수만이 이러한 아첨의 유혹을 견뎌내고 있었다. 히틀러는 가신들의 변화에는 어떤 거부도 눈에 띄게 내비치지 않았다.

히틀러만의 통치 스타일이 직면한 특별한 상황들은 그를 특히 1937년 이후 점점 더 고립되게 했다. 사람들과 접촉하는 친화력도 두드러지게 부족해졌다. 그의 측근들은 히틀러에게 일어나는 점점 더 뚜렷한 변화를 두고 가끔 이야기를 주고받기도 했다. 하인리히 호프만이 자신의 저서 『아무도 알지 못하는 히틀러』의 새 판을 출간했다. 구판은 히틀러가 뤔과 다정하게 찍은 사진이 찍혀 있었기 때문에 수거해야 했다. 룀은 사진을 찍은 직후 히틀러에게 처형당했다. 새로 실릴 사진들은 히틀러가 직접 선택했는데, 가죽 반바지를 입은 편안하고 온화한 성품이 돋보이는 모습, 강변 풀숲에 정박한 보트를 탄, 혹은 열성적인 젊은이들에게 둘러싸여 하이킹을 하고 있는, 화가의 작업실에 있는 모습들이었다. 모두가 편안하고 친절하며 친근한 모습이었다. 그 책은 호프만의 최고 성공작이 되었다. 그러나 책 속 이미지는 출판된 시점부터 이미 시대에 뒤진 것이었다. 내가 알았던 1930년대 초반의 쾌활하고 편안한 히틀러는 이미 자신의 최측근과도 인간적 관계를 맺지 않는, 가까이하기 어려운 독재자가 되어 있었다.

바이에른 알프스의 외진 오스테르탈 골짜기에 작은 사냥 오두막 한 채를 지었다. 제도판을 세우기에는 충분한 공간이었고 조금은 붐비겠지만 가족과 몇몇 지인들이 머물기에도 적당했다. 1935년 봄, 그곳에서 머물며 베를린 도시계획을 위한 설계 작업을 계속할 수 있었다. 일과 관련해서도, 가족에게도 행복했던 시간이었다. 하지만 나는 큰 실수를 저지르고 말았다. 히틀러에게 우리의 한가로운 여유에 대해 발설했던 것이다. 그의 반응은 즉각적이었다. "아니, 내 별장 가까이에도 그런 곳이 있어. 베흐슈타인 산장*을 자네에게 주지. 실내정원도 있고 작업실로 쓰기에 큼직한 방도 있다네." (1937년 5월 말, 우리는 베흐슈타인 산장에서 히틀러의 명령으로 지은 작업실로 이사했다.) 보어만이 내 설계도에 따라 지은 집이다. 이리하여 나는 히틀러와 괴링, 보어만에 이어 네 번째 '오버잘츠베르거'가 되었다.

이런 특별한 대접을 받는다는 것과 히틀러의 최측근에 포함된 것은 당연히 기쁜 일이었다. 그러나 새로운 변화가 유익하지만은 않다는 사실을 곧 깨달았다. 외로운 산골짜기에서 신분 확인을 요하는 두 개의 문을 지나

---

* 히틀러의 오버잘츠베르크 산장 가까이 있는 별장으로 공식적으로는 그의 친구 베흐슈타인 집안의 소유로 되어 있었다.

철조망이 높게 쳐진 공간으로 들어간다. 마치 천장이 없는 우리에 야생동물을 가두는 꼴이다. 산속에 머무는 높으신 분들을 관찰하고 싶어 하는 호기심 많은 주민들도 있었다. 그 가운데서도 오버잘츠베르크의 진정한 주인이라고 할 수 있는 사람은 보어만이었다. 그는 반 강제로 수백 년 된 농가를 사들여 건물을 해체했다. 교구의 반대에도 불구하고 이와 똑같은 일들이 수많은 예배당에서 일어났다. 그는 또한 1,950미터 산꼭대기에서 600미터 골짜기에 이르기까지 7제곱킬로미터의 넓은 국가 삼림을 몰수해 개인 사유지로 삼았다. 그 땅을 둘러싸고 있는 담이 거의 3킬로미터에 이를 지경이었다.

보어만은 주변의 자연 경관과는 관계없이 웅장한 산세를 가로지르는 도로망을 건설해나갔다. 그는 또 소나무 잎에 덮이고 나무 뿌리가 뒤엉킨 울창한 숲길을 포장해 산책로로 만들기도 했다. 막사와 거대한 차고, 히틀러의 손님들을 위한 호텔, 새 장원 주택, 자꾸 늘어나는 고용인들이 머무는 주거단지들이 별안간 유명세를 탄 휴양지인 양 속속 들어섰다. 수백 명의 건설 인부를 수용하기 위한 막사는 비탈 쪽에 붙어 있었고, 건축 자재를 가득 실은 트럭들이 덜컹거리는 소리를 내며 길을 따라 달렸다. 밤이면 이곳저곳의 건축 현장에 환하게 불이 밝았다. 인부들이 주야로 교대하면서 작업을 계속했기 때문이다. 가끔 폭발음이 계곡 전체를 뒤흔들기도 했다.

보어만은 히틀러의 개인 소유 산꼭대기에 시골풍의 유람선 같은 저택을 지어 화려한 가구로 치장했다. 그곳에 가려면 급경사의 길을 올라, 큰 바위를 깨서 설치한 엘리베이터까지 가야 한다. 보어만은 그곳까지 편리하게 가기 위한 기구를 설치하는 데 2,000~3,000만 마르크를 퍼부었다. 그러나 히틀러가 그 집에 간 것은 단 몇 번에 불과했다. 주변에서 비꼬기를 좋아하는 사람들 사이에 뒷말이 돌았다. "보어만 덕분에 무슨 금광이 터진 분위기야. 보어만만 금을 챙기지 못하고 있지. 그는 금을 뿌리는 게 일이니." 히틀러도 이 소란이 마음에 들지 않았지만 말로는 표현하지 않았다. "어쨌든 보어만이 하는 일이야. 난 끼어들고 싶지 않구먼." 한번은 이런 말을 하기도 했다. "공사가 다 끝나면 좀 더 조용한 계곡을 찾아볼 생각이야. 여기 처음 지었던 것과 같은 작은 통나무집을 짓고 싶어." 하지만 공사는 영영 끝나지 않았다. 보어만은 끝없이 새 길을 만들고 새 건물을 지었다. 전쟁이 터진 후에는 히틀러와 측근들을 위한 지하 벙커를 짓기 시작했다.

계곡에 벌인 공사에 들어가는 엄청난 노력과 비용에 대해 히틀러는 이따금 빈정거렸지만, 사실 그 건물들은 '총통'의 생활방식 변화를 상징했고 넓은 세상으로부터 자꾸만 숨어들려고 하는 경향을 암시하기도 했다. 암살에 대한 두려움만으로는 설명하기 힘들었다. 히틀러는 매일 수천 명이 자신의 보호 구역에 들어와 자신에게 경의를 표하는 것을 허용했기 때문이다. 측근들은 마음 내킬 때마다 숲길을 돌아다니는 그의 습관보다 이것을 더 위험하게 여겼다.

1935년 여름, 히틀러는 자신의 아담한 시골집을 공적인 위상에 어울리는 저택으로 넓히기로 결심했다. 그 집은 베르크호프로 알려져 있다. 히틀러는 공사비를 자신의 사비에서 지출한다고 했지만 이는 형식적인 제스처에 불과했다. 별채들을 짓는 데 히틀러가 처음에 냈던 돈에 비교할 수 없는 큰돈을 보어만이 다른 곳에서 끌어다 썼다.

히틀러는 베르크호프를 스케치하는 데 만족하지 않았다. 그는 제도판과 제도용 T자, 다른 도구들을 나에게서 빌려 가 평면도를 그리고 렌더링, 단면도까지 완성했으며 누구의 도움도 거절했다. 히틀러가 자신의 오버잘츠베르크 집에 기울인 정도의 개인적인 관심을 쏟은 디자인은 딱 두 가지뿐이었다. 제국의 새 전함기와 자신이 국가원수임을 상징하는 사령기였다.

대부분의 건축가들은 다양한 아이디어를 종이에 옮겨놓고 가장 적합한 것을 골라낸다. 직관을 통해 자신이 처음 느낀 영감이 옳다고 믿으며 스스럼없이 작업을 시작하는 것은 히틀러만의 특징이다. 그리고 나서는 유별나게 눈에 띄는 오류만을 수정했다.

히틀러는 기존의 집을 새 건물 안에 그대로 보존했다. 새 건물의 거실이 널찍한 공간을 통해 기존의 집과 연결되었다. 두 집을 이어 붙인 그 도면은 공식적인 방문객들의 리셉션에는 대단히 비실용적이다. 방문객들의 수행원은 화장실, 계단실, 큰 식당과 연결되는 그다지 호감가지 않는 입구 홀에서 대기해야 했다.

공식 회의가 열리는 동안 히틀러의 개인적인 방문객들은 위층에서 꼼짝 말고 있어야 했다. 계단이 입구홀과 연결되었기 때문에 개인적인 방문객들은 경비원들이 방으로 가거나 바깥으로 나가라고 허락하기 전까지 입구홀 근처에는 얼쩡거릴 수도 없었다. 히틀러는 특히 새 건물의 창을 자랑스러워했다. 창을 통해서 운터스베르크와 베르히테스가덴, 잘츠부르크의 전망이 보였다. 그러나 창 아래에 큰 주차장을 두어 바람이 거꾸로 부는 날이면 지독한 기름 냄새가 거실로 스며들었다. 하여간 이 도면을 공과대학 건축학 교수들에게 보였다면 모두가 D를 주었을 것이다. 한편, 이러한 조잡함 덕분에 베르크호프는 강렬한 개성을 띠게 되었다. 그곳은 원래 주말을 지낼 오두막이었지만 엄청난 규모로 확장되었다.

비용이 너무 심하게 초과되어 히틀러조차 당황스러워했다.

> 아만이 수십만 마르크를 미리 챙겨주었는데도, 내 책으로 받은 인세 수입을 모두 탕진했다. 그런데도 보어만은 오늘 돈이 부족하다고 말했다. 출판업자는 1928년에 쓰인 두 번째 책*을 내자고 설득하고 있다. 나는 그 책이 아직 출판되지 않았다는 사실이 감사하다. 당시에 나왔다면 얼마나 정치적으로 복잡한 문제들이 일어났을까. 그 책의 출간이 지금의 재정적인 어려움을 일소에 해소시킬 수도 있을 것이다. 아만은 선인세로 100만 마르크를 약속했고 그 외에도 수백만 마르크가 더 생길 수도 있을 것이다. 그것도 나중의 일이다. 지금은 불가능하다.

---

* 히틀러의 이른바 두 번째 책은 1961년에야 출간된다.

그는 스스로 운터스베르크 경관의 포로가 되어 앉아 있었다. 운터스베르크에 잠들어 있는 샤를마뉴 황제가 언젠가는 일어나 독일제국의 지나간 영광을 다시 일으켜 세운다는 전설이 있다. 히틀러는 그 전설을 자신에게 대입했다. "저기 운터스베르크가 보이지, 내 산장이 그 맞은편에 있다는 건 우연이 아니라구."

보어만은 오버잘츠베르크의 거대한 건설공사 외에도 이 일 저 일로 히틀러와 밀착되어 있었다. 그는 히틀러의 개인 재정관리까지 맡는 등 여러 가지 일을 함께 해냈다. 히틀러의 가신들이 보어만의 돈줄에 유착되어 있었다. 히틀러의 연인조차 자신이 보어만에게 의지했다는 사실을 뒷날 나에게 솔직하게 털어놓았다. 그녀가 궁한 생활을 하지 않도록 필요한 돈을 대주는 것도 보어만의 임무였다.

히틀러는 보어만의 재정관리 능력을 높이 평가했다. 보어만이 1932년 당이 어려웠을 때 큰 활약을 했다는 히틀러의 칭찬을 들은 적이 있다. 히틀러의 말로는 당시 보어만은 모든 당원을 상해보험에 가입시켰고, 보험금에서 들어오는 돈이 비용을 훨씬 초과하게 만들어 남는 자금을 다른 용도로 사용할 수 있었다고 한다. 보어만은 또 1933년 이후 히틀러의 경제적인 불안감을 영원히 해소시켜 자신의 몫을 다했다. 그는 두 곳의 풍부한 자금원을 확보했는데, 먼저 히틀러의 개인 사진사 호프만과 그의 친구이자 우편장관이었던 오네조르게와 함께 우표에 찍혀 나오는 히틀러의 얼굴에 초상권을 부여해 로열티를 창출했다. 처음엔 미미했지만 그의 얼굴이 모든 우표에 나타나기 시작하면서 수백만 마르크가 보어만이 관리하는 비밀 금고로 굴러들어오기 시작했다.

보어만은 또 아돌프 히틀러 산업기부재단을 설립해 새로운 자금원을 마련했다. 독일의 경제부흥기에 사업적으로 성공을 거둔 기업인들은 자발적 기부를 통해 총통에게 성의를 보일 것을 강요당했다. 다른 당도 같은 계획을 가지고 있었기 때문에 보어만은 기부금에 대한 확실한 독점권을 가질 수 있는 법령을 새로 만들었다. 보어만은 영리하게도 기부금의 일정 금액을 떼서 총통 대신 각 당의 우두머리에게 나누어주었다. 거의 모든 당의 고위급 실무자들이 이 뇌물을 받았다. 나치당의 관구장과 사무장들의 생활수준을 결정했던 보어만의 권력 행사는 사람들의 주목을 끌지는 않았지만, 근본적으로 히틀러의 가신들 가운데 더 큰 영향력을 행사할 수 있는 계기가 되었다.

특유의 인내심으로 보어만은 1934년부터 언제나 감사와 총애의 원천에서 가장 가까운 곳에 머문다는 간단한 원칙을 따랐다. 그는 베르크호프를 비롯한 히틀러의 온갖 여행지에 따라나섰고 총리 청사에서는 히틀러가 새벽에 잠자리에 들 때까지 그 곁을 떠나는 법이 없었다. 이런 식으로 보어만은 히틀러의 가장 근면하고 충직한, 절대적인 신뢰를 받는 비서가 되었다. 그는 모든 사람에게 복종하는 태도를 보였고 거의 누구나가 보어만의 도움을 받았다. 더욱이 보어만의 이런 헌신은 히틀러를 향해 우러나오는 자발적인 희생에서 비롯된 것이었다. 그의 직속상관인 루돌프 헤스마저도 보어만이 언제나 히틀러 곁을 지켜주어 오히려 편하게 여겼다.

당내 권력자들은 숱한 후계자들이 왕관을 노리듯 서로에게 질시의 눈길을 보내고 있었다. 괴벨스와 괴링, 로젠베르크, 라이, 힘러, 리벤트로프, 헤스 사이에서 벌어진 자리다툼은 어제오늘 일이 아니었다. 룀이 중도에서 탈락되었고 헤스도 곧 영향력을 잃었다. 그러나 그들은 충직한 비서의 모습으로 다가오는 보어만의 위협을 아무도 감지하지 못했다. 보어만은 자신을 중요하지 않은 인물로 부각시키는 데 성공했다. 알지 못하는 사이에 성을 쌓아올리면서 말이다. 히틀러의 거친 가신들 사이에서도 그의 잔인함과 냉혹함은 두드러졌다. 그에게서는 교양이라는 것을 찾아볼 수 없었는데, 만일 있었다면 일말의 자제심이라도 나타낼 수 있었을 것이다. 보어만은 모든 일을 히틀러가 명령한 대로, 히틀러의 의중대로 하려고 애썼다. 오직 히틀러에게만 타고난 조력자였던 그는 자신의 부하직원들을 소나 말 다루듯 했다. 그는 농부 출신이었다.

나는 보어만을 피했다. 처음부터 우리는 서로 맞지 않았다. 오버잘츠베르크와 같이 개인적 공간에서도 상대를 공식적으로만 대했다. 내 작업실을 제외하고는 나는 그에게 설계도를 맡기지 않았다. '산'에 머무는 시간은 내면적인 고요와 자신이 내린 결정에 대한 자신감을 제공한다고 히틀러는 자주 강조했다. 그는 또 중요한 연설들을 오버잘츠베르크에서 구상했는데, 연설문을 어떻게 썼는지는 언급할 필요가 없을 것 같다. 뉘른베르크 전당대회 이전에 히틀러는 주기적으로 오버잘츠베르크를 찾아 몇 주 동안 머물면서 당의 기본강령에 긴 연설문을 만들었다. 마감이 다가오면 그의 참모들은 히틀러에게 어서 연설문을 불러달라고 독촉했고 모든 사람과 일, 심지어는 건축 관련 일이나 방문한 손님마저도 히틀러에게 접근하지 못하게 해 그가 그 일에만 집중할 수 있도록 했다. 하지만 히틀러는 연설문 작성을 한 주, 한 주 미루고 나중에는 하루하루 미루다가 엄청난 시간적 압박 속에서야 마지못해 일을 시작했다. 보통 시간이 모자라게 마련이었고 전당대회 기간에도 밤늦게 책상에 붙어 앉아 일하면서 오버잘츠베르크에서 노닥거린 시간을 보충하곤 했다.

히틀러라는 사람은 엄청난 압박감이 몰아닥쳐야 일을 시작할 수 있는 것처럼 보였다. 예술가의 보헤미안적 기질이 역력했던 그는 원칙을 경멸했고 규칙적으로 일을 진행하지 못했다. 의식적으로 하지 않았는지도 모르겠지만 말이다. 그는 모든 것이 쌓일 대로 쌓여 화산처럼 터져 나와 추종자들과 협상자들 위로 쏟아질 때까지, 연설 내용이나 생각을 몇 주 동안 한가롭게 노닥거리며 무르익게 놔두었다.

깊은 산속에서 붐비는 오버잘츠베르크로 작업실을 옮긴 것은 나의 일을 황폐하게 만들어버렸다. 되풀이되는 일상은 지루했고 히틀러를 둘러싼 똑같은 사람들, 뮌헨과 베를린에서 규칙적으로 얼굴을 마주했던 똑같은 패거리들을 보는 것도 지겨웠다. 단 한 가지 다른 점이 있다면 베를린이나 뮌헨과는 달리 아내들도 함께 와 있다는 것뿐이었다. 두세 명의 히틀러의 여

비서와 에바 브라운을 포함해서.

히틀러는 보통 늦은 아침인 11시경 아래층 방에서 나온다. 곧 그날의 언론 기사 브리핑을 받은 후 보어만으로부터 몇 가지 보고를 듣고 결정을 내린다. 하루의 진정한 시작은 길게 이어지는 점심 만찬부터다. 손님들은 전실에 모여 있고 히틀러는 동반할 숙녀를 선택한다. 1938년부터 에바 브라운을 만찬 테이블까지 에스코트하는 영광은 보어만의 차지였는데, 그녀는 보통 히틀러의 왼쪽에 앉았다. 측근 내에서 보어만의 막강한 영향력을 확인할 수 있는 대목이다. 식당은 부유한 시골 저택에서 흔히 볼 수 있는 소박함과 도시의 세련미가 조화된 분위기다. 벽과 천장은 밝은 색 낙엽수 패널이, 의자는 밝은 붉은빛의 모로코가죽 덮개로 씌워져 있다. 도자기는 단순한 흰색, 은제식기는 베를린에서 쓰던 것과 같이 히틀러의 이니셜이 새겨져 있었다. 히틀러는 절제된 꽃 장식을 좋아했다. 음식은 수프, 고기 코스, 디저트, 생수나 와인 순으로 검소하지만 충실했다. 웨이터들은 흰색 조끼에 검은 바지 차림의 친위대 대원들이다. 약 스무 명 정도가 긴 테이블에 둘러앉는데 식탁이 세로로 긴 모양이었기 때문에 대화가 산발적으로 이어졌다. 히틀러가 가운데 자리에 창을 마주보며 앉았다. 그는 맞은편에 앉은 사람들과 이야기를 나누었고, 그들은 매일 얼굴이 바뀌었다. 좌우로 앉은 숙녀들과도 대화했다.

만찬이 끝나면 찻집까지 산책을 한다. 길이 좁아서 딱 둘만이 나란히 서서 걸을 수 있기에 행진을 연상시켰다. 두 명의 보안요원이 제일 앞줄에 서고 히틀러와 대화 상대 한 사람이 뒤를 따른다. 이어 함께 식사한 나머지 사람들이 줄지어 걷는다. 제일 뒤쪽은 역시 보안요원 차지다. 두 마리 경찰견만이 히틀러의 말을 무시한 채 이리저리 주변을 돌아다닌다. 그의 명령을 거부하는 유일한 존재들이다. 보어만 입장에서는 적잖이 당황스러운 일이겠지만, 히틀러는 30분간의 이 산책에 푹 빠져서 그가 닦아놓은 1.5킬로미터 거리의 숲속 포장도로를 외면했다.

찻집은 히틀러가 가장 좋아하는 전망대 가운데 하나인 베르히테스가

텐 골짜기 위에 지어졌다. 경치를 처음 본 사람들이 언제나 그 장관에 경이로워하며 찬사를 쏟아내면, 히틀러도 똑같은 말로 동의를 표한다. 찻집은 둥근 모양의 방으로 직경이 7.5미터 정도인 아늑한 구조였다. 작은 유리창들이 줄지어 나 있고 벽난로가 설치되어 있었다. 일행은 둥근 테이블 주변에 편한 자리를 골라 앉았는데 우선 에바 브라운과 여비서 한 사람이 히틀러 곁에 앉았고, 자리를 찾지 못한 사람들은 작은 곁방으로 갔다. 각자의 기호에 따라 차와 커피, 초콜릿, 갖가지 케이크, 쿠키 등을 선택했다. 나중에는 술도 나왔다. 커피 테이블에 앉은 히틀러는 끝날 것 같지 않은 독백을 시작한다. 대부분의 사람들이 이미 알고 있는 내용이기 때문에 겉으로는 집중하는 척하지만 다들 건성으로 듣는다. 가끔 히틀러는 혼자 이야기를 하다가 졸기도 했는데 사람들은 소곤거리며 계속 잡담을 했고, 히틀러가 저녁식사 시간 이후에나 깨어나기를 바랐다. 매우 흔한 광경이었다.

두 시간에 걸친 티타임이 끝나면 보통 6시에 이른다. 히틀러가 일어서면 일행은 다시 줄지어 20분 거리에 있는 주차장으로 내려간다. 그곳에 자동차들이 기다리고 있었다. 베르크호프로 다시 돌아오면 히틀러는 보통 위층으로 올라가고 일행도 흩어진다. 보어만이 젊은 여성 속기사들 가운데 한 사람의 방으로 사라지는 일도 자주 있었다. 그의 행동에 에바 브라운은 경멸의 태도를 감추지 않았다.

두 시간 뒤 일행은 저녁시간에 다시 만나 점심때와 똑같은 의식을 되풀이한다. 그러고 나서 히틀러가 살롱으로 들어가면 이번에도 같은 멤버들이 따른다.

트로스트 교수가 장식한 그 살롱에는 가구들이 빽빽하게 배치되지 않았다. 그 대신 큼직한 가구들이 눈에 띄었다. 높이 3미터, 너비 5.5미터짜리 진열장에는 축음기 레코드, 그동안 히틀러가 받은 각종 명예시민증, 기념품용 고전양식 도자기장, 흉측하게 생긴 청동 독수리 장식이 있는 큰 시계 등이 전시되어 있었다. 커다란 조망창 앞에는 6미터 길이의 테이블이 놓여 있는데, 히틀러는 그곳에서 서류에 서명했고 훗날에는 군 지휘를 연구했다. 좌석은 두 곳에 비치되어 있었다. 하나는 방 뒤쪽 낮은 공간에 벽난로를 둘러싸고 붉은 천을 씌운 의자들이 놓여 있었다. 다른 한 곳은 창문 근처, 섬세한 나무무늬에 유리 덮개가 있는 둥근 테이블을 중심으로 한 공간이다. 의자가 있는 곳을 지나면 영화 프로젝션 장이 있는데 태피스트리로 가려져 있다. 반대편 벽을 따라서 붙박이 스피커와 아르노 브레커가 만든 바그너의 흉상이 있다. 그 위 스크린 위쪽으로 태피스트리가 걸려 있다. 그 외에 큼직한 유화들이 벽을 장식하고 있었다. 티치아노의 제자 보르도네 작품인 가슴을 드러낸 여인, 티치아노가 직접 그렸다는 의자에 기댄 모습의 생생한 누드화, 포이어바흐의 나나가 멋진 액자 속에 걸려 있다. 슈피츠베크의 초기 풍경화, 로마의 폐허를 모델로 삼은 판니니의 풍경화 그리고 놀랍게도 에두아르트 폰 슈타인레의 성화도 있었다. 슈타인레는 여러 개의 도시를 건설한 헨리 국왕을 표방하는 나사렛 그룹의 멤버였다. 하지만 그뤼츠너의 작품은 찾아볼 수 없었다. 히틀러는 이 그림들을 자신의 사비로 구입했다고 공공연히 강조하곤 했다.

우리가 자유롭게 자리를 잡으면 두 개의 태피스트리가 걷히고 영화와 함께 저녁 일정의 두 번째 막이 오른다. 히틀러가 베를린에서 하던 생활 그대로다. 그다음은 모두들 커다란 벽난로 근처에 모이는데, 예닐곱 명이 지나치게 길고 불편할 정도로 낮은 소파에 줄지어 자리를 잡고 앉는다. 그러는 동안 히틀러는 다시 에바 브라운과 다른 숙녀들 가운데 한 명과 나란히 편안한 소파에 몸을 묻는다. 일관성 없는 가구 배치 때문에 일행은 모두 흩어지고 공통의 대화가 나오기는 힘들다. 모든 사람들이 낮은 목소리로 옆 사람과 이야기하고, 히틀러도 옆에 앉은 여성들과 함께 잡담을 하거나 에바 브라운과 소곤거린다. 가끔은 그녀의 손을 잡기도 했다. 히틀러는 종종 침묵에 빠지거나 상념에 잠긴 채 벽난로 불꽃을 응시했다. 그럴 때면 손님들도 그의 중요한 구상을 방해하지 않으려고 조용해졌다.

종종 영화가 화제로 등장했다. 히틀러는 주로 여자 주인공에 대해, 에바 브라운은 남자 주인공에 대해 논평했다. 다들 문제가 될 만한 이야기를 피했기 때문에 연출의 새로운 경향과 같은 사소한 주제 외에는 화제로 삼지 않았다. 물론 다른 영화를 선택하자는 논의도 거의 허락되지 않았다. 상영 영화들은 모두 영화 산업의 기준이 되는 작품들뿐이었다. 쿠르트 오르텔의 「미켈란젤로」와 같이 시대적인 실험작품은 일체 상영되지 않았다. 최소한 내가 있을 때는 말이다. 가끔 보어만이 영화를 보는 시간을 이용해 국내영화 제작을 총괄하던 괴벨스를 눌러보려 들었다. 보어만은 클라이스트의 「깨진 항아리」 때문에 괴벨스가 문제를 일으키고 있다고 말했는데, 영화 속 불구의 마을 행정관 아담을 연기한 에밀 야닝스가 괴벨스 자신의 캐리커처라고 생각했기 때문이라고 설명했다. 극장에서 이미 막을 내린 그 영화를 재미있게 본 히틀러는 베를린의 가장 큰 극장에서 다시 상영하라고 지시했다. 그렇지만 영화 상영은 오래가지 못했다. 이처럼 히틀러의 지시가 놀랄 정도로 갑자기 권위를 상실해버리는 경우도 있었다. 히틀러가 화를 내며 괴벨스에게 자신의 상영 지시가 잘 이행되도록 하라고 하기 전까지, 보어만은 계속해서 그 문제를 언급했다.

훗날 전쟁 기간에 히틀러는 저녁의 영화 감상을 포기했다. 그는 군인들이 겪는 고통을 생각해 자신이 가장 좋아하는 취미생활을 중단하겠다고 말했다. 대신 그는 축음기로 음악을 들었다. 그가 선별한 음악들은 훌륭하지만 언제나 같은 것들이다. 그는 바로크나 고전주의 음악, 실내악이나 교향곡 등을 별로 좋아하지 않았다. 오래지 않아 음악을 듣는 순서도 정해졌다. 우선 활발한 바그너풍 오페라를 몇 곡 들은 후 오페레타들을 듣는 식이다. 히틀러는 음악을 들으며 소프라노의 이름 맞히기를 좋아했고 맞히고 나면 대단히 기뻐했다. 이름은 꽤 잘 알아맞혔다.

지루한 저녁시간을 위해 샴페인이 돌았는데, 프랑스를 점령한 후에는 몰수해 온 저가 샴페인들을 마셨다. 고급품은 괴링과 그의 공군 지휘관들이 따로 빼돌렸기 때문이다. 1시가 넘어서면 사람들은 하품을 참기 위해 노력해보지만 쏟아지는 하품을 막을 길이 없다. 모든 이가 지루해하고 피곤해하지만 모임은 에바 브라운이 히틀러에게 몇 마디를 건네고 위층으로 올라갈 것을 허락받을 때까지 단조롭고 공허하게 한두 시간 정도 더 지속됐다. 에바 브라운이 자리를 뜨고 20여 분 남짓이 지나면 히틀러는 천천히 의자에서 일어나 일행에게 저녁 인사를 한다. 남는 사람들은 가끔 멍한 시간 뒤에 찾아오는 해방감 속에서 샴페인과 코냑을 들며 즐거운 파티를 열기도 했다.

새벽녘이 되어서야 무위(無爲)에 탈진한 우리는 죽을 만큼 피곤에 절어 숙소로 돌아갔다. 이렇게 며칠을 보내고 나면 누구든 내가 이름 붙인 “산속 병”에 걸리고 만다. 끝없는 시간 낭비로 인해 쏟아지는 피로감과 공허함이다. 히틀러가 회의 등으로 바빠질 때에만 나와 팀원들은 자유로이 설계 일에 집중할 수 있었다. 총애받는 고정 손님이자 오버잘츠베르크의 거주민이었던 나는, 아무리 괴롭고 힘들어도 저녁모임에 빠질 수가 없었다. 무례한 사람으로 낙인찍히는 것만큼은 피해야 했다. 잘츠부르크 페스티벌을 보기 위해 몇 번인가 모임에 빠지는 대담함을 보였던 제국공보실장 오토 디트리히 박사는 결국 히틀러의 분노를 유발했다. 히틀러가 오버잘츠베르크에 머무는 동안 무위의 괴로움을 피할 수 있는 방법은 베를린으로 돌아가는 것뿐이었다.

가끔 괴벨스나 당 자금책인 프란츠 슈바르츠, 선전부 내 관광 담당차관 헤르만 에서 등 베를린이나 뮌헨에서 투쟁했던 오랜 동지들이 찾아오는 일도 있었지만 드물었고, 온다고 해도 하루나 이틀 머물 뿐이었다. 그의 부관인 보어만의 일거수일투족을 확인해야 하는 헤스마저도 내가 머무는 동안 두세 번 얼굴을 보았을 뿐이다. 총리 청사에서 자주 얼굴을 볼 수 있는 그의 측근들은 분명 오버잘츠베르크 방문을 피하고 있었다. 그들이 오면 눈에 띄게 반가움을 표하고 자주 와서 오래 머물러달라고 계속 부탁하는 히틀러의 모습에서 그들의 부재는 더욱 두드러졌다. 그들은 시간이 흐르는 사이 각 계파의 중심이 되었고, 완전히 다른 히틀러의 일상 리듬과 히틀러의 태도에 순응하는 것을 힘들어했다. 히틀러는 온갖 매력을 상쇄할 정도로 지나치게 독선적이었다.

오랜 당 동지들이 방문하면 에바 브라운도 함께 자리하는 것이 허용되었지만 정부 각료나 제국의 권위자들이 나타나면 즉시 모습을 감추었다. 심지어는 괴링 부부가 방문했을 때도 그녀는 방에 머물러 있어야 했다. 히틀러는 그녀를 인정하는 사교모임을 극히 제한했다. 가끔 나는 히틀러의 바로 옆방에 숨어 사는 에바 브라운의 말동무가 되어 주었는데, 알고 보니 그녀는 두려워서 산책조차 하지 못하는 처지였다. "홀에서 괴링 부부를 만날지도 몰라요."

히틀러는 전반적으로 에바 브라운의 감정을 그다지 고려하지 않았다. 그는 마치 그녀가 그 자리에 없는 양 여성들에 대해 과장된 견해를 표현하기도 했다. "지적 능력이 뛰어난 남자는 단순하고 멍청한 여자를 얻는 법이라네. 다른 건 다 관두고, 내 여자가 일에 간섭하려 든다고 생각해봐. 휴식시간에는 나도 평화를 누리고 싶은 거야. 난 영원히 결혼은 못하겠지. 애들이 생기면 얼마나 골치 아파질까. 결국 그 여자는 자기 자식을 내 후계자로 세우려고 난리를 칠 거고. 게다가 나 같은 사람한테 똘똘한 아들놈이 태어날 가능성은 거의 없어. 역사상 위대한 인물들은 훌륭한 자식을 얻지 못했거든. 괴테의 아들을 생각해봐. 아무짝에도 쓸모 없는 인간이었지. 아직 결혼을 안 했다는 이유로 나에게 접근하는 여자들이 많았어. 우리가 투쟁하던 시절에는 여자들한테 인기가 많은 게 도움이 되거든. 남자배우가 결혼을 하면 좋아하던 여성 팬들이 어느 정도 떨어져 나가는 것과 마찬가지야. 유부남은 더 이상 여자들의 우상이 아니지."

히틀러는 여자들이 자신에게 강한 성적 매력을 느낀다고 믿었다. 그러나 그는 이성 문제에는 대단히 신중했다. 히틀러는 여성들이 자신을 좋아하는 이유가 총리라는 자리 때문인지, 아니면 아돌프 히틀러라는 인간을 좋아하는 것인지 알 수 없다는 이야기를 부지불식간에 던지곤 했다. 그리고 종종 힘없는 목소리로 재치 있고 지적인 여자들이 싫다고 말했다. 히틀러는 그런 발언들이 앞에 앉은 여성에게 심한 모욕이라는 생각 자체를 하지 못했다. 그러면서도 동시에 히틀러는 멋진 가장으로 행동하기도 했다.

한번은 에바 브라운이 스키를 타러 가서 티타임에 늦자 불안한 듯 계속해서 시계를 쳐다보았는데 그녀가 사고나 당하지 않았는지 걱정하는 기색이 역력했다.

에바 브라운은 평범한 집안 출신으로 그녀의 아버지는 교사였다. 그녀의 부모는 결코 얼굴을 드러내지 않았고 끝까지 자신들의 상황에 만족하며 생활했다. 나는 한 번도 그녀의 부모를 만난 적이 없다. 에바 브라운은 검소했다. 수수한 옷차림에 히틀러가 크리스마스나 생일에 선물해준 값싼 보석만 걸쳤다.* 기껏해야 수백 마르크짜리 준보석들이니, 어쩌면 모욕감을 느낄 정도로 싸구려라고 할 수도 있다. 보석은 보어만이 미리 몇 가지를 선별해 가져왔고 히틀러가 프티부르주아적인 취향의 자잘한 것들을 선택했다.

에바 브라운은 정치에도 전혀 관심이 없었다. 그녀는 히틀러에게 영향력을 행사하려 들지 않았다. 그렇지만 일상을 꿰뚫는 예리한 안목을 지녔기에 뮌헨에서 가끔 사소하게 기분에 거슬리는 일이 있다고 불평했다. 당장 불려 가 해명을 해야 했던 보어만은 그녀의 불평을 달가워하지 않았다. 에바 브라운은 운동을 좋아했고 스키를 잘 탔으며, 인내심도 강했다. 그녀는 답답한 공간을 벗어나 우리 부부와 함께 산으로 자주 여행을 떠났다. 한번은 히틀러가 그녀에게 일주일간의 휴가를 주었다. 물론 본인도 오버잘츠베르크를 비웠던 때였다. 그녀는 우리와 함께 취르스에서 며칠간 머물렀다. 본인은 의식하지 못했겠지만 그곳에서 그녀는 신이 나서 새벽까지 젊은 장교들과 춤을 추곤 했다. 그녀는 마담 퐁파두르와 같은 현대적인 여성과는 거리가 멀었다. 오히려 특별한 지위나 역할 없이 지속적으로 히틀러

---

* N. E. 건의 『에바 브라운: 히틀러의 연인』(1968)에 그녀의 보석 리스트가 나와 있다. 내가 기억하는 한 그녀는 이런 보석을 걸고 나온 일이 없었을 뿐만 아니라, 남아 있는 여러 사진을 봐도 보석을 착용한 모습은 없다. 아마도 이 리스트는 히틀러가 전쟁 중에 보어만을 통해 에바 브라운에게 전달하도록 한 물건들을 참조한 것 같다.

의 궤적에 등장한다는 점 때문에 역사가들의 관심을 샀을 것이다.

나는 곧 히틀러에게 지나치게 밀착되어 있는 불행한 에바 브라운에게 연민과 동시에 호감을 느꼈다. 게다가 우리는 보어만을 좋아하지 않는다는 공통분모도 갖고 있었다. 비록 당시 우리를 가장 화나게 했던 것이 그가 무도하게 오버잘츠베르크의 아름다운 자연을 훼손한다는 점 그리고 자신의 아내를 배신하고 불륜을 저지른다는 지극히 사적인 이유 때문이었지만 말이다. 뉘른베르크 재판에서 히틀러가 최후의 순간, 그의 인생에서 가장 고통스러웠을 시간에 에바 브라운과 결혼했다는 사실을 알고 흐뭇한 마음이 들었다. 비록 그 결혼에도 여성들을 대할 때 드러나는 히틀러 특유의 냉소가 스며 있었지만 말이다.

히틀러가 어린아이들에게 과연 애정을 느끼는지 의심스러울 때가 많았다. 그는 아이들을 만나면 아버지다운 정다움으로 대하기 위해 애썼고, 아는 사람의 아이든 모르는 사람의 아이든 분명 잘 대하기 위해 노력하는 눈치였지만 마음에서 우러난 행동 같지는 않았다. 히틀러는 아이들을 대하는 자연스러운 태도를 알지 못했던 것 같다. 몇 마디 칭찬을 하고는 곧 다른 아이 쪽으로 돌아섰다. 대체로 그는 아이들을 다음 세대의 대표자들로 여겼고, 따라서 어린이다운 천성보다는 그들의 외모(금발, 푸른 눈), 체격(튼튼하고 건강한), 지능(민첩하고, 적극적인)에 더 큰 즐거움을 느꼈다. 그의 존재는 내 아이들에게는 아무런 영향력을 미치지 않았다.

오버잘츠베르크의 사교 생활을 생각하면 기이한 공허감이 떠오른다. 다행히 수감생활 첫해, 아직 기억이 생생하게 남아 있었을 시기에 나는 몇몇 대화 장면을 기록해두었고 지금 다시 읽어보아도 실제 사실과 거의 다르지 않다.

수백 번의 티타임에서 우리는 패션, 개 기르는 법, 극장과 영화, 오페레타와 그 주인공들에 대해 이야기했다. 각자의 가족사에 대한 사소한 이야기들이 끝없이 이어지기도 했다. 히틀러는 유대인들에 대해, 자신의 정적에 대해 거의 언급하지 않았고 강제수용소를 세워야 한다는 이야기도 꺼내지 않았다. 아마도 의도적이라기보다는 진부하고 일상적인 분위기에서 꺼낼 이야기가 아니었기 때문이리라. 한편 히틀러는 측근들을 놀라울 정도로 자주 웃음거리로 만들었다. 어쨌든 공식적으로 비판을 받을 만한 위치의 사람들도 아니었고 그럴 만한 일도 아니었기에 그 순간들이 나의 뇌리에 남은 것은 우연이 아니다. 히틀러와 개인적 친분이 있어도 터무니없는 조롱감이 되기 일쑤였고 여성을 가십거리로 삼아서는 안 된다는 암묵적 예의범절도 히틀러는 말이 안 된다고 여겼다. 모든 것에 대해, 모든 사람에 대해 얕잡아 보듯 말하는 태도는 자기 강화였을까? 아니면 그는 정말 모든 사람과 사건에 대해 일종의 경멸감을 품고 있었던 걸까?

히틀러는 힘러가 친위대를 신화화하는 데도 공감하지 않았다.

> 말도 안 돼! 우리가 살고 있는 세상은 모든 신비주의를 지나온 시대야. 그런데 다시 과거로 되돌리려 하다니. 차라리 교회에 붙어사는 게 낫겠어. 거긴 최소한 전통이라도 있으니. 생각해 보게. 내가 어느 날 '성 SS'라고 불리는 걸 말이지! 상상이 돼? 그렇게 되면 무덤에서 돌아눕고 말거야. 힘러가 샤를마뉴 황제를 "색슨족의 도살자"라고 표현한 일이 있어. 힘러가 생각하듯이 색슨족을 모두 죽인다 해도 역사적으로 범죄가 될 수 없었어. 샤를마뉴는 훌륭한 일을 많이 했네. 비누킨트를 복속시키고 수많은 색슨족들을 살상했지. 그렇게 함으로써 프랑크 왕국의 성립을 가능하게 했고, 지금의 독일에 서구 문화를 전수했던 거야.

힘러가 전문가들을 동원해 선사시대의 유물에 대해 발굴 조사를 실시하자 히틀러는 이렇게 말했다.

> 왜 세상의 관심을 독일에는 역사가 없다는 사실에 집중시키려고 하는 걸까? 우리 조상들이 토굴에서 사는 동안 로마인들이 위대한 건물을 세우고 있었다는 것만으로는 충분치 않아서? 이제 힘러는 토굴이 있던 장소를 파헤쳐 발견되는 항아리 조각과 돌도끼에 열광하겠지. 우리가 이런 유물로 입증할 수 있는 사실은 그리스인과 로마인이 위대한 문화를 꽃피우던 시기에 우리 조상들은 돌도끼를 던지고 모닥불 주변에 웅크리고 앉아 있었다는 것뿐이야. 그런데도 힘러는 그런 것들로 계속 난리를 치고 있어. 로마 사람들이 그 항아리 조각을 보면 비웃기밖에 더하겠나.

히틀러는 정치적 동지들과 함께 있을 때에는 교회에 대해 가혹한 발언들을 쏟아냈지만 숙녀가 있을 경우에는 다소 부드러운 태도를 취했다. 이것은 히틀러가 주변 상황에 따라 태도를 바꾸는 하나의 예다.

"교회는 국민들에게 꼭 필요한 곳이죠. 강하고 보수적인 요소가 되어줍니다." 그는 사적인 모임에서 한두 번 이런 말을 했을 것이다. 히틀러는 교회를 자신에게 이로운 하나의 도구로 생각했다. "라이비(제국주교이자 교회 감독관 루트비히 뮐러의 별명)가 조금이라도 수준이 있는 사람이라면 좋을 텐데. 군목으로 임명하지 못할 이유가 없지. 기꺼이 모든 지지를 보낼 텐데 말야. 나로 인해 신교는 완성된 교회가 되는 거야. 영국처럼 말이지."

1942년 이후에도 히틀러는 정치적 생명을 위해서 교회는 반드시 필요하다는 주장을 펼쳤다. 오버잘츠베르크 티타임 중 히틀러는 만일 교회에 유능한 인물이 나타나 교회를 이끌 수 있다면 무척 기쁠 것이라고 말한 적이 있다. 그리고 가톨릭과 개신교를 통합할 수 있다면 더욱 좋을 것이라고 말이다. 히틀러는 제국주교 뮐러가 자신의 원대한 계획을 위해 내세우기에는 적합하지 않다고 여겼다. 하지만 그는 교회에 항거하는 캠페인을 국가의 미래를 어둡게 하는 범죄 행위라며 날카롭게 비판했다. 그 어떤 "당의 이데올로기"도 교회를 대신할 수 없다는 이유였다. 히틀러는 교회도 장기적으로 민족사회주의당의 정치적 목적에 적응하는 법을 배워야 한다고 주장했다. 당의 새 강령은 중세 신비주의로 퇴보를 가져온 셈이고, 읽기 힘든 로젠베르크의 『20세기의 신화』가 지적했듯이 친위대의 신격화도 시대를 거스르는 행위라고 지적했다.

히틀러가 이러한 독백 도중 교회에 대해 더 부정적인 언급을 했다면, 보어만은 분명 그의 윗도리 주머니에서 언제나 가지고 다니는 하얀 카드를 꺼냈을 것이다. 그는 히틀러가 하는 말 가운데 중요하다고 생각되는 것은 모두 그 위에 받아 적었는데 특히 교회에 관한 내용을 열심히 적었다. 그때 나는 보어만이 히틀러 전기를 내기 위해 자료를 모은다고 생각했다.

교회가 히틀러의 정책에 강하게 반대하고 있다는 이유로 그리고 당과 친위대의 영향으로, 수많은 나치당 추종자들이 교회를 떠났다는 사실을 알게 된 1937년 무렵, 히틀러는 측근들, 특히 괴링과 괴벨스 등에게 교회에 남을 것을 명령했다. 히틀러는 교회에 대한 진정한 애착은 없었지만 가톨릭 교회를 떠나지 않을 것이라고 말했고 자살하는 순간까지 그 말을 지켰다.

히틀러는 저명한 아랍 사절에게 들은 역사적 일화에 큰 감동을 받은 일이 있었다. 8세기경, 무슬림들이 프랑스를 넘어 중부 유럽으로 밀고 들어오려 했지만 투르푸아티에 전투에서 패퇴하고 만다. 아랍 사절은 만일 그 전투에서 아랍인들이 승리했다면 세계 역사는 뒤바뀌었을 것이라고 말했다. 칼로 믿음을 전파하고 정복으로 모든 국가를 자신들의 믿음 아래 굴복시키는 것이 바로 그들의 종교였기 때문이다. 만일 그랬다면 독일인들은 이슬람의 계승자가 되었을 것이다. 이슬람 교의는 독일인의 기질에도 완벽히 들어맞는다는 주장이었다. 히틀러의 말에 따르면 아랍의 정복자들은 종족의 열등함 때문에 독일의 가혹한 기후와 환경을 이겨내지 못했을 테고, 자신들보다 강인한 독일 민족을 누르지 못했을 것이다. 그랬다면 아랍인들이 아니라 이슬람화된 독일이 이슬람제국을 이끌어가는 지도세력으로 자리 잡았을 것이다.

히틀러는 보통 다음과 같은 말과 함께 역사적 가설의 결론을 내렸다. "알다시피, 독일이 잘못된 종교를 가지게 된 건 불운이야. 우리는 왜 일본인들처럼 조국을 위해 개인을 희생할 수 있는 종교를 가지지 못한 걸까? 이슬람교도 기독교보다는 훨씬 독일에 잘 맞았을 텐데. 왜 그렇게 굴종적이고 유약한 기독교여야 했느냐는 말일세." 그가 전쟁 이전에 이런 말을 했다는 것은 주목할 만하다. "오늘날 시베리아인들, 그러니까 백러시아인들과 스텝 지역에 사는 사람들은 정말 건강하지. 그렇기 때문에 그들은 진화하기에 적합하고, 결국은 생물학적으로 독일인보다 우수해질 거야." 전쟁의 마지막 순간에 히틀러는 이 말을 절망적인 어조로 반복해야 할 운명이었다.

로젠베르크의 700쪽짜리 책 『20세기의 신화』는 수십만 부나 팔려나갔다. 국민들은 이 책을 당 이데올로기의 교과서라고 여겼지만 히틀러는 티타임 도중에 "끔찍할 정도로 복잡한 어휘 안에서 사고하는 편협한 발틱 독일인"이 쓴 "아무도 이해할 수 없는 잡동사니"라고 폄훼했고, 그 책이 그렇게 많이 팔린 데 대해 놀라움을 표하기도 했다. "지중해적인 사고로의 퇴행이군!" 나는 히틀러의 이러한 발언들이 로젠베르크 귀에 들어갔는지 궁금했다.

히틀러는 그리스 문명이 모든 분야에서 완벽한 절정에 달했다고 믿었다. 건축물에 잘 나타나 있듯이 그들의 인생관은 "신선하고 건강하다"고 그는 말했다. 한번은 아름다운 여성 수영선수의 사진에 열정적인 감동에 사로잡히기도 했다. "오늘날 우리는 얼마나 멋진 몸을 볼 수 있는가. 우리 세기에 이르러서야 젊은이들이 운동을 통해 헬레니즘 시대의 이상적인 체격에 접근하게 되었어. 그전까지는 몸이라는 것이 외면되었지. 이렇게 볼 때 우리 시대는 고대 이후 계속된 문화적 조류하고는 많이 다른 것 같아." 그는 개인적으로 모든 종류의 스포츠를 싫어했다. 더욱이 젊은 시절 했던 운동에 대해서 언급하는 일은 결코 없었다.

히틀러가 그리스인을 이야기할 때는 도리아인을 의미했다. 그의 시각은 도리아인이 북유럽에서 그리스로 옮겨 와 독일인들의 시조가 되었고, 따라서 그들의 문화는 지중해권에 속하지 않는다는 당시 과학자들의 이론에 많은 영향을 받았다. 사냥에 대한 괴링의 열정은 히틀러가 자주 곱씹던 주제였다.

> 어떻게 인간이 그런 일에 흥미를 느낄 수 있는지…. 동물을 죽이는 것 말일세. 만일 꼭 필요하다면 도살업자들이 하면 될 일이지. 거기다 그렇게 엄청난 돈까지 쏟아 붓고. 물론 병든 동물들을 죽이는 전문 사냥꾼도 있기는 하지만 말야. 사람들이 창으로 사냥하던 시절처럼 스릴이 넘치지도 않잖아. 배불뚝이들도 총으로 먼 거리에서 사냥감을 쏘아 맞히는 판국이니. 사냥과 경마는 중세가 남긴 최후의 흔적일 거야.

히틀러는 또한 외무장관 리벤트로프의 연락책 헤벨 대사가 장관과 나눈 전화통화 내용을 일러주는 것을 즐거워했다. 그는 헤벨에게 상관에게 동조하지 않고 그의 말을 거부하는 방법에 대해 코치하기도 했다. 가끔 히틀러는 한 손으로 수화기를 들고 리벤트로프의 말을 반복하고 있는 헤벨 곁에 나란히 서서 무슨 대답을 할지 속삭여주기도 했다. 주로 신경이 날카로워진 외무장관의 의혹, 즉 누군가 외교적인 문제에 끼어들어 히틀러에게 영향력을 행사해 자신의 영역을 침해한다는 의혹을 더욱 부채질해대는 빈정거리는 말들이 대부분이었다.

히틀러는 자신과 극적인 타협에 임했던 상대를 조롱의 대상으로 삼기도 했다. 1938년 2월 12일 오버잘츠베르크를 방문했던 오스트리아 총리 슈슈니크에 대한 이야기이다. 히틀러의 말에 따르면 화가 치미는 척하여 오스트리아 총리가 상황의 중대성을 깨닫게 하고, 끝내 그를 굴복시켰다는 것이다. 히틀러의 역사적 에피소드 가운데는 미리 신중하게 준비된 장면이 많다. 자기 통제력은 히틀러가 가진 가장 놀라운 능력이라고 할 수 있다. 내 기억으로는 집권 초기에 히틀러가 스스로에 대한 통제력을 잃는 일이 극히 드물었다.

1936년 무렵 재무장관 샤흐트가 업무 보고 차 베르크호프를 방문했다. 우리 손님들은 곁에 딸린 테라스에 앉아 있었고, 살롱의 커다란 창은 활짝 열려 있었다. 히틀러는 재무장관에게 소리를 질러댔는데 극도로 흥분했음이 분명했다. 샤흐트가 단호한 목소리로 대답하는 것도 들렸다. 두 사람의 대화는 점점 더 격해지더니 갑자기 중단되었다. 격노한 히틀러가 테라스로 나와버렸고 자신에게 복종하지 않고 재무장 프로그램에 제동을 건 속 좁은 장관이라며 비난을 퍼부었다. 히틀러는 1937년 니묄러 신부에게도 격노한 일이 있다. 니묄러가 달렘에서 반역적인 설교를 했다는 이유였다. 이와 함께 그의 전화통화 내용이 도청되어 히틀러에게 보고되었다. 히틀러는 고래고래 소리를 지르며 니묄러를 강제수용소에 보내도록 명령했고, 이후에도 마음을 바꾸지 않은 사제는 수용소에서 평생을 보내고 말았다.

또 하나의 사건은 그의 어린 시절과 관련이 있다. 나는 1942년 부드바이스에서 크렘스로 가던 중, 체코와의 국경지대 슈피탈 마을의 어느 집에 "총통께서 어린 시절을 보낸 집"이라고 쓰인 큰 간판이 걸려 있는 것을 보았다. 번화한 마을에 있는 멋진 집이었다. 나는 이 사실을 히틀러에게 알렸다. 그는 바로 버럭 버럭 화를 내며 보어만에게 소리쳤고 보어만은 깜짝 놀라 허둥지둥 들어왔다. 히틀러는 그에게 그 마을이 거론되는 일이 있어서는 안 된다고 얼마나 더 말을 해야 알겠냐고 호통을 쳤다. 바보 같은 관구장이 간판을 세웠음이 분명했다. 간판은 즉시 내려졌을 것이다. 보어만이 히틀러의 어린 시절과 관련있는 지역인 린츠와 브라우나우에 기념물이 세워졌다고 하면 보통 기뻐했기 때문에 나는 그의 분노를 이해할 수 없었다. 분명히 히틀러에게는 어린 시절의 그 장소를 지워야 할 이유가 있었을 것이다. 오늘날에는 물론 오스트리아의 산안개 속에 가려 있던 히틀러의 가족사가 모두 드러나 버렸지만 말이다.*

가끔 히틀러는 린츠 요새의 탑을 스케치하기도 했다. "여기는 내가 잘 가던 놀이터였지. 학교에서는 가난한 학생이었지만 놀이를 할 때는 대장이었어. 언젠가는 이 탑을 커다란 유스호스텔로 만들 걸세. 내 어린 시절을 기념해서 말이지." 그는 어린 시절 처음 갖게 된 정치적 의식에 대해 언급했다. 그의 친구들은 체코인들이 독일-오스트리아제국으로 이사 오는 것을 막아야 한다고 믿었다는 것이다. 이 문제가 처음으로 국가에 대한 관념을 일깨워주었고, 빈 시절에 유대주의의 위험성을 인식하게 되었다고 한다. 히틀러와 함께 일한 일꾼들이 심한 반유대주의자였던 것이다. 하지만 히틀러가 건설 노동자들의 견해에 반대한 부분도 없지 않았다. "나는 그들의 사회민주주의적인 견해에는 반대였네. 한 번도 노조에 가입한 적이 없었지. 그로 인해 난 첫 번째 정치적 장애를 겪어야 했어." 아마도 이것은 그가 빈에 대해 좋지 못한 인상을 가지게 된 하나의 이유가 될 것이다. 이는 전쟁 전 그가 뮌헨에서 보냈던 시절과 극히 대조된다. 히틀러는 뮌헨을 열렬히 찬양했고, 뮌헨의 소시지까지 칭송의 대상으로 삼았다.

집권 초기 히틀러는 린츠의 주교에게 비할 수 없는 존경심을 표했다. 주교는 린츠에 짓는 엄청난 크기의 성당에 대한 반대에 맞서고 있었다. 주교가 오스트리아 정부와 사이가 좋지 않았다는 것이 히틀러의 이야기다. 그는 성 슈테판 성당을 능가하는 성당을 지으려고 했고, 오스트리아 정부는 빈이 추월당하는 것을 원치 않았기 때문이라고 했다.[1] 이런 이야기 뒤에는 보통 오스트리아의 중앙정부가 그라츠, 린츠, 인스부르크 등에서 일고 있는 독립적인 문화 연구를 얼마나 억압했는지에 대한 이야기가 이어

---

* 히틀러의 아버지 알로이스 시클그루버는 사생아였던 것으로 알려졌다. 시클그루버는 어머니의 성이고, 1876년 히틀러로 성을 바꾸었다.

지게 마련이었다. 이런 이야기를 하면서 히틀러는 자신이 얼마나 강압적으로 모든 지역의 문화를 통제하고 있는지는 전혀 인식하지 못했다. 이제 그는 자신의 고향 도시가 그에 걸맞은 위상을 갖추도록 할 것이라고 말했다. 히틀러의 계획은 린츠를 도나우 강 양쪽으로 위용 있는 공공건물이 즐비하게 늘어선 '대도시'로 만드는 것이었다. 현수교가 강의 양쪽을 연결할 것이다. 그 계획의 절정은 대규모 회의실과 종탑을 갖춘 웅장한 민족사회주의 당 청사이다. 탑 아래에 세워질 납골당에는 자신도 묻힐 생각이었다. 강변을 따라 지어질 기념물에는 시민 회관과 대규모 극장, 군본부, 스타디움, 미술 갤러리, 도서관, 군사박물관, 각종 전시관, 1938년 오스트리아의 독립을 기념하는 기념비 그리고 작곡가 안톤 브루크너 기념관 등이 계획되었다.* 갤러리와 스타디움의 설계는 내 몫이었다. 스타디움은 도시를 굽어보는 언덕에 지어지고 히틀러는 말년에 인근 고지대에 집을 장만할 계획이었다.

히틀러는 가끔 부다페스트 강변의 황홀경에 빠지기도 했다. 부다페스트는 수세기에 걸쳐 도나우 강을 끼고 성장해온 도시다. 린츠를 독일의 부다페스트로 만드는 것이 히틀러의 꿈이었다. 빈은 도나우 강 쪽으로 등을 돌리고 있기 때문에 이런 맥락에서 보면 잘못 지어진 도시라고 그는 말했다. 도시를 계획한 사람들이 강의 흐름을 설계에 반영하지 않았다는 것이다. 린츠를 도나우와 잘 조화시키려는 히틀러의 의도대로라면 린츠는 언젠가는 빈의 라이벌이 될 것이었다. 이런 이야기를 하는 히틀러가 그리 진지해 보이지는 않았다. 빈에 대한 좋지 않은 감정이 이따금 즉흥적으로 이런 이야기들을 쏟아내게 했는지도 모른다. 하지만 가끔은 옛 축성술을 활용한 빈의 놀라운 도시계획을 찬탄하기도 했다.

전쟁이 일어나기 전 히틀러는 정치적 목적이 성취된 후에는 일선에서

---

* 히틀러는 손수 이 모든 건물을 스케치했다.

물러나 린츠에서 말년을 마감하리라고 말했다. 그때가 오면 그는 정치에는 일절 관여하지 않겠다고 했는데, 자신이 확실하게 은퇴를 해야 후계자가 합당한 권위를 지닐 수 있다는 이유였다. 하여간 어떤 식으로든 정치에 관여하지 않겠다는 뜻을 확고히 했다. 자신의 후계자가 완전히 권력을 장악하면, 사람들은 재빨리 그쪽으로 돌아서 버릴 것이라고 말했다. 그러고 나면 히틀러라는 사람은 곧 잊히고 모두가 자신을 저버릴 것이라며 스스로에 대한 연민에 사로잡혔다. 그는 계속 말을 이었다. "아마도 측근들이 가끔 들러줄지도 모르겠군. 그러나 나는 그런 데 의지하지 않을 거야. 브라운 양을 제외하고 그 누구도 가까이 두지 않을 생각이네. 브라운 양과 한 마리 개뿐이겠지. 나는 외로울 거야. 그 누구도 자발적으로 내 곁에 머물 이유가 없겠지. 아무도 더 이상 신경 쓰지 않을 거야. 새로운 권력자를 따르기에도 바쁠 테니까. 아마 1년에 한 번쯤 생일에만 모습을 드러낼 수도 있겠지." 그 자리에 있던 사람들은 펄쩍 뛰면서 영원한 충성을 바칠 것이며, 언제나 함께할 거라고 약속했다. 정치에서 일찍 은퇴하겠다는 히틀러의 동기가 무엇이었든 간에, 히틀러는 자신의 권위의 원천이 인간적인 매력이 아니라 권력이라는 사실을 알고 있었다.

히틀러는 정치적 협력자이기는 하지만 그리 친숙하지 않은 그룹에게 훨씬 강한 카리스마를 발휘했다. 그의 주변에 머무는 측근들은 "총통"이라는 표현 대신 "대장"과 같은 말을 자주 썼다. 또 "하일 히틀러"라는 인사는 거의 하지 않았고 "구텐 탁!" 같은 평범한 인사로 대신했다. 심지어는 대놓고 히틀러를 놀리기도 했지만 히틀러는 화 내지 않았다. 그가 자주 사용하는 표현인 "두 가지 가능성이 있어"를 비서 중 한 명인 슈뢰더 양이 히틀러 면전에서 사용하곤 했는데, 대개 그 말은 가장 진부한 문맥에서 등장했다. "두 가지 가능성이 있습니다. 비가 오거나 비가 오지 않거나겠죠." 에바 브라운은 여러 사람이 있는 테이블에서 그의 타이가 양복과 어울리지 않는다고 면박을 주기도 했다. 그리고 가끔은 자신을 "이 나라의 어머니"라고 장난스럽게 칭하곤 했다.

찻집 둥근 테이블에 앉아 있을 때의 일이다. 히틀러가 불현듯 나를 노려보기 시작했다. 나는 시선을 아래로 피하지 않고 그것을 도전으로 받아들였다. 눈을 사용하는 이러한 결투에는 어떤 원시적인 본능이 개입되는지도 모른다. 나는 눈싸움의 경험이 많았고 언제나 이기곤 했다. 그러나 영원히 끝나지 않을 것 같은 히틀러와의 눈싸움에서 나는 젖 먹던 힘까지 짜내야 했다. 눈을 돌려버리고 싶은 마음이 점점 간절하던 순간에 히틀러가 갑자기 눈을 감더니 곁에 있는 숙녀에게 얼굴을 돌렸다.

나는 가끔 자문한다. 왜 히틀러를 나의 친구라고 부를 수 없을까? 무엇이 빠진 걸까? 히틀러와 수없이 많은 시간을 함께했고, 그와의 개인적 친밀감 속에 편안함을 느끼지 않았던가. 더욱이 그가 가장 좋아하는 건축 분야에서 최고의 조력자였는데 말이다.

사실 모든 것이 빠져 있었다. 일생 동안 그처럼 자신의 감정을 드러내지 않는 사람은 본 일이 없다. 만일 히틀러가 자신도 모르게 감정을 드러내는 순간이 있었다 하더라도 그는 곧 모든 것을 잠그고 가두었다. 슈판다우에 있을 때 나는 헤스와 함께 히틀러의 특이한 점에 대해 이야기를 나눈 적이 있다. 우리는 히틀러와 가깝다는 느낌을 가진 순간이 있었다는 데 동의했다. 그러나 우리는 이내 환상에서 깨어났다. 조금이라도 사적인 친밀감을 표하는 순간 히틀러는 영원히 깰 수 없는 벽을 쌓아버리곤 했다는 걸 떠올렸다.

헤스는 당시에 단 한 사람만이 히틀러와 친밀한 인간관계를 맺었다고 생각했는데, 그는 디트리히 에카르트였다. 그러나 둘의 관계는 히틀러의 입장에서 보면 우정이라기보다는 연장자에 대한 예의였다고 보는 편이 옳다. 그는 반유대주의 계열에서 가장 저명한 작가였다. 1923년 에카르트가 사망하자, 히틀러가 친한 친구끼리 사용하는 호칭 'Du'(2인칭의 친근한 표현, 너)로 부르는 사람은 네 사람이 되었다. 그들은 헤르만 에서, 크리스티안 베버, 율리우스 슈트라이허, 에른스트 룀*이다. 에서의 경우 1933년 이후 'Sie'(2인칭 존칭, 당신)를 사용할 수밖에 없는 상황이 되었고, 베버는 히틀러가 피했으며, 슈트라이허는 공식적인 관계로 변질했다. 룀은 히틀러에게 죽임을 당했다. 히틀러는 에바 브라운과도 그렇게 편안하거나 친숙한 관계를 맺지 못했다. 한 국가의 지도자와 평범한 젊은 여성 사이에 늘 이질감이 존재했다. 이따금 히틀러는 에바 브라운을 챠페를(Tschapperl)이라고 불렀는데, 나는 이 말이 약간은 귀에 거슬렸다. 챠페를은 바이에른 지방에서 농부들이 애완견에게 잘 붙이는 이름이다.

1936년 11월 오버잘츠베르크에서 파울하버 추기경과 만남을 가졌을 즈음, 히틀러는 이미 자신의 인생이 한 편의 광막한 드라마임을, 엄청난 도박을 하고 있음을 깨달았던 것 같다. 히틀러와 나는 식당의 퇴창 앞에서 오랜 시간 침묵 속에 황혼이 지는 하늘을 보며 앉아 있었다. 그는 생각에 잠겨 이렇게 말했다. "나에겐 두 가지 가능성이 있어. 모든 계획을 이루든가 아니면 실패하든가. 만일 이룬다면 나는 역사상 위대한 인물이 될 것이고, 실패한다면 경멸당하며 비난과 저주를 받게 되겠지."

---

* 헤르만 에서는 초기 당원으로, 훗날 관광차관이 된다. 크리스티안 베버도 초창기 멤버였지만 1933년 이후 한직에 머물렀다. 무엇보다도 그는 림에서 있었던 경마대회로 비난받았다.

8

새 총리 청사
Die neue Reichskanzlei

“역사상 위대한 인물”의 반열에 올랐을 때 어울릴 만한 배경을 위해, 히틀러에게는 제국의 위엄을 상징하는 무대가 필요했다. 히틀러는 1933년 1월 30일 옮겨 온 총리 청사를 “비누 회사나 차리면 꼭 맞겠다”고 표현했다. 강력한 제국의 본부로서는 적합하지 않다는 뜻이었다.

1938년 1월 말, 히틀러는 나를 집무실로 불렀다. 그는 방 한가운데 서서 엄숙하게 말했다. “자네한테 급하게 맡길 일이 있네. 조만간 대단히 중요한 회의들이 열릴 거야. 정부 인사들을 포함해서 모든 참석자에게 깊은 인상을 남길 수 있는 웅장한 홀과 살롱이 필요해. 포스슈트라세를 자네 처분에 맡기겠네. 비용은 중요하지 않아. 빠른 시일 내에 튼튼하게 지어야 해. 설계도와 청사진, 기타 준비 기간도 필요하겠지? 1년 반이나 2년도 나에게는 너무 길어. 1939년 1월 10일까지 끝낼 수 있겠나? 다음 외교 리셉션을 새 청사에서 하고 싶군.” 나는 물러났다.

히틀러는 훗날 새 총리 청사 상량식 연설에서 그날을 이렇게 묘사했다. “우리 건설총감독이 와서는 몇 시간 생각해볼 여유를 달라고 했습니다. 그리고 저녁에 다시 마감 날짜 리스트를 가지고 와서 이렇게 말했습니다. ‘3월 어느 날에 기존 건물이 사라질 것이고 8월 1일에 상량식을 할 겁니다. 그리고 각하, 1월 9일에 건물의 완성을 보고하도록 하겠습니다.’ 나 또한 건축업에 몸담아 보았기 때문에 이러한 일정이 무엇을 의미하는지 알고 있었습니다. 아마도 전무후무한 일이겠지요. 정말 특별한 성과라고밖에 할 수 없습니다."[1] 그것은 내 일생에 가장 무분별한 약속이었다. 히틀러는 만족한 듯 보였지만.

나는 정지작업을 위해 포스슈트라세의 기존 주택들을 철거하기 시작했다. 동시에 건물 외관 설계에 뛰어들었다. 지하 방공호는 대략의 스케치만으로 공사가 시작되었다. 그러나 공사가 진행되면서 건축 자재에 대한 견적이 최종적으로 완성되기도 전에 나는 많은 자재와 물품을 주문해야 했다. 예를 들어 큰 살롱 바닥에 깔릴 손으로 짠 러그는 배달되기까지 긴 시간이 요구된다. 나는 러그가 깔리게 될 방을 보기도 전에 러그의 색상과 사이즈를 결정해야 했다. 방이 러그에 맞추어 설계되었다고 하는 편이 옳을 것이다. 나는 모든 복잡한 구조 설계와 일정을 일체 보류했다. 이런 것들에 매달리면 공사를 시한 내에 끝낸다는 건 불가능했다. 이런 식의 임시변통은 4년 뒤 내가 독일의 전시경제를 이끌 때도 비슷하게 적용되었다.

직사각형 대지는 여러 개의 방을 긴 축을 따라 연결하기에 적합했다. 나는 히틀러에게 설계를 보여주었다. 이곳에 도착한 외교관들이 빌헬름 광장에서 자동차를 타고 커다란 문들을 지나 명예의 뜰로 들어온다. 바깥 계단에서 안으로 들어오면 맨 처음 중간 크기의 접견실을 만나게 된다. 그곳에서 5.18미터 높이의 이중문 뒤로 모자이크 장식이 보이는 커다란 홀로 들어간다. 몇 개의 계단을 올라 돔 천장의 둥그란 방을 지나면, 146미터 길이의 갤러리가 펼쳐진다. 히틀러가 특히 마음에 들어 했던 이 갤러리는 베르사유 궁전의 거울의 방보다 두 배나 더 길었다. 깊은 벽감 창이 빛을 여과해서 산뜻한 느낌을 살렸는데 이 효과는 퐁텐블로 궁전의 무용의 방에서 보았던 조명 효과를 응용한 것이었다.

전체적으로 새 청사는 풍성하고 다양한 재료와 색의 조합으로 이루어진 방들의 연결이었다. 전체 길이는 총 220미터에 달했다. 그다음 히틀러의 리셉션 홀을 지었다. 확실히 그것은 사람들의 눈을 휘둥그레지게 만들기 위한 겉치레용 건축물이었다. 그러나 이런 건물들은 바로크 시대에도 존재했었고, 앞으로도 언제나 존재할 것이다.

히틀러는 기뻐했다. "현관에서 접견실까지 기나긴 복도를 걷는 동안 손님들은 독일제국의 힘과 위용을 느끼게 될 거야!" 그 후 몇 달 동안 히틀러는 나에게 자꾸 설계도를 보여달라고 했다. 자신이 사용하게 될 건물이었음에도, 히틀러는 거의 간섭을 하지 않았고 내가 자유롭게 일하도록 내버려두었다. 히틀러가 새 총리 청사 공사를 그렇게 서둘렀던 근본적인 이유는 건강에 대한 불안이었다. 그는 언제나 오래 살지 못할 거라는 심각한 불안에 시달렸다. 1935년 이후, 그의 상상은 위장병에 점점 더 집중되었다. 히틀러는 손수 고안해낸 섭생으로 위장병을 치료하려고 노력했다. 그는 스스로 해로운 음식이 무엇인지 안다고 믿었고, 이따금 자신에게 단식 요법을 처방하기도 했다. 소량의 수프와 샐러드, 가벼운 음식 조금 등 기본적인 식사 외에는 입에 대지 않았다. 자신의 접시를 가리키며 절망적인 음성으로 말하기도 했다. "이런 형편없는 식사를 하면서 생명을 부지할 수 있다니! 이걸 봐. 의사들은 식욕이 돋는 음식을 먹으라고 쉽게 말하지.[2] 요즘엔 뭘 먹어도 다 힘들어. 식사를 하고 나면 통증이 시작되거든. 얼마를 더 굶어야 하는 건지. 내가 얼마나 더 살 수 있을까?"

그는 가끔 복통으로 회의를 중단하고 30분이나 한 시간 정도 나가 있기도 했고, 아예 돌아오지 않을 때도 있었다. 또 뱃속에 가스가 차서 괴로우며 심장 통증과 불면증 때문에 고통받고 있다고 했다. 히틀러가 쉰 살이 안 된 나이에 이렇게 말한 적도 있다고 에바 브라운이 털어놓았다. "곧 너에게 자유를 줄 수 있을 거야. 네가 나 같은 늙은이한테 매여 살 이유가 없지."

히틀러의 주치의이자 젊은 외과의 브란트 박사는 최고의 내과 전문의들에게 전체적인 건강 검진을 받자고 히틀러를 설득했다. 모두 그 제안에 찬성했다. 최고 명의들의 이름이 거론되었고, 군 병원 같은 곳에서 소동 없이 검진을 받도록 계획표가 만들어졌다. 군 병원은 비밀 유지가 가장 확실한 곳이었다. 그럼에도 히틀러는 모든 계획을 거부했다. 그는 환자 취급받는 것을 참을 수 없다고 했다. 그렇게 되면 정치적 위치가, 특히 국제적으로 볼 때 국가적 입지가 약화된다는 것이었다. 심지어 전문의가 집을 방문해 예비 검진을 하는 것조차 허용하지 않았다. 내가 알기로 히틀러는 한 번도 제대로 된 검진을 받은 일이 없었다. 비전문적인 행위에 집착했고 자신만의 이론으로 증상을 다스렸을 뿐이다.

반면 자꾸 목이 쉬는 증상에 대해서는 청사 내 처소에서 베를린의 유명한 전문가인 폰 아이켄 박사의 검진을 받았다. 악성 종양이 발견되지 않았다는 진단이 내려지자 히틀러는 안도의 한숨을 쉬었다. 여러 달 동안 그는 후두암으로 세상을 떠난 황제 프리드리히 3세의 운명에 대해 자주 언급했다. 의료진은 히틀러의 처소에서 행한 간단한 수술로 히틀러의 목에서 혹을 떼어냈다.

1935년 하인리히 호프만이 중병에 들었다. 오랜 친구인 테오도르 모렐 박사가 그를 돌보았고 헝가리에서 구해 온 술파닐아미드[3]를 사용해 치료에 성공했다. 호프만은 자신의 생명을 구해준 놀라운 의사에 대한 이야기를 히틀러에게 했다. 분명 호프만은 좋은 의도였을 것이다. 비록 모렐 박사의 재능 가운데 하나가 자신의 의술을 과시하고 병을 과장해 말하는 것이지만 말이다. 모렐 박사는 자신이 저명한 세균학자이자 노벨상 수상자이고 파스퇴르 연구소[4] 교수 일리야 메치니코프 박사(1845~1916) 아래서 공부했다고 주장했고, 메치니코프에게 박테리아성 질병을 물리치는 기술을 배웠다고 말했다. 뒷날 모렐은 여객선 승선의로 전락해 긴긴 바다 여행을 하게 된다. 의심할 여지없이 그는 완벽한 돌팔이 의사, 아니 돈에 눈이 먼 괴짜였다.

아무튼 호프만의 칭찬에 고무된 히틀러는 모렐에게 검사를 받기로 했다. 그 결과는 우리 모두를 놀라게 했는데 히틀러가 처음으로 의사의 중요성에 대해 확신하고 나섰기 때문이다. "지금껏 그 누구도 정확하게 무엇이 잘못되었는지 그렇게 분명히 말해준 사람이 없었어. 그의 치료법은 너무도 논리적이라서 믿음이 간다네. 앞으로는 그의 처방을 철저히 따를 작정이야." 히틀러의 말에 따르면, 모렐은 그가 장 속 세균이 유발하는 탈진에 시달리고 있다고 진단했으며, 신경 시스템의 과도한 부담이 원인이라고 지적한 뒤 이 증상만 낫는다면 다른 문제들도 일시에 사라질 거라고 말했다. 모렐은 비타민과 호르몬, 인, 포도당 주사를 통해 증상을 빨리 호전시키고자 했다. 치료는 1년 정도 걸리고 단기간에 효과를 보기는 어렵다고 덧붙였다.

히틀러가 받은 약 가운데 '장 박테리아 캡슐'은 논란의 대상이었다. '멀티플로르'라는 이름이었는데, 모렐은 "불가리아 농부들이 기른 유산균 가운데 최고의 우량품"이라고 장담했다. 다른 주사와 약 들은 그 정체가 정확하게 알려지지 않았고 단지 짐작만 가능할 뿐이었다. 우리는 그의 치료법을 믿을 수 없었다. 브란트 박사가 주변 전문가들에게 자문을 구했지만 한결같이 모렐의 방법은 검증되지 않아 위험하다는 입장이었다. 중독의 위험도 염려되었다. 주사 맞는 주기는 점점 더 줄어들었다. 모렐은 동물의 고환과 창자에서 채취한 화합물 또는 식물에서 얻은 미생물들을 히틀러의 혈관 속으로 주입했다. 한번은 괴링이 그를 "제국의 주사 선생"이라고 불러 모렐을 몹시 화나게 하기도 했다.

치료가 시작된 지 얼마 되지 않아 오랫동안 히틀러를 고생시켰던 발뾰루지가 사라졌다. 몇 주가 지나자 히틀러의 위장병도 호전됐다. 식사량이 훨씬 늘었고 기름진 음식들도 즐기게 되었다. 기분도 훨씬 나아져 가끔 이렇게 큰소리를 쳤다. "모렐 박사를 만나게 된 게 얼마나 행운인지 몰라. 덕분에 생명을 건지게 됐지 뭔가. 그의 치료법은 정말 놀라워!"

다른 사람들이 자신의 말을 따르도록 하는 재능이 히틀러에게 있었을지 모르지만 이번 경우에는 분명 그렇지 못했다. 히틀러는 모렐의 천재성을 확신했고 곧 그에 대한 모든 비판을 거부했다. 그때부터 모렐은 히틀러의 최측근에 합류했지만 히틀러가 없는 자리에서는 늘 놀림의 표적이 되었다. 그는 세균, 구균, 황소 고환, 최신 비타민제 등을 제외하면 아는 것이 아무것도 없었다.

히틀러는 주변 사람들에게 조금이라도 아픈 데가 있으면 모렐에게 가 보라고 권했다. 1936년, 무리한 작업에 시달리고 히틀러의 각별한 취향에 맞추려고 애쓰던 나는 순환기와 위장에 문제가 생겼다. 나 또한 모렐의 병원을 찾았다. 병원 입구에는 이렇게 써 있었다. “모렐 테오도르 박사. 피부과·비뇨기과 전문의” 모렐의 병원과 집은 게데히트니스키르헤 인근 쿠르퓌르스텐담 번화가에 자리하고 있었다. 벽에는 유명 배우와 영화 스타들의 사인이 새겨진 사진들이 걸려 있었다. 내가 방문하던 날에는 황태자도 와서 기다리는 중이었다. 모렐은 건성으로 검사를 한 뒤 나에게 장 박테리아와 포도당, 비타민, 호르몬 알약을 처방했다. 안전이 염려된 나는 베를린 대학의 내과전문의 폰 베르크만 교수에게 전체적인 검사를 다시 받았다. 그는 장 기관에 문제가 생긴 것이 아니라 과도한 업무로 인해 신경 계통에 이상이 생겼을 뿐이라고 했다. 내가 일의 속도를 가능한 한 줄이려고 애쓰자 증상들은 사라졌다. 히틀러의 마음을 상하지 않게 하기 위해 겉으로는 모렐의 지시를 따르는 척했다. 곧 건강이 호전되자 나는 한동안 모렐의 의술을 입증하는 사례가 되고 말았다. 히틀러는 에바 브라운도 모렐에게 진료받게 했다. 그녀는 모렐이 역겨울 정도로 불결할 뿐 아니라 다시는 진료를 받지 않겠노라며 치를 떨었다.

히틀러의 건강은 일시적으로 좋아졌을 뿐이었다. 하지만 이제 그는 자신의 주치의와 떨어질 수 없는 사이가 되고 말았다. 오히려 베를린 인근에 있는 모렐의 슈바넨베르더 섬 별장에서 히틀러가 티타임을 갖는 일이 더 잦아졌다. 그곳은 총리 청사 외에 히틀러의 마음을 지속적으로 끄는 유일한 장소가 되었다. 드물게는 괴벨스 박사를 찾았고, 슐라흐텐제에 있는 내가 직접 지은 우리 집에도 어쩌다 한 번씩 들렀다.

1937년 말 이후부터 모렐의 치료가 성과를 거두지 못하자 히틀러는 예전에 하던 신세한탄을 다시 시작했다. 나에게 일을 지시하고 설계를 의논할 때조차 그는 종종 이렇게 덧붙였다. “내가 얼마나 더 살 수 있을지 모르겠네. 아마도 이 건물들이 다 지어질 무렵이면 나는 이 세상 사람이 아닐 듯싶어…."[5] 대부분의 주요 건물 완공 시기는 1945년에서 1950년 사이로 잡혀 있었다. 히틀러는 분명히 자신이 몇 년 살지 못할 거라고 생각했던 것 같다. 그는 이런 말을 하기도 했다. "내가 여기를 떠나게 되면…, 그리 오래 버티지 못할 거야."[6] 히틀러가 개인적으로 가장 자주했던 말은 다음과 같다. "나는 오래 못 살아. 언제나 시간을 더 벌어서 나의 계획을 완성할 수 있기를 바라고 있지. 이 모든 것을 내 손으로 해내야만 해. 후계자가 누가 되든 이런 힘을 가지긴 어려울 걸세. 건강이 나날이 나빠지고 있어. 나는 버틸 수 있는 한 버텨서 목표를 달성해야만 해."

1938년 5월 2일, 히틀러는 자신의 유언을 정리했다. 그는 이미 37년 11월 5일, 외무장관과 제국의 군장성들이 모인 자리에서 정치적 유언장의 대략적인 윤곽을 잡아두었다. 그 연설에서 히틀러는 광범위한 세계 정복 계획을 "유고 시 남겨질 유지"[7]라고만 언급했다. 밤마다 온갖 영화를 함께 보고, 가톨릭교회에 대한 끝없는 장광설과 식이요법, 그리스 신전들, 경찰견에 대한 끝없는 이야기를 들어야 했던 측근들 앞에서 히틀러는 자신의 세계 정복의 꿈을 명확히 밝히지 않았다. 그의 예전 측근들은 히틀러가 1938년을 기해 변했다고 주장했다. 그들은 그 변화를 모렐의 잘못된 치료로 악화된 건강 탓으로 돌렸다. 그러나 나는 히틀러의 계획과 목표는 변하지 않았다고 생각한다. 병과 죽음에 대한 두려움이 오히려 사업의 종결 시한을 앞당겼을 뿐이다. 그의 목표는 오로지 강력한 저항에 의해서만 좌절될 수 있었고, 1938년에는 그러한 힘이 모습을 드러내지 못했다. 상황은 오히려 반대였다. 그해 히틀러가 거둔 성공은 이미 빠른 속도로 진행되고 있는 공사에 더욱 박차를 가하도록 그를 고무시켰다.

히틀러가 건설 사업에 보인 광적인 조급성은 그의 내면적 불안과 연결되어 있었던 것 같다. 상량식에서 그는 일꾼들에게 이렇게 말했다. "이젠 더 이상 미국식 템포를 따르지 않습니다. 이젠 독일식 템포가 생겨났습니다. 저는 이렇게 생각하고 싶습니다. 나 역시 이른바 민주국가의 다른 정치

지도자들보다 많은 것을 이루었다고 말입니다. 우리는 정치적으로 다른 템포를 따라가고 있습니다. 이웃나라 하나를 독일제국에 합병하는 데 사나흘밖에 걸리지 않는 상황에, 건물 하나를 1, 2년 걸려 짓는 게 무엇이 어렵겠습니까?" 건설에 대한 그의 과도한 열정이 자신의 계획을 은폐하고 공사와 착공 일정이라는 모습으로 민중을 속인 것은 아닌지 의혹이 든다.

1938년 뉘른베르크 도이처호프에서 일어난 일로 기억된다. 히틀러는 대중이 알아서는 안 되는 일을 발설하지 않도록 하는, 즉 비밀 유지를 위한 제한 조치가 필요하다는 이야기를 했다. 일행 중에는 제국지도자 필리프 불러와 그의 젊은 아내도 있었다. 그녀는 그런 조치가 자신들에게는 적용될 필요가 없다며 반대했다. 자신들에게는 히틀러가 이야기한 내용을 발설하지 않을 분별력이 있다는 의미였다. 히틀러는 크게 웃더니 이렇게 말했다. "이 중에 입을 어떻게 다무는지 알고 있는 사람은 딱 한 사람뿐이오." 히틀러는 나를 가리켰다. 그 후 몇 달 동안 히틀러가 나에게도 발설하지 않았던 일련의 사건들이 벌어졌다.

1938년 2월 2일, 나는 해군 총사령관 에리히 라에더가 히틀러와 회의를 마치고 살롱을 가로질러 오는 것을 보았다. 너무도 혼란스러운 표정이었다. 막 심장마비라도 일으킬 듯 안색은 창백했고 걸음을 비틀거렸다. 그다음 날 나는 신문을 통해 폰 노이라트 외무장관이 리벤트로프로, 폰 프리치 장군이 폰 브라우히치로 교체되었음을 알게 되었다. 육군 원수 폰 블롬베르크를 경질하고 히틀러 스스로 독일군 총사령관에 올랐고, 빌헬름 카이텔 장군을 참모총장직에 앉혔다.

난 오버잘츠베르크 시절부터 폰 블롬베르크 장군과 친분이 있었다. 그는 유쾌하고 귀족적인 외모의 소유자로 경질되기 전까지 히틀러의 인정을 받으며 각별한 친분을 누렸다. 1937년 가을, 그는 히틀러의 제안으로 파리저 광장에 있던 내 사무실에 들러 베를린 도시계획을 위한 설계도와 모형을 둘러보기도 했는데, 조용히 흥미진진하게 한 시간 정도 설명을 들었다.

그의 곁에 상관의 말에 귀를 기울이고 고개를 끄덕이면서 동의를 표했던 장군 한 사람이 있었는데, 그가 바로 빌헬름 카이텔이었다. 그는 이제 군 최고사령부에서 히틀러와 가장 가까운 보좌관이다. 군의 계급체계를 전혀 몰랐던 그때는 그를 블롬베르크의 부관 정도로만 생각했었다.

거의 비슷한 시기에 안면이 전혀 없던 폰 프리치 장군이 벤틀러슈트라세에 있는 자신의 집무실에 들러 베를린 도시계획 설계도를 보여달라고 청했다. 후에 안 사실이지만 그의 요청은 단순한 호기심 때문이 아니었다. 나는 커다란 탁자에 설계도를 펼쳐놓았다. 냉정하고 침착하게, 퉁명스럽게 보일 정도의 군인다운 무뚝뚝함으로 그는 나의 설명을 들었다. 그는 오랜 시간에 걸쳐 이루어지는 히틀러의 거대한 도시계획이 평화 유지와 것과 어떠한 이해관계가 있는지를 가늠하는 듯했다. 그는 아마 나를 오해했던 것 같다.

나는 외무장관 폰 노이라트도 알지 못했다. 노이라트의 관저가 외무장관의 임무에 적합하지 않다고 판단한 히틀러는 1937년 나를 노이라트 부인에게 보내 공금으로 집을 확장하자는 제안을 했었다. 그녀는 집 안을 자세히 안내해주었지만 단호한 태도로 자신과 남편은 현재의 관저로도 충분하다는 입장을 밝혔다. 나는 총통에게 "뜻은 감사하지만 거절하겠다"는 말을 그대로 전했다. 히틀러는 몹시 화를 냈고 두 번 다시 그 제안을 하지 않았다. 유서 깊은 귀족으로서, 폰 노이라트는 당당한 소박함을 내세우며 의도적으로 새 지배계급의 허식을 멀리했던 것이다. 하지만 리벤트로프의 경우는 달랐다. 1936년 여름 나를 런던으로 부른 그는 독일 대사관의 확장과 현대화를 원했다. 1937년 봄에 있을 조지 6세의 대관식에 맞추어 대사관 공사가 끝나길 바랐다. 분명히 숱한 파티들이 열릴 것이었고 리벤트로프는 대사관 건물의 위용으로 런던 사교계에 어필하고자 했다. 리벤트로프는 사소한 세부 장식은 아내에게 맡겼는데, 그녀 역시 뮌헨의 유나이티드 워크숍에서 나온 인테리어 장식가와 함께 호화로움에 탐닉했기 때문에 나는 꼭 있어야 할 필요성을 느끼지 못했다. 나를 달래려는 것 같았던 그는 외무부에서 런던으로 걸려 오는 전화를 받을 때면 언제나 기분이 상한 것처럼 보였다. 외무부의 지시를 불필요한 간섭이라고 생각했고, 짜증을 내며 자신은 히틀러의 지시에만 따르면 된다고 큰 소리로 외쳤다. 총통은 직접 그를 영국대사로 임명했었다.

영국과 좋은 관계를 원했던 히틀러의 정치적 동지들은 리벤트로프가 대사 자리에 적합하지 않다고 여기기 시작했다. 1937년 여름 토트 박사는 아우토반을 이용해 건설 중인 건물들을 시찰했다. 시찰에는 월튼 경을 손님으로 대동했는데, 월튼 경이 나중에 비공식적으로 토트 박사를 리벤트로프 대신 영국 대사로 임명하는 것이 좋겠다는 희망을 피력한 것 같았다. 리벤트로프가 그 자리에 앉아 있는 이상 양국 관계가 개선되지 못할 것이라고 월튼 경은 확신했다. 우리는 이 말이 히틀러의 귀에 들어갈까 조심했다. 히틀러는 아무런 반응도 보이지 않았다.

곧 리벤트로프가 외무장관에 임명됐다. 히틀러는 오래된 관저를 허물고 옛 제국 대통령궁을 공식 관저로 쓰라고 제안했고 리벤트로프는 제안을 받아들였다.

그해의 두 번째 사건이자 히틀러가 정치적 모험에 속도를 더해가고 있음을 입증하는 일이 일어났을 때, 나는 히틀러의 베를린 저택 응접실에 있었다. 1938년 3월 9일이었다. 히틀러의 부관 샤우프가 오스트리아 총리 슈슈니크의 인스부르크 연설이 흘러나오는 라디오를 열심히 듣고 있었다. 히틀러는 2층 서재에 있었다. 분명 샤우프는 뭔가 특별한 것을 기다리고 있었다. 그는 연설 내용을 메모했다. 슈슈니크의 연설은 점점 더 직선적으로 변했고 급기야는 오스트리아 국민투표에 대한 계획을 언급하는 대목에 이르렀다. 오스트리아 국민들 스스로가 투표를 통해 독립 여부를 결정하겠다는 말이었다. "오스트리아 국민이여! 드디어 때가 왔습니다."

샤우프에게도 중대한 때가 왔던 모양이다. 그는 히틀러가 있는 위층으로 쏜살같이 달려 올라갔다. 잠시 후 옷을 갖추어 입은 괴벨스가 나타났다. 괴링도 행사 때나 입는 군복을 차려입고 도착했다. 당시 베를린은 무도회와 파티 시즌이었으니, 아마 어디서 파티를 하다가 나온 모양이었다. 이들은 위층으로 올라가 비밀스러운 회합을 갖는 듯했다.

며칠 뒤 깜짝 놀랄 일이 한 번 더 벌어졌다. 3월 13일 독일군이 오스트리아로 진격했다는 소식이 신문을 장식했다. 그로부터 3주 후 나는 자동차 편으로 빈에 가 대규모 회합을 위한 북서 철도역 홀을 준비했다. 시내와 마을 곳곳에서 독일 자동차들이 환호를 받았다.

빈 임페리얼 호텔에서 나는 오스트리아 합병 아래 감추어진 야비함을 목도했다. 베를린 시 경찰국장 헬도르프 공작 등 거물급 인사들이 급하게 들이닥쳐 빈에서 쇼핑에 탐닉하고 있었다. "멋진 속옷과 울 담요를 얼마든지 구할 수 있을 거요…. 끝내주는 외국산 술이 즐비한 집을 알아냈다구…." 내가 호텔 로비에서 들은 대화의 토막들이었다. 보르살리노 모자를 하나 사려고 이리저리 기웃거리던 나 자신이 역겨워졌다. 이런 것들이 다 무슨 상관이란 말인가.

오스트리아 합병 직후 히틀러는 중유럽 지도를 펴들고, 경건한 자세로 귀를 기울이고 있는 측근들에게 체코슬로바키아가 얼마나 "협공작전"에 취약한 상황인지 설명했다. 이후 수년 동안 히틀러는 무솔리니가 자신의 오스트리아 침공을 용인한 것이 얼마나 관대한 행동인지 되풀이해서 치하했다. 그 점에 대해서 친애하는 무솔리니에게 고마움을 느낀다고 덧붙이는 것도 잊지 않았다. 오스트리아는 이탈리아에게 값을 헤아릴 수 없을 만큼 중요한 완충지대이기 때문이다. 독일군이 브레너 고개를 넘었다는 것은 장기적으로 볼 때 갈등의 소지가 될 수 있었다. 1938년 히틀러의 이탈리아 방문은 양국의 우호관계를 다지려는 것이 주목적이었다. 하지만 히틀러는 로마와 피렌체의 유적과 보물 들을 너무도 보고 싶어 했다. 보좌관들을 위해 번쩍거리는 제복을 새로 디자인했다. 화려한 스타일을 좋아했던 히틀러가 정작 자신의 의상을 검소하게 준비시킨 것은 주의 깊은 전략이었다. "나의 주변이 격조 높게 보여야 한다. 그래야만 나의 소박함이 강렬한 효과를 발한다." 1년 후 히틀러는 무대 의상 전문가인 베노 폰 아렌트에게 외교관의 새 제복 디자인을 의뢰했다. 아렌트는 오페라와 오페레타의 의상 디자이너로 잘 알려져 있었다. 그는 금줄이 수놓인 프록코트를 좋아하면서도 입이 가볍거나 농을 잘 치는 사람들을 빗대 이렇게 빈정거렸다. "꼭 오페라 「박쥐」에 나오는 사람 같구먼." 그는 히틀러를 위해 메달도 디자인했는데 역시나 무대 위에서 돋보이는 스타일이었다. 나는 아렌트를 "제3제국의 세공장이"라고 부르곤 했다.

이탈리아에서 돌아온 히틀러는 자신의 느낌을 정리했다. "우리가 군주제가 아니라는 게 얼마나 다행인가. 내가 군주제 하자고 주장하는 사람들 말에 넘어가지 않은 게 천만다행이지. 왕실의 종복들과 그 머리 아픈 예절! 생각만 해도 끔찍하군. 친애하는 무솔리니는 항상 뒷자리만 지켰지. 만찬장에서 가장 멋진 장소와 행사장의 최고 무대는 모두 왕족이 차지해버리지. 무솔리니는 언제나 구석자리야. 실상은 그가 이탈리아 정부를 이끌어가는데도 말이야." 외교적 의전으로 볼 때 히틀러는 국가원수로서 왕과 같은 위치에서 대접받았지만, 무솔리니는 총리에 불과했다.

이탈리아 방문 이후 히틀러는 무솔리니에게 특별한 존경을 표하기 위해 뭔가 해야 한다는 의무감을 느꼈다. 그는 베를린의 아돌프 히틀러 광장 건설이 도시계획 프로젝트의 주요 사업에 포함되자 이 광장의 이름을 무솔리니 광장으로 바꾸기로 결심했다.[8] 그는 이 광장이 바이마르 공화국 전성기 시절의 '근대적' 건물들로 흉해졌다고 생각했다. "우리가 그곳을 무솔리니 광장이라고 부른다면, 나는 그 광장에서 자유롭게 되고 나의 이름이 붙어 있던 광장을 친애하는 동지에게 넘기는 것이니 그에게도 특별한 영예가 되겠지. 거기에 세울 무솔리니 기념탑도 벌써 생각해두었어." 하지만 베를린 도시계획이 시행되지 못했기에 아무것도 이루어지지 않았다.

드라마틱했던 1938년, 급기야 히틀러는 체코슬로바키아 분할을 위한 서방의 동의를 얻기 위해 전력을 다하기 시작했다. 몇 주 전 히틀러는 뉘른베르크 전당대회에서 예외적으로 효과적인 연설로 지지자들에게 열광적인 박수갈채를 이끌어냈다. 격분한 국가지도자의 모습이었다. 그는 자신이 전쟁으로 인해 위축되지 않을 것임을 외국 사절단에게 확신시키고자 했다. 이것은 규모에 의존한 협박이었다. 히틀러는 이러한 기술을 이미 슈슈니크와의 회담에서 성공적으로 실험한 바 있었다. 그는 이렇듯 대담한 방식으로 자신의 용기를 단련시키고자 했다. 이제는 명예를 더럽히지 않고는 후퇴할 수 없는 선에 이르렀다.

이번에는 가장 가까운 측근들도 자신의 시늉을 믿어주길 원했다. 그는 다양한 가능성을 설명했고 군사적 대결의 필연성을 강조했다. 평소에는 의중을 드러내지 않고 설득하려는 모습이었지만, 이번만큼은 전쟁을 결정한 이유를 솔직하게 설명했다. 이에 그의 오랜 부관 브뤼크너의 마음마저 움직였다. 1938년 9월, 전당대회에서 나와 브뤼크너는 뉘른베르크 성벽 위에 나란히 앉았다. 아래쪽으로 안개에 싸인 오래된 도시가 부드러운 9월의 햇살 아래 펼쳐졌다. 브뤼크너가 풀이 죽어 말했다. “아마도 이렇게 평화로운 모습을 보는 것도 마지막일 겁니다. 곧 전쟁이 시작될 거니까요.”

브뤼크너가 예고했던 전쟁은 한 번 더 연기되었다. 히틀러의 사려 깊음이라기보다는 서방의 동의 때문이었다. 체코슬로바키아 주데텐란트의 독일 할양은 두려움에 질린 세계 각국의 눈앞에서 그리고 이제는 자신들의 지도자가 천하무적임을 믿어 의심치 않는 히틀러의 지지자들 앞에서 이루어졌다.

체코의 국경 방어는 놀라운 수준이었다. 시험 포격은 우리의 무기가 그들을 이길 수 없었음을 보여주었다. 히틀러는 직접 국경 무장을 시찰하러 와서 놀라워하며 돌아갔다. 체코의 국경 방어 태세는 대단히 강력했고 고도로 전략적인 기술이 엿보였으며, 지세를 잘 활용하여 병력과 무기가 배치되었다고 히틀러는 말했다. “굳건한 방어 태세를 고려해볼 때, 주데텐란트를 점령하기란 무척 어려웠을 테고 크나큰 인명 피해를 가져왔을 거야. 우리는 이 땅을 피 한 방울 흘리지 않고 점령했어. 한 가지 확실한 것이 있어. 나는 결코 체코가 새로운 방어선을 세우도록 용납하지 않을 걸세. 우리는 놀라울 만큼 훌륭히 시작했어. 우리는 이미 산맥을 넘어 보헤미아의 계곡에 와 있는 거야.”

11월 10일, 작업실로 가는 길에 불타버린 베를린 유대교 회당의 폐허를 목격했다. 아직도 연기가 피어오르고 있었다. 전쟁이 터지기 1년 전 상황을 규정짓는 심상치 않은 사건으로, 이미 네 번째였다. 지금도 그 장면은 내 인생에서 가장 서글픈 기억이다. 당시 나를 괴롭혔던 것은 파자넨슈트라세에서 보았던 무질서였다. 불탄 기둥들, 무너진 외관, 타버린 벽들. 전쟁이 일어나면 유럽의 많은 곳이 이러한 광경으로 뒤덮일 게 분명했다. 무엇보다도 나는 정치적 ‘부랑아들’이 되살아난다는 것이 고통스러웠다. 깨진 상점 진열장 유리는 내가 가진 중산층의 질서의식에 위배되는 것이었다.

나는 유리 이상의 무엇이 부서지고 있다는 생각까지는 하지 못했다. 그날 밤 히틀러가 인생에서 네 번째로 루비콘 강을 건너 국가의 운명을 돌이킬 수 없이 봉인해버리는 걸음을 내디뎠다는 사실을 말이다. 독일 내의 한 인종집단을 모조리 학살하는 결과를 초래할 뭔가가 시작되고 있다는 것을 그때라도 눈치챘다면…. 그와 같은 야만의 분출이 나의 윤리적인 실체를 변화시킬 것이라고 알아차렸던가? 나는 그 무엇도 알지 못했다.

나는 현실에서 일어나고 있는 일들을 무관심하게 받아들였다. 그토록 극단적인 상황은 원하지 않았다는 히틀러의 말들이 무관심을 조장했는지도 모른다. 훗날 괴벨스가 자신이 그 슬프고 끔찍한 밤의 지휘자였음을 암시했다. 내 생각에도 괴벨스가 “이미 주사위가 던져졌다”는 말로, 망설이는 히틀러를 부추겨 모든 것을 시작하게 만들었을 가능성이 크다.

히틀러가 유대인을 비하하는 발언을 한 번도 들은 기억이 없다는 사실이 그 이후에도 계속 나를 놀라게 한다. 지난 순간의 조각들을 모아보면 당시 내 머릿속에 떠올랐던 생각들을 재조합해볼 수 있다. 히틀러에게 기대했던 이미지가 부서져버린 것에 대한 실망감, 악화되는 그의 건강에 대한 불안, 교회와의 싸움을 중단했으면 하는 희망, 히틀러가 기울이고 있는 유토피아적이고 비현실적인 목표에 대한 당혹스러움 그리고 모든 기묘한 느낌들. 그러나 유대인에 대한 히틀러의 혐오감은 과정의 문제였고, 그 과정을 나는 그다지 진지하게 받아들이지 않았다.

나는 스스로를 히틀러의 건축가라고 여겼다. 정치적 사건에는 별로 관심을 두지 않았다. 정치 행사에 인상적인 무대를 제공하는 것이 나의 일이었다. 히틀러가 건축에 관련된 문제는 거의 나하고만 상의했기 때문에 그 믿음은 날이 갈수록 굳어졌다. 더욱이 당에 늦게 동참한 신출내기로서 만일 내가 정치적 문제에 관여하려 했다면 거만한 인사로 찍혔을 것이다. 나는 정치적 입지를 다질 어떤 필요성도 느끼지 못했다. 더욱이 나치의 사상 교육은 분리적인 사고를 목적으로 하고 있었기 때문에, 내가 건물을 짓는 일에 스스로를 제한하는 것은 당연했다. 내가 이 망상에 기이할 만큼 집착했다는 것은 1944년 히틀러에게 보낸 메모에 잘 나타난다. "제가 충실해야 할 임무는 비정치적인 것입니다. 저라는 사람과 저의 일이 오로지 실제적인 완성도를 기준으로 평가받을 때 저는 편안함을 느낍니다."[9]

그러나 근본적으로 이러한 구분은 이치에 맞지 않는 생각이다. 지금 돌이켜보니 나는 스스로 사고의 영역을 분리하려고 애썼던 것 같다. 한쪽으로는 시내 입구에서 뿌려대는 전단지의 반유대주의 슬로건이 선포하는 비열한 정책을 우려하면서, 다른 한편으로는 히틀러에 대한 이상화된 이미지를 놓지 못했다. 나는 이 두 가지를 따로 떼어놓고 싶었다. 누가 오합지졸들을 선동해 유대인 교회에 불을 지르고 유대인 상점들을 공격했는지는 중요하지 않았고, 그러한 일들이 히틀러의 직접적인 교사로 일어났는지, 아니면 그의 묵인 아래 벌어졌는지도 중요하지 않았다.

슈판다우에서 석방된 후 사람들은 독방에서 20년 가까이 홀로 지내면서 이 문제에 대해서 내가 내린 결론이 무엇인지 되풀이해서 질문했다. 진실로, 내가 유대인 박해와 이주, 학살에 대해 알고 있었던 것은 무엇인가. 내가 알았어야 하는 사실들은 무엇이었고 어떤 결론을 내렸어야 했는가.

나는 더 이상 홀로 내린 해답을 질문자의 만족을 위해, 특히 나 자신을 만족시키기 위해 제시하지 않겠다. 모든 독재정권이 그렇듯이 히틀러의 체제 아래서 한 사람의 직위가 올라갈 때 그 권력자의 고립도 더욱 심해진다는 것, 따라서 점점 더 냉혹한 현실로부터 유리된다는 것, 살인의 과정에 과학 기술을 도입할 경우 살인자는 소수가 되고, 그럼으로써 살인 행위가 더욱 광범위하게 은폐된다는 것, 체제 내에서 광적으로 굳건해진 비밀 엄수의 원칙이 비인간적 잔혹 행위는 애당초 쳐다보지 않는 것이 편하다고 인식하게 만든 것 등을 말이다.

나는 더 이상 이런 질문에 대답하지 않는다. 대답을 한다는 것 자체가 형식적인 변명을 위한 노력이기 때문이다. 히틀러의 총애를 한 몸에 받았고, 나중에는 가장 영향력 있는 각료로서 나는 고립되었다. 내 분야의 한계 속에서만 사고하는 습관이 건축가이자 군수장관이었던 나에게 많은 회피의 기회를 주었다는 점은 사실이다. 내가 1938년 11월 9일에 어떤 일이 시작되었는지, 아우슈비츠와 마이다네크에서 어떤 일이 벌어졌는지 몰랐다는 것도 사실이다. 그러나 고립 정도와 극단적인 회피, 무지의 수위는 결국 나 자신이 정한 것이라는 결론에 도달했다.

그러므로 나는 깨달았다. 고통스러운 자기 분석은, 석방 후 만났던 질문자들이 그랬듯이, 질문 자체를 잘못된 것으로 만들어버렸다는 것을. 알려져야만 했던 참혹한 실상과 내가 알았던 얼마 안 되는 지식으로 내려야만 했던 당연한 결론을 생각해볼 때, 내가 알고 있었든 몰랐든, 혹은 많이 알았는가 적게 알았는가는 중요한 문제가 아니다. 나에게 질문을 하는 사람들은 근본적으로 내게 판단을 내리는 대답을 원한다. 그러나 나는 대답할 말이 없다. 그 어떤 사죄도 불가능하다.

새 총리 청사는 1월 9일 완공될 예정이었다. 1월 7일 뮌헨에 있던 히틀러는 베를린으로 돌아왔다. 그는 조마조마한 마음으로 마무리 작업 중인 일꾼과 청소하는 사람들의 모습을 기대하며 나타났다. 건물이 입주자의 손에 넘어가기 직전, 공사 현장에서 느껴지는 열기는 누구나 알 수 있다. 비계가 철거되고 먼지와 쓰레기를 치우는 청소가 진행되고 있다. 카펫이 깔리고 그림이 걸린다. 그러나 그의 기대는 기만당했다. 처음부터 우리는 며칠간의 여유를 두었다. 하지만 그 여유는 필요하지 않았고, 건물의 공식 인계 48시간 전에 모든 공사를 마칠 수 있었다. 히틀러는 당장이라도 책상에 앉아 정무를 볼 수 있었을 것이다.

새 건물은 히틀러를 감동시켰다. 그는 "건축의 천재"를 소리 높여 칭송했고, 평소와는 달리 나를 직접 치하했다. 약속보다 이틀 앞당겨 끝난 공사는 무엇보다 나의 조직력을 돋보이게 했다.

히틀러는 특히 국빈이나 외교관들이 리셉션 홀까지 가기 위해서 지나야 하는 긴 공간을 마음에 들어 했다. 나와 달리 그는 반짝이는 대리석 바닥도 걱정하지 않았다. 나는 그 바닥에 긴 양탄자라도 깔까 생각 중이었다. "이게 정석이야. 외교관들은 미끄러운 바닥을 걸어 다니는 연습도 해야 해."

다만 리셉션 홀이 너무 작은 데 실망한 모양이었다. 세 배나 더 크길 원했다. 확장을 위한 계획은 전쟁이 시작되기 전에 준비되었다. 서재는 마음에 쏙 들어 했다. 특히 히틀러는 칼집에서 반쯤 뽑아진 검이 책상에 세공된 것을 보고 기뻐했다. "멋져, 멋지다구…. 외교관들이 이 책상 앞에 앉아 나를 마주 보면 아마 벌벌 떨게 될지도 모르겠네."

서재로 통하는 네 개의 문 위에 설치한 금박을 입힌 패널에는 네 가지의 미덕이 그를 내려다보았다. 지혜, 분별, 강인, 정의였다. 나는 그 개념들이 무엇을 뜻하는지 알지 못했다. 둥그런 응접실에는 대전시실로 통하는 문과 나란히 아르노 브레커의 조각상 두 점을 두었다. 하나는 용맹을, 하나는 신중함을 상징하는 것이었다.[10] 친구인 브레커의 입장에서 보면 용맹함은 책임감으로 조절되어야 한다는 감상적인 의미였고, 내가 떠올린 비유도 용맹이란 언제나 다른 미덕과 함께 수반되어야 한다는 의미였다. 우리가 얼마나 예술의 영향을 순진할 정도로 과대평가하고 있는지 보여주는 장면이다. 그러나 동시에 일이 되어가는 모양새에 대해 우리가 느낀 불편함을 무심코 그려낸 것일 수도 있다.

대리석으로 마감된 커다란 테이블이 창가에 놓였는데, 한동안은 쓸모가 없다가 1944년부터 군사회의가 그곳에서 열렸다. 그 위에 서방 국가들과 동쪽의 적이 독일제국 영토 안으로 빠른 속도로 진격해 들어옴을 알리는 전술지도가 펼쳐지게 된다. 이곳은 히틀러의 두 번째의 군 사령부였다. 최고사령부는 150미터 떨어진 거리, 콘크리트 바닥 수 미터 아래 지하였다. 각료회의실은 음향 효과 때문에 나무 패널로 마감했는데 히틀러는 그곳을 좋아했다. 그러나 그는 한 번도 원래 목적으로 그 방을 사용하지 않았다. 장관들은 나에게 찾아와 '자신들의' 방을 볼 수라도 있게 해달라고 청했고 히틀러는 허락했다. 이따금씩 장관들이 찾아와 자신들이 결코 차지할 수 없었던 각료회의실에 몇 분씩 서 있곤 했다. 회의용 탁자 위 푸른 가죽 패드에 그들의 이름이 황금 글씨로 새겨져 있었다.

일꾼 4,500명이 주야 교대로 작업해 청사 완공일을 맞출 수 있었다. 부품을 제공한 사람들까지 합하면 전국적으로 수천 명이 더 동원되었을 것이다. 모든 일꾼, 석공, 목수, 배관공, 이외의 인부들이 건물 시찰을 위해 초청되었다. 그들은 완성된 건물에 위압감을 느끼며 줄 지어 방들을 구경했다. 히틀러는 스포츠궁전에서 그들에게 다음과 같이 연설했다.

> 나는 독일 국민을 대표해 이 자리에 서 있습니다. 그리고 내가 총리 청사에서 손님을 맞을 때도 그것은 아돌프 히틀러라는 개인이 아니라 독일이라는 국가의 지도자로서입니다. 그리고 그 손님을 맞이하는 이는 내가 아니라 내가 대표하는 독일입니다. 때문에 나는 이 건물이 그와 같은 고귀한 사명에 걸맞기를 원했습니다. 여기 모든 분들이 기여한 이 청사는 수세기가 지나도록 존재해 우리 시대의 번영을 말해줄 것입니다. 이 건물은 독일제국의 새롭고 위대한 첫 번째 창조물입니다!

식사 후 그는 손님 가운데 누가 아직도 새 청사를 보지 못했는지 물었고, 손님을 새 청사로 안내할 때마다 기쁨을 느꼈다. 히틀러는 자료를 기억하는 자신의 능력을 뽐내고 싶어 했다. "이 방은 면적이 얼마였지? 높이는?" 내가 당황해서 어깨를 움츠리면 히틀러가 정답을 말해주곤 했다. 그의 기억은 정확했다. 이 놀이는 점점 더 빈번해졌는데, 나 역시 수치를 말하는데 점점 익숙해졌기 때문이다. 히틀러를 즐겁게 하기 위한 놀이였기에 나는 호흡을 맞추어주었다.

히틀러가 나에게 부여하는 특권은 늘어났다. 그는 내 주변사람들을 위해 자신의 관저에서 만찬을 열기도 했다. 총리 청사에 관한 책을 위해 에세이를 썼고 나에게 황금 배지를 수여하기도 했다. 그리고 수줍은 몇 마디 말과 함께 자신이 젊은 시절에 그린 수채화 작품을 선물한 일도 있었다. 그림의 주제는 1909년에 지어진 고딕 양식의 교회 건물로 세밀하고 차분하게, 현학적인 양식으로 그려졌다. 그림에는 어떠한 인간적인 충동도 힘도 느껴지지 않았다. 개성이 부족한 붓질에 불과했고 주제의 선별이나 평범한 색상, 보수적인 관점을 통해 히틀러의 젊은 시절을 솔직히 보여주는 증거였다. 이 시기에 그린 그의 모든 수채화는 죄다 이런 스타일이었고, 좀 더 나이가 들어 제1차 세계대전 시기에 그려진 그림들도 특징 없기는 매한가지였다. 히틀러의 성격 변화, 자신감 확립은 훨씬 더 나중의 일이었다. 1925년 무렵 펜으로 그린 돔형 대회의장과 개선문 스케치에서 이 점은 뚜렷이 발견된다. 10년의 세월이 흐른 뒤에 그려진, 힘찬 손놀림으로 고치기를 반복하면서 붉은색과 푸른색 연필로 그린 이 스케치에는 자신이 마음속에 희미하게 품은 개념을 나타내기 위해 몰아붙인 흔적이 보인다. 히틀러는 자신이 젊은 시절 그린 소박한 수채화가 특별한 마음을 전달하는 선물이 될 만큼 훌륭하다고 믿었다.

수십 년 동안 라인홀트 베가스의 비스마르크 흉상이 총리 청사에 서 있었다. 새 건물로 이사하기 며칠 전, 일꾼들이 흉상을 새 청사로 옮기다가 실수로 떨어뜨려 목이 부러지고 말았다. 나는 이것이 불길한 징조처럼 느껴졌다. 제1차 세계대전이 시작되던 날 제국 독수리상이 우체국 건물에서 떨어졌다는 히틀러의 이야기를 들었기 때문이다. 나는 그 작은 사건을 비밀에 부쳤고 아르노 브레커에게 똑같은 것을 만들도록 부탁했다. 우리는 새 흉상에 찻물이 배어들게 해 오래된 것처럼 보이게 했다.

히틀러는 다음과 같이 선언했다. "새 총리 청사는 특별하고 놀라운 건축의 유산입니다. 완공된 청사는 이제 기념비로 태어났습니다. 건축물은 오래갑니다. 사람이 만든다는 점에서는 똑같지만 장화는 낡으면 버려집니다. 그러나 이 건물은 오래오래 남아, 수백 년 동안 함께 힘을 모은 모든 사람들의 증인으로 서 있을 것입니다." 1939년 1월 10일, 수백 년 지속될 새 청사가 공식적으로 문을 열었다. 히틀러는 그랜드 살롱에서 외교 사절들을 맞이했고 신년 연설을 했다.

개관한 지 65일 후, 1939년 3월 15일 체코슬로바키아 대통령이 히틀러의 새 서재로 안내되었다. 하하(Hacha) 대통령에게는 그 서재가 그날 밤의 항복, 새벽에는 자신의 조국 점령이라는 비극적 무대가 되었다. "마침내 나는 그 늙은이를 심하게 공격했고 그는 완전히 지쳐버렸지. 서명을 하기 일보직전이었어. 그런데 갑자기 심장 발작이 일어났지 뭔가. 모렐 박사가 옆방으로 데려가 주사를 놨는데, 이게 또 너무 효과가 좋았던 거야. 하하는 곧 체력을 되찾았고 다시 원기를 회복했어. 서명할 마음이 싹 가신 거지. 나는 그를 쓰러뜨릴 때까지 다시 싸움을 시작할 수밖에 없었네."

총리 청사 개관 78개월 만인 1945년 7월 16일, 윈스턴 처칠이 그 건물을 샅샅이 살펴보게 된다. "청사 앞에는 많은 군중이 있었다. 내가 차에서 내려 그들 사이를 지나가자 사람들이 박수를 치기 시작했다. 저항하듯 고개를 흔드는 단 한 사람의 노인을 제외하고. 그들의 항복에 나의 증오심은 사라졌다. 그리고 나는 그들의 표현에 감동했다." 처칠 일행은 한동안 부서진 복도와 홀들을 지나갔다.

그 직후 건물 잔해는 치워졌다. 돌과 대리석들은 베를린-트렙토우에 지어질 러시아 전쟁 기념비를 위해 사용되었다.

9

총리 청사의 하루
Ein Tag Reichskanzlei

청사에서는 40~50명의 사람들이 히틀러의 오후 만찬에 합석했다. 그들은 부관에게 전화로 참석을 통보하면 된다. 보통은 관구장이나 사무장들이었고 내각 각료들과 측근들도 있었지만 히틀러의 군 담당 보좌관을 제외하면 군부 인사는 없었다. 보좌관인 슈문트 대령은 히틀러에게 군부 인사들도 함께 불러 식사하자고 요청했지만 히틀러는 원치 않았다. 아마도 자신이 늘 만나는 측근들의 수준이 보잘것없다 보니 군부에서 그들을 무시할 거라고 생각했던 모양이다. 나는 히틀러의 청사에 마음대로 드나들 수 있었고, 만찬에 자주 참석했다. 정문과 앞뜰 경비원까지 내 차를 알고 있었기 때문에 별도의 확인 없이 문을 열어주었다. 나는 차를 뜰에 주차하고 트로스트가 재건축한 관저로 들어갔다. 관저는 새 청사 오른쪽으로 홀과 연결되었다.

히틀러의 경호요원인 친위대 대원들은 나에게 친근하게 인사했다. 나는 히틀러에게 돌돌 만 스케치를 맡기고는 혼자서 마치 그 집안의 식솔인 양 넓은 대기실로 들어갔다. 그곳에는 편안한 의자들이 두 곳에 배치되어 있었고 하얀 벽은 태피스트리로 장식되어 있으며, 대리석 바닥에는 암적색의 화려한 양탄자가 덮여 있었다. 보통은 몇 명의 손님들이 이야기를 나누거나 개인적인 전화통화를 하며 히틀러와의 만남을 기다렸다. 흡연이 허용되는 유일한 장소였기에 손님들 대부분이 대기실을 좋아했다.

대부분의 사람들은 히틀러가 강요했던 인사 "하일 히틀러!"가 전혀 몸에 배어 있지 않았고 "구텐 탁!"이라고 하는 것이 일반적이었다. 양복 깃에 다는 당 배지 또한 여기에선 그리 자랑거리가 못되었다. 제복도 보기 힘들었다. 이 특혜받은 그룹에 들어온 자들은 의례적이고 형식적인 절차들을 무시한 채 자신들만의 소박한 예의를 서로 허용하는 분위기였다.

불편한 가구 배치 덕분에 잘 사용되지 않는 리셉션 살롱을 지나면 거실이 나온다. 이 거실은 300평에 달하는데, 편안함을 고려해 가구 배치를 한 유일한 장소이다. 비스마르크 시대를 외경한다는 뜻에서 1933~34년 사이 있었던 재건축 공사에서 제외되었다. 천장에는 들보가 있고 나무로 징두리벽판이 대어져 있다. 벽난로에는 뷜로 수상이 이탈리아에서 가지고 온 피렌체 르네상스 양식의 문장이 장식되어 있다. 1층에 있는 벽난로는 이것 하나였다. 그 주변으로 소파와 짙은 색 가죽으로 커버가 씌워진 의자들이 모여 있고, 소파 뒤에 자리 잡은 대리석으로 덮인 약간 큰 테이블에는 보통 신문이 올려져 있다. 벽에는 태피스트리와 싱켈의 그림 두 점이 걸려 있다. 총리의 관저를 꾸미기 위해 국립 미술관에서 대여해 온 것이었다.

히틀러가 나타나는 시간을 예측하기란 정말로 힘들었다. 식사는 보통 2시경 시작되었지만 3시가 될 때도 있었고 더 늦어질 수도 있었는데, 히틀러는 가끔 2층 개인 방에서 나타나기도 했고 총리 청사의 회의실에서 오기도 했다. 그는 다른 손님들과 마찬가지로 조용하게 모습을 드러냈다. 그가 악수를 나누는 동안 사람들은 그를 중심으로 둘러섰다. 히틀러는 그날의 한두 가지 사건에 대해 의견을 표현하거나 좋아하는 몇몇 손님과는 틀에 박힌 어조로 배우자의 안부를 묻기도 했다. 그다음으로는 공보 담당관으로부터 뉴스 자료를 건네받아 한쪽으로 가서 앉아 읽기 시작한다. 가끔 그는 흥미를 가질 만한 손님에게 특정한 뉴스를 건네주면서 그에 관해 몇 마디 던지기도 했다.

손님들은 계속해서 15분에서 20분 정도 더 식당으로 들어가는 유리문에 쳐진 커튼이 걷힐 때까지 서서 기다렸다. 레스토랑 주인 같은 듬직한 체격의 집사가 고요하면서도 자연스러운 분위기를 해치지 않도록 조심하면서 조용히 히틀러에게 식사 준비가 되었음을 알린다. 총통이 앞장서서 걸어가면 손님들은 직위에 관계없이 자유롭게 어울려 식당으로 따라 들어간다.

트로스트 교수가 새로이 꾸민 총리 관저의 모든 방 가운데 이 널찍한 정사각형 식당(12미터×12미터)은 가장 조화로운 느낌을 주는 곳이다. 세 개의 유리문이 있는 벽은 정원으로 이어진다. 반대편에는 브라질 자단나무로 된 커다란 테이블이 있고, 그 위에는 미완성 특유의 매력을 가진 카울바흐의 그림이 걸려 있다. 어쨌든 그 작품은 절충주의 화가의 당황스러운 면이 드러나 있지 않아 다행이다. 다른 두 벽면에는 얕은 벽감이 있었는데, 그곳 대리석 받침대 위에는 뮌헨의 조각가 요제프 바케를레의 누드 조각상이 서 있었다. 양쪽 벽에 모두 유리문이 있고 식품 저장실과 커다란 살롱 그리고 우리가 있던 응접실로 연결된다. 상앗빛으로 페인트칠한 부드러운 석고벽, 밝은 커튼 등이 밝고 열린 느낌을 주면서 조금 울퉁불퉁한 벽면이 오히려 깨끗하고 간결한 리듬을 선사했다. 몰딩이 모든 것에 통일성을 주었다. 가구는 절제되어 있고 편안했다. 열다섯 명 정도가 앉을 수 있는 크고 둥근 테이블에는 암적색 가죽 시트가 깔린 단아한 의자들이 둘러서 있다. 의자는 전부 똑같이 생겨 주인 것이나 손님 것이나 구분이 없었다. 방의 귀퉁이마다 작은 테이블 네 개가 놓여 있었고, 각 테이블을 중심으로 네댓 개의 비슷한 의자들이 놓여 있었다. 식기류는 밝고 소박한 도자기들과 심플한 유리들로 구성되었다. 이 모두가 트로스트 교수가 사망하기 전 직접 고른 물건들이다. 병에 꽂힌 몇 송이의 꽃이 시선을 모았다.

이 방은 히틀러가 손님들에게 말할 때 종종 일컫듯이 "즐거운 총통의 식당"이었다. 그는 창가에 의자를 가져다 놓고 식당에 들어가기 전에 어느 손님 곁에 앉을지를 선택했다. 그러고 나면 손님들은 마음에 드는 자리에 앉았다. 손님이 많을 때는 측근들이나 별 내세울 게 없는 손님들은(나도 이 무리에 속하는데) 사이드 테이블로 가서 자리를 잡았다. 그곳에서는 좀 더 자유로운 대화가 가능했기 때문에 나는 이것을 특권이라고 생각했다.

음식은 정말 간소했다. 애피타이저는 없었고 수프와 야채, 감자를 곁들인 고기 요리, 달콤한 음식 한 가지가 전부였다. 음료수로는 생수나 베를린 맥주, 저렴한 와인 가운데서 선택할 수 있었다. 히틀러에게는 채식주의 식단이 제공됐고 음료는 파힝어 생수였다. 손님들 가운데 몇몇은 히틀러의 식단을 따랐지만, 매우 드물었다. 간소한 식단을 원한 것은 거의 히틀러뿐이었다. 히틀러는 이런 사실이 국민들 사이에서 회자되길 바랐다. 한번은 헬고란트의 어부가 커다란 바닷가재를 선물한 일이 있었다. 가재가 맛있는 요리가 되어 식탁에 오르자 손님들은 대단히 기뻐했다. 그러나 히틀러는 괴상하게 생긴 생물을 먹는 사람들의 식성에 불만을 표했다. 더욱이 이런 비싼 음식은 금지되어야 한다고 공공연하게 떠벌렸다.

괴링은 총리 관저 만찬에 거의 나타나지 않았다. 내가 식사를 하러 가야 한다며 자리를 파하자 이렇게 말하기도 했다. "사실 거기 음식은 내 입맛에는 형편없소. 게다가 뮌헨에서 온 멍청이들 하고는! 참아내기 힘들지!"

헤스는 2주에 한 번 정도 식당을 찾았다. 그는 깡통 용기를 들고 있는 괴상한 옷차림의 부관과 함께 나타났다. 그 안에는 식당에서 데워 먹어야 하는 음식이 들어 있었다. 오랫동안 헤스가 자신만의 채식요리를 따로 준비해 왔다는 사실은 히틀러에게는 비밀이었다. 누군가 그 비밀을 누설했을 때 히틀러는 사람들이 다 모인 자리에서 신경질적으로 헤스를 돌아보며 소리쳤다. "우리 식당에도 최고급 채식요리가 준비되어 있다구. 자네 의사가 특별한 음식을 처방했다면 여기 요리사가 기꺼이 만들어줄 수 있을 걸세. 따로 음식을 가져오는 건 안 돼." 헤스는 그런 와중에도 완고하게 자기가 준비해 온 음식의 성분은 특별한 생명체에만 함유된 것이라고 설명했다. 그러자 히틀러는 그렇다면 집에서 식사를 하는 게 좋겠다고 퉁명스럽게 대꾸했다. 이후 헤스의 모습은 찾아보기 힘들었다. 버터 대신 총을 만드는 데 전력을 기울이기 위해 독일의 모든 가정이 일요일엔 한 가지 요리만 만들어야 한다는 당의 권고가 내려지면서 히틀러의 식탁에도 일요일엔 수프 한 사발만 올라왔다. 그로 인해 일요일 총리 관저에서 식사를 하고자 하는 손님들은 두세 명으로 크게 줄었고 히틀러는 주변 사람들의 희생정신을 신랄하게 비아냥거렸다. 테이블에는 전쟁 준비를 위해 기부금을 적는 리스트가 돌았는데, 달랑 수프 하나만 나오는 식사를 위해 50~100마르크의 돈을 써야 했다.

괴벨스는 테이블에서 가장 걸출한 인물이었다. 힘러는 잘 오지 않았고 보어만은 당연히 단 한 번도 빠지는 일이 없었다. 그러나 그도 나와 마찬가지로 히틀러의 최측근에 속했기 때문에 손님이라고는 볼 수 없었다. 총리 관저에서 오가는 대화 또한 오버잘츠베르크에서와 마찬가지로 따분하고 뻔한 주제와 한정된 가치관이라는 한계를 넘어서지 못했다. 베를린에서는 자신의 견해를 더욱 강하게 표현하려고 했지만 레퍼토리는 늘 같았다. 히틀러는 주제를 확장시키지도 심화시키지도 못했고, 새로운 접근이나 통찰로 보강하지도 못했다. 계속해서 똑같은 말을 반복하는 걸 알면서도 감추려고도 하지 않았는데 듣는 사람들을 적잖이 당황하게 만드는 일이었다. 비록 나는 여전히 히틀러라는 인간에게 사로잡혀 있었지만, 그의 이야기가 인상적이었다고 말할 수는 없다. 솔직히 좀 더 높은 수준의 의견과 판단을 기대했던 나는 그의 이야기를 들으면 오히려 냉정해졌다.

혼자서 장황하게 늘어놓은 이야기들을 통해 히틀러는 자신이 이미 정치적·예술적·군사적 개념의 통일성을 이루었고, 세부적인 개념들을 20~30대에 발전시켰다고 주장했다. 그때가 지적으로 가장 풍요로운 시기였다고 덧붙였다. 즉 지금 계획하는 모든 것은 당시에 이루어놓은 개념을 실현하는 것뿐이라는 뜻이다.

식탁에서는 주로 제1차 세계대전의 경험이 비중 있게 다루어졌다. 손님 대부분이 제1차 세계대전에 참전했던 사람들이었다. 한동안 히틀러는 영국과의 전쟁에 참가해 참호 속에서 생활했고 영국군의 용맹성과 결단력에 존경심을 품게 되었다고 했다. 비록 그들의 체격에 대해 자주 조롱 섞인 말을 했지만 말이다. 히틀러는 전시 상황을 심하게 과장하거나 비꼬아 얘기하기를 즐겼다. 영국군들이 정확히 차 마실 시간이 되면 포격을 멈추는 습관을 잘 이용해 연락책으로서 자신의 임무를 안전하게 수행했다는 이야기도 그 가운데 하나다.

1938년, 그는 프랑스에 대해 어떤 보복 의지도 내비치지 않았다. 그는 1914년의 전쟁을 반복하길 원치 않았다. 알자스로렌 지역 같은 중요하지도 않은, 길쭉한 땅을 위해 그런 전쟁을 한 번 더 치를 수는 없다고 말했다. 게다가 알자스 사람들은 계속해서 소속 국가가 바뀌었기 때문에 국민적 특성을 상실했고, 그들을 되찾는다는 것은 양쪽 모두에게 의미가 없다고 덧붙였다. 그들은 있는 그대로 남겨져야 한다는 지론이었다. 물론 이런 말을 하면서 히틀러는 독일의 동방정책을 염두에 두고 있었으리라. 프랑스군의 용맹성은 제1차 세계대전 중 그에게 깊은 인상을 남겼다. 다만 장교단은 기강이 해이해 있었다고 한다. "장교가 독일인이라면 프랑스군은 무적이 될 텐데."

히틀러는 일본과의 동맹을 딱 잘라 거부하지는 않았다. 그가 가진 인종적인 관점에서 보면 모호한 부분이다. 그러나 히틀러는 좀 더 먼 미래의 일에 관해서는 말을 아꼈다. 이 문제를 건드릴 때마다 히틀러는 이른바 황인종과 동맹을 맺는다는 것이 조금은 유감이라는 뜻을 표했다. 그러나 그는 영국도 세계대전의 중심 세력과 맞서기 위해 일본을 활용했다는 점을 상기했다. 히틀러는 일본을 세계적인 강대국의 반열에 올라선 동맹국이라고 여겼지만 이탈리아는 동급으로 취급할 만한 확신을 가지지 못했다.

이에 반해, 미국인들은 1914~18년에 일어난 제1차 세계대전에서 큰 역할을 하지 못했을 뿐 아니라 그럴듯한 피의 희생도 치르지 않았다고 생각했다. 전투 능력이 떨어지므로 분명히 저항하지 않을 것이고, 미국인들이 단합하는 일은 없을 것이며, 그들은 세계 각국에서 온 수많은 종족의 이민자 집단일 뿐이라고 생각했다.

그러나 한때 연대 부관이었고 연락병 시절 그의 상관이기도 했던, 그리고 후에는 히틀러가 내키지 않지만 보좌관으로 삼은 프리츠 비데만은 미국과 대화를 터보라고 촉구했다. 원형 테이블의 암묵적인 규칙을 위배하는 발언에 화가 난 히틀러는 그를 미국 총영사로 발령해 샌프란시스코로 보내 버렸다. "거기 가서 생각을 좀 뜯어고쳐보라고."

히틀러와의 식사에 참여하는 사람들은 거의 국제 경험이 없었다. 대부분은 독일 바깥으로 나가본 적조차 없었는데, 만일 한 사람이 이탈리아로 휴가차 여행이라도 다녀오는 날이면 무슨 큰일이라도 되는 양 화젯거리가 되었고, 당사자는 마치 국제문제 전문가인 것처럼 행세했다. 히틀러 역시 나라 밖의 것은 거의 보지 못했고 국제적인 지식이나 이해를 갖추지 못한 인물이었다. 더욱이 나치당 정치인 가운데 고등교육을 받은 사람이 거의 없었다. 당의 핵심 지도부라고 할 수 있는 50여 명의 사무장과 관구장 가운데 대학 교육을 마친 사람은 열 명에 불과했고 한동안이라도 대학에 다녀본 경험을 가진 이도 많지 않았다. 거의 중등교육 이상을 받지 못한 이들이었다. 사실 지도부 가운데 그 누구도 특정 분야에서 눈에 띄는 업적을 이루지 못했다. 거의 모든 이가 지적인 아둔함을 과시했다. 그들의 교육 수준은 전통적으로 고도의 지적 능력을 보유했으리라 기대되는 한 국가의 지도자급 인사의 수준에 훨씬 미치지 못했다. 기본적으로 히틀러는 자신과 같은 계층의 사람을 최측근으로 두길 좋아했고, 그들의 '숨겨진 결함'이라도 발견할라치면 기이하게 보일 만큼 기뻐했다. 한케가 어느 날 이렇게 말했다. "만일 측근에게 결함이 있는 것을 상관이 안다고 해도 나쁠 게 없네. 그래서 각하께서는 보좌관들을 잘 바꾸지 않는 거지. 옆에 두기 제일 편안하니까. 사람에게는 결점이 있게 마련이야. 덕분에 제자리를 지킬 수 있는 것 같아." 부도덕한 행위나 먼 조상 중에 유대인이 있다는 것, 당에 가입한 지 얼마 되지 않았다는 것 등이 그러한 결함에 해당했다.

히틀러는 종종 민족사회주의와 같은 개념을 수출하는 것은 실수라고 주장했다. 그렇게 되면 결국 다른 나라의 민족주의를 강화시키고 그럼으로써 우리의 입지를 약화시킬 뿐이라고 말했다. 그는 다른 나라의 나치당에는 주도적인 지도자가 없다는 사실에 흡족해했다. 또 네덜란드 나치당 지도자 무세르트와 영국 나치당의 당수 오스왈드 모슬리 경을 독자적인 이념을 가지지 못한 모방자로 생각했다. 그들은 노예처럼 우리와 우리의 방식을 그대로 따라할 뿐이어서 아무것도 이루지 못할 것이라고 논평했다. 민족사회주의는 나라마다 각기 다른 전제에서 출발해야 하고 그에 따른 방법론을 채택해야 한다는 것이 히틀러의 주장이었다. 그는 벨기에의 레옹 디그렐†이 개중 낫다고 평가했지만 역시 큰 기대를 하지는 않았다.

히틀러에게 정치란 너무도 실용적인 개념이었다. 그의 고백과 정치 역정을 담은 저서 『나의 투쟁』도 여기서 제외되지 않는다. 히틀러는 그 책의 내용은 대부분 더 이상 통용될 수 없다고 말했다. 그렇게 일찍 자신을 한정된 주제에 못 박아둘 순 없다는 뜻이다. 그 말을 듣고 나는 책을 읽어보려는 일말의 호기심을 포기했다.

권력을 쟁취한 나치당은 이데올로기를 배경 속으로 묻어버리고 당을 순화시켜 존경받을 만한 단체가 되기 위해 노력했다. 괴벨스와 보어만이 그런 경향의 주된 반대자였다. 그들은 히틀러를 이념적으로 급진화시키려고 애썼다. 라이는, 그의 연설로 판단해보건대, 급진적인 이데올로기를 가진 강경파에 속했지만 영향력을 행사할 만큼 성장하지는 못했다. 반면 힘러는 분명히 자신만의 터무니없는 길을 고수했다. 순수 게르만 민족에 대한 믿음과 일종의 엘리트 의식, 건강식품 분류 등이 한데 뒤섞인 것이었다. 모든 것이 부자연스러운 사이비 종교의 형식을 띠기 시작했다. 괴벨스와

---

† Léon Joseph Marie Degrelle(1906~94): 벨기에의 정치가. 벨기에 파시즘 운동(Rexism)을 이끌었으며, 나치 무장 친위대에 가입해 벨기에 무장 친위대 수장이 된다. 종전 후에는 네오파시즘과 홀로코스트를 부정하는 운동을 주도해 전개했다. 비독일계 인물로는 유일하게 철십자 훈장을 받았다.

히틀러는 앞장서서 힘러의 꿈을 비웃었다. 힘러 자신은 허영심과 망상으로 코미디의 강도를 날로 더해갔다. 예를 들어 일본인에게 사무라이 검을 선물 받으면 그는 즉시 일본과 게르만 종교의 유사성을 발견해 과학자들을 불러 인종적인 공통 요소들을 찾도록 지시했다.

히틀러가 가장 염려한 문제는 자신의 이념에 찬동하는 새로운 세대의 지지자들에게 어떻게 확신을 줄 것인가였다. 계획의 전체적인 아웃라인을 라이가 만들었고, 히틀러는 그에게 교육제도 조직을 맡겼다. 초등학생들을 위해서는 아돌프 히틀러 스쿨이 설립되었고 중등교육기관 오르덴스부르겐(Ordensburgen)이 세워졌다. 기술적·이념적으로 무장된 차세대 인재 양성이 설립 목적이었다. 여기서 배출된 인재들은 분명 관료주의적 당 운영에 적합했을 것이다. 고립되고 특화된 교육 덕분에 현실적인 삶에 대해서는 아는 것이 없는 반면, 오만함과 자신의 능력에 대한 자신감은 끝이 없었을 테니까 말이다. 당 고위 관료들이 정작 자신들의 자녀를 이런 학교에 보내지 않았다는 사실은 눈여겨볼 만하다. 자우켈 관구장과 같은 열성 당원들도 아들을 엘리트 코스에 넣지 않았다. 반대로 보어만은 아들 중 한 녀석을 벌을 주는 의미로 아돌프 히틀러 스쿨에 보내버렸다.

보어만은 교회를 대상으로 한 투쟁(Kirchenkampf)이 잠자고 있는 당의 이데올로기를 활성화하는 데 유용하다고 판단했다. 그는 교회투쟁을 뒤에서 추진하면서 시간이 지날수록 명백하게 의도를 드러냈다. 히틀러는 아직 적합한 때가 아니라는 이유로 망설였다. 베를린에서 남자들에게 둘러싸인 히틀러는 오버잘츠베르크에서 측근들과 함께 있을 때보다 더욱 거칠고 통명스럽게 말했다. "일단 다른 문제들을 해결하고 나서 교회에 대한 생각을 해보기로 하지. 이리저리 좀 재보자고."

그러나 보어만은 계산적인 연기를 원치 않았다. 무례할 정도로 직선적인 보어만은 히틀러의 현명한 실용주의를 참지 못했다. 그는 모든 기회를 이용해 자신의 의도를 밀어붙였다. 식사시간에는 히틀러의 유머감각을 해치는 주제를 꺼내서는 안 된다는 암묵적인 규칙을 깨기도 했다. 보어만은 교회 공격을 위한 특별한 기술을 개발했다. 좌중 가운데 한 사람을 골라 히틀러가 관심을 보이며 자세한 내용을 궁금해 할 때까지 목사나 주교가 했던 선동적인 설교 내용을 말하게 한다. 보어만은 뭔가 좋지 않은 일이 일어났지만 식사 중에는 그런 문제로 불편을 끼치고 싶지 않다고 대답한다. 이렇게 되면 호기심이 발동한 히틀러는 더 깊이 파고들게 마련이고 보어만은 하는 수 없이 마저 이야기를 하는 척한다. 같이 온 손님들도, 히틀러의 점점 더 붉어지는 얼굴도, 계속 이야기하는 그를 막지 못한다. 어느 시점이 되면 보어만은 주머니에서 자료를 꺼내 반동적인 설교나 목사의 편지를 읽기 시작한다. 종종 히틀러는 너무 흥분해서 손가락을 두드리기 시작하는데 이는 그가 화가 났다는 신호다. 급기야는 음식을 모두 물리고 그 불쾌한 목사를 처벌하겠다고 공언한다. 그는 외국의 분노나 비판에 대해서는 국내 정적들에 대해서보다 훨씬 더 큰 인내심을 발휘했다. 히틀러는 대개 자기 조절을 꽤나 잘 했지만, 즉각 보복할 수 없다는 사실에 격한 반응을 보이기도 했다.

히틀러에게는 유머감각이 없었다. 스스로도 잘 알았던지 농담은 다른 사람들에게 넘기고 자신은 크게 웃는 역할을 맡았다. 권위의식을 포기한 듯 가끔은 글자 그대로 몸부림치며 웃기도 했고 종종 눈가에서 눈물을 훔쳐 내며 발작적으로 웃을 때도 있었다. 그는 잘 웃었지만 언제나 다른 사람들이 웃겨주어야 했다.

괴벨스는 솜씨 좋게 히틀러를 웃겼다. 내부 권력투쟁의 라이벌들을 손쉽게 무너뜨리면서 말이다. 한번은 그가 말했다. "각하께서도 잘 아실 겁니다. 히틀러 유겐트의 대장 라우터바허 말입니다. 언젠가 히틀러 유겐트 대원 한 명이 우리에게 자신의 대장 라우터바허의 스물다섯 번째 생일을 위해 보도자료를 발표해달라고 요청하더군요. 그래 제가 '그가 한창 때의 왕성한 정력과 활력을 만끽하며 생일을 보냈다'라는 보도자료를 발표했지요. 그 뒤로는 연락이 통 없습니다." 히틀러는 죽을 듯이 웃었고 괴벨스는 자신만만한 청년 지도자를 납작하게 눌러버리고자 했던 소기의 목적을 달성했다.

베를린의 만찬 손님들에게 히틀러는 자신이 받은 엄격한 훈육을 강조하며 젊은 시절에 대해 되풀이해서 얘기했다. "아버지는 가끔 나를 심하게 때리셨네. 체벌보다 더 심각한 문제는 나에겐 언제나 꾸중이 필요하고 그것이 도움이 된다고 생각하셨던 거야." 내무장관 빌헬름 프리크가 염소울음 같은 목소리로 끼어들었다. "지금의 각하의 모습을 보는 이라면 누구나 다 눈치챘겠지만 아버님의 매가 각하께 좋은 영향을 미친 것이 분명합니다. 경애하는 각하." 그 순간 둔중하고 오싹한 침묵이 좌중을 압도했다. 프리크는 상황을 모면하려고 애썼다. "제 말은, 각하, 그러한 훈육 덕분에 지금의 자리에 올라서실 수 있었다는 뜻이었습니다." 프리크를 구제불능의 얼간이로 여기던 괴벨스가 신랄하게 비꼬았다. "아마도 장관께서는 어린 시절에 한 번도 맞아보신 일이 없는 것 같군요."

경제장관이자 제국은행장이었던 발터 풍크는 어떤 기이한 장난에 대한 이야기를 꺼냈다. 몇 달간이나 부은행장 자리에 있었던 브링크만이 정신 이상자라는 것을 알게 되었다는 내용이었다. 이야기를 하면서 풍크는 히틀러를 즐겁게 하려고 애썼을 뿐만 아니라 스스럼없는 방식으로 조만간 그의 귀에 들어갈 사건을 미리 알리려고 했다. 브링크만은 제국은행의 청소부와 사환 아이들을 베를린 최고의 호텔인 브리스톨 호텔에서 열린 그랜드볼룸 만찬에 초대했다. 브링크만은 자신이 초대한 손님들을 위해 바이올린을 연주했다. 이러한 행동은 모든 독일 국민이 통일된 '민족 공동체'를 결성한다는 점에서 정권의 홍보 행사에 어울리는 것이기도 했다. 사람들이 웃음을 터뜨렸지만 풍크는 이야기를 계속했다. "얼마 전에는 운터덴린덴에 있는 경제부 건물 정문 앞에 서서 새로 찍어낸 수표 뭉치를 서류가방에서 꺼내 들더니 사람들한테 나누어주는 겁니다. 아시겠지만 수표에는 제 서명이 들어 있었죠. 이렇게 말하면서 말이죠. '새로운 불꽃을 원하시는 분 받아가세요.'"* 풍크는 계속 말을 이었다. 곧 그 딱한 정신병자의 상태가 만천하에 드러났다. 브링크만은 제국은행 전 직원을 소집했다고 한다. "지금부터 50세 이상은 왼쪽에, 50세 안 되는 분들은 오른쪽에 서주시오." 그러고 나서 브링크만은 오른쪽에 있는 한 남자에게 물었다. "몇 살인가?" "마흔아홉입니다." "그럼 왼쪽으로 서게. 지금 당장 왼쪽에 서 있는 직원들을 모두 해고하겠습니다. 특별히 연금은 두 배로 지급합니다."

히틀러는 눈물이 고일 만큼 웃었다. 그는 정신을 차리고 광인과 정상인을 구분하는 것이 가끔은 너무 어렵다는 이야기를 시작했다. 이렇게 간접적인 방식으로 풍크는 또 다른 목적을 이루었다. 히틀러는 그 부은행장이 제정신이 아닌 상태에서 괴링에게 수백만 마르크의 수표를 발급해주었다는 사실을 모르고 있었다. 괴링은 아무렇지도 않게 수표를 현금으로 바꾸어 썼고 나중에는 브링크만이 제정신이 아닌 상태에서 수표를 발급했다는 주장에 거세게 반발했다. 풍크는 이 사실에 대해 괴링이 히틀러 앞에서 해명하기를 기대할 수 있었다. 경험상 어떤 사실을 히틀러에게 먼저 말한 사람이 결국은 히틀러의 신뢰를 얻게끔 되어 있었다. 히틀러는 자신의 견해를 표명하고 나면 다시 번복하기를 싫어했기 때문이다. 그럼에도 불구하고 풍크는 수백만 달러를 괴링에게서 다시 돌려받는 데 큰 고생을 했다고 한다.

괴벨스가 소재로 삼길 좋아했던 사람은 로젠베르크였는데, 괴벨스는 그를 "제국의 철학자"라고 불렀다. 로젠베르크에 관한 한 히틀러도 자신과 의견이 같으리라고 괴벨스는 확신했다. 이 소재는 너무 자주 사용되었던 나머지 반복해서 공연하는 연극과 닮아갔다. 같은 순간 같은 말이 되풀이된다는 걸 알고 있는 배우들은 단지 웃음을 터트릴 순간의 큐 사인만을 기다릴 뿐이었다. 히틀러는 반드시 어느 시점에서 끼어들곤 했다. "『민족의 파수꾼』(나치당 신분)은 그 편집자 로젠베르크만큼이나 따분하지.

---

* 비슷한 발음을 이용한 독일어 농담이다. 풍켄(Funken)이 '불꽃'이라는 뜻이다.

자네도 알지만 우리 당엔 이른바 유머 잡지인 『브렌에셀』도 있지 않나." 괴벨스는 이외에 인쇄업자인 뮐러도 자주 입에 올렸다. 그는 최선을 다해 당과 거래하면서 동시에 바이에른 북부 지역의 독실한 가톨릭 신자들인 옛 고객들을 잃지 않기 위해 노력하는 사람이었다. 그의 인쇄 프로그램은 종교 달력에서 시작해 로젠베르크의 반교회적 작품들까지 다양했다. 뮐러는 상당한 재산을 모았는데, 20년대에 『민족의 파수꾼』 인쇄까지 나서자 그가 청구하는 돈은 급격히 증가했다.

농담들은 주의 깊게 준비되었고, 실제 사건과 연결되었다. 그래서 히틀러는 우스갯소리 이면에서 당 내부에 무슨 일이 일어나는지 파악할 수 있었다. 이런 면에서는 역시 괴벨스가 단연 뛰어난 능력을 발휘했고, 히틀러는 유독 재미있어하며 괴벨스가 많은 이야기를 하도록 부추겼다.

오래된 당원 가운데 오이겐 하다모프스키라는 사람이 있다. 그는 제국 방송사 사장직에 있었지만, 제국 라디오방송 사장으로 승진하고 싶어 했다. 또 다른 후보를 내세웠던 제국 선전장관은 혹 히틀러가 하다모프스키를 지지하지 않을까 두려웠다. 그가 1933년 이전에 있은 선거에서 공공 주소체계를 훌륭하게 완성한 경력이 있었기 때문이다. 장관은 선전부 차관인 한케를 보내 히틀러가 그를 라디오방송 사장으로 임명했음을 거짓으로 알렸다고 한다. 히틀러는 하다모프스키가 그 가짜 임명 소식에 얼마나 기뻐했는지를 들었다. 괴벨스의 묘사는 의심할 여지없이 색이 덧입혀지고 과장되었다. 히틀러는 이 모든 이야기를 그저 재미난 농담으로만 받아들였다. 다음 날 괴벨스는 거짓 임명과 새 임명자를 칭송하는 신문기사를 복사해 가져왔다. 그는 히틀러를 위해 우스꽝스러운 표현들이 가득한 기사에 줄을 쳐 두었고, 기사를 읽고 기뻐 날뛰는 하다모프스키를 그대로 흉내 냈다. 한 번 더 히틀러와 모든 사람이 배를 잡고 웃었다. 그리고 한케가 새로 임명된 라디오방송 사장에게 고장난 마이크를 들이대며 연설을 부탁했다는 이야기에 히틀러의 식탁은 다시 웃음바다가 되었다. 이날 이후 괴벨스는 더 이상 히틀러가 하다모프스키를 감싸고 끼고돌까 봐 걱정할 필요가 없어졌다. 분명 사악한 게임이었다. 놀림의 대상이 되는 사람은 자신을 변호할 기회를 가질 수 없었을 뿐만 아니라 괴벨스가 치밀하게 구성한 에피소드에 따라 히틀러의 마음에서 멀어지고 있다는 것도 전혀 알지 못했다. 아무도 괴벨스의 말이 사실인지 아닌지, 혹은 괴벨스가 마음대로 상상해서 꾸며낸 이야기인지 확인하지 않았다.

어떻게 보면 히틀러는 이런 책략에 잘 넘어가는 스타일이라고 할 수 있다. 내가 관찰한 바로는 히틀러는 이 수법에 관한 한 괴벨스의 적수가 못되었다. 직선적인 성격의 히틀러는 농담의 행간에 숨어 있는 진실을 구분해내지 못했다. 분명한 것은 히틀러가 이 비열한 게임이 계속되도록 허용했으며 그것을 부추기는 계기를 제공했다는 점이다. 그가 원하기만 했다면 딱 한마디 말로 그런 비겁한 거짓과 농담들은 바로 사라져버렸을 테니까.

나는 종종 히틀러가 농담의 가면을 쓰고 벌이는 권력의 영향력을 기분좋게 받아들였을까 자문해본다. 그는 자신을 완전히 파악하고 있는 사람들에 의해 조종당할 수 있었다. 확실히 히틀러는 의심이 많은 인물이었다. 그러나 따지고 보면 세심하지 못했던 것 같다. 교활한 체스의 움직임이나 교묘하게 견해를 조작하는 행위를 간파하지는 못했으니까. 그는 분명 체계적으로 계획된 기만을 알아채지 못했을 것이다. 능숙하게 히틀러를 다룰 줄 아는 기술을 지닌 사람들로는 괴링, 괴벨스, 보어만 그리고 제한적인 상황에서의 힘러를 꼽을 수 있다. 중요한 문제에 대해 솔직한 태도로 발언하는 사람들은 히틀러의 의견을 바꿀 수 없었다. 간교한 자들이 점점 더 큰 힘을 얻어갔다.

비열한 에피소드 한 가지만 더 소개하고 총리 관저의 만찬 일화를 마무리하려고 한다. 이번 타깃은 외신공보담당관 푸치 한프슈텡글이었다. 그와 히틀러의 관계가 괴벨스에게는 불편했던 모양이었는지, 괴벨스는 그를 인색하고 돈에 환장한 진실성 없는 사람이라고 비방했다. 한번은 영국 노래가 녹음된 축음기 음반을 들고 와서는 한프슈텡글이 작곡한 행진곡이 그 노래를 표절했다고 주장하기도 했다.

거기에 더해 스페인 참전자들을 초대한 모임에서 한프슈텡글이 스페인 전선에 참전한 독일군들의 정신력과 사기에 대해 부정적인 발언을 했다고 히틀러에게 고해바침으로써 한프슈텡글을 완전히 곤경에 빠뜨렸다. 히틀러는 격노하며 다른 사람의 용기를 판단할 자격조차 없는 그런 겁쟁이에게는 따끔한 맛을 보여줘야겠다고 장담했다.

그로부터 며칠 뒤 한프슈텡글에게 비행 편으로 출장을 가라는 지시와 함께 비행기에서 내릴 때까지 절대 열어보지 말라며 봉인된 명령이 주어졌다. 비행기가 공중에 뜨자마자 그는 겁에 질려 명령을 읽어보았다. 거기엔 '스페인 공산 지역'에 투입되어 프랑코의 스파이 활동을 하라는 지령이 적혀 있었다. 괴벨스는 식탁에 마주 앉아 히틀러에게 모든 에피소드를 전했다. 한프슈텡글이 어떻게 조종사에게 기수를 돌리라고 설득했는지부터 시작해, 이 모든 게 착오일 거라며 비행사를 설득하려 애썼다는 내용까지 전부 다. 그러나 비행기는, 괴벨스가 전하는 말에 따르면, 수 시간 동안 구름 속에서 독일 상공을 빙빙 돌면서 스페인에 가까워지고 있다며 한프슈텡글을 속였다. 조종사는 비상착륙을 해야만 한다고 알리고는 안전하게 라이프치히 공항에 내려앉았다. 한프슈텡글은 그제야 자신이 심하게 조롱당한 것을 깨달았다. 자신의 생명이 위협당하고 있음을 확신한 그는 히틀러의 곁에서 흔적도 없이 사라져버렸다.

한프슈텡글의 일화는 엄청난 웃음거리였다. 괴벨스와 함께 히틀러가 직접 각본을 짰다는 점에서 재미는 배가되었다. 그러나 며칠 뒤 사라진 외신공보담당관이 외국으로 망명했다는 사실이 알려지자 혹시라도 외국 언론에 제3제국의 내부 기밀들을 발설할까 봐 히틀러는 노심초사했다. 그러나 돈을 밝힌다는 무성한 소문에도 불구하고 한프슈텡글은 절대 그런 짓을 하지 않았다.

나 역시 히틀러의 내부 궤도를 함께 따라가고 있었다. 그는 가까운 측근이나 정권을 얻기 위해 함께 싸웠던 신뢰하는 동료들의 명성과 자존심을 짓밟으면서 즐거움을 느끼는 것 같았다. 비록 여전히 히틀러에게 사로잡혀 있긴 했지만 나의 감정은 우리가 처음 만났을 당시의 지점에서 상당히 벗어나 있었다. 매일 보면서 그를 어느 정도 꿰뚫어 볼 수 있었고 가끔은 비판할 수 있는 능력도 생겼다.

그렇지만 건축을 중심으로 점점 더 친해지면서, 히틀러를 위해 내 능력을 사용하고 그의 건축적 이념을 내 손으로 실현한다는 희열이 나를 채웠던 것 또한 사실이었다. 나에게 점점 더 크고 중요한 일이 맡겨질수록 나는 더 융숭한 대접을 받았다. 나는 스스로 역사상 가장 위대한 건축가의 반열에 들 수 있는 건축물을 창조하는 과정에 있다고 생각했다. 동시에 내가 단지 히틀러의 총애만 받는 인물은 아니라는 생각이 들었다. 오히려 내가 건축가로 서게 해준 호의 이상을 히틀러에게 보답하고 있다고 여겼다. 더욱이 히틀러는 나는 동료처럼 대했으며 건축에 관한 한 내가 우위에 있음을 분명히 했다.

히틀러와 주기적으로 만찬을 하는 것은 시간 낭비를 뜻했다. 그는 보통 4시 반까지 자리에 앉아 있곤 했는데, 그렇게 노닥거릴 정도로 시간 여유가 있는 사람은 없었다. 나 역시 업무에 태만하지 않으려면 한 주 혹은 두 주에 한 번 참석하는 수밖에 없었다.

그럼에도 식사 참석은 당사자의 위신을 위해 중요한 업무였다. 특히 히틀러가 매일 무슨 생각을 하는지 따라간다는 점에서 의미가 있었다. 그 둥근 식탁은 히틀러에게도 유용했다. 이런 방식으로 그는 자연스럽고 편안하게 정치적 노선이나 슬로건을 전수할 수 있었다. 반면에 정무나 중요한 회의 결과를 입에 올리는 경우는 거의 없었다. 그런 문제를 언급할 때는 보통 당사자에게 비판적인 견해를 나타내려 할 때였다.

어떤 손님들은 히틀러와 특별한 면담이 허용되었으면 하는 희망에서 식사하는 동안 그들만의 미끼를 던지기도 한다. 최근의 건물 공사 현장을 찍은 사진들을 가지고 있다는 이야기가 주를 이루었고, 다른 그럴싸한 미끼로는 주로 바그너의 오페라나 오페레타 같은 최근 공연된 작품 사진들이다. 절대 오류가 없는 미끼는 바로 이 말이다. "각하, 새로운 건축 설계도를 가지고 왔습니다." 이렇게 말을 꺼낸 손님이라면 분명히 히틀러의 다음 대답을 들을 수 있을 것이다. "오, 좋소, 식사가 끝난 뒤 바로 보여주시오." 분명 다른 손님들은 그러한 직접적인 접근에 인상을 찌푸릴 것이다. 그러나 그런 방법을 쓰지 않는다면 히틀러와의 만남이라는 공식 약속을 얻어내기 위해 몇 달을 기다려야 할지 몰랐다.

식사가 끝난 후 히틀러가 일어서면 손님들은 짧은 인사를 한다. 식탁에서 히틀러의 마음을 산 손님은 곁에 딸린 응접실로 안내된다. 그곳은 이유는 잘 모르겠지만 아무튼 '실내정원'이라고 불렸다. 이럴 땐 나에게 이렇게 말한다. "잠시만 기다리게, 자네하고 따로 의논할 일이 있어." 그 잠시는 한 시간이 되고 그 이상이 되기도 한다. 언제고 자신의 볼일이 끝나면 나를 불러들여 맞은편 편안한 의자에 앉아서 공사의 진척에 대해 묻곤 했다. 그즈음부터 그는 나를 상당히 사적으로 대하기 시작했다.

이제 시계는 6시를 가리킨다. 히틀러가 위층에 있는 서재로 들어가고 나면 나는 차를 몰아 작업실로 돌아오지만 보통은 잠시밖에 머무르지 못한다. 부관이 전화를 걸어 히틀러가 나를 저녁식사에 초대했다고 알렸기 때문이다. 이는 두 시간 뒤에 다시 총리 관저로 돌아가야 함을 의미했다. 하지만 설계에 대해 보고할 사항이 있을 때는 오히려 초대되지 않을 경우도 많았다.

저녁식사에는 6~8명 정도가 함께 자리한다. 그의 부관, 주치의, 사진사 호프만, 뮌헨 동료 한둘이다. 개인 조종사인 바우어도 통신기사와 함께 탑승하는 항공 엔지니어와 더불어 자주 참석했고, 역시 보어만은 빠지지 않았다. 이 모임은 베를린에서 열리는 가장 사적인 모임이었다. 보통은 괴벨스와 같은 정치적 측근들조차 초대되지 못한다. 사소한 주제가 오르내리는 대화의 수준은 오후 만찬에 비해 눈에 띄게 떨어진다. 히틀러는 영화에 관해 이야기하길 좋아했고 스캔들에도 관심이 많았다. 조종사는 하늘을 나는 얘기를, 호프만은 뮌헨의 예술가들에 관련된 일화와 자신이 소장한 예술품에 대한 얘기를 꺼냈다. 하지만 대개 히틀러가 자신의 삶과 성장기에 대해 이야기했다.

식사는 역시 간소한 요리로 구성된다. 집사인 카넨베르크는 이렇게 다소 사적인 모임을 위한 저녁식사 때 몇 번인가 음식의 질을 높여보려는 시도를 했었다. 몇 주 동안은 히틀러도 새로운 요리인 캐비어를 맛있게 떠먹고는 그 맛에 감탄했다. 그러나 얼마 후 카넨베르크에게 가격을 물어본 히틀러는 깜짝 놀라 다시는 캐비어를 올리지 말라고 지시했다. 이후에 값이 싼 붉은 캐비어가 나왔지만 이 역시 비싸다는 이유로 금지됐다. 식탁에 드는 비용은 총리 관저의 전체적인 비용 지출을 생각한다면 아무것도 아니지만 캐비어를 먹는 지도자라는 이미지가 히틀러의 마음속에 품고 있던 자아상과 양립할 수 없었던 모양이다.

저녁식사 후에 일행은 평소에는 공식적인 행사에 사용되던 응접실로 옮긴다. 모두가 편안한 의자를 차지하고 히틀러는 재킷의 단추를 열고 다리를 쭉 편다. 조명이 점점 희미해지면 몇몇 여성을 포함해 관저의 고용인들, 히틀러의 경호원들이 뒷문으로 조용히 들어온다. 첫 번째 영화가 시작되는 것이다. 그곳에서 우리는 오버잘츠베르크 시절과 마찬가지로, 앉아서 서너 시간을 말없이 있다가 새벽 1시쯤 영화가 끝나면 뻣뻣하고 멍한 상태로 자리에서 일어난다. 기운차 보이는 사람은 히틀러밖에 없다. 그는 여배우의 연기에 대해 토론하고 자신이 좋아하는 배우의 예술성에 대해 평가하기도 했다. 가끔 다른 이야기들도 등장했다. 대화는 작은 제도실에서 느릿느릿 이어졌다. 맥주와 와인, 샌드위치가 돌고 나서 얼마 후, 히틀러가 2시쯤 일행에게 잘 자라는 인사를 고한다. 이 평범한 모임이 비스마르크가 정치적 동지들과 함께 흥겹게 담소하던 바로 그 장소에서 이루어진다는 사실이 놀라울 뿐이다.

저녁식사의 단조로운 분위기에 새로운 재미를 불어넣기 위해 몇 번 정도 유명한 화가나 과학자를 초대해보자고 제안했지만 히틀러는 번번이 물리쳤다. "화가들은 말은 그렇게 하지만 별로 오고 싶어 하지 않을 걸세."

하지만 예술가들은 히틀러의 초대를 특별히 여겼을 것이다. 아마도 히틀러는 느리고 진부하게 하루 일과를 마무리하는 방식을 방해받고 싶지 않았던 듯하다. 그는 그 시간을 좋아했다. 게다가 내가 보기에는 히틀러가 일부 전문 분야에서 위업을 달성한 사람들 앞에서 수줍음을 타는 것 같았다. 대가들과 가끔 만남을 가졌지만 그 만남들은 공식적인 접견이라는 무척 제한된 분위기 안에서만 이루어졌다. 어쩌면 어느 정도는 이와 같은 이유로 히틀러가 나 같은 약관의 건축가를 발탁하지 않았나 싶다. 나에게는 전혀 열등감을 느낄 필요가 없었을 테니까.

1933년 이후 집권 초창기에는 측근들이 숙녀를 동반하는 것이 허용되었다. 그 가운데 여배우들도 있었는데 몇몇은 괴벨스가 선별했다. 그러나 기혼 여성만이 허용되었고 보통은 남편과 함께 왔다. 히틀러는 이 규칙에 충실했다. 괴벨스가 만들어낸 극히 건전한 생활방식을 가진 지도자라는 이미지를 행여 해칠 수도 있었기 때문이다. 여성들에게 히틀러는 댄스교실의 마지막 수업에 참석하는 졸업생처럼 굴었다. 좋지 못한 행동은 절대 하지 않을 것처럼 보였고 의례적인 찬사를 수줍게 늘어놓았다. 그들을 환영하고 작별할 땐, 오스트리아식으로 손에 키스함으로써 인사를 대신했다. 파티가 끝나면 그는 보통 측근들과 한동안 앉아서 여성 손님들에 대해 떠들어댔다. 여성의 매력이나 지성보다는 주로 외모에 대해 평했고 그의 음조에는 언제나 자신의 이상형은 결단코 없을 거라고 확신하는 학생과 같은 느낌이 배어 있었다. 히틀러는 키가 크고 풍만한 타입을 좋아했다. 자그마하고 체격이 가냘픈 에바 브라운은 결코 그의 이상형이 아니었다.

내 기억으로는 1935년의 어느 날 이 관행이 돌연 중단되었다. 정확한 이유는 모르겠지만 아마 떠도는 소문 때문이었을 것이다. 이유야 어찌됐든 숙녀들을 초대하는 것을 금한다고 발표했고 그때부터 히틀러는 밤늦은 시간에 보는 영화 속의 여배우들로 만족해야 했다. 1939년 즈음, 에바 브라운에게 베를린 관저 침실이 배정되었다. 히틀러의 침실 바로 옆방이었고 창을 열면 좁은 뜰이 내려다보였다. 그곳에서 에바 브라운은 옆문으로 살짝 들어와 뒤쪽 계단을 통해 방으로 오르락내리락하며 오버잘츠베르크에서보다 더욱 철저하게 고립된 생활을 이어갔다. 오래된 지인들만 방문한 자리에도 아래층에는 내려오는 법이 없었다. 기나긴 기다림의 시간 동안 혹여나 내가 함께 있어 줄 때면 대단히 기뻐했다.

베를린에서 히틀러는 오페레타를 보러갈 때를 제외하곤 거의 극장에 가지 않았다. 새 오페레타는 놓치지 않고 보았는데, 예를 들어 「박쥐」 「유쾌한 미망인」 같은 지금은 고전이 된 작품들이다. 「박쥐」는 독일 각지에서 히틀러와 함께 적어도 예닐곱 번은 본 것 같다. 관례상 히틀러는 보어만의 비밀 자금에서 새어 나온 은밀한 돈으로 오페레타 제작을 위해 상당한 액수를 기부했다.

또 익살극도 좋아해 베를린 버라이어티 쇼를 관람하기 위해 빈터가르텐을 몇 번인가 방문했다. 사람들의 시선에 당황하는 성격만 아니었다면 훨씬 자주 갔을 것이다. 가끔은 집사를 자기 자리에 대신 보내놓고 아쉬웠던지 프로그램을 보며 쇼의 내용을 묻곤 했다. 빈약한 의상의 여배우들이 출연하는 재미없는 뮤지컬이 공연되던 메트로폴 극장에도 몇 번쯤 갔었다.

히틀러는 해마다 바이로이트 축제 기간에 초연되는 모든 공연에 참석했다. 그가 비니프레트 바그너 부인과 대화하는 것을 보면 음악에 문외한인 우리들은 그가 음악 전문가가 아닐까 할 정도였지만 실상 그는 연출에 더 관심이 많았다.

그러나 바이로이트를 제외하고는 거의 오페라 공연에 가는 일이 없었고 예전에 가졌던 연극에 대한 흥미 역시 사그라졌다. 심지어는 브루크너를 향한 열정마저도 눈에 띄게 줄어 이제는 다른 사람들에게 들어보라고 권유하는 일도 없어졌다. 비록 브루크너 교향곡의 한 악장이 뉘른베르크 전당대회 때 그의 '문화 강연'에 앞서 연주되기는 했지만,† 그 외에는 브루크너의 작품이 계속해서 성 플로리안에서 추앙되고 있다는 등의 새로운 소식에 대해서도 관심을 갖지 않았다. 다만 히틀러가 끝까지 원했던 것은 예술에 헌신적인 지도자라는 대중적 이미지였다.

히틀러가 문학에 관심이 있었는지, 있었다면 어느 정도였는지 결코 알 수 없었다. 그가 화제로 삼는 책들은 주로 군사학, 해군, 건축에 관한 것이었고 밤이면 그런 책들을 열심히 읽곤 했다. 하지만 다른 분야에 대해서 언급하는 것을 보지는 못했다.

나는 모든 힘을 일에 쏟아 부었기에 히틀러가 업무시간을 낭비하는 모습이 적잖이 당황스러웠다. 지겨운 업무에서 벗어나 기분전환을 하고 싶어서 그러려니 하고 짐작했지만 하루 일과 가운데 평균 여섯 시간의 기분전환은 너무 길다는 생각이 들었다. 실제 일하는 업무시간은 짧았다. 도대체 히틀러는 언제 일할까 하고 종종 자문하곤 했다. 이것저것 빼고 나면 정무를 돌볼 시간이 거의 없었다. 느지막이 일어나 한두 개의 회의를 주재한 이후로는 줄곧 이어지는 오후만찬부터 초저녁까지 히틀러는 하는 일 없이 시간을 보낸다.[1] 어쩌다가 잡히는 오후의 약속은 건물 설계도를 보는 일 때문에 위태롭다. 비서들이 나에게 "제발 오늘은 설계도를 보여주지 마세요"라고 자주 청할 정도였다. 그러면 나는 가져간 설계도를 집무실 입구에 있는 전화 배전판 옆에 세워 두고 들어가서는 히틀러의 질문을 이리저리 피했다. 가끔은 작전을 다 눈치챈 히틀러가 직접 대기실이나 휴대품 보관실로 나와 설계도를 가져가기도 했다.

사람들은 히틀러가 밤낮으로 국사를 돌보는 지도자라고 생각했지만 실상은 전혀 그렇지 않았다. 히틀러의 느슨한 일과는 흔히 예술가들이 보여주는 전형적인 특성과 같았다. 나의 관찰에 따르면 문제가 발생했을 때 히틀러는 몇 주 동안 방치한다. 그 동안에도 히틀러는 오로지 사소한 일에 정신이 팔려 있다. 그러다가 '불현듯 직관'이 떠오르고 나면 며칠을 골몰해 해결 방법을 연구한다. 이럴 때는 오후 만찬과 저녁식사 손님을 모두 공명

---

† 브루크너 교향곡 7번 2악장이다. 공교롭게도 히틀러의 사망 사실이 라디오에서 발표되기 직전에도 이 곡이 방송되었다고 한다.

판으로 활용해 아이디어를 끌어내고 여러 가지 다른 방법으로 새로운 개념에 접근해본다. 비판력 없는 관중들을 앞에 두고 계속 해결책을 생각하며 완성해나간다. 일단 결론을 내고 나면 그는 다시 게으름 속으로 되돌아가버렸다.

10

절제되지 않은
Entfesseltes

나는 히틀러의 저녁식사에 1~2주에 한 번 정도 참석했다. 자정 무렵 마지막 영화가 끝나고 나면 가끔 그는 나에게 설계도를 보여달라고 해 새벽 2~3시까지 세세히 살펴보았다. 다른 손님들은 와인을 한잔하거나 주요한 열정에 사로잡힌 그에게 말 섞을 기회가 없음을 알고 집으로 돌아갔다.

히틀러가 가장 좋아하는 프로젝트는 베를린 도시계획 모형이었는데, 베를린 예술 아카데미 전시실에 마련되어 있었다. 방해받지 않고 그곳에 가기 위해 히틀러는 총리 청사와 우리 건물 사이에 통로를 설치했다. 가끔은 저녁식사 손님을 우리 스튜디오에 초대하기도 했다. 우리는 손전등과 열쇠를 갖추고 있어야 했다. 텅 빈 홀의 스포트라이트가 도시 모형을 환하게 비추었다. 히틀러가 눈을 빛내며 모든 세부 사항을 손님들에게 설명했기 때문에 나는 별로 할 말이 없었다.

도시의 모형이 완성되고 마치 햇빛이 실제 건물에 내리쬐듯 밝은 조명이 모형을 비추었을 때는 정말 짜릿했다. 모든 모형은 1:50의 축척으로 만들어졌는데 가구제작자가 아주 세세한 부분까지 재현했다. 이런 식으로 거대한 새 베를린 대로가 점차 완성되어갔다. 우리는 10년 뒤 완공될 건물의 입체감을 그대로 느낄 수 있었다. 거리 모형은 약 30미터 길이였는데 예술 아카데미의 전 전시실들을 통과하는 규모였다. 히틀러는 1:1000의

축척으로 만들어진 베를린 대로의 거대한 모형에 특히 열광했다. 그는 여러 방향에서 '자신의 대로'로 들어가 미래의 느낌을 느껴보길 좋아했다. 예를 들어 그는 남쪽 역에서 출발한 여행객의 입장에서 주변을 둘러보기도 했고, 대로 중간에 서서 돔형 대회의장에 찬사를 보내기도 했다. 히틀러는 몸을 구부리고 거의 기어가다시피 해 자신의 눈을 실제 눈높이에 해당하는 모형 위 2.5센티미터 정도에 맞추어 정확한 전망을 확보하려고 했다. 그러는 동안 히틀러의 목소리는 활기에 넘쳤다. 그가 경직성에서 해방되는 극히 드문 순간이었다. 그 어떤 경우에도 히틀러가 이처럼 생기 넘치고 자연스럽고 편안한 모습을 본 적이 없었다. 대조적으로 나는 점점 지쳐가고 있었고 수년간 상당한 압박감에서 한 번도 자유롭지 못했으므로 보통은 말이 없었다. 가까운 지인 가운데 한 사람은 우리의 특별한 관계를 이렇게 정리했다. "그거 아나? 자네는 히틀러에게 무료봉사하는 애인이라고!"

전시실 경비가 엄격해 히틀러의 허가 없이는 아무도 새 베를린을 위한 원대한 계획을 볼 수 없었다. 한번은 괴링이 베를린 대로의 모형을 살펴보고는 경호원을 내보낸 후 깊이 감동받은 목소리로 나에게 이렇게 말했다. "며칠 전에 각하께서 당신의 사후에 내가 맡을 임무에 대해 말씀하셨네. 뭐든지 최선이라고 생각되는 일을 자유롭게 하라고 하셨지만 나에게 한 가지 약속을 받으셨지. 당신이 세상을 떠나도 자네는 지금의 자리에 반드시 그대로 두어야 한다는 것이었어. 그리고 내가 자네의 일에 끼어들지 말 것과 모든 일을 자네 손으로 완성하게 하라는 것이었지. 그리고 건축을 위해 자네가 원하는 자금이라면 자네 임의로 사용할 수 있게 하라는 말씀도 있었네." 괴링은 감정이 복받치는 듯 한동안 말을 쉬었다. "나는 엄숙하게 각하의 손을 잡고 약속을 해드렸어. 이제 자네에게도 똑같은 약속을 하지." 그러고 나서 괴링은 내 손을 잡고 길고 끈끈한 악수를 했다.

나의 아버지도 유명해진 아들의 작품을 보러 왔다. 아버지는 즐비한 모형들 앞에서 어깨를 한 번 움츠리더니 이렇게 말했다. "네가 완전히 미친 게로구나." 그날 저녁 우리는 극장에 가서 하인츠 뤼만이 나오는 코미디를 봤다. 우연히 히틀러도 그 공연을 보러 왔다. 쉬는 시간에 히틀러가 비서를 보내 내 옆자리에 앉은 노신사가 아버지인지 묻더니 우리 두 사람을 자신의 칸막이 좌석으로 불렀다. 아버지는 일흔다섯이라는 연세에도 불구하고 히틀러에게 소개되었을 때 막대기처럼 빳빳해진 모습이었다. 아버지는 심하게 몸을 떨었는데 그 이전에도 이후에도 그런 모습은 한 번도 뵌 적이 없다. 아버지는 순간 창백해졌고 히틀러가 당신의 아들을 극찬하는 말에도 아무런 대답을 하지 못했다. 그리고는 조용히 자리로 돌아왔다. 이후 아버지가 단 한 번도 그날의 일을 입에 올리지 않았기에 나 또한 히틀러를 보고 왜 그렇게 심하게 긴장하셨는지 그 이유를 묻지 못했다.

"네가 완전히 미친 거로구나." 당시의 모형을 담은 수많은 사진들을 지금 훑어보면 그것이 미친 것이었을 뿐만 아니라 따분하기까지 하다는 걸 알 수 있다.

새 대로를 공공건물들로만 채운다면 생동감이 사라질 터였으므로, 3분의 2 정도의 구역을 민간 건물을 위해 남겨 두었다. 히틀러의 지원 속에 비즈니스 건물을 다른 곳으로 옮기라는 정부기관들의 요구를 떨쳐냈다. 우리는 각 부처 건물로만 즐비한 거리를 원치 않았다. 고위급 인사들을 위한 화려한 극장, 일반 대중 2,000명을 수용할 수 있는 영화관, 새 오페라하우스, 극장 세 개, 크고 고급스러운 레스토랑, 로마식으로 지어진 로마의 욕장만큼이나 큰 실내 수영장 등, 이 모든 것이 새 베를린 대로에 도회적 문화생활을 선사할 것이었다.[1] 거리의 소음에서 분리돼 사람들의 발걸음을 이끌 주랑과 고급스럽고 작은 상점들이 늘어선 조용한 안뜰도 만들기로 했다. 전광판들도 풍성하게 세울 예정이었고 거리 전체가 외국인들의 특별한 관심을 끌 수 있는 독일 상품의 전시장 역할을 해야 한다는 점도 중요했다.

지금은 설계도와 모형 사진들을 볼 때마다 이렇게 다채로운 건물들마저 생동감 없고 경직되어 보이는 것이 놀랍다. 석방된 아침, 공항으로 가는 도중에 내가 지었던 건물들 가운데 하나를 지나쳤다.[2] 그때는 보지 못했던 것이 보였다. 우리의 계획에는 균형이 부재했다는 사실을…. 우리는 150~200미터의 블록들을 개인 사업체들을 위해 따로 할당했다. 모든 건물은 같은 높이로 지어져야 했고 상점 앞면도 마찬가지였다. 마천루는 전경에서 제외되었다. 이런 식으로 우리는 거리에 생기를 불어넣고 획일화를 피하기 위해 핵심이 되는 대비적 요소를 스스로 제거해버렸다. 거리 전반의 콘셉트는 기념비적인 경직성으로 특징지어졌고, 이 때문에 도회적 삶의 향기를 불어넣겠다는 노력은 모두 상쇄되고 말았다.

상대적으로 유쾌한 분위기가 나는 곳은 히틀러의 베를린 대로 남쪽 축에 해당하는 중앙 기차역이다. 구리와 유리로 된 외장을 통해 철골 구조가 들여다보이는 기차역은 대로의 나머지 부분을 압도하는 거대한 석조 건물 블록을 멋지게 보완해주었을 것이다. 역은 에스컬레이터와 엘리베이터로 네 개의 교통 층위를 연결하고 규모 면에서 뉴욕의 그랜드 센트럴 역을 능가하도록 설계되었다.

외국 국빈들은 거대한 바깥 계단을 이용하도록 했는데 그 아이디어는 방문객들이, 물론 주민들도 마찬가지지만, 역을 벗어나는 순간 도시의 풍경과 제국의 힘에 압도되도록, 아니 깜짝 놀라도록 한다는 목적이었다. 길이가 1킬로미터, 폭이 300미터나 되는 역 광장에는 우리가 노획해 온 무기들도 함께 전시될 것이다. 이것은 카르나크에서 룩소르까지 이어지는 람세스 거리의 스타일을 그대로 따른 것이다. 히틀러는 이 구체적인 콘셉트를 프랑스 점령 뒤에 떠올렸으며, 1941년 가을 러시아에서 첫 패전을 경험했을 때 다시 깊은 관심을 보였다.

광장은 웅장한 아치 형태로, 그가 '개선문'이라고 이름 붙인 건축물에 이르러 압권을 이룬다. 에투알 광장에 서 있는 48미터 높이의 나폴레옹의 개선문은 분명 기념비적인 위용을 갖추었고 샹젤리제 거리의 장엄한 시작을 알린다. 우리의 개선문은 폭 167미터, 깊이 28미터, 높이 120미터로 대로 남쪽 구역의 건물들을 굽어보며 우뚝 솟을 것이고, 주변 건물들을 장난감처럼 보이게 했을 것이다.

몇 차례 헛된 시도 이후, 나는 더 이상 히틀러에게 설계를 바꾸자고 청할 용기를 내지 못했다. 개선문은 그의 계획의 중심이었다. 그는 트로스트 교수의 정제된 스타일을 만나기 오래전부터 이 계획을 가슴에 품어왔다. 그 아치는 히틀러가 20대에 잃어버린 스케치북에서 추구했던 건축적 환상의 정수였다. 그는 비율을 수정하고 선을 단순화시킴으로써 훨씬 멋진 작품이 될 수 있다는 나의 모든 조언을 일축했고, 설계도에 X자 세 개로 건축가 이름을 표기했을 때도 반대하지 않았다. 그 '익명의' 건축가가 누구인지 우리는 알고 있었다.

도착한 여행객들은 거대한 아치의 80미터짜리 문을 통해 5킬로미터나 이어지는 조망의 끝에, 대도시의 연무 뒤로 우뚝 서 있는 대로의 두 번째 웅장한 건축물을 볼 수 있다. 그것은 앞 장에서 설명한 거대한 돔을 가진 대회의장이다.

열한 개의 정부 부처 건물이 개선문에서 대회의장까지 대로를 장식한다. 1941년 이후 식민지부 건물을 포함하라는 이야기를 들었을 때[3] 나는 이미 내무부와 교통부, 법무부, 경제부, 식품부의 본관 건물을 설계해둔 상태였다. 달리 말하면 러시아 침공 이후 히틀러는 독일의 식민지 획득을 꿈꾸고 있었다는 의미다. 우리가 모든 부서 건물을 한 곳에 모아주기를 원했던 각 부처 장관들은 부처 건물이 베를린 시내 곳곳에 따로 세워진다는 사실에 실망을 금치 못했다. 히틀러의 칙령에 따르면, 새 건물들은 베를린의 위용을 위한 것이지 공공기관들을 위해 지어지는 것이 아니었다.

기념비적인 중심 지역 뒤로 대로는 다시 시작된다. 비즈니스와 오락을 위한 건물들이 800미터 정도 더 이어지고, 포츠다머슈트라세와 만나는 교차로 둥그런 광장에서 끝난다. 대로는 북쪽으로 다시 시작되어 공공건물이 이어진다. 오른쪽에는 빌헬름 크라이스가 설계한 군인회관이 들어선다. 그곳의 거대한 정육면체의 용도에 대해 히틀러는 한 번도 솔직하게 말한 적이 없었지만, 아마도 무기고와 참전 용사 기념비를 뒤섞은 개념 같았다. 어쨌든 프랑스와의 강화협정 이후, 히틀러는 1918년 독일이 항복문서에 서명하고 1940년에는 프랑스가 항복했던 그 식당차를 가져와 첫 번째 전시물로 삼으라는 지시를 내렸다. 용맹을 떨친 과거와 현재, 미래의 독일군 원수들을 위해 납골당을 짓자는 계획도 있었다.[4] 군인회관 뒤 서쪽으로는 벤들러슈트라세까지 육군 최고사령부 건물들이 계획되었다.[5]

도시계획을 훑어본 괴링은 자신의 항공부가 격하된다고 느꼈다. 그는 나에게 자신의 건축가가 되어달라고 청했다.* 그리고 군인회관 맞은편 티어가르텐 가장자리에 그가 원하는 건물을 위한 이상적인 장소를 발견했다. 괴링은 새 건물을 위한 나의 설계에 황홀해했지만, (1940년 이후 이 건물은 그가 보유하고 있던 다양한 직위를 정당화하기 위해 제국원수 청사로 통했다) 히틀러의 반응은 별로였다. "괴링에겐 너무 큰 건물이야. 괴링은 너무 우쭐대. 하여간 내 건축가를 이런 식으로 부리려는 건 내키지 않아." 히틀러는 괴링의 계획에 대해 투덜거렸지만 대놓고 반대할 용기도 없었다. 히틀러의 성격을 알고 있던 괴링은 나를 확신시켰다. "문제가 생기면 그냥 내버려두게. 걱정할 필요는 없어. 우리는 그런 식으로 건물을 지을 거고, 결국에는 총통께서도 기뻐하실 걸세."

히틀러는 측근들이 개인적으로 문제를 일으켜도 이와 비슷한 자제심을 보였다. 히틀러는 불륜 스캔들도 못 본 체 넘겼는데, 그렇지 않았다면 블롬베르크의 경우처럼 스캔들이 정치적으로 이용되었을 것이다.[6] 그는 또한 주변 누군가가 허례허식에 빠져 있어도 그냥 미소 짓고는 사적인 자리에서 그 사람이 누구인지는 거의 밝히지 않은 채 신랄한 발언을 했다.

괴링의 청사 설계에는 큰 계단과 홀, 살롱들이 포함되었다. 이런 공간이 사무 공간보다 더 큰 면적을 차지했다. 건물의 중심에는 4층까지 계단

---

* 건설 총감독관이라는 공식 지위를 가지고 있었는데도 히틀러는 내가 개인적으로 주요 건물 설계에 참여할 수 있게 배려했다. 베를린 도시계획 사업에는 수많은 건축가가 국가 청사와 상업 건물 설계에 참여했다.

이 연결되는 웅장한 홀이 예정되었지만 모두들 엘리베이터를 이용할 것이 뻔했기에 계단은 거의 무용지물이었다. 모든 것이 겉치레였다. 이것은 나의 개인적인 발전사이기도 했다. 처음 신봉했던, 그리고 새 총리 청사에서 드러난 신고전주의로부터 노골적인 위세당당 벼락부자 스타일로의 결정적인 진일보였다. 내 업무일지 1941년 5월 자에는 제국원수가 자신의 건물 모형을 보고 대단히 기뻐한 것으로 기록되어 있다. 널찍한 중앙 계단이 특히나 그를 즐겁게 했다. 괴링은 한 해의 슬로건을 계단참에 서서 항공부 관료들에게 공표할 것이라고 큰소리쳤다. 업무일지에는 그의 호언장담이 잘 기록되어 있다. "세계 최고의 계단이라는 찬사를 바칩니다." 괴링은 계속했다. "브레커는 건설 총감독관에게 기념비를 헌사해야 합니다. 여기에 공헌했던 모든 사람을 영원히 기억하기 위해 기념비는 이곳에 세워져야 합니다."

항공부 건물은 대로에 면한 정면이 240미터나 되는 본관과 같은 크기의 티어가르텐 별관으로 구성되었다. 별관에는 괴링이 요구한 무도장과 그의 관저가 들어가게 된다. 침실은 모두 제일 꼭대기층으로 올렸고 만일에 있을 공습에 대비해 지붕을 4미터 깊이의 흙으로 덮기로 했다. 큰 나무들도 충분히 뿌리를 내릴 수 있는 깊이였다. 이런 식으로 나는 수영장과 테니스장, 분수, 연못, 열주, 정자, 휴식 공간 그리고 무엇보다 240명 정도를 수용할 수 있는 여름 극장 등을 갖춘 3,000평 규모의 옥상정원을 계획했다. 괴링은 이 계획에 완전히 압도되어 그곳에서 자신이 열게 될 파티에 대해 열심히 떠들기 시작했다. "큰 돔을 벵갈 조명으로 밝히고 손님들을 위해 불꽃놀이를 할 생각이네."

지하실은 없었지만 괴링의 건물에는 5만 8,000세제곱미터의 뜰이 만들어질 예정이었다. 새로 지어진 히틀러의 총리 청사의 뜰도 4만 세제곱미터밖에 되지 않았다. 그럼에도 불구하고 히틀러는 괴링이 자신을 능가한다고 느끼지는 않았다. 1938년 8월 1일 연설에서 히틀러는 건축에 관한 계획을 많은 부분 밝혔는데, 베를린 도시계획에 따라 이미 지어진 새 총리 청사는 10~20년간 더 사용될 것임을 발표했다. 그는 정부 부처들이 예전보다 훨씬 넓은 청사와 관저를 가지게 될 거라고 말했다. 베를린에 있는 헤스의 당사를 시찰한 뒤에 히틀러는 포스슈트라세에 있는 총리 청사의 운명을 갑작스레 결정했다. 헤스의 당사에서 히틀러는 좋지 않은 인상을 받았다. 시뻘건 페인트가 칠해진 계단벽과 가구는 다른 당 간부, 정부 인사들이 선호하는 원양정기선 스타일에 비해 평범하고 조잡하기까지 했다. 총리 청사로 돌아온 히틀러는 분명한 말로 그의 취향을 비판했다. "헤스는 정말 몰취미야. 그 사람한테는 절대 새 건물을 지으라고 시키지 말아야겠어. 좀 있다가 이 청사를 그의 사무실로 쓰라고 주자고, 대신 절대 아무것도 뜯어고치지 말라고 하고. 이 방면으로는 아무것도 아는 게 없으니까." 이런 종류의 비난, 특히 한 사람의 심미안에 대한 판단은 가끔 경력을 끝내는 일로 이어지기도 했다. 루돌프 헤스의 경우도 이에 해당한다고 할 수 있지만 히틀러는 헤스 앞에서는 이런 얘기를 절대 하지 않았다. 헤스는 자신의 위상이 떨어진 것은 히틀러의 가신들이 자신에게 보인 거리감 때문이라고 여겼다.

도시 남쪽과 마찬가지로 북쪽에도 대규모 철도 역사가 계획되었다. 역사에서 나오는 방문객은 길이 1킬로미터, 폭 352미터의 호수를 발견하게 된다. 호수 건너편으로 1.6킬로미터 떨어진 곳에 거대한 돔이 보인다. 우리는 생활하수로 오염된 슈프레 강에서 물을 끌어다 쓸 생각이 없었다. 수상스포츠 애호가였던 나는 이 인공호수의 수질을 수영할 수 있을 정도로 깨끗하게 유지할 생각이었다. 탈의장과 보트 창고, 휴식을 위한 테라스가 이 거대한 도시 중심가의 야외 풀장을 따라 들어설 것이다. 아마도 이 호수에 빽빽한 빌딩 숲이 비치면서 놀라운 대조 효과를 낼 것이다. 그곳에다가 호수를 만드는 이유는 간단했다. 습지의 토양이 건물을 짓기에는 적합하지 않았기 때문이다.

호수 서쪽으로 세 채의 거대한 건축물이 들어설 예정이었다. 가운데가

457미터 길이의 베를린 시청이다. 히틀러와 내가 선호한 디자인이 서로 달랐지만, 수없는 토론 끝에 히틀러의 완강한 저항에도 불구하고 나의 디자인이 승세를 잡았다. 시청 좌우로는 해군 사령부와 베를린 경찰청을 세울 생각이었다. 호수 동쪽으로는 넓은 공원 지역이 펼쳐지는데 그 가운데 독일 군사사관학교가 예정되어 있었다. 이 건물들의 설계도는 이미 완성해놓은 상태였다.

두 개의 중앙 철도역 사이에서 거리는 독일의 정치, 군사력, 경제력을 과시할 만한 공간이 될 것이다. 중심부에는 제국의 절대적인 지배자가 들어서고, 즉각적으로 접근할 수 있는 거리에 그의 권력을 최고 수위로 표현하는 거대한 돔형 대회의장이 솟는다. 이것은 미래의 베를린을 지배하는 건축물이 될 것이다. 적어도 그 계획은 히틀러의 발언을 반영할 것이다. “베를린은 위대하고 새로운 과업에 어울리는 새 얼굴을 가져야 한다.”[7]

5년 동안 나는 설계의 세상 속에서 살았다. 그리고 작품의 결함과 미숙함에도 불구하고 지금까지도 나 자신을 그 일로부터 완전히 떼어놓지 못한다. 지금 히틀러를 증오하는 이유를 알기 위해 나 자신의 깊숙한 내면을 들여다보면, 그가 저지른 온갖 만행 이외에도 전쟁 야욕 역시 개인적으로 실망한 원인이라는 생각이 든다. 하지만 내가 했던 수많은 설계들 역시 그의 무자비한 권력 게임에서 싹틀 수 있었음을 깨닫는다.

그토록 거창한 계획은 고질적인 과대망상증을 암시하고 있고, 과대망상이야말로 히틀러가 웅장한 설계에 집착했던 이유를 제대로 설명해준다. 당시 설계했던 광활한 대로, 지하통로를 가진 새 중앙 철도역은 오늘날의 기준에서 보면 그렇게 지나친 것은 아니다. 아마도 그 건물들이 비정상적으로 보이는 것은 크기 때문이라기보다는 인간적인 척도를 저버렸기 때문이다. 돔형 대회의장, 미래의 총리 청사, 괴링의 웅장한 부처 건물, 군인회관, 개선문까지 나는 이 모든 것을 히틀러의 정치적 시선을 차용해 바라보았다. 우리가 도시의 모델을 완성하고 나자 그는 나의 팔을 잡고 촉촉한 눈으로 고백했다. “이제 우리가 왜 이렇게 웅장한 건물을 지어야 하는지 이해할 수 있겠나? 이곳은 독일제국의 수도가 될 테니까, 나의 건강만 허락한다면….”

히틀러는 8킬로미터 길이의 핵심 지역에 대한 공사 개시를 서둘렀다. 복잡한 계산을 마친 뒤 나는 그에게 모든 건물의 완공년도를 1950년으로 약속했다. 이때가 1939년 봄이었다. 중단 없이 공사를 계속 진행한다는 가정 아래, 빠른 기한을 약속해 히틀러에게 특별한 기쁨을 선사하고 싶었다. 그래서 히틀러가 그 기한을 별 감흥 없이 받아들이자 나는 다소 낙담했다. 아마도 그 순간 히틀러는 자신의 군사적 계획에 대해 생각하고 있었을 것이고, 그 생각들이 나의 시간 계산을 우습게 느껴지게 만들었을 것이다.

그런가 하면 가끔은 공사 시한에 지나치게 열중할 때도 있었다. 열의 속에 1950년이 오기를 학수고대하는 것처럼 보이기도 했다. 만일 그 건축적 환상이 제국주의적 목적을 숨기기 위한 것이라면, 이것은 히틀러가 보여준 최고의 기만이었다. 이 프로젝트가 가진 정치적 중요성에 대해 언급했을 때 나는 그의 계획이 가진 본질에 대해 경각심을 가져야만 했다. 그러나 공사가 방해받는 일 없이 지속될 거라는 확신은 이러한 의혹들을 상쇄시켜주었다. 나는 히틀러가 때때로 환각에 사로잡힌 듯 말하는 모습을 자주 보았다. 돌이켜 생각해보면 그런 환각 상태와 건설 프로젝트 사이의 끈을 발견하기란 그리 어렵지 않았다.

히틀러는 우리의 계획이 새어나가지 않도록 극도로 주의를 기울였다. 아무리 주의해도 모든 것을 비밀리에 진행할 수는 없었기 때문에 일부분은 세상에 알려지기도 했다. 모든 것을 감추기에는 작업에 참여한 사람의 수가 너무 많았다. 따라서 우리는 세상에 공개되더라도 문제가 없을 부분들을 흘렸고 때로는 히틀러가 먼저 나에게 베를린 도시계획의 기본 아이디어를 담은 기사를 쓰라고 지시하기도 했다.[8] 그러던 중 카바레 코미디언으로 알려진 베르너 핑크가 이 프로젝트를 희화해 웃음거리로 만들자 그를 곧 강제수용소로 보내버렸다. 내 기분이 상하지 않았음을 알리기 위해 그의 쇼를 구경하려고 했던 바로 전날에 체포가 이루어졌다. 물론 이것이 그가 저지른 유일한 죄는 아니었지만 말이다.

우리는 자잘한 사항까지 주의를 기울였다. 베를린 시청탑 폭파에 대한 여론을 떠보기 위해 선전부 차관 카를 한케에게 한 베를린 일간지에 "독자의 편지"를 쓰게 했다. 분노한 대중의 항의가 쏟아져 들어오자 이 문제는 연기되었다. 우리의 궁극적인 목적은 대중의 공감을 이끌어 공사를 진행하는 것이었다. 예를 들어 박물관을 짓기 위해 아름다운 몬비주 궁전을 무리 없이 허무는 방법을 연구했고, 샤를로텐부르크 궁전의 공원에 몬비주를 재건하기로 결정했다.[9] 라디오 탑도 비슷한 이유로 보존하기로 결정했다. 승리의 기둥도 우리가 계획한 도로의 경계선을 침범했지만 역시 없애지 않기로 했다. 히틀러는 그것을 독일 역사의 기념비로 여겼다. 사실 그는 그 기둥에 주춧돌을 더 올려 좀 더 위풍당당하게 만들고 싶어 했다. 그가 스케치한 새로워진 기둥의 모습은 지금까지 보존되어 있다. 히틀러는 프로이센이 승리의 절정을 누리면서도 돈을 아끼느라 기둥의 높이를 낮추었다고 농담하곤 했다.

나는 베를린의 도시계획 비용으로 40~60억 제국마르크를 추산했다. 오늘날 건축비를 생각하면 160~240억 마르크에 해당하는 돈이다. 11년간에 걸쳐 매년 5억 마르크가 책정되어야 했지만 독일 전체 건축 산업의 25분의 1에 불과한 규모였기 때문에 실현 가능성이 전혀 없는 계획이 아니었다.* 약간 애매하기는 하지만 더 정확한 예산의 규모를 알 수 있도록 비교할 만한 예를 제시하겠다. 나는 프리드리히 대제의 아버지이자 긴축 재정으로 잘 알려진 프로이센의 프리드리히 빌헬름 1세가 전체 세 수입의 몇 퍼센트를 베를린 건설에 사용했는지 계산했다. 157억 제국마르크에 달하는 세수 가운데 3퍼센트에 불과한 우리의 비용보다 몇 배나 더 큰 규모

---

* 롤프 바겐퓌르의 『전시 독일의 산업 1939~1945』(베를린, 1954)에 따르면, 1939년에 약 128억 제국마르크가 건물 프로젝트에 사용되었다.

였다. 물론 18세기 초반의 국고 수입을 오늘날의 세금과 나란히 비교할 수는 없지만 말이다.

나의 예산고문인 헤틀라게 교수는 냉소적으로 조언했다. "베를린의 시 행정 지출은 수입에 좌우되지만 우리는 그 반대로 접근하고 있는 것 같군요."[10] 히틀러와 나도 그 사실을 알고 있었다. 하나의 지출항목으로 연간 5억 마르크를 책정할 수는 없는 노릇이었기에 가능한 한 많은 예산 항목으로 쪼개야 했다. 각 부서와 정부 기구는 그들의 개개 예산에서 새 청사 건설 비용을 추렴해야 했다. 정부의 철도공사가 베를린 시설의 현대화를 위해 자금을 조달해야 하듯이 말이다. 그리고 베를린 시 당국도 거리 조성과 지하철을 위한 비용을 책임져야 했다. 사기업 부문도 그들을 위한 시설 비용을 충당해야 했다.

1938년 무렵 이 문제에 대한 우리의 세부적인 결정들에 히틀러는 동의와 함께 기쁨을 드러냈다. "이런 식으로 충당한다면 비용문제는 많은 관심을 끌지 않을 거야. 우리가 재원을 마련해야 할 부분은 돔형 대회의장과 개선문 정도군. 사람들의 기부에 의지할 수도 있어. 게다가 재정장관은 매년 6,000만 마르크를 자네 작업실에 할당할 걸세. 쓰지 않고 남는 돈을 미래를 위해 따로 챙겨두는 거야." 1941년 무렵 우리 사무실 금고에는 2억 1,800만 마르크의 돈이 쌓여 있었다.[11] 1943년 초에는 3억 2,000만 마르크에 달했다. 재무장관은 그 돈을 조용히 분산시키자고 제안했고 나는 동의했다. 우리는 이 문제에 대해 히틀러에게는 일언반구도 하지 않았다.

재무장관 폰 슈베린-크로지크는 공공 자금 탕진에 공포를 느끼며 계속해서 반대를 표했다. 히틀러는 반박했다.

> 만일 우리가 세우는 건물들이 50년 후에는 얼마만큼의 세수를 국가에 가져다줄지 재무장관이 깨달을 수만 있다면! 루트비히 2세가 한 일을 기억하게. 그가 궁전을 짓는 데 어마어마한

> 돈을 썼을 때 모두 그가 미쳤다고 했어. 하지만 오늘날은 어떤가? 관광객들이 단지 그 궁전을 보기 위해 바이에른 북부 지방을 방문하고 있어. 입장료만으로 벌써 오래전에 건설비용을 충당하고도 남았어. 그렇지 않은가? 세상 사람들 모두가 베를린으로 와 우리의 건물들을 보려고 할 걸세. 우리가 할 일은 미국인들에게 돔형 대회의장을 짓는 데 얼마가 들었는지 얘기해주는 것뿐이야. 우리가 조금은 과장해서 10억을 15억이라고 말할 수도 있겠지. 하지만 사람들은 세상에서 가장 값비싼 건물들을 보려고 광분할걸세.

히틀러는 설계도를 보려고 자리에 앉을 때마다 이 말을 되풀이했다. "나의 단 하나의 소망은, 슈페어…, 살아서 이 건물들을 보는 걸세. 1950년이면 우리는 세계 박람회를 준비하고 있을 거야. 그때까지 건물들은 비어 있을 거고 그 뒤로는 전시관으로 활용되겠지. 우리는 전 세계를 이곳으로 초청할 걸세." 히틀러는 언제나 이런 식으로 말했고 그의 진심을 짐작하기는 힘들었다. 앞으로 11년을 꼬박 일에 바쳐야 하니 그 오랜 기간 가정생활이란 절대 없을 것이라며 속상해하는 아내를 위로하기 위해 나는 1950년에 세계 일주를 떠나자고 약속했다.

도시계획 공사비용을 가능한 한 많은 당사자에게 나누어 분담시켜야 한다는 히틀러의 아이디어는 실제로 효과를 발휘했다. 부유하고 번창하는, 그리고 국가의 중심으로 부상하는 베를린을 향해 정부 관료들이 모여들었다. 업계도 여기에 부응해 베를린으로 본사를 옮기는 업체들이 점점 더 늘었다. 그때까지 '베를린의 쇼윈도' 역할을 하는 거리는 운터덴린덴에 불과했다. 대기업들은 광활한 새 대로에 관심을 보였다. 교통 혼잡을 피할 수 있을 것이라는 기대감과 아직 개발 중인 곳이니 건물 용지의 가격이 저렴할 것이라는 계산 때문이었다. 사업의 착수시점부터 숱한 신청서들이 쇄도했다. 잘못하면 시 전체에 이리저리 무작위로 흩어질 수도 있는 건물들을 체계적으로 짓겠다는 내용이었다. 히틀러가 권력을 잡은 직후 새 연방은행 건물이 도시계획에 방해가 되지 않는 구역에 세워졌다. 은행을 짓기 위해 몇 개의 블록이 해체되었다. 어느 날 만찬 후 힘러가 은행의 평면이 십자가를 연상시킨다고 지적하고, 이는 종교의 영광을 위해 가톨릭계 건축가인 볼프가 은밀하게 시도한 것이라고 했다. 히틀러는 이러한 지적은 웃고 넘길 만큼 건축에 대해서 충분히 알고 있었다.

도시계획이 완성된 지 몇 개월 뒤, 기차 선로의 이동이 끝나지 않은 시점에서 대로 가운데 제일 처음 완성될 1.6킬로미터 길이의 세 공구가 여러 건축업자들에게 할당되었다. 정부 부처와 개인 기업, 정부 개발업자들의 신청서들이 쇄도해 전체 7킬로미터에 이르는 지역의 모든 용지가 할당되기에 이르렀다. 이제 남쪽 기차역 아래 지역의 할당을 시작해야 했다. 어려움은 있었지만, 우리는 독일노동전선 위원장 로베르트 라이 박사가 노동자들의 기부금으로 축적한 엄청난 자금으로 대로의 20퍼센트에 해당하는 부분을 매입하지 못하게 막아야 했다. 라이 박사는 몇 킬로미터 길이의 한 블록을 사들여 그곳에 거대한 공원을 짓겠다고 밝혔다.

라이의 건축에 대한 열의는 기념비적인 건물을 세워 히틀러의 환심을 사기 위함이었다. 기존의 건물보다 수백만 마르크나 높은 건축 비용을 충당하며 건물을 짓겠다고 나선 사람들에게 격려를 해주자고 히틀러에게 제안했다. 이 생각은 즉시 먹혔다. "예술을 위해 비용을 지불하는 사람들에게는 메달이라도 주면 어떨까? 중요 건물을 짓는 데 비용을 보탠 사람들에게 메달을 아주 가끔 수여하는 거야. 메달은 많은 일을 해낼 수 있지." 심지어 영국 대사마저도 전체적인 도시계획의 틀 안에서 새 영국대사관을 짓겠다고 제안해 히틀러의 비위를 맞추려고 했다. (그의 생각이 틀린 것은 아니었다.) 무솔리니도 이 프로젝트에 지대한 관심을 보였다.*

비록 히틀러가 건축 계획에 관한 자신의 야망을 대중 앞에 모두 드러내진 않았지만, 공개하는 내용은 확실히 많은 관심을 불러일으켰다. 그 결과 건축 붐이 일었다. 히틀러가 말을 기르는 데 관심이 있었다면 제국의 지도급 인사들 사이에서는 분명 말 사육 붐이 일었을 것이다. 마찬가지로 히틀러적인 성향을 반영하는 다양한 건축 설계안이 쏟아져나왔다. 제3제국을 대표하는 건축양식이란 존재하지 않았지만, 절충적인 요소라는 명확한 특징을 지니고 있었다. 이런 분위기는 곧 일반적인 것이 되었다. 그러나 히틀러에게 반드시 고수해야 할 양식은 없었다. 아우토반의 레스토랑 혹은 히틀러 유겐트의 본부가 도회적인 건물처럼 보여서는 안 된다는 것, 마찬가지로 공공 전시용 스타일로 공장을 짓는 일은 결코 있어서는 안 된다는 것을 그는 너무도 잘 알고 있었다. 그러나 막 제국으로 탄생하려는 국가의 모든 공공건물은 반드시 특별한 성격을 지녀야 한다고 굳게 믿었다.

베를린 도시계획은 다른 도시 지역의 재개발 프로그램에도 영향을 미쳤다. 관구장들은 자신의 도시에서 불멸의 존재가 되길 원했고, 거의 대부분 베를린처럼 교차하는 축을 중심으로 하고 있었다. 근본적으로 내 디자인을 본 딴 것들이다. 베를린의 모형은 확고한 전형으로 자리 잡았다.

나와 설계에 대해 의논하는 와중에도 히틀러는 끊임없이 자신의 스케치를 그렸다. 무심코 그려진 것들이지만 시점이 대단히 정확했다. 그는 아웃라인과 단면도를 그리고 비율에 맞추어서 실물을 묘사했는데 어떤 건축가라도 그보다 잘 그리지는 못했을 것이다. 어느 날은 아침에 자신이 밤새 공들인 스케치를 보여주기도 했지만, 대부분은 대화 도중 짧은 시간 안에 몇 번 펜을 휘둘러 완성한 스케치였다.

---

* "내가 생각한 것은 대사관을 바꾸는 것이었다. 독일 정부도 정부 건물을 사용한다면 기뻐할 것이다. 히틀러의 새 대로 한 구석의 상당히 큰 공간이었다⋯. 나는 괴링과 리벤트로프에게 이 계획을 말하고, 히틀러에게 내가 이 문제를 고려하고 있다고 알려 달라고 했다. 나는 그들에게 미리 알리게 하고, 다음 기회에 내가 직접 이야기하겠다고 했다. 나는 그것이 독일과 전반적인 이해의 일부가 되길 바랐다"[네빌 헨더슨 경의 『미션의 실패』(뉴욕, 1940), 48쪽].

나는 히틀러의 속성 스케치들을 날짜와 주제를 표시해 보관했고 오늘날까지 간직하고 있다. 125개의 그림 중에 4분의 1은 족히 넘는 작품들이, 그가 항상 가슴에 품고 있던 린츠 건설 프로젝트와 관련 있다는 점이 흥미롭다. 극장 스케치도 비슷한 정도로 많았다. 어느 날 아침 히틀러는 뮌헨을 위한 기념 축대 디자인을 깨끗하게 완성해 나를 깜짝 놀라게 했다. 이 축대는 프라우엔키르헤의 탑보다 훨씬 높아 뮌헨의 새로운 상징물이 될 것 같았다. 그는 이 프로젝트를, 베를린 개선문과 마찬가지로 자신의 작품으로 생각해, 뮌헨 건축가의 설계를 자신의 스케치에 따라 새로 수정하는 것을 주저하지 않았다. 그가 고친 부분 가운데, 토대의 정적 요소에서 기둥의 솟아오르는 듯한 역동성으로의 전환은 지금 보아도 여전히 놀랍다.

히틀러가 뮌헨 설계를 맡겼던 헤르만 기슬러는 말을 더듬었던 라이 박사의 흉내를 잘 냈다. 히틀러는 이런 식의 농담을 매우 좋아해서 기슬러에게 라이 박사가 뮌헨 도시계획 모형이 전시되어 있는 전시장을 방문했던 이야기를 해달라고 자꾸만 청했다. 먼저 기슬러는 라이 박사의 옷차림을 묘사했다. 우아한 여름 양복에 수놓은 하얀 장갑, 밀짚모자를 쓰고, 거드름 피우는 차림새의 부인과 함께 작업실에 나타난 장면이었다. 기슬러가 뮌헨 구획도를 보여주자 라이가 이렇게 말했다. "나는 이 전체 블록에다 건물을 짓겠네. 얼마면 되나? 수백만 마르크? 좋아. 우리는 튼튼한 건물을 원해…."

"아, 그런데 그 건물의 용도는 뭐죠?"

"고급 양장점을 지을 거야. 유행하는 옷들을 잔뜩 가져다 놓을 걸세. 내 아내가 관리할 거고. 건물 전체를 다 양장점으로 쓸 걸세. 좋아! 나와 아내가 독일의 패션을 선도할 테지. 그리고… 음… 또… 매춘부들도 필요해, 아주 많이, 건물이 가득 차도록. 최신 유행하는 가구도 들여놓아야겠어. 뭐든지 할 수 있어. 수백만 마르크? 그건 아무것도 아니야."

히틀러는 노동 지도자를 조롱하는 농담에 눈물이 날 때까지 웃어젖혔다. 똑같은 장면을 수없이 연기해야 했던 기슬러는 지겨워서 죽을 맛이었겠지만.

히틀러가 나의 설계만을 열정적으로 지지한 것은 아니었다. 그는 계속해서 각 주의 수도를 위한 포럼을 열었고 지도부 인사들에게 공공건물의 후원자로서 역할을 다하라고 촉구했다. 경쟁만이 놀라운 성취를 끌어내는 유일한 길이라고 믿었던 그는 냉혹한 경쟁을 즐겼다. 하지만 나는 기분이 상했다. 우리가 할 수 있는 일에는 한계가 있다는 것을 그는 이해하지 못했다. 히틀러는 내 반대를 무시했고 오래지 않아 더 이상 마감시한을 지키는 것이 불가능해지고 말았다. 관구장들이 자신들의 건물을 짓느라 채석장에 쌓아둔 돌들을 다 써버렸기 때문이다.

힘러가 돕기 위해 나섰다. 벽돌과 화강암 품귀 현상이 심하다는 말을 듣자 죄수들을 동원해 생산을 높이자고 제안했다. 그는 히틀러에게 베를린 인근 작센하우젠에 친위대가 감독하고 관할하는 대규모 벽돌공장을 세우자고 제안했다. 힘러는 혁신을 선뜻 받아들이는 편이었고, 그래서 새로운 생산 방식으로 벽돌을 만들기로 했다. 그러나 기술적인 실패로 약속된 생산은 뒤따르지 못했다.

미래지향적인 프로젝트를 계속해서 추구하는 힘러의 또 다른 약속도 비슷한 결과를 초래했다. 그는 강제수용소 수감자들을 동원해 뉘른베르크와 베를린 건축에 사용될 화강암 블록을 공급하겠다고 제안했다. 그는 곧바로 애매한 이름의 공장을 세우고 수감자들을 동원해 돌을 깨기 시작했다. 그러나 친위대 측의 감독 부실로 화강암 원석은 거의 부서져버렸고, 결국 공급할 수 있는 화강암은 극히 소량이라고 인정할 수밖에 없었다. 버려진 돌멩이들은 토트 박사의 도로 건설팀이 가져가 자갈로 사용했다. 힘러의 약속에 큰 기대를 걸었던 히틀러는 점점 더 역정을 냈다. 급기야 히틀러는 차라리 친위대를 지금까지 수감자들이 만들던 펠트 슬리퍼와 종이봉투를 만드는 생산라인에 투입하는 게 낫겠다고 폭언했다.

여러 가지 프로젝트 가운데 나는 히틀러의 요청에 따라 돔형 대회의장 앞 광장 설계를 맡았다. 거기에 괴링의 새 청사 건물과 남쪽 기차역까지 도맡았고, 이외에도 뉘른베르크 전당대회장 건물 설계 등을 담당했다. 확실히 과한 업무였다. 그러나 이 다양한 프로젝트들이 10년이라는 세월 동안 실행될 예정이었기 때문에 만일 내가 기술적인 세부 사항을 다른 사람들과 공유한다면 8~10명의 작업실 동료와 함께 해낼 수 있을 것 같았다. 그 정도 인원을 관리하는 것은 가능했다. 내 개인 작업실은 베스트엔트의 린덴알레에 있었다. 공식적으로는 라이히스칸츨러 광장으로 불리던 아돌프 히틀러 광장과 인접한 곳이다. 나는 주기적으로 오후부터 저녁 늦게까지 파리저 광장에 있는 도시계획 사무실에서 보내야 했다. 이곳에서 중요한 임무들을 독일 최고의 건축가들에게 분담시켰다. 다리 설계 경험이 많은 파울 보나츠는 해군 사령부를 담당했는데, 그가 해오던 일 가운데 가장 비중 있는 임무였다. 히틀러는 보나츠의 웅장한 스케일을 특히 좋아했다. 게르만 베스텔마이어에게는 새 시청 설계가 할당되었고, 빌헬름 크라이스는 육군 사령부와 군인회관, 각종 박물관을 맡았다. 발터 그로피우스와 미스 반 데어 로에의 스승이자 AEG 전기회사에서 오랫동안 일했던 페터 베렌스는 대로에 건설될 AEG 사의 본사 건물을 맡았다. 이것은 당연히 로젠베르크와 그의 문화 감시 단체의 반대를 불러왔다. 그들은 건축학계의 급진론적 선구자들이 '총통의 거리'에서 불멸성을 허용받았다는 데 분노했다. 그러나 페터 베렌스의 레닌그라드 대사관 건물†(이 건물은 상트페테르부르크 시절에 지어진 것이다)에 대해 잘 알고 있던 히틀러는 나의 결정을 밀어주었다. 나는 스승인 테세노에게도 설계 응모에 참여하라고 청했지만

† AEG 건물들로 유명한 페터 베렌스는 유리와 철 구조를 건축의 표현 요소로 적극 이용했다. 하지만 육중한 매스를 가진 레닌그라드 대사관은 베렌스의 다른 건물과는 달랐고, 제3제국의 건축 스타일과도 잘 어울렸다.

그는 소박한 작은 마을의 장인 스타일을 포기하길 원치 않았고 대규모 건물을 설계할 기회를 완강하게 거부했다.

조각 작품들은 주로 요제프 토라크와 아리스티드 마욜의 문하생인 아르노 브레커에게 맡겨졌다. 1943년에 브레커는 그루네발트에 세울 조각상을 마욜에게 부탁할 때 중재자 역할을 하기도 했다.

역사가들은 내가 개인적인 친분 안에 머물며 당과 멀어졌다고 논평한다.* 그러나 당 고위직 인사들이 나를 멀리했다고 하는 편이 옳을 것이다. 그들은 나를 불법 침입자로 여겼지만, 정작 나는 히틀러의 신임을 받고 있었으므로 사무장과 관구장들이 나를 어떻게 생각하는지에 대해 별로 관심이 없었다. 나를 잘 '파악'했던 카를 한케를 제외하고는 그 누구와도 친밀하게 지내지 않았고, 고위 당원들은 아무도 나의 집을 방문하지 않았다. 대신 나는 일을 맡겼던 예술가들 그리고 그 친구들과 친교를 맺었다. 베를린에서는 주로 아르노 브레커와 빌헬름 크라이스 등과 만났고, 피아니스트 빌헬름 켐프와도 자주 어울렸다. 뮌헨에서는 요제프 토라크와 화가 헤르만 카스파르와 가까이 지냈다. 늦은 시간이면 카스파르는 고래고래 소리지르며 바이에른 왕조를 찬양하기도 했다.

나는 첫 고객이었던 로베르트 프랑크 박사와도 가까운 관계를 유지했다. 1933년 그가 영지 저택 재건축을 내게 맡기면서 인연을 맺었다. 그 이후 나는 히틀러와 괴벨스가 맡긴 일을 시작했다. 프랑크 박사의 저택은 베를린에서 129킬로미터 떨어진 빌스나크 인근에 위치했었고, 난 가족들과 함께 그곳에서 주말을 보내곤 했다. 1933년까지 프랑크는 프로이센 전기공사의 총감독으로 일했다. 그러나 나치가 정권을 잡은 이후 직위 해제되어 은퇴했다. 종종 당에서 성가시게 했지만 그는 나와의 우정을 지켰다. 1945년 나는 가족을 그에게 맡겼다. 그곳 슐레스비히가 파멸의 중심지와

---

* 이에 대한 예는 트레버-로퍼, 페스트 그리고 블로크.

최대한 먼 곳이었기 때문이다.

임명 직후부터 나는 히틀러를 설득해 어떤 종류의 당원들이라도 능력이 있다면 중요 직책을 맡겨야 한다고 주장해왔다. 상황이 이렇다 보니 나보다 하위직 당원들만 나의 일을 도울 수 있었다. 히틀러는 나의 보좌진을 내 임의대로 선택하도록 허용했다. 나의 부서가 비당원들의 성역이라는 소문이 나돌기 시작했고 점점 더 많은 건축가들이 우리 쪽으로 모여들었다.

내 측근 가운데 하나가 당에 가입해야 하는지 조언을 구했을 때 나의 대답은 건설총감독관의 직책과는 어울리지 않는 것이었다. "아니 왜? 내가 당원인 것으로 충분하지 않나." 우리는 히틀러의 건축 계획을 진지하게 검토했지만 다른 사람들처럼 히틀러 제국의 장중함에 대해 그다지 존중을 표하지는 않았다.

나는 당 회의에 계속 불참했고 베를린에 있으면서도 당내 인사들과 접촉이 없었다. 당원으로서의 임무를 충실히 수행함으로써 권력의 핵심에 접근할 수 있었는데도 나는 신경 쓰지 않았다. 단지 시간이 부족했다는 이유뿐이었다면 "노동의 아름다움" 사무실을 영구적 부서로 만들었을 것이다. 나는 대중 연설을 하지 않는 것에 대해 열정 부족 대신 능력 부족을 이유로 내세웠다.

1939년 3월, 나는 친구들과 시칠리아를 지나 이탈리아 남부 지역까지 여행했다. 우리 팀은 빌헬름 크라이스, 요제프 토라크, 헤르만 카스파르, 아르노 브레커, 로베르트 프랑크, 카를 브란트 내외로 구성되어 있었다. 선전장관의 부인 마그다 괴벨스가 우리의 초대에 응했는데 그녀는 여행을 위해 가명을 사용했다.

히틀러의 측근 내부에서는 숱한 애정 스캔들이 있었고 히틀러는 그 일들을 모른 체해주었다. 보어만은 감성이 메마르고 부도덕한 사람이 흔히 그렇듯이 노골적으로 애인인 여배우를 오버잘츠베르크로 부르거나 심지어는 가족들과 함께 집에 머물게 한 적도 있었다. 보어만 부인은 이런 상황을 도저히 이해할 수 없는 방식으로 인내했다.

괴벨스 역시 많은 스캔들을 만들었다. 차관인 한케가 반은 재미로, 반은 불쾌해하며 막강한 권력의 소유자인 문화장관이 어떻게 젊은 여배우들을 갈취하는지 이야기하곤 했다. 그 가운데서도 체코 출신의 여배우 리다 바로바와 괴벨스의 관계는 단순한 스캔들이 아니었다. 괴벨스의 아내는 별거를 선언한 다음 그를 집에서 쫓아내버렸다. 한케와 나는 괴벨스 부인 편이었는데, 한케가 그만 자신보다 한참 연상인 괴벨스 부인에게 반해버리는 바람에 결혼 위기를 더욱 복잡하게 만들고 말았다. 이 당황스러운 상황에서 그녀를 한케로부터 떼어놓기 위해 나는 괴벨스 부인에게 이탈리아 여행을 제안했다. 한케는 따라오고 싶어 했고, 여행 내내 그녀에게 러브레터 세례를 퍼부었지만 괴벨스 부인은 끝까지 거절의 뜻을 굽히지 않았다.

여행 동안 나는 마그다가 쾌활하고 지각 있는 여성임을 알게 되었다. 보통 제국의 거물급 인사 부인들은 권력에 대한 유혹에 남편보다 훨씬 강하게 저항했다. 그들은 남편의 망상적 세계에서도 자신을 잃지 않았고 종종 남자들의 기괴한 익살을 속으로 삭이면서 경멸했으며, 남자들처럼 정치적 회오리에 휘말려 붕붕 떠다니는 일도 없었다. 보어만 부인은 자신의 남편과 당 이데올로기를 위해 맹목적으로 헌신하는, 겸손하고 조금은 주눅이 든 주부였다. 괴링 부인은 허례허식에 푹 빠져 있는 남편의 모습을 넌지시 비웃는 듯했다. 에바 브라운 역시 훌륭한 내면을 지닌 여성이었다. 어쨌든 그녀는 결코 개인적인 목적을 위해 손아귀에 쥐고 있는 영향력을 행사하지 않았다.

세게스타와 시라쿠사, 셀리누스, 아그리겐툼 등에 도리아 양식 신전의 폐허들이 산재해 있는 시칠리아는 먼저 여행했던 그리스에서 받은 인상에 멋진 감동을 더해 주었다. 셀리누스와 아그리겐툼의 사원에서 나는 만족감을 느끼며 고대의 건축물도 과대망상적인 충동에서 자유로울 수 없었음을 다시 한 번 실감했다. 식민지에 살던 그리스인들은 본국에서 그토록 숭앙받는 절제의 원칙에서 분명 벗어나 있었다. 이곳 사원과 비교하면 우리가 보고 온 사라센-노르만 건축은 프리드리히 2세의 멋진 사냥 궁전, 팔각형의 몬테 성을 제외하면 활기가 없다. 파에스툼은 여행의 중요한 목적지였고, 반면 폼페이는 파에스툼의 순수한 건축양식과 거리가 멀게 느껴졌다. 우리의 건축물들이 도리아 세계와 먼 거리에 있듯이 말이다.

돌아오는 길에 로마에 며칠 머물렀다. 파시스트 정권이 우리 일행의 화려한 면면을 알아채고는 이탈리아 선전장관 알피에리가 나서서 우리를 오페라에 초대했다. 그러나 독일제국 서열 2위의 부인이 남편 없이 혼자 여행하는 데 대해 마땅한 설명을 찾지 못한 우리는 귀국을 서둘러야 했다.

우리가 그리스의 고대 문물을 보며 꿈에 젖어 있는 동안 히틀러는 체코슬로바키아를 점령해 독일제국에 통합해버렸다. 돌아오니 독일은 전체적으로 우울한 분위기였다. 미래에 대한 걱정으로 공기가 무거웠다. 한 국가가 닥쳐올 일에 대해 그토록 정확한 예지력을 가졌다는 사실이 지금도 신기하다. 정부의 대대적인 선전도 불안감을 몰아내지는 못했다.

그럼에도 불구하고 총리 청사에서 점심식사 중 괴벨스가 전 외무장관이었던 폰 노이라트를 공격하는 것을 히틀러가 저지했을 때 조금은 마음이 놓였다. 노이라트는 몇 주 전에 보헤미아와 모라비아의 제국섭정관으로 임명되었다. 괴벨스는 말했다. "폰 노이라트가 유약한 겁쟁이라는 것은 누구나 다 압니다. 섭정관에게 필요한 것은 질서 유지를 위한 강력한 힘입니다. 그 사람은 우리하고 다릅니다. 그는 완전히 딴 세상 사람이죠." 히틀러는 여기에 이의를 제기했다. "폰 노이라트처럼 그 일에 적합한 사람은 없어. 앵글로 색슨족의 관점에서 볼 때 그는 뛰어난 존재야. 그의 임명이 국제적으로 미치는 영향은 적지 않을 걸세. 사람들은 그 결정으로 인해 내가 앞으로 체코인들의 인종적·국가적 삶을 박탈하지 않을 것이라고 믿게 될 게야."

히틀러는 나에게 이탈리아 여행에서 받은 느낌을 말해 달라고 했다. 이탈리아에서 가장 놀랐던 것은 시골 마을에서조차 벽에 군사적 선전 슬로건이 적혀 있었다는 사실이다. "우리는 그런 슬로건이 필요치 않아." 히틀러가 말했다. "만일 전쟁에 관한 문제라면 독일 국민들은 충분히 강해. 그런 선전은 이탈리아 사람들에게나 어울리지. 그게 효과가 있는지는 또 다른 문제고."*

히틀러는 뮌헨 건축박람회 개회 연설을 자기 대신 해달라고 나에게 여러 번 부탁했다. 나는 온갖 핑계를 대면서 연설을 피했다. 1938년 2월 나의 회피 작전은 하나의 협상으로 귀결되었다. 연설을 안 하는 대신 린츠의 미술관과 스타디움 설계를 맡기로 한 것이다.

그러나 히틀러의 50회 생일날 저녁 베를린의 동서축 일부가 개통될 예정이었고, 개통식에는 히틀러도 참석한다. 처녀 연설은 더 이상 피할 수 없게 되었고 설상가상으로 국가원수가 있는 앞에서 해야 할 처지가 되고 말았다. 저녁식사를 하며 히틀러가 말했다. "멋진 행사야. 슈페어가 연설을 한다고. 정말 무슨 말을 할지 궁금해 참기가 힘들군 그래."

브란덴부르크 문이 있는 도로 한가운데 베를린 고위 인사들이 줄지어 서 있었고, 그 오른쪽에는 내가, 군중들은 로프 뒤 좀 떨어진 보행자 도로에 모여 있었다. 저 멀리서 환호성이 들렸다. 히틀러의 차량 행렬이 가까이 오면서 소리는 점점 커졌고 수그러들지 않았다. 히틀러의 차는 바로 내 앞에서 멈추었다. 그는 내려서 나에게 악수로 인사했고, 각계각층의 인사들의 환영에 손을 들어 간단하게 답례했다. 휴대용 영화 카메라가 이 장면을 가까운 거리에서 찍기 시작했다. 히틀러는 관망하듯 2미터쯤 떨어진 곳에 자리를 잡았다. 나는 깊이 숨을 들이쉬고 정확히 다음과 같이 말했다. "나의 총통 각하, 저는 이제 동서축대로의 완성을 보고합니다. 동서축대로는 스스로 이 시대의 업적을 설명할 것입니다!" 얼마간의 침묵이 이어졌고 히틀러는 간단한 말로 답례했다. 나는 그의 차로 안내되어 8킬로미터 정

---

* 히틀러는 독일 언론의 책임편집인들에게 한 연설을 통해 전쟁 준비를 위한 적절한 선전 방법에 대해 의견을 제시했다. "이와 관련해 무의식중에 대중이 '만일 이 문제를 온건한 방법으로 해결할 수 없다면, 결국 힘으로 해결해야 한다. 우리는 상황이 이대로 흘러가도록 방치할 수 없다'고 자동적으로 결론 내릴 수 있는 특정한 사건이 제시되어야 합니다."

도 줄을 만들며 서 있는 베를린 시민들을 지나 달렸다. 그들은 히틀러의 50회 생일에 경의를 표했다. 분명히 선전부가 군중 동원을 위해 힘썼겠지만 박수갈채는 진심에서 우러난 것처럼 보였다.

우리가 청사에 도착해 만찬이 준비되길 기다리는 동안 히틀러가 기분 좋게 말했다. "자네가 단 두 마디 말로 나를 독 안에 든 쥐로 만들었지 뭔가. 좀 긴 연설을 기대했고 항상 그렇듯이 자네가 말하는 시간을 이용해 대답을 준비하려고 했었거든. 그런데 그렇게 연설을 빨리 끝내버리니 할 말이 생각나야 말이지. 하지만 자네의 연설은 훌륭했다고 인정해. 내가 들어본 것 중 최고야." 그 뒤로 몇 년 동안 이 일화는 히틀러의 단골 레퍼토리였고 그것도 자주 등장하는 이야깃거리가 되고 말았다.

자정이 되자 함께 모인 손님들이 히틀러에게 축하 선물을 바쳤다. 내가 그의 생일을 기념하기 위해 살롱에 개선문의 모형을 만들어두었다고 말하자 그는 사람들을 남겨두고 일어섰다. 오랫동안 히틀러는 생각에 잠긴 채 서 있었다. 그의 어린 시절 꿈이 모형을 통해 현실화되었다는 데 깊은 감동을 받은 듯했다. 히틀러는 말없이 자신의 손을 나에게 건넸다. 그리고는 행복감에 젖어 축하 손님들에게 개선문이 독일제국의 미래를 위해 지니는 중요성에 대해 설명했다. 그날 밤 그는 몇 번이고 다시 가 모형을 바라보곤 했다. 오가는 복도에는 예전에 내각 회의실로 쓰이던 방이 있었는데, 1878년 비스마르크가 베를린 회의를 주재했던 곳이다. 이제 그곳에는 히틀러의 생일선물이 긴 테이블 위에 높이 쌓여 있었다. 사무장과 관구장들이 보낸 그렇고 그런 작품들이다. 하얀 대리석 누드, 로마 소년이 발에서 가시를 빼는 유명한 장면을 담은 작은 청동 주조물, 미술관에 전시될 수준의 유화들, 히틀러는 몇몇 선물들을 칭찬했고 몇몇은 놀림감으로 삼았지만 사실 그것들 사이에 차이는 미미했다.

한편 괴벨스 부인의 거절에도 불구하고 한케와 괴벨스 부인의 관계는 점점 발전해서 아는 사람들이 들으면 기겁할 일이겠지만, 결혼을 원하는 지경까지 가고 말았다. 참으로 안 어울리는 한 쌍이었다. 한케는 젊고 미숙한 반면 그녀는 상당한 나이의 세련된 사교계 부인이었다. 한케는 히틀러에게 결혼을 허락해달라고 간청했지만 히틀러는 거절했다. 그는 정치적 이유 때문에라도 괴벨스 부부의 이혼을 원치 않았다. 1939년 바이로이트 축제가 시작되던 날 아침, 한케가 아침 일찍 절망에 빠져 우리 집을 찾아왔다. 그는 마그다와 요제프 괴벨스가 화해해 함께 바이로이트로 떠났다는 소식을 전했다. 내 보기에는 한케를 위해서도 최선의 결과였지만 절망에 빠진 연인에게 발을 빼게 된 것을 축하한다고 인사할 수는 없는 노릇이었다. 나는 바이로이트로 가서 그곳의 상황을 보고 와 일러주겠노라고, 되도록 빨리 돌아오겠노라고 약속했다.

바그너 가족은 반프리트 저택에 커다란 별채를 연결했고 히틀러와 수행원들은 축제 기간에 그곳에서 머물렀다. 히틀러의 손님들은 바이로이트에서 민박을 했다. 히틀러는 오버잘츠베르크나 심지어는 총리 청사에 초대 할 때보다 더 신중하게 손님을 골랐다. 수행원들을 제외한 손님들은 아내와 동행했는데 바그너 가족들이 환영할 만한 사람들이었다. 사실 거의 항상 디트리히 박사, 브란트 박사 그리고 내가 초대되었다.

축제 기간에 히틀러는 평소보다 긴장을 푼 편안한 모습이었다. 가끔은 총리 관저의 저녁식사 모임에서조차 권력에 대한 강박을 느끼는 것 같았던 히틀러도 바그너 가족과 있을 때는 그 같은 강박관념으로부터 자유로워 보였다. 그는 즐거워했고 아이들에게는 아버지다운 다정한 모습을 보였다. 비니프레트 바그너를 대하는 태도는 더없이 세심했다. 히틀러의 재정적 원조 없이 축제가 그렇게 지속되기는 어려웠다. 매년 보어만은 수십만 마르크의 자금을 기금에서 꺼내 바이로이트 축제를 독일 오페라의 영광을 자랑하는 곳으로 만들었다. 축제의 후원자로서 그리고 바그너 가족의 친구로서 히틀러는 의심할 여지없이 자신의 꿈을, 젊은 시절에는 감히 마음속에서 품어보지도 못했던 꿈을 현실화시키고 있었다.

괴벨스와 그의 아내는 바이로이트에 나와 같은 날 도착해, 히틀러처럼 반프리트 별채에 묵었다. 괴벨스 부인은 상당히 긴장한 것처럼 보였다. 그녀는 나에게 솔직히 털어놓았다. “남편은 나를 끔찍하게 대해요. 남편이 호텔에 나타났을 때 나는 겨우 정신을 회복하기 시작한 시점이었어요. 3일 동안 우리는 쉬지 않고 싸웠죠. 내가 더 이상 버티지 못할 때까지 말이죠. 그는 아이들을 이용해 나를 협박했어요. 아이들을 데려가 버리겠다고요. 제가 무엇을 할 수 있겠어요? 화해는 그냥 쇼일 뿐이에요. 알베르트, 정말 끔찍해요. 전 카를을 다시는 따로 만나지 않겠다고 맹세해야 했어요. 너무나 불행합니다. 하지만 다른 방법이 없어요.”

모든 오페라 가운데 「트리스탄과 이졸데」보다 이들의 비극적인 결혼에 더 어울리는 것이 있었을까? 히틀러와 괴벨스 부부, 비니프레트 바그너 부인, 나로 이루어진 일행은 중앙에 위치한 널찍한 특등석에 앉아 이 오페라를 관람했다. 괴벨스 부인은 내 오른쪽에 앉아서 공연 내내 소리 죽여 울었다. 중간 휴식시간에도 히틀러와 괴벨스가 창가로 가 관중들에게 모습을 드러내는 동안 그녀는 구석 자리에 앉아서 머리를 숙이고 심하게 흐느꼈다. 두 사람은 이 당황스러운 에피소드를 애써 못 본 척했다.

다음 날 아침, 나는 히틀러에게 괴벨스 부인의 상황을, 두 사람이 화해한 배경과 괴벨스 부인의 심정에 대해서 설명할 수 있었다. 한 국가의 원수로서 히틀러는 사건의 해결을 반기면서도 내 앞에서는 괴벨스를 한 번 더 불러와 건조한 말투로 당장 부인을 데리고 바이로이트를 떠나는 것이 좋겠다고 말했다. 그에게 대답할 기회를 주지도 악수를 청하지도 않은 채 히틀러는 선전장관을 물러나게 했다. 그리고 내 쪽으로 몸을 돌려 말했다. “괴벨스가 여자에 관해서는 참 냉소적이야.” 그것은 히틀러도 마찬가지였다. 방법은 달랐지만.

11

세계
Die Weltkugel

베를린 모형을 볼 때마다 히틀러는 설계도의 한 부분을 보며 특별히 생각에 잠기곤 했다. 그것은 미래의 제국 본부로 앞으로 수백 년간 히틀러 시대에 얻게 된 독일의 힘을 상징하게 될 건물이었다. 샹젤리제 궁의 중심이 프랑스 왕의 거처이듯이, 베를린 대로 역시 히틀러의 활동무대가 그 중심이 된다. 여기에는 독일정부의 정무가 이루어질 총리 청사, 3군 지휘권을 통제할 군 사령부, 당사무국(보어만), 의전사무국(마이스너), 히틀러의 개인사를 위한 사무국(불러) 건물 등이다. 제국의회는 중심 단지 안에 포함되긴 했지만 히틀러가 독일의회를 권력 행사의 주요 주체로 두겠다는 의미는 전혀 아니었다. 그것은 예전의 의사당 건물이 우연히도 그 자리에 서 있었기 때문에 일어난 일이다.

나는 히틀러에게 빌헬름 시대에 지어진 파울 발로트의 의사당 건물을 철거하자고 제안했다. 그러나 그 건물을 좋아해 사회적 목적으로 사용할 계획을 갖고 있던 히틀러는 반대를 표했다. 히틀러는 보통 자신의 최종 목표는 입 밖에 내지 않았지만, 이 경우를 비롯해 일부 사안에 대해서 나에게만큼은 다소 솔직한 태도를 보여주었다. 건축가와 건축주 사이에서 생겨나는 친근함 때문이라고 생각된다. "옛 의사당 건물에는 도서관과 의원들을 위한 라운지를 만들면 돼. 모든 사람들을 위해 의사당 회의실을 도서관으로 바꿀 수 있겠지. 580석의 자리는 우리에겐 너무 부족해. 그 곁에다가 1,200명을 위한 새 의사당을 짓는 거야."[1] 그것은 인구 1억 4,000만 명을 염두에 둔 것으로 이 한마디에 자신이 꿈꾸는 제국의 규모를 드러낸 셈이었다. 그는 독일 인구가 빠른 속도로 증가할 것이라고 예상했을 뿐 아니라 동시에 외국에 살고 있는 독일인들을 국내로 불러들일 계획까지 세우고 있었다. 그러나 정복한 국가의 시민들은 포함되지 않았다. 그들에게는 투표권이 없었기 때문이다. 나는 한 선거구의 인구를 늘인다면 옛 의사당도 사용할 수 있을 것이라고 제안했지만, 그는 의원 한 명에 6만 명이라는, 바이마르 시대에 정해진 유권자 수를 바꾸지 않으려고 했다. 그 이유에 대해 설명하지 않았지만 입장은 확고했고 마찬가지로 선거 날짜, 참정권법, 투표함, 비밀투표 등 기존의 외형적인 선거 시스템도 그대로 유지하겠다는 원칙이었다. 그는 자신을 권력의 핵심으로 인도했던 기존의 선거체제를 유지하고 싶다는 의지를 확실히 했다. 비록 1당 체제를 도입함으로써 이 모든 것이 의미를 잃었지만 말이다.

미래의 아돌프 히틀러 광장을 에워쌀 건물들은 돔형 대회의장의 그림자에 가려진다. 히틀러가 건축적으로 민중의 대의를 모욕하길 원하기라도 하는 듯, 돔형 대회의장은 새 의사당 건물보다 50배나 더 큰 규모였다. 그는 나에게 홀의 설계를 1936년까지 완성하라고 말했다.[2] 1937년 4월 20일 그의 생일에 그에게 초벌 설계, 평면도, 단면도와 함께 건물의 첫 번째 모형을 선사했다. 그는 기뻐했고 건축가로서 내가 설계도에 사인을 해야 한다며 언쟁을 벌였다. "총통의 아이디어를 기본으로 만들어진 것입니다." 히틀러는 내가 건축가이고 나의 공로는 1925년으로 거슬러 올라가는 자신의 아이디어 스케치보다 높이 인정받아야 한다고 주장했다. 그러나 나는 고집을 꺾지 않았다. 히틀러는 아마도 내가 그 건물에 대한 권위를 거절하는 데 만족감을 느꼈을 것이다. 설계도를 바탕으로 부분적인 모형들이 만들어졌고, 1939년 외부 디테일까지 묘사된 3미터짜리 나무 모형과 내부 인테리어 모형이 완성되었다. 눈높이에서 보이는 모습을 위해 바닥을 치우도록 했다. 히틀러는 모형 전시장을 숱하게 드나들면서 이 두 모형 앞에서 유독 많은 시간을 보냈다. 그는 의기양양하게 건물들을 가리키며 15년 전이었다면 친구들조차 괴상한 변덕으로만 받아들였을 것이라고 했다. "저 건물들이 언젠가 지어질 거라고 말해도 그때 같으면 누가 나를 믿었을까!"

인류 역사상 가장 큰 규모의 대회의장이 될 그 건축물에는 15만에서 18만 정도의 사람들을 수용할 수 있는 거대한 홀이 있었다. 힘러와 로젠베르크의 괴상한 상상에 대해 히틀러는 부정적인 태도를 보였지만 그 홀은 기본적으로 숭배의 장소였다. 수백 년의 세월이 흐르는 동안 전통과 거룩함에 의해, 그곳은 로마의 산피에트로 성당이 가톨릭 신도들에게 가지는 것과 유사한 의미를 획득하게 된다는 개념이었다. 이처럼 사이비 종교와 비슷한 관념적 배경이 없다면 히틀러가 베를린 대로 중심 단지에 쏟아붓는 돈은 의미 없고 이해하기 힘든 일이 될 것이다.

둥근 내부는 직경 251미터라는 상상하기 힘든 규모다. 거대한 돔은 98.4미터 높이에서 살짝 포물선을 그리고 221미터까지 솟아오른다.

어떻게 보면 로마의 판테온을 본뜬 것처럼 보이기도 한다. 돔에는 빛이 통과할 둥근 문도 있는데, 문의 직경만도 46미터에 달해 판테온(43미터)과 산피에트로 성당(44미터)의 돔보다 크다. 내부는 산피에트로의 16배 크기다.

내부 설비는 가능한 한 단순하게 하기로 했다. 직경 140.8미터의 원을 둘러싸는 3단의 회랑이 30미터 높이까지 지어진다. 100개의 대리석 기둥이 둥글게 둘러서는데—24.38미터 높이밖에 되지 않으므로 여전히 휴먼 스케일에 맞춘 것이다—입구 맞은편의 벽감으로 중단된다. 이 벽감은 50미터 높이에 28미터 폭인데 뒷부분은 황금 모자이크로 장식될 예정이었다. 그 앞쪽으로는 14미터 높이의 대리석 대좌 위에 홀의 유일한 조각품이 올려진다. 발톱으로 나치의 스바스티카를 잡고 있는 도금한 독일 독수리상이다. 통치권의 상징물인 이 독수리는 대로가 펼쳐지는 시작점이라고 할 수 있겠다. 그 상징 아래 국가 지도자를 위한 강단이 마련되어, 그가 국민들에게 독일제국의 미래에 대한 메시지를 전하게 된다. 나는 이 자리에 적당한 강조를 하고 싶었지만 균형미가 없다는 건축의 치명적인 약점이 드러났다. 이 거대한 돔 아래 히틀러는 보이지 않는 점으로 작아져버렸다.

페인트칠한 원형 동판을 지붕으로 씌울 예정이기 때문에 아마도 바깥에서는 하늘 아래 돔이 푸른 산처럼 솟아 있는 듯 보이리라. 돔의 꼭대기에는 가장 가벼운 금속재료를 사용해 40미터 높이의 탑을 올릴 계획이었다. 다시 탑 꼭대기에는 스바스티카를 잡은 독수리가 세워질 것이다.

시각적으로 거대한 돔은 20미터의 기둥들과 조화를 이루었으면 했지만, 내 생각에 이 효과는 크기의 부조화로 모든 것을 헛된 희망으로 되돌릴 것 같았다. 산처럼 거대한 돔은 성채처럼 육중한 화강암 건물 위에 올려질 것이다. 섬세한 프리즈, 네 개의 기둥마다 네 개씩 무리를 이룬 홈이 파진 기둥들, 광장을 바라보는 정면을 따라 이어진 주랑들이 웅대한 입방체 건물에 생동감을 선사할 것이다.[3] 15미터 높이의 두 개의 조각상이 주랑 양편에 선다. 히틀러는 처음으로 우리가 건물 스케치를 준비할 때부터 조각상의 주제를 결정했다. 하나는 아치형 천국을 짊어진 아틀라스였고, 다른 하나는 둥근 지구를 떠받히고 있는 텔루스였다. 하늘과 땅을 상징하는 구에는 별자리와 대륙들을 황금으로 표시해 에나멜을 입힐 것이다.

이 건물의 크기는 2,100만 세제곱미터로, 미국 국회의사당이 여러 개 들어갈 크기다.[4] 그야말로 공처럼 부풀려진 규모였다.

그러나 홀의 건설이 실현될 수 없는 황당한 프로젝트는 아니었다. 우리의 계획은 프랑스의 부르봉 왕조의 마지막 작품으로 클로드 니콜라스 르두가 꿈꾸었던, 혹은 에티엔느 불레가 혁명을 찬미하기 위해 시도했던, 결코 실현될 수 없는 과대망상적 건물의 범주에는 들어가지 않는다. 그들의 규모가 히틀러의 것보다 광대해서가 아니다.[5] 우리가 이들과 다른 점은 모든 것을 진지하게 차근차근 진행했다는 점이다. 1939년, 대회의장과 미래의 아돌프 히틀러 광장을 둘러쌀 다른 건물들을 위한 부지를 조성하기 위해서, 의사당에서 보이는 많은 옛 건물들이 허물어졌다. 토양 조사가 이루어졌고 세부적인 설계도가 완성되었으며 모형이 만들어졌다. 외부를 장식할 화강암을 위해 수백만 마르크가 지출되었다. 그 어떤 건축자재의 구입도 독일 내로 한정하지 않았다. 외환 부족에도 불구하고 히틀러는 스웨덴 남부와 핀란드의 채석장에 자재를 주문했다. 베를린 대로상의 다른 건물들과 마찬가지로 돔형 대회의장도 11년 뒤인 1950년 완공을 목표로 하고 있었다. 나머지 건물보다 홀의 건축에 더 많은 시간이 드는 관계로 정초식은 1940년으로 계획되었다.

직경이 244미터가 넘는 돔을 건설하는 데에 따르는 특별한 기술적 어려움은 없었다.* 30년대 다리 건설업자들도 철이나 철근보강 콘크리트로 비슷한 크기의 스팬을 가지는 다리를 별 문제없이 지었다. 독일 제일의 기술자들은 그 정도 크기는 건축이 가능하다고 판단했다. 나는 "폐허 가치 이론"을 고수하면서 철골의 사용을 피했다. 그런데 히틀러가 의혹을 표했다. "자네도 알잖나. 돔이 공습당해서 내부가 파괴될지도 몰라. 붕괴의 위험이 있을 경우 그걸 다시 어떻게 수리하겠나?" 옳은 말이었다. 그래서 우리는 철골을 사용해 돔의 내벽을 지탱하기로 했다. 하지만 건물의 벽은 뉘른베르크 전당대회장과 같이 단단하게 석조를 올리기로 했다. 그 하중은 돔 무게와 함께 엄청난 압력을 유발할 것이기 때문에 강력한 기초공사가 필요했다. 기술자들은 300만 세제곱미터에 달하는 거대한 콘크리트 바닥을 조성하기로 결정했다. 우리의 계산에 따르면 모래가 섞인 토양도 몇 센티미터밖에 가라앉지 않는 것으로 나왔다. 시범적으로 베를린 인근에 샘플 공사구역이 만들어질 계획이었다.[6] 설계도와 모형사진과 함께 그 공사구역은 우리의 프로젝트 중 드물게 남아 있는 것이다.

---

* 돔형 건축물의 특별한 문제점은 음향에 관한 것이었다. 그러나 몇 가지 주의만 기울이면 문제없을 것이라는 전문가의 말에 마음을 놓았다.

설계 과정에서 나는 로마에 있는 산피에트로 성당을 견학했다. 크기와 인상은 별 상관이 없다는 것을 깨닫게 된 나는 다소 의기소침해졌다. 대규모 건물일 경우 감동이 크기와 비례하지 않는다는 것을 알았으므로, 나는 우리의 어마어마한 홀이 실망스러운 결과를 낳지나 않을지 걱정스러워졌다.

제국항공부에서 공습 방어를 담당하던 내각 고문 크니퍼가 엄청난 크기의 돔이 지어질 것이라는 소식을 듣고는 앞으로 모든 주요 건물들을 가능한 한 분산시켜 공습의 피해를 최소화해야 한다는 입장을 전달했다. 이제 베를린과 독일제국의 중심부에 낮은 구름을 뚫고 올라가는 건물이 세워지면 적군의 폭격기에 항로를 안내해주는 역할을 하게 될 거라고 했다. 돔은 그곳이 독일정부의 중심지라는 사실을 표시하는 안내판 같았다. 나는 이런 우려를 히틀러에게 전달했다. 히틀러는 자신만만했다. “괴링이 나에게 확신을 주었어. 그 어떤 적기도 제국의 영토 안으로 들어올 수 없을 거라고. 그런 종류의 일로 우리의 계획이 방해받을 수는 없지 않은가.”

히틀러는 돔 건설에 집착했다. 소련이 레닌을 기리기 위해 모스크바에 엄청난 위용을 자랑하는 의사당 건물을 계획하고 있다는 소식을 들었을 때 우리는 이미 설계를 마친 상태였다. 히틀러는 그 소식에 펄쩍 뛰었다. 그는 세계에서 가장 높은 기념비적 건물을 세우겠다는 자신의 꿈을 강탈당한 듯 여겼다. 그러고는 한마디 명령으로는 스탈린에게 공사를 중단시킬 수 없다는 것을 깨닫고 무척 억울해했다. 결국에는 “우리의 건물이 가장 독특한 유산으로 남을 것”이라며 스스로를 위로했다. “마천루가 거기서 거기지. 조금 높거나 낮거나 말이야. 우리 건물의 위대한 점은 바로 돔형이라는 거야!” 소련과 전쟁이 시작된 이후 소련이 우리와 비슷한 크기의 건물을 짓는다는 사실이 자신이 인정한 것 이상으로 히틀러에게 고통이 되고 있음을 분명히 알게 되었다. 한 번은 이런 말을 하기도 했다. “이제, 놈들의 건물도 끝장이야. 영원히.”

수로가 돔형 대회의장의 세 면을 둘러싼다. 물은 건물을 반사하고 그 웅장함을 배가할 것이다. 이를 위해 우리는 슈프레 강을 확장해 호수처럼 만들기로 했다. 수로 교통을 위해 일상적인 여객선들은 일련의 지하 수로들을 통과해 이 지역을 지나게 될 것이다. 건물 남쪽으로는 미래의 아돌프 히틀러 광장이 될 큰 광장이 들어선다. 이곳에서 매년 5월 1일 템펠호프 평원에서 열리던 행사가 열리게 될 것이다.[7]

지금까지는 선전부가 대규모 집회의 운영 형식을 구상해냈다. 1939년 카를 한케가 나에게 이러한 집회의 변질된 형식에 대해 이야기했다. 즉 집회의 방식이 이제 정치적 선전 요소에 따라 추구된다는 것이었다. 외국 손님들을 환영하기 위해 어린 학생들을 동원하는 것부터 시작해, 노동자들을 동원해 국민들의 의지를 표현하는 것까지 선전부에서 시나리오를 준비했다. 아이러니컬하게도 한케는 군중 동원 걱정을 했다. 만일 모든 것이 계획대로 이루어진다면 아돌프 히틀러 광장을 채우기 위해 엄청나게 많은 수의 환호하는 군중을 동원해야 한다는 것이다. 아마 수백만은 족히 필요할 터였다.

광장의 한쪽에는 새 군 사령부가, 다른 쪽에는 총리 청사가 세워진다. 한쪽 면은 완전히 뚫려서 대로를 따라 원대한 조망을 가능하게 한다. 거대한 광장에서 뚫린 쪽은 여기뿐이고, 다른 면들은 모두 건물로 빽빽하게 막혀 있다.

돔형 대회의장 옆쪽에서 가장 중요하고 심리적으로도 흥미로운 건물은 바로 '히틀러의 궁'이다. 총리 청사가 아니라 궁전이라는 표현은 전혀 과장이 아니다. 스케치를 보면 알 수 있듯이 히틀러는 이 건물을 1938년에 이미 구상하고 있었다.[8] 그 건축물은 권위를 향한 그의 열망을 여지없이 보여주었고, 권력을 잡자 열망의 수위는 가파르게 높아졌다. 히틀러가 자신의 궁전을 스케치하는 데 모델로 삼았던 건물은 비스마르크 시대의 수상 사저지만 그 크기는 150배에 달했다. 네로 황제의 전설적인 궁전인 황금의 집도 102만 제곱미터에 달하지만 히틀러의 궁전보다 작다. 히틀러

궁에 딸린 정원은 베를린의 중심가 안에서 204만 제곱미터의 땅을 차지하게 될 것이다.† 리셉션 룸에서 여러 개의 살롱을 지나면 수천 명을 수용할 수 있는 만찬장으로 이어진다. 성대한 리셉션을 위해 여덟 개의 큼직한 사교홀이 지어지고 바로크와 로코코 시대 공작들의 극장을 본 딴 400여 개의 좌석이 있는 영화관에는 최신 설비를 갖추었다.

히틀러는 청사에서 지붕이 덮힌 회랑을 따라 돔형 대회의장에 이를 수 있다. 한편 그의 집무실은 편리하게 개인 처소와 붙어 있었다. 그의 개인 서재는 공무지역의 중심에 놓이는데, 그 크기는 미국 대통령의 리셉션 룸을 훨씬 능가한다.[9] 히틀러는 최근에 완성된 총리 청사가 각국 외교관들이 자신을 만나기 위해 상당한 오르막을 오르도록 설계된 데 큰 즐거움을 느꼈기 때문에, 새 총리 청사에도 같은 장치를 만들려고 했다. 그래서 나는 방문객이 통과해야 하는 거리를 두 배로 늘였고 그 길이는 대략 400미터 정도에 달할 예정이었다.

1931년에 지어진 예전의 청사에 비하면 히틀러의 열망은 이제 70배로 증가한 셈이다.[10] 그의 과대망상이 어느 정도에 이르렀는지 예측하게 해주는 부분이다.

이토록 화려한 장관 속에서 히틀러는 적당한 크기의 침실에 하얗게 칠해진 침대 틀을 세우려 했다. 그는 이렇게 말하기도 했다. "침실에 장식을 많이 하는 건 좋지 못해. 단순하고 평범한 침대에서 쉴 때가 제일 편안하지."

1939년이 되자 모든 계획들이 구체적인 형태를 띠기 시작했다. 괴벨스의 선전은 히틀러의 검약과 검소함에 대한 독일 국민들의 믿음을 북돋웠다. 이러한 이미지를 손상하지 않기 위해 히틀러는 호화로운 관저와 미래의 총리 청사에 대한 이야기를 극도로 자제했다. 그러나 일단 우리가 일을 추진해나가자 그는 나에게 웅장해진 규모에 대한 정당성을 역설했다.

† '히틀러 궁'은 7만 3,000명 정도인 한강 밤섬보다 여덟 배 이상 큰 규모이다.

> 자네도 알겠지만 나는 베를린의 작고 소박한 집 한 채로도 만족해. 이미 충분한 권력과 특권을 가졌지. 나를 지탱하는 데 그런 화려함은 필요치 않아. 내 말을 믿게. 그렇지만 내 후계자는 그러한 화려함을 극히 필요로 할 거야. 많은 경우 그러한 방법으로 지탱해나갈 수밖에 없기도 할 게고. 그릇이 작은 지도자라도 이렇게 웅장한 배경에서 자신을 과시할 수 있을 때 주변 사람들에게 얼마나 큰 권력을 휘두를 수 있는지 자네는 모를 걸세. 위대한 역사가 숨쉬는 이런 방들이 미미한 지도자를 역사적 지도자의 반열에 올릴 수 있도록 만드는 게지. 자네도 알겠지만 내 살아 생전에 이 건물들을 완성해야 하는 이유가 바로 여기 있어. 내가 그곳에 존재하고 그리고 나의 기상이 그 건물들에게 전통을 부여할 걸세. 나는 그곳에 단지 몇 년만 머물러도 만족해.

히틀러는 1938년 건설 노동자들을 위한 연설에서도 이와 비슷한 말을 한 적이 있다. 비록 상당한 진척을 보이고 있는 자신의 건설 계획을 거의 밝히지 않았지만 말이다. 독일의 지도자이자 총통으로서 그는 이전에 사용하던 궁전에는 들어가지 않을 것이라고 말했다. 이것이 히틀러가 제국대통령의 궁으로 이사를 거절했던 이유다. 그는 체임벌린 경이 예전에 살던 곳에 살 생각이 없었다. 히틀러는 독일이라는 국가는 외국의 왕이나 황제가 지닌 웅장한 건물에 걸맞은 공공건물을 가져야 한다는 입장을 고수했다.[11]

당시에도 히틀러는 비용에 대해 걱정할 필요가 없다고 단언했다. 우리는 그 말에 따라 건물의 크기에 따른 비용을 거의 계산하지 않았다. 사반세기가 지난 지금에서야 처음으로 그 크기를 계산해보았다. 다음이 그 결과다.

1. 돔형 대회의장	21,129,230세제곱미터
2. 히틀러 궁	1,911,538세제곱미터
3. 사무실과 총리 청사	1,206,923세제곱미터
4. 부속건물들	200,769세제곱미터
5. 군 사령부	603,076세제곱미터
6. 새 의사당	351,538세제곱미터
	25,403,074세제곱미터

비록 거대한 규모로 인해 세제곱미터당 비용은 조금 줄어들 수 있겠지만 전체 비용은 상상을 초월했다. 이 광대한 구조물은 웅장한 벽과 깊은 분수를 필요로 했다. 더욱이 바깥 외장은 값비싼 화강암으로 조성되어야 하고 내부는 대리석이다. 마찬가지로 문과 창, 천장 기타 등등 모든 부분에 최고급 자재가 사용되어야 한다. 아돌프 히틀러 광장 한 곳을 짓는 데 실현 불가능할 정도로 낮은 비용으로 책정을 해도 지금 돈으로 50억 마르크는 필요할 것이다.[12]

국민적 분위기의 변화, 1939년 독일 전역에서 감지되었던 우울함은, 2년 전만 해도 자발적으로 참여하던 환영 군중들을 이제는 동원해야 할 지경에 이르자 더욱 명백해졌다. 더욱이 히틀러도 과거에 비해 어느 정도 자신에게 환호를 보내는 군중에게 멀어져 있었다. 가끔 일어나는 일이지만 빌헬름 광장에 모인 군중들이 히틀러가 나타나주기를 바라며 아우성치는 경우가 있었다. 2년 전만 해도 그는 '역사적인 발코니'에 자주 등장했다. 그런데 이제는 가끔 부관들이 와서 모습을 보이기를 청하면 이렇게 소리 질렀다. "그런 일로 나를 그만 좀 괴롭혀!"

겉으로는 별것 아니지만 이것은 새 아돌프 히틀러 광장과 관련해 중요한 의미를 지닌다. "언젠가는 나도 국민들이 반대하는 결정을 내려야 할 경우가 있을 거고 폭동이 일어날 수도 있어. 우리는 그럴 경우에도 대비해야 해. 이 광장에 있는 모든 건물의 창에는 육중한 철제 방탄 덧문을 달아야 해. 문 역시 철로 만들어야 하고 육중한 쇠문을 달아 광장에서 건물을 차단할 수 있어야 하네. 제국의 중심부를 요새화해서 방어하는 것도 가능한 일이지."

이 말은 예전에 없던 불안감을 드러낸다. 우리가 경호원들의 처소를 어디에 둘 것인지에 대해 논의할 때도 불안해하는 모습이 역력했다. 이제 그의 경호대는 자동차와 최신 무기를 완벽하게 갖춘 대군으로 성장해 있었다. 그는 경호대의 본부를 거대한 남쪽 축에서 바로 보이는 곳으로 옮겼다. "소요사태라도 일어난다고 생각해봐!" 이렇게 말하고는 122미터 폭의 대로를 가리켰다. "만일 그들이 무기를 갖추고 자동차로 이 거리를 메운다면 아무도 저항할 수 없을 걸세." 군에서 이 배치에 대해 전해 듣고 친위대에 앞서 이 장소를 원했는지, 아니면 히틀러가 명령을 내린 것인지 나는 알지 못한다. 어쨌든 군 사령부의 요청에 따라 그리고 히틀러의 승인 아래 대독일 경호연대의 본부는 정치 중심부에 더 가까이 마련되었다.[13]

나는 히틀러가 민중으로부터 분리되었다는 느낌을, 이제는 자신의 국민들을 향해 발포 명령을 내릴 수 있을 정도로 멀어졌다는 것을 느꼈다. 그것을 무의식중에 궁전 정면 디자인에 반영한 듯하다. 궁전 앞면에는 거대한 철문과 자신의 모습을 군중 앞에 드러낼 발코니 문을 제외하고는 입구를 만들지 않았다. 그나마 이 발코니는 이제 5층 높이로 높아져 거리를 굽어볼 뿐이었다. 위압적인 건물의 정면은 대중에게서 멀어져 우상 숭배의 영역으로 들어가버린 지도자의 이미지를 날카롭게 표현하는 것 같다.

수감생활을 하는 동안 총통 궁은 내 오랜 기억 속에 붉은 모자이크, 기둥들, 청동사자와 도금된 실루엣 등으로 대단히 밝고 유쾌한 캐릭터로 자리 잡았다. 그러나 21년이란 시간을 훌쩍 뛰어넘어 컬러 모형사진을 보는 순간, 세실 드 밀 감독의 영화 세트장과 너무도 흡사하다는 걸 알고는 큰 충격을 받았다. 놀라운 수준의 건축물이지만 이 설계에는 무자비한 요소가 있었으니 그것은 바로 독재를 상징하고 있다는 점이다.

전쟁이 일어나기 전, 건축가 브링크만이(트로스트 교수와 마찬가지로 그도 기선 디자인 전문가였다) 깜짝 선물로 히틀러에게 주었던 잉크병을 보고 웃은 적이 있다. 브링크만은 소박한 자재를 사용해 무게 있는 분위기의 건축물을 지었다. 그러나 잉크병은 온통 물결무늬와 구멍이 가득한 장식 투성이였다. 그러고는 "국가원수의 잉크병"이 갖는 모든 장엄함 가운데서 외로이 파인 조그만 구멍에 잉크가 담겨 있었다. 그토록 괴상한 물건은 처음 본다고 생각했다. 그러나 나의 기대와는 반대로 히틀러는 이 선물을 무시하지 않았다. 사실 그는 이 청동 잉크병을 지나치게 칭찬했다. 브링크만은 히틀러를 위해 의자와 탁자도 디자인했지만 그것은 성공하지 못했다. 그의 가구들은 비례의 과잉을 보이고 있었다. 지나치게 큰 두 개의 도금된 소나무 뿔과 왕관 비슷한 것이 의자 뒷부분에 얹혀 있었다. 이 두 물건은 과장된 허풍과 함께 내게는 졸부들이 풍기는 악취처럼 느껴졌다. 하지만 1937년부터 히틀러는 과장된 스타일을 조금씩 허용하면서 점점 더 허풍스러움에 기울어졌다. 그는 한때 자신이 공부를 시작했던 빈의 링슈트라세를 맴돌았고, 조금씩 트로스트 교수의 원칙에서조차 멀어졌다.

그리고 나도 그와 함께 변해갔다. 이 시기의 나의 설계는 '나만의 스타일'과 점점 더 상관없는 것이 되어갔다. 내가 나의 근원과 유리되는 현상은 지나치게 거창한 건물 외에 다른 방식으로도 나타났다. 내 건물들은 그 동안 추구해오던 도리아 양식의 특징을 더 이상 담고 있지 않았다. 건물들은 순전히 '데카당스'가 되어갔다. 부와 내가 마음껏 쓸 수 있는 무한정의 자금, 거기에 히틀러의 당 이데올로기는 나로 하여금 동양 전제군주의 화려한 궁전 양식에 영감을 느끼도록 이끌어갔다.

전쟁이 시작되면서 나는 하나의 이론을 만들었다. 내가 파리의 막심스 카페에서 있었던 만찬에서 얘기했던 것으로, 그 자리에는 독일과 프랑스의 예술가들이 모여 있었다. 프랑스 예술가들 가운데는 콕토와 데스피오도 자리하고 있었다. 프랑스 혁명은 새로운 양식의 감각을 발전시켰고 후기 로코코를 대체하게 되었다고 나는 말했다. 가장 단순한 가구도 아름다운 균형미를 갖추고 있다. 이러한 양식은 바로 불레의 건축물에서 가장 선명하게 드러난다고 나는 주장했다. 이 혁명 양식을 따랐던 프랑스 혁명정부는 여전히 그들의 풍성한 기법을 가벼움과 멋진 취향으로 다루었다. 제국양식과 함께 전환기가 찾아왔다. 해가 갈수록 저급한 요소들이 도입되었다. 섬세한 장식이 여전히 고전적인 것을 근간으로 하는 형식 위에서 꽃피었고, 결국은 후기 제국양식이 추종을 불허하는 찬란함과 풍성함을 획득하게 된다. 후기 제국양식은 집정정부 시대와 함께 희망차게 시작했던 스타일 혁명의 정점을 표현했다. 그것은 또한 혁명기에서 나폴레옹제국으로의 변화를 표현했다. 그런 의미에서 그것은 나폴레옹 시대의 종말을 예고했던 부패가 겉으로 드러난 표식이었다. 20년이란 시간 안에 압축되어, 우리는 보통은 수백 년을 통해 일어나는 현상을 관찰할 수 있다고 나는 말했다. 즉 바알베크 신전이나 중세 초기 로마네스크 건축에서 중세 말기의 유희로 가득찬 고딕양식으로, 고대 초기의 도리아식 건축에서 후기 헬레니즘 시대의 분열되고 장식이 많은 양식으로의 발전 과정이다.

내가 이 문제에 대해 지속적으로 매달렸다면 히틀러를 위한 나의 건축은 후기 제국양식을 따르고 있고 정권의 종말을 예고하는 것이라는 주장을 폈을지도 모른다. 그러므로 히틀러의 몰락은 바로 건축에서 추론될 수 있었을 것이다. 그러나 당시에는 그런 생각을 미처 하지 못했다. 아마도 나폴레옹의 측근들은 화려하게 장식된 후기 제국양식의 살롱에서 웅장함만을 느꼈을 것이다. 후대 사람들만이 이러한 건축에서 몰락의 조짐을 볼 수 있으리라. 히틀러의 측근들도 어쨌든 육중한 잉크병이 자신들의 천재 지도자에게 걸맞은 화려한 물건이라고 생각했다. 그리고 내가 만드는 어마어마한 돔도 히틀러가 가진 권력의 상징으로 받아들였다.

1939년 우리가 마지막으로 구상한 건물들은 사실 순전히, 120여 년 전 나폴레옹의 몰락 직전에 유행했던 신제국양식이었다. 이 건물들의 특징은 지나치게 화려한 장식과 도금에 의존하는 것, 치장에 대한 열정, 전체적으로 퇴폐적인 분위기 등이다. 그리고 스타일뿐만 아니라 지나치게 육중한 규모도 히틀러의 의도를 분명히 반영하고 있다.

1939년 어느 날, 히틀러가 발톱으로 스바스티카를 잡고 있는, 291미터짜리 돔 위에 세워진 독일 독수리를 가리켰다. "저걸 바꾸어야겠어. 나치 상징이 아니라 지구를 움켜쥐고 있는 독수리로 말이야. 지구상에서 가장 위대한 건물 꼭대기에 세워진 독수리니까 이 세상 위에 올라서 있어야 해." 그의 요구대로 수정된 독수리가 세워진 모형 사진이 아직 남아 있다.

몇 달 뒤 제2차 세계대전이 시작되었다.

12

그럴듯한 시작
Beginn der Talfahrt

1939년 8월이 시작될 무렵, 우리는 차분한 마음으로 히틀러와 함께 차를 몰아 '독수리 둥지'까지 갔다. 긴 차량 행렬이 보어만이 만들어놓은 돌길을 따라 산을 감아 돌며 이어졌다. 높은 청동 문을 지나니 대리석 홀이 나왔는데, 깊은 산속의 습기로 퀴퀴한 냄새를 풍겼다. 우리는 반짝이는 놋쇠로 된 엘리베이터에 올랐다.

우리가 50미터 높이의 축대에 오르자 히틀러가 갑자기 말했다. 혼잣말을 하는 것 같았다. "아마도…, 엄청나게 중요한 사건이 곧 일어날 거야. 어쩌면 괴링을 보냈어야 했을지도 몰라. 필요하다면 내가 직접 가야지. 이패에 모든 것을 거는 거야." 그 이상은 아무 말도 없었다.

그로부터 3주도 채 지나지 않은 1939년 8월 21일, 우리는 독일 외무장관이 협상을 위해 모스크바에 가 있다는 소식을 들었다. 저녁식사를 하고 있는데 쪽지가 히틀러에게 전해졌다. 그는 쪽지를 읽더니 잠시 동안 허공을 노려보았다. 얼굴이 확 붉어지더니 유리그릇이 덜컥거릴 정도로 테이블을 쾅 내리쳤다. 흥분으로 갈라진 목소리로 이렇게 소리쳤다. "놈들을 해치우겠어. 끝장낼 테야!" 몇 초 후 히틀러는 이성을 되찾았다. 감히 질문을 던지는 사람 하나 없이 식사가 계속되었다.

저녁식사 후 히틀러는 측근들을 불러모았다. "우리는 소련과 불가침조약을 맺을 생각이네. 여기 이걸 한번 읽어들 봐. 스탈린이 보낸 전보야." 전보는 양국이 맺은 조약을 인정하는 간단한 내용이었다. 종이 위에 히틀러와 스탈린의 이름이 우정으로 연결되어 있는 모습이 너무도 경이로웠다. 그것은 내가 상상해 낼 수 있는 가장 극적인 전환점이었다. 즉시 우리는 스탈린이 붉은 군대 퍼레이드를 사열하는 장면이 담긴 영화를 보았다. 엄청난 규모의 대군이 그의 앞을 지나쳐 행진하고 있었다. 히틀러는 소련의 군사력이 더 이상 독일에 위협이 될 수 없다는 사실에 만족스러워했다. 그는 군 보좌관들에게 몸을 돌렸는데 화면에 나오는 병력의 수와 무기에 대해 어느 정도 규모인지 추측해보라고 하는 것 같다. 여성들의 초대는 여전히 금지되었지만 그들도 곧 남편을 통해 이 소식을 듣게 되었고, 잠시 후에 라디오를 통해 불가침조약이 발표되었다.

괴벨스가 8월 23일 저녁에 기자회견을 열고 독소불가침조약에 대한 입장을 밝혔다. 즉시 히틀러는 괴벨스에게 전화를 했다. 그는 외신기자들의 반응을 물었다. 열기에 눈을 반짝거리며 히틀러는 우리에게 괴벨스로부터 들은 이야기를 전했다. "대단한 센세이션이었다는군. 때마침 교회 종소리가 울려 퍼지기 시작했다는 거야. 영국 특파원이 절망에 빠져 이렇게 말했다네. '이건 대영제국의 종말을 알리는 종소리다.'" 그날 밤 행복해하던 히틀러에게 가장 깊은 인상을 남긴 말은 이 한마디였다. 그는 이제 자신이 하늘이 정한 운명조차 초월할 만큼 높은 곳에 서 있다고 생각했다.

그날 밤 우리는 베르크호프 테라스에 히틀러와 함께 서서 대자연의 희귀한 장관에 감탄했다. 북극광[1]이 그날따라 유달리 붉은 빛을 계곡 맞은편, 전설로 가득한 운터스베르크에 비추고 있었다. 그 위의 하늘은 무지갯빛으로 휘황찬란하게 빛났다. 「신들의 황혼」 마지막 장의 배경으로 이보다 멋진 광경은 없을 것이다. 그 붉은 빛이 우리의 얼굴과 손을 물들였다. 이 광경은 묘하게도 우수어린 분위기를 자아냈다. 히틀러가 갑자기 군 보좌관 쪽으로 돌아서면서 말했다. "피바다처럼 보이는군. 이번에는 무력 충돌 없이 끝나지는 않을 걸세."[2]

몇 주 전부터 히틀러의 관심사는 이미 군사 문제로 옮겨 와 있었다. 네 명의 군사보좌관들과(군최고 사령부의 루돌프 슈문트 대령, 육군 사령부의 게르하르트 엥겔 대위, 공군 사령부의 니콜라우스 폰 벨로 대령, 해군 사령부의 카를 에스코 폰 푸트카머 대위) 함께한 긴 회의에서 히틀러는 결정적인 계획을 완성하려고 했다. 그는 특히 젊고 편견 없는 이 장교들을 좋아했는데, 아는 것이 많고 회의적인 장군들보다 자신의 의견에 찬성해 주는 사람을 원했기 때문이다.

독소불가침조약이 발표된 직후의 얼마간 히틀러는 자신의 측근들보다는 제국의 정치적·군사적 우두머리들과 더욱 잦은 만남을 가졌다. 그중에는 괴링과 괴벨스, 카이텔, 리벤트로프 등이 포함되어 있었다. 괴벨스는 무엇보다 공공연하고 불안하게 전쟁의 위험에 대해 얘기했다. 놀랍게도 평소에는 급진적인 선전장관이었지만 전쟁의 위험을 치명적인 것으로 여기고 있었다. 그는 측근들에게 평화 노선을 권고했고, 특히 주전파의 대표로 여기는 리벤트로프에게 딱딱한 태도를 보였다. 히틀러의 개인적 지인에 속했던 우리에겐 평화를 주창하는 괴링과 마찬가지로 괴벨스도 권력의 화려함 속에서 타락해 자신의 기득권을 빼앗기고 싶어 하지 않는 겁쟁이로 여겨졌다.

건축가로서의 나의 미래 역시 위험에 처했지만, 국가적 문제 해결이 개인의 이해보다 앞서야 한다는 생각이 들었다. 마음속에 생기기 시작한 의혹들은 히틀러가 보여주는 자신감으로 인해 모두 제압되었다. 그 무렵의 히틀러는 주저함 없이 자신감으로 충만한 채 힘든 임무를 용감히 수행해 내는 고대 신화의 영웅처럼 보였다.*

실제로 주전파에 누가 속했든 히틀러와 리벤트로프를 제외하고는 다

---

* 사실 그보다 9개월 앞서, 나는 총리 청사에 세울 헤라클레스의 전설을 묘사하는 부조를 제작했다.

음과 같은 논리를 내세웠다.

> 이렇게 생각해봅시다. 우리는 급속한 군사력 증강으로 현재 전력에서 네 배 정도의 우세를 확보하고 있소. 체코슬로바키아 점령 이후 상대도 적극적으로 군사력을 확충했죠. 그들의 무기 생산이 정점에 이르기 위해서는 최소한 1년 반에서 2년 정도가 필요하오. 그들은 1940년이 지나야 겨우 우리를 따라잡을 수 있을 거요. 하지만 그들의 생산량이 우리와 비슷해진다면 우리의 비교 우위는 서서히 사라집니다. 우리가 우위를 유지하기 위해선 네 배 정도 많은 양을 생산해야 하니까요. 하지만 우리에겐 그럴 능력이 없어요. 만일 상대의 생산량이 우리의 절반 수준에 이른다 해도 우리의 우위는 조금씩 사그라질 겁니다. 반면, 지금 당장은 우리에게 신형 무기가 있고 그들에게는 구식 무기밖에 없지요.[3]

하지만 이러한 종류의 논리는 히틀러의 결정을 지배하지는 못했지만 분명 공격 개시 시점에는 영향을 주었다. 한동안 히틀러는 이렇게 말했다. “나는 오버잘츠베르크에 가능한 한 오래 머물 생각이네. 닥쳐올 어려운 날들에 앞서 나 자신을 새로이 하기 위함이야. 중요한 결정을 내릴 일이 있을 때만 베를린에 오게 될 걸세.”

불과 며칠 뒤 히틀러의 차량 행렬이 뮌헨으로 이어지는 아우토반을 달리고 있었다. 열 대의 차들이 안전을 이유로 서로 거리를 둔 채 달렸다. 아내와 나도 그 차들 가운데 한 대에 타고 있었다. 여름의 끝, 화창하고 구름 한 점 없는 날이었다. 히틀러의 차가 지나가는데도 사람들은 이상스러울 정도로 조용했다. 더 이상 손을 흔드는 사람도 없었다. 베를린에서도 총리 청사 주변이 놀라울만치 조용한 분위기였다. 예전에는 히틀러의 깃발이 그의 존재를 알리기 위해 위로 올려지면 그의 차가 나가거나 들어올 때 박수와 환호를 보내기 위해 몰려든 사람들로 건물이 둘러싸이곤 했다.

당연히 나는 앞으로 일어날 일에서 제외됐다. 이 요란스러운 시기의 히틀러의 일상은 뒤죽박죽이었기 때문에 더욱 그랬다. 생활의 중심이 다시 베를린으로 옮겨 온 후부터는 끝없는 회의가 히틀러의 일과를 꽉 채웠다. 일상적인 식사 약속도 대부분 취소되었다. 이 시기의 기억은 다분히 자의적일 수 있다. 그 가운데 이탈리아 대사였던 베르나르도 아톨리코의 코믹한 모습이 가장 생생하게 기억에 남는다. 그는 독일이 폴란드를 침공하기 며칠 전 숨이 턱에 닿아서 총리 청사로 뛰어 들어왔다. 그가 가져온 소식은 더 이상 이탈리아가 동맹관계의 의무를 지킬 수 없다는 내용이었다. 이탈리아의 총통은 수많은 군수품과 공산품을 즉각 납품하라고 지시함으로써 이 나쁜 소식을 은폐했다. 이 요청을 수락할 시 독일군의 전력에 치명적인 영향을 미칠 것이었다. 히틀러는 현대화된 부대와 많은 수의 잠수함을 보유한 이탈리아 함대의 전력을 높이 평가했다. 이탈리아 공군의 전력에 대해서도 높은 점수를 주었다. 때문에 그 순간 히틀러는 자신의 계획이 수포로 돌아갈 수도 있다고 생각했을 것이다. 이탈리아의 군사력이 서방 국가들에게 위협이 될 것이라고 믿어왔기 때문이다. 좌절을 한 히틀러는 이미 명령이 떨어져 있던 폴란드 공격을 연기했다.

그러나 이런 일시적인 움츠림도 곧 새로운 희망으로 인해 사라졌다. 그의 본능은, 이탈리아가 나서주지 않더라도 선전포고를 하는 것만으로도 서방을 겁에 질리게 할 수 있다고 부추기고 있었다. 그는 무솔리니의 중재 요청을 거부했다. 이어 군대의 출동이 너무 오래 연기되면 불안이 가중된다는 이유를 내세워 더 이상 기다리지 않을 것이라고 선언했다. 게다가 가을의 화창한 날씨가 곧 지나버리고 우기가 오면 폴란드의 늪 지형에서 독일군의 발이 묶일 가능성이 높았다.

폴란드 문제에 대해 영국과 의사교환이 이루어졌다. 일련의 사건이 휘몰아치던 시기였지만 특히 기억나는 장면이 있다. 어느 날 저녁 총리 청사 실내정원에서 있었던 일이다. 히틀러는 과도한 업무로 지쳐보였다. 그는 주변 사람들에게 확신에 찬 어조로 말했다. "이번에는 1914년의 실수를 피할 수 있을 거야. 상대방이 책임을 받아들이도록 하는 것이 관건이야. 1914년에는 이 부분에 대해서 어수룩했지. 이제 다시 외무부의 입장이 완전히 쓸모없어졌네. 나 스스로 외교문서 내용을 만드는 게 최고야." 말을 하는 동안 그는 손에 한 장의 원고를 들고 있었다. 아마도 외무부에서 받은 외교문서 초안인 듯했다. 그는 우리와 만찬을 하지 않고 급하게 나가 위층으로 올라가버렸다. 나중에 감옥에서 나는 그 교환공문을 읽었다. 히틀러의 의도를 잘 반영하고 있다고는 볼 수 없는 내용이었다.

서방이 뮌헨에서처럼 한 번 더 그의 요구에 굴복할 것이라는 히틀러의 믿음은 그가 수집한 정보에 기인하고 있다. 영국군 참모부의 한 장교가 폴란드의 저항력은 곧 무너질 것이라는 결론을 내렸다고 알려졌다. 히틀러는 이를 근거로 영국 참모부가 모든 방법을 동원해 영국 정부에 희망 없는 전쟁을 하지 말라고 조언할 것으로 기대했다. 9월 3일 서방 정부들이 최후통첩을 했을 때 히틀러는 처음에는 당황했다. 그러나 곧 영국과 프랑스는 국제 사회에서 체면을 잃지 않기 위해 할 수 없이 선전포고를 할 것이라고 말하며 스스로와 우리에게 확신시켰다. 최후통첩을 했어도 전쟁은 일어나지 않을 것이라고 히틀러는 확언했다. 때문에 히틀러는 군부에 철저히 방어에만 충실하라는 명령을 내렸다. 그는 자신의 결정이 정치적으로 놀라운 혜안을 보여준 것이라고 느꼈다.

8월 말 무렵 히틀러는 심한 신경과민 상태였고 가끔은 절대적인 지도자로서의 확신에 찬 기분을 완전히 잃기도 했다. 정신없는 시기가 지나고 불안한 고요가 이어졌다. 짧은 기간이나마 히틀러는 일상을 회복했다. 심지어 건축 설계에 관한 관심이 되살아나기도 했다. 원형 테이블로 가며 히틀러는 말했다. "물론 우리는 지금 영국, 프랑스와 전쟁 중이야. 하지만 우리 쪽에서 전쟁을 피한다면 모든 건 증발해버릴 테지. 우리가 전함을 침몰시키는 순간 상당한 피해가 불가피해지고 주전파들이 득세를 하게 되겠지." 심지어는 독일의 U-보트가 프랑스 전함 됭케르크 호를 공격하기에 유리한 위치에 있어도 그는 단 한 건의 공격도 허가하지 않았다. 그러나 빌헬름스하펜에 대한 영국의 공습과 아테니아 호의 침몰은 그의 전략을 재고하게 만들었다.

그는 서방이 진지하게 전쟁을 시작하기에는 너무 약하고 시들었으며 타락했다는 자신의 신념을 확고하게 지켰다. 아마도 자신의 측근들과 무엇보다도 자기 자신에게 중대한 실수를 저질렀음을 인정하는 일이 당혹스러웠을 것이다. 지금도 기억나는 것은 영국의 처칠이 전시 내각 최고 책임자 자리에 앉는다는 소식을 들었을 때 히틀러의 대경실색하는 모습이다. 괴링은 그 불길한 기사를 손에 든 채 히틀러의 살롱 문을 열고 들어왔다. "처칠이 전시 내각을 이끈답니다. 이제 전쟁이 임박했다는 의미죠. 이제 영국과의 전쟁이 시작되는 겁니다." 정황을 종합해볼 때 진짜 전쟁은 히틀러가 의도한 것이 아니라는 결론이 내려진다.

히틀러의 착각과 백일몽은 그의 비현실적인 사고방식과 업무방식의 결과물이었다. 히틀러는 자신의 적에 대해서 아는 바가 거의 없었고 참고할 수 있는 정보마저 거부했다. 대신 자신의 직관을 믿었는데, 이 직관이 모순적이라도 개의치 않았으며 타인에 대한 극단적인 경멸과 과소평가에 지배받고 있었다. 그가 자주 쓰던 표현, "언제나 두 가지 가능성이 있다"는 말을 반복한 히틀러는 전쟁을 가장 적합한 시기에 하길 원하면서 동시에 전쟁을 제대로 준비하는 데는 실패하고 있었다. 그는 영국을 스스로 강조했듯이 "제1의 숙적"[4]으로 분류함과 동시에 그 적과 동맹을 맺기를 원했다.

9월 초까지도 히틀러는 자신이 돌이킬 수 없는 세계대전을 일으켰다는 사실을 완전히 이해하지 못했다는 생각이 든다. 단지 한 걸음 더 나아가기를 원했던 것뿐이다. 히틀러는 분명 1년 전 체코 사태에서 그랬던 것처럼 그 한 걸음에 따르는 위험을 감수할 준비를 했다. 그러나 그는 단지 위험에 대한 준비를 했을 뿐이지 세계대전의 준비를 한 것이 결코 아니었다. 그의 해군 재무장은 분명 훨씬 이후로 예정되어 있었고, 전함과 큰 규모의 전투기들은 아직도 제작 중에 있었다. 히틀러는 그 무기가 적과 어느 정도 비슷한 조건에서 대면하지 않는 이상 완전한 군사적 가치를 획득하지 못할 것이라는 점을 알고 있었다. 더욱이 제1차 세계대전 당시 잠수함을 제대로 활용하지 못했다고 자주 비판했던 점을 고려한다면, 히틀러는 강력한 U-보트 함대를 준비해두지 않고서는 두 번째 전쟁을 시작하지 않았을 것이다.

그러나 9월 초 폴란드 공격이 성공적으로 이루어지자 그의 모든 불안은 바람 속으로 흩어졌다. 히틀러는 재빨리 자신감을 회복했고 후에 전쟁이 절정에 달했을 때는 폴란드전이 필수불가결 했다고 자주 들먹였다.

> 자네는 우리가 전쟁을 치르지 않고 폴란드를 얻었다면 좋았을 거라고 생각하나? 오스트리아와 체코슬로바키아처럼 말이야. 내 말을 믿어. 가장 강한 군대라도 계속 그런 식으로 밀고 나갈 수는 없어. 피를 흘리지 않은 승리는 오히려 사기를 꺾지. 그러니 타협을 하지 않았다는 건 행운이야. 물론, 당시에는 위험으로 생각했겠지? 나는 어쨌든 공격을 개시했을 거야.[5]

아마 이런 발언으로 히틀러는 1939년 8월의 외교적 실책을 미화하려 했을지도 모른다. 반면 전쟁의 끝 무렵 하인리치 장군은 나에게 히틀러가 장성들에게 했던, 비슷한 내용의 초기 연설에 대해 말했다. 나는 하인리치의 놀라운 이야기를 받아 적어 두었다. "히틀러는 자신이 샤를마뉴 이후 최초로 절대 권력을 쥐게 되었다고 말했네. 그 힘을 헛되이 하지 않고 독일의 투쟁을 위해 사용할 것이라고 말했지. 만일 전쟁에서 이기지 못하면 힘 싸움에서 버티지 못한 것이 되므로, 만일 그런 일이 생긴다면 독일은 멸망할 것이고 그것이 당연한 운명이라고 말일세."[6]

전쟁 시작부터 국민들은 히틀러와 그의 측근들보다 훨씬 심각하게 상황을 받아들였다. 만연한 불안감 때문인지 9월 초 베를린에서는 공습경보 사이렌이 잘못 울리기도 했다. 다른 베를린 시민들과 함께 나도 공중 대피소에 앉아 있었다. 눈에 띄게 암울한 분위기가 맴돌았다. 사람들은 두려움에 사로잡혀 있었다.[7]

제1차 세계대전이 발발했을 때와는 달리 그 어떤 부대도 꽃 장식을 달고 참전하지는 않았다. 거리는 텅 비어 있었다. 빌헬름 광장에서 히틀러를 외치는 군중의 모습은 찾아볼 수 없었다. 수십 일 전 어느 날 밤 히틀러가 가방을 챙겨 차에 넣고 서쪽으로, 전선으로 차를 몰아갔을 때의 황량한 분위기와 유사했다. 폴란드 침공을 감행한 3일 뒤, 그는 비서관을 시켜 나를 일시적으로 소등 중인 총리 청사 거처로 불러들였다. 작별 인사를 하기 위해서였다. 그는 사소한 일들 때문에 화가 나 있었다. 차가 준비되자 무뚝뚝하게 뒤에 남아 있는 '가신'들에게 인사를 했다. 거리에는 이 역사적인 사건을 지켜보는 단 한 사람도 없었다. 히틀러는 자신이 일으킨 전쟁이 진행 중인 전장으로 차를 몰았다. 분명 괴벨스가 환호하는 군중을 동원할 수도 있었지만 그렇게 하고 싶지 않았을 것이다.

총동원령이 내려진 때에도 히틀러는 자신의 예술가들을 잊지 않았다. 1939년 여름, 각 지역에서 갖고 있던 예술가들의 징병서류를 히틀러의 참모진으로 이송하라는 명령이 내려졌다. 히틀러는 이 서류를 찢어서 던져버렸다. 원본을 없애버림으로써 영영 징병 명단에서 사라지게 된 것이다. 히틀러와 괴벨스가 만든 징병 명단에는 건축가와 조각가들의 이름은 거의 없었다. 징병 명단에서 제외된 대다수는 주로 가수와 배우들이었다. 당시에는 젊은 과학자들 역시 미래를 위해서 보호해야 한다는 인식이 없었고 1942년이 되어서야 나의 주도로 이들의 중요성이 부각되었다.

여전히 오버잘츠베르크에 머무는 동안 나는 선배이자 우리 팀을 이끌고 있던 빌 나겔에게 전화를 걸어 내 직속으로 기술팀을 조직해달라고 요청했다. 건설감독들로 이루어진 잘 조직된 팀을 투입해 다리를 재건하거나 도로를 넓히는 등 전쟁 준비 중 관련 업무를 보기 위함이었다. 하지만 당장 무엇을 해야 하는지 전혀 감을 잡을 수 없었다. 당분간은 슬리핑백과 텐트들을 준비하고 내 차를 암회색으로 칠하는 일 외에는 할 일이 없었다. 전체 징집이 실시되던 날, 나는 브렌틀러슈트라세에 위치한 군 사령부에 갔다. 프로이센-독일의 조직체가 흔히 그러하듯이 기구는 계획대로 움직였지만 군 동원 담당 책임자는 자신의 사무실에서 노닥거리고 있었다. 그는 힘을 보태겠다는 나의 제안을 즉시 받아들였다. 내 차에는 군용 번호가 붙여졌고 나에게도 군인 신분증이 나왔다. 전쟁이 시작되었을 무렵 내가 했던 활동은 그 정도였다.

내가 군에 협조하는 일을 간단하게 금지시킨 이가 바로 히틀러였다. 나의 임무는 자신의 건축 계획을 예정대로 수행하는 것이라고 그는 말했다. 그 즉시, 나는 일꾼들과 기술팀을 군이나 건설 쪽에서 쓸 수 있도록 하기 위해 베를린에 있는 내 사무실에 고용인으로 두었다. 우리는 페네뮌데 지역에서 로켓 개발과 항공 산업을 위한 급한 건물을 짓는 일을 담당했다.

나는 히틀러에게 내가 할 수 있는 최소한의 임무라고 생각하고 이 작업에 대해 보고했다. 나는 당연히 허가를 받을 것으로 확신했다. 하지만 놀랍게도 보어만으로부터 지독히 퉁명스러운 편지가 도착했다. 내가 할 일은 새로운 과제를 수행하는 것이라고 적혀 있었다. 나는 그러한 명령을 받을 일이 없었다. 히틀러는 보어만을 통해 모든 건축 프로젝트를 암암리에 진행할 것을 지시하고 있었다.

이 명령은 히틀러의 사고방식이 얼마나 비현실적이고 분열되어 있는지 말해주는 또 하나의 예이다. 히틀러는 독일이 이제 운명적인 도전을 받고 있으므로 목숨을 건 투쟁에 동참해야 한다는 주장을 펴면서도, 한편으로는 자신의 거창한 장난감을 손에서 놓고 싶지 않았던 것이다. 이러한 결정은 더욱이 국민 정서를 무시하는 행위였다. 국민들은 화려한 건물공사에 분명 좌절감을 느끼고 있었다. 이제 히틀러의 확장 정책은 희생을 요구했다. 히틀러의 이 명령은 내가 태만했던 최초의 명령이다. 전쟁 첫해에 나는 히틀러를 자주 보지 못했다. 그러나 그가 며칠 동안이라도 베를린이나 오버잘츠베르크에 머물게 되면 여전히 설계도를 보자고 했고, 공사에 계속 매진하라고 당부했다. 하지만 곧 그도 암묵적으로 공사의 실질적인 중단을 받아들였다.

10월 초, 모스크바 주재 독일대사인 폰 슐렌부르크 백작이 스탈린이 개인적으로 히틀러의 건축 계획에 관심이 많다고 알려왔다. 우리 모형사진의 일부가 크렘린 궁에 전시되었지만 히틀러의 지시에 따라 가장 큰 건물인 돔형 대회의장 관련 자료는 공개하지 않았다. 히틀러는 이렇게 말했다. “소련에 내 아이디어를 넘겨줄 순 없어.” 슐렌부르크는 내가 모스크바로 와서 모형에 대해 설명해주기를 제안했다. “소련 놈들이 자네를 붙잡아두고 안 보내줄지도 몰라.” 히틀러는 농담조로 말하면서도 나의 소련 행을 허가하지 않았다. 곧이어 대사관 직원인 시누레가 스탈린이 내 스케치를 마음에 들어한다는 소식을 전했다.

9월 29일 리벤트로프가 모스크바에서 열린 독소 국경 및 친선 협정 두 번째 회의를 마치고 돌아왔다. 사상 네 번째로 폴란드 분할을 결정하기 위한 것이었다. 히틀러와 식사하는 자리에서 리벤트로프는 스탈린의 측근들과 함께 너무도 편안함을 느꼈다고 말했다. “꼭 옛 당원들과 함께 있는 것 같았습니다. 각하!” 히틀러는 평소에는 냉정한 외무장관의 입에서 터져 나오는 찬사에 귀를 기울였다. 스탈린은 국경 분할에 큰 만족감을 보였고 모든 것이 확정되자 자신의 손으로 직접 지도 위에 러시아 쪽으로 할당된 영토 중에 커다란 사냥 숲을 표시해 리벤트로프에게 선물했다. 이 부분에서 괴링이 흥분하자 그는 스탈린이 이 선물을 외무장관 개인에게 준 것이 아니며 독일제국을 위한 선물이고, 따라서 자신이 제국의 사냥꾼 대표로 선물을 받은 것이라고 반박했다. 두 열렬한 사냥애호가들 사이에 설전이 벌어졌다. 괴링이 훨씬 강하게 쏘아붙이자 외무장관은 샐쭉해졌다.

전쟁이 발발했음에도 불구하고 외무장관의 공식 관저인 전 제국 대통령궁의 수리는 계속되었다. 히틀러는 거의 완성되어가는 건물을 시찰하고는 탐탁지 않아 했다. 그러자 리벤트로프가 즉시 별채를 허물고 다시 지을 것을 명했다. 그러고는 히틀러를 기쁘게 할 요량으로 대리석 현관과 거대한 문, 중간 크기의 방에는 어울리지 않은 몰딩을 했다. 두 번째 시찰을 하기 전에 나는 히틀러에게 외무부 장관이 또 집을 뜯어고치지 않게 하려면 부정적인 평가는 삼가달라고 부탁했다. 히틀러는 정말 말을 삼갔다. 그리고 나중에 측근들이 있는 자리에서 그의 건물이 완전 실패작이었다고 놀림감으로 삼았다.

10월에 한케가 나에게 새로운 정보를 알려왔다. 독일군이 소련군을 폴란드 내 분계선에서 만났는데 소련군의 무기가 형편없어서 실은 불쌍할 정도였다는 것이다. 한케는 이 이야기를 히틀러에게 보고했다. 군 장교들도 그 말이 사실임을 확인해주었다. 히틀러는 비상한 관심을 가지고 이 보고에 귀를 기울였음이 분명하다. 그 이후 소련의 군사 조직이 와해되어 있다고 주장하면서 이 보고 내용을 자주 증거로 인용했다. 그 직후 소련이 핀란드 공격에 실패함으로써 히틀러의 주장에 더욱 무게가 실리게 되었다.

철저한 보안에도 불구하고 1939년 안에 서부 독일에 총통 집무실을 준비하라고 지시했을때, 나는 히틀러의 차후 계획에 대해 어느 정도 감을 잡을 수 있었다. 괴테 시절의 영지였던 지겐베르크였다. 타우누스 산맥 언덕배기에 있는 나우하임과 가까운 곳이다. 우리는 이를 위해 지겐베르크를 현대화하고 거처를 마련했다.

건물 배치가 결정되자 수백만 마르크를 쏟아 부어 건물이 들어서고 전화선이 가설되었으며, 첨단 통신장비가 구축되었다. 그런데 히틀러가 갑자기 자신이 머물 장소가 지나치게 화려하다며 제동을 걸고 나섰다. 전시에는 검약한 생활을 해야 한다는 말과 함께. 자신의 생각으로 본부는 아이펠 언덕에 지어져야 한다고 주장했다. 그의 발언은 얼마나 많은 돈이 이미 쏟아 부어졌는지 그리고 또 앞으로도 수백만 마르크의 돈이 추가로 필요하다는 것을 모르는 사람들에게만 감동을 줄 수 있을 뿐이었다. 우리는 이 점을 지적해 히틀러를 설득하려 했지만 그는 고집을 꺾지 않았다. 자신이 가지고 있는 '겸소함'의 미덕이 훼손된다는 이유였다.

프랑스에서 독일이 승리한 뒤 나는 이미 히틀러를 독일 역사상 가장 위대한 인물의 반열에 올려놓고 있었다. 그러나 나는 이러한 모든 승전보에도 불구하고 대중들이 보인 무감동에 놀랐다. 히틀러의 자신감은 하늘 높은 줄 모르고 치솟았다. 그는 식사시간에 새로운 독백 주제를 발견했다. 그의 거대한 자신감은 독일의 제1차 세계대전 패배를 유발했던 무능함과 부적절한 혼란을 피할 것이라고 장담했다. 당시에는 정치권과 군부 사이에 의견 차이가 있었다고 말했다. 정치권에 국가의 단합을 저해할, 심지어는 반역 행위가 일어날 여지가 있었다는 사실을 들었다. 실제로 의전상의 이유로 집권당에 속해 있는 무능한 왕자들이 군 지휘관이 되었다. 그들은 왕조의 영광을 위해 군 작전에 참여했다. 엄청난 대재앙을 피할 수 있었던 단 한 가지 이유는 이 부패하고 무능한 왕족들 옆에 뛰어난 참모진들이 있었기 때문이었다. 더욱이 전쟁을 총괄했던 총사령관은 무능하기 짝이 없던 빌헬름 2세였다. 반면, 오늘날에는 독일이 단합되어 있다. 신분은 아무것도 아닌 것이 되었고 군 사령관들도 신분에 상관없이 장교 중에 최고의 인물로 선발된다. 귀족의 특권은 폐지되었고 정계와 군부, 국가는 하나의 실체로 뭉쳤다. 더욱이 히틀러가 국가의 수반으로 서 있는 것이다. 자신의 힘, 자신의 결단력, 자신의 에너지가 미래의 고난을 극복해나갈 거라는 게 요지였다.

히틀러는 서방과의 전쟁에서 승리를 확신했다. 모든 계획이 이 확신으로부터 잉태되었다. "나는 드골 대령의 책을 반복해서 읽고 있네. 현대전에서는 전차 부대의 활용을 극대화해야 한다는 내용이야. 참으로 많은 것을 배우고 있지."

프랑스에서 전쟁이 끝난 직후 나는 총통의 측근 장교로부터 전화를 받았다. 특별한 목적을 위해 지휘본부에 며칠간 와달라는 내용이었다. 히틀러는 스당 인근 작은 마을 브륄리 르 페셰에 임시 지휘부를 만들었다. 마을 사람들은 모두 소개된 상태였다. 단 하나뿐인 마을 도로를 중심으로 장성들과 측근들의 거처가 자리 잡고 있었다. 히틀러가 머물고 있는 본부는 다른 곳과 달랐다. 나를 보자 그는 최고의 유머감각을 발휘해 인사했다. "며칠 있으면 우리는 파리로 날아갈 거야. 자네와 함께 가고 싶었네. 브레커와 기슬러도 올 거야." 그 말과 함께 나는 물러났지만 승리자가 패전국의 수도에 입성하기 위해 세 명의 예술가를 불렀다는 사실이 놀라울 따름이었다.

그날 저녁 나는 히틀러와 군부 측근들이 함께하는 식사에 초대받았다. 파리 입성을 위한 세부적인 논의가 오갔다. 그리고 공식적인 방문이 아니라 일종의 '예술 기행'이라는 것을 깨닫게 되었다. 파리는 그가 그토록 자주 입에 올렸듯이 어린 시절부터 히틀러를 매혹했던 도시다. 히틀러는 파리의 건축과 설계에 대한 끊임없는 공부로 파리 거리와 주요 장소들을 마치 살았던 사람처럼 자연스럽게 찾을 수 있으리라 믿었다.

1940년 6월 25일 새벽 1시 35분을 기해 정전이 발효되었다. 그날 밤 우리는 히틀러와 함께 소박한 농가 널빤지 테이블에 앉아 있었다. 시간이 임박하자 히틀러는 불을 끄고 창문을 열라고 지시했다. 고요히 우리는 어둠 속에서 앉아 역사적 순간을 그 주창자 가까이서 경험한다는 감동에 빠져 있었다. 바깥에서는 전통적으로 전쟁의 끝을 알리는 신호인 나팔 소리가 울려 퍼졌다. 멀리서 천둥이 치는 듯했다. 음울한 소설에서처럼 이따금씩 번쩍이는 번개가 어두운 방 안을 희미하게 비추었다. 누군가 감정을 억누르지 못하고 코를 훌쩍였다. 히틀러의 부드럽고 힘주지 않은 음성이 들렸다. "이 의무감은…." 그리고 몇 분이 흘렀다. "이제 불을 켜라." 사소한 이야기가 이어졌지만 나에게 이날 밤은 특별한 사건으로 기억된다. 이번만은 인간 히틀러를 보았다고 생각했기 때문이다.

다음 날 나는 본부에서 나와 성당을 보기 위해 랭스로 행했다. 유령 같은 도시가 나를 기다리고 있었다. 버려진 도시에 전투 경찰이 배치돼 샴페인 창고를 지키고 있었다. 여닫이창은 바람에 흔들리고 날짜 지난 신문들이 바람에 날려 거리에 굴러다녔으며, 열린 문을 통해 안이 들여다보였다. 엉뚱한 한순간으로 일상이 멈춰버린 듯했다. 유리잔과 접시, 먹다 남긴 음식들이 테이블 위에 놓여 있었다. 목적지로 가는 도중 기나긴 피난 행렬을 보았다. 그들은 도로 중심을 차지하고 있는 독일군을 피해 인도를 이용해 걷고 있었다. 자신감에 가득 찬 군대 행렬과 그 양쪽으로 생활필수품들을 유모차, 일륜차, 달구지 등에 담아 걷고 있는 양쪽의 지친 사람들의 행렬은 강렬한 대조를 이루었다. 그로부터 3년 반 뒤, 이와 똑같은 풍경이 독일에서 펼쳐졌다.

정전이 발효되고 3일 뒤, 우리는 르 부르제 공항에 착륙했다. 새벽 5시 30분, 이른 시간이었다. 세 대의 메르세데스 세단이 우리를 기다리고 있었다. 히틀러는 평소처럼 운전수 옆 좌석에 앉았고, 나와 브레커는 그 뒤, 기슬러와 측근들이 제일 뒷좌석을 차지했다. 군 행렬 속에 어울릴 수 있도록 암회색의 유니폼들이 예술가들에게 지급되었다. 차는 널찍한 교외 도로를 따라 곧바로 오페라하우스로 향했다. 샤를 가르니에가 지은 네오바로크 양식의 웅장한 건물이다. 히틀러가 가장 좋아하던 곳, 우리가 가장 가보고 싶어 하던 곳이었다. 독일 점령군 소속의 슈파이델 대령이 정문에서 기다리고 있었다.

우리는 엄청난 면적으로 유명하고 지나친 장식으로 악명 높은 계단과 빛나는 로비, 도금장식이 있는 우아한 정원을 세심히 살펴보았다. 마치 축제의 밤처럼 모든 조명이 밝혀져 있었다. 히틀러가 나서서 일행을 이끌었다. 백발의 안내원이 우리와 함께 버려진 건물을 안내했다. 히틀러는 사실 오페라하우스의 설계를 너무도 열심히 연구했었다. 무대 앞부분에 살롱이 하나 없어진 것을 알고 그것을 지적했는데 확인해보니 사실이었다. 안내원은 그 방이 오래전 리노베이션을 할 때 없어졌다고 설명했다. "자, 보라구. 내가 이렇게 잘 안다니까." 그는 으쓱하며 말했다. 히틀러는 오페라하우스에 매료된 듯했고 그 아름다움에 황홀경을 느꼈다. 그의 눈이 경이로움으로 빛났는데, 히틀러의 이런 모습에 섬뜩함이 느껴졌다. 안내원도 물론 자신이 누구를 안내하고 있는지 즉시 눈치를 챘다. 사무적이면서 초연한 태도로 그는 우리에게 여러 개의 방을 보여주었다. 우리가 떠날 차비를 하자 히틀러는 부관 브뤼크너에게 무슨 말인가 속삭였고, 그는 50마르크를 지갑에서 꺼내 좀 떨어진 곳에 서 있는 안내원에게 주었다. 친절하면서도 단호하게 그는 돈 받기를 거절했다. 히틀러가 한 번 더 시도했지만 마찬가지였다. 그는 자신의 할 일을 했을 뿐이라고 브레커에게 말했다.

잠시 후 우리는 샹젤리제 아래쪽에 있는 마들렌을 지나 트로카데로에 갔다가 이어 에펠탑으로 향했다. 히틀러는 다시 차를 세우라고 했다. 무명용사의 묘가 있는 개선문에서 앵발리데로 향했고, 그곳에 있는 나폴레옹의 묘에서 히틀러는 오랜 시간을 보냈다. 마지막으로 팡테옹을 구경했는데 그 규모가 가히 압도적이었다. 어떻게 보면 히틀러는 보주 궁전, 루브르 박물관, 정의의 궁전, 생 샤펠 등과 같은 파리의 가장 아름다운 건축물과 명소에는 그다지 관심을 보이지 않았다. 그가 다시 활기를 보인 곳은 비슷하게 생긴 집들이 죽 늘어선 리볼리 거리였다. 우리 '기행'의 마지막 목적지는 몽마르트르에 자리한 사크레 쾨르 성당이었다. 낭만적이면서도 중세 초기의 돔 교회를 그대로 본떠 지은 건물이다. 히틀러의 취향을 고려해볼 때 그것은 멋진 선택이었다. 히틀러는 그곳에서 든든한 경호원들에 둘러싸인 채 오랜 시간 서 있었다. 많은 사람들이 그를 알아봤지만 외면했다. 파리를 마지막으로 본 뒤 우리는 차를 달려 신속히 공항으로 왔다. 오전 9시 투어가 끝났다. "파리를 보는 것은 내 일생의 꿈이었어. 지금 그 꿈을 이루어서 얼마나 행복한지 몰라." 잠시 동안 나는 히틀러에게 연민을 느꼈다. 세 시간 동안 둘러본 파리, 단 한 번 유일하게 바라본 파리가 승리의 절정에 오른 그에게 그토록 행복감을 주다니.

돌아오는 길에 히틀러는 승리 퍼레이드를 제시했다. 하지만 측근들과 슈파이델 대령의 논의 끝에 퍼레이드는 하지 않기로 결론이 났다. 퍼레이드를 취소한 공식적인 이유는 만일 발생할지도 모르는 영국군의 공습 위험 때문이었다. 그는 잠시 후 이렇게 말을 돌렸다. "지금은 승리를 축하할 기분이 아니야. 우리는 아직 목표에 이르지 못했어."

그날 저녁 히틀러는 농가의 작은 방에서 나를 불러들였다. 그는 혼자 테이블에 앉아 있었다. 그가 망설임 없이 말했다. “내 이름으로 베를린 공사를 대대적으로 다시 시작한다는 칙령을 작성해. 파리 아름답지 않나? 베를린을 더 아름답게 만들어야 해. 사실, 전에는 파리를 파괴해야 하나 남겨두어야 하나 고민을 했어.” 그는 너무도 차분하게 말을 이었다. 마치 세상에서 가장 당연한 이야기를 하고 있듯이. “하지만 베를린이 완성되는 날 파리는 그림자로 변할 거야. 그러니 우리가 파리를 부술 필요가 있겠나?” 그 말을 듣고 나는 물러났다.

히틀러의 충동적인 이야기에 익숙해진 나였지만 파괴에 대해 저토록 냉정한 태도로 말하는 모습은 가히 충격적이었다. 그는 바르샤바의 파괴에 대해서도 이와 비슷한 태도를 보였다. 당시 그는 폴란드인들에게서 그들의 정치적·문화적 중심지를 빼앗기 위해 바르샤바의 재건을 허용하지 않겠다고 말했다. 그러나 바르샤바는 전쟁 도중에 파괴되었다. 이제 히틀러는 스스로 유럽에서 가장 아름다운 곳으로 극찬했던, 이루 말할 수 없는 가치를 지니는 보물들을 간직한 도시를 제멋대로, 명분 없이 파괴한다는 생각을 즐거이 할 수 있음을 내비쳤다. 며칠 뒤에는 히틀러의 본성 가운데 이와 배치되는 부분이 드러났다. 비록 그때에는 그들을 강렬하게 받아들이지 못했지만 말이다. 히틀러는 자신의 책임을 깊이 깨닫고 있는 모습에서 무자비하고 인간을 증오하는 파괴주의자에 이르기까지 다중의 자아를 가진 사람이다.

그러나 이와 같은 충격도 곧 희미해져갔다. 나는 또다시 히틀러의 눈부신 승리와 곧 나의 건축 공사를 다시 시작할 수 있다는 기대감으로 벅차올랐다. 이제 파리를 능가하는 도시를 짓는 일이 내 손에 달려 있었다. 자신의 기념비를 허물라는 말은 더 이상 나오지 않았지만 베를린 도시계획 공사를 급히 서두르라는 명령이 떨어졌다. 그는 칙령의 내용을 다음과 같이 바꾸었다. “베를린에는 우리의 위대한 승리에 걸맞은 위용이 깃들어야 한다.” 이어서 그는 선언했다. “나는 이토록 중차대한 건설 계획을, 제국을 위해 우리의 승리를 보존하는 가장 위대한 발걸음으로 여긴다." 그는 이 칙령의 날짜를 정전이 발효됐던, 그의 최고의 승리가 이루어졌던 1940년 6월 25일로 앞당겼다.

그의 부관이 내가 출발해야겠다고 보고했을 때 히틀러는 요들, 카이텔 등의 장군과 함께 집 앞 자갈 길 위에서 서성이고 있었다. 나는 불려갔고 그들에게 가까이 다가가면서 대화의 일부를 들을 수 있었다. 히틀러는 이렇게 말하고 있었다. "이제 우리의 힘이 만천하에 입증되었어. 나를 믿게, 카이텔. 러시아와의 전쟁은 모래통 위 애들 장난이 될 거야." 환하고 즐거운 태도로 그는 나에게 작별을 고했고 내 아내에게 따뜻한 안부 인사를 전했다. 그리고 곧 새로운 설계와 모델에 대해서 이야기하자고 약속했다.

13

극단
Das Übermaß

히틀러가 소련 침공의 계획에 깊이 빠져 있을 때에도, 그의 생각은 이미 베를린 대로와 개선문만 완성된 뒤 이루어질 1950년 승리 퍼레이드로 달려가고 있었다.[1] 새로운 전쟁을 꿈꾸며 승리와 축하를 상상하던 순간에도 그는 정치 경력 최악의 패배로 고통받고 있었다. 나와 미래의 구상에 대해 논의한 지 3일 뒤, 나는 스케치를 들고 오버잘츠베르크로 불려갔다. 베르크호프 대기실에서 기다리고 있는데, 창백하고 불안해 보이는 헤스의 부관 두 사람, 라이트겐과 핀치가 함께 있었다. 그들은 나에게 히틀러를 먼저 만나게 해달라고 청했다. 이들은 히틀러에게 전달할 헤스의 편지를 가지고 있었다. 바로 그 순간 히틀러가 위층 자기 방에서 나왔고 바로 부관 한 사람이 살롱으로 들어갔다. 그동안 나는 내 스케치들을 다시 한 번 훑어보고 있었다. 그런데 갑자기 발음이 분명치 않은 짐승 같은 외침 소리가 들렸다. 히틀러가 소리쳤다. "보어만, 즉시 들어와. 어디 있나?" 보어만은 즉시 괴링, 리벤트로프, 괴벨스와 힘러에게 가능한 한 가장 빠른 방법으로 연락을 취했다. 모든 개인적 손님들은 위층에 머물러야 했다. 여러 시간이 지난 뒤에야 우리는 무슨 일이 생긴 것인지 알 수 있었다. 헤스가 비행기를 타고 적국인 영국으로 향했다는 것이다.

잠시 후 히틀러는 평소의 침착함을 되찾은 듯 보였다. 히틀러를 가장 괴롭힌 것은 처칠이 이 사건을 이용해 독일의 우방인 것처럼 굴며 마치 히틀러가 평화를 위해 밀사를 파견한 것처럼 위장할 가능성이었다. "헤스가 내 명령과 상관없이 혼자 그곳에 갔다고 한다면 도대체 누가 믿겠는가? 독일이 동맹국의 등 뒤에서 수작을 부린 것이 아니라고 한다면 말이야." 일본이 마음을 돌릴지도 모른다고 그는 초조해했다. 그는 유명한 제1차 세계대전 전투기 조종사이자 공군의 비행 기술을 담당하고 있는 에른스트 우데트를 전화로 연결해 헤스가 사용하는 쌍발식 비행기가 스코틀랜드까지 도달할 수 있는 것인지, 당시의 기상 조건이 어땠는지 물었다. 잠시 간격을 두고 우데트가 보고했다. 헤스의 비행기는 항공기술적으로 볼 때 강력한 옆바람 때문에 영국을 지나 빈 공간으로 떨어질 수밖에 없고 따라서 목표지점에 도달할 수 없다는 것이었다. 잠시 동안 히틀러는 평정을 되찾았다. "북해 바다에 빠져 죽기만 한다면! 흔적도 없이 사라질 텐데 말이야. 우리는 그의 죽음에 대해 적당한 핑계를 대면 될 거고." 그러나 몇 시간 후 그는 다시 불안에 빠졌다. 영국에 어떻게든 선수를 치기 위해 히틀러는 라디오 방송을 통해 헤스가 미쳤다고 발표하기로 했다. 그러나 두 명의 부관은 마치 네로 황제 시절처럼 나쁜 소식을 알렸다는 이유로 체포되었다.

베르크호프가 들썩거리기 시작했다. 괴링, 괴벨스, 리벤트로프에 이어 라이와 여러 명의 관구장들, 당 지도부가 몰려들었다. 라이는 당의 조직책으로서 헤스의 임무를 자신이 맡겠다고 청했다. 조직의 규정에서 본다면 이것은 당연히 일어날 수 있는 일이었다. 그런데 이제 보어만이 나서서 자신이 히틀러에게 얼마나 영향력을 행사할 수 있는지 입증하기 시작했다. 그는 간단히 라이의 요청을 물리치더니 자신이 그 직책을 맡았다. 이때 즈음 처칠은 헤스의 비행은 독일 친구들에게 아직도 온정이 남아 있음을 보여주는 처사라고 논평하고 있었다. 처칠은 그의 찬사가 헤스의 후계자에게 어떻게 받아들여졌는지 상상도 못했을 것이다.

그 이후 히틀러의 측근들 사이에서 헤스가 거론되는 일은 없었다. 보어만이 그의 전직 상관이 저지른 사건에 대해 조사를 벌였고, 남편의 죄를 물어 헤스 부인을 처벌하자고 적극 주장했다. 에바 브라운이 나서서 이 일을 말리려고 했지만 성공하지 못했고 나중에 그나마 히틀러의 영향력을 이용해 작은 돈을 보내주는 데 그쳤다. 몇 주 후 나는 주치의 하울 박사에게서 헤스의 부친이 위독하다는 사실을 전해 듣고 꽃을 보냈지만, 보내는 이의 이름은 밝히지 못했다.

당시에는 보어만의 야망이 헤스를 극단적인 행동으로 몰고 갔을 것이라고 생각했다. 역시 대단한 야망가였던 헤스는 자신이 히틀러에 대한 접근이나 영향력에서 소외받고 있다고 느꼈던 것이다. 예를 들면 1940년, 히틀러는 헤스와 수 시간에 걸친 대화 끝에 나에게 이렇게 말하곤 했다. "괴링과 이야기를 하면 꼭 강철로 목욕을 하는 것 같아. 정말 기분이 개운해지거든. 제국원수 괴링은 모든 문제를 기운을 북돋우는 식으로 이야기하지. 그런데 헤스와 대화를 하면 참을 수 없을 만큼 고통스러운 피로가 몰려와. 그는 항상 불쾌한 문제들만 잔뜩 가지고 와서는 끝없이 사람을 괴롭히지." 비행기를 타고 영국행을 결심함으로써 헤스는 오랜 세월 동안 소외된 위치에서 벗어나 위신을 얻고 성공을 이루려고 했을 것이다. 그는 책략과 권력 게임에서 생존하는 데 필수적인 자질을 지니지 못했다. 그는 너무도 예민했고 수동적이었으며 불안정했다. 그리고 모든 계파의 사람들에게 등장하는 순서대로 그들이 옳다고 지지해주었다. 그는 언제나 대다수의 당 최고위 지도부와 의견을 일치시켰다. 그와 마찬가지로 대부분의 지도부 역시 자신의 입장을 고수하는 데 큰 어려움을 겪었지만 말이다.

히틀러는 헤스의 영국행을 하우스호퍼 교수의 좋지 못한 영향력 때문이라고 탓했다.* 25년 후 슈판다우 감옥에서 헤스는 나에게 영국으로 날

---

* 히틀러를 처음으로 전직 장성이자 '지정학'의 창시자인 카를 하우스호퍼 교수에게 소개해준 사람은 헤스였다. 하우스호퍼의 개념은 히틀러의 초기 사상에 큰 영향을 미쳤다. 그러나 하우스호퍼가 계속 나치즘에 동조한 것은 아니었다. 그의 아들 알브레히트 하우스호퍼는 1944년 7월 20일 히틀러 암살 음모에 가담한 죄로 체포되었다. 하우스호퍼 교수는 아들이 처형당한 후 스스로 목숨을 끊었다.

아갈 생각은 자신의 영감에 의한 것이라고 진지하게 확언했다. 꿈을 통해 초자연적인 힘을 느꼈다는 것이다. 그는 히틀러에게 도전하거나 곤란하게 할 생각은 추호도 없었다고 했다. "우리가 영국을 침공하지 않을 것이라는 확신을 주고 싶었네. 영국이 보답으로 유럽을 독일의 처분에 맡겨 줄 것처럼 보였어." 그것은 그가 영국으로 가져갔으나 전달하지 못한 메시지였다. 그것은 또한 히틀러가 전쟁 전이나 심지어 전쟁을 하는 동안에도 자주 언급하던 공식이기도 했다.

내 판단이 옳다면 히틀러는 결코 자신의 부관이 저지른 이러한 '불충'을 극복하지 못했다. 1944년 7월 20일, 암살 시도 사건이 있은 지 얼마 후, 여전히 현실을 크게 오판하고 있던 히틀러는 평화를 위한 조건 중에 '반역자'의 본국 송환도 포함되어 있다고 말했다. 헤스는 교수형을 받아야 한다는 것이었다. 나중에 내가 헤스에게 이 사실을 말해주자 그는 이렇게 말했다. "히틀러는 어쨌든 나와 다시 관계회복을 했을 걸세. 나는 확신해. 그리고 1945년 모든 것이 파멸을 향해가고 있을 때는 히틀러가 가끔은 '어쨌든 헤스의 판단이 옳았군' 하고 생각했을 것 같지 않나?"

히틀러는 전쟁 중이지만 베를린 도시계획이 사력을 다해 이루어져야 한다고 주장했고, 단지 주장에만 그치지 않았다. 관구장들의 입김으로 인해 히틀러는 도시계획에 들어갈 도시의 목록을 훨씬 늘렸다. 원래 재건 대상은 베를린과 뉘른베르크, 뮌헨, 린츠였지만 이제 개인 칙령으로 스물일곱 개의 도시를 재건 대상에 포함시켰다. 새로 올려진 '재건 대상 도시'[2]들은 하노버, 아우구스부르크, 브레멘, 바이마르 등이었다. 나뿐만 아니라 누구도 계획의 타당성에 대해 묻지 않았다. 대신 회의를 한 후에 나는 히틀러가 비공식적으로 만든 칙령의 사본을 받았을 뿐이다. 내 추산으로는, 1940년 11월 26일 보어만에게 알렸듯이 새로 재건하는 도시에 당 청사를 짓는 데만 총 2,200만에서 2,500만 마르크의 비용이 들 것으로 보였다.

나에게 주어진 마감 시한이 새 도시 건설로 인해 지키기 어려울 것이라는 생각이 들었다. 처음에는 제국 내에 모든 도시 설계를 나의 관리 아래 두면서 히틀러의 칙령을 그대로 따르려고 했다. 그러나 이러한 시도가 보어만에 의해 좌절되자 1941년 1월 17일 나는 히틀러에게 원래 할당된 뉘른베르크와 베를린의 도시계획에만 힘을 집중하는 것이 좋겠다고 말했다. 긴 병후라 내 문제에 대해서 충분히 생각해볼 시간을 가질 수 있었다. 히틀러는 동의했다. "자네 말이 맞아. 자네 에너지를 모든 일에다가 쏟는 것도 딱하지. 필요하다면 내 이름으로 공표해도 되네. 국가수반인 나는 자네가 본업인 예술적인 임무를 소원히 하고 이 일 저 일에 관여하는 것을 원치 않는다고 말이야."[3]

나는 이러한 예외사항을 아낌없이 이용했다. 그리고 다음 며칠 동안 모든 당직에서 사임했다. 당시의 내 의도를 집어내라면 아마도 보어만에 대항하기 위해서라고 말할 수 있으리라. 그는 처음부터 나에게 적대적이었다. 그는 내가 위기에 처하지 않았음을 잘 알고 있었다. 히틀러가 나의 자리를 다른 사람으로 교체해서는 안 된다는 언질을 자주 주었기 때문이다.

이따금 나는 곤란에 처하기도 했는데, 그때마다 보어만은 본부에서 날카로운 비판을 해댔다. 물론 그럴 때마다 대단히 흡족해 했을 것이다. 예를 들어 내가 베를린의 새로운 구역에 지어질 교회의 위치에 대해 신교와 구교의 지도부와 논의한 일이 있었는데,* 보어만은 교회에는 제공할 자리가 없다고 딱 잘라서 못 박았다.

1940년 6월 26일에 내려진 히틀러의 '승리 보존'을 위한 포고령은 베를린과 뉘른베르크 공사를 계속하라는 명령에 해당하는 것이었다. 그러나 며칠 뒤, 나는 총통 비서실장 람머스에게 "전쟁이 계속되는 한 베를린의 실

---

* 그때까지 우리는 시내 중심가 철거 예정지에 있는 교회들에 보상을 해주기로 합의했을 뿐이었다.

질적인 건축공사를 즉시 시작할 의도는 없다"는 뜻을 분명히 했다. 이에 히틀러가 이의를 제기하며 비록 민심에 반하는 일이라 할지라도 공사를 계속하라고 명령했다. 다시 한 번 그의 주장에 따라 나는 "총통의 긴급 프로그램"을 완성했다. 1941년 4월 중반, 이런 와중에 괴링이 나를 위해 필요한 양의 강철을 확보해주었다. 매년 8만 4000톤에 해당하는 분량이다. 대중들을 속이기 위해 "전시 베를린 지역 수로 및 제국철도 건설계획"이라는 암호명이 붙여졌다. 히틀러와 나는 다시 공사완료 시점에 대해 논의했다. 대회의장과 군 사령부, 총리 청사, 총통의 건물들, 권력은 아돌프 히틀러 광장을 중심으로 집중될 것으로 보였다. 히틀러는 여전히 그 중심부가 최대한 빠른 시간 내에 완공되어야 한다는 입장이었다. 빠른 완공을 위해 독일 최고의 건설 업체 일곱 곳이 동원되었다.

소련 침공을 눈앞에 두고도 히틀러는 타고난 고집으로 린츠 미술관의 페인트를 직접 선택하는 등 건축 프로젝트에 계속 관심을 쏟았다. 그는 개인적인 예술품 딜러들을 점령 지역에 보내 좋은 그림들을 싹쓸이 해오기도 했다. 곧 그의 딜러와 괴링의 딜러들이 그림을 사기 위해 서로 심하게 경쟁하는 사태가 벌어졌다. 둘 사이의 그림 전쟁은 마침내 총통이 제국원수를 비난하는 추잡한 국면에 접어들었다. 이로써 예술품의 구매에 있어서도 영원히 위계질서가 확립되었다.

1941년 갈색 가죽에 싸인 큼직한 카탈로그가 오버잘츠베르크에 도착했다. 그 안에는 그림과 사진 수백 점이 들어 있었다. 히틀러는 이 그림들을 자신이 좋아하는 미술관에 배분했다. 린츠, 쾨니히스베르크, 브레슬라우 그리고 동부 도시에 소재한 미술관들이다. 뉘른베르크 재판에서 나는 검찰 측 증거물로 제시된 이 그림들을 다시 보았다. 대부분의 작품들은 로젠베르크의 파리 대표부가 유대인들에게 강탈한 것이다.

히틀러는 프랑스의 유명한 국보급 작품들에는 손을 대지 않았다. 하지만 그의 자제는 그리 이타적인 마음에서 나온 것이 아니었다. 히틀러는 프랑스와 평화조약을 맺을 때, 루브르 박물관에 소장된 최고의 걸작들이 전쟁 배상금으로 독일로 인도될 것이라고 가끔 언급했기 때문이다. 그러나 히틀러는 권력을 개인적인 욕망을 위해 쓰지는 않았다. 점령 지역에서 획득하거나 몰수한 작품들 가운데 단 하나도 개인 소유로 하지 않았다.

반면 괴링은 전쟁 기간에 온갖 방법을 다 동원해서 자신의 소장 규모를 계속 늘렸다. 괴링의 호화저택 카린할은 방마다 귀중한 명화들로 덮였고 그림들은 3중, 4중으로 겹겹이 걸렸다. 그는 심지어 실물 크기의 에우로파 누드화 한 점을 커다란 침대의 차양 위에 걸어두기도 했다. 스스로 취미 삼아 미술품 거래에 뛰어들었다. 괴링의 별장 큰 방 하나가 그림으로 가득 찼다. 그 작품들은 유명한 네덜란드 수집가의 개인소장품이었는데, 독일의 점령 이후 말도 안 되는 가격으로 괴링에게 넘겨졌다. 전쟁 중반기에 그가 어린애 같은 미소를 지으며 나에게 말하기를, 자신이 산 가격의 몇 배의 돈을 받고 거기에다가 괴링의 소장품이었다는 프리미엄까지 덧붙여서 관구장들에게 팔아넘겼다고 했다.

1943년의 어느 날, 나는 프랑스 중재단으로부터 괴링이 프랑스의 비시 정부에 압력을 넣어 루브르 박물관의 일부 명화들과 자신이 가지고 있는 값어치 없는 그림들과 바꾸려 한다는 소식을 들었다. 나는 히틀러가 루브르 박물관의 보물들은 손대지 않으려고 한다는 것을 알고 있었기 때문에 프랑스 중재단 측에 괴링의 압력에 굴복해선 안 된다고 조언할 수 있었다. 만일 괴링이 계속 고집을 밀고 나갔다면 나에게도 알렸을 것이다. 결국 그는 명화들을 포기했다. 한편, 카린할에서 괴링은 나에게 슈테르칭 제단 유물을 보여주었다. 무솔리니가 1940년 겨울에 남 티롤 조약을 기념해 선물한 것이다. 히틀러는 가끔 '제국의 2인자'가 귀중한 예술품들을 차지하는데 대해 화를 내기도 했지만 괴링에게 직접 해명을 요구한 일은 없었다.

전쟁이 끝날 무렵 괴링은 나와 친구 브레커를 카린할 만찬에 초대했다. 예외적인 일이었다. 음식은 그렇게 풍성하지 않았지만 마지막에 평범한 브랜디가 잔에 부어지는 순간 우리는 깜짝 놀랐다. 시종이 괴링에게 다가가 엄숙한 태도로 먼지 묻은 오래된 병의 술을 부었기 때문이다. "이 병은 혼자 먹으려고 보관한 것이지요." 그는 손님들에게 어색해하지도 않고 말했다. 그리고는 압수한 귀한 브랜디가 보관되어 있던 프랑스의 궁전 이야기를 계속했다. 이후, 분위기가 되살아나자 그는 우리에게 지하실에 따로 보관되어 있던 보물들을 보여주었다. 그중에는 나폴리 박물관에서 가져온 값을 따지기 어려울 정도의 귀중품들도 포함되어 있었다. 이들은 1943년 말 나폴리에 소개령이 내려지기 전에 운반되어온 것이다. 괴링은 마치 자신이 주인인 양 자랑스러워하며 찬장을 열어 우리에게 프랑스 비누와 향수들을 보여주었다. 몇 년간 쓰기에 충분한 양이었다. 그날의 마지막 일정으로 괴링은 다이아몬드와 보석들을 가져오게 했다. 분명 수십만 마르크의 가치가 있는 것들이었다.

히틀러의 그림 수집은 드레스덴 미술관 관장인 한스 포세 박사를 린츠 미술관의 건설 대리인으로 임명하고 나서 중단되었다. 그때까지 히틀러는 살 그림을 경매 카탈로그에서 스스로 골랐다. 이 과정에서 히틀러는 가끔 한 가지 임무를 위해 두세 사람을 임명해 경쟁하게 하는 습관 때문에 피해를 입었다. 한 번은 하인리히 호프만과 자신의 미술품 딜러 두 사람에게 각자 지시를 내려 가격 제한 없이 입찰하라고 시킨 일도 있었다. 그 결과, 히틀러가 보낸 두 대리인은 다른 입찰자들이 포기하고 난 뒤에도 겁 없이 값을 올리며 경합했다. 이 입찰은 베를린의 경매업자인 한스 랑에가 나에게 상황을 알려줄 때까지 계속되었다.

포세를 임명하고 난 직후 히틀러는 그에게 그뤼츠너 콜렉션을 포함해서 자신의 이전 획득물들을 보여주었다. 그림의 관람은 안전상의 이유로 그림들을 옮겨다놓은 히틀러의 방공호에서 이루어졌는데, 포세와 나, 히틀러를 위해서 의자가 준비되었다. 친위대 대원들이 그림을 하나씩 들고 들어왔다. 히틀러는 보통 때 하던 대로 좋아하는 그림들에 극찬했지만, 포세는 히틀러의 권력에도, 친근한 태도에도 구애받지 않으려 했다. 객관적이고 청렴한 태도로 포세는 값비싼 그림들을 폄훼했다. "별로 쓸모가 없겠군요!" 혹은 "제가 보기에는 우리 미술관의 수준에 맞지 않습니다." 항상 그렇듯이 히틀러는 전문가들이 제기한 비판들을 이의 없이 수용했다. 포세는 히틀러가 좋아하던 뮌헨파의 작품 거의 대부분을 악평했다.

1940년 11월 중순, 소련의 외무장관 몰로토프가 베를린에 도착했다. 주치의 카를 브란트 박사가 소련의 외무장관과 직원들은 독일의 세균이 두려워 접시와 은식기를 사용하기 전에 끓인다고 이야기하자 히틀러와 만찬 손님들은 대단히 즐거워했다.

베르크호프의 살롱에는 커다란 지구본이 있는데, 몇 달 뒤 그 위에서 나는 실패한 회담의 흔적을 발견할 수 있었다. 군부관 한 사람이 심각한 표정으로 연필로 그어진 선을 지적했는데, 선은 우랄 산맥을 따라 북쪽에서 남쪽으로 그어져 있었다. 히틀러는 일본과 독일의 미래의 국경을 표시하기 위해 줄을 그었다. 1941년 6월 21일 소련 침공 전날 저녁에 히틀러는 만찬 후 나를 베를린 살롱으로 불렀다. 레코드판이 올랐고 리스트의 교향시「전주곡」가운데 몇 소절이 울렸다. "조만간 이 곡을 자주 듣게 될 걸세. 우리의 승리 팡파르로 쓸 요량이거든. 풍크가 골랐지. 자네는 어떤가?* … 우리는 러시아에서 화강암과 대리석을 가지고 올 거야. 얼마든지 원하는 만큼."

히틀러는 이제 공공연히 자신의 과대망상증을 드러냈다. 그의 건축 계획이 수년간 암시하던 내용들이 이제, 그의 표현에 따를 것 같으면, 새로운 전쟁, "피"로 봉인될 참이었다. 아리스토텔레스는『정치학』에서 이렇게 말했다. "최대의 부정은 필요에 내몰리는 사람이 아니라 지나친 것을 추구하는 사람들에게서 나온다."

1943년 리벤트로프의 50회 생일에 그의 가까운 측근들이 보석으로

---

* 그전까지 히틀러는 놀라운 승전보를 발표하는 라디오 방송이 나갈 때마다 팡파르에 쓸 곡을 직접 골랐다.

장식된 멋진 상자를 선물했다. 외무부 장관이 서명한 협정과 조약의 사진 복사물을 담으라는 뜻이었다. "그런데 너무도 당황스러운 사태가 벌어진 겁니다." 리벤트로프의 연락관인 헤벨 대사가 히틀러와의 저녁식사에서 말했다. "상자를 채우려고 하니 우리가 그동안 안 깨버린 조약문서가 몇 개 없지 뭡니까."

이 말에 히틀러는 눈물이 고일 정도로 웃었다.

히틀러가 일으킨 거창한 전쟁이 명백한 분수령에 이르렀을 때 전쟁 시작 시점에 그랬던 것처럼, 나는 다시 건축 계획을 추진하는 일로 압박을 받고 있었다. 1941년 7월 30일, 독일군이 러시아에서 아직은 당당하게 진군하고 있을 때 나는 독일의 건축 업계를 이끌고 있던 토트 박사에게 전쟁 준비에 반드시 필요한 것을 제외하고는 모든 건축공사를 중단하자고 제안했다.[4] 그러나 토트는 여전히 전장의 상황이 좋기 때문에 몇 주 정도의 여유가 있다고 여겼다. 그 문제는 완전히 연기되었다. 나의 주장은 히틀러의 마음을 전혀 움직이지 못했다. 그는 어떤 제약에 대해서도 들으려 하지 않았고 자신의 건축 프로젝트에 동원되는 자재와 노동력을 전쟁 산업으로 돌리는 것을 거부했다. 스스로 필요하다고 판단될 때 건축 프로젝트와 아우토반, 당사 건물, 베를린 프로젝트를 중지하겠다는 생각이었다.

1941년 9월 중순 러시아 진격이 자신만만했던 계획보다 부진한 상태에 빠진 시점에서, 히틀러는 베를린과 뉘른베르크 공사를 위해 스웨덴, 노르웨이, 핀란드로부터 들여오는 화강암 구입 물량을 늘리라고 지시했다. 3,000만 제국마르크에 해당하는 계약이 노르웨이와 핀란드, 이탈리아, 벨기에, 스웨덴, 네덜란드 업체들과 맺어졌다.[5] 대규모 화강암 물량을 베를린과 뉘른베르크로 운반하기 위해 우리는(1941년 6월 4일) 화물선을 준비하고 비스마르와 베를린에 조선소를 지었다. 500톤 규모의 화물선을 수천 척 건조할 계획이었다.

전쟁이 진행되는 동안 건축공사를 중단하자는 나의 요청은 1941년 겨울 러시아에서의 비극의 조짐이 완연한 가운데서도 계속 묵살되었다. 1941년 11월 29일 히틀러는 나에게 퉁명스레 말했다. "건설은 전쟁과 상관없이 계속되어야 하네. 전쟁으로 인해 나의 계획이 중단되도록 하진 않겠어."[6]

더욱이 러시아 침공 초반의 성공 이후 히틀러는 베를린 대로에 독일군의 무용을 강조하는 기물을 설치하고자 했다. 적으로부터 빼앗은 무기를 화강암 받침대 위에 세우기로 했다. 1941년 8월 20일, 히틀러의 명령에 따라 나는 베를린의 병참을 책임지고 있는, 깜짝 놀란 표정의 로라이 제독에게 우리가 적에게 포획한 중무기 30기를 남부역과 개선문 사이에 배치하기로 했음을 알렸다(우리끼리는 T구역이라고 부르는 곳이다). 대로와 남쪽 축을 따라 다른 지점에도 히틀러가 배치를 원한다고 나는 제독에게 알렸다. 전부 200기 정도의 중무기가 필요하게 되었다. 일정 규모가 넘는 탱크들은 모두 중요 공공건물에 배치되기 위해 따로 보관되었다.

히틀러의 "독일 민족의 게르만 제국"(germanischen Reichs deutscher Nation)이라는 정치적 개념은 아직 구체적인 모양새를 갖추지 못한 상황이었다. 그러나 그는 이미 한 가지 계획에 대해 결심을 굳혔다. 노르웨이의 도시 트론트하임이 보이는 곳에 독일의 해군 기지를 세우겠다는 것이었다. 조선소, 선착장과 함께 25만 명의 독일 시민이 거주하게 될 도시가 세워지고, 이 도시는 독일제국에 병합될 것이다. 히틀러는 나에게 이 도시의 설계를 담당하라고 지시했다. 1941년 5월 1일 나는 해군 사령부의 폭스 부제독으로부터 대규모의 국영 조선소를 짓기 위해 필요한 자료를 얻었다. 6월 21일, 그 문제에 대해 보고하기 위해 라에더 해군 총사령관과 함께 총리 청사를 방문했다. 히틀러는 도시의 대략적인 크기를 정했다. 1년이나 지난 1942년 5월 13일, 그는 이 기지를 군비와 관련된 회의에서 논의했다.[7] 특별히 준비한 지도를 보며 선착장이 들어설 최적의 장소를 물색했고 거대한 잠수함 기지는 화약을 이용해 화강암 절벽을 폭파시켜 만든다는 결정을 내렸다. 히틀러는 프랑스의 생 나제르와 로리앙, 영국의 채널제도도 미래의 해군기지 시스템에 포함시킬 계획이었다. 이런 식으로 히틀러는 자신의 생각대로 남의 나라에 속해 있는 영토와 이해관계, 권리를 배분했고, 그즈음 스스로를 세계의 지배자라고 확신하고 있었다.

이런 맥락에서 나는 소련 점령지에 독일의 도시들을 세우겠다는 그의 계획을 언급하고 넘어가야 할 것 같다. 1941년 1월 24일, 겨울의 재앙 한가운데서 동부 점령지를 관할하던 제국장관 알프레트 로젠베르크의 부관인 관구장 마이어가 '새 도시'의 구역을 접수해 독일 주둔병들과 민간 행정요원들을 위한 거주지를 세워달라고 요청했다. 나는 결국 1942년 1월 말 그 제안을 거절했다. 도시계획을 담당하고 있는 중앙기구가 분명 획일적인 패턴을 채택할 것으로 여겼기 때문이다. 대신 나는 독일의 대도시들이 새 도시의 후원자로 나서는 것을 제안했다.[8]

개전 이후 육군과 공군을 위한 건물들을 세우는 책임을 맡은 뒤로, 나는 조직을 상당히 확대했다. 확실히 몇 달이 지난 시점에서 볼 때 1941년 말까지 군사업에 동원된 2만 6,000명이라는 건설 노동인력은 그리 대단할 것 같지 않았다. 그러나 당시 나는 전쟁에 조금이라도 이바지할 수 있다는 것에 자긍심을 느꼈고, 히틀러의 건설 계획에 완전히 집중하지 않는다는 가책도 일부 덜 수 있었다. 가장 힘든 작업은 Ju-88 공군 프로젝트였다. 공군은 새로운 쌍발 엔진의 중거리 Ju-88 급강하 폭격기를 생산 중에 있었다. 폴크스바겐 공장보다 큰 세 개의 공장이 브륀, 그라츠, 빈에 8개월 만에 완공되었다. 우리는 처음으로 조립식 콘크리트 자재에 적응했다. 1941년 가을부터 연료 부족으로 작업은 난관에 봉착했다. 이 사업이 가장 최우선적인 과제였음에도 불구하고 1941년 9월 작업에 할당된 연료 양은 3분의 1로 줄었다. 그리고 1942년 1월에 이르러서는 필요량의 6분의 1로 줄어들고 말았다.[9] 히틀러가 얼마나 많은 자원을 소련전에 투입했는가를 말해주는 대목이다.

이와 함께 베를린 폭격으로 파손된 곳의 수리와 방공호 건설도 나의 몫으로 떨어졌다. 의심할 여지없이 이 일은 군수장관으로서 나의 직무에 대한 준비인 셈이었다. 먼저 이 경험은 체계와 우선순위가 멋대로 변하면서 빚어지는 생산 체계의 혼란을 통찰할 기회를 주었다. 다음으로는 힘의 역학과 지도부 내의 의견 불일치에 대해 많은 것을 알 수 있었다.

예를 들어 나는 괴링과 함께 회의에 참여했는데, 회의 과정에서 토마스 장군이 지도부가 경제에 지나친 요구를 한다고 불만을 표했다. 괴링은 저명한 장군에게 고함을 지르며 대답했다. "그게 당신과 무슨 상관이요? 그건 내가 처리할 문제요. 듣고 있어요? 아니면 당신이 전시경제 4년계획을 떠맡아볼 생각이요? 당신은 이 문제에 관여할 필요가 없어요. 각하께서는 모든 문제를 나에게만 맡기셨소." 이 상황에서도 토마스 장군은 자신의 상관인 카이텔 장군으로부터 아무런 도움을 받을 수 없었다. 카이텔은 괴링의 예봉을 피해갔다는 것만으로도 안도하는 인물이었다. 군 사령부 군수처에서 내놓은 훌륭한 경제 개발계획은 결코 실행될 수 없었다. 그러나 내가 그때 즈음 이미 깨달았듯이, 괴링은 실제로 하는 일이 없었다. 그가 뭔가를 하고 있다면 대부분은 극심한 혼란을 초래하는 일들이었다. 그는 문제를 해결하기 위한 고통을 감내하지 않았고 자신의 결정을 충동적인 직관에 의해 내렸기 때문이다.

몇 달 뒤 1941년 11월 무렵, 군수 건설의 책임자로서 나는 밀히 원수와 토트 박사와 함께 회의에 참여했다. 1941년 가을 히틀러는 소련이 이미 패배하고 있다고 확신했다. 그래서 다음 작전인 영국 정복*을 준비하기 위해 최우선 순위를 공군력 증강에 두었다. 밀히는 우선 순위를 자신의 입

---

* 이와 관련한 히틀러의 명령은 1941년 12월, 상황이 크게 바뀌었음에도 계속 유효했다. 히틀러는 보통 명령 철회를 꺼렸는데, 우유부단한 성격과 위신을 잃을지도 모른다는 걱정 때문이었다. 육군 무기 증강을 공군보다 우선하는 등의 위급한 상황에 부합하는 새로운 명령들은 1942년 1월 10일 이후에야 발동되었다.

장에서 주장했고 군대 상황에 관해 다소 지식을 가지고 있던 토트는 거의 절망감에 빠져 있었다. 그 역시 가능한 한 빠른 시일 내에 군 장비를 개선해야 할 책임이 있었지만 자신의 임무는 우선 과제에서 계속 밀려나고 있었다. 회의를 마칠 무렵 토트는 자신의 좌절감을 요약했다. "차라리 나를 군수부에 불러다가 조수로 쓰는 게 훨씬 낫겠소."

다시 1941년 가을, 나는 데사우에 있는 융커 기 공장을 방문했다. 코펜베르크 총감독을 만나 우리의 건설 공사와 폭격기 생산을 어떻게 조율할지 논의하기 위해서였다. 이야기가 끝난 뒤 장군은 나를 조용한 방으로 불러 문을 잠그고 앞으로 수년간 미국의 폭격기 생산량과 우리 것을 비교하는 그래프를 보여주었다. 나는 그에게 우리의 지도부가 이 참담한 비교 수치를 보고 무엇이라고 말하는지 물었다. "바로 그게 문젭니다. 지도부에서는 이 사실을 믿으려 하지 않아요"라고 말하더니 그는 갑작스럽게 눈물을 펑펑 터뜨리고 말았다. 당시 새로이 중무장된 공군(루프트바페) 사령관을 맡고 있던 괴링은 여유작작하게 여유를 부리고 있었다. 1941년 6월 23일, 소련 침공이 시작된 다음날, 그는 시간을 내 화려한 파티 복으로 차려입고 나와 함께 트렙토우에 전시되어 있던 제국원수 관저의 모델을 보러 갔다.

25년 동안 내 예술기행의 최후 목적지는 리스본이었다. 11월 8일 새 독일 건축전시회가 개장되었다. 처음에는 히틀러 전용기를 타고 갈 생각이었지만, 부관 샤우프나 사진사 호프만 등 술을 좋아하는 그의 가신 몇몇이 따라나서겠다고 하는 바람에 히틀러에게 자동차로 가겠다고 청했다. 그들을 떨쳐내기 위함이었다. 나는 부르고스, 세고비아, 톨레도, 살라망카 등의 고대 도시를 구경했다. 에스코리알도 들렀는데 그 거대한 단지는 크기로 볼 때 히틀러의 미래 궁전에 비견될 만했다. 그러나 기본적인 감흥은 상당히 달랐고 훨씬 더 엄숙했다. 펠리페 2세는 궁전을 수도원으로 둘러쌌다. 히틀러의 건축 개념과 얼마나 대조적인가. 한쪽은 놀라운 절제와 간결성, 웅장한 내부 공간, 완벽히 통제되는 건축, 한쪽은 화려함과 불균형적인 과시의 건축이다. 더욱이 르네상스 건축가 후안 데 헤레라의 약간은 감상적인 작품은 히틀러의 허풍스러운 표제음악보다 우리의 우울한 상황과 더욱 잘 어울리는 듯했다. 여러 시간의 명상 도중, 최근 들어 나의 건축적 행로가 잘못된 궤도에 올라 있다는 깨달음이 처음으로 밀려들기 시작했다.

이 여행 때문에 나는 베를린을 방문했던 파리 친구들과의 만남을 놓치고 말았다. 블라맹크, 드랭, 데스피오[10] 등이었는데 나의 초대로 베를린 도시계획 모형을 보러 온 이들이었다. 그들은 분명 죽음과 같은 고요 속에 우리의 프로젝트와 건설중인 건물들을 보았을 것이다. 업무일지에는 전시물에서 받은 인상에 대해 한마디도 언급하고 있지 않았다. 그들과는 파리에 머무는 동안 친해졌고, 내 사무실을 통해 몇 번 작품을 부탁해 경제적 어려움을 덜어 주었던 일이 있었다. 그 친구들은 독일 화가보다 훨씬 자유로움을 누리는 듯했다. 내가 파리에서 살롱 도톤을 방문했을 때 그곳에는 타락한 예술로 분류된 그림들로 가득했다. 히틀러 역시 이 전시회에 대한 이야기를 전해들은 모양이었다. 그의 반응은 대단히 논리적이었고 놀라운 것이었다. "프랑스 사람들의 지적인 건전성에 대해 걱정해줄 필요는 없지. 그들이 원한다면 타락하도록 내버려두자고! 그럴수록 우리에게는 이로울 테니까."

내가 리스본 여행을 하는 동안, 동부 전선 후방에서 끔찍한 수송 대란이 일어났다. 독일군이 소련의 겨울을 대비하지 못한 것이다. 더욱이 소련군들은 퇴각하는 도중에 조직적으로 모든 기관차 격납고와 수로시설, 철도 시스템의 기술적인 장비들을 파괴해버렸다. 여름과 가을의 성공으로 "러시아 곰들은 이미 끝났다"는 도취감 속에 아무도 이러한 장비의 수리 문제를 계산해보지 못했던 것이다. 히틀러는 러시아의 겨울에 대비해 기술적인 조치들을 미리 취해야 한다는 의견을 받아들이지 않았다.

나는 이 문제를 제국철도청 고위 간부와 육군, 공군장성들로부터 들었다. 나는 히틀러에게 내가 고용하고 있는 6만 5,000명의 건설 노동자들 가운데 3만 명을 차출해서 엔지니어의 통솔 아래 철도 수리를 위해 파견하자고 제안했다. 믿을 수 없는 일이었지만 히틀러가 그들의 파견을 허가하기까지는 2주나 걸렸다. 1941년 12월 27일, 그는 마침내 칙령을 내렸다. 건설 노동자들을 11월 초에 파견하는 대신 히틀러는 그들을 건물을 짓는 데 계속 투입했다. 어떻게 하든 현실에 굴복하지 않겠다는 고집이었다.

12월 27일, 나는 베르히테스가덴 인근 힌터제에 있는 토트 박사의 검소한 저택에서 박사를 만났다. 그는 우크라이나 전체를 나의 관할로 할당했다. 아우토반 건설 등의 사소한 일을 맡아온 기술자들과 근로자들은 러시아 중부와 북부 지역으로 배치될 예정이었다. 토트는 동부 전선을 시찰하고 기나긴 여행에서 방금 돌아와 있었다. 그는 부상병들이 의무열차 안에서 꼼짝 못한 채 얼어 죽고 있는 모습을 보았고, 눈과 추위로 고립된 마을과 촌락에서 고통을 겪는 독일군들의 비참한 현실을 목격했다. 몹시 우울해하는 토트 박사는 독일군은 육체적으로 그러한 고통을 극복할 수 없으며 심리적으로도 러시아 땅에서 파멸할 것이라고 결론지었다. "이것은 원시적인 인종이 승리하는 싸움이네." 그는 말을 이었다. "놈들은 기후의 악조건을 포함해 모든 것을 극복할 수 있지. 독일군은 너무도 약해, 파멸할 수밖에 없을 거야. 결국 승리는 러시아와 일본에게 돌아가겠지." 히틀러 역시 분명 슈펭글러의 영향을 받았기에 전쟁이 일어나기 전에 '시베리아와 러시아인'의 생물학적인 우수성에 대해 이와 비슷한 이야기를 한 일이 있었다. 하지만 소련 침공 이후 그는 자신의 계획에 방해되는 생각들을 옆으로 밀쳐 버렸다.

건축을 향한 히틀러의 열정, 개인적인 취미에 대한 맹목적인 집착은 그가 모방하고 싶은 영웅들의 그것과 비슷한 쪽으로 기울었으므로, 대부분은 승리자의 라이프 스타일로 여겨졌다. 그 당시에도 나는 여기에 히틀러 정권의 위험한 결점이 있다는 것을 알았다. 민주 정권과는 달리 국민들의 비판은 있을 수 없었고, 권력의 남용이 수정될 수 있는 어떤 요구도 제시되지 않았다. 1945년 3월 19일, 내가 히틀러에게 보냈던 마지막 편지에서 나는 이 문장을 그에게 되새겨 주었다. "나는 1940년의 승리의 나날에도 마음에 고통을 느끼고 있었습니다. 우리 지도부를 전체적으로 바라봤을 때, 우리 내면의 원칙을 생각할 때, 우리가 어떻게 패배하고 있는지 알았기 때문입니다. 바로 그때야말로 우리는 품위와 내면의 정숙함으로 신의 섭리 앞에 스스로의 가치를 입증해야 했던 것입니다."

비록 이 문장들이 5년이나 늦게 쓰이긴 했지만, 당시에 내가 권력의 남용이 빚어낸 과오를 목도하고, 비판적 입장에 섰으며, 의심과 회의로 괴로워했음을 입증한다. 하지만 나는 이런 느낌이 히틀러의 지도력이 승리를 날려버리지 않을까 하는 두려움에서 나온 것이라는 사실을 인정할 수밖에 없다.

1941년 중반 괴링은 파리저 광장에 있는 우리의 도시 모형을 시찰했다. 붙임성 있는 태도로 그는 나에게 특별한 말을 했다. "이미 각하께는 말씀드렸네만, 나는 자네를 독일이 가진 가장 위대한 인재라고 생각한다네." 하지만 2인자로서 그는 자신이 이러한 찬사에 더욱 어울린다고 생각했을 것이다. "내 눈에는 자네가 가장 위대한 건축가로 보인다구. 각하를 정치적·군사적 능력에서 최고로 치듯이 자네를 건축적 창조력에 있어서 최고의 인물로 평가한다네."[11]

히틀러의 건축가로서 9년을 보낸 후 나는 숭배받는 절대자의 위치에 올라 있었다. 그 이후의 3년은 완전히 다른 임무가 내게 주어졌고, 그로 인해 나는 제국에서 히틀러 다음으로 중요한 사람이 되어버렸다.

오버잘츠베르크에 있던 히틀러 별장 내부.

자신의 오버잘츠베르크 별장을 그린 히틀러의 스케치.

알베르트 슈페어와 에바 브라운, 1940년.

측근들이 함께 모인 오버잘츠베르크 찻집에서 깊이 잠이 든 히틀러.
에바 브라운이 미소 지으며 그를 바라보고 있다.

슈페어가 설계한 청사 중 먼저 완공된 긴 갤러리를 시찰하는 히틀러, 1939년 1월 7일.
첫 번째 줄, 왼쪽에서 오른쪽으로: 마르틴 보어만, 히틀러, 슈페어, 모렐, 호프만.
두 번째 줄: 알베르트 보어만, 크라머(히틀러의 비서), 익명의 친위대 부관, 하세 박사(외과의사)

새 총리 청사의 정원 쪽 파사드와
히틀러가 단 한 번도 사용하지 않은 새 각료회의실.

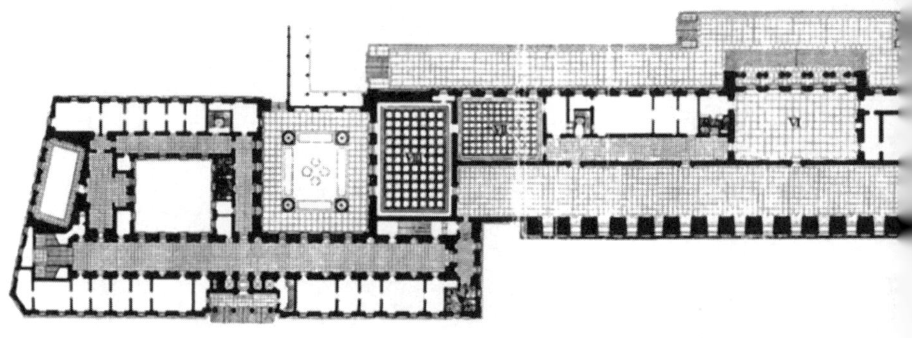

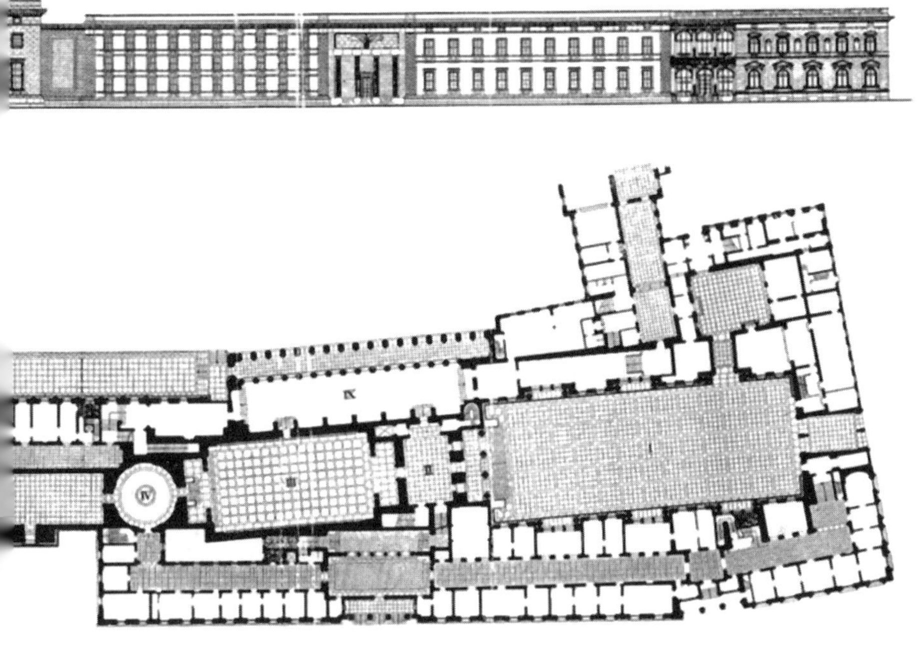

슈페어가 설계한 총리 청사의 입면과 평면, 1938년.

총리 청사의 포스슈트라세 측 파사드, 1939년.

총리 청사의 포스슈트라세 입구, 1939년.

총리 청사, 히틀러의 집무실 출입구.

총리 청사 내 '명예의 뜰'.

총리 청사 모자이크 홀.

총리 청사 대리석 갤러리.

총리 청사, 히틀러의 집무실.

2부

14

새로운 임무
Start ins neue Amt

히틀러의 초기 추종자이자 남부 우크라이나 로스토프 인근에서 소련군에 심하게 압박을 받는 친위대 기갑부대를 지휘하고 있는 제프 디트리히가 1월 30일 총통의 비행대대 비행기 편으로 드네프로페트로프스크로 갈 예정이었다. 나는 그에게 함께 가자고 부탁했다. 내 기술자들이 이미 그 도시에 도착해 남부 러시아의 철도 수리를 위한 준비를 하고 있었다.* 나는 아직 전용기가 없었다. 이것은 내가 전쟁 준비에 거의 동참하지 않았음을 보여주는 대목이다.

우리는 여객용으로 개조된 하인켈 폭격기에 몸을 꼭 붙이고 앉았다. 아래쪽으로 황량하고 눈 덮인 남부 러시아의 들판들이 이어졌다. 커다란 농장의 창고와 헛간이 불타는 것이 보였다. 방향을 잃지 않기 위해 우리는 철로를 따라 날았다. 드물게 기차가 보였다. 역은 불타서 사라지고 원형 기관차고도 파괴되었다. 길은 거의 보이지 않았고 길이 보인다 하더라도 자동차의 모습은 찾을 수 없었다. 스쳐 지나가는 광활한 땅덩어리는 비행기

---

* 업무 일지에 따르면 1942년 1월 28일부터 시작해, 매일 건설 노동자와 자재를 실은 열차가 베를린을 출발해 우크라이나로 향했다. 수백 명이 이미 드네프로페트로프스크에 도착해 준비 작업을 하고 있었다.

안에서도 느껴지는 죽음 같은 침묵 속에서 두렵게 다가왔다. 가끔 눈보라들이 단조로운 풍경을 깨뜨렸다. 아니, 더욱 강조했다. 그 비행으로 나는 보급이 완전히 끊긴 부대가 직면한 위험을 그대로 절감할 수 있었다. 땅거미가 질 무렵 우리는 러시아의 산업도시 드네프로페트로프스크에 도착했다.

나의 기술자들은 당시 상황과 업무에 맞게 '슈페어 건설단'으로 불렸다. 그들은 침실 칸 하나를 임시 거처로 사용했다. 때때로 기관차가 얼지 않게 하기 위해 히팅 코일을 통해 수증기를 내뿜게 했다. 우리 사무실에만 유일하게 식당차가 있었다. 작업 여건은 열악했고 상황은 생각했던 것보다 훨씬 절망적이었다. 소련군은 중간 역들을 모두 파괴했다. 수리장이나 얼지 않은 물탱크, 파괴되지 않은 기차역, 조차장은 그 어디에도 없었다. 독일에서는 전화 한 통화로 해결될 간단한 일들이 여기서는 큰 문제가 되었다. 목재나 못조차 구하기 어려웠다.

끝없이 눈이 내렸다. 철로와 도로는 완전히 마비 상태였다. 비행장 활주로에도 눈이 앉았다. 우리는 고립되었고 출발은 연기되었다. 건설 노동자들과 어울리는 것으로 시간을 때웠다. 사람들은 함께 어울렸고 음악이 흘러나왔다. 제프 디트리히가 연설을 마치자 군인들은 환호했다. 나는 그 곁에 서 있었다. 연설이 어색했던 나는 기술자들에게 몇 마디도 건넬 수가 없었다. 군인들이 틀어주는 음악 가운데는 고향에 대한 그리움과 러시아 황무지의 황량함을 일깨우는 멜랑콜리한 것들도 있었다. 군인들 대부분이 가장 좋아하는 분위기의 곡들이었다. 이 노래들은 심리적인 압박에 대한 솔직한 표현이었고 생존을 위해 매우 중요한 부분이었다.

그동안 상황은 점점 위험해졌다. 소규모의 소련 탱크부대가 전선을 뚫고 드네프로페트로프스크로 진격하고 있다는 소식이 들렸다. 우리는 그들을 물리치기 위한 방책을 논의하기 위해 회의를 열었다. 실상은 아무것도 할 수 없었다. 라이플총 몇 정과 탄환 없이 버려진 대포가 전부였다. 소련군은 20킬로미터 안으로 접근해 시베리아의 대초원을 이렇다 할 목표 없이 에워싸고 있었다. 갑자기 전쟁에서 흔히 일어날 수 있는 착오가 발생했다. 그들은 자신들의 상황을 유리하게 이용하지 못했다. 드네프르 강의 긴 다리 쪽으로 조금만 더 진격해 다리를 폭파시키면 로스토프 남쪽에 진군해 있는 독일군들의 보급로를 몇 달간 끊을 수 있었을 것이다. 그 다리는 몇 달간의 고생스러운 노력 끝에 겨우 나무로 복구해 놓은 것이었다.

나는 영웅이 될 수도 없었고 머무는 7일 동안 별 하는 일도 없이 기술자들의 귀한 식량만 축냈으므로 기차 편으로 떠나기로 했다. 기차는 눈보라를 뚫고 서쪽으로 향할 예정이었다. 기술자들은 나에게 다정하게 인사를 건네주었다. 그들이 몹시 고마웠다. 밤새도록 우리는 시속 15킬로미터로 달렸다. 때때로 눈을 치우기 위해 멈췄다가 다시 달렸다. 새벽녘, 기차가 버려진 역에 섰을 때에는 이미 서쪽으로 한참 들어온 듯싶었다.

그런데 모든 것이 너무도 익숙하게 느껴졌다. 불타버린 격납고, 식당차와 침실차에서 올라오는 구름 같은 수증기, 순찰하는 군인들. 우리는 드네프로페트로프스크로 다시 돌아와 있었다. 엄청난 눈보라로 기차를 다시 돌릴 수밖에 없었던 것이다. 좌절감 속에서 나는 기술자들의 식당차로 들어갔다. 그들이 깜짝 놀라 나를 바라보았는데 짜증이 역력한 표정이었다. 알고 보니 보급품에서 술을 슬쩍해 상관의 출발을 축하하며 이른 새벽까지 술을 마시고 있던 것이다.

그날 1942년 2월 7일, 제프 디트리히를 태우고 왔던 비행기가 다시 돌아갈 채비를 했다. 곧 나의 전용기 조종사로 배치될 기장 나인은 기꺼이 나를 태워주었다. 밖으로 나와 비행장까지 가는 것만도 상당히 힘든 일이었다. 화창한 하늘에 기온은 영상이었지만 거센 바람이 사방에서 눈덩어리를 내리치고 있었다. 패딩 코트를 입은 소련인들이 도로에 쌓인 수십 센티미터의 눈을 치우려 안간힘을 쓰고 있었다. 한 시간쯤 걸은 후였다. 몇몇 사람들이 나를 둘러싸더니 흥분해서 말했다. 나는 한마디도 알아들을 수 없었다. 그러자 그 가운데 한 사람이 눈을 집어 들더니 내 얼굴에 비비기 시작했다. 나는 생각했다. '얼었다는 이야긴가.' 그 정도는 산악 등반의 경험을 통해 알고 있었다. 소련 사람들 가운데 하나가 허름한 외투에서 깔끔하게 접은 눈처럼 새하얀 손수건을 꺼내 내 얼굴을 말려주었을 때 나의 놀라움은 더욱 커졌다.

갖은 어려움 끝에 11시 무렵 우리는 눈이 거의 치워지지 않은 활주로에서 겨우 이륙할 수 있었다. 비행기의 목적지는 동프로이센의 라스텐부르크였다. 동프로이센 지휘부가 있는 곳이었다. 나의 목적지는 베를린이었지만 나의 비행기가 아니었으므로 많은 거리를 가주는 데 우선은 고마워해야 했다. 히틀러의 동프로이센 지휘부를 보게 될 기회였다.

라스텐부르크에서 나는 부관에게 전화를 걸었다. 내가 돌아왔음을 히틀러에게 알리기도 하고, 히틀러가 나와 이야기하기를 원하고 있을 수도 있다는 생각이었다. 히틀러를 12월 들어 한 번도 보지 못했으니 간단한 인사라도 나눈다면 특별한 일이 될 것이었다.

나는 총통의 차를 타고 지휘부로 갔다. 그곳에서 히틀러가 장성들, 군 참모, 부관들과 이용하는 식당에서 오랜만에 그럴듯한 식사를 했다. 히틀러는 나타나지 않았다. 군수장관 토트가 히틀러에게 직속으로 사안을 보고했고 두 사람은 따로 히틀러의 개인 처소에서 식사를 했다. 한편 나는 우크라이나에서 겪은 어려움들을 군 수송 책임자인 그레케 장군과 공병단 지휘관들과 상의했다.

저녁식사 후 많은 사람들과 히틀러, 토트가 회의를 계속했다. 토트가 나타난 것은 아주 늦은 시간이었다. 길고 피로운 회의를 마친 후의 긴장되고 지친 모습이었다. 그에게는 절망감이 느껴졌다. 그가 침울한 이유에 대해 아무런 설명 없이 조용히 와인을 마시는 몇 분 동안 나는 함께 앉아 있었다. 산만하게 이어진 대화 도중에 그가 우연히 말을 꺼냈다. 다음 날 아침 비행기 편으로 베를린으로 가는 데 빈자리가 하나 있다고, 나를 태우고 가고 싶다고 했다.* 나는 먼 거리를 기차를 타지 않아도 된다는 사실에 걱정을 덜었다. 우리는 아침 일찍 출발하기로 했다. 토트 박사가 인사를 하고 잠자리로 들어가자, 나도 잠깐 눈을 붙이려 했다.

그런데 갑자기 부관이 들어오더니 나를 히틀러에게 데려갔다. 이미 새벽 1시가 넘은 시간이었다. 베를린에서도 우린 보통 1시 이후까지 앉아 설계도를 두고 의논했긴 하지만. 히틀러는 토트와 마찬가지로 지치고 몸도 좋지 않은 듯 보였다. 방 안 가구들은 형편없었다. 심지어 그곳 지휘부에서 히틀러는 푹신한 의자의 편안함마저 포기했다. 베를린과 뉘른베르크 건물 프로젝트에 대해 논의하고 난 이후에야 히틀러의 표정이 조금 밝아졌다. 그의 누르스름하던 안색도 제 색깔을 찾은 듯했다. 드디어 그는 나에게 러시아 남부 지역을 보고 온 소감을 물었다. 그리고 불쑥불쑥 질문을 던져 나의 설명을 도왔다. 철로 복구의 어려움, 눈보라, 소련 탱크부대의 이해할 수 없는 행동, 멜랑코리한 노래를 들으며 기술자들과 어울렸던 시간들. 내가 보고 온 모든 것들이 조금씩 쏟아져 나왔다. 내가 노래에 대한 이야기를 했을 때 히틀러의 신경이 날카롭게 곤두섰고 나에게 노래 가사에 대해 물었다. 나는 적어온 가사를 주머니에서 꺼내 보여주었다. 그는 읽더니 아무런 말도 하지 않았다. 내 생각에 그런 노래들은 음울한 현실에 직면했을 때 당연히 찾게 되는 것이었다. 그러나 히틀러는 군의 사기를 떨어뜨리기 위한 반역자들의 획책이라고 단정했다. 그는 나의 이야기가 '반동분자'를 찾아내는 데 실마리가 될 수 있다고 믿었다. 나는 전쟁이 끝날 때까지 그 노래 가사를 프린트한 장교가 군법회의에 회부됐다는 사실을 까맣게 몰랐다.

이 에피소드는 히틀러의 끝없는 의심을 잘 나타내준다. 그는 진실에는 귀를 기울이지 않고 마구잡이로 보고 들은 것에서 중요한 결론을 도출해 낼 수 있다고 생각했다. 그는 부하들이 상황을 잘 모르는 경우에도 항상 질문을 통해 뭔가 알아내려 했다. 보통은 근거 없는 것이었지만, 이러한 불신은 히틀러의 성격을 구성하는 중요한 부분이었다. 이런 이유로 히틀러는 사소한 일에 집착했다. 의심할 여지없이 위와 같은 사건은 동부 전선의 상황과 분위기를 그가 전혀 몰랐기 때문에 일어날 수 있는 일이었다. 그의

---

* 토트는 베를린을 경유해 뮌헨으로 갈 예정이었다.

부관들은 히틀러가 동부 전선 상황이 좋지 않다고 의심할 만한 정보라면 무엇이든 차단하려고 애썼다.

내가 히틀러의 방에서 새벽 3시경 일어섰을 때 나는 토트 박사와 함께 비행기를 탈 수 없다는 전갈을 보냈다. 출발시간이 다섯 시간 뒤였는데 너무나 지친 나머지 오로지 잠을 푹 자고 싶다는 마음밖에 없었기 때문이다. 히틀러와 두 시간이나 대화를 하고 나서 이런 마음이 들지않는 측근이 누가 있겠는가. 작은 침실에 돌아와서 나는 내가 히틀러에게 전해준 것이 무엇인지 곰곰이 생각해보았다. 나는 만족했고 확신은 회복되었다. 우리는 건축 프로젝트를 계속 추진할 수 있을 거라고 믿었다. 나는 군의 상황을 눈으로 직접 보고 이 점에 의혹을 가졌던 것이다. 그날 밤 우리의 꿈은 다시 현실로 변했다. 우리는 다시 도취에 빠진 낙관주의로 돌아섰다.

다음 날 아침 요란한 전화벨 소리에 깜짝 놀라 잠에서 깨었다. 브란트 박사의 흥분한 음성이 들렸다. “토트 박사의 비행기가 추락했네. 그분이 돌아가셨어.”

그 순간부터 온 세상이 변했다.

최근 몇 년간 토트 박사와 나는 눈에 띄게 가까워졌다. 그의 죽음으로 오랜 친구이자 분별 있는 동료를 잃은 셈이다. 우리는 공통점이 많았다. 둘 다 부유한 중산층 출신이었고 같은 바덴 출신에 공학도라는 배경을 가지고 있었다. 자연을 사랑했고 산장 속의 생활과 스키 여행을 즐겼다. 둘 다 보어만을 지독히도 싫어했다. 토트는 보어만과 심하게 부딪혔고, 그가 오버잘츠베르크의 자연 경관을 훼손한다는 것에 격분했다. 아내와 나는 자주 토트 박사의 집을 찾았다. 토트 가족은 베르히테스가덴 인근 힌터제의 외딴곳에 있는 작고 소박한 집에 살았다. 유명한 도로 건설전문가이자 아우토반을 만든 장본인 토트가 그런 곳에 산다고는 아무도 짐작하지 못했다.

겸손하고 내성적인 성품의 토트 박사는 히틀러 정권에서 찾아보기 힘든 인물이었다. 누구나 의지할 수 있었고 교묘한 술책에는 가까이 가지도 않았다. 과학자 특유의 예민함과 객관성을 함께 갖추고 있어서 나치당 지도부와는 잘 어울리지 못했다. 그는 조용하고 은둔에 가까운 생활을 했고 당내 인사들과 접촉이 없었다. 모든 이들의 환영을 받았겠지만 히틀러의 만찬이나 저녁식사에도 나타나는 일이 드물었다. 이런 태도는 그의 신망을 더욱 높였고 어떤 자리에 가더라도 관심을 받았다. 히틀러 역시 그의 업적에 대해 경외에 가까운 존경을 표했다. 초기의 충성스러운 당원임에도 불구하고 토트는 히틀러와의 관계에서 개인의 독립성을 유지했다.

1941년 1월 내가 보어만, 기슬러 등과 알력을 겪고 있을 때 토트는 나에게 상당히 솔직한 편지를 보낸 적이 있었는데, 민족사회주의당 지도부의 업무 추진 방식에 대해 이미 포기한 지 오래라는 내용을 담고 있었다.

> 내가 당원들과 함께 일하면서 얻은 나만의 경험과 뼈아픈 실망감이 자네를 도와줄 수 있을 것 같네. 그리고 내가 숱한 어려움을 겪으면서 도달한 결론이 어느 정도 자네에게 정신적인 도움을 줄 수 있을 것 같구먼. 나는 결론지었지. 여러 가지 일을 추진해 나가는 절차와 자네의 모든 활동들은 반대에 부딪히게 되네. 뭐든 하려고 하면 라이벌이 생기고 반대하는 사람이 나타나지. 그러나 그들은 반대자가 되고 싶어서 그렇게 하는 것이 아니라 누구나 일과 인간관계에 있어서 다른 견해를 가지고 있기 때문이야. 아마도 자네는 젊으니 그 모든 거추장스러운 일들을 헤쳐 나가는 방법을 곧 깨닫게 될 걸세. 나는 단지 수심에 잠겨 있었을 뿐이었지만.[1]

히틀러의 지휘부 조찬 회동에서 누구를 토트 박사의 후계자로 세울 것인지에 대한 논의가 있었다. 그를 대신할 만한 사람이 없다는 것에 모두가 공감했다. 그는 세 가지 사업을 총괄하고 있었다. 도로건설과 선박 항해를 위한 수로 신설과 재정비, 발전소 관리 등이었다. 게다가 히틀러의 직속으로 군수장관까지 맡고 있었다. 괴링의 전시경제 4년계획의 틀 안에서 그는 건설 사업을 이끌었고 토트 기구를 조직해 대서양을 따라 방벽과 U-보트 기지를 짓는 일도 담당하고 있었다. 북부 노르웨이에서 프랑스 남부에 이르는 점령 지역의 도로 건설 역시 토트 기구의 몫이었다. 그즈음 그는 러시아의 도로 건설까지 책임지던 상황이었다.

이리하여 지난 수년간 토트는 중요한 기술적 업무들을 자신의 손 안에 모아쥐었다. 그의 작업은 명목상으로 여러 부서로 나뉘어졌지만, 근본적으로 미래의 기술부를 이끌어간 셈이었다. 그가 당 조직 내에서, 모든 과학기술 분야와 협회를 총 망라하는 기술 총괄부서에서 신뢰를 받았다는 점에서 더욱 그러하다.

토트의 죽음이 알려진 직후 토트의 광범위한 임무들 가운데 주요 부분이 내 관할로 떨어지게 될 것임을 깨달았다. 이미 1939년 대서양 방벽 시찰에서 히틀러는 토트에게 만일 무슨 일이 생긴다면 건설 임무를 내가 수행해야 할 것이라고 언급했었다. 이후 1940년 여름, 히틀러는 공식적으로 총리 청사를 방문한 나에게 토트의 업무가 너무 과하다고 말했다. 그는 대서양을 따라 방벽을 짓는 일을 포함해 모든 건설 관련 책임을 나에게 넘기기로 결정했다고 말했고, 그때 나는 히틀러에게 건설과 무기 관리는 서로 밀접한 연관이 있는 분야이기 때문에 같은 사람이 하는 것이 더 낫다는 말로 그를 설득시켰다. 히틀러는 그 문제를 더 이상 거론하지 않았고 나도 그와 관련된 이야기를 입에 올리지 않았다. 그러한 업무 조정은 토트의 기분을 상하게 했을 뿐만 아니라 그의 위신을 손상시켰을 것이다.[2]

그래서 나는 보통 때와 같이 좀 늦은 시간인 오후 1시, 첫 번째 면담자로 히틀러에게 불려 갔을 때 이미 마음의 준비를 하고 있었다. 수석 보좌관인 샤우프의 표정만 봐도 사안의 중대성을 짐작할 수 있었다. 전날 밤과는 대조적으로 히틀러는 제국총통이라는 공식적인 입장에서, 자리에 일어나 진지하고 형식적인 태도로 나를 맞이했다. 내가 위로를 건네자 짧게 대답한 후 지체 없이 이렇게 말했다. "슈페어, 토트 장관의 전권을 맡을 후임으로 임명하네."

나는 소스라치게 놀랐다. 그는 이미 내 손을 잡아 악수했고 바로 나를 내보낼 참이었다. 나는 히틀러가 말을 정확히 하지 못했다고 생각하고 최선을 다해 토트의 '건설 임무를 맡겠다'고 대답했다. "그게 아니라, 모든 임무를, 군수장관까지 자네가 맡아주어야 해." 히틀러는 내 말을 정정했다.

"하지만 저는 아무것도 알지 못합니다…." 나는 거절했다.

"나는 자네를 믿어. 자네는 잘해낼 거야." 히틀러는 내 말을 잘랐다. "게다가, 지금 다른 사람이 없네. 즉시 부서에 연락하고 부임하게."

"그러시다면 총통 각하, 임명장을 써주십시오. 제가 스스로를 임명할 수는 없습니다."

히틀러는 무뚝뚝한 태도로 임명장을 썼고 나는 그것을 말없이 받았다.

흔히 그랬듯이 히틀러는 말 한마디 없이 돌아서서 다른 업무를 보았다. 나는 우리의 관계가 달라졌다는 것을 처음으로 느끼면서, 돌아섰다. 지금까지 히틀러는 건축가인 나에게 일종의 동지애 같은 것을 보여주었다. 이제 새로운 국면이 펼쳐졌다. 처음부터 그는 공식적인 거리감을 통해 내가 이제 자신의 직속상관임을 드러냈다.

내가 문으로 돌아서는데 샤우프가 들어왔다. "제국원수께서 오셔서 급히 만나자고 하십니다, 나의 총통 각하. 미리 약속은 없으셨습니다."

히틀러는 언짢고 불쾌한 듯 보였다. "들어오라고 해." 그는 나에게 돌아서더니 말했다. "조금만 더 있게."

괴링이 급하게 들어오더니 몇 마디 위로의 말을 하고는 자신의 심중을 밝혔다. "제가 전시경제 4년계획의 틀 안에 토트 박사의 임무를 맡아 추진하는 편이 가장 좋을 것 같습니다. 그렇게 하면 마찰도 피할 수 있고 책임이 중첩되어 발생하는 어려움도 완화할 수 있을 것 같습니다."

괴링은 아마도 지휘부에서 100여 킬로미터 떨어진 사냥터 로민텐에서 전용 특별열차를 타고 왔음이 분명했다. 사고가 밤 9시 반경에 일어났으니 지체 없이 달려온 듯하다.

히틀러는 괴링의 제안을 거절했다. "이미 토트의 후임자는 임명되었네. 슈페어가 지금 이후 토트의 모든 임무를 승계받았어."

히틀러의 말이 너무도 분명해서 이론의 여지가 없었다. 괴링은 깜짝 놀란 듯했다. 그러나 곧 평정을 되찾았다. 그는 히틀러의 발언 내용에 대해 전혀 논평하지 않는 냉랭하고 기분 나쁜 태도로 이렇게 말했다. "제가 토트 박사의 장례식에 참석하지 못할 수도 있다는 걸, 각하께서 아셨으면 합니다. 우린 정말 심하게 다투었지요. 그래선지 참석하기가 쉽지 않습니다."

히틀러가 뭐라고 대답했는지는 기억나지 않는다. 정권 내부의 추한 모습은 새 장관직을 떠맡은 나에게 적지 않은 충격으로 다가왔다. 그러나 괴링은 결국 장례식에 참석하기로 했고 그와 토트 박사 사이에 있었던 불화는 일반인들에게 알려지지 않았다. 제도적으로 이러한 의식에 부여되는 중요성을 생각해볼 때, 만일 한 국가의 2인자가 전직 장관의 죽음을 애도하는 국가적 행사에 참석하지 않았다면 상당한 문젯거리가 되었을 것이다.

괴링은 돌발행동을 통해 자신의 의지를 밀어붙일 가능성이 높았다. 히틀러는 괴링의 행동을 예상했고 때문에 나를 긴급하게 임명했을 것이다.

군수장관으로서 토트는 히틀러가 지시한 임무를 위해 업계에 직접 명령을 내려 수행할 수 있었다. 반면 괴링은 전시경제 4년계획의 지휘관으로 전시경제를 책임지고 있었다. 괴링과 그가 이끄는 산하조직들은 토트의 행동에 거부감을 느낄 수밖에 없었다. 1942년 1월 중반, 사망하기 2주 전 토트는 생산 관련 회의에 참석했었다. 회의 도중 괴링은 토트를 심하게 비난했고 그날 오후 토트는 풍크에게 사임하겠다는 말을 전했다. 그 상황에서 토트가 공군 준장의 제복을 입고 있었다는 것은 그에게 도움이 되지 않았다. 그것은 곧 자신이 맡고 있는 장관직에도 불구하고 군 조직에서는 괴링의 부하임을 인정하는 것이나 다름없었기 때문이다.

이 별것 아닌 에피소드에 분명한 시사점이 있었다. 괴링은 나의 동지가 될 수 없다는 것, 또 나와 제국원수 괴링 사이에 다툼이 일어난다면 히틀러는 나를 지지할 것이라는 점이다.

처음에는 히틀러도 이번 사건을 어떤 사건이든 전체적인 그림의 일부분으로 여겨야 하는 자신의 위치에 걸맞게 절제되고 조용한 태도로 토트 박사의 사망을 받아들이는 듯했다. 하지만 히틀러는 토트의 죽음에 음모가 개입되어 있을지도 모른다는 의혹을 제기했고, 비밀정보국에 시켜 사건을 조사하게 했다. 이 불쾌한 의혹은 그 이야기가 언급될 때마다 짜증스럽고 초조한 반응을 유발했다. 히틀러는 날카롭게 선언했다. "그 일에 대해서는 더 이상 듣고 싶지 않군. 더 이상의 논의를 금지하도록 해야겠어." 가끔 이렇게 덧붙이기도 했다. "그의 죽음으로 인한 충격이 아직까지 너무 깊어서 다시 말을 꺼내는 것조차 힘드네."

히틀러의 명령에 따라 제국 항공장관은 토트의 비행기 사고가 고의적인 행위에 의한 것인지 조사했다. 조사 결과 사고비행기는 20미터 높이에서 위로 솟구치는 날카로운 불꽃과 함께 폭발했다는 것이 밝혀졌다. 사안의 중대성 때문에 조사는 공군 중위의 책임 아래 진행되었는데 조사위원회는 알쏭달쏭한 표현으로 사건을 결론지었다. "고의적일 가능성은 배제되었다. 그러므로 더 이상의 조사는 필요하지도 않으며, 고려하지도 않을 것이다."* 우연히도 죽기 얼마 전 토트는 자신을 위해 오래도록 일해 온 개인 비서를 위해 남긴다는 표시와 함께 상당한 양의 돈을 따로 맡겨두었다. 비서에게 "무슨 일이 일어날지 몰라 준비해두는 것이다"라고 말했다고 한다.

* 토트의 비행기는 정상적으로 이륙했다. 그러나 가시거리에서 벗어나지 못한 위치에서 조종사는 방향을 급선회했고 비상 착륙을 시도하는 듯 보였다. 비행기가 하강하면서 조종사는 활주로로 기수를 돌렸지만 기체를 평형 상태로 되돌릴 시간이 부족했다. 사고는 공항 근처 낮은 고도에서 발생했다. 비행기는 여객용으로 개조된 하인켈III 기종이었는데, 토트의 전용기가 수리 중이었기 때문에 그의 친구 슈페를레 원수에게서 빌린 것이었다. 이 비행기는 전방에서 사용되는 다른 모든 전투기와 마찬가지로 자폭 기능이 장착되어 있었다. 자폭 장치는 조종석과 부조종석 사이의 핸들을 잡아당기면 가동되고, 몇 분 후 폭발

사람들은 히틀러가 국가의 존망을 좌우하는 서너 개의 주요 장관직 가운데 하나에 나를 임명한 무모함과 나에 대한 총애에 대해 의아했을 것이다. 나는 군이나 당, 군수 산업에는 완전한 문외한이었다. 일생에 단 한 번도 무기를 접해보지 못했고, 사냥할 때 사용하는 라이플총조차 쏴본 적이 없었다. 나의 임명은 확실히 자신의 부관으로 비전문가를 선호하는 히틀러의 취향과 맥락을 같이한다. 어쨌든 이전에 이미 그는 와인 판매상을 외무장관에 임명한 적이 있고, 동부지역 담당 장관으로 당 이념 전문가를, 또 전직 전투기 조종사에게 경제장관을 맡기기도 했으니 말이다. 이제는 그 많은 사람 가운데 건축가를 뽑아 군수장관을 시켰다. 의심할 여지없이 히틀러는 고위 관료직에 비전문가를 임명하는 것을 선호했다. 그는 일생에 걸쳐 샤흐트 같은 전문가들을 존경하기는 했지만 신뢰하지는 않았다.

트로스트 교수가 사망했을 때도 그랬지만, 나의 직위는 타인의 죽음으로 인해 높아졌다. 히틀러는 내가 우연찮게 바로 전날 밤 지휘부에 도착한 일 그리고 토트와 함께 타기로 한 비행기를 취소한 사건 등을 특별히 놀라운 섭리라고 여겼다. 훗날 내가 군수장관으로서 최초의 성공을 거두자 히틀러는 비행기 사고는 군수물자 생산을 높이기 위해 운명이 미리 준비한 것이라고 말하기까지 했다.

문제를 자주 일으켰던 토트와는 달리 히틀러는 나를 순응적인 조력자로 여겼다. 히틀러는 거부적 선택 원칙에 따라 인사를 결정했다. 그는 주기적으로 순종적인 사람을 선발하는 방식으로 반대파에 대응해왔다. 때문에, 몇 년이 지난 후에 그의 주변에는 히틀러에게 순종하는 인사들만 가득

이 일어난다. 1943년 3월 8일(K1 T. L. II/42) 날짜의 쾨니히스베르크 공군 1지구 지휘관의 서명이 있는 군조사위원회 최종 보고서에는 다음과 같이 적혀 있다. "공항에서 약 700미터 거리, 활주로의 끝부분에서 조종사가 갑자기 고도를 떨어뜨렸다. 그리고 2, 3초 후 다시 급강하를 감행했다. 그 순간 폭발로 보이는 긴 불꽃이 기체 전면에서 수직으로 치솟았다. 기체는 약 20미터 높이에서 오른쪽 날개를 중심으로 회전하며 거의 수직으로 추락했다. 기체는 불길에 사로잡혔고 연이은 몇 차례의 폭발로 완전히 분해되었다."

들어차게 되었고, 이들은 히틀러의 말을 점점 더 아무런 생각없이 실행에 옮겼다.

이제 역사가들은 군수장관으로서 나의 활동상을 주의 깊게 조사할 것이고 베를린과 뉘른베르크 도시 재건사업은 두 번째 사안이 될 것이다. 나에게는 건축이 지금도 일생의 과업으로 남아 있다. 나는 그 '기간' 동안 하게 된 갑작스러운 장관직을 전쟁 기간의 복무로 생각한다. 히틀러의 건축가로서 명성과 명예를 얻을 가능성을 가진 것도 사실이지만, 반면 아무리 걸출한 각료가 성취한 업적이라도 모든 것은 히틀러의 영광으로 흡수될 것이다. 그래서 나는 곧 히틀러로부터 전쟁이 끝나면 다시 건축가로 되돌아가게 해주겠다는 약속을 받아냈다.[3] 내가 이러한 약속이 꼭 필요하다고 여겼다는 것은, 당시 우리가 가장 개인적인 문제까지 히틀러의 의지에 의존하고 있었다는 점을 여실히 보여준다. 히틀러는 주저하지 않고 나의 부탁을 들어주었다. 그 역시 내가 자신의 건축가의 자리에서 그와 제국을 위해서 최고의 일을 해낼 수 있다고 믿었던 것 같다. 가끔 히틀러가 미래 계획에 대해 이야기할 때면 갈망하듯 이렇게 말했다. "우리 둘 다 몇 달 동안 일에서 벗어나 한 번 더 모든 설계도를 검토해보는 거야." 곧 이런 말도 점점 듣기 힘들어졌다.

내가 군수장관이 된 후 처음 일어난 사건은 토트의 개인비서 콘라트 하세만이 비행기 편으로 지휘부에 도착한 일이었다. 토트에게 더 영향력 있고 중요한 보좌관들이 있었음에도 하세만을 보낸 것은 나의 권위를 시험하기 위함인 것 같았다. 나는 약간 초조한 마음이 들었다. 하세만은 앞으로 만나게 될 사람들에 대해 보고하기 위해 왔다고 설명했다. 그에게 사람들은 내가 알아서 판단할 거라고 날카롭게 대답했다. 그날 저녁 나는 밤기차를 타고 베를린으로 향했다. 원래 비행기를 좋아했지만 한동안은 비행기에 정이 떨어져 있었다.

다음 날 아침, 나는 공장과 열차 격납고로 가득한 베를린 교외 지역을 달리고 있었다. 불안감이 엄습했다. 내가 어떻게 이 광활하고 낯선 분야의 일을 한단 말인가. 새 임무를 처리할 내 능력에 대해, 실제적인 어려움이나 장관에게 요구되는 개인적 자질에 대해 두려움이 들었다. 기차가 슐레지셔 역으로 들어설 때 심장이 뛰는 소리와 함께 자신이 없어졌다.

낯선 사람들을 대하는 데 내성적이고 대중 앞에서 큰 소리로 말하는 재능도 없고, 심지어 회의에서도 내 생각을 정확하고 이해하기 쉽게 표현하는 데 어려움을 겪는 내가, 전시 정부의 중요한 직책을 맡았다. 이미 군인이 아니라 예술가로서 여겨지던 내가 그들의 동료로서 군을 대표한다는 사실에 대해 장성들은 뭐라고 할까? 다른 사람들의 이목에 대한 두려움, 권위의 범위에 대한 끝없는 질문들이 실제 직무만큼이나 나를 걱정시켰다.

새 직무와 관련해서 사람을 관리하는 일이 상당한 부담으로 다가왔다. 토트의 오랜 보좌관들은 지금까지 상관의 친구로만 알던 나를 침입자로 여길 터였다. 또한 나는 항상 그들에게 물자와 건축 자재를 청하던 사람이기도 했다. 그들은 오랜 세월 동안 토트를 도와 일해온 사람들이다.

도착 즉시 주요 부서장들을 찾아다님으로써 나에게 인사하러 오는 수고를 덜어주었다. 또한 나는 토트 박사의 집무실에 아무런 변화도 주지 않겠다는 것도 알렸다. 물론 가구가 내 취향은 아니었지만 말이다.*

1942년 2월 11일, 나는 토트의 유해와 유품을 받기 위해 안할터 역으로 나가야 했다. 이 의식 역시 견뎌내기 힘든 순간이었다. 다음 날 총리 청사 내 모자이크 홀에서 열렸던, 히틀러가 참석한 장례식도 울음바다가 되었다. 묘지에서 간단한 의식이 치러지는 동안 토트의 측근 가운데 한 명인

* 1943년 여름, 이사를 하고 나서야 어울리지 않는 가구들을 없애거나 나의 서재용 가구로 바꿀 수 있었다. 그 과정에서 책상 앞에 붙어 있던 히틀러의 사진을 떼어버리는 데 성공했다. 사진은 말을 잘 타지도 못했던 히틀러가 안장에서 중세의 기사처럼 창을 뽑아 들고 엄격한 표정으로 노려보는 모습이었다. 섬세한 기술관료라고 항상 인테리어에 조예가 있으란 법은 없으니까 말이다.

도르슈가 엄숙하게 자신의 충성을 맹세했다. 2년 뒤 내가 심한 병에 걸렸을 때, 그는 나를 향한 괴링의 음모에 가담했다.

나는 즉시 업무를 시작했다. 항공부 차관을 맡고 있는 에르하르트 밀히 공군원수가 이 2월 13일 금요일 군수부 대강당에서 열리는 회의에 참석하라고 알렸다. 3군과 업계 대표들이 참석해 무기에 관련된 문제들을 토론하는 자리였다. 내가 일에 대한 감을 잡을 때까지 회의가 연기될 수 있느냐고 묻자, 그는 특유의 유유자적하고 느긋한 태도로, 그리고 우리의 좋은 관계에 걸맞게 되물었다. 전국의 업계 대표들이 이미 회의 참석을 위해 길을 떠났으니 다른 핑계를 대고 불참하겠냐고. 나는 참석하기로 했다.

하루 전날 나는 괴링에게 불려갔다. 내가 군수장관직에 오른 후 처음 하는 방문이었다. 그는 조심스레 내가 자신의 건축가이긴 하지만 우리 사이에 업무협조가 잘 이루어져야 한다고 강조했다. 그는 내가 자신의 건축가라는 것에 변동이 없었으면 했다. 괴링은 자신이 원할 때 생색을 조금 내기는 했지만, 상대의 마음을 사로잡아 거절하지 못하게 하는 기술이 있었다. 그러고 나서 업무 이야기를 시작했다. 괴링은 나의 전임자와 함께 합의했던 사항들을 문서로 만들어두었다며 나를 위해서도 비슷한 문서가 준비되었다고 말했다. 그는 서명을 받기 위해 문서를 내게 보낼 계획이었다고 했다. 합의서는 군수품 조달을 위해 전시경제 4년계획의 관할권을 침해해서는 안 된다는 내용을 담고 있었다. 그는 내가 회의에 참석하면 더 많은 사항을 알게 될 거라는 조금은 애매한 말로 얘기를 마쳤다. 나는 대답을 하지 않았고, 마찬가지로 조심스러운 태도로 대화를 마쳤다. 전시경제 4년계획은 독일의 전 경제를 관할했기 때문에 만일 괴링의 뜻에 합의한다면 내 손은 완전히 묶이게 되어 있었다.

나는 밀히의 회의에서 뭔가 특별한 일이 기다리고 있음을 직감했다. 베를린에 와 있던 히틀러에게 나의 불안함을 알렸다. 내가 군수장관에 임명될 때 일어난 괴링과의 작은 사건 이후, 나는 히틀러의 지지를 기대해도 된다는 것을 알았다. "좋아." 그는 말했다. "만일 어떤 조치든 자네에게 불리한 일이 일어나거나 어려움을 당하게 되면 회의를 중단하고 참석자들을 각료실로 불러오게. 내가 나서서 그들에게 필요한 이야기를 하도록 하지."

각료실은 '성스러운 장소'로 여겨졌다. 그곳으로 초대된다는 일은 상당히 인상적인 경험일 것이다. 그리고 히틀러가 내가 앞으로 상대해야 할 사람들에게 기꺼이 연설을 해줄 것이라는 사실이 업무의 시작을 위한 최고의 가능성을 열어주었다.

항공부의 대회의실은 거의 꽉 차 있었다. 업계를 대표하는 인물 서른 명 정도가 와 있었다. 그들 중에는 알베르트 푀글러 총감독, 독일산업협회 회장 빌헬름 창겐, 예비군 총사령관인 에른스트 프롬, 그의 보좌관이자 육군보급 총지휘관 리프 장군, 해군 군수사령관 비첼 장군, 전시경제 군수부 총지휘관인 토마스 장군, 제국 경제장관 발터 풍크, 전시경제 4년계획과 관계된 고위 지도부, 괴링의 주요 보좌관 몇 명이 모여 있었다. 밀히가 회의를 주최하는 대표자 자리에 앉아 있었다. 그는 풍크에게는 오른쪽에, 나에게는 왼쪽에 앉으라고 했다. 무뚝뚝한 개회연설에서 그는 3군의 상충되는 요구로 인해 빚어지는 군수품 생산의 어려움에 대해서 설명했다. 연합철강의 푀글러는 어떻게 주문과 주문취소가 이루어지는지에 대해 상당히 어려운 설명을 해주었고, 우선순위 단계와 계속되는 우선순위 변동으로 빚어지는 생산 차질에 대해 논의했다. 아직 사용되지 않은 동원 가능한 자원은 있지만, 부처 간 영역 다툼 때문에 제대로 빛을 보지 못하고 있다는 이야기도 했다. 서로의 분명한 관계를 설정할 수 있는 기회였다. 모든 것을 총괄해 결정을 내릴 한 사람이 필요했다. 업계는 그것이 누가 되든 상관없다는 입장이었다.

프롬 장군은 육군을, 비첼 장군은 해군을 대변해서 말했다. 조심스러운 태도이긴 했지만 두 사람 모두 전적으로 푀글러의 말에 동의했다. 다른 사람들도 경제 문제를 주도적으로 이끌 한 사람이 필요하다는 데 의견을 모았다. 나도 공군 관련 일을 하면서도 이 문제가 얼마나 중요한지 실감했던 적이 있었다.

드디어 경제장관 풍크가 일어서서 밀히 쪽으로 몸을 돌렸다. 우리가 기본적인 합의를 이루어냈음이 명백해졌다고 그는 말했다. 따라서 이제 남은 문제는 누가 주도권자가 되느냐였다. "그러한 임무에 당신을 능가하는 적임자는 누구겠습니까. 밀히 장군, 당신은 제국원수이신 괴링의 신뢰도 받고 있지 않습니까? 그러므로 나는 여기 계신 모든 분들을 대표해 당신에게 책임을 맡아줄 것을 청합니다!" 다소 감정적인 어조로 그는 외쳤다.

이것은 분명 사전에 짠 각본이었을 것이다. 풍크가 이야기하는 동안에도 나는 밀히에게 귓속말을 했다. "내각실에서 회의를 계속할까 합니다. 각하께서 이 문제로 하실 말씀이 있답니다." 밀히는 재빠르게 이 말의 의미를 이해했고 풍크의 발언에 대해 자신을 그렇게 믿어주어서 영광이지만 받아들일 수 없는 제안이라고 답했다.[4]

나는 처음으로 목소리를 높여 말했다. 모인 사람들에게 히틀러의 뜻을 전하고 군수부의 일과 관련이 있는 내용이므로 회의는 목요일인 2월 18일 군수부에서 계속될 것이라고 발표했다. 이어 밀히가 휴회를 선언했다.

나중에 풍크는 그날 저녁 회의에서 괴링의 보좌관 빌리 쾨르너와 4년 계획과 관련된 부관이 그에게 밀히를 추천할 것을 요구했다고 고백했다. 그는 쾨르너가 괴링의 지시로 그런 말을 했을 거라 생각하고 당연하게 받아들였다고 한다.

히틀러의 초대는 힘의 균형에 익숙해져 있던 모든 사람들에게 내가 그 어떤 전임자보다 강화된 입지에서 출발하고 있음을 분명히 했다.

이제 히틀러는 자신의 약속을 지켜야 한다. 집무실에서 그는 나에게 그날 일어난 일을 물었고 뭔가를 메모했다. 그는 각료실로 나와 함께 가서는 즉시 이야기를 시작했다.

히틀러는 한 시간 정도 다소 지루하게 전시 산업의 임무에 대해서 설명했다. 생산성을 높여야 할 필요성을 강조하고, 산업계에서 총동원해야 할 소중한 능력에 대해서 이야기했다. 그리고 괴링의 문제에 관해 놀라울 정도로 솔직하게 말했다. "전시경제 4년계획이라는 틀 안에서 군수 산업을 총괄할 수는 없습니다." 군수 산업과 경제 계획은 따로 분리해야 하며 나에게 전권을 일임한다고 말했다. 어떠한 직무가 한 사람에게 주어지고 다시 거두어지는 그런 일이 발생한 것이다. 생산성을 높일 여지는 있었지만 업무 추진에는 오류가 빚어지고 있었다.

(감옥에서 풍크의 전언에 따르면, 괴링이 풍크에게 히틀러의 이 연설 내용을 진술해달라고 요청했다고 한다. 자신의 권력 일부를 박탈하는 의미로 해석될 수 있는 이 연설을 괴링은 자신이 강제 노역을 주도하지 않았다는 증거로 활용하려 했던 것이다.)

히틀러는 모든 군수 산업에 관해 어떤 문제도 건드리려 하지 않았다. 이와 비슷하게 그는 육군과 해군의 보급에 대해서만 언급했고 공군은 의도적으로 제외했다. 나 역시 그에게 이야기할 때 논란이 있을 수 있는 부분은 그럴듯하게 얼버무렸다. 정치적 결정과 관련된 문제였고 모호함을 유발할 수 있었기 때문이다. 그는 동참을 촉구하면서 연설을 끝맺었다. 그는 먼저 나를 건축에 위대한 재능이 있다고 묘사했지만 거기 모인 사람들은 크게 수긍하지 않았을 것이다. 그는 이 새로운 직무는 나의 입장에서 보면 큰 희생을 의미한다고 말했지만, 위기 상황임을 감안할 때 크게 의미가 있는 발언은 아니었다. 그는 협조와 함께 온당한 대우를 요청했다. "그에게 신사적으로 행동하십시오!" 그는 신사(gentleman)라는, 평소에는 잘 쓰지 않던 영어 단어까지 섞어서 말했다. 그는 정확히 나의 권한 영역에 대해 명시하지 않았고 나는 그런 방식이 더 좋았다.

지금까지 히틀러는 한 번도 신임 장관을 이런 식으로 소개한 일이 없었다. 권위주의가 덜한 정치체제에서도 이런 식의 데뷔는 지배자의 조력을 의미했다. 당시 체제에서 그 파장은 놀라웠다. 한동안 나는 그 어떤 저항도 느껴지지 않는 일종의 진공 공간에서 움직인다는 생각이 들었다. 광활한 범위에 걸쳐 나는 사실상 무엇이든 원하는 대로 할 수 있었다.

풍크는 나와 함께 히틀러를 총리 청사 처소까지 수행하면서 무슨 일이든 내 뜻에 따라 조치하고 나를 돕기 위해 최선을 다하겠다고 감격어린 약속을 했다. 정말로 그는 이 약속을 지켰다. 극히 일부 사소한 일을 제외하고는 말이다.

보어만과 나는 히틀러와 함께 살롱에 서서 몇 분 더 이야기를 나누었다. 히틀러가 2층 자신의 방으로 들어가기 전에 그는 다시 한 번 산업계를 최대한 이용하라고 권고했다. 그곳에서 가장 귀중한 도움을 얻을 수 있기 때문이다. 그 말은 새삼스러운 것이 아니었다. 히틀러는 과거에도 업계에서 중요 임무를 스스로 처리할 수 있게 하는 것이 최선이라고 자주 강조했었다. 정부의 관료체제가 개입할수록 주도권을 빼앗길 뿐이라는 것이다. 관료주의에 대한 저항이 그의 원칙이었다. 나는 보어만이 함께 있다는 절호의 기회를 이용해 업계로부터 기술자들을 전출할 필요가 있음을 설득시켰다. 그러나 알려진 대로 많은 기술 인력이 나치당과 소원한 상태였으므로 그들의 당적이 문제가 되어서는 안 되었다. 히틀러는 동의했고 보어만에게 이 일을 추진하라고 일렀다. 그리고 나의 군수부는, 최소한 1944년 7월 20일 암살 시도가 있기 전까지 보어만의 유쾌하지 않은 조사에서 제외되었다.

그날 저녁 나는 밀히와 충분히 의논할 기회를 가졌고, 그는 군수품 확보에 있어 공군이 지금까지 벌이던 육군, 해군과의 라이벌 관계의 종말을 선언했다. 특히 초창기에 그의 조언은 없어서는 안 될 것이었다. 공식적인 관계였지만 우리 사이에는 지금까지 지속되는 따뜻한 우정이 피어났다.

15

준비된 즉흥곡
Organisierte Improvisation

회의는 내가 군수장관이 된 지 5일 후에 열릴 예정이었다. 그때까지 나는 뭔가 행동 계획을 마련해두어야 했다. 우왕좌왕하면서 넘긴 것처럼 보이지만 시작부터 원칙만큼은 분명히 했다. 첫날부터 나는 군수품 생산에 성공을 가져올 수 있는 시스템을 구축하기 위해 정신없이 돌아다녔다. 물론 나는 유리한 입지에서 출발했다. 2년의 병참 건설 분야 경험이 "내가 1인자가 되었을 때 방해요인이 될 수 있는 수많은 근본적인 오류"[1]를 가까이서 지켜볼 기회를 제공했던 것이다.

나는 조직도를 준비했다. 세로축은 탱크, 비행기, 잠수함 같은 무기 항목이다. 3군의 무기를 모두 포함했다. 이 세로 칸엔 많은 동그라미를 그려 넣었다. 각각의 동그라미는 총과 탱크, 비행기 등의 무기를 만드는 부품 그룹을 나타낸다. 동그라미 안에 단조품, 볼베어링이나 전자 부품 등의 생산을 전체적으로 기록한다. 건축가로 3차원적 사고에 익숙했던 나는 이 새로운 조직도를 머릿속에 그렸다.

2월 18일 군수 산업의 최고 경영진들과 정부 관계자들이 예술 아카데미 회의실에서 다시 한 번 모임을 가졌다. 나는 한 시간 정도 연설을 했고, 연설이 끝나자 그들은 조직도를 트집 잡지 않고 받아들였다. 그들이 2월 13일 지도부가 제기했던 일원화 요구와 내가 그 총책임을 맡게 되었다는 내용의 성명에 대해서도 지지를 표명했다. 나는 미리 준비한 문서를 참석자들에게 나눠주고 서명을 받았다. 정부 기관에서는 보기 드문 절차였다.

히틀러의 훈령이 그 효과를 발휘했다. 밀히가 맨 처음 이 제안에 찬성을 표하고 바로 서명했다. 일부 참석자들이 공식적으로 이의를 제기했지만 밀히는 자신의 권위를 이용해 그들을 제압했다. 해군 대표로 참석한 비첼 장군만이 마지막까지 반대를 굽히지 않다가 결국 불만에 가득 찬 채 어쩔 수 없이 서명했다.

이튿날인 2월 19일, 나는 밀히와 토마스 장군, 올브리히트 장군(프롬 장군의 대리인) 등과 함께 히틀러의 지휘부로 가서 나의 조직도를 제시하고 회의 결과를 보고했다. 히틀러는 모든 것을 승인했다.

돌아오자마자 괴링이 나를 자신의 사냥 별장인 카린할†로 불렀다. 베를린에서 72킬로미터 떨어진 곳으로, 1935년 히틀러의 새로운 베르크호프를 본 후 히틀러의 것보다 크게 개축했다. 살롱은 히틀러의 것과 크기가 비슷했지만 바깥 전경이 보이는 창문은 훨씬 컸다. 당시에 히틀러는 호사스러운 규모에 불쾌해했었다. 그러나 괴링의 건축가가 그의 웅장함에 대한 갈망을 잘 반영해 집을 지었다는 사실은 인정해야 했다. 그 집은 이제 지휘부로 사용되고 있다.

그런 유의 모임은 보통 주요한 업무시간을 좀먹는다. 이번에도 마찬가지였다. 오래도록 차를 달려 11시 정각 무렵에 정확히 도착했지만 리셉션 홀에서 그림들과 태피스트리를 구경하면서 한 시간을 허비해야 했다. 히틀러와는 반대로 괴링은 시간에 대한 개념이 없었다. 마침내 그가 위층 방에서 모습을 드러냈다. 축축 처지는 녹색 벨벳 가운을 걸친, 조금은 특이한 옷차림으로 계단을 내려왔다. 우리는 조금 냉랭하게 인사를 나누었다. 그는 경쾌한 발걸음으로 앞서며 나를 자신의 집무실로 안내한 후 큰 책상

† 괴링은 사별한 전처 '카린'의 이름을 따 별장에 붙였다.

에 앉았다. 나는 그를 마주 보고 조용히 앉았다. 괴링은 대단히 화가 나 있었다. 각료회의실에서 있었던 회의에 자신을 부르지 않은 일을 심하게 힐난했다. 그리고 널찍한 책상 너머로 에리히 노이만의 제안서를 내 쪽으로 밀었다. 괴링의 부서에서 전시경제 4년계획을 지휘하고 있는 인물이다. 내용은 내 서류의 법적인 의미에 대한 것이었다. 나는 그렇게 뚱뚱한 사람이 그렇게 민첩한 동작을 취할 수 있다는 것을 처음 알았다. 그는 벌떡 일어나더니 미친 사람처럼 큰 방 안을 이리저리 초조하게 걸어 다녔다. 자신의 보좌관들은 모두 파렴치한이라고 욕설을 퍼부으며 그들이 서명을 함으로써 앞으로 나에게 종속되는 신세가 될 거라고 분노했다. 자신에게 물어보지도 않고 마음대로 서명을 해서 더욱 화가 나는 것 같았다. 나를 향한 분노였지만 감히 대놓고 내 탓으로 돌리지 못하는 모습이 이미 약해진 그의 입지를 방증했다. 그는 자신의 권위가 조금씩 뜯겨져 나가는 것을 참을 수 없노라고 결론지으며 당장 히틀러에게 가서 전시경제 4년계획의 수장 자리를 내놓겠다고 으름장을 놓았다.[2]

그 상황에선 사임을 해도 어떤 손실도 없었다. 비록 처음에는 괴링이 전시경제 4년계획을 엄청난 에너지로 추진했지만, 1942년 무렵부터는 점점 태만해져 업무 자체를 기피했다. 그는 점점 더 우유부단해졌다. 너무 많은 아이디어를 가지고 있었고 자꾸만 절차를 바꾸었으며, 언제나 비현실적이었다.

히틀러는 아마도 정치적 반발을 고려해 괴링의 사임을 받아들이지 않았을 것이다. 대신 괴링은 하나의 타협안을 제시했음이 분명하다. 내가 보기엔 히틀러와의 타협은 반드시 피해야 하는 것이었다. 그의 타협안은 단지 회피에 불과했으며, 어려움을 덜어주기는커녕 오히려 행정적 상호관계를 불투명하고 복잡하게 만들어버렸다. 정부 내 관료들은 히틀러의 타협안을 두려워했다.

괴링의 위신을 세워주려면 내가 뭔가 해야 한다는 생각이 들었다. 히틀러가 행한 새로운 업무 조정, 또 업계와 3군 대표들이 이를 승인한 것이 결코 전시경제 4년계획을 이끄는 수장으로서의 괴링의 위치를 약화시키지 않을 것이라는 확신을 주었다.

3일 후 나는 괴링을 다시 한 번 찾아가 그에게 합의문 초안을 보여주었다. 나를 "전시경제 4년계획 관할하의 군수부 대표자"로 임명하는 내용이었다. 내가 너무 많은 일을 떠맡았기 때문에 어느 정도 제한을 두는 것이 옳다는 지적을 하면서도 괴링은 만족해했다. 이틀 뒤 1942년 3월 1일 그는 문서에 서명했다. 그 문서는 "군수부에 전체 경제의 범위 안에서 전시에 적합한 우선권을 부여한다"[3]는 내용이다. 이것은 2월 18일 서명된, 괴링이 그렇게 화를 냈던 문서보다 훨씬 더 많은 권한을 나에게 부여하는 내용이었다.

3월 16일, 히틀러가 여기에 승인한 후—히틀러는 괴링과의 까다로운 문제들이 해결되어 속이 시원한 모습이었다—나는 독일 언론에 임명 사실을 알렸다. 나의 입장을 더욱 명확히 하기 위해 나는 괴링의 모습이 있는 오래된 사진을 찾아 싣게 했다. 두 손으로 내 어깨를 잡은 다정한 포즈를 취한 채 제국원수 청사 건물 설계도를 보고 기뻐하는 모습이었다. 이 사진은 베를린에서 막 돌기 시작한 지도부의 불화에 대한 소문에 종지부를 찍을 것이다. 그런데 괴링의 홍보담당관으로부터 항의가 들어왔다. 그런 사진과 법령은 괴링 측만이 공개할 수 있다는 전갈이었다.

문제는 여기서 끝나지 않았다. 괴링은 점점 더 민감해졌다. 외국 언론들이 괴링의 위상이 낮아졌다는 내용의 보도를 했다는 이탈리아 대사의 말을 듣고 괴링은 불만을 토로했다. 이러한 보도는 군수업계에서 그의 위신을 깎아먹을 수밖에 없다며 항의했다. 괴링의 화려한 생활이 업계의 뒷돈으로 이루어진다는 것은 공공연한 비밀이었고, 자신의 위신이 떨어지면 지원금도 줄어들 거라는 두려움을 느끼는 것 같았다. 나는 그에게 베를린에서 군수업계 지도자들을 초청해 회의를 열라고 제안하며, 그 자리에서 내가 복종한다는 것을 공식적으로 발표하겠다고 말했다. 괴링은 크게 기뻐했다.

그는 업계 인사 50여 명을 베를린으로 불렀다. 회의는 나의 짤막한 연설로 시작되었다. 나는 연설을 하면서 괴링에게 약속했던 내용을 밝혔다. 괴링은 군수품의 중요성에 대해 장광설을 늘어놓았다. 그는 참석자들에게 최선의 노력을 기울여줄 것을 촉구하고 진부한 이야기들을 늘어놓았다. 반면 그는 나의 직위에 대해 부정적인 느낌도 긍정적인 느낌도 내비치지 않았다. 이후 괴링의 무기력 덕분에 나는 방해받지 않고 자유롭게 일할 수 있었다. 괴링은 물론 가끔 나와 히틀러의 관계를 질시하기도 했지만, 그 이후 2년간은 내 일에 간섭하려고 애쓰지 않았다.

권위가 떨어져버린 괴링의 권한으로는 내가 맡은 일을 제대로 해낼 수 없을 것 같았다. 곧이어 3월 21일에 나는 또 다른 법령에 히틀러의 서명을 받아냈다. "독일 경제의 모든 수요는 군수 생산에 꼭 필요한 것으로 제한한다"는 내용이었다. 당시의 권위적인 정치 시스템을 고려해볼 때 이 법령은 경제 전반을 지배하는 독재 권력과도 같았다.

우리 조직이 헌법 체계 내에서 차지하는 위치 자체가 이런 법령들과 마찬가지로 날조되고 모호한 것이었다. 나의 업무 영역이나 관할권에 관한 어떤 명확한 조항도 없었다. 규정이 없다는 것이 나에게는 훨씬 유리했던 것 같다. 나는 상황을 부드럽게 이어가려고 최선을 다했다. 우리가 관할하는 범위를 필요와 시급한 정도에 따라 결정했다. 히틀러의 총애가 부여한 군수부의 법적 위상은 거의 무제한적인 권력을 휘두르는 위치를 점하는 데 이용되었고, 타 부서와는 단지 법률적 논쟁만 유발했을 뿐이었다. 그러나 모든 사람을 만족시킨다는 우리의 목적을 이루지는 못했다.

이 모호함은 히틀러의 정치 스타일에서 암적인 부분이었다. 그러나 나는 효율적으로 활동할 수 있는 한, 그리고 내가 제시하는 법령에 히틀러가 서명을 해주는 한 그 체제와 잘 타협했다. 그러나 히틀러가 더 이상 나의 요구에 맹목적으로 서명을 하지 않게 되면서 어떤 사안은 임명 직후부터 받아들여지지 않았다. 나는 무기력하거나 아니면 교활한 존재가 되기로 마음먹었다.

1942년 3월 2일 저녁, 군수장관에 임명된 지 약 한 달이 되는 시점에서 나는 호르허스에서 베를린 도시계획 일로 고용했던 건축가들을 초대해 작별 만찬을 베풀었다. 나는 짧은 연설에서 우리가 강력하게 저항하던 바로 그것이 조만간 우리를 지배하게 될 거라고 말했다. 처음에는 새로 맡은 업무가 예전에 하던 일들과 너무도 다르다고 생각했지만 이내 그리 생소하지 않게 받아들여져 조금 놀라기도 했다. "나는 대학 시절부터 알고 있었습니다. 뭐든 배우기를 원한다면, 반드시 철저하게 배워야만 한다는 것을 말입니다. 탱크에 관심을 가지게 된 것처럼 말입니다. 이런 식으로 다른 업무의 핵심도 더 잘 파악할 수 있다고 확신했습니다." 연설을 좋아하지 않는 내성적인 성격이지만, 나는 말을 이었다. 다음 2년 동안의 계획을 세워두긴 했지만, 나의 꿈은 다시 건축가로 돌아가는 것이고 우리 기술자들은 미래의 문제를 푸는 소명을 받았기 때문에 전시에 부여받은 임무가 훗날 유용했음을 입증해야 한다고 말했다. "더욱이," 나는 약간 장중한 결론을 내렸다. "미래에는 건축가들이 기술계에서 주도권을 쥘 것입니다."[4]

괴링이 침묵하는 동안 히틀러가 허용한 전권으로, 나는 '업계분담론'이라는 이름의 종합 계획에 대한 아웃라인을 스케치해둔 대로 추진해나갈 수 있었다. 오늘날에도 당시 군수 물자의 생산력이 급속히 상승한 데에는 이 사업이 주효했다는 평가가 일반적이다. 그러나 그 원칙이 새로운 것은 아니었다. 밀히와 나의 전임 장관이었던 토트는 이미 각기 다른 군수 분야에서 선도적인 기업들의 전문가에게 일을 할당하는 제도를 마련해두었다. 그러나 이 아이디어는 토트 박사도 빌린 것이었다. 이 업계 책임분담 개념의 진정한 창시자는 제1차 세계대전 당시 독일 경제를 이끌었던 위대한 유대인 기업가 발터 라테나우였다. 그는 기술적인 경험을 서로 나누면 생산성이 상당히 향상된다는 것을 깨달았다. 공장마다 업무를 분담하고 표준화를 도입해 큰 효과를 보았다. 1917년에 이미 그는 이러한 방법들이 "똑같은 설비와 똑같은 노동력으로 두 배의 생산량을 보장할 수 있다"고 선언했다.[5] 토트의 최고 보좌진 가운데는 라테나우의 오랜 비서가 있었다. 그는 제1차 세계대전 중에 원자재 생산 분야에서 활동했고 이후 비망록을 기록해두기도 했다. 토트는 그에게 많은 조언을 받았다고 한다.

우리는 다양한 유형의 무기를 위해 '지도 위원회'를 구성하고 공급 할당을 논의할 '감독 모임'을 만들었다. 나의 군수품 생산 프로그램에 따라 열세 개의 위원회가 만들어졌고 이들은 각각의 감독 모임과 연결되었다.[6]

각종 위원회 및 모임과 함께 생산위원회를 따로 두어 군 장교들과 최고의 설계 전문가들이 만나는 자리를 만들었다. 이 위원회는 새로운 생산품을 감독하고 설계 단계에서부터 제조 기술의 개선 방안을 제안하고 불필요한 프로젝트에 대해서는 중단을 요청한다.

위원회와 모임의 책임자들은 지정된 공장이 한 가지 품목만을 최대로 생산하는 데 주력하도록 해야 했다. 이것이 모든 접근의 핵심이었다. 히틀러와 괴링이 계속 변덕을 부렸기 때문에 프로그램의 일부가 변경되기도 했다. 공장들은 이후부터 가능하다면 다른 부문에서 네댓 개의 주문을 받아 일부가 취소되더라도 바로 다른 물자를 생산할 수 있도록 했다. 더욱이 국방군(wehrmacht)은 물량을 긴급히 요구하는 일이 잦았다. 예를 들면, 1942년 이전에는 군수품 생산이 소비에 따라 중단되기도 하고 늘어나기도 했는데, 전격 작전으로 인해 갑작스레 수요가 폭발했다. 이런 상황 때문에 군수 업체들은 모든 인력을 동원해 생산에 박차를 가했다. 우리는 지속적으로 군수품 생산을 맡기겠다는 확약을 하고, 필요한 물품을 여러 공장에 배당했다.

그러나 이런 변화 속에도 상처가 있었다. 전쟁 초기의 하청에 기반을 둔 군수품 생산은 산업적 대량생산 체제로 탈바꿈해 곧 놀라운 성과를 달성했지만, 이미 효율적인 현대식 생산라인을 도입했던 자동차 산업 같은 분야에서는 별 효과가 없었다. 이들은 생산성 향상에 가담하지 않았다. 나는 내 직무를 지금까지 오래도록 타성에 젖은 문제들을 추적해 밝혀내는 것까지라고 생각했고, 해결책을 찾는 것은 전문가들에게 맡겼다. 그러나 일에 사로잡혀 책임의 한도를 제한하지 못하고, 경제의 점점 더 많은 부문을 떠안게 되었다. 거기에는 히틀러에 대한 경외심, 의무감, 야망, 자존심 같은 요소들이 복잡하게 뒤섞여 있었다. 결국 나는 서른여섯의 나이로 제국의 최연소 장관직에 올랐다. 나의 산업 조직은 곧 1만여 명의 조력자들과 보좌진으로 구성되었지만, 정작 군수부 내 직원은 218명만 두었다.[7] 이 비율은 군수부는 방향을 제시하는 조직일 뿐이라는 나의 관념과 일맥상통하는 것이다. 우리 조직의 가장 중요한 추진력은 '업계분담론'이라는 원칙에서 나왔다.

전통적으로 보면 부서 내 대부분의 문제들이 비서관을 통해 장관에게 보고된다. 비서관의 역할은 체와 같아서 중요하지 않은 문제를 자신의 견해에 따라 걸러낸다. 나는 이러한 과정을 생략해, 30여 명의 산업 지도자들과 부서 내 부처장 열 명이 나에게 직접 보고하도록 했다.* 원칙적으로 문제는 스스로 해결하도록 되어 있었지만, 나는 중요한 문제에 중재를 하거나 이견이 발생하면 끼어들 수 있는 권한을 가지고 있었다.

우리의 업무방식은 조직의 형식만큼이나 이례적이었다. 보수적인 정부 관료들은 우리를 가리켜 "역동적인 부서", "조직도가 없는 부서", "간부가 없는 부서"라고 경멸조로 빗대어 말했다. 상스럽고 신속한 "미국식 방식을 채택했다"는 비난도 있었다. "만일 권한과 업무가 날카롭게 나뉘어 있으면, 우리는 실제로 제한된 관점만 가지게 됩니다"[8]라는 나의 대답은 히틀

---

* 군수부 부서장들은 "장관 대신으로"가 아니라 "장관 대리인"의 자격으로 명령서에 서명할 수 있었다. 이것은 부서장들도 장차관과 마찬가지로 독립적 조치가 가능하다는 점을 암시하는 관료주의의 틀을 깨는 행위였다. 정부 행정의 통상 절차를 담당하는 내무부에서 이의를 제기했지만 나는 무시했다. 뉘른베르크 시장 빌리 리벨을 기획부장에 등용했고, 업계에서 하급 관리자로 일하다 당 기구 중간 간부로 일하던 카를 자우어를 기술 부장에 앉혔다. 보급부장 발터 시버 박사는 원래 화학자였다. 그는 친위대 소속으로 전문지식을 가진 전형적인 당 원로였다. 토트 조직에서 나의 보좌관을 맡은 크사버 도르슈는 당원 중 최연장자에 속했다. 소비재 생산을 책임졌던 제바우어도 1933년 이전에 입당한 인사였다.

러 정권의 폐쇄적인 사고방식에 대항한 것이었다. 그러나 우리의 업무방식은 한 사람의 영감 있는 천재가 즉흥적으로 만들어낸 정부라는 히틀러의 개념과 상통하는 점도 있었다.

또 인사 원칙 역시 공격적이었다. 1942년 2월 19일 히틀러의 의사록이 기록하고 있듯이, 장관직에 오르자마자 나는 "주요 부서의 장 가운데 55세를 넘은 사람은 반드시 40세 이하의 보좌관을 임명해야 한다"는 지시를 내렸다.

내가 조직 계획을 히틀러에게 설명할 때마다 그는 놀라울 정도로 흥미를 보이지 않았다. 나는 그가 이런 문제를 수면 위로 꺼내는 걸 좋아하지 않는다는 인상을 받았다. 사실 어떤 측면에서 그는 중요한 것과 그렇지 않은 것을 구분하지 못했다. 또 업무의 정확한 분담도 원하지 않았다. 가끔은 일부러 한 부처나 개인에게 똑같거나 비슷한 임무를 내리는 일도 있었다. "이런 식으로 하면 더 강한 쪽이 더 잘해내겠지."

군수장관에 취임한 지 6개월 만에 우리가 관할하는 모든 영역에서 놀라울 정도로 생산성이 향상되었다. 『독일 군수 생산 통계』에 따르면 1942년 8월의 생산은 2월에 비해 총이 37퍼센트, 탱크가 25퍼센트 늘었다. 군수품은 97퍼센트가 증가해 거의 두 배가 되었고 전체적인 생산성은 59.6퍼센트 향상했다.[9] 그동안 묻혀 있던 잠재력이 발휘되기 시작한 것이 틀림없었다.

본격적으로 폭격이 시작된 2년 반 후에도 우리는 군수품 생산 지수를 1941년 98에서 1944년 7월 322로 끌어올렸다. 같은 기간에 노동력은 30퍼센트 증가하는 데 그쳤으니, 우리는 노동력 대비 생산성을 두 배로 늘리는 데 성공한 셈이다. 라테나우가 1917년 예상했던 설비나 노동력의 추가 투입 없이 효율성을 개선했던 것이다.

그것은 나에게 비범한 천재성이 있어서가 아니었다. 물론 그런 식으로 평가 받기도 했지만 말이다. 각 부서에서 일하던 전문가들은 분명 일과 현장 지식에 관해서는 나보다 더 많은 지식을 갖고 있었을 것이다. 그러나 그들은 나처럼 히틀러의 후광을 이용할 수 없었고 따라서 다른 부서와의 전체적인 균형 속에서 차이를 만들어내지는 못했을 따름이다. 히틀러의 지원은 모든 면에서 중요했다.

조직 혁신 외에도 내가 민주적인 리더십을 적용했기에 일이 더 잘 풀렸던 것 같다. 민주주의란 근본적으로 책임 있는 사업가들에게 정당한 신뢰를 부여하는 것이다. 그들은 자율성에 보답했으며 임무를 정확히 인식하고 의사결정을 서둘렀다. 그간 우리에게는 이러한 요소들이 이미 사장되어 있었던 것이다. 압력과 강제는 어찌됐든 최소한의 생산을 지속시키긴 했지만 모든 자발성을 파괴했다. 나는 업계가 정부를 상대로 "고의적으로 거짓말을 하거나 사기를 치거나 전시경제에 해를 끼치는 것"을 막기 위해 포고령을 발표할 필요성을 느꼈다.[10]

내가 1944년 7월 20일 이후 알게 되었듯이 당은 이러한 태도를 오히려 심각한 도전으로 받아들였다. 날카로운 비판에 직면한 나는 히틀러에게 편지를 보내 나의 위임 책임제를 변호해야 했다.[11]

역설적으로 1942년부터는 우리와 전쟁을 벌이던 적국들이 조류에 역행하기 시작했다. 예컨대, 미국은 전제적인 경직성을 산업체제에 도입했고, 반대로 우리는 경제의 경직성을 완화하기 위해 노력하고 있었다. 독일 정부 내에는 오랜 세월에 걸쳐 고위직에 대한 비판이 사라져버렸기 때문에 실수와 실패, 잘못된 기획이나 이중 노력들을 반성하는 절차가 전혀 없었다. 아니, 문제 자체가 되지 않았다. 나는 위원회를 만들어 토론하고 부족함과 실수가 드러날 수 있게 해 해결책을 찾아내고 싶었다. 우리는 가끔 의회제도를 다시 도입하려는 것처럼 보인다는 농담을 하곤 했다.[12] 새로운 시스템은 모든 전제적인 체제에 균형을 가져올 수 있는 하나의 전제조건을 세웠다. 중요한 사안들은 상명하달식의 군사적 원칙으로만 통제되어서는 안 된다는 것이다. 물론 이러한 '의회민주적 방식'이 작동하려면 결정을 내리기 전에 토론과 반론을 허용하는 사람들에 의해 앞에서 이야기한 다양한 위원회가 운영되어야 한다.

이상하리만치 이 시스템에 대한 공장 운영진들의 입장은 유보적이었다. 초기에 그들에게 편지를 보내 "근본적으로 필요한 것들과 좀 더 넓은 시야에서 바라본 견해"를 알려 달라고 요청했었다. 나는 편지가 쏟아져 들어올 것으로 기대했지만 아무런 반응이 없었다. 처음에는 직원들이 편지를 보내지 않고 그냥 가지고 있는 게 아닌가 의심하기도 했다. 사실은 아무도 답장을 보내지 않았던 것이다. 나중에 알게 된 사실이지만 공장장들은 관구장들의 질책을 두려워하고 있었다.

위에서 아래로의 질책은 흔했지만 정작 필요한 아래로부터의 비판은 부족했다. 나의 결정에 아무도 반응을 보이지 않았기에, 가끔 공기 중을 떠돌고 있다는 느낌이 들었다.

우리 프로그램의 성공은 수천 명의 기술자들 덕분이라고 할 수 있다. 특별한 업적으로 명성을 떨친 이들에게 군수 산업 분과의 일을 맡겼다. 그들의 잠자던 열정이 깨어났다. 그들은 기꺼이 나의 비전통적인 리더십에 동참했다. 기본적으로 나는 기술자들이 맹목적으로 자신의 직무에 충실하다는 특성을 이용했다. 도덕적 중립성이라고 할 수 있는 이러한 특성으로 인해 그들은 자신의 행동을 꼼꼼하게 분석하지 않았다. 전쟁이 점점 더 과학기술을 요구할수록, 익명의 행동이 야기하는 직접적인 결과에 대한 기술자들의 무관심은 점점 더 위험해진다.

나는 "말 잘 듣는 연장보다 불편한 동료"를 선호했다.[13] 반면, 당은 정치색이 없는 전문가들에게 깊은 불신을 갖고 있었다. 가장 급진적인 당 지도부 가운데 한 사람인 프리츠 자우켈은 기술자들 중 누군가가 공장 간부 몇몇에게 총을 난사하기라도 하면, 다른 기술자들은 더 나은 솜씨로 이에 반응할 것이라고 말하기도 했다.

2년 동안 나의 위치는 난공불락이었다. 1944년 장성들의 반란 이후 보어만, 괴벨스, 라이, 자우켈 등은 나의 권한을 축소시키려고 노력했다. 나는 곧 히틀러에게 정치적 상황에 굴복해야 한다면 이전처럼 강력하게 일을 추진할 수 없을 것이라고 편지로 호소했다.[14]

군수부의 비당원들은 히틀러 정권에서는 예외적일 정도로 법적인 보호를 누렸다. 법무부의 반발에 대해 나는 부임 즉시 원칙을 세웠다. 군수부의 사보타지에 대해 내가 조치하지 않을 경우 그 어떤 기소도 불가능하다는 내용이었다.[15] 이 조항은 1944년 7월 20일 이후에도 우리 직원들을 보호해주었다. 게슈타포 사령관인 에른스트 칼텐브루너가 세 명의 관리인을 기소하려 했던 일이 있다. AEG 전기의 뷔허, 연합강철의 푀글러, 광산연합의 로이시는 "패배주의적 대화"를 한 혐의를 받고 있었다. 그는 나에게 체포 인가를 받으러 왔지만, 나는 일의 특성상 그들은 상황을 솔직하게 이야기할 수밖에 없다는 점을 지적해 게슈타포 사령관을 물러가게 했다. 하지만 나는 명예를 존중하는 이 같은 시스템을 악용한 죄에 대해서는 묵과하지 않았다. 누군가 중요한 원자재를 사재기하려고 잘못된 자료를 제공한 경우 등이 일례다. 이러한 행위는 전방에서 군대를 후퇴시키는 결과를 초래하기 때문에 엄중하게 책임을 물었다.[16]

부임 첫날부터 나는 우리의 거대한 조직을 임시 조직이라고 생각했다. 내가 먼저 자진해서 전쟁이 끝나면 건축가로 돌아가겠다고 히틀러에게 확약을 받아두었듯이, 불안해하는 업계 지도자들에게 우리의 조직체계가 임시적인 전시 조치라는 것을 약속해야 할 것 같았다. 평화 시에는 최고의 기술자들을 포기하거나 자사의 정보를 경쟁 기업들과 나누라고 요청할 수 없는 일이라는 것을 그들에게 분명히 말했다.[17]

이와 함께 나는 즉흥적인 형식을 유지하기 위해 노력했다. 관료주의가 어느덧 나의 조직에까지 뿌리를 내리고 있다는 생각에 우울해졌다. 나는 서류 작업을 줄이고 대화나 전화통화로 비공식적인 합의를 이끌어내라고 반복해서 청했다. 그리고 흔히 관료체제에서 서류기록이라고 표현하는 '업무 중복'을 피하라고 거듭 강조했다. 더욱이 독일의 도시에 폭격이 진행되면서 우리는 끊임없이 독창적으로 움직여야 했다. 폭격이 도움이 된다고 실제로 여겼던 적도 있었다. 1943년 11월 22일 군수부 건물이 폭격을 맞았을 때 나의 반응은 실로 모순적이었다. "군수부의 최근 서류들이 많이 불타버려 필요 없는 짐을 날라야 할 수고는 줄어 다행이지만, 이 사건이 계속 우리 일에 새로운 기운을 불어넣어 줄 거라고 기대하기는 어렵군."[18]

기술과 산업의 발달과 1940~41년의 군사적인 성공에도 불구하고, 우리의 생산량은 제1차 세계대전 때의 군수 생산 수준에는 미치지 못했다. 러시아와의 전쟁 개시 첫 1년 동안, 생산량은 1918년의 25퍼센트에 불과했다. 3년 뒤인 1944년 봄, 생산이 절정에 다다르고 있을 때도 독일과 오스트리아, 체코슬로바키아의 총 생산을 고려해보면 전체 군수품 생산 수준은 제1차 세계대전 때보다 훨씬 뒤처져 있었다.[19]

부진의 원인으로 나는 언제나 지나친 관료화를 지적했다. 나는 관료화와 싸웠지만 큰 성과를 이루지 못했다.[20] 한 예로 무기청의 인원은 제1차 세계대전 때의 열 배로 불어나 있었다. 행정 절차의 간소화에 대해 나는 1942년부터 1944년 말까지 연설과 서신을 통해 수차례 주장했다. 내가 독재 체제로 더욱 악화되기만 한 독일의 전형적인 관료주의와 기나긴 싸움을 벌일수록 나의 비판은 자꾸 정치적인 색조를 띠었다. 이것이 나에게는 하나의 강박관념이 되었다.

1944년 7월 20일, 히틀러의 암살 사건이 일어나기 몇 시간 전에 나는 히틀러에게 편지를 썼다. 미국과 소련은 조직적으로 단순한 방식으로 일을 처리해 훌륭한 결과를 얻고 있지만, 반면 독일은 조직의 노후한 형식 때문에 많은 지장이 초래되고 있으며 상대의 뛰어난 성과를 따라잡지 못하고 있다는 내용이었다. 전쟁은 또한 양 조직 시스템이 경합하는 장이 되어 "비대한 조직의 우리와 극도의 순발력을 갖춘 적의 전투"라고 나는 말했다. 만일 우리가 새로이 체질을 개선하지 못한다면 분명 구식의, 전통에 얽매인, 노화된 시스템이 싸움에서 패배하는 것은 자명한 이치라고 강조했다.

16

태만
Versäumnisse

이 전쟁의 기이한 점 가운데 하나로, 히틀러가 영국의 처칠이나 미국의 루스벨트보다 자국민에게 요구한 바가 훨씬 적었다는 것을 들 수 있다.[1] 민주국가인 영국에서조차 모든 노동력의 총동원령이 내려진 반면, 독재국가였던 독일에서 전혀 그런 일이 없었다는 것은 민심이 흩뜨려질까 두려워하는 독재 정권의 불안을 잘 드러내준다. 독일 지도자들은 스스로를 희생하거나 혹은 국민에게 희생을 요구할 마음이 없었다. 그들은 적당히 타협해 국민의 사기를 최고 상태로 유지하기만을 원했다. 히틀러와 그의 정치적 동지들은 군인으로서 1918년 11월 혁명을 목격했고, 이 사건에서 자유롭지 못한 세대에 속한다. 히틀러는 사적인 대화에서 1918년 혁명을 경험한 이후 모든 일에 너무도 조심스러워졌다고 말한 적이 있다. 불만을 차단하기 위해 더 많은 노력과 돈이 소비를 위해 지출되었다. 처칠은 국민들에게 오로지 피와 땀과 눈물을 약속했던 반면, 히틀러는 전쟁이 다양한 국면을 맞거나 위기에 처할 때마다 "최후의 승리는 우리 것"이라고 외쳐댔다. 정권의 취약점을 고백한 것이나 다름없다. 민심이 이탈하고 만일의 경우 반정부 봉기로 이어지지 않을까 하는 거대한 우려가 드러난 것이다.

1942년 봄, 러시아 전선의 교착을 우려한 나는 모든 예비 인력의 동원을 고려했다. 더욱이 나는 "전쟁을 가능한 한 빨리 끝내야 하며 그렇지 못하면 독일이 패배할 것이다. 우리는 반드시 러시아의 겨울이 시작되는 10월 말 이전에 승리해야 한다. 그렇지 못하면 영원히 패배할 것이다. 따라서 우리가 이길 수 있는 방법은 내년에 생산될 무기가 아니라 지금 가진 무기를 총동원하는 것이다"라고 촉구했다. 나의 현실 분석은 알 수 없는 경로를 통해 영국『타임스』1942년 9월 7일 자에 실렸다.[2] 기사는 밀히와 프롬, 내가 당시 합의했던 내용을 종합하고 있다.

"우리의 직감은 올해 역사가 뒤바뀔 전환점이 올 것이라고 말하고 있다." 나는 또한 1942년 4월 그 전환점이 가까이 왔음을 주저하지 않고 공식적으로 선언했다.[3] 스탈린그라드에서 제6군의 고립, 아프리카 군단의 전멸, 북아프리카에서 이어지는 연합군의 상륙작전, 독일 대도시에 대규모 공습 개시 등. 우리의 전시경제도 전환점에 이르러 있었다. 1941년 가을까지만 해도 경제 지도부는 전쟁이 곧 끝날 것이고, 전쟁 가운데 긴 평화의 시간이 있을 것으로 예상하고 정책의 기본을 정했었다. 그러나 이제 끝나지 않는 전쟁이 시작되었다.

내가 보기엔, 국민의 모든 잠재력을 동원하기 위해서는 당 지도부에서 솔선했어야 했다. 히틀러 스스로 1939년 9월 1일 의회에서 "나는 그 어떤 어려움에도 흔들리지 않을 준비가 되어 있다"고 선언한 이후로 나의 진단은 더욱 적절해 보였다.

히틀러는 결국 오버잘츠베르크를 비롯해 자신과 관련이 있는 모든 건물 프로젝트를 중단시켰다. 나는 취임 2주 후에 우리를 가장 힘들게 하는 무리인 관구장과 제국지도자들을 모아놓고 한 연설에서, '총통의 이 고귀한 선택'을 언급했다. "미래에 올 평화 시기의 일이 결코 지금의 결정에 영향을 미쳐서는 안 됩니다. 저는 총통으로부터 앞으로 우리의 군수품 생산에 지장을 주는 모든 문제를 보고하라는 지시를 받았습니다. 이 문제들은 어떤 경우에도 용납되지 않을 것입니다." 이 발언은 충분한 위협이 되었다. 비록 내가 그해 겨울까지 우리 각자는 가슴속에 특별한 희망을 품고 있다는 말로 다소 태도를 누그러뜨리기는 했지만 말이다. 그러나 앞으로는 군사적 상황으로 인해 지금 당장 불필요한 건설 공사는 독일 전역에서 모두 중단된다고 말했다. 비록 그 덕분에 절약되는 노동력이나 원자재가 그리 대단하지는 않다 해도 솔선수범이 우리의 의무라고 강조했다.

내 연설이 비록 단조롭기는 했지만 당연히 모든 사람이 그 뜻을 파악하고 따라주리라 기대했다. 그런데 연설이 끝난 후 당 지도부 인사들이 나를 에워싸고 자신들이 진행하고 있는 특별한 공사가 있으니 예외로 봐달라고 청하는 것이었다.

제국지도자 보어만이 가장 크게 반발했다. 그는 우유부단한 히틀러를 설득해 오버잘츠베르크 공사 중단을 간단히 철회해버렸다. 막대한 인원이 동원되었고 그들은 정확히 전쟁이 끝나는 시점까지 그곳에 머물렀다. 비록 모임이 있은 지 3주 후 히틀러에게 다시 중단 명령을 받아냈지만 말이다.*

관구장 자우켈은 바이마르에 있는 '당 포럼' 건물은 절대 공사를 멈춰서는 안 된다고 압력을 넣었다. 히틀러는 이 건물도 전쟁이 끝날 때까지 공사를 진행하도록 했다. 로베르트 라이는 자신의 농장에 돼지우리 공사를 해야 한다고 야단이었다. 무엇보다 이 공사를 우선적으로 해야 한다고 우겼는데, 돼지를 길러본 자신의 경험이 식량 공급에 중요한 역할을 할 거라는 주장이었다. 그의 요청에 대해 서면으로 거절을 통보하면서 봉투에 재

---

* "총통께서는 오버잘츠베르크 공사를 중단하라고 명령하셨다. 적절한 통신문을 작성해 보어만 사무장에게 보내시오"(총통의사록, 1942년 3월 5~6일, 항목 17, 3). 그러나 2년 반 후, 1944년 9월 8일에도 공사는 계속되고 있었다. 보어만은 그의 아내에게 다음과 같은 편지를 보냈다. "가끔 만나곤 하는 슈페어 씨는 나에게 눈곱만큼의 존경도 표하지 않소. 그는 부관들에게 가 오버잘츠베르크 공사에 대해 질문만 할 뿐이오. 그런 태도를 보이다니, 정신 나간 짓이지 뭐요! 올바른 경로를 통해 공사를 지휘하는 나에게 직접 와서 이야기하지 않고, 부관들에게 가서 자기에게 직접 보고하라고 하다니! 하지만 우리에게 필요한 물자와 노동력을 그 사람이 관리하고 있으니 미소 띤 표정을 보일 수밖에"(보어만, 『편지』, 103쪽).

미난 장난을 쳤다. "민족사회주의당 제국조직위원장, 또는 독일노동자연맹 위원장 앞. 내용: 돼지우리."

내가 이러한 강력한 호소를 한 후에도 히틀러는 일부 공사를 진행했고, 수백만 마르크를 들여 잘츠부르크의 쓰러져가는 클레스하임 성을 고급스러운 게스트하우스로 고치는 공사를 진행했다. 베르히테스가덴 부근에서는 힘러가 자신의 정부를 위한 시골 별장을 짓고 있었는데, 극비리에 공사를 진행했기 때문에 전쟁의 마지막 주에 가서야 그 사실을 알게 되었다. 심지어 1942년에도 히틀러는 자신의 관구장 한 명에게 호텔과 그의 포젠 성을 개조하라고 독려했다. 두 공사 다 기본 원자재들이 많이 필요한 공사였다. 그 관구장은 또 자신을 위한 저택을 포젠 시 인근에 짓기도 했다. 1942~43년에 새로운 특별 열차가 라이와 카이텔 등을 위해 만들어졌는데, 모두가 원자재와 기술자들을 요하는 일이었다. 그러나 이러한 일들은 대부분 나에게 통보되지 않았다. 관구장들과 제국지도자들이 휘둘렀던 막강한 힘을 고려해볼 때 그 누구도 이들이 무엇을 하고 있는지 캐낼 수 없었을 것이다. 따라서 내가 끼어들어 중단시킨 사례는 거의 없었다. 내 입장에서 보면 업무 태만에 해당했다. 1944년 여름이 되어서도 히틀러와 보어만은 군수장관인 나에게 뮌헨의 한 액자 제조업체를 군수품 제조로 바꾸지 않겠다고 통보할 정도였다. 그 몇 달 전에 그들의 개인적인 요청에 의해 "러그 공장과 다른 예술품과 관련되는 업체에게 특별한 지위"가 부여되었다.[4] 전후 히틀러의 건물을 짓는 데 사용될 러그와 태피스트리를 생산하는 업체였다.

겨우 9년 지속된 정권에 불과했지만, 너무나 부패한 지도부는 전쟁이라는 위기 상황을 맞아서도 호화로운 생활방식을 바꾸지 않았다. 그들은 '온갖 이유'로 큰 집과, 사냥 별장, 농장과 궁전, 많은 고용인들, 풍성한 만찬, 최고급 와인 셀러를 필요로 했다.* 그들은 또한 목숨에 과도할 정도로 집착했다. 히틀러 자신만 하더라도 어디를 가든 먼저 자신을 보호하기 위한 지하 벙커를 지으라고 명했다. 지붕의 두께도 폭탄의 성능이 좋아짐에 따라 자꾸 늘어, 급기야는 5미터에 이르렀다. 결국 라스텐부르크와 베를린, 오버잘츠베르크, 뮌헨, 잘츠부르크 인근의 접견궁, 노하임 지휘본부 등에 튼튼한 벙커 시설이 들어섰다. 1944년에는 슐레지엔과 튀링겐에서 건설 중인 두 개의 지하 벙커가 산을 깎아서 만드는 통에 수백 명의 꼭 필요한 광산 전문가들과 수천 명에 이르는 노동자들의 손을 묶어버렸다.[5]

히틀러의 극명한 두려움과 자기 측근 인사의 중요성에 대한 지나친 과장은 측근들로 하여금 똑같은 개인 보호 시설을 짓도록 부추겼다. 괴링은 카린할뿐 아니라 거의 가보지도 않는 뉘른베르크 인근의 외딴 벨덴슈타인 성에도 대규모 지하시설을 만들었다.[6] 카린할에서 베를린까지 거의 숲으로 이어진 65킬로미터에 이르는 도로에는 일정 간격마다 콘크리트 대피소가 만들어졌다. 라이가 공공대피소에서 폭격을 피할 때 그의 주된 관심사는 대피소 천장 두께를 그루네발트 교외에 있는 자신의 개인 벙커와 비교하는 일이었다. 점점 더 자신이 꼭 필요한 인물이라는 자만심에 들뜬 관구장들은 히틀러의 명령에 따라 교외 지역에 따로 개인 대피소를 지었다.

취임 초기 나에게 주어진 모든 위급한 문제들 가운데 가장 절박한 과제는 노동력 부족이었다. 3월 중순의 늦은 저녁, 나는 베를린의 군수 공장 한 곳을 시찰했다. 라인메탈 보르지히였다. 값비싼 장비들이 넘쳐 났지만 사

---

* 선전을 이유로 들며 괴벨스는 정부와 당 지도부 인사들의 생활방식을 바꾸려고 노력했지만 헛수고였다. 그의 1942년 2월 22일 일기를 보자. "보어만은 지도자들에게 요구되는 검소함과 관련해 지시문을 발표했다. 주된 내용은 연회에 관한 것으로, 국민에게 모범을 보여야 한다는 주장이었다. 이것은 국민의 환영을 받을 것이다. 지도층 인사들의 마음 깊이 새겨지기를 바라지만 나는 회의적이다." 보어만의 지시문은 아무 효과가 없었다. 1년이 훨씬 지난 1943년 5월 22일, 괴벨스는 이렇게 적고 있다. "국내에 감도는 긴장감 때문에 국민들은 당연히 이른바 유명 인사들의 생활방식에 시선을 집중하고 있다. 하지만 안타깝게도 지도부 인사들은 별 신경을 쓰지 않는다. 그들 가운데 일부는 작금의 상황과 도저히 부합될 수 없는 생활방식을 고수하고 있다."

용되지 않고 있었다. 2조 교대를 할 충분한 인력이 없었던 것이다. 다른 공장도 사정은 마찬가지였다, 더욱이 전쟁 기간 중에 우리는 전력 부족이라는 어려움도 감안해야 했다. 저녁과 밤 시간에는 끌어다 쓸 수 있는 전기가 상당히 부족했다. 110억 마르크를 들여 새로운 공장들을 짓고 있었지만 기계류가 부족한 시점이었기 때문에, 모든 새 공장 건설을 중단하고 노동력을 2교대로 가동하는 것이 더 바람직해 보였다.

히틀러는 나의 논리를 받아들이는 듯했다. 그는 공장 건설비용을 30억 마르크로 줄이라는 명령을 발표했다. 그러나 내가 이 명령과 함께 약 10억 마르크* 규모의 화학업계 장기 건설 프로젝트를 중단하자고 하자 히틀러는 화를 냈다. 그는 언제나 모든 것을 즉시 원했고 다음과 같은 논리를 주장했다. "러시아와의 전쟁은 곧 끝날 거야. 그러니 나는 더 장기적인 계획이 필요해. 그리고 그때는 합성 연료가 그 어느 때보다 필요하게 될 거야. 비록 수년 안에 완공되지 않겠지만 우리는 새 공장을 지어야 해." 1년 후 1943년 3월 2일, "미래의 위대한 계획을 위해 필요하지만 1945년 1월까지는 아무것도 생산할 수 없는 공장을 짓는 일은 아무런 의미가 없다"고 나는 재차 충고해야 했다.[7] 1942년 9월의 잘못된 판단이 1944년 9월 전쟁 상황이 참담하게 전개되는 와중에도 여전히 군수 생산의 발목을 잡고 있었다.

히틀러가 나의 계획에 반대했음에도 불구하고 나는 건설 노동자 수십만 명을 모두 군수산업에 투입했다. 그러자 전혀 예상치 못한 문제가 발생

---

* 이 건설 프로젝트는 고급 철강과 많은 전문가를 묶어두었다. 나는 다음과 같이 주장하며 히틀러의 견해에 반대했다. "시간을 세 배나 들이고 수많은 건설 노동자를 투입하면서 수소화 공장 몇 개를 짓는 것보다는 한 곳을 몇 달 안에 짓는 것이 낫습니다. 인력을 한 곳에 투입해 빠른 시일 내에 공장을 건설하면, 앞으로 여러 달 연료를 공급할 수 있을 것입니다. 반면 그동안의 관례에 따른다면 연료의 생산 시점은 훨씬 더 늦어질 뿐입니다"(1942년 4월 18일 연설).

했다. '전시경제 4년계획 노동인력 배치를 위한 사업 부문' 단장 만스펠트가 건축공사에서 풀려난 노동자들을 한 구역에서 다른 구역으로 옮기는데 관구장들이 반대하고 있어 자기로서도 방법이 없다고 털어놓았다.[8] 게다가 관구장들은 경쟁과 음모를 위해 자신의 특혜가 위협을 받을 때는 서로 결속하는 성향이 있었다. 내가 가진 강력한 권한으로도 그 문제는 어찌 해볼 도리가 없다는 것을 깨달았다. 그들 중 누군가가 나의 동맹자가 되어 주어야 했다. 또한 히틀러의 특별한 힘이 필요하기도 했다.

마음속에 떠오른 사람은 오랜 친구 카를 한케였다. 괴벨스 아래서 오랫동안 차관으로 일했고 1941년 1월부터 남슐레지엔의 관구장을 맡아왔다. 히틀러는 기꺼이 관구장 가운데 한 명을 위원으로 임명해 나에게 파견하겠다고 약속했다. 그러나 보어만은 슬쩍 얼버무렸다. 한케는 나와 너무 절친한 사이라는 것이었다. 그의 임명은 내 권한을 강화할 뿐만 아니라 보어만의 영역과 당의 위계질서를 침범할 수도 있었다.

내가 청을 넣은 지 이틀 뒤 다시 그 문제로 히틀러와 상의하자, 내 의견에는 찬성했지만 한케를 선택한 데에는 반대를 표했다. "한케는 관구장이 된 지 얼마 안 됐기 때문에 충분한 영향력이 없네. 보어만과 이야기를 해봤는데, 자우켈이 어떤가."**

보어만은 자신이 선택한 후보를 밀어 넣었을 뿐만 아니라 자신의 직속 부관을 그 후보로 내세웠다. 여기에 괴링이 즉각 반발했다. 관련 임무가 자신의 4년계획에 속한다는 것이었다. 행정적인 일에 무관심한 편인 히틀

** 나는 자우켈의 극단적인 노동 정책에 공동 책임을 져야 했다. 다른 사안에서는 의견이 달랐지만 나는 그의 의도, 즉 대규모의 외국인 노동자를 독일로 이송해야 한다는 점에 기본적으로 합의했다. 에드워드 L. 홈즈의 『나치 독일에서의 외국인 노동자』(프린스턴, 1967)가 나와 자우켈 사이에서 시작된 작은 전쟁에 대해 상세히 기술하고 있기 때문에, 여기서는 중요한 부분만 거론하겠다. 나는 내부적 적대감과 공격이 흔히 일어나는 일이었다는 홈즈의 지적에 동의한다. 알렌 S. 밀워드 박사의 저서 『새로운 질서와 프랑스 경제』(런던, 1969)에도 당시 상황이 정확하게 기술되어 있다.

러는 자우켈을 '인력동원 대표 위원'으로 임명하고, 그를 괴링의 전시경제 4년계획 조직 안에 배치했다. 괴링은 다시 한 번 반발했다. 일이 자신의 권한을 축소시키는 방향으로 흘러간다고 판단했기 때문이다. 자우켈의 임명 결정은 괴링 자신이 내렸어야 했다. 그러나 히틀러는 그러한 친절을 베풀지 않았다. 다시 한 번 보어만이 괴링의 입지에 일격을 가한 것이다.

자우켈과 나는 히틀러의 지휘부에 불려 갔다. 임명장을 주면서 히틀러는 기본적으로 그러한 노동력 문제는 일어나서는 안 된다는 점을 지적했다. 사실 그는 1941년 11월 9일에 했던 발언을 반복한 셈이었다. "우리를 위해 직접적으로 필요한 인력만 2억 5,000만 명 이상이다. 노동 과정[9]에 참여한 이 수백만 명과 관련해서 우리가 성공하리라는 것에는 추호의 의심도 가져서는 안 된다." 따라서 필요한 노동력은 점령지에서 동원하기로 했다. 히틀러는 자우켈에게 필요한 노동자들을 어떤 수단을 통해서라도 동원하라고 지시했다. 이 명령은 나의 일에서 숙명적인 갈림길이 시작됨을 의미한다.

함께 일하게 된 처음 몇 주 동안 우리는 부드러운 태도로 협조했다. 자우켈은 노동력 부족 문제를 다시는 겪게 하지 않을 것이며 전문가들을 보충해주겠다는 약속을 했다. 나는 자우켈이 권위를 얻도록 도왔고 내가 할 수 있는 한 그를 지원했다. 자우켈은 많은 약속을 했다. 평화 시에는 은퇴하거나 사망한 노동인력을 약 60만 명의 차세대 인력이 대체하지만, 이제는 이러한 인력들 외에 산업 근로자들도 징집되었다. 따라서 1942년 독일 경제에 부족한 노동력이 100만 명 이상에 육박했다.

간단히 얘기해서, 자우켈은 자신의 약속을 지키지 않았다. 히틀러의 2억 5,000만 동원령은 부산되었다. 그 원인으로는 점령지 행정의 비효율성과 점령지 주민들이 독일로 끌려와 노동을 하느니 산으로 들어가 게릴라 대원이 되는 것을 선택했기 때문이다.

외국 노동자들이 처음 공장에 도착하자마자 산업 조직의 항의가 있다는 소식이 들렸다. 그들에게는 반대를 위한 숱한 근거가 있었는데 그 첫 번째 이유는 다음과 같다. 기술 인력이 이제 외국인으로 대치되고 독일의 기술 전문가들은 업계의 주요 직책을 맡게 될 것이다, 그러다가 공장에 사보타지라도 일어난다면 엄청난 결과를 초래할 수 있다, 적의 정보국이 스파이 요원을 자우켈의 파견 인원 중에 위장 투입하는 것을 어떻게 막을 수 있는가?

또 다른 문제도 있었다. 다양한 언어집단을 수용하기 위한 통역 인원이 부족했다. 적절한 소통이 이루어지지 않는 상황에서 새로운 인력에게 무엇을 기대할 수 있단 말인가?

외국인 노동인력보다는 독일의 여성 인력을 활용하는 편이 훨씬 현실적으로 보였다. 기업주들은 제1차 세계대전 당시 여성 인력 고용이 지금보다 훨씬 높았음을 보여주는 통계자료를 내게 제시했다. 그들은 나에게 공장 퇴근시간의 사진을 1918년과 1942년을 비교해 보여주었다. 제1차 세계대전 당시 사진 속에는 퇴근하는 노동자 가운데 압도적인 수가 여성이지만 지금은 오직 남자들뿐이다. 그들은 또한 미국과 영국의 잡지 사진들도 보여주었는데, 산업 전선에서 힘을 모으고 있는 여성들의 모습이었다.[10]

1942년 4월이 시작될 무렵, 나는 자우켈에게 가서 우리도 여성 인력을 활용하자는 제안을 했다. 그는 어디서 인원을 차출해서 어떻게 배치하는가는 자신의 일이라고 무뚝뚝하게 대답했다. 게다가 자신은 관구장으로서 히틀러의 하급자이므로 총통에게만 복종할 의무를 지닌다고 덧붙였다. 그리고는 이 문제를 괴링과 의논해보라고 말했다. 그는 전시경제 4년계획의 책임자로서 뭔가 대답을 해줄 것이라는 말이었다. 우리는 카린할에서 괴링을 만났다. 괴링은 내가 자신에게 의논을 하러 온 것에 으스대는 폼이 역력했다. 그는 자우켈에게는 더할 나위 없이 호의적이었지만 나에게는 눈에 띄게 쌀쌀맞게 굴었다. 내 주장을 펼칠 기회조차 주지 않았다. 자우켈과 괴링이 계속해서 내 말을 막고 나섰다. 자우켈은 여성을 동원할 경우 국민 전체의 사기를 저해할 위험이 크다고 주장했다. "심리적·감정적인 면뿐만 아니라 출산에도 영향을 미친다"는 것이었고, 괴링은 여기에 전적으로 동의했다. 자우켈은 히틀러에게 바로 달려가 자신들의 결정을 관철시켰다.

나의 그럴듯한 논리는 허무하게 사라졌다. 자우켈은 동료 관구장들에게 "독일 주부들, 무엇보다 많은 아이들을 기르는 주부들의 짐을 덜기 위해 각하께서는 나에게 동부 점령지에서 40~50만 명의 건강하고 튼튼한 처녀들을 데려오라 명령하셨다네"[11]라고 큰소리치며 자신의 승리를 알렸다. 1943년까지 영국에서는 가정부의 수를 3분의 2나 줄였지만 독일에서는 전쟁이 끝날 때까지 이런 일이 일어나지 않았다.[12] 약 140만 명의 여성들이 여전히 집안일을 위해 고용되었고, 게다가 우크라이나의 젊은 여성 50만 명이 당원들의 집에 하녀로 들어갔다. 이 일은 곧 국민들 사이에 큰 화제가 되었다.

군수품 생산은 강철 공급에 직접적으로 좌우되었다. 제1차 세계대전 중에는 독일 전시경제가 전체 철강 생산의 46.5퍼센트를 가져갔다. 내가 군수장관이 된 후 처음 알게 된 한 가지 사실은 제2차 세계대전 때는 이 수치가 37.5퍼센트밖에[13] 되지 않는다는 것이었다. 군수품 생산에 필요한 더 많은 철강을 확보하기 위해 나는 밀히에게 군수용 원자재 할당 문제를 함께 맡아서 해결해보자고 제안했다.

4월 2일, 우리는 다시 한 번 카린할로 출발했다. 괴링은 처음에는 다른 이야기만 하면서 말을 빙빙 돌리더니 마지막에는 전시경제 4년계획 집행부 안에 중앙기획위원회를 설치하자는 우리 제안에 찬성해주었다. 우리의 단호한 태도에 마음이 움직인 괴링은 쑥스러운 듯이 물었다. "내 친구 쾨르너한테 한자리 줄 수 없을까? 안 그러면 그 친구 좌천됐다고 괴로워할 텐데."†

---

† 쾨르너는 괴링의 비서이자 막역지우이다.

중앙기획위원회는 곧 독일 경제에서 가장 중요한 기관이 되었다. 사실 이러한 종류의 각종 사업과 우선 과제를 조절하는 최고결정기구가 그때까지 없었다는 것이 이상했다. 1939년까지 괴링이 혼자 이 문제들을 처리했다. 그러나 이후에는 점점 복잡해지고 급박해지는 문제들을 통제하고, 괴링이 몸을 사리기 시작했던 난국에 뛰어들 수 있는 권위 있는 사람이 없었다.[14] 중앙기획위원회에 대한 괴링의 명령에는 필요할 때마다 자신이 최종 결정을 내린다는 내용을 포함하고 있었다. 그러나 내가 예상했던 것처럼 괴링은 한 번도 특별한 요구를 한 적이 없었고 우리에게도 그를 괴롭힐 이유가 없었다.[15]

중앙기획위원회 회의는 군수부 대회의실에서 열렸다. 회의에는 많은 인원이 참석했고 회의는 한없이 길어지곤 했다. 장관과 차관 들이 직접 참석했다. 전문가들의 도움을 받은 그들은 자신들의 몫을 위해 싸웠고 가끔은 격렬한 음성이 터져 나오기도 했다. 우리는 민간 경제 부문을 쳐내야 했지만 군수품 생산의 효율성이나 민간용 기초 필수품 공급을 저해해서는 안 되었다.[16] 이 임무는 특히 미묘했다.

나는 소비재 생산을 상당 부분 감축하려고 노력했는데 특히 1942년 초 소비재 생산은 평화 시보다 3퍼센트밖에 감소하지 않은 상태였다. 내가 최대한의 노력을 기울였지만 1942년 연간 소비재 생산은 고작 12퍼센트밖에 줄지 않았다.[17] 그러나 감축 정책이 시행된 지 3개월 만에 히틀러는 후회하기 시작했다. 그리고 1942년 6월 28일과 29일, "민간을 위한 소비재 생산은 다시 원상복귀되어야 한다"는 포고령을 내렸다. 나는 반대했다. "이런 정책이 그동안 군수품 집중 생산 체제에 반대해오던 무리들을 부추겨 반대 목소리를 더 높일 것입니다"[18]라고 지적했다. 물론 "무리들"은 당 지도부 인사들을 말하는 것이었다. 히틀러는 내 말을 듣지 않았다.

다시 한 번 효율적인 전시경제 체제를 구성해보려 했던 나의 노력은 히틀러의 우유부단함으로 물거품이 되었다.

게다가 철로 건설 사업으로 인해 우리에겐 더 많은 인력과 강철이 필요했다. 국유철도가 아직 러시아의 겨울에서 회복하지 못했다 하더라도 이것은 필수적이었다. 독일 영토 안에서도 철로는 마비된 열차 수송으로 여전히 정체 현상을 빚었다. 중요한 군수물자의 수송은 참을 수 없을 정도로 지체되고 있었다.

1945년 3월 5일, 교통장관이자 73세의 고령에도 원기 왕성한 율리우스 도르프뮐러 박사가 나와 함께 지휘부로 가 히틀러에게 우리의 교통수송 문제에 대해 보고했다. 나는 우리가 직면한 심각한 수송 장애에 대해 설명했다. 그러나 도르프뮐러는 내 입장에 대해 적극적으로 지지하지 않았고, 히틀러는 언제나처럼 상황을 긍정적으로 보는 쪽을 선택했다. "슈페어가 생각하는 것처럼 그렇게 심각한 상황은 아닌 듯해"라는 말과 함께 그토록 중요한 문제의 논의를 연기했다.

2주 후 나의 요청으로 히틀러는 65세의 교통부 차관을 경질하고 젊은 관료를 임명하기로 약속했다. 그러나 도르프뮐러는 귀를 기울이려 하지 않았다. 그에게 우리 차관 인사를 설명했을 때 "지금 차관이 뭐 그렇게 나이가 많다고 그러는 게야"라고 소리쳤다. "그렇게 젊은 사람을? 내가 국영철도 이사회 회장이었던 1922년, 이 친구는 겨우 철도 감사관으로 시작했군 그래." 그는 계속 해오던 대로 일을 추진했다.

그러나 두 달 뒤 1942년 5월 21일, 도르프뮐러는 나에게 와 이렇게 털어놓을 수밖에 없었다. "철도청에 객차와 증기열차가 너무 부족해서 더 이상 가장 긴급한 수송도 하기 힘들어졌네." 이 설명은 '국영철도청의 파산 선언'과 같았다. 그날 교통장관은 나에게 '교통감독관' 직을 제안했지만 나는 거절했다.[19]

이틀 뒤 히틀러는 나에게 젊은 철도 감사관인 간첸뮐러 박사를 데려오게 해 그를 만났다. 지난겨울 동안 간첸뮐러는 러시아 일부 지역(민스크와 스몰렌스크 사이)에 완전히 파괴되었던 철도를 다시 복구했다. 히틀러는 그를 마음에 들어 했다. "난 그 친구가 마음에 들어, 즉시 차관에 임명하겠네." 내가 도르프뮐러와 먼저 상의해야 하지 않겠냐고 묻자 히틀러는 외쳤다. "그럴 필요는 없네! 도르프뮐러에게도 간첸뮐러에게도 알리지 말게. 난 그냥 자네를 간첸뮐러와 함께 지휘부로 부를 거야. 그리고 교통장관은 따로 오라고 하지."

히틀러의 지시에 따라 두 사람은 지휘부의 각기 다른 건물로 불려 갔다. 간첸뮐러 박사가 아무것도 모른 상태에서 히틀러의 집무실로 들어갔다. 히틀러는 몇 분에 걸쳐 발언했고, 이 내용은 당일 만들어진 것이다.

> 교통수송 문제는 이제 심각해졌고 해결책을 찾아야 합니다. 지금까지 항상 그래왔지만 지난겨울에는 특히 그랬습니다. 나는 해결해야 할 중대한 문제에 직면해 있습니다. 이른바 전문가와 지도자라고 하는 사람들이 반복해서 말했습니다. "불가능한 일입니다. 소용없을 겁니다!" 그러나 나는 그런 이야기에 굴복할 수 없었습니다. 분명 해결해야 할 문제가 있었던 겁니다. 진정한 지도자가 있는 곳에서는 문제는 언제나 해결되었고 해결될 것입니다. 모든 것이 기분 좋은 방식으로 해결될 수는 없습니다. 기쁨은 나에게 중요한 것이 아닙니다. 마찬가지로 내가 할 수밖에 없었던 일에 대해 후대 사람들이 어떻게 평가할 것인가에도 관심이 없습니다. 나에게는 문제 해결이라는 단 하나의 관심사가 있을 뿐입니다. 우리는 전쟁에 이겨야 합니다. 이기지 못하면 멸망이 있을 뿐입니다.

히틀러는 계속해서 설명했다. 얼마나 힘들게 지난겨울의 재앙을 견뎌냈는지 그리고 퇴각을 청하는 장군들과 맞섰는지를 설명한 다음, 수송 문제 쪽으로 넘어가 내가 이전에 철도가 정상화되었을 때를 대비해 꼭 필수적이라고 권유했던 내용들을 언급했다. 바깥에서 아무것도 모른 채 기다리는 교통장관은 불러들이지도 않은 채 히틀러는 간첸뮐러를 새 교통부 차관으로 임명했다. 그 이유는 "그는 전선에서 혼란에 빠진 교통 상황을 정상화하기 위한 자신의 열정을 입증했기 때문"이었다. 그러고 나서야 도르프뮐러 교통장관과 보좌관인 라이프브란트가 불려 들어왔다. 전쟁의 성패가 달린 문제이기 때문에 교통수송 문제에 끼어들기로 결심했다고 히틀러는 말했다. 그리고 그는 자신의 주요 쟁점을 설명했다. "젊은 시절 나는 아무것도 아니었어. 눈에 띄지 않는 제1차 세계대전의 참전 군인에 불과했네. 내가 경력을 쌓기 시작한 것은 지도자감으로 나보다 훨씬 적합한 사람들이 모두 실패하고 나서야. 내가 항복하지 않는다는 것을 나의 전 생애가 증거하고 있네. 전쟁의 사명은 반드시 완성되어야 하네. 다시 말하지만 '불가능'이라는 단어는 나에겐 존재하지 않아." 그러고 나서 히틀러는 교통장관에게 전 교통 감찰관을 새 차관으로 임명했다고 알렸다. 장관에게도, 차관에게도, 나에게도 당혹스러운 순간이었다.

히틀러는 언제나 도르프뮐러의 전문성을 높이 평가했다. 이 점으로 미루어 도르프뮐러는 최소한 차관 임명 문제는 자신과 먼저 상의할 것으로 기대했을 것이다. 그러나 분명히 히틀러는 (언제나 그가 전문가에 맞서는 방식대로) 교통장관에게 기정사실을 알림으로써 난처한 논쟁을 피하고자 했다. 도르프뮐러는 침묵으로 굴욕감을 견뎠을 것이다.

그런 후 히틀러는 원수 밀히와 나에게 돌아서서 교통감독관 역할을 임시로 하라고 지시했다. 우리는 "최선의 해결책이 최대한 빠른 시일 내에 주어지도록 확인하는 책임"을 부여받았다.[20] 히틀러는 회의를 마쳤다.

정말 그 문제는 해결되었다. 젊은 차관은 예비 열차들을 활용하는 방안을 고안했다. 운행 속도를 높여 점점 늘어나는 전시 수송량을 감당했다. 열차 특별위원회가 조직되어 러시아의 겨울 날씨에 파손된 증기기관차들을 책임졌다. 수리 기술도 몰라보게 향상되었다. 수공예적인 증기열차 제조 시스템 대신 부품 조립 라인을 만들었고 생산량을 몇 배로 올릴 수 있었다.[21] 전시 수요가 계속 증가함에도 불구하고 교통량은 계속 늘었다. 1944년 가을 전면적인 공습이 시작되어 교통을 차단해 운송에 숨통을 터줄 때까지, 운송난은 독일 경제 최대의 병목지점으로 작용했다.

우리가 증기열차의 생산을 배가하기 위해 조치를 취하고 있다는 소식에, 괴링은 나를 카린할로 불렀다. 그는 한 가지 제안을 했는데 강철이 부족하니 콘크리트로 열차를 만들자는 것이었다. 물론 콘크리트 열차는 철로 된 열차보다 내구성이 없다고 그는 말했다. 그러나 생산량을 늘리기 위해 가진 것을 사용하자는 주장이었다. 왜 그것이 말도 안 되는지조차 그는 알지 못했다. 그럼에도 불구하고 그는 이 괴상한 아이디어에 몇 달을 매달렸고, 덕분에 나는 두 시간 운전하고 두 시간 기다리느라 시간을 낭비했다. 그러고 나서 나는 아무것도 먹지 못한 채 집으로 돌아왔다. 카린할에서는 방문객에게 식사를 제공하는 일이 거의 없었는데, 이것이 괴링 집안이 유일하게 전시경제에 협조하는 부분이었다.

간첸뮐러가 차관으로 임명되면서 히틀러가 운송 위기 해결과 관련된 영웅적인 발언을 한 1주일 후, 나는 히틀러를 다시 찾아갔다. 나는 지도부가 좋은 선례를 남겨야 한다는 입장으로 히틀러에게 당분간 당 간부와 정부 관료의 개인 열차 운행을 중단시키자고 제안했다. 당연히 나는 운송제한에 히틀러의 열차까지 포함하지는 않았다. 그러나 히틀러는 난색을 표했다. 동부 점령지에서는 적당한 거처가 없기 때문에 개인 열차가 필수품이라는 주장이었다. 나는 대부분의 개인 열차가 동부 지역보다는 제국 내 지역을 여행하는 데 사용된다고 반박했다. 그리고 나는 개인 열차를 사용하는 저명인사들의 명단을 제시했다. 그러나 역시 운이 따라주지 않았다.[22]

나는 주기적으로 프리드리히 프롬 장군을 만나 호르허 레스토랑의 별실에서 점심식사를 하곤 했다. 1942년 4월 말경이었을 것이다. 평소처럼 점심을 함께하던 그는 우리가 전쟁에서 이길 수 있는 유일한 길은 완전히 새로운 성능을 가진 무기를 개발하는 것뿐이라고 말했다. 그는 도시 전체를 파괴할 수 있는 강력한 무기를 개발 중인 과학자들과 접촉해보았는데, 새 무기는 영국을 완전히 사라지게 할 수도 있다는 것이었다. 프롬은 함께 과학자들을 만나보자고 제안했다. 그는 중요한 문제라며 최소한 이야기는 나누어봐야 하지 않겠냐고 했다.

독일 최대의 철강회사를 이끌고 있는 알베르트 푀글러 박사와 카이저 빌헬름 게젤샤프트 회장도 그동안 등한시되었던 핵 개발에 관심을 촉구했다. 그는 교육과학부의 기초과학 분야 지원이 부족해, 전쟁 동안 별다른 도움을 받지 못했다고 지적했다. 1942년 5월 6일, 나는 이 상황을 히틀러와 논의했고 괴링을 제국 연구위원회 위원장으로 임명해 그 중요성을 부각시키자고 제안했다.[23] 한 달 뒤 1942년 6월 9일, 괴링이 위원장으로 임명되었다.

거의 같은 시간에 군수품 생산의 3군 대표인 밀히와 프롬, 비첼이 카이저 빌헬름 게젤샤프트의 베를린 본부인 하르나크 하우스에서 만나 독일의 핵무기 개발을 주제로 브리핑을 받았다. 이름이 잘 기억나지 않는 과학자들과 함께 노벨상 수상자인 오토 한과 베르너 하이젠베르크 등이 참석했다. 몇 번의 가설 발표가 있은 후에, 하이젠베르크가 "원자파괴 및 우라늄 생성 장치와 사이클로트론(원자파괴를 위한 이온가속장치)"[24]에 대해 발표했다. 하이젠베르크는 교육부가 핵 연구를 등한시한 것과 자금과 재료의 부족, 과학자들을 군에 징집한 데 대해 신랄한 비판을 가했다. 그는 미국의 과학기술 잡지 기사를 제시하며 서방에서 핵 연구를 위한 풍부한 기술과 자금 지원이 이루어지고 있음을 보여주었다. 이는 독일이 몇 년 전까지만해도 핵 연구의 선도국이었지만 이제는 미국의 핵무기 개발이 한발 앞서가고 있음을 의미했다. 핵분열의 혁명적인 가능성을 생각할 때 핵무기 개발의 주도권 확보는 어마어마한 결과가 뒤따르는 문제였다.

강연이 끝난 뒤 나는 하이젠베르크에게 핵물리학이 핵폭탄 개발에 얼마나 응용될 수 있는지 물었다. 그의 대답은 전혀 고무적이지 못했다. 그는 이론적으로 핵폭탄을 만드는 데는 아무런 문제가 없다는 과학적인 해답은 이미 나와 있다고 단언했다. 그러나 생산 기술을 확보하려면 최소한 2년 이상이 걸릴 것이라고 했다. 그것도 최고 수준의 지원을 받는 상황에서였다. 난제들이 뒤엉켜 있다고 하이젠베르크는 설명했다. 유럽에는 사이클로트론이 단 한 대뿐인데, 성능은 미미하며 그나마 파리에 있어 기밀유지 때문에 제대로 활용하기 어렵다는 것이었다. 나는 군수장관의 모든 권한을 이용해 미국에 있는 것 이상의 사이클로트론을 개발하자고 제안했다. 그러나 아직 경험이 부족하기 때문에 작은 것부터 개발해야 한다고 하이젠베르크는 대답했다.

그럼에도 불구하고 프롬 장군은 군에서 수백 명에 달하는 과학자들을 제대시킬 것을 제안했고, 나는 과학자들에게 핵 연구를 위해 필요한 방법과 자금, 원료에 대해 알려달라고 촉구했다. 몇 주 후, 그들은 자신의 요구사항을 제출했다. 수십만 마르크의 자금과 소량의 철, 니켈 등 주요 원료들이었다. 게다가 그들은 벙커와 실험동 그리고 자신들의 프로젝트를 최우선 순위의 사업으로 추진해줄 것을 요구했다. 독일 최초의 사이클로트론 제조를 위한 계획안에 허가가 떨어졌다. 과학자들이 요청한 내용 대신 나는 100만 내지 200만 마르크의 자금과 거기에 걸맞은 대량의 원료를 요청했다. 분명 그 당시 상황으로 봐선 더 이상은 어려울 것이었다.[25] 나는 원자폭탄 개발은 더 이상 지체되어서는 안 된다는 생각이 들었다.

자신의 마음을 사로잡은 프로젝트에 대해 과다한 요구를 하며 밀어붙이는 히틀러의 경향에 익숙했던 나는 1942년 6월 23일, 그에게 핵분열에 관한 회의 내용과 우리가 결정한 사안들을 아주 대략적으로만 보고했다.[26] 히틀러는 더 자세하고 생생한 내용을 사진사 하인리히 호프만을 통해 들었다. 그는 우편장관인 오네조르게와 가까웠다. 괴벨스로부터도 뭔가를 들었을 것이다. 오네조르게는 핵 실험에 관심이 있었고 젊은 물리학자 만프레드 폰 아르덴네의 직속으로 독립적인 연구 단체를 만드는 것에 지지를 표했다. 히틀러가 이런 문제조차도 책임자에게 직접 내용을 듣지 않고 주말 잡지 내용과 비슷한, 믿을 수 없고 쓸모없는 정보들만 모았다는 것은 주목할 만하다. 여기서 다시 히틀러의 비전문가 선호 성향과 기초과학 연구에 대한 이해 부족을 엿볼 수 있다.

히틀러는 가끔 나에게 원자 폭탄의 가능성에 대해 물었지만 그 개념을 논리적으로 이해하지는 못한 상태였다. 또한 그는 핵물리학의 혁명적인 성격을 이해하지 못했다. 내가 히틀러와 논의를 하면서 메모한 2만 2,000가지 내용 중에 핵분열에 관한 것은 단 하나뿐이었고 그것도 아주 간결하게 언급되었다. 히틀러는 가끔 핵폭탄 전망을 언급하기도 했지만 내가 물리학자들과 가졌던 회의 내용을 보고한 것이 그의 견해를 결정했다. 좋은 결과를 얻기는 힘들다는 것이었다. 사실, 성공적인 분열이 절대적인 확실성 속에 통제될 수 있는지, 아니면 연쇄 반응으로 계속될 것인지에 대한 나의 질문에 하이젠베르크 교수는 최종적인 답을 주지 않았다. 히틀러는 자신이 지배하는 땅이 불타는 별로 바뀔 수 있다는 가능성에 기뻐하지 않았다. 가끔 그는 과학자들의 맹목적인 탐구심이 하늘 아래 모든 비밀을 풀어서 언젠가는 온 세상을 폭발시키지 않을지 농담조로 이야기했다. 앞으로 그런 일이 일어나려면 오랜 세월이 지나야 하기 때문에 자신은 분명 그런 꼴을 보지 않고 죽을 수 있을 것이라고 덧붙였다.

만일 원자폭탄이 있었다면 히틀러는 주저하지 않고 영국에 떨어뜨렸을 것이다. 1939년 바르샤바 폭격을 다룬 기록영화의 마지막 장면에 대해 히틀러가 보인 반응을 기억한다. 우리는 히틀러, 괴벨스와 함께 베를린의 살롱에서 영화를 보았다. 연기가 구름처럼 피어나 하늘을 어둡게 했고 폭탄은 목표지점을 향해 정확히 떨어지고 있었다. 우리는 떨어진 폭탄과 다시 사라지는 비행기 그리고 거대하게 확장해가는 폭발 지점들을 보았다. 필름이 슬로 모션으로 돌면서 폭발의 효과는 더욱 극대화되었다. 히틀러는 매료되었다. 영화는 비행기 한 대가 영국의 섬 인근을 향해 돌진하는 편집 장면으로 끝났다. 불꽃이 터져 나왔고 그 섬은 공중으로 산산이 분해되었다. 히틀러의 희열은 극도에 달했다. "바로 저렇게 될 거야! 우리도 저런 식으로 놈들을 무찔러야 해!"

핵물리학자들의 제안에 따라 우리는 프로젝트를 서둘러 진행해 원자폭탄 개발을 1942년 말까지 끝내기로 했다. 내가 다시 원자폭탄 개발 시한에 대해 조사하고, 3~4년 이상이 걸린다면 아무 의미가 없다는 결론을 내린 후였다. 전쟁은 분명 그리 오래지 않아 결말이 날 것이다. 나는 기계 작동을 위한 에너지 생산 우라늄 모터 개발을 허가해주었다. 해군은 잠수함 장착 여부에 관심을 보였다.

크루프 사 방문 중에 나는 우리의 첫 사이클로트론을 보여달라고 했고 책임 기술자에게 좀 더 개발을 해서 큰 장치를 지을 수 없는지 물었다. 그러나 그는 하이젠베르크가 했던 말을 되풀이했다. 우리에게는 기술적인 경험이 부족하다는 것이었다. 1944년 여름 하이델베르크에서 나는 우리의 첫 사이클로트론이 원자핵을 분쇄하는 모습을 보았다. 내 질문에 발터 보테 교수는 이 사이클로트론이 의학적·생물학적 연구에 사용될 수 있다고 대답했다. 나는 그 말에 만족해야 했다.

1943년 여름, 포르투갈에서 철망간중석 수입이 중단되었다. 이로 인해 솔리드 코어 군수품 생산에 큰 차질을 빚게 되었다. 나는 이러한 군수품 생산을 위해 우라늄 코어를 사용할 것을 명령했다.[27] 우라늄 비축분 약 1,200톤을 방출한 것은 더 이상 우리에게 원자폭탄을 개발할 의사가 없음을 보여준 것이다.

어쩌면 1945년에는 원자폭탄을 사용할 수준이 되었을지 모른다. 그러나 그것은 우리의 모든 기술력과 자금력, 과학적 역량을 원자폭탄 개발 하나만을 위해 동원한다는 가정에서 가능한 일이다. 또 로켓 무기 개발과 같은 다른 모든 사업을 포기한다는 것을 의미했다. 이러한 점에서 볼 때 페네뮌데†는 우리의 가장 큰 프로젝트였을 뿐만 아니라 잘못된 프로젝트이기도 했다.*

---

† Peenemünde: 1937년 발트 해 연안의 작은 섬 페네뮌데에 세워진 로켓 개발시설을 말한다. 유명한 V2로켓도 이곳에서 개발되었다.

* 1937년에서 1940년에 이르는 기간에, 군은 5억 5,000만 마르크를 대형 로켓 개발에 쏟아 부었다. 그러나 성공은 불확실했다. 히틀러의 책임 분산 원칙은 과학기술 분야에도 적

핵무기 개발의 실패는 이념적인 것에서도 그 원인을 찾을 수 있다. 히틀러는 1920년 노벨상을 수상했던 물리학자 필리프 레나르트를 대단히 존경했다. 그는 과학자들 가운데 초창기 나치당 지지자이기도 했다. 그는 유대인들이 핵물리학과 상대성 이론에 대해 선동적인 영향력을 행사하고 있다는 사상을 히틀러에게 불어넣었다.*

히틀러는 식사를 하면서 종종 핵물리학을 "유대인의 물리학"이라고 칭하기도 했고, 그 근거로 레나르트의 이론을 인용했다. 이러한 관점은 로젠베르크에게도 영향을 미쳤다. 왜 교육부가 핵 연구에 전혀 관심이 없었는지 더욱 분명해지는 대목이다.

그러나 히틀러가 편견을 가지고 있지 않았더라도, 그리고 1942년 6월 원자폭탄 개발을 위한 기초과학 연구에 수백만 마르크가 아닌 수십억 마르크가 배정되었더라도, 독일 경제의 어려움을 감안한다면 이 사업을 최우선 순위로 추진하고 재료와 투자 규모에 맞는 기술 인력을 공급하는 일은 불가능했을 것이다. 미국이 그 거창한 사업을 추진하게 된 것은 그들의 뛰어난 생산 능력 때문만은 아니다. 독일 상공에서 계속되는 공습은 군수품 생산에 적신호를 보내기 시작한 지 오래였고, 핵무기 개발과 같은 대규모 사업은 엄두도 내기 힘들었다. 우리의 자원 한도 내에서 최선을 다했어도 1947년까지 원자폭탄이 생산되긴 어려웠을 테고, 분명 미국에 앞서지도 못했을 것이다. 그들은 1945년 8월 원자폭탄을 사용할 수 있었다. 또

용되어, 연구팀을 두 개로 나누어놓았고 이들은 서로를 거북해했다. 나의 업무일지에 따르면, 1944년 8월 17일 육해공 3군과 친위대, 우편국 등의 다른 조직들도 독립된 연구 설비를 보유했던 것으로 되어 있다. 반면, 미국에서는 모든 원자물리학자가 하나의 조직에 통합되어 있었다.

* L. W. 헬비히의 『현대의 인격』(1940)에 따르면, 레나르트는 "외국인이 창안한 상대성이론"을 비난했다. 네 권짜리 저서 『독일 물리학』(1935)에서 헬비히는 물리학을 "유대인들의 배타적 산물"로 규정하고, "인종적으로 맞지 않으므로 독일 민족은 반드시 피해야 하는 것"으로 정의했다.

한 크롬 비축분도 길어봤자 1946년 1월 1일을 넘길 수 없었을 것이다.

이런 식으로 군수장관으로 임명된 나는 시작부터 경제의 모든 부문에서 오류와 실책을 거듭 발견했다. 모순이지만 히틀러 자신도 전쟁 기간 중에 이런 말을 반복했다. "이번 전쟁에서 지는 쪽은 가장 큰 오류를 범한 쪽일 것이다." 히틀러의 연속된 오판이 생산 능력을 떨어뜨렸고, 지고 있던 전쟁의 종말을 앞당겼다. 예를 들어 그는 영국 공습작전 때도 혼란스러운 판단을 했다. 전쟁 시작부터 U-보트는 부족했다. 전체적으로 전쟁 전반에 대한 기획의 부족이라고 할 수 있다. 숱한 독일의 기록들이 히틀러의 결정적인 실수를 언급하는데, 이는 전적으로 맞는 말이다. 그렇다고 그런 요소들이 아니었더라면 독일이 전쟁에서 이길 수 있었다는 의미는 아니다.

건축 관계자들과 함께 설계안을 검토하고 있는 히틀러와 슈페어.

히틀러의 돔형 대회의장 스케치, 1925년.

1924

히틀러 개선문 스케치, 왼쪽 뒤로 돔형 대회의장이 보인다. 1925년.

1930년 히틀러의 50세 생일을 맞이해 슈페어가 선보인 개선문 모형.
모형을 눈높이에서 보기 원한 히틀러를 위해서 높은 받침대를 설치했다.

대회의장, 290미터

제국의회, 75미터

브란덴부르크 문, 29미터

히틀러와 슈페어의 베를린 도시계획의 과대망상적인 규모를 가장 잘 보여주는 돔형 대회의장 모형.
돔형 대회의장 앞의 제국의회는 지금은 독일 연방의회로 사용되고 있다.

오버잘츠베르크에서 히틀러가 슈페어의 건축 설계안을 놓고 생각에 잠겨 있다.
그 무렵 슈페어의 스케치. 좌우대칭이 강조되어 있고, 육중한 매스가 두드러진다.

히틀러가 어느 날 밤 사이에 완성해 슈페어에게 보여준 뮌헨 기념탑 계획.
위의 도면 아래에 보이는 사람의 크기로 전체 규모를 가늠해볼 수 있다.

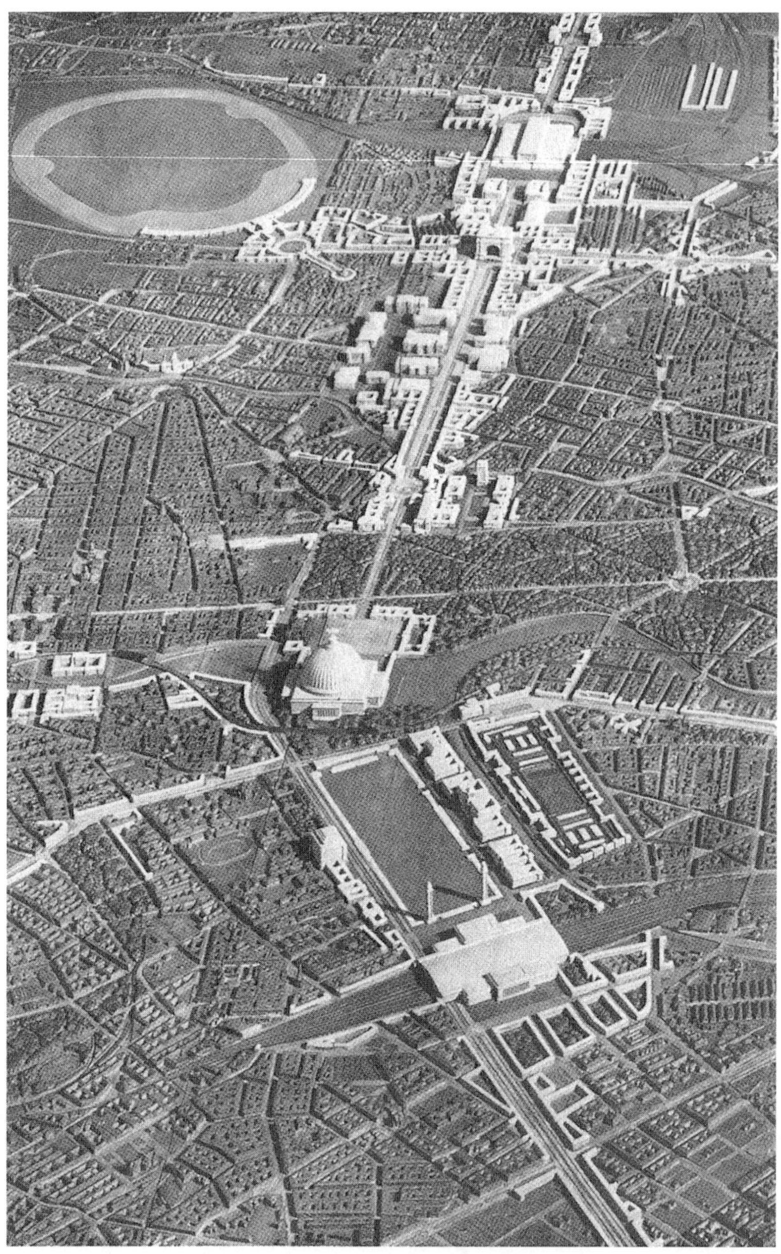

슈페어와 히틀러의 베를린 중심부 개조 계획.

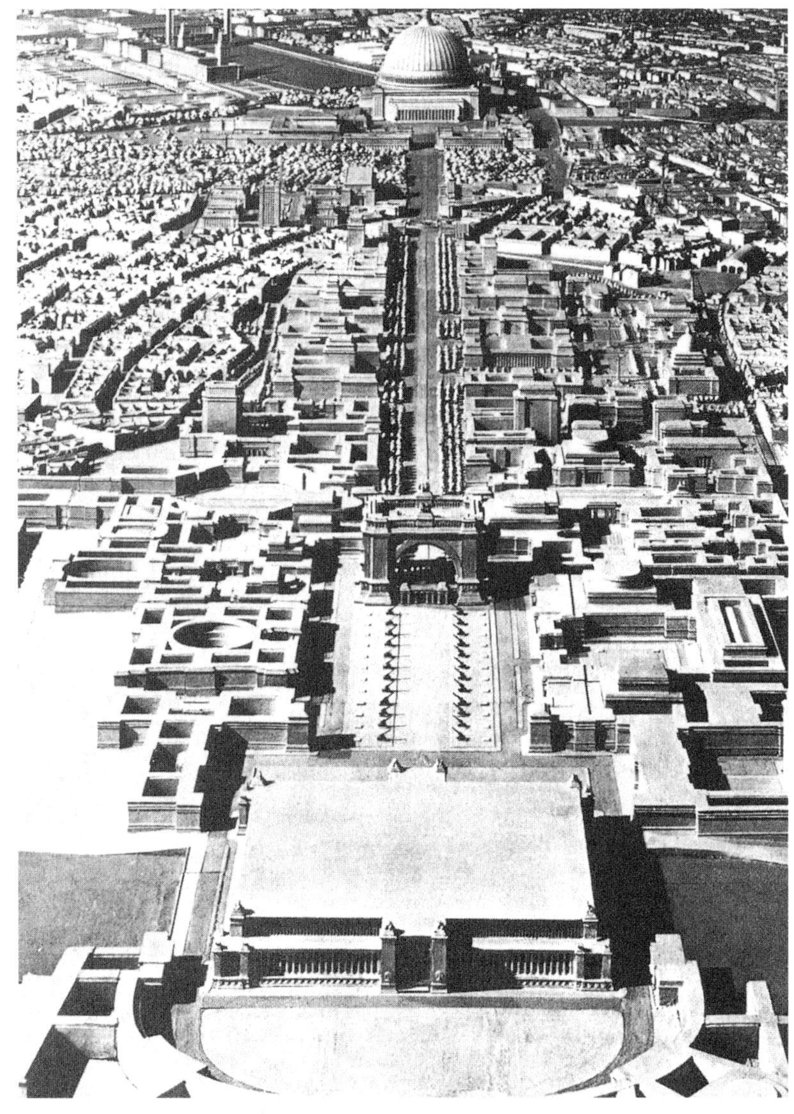

남부역에서 바라본 광경, 개선문과 돔형 대회의장이 넓게 조성된 가로의 축 위에 배치되어 있다.

개선문에서 돔형 대회의장을 바라본 모형 사진.

새 총리 청사 파사드. 문 옆에 서 있는 인물 모형과 히틀러가 모습을 보일 발코니의 크기로 전체 규모를 가늠할 수 있다.

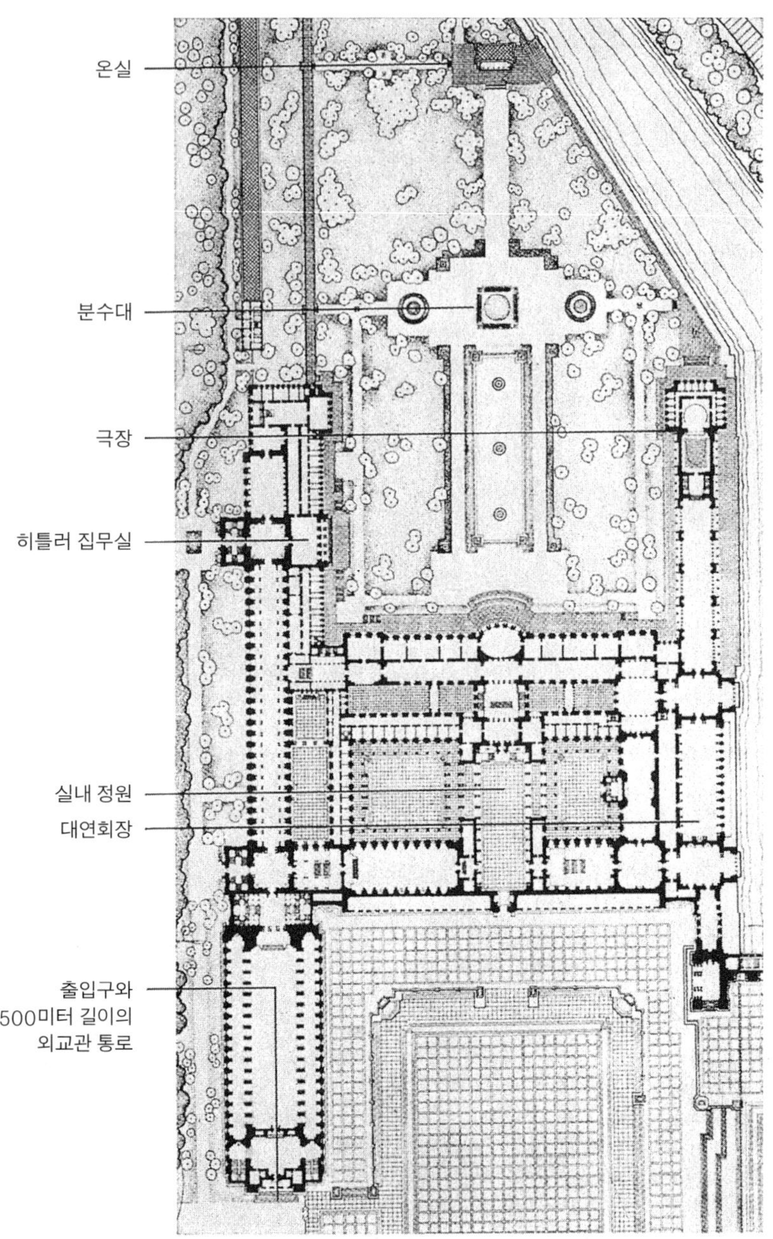

히틀러 궁전으로 불리던 새 총리 청사 전체 계획도.

비서를 시켜 타이핑하지 않고 히틀러가 손으로 작성한 엽서와 축하카드는
히틀러의 총애를 드러내는 징표였다.

제국원수 괴링 관저의 모형, 입구홀.

엄청난 규모를 자랑하는 괴링 관저의 파사드.

괴링 관저의 중앙 출입구 모형.

17

총사령관 히틀러
Oberbefehlshaber Hitler

비전문성은 히틀러의 가장 두드러진 특징 가운데 하나였다. 그는 한 번도 전문적인 일을 배워본 일이 없었고, 기본적으로 모든 분야에서 문외한이었다. 독학해 자수성가한 사람들이 흔히 그렇듯, 히틀러도 진정한 전문 지식이 의미하는 바가 무엇인지 알지 못했다. 원대한 과제가 지니는 고도의 복잡성에 대해 개념이 없었던 그는 용감무쌍하게도 여러 가지 사업을 연달아 추진했다. 기준이 무엇인지, 어떻게 정해야 하는가와 같은 기본적인 부담을 못 느꼈던 히틀러는, 재빠른 두뇌회전으로 전문가라면 오히려 시도하기 어려운 특별한 방식들을 고안해냈다. 전쟁 초기의 승리는 글자 그대로 게임의 법칙에 대한 그의 무지와 의사결정에 있어서 초보자다운 낙관론에 근거하고 있다. 교육받은 사람이 일을 추진하는 과정을 독학자 히틀러는 알지도, 배우려 하지도 않았음에도 그는 깜짝 놀랄 성과를 거두었다. 히틀러의 과감성과 독일의 군사적 우위가 전쟁 초기의 독일 승세를 설명한다. 그러나 제대로 훈련받지 못한 사람 대부분이 그러하듯, 반격이 시작되자 히틀러도 파멸의 나락으로 떨어졌다. 게임의 법칙에 대한 무지는 속속 새로운 약점을 드러냈고, 그의 서투름은 더 이상 장점으로 작용하지 않았다. 패배가 점점 확산되면서 히틀러의 비전문성은 더욱 강력한 아집으로 변해 전면으로 나섰다. 오랜 특기였던 무모한 결정이 이제 히틀러의 몰락을 재촉했다.

2~3주마다 한 번씩 나는 베를린에서 히틀러의 동프로이센 지휘부로 가 며칠씩 지냈다. 그리고 나중에는 그의 우크라이나 지휘부도 주기적으로 방문했다. 독일군 총사령관으로서 히틀러가 처리해야 할 세부 사항과 관련된 기술적인 문제들을 결정하기 위해서였다. 히틀러는 총, 포의 구경, 총신의 길이, 사정거리 등 모든 종류의 무기와 군수품에 대한 지식을 가지고 있었다. 중요한 무기 리스트와 월 생산량에 대한 정보를 머릿속에 넣고 있었고, 할당량과 운반량을 비교해가며 여러 가지 결정을 내렸다.

자동차 생산이나 건축에서와 마찬가지로, 군수품 분야에서도 히틀러는 난해한 수치를 열거하여 자신이 돋보일 수 있다는 것에 기뻐했는데 이 역시 그가 비전문가임을 분명히 보여주는 부분이다. 그는 계속해서 자신이 전문가들과 동등하고 심지어 그들보다 뛰어나다는 것을 확인하려 들었다. 진정한 전문가는 단순한 자료를 찾거나 조수에게 부탁할 수 있는 세부적인 자료 때문에 머리에 부담을 지우지 않는 법이다. 그러나 히틀러는 지식의 과시가 자부심을 만족시키기 위해 필요하다고 여겼고 또한 그것을 즐기는 것 같았다.

그는 널찍한 노란색 대각선 줄이 그어지고 붉은 끈으로 묶여진 두꺼운 책에 온갖 정보를 모아둔다. 30~50여 가지의 무기와 군수품 카탈로그로, 자료는 계속 새로운 내용으로 보충되고 있었다. 히틀러는 그 책자를 침대 테이블에 두고 잤다. 회의 중 군 장성이 언급한 수치를 정정하고 싶을 때면 부관을 시켜 그 책을 아래층으로 가져오게 했는데, 책을 열고 확인해보면 예외 없이 히틀러가 제시한 자료가 맞았다. 히틀러의 비상한 기억력은 그의 측근들에게는 공포의 대상이었다.

이런 식으로 히틀러는 장성과 장교 들을 위협했다. 그러나 철저한 기술 전문가와 대하면 자신감을 잃었다. 전문가가 반대하고 나서면 히틀러도 더 이상 자신의 주장을 고집하지 않았다.

나의 전임자 토트 박사는 가끔 두 명의 가까운 보좌관 크사버 도르슈와 카를 자우어를 대동하고 히틀러와의 회의에 참석했다. 그는 중요한 내용은 자신이 보고하고 세부적인 내용에 문제가 생길 때 보좌관들을 대화에 참여시켰다. 나는 처음부터 히틀러가 훨씬 잘 기억하고 있는 수치를 내 머릿속에도 저장하는 문제에는 마음을 쓰지 않았다. 그러나 전문가를 존중하는 히틀러의 성향을 알고 있었으므로 나 역시 회의에 참석할 때는 관련 분야의 최고 권위자를 대동하곤 했다.

나는 이런 식으로 통계 숫자의 폭격과 전문적인 데이터의 공격을 감내해야 하는 "총통과의 회의" 악몽에서 벗어날 수 있었다. 나는 언제나 총통 지휘부에 민간인 20여 명과 대동했다. 오래지 않아 지휘부 주변 특별경호가 실시되는 제한 구역에서 우리의 출현은 "슈페어 침공"이라는 장난스러운 말로 일컬어졌다. 히틀러의 개인 처소 바로 옆 상황실에서 열리는 상황회의에는 토론 주제에 맞추어 두 명 또는 네 명의 전문가들이 동석했다. 상황실은 25평 넓이에 검소한 가구들이 들어서 있고 책상 옆에 놓인 4미터 길이의 육중한 오크 테이블이 방의 분위기를 지배했다. 구석에는 좀 작은 테이블에 팔걸이의자 여섯 개가 둘러서 있는데 주로 회의에 참석하는 사람들이 앉았다.

회의 동안 나는 가능하면 뒤로 물러나 있었다. 주제에 대한 나의 간단한 소개에 이어 전문가 가운데 한 사람의 견해를 물으면서 회의가 시작되었다. 숱한 장성들과 부관들, 경비, 장벽과 엄격한 출입 과정 등의 주변 환경도, 이 모든 장치들이 히틀러에게 부여하는 후광도 전문가들에게는 두려움을 주지 않았다. 오랜 세월 동안 실무에서 거둔 성공이 자신의 위치와 책임에 대한 명확한 자각을 부여했기 때문이다. 가끔 대화는 열띤 논쟁으로 번지기도 했는데 자신들이 누구와 논쟁하고 있는지 잊을 때가 많았기 때문이다. 히틀러는 모든 것을 때로는 유머로, 때로는 존중하는 자세로 받아들였다. 전문가와의 모임에서 히틀러는 겸손한 태도를 보였고 놀라울 정도로 예의 발랐다. 또한 길고 소모적이며 감각을 마비시키는 연설로 상대방을 제압하는 평소의 습관도 자제했다. 그는 사소한 것과 중요한 문제를 구분할 수 있는 능력을 가지고 있었으며 융통성을 발휘했고, 여러 가지 가능성 가운데 취할 만한 방안을 선택하고 그것을 합리화하는 데 대단한 기민함을 보였다. 기술적인 과정이나 설계, 스케치들이 제시될 때마다 히틀러는 별로 힘들이지 않고 입장을 결정할 수 있었다. 그의 질문은 간략한 보고에도 불구하고 복잡한 문제의 핵심을 파악할 수 있는 능력을 보여주었다. 그러나 여기에는 그가 인지하지 못하는 약점이 숨겨져 있었다. 핵심에 너무 쉽게 도달함으로써 과정을 이해하는 현실적인 철저함이 결여되었던 것이다.

나는 회의 결과가 어떻게 될지 예측할 수 없었다. 가끔 그는 즉흥적으로 극히 미미한 효과밖에 얻을 수 없는 제안을 승인하기도 했다. 그런가 하면 자신이 조금 전에 승인한 내용들을 금방 번복하면서 고집스럽게 거부하기도 했다. 그의 이런 성격에도 불구하고 히틀러보다 세부적인 지식을 갖춘 전문가들을 동원해 그를 굴복시키려는 나의 작전은 실패보다는 성공하는 경우가 많았다. 히틀러가 앞서 가진 군사회의에서 고집스럽게 주장했던 내용을 우리와 만난 후 번복하는 모습을 그의 보좌관들은 놀라움과 어느 정도의 부러움을 가지고 지켜보았다.[1]

히틀러의 기술적인 지평은, 전체적인 관념, 예술을 보는 시각, 라이프스타일 등과 마찬가지로 제1차 세계대전에 의해 한정되었다. 기술적인 흥미 역시 극히 제한적이어서 전통적인 육군과 해군의 무기를 벗어나지 못했다. 전통적인 영역에서는 계속적으로 배우고 꾸준히 새로운 정보를 흡수했기 때문에 확실하고 쓸모 있는 혁신을 제안하는 일이 많았지만, 레이더나 원자폭탄, 전투기, 로켓 등의 신기술에는 별로 관심이 없었다. 또 새로 개발된 콘도르기에 랜딩 기어를 내리는 장치가 제대로 작동하지 않을까 봐 불안해했고, 조심스러운 태도로 자신은 랜딩 기어가 고정된 예전의 Ju-52기가 훨씬 좋다는 말을 하기도 했다.

히틀러는 회의가 끝난 직후 군 보좌관들에게 방금 얻은 기술적 지식들을 강의하곤 했다. 그는 마치 그 지식들이 원래 자신의 것인 양, 정보의 일부분뿐일 그 지식을 편안한 분위기에서 설명하는 걸 즐겼다.

소련이 T-34 탱크를 개발했을 때에도 히틀러는 자신이 이미 그와 같은 종류의 긴 포신을 요구했었다며 의기양양해했다. 내가 군수장관에 임명되기 전, 히틀러는 판터 4호 전차 성능 시험 직후 총리 청사 정원에서 무기청의 완고한 입장을 강하게 비난한 일이 있었다. 무기청은 포신을 길게 해 속도를 높이자는 히틀러의 제안을 거절한 바 있는데, 당시 무기청이 반대한 이유는 원래 포신보다 긴 포신을 장착할 경우 전면 시야에 부담을 주고 전체 디자인이 균형을 잃게 된다는 것이었다.

히틀러는 자신의 주장이 반대에 부딪힐 때마다 이 일을 끄집어냈다. "그때도 내가 옳았네. 하지만 아무도 나를 믿으려고 하지 않았지. 이번에도 내 생각이 옳아!" 육군이 빠른 속력을 자랑하는 T-34를 능가하는 무기를 필요로 하자 히틀러는 포신을 길게 하고 중량을 늘림으로써 전투력을 강화할 수 있다고 주장했다. 이 분야에서도 역시 필요한 수치들을 꿰고 있었고 돌파 결과와 미사일 속도에 대해 전부 외우고 있었다. 그는 전함의 예를 들며 자신의 이론을 변호했다.

> 해전에서는 사정거리가 긴 쪽이 먼 거리의 목표물을 맞출 수 있지. 차이가 단지 1킬로미터에 불과하더라도 말이야. 이와 함께 더욱 강력한 무기를 갖출 수만 있다면, 분명 적을 능가하지 않겠는가. 자네들 생각은 어떤가? 빠른 군함은 오로지 하나의 이점을 가질 뿐이야. 더 빨리 후퇴할 수 있다는 것. 전함이 빠르기만 하면 훌륭한 성능의 무기와 우수한 대포를 능가할 수 있다는 말인가? 탱크도 마찬가지지. 빠른 탱크는 성능이 우수한 탱크를 피할 도리밖에 없다고.

업계 전문가들은 이 논의에 직접적인 관련자들은 아니었다. 우리의 일은 군의 요구사항에 따라 탱크를 건조하는 것이었다. 그것이 히틀러에 의해 결정된 것이든, 참모부에서 결정한 것이든, 무기청에서 결정한 것이든 관계없다. 전술의 문제는 우리가 관여할 사안이 아니었다. 그것은 군 장성들의 일이다. 1942년, 히틀러는 여전히 우리에게 그러한 논의를 장려하고 있었다. 그는 조용히 반대 의견을 들었고 역시 조용히 자신의 논점을 제시했다. 그럼에도 불구하고 그의 주장에는 특별한 무게가 실릴 수밖에 없었다.

원래 50톤의 무게를 감당하도록 만들어진 탱크 티거(Tieger, 호랑이)는 히틀러의 요구에 따라 70톤으로 제한 무게가 상향 조정되었고, 이후 우리는 새로이 30톤급 탱크를 개발하기로 결정했다. 새 탱크의 이름 판터(Panther, 표범)는 기민성이 높아졌음을 의미했다. 무게는 가볍지만 모터는 티거와 동급이라서 훨씬 빠른 속력을 낼 수 있었다. 그러나 개발 기간 1년 동안 히틀러가 또다시 큰 총신을 비롯해 무거운 무기 장착을 주장하는 바람에 판터의 무게는 티거의 원래 무게에 육박하는 48톤에 이르게 되었다.

재빠른 판터에서 느린 티거로의 괴상한 변형을 보완하기 위해 우리는 작고 가벼우며 기민한 탱크를 제작하는 데 힘을 쏟았다.[2] 히틀러에게 기쁨과 확신을 주기 위해 포르셰 박사는 100톤이 넘는, 따라서 한정된 수 이상 만들기 힘든 슈퍼 헤비급 탱크 설계에 착수했다. 보안을 위해 이 프로젝트는 '마우제'라는 암호명으로 불렸다. 어쨌든 설계를 맡은 페르디난트 포르셰는 개인적으로 초중량급을 선호하는 히틀러에게 찬동했고, 가끔 총통에게 적들도 이에 대응하는 무기를 개발하고 있다는 내용을 보고하기도 했다. 한번은 히틀러가 불레 장군을 불러들여 이렇게 요구한 일이 있었다. "조금 전에 적이 우리보다 훨씬 뛰어난 무기를 장착한 탱크를 개발했다는 소식을 들었네. 그와 관련된 정보가 있나? 만일 그게 사실이라면 당장 대전차포를 개발해야겠어. 돌파력은 반드시… 총신도 커야, 아니 길어야 하고. 한마디로 우리는 즉각 대응해야 하네, 지금 당장."[3]

이리하여 히틀러의 결정으로 적의 프로젝트에 상응하는 여러 개의 프로젝트가 줄을 이었고, 이로 인해 조달 문제는 점점 더 복잡해졌다. 히틀러가 범한 최악의 실책은 부품 공급의 중요성을 전혀 이해하지 못했다는 점이다.* 탱크 담당 감찰관 구데리안 장군은 부품이 충분해 무기를 즉시 수리할 수만 있다면, 적은 비용으로도 새로운 무기 개발을 능가하는 효과를 얻을 수 있다고 지적하곤 했다. 그러나 히틀러는 신무기 생산이 중요하다고 역설했다. 수리를 위한 부품을 적절히 조달하기 위해서는 신무기의 생산을 20퍼센트 정도 줄여야만 했을 것이다.

예비군 총지휘관인 프롬 장군은 일관성 없는 무기 생산 계획에 큰 우려를 표했다. 나 역시 몇 차례 프롬을 회의에 대동해 군 내에서 이는 논란을 거론할 기회를 만들었다. 프롬은 문제를 명확하게 제시하는 법을 알고 있었다. 그는 품성도 좋았고 사람 다루는 데에도 능숙했다. 프롬은 자신의 검을 무릎 사이에 놓고 앉아 손으로 자루를 잡고 누르고 있었는데, 에너지로 충만한 모습이었다. 그의 탁월한 능력이 지휘부의 많은 오판을 막을 수 있었다고 나는 지금도 믿고 있다. 몇 차례 회의가 거듭되면서 프롬의 영향력은 높아졌지만, 곧 카이텔과 괴벨스 측에서 견제하고 나섰다. 카이텔은 자신의 위치가 위협받는다고 느꼈고, 괴벨스는 프롬이 정치적으로 위험한 경력을 가지고 있다고 히틀러에게 강조했다. 급기야 히틀러는 재고량 문제를 놓고 프롬과 충돌하였고 프롬의 회의 참석을 금지했다.

우리의 회의 주제는 주로 군비 확충 프로그램에 대한 것이었다. 히틀러는 많이 요구하는 쪽이 많이 받아 간다는 생각을 가지고 있었다. 그리고 놀랍게도 업계 전문가들이 불가능하다고 평가했던 프로젝트들이 결국은 성공적으로 마무리되었다. 히틀러의 권위가 제공할 수 있는 자원은 아무

---

* 이 암담한 추세는 1942년부터 뚜렷해지기 시작했다. "총통께 월간 탱크 부품 생산실적을 보고하고, 생산이 증가하는데도 수요가 너무 많아 부품 생산을 늘리려면 새 탱크 생산을 줄여야 한다고 보고했다"(총통의사록 1942년 5월 6~7일, 항목 38).

도 고려하지 못했던 것이다. 그러나 1944년 이후로 그의 계획들은 너무도 비현실적인 것으로 변질되었고, 현장에서 그 일을 추진하려는 우리의 노력은 자기 파괴에 불과했다.

히틀러는 군비 확충과 군수품에 관련된 긴 회의를 이용해 압박감에서 벗어나려 했던 것 같다. 히틀러 자신도 나에게 군사회의가 예전의 건축회의처럼 일종의 긴장 완화의 기회가 된다고 인정했다. 심지어 위기 상황에서도 그는 많은 시간을 토론에 할애했다. 가끔 육군원수나 장관들이 급히 할 이야기가 있다고 청해도, 끼어들지 못하게 하고는 논의를 계속한 일도 있었다.

기술회의는 보통 지휘부 인근에서 새 무기의 성능 시험과 함께 이루어졌다. 불과 몇 달 전만 해도 우리는 히틀러와 바싹 붙어 앉을 수 있었지만, 이젠 모두가 계급 서열에 따라 줄을 서야 했다. 오른쪽부터 독일군 원수 카이텔, 최고 사령관들이 늘어섰다. 분명 히틀러는 현장까지 불과 몇백 미터를 달리기 위해 리무진에 타는 등 공식적인 모양새를 갖추면서 행사의 의식적인 면을 강조하고 있었다. 나는 뒷좌석에 앉았다. 히틀러가 차에서 내리면 카이텔이 줄을 지어 기다리고 있는 장군들과 기술 전문가들을 소개했다.

의식은 마무리되었고 일행은 여기저기로 흩어졌다. 히틀러는 세부 사항을 점검하고, 미리 준비된 이동식 계단을 이용해 탱크 위로 올라간다. 그리고 전문가들과 토론을 계속한다. 히틀러와 나는 무기에 대해 감탄하는 말을 자주 했다. "총신이 정말 우아하군" 아니면 "탱크의 모양이 기막히게 섬세해!" 이 말들은 우리가 함께 건축 모델을 시찰할 때 썼던 표현들로 그 상황에서는 우스꽝스러운 것이었다.

무기를 시찰하는 동안 카이텔은 7.5센티미터의 대전차 대포를 가벼운 곡사포로 오인했다. 히틀러는 그냥 넘어갔지만 돌아오는 차 안에서 한마디 하는 것을 잊지 않았다. "들었나? 카이텔과 그 대전차포 말일세. 그러고도 포병대 지휘관이라니!"

또 한번은 가까운 공항에서 공군이 생산 프로그램에 포함된 여러 가지 타입의 각종 무기들을 준비해 히틀러의 시찰을 받은 일이 있었다. 보좌관들은 그에게 전투기의 이름과 특성, 기술적인 자료들을 요약한 설명서를 주었다. 그런데 어떤 무기 하나에 대한 설명이 제시간에 준비되지 않았고 거기에 대해 괴링도 아는 바가 없었다. 리스트에만 의존했던 괴링은 담담한 태도로 모든 것을 오인하기 시작했다. 히틀러는 곧 그 실수를 깨달았지만 별 말이 없었다.

1942년 6월 말, 동부 전선에서 대대적인 공격이 새로 시작될 것이라는 내용을 다른 중대 사건과 마찬가지로 신문을 통해 읽었다. 매일 저녁 히틀러의 수석 보좌관인 슈문트가 지휘부에 있는 민간인 관계자들을 위해 독일군의 진격 사항을 벽에 걸린 지도 위에 표시해두었다. 히틀러는 의기양양했다. 다시 한 번 히틀러는 자신이 옳았고 다른 장성들의 생각이 잘못되었음을 입증했다고 믿었다. 그들은 공격보다는 방어 전술이 필요하다고 권고했기 때문이다. 프롬 장군조차 희색이 만연했다. 비록 그는 작전이 시작될 때만 해도 나에게 공격은 위기 상황에 빠진 "빈민 독일"에게는 지나친 사치라고 말했지만 말이다.

키예프 동쪽으로 왼쪽 날개가 점점 더 길어졌다. 독일군은 스탈린그라드에 접근하고 있었다. 새 점령지의 긴급 철도 수송과 지속적인 보급을 위해 철로 기술자들이 투입되었다.

성공적으로 공격이 진행된 지 3주 만에 히틀러는 우크라이나의 도시 빈니차로 작전 지휘부를 옮겼다. 소련의 공습은 거의 없다시피 했고 서부 전선과는 너무도 멀었으므로, 히틀러는 불안함에도 불구하고 특별한 방공 시설을 요구하지 않았다. 평범한 콘크리트 건물 대신 숲속에 보기 좋은 작은 토치카들을 여러 채 짓도록 했다.

업무상 키예프로 날아갈 때마다 나는 시간을 내, 차를 몰아 그 지역을 돌아보았다. 한번은 키예프까지 간 일도 있었다. 르 코르뷔지에, 마이, 엘리시츠키와 같은 10월 혁명의 아방가르드 작가들이 러시아 건축에 많은 영향을 미쳤음이 분명하다. 그러나 20년대 말 스탈린 집권하에서 보수적이고 고전적인 양식으로 되돌아섰을 것이다. 예를 들어 키예프의 컨퍼런스 빌딩은 에콜 드 보자르 학생이 디자인한 것일지도 모른다. 나는 그 건축가가 독일에서 건물을 짓는 상상을 하며 시간을 보냈다. 고전주의 양식의 키예프 스타디움은 고대 고전주의 조각상으로 장식되어 있었는데, 애처롭게도 운동선수들이 수영복을 입은 차림이었다.

키예프에서 가장 유명한 교회 건물은 돌더미로 변해 있었다. 그 안에 있던 소련의 화약고가 폭발했다고 전해지지만, 나중에 괴벨스에게 들은 바에 따르면 그 교회는 우크라이나 제국위원 에리히 코흐의 명령에 따라 고의적으로 폭파되었다. 우크라이나의 국가적 자긍심의 상징을 파괴하려는 시도였다. 괴벨스는 이 이야기를 하며 기분이 좋지 않은 듯 보였다. 그는 소련 점령지에서 행해지는 야만적인 행위에 혐오감을 표했다. 그때만 해도 우크라이나는 경호원 한 명 없이 광활한 숲속으로 차를 달릴 수 있을 만큼 평화로웠지만, 반년 후 제국위원회의 야비한 정책으로 우크라이나 전역에 게릴라 조직이 퍼져나가고 말았다.

한번은 산업 중심지인 드네프로페트로프스크까지 갔는데, 공사 중인 대학 건물이 무척 인상적이었다. 시설 면에서 독일의 그 어느 대학보다도 앞서 있었고 기술적으로 세계적 우위를 점하고자 하는 소련의 의도가 그대로 드러나 있었다. 소련군이 폭파해버린 사포로셰 발전소도 방문했다. 건설 인부들이 투입되어 구멍 난 댐을 메우고 있었지만 터빈도 새로 달아야 할 판이었다. 소련군은 후퇴하면서 터빈이 전속력으로 가동될 경우 기름 공급을 차단하는 스위치를 뽑아버렸다. 기계는 가열되어 급기야는 쓸모없는 부품 덩어리들로 산산이 흩어지고 말았다. 한 사람이 레버만 뽑으면 얼마든지 가능한 일이었다. 이러한 광경을 목격했던 나는 훗날 독일을 불모의 땅으로 만들려는 히틀러의 의도를 알았을 때 잠 못 이루는 밤을 견뎌야 했다.

총통의 지휘부에서도 히틀러는 가까운 측근들을 불러 함께 식사하는 시간을 가졌다. 다른 점이 있다면 총리 청사에서는 당 유니폼이 주로 눈에 띄었지만, 이제는 장성들과 참모 장교들이 대부분이었다. 화려하게 장식된 청사 식당과는 달리 지휘부 식당은 작은 마을 기차역에 있는 간이식당 같은 분위기였다. 벽 대신 소나무 보드가 사방을 둘러쌌고 병영의 규격화된 창이 달려 있었다. 스무 명 정도가 앉을 수 있는 긴 테이블에 평범한 모양의 의자들이 놓여 있다. 히틀러의 자리는 긴 테이블의 중간으로 창에 면한 쪽에 있었다. 카이텔이 그 맞은편에 앉았고 히틀러의 옆자리를 차지하는 영광은 매일 찾아오는 손님들에게 주어졌다. 베를린 시절과 마찬가지로 히틀러는 자신이 좋아하는 주제에 대해 구구절절 늘어놓았고, 손님들은 조용히 침묵하며 들었다. 그러나 분명한 것은 히틀러가 자신과 별로 가깝지 않고 출생이나 교육 배경이 우월한 새로운 손님들 앞에서는 자신의 견해를 가능하면 멋진 방법으로 표현하려고 노력한다는 점이었다.* 따라서 지휘부 만찬에서의 대화 수준은 총리 청사에서와 비교해 상당히 높았다.

공격이 시작된 첫 주 동안 우리는 러시아 남부 평원에서 독일군의 빠른 전진에 대해 토론했다. 그러나 두 달 뒤 사람들의 표정은 점점 더 우울해졌고 히틀러는 자신감을 잃기 시작했다.

독일군은 마이코프의 유전지대를 점령했다. 선두의 기갑부대는 이미 테리크 지역을 따라 전투를 벌이며 길이 나 있지 않은 아스트라칸 인근 스텝 지역까지 밀고 올라가 볼가 강 남쪽을 향하고 있었다. 그러나 이 진군

---

* 피커가 출간한 『대담』에도 히틀러의 대화 주제에 대해 잘 나와 있다. 그러나 이 책에는 오직 히틀러의 독백 부분만 담겨 있다는 점을 고려해야 한다. 독백은 매일 한두 시간 계속되었고, 이것이 피커에게 중요하게 여겨졌다. 히틀러의 독백을 처음부터 끝까지 듣고 있자면 숨 막히는 지루함이 엄습했다.

은 더 이상 첫 주의 속도를 유지하지 못했다. 보급이 뒤따라주지 못했기 때문이다. 탱크 부품은 소진된 지 오래였고, 독일군의 돌파력은 눈에 띄게 약해졌다. 더욱이 광활한 지역에서 이루어지는 공격에 비해 월간 군수품 생산이 크게 모자랐다. 당시 우리는 1944년에 비하면 탱크는 3분의 1, 대포는 4분의 1 수준만 생산하고 있었다. 게다가 너무도 먼 거리를 행군해야 하기 때문에 소모품의 수요도 많았다. 쿰메르스도르프에 있는 탱크 시험장은 중량급 탱크의 접지면이나 엔진은 600~800킬로미터마다 수리를 필요로 한다는 가정 아래 운용되었다.

히틀러는 이러한 현실을 깨닫지 못했다. 적이 너무도 약해 저항을 할 수 없다고 믿은 히틀러는 피로에 지친 독일군이 코카서스 남부와 게오르기아를 향해서 진군하길 원했다. 그는 이미 약해진 병력에서 상당수를 떼어 내 마이코프 너머 소치로 투입했다. 이 병력은 좁은 해안 도로를 따라 수후미로 향하고 있었다. 여기서 독일군은 큰 타격을 입게 된다. 그는 코카서스 북쪽의 땅이 쉽게 함락되리라고 믿었다. 하지만 그게 다였다. 히틀러가 아무리 급박하게 명령을 내려도 할 수 없었다. 상황회의에서 소치 인근의 통과가 불가능한 호두나무 숲을 촬영한 공중사진이 제시되었다. 육군 참모총장 할더는 히틀러에게 소련군이 비탈을 폭파시켜 간단하게 해안도로를 봉쇄할 수 있다고 경고하고, 도로가 너무 좁아 대군이 진격하기에는 무리라고 지적했다. 그러나 히틀러는 끄떡없었다.

> 다른 모든 어려움과 마찬가지로 이런 어려움도 극복될 수 있네! 먼저 우리는 그 길을 지나야 해. 그러고 나면 남코카서스 평원이 열리게 되지. 그곳에서 군대를 마음대로 배치시키고 공급 기지를 세우는 거야. 그러고 나서는 1, 2년 뒤에 영국으로 진군하면 돼. 얼마 안 되는 노력으로 페르시아와 이라크를 해방시킬 수 있어. 인도도 독일군을 반길 걸세.

1944년, 우리는 불필요한 임무를 위해 인쇄 업체들을 뒤지고 있었다. 마침 라이프치히에서 독일군 최고사령부를 위한 페르시아 지도와 어학 책자를 대규모로 인쇄하는 공장을 발견했다. 계약은 성사되었고 곧 잊혔다.

나 같은 문외한도 그 공격이 무리수라는 건 알 수 있었다. 한편, 부대에서 이탈한 일단의 독일군이 5.7킬로미터 높이의 엘브루스 산에 올랐다는 소식이 들렸다. 광활한 빙원에 둘러싸인 코카서스의 최고봉이다. 그들은 정상에 독일 국기를 꽂았다. 이것은 분명 지나친 행동이었다. 산을 좋아하는 몇몇이 감행한 모험으로 극히 소수가 참여했지만 말이다.* 우리 모두는 그 행동 뒤에 숨은 의도에 충분히 공감했고 그리 중요하지 않은 듯 여겼다. 그러나 히틀러는 달랐다. 가끔 화를 내는 것을 본 일은 있지만 이 소식을 들었을 때처럼 펄펄 뛴 경우는 드물었다. 그는 여러 시간 동안 몇몇 군인들이 운동 삼아 한 일로 인해 모든 작전이 망쳐진 듯 굴었다. 며칠이 흐른 뒤에도 그는 "군사재판에 처해질 운명"인 "미친 등산 애호가들"을 맹비난했다. 분개한 히틀러는 그들이 전쟁 와중에 자신들의 취미를 비상식적인 방식으로 추구했다는 결론을 내렸다. 수후미 지역에 전력을 집중하라고 명령을 내렸음에도 불구하고 가당치도 않은 등산을 했다는 것이다. 이것은 히틀러의 명령이 어떻게 준수되어야 하는지 말해주는 한 예가 된다.

늘 급한 일이 벌어지는 베를린으로 돌아갔다. 요들이 열심히 변호했지만 코카서스에서 부대를 이끌던 지휘관이 며칠 뒤 직위 해제되었다. 2주 후, 내가 지휘부로 다시 돌아왔을 때 히틀러는 카이텔, 요들, 할더와 불화를 겪고 있었다. 그는 장군들과 악수도, 식사 테이블에 함께 앉으려고도

---

* 한 산악 사단이 그로즈니에서 시작되는 옛 군용도로에서 출발해 코카서스 산길을 따라 티플리스까지 가려고 했다. 히틀러는 여러 달째 눈과 산사태로 막혀 있었기 때문에 추가 병력 파병은 적절치 않다고 여겼다. 이 산악 사단 중 몇 명이 엘브루스에 올랐던 것이다.

하지 않았다. 그때부터 마지막 순간까지 히틀러는 자신의 벙커 방에서 식사를 했고 이따금 몇몇 손님들만 초대했다. 히틀러가 군부 측근들과 유지하고 있던 친밀한 관계는 영영 깨어진 듯했다.

단지 히틀러가 그토록 큰 희망을 걸었던 작전이 실패했기 때문이었을까? 아니면, 히틀러가 처음으로 이것이 전환점이라는 사실을 깨달았기 때문일까? 히틀러가 장군들과 멀어진 것은 그의 계획이 참담한 패배를 불러온 이상, 이제 더는 평화 시나 전시에 공히 불패의 지도자로서 그들을 대할 수 없게 되었기 때문인지도 모른다. 더욱이 그동안 장성들을 즐겁게 해주었던 히틀러의 계획들은 이제 그 효력을 상실했음이 분명했다. 아마 히틀러 자신도 그의 마법이 통하지 않음을 처음으로 느꼈을 것이다.

몇 주 동안 카이텔은 우울한 듯 히틀러 주변을 조심스레 맴돌았고 대단한 헌신을 발휘했다. 덕분에 히틀러도 곧 카이텔을 부드럽게 대하기 시작했다. 요들과의 관계도 마찬가지로 회복되어갔다. (요들은 성격상 언제나 변함없는 태도를 보였을 것이다.) 그러나 육군 참모총장 할더 장군은 자리를 내놓아야 했다. 그는 조용하고 간결한 성품으로 언제나 히틀러의 통속적인 패기에 허가 찔리는 일이 많았기 때문에 가련하다는 인상을 주었다. 그의 후임자 쿠르트 차이츨러는 그 반대였다. 직선적이고 무딘 성격으로 보고도 큰 소리로 했다. 독립적인 사고를 갖추었다는 점에서 군인 스타일은 아니었지만, 히틀러가 원하는 타입의 참모총장이었다. 히틀러는 "꽁무니를 빼거나 깊이 생각하지 않고 자신의 명령을 충실히 수행하는 믿을 수 있는 보좌관"이 좋다고 말했다. 그런 생각 때문인지 히틀러는 참모총장을 서열대로 뽑지 않았을 것이다. 차이츨러는 그때까지 육군장성 가운데 차상위 그룹에 속해 있었다. 그는 한 번에 두 계급을 승진한 셈이었다.

새 참모총장을 임명한 이후, 히틀러는 당시 측근 가운데 유일한 민간인이었던 나를 상황회의에 참석하도록 했다.* 이는 히틀러가 특별히 나에게 만족하고 있다는 표현이었고, 계속 증가하는 군수품 생산량을 감안할 때 그럴 만한 이유가 충분했다. 그러나 만일 나의 반대 의견과 열띤 논쟁으로 인해 내 앞에서 권위를 잃을 수 있다는 불안을 느꼈다면 이러한 특혜는 주어지지 않았을 것이다. 폭풍은 잦아들었고 히틀러는 자신의 위치를 되찾았다.

매일 정오 무렵, 대규모 상황회의가 열려 두세 시간 정도 계속되었다. 의자에 앉는 사람은 히틀러뿐이었고(멍석시트가 깔린 평범한 팔걸이 의자였다), 다른 사람들은 지도 테이블 주변에 둘러섰다. 그의 보좌관들과 총사령부 참모진, 육군 참모총장, 공군과 해군 연락책, 무장친위대, 힘러 등이었다. 대체로 젊은 편에 다들 호감 가는 외모로, 계급은 대부분 소령, 대령 급이었다. 카이텔과 요들, 차이츨러는 그들 가운데 자연스럽게 섞여 있었다. 가끔 괴링이 나타나기도 했다. 제국원수에 대한 특별 예우로, 또 비만한 체격에 대한 배려로 히틀러는 천을 댄 스툴을 가져오게 해 옆자리를 내주었다.

책상 조명이 길고 흔들리는 팔들 사이로 테이블에 놓인 지도 위를 비추었다. 각각 1.5~2.5미터 크기인 서너 장의 전략 지도가 죽 연결되어 히틀러 앞 긴 테이블에 놓였다. 논의는 동부 전선 북쪽 지역부터 시작되었다. 진군, 순찰을 포함해 전날 발생한 모든 상황이 지도에 빠짐없이 기록되었고, 거의 모든 등재사항에 대해 참모총장의 설명이 이어졌다. 히틀러에게 잘 보이도록 하기 위해 지도가 위로 조금씩 밀려 올라갔다. 중요한 사안에 대해 긴 토론이 이어졌고, 히틀러는 변동 사항을 메모했다. 참모총장과 부관들은 해야 할 중요한 일들이 있었음에도 불구하고 회의 준비를 위해 부담스러울 정도로 많은 시간을 할애해야 했다. 문외한인 나는 히틀러가 보고를 들으면서 군대를 앞뒤로 이동시키며, 사소한 문제를 해결해가는 모습에 적잖이 놀랐다.

---

* 몇 달 후에 보어만과 리벤트로프도 참석을 허가받았다.

적어도 1942년까지는 독일군이 중대한 타격을 입었다는 소식도 담담히 받아들여졌다. 어쩌면 그가 훗날 보여준 무관심의 시작이었는지도 모른다. 어쨌든 히틀러는 결코 절망의 빛을 겉으로 내비치지 않았다. 어떠한 경우에도 흔들림 없는 위대한 전쟁 영웅의 이미지를 고수하기로 결심한 듯했다. 히틀러는 자신이 제1차 세계대전 경험이 사관학교 출신의 참모진보다 더 깊은 통찰력을 주고 있다고 여러 번 강조했다. 아마 그 말도 일정 부분 사실일지 모른다. 하지만 대부분의 육군장성들은 히틀러의 "참호에서 얻은 식견"이 잘못된 지도력을 유발하고 있는 것으로 판단했다. 히틀러가 가진 세부적인, 상병 수준의 지식이 오히려 사고와 논리에 저해 요소가 되고 있다는 것이다. 프롬 장군은 특유의 과묵한 태도로 차라리 상병 출신보다는 민간인을 총사령관 자리에 앉히는 것이 낫겠다고 말했다. 더군다나 그 상병이 동부 지역에서 치러지는 전투에 참가해본 적이 없다면, 그래서 그 지역에서 겪게 되는 특수한 문제들을 전혀 알지 못한다면 말이다.

히틀러는 가장 보잘것없는 임시방편적인 전략에 의존했다. 더욱이 문제가 되는 지역의 특성을 지도를 보고 적절하게 취합할 능력이 없다는 결함을 안고서 모든 명령을 내리고 있었다. 1942년 초여름, 그는 티거 탱크 중 제일 처음 만들어진 여섯 대를 전장에 투입하라고 명령했다. 새 무기가 전세를 뒤집어줄 거라는 기대를 히틀러는 언제나 품고 있었다. 그는 소련의 7.7센티미터 대전차포의 성능에 대해 생생하게 묘사하면서 우리에게 기대감을 품게 했다. 소련의 대전차포는 상당히 먼 거리에서도 우리의 전진 기갑부대 판터 4호의 전면을 뚫었다. 그러한 대전차포가 연이어 발사되는 가운데 티거가 어떻게 돌파해 나갈지 열띠게 설명했다. 히틀러의 부관은 공격 지역은 도로 양쪽이 늪지대라 탱크의 전술적 배치가 불가능하다며 이의를 제기했다. 히틀러는 날카롭다기보다는 삐기는 태도로 그 반대를 물리쳤다. 이윽고 티거의 첫 공격이 감행되었다. 모두가 작전 이후의 소식을 애태우며 기다렸고, 특히 나는 기술적으로 별 탈 없이 진행될 수 있을지에 대한 불안감으로 더 애가 탔다. 티거의 기술적 완성도를 최종 시험 할 기회가 없었기 때문이다. 소련군은 티거가 조용히 대전차포의 공격에서 벗어나도록 내버려둔 뒤 처음과 마지막의 티거를 명중시켰다. 그러니 남아 있는 네 대는 앞으로도 뒤로도 움직일 수 없었다. 더욱이 주변이 늪지대였기 때문에 공격을 피하기 위한 이동도 불가능했다. 하릴없이 네 대의 티거도 모두 궤멸되고 말았다. 히틀러는 이 패배를 무시하는 듯했고 두 번 다시 이 일을 거론하지 않았다.

아프리카를 중심으로 전개되던 서부 전선의 상황은, 곧 요들의 작전권 안으로 편입되었다. 여기에도 히틀러는 사사건건 관여하려 했다. 히틀러는 롬멜이 그날그날의 진군 상황을 불확실하게 보고한다는 이유로 몹시 불만을 가졌다. 한마디로 말해 롬멜은 사태를 지휘부에 '은폐'하고 있었다. 단지 변화된 상황만 전체적으로 정리해서 보고하기 위해서 간혹 며칠씩 보고를 미루기도 했다. 히틀러는 롬멜을 개인적으로 좋아했지만 그의 행동은 견디기 힘들어했다.

정확히 말하면 국방군의 작전 지휘자는 요들이었다. 그가 모든 전선의 작전을 결정해야 하지만, 히틀러는 제대로 해낼 능력도 없으면서 여기에 개입했다. 요들은 기본적으로 명확하게 규정된 자신의 관할 영역이 없었다. 하지만 뭔가 해보기 위해 그의 참모진은 특정 전선에서 독립적인 지휘권을 행사했다. 그 결과, 하나의 전쟁에 두 개의 작전 지휘부가 가동되는 상황이 벌어졌다. 히틀러는 불화와 경쟁이 더 나은 성과를 낳는다는 자기만의 원칙을 유지하면서 양쪽의 중재자 역할을 자처했다. 사안이 중대할수록 양쪽 참모진은 군대를 동에서 서로, 혹은 서에서 동으로 옮길 것을 주장하며 더욱 첨예하게 대립했다.

일단 '육군 상황'이 논의되고 나면, 최근 24시간 동안의 '공군 상황'과 '해군 상황'에 대한 보고 내용을 검토했다. 이 회의에는 지휘관이 직접 참석하는 경우는 드물었고 연락책이나 각 군의 참모진이 참여했다. 최근 잠수함 공격의 성과와 함께 영국 공습, 독일 도시들의 폭격에 대한 간단한 보고가 이어졌다. 공군, 해군 분야에서는 히틀러가 총사령관들에게 많은 재량권을 주었다. 최소한 그 당시에는 별 관여를 하지 않았고 가끔 조언을 하는 정도에 그쳤다.

회의가 끝날 무렵이 되면 카이텔이 히틀러에게 서명을 받기 위해 여러 가지 문서를 열어 보였다. 그의 이런 행동은 비아냥을 사게 마련이었고, '은폐용 절차'로 치부되었다. 작전을 행했을 때 뒤따를 책망을 피하기 위한 절차라는 것이었다. 당시에 나는 이를 히틀러 서명의 오용으로 간주했다. 양립할 수 없는 구상과 계획들이 총통의 명령이라는 명목으로, 혼란과 불가해한 모순을 낳고 있었기 때문이다.

그리 크지 않은 공간에 많은 사람이 모여 있었기에 공기는 퀴퀴했고 참석자들은 쉽게 지쳤다. 환풍기가 설치되어 있었지만, 히틀러는 환풍기가 '지나친 스트레스'를 유발해 두통과 현기증을 일으킨다고 여겼다. 따라서 상황회의가 시작되기 전과 후에만 환풍기 스위치를 올릴 수 있었다. 뿐만 아니라 화창한 날씨에도 창은 닫혀 있었고 낮 동안 내내 커튼이 내려져 있었다. 실내 공기는 후텁지근하기 짝이 없었다.

상황회의 동안 공손한 침묵이 계속될 것이라고 생각했던 나는 보고에 참여하지 않는 장교들이 비록 낮은 목소리였지만 히틀러가 있다는 사실을 그다지 신경 쓰지 않고 자유롭게 이야기하는 모습을 보고 놀라지 않을 수 없었다. 그들은 회의실 뒤쪽에 의자를 모아놓고 앉아 있었는데 계속되는 수근거림에 신경이 거슬렸다. 그러나 말소리가 너무 커지거나 소란스러울 때만 히틀러에게 방해가 되는 것 같았다. 그가 못마땅한 듯 손을 쳐들면 소곤거림은 즉시 가라앉았다.

1942년 여름이 지나면서부터 대단히 조심스럽게 접근하지 않을 경우, 중요한 문제에서 히틀러의 의견에 반대하기가 불가능해졌다. 군부 외 인사들에겐 조금은 쉽게 반대를 표할 기회가 주어졌지만, 히틀러는 자신의 측근들을 옹호하려 하지 않았다. 히틀러는 상대를 납득시키려고 너무 멀리 가기도 했고 일반적인 주제에 대한 토론은 가능하면 길게 지속시켰다. 중간에 다른 사람이 끼어드는 것도 허용하지 않았다. 만일 토론 도중에 논란의 여지가 있는 부분을 건드리면, 히틀러는 능숙하게 그 문제를 피해갔고 명확한 정리를 다음 회의로 연기했다. 히틀러는 군인들이 자신의 부관들이 보는 앞에서 주장을 접기 꺼린다고 전제하고 이야기를 진행했다. 그는 자신의 매력과 설득력이 직접 얼굴을 마주한 자리에서 더욱 힘을 발휘할 것으로 기대했다. 이 두 가지 장점은 전화로는 발휘되기 힘든 부분이었다. 이런 이유로 히틀러는 전화로 중요한 문제를 논의하는 것을 그토록 꺼렸는지도 모른다.

늦은 저녁이면 추가 회의가 열렸는데, 좀 더 젊은 참모부 장교들이 참석해 최근 몇 시간 동안의 상황을 보고했다. 의자에 앉은 사람은 히틀러뿐이었다. 나도 저녁식사를 하는 날이면 함께 회의에 참석하기도 했다. 말할 것도 없이 히틀러는 젊은 장교들과의 회의를 낮에 열린 상황회의보다 훨씬 편안하게 여겼고, 그래선지 태도나 어조도 비공식적인 느낌이 강했다.

히틀러가 자신을 초인적인 능력의 소유자라고 믿게 된 데에는 측근들의 책임이 크다. 전쟁 초반, 육군원수이자 히틀러 정권의 처음이자 마지막 전쟁장관이었던 블롬베르크는 히틀러가 보여준 놀라운 전략 수립 능력을 지나치게 추켜세웠다. 히틀러가 절제력 강하고 겸손한 인물이었다 하더라도, 그런 칭송의 홍수 속에서는 별 수 없이 자아 성찰의 기준을 상실했을 것이다.

이러한 성향을 고수하면서 히틀러는 상황을 낙천적으로 보고 현실을 직시하지 않는 인사들의 조언을 듣고자 했다. 카이텔도 그 가운데 한 명이었다. 대부분의 장군들이 히틀러의 결정을 침묵 속에서 받아들인 반면, 카이텔은 찬동하는 발언을 하지 않고는 못 배기는 듯했다. 히틀러 앞에서 카이텔은 완전히 그의 영향력에 굴종했다. 몇 년의 시간이 흐르는 동안 카이텔은 고결하고 존경스러운 장군에서, 잘못된 직감으로 가득 찬 비굴한 아첨꾼으로 변해갔다. 본래 카이텔은 자신의 나약함을 싫어했는데, 히틀러와의 논쟁에서 느끼게 된 좌절감이 결국은 그를 의견조차 개진하지 못하는 지경으로 몰고 가버렸다. 그러나 만일 그가 자신의 의견을 내세우며 고집을 꺾지 않았더라면, 그의 자리는 또 다른 카이텔로 교체되었을 것이다.

1943~1944년, 히틀러의 수석 보좌관 슈문트가 다른 몇몇 인사들과 함께 카이텔을 내몰고 좀 더 강건한 케셀링을 세우려는 시도를 했지만 히틀러는 "개처럼 충직한" 카이텔 없이는 일을 해나갈 수 없다고 말하며 그 권고를 거절했다. 아마도 카이텔은 히틀러가 측근에게 가장 필요로 했던 특성들을 섬세하게 구현했던 모양이다.

요들 장군도 히틀러에게 대놓고 반대의 뜻을 표하지는 않았다. 그의 접근은 전략적이었다. 보통 그는 자신의 생각을 즉각 표현하지 않는 방법으로 어려운 상황을 넘겼고, 그러다가 시간이 좀 지난 후 히틀러를 설득해서 굴복시키거나 이미 내려진 결정을 번복하도록 만들었다. 가끔 히틀러에 대해 부정적인 발언을 한 것으로 미루어 요들은 비교적 왜곡되지 않은 시각을 가지고 있었던 것 같다.

카이텔의 부하들, 예를 들어 그의 부관인 바를리몬트 장군 같은 이들이 상관을 능가하는 용기를 발휘할 수는 없었다. 카이텔이 히틀러의 분노 앞에서 그들을 보호해주지 않았기 때문이다. 누가 봐도 부조리한 명령에 대해 카이텔의 부관들은 히틀러가 알아듣지 못하는 표현을 덧붙임으로써 반감을 표하기도 했다. 수동적이고 결단력 없는 카이텔이라는 지휘관 아래에서 최고사령부는 목표지점에 도달하기 위해 구불구불한 길을 숱하게 헤매야 했다.

장군들의 굴복은 부분적으로 계속되는 과로 때문이었는지도 모른다. 히틀러의 업무 일정은 총사령부의 정상적인 일과 진행을 방해했고, 그 결과 대부분의 장군들이 규칙적인 수면을 취하지 못했다. 이들의 신체적인 피로는 상상 이상으로 지장을 초래했고, 특히 긴 시간 동안 많은 일을 해내야 하는 경우에는 더욱 치명적이었다. 개인적인 자리에서도 완전히 지쳐버린 카이텔과 요들은 피로의 기색이 역력했다. 이렇게 껍데기뿐인 사람들로 이루어진 고리를 끊고 싶은 마음에 나는 친구인 밀히 원수가 프롬에 이어 히틀러의 지휘부에 배치되기를 바랐다. 나는 밀히를 여러 번 지휘부에 데려온 적이 있었는데, 아마도 중앙위원회 보고를 위해서였을 것이다. 몇 번은 모든 일이 별 탈 없이 진행되었고, 밀히는 중형 폭격기보다는 전투기 프로그램에 집중해야 한다는 계획을 제시해 어느 정도 인정을 받기도 했다. 그런데 괴링이 나서서 밀히의 지휘부 방문을 금지하고 말았다.

괴링 역시 1942년 말 즈음에는 지친 기색이 뚜렷했다. 그를 위해 특별히 지어진 본부에는 히틀러의 벙커에서 사용되는 딱딱한 가구 대신 푹신한 의자가 놓여 있었다. 괴링은 우울한 표정으로 말했다. "전쟁이 끝난 후에 독일이 1933년도의 국경을 유지할 수만 있어도 춤을 추겠네." 그는 재빨리 진부하고 긍정적인 말을 덧붙여 방금 한 발언을 번복하려 했다. 그러나 그러한 발뺌에도 불구하고, 괴링은 패배가 가까워졌음을 직감하는 듯 보였다.

괴링은 히틀러의 지휘부에 도착하면 잠시 동안 자신의 본부에 물러가 있었다. 우리가 추측컨대, 그 사이에 그의 히틀러 연락책인 보덴샤츠 장군이 상황회의실에서 논쟁이 되고 있던 내용을 전화로 괴링에게 보고했다. 괴링이 회의실로 들어오기까지는 15분 정도가 소요되었다. 보통 괴링은 히틀러가 반대하는 좌중을 설득하기 위해 내세웠던 입장을 열심히 옹호하고 나섰고, 그러면 히틀러는 주변을 돌아보며 이렇게 말했다. "이 보라! 제국원수도 나와 똑같은 의견이지 않나."

1942년 11월 7일 오후, 나는 히틀러와 함께 뮌헨으로 가는 특별열차에 올랐다. 꼭 필요한 일이지만 심사숙고해야 할 군수 관련 사안을 보고하기에 적절한 기회였다. 그의 특별열차에는 무선과 전신 장치가 마련되어 있었고 전화 스위치보드도 있었다. 요들과 일부 참모들이 히틀러와 함께했다.

긴장된 분위기였다. 우리의 시찰은 이미 여러 시간 늦어진 상태였다. 규모가 큰 기차역마다 전화선을 철로 전신 시스템과 연결해 방금 들어온 보고를 듣느라 오래도록 정지해야 했기 때문이다. 아침 일찍부터 엄청난 규모로 적의 해군수송과 해군함대가 지브롤터 해협을 지나 지중해로 향하고 있다는 보고가 전해졌다.

초창기에 히틀러는 특별열차가 정지할 때마다 자신의 모습을 사람들에게 보여주곤 했다. 이제 그는 외부와의 접촉을 꺼렸고, 차광막도 더 아래로 내려버렸다. 늦은 저녁, 우리는 장미나무로 덧댄 히틀러의 식당칸에 앉아 있었다. 식탁은 은접시와 유리잔, 고급 도자기와 꽃 장식으로 우아하게 차려져 있었다. 풍성한 식사였다. 옆 선로에 화물열차가 정차해 있었다는 사실은 아무도 몰랐다. 가축 운반차에는 굶주린 채 더러운 옷을 입고 부상에 신음하는 독일 군인들이 타고 있었다. 이제 막 동부 전선에서 돌아오는 길인 듯한 장병들은 우리의 식탁을 노려보고 있었다. 열차가 움직이자 히틀러는 자신의 창에서 채 2미터도 떨어지지 않은 음울한 장면을 깜짝 놀라 바라보더니, 그쪽을 향해 인사를 하는 동작도 취하지 않은 채 차광막을 내려버렸다. 이것이 전쟁 후반기에 히틀러가 한때는 자신의 모습이었을 전장의 군인들과 마주쳤을 때 보인 반응이다.

역에 정차할 때마다, 보고되는 적 함대의 수는 늘어갔다. 분명 대규모의 작전이 행해지고 있었다. 드디어 함대가 해협을 지났다. 공군 정찰대는 모든 전함이 지중해에서 동쪽으로 향해 가고 있다고 보고했다. "이건 사상 최대 규모의 상륙작전이 될 거야." 히틀러는 경이로운 듯 외쳤다. 아마도 이토록 대규모의 작전이 자신을 목표로 한다는 사실에 상당한 긍지를 느꼈는지도 모른다. 함대는 다음 날 아침까지 모로코 북쪽과 알제리 해안에 머물렀다.

그날 밤, 히틀러는 이해하기 힘든 적의 행동에 대해서 몇 가지 해석을 시도했다. 가장 그럴듯한 가정은 대규모 보급 작전을 개시해 심한 압박을 받고 있는 아프리카 군단에 대한 공격을 강화할 것이라는 계산이었다. 연합군 함대는 이런 식으로 단결하여, 독일군의 공습이 없는 밤을 틈타 시칠리아와 아프리카 사이에 있는 좁은 해협을 돌파할 것이라고 덧붙였다. 두 번째 가설인 위험한 군사작전이 히틀러의 직감과 좀 더 맞아떨어졌다. "적은 오늘 밤 이탈리아 중심부에 상륙할 거야. 아무런 저항도 받지 않을 게 분명해. 그곳에는 독일군이 없고, 이탈리아 놈들은 모두 도망쳐버릴 게 뻔하니까. 그런 식으로 놈들은 남쪽에서 시작해 이탈리아 북부지방을 관통하겠지. 롬멜 같으면 이 상황에서 어떻게 했겠나? 아마도 얼마 안 가 패배하고 말 것이야. 비축식량도 없고, 보급도 끊길 테니까."

히틀러는 오랫동안 갈망해오던 광범위하고 장기적인 작전을 구상하면서 도취되었다. 그는 점점 적에게 감정이입을 하고 있었다. "나 같으면 로마를 단숨에 점령하고 새 이탈리아 정부를 구성하겠어. 아니면, 아마 세 번째로 가능성이 있는 시나리오지만, 이 대규모 함대를 가지고 프랑스 남쪽에서 상륙작전을 벌이는 건 어떨까. 그동안 우리가 너무 나긋나긋하게 굴었지. 이제는 뭔가 보여줄 때라고! 요새도 없고 독일군도 없어. 거기에 주둔하지 않은 것이 우리의 엄청난 실수지. 물론 페탱 정부는 전혀 저항하지 못할 거고." 순간순간 히틀러는 그 함대가 자신을 공격하기 위해 힘을 모으고 있다는 것을 잊은 듯 보였다.

히틀러의 추측은 엉뚱하기 짝이 없었다. 이러한 상륙작전을 쿠데타와 연관 짓는 것도 그의 습관이었다. 안전한 장소에 군대를 상륙시키고, 위험을 피하는 체계적인 배치는 히틀러의 성격과는 어울리지 않는 전략이다. 하지만 그날 밤 그는 분명 한 가지를 깨달았다. 이제 두 번째 전선이 현실화되기 시작했다는 점이다.

다음 날 모든 군대는 북아프리카에 상륙했다. 그럼에도 불구하고 히틀러는 실패한 1923년 폭동을 기념하는 연설을 계속했다. 상황의 중대성을 언급하며 힘을 모으자고 호소하는 대신, 여느 때와 마찬가지로 승리를 확신하는 태도로 다음과 같이 말했을 때, 우리가 얼마나 충격을 받았는지 지금도 생생히 기억한다. "적은 이미 멍청한 짓을 저질렀다." 그들의 작전이 바로 어제 놀라움을 불러일으켰음에도 불구하고 히틀러는 다시 옆길로 새고 있었다. "놈들이 만일 독일을 누를 수 있다고 믿는다면, 그것이 불가능하다는 걸 보여줄 것이다. 패하는 건 놈들이다."

1942년 가을도 저물어갈 무렵, 히틀러는 상황회의에서 자신감에 차 이렇게 말했다. "이제 소련 놈들이 사관생도를 동원하고 있다.[4] 그것은 그들이 이미 끝났음을 입증하는 증거다. 한 국가가 다음 세대의 장교들을 희생시킬 때는 아무것도 남지 않았다는 뜻이다."

몇 주 뒤인 1942년 11월 19일, 소련의 대규모 겨울 공격에 관한 첫 번째 보고가 히틀러에게 전해졌다. 그는 전날 오버잘츠베르크로 가버린 상태였다. 세라피노프 부근에서 시작된 공격은 9주 후 스탈린그라드의 참패로 이어지게 된다.[5] 맹렬한 포격이 전개된 후, 강력한 소련군대가 루마니아군의 진영을 돌파했다. 처음에는 히틀러도 이 사건을 루마니아군의 전투력이 형편없다는 핑계를 대며 무시하려고 했다. 하지만 곧 소련군은 독일군 역시 무찔러버렸다. 전선은 와해되기 시작했다.

히틀러는 베르크호프의 커다란 방을 이리저리 거닐었다.

> 우리 장군들이 고질적인 실수를 되풀이하고 있어. 그들은 언제나 소련군의 전력을 과대평가했지. 최전선에서 들려오는 보고에 의하면, 적군은 수적으로 열세를 보이고 있네. 그들은 약해졌고, 너무도 많은 피를 흘렸어. 하지만 아무도 이러한 보고를 인정하려 들지 않아. 게다가 소련군의 훈련 상태는 얼마나 형편없는가! 그런 함량 미달의 장교들이 어떻게 제대로 된 공격을 할 수 있겠나. 우리가 어떻게 대처해야 하는지 분명해. 장기적으로 볼 때 소련군은 분명히 나가떨어질 걸세. 놈들은 쇠락하고 있어. 우리가 새로운 군대를 투입하면 모든 게 정상으로 돌아올 거야.

베르크호프의 평화로운 풍경에 파묻힌 히틀러는 새로이 전개되는 상황을 이해하지 못하고 있었다. 그러나 3일 뒤, 참담한 보고가 쏟아져 들어오자 그는 동프로이센으로 급히 돌아왔다.

며칠 뒤 라스텐부르크에서 확인한 전략지도는 보로네츠에서 스탈린그라드에 이르는 지역이 붉은색으로 뒤덮여 있는 것을 확인해주었다. 320킬로미터의 긴 전선에 붉은 화살표들이 가득했다. 소련군이 진군하고 있다. 붉은 화살표 사이에 작은 푸른 원들이 보였는데, 남은 독일군과 동맹군들의 반격을 뜻한다. 스탈린그라드는 이미 붉은색 동그라미로 포위되어 있었다.

혼란에 빠진 히틀러는 증오심에 가득 찬 채 다른 전선과 점령지에서 군대를 빼내 남쪽으로 이동시켰다. 사태가 급박해지기 이미 오래전에 차이츨러 장군은 러시아 남부에 있는 각 여단은 특별히 긴 지역을 방어해야 하며,* 그렇지 못할 경우 소련군이 맹공을 시작하면 막아내기 힘들 것이라고 경고했음에도 불구하고 작전상의 신중함은 전혀 고려되지 않았다.

스탈린그라드는 포위되었다. 상기된 얼굴의 차이츨러는 잠이 부족해 해쓱한 모습으로 제6군단이 서쪽 포위망을 뚫고 나와야 한다고 주장했다. 그는 히틀러에게 배급품과 연료를 비롯해 독일군이 겪고 있는 고초에 관해 모든 자료들을 제시했다. 눈 쌓인 벌판에서, 혹은 너덜너덜해진, 그나마도 모자라는 천막 속에서 매서운 추위를 견디고 있는 병사들에게, 따뜻한 식사를 공급하기도 불가능한 상황이라고 설명했다. 히틀러는 침묵을 지켰다. 흔들리지 않는 듯 사려 깊은 태도를 보였는데, 마치 위험에 직면한 차이츨러가 과민반응을 보이고 있다고 입증하려 결심이라도 한 듯했다. "나는 스탈린그라드를 지키기 위해 공격을 개시하라고 명령했고, 곧 상황은

* 오렐-스탈린그라드-테레크 강-마이코프를 잇는 새로운 방어선 구축은 독일군이 그해 봄에 주둔하고 있던 오렐-흑해 방어선보다 2.3배나 더 긴 지역을 방어해야 된다는 뜻이었다.

나아질 걸세. 자네도 알겠지만 나는 지금까지 전쟁 경험이 많아. 우리는 언제나 모든 문제를 극복해왔어." 그는 반격에 대비해 보급용 열차를 군대 후방에 바로 배치하라고 명령했다. 스탈린그라드 반격이 성공하는 즉시 조치를 취해 장병들의 고통을 덜어주겠다는 계획이었다. 하지만 차이츨러는 반대했고, 히틀러는 중간에 끼어들지 않고 그의 말을 경청했다. 반격에 동원되는 군사력이 너무 취약하다는 것이었다. 하지만 그들이 서쪽으로 돌파해 나온 제6군단과 성공적으로 힘을 합한다면, 더 남쪽으로 새로운 전선을 형성할 수 있다고 설명했다. 히틀러가 반론을 제시했지만 차이츨러는 입장을 바꾸지 않았다. 격론은 30분 이상 계속되었고, 히틀러의 참을성도 바닥을 드러냈다. "스탈린그라드는 반드시 되찾아야 해. 그래야만 하지. 그곳은 너무도 중요한 요충지야. 볼가 강의 수송을 막으면 소련에 막대한 타격을 안길 수 있어. 남쪽에서 생산된 곡식들을 어떻게 북쪽으로 이송한단 말인가?" 그러나 그의 말은 설득력이 없었다. 나는 오히려 스탈린그라드가 히틀러에게 상징하는 바가 크기 때문이라는 생각이 들었다. 하지만 이 토론을 끝으로 한동안 그 문제는 더 이상 논의되지 못했다.

다음 날 상황은 더 악화되었다. 차이츨러의 요구사항은 점점 더 커지고 급박해졌으며 상황회의의 분위기는 침울했다. 히틀러조차 지치고 풀이 죽은 듯했다. 그는 돌파공격 이야기만 반복했다. 그리고 20만 군대를 유지하기 위해서 하루에 어느 정도의 보급품이 필요한지 자료를 요구했다.

24시간 뒤, 포위된 독일군의 운명이 결정되었다. 괴링은 자신감에 찬 제국원수를 상징하려는 듯 오페레타 테너와 같이 요란하고 번쩍거리는 차림으로 상황회의실에 나타났다. 침울한 표정으로, 마치 애원하는 듯한 목소리로 히틀러가 물었다. "전투기를 동원해 스탈린그라드 보급을 지원하면 어떻겠나?" 괴링은 정신이 번쩍 드는 듯, 엄숙하게 대납했다. "지노자시여! 저는 개인적으로 스탈린그라드에 공중 보급을 확신하고 있었습니다. 충분히 가능한 일이라고 봅니다." 내가 나중에 밀히에게 듣기로는, 공군 참모부는 이미 공중 보급이 불가능하다는 것을 계산하고 있었다고 한다. 차이츨러는 곧바로 이 의견에 대해 회의론을 폈지만, 괴링은 그 사안을 고려하고 결정하는 것은 오직 공군이 할 일이라고 몰아세웠다. 숫자의 체계를 세우는 데 일가견이 있었던 히틀러였지만 그날은 작전에 소요되는 전투기를 얼마나 제작할지 묻지도 않았다. 그는 괴링의 몇 마디에 다시 기가 살아 원래의 단호함을 회복했다. "그렇다면 스탈린그라드는 수복될 수 있다. 제6군단의 돌파작전에 대해서는 더 이상의 논의가 우습겠구먼. 그렇게 되면 중무기와 전투력 모두를 잃게 될 테니까. 제6군단은 스탈린그라드에 남는다!"*

스탈린그라드에서 포위된 독일군의 운명이 자신의 약속 이행에 달려 있다는 것을 잘 알고 있었음에도 괴링은, 1942년 12월 24일[6] 베를린 오페라하우스 재개장을 기념하는 바그너의 「뉘른베르크의 명가수」 공연 초대권을 나누어 주었다. 화려한 유니폼과 파티복을 차려입은 우리는 총통의 로열박스에 자리를 잡았다. 오페라의 유쾌한 줄거리가 장병들의 처지와 너무나도 대조적이었다. 나는 초대를 수락한 스스로를 고통 속에서 꾸짖었다.

며칠 뒤 총통의 지휘부로 돌아와 보니, 차이츨러가 제6군단이 비행기를 통해 받고 있는 수 톤의 배급품과 무기들에 대해 매일 보고하고 있었다. 그 분량은 약속된 것의 일부분에 지나지 않았고, 괴링은 계속 히틀러에게 불려가 변명을 늘어놓았다. 악천후, 안개, 우박, 눈보라 등으로 인해 비행기가 예정대로 뜨지 못하고 있다는 것이었다. 그러나 곧 날씨가 좋아지면 약속한 분량의 물자를 공급할 수 있을 것이라고 말했다.

스탈린그라드에 공급되는 식량은 점점 줄어들기만 했다. 차이츨러는

---

* 몇몇 역사가의 설명에 따르면, 퇴각한 부대가 전하는 겨울철 전투 경험은 히틀러의 이론과 상충한다. 스탈린그라드의 고립은 소련군을 8주나 묶어 두는 소기의 목적을 달성했다는 것이다.

전방에 보급되는 것과 똑같은 배급품을 참모 카지노에 공급하기 시작했고, 눈에 띄게 체중이 줄었다. 며칠 뒤, 히틀러는 그런 식으로 전방에 있는 장병들과 유대를 표현하며 스스로를 소진하는 것은 참모총장으로서 부적절한 행동이니 물자를 충분히 쓰라고 일러주었다. 하지만 히틀러 역시 몇 주 동안 샴페인과 코냑이 식탁에 오르는 것을 금했다. 분위기는 점점 더 암울해졌고, 사람들의 얼굴은 가면처럼 굳어갔다. 침묵 속에 가만히 서 있는 일도 있었다. 그 누구도 불과 몇 달 전만 해도 승승장구하던 독일군의 몰락을 입에 담으려 하지 않았다.

그러나 히틀러는 결코 희망을 잃지 않았다. 내가 1월 2~7일까지 지휘부에 머무르는 동안, 그는 여전히 희망을 품은 모습을 보여주었다. 스탈린그라드에서 죽어가는 장병들에게 보급품을 공급하고자 그가 명령했던 반격이 실패로 돌아간 지 2주가 흐른 시점이었다. 오로지 남아 있는 희망은, 비록 희미하기는 하지만 막다른 골목에서 내려질 철수명령에 달려 있었다.

하루는 상황회의실 바깥에서 차이츨러가 카이텔에게, 말 그대로 빌다시피 하며, 히틀러에게 철수명령을 내리자고 설득할 테니 자기편을 들어달라고 부탁하는 소리를 들었다. 이것이야말로 참담한 비극을 피할 수 있는 유일한 길이라고 차이츨러는 말했다. 카이텔은 그 말에 동조하며 돕겠다고 진지하게 약속했다. 그러나 상황회의실에서 히틀러가 다시 한 번 스탈린그라드의 중요성에 대해 역설하자 카이텔은 감동한 듯한 태도로 히틀러에게 다가가, 지도 위 붉은 선으로 굵게 둘러싸인 작은 도시를 가리키며 말했다. "나의 총통 각하! 독일군은 스탈린그라드를 지켜낼 것입니다."

1943년 1월 15일, 절망적인 상황에서 히틀러는 특별한 칙령을 내렸다. 육군원수 밀히에게 전권을 위임해, 스탈린그라드 보급에 필요하다고 판단되는 공군과 민간항공 비행기를 사용하는 데 필요한 모든 조치를 취할 수 있도록 한다는 내용이었다. 괴링의 인가를 받지 않아도 된다는 뜻이었다.* 당시 나는 밀히에게 여러 번 전화를 걸었는데, 그가 스탈린그라드에서 포위된 채 갇혀 있는 내 동생을 구해주기로 약속했기 때문이었다. 그러나 혼란 속에서 동생이 어디 있는지 찾는 것은 불가능했다. 그에게서 절망적인 내용의 편지가 도착했다. 동생은 황달에 걸리고 팔다리가 부어 야전병원으로 옮겨졌지만 병원 환경을 견디지 못해 다시 포병 초소인 부대로 돌아갔다. 그 뒤로는 밀히로부터 소식이 없었다. 나와 부모님이 경험한 고통을 다른 수십만의 가족들이 되풀이했다. 그들은 상황이 종료될 때까지** 포위된 도시로부터 한동안 항공 우편을 받았다. 히틀러와 괴링이 전적으로 책임져야 할 이 참극에 대해, 이후 히틀러는 한 번도 언급하지 않았다. 대신 그는 새로이 제6군단을 구성하라고 명령했고, 새 군단이 전멸한 군단을 대신해 영광을 가져올 것으로 믿었다. 1년 반 뒤 1944년 중반 무렵, 새로 만들어진 6군단 역시 소련군에 포위되어 전멸하고 말았다.

우리의 적들은 스탈린그라드에서 일어난 비극을 전환점으로 삼았다. 한편, 히틀러의 지휘부는 순간적인 마비가 있었지만 곧이어 세부 사안까지 철저히 검토하는 열성적인 분위기에 휩싸였다. 1943년 히틀러는 승리를 위한 새로운 계획을 세우기 시작했다. 의견불화로 산산이 갈라진 채 서로에게 질시의 눈길을 보내던 제국의 수뇌부는 결속을 다질 기미를 보이지 않았고, 히틀러가 권력의 중심을 분산시키는 과정에서 지어진 음모의 동굴 속에서 도박꾼들은 좀 더 많은 몫을 챙기기에 여념이 없었다.

---

* 밀히는 그 작전을 스탈린그라드 남쪽 공군 지휘부에서 이끌었다. 그는 스탈린그라드로의 비행을 상당히 증가시킬 수 있었고, 최소한 일부 부상병 수송에 성공했다. 작전을 수행하고 돌아온 밀히는 히틀러에게 환영을 받았다. 그러나 두 사람의 대화는 독일군의 참혹한 상황을 히틀러가 받아들이려하지 않았기에 격렬한 충돌로 끝났다.

** 히틀러는 편지 배달을 막기 위해 헛소문을 퍼뜨렸다. 소련군이 독일군 포로들에게 고향으로의 우편엽서를 발송을 허용했을 때, 히틀러는 엽서들을 모두 없애라고 명령했다. 엽서는 친지의 생존을 의미했고, 이것은 히틀러 정권의 선전기구가 그토록 신중하게 추구해온 러시아 혐오증을 약화할 우려가 있었기 때문이다. 뉘른베르크에서 프리체가 이에 대해 자세히 이야기해주었다.

18

음모
Intrigen

1942년 겨울, 스탈린그라드가 위기에 빠져 있는 동안 보어만, 카이텔, 람머스 등은 히틀러를 둘러싼 그들의 고리를 더욱 단단하게 조이기 시작했다. 국가원수의 서명이 필요한 모든 명령은 이들 세 사람에게 먼저 승인을 받아야 한다는 조치가 시행되었다. 히틀러의 칙령이 심사숙고하지 않은 채 승인되는 것을 막고 명령 체계의 혼란을 줄이기 위해서라는 구실이었다. 히틀러는 자신에게 최종결정권이 있다는 이유로 만족감을 표했다. 이에 따라 정부 각 부처의 다양한 입장들이 3인위원회에 의해 '걸러지게' 되었다. 히틀러가 이 절차를 받아들인 이유는 객관적인 입장 표명과 비당파적인 업무 추진을 기대했다는 데 있다.

3인위원회는 분야가 따로 정해져 있었다. 군과 관련된 모든 명령을 책임지는 카이텔은 처음부터 비통함을 느껴야만 했다. 공군과 해군 총사령관이 카이텔의 권위를 인정하지 않았기 때문이다. 각 부처의 권한 변경, 모든 제도적이고 행정적인 사안들은 람머스가 관할했다. 하지만 그는 히틀러에게 그다지 영향력이 없었던 관계로 시간이 지나면서 점점 더 많은 결정권이 보어만에게 귀속되었다. 보어만은 국내 문제를 맡았다. 그러나 지식이 모자랐을 뿐만 아니라 국제 문제에 대해서도 문외한이었다. 보어만은 지난 8년 동안 히틀러의 그림자에 불과했다. 헤스의 비서로 일했던 보어만은 야망을 품은 보좌관의 고통이 어떤 것인지 잘 알고 있었다. 그는 히틀러에 대한 영향력이 줄어들 것을 우려한 나머지 장기 출장 한 번 가본 적도, 휴가를 떠난 일도 없었다. 히틀러는 한 조직의 2인자가 바뀔 때마다 기꺼이 그를 측근으로 취급했고 직접 임무를 주기도 하며 새로운 사람들을 테스트하길 좋아했다. 히틀러의 이런 기벽은 기회가 있을 때마다 세력을 분산하려는 경향과 일맥상통한다. 이러다 보니 자신의 권력서열 내부에서 라이벌이 부상하는 것을 막기 위해 모든 부서의 장관들은 똑똑하고 정력적인 차관을 두려 하지 않았다.

3인방 체제는 자신의 권력을 고수하려는 목적으로 모든 정보를 중간에서 걸렀다. 이들이 주도권과 상상력, 책임감만 갖추고 있었다면 각각 히틀러 1인 독재의 축소판이 되었을지 모른다. 그러나 세 사람은 히틀러의 이름으로만 행동하도록 훈련받았으므로 노예처럼 히틀러의 의지를 표현하는 데만 골몰했다. 더욱이 히틀러는 곧 이 체제를 따르지 않게 되었다. 자신의 성향과도 맞지 않았던 3인방 체제가 점점 더 성가시게 여겨졌기 때문이다. 이 고리 바깥에 서 있던 사람들 역시 이들의 지배에 분개했던 것은 당연하다.

보어만은 이제 고위 지도부에게 위협을 줄 만한 역할을 수행하고 있었다. 히틀러의 동의 아래 보어만은 독단적으로 약속 일정을 잡았다. 즉 민간에 속하는 정부나 당내 인사들 가운데 누가 총통과 대면할 수 있는지, 더욱 중요하게는 누가 만날 기회를 가질 수 없는지를 그가 결정한다는 의미였다. 이제 장관이나 사무관, 관구장 들은 바로 히틀러와 만날 수 없었다. 그들은 먼저 보어만에게 자신들의 안을 전달해야 했다. 보어만은 대단히 능률적이었다. 그들은 보통 며칠 안에 보어만의 답장을 받을 수 있었는데, 예전 같으면 한 달은 족히 걸렸을 일이다. 나는 이 규칙에서 예외였다. 나의 직무가 군과 관계된 것이었으므로, 언제든 원하기만 한다면 히틀러와 독대를 할 수 있었다. 약속시간은 히틀러의 군 보좌관들이 담당했다.

히틀러와 회의를 끝낸 후, 비서가 보어만의 면담 요청을 전하는 것을 가끔 본 일이 있었다. 보어만이 파일을 들고 방 안으로 들어온다. 그는 간단히 전달된 서류에 대해 보고한 다음, 단조롭고 객관적인 어투로 자신의 해결책을 제시한다. 보통 히틀러는 고개를 끄덕이거나 짧게 말한다. "좋아." 이 말 한마디에, 혹은 이보다 더 불확실한, 지시라고 할 수도 없는 한마디의 암시에 의해 보어만은 긴 명령문을 작성한다. 이런 식으로 짧게는 30분 만에 10여 가지의 결정이 내려졌다. 사실상 보어만이 제국의 내정을 수행하고 있었던 것이다. 몇 달 후인 1943년 4월 12일, 보어만은 겉으로는 그다지 중요해 보이지 않는 서류에 히틀러의 서명을 받아낸다. 그 자신을 '총통 비서'로 임명한다는 내용이었다. 지금까지는 엄밀하게 말해 당 내부의 일에 한정되어 있던 그의 권한이, 이제 총통 비서라는 지위를 가지고 원하는 모든 분야에 관여할 수 있게 된 것이다.

내가 군수품 생산에서 처음으로 중대한 공을 세운 이후, 리다 바로바와의 스캔들로 나에 대해 적대감을 품어오던 괴벨스가 호감을 표하기 시작했다. 1942년 여름, 나는 그에게 군수품 생산에 박차를 가하기 위해 선전부 산하 기구들을 투입해달라고 요청했다. 군수품 생산과 관련된 뉴스영화와 사진잡지, 신문 등이 필요했던 것이다. 나는 점점 유명해졌다. 선전부 덕분에 나는 제국에서 가장 잘 알려진 인사 가운데 한 사람이 되었다. 내 위치가 격상되면서 내 보좌관들도 정부나 당 관료들과 매일 벌이는 싸움에서 훨씬 편안한 위치를 점할 수 있게 되었다.

괴벨스의 연설은 정형화된 열광으로 가득 차 있었다. 그렇다고 그를 활활 타오르는 성격을 가진 정열적인 인간으로 생각한다면 오산이다. 괴벨스는 근면했고 자신의 아이디어를 실행에 옮기는 데도 까다로웠다. 사사로운 일로 큰 그림을 놓치지 않는 인물이었다. 주변 정황을 통해 혼자 문제를 파악해냈고, 주관적 정보를 이용해 객관적인 판단에 이르는 능력을 지녔다. 나에게 깊은 인상을 준 것은 그의 냉소주의였지만, 고등교육을 받은 사람답게 자신의 생각을 논리적으로 정리하는 점도 빼놓을 수 없다. 그러나 히틀러 앞에서는 괴벨스도 극도로 자기 표현을 삼갔다.

초창기, 전쟁이 독일에게 유리하게 진행되던 시기의 괴벨스는 전혀 야망을 가진 인물로 보이지 않았다. 오히려 그는 1940년 초반에 전쟁이 승리로 끝난다면 좀 더 개인적인 일에 헌신하겠다는 뜻을 밝혔다. 차후의 일은 다음 세대가 책임을 이어받아야 할 것이라고 말하곤 했다.

1942년 12월, 전쟁이 위기 상황으로 치닫자 그는 세 사람과 가까이 지내기 시작한다. 발터 풍크와 로베르트 라이 그리고 나였다. 세 사람 모두 고등교육을 받았다는 점에서 괴벨스의 전형적인 선택 유형을 보여주고 있다.

스탈린그라드 사태가 우리를 흔들었다. 제6군단이 겪어야 했던 비극과 그 고통 이상의 충격을 안겨주었다. 히틀러의 명령으로도 그와 같은 참담한 결과가 빚어질 수 있다는 데 경악했다. 그전까지는 언제나 모든 좌절을 상쇄할 수 있는, 혹은 잊을 수 있는 새로운 승리가 뒤따랐었다. 이제 처음으로 어떤 보상도 주어지지 않는 패배에 고통받게 된 것이다.

1943년 초 괴벨스는 전쟁 초반에 엄청난 승리를 구가했지만 제국의 역량은 절반밖에 사용하지 않았다고 지적했다. 다시 말해 큰 노력을 들이지 않고도 승전 행진을 계속할 수 있을 것으로 믿었다는 것이다. 반대로 영국은 운이 좋게도 전쟁 초반에 뒹케르크 패전을 겪었다. 이 일로 영국인들은 경제를 긴축 운용할 필요성을 절감했다. 이제 스탈린그라드가 우리에게 뒹케르크다! 전쟁은 더 이상 간단히 자신감만으로 이길 수 없게 되었다.

이 말을 하면서 괴벨스는 자신이 기자들에게 입수한 정보, 즉 대중 사이에서 야기되고 있는 불안과 불만에 언급했다. 국민들이 전쟁을 위한 총력전에 걸맞지 않는 지도층의 사치에 대해 반발하고 있다는 것이었다. 국민 대부분이 승리를 위해 최대한 노력할 준비가 되어 있음을 확신한다고 괴벨스는 말했다. 지도부의 신뢰를 회복하기 위해서 상당한 수준의 규제가 필요한 것도 사실이었다.

군수품 생산과 관련해서도 희생은 필요했다. 히틀러는 생산량 증가를 요구하고 있었다. 하지만 동부 전선에서 잃은 엄청난 병력을 보충하기 위해서 80만 명의 젊고 숙련된 기술자들이 차출될 형편이었다.[1] 노동자들이 징집됨으로써 공장 운영에 어려움이 더해갔다.

한편, 적의 공습은 심한 공격을 받은 도시에서도 일상이 계속될 수 있다는 걸 보여주었다. 재무부 건물이 공습을 받아 세수 자료가 손실되면서 모든 국민에게 똑같은 금액의 세금을 징수하게 되었다. 업계분담론에 의거해 나는 대중에게 불신 대신 신뢰를 줄 수 있는 프로그램을 고안했다. 자체 고용인만 300만 명에 이르는 감독·관리 기구들을 축소할 계획이었다. 우리는 납세자들이 자신의 세금신고에 대해 책임질 수 있는 장치와 납세액을 다시 정산하지 않아도 되는 방법, 급료에서 원천과세할 수 있는 방법을 고안해보았다. 수십억 마르크가 매달 전장에서 소모되는 걸 감안해, 일부 정직하지 못한 사람들로 수억 마르크의 세수가 손실을 보게 된다면 어떤 문제가 생길지도 괴벨스와 논의했다.

정부 공무원들의 근무시간을 군수 공장 직원들과 같은 수준으로 끌어올리자는 나의 제안으로 상당한 동요가 빚어졌다. 그것만으로도, 순전히 산술적으로 계산해볼 때 약 20만 명의 공무원을 군수품 생산에 동원할 수 있었다. 나아가 상류층 인사들의 생활수준을 상당 부분 낮춤으로써 수십만 명의 일손을 줄일 수 있다고 주장했다. 중앙기획위원회 회의에서, 나는 나의 급진적인 제안이 독일 사회에 어떤 파장을 미치게 될지 그럴듯하게 얼버무릴 시도조차 전혀 하지 않았다. "제 말은 전쟁 기간 동안을 의미하는 겁니다. 전쟁이 길어지면 당연히, 노골적으로 표현하자면, 다들 프롤레타리아처럼 지내야 한다는 거죠."[2] 지금 되돌아보면, 나의 제안이 받아들여지지 않은 것이 오히려 다행인 것 같다. 만일 그랬더라면, 독일은 전후 수개월 동안 경제적·행정적으로 해체된 상태에서 더 심각한 부담에 직면했을 것이다. 그러나 만약 영국이 독일과 똑같은 상황에 처했더라면 그러한 긴축 시스템을 일관성 있게 추진했으리라고 확신한다.

내켜 하지 않는 히틀러에게 어떤 식으로든 내핍이 필수적이고 각 행정기관의 규모를 강도 높게 축소해야 한다는 것, 또 소비를 절제하고 문화 행사도 제한해야 한다는 점을 설득하는 것은 힘든 과정이었다. 더욱이 내핍 시스템을 괴벨스가 관장해야 한다는 나의 제안은 보어만에 의해 좌절되었다. 그는 자신의 라이벌이 더 큰 권한을 갖게 될까 봐 두려워했다. 괴벨스 대신 3인위원회에서 보어만 측 세력인 람머스 박사가 그 일을 맡게 되었다. 람머스는 신성한 관료적 절차가 무시된다는 생각만으로도 머리카락이 쭈뼛 서는, 리더십도 상상력도 없는 그저 틀에 박힌 관료였다.

1943년 이후, 다시 재개된 각료회의를 히틀러 대신 주재한 것도 람머스였다. 각료회의에는 각료 전원이 아니라 그날의 주제와 관련 있는 부서 장관들만 참석했다. 회의 장소인 각료실은 3인위원회가 장악하고 있는 권력, 혹은 획득하려고 하는 영향력이 어떤 것인지를 보여주는 무대가 되었다.

각료회의는 열띤 토론으로 이어졌다. 괴벨스와 풍크는 나의 급진적인 견해를 지지했다. 내무장관인 프리크와 람머스는 예상했던 대로 의문을 제시했고, 자우켈은 원한다면 어떤 규모의 숙련된 노동자들도 외부에서 차출해올 수 있다고 큰소리쳤다.[3] 심지어는 괴벨스가 나서서 당 지도부 인사들에게 무분별한 사치를 포기해야 한다고 요구했을 때조차 효과를 거둘 수 없었다. 평소에는 나서지 않던 에바 브라운까지도 파마약과 화장품 생산 금지령이 논의된다는 소식을 듣자 분개하며 히틀러에게 달려왔다. 히틀러는 바로 흔들렸다. 그는 나에게 법적인 금지 대신에 조용히 "파마약 생산 설비 수리 중단"과 더불어 "염색약과 미용 산업에 필요한 제품"의 생산을 중단시키면 어떨지 제안했다."*

총리 청사에서 가졌던 몇 번의 각료회의 끝에 보어만과 람머스, 카이

---

* 괴벨스조차 화장품 생산을 놓고 마음이 흔들렸다. "각자 주장에 대해 모두가 격론을 벌이고 있다. 특히 여성의 미용제품에 관해서 … 아마 이런 경우 조금 관대해져야 할 것 같다"(1943년 3월 12일 일기). 1943년 4월 25일, 총통의사록 항목 14에 히틀러의 권고사항이 적혀 있다.

텔 등이 군수품 생산에 전혀 도움을 줄 인사가 아님을 괴벨스와 나는 깨닫게 되었다. 우리의 노력은 무의미한 잔소리로 끝나버렸다.

1943년 2월 18일, 괴벨스가 스포츠궁전에서 '총력전'을 주제로 연설을 했다. 그의 연설은 국민을 향한 것만이 아니었다. 국내 자원을 총동원하자는 우리의 제안을 무시하는 당 지도부를 겨냥한 것이기도 했다. 기본적으로 람머스를 비롯한 빈둥거리는 인사들에게 대중의 압력을 가하려는 속계산이 있었다.

히틀러의 성공적인 대중 모임을 제외한다면, 괴벨스만큼 효과적으로 청중들을 열광시키는 사람도 없었다. 집으로 돌아온 괴벨스는 마치 경험 많은 배우가 하듯, 완전한 감정 분출이 어떤 심리적인 효과를 일으키는지 분석해 다시 한 번 나를 놀라게 했다. 그날 저녁의 청중에 대해 만족감을 표하기도 했다. "자네도 봤지? 군중은 미묘한 뉘앙스에도 반응했고 정확한 시점에 박수를 터뜨렸네. 독일 국민처럼 정치적으로 잘 훈련된 군중도 없을 거야." 그 특별한 군중 중에는 당 조직에서 동원한 이들도 있었고 하인리히 게오르게와 같은 유명한 지식인이나 배우들도 있었다. 게오르게가 박수 치는 모습은 기자의 카메라에 잡혀 국민들에게 공개되었다.

괴벨스의 연설에는 외교 정책적인 목적도 있었다. 새로운 정책을 제안해 지나치게 군사적인 면에 치중한 히틀러의 접근을 보충하자는 것이었다. 어쨌든 괴벨스는 연설을 통해 동쪽으로부터 전 유럽에 가해지고 있는 위협을 서방이 기억해줄 것을 촉구했다고 믿었다. 며칠 뒤 괴벨스는 서방 언론이 그의 연설 가운데 이 부분을 호의적으로 언급한 것에 대해 만족감을 드러냈다.

괴벨스는 외무장관직에 눈독을 들이고 있는 것 같았다. 가능한 모든 수사를 사용하여 히틀러를 리벤트로프와 맞서게 하려고 했고, 한동안 성공을 거두는 듯 보였다. 최소한 히틀러는 평소의 습관과는 달리 사소한 문제로 화제를 돌리지 않고 괴벨스의 주장을 조용히 경청했다. 히틀러가 예상치 않게 리벤트로프의 놀라운 치적과 '동맹국'들과의 협상에서 보여준 능력을 칭송하고 나서자, 괴벨스도 게임이 끝났음을 알았다. 히틀러는 다음과 같은 의외의 말로 이야기를 끝마쳤다. "자네는 리벤트로프에 대해 잘못 알고 있어. 그는 대단한 인재라네. 아마도 역사학자들은 그를 비스마르크보다 더욱 높게 평가할지도 몰라. 아니, 비스마르크 이상의 인물이지." 이와 함께 히틀러는 괴벨스에게 그가 스포츠궁전에서 했던 연설처럼 서방을 떠보는 일은 더 이상 해서는 안 될 것이라고 주의를 주었다.

'총력전'을 주제로 한 괴벨스의 연설 뒤에는 대중의 박수를 받을 만한 조치가 뒤따랐다. 괴벨스는 자기 소유로 되어 있는 베를린의 화려한 레스토랑들과 유희 공간을 모두 폐쇄해버렸다. 반면, 괴링은 자신이 애용하는 사치스러운 호르허 레스토랑을 지키기 위해 방해공작을 꾸몄다. 그러나 괴벨스가 사주한 시위대들이 레스토랑에 나타나 창문을 부수어버리자 괴링도 항복했다. 이 일로 괴벨스와 괴링 사이가 심각하게 악화되었다.

앞서 말한 스포츠궁전의 연설이 있던 날 저녁, 많은 유명 인사들이 전쟁이 시작되기 직전 브란덴부르크 문 앞에 지어진 괴벨스의 화려한 저택에 모여들었다. 그중에는 육군원수 밀히, 법무부 장관 티라크, 내무부 차관 슈투카르트, 괴링의 오른팔이자 사무국장인 쾨르너, 그 외 풍크, 라이 등이 포함되었다. 여기서 처음으로 밀히와 내가 제안한 요청이 논의되었는데, "제국방어내각평의회 의장"인 괴링의 권한을 앞세워 내핍을 실행해보자는 내용이었다.

아흐레 뒤, 괴벨스가 나를 다시 집으로 초대했다. 풍크, 라이와 함께였다. 숱한 사람들이 드나들던 그의 으리으리한 집은 이제 우울한 그림자를 드리우고 있었다. '총력전'의 정신을 드높이는 사례를 보여주기 위해 괴벨스는 큼직한 업무용 공간들을 모두 폐쇄하고, 나머지 홀과 방의 전등도 모두 꺼버렸다. 우리는 13평 정도 됨직한 작은 방으로 안내되었다. 심부름꾼들이 프랑스 코냑과 차를 대접하자 괴벨스는 그들에게 나가 있으라는 신호를 보냈다.

"이런 식으로 일이 되어가서는 안 되오." 그는 말을 시작했다. "우리는 이렇게 베를린에 무기력하게 앉아 있소. 히틀러는 우리가 상황에 대해 이야기하는 것을 들으려고 하지 않아요. 난 더 이상 히틀러의 마음을 움직이는 것은 고사하고, 내 영역에서 일어나는 급박한 일들조차 보고하기 힘들어요. 모든 사안이 보어만을 거쳐야 하고 말이요. 히틀러가 베를린에 더 자주 오도록 해야 해요."

국내 업무는 완전히 히틀러의 손을 떠나 있다고, 괴벨스는 말했다. 모든 것을 조정하고 있는 보어만은 히틀러가 여전히 통제력을 가지고 있다는 느낌을 갖도록 만들었다. 보어만을 움직이는 것은 오직 야망뿐이라고 괴벨스는 말을 이었다. 보어만의 엄격한 교조주의적 접근법은 정상적인 정치 발전에 큰 위협이 되고 있으며, 보어만의 영향력은 지금 당장 사라져야 한다는 것이었다.

평소 모습과는 달리 이번에는 괴벨스도 히틀러를 비판에서 제외시키지 않았다. "우리는 지금 지도부의 위기를 겪고 있는 것이 아니라 지도자의 위기를 겪고 있는 겁니다."[4] 총사령관이라는 실속 없는 역할을 위해 가장 중요한 도구인 정치를 포기하는 듯한 히틀러의 모습은 타고난 정치꾼인 괴벨스에게 이해하기 힘든 것이었다.

우리는 그 말에 동의할 수밖에 없었다. 그 누구도 정치적 직감에 관한한 괴벨스와 비교될 수 없었다. 그의 비판은 스탈린그라드의 패배가 의미하는 바를 정확히 보여주고 있었다. 괴벨스는 히틀러의 위대함과 그의 승리에 대해 의혹을 가지기 시작했고, 우리 역시 의심을 품기 시작했다.

나는 우리가 했던 제안을 다시 꺼내들었다. 괴링이 전쟁 초기에 맡았던 역할을 재정비한다는 내용이었다. 그는 히틀러의 동의 없이도 법령을 발표할 수 있었을 뿐 아니라, 자신의 재량으로 관할권을 발휘할 수 있는 조직적인 위치에 있었다. 그의 위치를 이용해 보어만과 람머스에게 집중된 권력을 분산시킬 수 있을 듯했다. 그렇게 되면 보어만과 람머스도 게으름 덕분에 지금까지 한 번도 제대로 발휘되지 못했던 괴링의 권위에 머리를 숙여야 할 것이다.

괴벨스는 호르허 레스토랑 사건*으로 괴링과의 관계가 소원했으므로, 나에게 괴링과 협의해줄 것을 청했다.

이 책을 읽는 독자들은 당시 독일제국의 힘을 모으기 위해 마지막 노력을 한 결과로 선택된 인물이 왜 수년간 냉담하게 호사스러운 생활을 즐기며 아무것도 하지 않던 괴링이어야만 했는지가 궁금할 것이다. 하지만 괴링이 처음부터 그렇게 나태한 사람은 아니었다. 누구나 다 인정할 정도로 폭력적이긴 했지만 에너지가 넘치고 지적인 인물이라는 평가는 그가 공군을 창건하고 전시경제 4년계획을 수립한 이후에도 계속 유효했다. 만일 그의 구미를 당기는 임무가 주어진다면 예전의 의욕이나 에너지를 회복할 가능성도 있어 보였다. 그렇지 못하다 하더라도, 제국방어내각평의회가 어쨌든 개혁적인 결정을 내릴 수 있는 기구의 역할은 수행할 수 있을 것이라는 판단이었다.

지금 와서 생각하면 보어만과 람머스의 권력을 분산시켰다 하더라도 독일의 운명은 크게 달라지지 않았을 것이다. 우리가 원했던 방향의 전환은 히틀러의 비서를 끌어내림으로써 성취될 수 있는 것이 아니라, 히틀러를 거역해야만 가능했다. 그것은 상상조차 힘든 일이었다. 보어만 때문에 위협받았던 우리의 위치를 회복하는 데 성공했다면, 그들 대신 우리가 기꺼이 히틀러를 더욱 충성스럽게 따랐을 것이다. 가능하기만 했다면 말이다. 그것은 비겁한 람머스나 교활한 보어만을 따르는 것보다 훨씬 쉬웠을 테니까. 우리가 작은 차이를 그토록 중요시했다는 사실은 우리의 세계가 얼마나 폐쇄적이었는지 말해주고 있다.

---

* 레스토랑을 둘러싼 괴벨스와 괴링의 불화는 대중 레스토랑이 아닌 독일 공군을 위한 클럽으로 문을 다시 열기로 합의하면서 해소되었다.

나는 평생 처음으로 전문가로서의 겸양에서 벗어나 정치적 책략의 소용돌이 속으로 뛰어들었다. 언제나 조심스럽게 피해온 길이었다. 내가 그 길을 취했다는 사실엔 특별한 논리가 있었다. 독립적으로 나의 전문 분야에만 집중할 수 있다는 생각이 잘못됐다는 결론을 내린 것이다. 권위주의 체제 아래서는 지도부의 일원으로 남고자 하는 인물이라면 누구나 불가피하게 정치적 줄다리기에 연루되었고 권력 쟁탈의 전쟁터로 내몰릴 수밖에 없었다.

괴링은 오버잘츠베르크에 있는 그의 여름별장에 머물렀다. 히틀러가 공군에 대한 괴링의 지도력에 비판을 가하자 일부러 긴 휴가를 얻어 그곳으로 물러갔다는 이야기를 공군원수 밀히로부터 들었다. 우리의 만남이 있은 다음 날인 1943년 2월 28일, 나는 괴링을 만나기 위해 오버잘츠베르크를 찾았다. 그는 곧바로 나를 맞이할 준비를 했다.

대화는 여러 시간 지속되었다. 비교적 좁은 공간, 친숙한 분위기 속에 친근하고도 자유로운 이야기가 오갔다. 나는 그의 반짝이는 매니큐어와 립스틱을 칠한 입술에 놀랐다. 실내복 가운에 달린 커다란 루비 브로치는 이미 익숙했지만 말이다.

괴링은 조용히 우리의 제안과 베를린 회의 내용에 귀 기울였다. 그는 앉아 있는 동안 가끔 세팅되지 않은 보석들을 주머니에서 꺼내 손가락 사이로 미끄러뜨리는 장난을 쳤다. 우리가 자신을 떠올렸다는 것에 기뻐하는 듯했다. 괴링 역시 보어만의 권력으로 빚어질 위험한 결과에 대해 의견을 같이했고 우리 계획에 동의했다. 그러나 괴링은 여전히 호르허 사건으로 괴벨스에게 화가 나 있었다. 나는 선전장관을 그곳으로 초대해 함께 깊은 이야길 나누어보는 것이 어떻겠냐고 제안했다.

바로 그다음 날 괴벨스가 베르히테스가덴을 찾았다. 나는 괴벨스에게 먼저 괴링과의 대화 내용에 대해 귀띔했다. 우리는 함께 괴링의 별장을 찾았고, 나는 계속해서 사이가 나빠지고 있던 두 사람만을 남겨두고 자리를 피해주었다. 다시 들어갔을 때 괴링은 이제 막 시작되려는 싸움에 대한 생각으로 즐거움을 느끼며 손을 비비고 있었다. 그는 적극 동참하겠다는 뜻을 밝혔다. 무엇보다도 괴링은 제국방어내각평의회 참여자를 확대해야 한다면서, 나와 괴벨스도 포함되어야 한다고 주장했다. 우리 두 사람이 참석하지 않는다면 위원회의 무게가 줄어들 것이라고 덧붙였다.

이어서 리벤트로프를 교체해야 할 필요성에 대한 논의가 이어졌다. 외무부 장관은 히틀러를 설득해 합리적인 정책으로 이끌어야 할 책임이 있음에도 불구하고, 리벤트로프는 지나치게 히틀러의 뜻을 대변해 우리의 군사적 곤란함을 타개할 정치적 해법을 찾지 못하고 있었다.

더욱 흥분한 괴벨스는 말을 계속했다. "총통께서는 리벤트로프보다 람머스를 더욱 파악하지 못하고 있다니까."

괴링은 벌떡 일어났다. "그는 언제나 참견을 하지. 그리고 나를 수면 아래서 무력화시킨다네. 하지만 이제 그것도 끝이야! 이제 내가 나설 거요, 신사 여러분!"

괴벨스는 괴링의 분노를 일깨우고 자극했지만, 동시에 전략에 서투른 제국원수의 돌발행동을 두려워했다. "틀림없을 거요! 괴링 원수, 우리는 보어만과 람머스가 어떤 인물인지에 대해 총통이 눈을 뜨게 해야 해요. 지나친 위험을 초래하지만 않는다면 말이오. 그러니 천천히 진행해야 해요. 당신도 각하가 어떤 분인지 알지 않소?" 그의 신중론은 이야기 도중 더욱 강도를 더했다. "일단, 내각평의회의 다른 위원들에게는 너무 많은 이야기를 하지 않는 것이 좋겠소. 우리가 3인위원회를 무력화하려고 한다는 것을 그 사람들이 알아서 좋을 것이 없어요. 각하를 위한 충성심을 가지고 행동하면 되는 거요. 우리에겐 개인적인 야망 따윈 없소. 하지만 서로를 지지하고 지원한다면 곧 상황을 통제하게 될 것이고, 총통 주변에 견고한 담장을 쳐드릴 수 있소."

괴벨스는 떠날 무렵 몹시 기분이 좋은 상태였다. "분명히 잘될 걸세. 괴링이 다시 활기를 되찾기 시작했어. 그렇지 않나?"

괴링의 그토록 힘차고 대담한 모습을 최근 몇 년간 본 일이 없었다. 오버잘츠베르크의 평화로운 풍경 속에서 괴링과 나는 보어만이 추진하고 있는 정책에 대해 논의했다. 괴링은 보어만이 히틀러의 후계자 자리를 노린다고 주장했고, 기필코 보어만을 몰아낼 것이라고 말했다. 사실 괴링에게는 히틀러를 움직일 수 있는 힘이 있었다. 나는 적절한 상황에서 보어만이 제국원수의 위세를 약화시키기 위해 갖은 술책을 다 부리고 있다고 괴링에게 알렸다. 괴링이 참석하지 않았던 오버잘츠베르크의 티타임에 대해 이야기하자 그의 감정은 점점 격해졌다. 그곳에서 나는 보어만의 책략을 바로 눈앞에서 지켜볼 수 있는 기회를 가졌던 것이다.

보어만이 직접 공격을 가하는 일은 없었다고 나는 말했다. 대신 그는 작은 사건들을 자신의 대화에 엮어 넣었는데, 앞뒤 이야기가 모두 합해지면 모종의 효과를 발휘할 수 있는 내용들이었다. 이런 식으로 보어만은 티타임의 대화 시간을 활용해 빈에서 있었던 좋지 못한 일화들을 흘려 히틀러 유겐트의 지휘관인 발두르 폰 시라흐를 비방했다. 히틀러가 시라흐를 비난하는 발언을 했을 때 보어만은 맞장구를 치지 않는 신중함을 보였고, 반대로 자신이 시라흐를 칭찬하는 편이 현명하다는 판단을 내린 듯했다. 물론 그 칭송의 말도 뭔가 유쾌하지 않은 뒤끝을 남기게 마련이었지만 말이다. 그로부터 1년 후, 보어만은 결국 히틀러가 시라흐를 싫어하도록, 그에게 직설적인 혐오감을 느끼도록 만들어버렸다. 또한 히틀러가 없는 틈을 타 보어만은 한 단계 더 일을 진척시켰다. 겉으로는 아무렇지도 않은 듯한 태도를 취하면서 시라흐를 무력화시키고 있었다. 그는 시라흐가 빈 출신이며, 그곳에서는 언제나 모든 사람이 서로에 대해 권모술수를 쓴다는 경멸적인 발언을 하곤 했다. 보어만이 당신에 대해서도 그와 같은 책략을 썼을 것이라고 나는 괴링에게 귀띔했다.

문제는 괴링은 언제나 그러한 책략의 쉬운 표적이 된다는 점이었다. 오버잘츠베르크에서 괴벨스는 제국원수의 취향에 대해서 잘 모르는 사람들에게는 우스꽝스럽게 보일 수 있는 괴링의 '바로크식 의상'을 다소 미안해하며 거론했다. 그 이후 괴링은 공군 총사령관으로서의 실책을 잊은 채 권위와 위엄을 가지고 행동하려 했다. 훗날 1945년 봄, 히틀러가 상황회의에서 많은 참석자들이 보는 앞에서 공개적으로 괴링을 신랄하게 모욕하자 괴링은 히틀러의 공군 보좌관인 벨로에게 이렇게 말했다. "슈페어의 경고가 옳았어. 이제 제국의 후계자는 보어만일세."

괴링은 착각한 것이었다. 보어만은 1943년 봄에 이미 그 작업을 마쳤다.

며칠 뒤 1943년 3월 5일, 나는 군수 관련 문제로 히틀러의 인가를 얻기 위해 지휘부로 날아갔다. 그러나 주된 목적은 우리의 작은 계획을 추진하는 것이었다. 나는 손쉽게 히틀러를 설득해 괴벨스를 지휘부로 불러들일 수 있었다. 상황이 너무도 따분했던 터라 히틀러는 쾌활하고 명석한 선전장관의 방문을 기다렸다.

3일 뒤 괴벨스가 지휘부에 도착했다. 그는 먼저 나에게 따로 물었다. "슈페어, 총통의 기분은 어떤가?" 나는 이 중요한 때에 히틀러가 특별히 괴링에게 호의적이지는 않은 상태임을 전했다. 그리고 신중해야 한다고 조언했다. 그 문제로 지금 당장 히틀러에게 압력을 가하는 것이 옳지 않다는 의견을 덧붙였다. 괴벨스도 동의했다. "자네 생각이 옳은 것 같군. 아직은 총통에게 괴링 이야기를 꺼낼 때가 아니야. 그랬다간 모든 걸 망쳐버릴지도 몰라."

연합군의 대량 공습이 수주일 동안 계속되었지만 독일군은 별다른 대응을 하지 못했다. 그렇지 않아도 위태로운 괴링의 입지가 더욱 약화되었다. 만일 괴링의 이름이 집중적으로 거론된다면, 히틀러는 괴링의 실수와 공중전을 위한 계획의 부재에 새삼 분노를 쏟아냈을 것이다. 그날 히틀러는 폭격이 계속되면 도시가 파괴될 뿐만 아니라 국민의 사기도 회복이 어려울 정도로 떨어질 거라고 여러 번 강조했다. 히틀러는 영국이 대규모 폭격을 시작했을 때도 똑같은 실책에 분통을 터뜨려야 했다.

히틀러는 괴벨스와 나를 점심식사에 초대했다. 언제나 곁에 붙어 있는 보어만을 부르지 않았다는 것이 신기했다. 어떻게 보면 히틀러는 보어만을 완전히 비서로 취급했던 것 같다. 괴벨스 때문에 기분이 좋아진 히틀러는 확실히 평소보다 말을 많이 했다. 그는 괴벨스와 이야기를 나누면서 마음의 짐을 덜었고, 언제나 그랬듯이 함께 있는 우리 두 사람을 제외하고 모든 측근들을 업신여기는 발언을 했다.

식사 후 나는 물러 나왔고 히틀러와 괴벨스의 독대는 여러 시간 동안 이어졌다. 히틀러가 예의 바르고 다정하게 나를 배웅한 사실은 그가 사적인 친분관계와 그 외의 것을 확실하게 구분했음을 보여준다. 나는 군사 상황회의가 시작될 때까지 돌아가지 않았다. 저녁식사 시간에 다시 만나 세 사람이 함께 시간을 보냈다. 히틀러는 벽난로에 불을 지폈고 당번병이 우리를 위해 와인 한 병과 히틀러가 마실 파힝어 생수를 가져다주었다. 우리는 편안하고 거의 다정하다고 할 수 있는 분위기에서 새벽까지 앉아 이야기를 나누었다. 괴벨스가 히틀러를 즐겁게 하는 방법에는 정통해 있었으므로 나는 많은 이야기를 할 필요가 없었다. 괴벨스는 다듬어진 화술, 능란한 언변의 소유자였다. 적재적소에서 풍자를 사용했으며, 히틀러가 기대하는 부분에서 정확히 상찬의 발언을 할 줄 알았다. 필요할 때는 감상적인 대화도 서슴지 않았고, 가십이나 연애사건 등 다양하고 폭넓은 화제를 다루었다. 그에게는 연극, 영화, 옛날이야기 등 모든 것을 능란하게 조합해내는 재주가 있었다. 히틀러 또한 언제나처럼 괴벨스 가의 자녀들에 대한 자세한 설명까지 놓치지 않고 관심을 가지고 들었다. 아이들이 한 이야기나 좋아하는 놀이, 자주 써먹는 신랄한 표현들이 그날 밤 히틀러의 마음에서 근심을 앗아가 주었다.

이제는 지나가 버린 초창기의 어려웠던 시절을 회상하면서 괴벨스는 히틀러의 자신감을 북돋웠고 자만심을 추켜세웠다. 군인들의 진지한 말투로는 불가능한 일이었다. 히틀러도 선전장관의 공을 과장하며 자신감을 가질 명분을 제시하는 말로 보답했다. 전체적으로 봤을 때 제3제국의 두 지도자는 그날 밤 서로를 칭송하면서 계속 상대방의 자신감을 북돋우고 있었다.

일말의 불안감은 있었지만 괴벨스와 나는 그날 저녁 대화 도중 적당한 기회가 오면 제국방어내각평의회를 활성화하는 방안에 대해 이야기를 꺼내거나, 최소한 그 문제에 대한 언질은 주기로 사전에 합의했었다. 비록 히틀러가 그 제안을 자신의 국가 운영에 대한 비판으로 받아들일 위험은 언제나 도사리고 있었지만, 분위기가 무르익고 있었다. 바로 그 순간, 벽난로 앞의 한가한 시간이 뉘른베르크 공습 소식으로 중단되고 말았다. 히틀러는 마치 우리의 의도를 알아차리기나 한 듯, (아마도 보어만이 미리 경고를 했을지도 모른다) 내가 지금까지 한 번도 보지 못한 장면을 연출했다. 그는 즉시 괴링의 수석 보좌관 보덴샤츠 준장을 불러들였다. 그는 막 침대에서 일어나 히틀러 앞에 불려 왔지만 가엾게도 '무능력한 제국원수'를 대신해 신랄한 비판을 들어야 했다. 괴벨스와 나는 히틀러를 진정시키려고 애썼고 마침내 잠잠해졌다. 우리의 모든 포석 작업이 수포로 돌아간 것이 분명했다. 괴벨스 역시 당분간은 그 문제를 거론할 때가 아니라는 생각이었다. 그럼에도 불구하고 그날 히틀러가 쏟아낸 감사의 표현으로 괴벨스는 자신의 정치적인 입지가 높아졌다고 여겼다. 그 이후 괴벨스는 더 이상 '지도자의 위기'에 대해 언급하지 않았고 오히려 히틀러에 대한 오랜 신뢰를 회복한 것 같았다. 그러나 보어만과의 싸움을 계속해야 한다는 것에는 여전히 의견이 일치했다.

3월 17일, 나를 비롯해 괴벨스, 풍크, 라이 등 네 사람은 라이프치히 광장에 있는 괴링의 저택에 모였다. 괴링은 집무실에서 우리를 맞았는데, 거대한 책상 뒤 르네상스식 옥좌에 꼼짝 않고 앉은 채 지극히 사무적인 태도를 보였다. 우리는 불편한 의자에 앉아서 그를 마주 보아야 했다. 한동안 괴링은 오버잘츠베르크에서 보여주었던 친근함은 온데간데없이 냉랭한 태도를 보였다. 마치 자신의 솔직했던 태도를 후회하는 듯했다.

그러나 우리가 침묵을 지키는 동안 괴링과 괴벨스는 히틀러를 둘러싼 3인방 때문에 빚어지는 위험을 거론하면서, 히틀러에 대한 영향력을 회복하기 위한 방법을 모색하며 서로를 자극했다. 괴벨스는 바로 며칠 전 히틀러가 얼마나 괴링을 비난했는지 까맣게 잊은 듯 보였다. 곧 두 사람의 목표가 달성 가능한 것으로 여겨졌다. 괴링은 이미 특유의 무감각과 행복감 사이에서 오가며 3인방의 영향력을 폄훼하기 시작했다. "그들을 너무 과대평가해서도 안 되오, 괴벨스 장관! 보어만과 카이텔은 결국 각하의 비서에 지나지 않소. 대체 그들은 자신의 직책이 뭐라고 생각한단 말이요? 권력구도에서 보면 아무것도 아닌 사람들이오."

괴벨스에게 가장 부담이 된 것은 보어만이 관구장들과 직접적인 접촉을 할 수 있는 위치를 활용해 우리의 노력에 저항하는 기반을 국내에 구축하지 않을까 하는 걱정이었다. 괴벨스는 라이를 끌어들여 그의 당조직위원장의 직위를 이용해 보어만에게 대적하려 했다. 마침내 괴벨스는 제국방어내각평의회에 관구장 소집권이 주어져야 한다고 제안했다. 괴링이 모임에 그리 자주 참석하지 않을 것임을 잘 알고 있던 괴벨스는 주간 회의를 열자고 했고, 아무렇지도 않은 듯 그는 괴링이 불참할 때는 자신이 부의장 역할을 해도 괜찮을 것이라고 덧붙였다.[5] 괴벨스의 음모를 눈치채지 못한 괴링은 이 제안에 동의했다. 권력을 위한 거대한 전선 뒤에서 오랜 숙적들의 대결은 계속해서 연기를 피우고 있었다.

상당 기간 자우켈이 산업계에 투입했다고 주장한 인원, 즉 그가 히틀러에게 보고한 인원의 수는 실제 수치와 맞아떨어지지 않았고 그 차이는 점점 증가해 수십만에 이르게 되었다. 나는 자우켈에게 정확한 내용을 보고하도록 압력을 넣자고 제안했다. 그는 우리의 전선에서 보어만의 전초기지에 해당하는 인물이었다.

히틀러의 요청에 따라 베르히테스가덴 인근에 베를린 총리 청사의 비서진을 수용하기 위한 바이에른 시골풍의 큰 건물이 지어졌다. 히틀러가 오버잘츠베르크에 몇 달씩 머무르게 될 때마다 람머스와 직속부관들이 청사의 업무를 도맡아 했다. 한편, 괴링은 람머스가 주빈의 역할을 하고 우리와 자우켈, 밀히를 초대하도록 일을 꾸몄다. 장소는 그 건물 회의실이었고, 때는 1943년 4월 12일이었다. 모임을 앞두고 밀히와 나는 괴링에게 우리가 추진하는 바를 다시 한 번 상기시켰다. 괴링은 손을 비비며 말했다. "그 일은 곧 처리될 걸세!"

회의실에 힘러와 보어만, 카이텔이 와 있는 것을 본 우리는 경악했다. 더욱 기가 막혔던 것은 우리의 동지 괴벨스가 보내온 사과 메시지였다. 회의에 참석하려고 오는 길에 신장통 때문에 자신의 특수 차량에 누워 있다는 내용이었다. 실제로 몸이 아팠는지, 아니면 단지 참석해서는 안 되겠다는 직감이 들었는지는 지금도 알 수 없는 일이다.

그 회의는 우리의 동맹에 종말을 고했다. 자우켈은 전체 경제를 위한 10만 노동력과 추가 인력 200만 명에 대한 요구를 간단히 묵살했고, 필요한 인원을 모두 충당했다고 주장했다. 그의 계산이 정확하지 못함을 지적하자 자우켈은 격분했다.*

괴링이 이 문제에 대해 자우켈의 해명을 요구하고 노동력 투입 계획의 재고를 요청할 것으로 밀히와 나는 기대했다. 그러나 괴링은 놀랍게도 밀히에게 신랄한 공격을 가하기 시작했다. 이어서 나에게도 비난이 쏟아졌다. 밀히가 일을 너무 복잡하게 만들어버렸다는 질책이었다. 괴링은 우리의 멋진 동지 자우켈이 최선의 노력을 다해 큰 성과를 이루었고, 그를 향한 감사의 마음에 막대한 부채감을 느낀다고 말하며 밀히가 자우켈의 공을 전혀 모르고 있다고 지적했다.

괴링은 마치 잘못 틀어진 축음기 같았다. 노동력 부족에 대해 긴 회의가 이어졌다. 참석한 장관들은 현실과 공식적인 숫자 사이의 차이에 대해

---

* 우리는 북바이에른 지역 군수 감찰관 뢰수 장군으로부터 자우켈이 그의 고용사무국에 지시해 공장에 배치된 모든 노동자의 이름을 올리라고 지시했음을 알게 되었다. 거기에는 특정 직무에 자격이 없음이 나중에 밝혀져 다시 사무국으로 소환된 사람들도 포함되었다. 반면 그 공장은 실제로 고용한 근로자들만 명단에 올렸다.

오직 이론적으로만 설명했다. 힘러는 특유의 과묵한 태도로 아마도 모자라는 수십만 명은 사망 인원일 거라고 말했다.

회의는 완전한 실패였다. 사라진 노동력 보충을 위한 그 어떤 해결책도 찾지 못했고 더욱이 보어만을 겨냥한 우리의 대공세 역시 무산되었다.

회의 이후 괴링은 나를 살며시 불렀다. "자네는 밀히와 일을 도모하려는 것 같은데 그러지 말라고 경고하고 싶군그래. 그는 믿을 사람이 못 돼. 자기의 이해가 걸린 문제에 대해서는 가장 절친한 친구도 배신할 사람이라네."

나는 이 말을 즉시 밀히에게 전해주었다. 그는 웃었다. "며칠 전에는 자네에 대해서도 똑같은 말을 하더군."

상호불신을 조장하려는 괴링의 시도는 우리가 합의한 바와는 정반대 내용이었다. 우리는 하나의 블록을 결성하려 했지만, 이제 우정마저 위협으로 느껴질 만큼 의혹에 오염되었다는 것이 서글퍼졌다.

이 일이 있은 며칠 후, 밀히는 괴링의 마약 중독 사실이 게슈타포에 포착되어 그가 입장을 바꾸었다고 귀띔해주었다. 그 이전에도 밀히는 나에게 괴링의 동공을 자세히 살펴보라는 말을 했었다. 뉘른베르크 재판에서 내 변호사인 프라이슬러 박사에 따르면 괴링은 1933년 이전에 이미 중독 상태에 빠졌다고 한다. 프라이슬러는 괴링이 모르핀의 불법투약 혐의로 재판을 받게 되었을 때 그의 변호를 맡았다.**

괴링을 앞세워 보어만과 대항하려 했던 우리의 계획은 재정적인 이유 때문이라도 실패할 운명을 안고 있었다. 보어만이 기업에서 조성한 아돌프 히틀러 펀드에서 600만 마르크를 따로 조성해 괴링에게 쥐어줬다는 것이 뉘른베르크 재판 자료를 통해 드러났다.

** 나이트클럽에서 한 여성의 옷에 불이 붙은 사건이 있었다. 괴링은 그녀의 고통을 덜어주기 위해 모르핀을 주사했지만, 주사 자국이 남자 그 여성은 괴링을 고소했다.

우리의 연대가 좌절된 후 괴링은 한동안 분발하는 듯 보였다. 그러나 놀랍게도 그의 행동은 나와 정면으로 대적하는 것들이었다. 몇 주 뒤 괴링은 의례적으로 나에게 철강업계 지도자들을 불러 오버잘츠베르크에서 회의를 하자고 했다. 그 모임은 나의 작업실 설계 테이블에서 열렸고, 괴링의 행동으로 인해 기억에 남을 사건이 되고 말았다. 그는 즐거운 기분으로 나타났지만 동공은 눈에 띄게 작아져 있었다. 게다가 철강업계의 내로라하는 전문가들 앞에서 제철 과정에 대해 긴 연설을 하기 시작했다. 용광로와 야금학을 비롯해 자신의 모든 지식을 나열하고는 지극히 상식적인 이야기를 이어갔다. 생산량을 높여야 한다, 혁신을 게을리해선 안 된다, 업계가 타성에 젖어 있다, 스스로의 그림자를 뛰어넘어야만 한다 등등의 내용이었다. 두 시간 동안 허풍을 쏟아내더니 말이 점점 느려지고 표현이 자꾸 공허해지기 시작했다. 그러더니 갑자기 머리를 테이블에 처박고 평화롭게 잠에 빠져들고 말았다. 우리는 화려한 제복을 차려 입은 제국원수를 못 본 척하는 것이 예의라고 생각해 그가 깨어날 때까지 당면 과제에 관한 논의를 계속했다. 마침내 괴링은 정신을 차리고 짤막하게 회의를 마치겠다고 선언했다.

다음 날 괴링은 레이더 문제를 다루는 회의를 열었지만 역시 아무 성과 없이 끝났다. 다시 한 번 온갖 허풍을 다 떨며 황제 같은 말투로 전문가들이 알고 있는 내용과 자신이 모르고 있는 내용에 대해 끝없는 설명을 계속했다. 급기야 온갖 지시 사항과 훈계가 쏟아져 나왔다. 대단히 만족한 괴링이 자리를 뜨고 난 후 나는 낭패를 무마하기 위해 그를 직접 비난하는 발언을 피하면서 상황을 수습하느라 정신을 차릴 수 없을 지경이었다. 상황이 심각했기 때문에 히틀러에게 그 일을 알리지 않을 수 없었다. 땅에 떨어진 정부의 위신을 회복할 기회를 엿보던 히틀러는 1943년 5월 13일 업계 지도자들을 다시 지휘부로 불러들였다.*

우리의 계획이 좌절된 지 몇 달 후 나는 지휘부에서 힘러와 마주쳤다. 그는 퉁명스럽게 위협하는 말투로 "제국원수를 앞세워 또다시 뭔가 도모하려 한다면 대단히 현명하지 못한 일로 보일 것 같군요!"

하지만 그것은 더 이상 가능한 일도 아니었다. 괴링이 오랫동안 혼수상태로 빠져들고 말았기 때문이다. 그는 뉘른베르크 재판을 앞두고 겨우 깨어났다.

---

* 출판되지 않은 괴벨스의 일기 1943년 5월 15일 자에는 다음과 같이 적혀 있다. "그(히틀러)는 온종일 군수 전문가들과 머리를 맞대고 지금 우리의 대처 방안에 대해 의논했다. 이 회의는 괴링으로 인해 입은 타격을 만회하고자 열린 것이라 유감스러울 따름이다. 괴링의 큰 실수는 군수 생산업자들을 불쾌하게 했다. 총통께서 그들의 마음을 다시 돌리려는 것이다."

19

제국의 2인자
Zweiter Mann im Staat

1943년 5월이 시작될 무렵, 우리의 짧았던 동맹이 결렬되고 몇 주가 지난 뒤, 괴벨스는 괴링을 상대로 시도했던 작전을 보어만에게 적용했다. 두 사람은 한 가지 합의에 도달했는데, 괴벨스는 보어만을 통해 히틀러에게 보고를 올리고, 대신 보어만이 히틀러에게서 적당한 결정을 끌어내도록 유도한다는 것이었다. 괴벨스가 괴링을 무가치한 인물로 단정한 것이 분명했다. 단지 괴링의 위세 때문에 그를 내세우길 원했을 뿐이었다.

이리하여 권력은 보어만 쪽으로 더욱 기울었다. 그럼에도 불구하고 보어만은 자신이 조만간 나를 필요로 하게 될 것이라는 사실을 전혀 눈치채지 못하고 있었다. 그의 영향력을 박탈하려는, 실패로 돌아간 나의 계략을 그가 알아차렸음이 분명했다. 그렇지만 그는 나에게 다정하게 대했고 괴벨스가 그랬듯이 나도 자신의 편으로 합류할 수 있다는 암시를 던지기도 했다. 나는 그의 의도를 받아들일 수 없었고 그 대가는 엄청났다. 나는 그에게 기댔어야 했다.

괴벨스 역시 나와 긴밀한 관계를 유지했다. 우리 두 사람은 아직도 국내 자원을 최대한 활용하자는 데 뜻을 함께하고 있었다. 분명 나는 괴벨스와의 관계에서 신뢰감을 주는 행동을 계속했다. 나는 그의 현혹적인 다정함과 완벽한 매너, 무엇보다도 냉철한 논리에 매료되었다.

겉으로는 거의 변한 것이 없었다. 우리가 살고 있는 세상은 우리에게 위선과 위장을 요구했다. 라이벌 사이에서는 자신이 한 말이 왜곡되어 히틀러의 귀에 들어갈 것이란 두려움 때문에 정직한 발언은 찾아보기 힘들었다. 히틀러의 변덕을 자신에게 이득이 되는 쪽으로 활용하려고 모두가 음모를 꾸몄고, 애매하기만 한 이 게임에서도 승자와 패자가 갈렸다. 나도 다른 사악한 사람들과 마찬가지로 고장 난 키보드를 연주하기에 바빴다.

5월 하순, 괴링은 나와 함께 스포츠궁전에서 군수품에 대해 연설을 하고 싶다는 뜻을 전했다. 나는 동의했다. 그러나 며칠 뒤 히틀러가 괴벨스를 연설자로 지명하는 바람에 나는 깜짝 놀랐다. 우리가 연설문을 논의할 때 선전장관은 나의 연설을 줄이라고 조언했다. 그의 연설이 한 시간은 잡아먹을 것이기 때문이다. "자네 연설이 30분 이하로 짧아지지 않으면 군중은 흥미를 잃게 될 테니까." 여느 때와 마찬가지로 우리는 연설문을 히틀러에게 보냈다. 내 연설이 3분의 1로 줄어들 거라는 메모도 덧붙였다. 히틀러는 나에게 오버잘츠베르크로 오라고 지시했다. 내가 앉아 있는 동안 히틀러는 보어만이 전해준 연설문 초고를 읽었다. 몇 분도 채 안 돼 히틀러는 참지 못하겠다는 듯한 태도로 괴벨스의 연설을 반으로 줄여버리고 말았다. "여기 있네, 보어만. 괴벨스 박사에게 슈페어의 연설 내용이 너무도 훌륭했다고 전하게." 최고의 모략가들 앞에서 히틀러는 괴벨스에 비교해 뒤지지 않도록 나의 위신을 추켜세워 주었다. 그것은 내가 여전히 높은 위상을 가지고 있다는 것을 두 사람 모두에게 알릴 수 있는 계기였다. 나는 그의 최측근에 대항하기 위해 히틀러에게 도움을 청할 수도 있었다.

1943년 6월 5일에 행해진 나의 연설은 처음으로 군수품 생산량이 획기적으로 증가했음을 밝히는 기회가 되었지만, 두 가지 취약점이 있었다. 당 지도부로부터 다음과 같은 지적이 나왔던 것이다. "큰 희생을 치르지 않아도 가능한 일이군요! 그렇다면 왜 우리가 극단적인 방법을 써가면서 국민들을 힘들게 해야 합니까?" 반면, 군수품과 무기의 부족에 시달려온 군 참모부와 전방 지휘관들은 내가 제시한 통계자료의 진실성에 의혹을 품었다.

소련의 겨울 공격은 멈추었고 독일의 군수품 생산 증가가 동부 전선에서의 공백을 줄여주었다. 더욱이 새 무기의 운반은 히틀러의 의욕을 북돋우어 지난겨울에 입은 막대한 물적 손실에도 불구하고 새로운 공격을 준비하게 만들었다. 목표는 쿠르스크 인근의 전선 분쇄. 공격은 '요새 작전'이라는 암호명으로 시작되었다. 새로 만들어질 탱크의 위력에 대한 히틀러의 기대가 상당했으므로 작전은 계속 연기되었다. 무엇보다 그는 포르셰 교수가 개발한 전기 추진장치가 놀라운 힘을 발휘할 것으로 믿었다.

농가 스타일로 꾸며진 자그마한 총리 청사 뒷방에 마련된 조촐한 저녁 식사에서 나는 우연히 히틀러의 경호대장 제프 디트리히로부터 히틀러가 앞으로 붙잡은 포로를 모두 살해한다는 내용의 칙령을 발표할 거라는 소식을 듣게 되었다. 친위대가 진격 도중에 소련군이 독일 포로들을 모두 살해했음을 확인했고, 히틀러는 이에 대해 수천 배에 달하는 피의 보복을 취할 것이라고 공언해왔다.

나는 엄청난 충격을 받았지만, 동시에 그러한 조치의 지나친 소모성에 대해 이기적인 계산을 하고 있었다. 우리는 수십만의 수감자 노동력에 의존하고 있었고 지난 몇 달 동안 모자라는 노동력을 충당하고자 노력했지만 성과는 없었다. 따라서 나는 히틀러에게 이 문제를 논의할 첫 번째 기회를 놓치지 않았다. 설득은 어렵지 않았고 그도 친위대에 내린 칙령을 철회할 수 있어서 은근히 다행으로 여기는 듯했다. 같은 날인 1943년 7월 8일, 그는 카이텔에게 모든 포로를 군수품 생산에 투입한다는 내용의 지침을 준비하도록 했다.[1]

그러나 포로들의 운명에 대한 논의는 불필요한 것이었다. 7월 5일 시작된 공격은 새 무기를 투입해 강력하게 진행되었음에도 소련군을 포위하는 데 실패했다. 히틀러의 확신은 잘못된 것이었다. 공격을 개시한 지 2주 만에 히틀러는 포기했다. 이 실패는 여름임에도 불구하고 전쟁의 주도권이 적에게 넘어갔음을 암시하고 있었다.

스탈린그라드에서의 겨울 재앙 이후, 육군 최고사령부는 후방에 방어 체계를 갖추도록 조언했지만 히틀러는 듣지 않았다. 이제 공격이 실패로 돌아가자 히틀러는 주 전선의 20~25킬로미터 후방에 방어라인을 갖출 준비를 시작했다.[2] 참모진의 의견은 반대였다. 그들은 강 건너편 평원을 장악하기 위해 경사가 깊은 45.7미터 높이의 드네프르 강 서쪽 둑에 방어선을 구축하자고 주장했다. 아직 전선에서 200킬로미터 정도 떨어진 드네프르 강에 대규모의 방어선을 구축할 시간은 충분했다. 그러나 히틀러는 그 제안을 단번에 물리쳤다. 히틀러는 전쟁이 시작된 이후 독일군을 세계 최고의 군대라고 칭송해왔음에도 다음과 같이 선언했다. "그렇게 후방에 방어선을 구축하는 것은 심리학적인 이유로 옳지 않다. 병사들이 전선에서 100킬로미터 후방에 든든한 진지가 버티고 있다는 것을 알면 아무도 싸우려 하지 않을 것이다. 첫 싸움을 하자마자 저항 없이 후퇴할 것이 뻔하다."[3]

히틀러의 반대에도 불구하고 만슈타인의 명령에 따라 그리고 차이츨러의 암묵적인 동의 아래, 토트가 이끄는 그룹은 1943년 12월 부크 강에 요새를 짓기 시작했다. 히틀러는 나의 부관인 도르슈를 통해 이 사실을 알게 되었다. 그 무렵 소련군은 여전히 부크 강에서 동쪽으로 160~190킬로미터 떨어진 곳에 머물고 있었다. 그리고 다시 한 번 히틀러는 이례적으로 강경한 어조로 그리고 앞서의 주장을 내세우며 요새 건설을 즉시 중단하라고 명령했다.* 그는 후방의 진지 건설은 만슈타인과 그의 군대의 패배적인 태도를 입증하는 것이라고 비난을 퍼부었다.

---

* 요들의 1943년 12월 16일 일기 첫머리에 히틀러의 허가 없이 작전을 수행한 내용이 나와 있다. "도르슈는 토트 조직을 부크 강을 따라 배치했다고 보고했다. 총통은 이를 알지 못한다…. 총통은 나와 슈페어 장관에게 계속해서 만슈타인 군대의 패배주의에 대해 이야기했다. 이와 관련해 코흐 관구장의 설명도 들었다."

히틀러의 고집은 소련군이 독일군을 손쉽게 유린할 수 있도록 도와주었다. 러시아에 11월이 오면 땅이 얼기 시작해 요새를 파는 것은 불가능했기 때문이다. 우리에게 주어졌던 시간은 낭비되었고, 장병들은 아무런 대책 없이 혹한에 노출되었다. 더욱이 우리의 겨울 장비는 적의 것에 비해 조잡하기 짝이 없었다.

히틀러의 작전은 그가 상황 변화에 대해 인정하기를 거부했음을 보여준다. 1943년 봄, 그는 4.8킬로미터 길이의 도로와 철교를 케르치 해협에 건설하라고 명령했다. 하지만 우리는 오래전부터 그곳에 강삭철도† 공사를 하고 있었다. 공사는 6월 14일에 시작되어 하루 최대 1,000톤의 보급품이 허용되었다. 그 정도의 보급은 17군단이 방어 작전을 수행하기에 충분한 분량이었다. 그러나 히틀러는 코카서스를 지나 페르시아까지 밀고 들어가겠다는 계획을 버리지 않았다. 그는 보급품과 군대를 공격을 위한 교두보인 쿠반까지 이동하기 위해서는 다리 건설이 필요하다며 명령을 정당화했다.** 그러나 장성들은 그 계획을 철회한 지 오래였다. 쿠반 교두보를 방문했던 전방 지휘관들은 적의 강한 전력을 고려할 때 그곳을 지켜낼 수 있을 것인지조차 불안해했다. 내가 장성들의 우려를 히틀러에게 보고하자 그는 경멸하듯 말했다. "다 공허한 핑계일 뿐이야! 예니커도 참모진들과 똑같아. 새로운 공격 작전에 대한 믿음이 없어."

그 직후인 1943년 여름, 17군단의 지휘관인 예니커 장군은 할 수 없이 차이츨러에게 노출된 쿠반 교두보에서 철수 명령이 내려질 수 있도록 조치해달라고 간청했다. 그는 독일군이 좀 더 유리한 크림 반도로 옮겨 예상

---

† '케이블 철도'라고도 한다. 경사가 심해 일반 철도를 이용할 수 없는 곳에 설치하는 특수 철도이다.

** 잦은 지진 때문에 필요한 강화 거더에는 엄청난 양의 강철이 소요될 것으로 보였다. 게다가 차이츨러가 상황회의에서 지적한 대로, 만일 우리가 다리를 지을 건축 자재를 크림 반도의 부적절한 철로 시설로 빼낸다면, 방어 체제를 위한 물량 선적은 줄일 수밖에 없었다.

되는 소련군의 겨울 공습에 대비하길 원했다. 그러나 히틀러는 예전보다 더욱 고집스럽게 다리 건설을 서두르라는 명령을 내렸다. 완성되지 못할 게 분명했는데도 말이다. 9월 4일, 독일의 마지막 부대가 히틀러의 아시아 대륙 교두보에서 철수를 시작하고 있었다.

우리가 괴링의 집에서 만나 정치 지도력의 위기를 극복하려고 논의했던 것과 마찬가지로 나와 구데리안, 차이츨러, 프롬 등은 이제 군부의 지도력 위기에 대해 논의하고 있었다. 1943년 여름, 기갑부대 감찰관인 구데리안 장군은 나에게 육군 참모총장 차이츨러와의 만남을 주선해달라고 청했다. 두 사람은 관할권 문제로 갈등을 빚고 있었다. 두 사람 모두 나와는 우호적인 관계였으므로, 나에게 중재자 역할을 청한 것은 자연스러운 일이었다. 그러나 구데리안은 사소한 갈등 해결 이상의 뜻을 마음에 품고 있었다. 그는 새로운 총사령관과 관련해서 공동 전략을 논의하고자 했다. 우리는 오버잘츠베르크에서 만났다.

차이츨러와 구데리안의 이견은 이내 좁혀졌다. 대화의 초점은 히틀러가 육군 총사령관의 자리에 올라 있지만 그 역할을 하지 못하고 있다는 데 맞추어졌다. 해군과 공군, 친위대에 비해 육군에 대한 배려가 더욱 강화되어야 한다는 것이 차이츨러의 생각이었다. 히틀러는 독일군 총사령관으로서 중립적 위치에 남아야 한다는 것이다. 육군 총사령관이라면 군 지휘관들과 좀 더 밀접한 관계를 유지해야 할 것이라고 구데리안이 덧붙였다. 총사령관은 야전의 요구를 충족시키기 위해 노력해야 하고 보급이라는 근원적인 문제를 해결해야 한다. 그러나 히틀러는 이와 같은 현실적인 문제에 대해서는 시간과 관심을 기울이지 않으며, 특정 군의 이해관계를 배려하는 태도도 보이지 않는다는 데 두 사람은 동의했다. 그는 자신이 잘 알지 못하는 장성들을 임명하거나 경질할 뿐이었다. 고위 장성들의 세세한 부분까지 파악하고 있는 사령관이어야 비로소 인사에 대한 결정을 내릴 능력을 갖추었다고 할 수 있을 것이다. 히틀러가 공군과 해군의 작전에 거의 개입하지 않는다는 것을 육군에서도 알고 있다고 구데리안은 말했다. 오로지 육군만이 그런 대접을 받고 있다는 것이다.

우리는 히틀러에게 새로운 육군 총사령관을 임명할 것을 촉구하자는 데 의견일치를 보았다. 그러나 구데리안과 내가 히틀러를 떠보았지만 우리의 시도는 애초부터 실패였다. 그는 분명 마음이 상한 듯했고 그 제안을 유달리 날카로운 말로 물리쳤다. 나는 바로 직전에 원수 폰 클루게와 만슈타인이 비슷한 발언을 했던 것을 모르고 있었다. 히틀러는 분명 우리 모두가 공모하고 있다고 생각했을 것이다.

히틀러가 나의 조직에 관한 개인적인 제안을 흔쾌히 받아들이던 시절은 이미 오래전에 지나버렸다. 군수품 생산 프로그램 상황이 그들의 뜻과 반대 방향으로 흘러가고 있었지만, 보어만과 람머스, 카이텔 3인방은 나의 권한이 더 이상 커지지 않도록 온갖 술수를 동원했다. 그러나 그들 3인방도 해군 군수품 역시 군수부에서 담당해야 한다고 되니츠 제독과 내가 제안했을 때 힘을 발휘하지는 못했다.

나는 군수장관이 된 직후인 1942년 6월, 되니츠를 처음 만났다. 당시 U-보트 함대의 지휘관이었던 되니츠는 파리에서 나를 맞이했는데 그의 집이 아방가르드적인 멋으로 가득한 것에 놀랐다. 집 안은 수수했다. 되니츠를 만나기 직전 슈페를레 공군 원수가 베푸는 코스 요리와 값비싼 와인이 이어져 나오는 성대한 오찬을 막 들고 오는 길이어서인지 되니츠의 집은 더욱 인상 깊었다. 슈페를레는 프랑스에 주둔한 독일 공군을 이끌었고, 지휘부는 예전에 마리 드 메디치가 사용하던 뤽상부르 궁전에 위치하고 있었다. 슈페를레가 보여준 화려함에 대한 열망과 과시는 상관 괴링과 꼭 닮아 있었고 비대한 체격마저 비슷했다.

그 이후 몇 달간 대서양 부근에 배치된 U-보트 대피소를 제작하는 문제로 나와 되니츠는 여러 번 만날 기회가 있었다. 해군 총사령관 라에더 제독은 그것이 마음에 걸리는 듯했다. 그는 날카로운 말투로 되니츠가 기술적인 문제를 나와 직접 논의하는 것을 반대하고 나섰다.

1942년 말, 인정받는 U-보트 지휘관 쉬체 대령이 나에게 베를린의 해군 사령부와 되니츠 사이의 심각한 갈등에 대해 알려주었다. 그는 여러 가지 암시와 정황으로 볼 때, U-보트 함대 내에서도 지휘관이 곧 해임될 것이라는 게 중론이라고 말했다. 며칠 뒤 나우만 차관으로부터 선전부 내 해군검열관이 되니츠의 이름을 모든 언론 사진의 제목에서 삭제했다는 소식을 들었다. 라에더와 되니츠가 함께 시찰을 하고 있는 사진이었다.

1월 초 나는 지휘부에 머물고 있었다. 마침, 히틀러는 해전을 보도한 외신 기사를 보고받았는데, 해군 사령관이 자세히 보고하지 않았던 내용이었다.* 우연의 일치인 듯, 이어지는 회의에서 그는 U-보트를 조립 라인을 통해 제작할 수 있을지에 대해 거론했다. 하지만 곧 내가 업무 협조에서 라에더와 문제가 있다는 사실을 흘리자 히틀러는 더 큰 관심을 보이기 시작했다. 나와 되니츠가 기술적인 문제를 논의하는 것 자체를 라에더가 못마땅해 한다는 것, 이와 함께 U-보트 장교들이 자신의 지휘관이 곧 교체될 것이라는 불안감을 느끼고 있다는 내용을 전했다. 또 언론에 나온 사진기사에 대해서도 검열이 가해지고 있다고 덧붙였다. 먼저 조심스럽게 의혹을 심고, 그 의혹들이 점점 히틀러에게 영향력을 줄 수 있도록 일을 진행해야 한다는 것을 보어만의 술책 덕택에 배울 수 있었다. 직접 다가갔다간 가능성이 없었다. 히틀러는 자신에게 강요된 결정을 결코 받아들이는 법이 없었다. 따라서 나는 독일의 잠수함 작전을 가로막고 있는 문제들을 되니츠의 힘으로 해결할 수 있다는 암시를 주었다. 사실 내가 원했던 것은 라에더를 교체하는 것이었다. 그러나 오랜 지기들에 대한 히틀러의 집착을 알고 있었기 때문에 내 뜻이 이루어지리라고는 기대하지 않았다.

---

* 1942년 12월 31일 있었던 해전을 말한다. 히틀러는 뤼초와 히퍼가 취약한 영국군 앞에서 후퇴한 것을 보고 해군이 전투 의지가 부족하다고 책망했다.

1월 30일, 되니츠가 대제독에 임명되고 동시에 해군총사령관에 올랐다는 소식이 전해졌다. 반면 라에더는 한직으로 옮겨졌는데 제독감찰관이란 직책이었다. 국장(國葬)의 자격이 주어지는 것 외에는 별다른 특혜가 없었다.

굳건한 전문지식과 기술적인 기반을 갖춘 되니츠는 전쟁이 끝날 때까지 독일 해군을 히틀러의 변덕으로부터 보호할 수 있었다. 우리의 가까운 관계가 혼란 속에 시작되었음에도 불구하고, 잠수함 건조 문제로 나는 그와 자주 만남을 가졌다. 되니츠의 보고를 들은 히틀러는 나와는 논의도 하지 않은 채 해군의 군수품 생산을 최우선 과제로 상정했다. 그때가 4월 중순이었다. 석 달 전인 1943년 1월 22일, 히틀러는 탱크 증산 프로그램을 최우선 과제로 규정한 바 있었다. 따라서 두 개의 프로그램이 최우선 과제를 두고 다퉈야 하는 상황이 벌어졌다. 히틀러에게 재고를 요청할 필요는 없었다. 논란이 채 일기도 전에 육군의 대규모 군수품 조달 기관들과 협조하는 편이 히틀러가 주는 특권보다 유용하다는 것을 되니츠가 깨달았기 때문이다. 우리는 곧 해군 군수품 생산 업무를 군수부로 이전하는 데 합의했고, 나는 되니츠가 구상하고 있던 해군 프로그램을 돕기로 약속했다. 이것은 예전처럼 매달 1만 6,000톤에 달하는 소규모 잠수함을 스무 대씩 만드는 대신, 총 5만 톤에 달하는 마흔 대의 U-보트를 생산한다는 것이었다. 게다가 나는 소해정과 PT-보트의 생산을 두 배로 늘리기로 했다.

되니츠는 새로운 타입의 U-보트만이 독일의 해전을 구원할 수 있다고 확신했다. 해군은 가끔 잠수도 가능했던 예전의 '해상 함정' 스타일을 포기하고 최고의 효율을 자랑하는 유선형 잠수함을 원했다. 수중 항진 속도 향상, 전기 모터 출력 강화, 배터리 경량화를 통한 장거리 운항 등을 확보하려는 전략이었다.

항상 그렇듯 가장 중요한 문제는 가장 적합한 책임자를 찾는 일이었다. 나는 같은 슈바벤 출신으로 소방차 제작에서 재능을 뽐내던 오토 메르커를 선택했다. 새로운 프로젝트는 모든 해군 엔지니어에게 도전이 될 만한 일이었다. 1943년 7월 5일, 메르커는 해군 지도부 앞에서 새로운 제작 시스템을 발표했다. 미국에서 대량 제작하고 있는 수송선 리버티십의 경우와 마찬가지로, 잠수함 부품들은 내륙의 공장에서 생산하고 기계와 전기 장비들도 미리 준비한다. 그런 뒤 부품별로 나누어 해안으로 이송 후 그곳에서 조립하는 방식이었다. 이로 인해 지금까지 잠수함 건조 프로그램에 걸림돌이 되어온 조선소 부족 문제를 피할 수 있었다.[4] 회의를 마무리하면서 다음과 같이 선언하는 되니츠의 음성에는 감격이 묻어나고 있었다. "우리는 새 출발을 할 수 있게 되었습니다."

당분간 우리는 새로운 U-보트 구상에 매달렸다. 보트를 디자인하고 세부 사항을 결정하기 위해 개발위원회를 발족했다. 위원장은 이례적으로 지도자급 엔지니어가 아닌 토프 제독이 맡았다. 되니츠는 부수적이고 복잡한 문제들을 자세히 설명하는 것조차 생략한 채 그에게 이 과제를 일임했다. 토프와 메르커의 협력은 나와 되니츠의 관계만큼이나 순조롭게 진행되었다.

개발위원회를 발족하고 불과 4개월도 지나지 않은 1943년 11월 11일, 새로운 U-보트 설계가 마무리되었다. 한 달 뒤, 되니츠와 나는 시찰에 나섰고 나무로 만든 1,600톤의 거대한 모형 안에 들어가 보았다. 청사진이 제작 중인 시점에서 선박건조 지도위원회는 이미 업계와 계약을 체결했다. 이러한 조기 계약은 생산 기간을 단축하기 위해 판터 탱크를 제조할 때에도 적용했던 방법이었다. 우리의 노력 덕분에 첫 신형 U-보트가 1944년 시험 운항을 위해 해군에 인도될 수 있었다. 조선소에 옮겨져 있던 U-보트의 3분의 1이 폭파되지 않았더라면, 아무리 상황이 악화되었다 하더라도 우리는 1945년 초까지 매달 40기의 U-보트를 생산하겠다는 약속을 지킬 수 있었을 것이다.[5]

당시에 되니츠와 나는 왜 우리가 신형 U-보트의 생산을 좀 더 일찍 서두르지 않았는지 자주 자문했다. 기술 혁신도 필요 없었고 기본적인 공학 원칙을 그대로 적용하면 충분했다. 새 보트는 전문가들이 확인했듯이, 잠수전에서 혁명적인 변화를 가져올 수도 있었다. 미국 해군은 우리의 신형 U-보트 개발을 고마워했을 것이다. 그들도 전쟁 직후 신형 잠수함 개발에 뛰어들었다.

1943년 7월 26일, 되니츠와 내가 새로운 해군 프로그램 법안에 합의한 지 3일째 되던 날, 나는 히틀러의 동의를 얻어 국내의 모든 생산 부문을 군수부 관할로 흡수했다. 내가 이러한 요청을 한 것은 해군 잠수함 프로그램과 히틀러가 요구한 프로젝트 때문에 업계가 져야 할 추가 부담을 줄이자는 의도였다. 소비재 생산 공장을 대거 군수품 공장으로 개조하면 약 50만의 필요 노동력을 절감할 수 있을 뿐만 아니라, 업계 관리자들과 공장 설비들을 긴급한 사안에 투입할 수 있다고 나는 히틀러에게 설명했다. 그러나 대부분의 관구장들은 나의 제안에 반대하고 나섰다. 관구장들의 반대를 무릅쓰면서 이러한 정책을 이행하기에는 경제부의 힘이 너무도 미약했다. 그리고 조금 비약해서 이야기하자면 나의 힘도 약했음을 곧 깨닫게 되었다.

시간을 끌면서 모든 관계 장관들과 전시경제 4년계획과 관련된 각종 위원회가 합세해 반대를 표했고 8월 26일 람머스는 각료회의실에서 장관 회의를 소집했다. 회의에서 "자신의 장례식 추도사를 위트와 유머를 섞어 낭독했던" 풍크의 재치 덕분에 차후 모든 전시물자의 생산을 군수부에서 관할하는 데 만장일치의 합의가 이루어졌다. 싫든 좋든 람머스는 회의 결과를 보어만을 통해 히틀러에게 보고할 수밖에 없었다. 며칠 뒤, 풍크와 나는 함께 총통 지휘부를 찾아 히틀러의 최종 허가를 받을 수 있었다.

놀랍게도 히틀러는, 풍크가 있는 자리에서, 짜증스러운 태도로 나의 말을 중간에 자르고는 더 이상의 설명은 듣지 않겠다고 말했다. 바로 몇 시간 전에 보어만의 경고를 들었다고 히틀러는 말했다. 내가 총통을 설득해 제국장관 람머스나 제국원수와도 논의되지 않은 몇 가지 사안에 서명을 받으려 할 것을 알고 있었다. 히틀러는 우리의 정쟁에 끼어들려 하지 않았다. 나와 람머스가 이미 괴링의 전시경제 4년계획 담당 차관에게서 동의를 얻었다고 설명했지만, 히틀러는 그답지 않은 퉁명함으로 다시 내 말을 가로막았다. "보어만 덕분에 최소한 믿을 수 있는 사람이 하나라도 남은 것에 감사할 뿐이야." 메시지는 분명했다. 그는 나의 책략을 비난했던 것이다.

풍크가 람머스에게 이 사실을 알렸고 우리는 괴링을 만나러 갔다. 그는 막 개인 사냥터에서 돌아와 히틀러의 지휘부로 향하던 길이었다. 괴링은 펄펄 뛰었다. 의심할 나위 없이 그는 지금까지 일방적인 말, 우리에 대한 경고만을 들어왔을 것이다. 풍크가 친절하고 부드럽게 설득하여 그의 마음을 누그러뜨리는 데 성공했고 새 법안을 조목조목 설명했다. 괴링도 전적으로 동의를 표하기에 이르렀다. 비록 우리가 다음과 같은 발언을 끼워 넣은 후였지만 말이다. "전시경제 4년계획을 관장하는 대독일 제국원수의 권한은 조금도 침해받지 않을 것입니다." 실제로 그것은 대단히 하잘것없는 약속이었다. 4년계획의 중요한 프로젝트들이 중앙계획위원회를 통해 나의 지휘 아래 편입될 것이었기 때문이다.

동의의 표시로 괴링은 우리의 초안에 서명했고 람머스는 텔레타이프를 통해 더 이상의 반대가 없음을 알렸다. 이로써 히틀러도 며칠 뒤 초안이 보고되었을 때 서명할 준비가 되어 있었다. 9월 2일의 일이었다. 이제 나는 군수장관에서 군수 및 전시생산 장관이 되었다.

보어만의 계략도 이번에는 성공하지 못했다. 나는 히틀러에게 이 문제를 진정하지는 않았다. 대신, 보어만이 이번 일과 관련해서 진정한 충심으로 히틀러를 받들었는지를 히틀러 스스로 판단할 수 있도록 만들었다. 최근의 경험을 통해 보어만의 간계를 폭로하지 않음으로써 히틀러가 당혹스러운 상황을 모면할 수 있게 하는 것이 지혜로운 방법이라는 사실을 깨달았기 때문이다.

보어만은 군수부의 영향력 강화를 막는 데 핵심적인 역할을 해왔다. 보어만에게 분명해진 것은 내가 그의 영향력 밖으로 나가버렸고, 스스로의 힘으로 저력을 쌓고 있다는 점이었다. 더욱이 업무를 추진하는 과정에서 나에게는 육군과 해군 지도부와 가깝게 접촉할 기회가 많았다. 구데리안과 차이츨러, 밀히, 최근에는 되니츠까지. 히틀러의 측근 내에서도 나는 반보어만 세력과 가까웠다. 히틀러의 육군 참모 엥겔 장군, 공군 참모 폰 벨로 장군, 히틀러의 군 참모 슈문트 장군, 게다가 히틀러의 주치의인 브란트 박사까지 모두가 보어만이 반대파로 여기는 인사들이다.

슈문트와 진의 일종인 슈타인헤거 몇 잔을 들이키던 저녁, 그는 갑자기 내가 군부의 희망이라고 공공연히 말했다. 어딜 가나 장성들이 괴링을 경멸하는 데 반해, 나에게 크나큰 신뢰를 표한다고 말했다. 다소 고조된 기분으로 슈문트는 말했다. "슈페어, 언제나 군부에 의지해요. 당신 뒤에는 우리가 있소."

나는 슈문트가 군부와 장성들을 혼동하고 있다고 느꼈을 뿐, 그가 무슨 생각을 하고 있는지 정확히 파악하지 못했다. 슈문트는 약간은 다른 이야기를 하고 싶어 하는 것 같았다. 지휘부의 협소한 규모를 고려할 때 그와 같은 발언은 분명 보어만의 귀에 들어갔을 것이다.

그 무렵, 아마 1943년 가을 즈음이었을 것이다. 히틀러는 나를 당혹스러운 상황에 빠뜨렸다. 상황회의가 시작되기 직전에 그는 다른 측근들이 있는 자리에서 힘러와 나에게 인사하면서 다음과 같이 말했다. "두 분 동지들." 이 말이 무엇을 의미했던 간에 권력 구조에서 특수한 자리를 차지하고 있던 친위대 사령관 힘러는 그렇게 기쁘지만은 않았을 것이다. 바로 그 주에 차이츨러가 기쁨을 표하며 말했다. "총통께서 슈페어 장관 때문에 크게 기뻐하고 있소. 당신에게 큰 기대를 하고 있어요. 하여간 괴링 이후에 새로운 태양이 떠올랐다는 말씀을 하셨소."*

---

* 수년간의 경험으로 히틀러는 자신의 이런 반응이 어떻게 받아들여지고 어떤 반향을 일으키는지 잘 알고 있었다고 볼 수 있다. 나는 히틀러가 이런 계산을 할 줄 아는 사람인지 판단이 서지 않는다. 가끔 너무 순진해서 나를 놀래켰고 인간 혐오증의 면모를 내보이며 자

나는 차이츨러에게 그 말을 다른 사람들에게는 하지 말아달라고 부탁했다. 하지만 지휘부에서 만난 다른 사람들도 예외 없이 같은 말을 전하는 것으로 보아 보어만이 듣지 못했을 리 없었다. 히틀러의 권력형 비서는 자신이 히틀러의 마음을 나에게서 돌려놓을 수 없음을 깨달아야만 했다. 상황은 보어만의 의도와 반대로 돌아가고 있었다.

히틀러가 그런 표현을 자주 하는 사람이 아니었기 때문에, 보어만은 상당한 위협을 느꼈을 것이다. 그에게는 모든 것이 위협으로 다가갔다. 이후 보어만은 자신의 측근들에게 내가 당의 적일 뿐만 아니라 히틀러의 후계자 자리를 꿈꾸고 있음이 분명하다고 모략했다.* 그의 주장이 완전히 틀린 것만은 아니다. 내 기억으로는 나 역시 밀히와 같은 내용의 이야기를 나누었던 것 같다.

히틀러가 자신의 후계구도에 대해 생각할 시점에서 괴링의 명성은 많은 손상을 입은 상태였고, 헤스는 스스로 자신을 몰락시켰다. 시라흐는 보어만의 계략으로 신임을 잃어버렸고 보어만, 힘러, 괴벨스는 히틀러가 꿈꾸는 '예술가 타입'이 아니었다. 히틀러는 아마도 나에게서 자신과 유사한 특성을 발견했을 것이다. 그는 나를 재능 있는 예술가에서 빠른 시간 안에 정치적 계급구조에서 상당한 지위를 확보하고 마침내 군수 생산의 분야에서 큰 업적을 이룬 인재, 동시에 군사 분야에서도 능력을 발휘하는 인물로 생각했다. 나는 히틀러가 관장하는 분야 가운데 네 번째인 외교에서만 아직 두각을 나타내지 못하고 있었다. 아마도 그는 내가 예술적 천재에서 정치가로 변모하는 데 성공함으로써 자신의 경력을 그대로 재연하고 있다고 보았을 것이다.

신의 말과 행동이 미칠 파장에 무관심하기도 했다. 아마도 그는 자신이 원하는 순간에 원하는 대로 상황을 정정할 수 있다고 믿었던 것 같다.

* 보어만의 비서 G. 클로버 박사가 1947년 7월 7일 진술한 내용이다. "보어만은 언제나 슈페어가 당의 확고한 적이며 히틀러의 후계자가 되려는 야심을 품고 있다고 말했다."

친구들과 함께 있을 때 나는 항상 보어만을 "잔디 깎는 기계"라고 칭했다. 그는 모든 에너지와 재간, 잔인함을 동원해 특정 높이 이상으로 올라오는 모든 존재를 제거해버리기 때문이다. 그 후에도 보어만은 자신의 역량을 총동원해 나의 권력을 무력화하기 위해 노력했다. 1943년 10월 이후 관구장들이 나에 대항하는 전선을 형성했다. 한 해의 끝을 앞두고 너무 힘든 상황 속에 나는 가끔 모든 것을 포기하고 물러나고 싶었다. 전쟁이 끝날 때까지 나와 보어만의 싸움은 계속되었다. 나를 잃고 싶지 않았던 히틀러는 유달리 나에게 총애를 표하는 일도 있었지만, 때때로 거칠게 공격하기도 했다. 보어만은 잘해나가고 있는 업계의 조직들을 나에게서 떼어놓을 수 없었다. 이는 내가 온 힘을 다해 이룩한 업적이었으므로, 내가 몰락한다면 모두 함께 종말을 맞을 수밖에 없었다. 그렇게 되면 우리의 전쟁 역시 큰 지장을 받지 않을 수 없었다.

20

폭격
Bomben

새로운 조직을 구성하면서 맛보았던 충만감과 성공, 인정받았다는 흐뭇함은 금세 우울함으로 바뀌었다. 노동력과 원자재와 관련된 문제, 측근들 간의 정쟁이 끝없는 걱정거리를 제공했다. 영국의 공습이 심각한 영향을 미치기 시작하면서 나는 보어만도 자우켈도 중앙기획위원회도 잊었다. 그럼에도 공습은 나의 위상을 더욱 높여주는 결과를 만들어버렸다. 공장이 손상을 입었음에도 불구하고 군수품 생산은 줄어들기는커녕 오히려 증가했기 때문이다.

적의 공습은 우리를 전쟁 한가운데로 몰아넣었다. 불타고 파괴된 도시 속에서 전쟁의 직접적인 파괴력을 그대로 실감할 수 있었다. 그러나 동시에 전쟁은 우리가 최선의 역량을 발휘하도록 추동했다.

폭격도, 이에 따른 고통도, 독일인들의 사기를 떨어뜨리지 못했다. 반대로 군수 공장을 방문했을 때나 거리에서 만나는 시민들에게서 점점 더 강해지는 힘을 느낄 수 있었다. 9퍼센트에 달하는 생산설비가 파괴되었음에도,[1] 더욱 정력적인 노력으로 그 손실을 충분히 보충할 수 있었다는 사실도 같은 맥락에서 이해할 수 있을 것이다.

독일의 가장 큰 낭비는 사실 공들여 정비해온 방어체제였다. 제국에서 그리고 서부 전선에서 1만여 대의 대공포들이 하늘을 향해 총구를 겨누고 있었다.[2] 대공포는 러시아에서 탱크나 다른 지상물을 겨누는 무기로 사용될 수 있었다. 독일 하늘이 새로운 싸움터가 되지 않았더라면, 장비의 관점에서만 보면 독일의 대전차 방어력은 두 배로 높아졌을 것이다. 더욱이 대공포의 배치는 수십만 명의 젊은 장병들의 손을 묶었다. 광학산업의 3분의 1이 대공포 조준경을 만드는 데 투입되었다. 전기업계 거의 절반이 폭격 방어용 레이더와 통신 네트워크를 만드는 데 동원되었다. 독일의 전기·광학업계의 높은 기술적 수준에도 불구하고, 단지 이 단순한 이유 때문에 전방 부대의 현대식 장비 보급은 서부 전선의 연합군에 훨씬 뒤처졌다.*

1942년 5월 30일 밤, 영국이 폭격기 146대를 동원해 쾰른 지역에 감행한 대대적인 폭격은 우리에게 앞으로 다가올 재앙의 조짐이었다.

우연히도 밀히와 나는 그날 아침 괴링에게 불려갔다. 이번에는 카린할이 아니라 프랑코니아에 있는 벨덴슈타인 성이었다. 그는 상당히 기분이 나쁜 상태였고 쾰른의 폭격 소식을 믿지 않았다. "말도 안 돼. 하룻밤에 그렇게 많은 폭탄이 떨어진다는 건 있을 수 없는 일일세." 그는 부관에게 소리 질렀다. "쾰른 관구장과 전화 연결해!"

우리가 있는 자리에서 터무니없는 대화가 이어졌다. "그곳 시경 국장의 보고는 순전히 거짓말일 걸세!" 관구장은 분명 다른 의견을 말했을 것이다. "제국원수로서 말하는데 보고된 수치가 너무 높아. 어떻게 감히 그렇게 황당한 보고를 총통께 할 수 있단 말인가?" 전화선 다른 쪽 끝에 연결된 관구장은 계속 그 숫자를 고집하고 있는 모양이었다. "떨어진 폭탄의 수를 무슨 수로 센단 말인가? 그건 그냥 추측일 뿐이야. 다시 한 번 말하겠는데 폭탄의 수는 몇 배로 부풀려져 보고된 것이 분명해. 완전히 엉터리

---

* 보병의 휴대용 무전기, 포병부대의 음파탐지기 같은 군 통신장비 부족이 극에 달했다. 게다가 지대공 무기에 우선순위가 밀려 개발에서 소외되었다.

라고! 다시 숫자를 수정해서 총통께 보고하게. 아니 자네는 내가 거짓말이라도 하고 있다는 뜻인가? 난 이미 총통께 수치를 바로 고쳐서 보고를 했네. 됐어!"

마치 아무 일도 일어나지 않은 듯 괴링은 우리에게 자신의 집을 구경시켰다. 그의 부모님이 쓰던 집이었다. 마치 지극히 평화로운 시기인 양, 그는 청사진을 가지고 들어오게 해 오래된 옛터에 서 있는 비더마이어 양식의 소박한 주택을 거대한 성으로 바꾸려는 계획에 대해 설명했다. 그러나 그가 가장 원한 것은 그럴듯한 방공호였다. 설계도까지 이미 완성되어 있었다.

3일 뒤 나는 지휘부를 방문했다. 쾰른 공습이 불러온 동요가 아직 가시지 않은 분위기였다. 히틀러에게 괴링이 그로에 관구장과 했던 괴상한 통화 내용에 대해 보고했다. 당연히 괴링의 정보가 관구장의 것보다 신뢰할 만하다는 가정에서였다. 그러나 히틀러에게는 나름대로의 생각이 있었다. 그는 괴링에게 적국 언론의 보도 내용을 제시했다. 엄청난 수의 폭격기와 폭탄으로 공습이 이루어졌다는 내용이었다. 이 수치는 쾰른 시경 국장의 보고를 상회했다.[3] 히틀러는 괴링의 은폐 시도에 격노했지만 공군 참모진에게도 부분적인 책임이 있다고 여기는 듯했다. 다음 날 히틀러는 괴링을 여느 때처럼 맞이했고 그 일은 두 번 다시 거론되지 않았다.

1942년 9월 20일에 이미, 나는 히틀러에게 프리드리히스하펜에 있는 탱크 생산시설과 슈바인푸르트의 볼베어링 공장이 전쟁에 대단히 중요한 시설이라고 지적한 바 있다. 히틀러는 이들 두 도시에 대공방어를 강화하라는 명령을 내렸다. 사실 적이 전면적이긴 하지만 정확한 목표가 없는 공습 대신 주요 무기 생산 설비를 파괴한다면 1943년에 전세가 결판날 것이라는 점을 나는 일찌감치 감지했다. 1943년 4월 11일, 나는 히틀러에게 전문가들로 위원회를 구성해 소련의 주요 발전시설을 확인하자고 건의했다. 4주 뒤 최초의 시도가 이루어졌지만 불행히도 그 주체는 우리가 아니라 영국이었다. 독일 경제의 단 하나의 신경선을 건드려 전세를 유리하게 이끌려는 의도였다. 뒤따른 영국의 작전은 마치 점화장치를 없애면 자동차가 움직일 수 없듯이, 한 분야를 완전히 마비시키려는 시도였다. 1943년 5월 17일, 영국은 겨우 19대의 폭격기를 동원해 루르에 있는 수력발전소 파괴를 시도했다. 그것은 우리의 군수산업 전체를 무력화할 수 있는 작전이었다.

새벽에 전해진 발전소 폭격 소식에 나는 소스라치게 놀랐다. 독일에서 최대 규모에 속하는 뫼네 댐이 폭격을 받아 물이 모두 빠져버렸다는 내용이었다. 하지만 다른 댐 세 곳에서는 별다른 소식이 없었다. 베를 비행장에 도착한 것이 새벽녘이었는데 공중에서도 파괴의 현장을 목격할 수 있을 정도였다. 댐 언저리에 있던 발전소 자리는 마치 육중한 터빈이 싹 밀어버린 듯 보였다.

댐의 물은 급류가 되어 루르 계곡으로 흘렀다. 겉으로는 별로 중요하지 않은 듯 보였지만 이 폭격은 심각한 피해를 초래했다. 펌프장의 전기설비가 모두 젖고 진흙투성이가 되어 일대의 공업이 마비되었을 뿐 아니라 주민들의 식수 공급에 막대한 지장이 초래되었다. 나는 곧 총통 지휘부에 상황보고를 했고 그 보고는 "총통의 마음에 든 듯했다. 그는 보도자료를 따로 보관했다."*

그러나 영국의 폭격 후에도 다른 세 곳의 저수지는 무사했다. 만일 이 저수지들이 파괴되었다면 루르 계곡 일대 주민들은 이듬해 여름을 물 한 방울 없이 지내야 할 판국이었다. 가장 큰 규모의 저수지인 조르페 계곡 댐 중심부에 적군이 직격탄을 명중시켰다. 나는 같은 날 조르페 계곡을 이

---

* 총통의사록 1943년 5월 30일, 항목 16. "우리는 즉시 독일 전역에서 전문가들을 소집해 전기 절연체를 건조시켰고, 다른 공장에서 같은 종류의 모터를 징발해 투입했다. 이와 같은 노력 끝에 루르 공업지역은 몇 주 뒤 물을 공급받을 수 있었다."

어 방문했다. 다행히 폭격으로 구멍이 난 곳은 수위보다 조금 위쪽이었다. 몇 십 센티미터만 낮았더라도, 그리고 작은 물길만 새어 나왔어도 댐의 물은 맹렬한 강물이 되어 돌과 흙으로 지어진 댐을 통째로 무너뜨렸을 것이다.[4] 그날 밤, 영국군은 몇 개의 폭탄만으로 수천 대의 폭격기 이상의 타격을 입힐 수 있었다. 그러나 그들은 지금 생각해도 의아한 작은 실수를 하고 만다. 전력을 두 개로 나누어서 일부는 에더 계곡의 댐을 공격하는 작전을 벌였는데, 그 댐은 루르 지역의 물 공급과는 아무 관련이 없었다.**

폭격이 있은 지 며칠 뒤, 나의 명령에 따라 대서양 방벽에 배치되어 있던 7,000명의 인력이 뫼네와 에더 지역에 투입되어 댐 복구를 시작했다. 1943년 9월 23일, 우기가 막 시작되는 시점에서 뫼네 댐의 구멍은 가까스로 복구되었다.[5] 우리는 1943년 늦은 가을과 겨울에 내린 비를 모았다가, 다음 해 여름에 사용할 수 있었다. 댐 재건을 진행하는 동안 영국 공군은 두 번째 기회를 놓쳤다. 몇 개의 폭탄만 떨어졌어도 노출된 재건 현장을 파괴하고, 나무로 된 비계를 불타버리게 할 수 있었는데 말이다.

이 일을 겪고 보니 이제는 전력이 줄어든 독일 공군이지만 왜 그동안 적에게 막대한 피해를 입힐 수 있는 표적 공격을 하지 않았는지 이해가 되지 않았다. 영국군의 폭격을 받고 2주가 흐른 1943년 5월 말, 나는 히틀러에게 4월 11일에 제안했던 계획, 즉 전문가들로 위원회를 구성해 적의 주요 목표물을 선별하자는 제안을 되풀이했다. 여느 때와 마찬가지로 히틀러는

** 찰스 웹스터와 노블 프랭클랜드의 『대(對) 독일 전략적 공중 폭격』(런던, 1961) 2권에는, 다섯 번째 폭격기가 뫼네 계곡 댐을 파괴하는 데 성공한 것으로 나온다. 연이은 공습이 에더 계곡 댐으로 이어졌고, 이로 인해 베저와 미틀란트 운하의 수면이 여름 내내 같은 수준으로 유지되었으며 선박 항해가 가능했다. 이 댐이 파괴되고 난 후에야 폭격기 두 대가 조르페 계곡 댐을 공격했다. 한편 공군원수 버텀리는 1943년 4월 5일 에더 댐에 앞서 뫼네와 조르페를 먼저 폭격해야 한다고 제안했다. 그러나 이를 위해 제작된 폭탄은 조르페 저수지의 토사댐에는 부적합한 종류였다.

우유부단했다. "내 생각으로는 공군 참모부가 전문가들의 조언을 받아들이려 하지 않을 것 같군. 나도 그 계획에 대해 예쇼네크 장군에게 몇 번 이야길 했었네. 하지만," 히틀러는 단념한 듯 말했다. "자네가 한번 직접 말해보지 그래." 분명 히틀러는 나의 제안과 관련해서는 아무런 조치도 취하지 않을 심산이었다. 그는 이 계획이 내포하는 중요성에 대해서 아무런 감이 없었다. 분명 히틀러는 앞서서도 절호의 기회를 내팽개쳤던 적이 있었다. 1939년과 1941년 사이, 공군을 U-보트와 함께 작전에 참여해 운송체계에서 이미 한계를 넘어선 영국의 항구를 공격하도록 명령을 내리지 않고, 영국의 주요 도시를 단독으로 폭격하라고 지시했다. 이제 히틀러는 또다시 기회를 보지 못하는 실수를 저지른 것이다. 한편, 영국은 단 한 번 댐에 타격을 입힌 것 외에는 그들 입장에서 합리적이지 못한 공격을 반복했다.

히틀러의 회의론과 내가 공군에 영향력을 행사하기에는 역부족이라는 사실에도 불구하고 나는 좌절하지 않았다. 6월 23일, 나는 몇몇 업계 전문가들로 위원회를 구성해 주요 폭격 목표물을 분석하기 시작했다.[6] 우리의 첫 타깃은 영국 석탄 산업이었다. 영국의 기술시설 지도가 중심부와 위치, 생산량 등의 내용을 속속들이 보여주고 있었다. 그러나 이미 때는 2년이나 늦어 있었다. 우리에겐 이제 충분한 공군력이 없었다.

공군력의 축소를 감안한다 해도, 또 하나의 주요 목표가 나의 주의를 끌었다. 그것은 소련의 수력발전소였다. 경험으로 판단해보건대, 소련에서는 조직적인 대공 방어가 이루어지지 않고 있었다. 더욱이 소련의 발전소는 서방 국가와는 큰 차이가 있었다. 점진적인 산업의 발전으로 서방에서는 이미 중간 크기의 발전소들이 망처럼 연결되어 있었지만, 소련에서는 산업 중심부에 거대한 발전소 하나만 덩그러니 세워져 있을 뿐이다.[7] 예컨대, 볼가 강 상류에 큰 발전소 하나를 세워 모스크바의 전력 수요를 감당하게 했다. 소련에서 생산되는 60퍼센트 이상의 핵심 광학부품과 전자 장비들을 모스크바에서 만든다는 정보가 들어왔다. 터빈이나 수관에 폭탄을 명중시켜 물을 방류시킨다면, 수많은 폭탄보다 더 엄청난 파괴력을 발휘할 수 있었다. 사실, 소련의 발전소 건설에는 독일 기업들이 참여해왔기 때문에 상세한 정보도 얼마든 얻을 수 있었다.

11월 26일, 괴링은 루돌프 마이스터 소장이 이끄는 장거리 폭격기 부대인 제6항공대를 강화하라는 명령을 내렸다. 12월, 이 부대는 비알리스토크 인근에서 집결했다.[8] 우리는 파일럿 훈련을 위해 나무로 발전소 모형을 만들었다. 12월 초 나는 히틀러에게 보고했고,[9] 밀히는 우리의 계획을 새 공군 참모총장 귄터 코르텐에게 전달했다. 2월 4일, 나는 코르텐에게 편지를 보냈다. "소련에 대한 공습 작전은… 지금도 가능성은 있습니다…. 이번 작전으로 소련의 전투력에 타격을 줄 수 있는 중대한 효과를 얻기를 희망합니다." 나는 모스크바와 볼가 강 상류의 발전소들을 명시했다.

여느 때처럼 이러한 작전의 성공은 여러 가지 요소에 좌우된다. 나는 우리의 작전이 결정적으로 전세를 바꿀 것으로 기대하지는 않았지만 코르텐에게 썼듯이, 소련의 생산력에 차질을 초래해 그들이 미국산 제품을 들여와 손실을 상쇄하는 데 소요될 몇 달을 벌자는 생각이었다.

다시 한 번 우리는 2년이 늦었음을 절감했다. 러시아의 겨울 추위로 독일군은 후퇴하고 있었다. 상황은 이미 위태로웠다. 위기 상황에서 히틀러는 또다시 놀라울 정도로 단견에 사로잡혔다. 2월이 끝날 무렵 히틀러는 소련 측의 물자 보급선을 막기 위해 '마이스터 항공대'에게 철도 폭격을 명령했다고 말했다. 나는 러시아의 땅이 단단하게 얼었기 때문에 폭격이 별 효과가 없을 것이라고 반대했다. 더욱이 독일 철도는 복잡해서 파손에 민감하지만 보통 철도들은 파괴당했다 하더라도 시간을 들여 수리만 하면 원상 복귀되게 마련이라는 걸 경험으로 알고 있었다. 나의 반대는 소용이 없었다. 마이스터 항공대는 무의미한 작전에 투입되었고 소련의 수송은 거의 지장을 받지 않았다.

표적 폭격은 영국에 보복하겠다는 히틀러의 완고한 고집에 밀려났다. 마이스터 항공대가 괴멸된 이후에도 독일 공군은 제한된 범위의 표적 공격을 할 능력은 있었다. 그러나 히틀러는 런던에 대대적 공습을 감행하면 그들이 독일에 대한 공격을 포기할지 모른다는 비현실적인 희망에 사로잡혀 있었다. 이것은 히틀러가 1943년까지 신형 폭탄의 개발과 생산을 요구했던 유일한 이유였다. 새로 개발된 폭탄이 동부 전선에서 적에게 훨씬 더 큰 타격을 입힐 수 있다는 주장은 아무 소용이 없었다. 1944년 여름이 되어서야 히틀러는 나의 주장에 마음이 움직이는 듯했다.[10] 히틀러도, 엄격하게 말해 공군 참모들도 공중전의 원칙을 이해하지 못했다. 대신 그들은 구시대적인 병술에 의존했다. 적도 초반에는 그랬지만 말이다.

내가 히틀러와 공군 참모진의 마음을 돌리려고 애쓰는 동안, 서방 적국들은 함부르크에 7월 23일에서 8월 2일까지 일주일 동안 다섯 번의 공습을 감행했다.[11] 신속하기 이를 데 없는 작전으로 적은 우리에게 참담한 피해를 안겼다. 첫 공격으로 수돗물 공급이 중단되었기 때문에 이후 발생한 화재는 소방 당국도 진압할 방법이 없었다. 화재는 화염의 폭풍으로 변했고 아스팔트는 녹기 시작했다. 시민들은 지하실에서 질식하거나 거리에서 불에 타 숨졌다. 연이은 폭격으로 거대한 지진에나 비유될 만한 엄청난 피해가 초래되었다. 관구장 카우프만이 히틀러에게 연이어 텔레타이프로 보고하며 함부르크를 방문해달라고 간청했다. 그러나 그 청은 무산되었다. 카우프만은 히틀러에게 최소한 영웅적인 구조대원들로 구성된 대표단이라도 만나달라고 부탁했지만 히틀러는 이마저 거부했다.

1940년 괴링과 히틀러가 런던을 목표로 구상했던 계획이 함부르크에서 현실화되고 말았다. 그해 총리 청사에서 있었던 저녁식사에서 히틀러는 파괴에 대한 열광으로 혼자 목청을 드높였다.

> 런던 지도를 본 적이 있나? 집을 하도 빽빽이 지어 놓아서 한 번의 폭격으로도 도시 전체를 다 불태울 수 있을 것 같더군. 200년 전에도 런던이 불탄 적이 있었지. 괴링은 신형 소이탄을 대대적으로 떨어뜨려 런던 전체를 불태우자고 했지. 온 도시가 불

> 길에 휩싸이는 거야. 수천 곳에서 한꺼번에 불이 난다고 생각해봐. 곧 런던은 하나의 거대한 불꽃으로 바뀌겠지. 괴링의 생각이 옳아. 폭탄은 적합하지 않아. 소이탄이 좋을 거 같군. 런던의 완전한 파괴라…. 곳곳에서 불이 나기 시작하면 소방서가 무슨 소용이란 말인가!

함부르크는 신에 대한 두려움을 나에게 심어주었다. 7월 29일 중앙위원회 회의에서 나는 이렇게 지적했다. "지금과 같은 수준으로 적의 공습이 이어진다면, 3개월 뒤에는 지금과 같은 회의들이 모두 소용없어질 겁니다. 우리는 지금 추락하고 있습니다. 그것도 빠른 속도로. 어쩌면 이게 중앙위원회 마지막 회의가 될지도 모릅니다." 3일 뒤, 나는 히틀러에게 군수품 생산이 엄청난 타격을 입었고 이런 공습이 대여섯 개 주요 도시에 몇 번만 더 계속된다면, 독일의 군수 생산은 완전히 중단될 것이라고 지적했다.* "모든 것이 정상화되도록 다시 한 번 애써주게." 히틀러의 말은 이것뿐이었다.

사실 히틀러가 옳았다. 우리는 모든 것을 다시 회복했다. 고작해야 빤한 지시나 내리는 장성이나 관료 덕분이 아니라, 굳은 결심으로 최일선에서 애썼던 이들, 즉 국민과 노동자 스스로의 노력 때문이었다. 천만다행으로, 독일의 대도시에 함부르크 폭격과 같은 공습은 더 이상 일어나지 않았다. 이리하여 적은 다시금 우리에게 그들의 전략에 적응할 기회를 주었던 것이다.

---

* 그다음 날 나는 비슷한 우려를 하고 있는 밀히의 동료들에게 이렇게 말했다(1943년 8월 3일, 공급 보급회의). "우리는 보급 면에서 전면적 파멸에 가까워지고 있습니다. 조만간 비행기와 탱크, 트럭에 필요한 필수 부품들이 부족해질 겁니다." 10개월 뒤, 나는 함부르크 항만근로자들에게 말했다. "앞서 우리는 이렇게 말했습니다. 몇 달만 이런 식으로 가면 모두 지쳐버릴 거라고, 그러면 군수 생산도 끝장날 거라고 말입니다."

우리는 함부르크 폭격이 있은 지 두 주 만에 이어진 1943년 8월 17일, 또 다른 폭격의 재앙을 아슬아슬하게 피해갔다. 미국 공군이 처음으로 전략적 폭격에 나선 것이었다. 그들의 목표물은 슈바인푸르트의 볼베어링 생산 중심지였다. 볼베어링은 이미 우리의 군수 생산에서 병목현상을 일으키던 부분이었다.

하지만 첫 공격에서 미군은 중대한 실수를 하고 말았다. 볼베어링 공장을 집중 공격하는 대신, 376대의 대규모 폭격단을 둘로 나누고 146대를 로젠베르크에 있는 전투기 조립공장 공격에 투입했다. 결과는 미미했다. 한편 영국은 독일의 여러 도시를 향해 표적 공습을 계속했다.

이 공격으로 볼베어링의 생산량은 38퍼센트 추락했다.[12] 슈바인푸르트 재난 이후 우리는 생산 설비를 다시 손보아야 했다. 볼베어링 공장을 다른 곳으로 옮기려면 서너 달 동안 생산을 완전히 중단해야만 했기 때문이다. 볼베어링이 군수 생산에서 긴급히 필요한 필수품이었지만, 베를린의 에르크너, 칸슈타트, 슈타이어에 있는 공장에 대해서는 아무런 조치도 취할 수 없었다. 적군이 공장의 위치를 틀림없이 알고 있었지만 말이다.

1946년 6월, 영국공군 참모진이 당시 볼베어링 공장을 파괴하기 위한 합동작전이 벌어졌더라면 어떤 결과가 초래될 것이었는지 나에게 물었다. 나의 대답은 다음과 같았다.

> 군수품 생산은 두 달 뒤 급격히 악화되었을 것이고 네 달 후에는 완전히 중단되었을 것입니다.
>
> 이는 곧 다음과 같은 의미로 해석될 수 있습니다.
>
> 첫째, 독일의 모든 볼베어링 공장(슈바인푸르트, 슈타이어, 에르크너, 칸슈타트, 그외 프랑스와 이탈리아 소재)이 동시에 공격을 받았다는 것을 전제로 할 것.
>
> 둘째, 이러한 공격이 목표지역의 상황에 관계없이 3회에서 4회에 걸쳐 2주마다 거듭 공격을 받았다고 가정할 것.

> 셋째, 공장시설 재건을 위한 모든 공사 역시 두 달 간격으로 거듭된 폭격으로 무산되었다는 가정 아래 이야기입니다.[13]

미국의 첫 공격 이후 우리는 볼베어링을 재고에 의존할 수밖에 없었다. 재고는 물론이고 생산을 위해 공장에 쌓아두었던 것들도 곧 바닥났다. 6~8주 동안 남아 있던 모든 볼베어링이 소진되면서 조금씩 만들어지는 제품들도 나오기가 무섭게 공장에서 조립시설로 옮겼다. 여기에는 주로 배낭이 이용되었다. 당시 우리는 대여섯 개의 소규모 표적만 잘 공격하면 수천 곳의 군수품 생산시설을 마비시킬 수 있다는 것을 적이 알아차릴까 봐 몹시 초조해했다.

두 번째 공격은 두 달이 지나도 이루어지지 않았다. 1943년 10월 14일, 나는 동프로이센 지휘부에서 히틀러와 군수 물자 생산에 대해 논의하고 있었다. 도중에 보좌관 샤우프가 들어왔다. "제국원수께서 급히 전화통화를 청하십니다." 그는 히틀러에게 말했다. "이번에는 좋은 소식이랍니다."

전화를 받고 돌아오는 히틀러는 기분이 좋아 보였다. 그날 있었던 슈바인푸르트에 대한 적의 공습을 독일군이 성공적으로 막아냈다는 소식이었다.[14] 들판에는 적군 폭격기 잔해들이 흩어져 있었다. 불안했던 나는 잠시 회의를 중단하자고 요청한 다음 직접 슈바인푸르트에 전화를 걸었다. 마침내, 경찰의 협조를 받아 볼베어링 공장의 현장주임과 통화할 수 있었다. 그는 거의 모든 공장이 큰 타격을 입었다고 말했다. 베어링 제조 공정의 하나인 기름통에 불이 나 큰 피해를 입었다는 것이다. 피해 정도는 첫 공습 때보다 훨씬 심각했고 이 공격으로 우리는 볼베어링 시설의 67퍼센트를 잃게 되었다.

두 번째 공습 이후 내가 제일 처음 했던 일은 측근 가운데 가장 정력적인 총감독인 케슬러를 볼베어링 생산 특별위원으로 임명하는 것이었다. 재고는 모두 바닥났다. 스웨덴과 스위스에서 볼베어링을 수입하려는 시도도 성공을 거두지 못했다. 그럼에도 불구하고 우리는 경우에 따라 볼베어링 대신 슬라이드베어링을 사용함으로써 파국을 가까스로 모면하고 있었다.[15] 그러나 총체적 파멸을 피할 수 있었던 진짜 이유는, 놀랍게도 적이 볼베어링 생산시설에 대한 공격을 멈추었기 때문이었다.[16]

12월 23일, 에르크너 공장이 심각한 공습 피해를 입었다. 하지만 베를린 곳곳에서도 산발적인 폭격이 있었기 때문에 적의 표적 폭격이었는지는 확실치 않았다. 1944년 2월까지 상황은 변하지 않았다. 그리고 4일 뒤, 슈바인푸르트, 슈타이어, 칸슈타트가 각각 두 번씩 연이은 공습을 받았다. 그다음 에르크너와 슈바인푸르트, 다시 슈타이어에 폭격이 이어졌다. 불과 6주 후, 독일의 볼베어링(직경 6.3센티미터 이상) 생산은 공습 이전의 29퍼센트 수준으로 떨어지고 말았다.[17]

1944년 4월이 시작되면서 볼베어링 공장에 대한 공습이 갑자기 중단되었다. 이로써 적군은 이미 자신들의 손아귀에 쥔 승리를 내던져버린 셈이 되었다. 3월과 4월의 공격을 같은 수준으로 계속했더라면, 독일의 마지막 숨통을 훨씬 일찍 끊어놓을 수 있었을 것이다.* 사실, 볼베어링 부족으로 탱크나 전투기 등의 무기 생산에 차질이 빚어지지는 않았다. 심지어 군수 생산은 1943년 7월에서 1944년 4월 사이 19퍼센트나 증가했다.[18] 불가능을 가능으로 만들 수 있다는, 부정적인 전망과 걱정은 패배주의의 산물이라는 히틀러의 신조는 군수품 생산에 관한 한 옳은 것처럼 보였다.

전쟁이 끝난 이후에야 나는 적이 왜 그런 실수를 했는지 알 수 있었다. 연합국은 히틀러의 강력한 독재체제 아래 주요 생산시설들이 언제든 안전한 지역으로 이전될 수 있다고 지레 짐작했던 것이다. 1943년 12월, 아서

---

* 아마도 적은 공격 효과를 과대평가한 듯하다. 우리 공군 참모진 역시 1943년 소련 고무 공장에 극심한 공습을 끝낸 후 공중에서 찍은 사진을 보고 앞으로 수개월 동안 생산이 불가능할 것이라고 결론을 내린 일이 있었다. 나는 이 사진들을 합성고무업계 전문가이자 휠스 공장 감독 호프만에게 보여주었다. 그는 피해를 입지 않은 핵심 생산시설들을 가리키며 그 공장은 1, 2주 뒤에 전면 가동될 수 있다고 설명했다.

해리스 경은 다음과 같이 확언했다. "지금 같은 전시 상황에서 독일이 이미 오래전에 모든 가능한 조치를 취해 볼베어링 생산과 같은 핵심 시설은 분산 배치했을 것이다." 외부의 관찰자에게는 무척이나 빈틈없이 보이는 독재정권의 힘을 해리스 경은 과대평가한 것이다.

슈바인푸르트에 첫 공습이 있기 8개월 전인 1942년 12월, 이미 나는 전 군수품 생산시설에 감독관을 파견하면서, 다음과 같이 주장했다. "적의 공습이 나날이 강화되고 있기 때문에 우리의 주요 군수 생산시설을 분산시킬 필요가 있습니다." 하지만 모두가 여기에 반대하고 나섰다. 관구장들은 평상시처럼 조용한 자신들의 관할 지역에 군수 공장이 들어서는 것을 원하지 않았고, 군수부 간부들도 정치적 투쟁에 노출되는 것을 꺼려했다. 그 결과, 아무런 조치도 취할 수 없었다.

슈바인푸르트에 두 번째 대규모 공습이 있었던 1943년 10월 14일, 우리는 다시 생산설비 분산을 시도했다. 일부 시설은 주변의 작은 마을들로 옮겼고, 일부는 아직은 위험하지 않은 동부 지역으로 이전하기로 했다.** 미래의 공급을 위한 이 정책은 엄청난 반발을 불러일으켰다. 1944년 1월 말까지도 볼베어링 공장의 이전 문제가 논의 중에 있었고,[19] 1944년 8월에도 내가 볼베어링 업체에 파견한 감독관들은 "볼베어링 공장 건설 이전을 추진하는 데 큰 어려움을 겪고 있다"고 토로했다.[20]

이제 영국 공군은 주요 산업시설에서 베를린 공습으로 방향을 돌렸다. 1943년 11월 22일 공습경보가 울렸을 때 나는 집무실에서 회의를 하고

** "슈바인푸르트에 첫 공습이 있은 지 두 달이 지났지만 아무런 조치도 취해지지 않았다. 슈페어 장관은 지금까지의 조치에 강하게 불만을 표하고 사안의 긴급함을 고려해 다른 일들은 나중으로 미루어야 한다고 주장했다. 심각하나 피해 정도로 앞으로 군수 산업에 미칠 파장에 대한 장관의 설명에 모든 이가 기꺼이 지원의 뜻을 밝혔다. 심지어 이웃 관구장들은 자기 관할 지역에 반갑지 않은 개입을 받아들여야 했는데도 말이다. 여기에는 슈바인푸르트에서 그들 관할 지역으로 시설을 옮기는 일도 포함되었다"(업무일지, 1943년 10월 18일).

있었다. 저녁 7시 30분이었다. 대규모 폭격기 부대가 베를린을 향하고 있다는 보고를 받았다. 폭격기들이 포츠담에 도달했다는 소식에 나는 회의를 중단하고 차를 몰아 가까운 대공탑으로 갔다. 평소 하던 대로 적의 공격을 관찰하기 위해서였다. 그러나 탑에 도착하기도 전에 나는 건물 안에 있는 방공호로 대피해야만 했다. 견고한 콘크리트 담장에도 불구하고 가까운 곳에 떨어진 폭탄으로 건물이 흔들거렸다. 부상을 입은 대공방어 부대 병사들이 내 뒤를 따라 밀려들었다. 폭발의 압력이 그들의 몸을 콘크리트 담장으로 날려버린 것이었다. 20분간 공습은 계속 이어졌다. 나는 위쪽으로 올라가 탑의 참호를 내려다보았다. 빽빽하게 모인 군중이 벽에서 떨어지는 시멘트의 뿌연 먼지 속에 서 있었다. 비 오듯 했던 폭격이 멈추고, 나는 밖으로 나가 전망대에 섰다. 가까운 군수부 건물이 거대한 화염에 휩싸여 있었다. 나는 즉시 차를 몰았다. 철모를 쓴 몇몇 비서관들이 아마존 전사들처럼 눈앞에서 시한폭탄이 터지는 가운데서도 서류철을 꺼내려고 애쓰고 있었다. 내 집무실은 폭탄이 파놓은 커다란 구멍으로 변해 있었다.

불은 삽시간에 번졌고 아무것도 꺼낼 수 없었다. 하지만 바로 인근에 8층짜리 무기청 건물이 있었고, 불길이 그쪽으로 번지고 있었기 때문에 공습으로 신경이 곤두선 우리 모두는 급히 조치를 취해야겠다는 긴박감에 사로잡혔다. 최소한 값비싼 특수 전화기라도 꺼내야겠다는 심정으로 위험에 빠진 건물로 몰려갔다. 우리는 전화기를 선에서 떼내 지하 방공호 안전한 장소에 쌓아두었다. 다음 날 아침 무기청을 관할하고 있던 레에프 장군이 나를 방문했다. "무기청 건물의 불은 아침 일찍 꺼졌습니다." 그는 씽긋 웃으며 말했다. "그런데 당장은 업무를 볼 수가 없어요. 간밤에 누군가가 벽에 걸린 전화기를 모두 떼어버렸지 뭡니까."

자신의 영지인 카린할에 머물던 괴링은 내가 밤에 대공탑을 방문했다는 소식을 듣고 부하들에게 나의 전망대 출입을 금지하라는 명령을 내렸다. 그러나 이번에도 친분이 있던 장교의 도움으로 괴링의 지시를 어길 수 있었다. 괴링의 명령에도 불구하고 나의 전망대 방문은 방해받지 않았다.

대공탑에서 바라본 공습 후 베를린의 야경이 잊히지 않는다. 그 광경에 압도되지 않기 위해 나는 스스로에게 전쟁의 잔인한 현실을 계속 상기시켜야 했다. 베를린 시민들이 "크리스마스 트리"라 부르던 낙하산 조명탄이 곳곳에서 터졌고, 이어서 구름 같은 연기에 갇힌 채 여기저기서 터져 나오는 폭발들, 수없이 터지는 조명탄들, 비행기 한 대가 조명탄 불빛 안으로 들어왔다가 벗어나는 광경, 비행기가 조명탄에 부딪혔을 때 보인 잠깐의 횃불 같은 불꽃. 참사를 겪은 베를린은 기가 막힌 장관을 연출하고 있었다.

비행기의 모습이 사라지자 나는 다시 차를 몰아 중요한 공장들이 집결되어 있는 곳으로 향했다. 우리는 불탄 집들이 늘어서 있는 폐허의 거리를 지났다. 폭격 피해를 입은 가족들이 폐허 앞에 서 있거나 앉아 있었고, 길가는 겨우 건져낸 가구와 가재도구 들로 아수라장이었다. 가끔, 재앙의 현장에서 흔히 볼 수 있듯이, 이상하고 광적인 즐거움을 표현하는 이들도 있었다. 도시 위쪽에는 연기구름이 떠 있었는데, 높이가 6킬로미터는 되어 보였다. 대낮임에도 불구하고 베를린 시내는 밤과 같이 어둡고 소름 끼치는 모습이었다.

나는 히틀러에게 시내를 돌며 보고 느낀 것을 보고했다. 그러나 히틀러는 계속 내 말이 시작되기도 전에 가로막았다. "그런데 슈페어, 다음 달에는 탱크를 몇 대나 인도할 수 있나?"

1943년 11월 26일, 군수부 건물이 폭격 피해를 입은 지 나흘 후 베를린에 대한 적의 공습이 재개되었다. 가장 중요한 탱크 공장 알케트에 대규모 화재가 발생했고, 베를린 중앙 전화교환소도 파괴되었다. 군수부 동료인 자우어의 아이디어로 아직 피해를 입지 않은 총통지휘부의 직통전화를 사용해 베를린 소방국에 겨우 연락을 취할 수 있었다. 이 과정에서 히틀러도 화재 소식을 알게 되었지만 탱크 공장 화재에 대한 그 어떤 상황조사 명령도 내리지 않았다.

한편, 내가 알케트에 도착했을 때는 작업시설 대부분이 불에 탄 상태였다. 베를린 소방당국은 불길 진압에 성공했지만 히틀러의 명령으로 베를린에서 멀리 떨어진 브란덴부르크, 오라니엔부르크, 포츠담 등지에서 계속 소방차들이 도착했다. 그들을 긴급한 다른 화재 진압을 위해 돌려보내려 했지만, 총통의 특별 명령이 내려진 상황이었기 때문에 불가능했다.

공군 무기제조에 대한 우려와 문제를 일깨우기 위해 밀히와 나는 1943년 9월, 레흘린 암 뮈리체에 있는 공군 실험센터에서 회의를 소집했다. 먼저 밀히와 그의 기술 전문가가 연합국의 차후 전투기 생산에 대해 보고했다. 각 기종별로 그래프가 제시되었고 미국의 전투기 생산 곡선과 우리 것의 비교가 이어졌다. 가장 놀라운 보고는 적의 4발 엔진 주간용 폭격기 생산이 급속도로 늘 것이라는 전망이었다. 수치가 정확하다면 우리가 지금 겪고 있는 고초는 단지 서막일 뿐이었다.

히틀러와 괴링이 이에 대해 얼마나 잘 알고 있을까 하는 의문이 솟았다. 지난 몇 달 동안 전문가들을 동원해 괴링에게 이 문제를 보고하려 했지만 괴링은 그 어떤 보고도 거부했다고 밀히는 침통하게 말했다. 총통은 밀히에게 모두 적의 선전일 뿐이라고 일축했고, 괴링 역시 같은 입장을 고수했다는 것이다. 난 적의 전투기 생산 추세에 대해 히틀러의 관심을 끌려 했지만 그다지 운이 따라주지 않았다. “더 이상 속지 말게, 슈페어. 다 날조극이야. 항공부 내에서 패배주의자들만이 거기에 넘어가지.” 히틀러는 이와 같은 말로 1942년 겨울에 제기된 모든 경고를 무시해버렸다. 이제, 독일의 대도시가 하나둘씩 폐허로 바뀌어가는 와중에도 히틀러는 생각을 바꾸려하지 않았다.

괴링과 전투기 부대를 지휘하고 있는 갈란트 장군 사이에서 일어난 극적인 장면을 목격한 때도 바로 이 무렵이었다. 갈란트는 그날 히틀러에게 미 전투기 몇 대가 폭격기 부대와 함께 나타났지만 아헨 상공에서 격추되었다고 보고했다. 그는 미국이 전투기 연료 장치를 개선할 경우, 곧 독일 영토 깊숙이 침투해 폭격기들을 엄호하게 될 것이라고 경고했다. 갈란트에게 히틀러는 괴링에게 다시 보고하라고 지시했을 뿐이다.

괴링은 특별열차 편으로 로민텐으로 향했다. 갈란트가 그에게 작별을 고하려고 방문하자 괴링이 말했다. "미국 놈들이 제국 깊숙이 뚫고 들어왔다는 걸 총통에게 보고하면 어떡하나?" 괴링은 그를 나무랐다.

"친애하는 제국원수 각하," 갈란트는 단호한 침착함으로 대답했다. "놈들은 곧 더 깊숙이 날아 들어올 겁니다."

괴링은 한층 더 격렬한 어조로 말했다. "말도 안돼, 갈란트. 아니 어쩌다가 그런 생각까지 하게 됐나? 모든 건 속임수야!"

갈란트는 고개를 저었다. "제 말이 사실입니다. 원수 각하!" 그는 이야기 도중 일부러 편안한 자세를 취했다. 모자는 약간 비스듬했고 긴 시가를 이 사이에 끼워 물었다. "미국 전투기가 아헨 상공에서 격추됐습니다. 그건 확실한 사실이니까요!"

괴링 역시 주장을 굽히지 않았다. "그건 사실이 아니네, 갈란트. 불가능한 일이야."

갈란트는 조롱 섞인 태도로 되받아쳤다. "그럼 직접 가서 확인해보시죠, 각하. 떨어진 비행기가 아직 그 자리에 있습니다."

괴링은 분위기를 부드럽게 하려고 애썼다. "이봐, 갈란트. 내가 하고 싶은 이야기는 이거야. 나도 전투기 조종을 꽤 했기 때문에 어떤 일이 일어날 수 있는지 잘 알고 있어. 결코 일어날 수 없는 일에 대해서도 알고 있지. 자네의 실수를 인정하게."

갈란트는 머리를 저었고 괴링은 급기야 이렇게 외쳤다. "놈들은 분명히 훨씬 서쪽에서 명중된 거야. 그러니까 높은 고도에서 맞았다면 추락하기까지 꽤 먼 거리를 날려 올 수 있지."

갈란트의 표정에는 미동도 없었다. "동쪽으로 날렸다구요? 만일 내가 타고 있는 비행기가 명중되었다면…."

"이봐 갈란트." 괴링은 논쟁을 끝낼 요량으로 소리를 질렀다. "나는 미군 전투기가 아헨까지 이르지 못했음을 공식적으로 선언하네."

장군은 마지막 발언을 시도했다. "하지만 각하, 미군 전투기는 지금 아헨에 있습니다!”

이 시점에서 괴링은 완전히 자제력을 잃었다. “지금 나는 자네에게 명령하는 거야! 미군 비행기는 아헨까지 오지 못했어! 알아들었나? 미군 비행기는 아헨에 없어! 됐나! 총통께 보고하겠네.”

괴링은 갈란트를 그 자리에 세워두고 걸어 나왔다. 그러나 그는 다시 한 번 갈란트에게 가 위협하듯 소리쳤다. “나의 공식 명령이란 걸 기억해!”

잊을 수 없는 미소를 지으며 갈란트 장군은 대답했다. “명령은 명령이죠. 각하!”

괴링이 상황을 파악하지 못했던 것은 아니었다. 나는 그가 현실적 통찰력이 있는 발언을 하는 것을 여러 번 들었다. 어쩌면 그는 마지막 순간까지 자신과 채권자들을 속이려고 하는 파산자 같았다. 현실을 수용하는 데 보인 변덕스러운 태도와 노골적인 거부는 이미 독일 공군의 최고 조종사이자 공군 조달책임자였던 에른스트 우데트를 죽음으로 몰아넣었다. 1943년 8월 18일에는 괴링의 최측근 가운데 한 사람이자 4년간 공군 참모진에 몸담았던 예쇼네크 장군이 그의 집무실에서 숨진 채 발견되었다. 그 역시 자살로 판명되었다. 밀히의 말에 따르면, 예쇼네크의 책상에서 괴링이 자신의 장례식에 참석하지 않기를 바란다는 메모가 발견되었다고 한다. 그럼에도 불구하고 괴링은 장례식에 나타나 히틀러가 하사한 화환을 놓았다.[21]

나는 언제나 현실을 인식하고 환상을 좇지 않는 것을 최고의 자질로 여겨왔다. 그러나 수감 기간을 포함해 나의 지난 삶을 생각해볼 때, 내가 환상에서 완전히 자유로웠던 순간은 없는 듯하다.

전염병처럼 뚜렷이 번져나간 현실 괴리증은 독일 민족사회주의당 내에서 그리 특별한 현상이 아니었다. 일반적인 상황에서 누군가 현실에 등을 돌린다면 그는 주변 사람들의 조롱과 비난에 직면하게 되고, 이는 신뢰를 잃었음을 표현하는 것이다. 그러나 제3제국에서는 그러한 교정장치가 없었으며, 특히 수뇌부에서는 더욱 심했다. 반면, 모든 자기 기만은 왜곡된 거울의 방에서처럼 반복 복제되어 바깥의 음울함과는 아무런 관련이 없는 환상적인 몽상의 세계를 나타내주었다. 그 왜곡된 거울 속에서 나는 수없이 복제된 나의 얼굴 외에는 아무것도 볼 수 없었다. 그 어떤 외부적 요소도 수백 개의 똑같은 얼굴을 어지럽히지 못했다.

현실 도피에도 여러 층위가 있다. 괴벨스는 분명 괴링이나 라이에 비해 월등한 현실자각 능력을 가지고 있었다. 그러나 우리 모두가, 몽상가들이든 나름대로 현실주의자들이든, 세상의 흐름과 얼마나 머나먼 곳에 격리되어 있었는지 생각해본다면 이러한 차이는 의미가 없었다.

21

1943년 가을의 히틀러
Hitler im Herbst 1943

히틀러의 오랜 동지들과 최측근들도 히틀러가 지난 몇 년간 상당히 변했다는 사실에 동의했다. 놀라울 게 없는 것이, 히틀러는 그동안 스탈린그라드를 경험했고, 25만 독일군이 튀니지에서 항복하는 것을 무력하게 지켜보아야만 했으며, 독일의 도시들이 하루 아침에 잿더미로 내려앉는 것을 목도했다. 이 모든 경험과 함께 대서양에서 U-보트를 철수한다는 해군의 결정을 승인해야 했다. 이것은 승리를 향한 그의 가장 큰 기대를 철회하는 일이나 다름없었다. 의심할 여지없이 히틀러는 상황이 반전되었음을 깨달았다. 그리고 분명 이러한 현실에 대해 다른 사람들처럼 실망과 낙담, 억지 낙관론과 같은 반응을 똑같이 보였을 것이다.

지금까지 히틀러는 역사학자들의 진지한 연구대상이 되었는지 모른다. 그러나 나에게 그는 아직도 살아 있는 육신과 본질을 가진 물리적 존재이다. 1942년 봄과 1943년 여름 사이, 히틀러는 가끔 낙담한 기색을 보였다. 그러나 그때에도 가끔 내부에서 기묘한 변화를 경험하는 듯했다. 절망적인 상황에서도 그는 궁극적인 승리에 대한 자신감을 표현했다. 전쟁이 막바지로 치닫자 그 어떤 참담한 상황에서도 기대했던 말을 들은 기억이 나지 않는다. 너무도 오랫동안 자신에게 승리를 설득시킨 나머지, 이제는 확실히 믿게 된 것이었을까? 어쨌든 냉혹한 현실이 점점 더 참극을 향해갈

수록 히틀러는 한층 더 확고부동해졌고, 자신의 결정이 옳았다고 굳건히 믿었다.

그의 가장 가까운 측근들은 점점 더 히틀러에게 접근하기 힘들다는 느낌을 받았다. 그는 의도적으로 혼자 결정을 내렸다. 동시에 지적으로 점점 더 둔감해졌고 새로운 아이디어에는 거의 관심을 보이지 않았다. 마치 이제는 바꿀 수 없는 궤도를 달리는, 그리고 그 궤도에서 벗어날 힘이 없는 사람 같았다.

이런 변화 이면에는 히틀러가 적의 우세한 힘에 쫓기다가 다다른 막다른 골목이 있었다. 1943년 1월, 연합군은 독일의 무조건 항복을 요구하는 공동 성명을 발표했다. 히틀러는 아마도 성명의 심각성에 대해 착오 없이 받아들인 독일의 유일한 지도자였을 것이다. 괴벨스와 괴링을 비롯한 지도부 인사들 사이에서는 연합국들 사이의 정치적인 반목을 이용하자는 논의가 오갔다. 그들은 아마 그때까지도 히틀러가 당시의 절망적인 상황을 모면하게 해줄 정치적인 도구를 찾아낼 수 있으리라 기대했던 것 같다. 어쨌든 히틀러는 오스트리아 침공에서 시작해 소련과의 불가침조약에 이르기까지 새로운 책략과 변절, 술책을 계속해서 마련해내지 않았던가. 그러나 상황회의 중에 히틀러는 다음과 같이 외치는 일이 잦아졌다. "스스로를 속이지 말게들. 이제는 돌이킬 수 없어. 오직 앞으로 갈 뿐이야. 돌아갈 다리는 불타버렸다고." 이런 식으로 말하면서 히틀러는 독일 정부의 어떠한 타협 가능성도 차단했다. 히틀러가 한 말의 완전한 의미는 뉘른베르크 재판에서 처음으로 알게 되었다.

나는 당시에, 히틀러의 성격에 변화를 가져온 중요한 원인 가운데 하나가 지속적인 스트레스라고 생각했다. 그는 독특한 방식으로 일을 했다. 소련과의 전쟁이 시작되면서부터 쏟아지는 각종 사안과 업무 처리 사이에 나태한 시간들을 끼워 넣었던, 분절적인 정무 수행 방식을 포기했다. 대신 그는 규칙적으로 시간을 보내며 엄청난 하루 일과를 소화했다. 과거에는 다른 사람들이 자신을 위해 일을 하도록 유도했지만, 전쟁이 시작되자 세부적인 문제까지 직접 통제하려 했다. 불안감이 커질수록 그는 자신의 직무에 더욱 엄격한 규칙을 적용했다. 하지만 이런 방식은 그의 본성에 역행하는 것이었고, 부작용은 그가 내리는 부조리한 결정에 그대로 반영되었다.

전쟁 이전에도 히틀러에게는 일중독 증상이 있었다. 그는 결정을 내리는 데 지나치게 주저할 때가 있었고 멍해 보였으며, 고통스러운 독백의 발작으로 빠져들기도 했다. 혹은 침묵으로 빠져들거나 가끔 "그렇지", "아니" 같은 말만 내뱉을 때도 있었다. 현재 논의 중인 문제를 생각하고 있는지, 아니면 다른 세상에 빠져 있는지 도무지 알 수가 없었다. 하지만 전쟁 초기에는 이와 같은 고갈의 순간은 그리 오래가지 않았다. 오버잘츠베르크에서 몇 주 지내다가 돌아오면 그는 더욱 편안해 보이곤 했다. 눈은 밝아졌고 상황에 반응하는 능력도 향상되어 있었다. 업무를 보는 도중에도 활기를 잃지 않았다.

1943년, 히틀러의 측근들은 자주 휴가를 권했다. 그럴 때는 지휘부를 임시로 옮기고, 몇 주 혹은 몇 달간 오버잘츠베르크에 가 있기도 했다.* 하지만 그렇다고 해서 하루 일과가 달라지는 건 아니었다. 보어만은 항상 주변을 떠나지 않았고 총통은 끝없이 등장하는 소소한 문제들을 해결해야 했다. 전화도 계속 걸려 왔다. 주로 지휘부에 출입허가를 받지 못한 관구장이나 장관들이 직접 만나달라고 청하는 내용이었다. 지루한 일과와 함께 상황회의도 계속되었다. 히틀러가 어디에 머물든지 모든 참모진이 그를 따라다녔다. 우리가 그의 건강을 걱정할 때마다 히틀러는 이렇게 말했다. "나에게 휴식을 취하라고 권하기는 쉽네. 하지만 그건 불가능한 일이야.

---

* 1941년 7월 28일~1943년 3월 20일 20개월 동안 히틀러는 그의 라슈텐부르크 지휘부를 네 번 떠나 있었는데 모두 합해 57일이다. 1943년 3월 20일부터는 의사의 권유로 오버잘츠베르크에서 세 달 동안 휴가를 보냈고, 그다음 아홉 달 동안 라슈텐부르크에 머물렀다. 그 이후 완전히 탈진한 히틀러는 1944년 3월 16일부터 네 달을 오버잘츠베르크와 베를린을 오가며 보냈다[도마루스, 『히틀러의 연설, 4권』(뮌헨, 1965)].

군사적인 결정을 다른 사람에게 맡길 수는 없으니까. 단 24시간도 그건 어려워."

히틀러의 군부 측근들은 젊은 시절부터 매일매일 이어지는 빡빡한 일과에 익숙해진 사람들이다. 그들은 히틀러가 얼마나 과로에 시달리고 있는지 알지 못했고, 보어만 역시 자신이 히틀러에게 얼마나 많은 것을 요구하고 있는지 지각할 수 없었다. 이와는 별개로 히틀러 역시 일개 공장 사장도 준수하는 법칙들을 무시하고 있었다. 그것은 중요한 업무마다 좋은 부관을 둔다는 원칙이다. 그의 주변에는 역량 있는 행정관도, 용감한 군수뇌부도, 심지어 사령관도 제대로 된 인물이 없었다. 지위가 높아질수록 더 많은 여유시간을 가져야 한다는 오랜 법칙을 히틀러는 조롱했다. 이전에는 따랐던 그 법칙을 말이다.

과로와 고립은 사람을 경직과 냉담함이 지배하는 상태에 이르도록 한다. 그는 정신적 무기력에 시달렸고 항상 신랄하고 짜증스러운 태도를 보였다. 예전에는 명랑한 기분으로 결정을 내렸지만, 이제는 탈진한 머리에서 겨우 결정을 이끌어내야만 했다.[1] 젊은 시절 조정 선수로 활동했던 나는 지나친 훈련이 어떤 결과를 초래하는지 잘 알고 있었다. 팀원들이 완전히 지쳐버리면 경기 내용은 떨어지고 모두가 무기력하고 짜증스러워지며, 완전히 유연성을 상실한다. 우리는 자동기계처럼 휴식도 내켜 하지 않고 원하는 것은 훈련뿐인 상태가 되었다. 지적인 훈련도 지나칠 경우 비슷한 증상에 이른다. 전쟁을 치르는 힘든 나날 동안 나의 정신이 어떻게 기계적으로 작동하는지를 관찰할 수 있었다. 또 새로운 사안들을 받아들이는 능력도 위축되어갔고 결정은 무감각한 상태에서 내려졌다.

1939년 9월 3일 밤에 히틀러가 아무도 몰래 조용히 총리 청사를 떠나 전방으로 간 사실은, 그 이후의 일들을 예견하게 해주는 중요한 단서가 된다. 그와 대중과의 관계에 변화가 온 것이다. 아주 여러 달에 한 번 대중과 접촉했을 때에도 히틀러를 향한 군중의 열정과 반응은 사라져버렸고, 마찬가지로 대중을 압도하던 그의 강한 자력도 소진되어버렸다.

1930년대 초반 권력 투쟁이 마무리되어가던 단계에서, 히틀러는 전쟁 후반부와 같이 스스로를 지독히 몰아붙였었다. 그러나 당시의 그는 아마도 대규모 대중 집회를 통해 자극과 용기를 얻으면서 자신을 군중들에게 쏟아 부었을 것이다. 1933년과 39년 사이, 높은 지위에 올라 안락한 일상이 가능해진 시기에도 오버잘츠베르크로 찾아와 경의를 표하는 추종자들의 이어지는 방문에 그는 분명 활력을 얻은 듯했다. 전쟁이 일어나기 전에 가졌던 집회들은 분명 히틀러에게 자극제였다. 그것은 삶의 일부였으며 집회를 열 때마다 그는 더욱 예리해지고 자신감을 얻었다.

개인적인 측근들, 그가 지휘부로 함께 데리고 온 비서와 주치의, 부관들보다는 오버잘츠베르크에 모여들었던 무리나 혹은 총리 청사의 측근들이 그에게는 훨씬 더 자극이 되었다. 그들 중에는 히틀러의 카리스마에 압도되어 감히 말조차 못 붙이는 사람들이 대부분이었다. 히틀러와 함께 건축 프로젝트를 꿈꾸던 시절에 알게 된 것이지만, 매일 함께 시간을 보내는 사람에게 히틀러는 괴벨스가 만들어놓은 신에 가까운 이미지에서 내려와 욕구와 나약함을 지닌 평범한 인간에 가까워진다. 그렇다고 그의 권위가 빛을 잃은 것은 아니지만 말이다.

군부 측근들 역시, 분명 히틀러에게 피곤한 존재였을 것이다. 현실이 지배하는 지휘부의 분위기에서 우상숭배의 분위기는 별로 바람직하지 않았을 것이다. 오히려 군장성과 장교들은 히틀러에 대해 눈에 띄게 무관심했다. 원래 그런 성격이 아니라 하더라도 오랜 군생활을 하다 보면 절제된 태도가 몸에 배기 마련이다. 그 때문인지 카이텔과 괴링의 판에 박은 아첨은 더욱 더 두드러져 보였다. 더욱이 두 사람의 아첨은 진실되어 보이지도 않았다. 히틀러 자신도 군부 측근들이 비굴한 태도를 버리도록 유도했다. 전시 지휘부에서는 객관성이 가장 주된 기조였다.

히틀러는 자신의 생활 패턴에 대한 비판을 용인하지 않았다. 따라서 측근들은 걱정을 묻어두고 히틀러의 습성을 있는 그대로 받아들여야 했다. 오랜 동지인 괴벨스, 라이, 에서 등과 가끔 나누는 감상적인 이야기를 제외하면, 히틀러는 개인적인 대화를 회피했다. 나와 다른 사람들에게는 사무적이고 조금은 쌀쌀한 태도를 보였다. 가끔 히틀러는 예전처럼 신속하고 즉흥적인 결정을 내리고, 아주 가끔씩은 반대 의견에 귀를 기울이기도 했다. 그러나 이런 경우는 너무도 드물어져 회의 참석자들은 히틀러의 태도 변화에 깜짝 놀라 따로 메모를 해둘 정도였다.

나와 슈문트는 전방에 배치되어 있는 젊은 장교들을 지휘부로 불러 바깥세상의 분위기를 침체되고 은둔적인 지휘부에 전하자는 데 의견을 같이했다. 그러나 우리의 노력은 무산되었다. 우선 히틀러가 그 일에 시간을 내려 하지 않았고, 다음으로 장교들과 대화를 나누게 하는 것은 도움보다는 해로움이 클 것이라는 판단이 섰기 때문이다. 한 예를 들면, 젊은 기갑장교가 테레크 강을 따라 진군하는 동안 아무런 저항도 받지 않았지만 탄환이 바닥났기 때문에 계속 초긴장 상태를 유지했다고 보고한 일이 있었다. 히틀러는 지나치게 걱정하며 그 일을 며칠간이나 마음에 담아두었다. "문제가 심각해! 7.5센티미터 구경 탄환이 모자란다고! 생산에 어떤 문제가 있는 건가? 즉시 모든 방법을 동원해서 생산량을 올리도록 하게." 사실 우리의 제한된 설비를 고려할 때 탄환의 생산량은 충분한 수준이었다. 하지만 문제는 보급과정이 지나치게 복잡해 기갑부대에 제대로 공급되지 못한 데 있었다. 그러나 히틀러는 이러한 문제들을 외면했다.

전방의 젊은 장교가 여러 가지 중요하지 않은 문제들을 스스럼없이 말하면, 히틀러는 즉시 참모진에서 중대한 실책이 있었다고 생각할 것이다. 현실적으로 모든 문제는 히틀러가 주장했던 진군 속도에서 기인했다. 군참모들이 이 문제를 히틀러와 논의하는 것 자체가 불가능했다. 그는 빠른 진군에 따른 복잡한 병참 문제에 관한 지식이 전혀 없었기 때문이다.

아주 가끔씩이긴 했지만 히틀러는 여전히 장교들을 지휘부로 부르고, 고급훈장을 수여할 명단을 작성했다. 그가 참모들의 능력을 불신하고 있었기 때문에, 장교들의 방문 후에는 극적인 장면과 단호한 명령이 이어졌다. 이런 골치 아픈 일들을 피하기 위해 카이텔과 슈문트는 장교들의 방문으로 문제가 생기지 않도록 미리 단속했다.

히틀러는 저녁 티타임을 새벽 2시로 옮겼고 모임은 서너 시까지 계속 되었다. 그는 지휘부에서 지낼 때에도 손님들을 초대했다. 잠자리에 드는 시간은 계속 아침시간으로 밀렸다. 나는 가끔 이런 말을 하곤 했다. "전쟁이 자꾸 길어지면 우리는 아마 보통 사람들이 일어나는 시간에 모이고 총통의 저녁 티타임은 아침식사로 바뀌게 될 거야."

히틀러는 물론 불면증으로 고통받았다. 그는 일찍 잠자리에 들어서 침대에서 맨정신으로 뒤척이는 것이 얼마나 괴로운지 호소하곤 했다. 티타임에 나와서 전날도 여러 시간 동안 잠이 안 오다가 아침에 잠깐 눈을 붙였다는 불평을 자주했다.

티타임에는 아주 가까운 측근들만 참석할 수 있었다. 주치의와 비서들, 군과 정부 내의 보좌관들, 홍보 담당비서, 외무부대표 격인 헤벨 대사, 가끔 빈 시절의 요리사가 올 때도 있었고, 방문객들이 얼굴을 보였다. 보어만도 빠지지 않았고, 나도 손님으로 언제나 환영받았다. 우리는 식당의 불편한 의자에 빽빽하게 앉았고, 가끔 여건이 허락되면 벽난로가 지펴졌다. 그는 정중하고 단호한 태도로 케이크를 비서들에게 나누어주고 편안한 주인처럼 손님들과 친근하게 어울리려고 했다. 나는 그런 히틀러가 가여웠다. 사람들에게 따스함을 받기 위해 자신의 따뜻함을 의도적으로 발산하는 그의 태도에는 비천한 면이 있었다.

지휘부에서는 음악이 금지되어 있었으므로 티타임에는 오로지 말소리만 들렸는데, 주로 이야기한 사람은 히틀러였다. 그의 똑같은 농담에 사람들은 마치 처음 듣는 것처럼 재미있다는 반응을 보였다. 좌중은 주로 힘들었던 어린 시절이나 '투쟁 시기'에 있었던 일화들을 열심히 들었지만, 계속 활기 띤 태도를 보이거나 대화에 집중할 수는 없었다. 전방이나 정치, 지도자에 대한 비판은 언급이 금기시되었다. 당연히 히틀러 자신도 그런 문제를 거론할 필요는 없었다. 보어만에게만 도발적인 발언이 허용되었다. 가끔 에바 브라운의 편지가 전해져 히틀러를 흥분시키곤 했다. 그녀가 정부 관료들의 우매함으로 벌어진 일들을 언급하곤 했기 때문이다. 예를 들어, 뮌헨 시민들의 산악스키를 금지하는 조치가 취해졌다는 소식에 히틀러는 극도로 흥분하여 관료주의의 어리석음과 끝나지 않는 싸움이 계속되고 있다며 장광설을 늘어놓았다. 결국 보어만은 금지조치를 다시 검토해야 했다.

주제의 진부함은 히틀러가 화를 내는 분계점이 극히 낮아졌음을 의미한다. 반면에 그러한 사소한 일들은 긴장을 완화시키는 효과를 발휘하기도 했다. 그의 명령이 여전히 효력을 발휘하는 세계로 다시 돌아갈 수 있었기 때문이다. 잠시나마 히틀러는 적들이 전세를 장악한 이후 그를 괴롭혀온 무기력에서 벗어날 수 있었다.

히틀러가 여전히 상황을 이끄는 지도자의 역할을 하고 있었고 측근들이 그의 환상을 부추기고 있었음에도 불구하고, 진실의 요소는 그의 의식 속으로 밀려들어왔다. 그러한 순간에는 장황한 말을 늘어놓는 예전의 습관으로 되돌아가, 자신의 의지와는 상관없이 정치에 입문했다거나 기본적으로 자신은 건축가이지만 운이 없었다는 이야기를 늘어놓았다. 재능을 발휘할 건물은 지어지지 않았으며, 정부의 최고 권력자가 되어야만 원하는 건축물을 지을 수 있었다는 것이다. 히틀러는 시간이 갈수록 자기 연민에 빠져드는 빈도가 높아졌고, 그럴 때마다 남아 있는 유일한 소망에 대해 역설했다. "가능한 한 빠른 시일 내에 이 암회색 군복을 벗어서 다시 걸어두고 싶네.* 만일 전쟁이 승리로 끝난다면 나의 소명은 완성된 것이니, 그때는 물러나 도나우 강 건너 린츠의 옛집으로 돌아가고 싶구먼. 내 후계자가

* 전쟁이 시작된 후부터 히틀러는 당원 유니폼보다 군복을 즐겨 입었다. 그는 의회에서 전쟁이 끝날 때까지 군복을 벗지 않겠다는 약속을 하기도 했다. 카스티야의 이사벨라가 자신의 조국이 무어인들에게서 해방될 때까지 슈미즈 차림으로 지내겠다고 맹세했던 일을 떠올리게 한다.

골머리를 앓으며 모든 문제들과 씨름하게 될 거야." 그는 사실 전쟁이 시작되기 전에도, 오버잘츠베르크의 편안한 티타임 도중에 이러한 이야기를 했었다. 그때는 모든 것이 장난스러운 투정으로 여겨졌다면, 이제 히틀러는 자신의 생각을 감상이 아닌 일반적인 대화체로 말하고 있었고, 쓰라린 어조까지 가미되어 그의 소망은 더욱 구체적으로 들렸다.

그가 은퇴 후 살게 될 도시에 관해 마음에 품었던 계획은 점점 현실도피적인 성향을 띠어갔다. 전쟁이 종말로 치달을수록 히틀러가 린츠의 건축 책임자인 헤르만 기슬러를 불러들여 설계도를 검토하는 일도 점점 잦아졌다. 기슬러가 함께 진행하고 있던, 예전에는 그토록 중요히 여겼던 함부르크, 베를린, 뉘른베르크나 뮌헨 재건에 대한 내용은 거의 묻지도 않았다. 자신이 견뎌야 하는 고통을 떠올리면서 히틀러는 죽음만이 현실에서 구원해줄 것이라고 우울하게 말하곤 했다. 이러한 기분에 빠져 있으면서도 린츠에 대해 구상할 때마다 그는 반복적으로 당 관련 건물들이 모여 있는 단지에 탑을 건설해 그 안에 지어지게 될 자신의 무덤 설계를 거론했다. 또 전쟁에서 승리한다 해도 베를린에 있는 군인회관에서 원수들과 함께 묻히지 않을 거라고 여러 번 강조하기도 했다.

우크라이나와 동프로이센 지휘부에서 한밤중에 히틀러와 나누었던 대화는 그가 조금씩 균형감각을 잃고 있다는 인상을 주었다. 이른 새벽의 나른한 무거움이 티타임 참석자들의 컨디션에 큰 지장을 주었다. 오로지 예의와 의무감으로 우리는 티타임에 참석했다. 낮 동안 힘겨운 회의를 마친 우리는 단조로운 대화가 계속되는 동안 눈을 뜨고 있을 힘조차 없었다.

히틀러가 나타나기 전 사람들은 이렇게 물었을지 모른다. "이봐, 모렐이 안 보이는군?"

그러면 누군가 대답한다. "사흘 동안 모습을 보이지 않았어."

비서 가운데 한 사람이 말한다. "그분은 가끔씩 올 뿐이에요. 언제나 그러죠. 사실은 나도 너무 자고 싶은데."

다른 비서가 말한다. "당번을 정해서 참석하는 게 어때요? 항상 꽁무니를 빼는 사람도 있고, 항상 오는 사람도 있고 그건 불공평하잖아요."

물론 히틀러는 여전히 이 모임에서 숭배받았지만 그 후광은 점점 옅어져 갔다.

히틀러가 늦은 아침을 들고 나면 하루의 신문과 언론 기사들이 보고된다. 언론보도는 입장을 정하는 데 상당히 중요한 요소였고 기분에도 큰 영향을 주었다. 특정 외국 언론의 기사에 히틀러는 공식적인 독일의 입장을 천명하기도 했는데, 대단히 공격적인 어조였다. 그럴 때는 디트리히 공보실장이나 그의 비서관 로렌츠에게 단어 하나하나를 받아쓰게 했다. 히틀러는 정부의 모든 부서의 일에 노골적으로 관여했는데, 대부분은 괴벨스나 리벤트로프 등의 담당 장관과의 논의 과정도 거치지 않았고, 심지어는 미리 통보하는 수고도 귀찮아했다.

이어서 헤벨이 각국 동향에 대해 보고하면 언론 브리핑보다 훨씬 조용하게 귀를 기울였다. 돌이켜 생각하니 히틀러는 현실보다 자신에 대한 반응을 중요하게 생각했고, 일어난 사건보다 언론의 논조에 더 신경을 썼던 것 같다.

그런 다음 샤우프가 간밤의 공습 상황에 대해 보고한다. 각 관구장들이 보어만에게 보고한 내용들이다. 나는 폭격 피해를 입은 도시의 경우, 공습이 있은 다음 날이나 그 이튿날 생산설비 피해를 시찰하러 방문하는 일이 잦았기 때문에 히틀러가 피해 정도를 정확하게 보고받았다는 것을 알고 있었다. 관구장들이 피해를 축소 보고할 이유는 없었다. 주민들의 일상과 공장을 원상 복구하는 데 성공해야만 그의 위신이 바로 서기 때문이다.

히틀러는 분명 이러한 폭격 피해 보고에 흔들렸을 것이다. 비록 인명피해나 거주 지역보다는 중요 건물, 특히 극장과 같은 곳이 파괴되었을 때 더욱 힘들어했지만 말이다. 전쟁 이전 '독일 도시재건' 계획을 살펴보면, 히틀러는 공공 건축을 대단히 중요하게 생각했지만 사회적 곤궁이나 주민들의 고통엔 별 관심이 없었음을 알 수 있다. 따라서 그는 불탄 극장의 재건을 우선적으로 원했을 가능성이 높다. 나는 수차례 히틀러에게 건설 분야의 여러 가지 문제점들에 대해 주지시키려고 했다. 분명 지방 정부들도 주민들의 환영을 받지 못하는 건설 계획을 실행하는 일을 그리 반기지 않았을 것이다. 히틀러 역시 군사적인 문제로 다른 여유가 없었기 때문에 건설 계획의 진척 상황에 대해 묻는 일은 드물었다. 그의 제2의 고향인 뮌헨과 베를린에 대해서만 히틀러는 많은 돈과 노동력을 투입해 오페라하우스들을 재건해야 한다고 주장했다.[2]

히틀러는 오페라하우스 재건 반대 주장을 반박하면서 현실과 국민들의 심정에 대해 얼마나 무지한지 드러내고 말았다. "극장 공연은 국민들의 사기를 위해서 반드시 필요해." 시민들을 짓누르는 근심을 해소해야 한다는 주장이었다. 이러한 주장은 히틀러가 "부르주아적 환경"에 뿌리박고 있다는 사실을 재확인해주었다.

보고서를 읽는 동안 히틀러는 습관적으로 영국 정부와 유대인들을 비난했다. 그들이 공습의 원흉이라는 것이었다. 대규모 폭격부대를 구성해 그들의 공격을 막아야 한다고 주장하기도 했다. 우리에게는 더 이상 폭격기도 대규모 공습을 위한 폭탄도 없다는 이유로 내가 반대하고 나서면 그때마다 그는 똑같은 대답으로 돌아가 버렸다.[3] "자네는 너무도 많은 일을 가능하게 했어. 이번에도 해낼 수 있을 걸세." 공습에도 불구하고 우리가 계속 생산력을 높였던 것이 히틀러가 독일 전역의 공습을 심각하지 않다고 생각한 이유가 된 것 같다. 이어서 밀히와 나는 폭격기 생산을 줄이고 전투기 생산에 집중해야 한다고 제안했지만, 역시 거부되었다. 그의 거부는 모든 것이 늦어진 시점까지 계속되었다.

나는 여러 번 히틀러를 설득해 폭격 피해를 입은 도시를 시찰하고 주민들에게 모습을 보이도록 하려 했고,[4] 괴벨스 역시 같은 노력을 기울였지만 모든 것이 허사였다. 괴벨스는 히틀러의 고집에 대해 탄식하면서 처칠의 행동을 부러워했다. "선전적을 위해서라면 현장 방문을 해야 하는데 말일세!" 그러나 히틀러는 아랑곳하지 않았다. 이제 히틀러는 슈테틴 역에서 총리 청사로, 혹은 뮌헨 프린츠레게텐슈트라세에 있는 사택으로 향할 때, 예전에 그가 좋아했던 빙 둘러가던 길 대신, 가장 빠른 길로 질러가자고 운전기사에게 명령했다. 나는 여러 번 히틀러와 함께 차를 탔던 일이 있었는데 차가 폐허가 된 길을 지나쳐도 그는 아무런 심경의 변화를 느끼지 않는 듯했다.

모렐은 히틀러에게 산책을 오래 하라고 권했다. 사실, 인근 동프로이센 숲에 산책로를 몇 개 만드는 것은 어렵지 않았다. 그러나 히틀러는 공사를 허가하지 않았고, 그 결과 그가 바깥바람을 쐬는 공간은 제한1구역 내 100미터도 되지 않는 미로 같은 길뿐이었다.

산책을 할 때 히틀러의 관심은 보통 곁에 있는 사람이 아니라 알사스산 개 블론디에게 가 있었다. 히틀러는 이 시간을 개를 훈련시키면서 보냈다. 몇 번 공을 물어오는 연습을 하고 난 블론디는 1.8미터 높이에 설치되어 있는 폭 30센티미터, 길이 7.6미터의 판자 위에 올라가 중심을 잡아야 했다. 개는 자신에게 먹이를 주는 사람을 주인으로 여긴다는 것을 히틀러는 알고 있었다. 조수가 개 우리를 열기 전에 히틀러는 보통 몇 분간 흥분한 개를 기쁨과 배고픔으로 짖어대며 철조망을 뛰어오르도록 만든다. 다른 사람들은 모두 이 광경을 멀리서 지켜보아야 했지만 히틀러의 특별 총애를 받고 있던 나는 가끔 먹이를 주는 데 따라나서기도 했다. 개는 히틀러의 사생활에서 가장 큰 부분을 차지하고 있었다. 블론디는 총통에게 가까운 측근들보다 더 중요한 존재였다.

자신이 좋아하는 손님이 지휘부에 없을 때 히틀러는 혼자 식사하는 일이 잦았다. 그럴 땐 블론디만이 그와 함께한다. 사실 나도 2~3년 정도 지휘부에 머무는 동안 한두 번밖에 식사 초대를 받지 않았다. 사람들은 분명 우리가 식사하는 동안 중요한 문제를 논의하거나 개인적인 이야기를 한다고 생각했을 것이다. 그러나 군사적 상황에 관한 폭넓은 논의는 물론이고, 경제에 관한 이야기도 나눈 일이 없었다. 우리의 화제는 사소한 주제를 벗어나지 못했고, 저조한 생산량에 관한 이야기가 가끔 오갈 뿐이었다.

원래 히틀러는 독일의 미래 도시계획과 같은, 둘 다의 관심사가 되는 일을 화제로 삼기 좋아했다. 그는 미래의 제국을 경제적으로 연결할 대륙 간 열차망을 건설하고자 했다. 일단 철로의 규모를 결정한 다음부터는 열차의 다양한 종류에 대해 생각했고, 화물 운송량에 대해 세부적인 계산을 하기에 이르렀다. 이러한 주제들이 잠 못 이루는 밤 히틀러의 머릿속을 맴돌았을 것이다.* 교통장관은 두 개의 철로 공사는 철회하는 편이 낫다고 생각했지만, 히틀러의 집착은 강했다. 그는 철도가 아우토반보다 제국의 힘을 집결하는 데 더욱 중요하다는 결론을 내렸다.

시간이 지날수록 히틀러는 점점 과묵해졌다. 아마도 다른 손님들과 있을 때보다 나와 함께 있을 때 대화를 하려는 노력을 훨씬 덜하기 때문에 그렇게 느꼈을 수도 있다. 어쨌든 1943년 가을부터 그와 점심식사를 하는 것은 고역이었다. 침묵 속에서 수프를 떠 넣었다. 다음 요리가 나오기까지 기다리는 동안 날씨가 화제로 등장하곤 했다. 그러면 히틀러는 즉시 기상당국의 무능에 대해 신랄한 말을 쏘아붙였다. 다시 주제는 음식의 질로 옮겨 갔다. 그는 자신의 채식 요리사에 대해 대단히 만족하고 있었고 그녀의 채소 요리를 칭송했다. 마음에 들면 나에게 맛을 보라고 청하기도 했다.

히틀러는 항상 체중에 대해 걱정했다. "끔찍하군! 배를 불룩 내밀고 걸어 다니는 내 모습을 상상해보라구. 그건 바로 정치적 파멸이야." 그런 말을 하고 나면 히틀러는 음식에 대한 유혹을 없애려 심부름꾼을 불렀다. "이 요리를 가지고 나가. 내가 너무 좋아하는 거라서 못 참겠군." 지휘부에서도 히틀러는 고기를 먹는 사람들을 자주 조롱했다. 하지만 나를 자극하

* 대륙 간 철도망 건설 계획 뒤에는 기차 한 량에 더 많은 화물을 싣겠다는 계산도 들어 있었다. 히틀러는 해운 운송이 별로 안전하지 못하고, 특히 전시에는 위험하다고 여겼다. 베를린과 뮌헨처럼 철도 체제가 완성된 곳이라도 히틀러의 새로운 계획에 따르려면 추가로 철로가 건설되어야 했다.

려고는 하지 않았다. 심지어는 기름기 많은 식사를 하고 슈타인헤거를 드는 데도 반대하지 않았다. 비록 자신은 먹지 않겠다고 동정하듯 말했지만 말이다. 고기 수프가 나올 때면 '송장 차 이야기'를 들을 수 있었다. 가재와 죽은 할머니 이야기다. 할머니의 친척들은 그녀의 시신을 개천에 던져 갑각류들을 잡았고, 잡은 갑각류는 죽은 고양이를 이용해 잡은 뱀장어를 살찌우는 데 사용했다는 기묘한 이야기였다.

예전 총리 청사에서는 히틀러가 저녁식사를 하면서 예전에 했던 이야기를 마음껏 반복하곤 했다. 그러나 은둔과 암울한 종말을 앞둔 시점에서 히틀러가 반복되는 이야기를 한다면 기분이 최상이라는 뜻이었다. 대부분의 식사시간에는 죽은 듯한 침묵만이 흘렀기 때문이다. 나는 생명력이 서서히 빠져나가는 한 인간의 모습을 보았다.

보통 몇 시간씩 걸리는 회의나 식사시간에 히틀러는 개에게 구석에 가서 앉아 있으라고 명령했다. 그러면 개는 항의하듯 으르렁거리며 가만히 앉아 있는다. 만일 아무도 지켜보는 사람이 없으면 개는 주인의 자리에 몰래 기어와서 조심스러운 노력 끝에 자신의 주둥이를 그의 무릎에 올려놓는다. 그러면 즉시 날카로운 명령이 녀석을 다시 구석으로 쫓아버린다. 지각 있는 방문자라면 그랬겠지만 나 역시 개에게 다정한 행동을 하는 것을 피했다. 하지만 가끔 그것이 쉽지 않을 때가 있었는데, 특히 식사 때 그 녀석이 내 무릎에 머리를 대고 고기 조각을 뚫어지게 관찰할 때는 더욱 그랬다. 분명 주인이 먹는 채소보다는 맛나 보였을 것이다. 개의 이런 배신행위를 본 히틀러는 신경질적으로 개를 다시 불렀다. 그 개는 지휘부 안에서 히틀러에게 남아 있는 인간적 감정을 불러일으킬 수 있는 유일한 존재였다. 또한 유일하게 말을 하지 않는 존재였다.

대중으로부터의 히틀러의 고립은 거의 알아채지 못할 정도로 천천히 진행되었다. 1943년 8월 이후 히틀러는 그의 힘겨운 소외를 드러내는 발언을 하곤 했다. "슈페어, 요즘은 친구가 둘뿐이군. 브라운 양과 개라네." 그의 말투가 너무도 염세적이고 마음속 깊이 쥐어짜는 듯해 나는 감히 나의 충성을 확인하려 들 수도 없었다. 이 말은 히틀러의 예언 중 유일하게 현실화된 것이었다. 그러나 그 두 진실한 벗은 히틀러에게 명예가 되지 못했다. 오히려 연인의 헌신과 개의 충성을 빛나게 해줄 뿐이었다.

훗날 수감생활을 하면서 엄청난 정신적 압박 속에서 살아가는 것이 무엇인지 깨닫게 되었다. 그제야 나는 히틀러의 삶이 수감자의 그것과 유사하다는 사실을 알 수 있었다. 그의 벙커는 두터운 벽과 감옥 같은 천장으로 이루어져 있었다. 비록 1944년 7월에서야 무덤을 연상시키는 벙커가 만들어졌지만 말이다. 몇 안 되는 통로마다 철문과 철 셔터가 설치되어 있었고, 철조망이 쳐진 구역에서의 산책은 수감자들이 감옥 마당을 돌고 도는 것 이상의 맑은 공기와 신선한 자연을 제공하지 못했다.

히틀러의 일과는 2시경 상황회의와 함께 시작되었다. 외부적으로 볼 때 회의 장면은 1942년 봄 이후 달라진 것이 없다. 같은 장성들과 부관들이 커다란 지도가 있는 테이블을 둘러싸고 모인다. 다만 모든 참석자들이 이제는 나이가 들고, 지난 1년 반 동안 일어난 일들로 인해 지쳐 보일 뿐이다. 무관심과 체념 속에서 그들은 히틀러의 슬로건과 지시를 듣는다.

반가운 소식들도 전해졌다. 포로들의 증언과 러시아 전선의 특별보고에 따르면, 적이 곧 지쳐 탈진할 것으로 예상된다는 것이다. 소련의 공세에서 우리보다 그들의 인명 피해가 컸으며 인구 비율로 대비할 때도 피해 수준은 그쪽이 훨씬 심각했다. 별로 중요하지 않은 성공담들이 회의 도중 자꾸 부풀려져 히틀러에게는 독일의 소련 공격을 놈들이 완전히 소진될 때까지 계속할 수 있다고 믿게 되는, 돌이킬 수 없는 근거가 되어버리곤 했다. 더욱이 우리는 히틀러가 적당한 시기에 전쟁을 끝낼 것이라고 믿고 있었다.

다음 몇 달간의 정세를 예측하기 위해 요들이 히틀러에게 보고서를 제출했다. 요들은 자신의 진정한 직책이지만 히틀러가 점점 통제력을 행사하고 있는 군사작전 총지휘관으로서의 위치를 되찾고자 했다. 그는 히틀러가 통계수치를 근거로 하는 주장은 믿지 않는다는 것을 잘 알고 있었다. 1943년도 저물어갈 무렵, 히틀러는 여전히 소련군의 잠재력을 대단히 높이 평가했던 게오르크 토마스 장군의 의견을 비웃고 있었다. 히틀러는 보고서 내용에 분노를 터뜨렸다. 그리고는 토마스 장군과 군총사령부에 이와 같은 사안의 조사를 금하는 명령을 내렸다. 1944년 가을 무렵 군수부 기획위원회는 작전 참모진의 결정을 돕기 위해 최선의 노력을 한 끝에 적의 군수조달 역량에 대한 보고서를 작성했다. 그러나 카이텔의 꾸지람이 되돌아왔고, 그러한 보고서를 총사령부에 제출하지 말라는 명령을 받았다.

요들은 자신의 보고서 전달을 가로막는 엄청난 장벽의 존재를 실감하게 되었다. 그는 크리스티안이라는 이름의 젊은 공군대령을 회의에 참석시켜 전황을 간단하게 보고하도록 했다. 그 대령은 히틀러의 저녁 티타임에 참석하는 비서 가운데 한 사람과 결혼했다는 점에서 상당히 유리한 면이 있었다. 그의 요점은 예상되는 적의 전략과 우리에게 미칠 영향에 관한 것이었다. 그러나 크리스티안 대령이 완벽한 침묵을 지키고 있는 히틀러에게 큰 유럽 지도의 몇몇 장소를 가리키는 동작을 한 것 외에는 그날 보고에서 무슨 일이 있었는지 기억이 나지 않는다. 어쨌든 요들의 시도는 참담한 실패로 막을 내렸다.

군부 인사들의 별다른 언쟁이나 반발 없이, 히틀러는 상황을 전적으로 무시하며 혼자 모든 결정권을 행사했다. 상황 분석이나 세부적인 통계는 필요로 하지 않았고 공격 계획의 효력과 적의 대응가능성을 면밀히 검토하는 연구 단체에도 의존하지 않았다. 지휘부 장교들은 이러한 현대전의 기능을 수행할 역량이 충분했으므로 그들의 능력을 활용하기만 해도 되었을 것이다. 분명, 히틀러는 부분적인 정보는 받아들였다. 그러나 전체적인 종합은 자신의 머릿속에서만 이루어져야 한다고 믿었으므로 군 원수들이나 가까운 군부 측근들도 단지 조언을 하는 역할에 그쳤다. 모든 결정은 히틀러의 마음속에서 이루어졌고 바뀔 수 있는 것이라고는 사소한 부분들뿐이었다. 더욱이 1942~43년 동부 전선에서의 참담한 패배의 기억은 엄격하게 억압되었고 모든 결정은 완전한 진공상태에서 내려졌다. 모두가 엄청난 압박 속에서 생활하고 있던 지휘부에서는 상부에서 내려지는 지시야말로 가장 환영받았다. 결정권에는 실패에 대한 책임 역시 뒤따른다는 것을 뜻했다. 당시 지휘부 장교 중에 끝없는 스트레스를 피하기 위해 전방 근무를 지원하는 이들은 드물었다. 지금도 당시의 일들은 수수께끼처럼 남아 있다. 엄청난 심리적 중압감에도 불구하고 우리들 가운데 누구도 유보적인 태도에서 벗어나려는 노력을 하지 않았다. 아니 사실, 의식조차 못했다고 하는 게 옳겠다. 놀라운 일들이 계속 일어나는 지휘부에서, 히틀러의 결정으로 병사들이 싸우고 죽어가는 전방 상황이 어떻게 변할지 알면서도 아무도 입장표명조차하지 않았다. 히틀러가 참모진의 후퇴 요청만 따랐더라도 피할 수 있었던 위기였다는 사실이 번번이 드러났다.

아무도 독일의 국가원수가 주기적으로 전방을 시찰하기를 기대하지 않았다. 그러나 군총사령관으로서, 더욱이 모든 결정권을 가졌던 자로서 전방 방문은 마땅히 수행해야 할 의무였다. 만일 중병이 났다 하더라도 대리인을 지명해 그 역할을 하도록 해야 했다. 생명의 위협이 두려웠다면, 그는 군총사령관의 자격이 없는 사람이다.

몇 번만 전방을 시찰했어도 히틀러와 참모진은 심각한 인명피해를 초래한 중대한 과실이 무엇인지 깨달을 수 있었을 것이다. 그러나 히틀러와 참모들은 지도만 보고 전쟁을 지휘할 수 있다고 믿었다. 그들은 러시아의 겨울과 도로 사정도, 막사도, 제대로 된 시설도 없이 반쯤 언 땅에 참호를 파고 구덩이 속에서 생활하는 군인들의 고통이 어떤지도 알지 못했다. 병사들의 저항력은 오래전에 무너졌다. 상황회의에서 히틀러는 이런 상태의 부대를 최고의 전력을 지녔다고 가정하곤 착각 속에서 명령을 내렸다. 그는 지도를 보면서, 무기와 탄약도 바닥난 지쳐버린 군대를 진군시켰다. 게다가 현실성 없이 일정을 짜는 일도 잦았다. 그는 언제나 즉각적인 수행을 명령했으므로, 명령을 받은 군대는 기동부대가 포격 능력을 완전히 갖추기도 전에 적의 포화 속으로 진군해야만 했다. 그 결과 독일군들은 조금씩 적에게 접근해 서서히 궤멸해갔다.

지휘부의 통신설비는 당시 상황에선 놀라울 정도의 수준이었다. 언제든 주요 전장과 즉각 연결할 수 있었다. 그러나 히틀러는 전화와 전신, 텔레타이프의 능력을 지나치게 과신했다. 우수한 통신장비 덕분에 전장의 지휘관들은 전쟁 후반부에 들어서면서 좋은 기회를 여러 번 놓칠 수밖에 없었다. 상황실에 놓인 책상에서 전방 부대의 지휘관들과 즉각적으로 연결을 할 수 있었던 히틀러는 언제든 현지 작전에 관여했다. 상황이 어려워질수록 현대 기술은 현실과 상황실 책상 사이에 더욱 큰 격차를 만들어냈다.

군대의 통솔 능력은 지성과 침착성, 대담함이 결정한다. 히틀러는 이 점에서 자신이 수하 장성들보다 더 뛰어난 자질을 갖추었다고 믿었다. 그는 계속해서 앞일을 자의적으로 예측했다. 1941년에서 42년으로 넘어가는 겨울의 참패 이후, 최악의 상황은 언제든 극복될 수 있다고 믿었을 뿐 아니라 히틀러는 그러한 위기에서만 자신의 입지가 얼마나 견고하고 자신이 얼마나 담대한지 입증할 수 있다고 믿었다.*

히틀러의 발언은 회의에 참석한 장성들에게는 달갑지 않은 것이었다. 그는 종종 참모와 측근들을 돌아보고 그들에게 직접적인 모욕을 가하기도 했다. 히틀러의 주된 논점은 그들이 확고부동하지 못하고 항상 후퇴할 준비만 하고 있으며, 정당한 이유 없이 물러나려고 한다는 것이었다. 겁쟁이들은 결코 전쟁을 시작할 용기를 갖추지 못할 것이라고 히틀러는 말했

---

* 1944년 7월 26일, 히틀러는 업계 지도자들에게 자랑 삼아 이야기했다. "내가 말할 수 있는 것은, 지금과 같은 시기에 살아남으려면, 그리고 우리의 생존을 위한 결정권을 행사해야 한다면, 지도자들에게는 그 어느 때보다도 강인한 용기와 단호한 결단력이 필요하다는 것뿐입니다…. 용기 없는 사람이라면 지금 내가 이룬 것 같은 업적을 달성할 수 없었을 것입니다."

다. 항상 전쟁에 반대하고 우리의 전력이 너무도 약하다는 주장을 계속하고 있다는 것이다. 히틀러는 외쳤다. 오로지 자신만이 옳지 않았던가! 그는 지금까지 성공한 군사 작전들을 죽 언급하면서, 여기에 참모진이 했던 반대 주장들을 다시 되새겼다. 그동안 변화한 전세에도 불구하고, 이것은 그의 발언 효과를 극대화했다. 그런 식으로 과거의 작전들을 정리하면서 히틀러는 점점 흥분했고 낯빛이 상기되었으며, 빠르고 큰 목소리로 격정을 폭발시켰다. "그들은 끔찍한 겁쟁이일 뿐만 아니라 정직하지 못한 사람들이다. 엄청난 거짓말쟁이들이다! 참모진은 거짓과 기만이 가득한 교육을 받았다. 차이츨러! 이들은 패배자다. 당신들은 스스로를 속이고 있다. 나를 믿으라. 그들은 상황을 고의로 왜곡해 보고하고 있다. 내가 후퇴 명령을 내리길 원하기 때문이다!"

전방 부대에 모든 희생을 감수하고서 점령지를 사수하라는 히틀러의 명령은 변함없었다. 그는 소련군이 분명 며칠 혹은 몇 주 내로 전력을 상실할 것이라고 주장했다. 그런 다음은 새로운 분노가 터져 나오는 순서다. 다시금 장성들에 대한 비난과 독일군 병사들에 대한 불만이 뒤섞여 나왔다. "제1차 세계대전 때에는 독일군이 얼마나 강했는지 모른다네. 베르됭과 솜 등지에서 얼마나 용감하게 싸웠던가. 지금 같으면 모두들 질색을 하고 도망칠 테지."

히틀러의 독설을 감내해야 했던 장교와 장성들 중 많은 수가 1944년 7월 20일 반란에 동참하게 된다. 반란의 조짐은 이미 만연해 있었다. 과거의 히틀러는 분별력이 뛰어나 말을 할 때도 주변의 사람들을 고려했다. 하지만 이제는 자제심을 잃고 무모함을 드러냈다. 그의 발언은 검사 앞에서 위험한 내용을 발설하는 수감자만큼이나 위협적인 급류가 되었다. 히틀러는 강박관념에 사로잡혀 있었다.

자신이 언제나 정당한 명령만을 내렸다는 것을 후대에 입증하기 위해 1942년 여름, 히틀러는 전문 속기사를 의회에서 불러다가 상황회의 시간 동안 그가 한 말을 빠짐없이 기록하게 했다.

히틀러는 가끔 딜레마 속에서 방법을 모색했다고 생각할 때는 이렇게 덧붙이곤 했다. "이해가 되나? 그렇지. 언젠가 사람들이 내가 옳았다는 걸 알게 될 거야. 하지만 이 바보 같은 참모들이 내 말을 믿으려고 하지 않는구먼." 심지어 독일군이 퇴각하고 있는 순간에도 그는 자신감에 차서 외쳤다. "내가 그렇게 명령하지 않았던가, 3일 전에 말일세. 또다시 명령이 지켜지지 않는 일이 발생했군. 내 명령은 지키지도 않고 모두가 거짓말을 하며 소련군 탓으로 돌리지. 소련군 때문에 명령을 수행하지 못했다고 거짓말을 하는 게야." 전선을 너무 다변화함으로써 독일군의 전력이 약화된 것이 중요한 실책이었음을 인정하지 않았다.

정신없이 돌아가는 지휘부에 본의 아니게 배치된 속기사들은 불과 몇 달 전만 해도 괴벨스에게 교육받은 내용대로 히틀러를 위대한 천재로 간주했을 것이다. 하지만 이제 그들도 현실을 파악하지 않을 수 없었다. 나는 지금도 누르스름한 얼굴빛으로 자리에 앉아 기록을 하거나, 혹은 잠시 쉬는 시간에 풀이 죽어 지휘부 안을 이리저리 걸어 다니던 속기사들의 모습이 생생히 떠오른다. 마치 제일 앞좌석에 앉아 비극을 목격해야 할 운명에 처한 국민의 사절단처럼 보였다.

동부 지역에서 전쟁이 시작될 무렵, 슬라브족이 열등한 종족이라는 편견에 사로잡혀 있던 히틀러는 전쟁이 아이들 장난이 될 거라고 공언했다. 그러나 전쟁을 오래 끌면서, 히틀러도 러시아인들을 인정하게 되었다. 특히 그는 전쟁 초기에 패배를 받아들이는 러시아인들의 냉정함에 감동한 듯했다. 히틀러는 스탈린을 칭송했는데, 무엇보다 자신과 비견할 만한 인내심을 높이 평가했다. 1941년 겨울 모스크바에 드리워진 암운이 그가 지금 겪고 있는 고통과 너무도 유사하다는 사실 또한 그에게는 인상적이었을 것이다. 간단한 신뢰를 표현하면서도,[5] 그는 익살스러운 말투로 소련을 굴복시키고 나면 소련 정부를 스탈린에게 맡기는 것이 최선의 방법이라고 말하곤 했다. 물론 독일의 지배권 아래에서 말이다. 소련 국민들을 스탈린보다 잘 통치할 인물은 없다는 것이다. 평소 히틀러는 스탈린을 동료처럼 생각했다. 스탈린의 아들이 포로로 붙잡혔을 때 그에게 특별대우를 명령한 일도 아마 이러한 존중감에서 나온 행위였을 것이다. 프랑스와 휴전협정을 맺고 히틀러가 소련과의 전쟁을 아이들 장난으로 예측한 이후, 상황에는 큰 변화가 있었다.

동부 전선의 적이 대단히 강력하다는 것을 깨달았지만, 히틀러는 끝까지 서방 군대의 전투력이 형편없다는 편견에서 벗어나지 못했다. 아프리카와 이탈리아에서 연합국이 승리를 거두었음에도 서방의 병사들은 상황이 악화되면 도망쳐버릴 것이라는 히틀러의 확신은 흔들리지 않았다. 그는 민주주의가 국가를 약화시킨다고 굳게 믿었다. 1944년 여름까지도 히틀러는 서방과의 전투에서 잃은 모든 것을 곧 되찾을 수 있다고 생각했다. 히틀러는 뒤틀린 시각으로 서방 정치인을 바라보았다. 상황회의에서 자주 거론했듯이, 히틀러는 처칠을 무능한 알코올중독 선동가라고 평가했다. 루스벨트는 소아마비가 아니라 매독에 의한 마비라고 알고 있었고, 따라서 정신적으로 건전하지 못한 인물로 평가했다. 이러한 견해 역시 그가 전쟁 말기에 얼마나 현실과 괴리되어 있었는지 잘 보여주는 대목이다.

라스텐부르크 제한1구역 내부에 찻집이 지어졌다. 가구는 칙칙한 주변에 비해 산뜻하게 갖추어졌다. 이곳에서 우린 가끔 베르무트를 마시곤 했고, 육군 원수들이 히틀러와 만나기 전에 여기서 기다리기도 했다. 히틀러는 장군들이나 총사령부 장교들과 마주치는 일을 피하고자 이 찻집에 잘 들르지 않았다. 그러나 1943년 7월 25일, 이탈리아에서 파시즘이 허무하게 종말을 내리고 바돌리오 정부가 새로 들어선 며칠 동안, 히틀러도 오후에 찻집에 들러 열댓 명의 군부와 정계 측근들과 함께 차를 마시며 시간을 보냈다. 그들 중에는 카이텔, 요들, 보어만 등이 끼어 있었다. 한번은 요들이 무심결에 이런 말을 했다. "생각해봐요. 파시즘이 저렇게 비누거품처럼 터져버리다니." 누군가 다른 곳으로 화제를 돌릴 때까지 무시무시한 침묵이 뒤따랐다. 요들은 깜짝 놀란 듯했고 얼굴이 홍당무처럼 붉어졌다.

몇 주 후 헤세의 필리프 왕자가 지휘부에 초대되었다. 그는 히틀러가 특별히 존경심을 가지고 대하는 몇 안 되는 추종자 가운데 하나였다. 필리프는 이전에도 히틀러에게 도움이 된 적이 많았다. 특히 제3제국 초기에 이탈리아의 파시즘 정부 수뇌부와 다리를 놔주기도 했다. 특히 왕자는 히틀러가 값비싼 미술품을 사들이는 데 많은 도움을 주었고, 이탈리아 왕실 내의 인맥을 활용해 이탈리아에서 수출되는 예술품들을 소개해주었다.

최대한의 예의를 갖추어 대하며 식사에 초대하곤 했던 히틀러는 왕자가 며칠 뒤에 떠나려고 하자 퉁명스럽게 지휘부를 떠날 수 없다며 가로막았다. 그때까지 '진짜 왕자'와 이야기나누는 것을 그렇게 좋아하던 히틀러의 측근들이 갑자기 전염병 환자라도 되듯 왕자를 피하기 시작했다. 9월 9일, 필리프 왕자와 이탈리아 왕의 딸인 마팔다 왕자비는 히틀러의 지시로 강제수용소에 갇히는 신세가 되었다.

몇 주 뒤 히틀러는 처음부터 왕자가 이탈리아 왕실에 기밀 정보를 보내는 것을 의심했다고 의기양양하게 말했다. 그는 왕자를 계속 주시했고 전화 도청을 지시했다. 이러한 방법으로 왕자가 비밀번호들을 아내에게 전달했음을 알아냈다는 것이다. 자신의 탐정으로서의 자질에 흐뭇해하며 왕자에게 지극히 친절하게 대한 것 역시 작전의 일부였다고 말했다.

왕자와 왕자비의 체포는 히틀러와 가까운 모든 사람들에게 자신들 역시 히틀러의 손아귀에 놓여 있다는 것을 깨닫게 했다. 히틀러가 은연중에, 그리고 의도적으로 측근 중 누군가의 행동을 주시하고 있고 어느 날 갑자기 해명의 기회도 주지 않은 채 그를 강제수용소로 보내버릴지도 모른다는 두려움이 무의식중에 퍼져나갔다.

무솔리니와 히틀러의 관계는 무솔리니가 오스트리아 위기에 직면해 독일을 지지해준 이후, 우호의 상징으로 여겨졌다. 무솔리니가 실각하고 어디론가 사라져버린 이후, 히틀러는 니벨룽족다운 헌신에 고취된 듯했다. 상황회의에서 히틀러는 계속 반복해 친애하는 동지가 어디에 있는지 찾아야 한다고 거듭 주장했다. 그는 무솔리니의 운명이 밤낮으로 그를 짓누르는 악몽이 되었다고 되풀이했다.

1943년 9월 12일, 지휘부에서 열린 상황회의에 나와 함께 티롤과 카린티아의 관구장이 참석했다. 티롤 남부뿐만 아니라 이탈리아의 영토인 베로나까지 티롤 관구장 호퍼의 관할로 정해졌다. 트리에스테를 포함한 베네티아 대부분 지역은 카린티아의 라이너 관구장에게 복속되었다. 나에게는 군수품과 위에 말한 이탈리아 북부의 모든 생산시설, 발전시설에 대한 관할권이 주어졌다. 그리고 놀라운 일이 벌어졌다. 칙령에 서명한 지 몇 시간 뒤 무솔리니의 독립 정부 수립 선언이 전해진 것이다.

두 관구장은 그들의 새로운 관할 지역이 다시 상실되었다고 여겼고 나도 마찬가지였다. 나는 말했다. "무솔리니가 히틀러의 칙령을 받아들일 거라고는 기대할 수 없을 거요." 잠시 후 나는 히틀러를 만나 칙령을 취소하라고 권했다. 하지만 놀랍게도 히틀러는 나의 제안을 거절하며 그 칙령이 계속해서 유효할 것이라고 말했다. 나는 새 이탈리아 정부가 무솔리니 아래서 구성되었다고 지적하고, 독일은 이탈리아의 주권을 침범해서는 안 된다고 말했다. 히틀러는 잠시 생각하더니 이렇게 대답했다. "내 칙령을 다시 제출하게. 서명을 해야 하니까. 내일까지야. 그리고 나의 칙령이 친애하는 동지의 독립 선언과 관계가 없다고 생각해서는 안 되네."[6]

물론 북부 이탈리아를 분할하는 칙령이 내려지기 며칠 전에 이미 히틀러는 무솔리니가 수감되어 있는 곳을 알아냈다. 엄밀히 말해 임박한 무솔리니의 독립선언 때문에 우리가 지휘부로 그토록 급히 불려갔다고 추측하는 것이 옳을 것이다.

다음 날, 무솔리니는 라스텐부르크에 도착했다. 히틀러는 깊은 감동을 느끼며 그를 포옹했다. 3국조약 기념일에 히틀러는 스스로 "우정으로 맺음"을 선언한 친애하는 동지에게 "파시즘으로 명예로운 해방을 맞이할 이탈리아의 미래를 위한 뜨거운 소망"을 담은 편지를 보냈다.

모두 기억하듯이 2주 전에 히틀러는 이탈리아를 분할했었다.†

† 무솔리니는 패색이 짙어가는 1943년 7월, 군부 쿠데타로 실각하여 그란사소의 산중에 구금되었다. 그해 9월 독일군에게 구출되어 북이탈리아에 나치스 괴뢰정부(이탈리아사회공화국)를 수립했다. 하지만 1945년 4월 유격대의 봉기로 나치스·파시스트의 지배는 끝이 났고, 스위스로 도피하려던 무솔리니는 코모 호수에서 붙잡혀 처형당했다.

22

퇴락의 길
Abstieg

1943년 가을까지는 군수품 생산 실적이 나의 입지를 강화해주었다. 독일의 산업 자원을 모두 소진한 후에는 우리의 지배 아래 들어온 유럽 지역의 자원 활용을 시도했다.[1] 히틀러는 처음에는 서부 지역의 자원 동원을 주저했다. 그리고 앞으로 동부 점령지가 실제적으로 탈산업화되어야 한다는 결론을 내렸다. 산업이 공산주의를 자극하고 환영받지 못할 지식인 계급을 양산한다는 생각 때문이었다. 그러나 상황은 히틀러의 예측보다 훨씬 힘겨웠다. 히틀러는 손상되지 않은 산업시설이 군 보급을 위해 얼마나 유용한지 충분히 알 만큼 영리한 사람이었다.

점령지 중에서는 프랑스가 가장 중요했다. 1943년 봄까지는 프랑스의 산업 생산이 우리에게 거의 도움이 되지 않았다. 자우켈의 강압적인 노동자 차출이 기대했던 결실보다는 오히려 손해를 가져왔다. 강제 동원을 피하기 위해 프랑스 노동자들은 공장에서 도망쳤고, 우리의 필요를 충당할 정도의 생산성을 보인 곳은 극히 드물었다. 1943년 5월, 나는 이 점에 대해 자우켈에게 항의했다. 그해 7월, 파리에서 열린 회의에서 나는 프랑스 내 산업시설 가운데 군수품 생산과 관련된 곳만이라도 최소한 차출이 면제되어야 한다고 제안했다.*

나와 군수부 관계자들은 프랑스뿐만 아니라 벨기에와 네덜란드에 있는 생산시설들을 의류, 신발, 직물, 가구와 같은 생활필수품의 생산을 위해 활용하려고 했고, 그렇게 함으로써 독일 내 공장들을 군수품 생산에 주력하도록 하고 싶었다. 9월, 내가 모든 생산을 총괄하는 책임자 자리에 오르면서 프랑스의 생산장관을 베를린으로 초청했다. 소르본 대학의 교수인 비슐론은 유능하고 정력적인 인물로 잘 알려져 있었다.

외무부와 몇 번 실랑이 끝에 나는 비슐론을 국빈 방문의 형식으로 초청할 수 있었다. 이를 위해 히틀러에게 "비슐론은 나를 만나기 위해 절대 뒷문으로 들어올 인물이 아니라는 것"을 설명해야 했다. 나의 노력 끝에 프랑스의 생산장관은 독일 정부의 영빈관에 머물 수 있었다.

비슐론이 도착하기 닷새 전, 나는 히틀러에게 우리와 프랑스 그리고 독일이 점령한 유럽 국가들이 동등한 동반자관계를 기반으로 범유럽생산기획위원회를 구성할 것임을 확실히 했다. 물론, 독일이 주도적인 목소리를 낸다는 전제를 달았다.[2]

1943년 9월 17일, 나는 비슐론을 영접했다. 우리 두 사람의 개인적인 친분은 훨씬 오래전에 싹터 있었다. 우린 젊었고 미래는 우리 편이 되리라는 믿음이 있었으며 그래서 지금 지배 세력을 형성하고 있는 제1차 세계대전 세대의 실책을 되풀이하지 않겠다는 약속을 스스로에게 할 수 있었다. 심지어 나는 마음속으로 히틀러의 프랑스 분할 계획을 막을 준비까지 하고 있었다. 유럽이 경제적으로 통합되어 국경의 의미가 퇴색한 시점에서는 새로운 꿈이 필요했다. 이런 생각은 당시 나와 비슐론이 빠져 있던 유토피아적인 관념이었고, 우리가 숨 쉬던 미망과 꿈의 세계를 상징하고 있었다.

협상 마지막 날, 비슐론은 나에게 개인면담을 청했다. 자우켈의 선동으로 라발 수상이 그에게 노동자들을 프랑스에서 독일로 이송하는 문제의 언급을 금했다며 말을 시작했다.[3] 그럼에도 불구하고 내가 그 문제를 다루길 원하는지 물었고, 물론 그렇다고 나는 대답했다. 비슐론은 자신의 우려에 대해 설명했다. 나는 프랑스 산업시설에서 노동자를 차출하지 않는 조치가 도움이 되는지 질문했다. "만일 그렇게만 된다면, 우리가 방금 합의

한 내용을 비롯해 내가 우려했던 모든 문제가 해결될 겁니다." 비슐론은 안도한 듯 말했다. "하지만 그렇게 되면 프랑스 노동자들의 독일 이주가 사실상 중단되겠죠. 정직하게 말한다면요."

나는 그 문제를 잘 알고 있었지만 이것은 내가 프랑스의 산업 생산을 우리의 목적에 부합하도록 운용할 수 있는 유일한 길로 보였다. 우리 둘 모두 이례적인 입장을 취한 셈이었다. 비슐론은 라발의 지시를 거부했고 나는 자우켈에게 불복한 셈이었다. 우리는 상관의 동의 없이 광범위한 합의에 도달했다.**

우리의 생산 계획은 양국에 도움이 되는 것이었다. 나는 군수 생산을 늘릴 수 있었고, 프랑스는 전쟁 중에도 평화 시와 같은 생산체제를 유지할 수 있었으니까 말이다. 군 지휘관들의 협조 아래 프랑스에 제한적이나마 공장들이 들어서게 되었다. 공장 앞에는 노동자들은 자우켈의 징집에서 제외될 수 있다는 내용의 벽보가 나붙었다. 이 약속 뒤에는 내가 버티고 있었다. 벽보에는 나의 서명이 복사되어 있었다. 그러나 기본적으로 프랑스의 산업 역량은 강화되어야 할 필요가 있었고, 교통 개선과 식량 증산도 이루어져야 했다. 따라서 거의 모든 중요 생산시설이, 막바지에 이르러서는 1만여 곳의 공장들이 자우켈의 영향에서 자유로울 수 있었다.

비슐론과 나는 그 주말을 내 친구 아르노 브레커의 시골집에서 보낸 뒤, 월요일에 프랑스와의 새로운 합의사항을 자우켈의 부관에게 알렸다. 나는 그들에게 노동자들을 프랑스의 공장으로 돌려보내는 데 역량을 집

---

* "슈페어 장관은 보호 생산시설을 따로 지정함으로써 상황 개선을 제의했다. 이 공장들은 강제 이주에서 제외될 수 있었기 때문에 프랑스 노동자들에게 인기가 있었다"(업무일지 1943년 7월 23일).

** 자우켈은 1944년 3월 1일 중앙기획 회의에서 말했다. "저는 독일 사람입니다. 프랑스에 있는 프랑스 업체들을 저의 손에서 벗어나게 하기 위해 특별히 보호해야 한다는 현실은 받아들이기 힘듭니다."

중하라고 요청했다. 그 수치는 반드시 "독일 군수 생산 배치인원"의 할당량에 따라야 한다는 것을 강조했다.[4]

열흘 뒤, 나는 히틀러의 지휘부에서 보고하면서 자우켈의 코를 납작하게 만들었다. 히틀러는 보고서 내용을 받아들였고, 나의 조치를 승인했다. 폭동과 파업으로 빚어질 수 있는 생산 손실까지 고려되어 있었다.[5]

이런 식으로 자우켈의 프랑스 지배는 막을 내렸다. 독일로 차출되는 매 달 5만 명이라는 할당량은 사라졌고, 그 수는 매달 5,000명으로 급락했다.* 몇 달 뒤 1944년 3월 1일, 분개한 자우켈은 다음과 같이 보고했다. "프랑스에 있는 제 부관들에게 듣기로는 모든 것이 끝난 분위기라고 합니다. 문을 완전히 닫을지도 모른다고 말하더군요. 지역마다 한결같이 비슐론 장관과 슈페어 장관이 협정을 맺었다는 이야기가 나돌고 있고, 심지어 라발 수상은 더 이상 독일에 노동자를 보내지 않겠다는 말까지 하고 있습니다."

오래지 않아 나는 네덜란드와 벨기에, 이탈리아에도 같은 원칙을 적용하기 위해 일을 추진했다.

1943년 8월 20일, 하인리히 힘러가 제국 내무장관에 임명되었다. 그때까지 힘러는 확실히 "국가 안의 또 다른 국가"로 칭해졌던 친위대 전체의 총통이었다. 그러나 경찰 수장으로서의 그의 통제권은 기이하게도 내무장관인 프리크 휘하에 있었다.

보어만을 등에 업은 관구장들의 세력은 나날이 강해져 제국의 주권을 분할할 지경에 이르렀다. 관구장들은 두 개의 그룹으로 갈라졌는데, 하나

* 뉘른베르크 문서 RF22, 1943년 7월 27일 자를 보면, 자우켈이 히틀러에게 쓴 편지가 있다. "그렇다면 저는 나의 총통 각하께 요청합니다. 저의 제안을 받아들여 전쟁이 끝날 때까지 50만 명의 프랑스인을 제국으로 보낼 수 있도록 해주십시오." 그의 보좌관 슈트로트팡 박사의 1943년 7월 28일 기록에 의하면, 히틀러는 자우켈의 제안을 수락했다.

는 1933년 이전에 관구장직을 맡았던 이들로 행정기관을 이끌 능력은 부족했다. 이들과 더불어, 시간이 흐르면서 보어만의 영향력 아래 새로운 관구장 그룹이 부상했다. 그들은 정규교육을 받은 젊은 행정관료들이었고, 당의 세력 강화를 꾀하고 있었다.

이 역시 히틀러가 자주 사용하는 이중 노선의 특징이 잘 나타나는 부분이다. 당 업무와 관련해서 관구장들은 보어만의 휘하에 들어 있었지만, 제국 국방위원으로서는 내무부에 소속돼 있었다. 관구장들이 유약한 프리크 내무장관 휘하에 이중으로 소속돼 있다는 사실은 보어만에게는 그리 신경 쓸 일이 아니었다. 그러나 정치 분석가들은 힘러가 내무장관직에 오름으로써 보어만이 심각한 도전에 직면할 거라고 예측했다.

나 역시도 같은 생각을 가지고 힘러의 역할을 기대하고 있었다. 무엇보다도 와해되고 있는 정부의 행정력을 그가 장악해주길 바랐다. 그리고 실제로 힘러는 나에게 제국 정부의 행정에 관해 제멋대로 일을 추진하는 관구장들을 견책하겠다고 약속해주었다.[6]

1943년 10월 6일, 나는 당 사무장과 관구장들 앞에서 연설을 했다. 연설에 대한 그들의 반응이 하나의 전환점을 만들었다. 나의 목적은 현재의 상황을 정치 지도부에게 분명히 인식시키는 것이었다. 예컨대, 대단한 로켓이 발사될 거라는 환상을 깨고 우리의 적이 모든 전선에서 승세를 잡고 있다는 사실을 깨닫도록 하는 것이다. 우리가 다시 주도권을 잡기 위해서는 여전히 평화 시의 상태를 유지하고 있는 일부 독일의 경제체제를 완전히 바꾸어야 한다고 선언했다. 소비재 생산에 주력하고 있는 600만 노동자 가운데 150만 정도가 군수품 생산에 투입되어야 한다고, 또 앞으로 소비재들은 프랑스에서 생산되어야 한다고 주장했다. 이로 인해 전쟁이 끝난 후에는 프랑스가 유리한 입장을 고수하게 될 거라는 점도 인정했다. 나를 보며 망연자실하게 앉아 있는 당 고위지도부를 향해 나는 이렇게 단언했다. "그러나 저의 결론은 이렇습니다. 만일 전쟁을 이기려고 한다면 바로 우리가 큰 희생을 치러야만 한다는 것입니다."

그리고 다음과 같은 말로 관구장들을 향해 더욱 대담한 도전장을 던졌다.

> 제가 하는 이야기를 기록해주시기 바랍니다. 소비재 생산시설 폐쇄를 방해해온 관구의 행위는 이제 용인되지 않을 것입니다. 만일 2주일 안에 저의 요청에 부응하지 않는 관구가 있다면 제 권한으로 공장 폐쇄 조치를 강행하겠습니다. 제가 이 자리에서 확실히 말씀드릴 수 있는 것은 어떤 대가를 치르더라도 제국정부의 권한을 실행하겠다는 것입니다. 힘러 친위대 사령관과의 합의에 따라 차후로는 조치를 이행하지 않는 관구는 엄격히 처벌하겠습니다.

관구장들은 계획의 규모에 놀란 것이 아니라 마지막 두 마디에 충격을 받았다. 내가 말을 끝내자마자 몇몇 관구장들이 일어나 나에게 다가왔다. 가장 나이가 많은 요제프 뷔르켈을 앞세운 무리는 목청을 높이고 팔을 휘저으며 내가 강제수용소를 내세워 그들을 위협한다고 항의했다. 오해를 풀기 위해 나는 보어만에게 한 번 더 단상에 오르게 해달라고 했지만 끝내 거절당했다. 보어만은 친절한 척, 오해를 하는 사람이 없으므로 그럴 필요가 없다고 너스레를 떨었다.

회의가 끝나고 총통지휘부로 향하는 특별열차에 타는 관구장들은 너무도 술에 취해 있어 부축을 받아야 했다. 다음 날 아침, 나는 히틀러에게 그의 정치적 동지들의 술버릇에 대해 따끔하게 나무라달라고 부탁했지만, 언제나 그렇듯이 히틀러는 동지들에게 아쉬운 소리를 하지 못했다. 한편, 보어만이 히틀러에게 나와 관구장들의 대립을 알렸다.* 히틀러는 나에게 관구장들이 격노한 상태라고 일러주었지만, 그 이유는 한마디도 하지 않았다. 곧 알게 된 사실이지만, 보어만이 나의 입지를 약화시키기 위해 계략을 꾸몄음이 분명했다. 그는 야금야금 쉬지 않고 나에게 타격을 가했고 처음으로 소기의 성과를 거둔 듯했다. 나 스스로가 보어만에게 구실을 제공한 셈이었다. 그 이후로 나는 자연스레 히틀러의 도움을 잃게 되었다.

나의 지휘권을 강화해주겠다는 힘러의 약속이 어떤 의미였는지 곧 알게 되었다. 나와 관구장들이 심각한 논쟁을 벌인 자료들을 힘러에게 보냈지만 몇 주 동안 아무런 소식도 없었다. 마침내 힘러의 차관 빌헬름 슈투카르트가 당혹스러움을 감추며 나에게 힘러 장관이 내가 보낸 서류를 바로 보어만에게 보냈고, 그의 답변이 이제 막 도착했다고 알렸다. 모든 내용이 관구장들의 확인을 거쳤다고 슈투카르트가 말했다. 예상했던 대로, 나의 지시는 효과가 없었고 관구장들은 자신들의 태도를 완벽하게 정당화했다. 힘러도 이 보고를 받아들였다는 것이다. 내가 정부의 권위를 강화하기를 원했던 만큼 당의 저항도 거셌다. 슈페어와 힘러의 연대에서는 아무 결실도 맺어지지 않았다.

이 모든 계획이 실패할 수밖에 없었던 이유를 깨닫기까지는 몇 달이 걸렸다. 남슐레지엔 관구장인 한케의 말에 따르면, 힘러가 일부 관구장에게 타격을 입히려는 시도를 했었다고 한다. 그는 친위대 대원들을 통해 명령을 전달하면서 관구장들의 권위에 정면으로 도전했다. 하지만 힘러는 곧 관구장들이 보어만이 이끄는 당 지도부로부터 필요한 지원을 받고 있음을 깨닫게 되었다. 불과 며칠 뒤, 보어만은 히틀러가 힘러의 이러한 행동을 금지하도록 조치했다. 히틀러는 관구장들에게 경멸감을 품고 있긴 했지만 결정적인 순간이 되면 오랜 투쟁 동지의 편으로 기울었다. 힘러도, 친위대도, 그의 감정적인 편파성에는 속수무책이었다.

한 번의 서투른 실패에 좌절한 친위대 사령관은 관구장들의 독립성을

---

* 나는 상세 내용을 1944년 5월에야 카우프만 관구장에게서 들을 수 있었다. 나는 곧바로 히틀러와 만남을 요청했다. 자세한 내용은 23장에 소개된다.

완전히 인정하고 말았다. 예정되었던 '제국국방위원회'는 영영 소집되지 않았고, 힘러도 정치적 영향력 면에서 한 단계 낮은 시장이나 주지사들에게 자신의 권위가 먹힌다는 사실에 만족해야 했다. 그리고 보어만과 힘러는 다시 친구가 되었다. 나의 연설은 이익집단의 구조를 드러내기는 했지만, 그들의 권력 구조를 폭로하는 과정에서 스스로를 위험에 빠뜨리고 말았다.

몇 달 지나지 않아 제국정부의 권력과 잠재력을 활성화하기 위한 나의 시도는 세 번째 실패를 경험하게 된다. 딜레마에 빠진 나는 공격을 취해 난관을 극복하려 했다. 나의 연설이 있은 지 불과 닷새 뒤, 히틀러는 나를 폭격으로 손상된 독일 도시들의 미래 설계 책임자로 지명했다. 이리하여 나는 보어만을 비롯한 정적들의 심장부에 근접한 분야로 접근했다. 그들 가운데 일부는 도시 재건을 자신들의 가장 중요한 미래 직무로 여기고 있었다. 히틀러의 칙령은 내가 그들을 올라서는 존재임을 다시 한 번 상기시켰다.

나는 도시 재건 사업에 정적에 대한 세력 견제 이상의 의미를 두었다. 여기에는 관구장의 자질에서 야기되는 또 다른 문제가 도사리고 있었는데 강력한 대응이 필요했다. 관구장들은 폭격으로 인한 파괴를 별 의미가 없는 역사적 건축물들을 허물 수 있는 기회로 여기고 있었다. 그들의 의도를 나타내는 사례는 도처에서 드러났다. 한 예를 들면, 어느 날 나는 에센 관구장과 지붕 테라스에 앉아 심한 공습으로 파괴된 도시를 내려다보고 있었다. 그는 아무렇지도 않은 듯, 어쨌든 폭격으로 부서졌으니 이제 에센 성당을 완전히 허물 수 있게 되었다고 말했다. 성당 건물이 그동안 도시 현대화에 걸림돌이 되었다는 것이다. 또 만하임 시장으로부터 불에 탄 만하임 성과 국립극장을 철거하지 못하게 해달라는 청원이 들어오기도 했다. 슈투트가르트에서는 불에 탄 성이 관구장의 명령으로 철거된다는 소식이 들려오기도 했다.*

그들의 논리는 한결같았다. 즉 성과 성당들을 철거해, 전후 자신만의 기념비를 세우겠다는 것이다! 이러한 충동은 부분적으로 당 지도부가 과거에 대해 가지고 있는 열등감에서 나온다. 하지만 한 관구장이 자신의 철거를 합리화하면서 나에게 설명한 바에 따르면, 성과 교회 건물이 우리의 혁명을 방해하는 저항의 요새 역할을 했다는 이유를 들었다. 이러한 발언은 당의 초창기 시절에 만연했던 환상을 드러낸다. 그 환상은 타협 속에서, 또 집권당의 재정비 과정에서 사라져버렸다.

나는 전쟁의 절정이자 전환점에 이르러서도 독일의 도시에 깃들어 있는 역사적 흔적을 지키는 데, 그리고 분별 있는 재건 정책에 큰 의미를 부여했다. 1943년 11월과 12월, 나는 관구장들에게 전쟁이 시작되기 전 내가 가졌던 구상을 담은 편지를 보냈다. 편지에는 젠체하는 예술적인 관념 대신 실용적인 계획으로 가득 차 있었다. 도시를 교통체증에서 벗어나게 해줄 수 있는 광범위한 교통계획, 대규모 주택 건설, 구도심지역 정비, 중심가에 상업지구 건설 등….[7] 과시적이고 기념비적인 건축에 대한 언급은 들어 있지 않았다. 그러한 건물에 대한 나의 열의는 식었고 히틀러도 마찬가지였다. 그는 내가 새로운 도시 건설 계획에 대해 설명하는 동안 그 어떤 반대의사도 표명하지 않았다.

---

* 히틀러는 이러한 계획에 대해 늦게 알았다. 게다가 관구장들은 해당 건물이 붕괴 직전이라고 보고했다. 8개월 뒤인 1944년 6월 26일, 나는 보어만에게 따졌다. "전국 여러 도시에서 폭격 피해를 입은 역사적·예술적 가치가 있는 건축물들을 철거하려는 계획이 진행되고 있습니다. 여기에 대해서 이 건물들이 붕괴 직전이거나 재건이 불가능하다는 이유를 들고 있소. 또한 철거가 도시를 재개발하는 기회가 된다고 여기고 있소. 당신이 모든 관구장에게 지시문을 보내, 역사적 가치가 있는 건물은 폐허가 되었을지언정 모든 방법을 동원해 보존해야 한다는 내용을 전달해주면 고맙겠소. 또한 관구장들에게 총통께서 도시 재정비 사업에 대해, 해당 건물의 재건에 대해 최종 결정을 내리실 때까지 건물 철거는 전면 중단되어야 한다고 알려주시오." 자원과 자재와 노동력을 구하기 힘들었지만, 나는 건물 붕괴를 막기 위해 파손된 건물을 수리하라는 명령을 내렸다. 나는 이러한 계획을 북부 이탈리아와 프랑스에서도 토트 조직을 활용해 시행하려고 노력했다.

1943년 11월 초, 소련군이 주요 망간 광산이 있는 니코폴을 향해 진군해 왔다. 이 무렵, 히틀러가 마치 괴링처럼 행동하며 장군들에게 의도적인 거짓말을 하게 하는 기이한 사건이 벌어졌다.

참모총장 차이츨러가 나에게 전화를 해 자신이 방금 히틀러와 격렬하게 부딪혔다고 알렸다. 대단히 화가 난 상태였다. 히틀러가 흥분해서 동원 가능한 모든 군대를 움직여 니코폴을 방어해야 한다고 주장했다는 것이다. 망간 없이는 곧 패배하고 만다는 것이 히틀러의 입장이었다. 망간 보유량이 없기 때문에 3개월 안에 군수장관인 내가 모든 군수품 생산을 중단하게 될 거라는 주장도 덧붙였다.[8] 차이츨러는 나에게 도움을 요청했다. 지금은 군대를 동원할 때가 아니라 바로 후퇴를 시작해야 할 시점이며 그것만이 또 다른 스탈린그라드 비극을 막을 수 있는 유일한 길이라고 설명했다.

이 말을 듣고 나는 즉시 철강산업의 전문가인 뢰흘링과 롤란트를 만나 망간과 관련된 우리의 상황을 파악했다. 물론 망간은 고강도 강철을 만드는 데 꼭 필요한 재료다. 그러나 동시에 차이츨러와 통화를 하고 나서 확실해진 것은 어쨌든 우리는 남부 러시아의 망간 광산을 잃을 수밖에 없는 상황이라는 점이었다. 전문가들과의 회의 결과는 대단히 고무적이었다. 11월 11일, 나는 차이츨러와 히틀러에게 텔레타이프로 보고했다. "망간 재고는 현재의 군수 생산 수준을 유지한다 해도 앞으로 11~12개월 충분히 사용할 수 있는 양입니다. 제국철강협회는 니코폴을 내준다 해도 다른 금속을 사용해 망간 재고를 유지할 수 있다고 확인해주었습니다. 또 철강 생산을 위해서 다른 재료를 사용하지 않고도 지금의 망간으로 18개월을 견딜 수 있습니다."[9] 나는 여기에 추가로 니코폴 인근 크리보이로크가 함락되어도 독일의 철강 생산에는 지장이 없을 것이라고 전했다. 이곳의 사수를 위해 히틀러는 대규모 방어 작전을 구상하고 있었다.

이틀 뒤 지휘부에 도착한 나에게 히틀러는 한 번도 들어본 적이 없는 노한 음성으로 소리쳤다. "도대체 참모총장에게 망간 재고에 대한 자료를 보고한 이유가 뭔가?"

히틀러가 흐뭇해할 줄 알았던 나는 깜짝 놀라 겨우 이렇게 대답했다. "나의 총통 각하, 어쨌든 반가운 소식이지 않습니까!"

히틀러는 내 대답을 들은 척도 하지 않았다. "자네는 참모총장에게 그런 자료를 주어서는 안 돼! 만일 보고할 것이 있다면 나에게 해주게. 자네는 나를 모욕적인 상황에 빠뜨렸어. 나는 막 모든 군대를 동원해 니코폴 사수에 나서라는 명령을 내린 참이었네. 마침내 군대에 전투 명령을 내릴 수 있는 이유를 찾았던 거야! 그런데 차이츨러가 자네의 자료를 가지고 찾아왔더군. 때문에 나는 거짓말쟁이가 되고 말았네! 니코폴이 함락되면 모두 자네 책임이야. 한 번 더 명령하네." 그의 음성은 거의 절규에 가까워졌다. "모든 자료보고는 나 외에 그 누구에게도 해서는 안 돼! 절대 금지야!"

그럼에도 불구하고 나의 보고는 나름의 결실을 가져왔다. 곧 히틀러도 망간 광산을 지키기 위한 전투를 포기했다. 동시에 소련의 압박도 줄어들어 니코폴은 1944년 2월 18일까지 함락되지 않았다.

그날 히틀러에게 보고한 두 번째 자료에서 나는 제철에 사용되는 모든 금속의 재고 상황을 표로 만들었다. "발칸반도와 터키 니코폴, 핀란드, 북노르웨이로부터의 수입은 고려되지 않았습니다"라는 단 한 구절에 의해 나는 이들 지역 모두가 함락될 수 있음을 암시했다. 다음의 표가 그 내용이다.

	망간	니켈	크롬	철망간중석	몰리브덴	실리콘
국내 재고	140,000t	6,000t	21,000t	1,330t	425t	17,900t
수입	8,100t	190t	—	—	15.5t	4,200t
소비	15,500t	750t	3,751t	160t	69.5t	7,000t
버틸 수 있는 개월 수	19	10	5.6	10.6	7.8	6.4

위 표를 통해 나는 다음과 같은 결론을 내릴 수 있었다.

> 따라서 공급이 모자라는 것은 크롬이다. 특히 중대한 문제로, 크롬은 고도로 발달된 군수산업에서는 없어서는 안 될 자원이다. 터키에서 수입이 중단된다면 크롬의 재고는 5~6개월 치밖에 남지 않는다. 크롬이 바닥나면 한 달에서 세 달 사이에 전투기와 탱크, 자동차, 탱크포탄, U-보트, 모든 종류의 포 생산이 중단된다. 그즈음이면 보급 과정에 있는 물품도 완전히 소진될 것이다.[10]

이 결론이 의미하는 바는 발칸 반도가 함락될 경우 대략 10개월 안에 전쟁이 끝난다는 얘기였다. 히틀러는 내가 보고하는 동안 침묵 속에서 귀를 기울였는데, 내 이야기의 의미인즉, 전쟁의 판세를 결정하는 것은 니코폴이 아니라 발칸 반도라는 것이었다. 히틀러는 토라진 듯 나에게서 몸을 돌려버렸다. 그리고는 나의 측근 자우어와 함께 새로운 탱크 프로그램에 대해 의논했다.

1943년 여름까지 히틀러는 매달 초 나에게 전화를 걸어 최근의 생산통계에 대해서 물었고, 내가 불러주는 수치를 준비한 종이에 받아 적었다. 나는 순서대로 숫자를 불렀고 그러면 히틀러는 외치곤 했다. "아주 좋아! 정말인가? 놀랍군. 티거가 110대라고? 약속보다 많은걸…. 그럼 다음 달에는 몇 대나 만들 수 있겠나? 지금은… 탱크 한 대가 중요한 시기야." 그는 보통 짤막한 말로 대화를 끝냈다. "우린 오늘 카로프까지 진격했네. 잘되고 있지. 그럼, 자료 전해줘서 고맙네. 자네 집사람에게도 안부 전해주게나. 부인은 아직 오버잘츠베르크에 있나? 그렇군, 하여간 인사 대신 해주게나."

내가 그에게 인사를 하고 "하일 퓌러"(총통 만세)라는 구호를 덧붙이면, 그는 "하일 슈페어"라고 답하기도 했다. 이 인사는 각별한 애정을 표시하는 것으로서 괴링이나 괴벨스, 측근들에게는 잘 쓰지 않는 말이었다. 거기에는 의무적으로 하는 인사 "하일, 마인 퓌러!"에 대한 희미한 조롱이 깃들어 있었다. 그런 순간에는 마치 내가 메달이라도 받은 듯 으쓱해졌다.

친근함을 표현하면서 생색내는 태도도 찾아볼 수 없었다. 비록 초창기에 품었던 히틀러에 대한 환상이나 그와 가까운 사람이 되었다는 설렘은 사라진 지 오래고 나 역시 많은 정부 각료들 가운데 하나가 되었지만, 히틀러의 입에서 흘러나오는 말의 마력은 그대로 남아 있었다. 정확히 말해, 권력을 향한 모든 음모와 싸움은 그 말 한마디를 듣기 위해, 혹은 그 말이 상징하는 바를 위한 것에 불과했다. 우리 모두와 우리의 위치는 그의 태도에 달려 있었다.

히틀러에게서 전화가 오는 횟수는 점점 줄어들었다. 언제부터인지 정확히 말하기는 어렵지만, 아마 1943년 가을부터 히틀러는 자우어에게 전화해 월별 실적을 물었다.[11] 나는 반발하지 않았다. 히틀러에게는 자신이 준 것을 다시 거두어 갈 권리가 있었다. 그러나 특히 보어만이 오랜 당원인 자우어, 도르슈와 가까웠기 때문에 군수부 안에서 나의 입지는 점점 불안해졌다.

처음에는 입지를 다지기 위해 업계대표들을 군수부 내 열 개 부서의 대표로 임명했다.[12] 그러나 도르슈와 자우어는 자신들의 부서에서 내 의도를 좌절시켰다. 군수부 내에서 도르슈를 중심으로 새로운 계파가 형성되고 있음이 분명했다. 1943년 12월 21일, 나는 이른바 '쿠데타'를 감행해 오랜 측근 두 사람을 인사부와 조직부의 장에 임명하고,[13] 토트 조직을 그들의 지휘 아래 두었다. 두 사람은 내가 히틀러 최고 건축가 시절부터 함께 했던 믿을 만한 사람들이었다.

다음 날, 나는 독일 제국의 영토 안에서 가장 외지고 한적한 곳을 찾아가 숱한 개인적 좌절과 음모로 가득 찼던 1943년이라는 무거운 짐을 내려놓았다. 그곳은 노르웨이 북라플란드였다. 1941년과 42년에도 그곳을 시찰하려고 했지만 히틀러의 허가를 받지 못했다. 너무 위험하고 또 내가 자리를 비워서는 안 된다는 이유였다. 그러나 이번에는 히틀러도 별 다른 난리를 치지 않고 허락해주었다.

우리는 나의 새 비행기 편으로 새벽녘에 출발했다. 4발 엔진의 포케불

프콘도르기였다. 이 비행기는 예비 연료탱크가 탑재돼 있어 길이가 긴 편이다.[14] 바이올리니스트 지그프리트 보리스와 아마추어 음악가 한 사람도 동행했는데, 전쟁이 시작된 후 칼라나크라는 이름으로 유명인사가 되었다. 나는 라플란드에서 연설을 하는 대신 그곳에 주둔하고 있는 독일군과 토트 조직 기술자들을 위해 성탄 파티를 열어줄 생각이었다. 고도를 낮추어 비행하면서 우리는 연이어 펼쳐진 핀란드의 호수들을 굽어보았다. 아내가 보트와 텐트를 짊어진 채 함께 여행하고 싶어 했던 곳이다. 오후로 접어들어 북국의 황혼도 저물어 갈 무렵 우리는 로바니에미 부근에 착륙했다. 눈 덮인 외딴 활주로를 등유 램프가 밝히고 있었다.

그다음 날 우리는 북쪽으로 442킬로미터를 자동차로 달려 작은 북극 항구 페차모에 도착했다. 그곳의 경치는 깊은 산속처럼 단조로웠지만, 지평선 너머 햇살의 움직임에 따라 노란색에서 붉은색으로 이어지는 빛들이 환상적인 군무를 연출했다.

우리는 페차모에서 며칠 동안 장소를 이동하며 기술자들과 군인, 장교들을 위해 크리스마스 파티를 열었다. 밤에는 북극 전선 지휘관의 개인 막사에서 잠을 잤다. 페차모를 떠난 후 독일의 최북단 전선이자 가장 황량한 피셔 반도의 전진 기지에 도착했다. 무르만스크에서 80킬로미터 떨어진 적막한 곳이었다. 나무 한 그루 없이, 죽은 듯 경직된 풍경 속에서 안개와 눈 사이로 푸르스름하고 얇은 빛줄기가 비쳐 들고 있었다. 헨클 장군의 안내로 우리는 스키를 타고 천천히 전진기지를 향해 나아갔다. 가는 도중 소련의 참호 위에 떨어지는 15센티미터 보병대 곡사포의 위력을 볼 수 있었다. 실제 상황에서 이루어지는 '시험발사'를 목격한 것은 처음이었다. 그리즈-네즈 곶에서는 중무장 포병대 사열이 있었는데 지휘관은 목표가 도버라고 말했지만, 실제 상황에서는 장병들에게는 포탄을 바다로 쏘라고 명령했다고 설명했다. 그러던 중 우리 쪽에서 직격탄 한 방을 쏘았고 소련 참호의 나무 기둥이 공중으로 날아가 버렸다. 곧 이어 내 곁에 서 있던 병사 하나가 소리도 한 번 못 지르고 쓰러졌다. 소련 저격수가 관측용으로 뚫어 놓은 틈새 사이로 그의 머리를 명중시킨 것이었다. 이상하게 들릴지 모르지만, 내가 전쟁의 현실과 마주친 것은 이것이 처음이었다. 내가 우리의 보병 곡사포에 대해 알고 있는 것은 사정거리로 표현되는 기술적인 내용이 전부다. 하지만 이제 그것이 어떤 무기인지 확실히 알게 되었다. 순전히 이론으로만 알고 있던 도구들이 사람의 목숨을 앗아가는 데 쓰인다는 사실을 실감하게 된 것이다.

시찰을 도는 나에게 우리의 장병들과 장교들은 가벼운 무기가 부족하다는 불만을 제기했다. 그들이 가장 아쉬워했던 것은 명중률 높은 소형 기관총이었다. 빼앗은 소련제 소총으로 그런대로 버티고 있는 실정이었다.

이 상황은 히틀러에게 직접적인 책임이 있다. 제1차 세계대전에 참전했던 전직 보병으로서 그는 자신에게 익숙한 카빈총에 집착했다. 1942년 여름, 히틀러는 라이플총이 보병들에게 더욱 필요하다는 이유로 이미 개발된 소형기관총을 생산하지 않기로 결정했다. 히틀러 자신이 참호에서 겪은 강렬한 경험과 중화기와 탱크가 선호되었던 당시 분위기가 독일 보병에게 필요한 무기 생산을 소홀히 하는 결과를 초래했다.

시찰에서 돌아온 나는 즉각 이 불균형을 시정하려고 했다. 1월의 시작과 함께 보병 무기 프로그램은 육군 참모진과 예비군 사령관의 지지를 받았다. 그러나 히틀러는 무기 프로그램을 허가하기까지 6개월을 허송세월했다. 그리고는 마감시한까지 할당량을 못 맞출 때마다 심하게 나무라기만 했다. 단 9개월 만에, 우리는 중요한 보병 무기 프로그램에서 놀라운 성과를 거둘 수 있었다. 소형 기관총의 생산량은 스무 배나 증가했고, 지금까지 선보인 적 없는 최신형이었다.[15] 우리는 이 일을 2년 전에 해낼 수 있었고 그때였다면 중화기 생산시설을 빌려야 할 형편도 아니었을 것이다.

다음 날, 나는 콜로스조키에 있는 니켈 공장을 방문했다. 우리의 유일한 니켈 생산시설이자, 사실상 나의 크리스마스 여행 최종목적지이기도 했다. 마당에는 아직 선적되지 않은 니켈 덩어리들이 쌓여 있었다. 우리의 운송

설비가 방공 시설을 갖춘 발전소 건설에 죄다 투입되고 있었기 때문에 선적이 늦어지고 있었다. 나는 발전소 건설에 주어졌던 우선권을 조금 보류했고, 그러자 니켈들이 공장으로 운반되기 시작했다.

이나리 호수에서 좀 떨어진 원시림으로 둘러싸인 숲속에 텅 빈 공터에서, 라플란드와 독일 나무꾼들이 온기와 빛의 원천인 모닥불 주변에 둘러앉았다. 저녁이 되면서 지그프리트 보리스는 바흐의 D단조 파르티타에 나오는 유명한 샤콘을 연주하기 시작했다. 이어서 우리는 야간스키를 타기 시작해 몇 시간 뒤 라플란드 야영지에 도착했다. 하지만 기대했던 텐트 안에서 보내는 영하 6도의 낭만적인 밤은 사라져버렸다. 바람이 방향을 바꾸는 바람에 텐트 안이 모닥불 연기로 가득 찼기 때문이다. 새벽 3시경, 나는 바깥으로 뛰어나와 순록 가죽으로 만들어진 침낭 속에서 웅크린 채 잠을 청해야 했다. 다음 날 아침에 일어나니 무릎이 찌를 듯이 아팠다.

며칠 뒤, 히틀러의 지휘부로 돌아왔다. 보어만의 부추김을 받은 히틀러는 중요한 회의를 소집했다. 정부 각료들이 참석해 1944년 노동 정책을 마련하는 자리였다. 그런데 자우켈이 나에게 불만을 제기하고 나섰다. 그 전날 나는 람머스의 주도 아래 사전 모임을 열어 사전에 충분히 이견을 검토한 후 논의하자고 히틀러에게 제안했었다. 여기에 히틀러는 눈에 띄게 공격적인 태도를 보였다. 그는 얼음장 같은 음성으로 참가자들에게 영향력을 행사하려고 하는 시도를 용인하지 않을 것이라고 말했다. 그는 어떤 조율된 의견도 들으려 하지 않았고, 모든 결정을 자신 혼자 내리길 원했다.

책망을 들은 나는 기술 보좌관들과 함께 힘러에게 갔다. 카이텔 역시 나의 요청에 따라 자리를 같이했다.[16] 나는 자우켈이 서부 점령지에서 다시 노동력을 차출하는 것을 막기 위해 우리끼리라도 최소한의 합의를 끌어내고자 했다. 모든 군 지휘관을 휘하에 둔 카이텔 그리고 점령 지역의 치안을 책임지고 있는 힘러로서는 카이텔의 조치가 당파성을 가중시킬 것이라는 두려움을 가지고 있었다. 우리는 자우켈이 차출할 수 있는 여분의 인원이 없다고, 따라서 만일 그런 조치가 시행된다면 공공질서가 흔들린다는 주장을 펴기로 의견을 모았다. 이러한 상황 변화에 힘입어 나는 모든 노동자 이송을 중단시키는 조치를 시도할 수 있게 되었다. 그러고 나서 독일 내 인적 자원, 특히 강력한 여성 고용 정책을 추진하려 했다.

그러나 내가 힘러와 카이텔에게 했듯이, 보어만도 분명 이 문제에 대해 히틀러를 준비시켰을 것이다. 히틀러는 우리와 인사할 때부터 회의 참가자들에 대해 냉정하고 무례한 태도를 보이며, 자신은 이번 사안에 전혀 관심이 없음을 표현했다. 이러한 징조는 히틀러를 아는 사람이면 누구나 어려운 요청을 하기는 힘들다는 신호라는 것을 안다. 나 역시, 그런 날에는 모든 중요한 사안은 서류가방 안에 꼭꼭 담아두고 별로 중요하지 않은 문제들만 제시하곤 했다. 그러나 주제를 더 이상 회피할 수 없었다. 히틀러는 짜증스럽게 내 말을 가로막았다. "이봐 슈페어 장관, 회의 도중에 자신의 생각을 다른 사람들에게 강요하는 행동은 용납하지 않겠네. 회의를 주재하는 건 나고, 어떤 조치를 취할 것인지는 내가 결정해. 자네가 아니란 말이야! 그 점을 명심해주게나!"

히틀러가 이렇게 화를 내고 기분이 좋지 않을 때는 감히 아무도 맞서지 못했다. 나의 동지인 카이텔과 힘러도 우리가 합의한 의견을 감히 제시할 수 없었다. 반대로 그들은 미련스럽게도 모든 힘을 다해 자우켈의 프로그램에 협조하겠다고 약속했다. 히틀러는 각 부처 장관들에게 1944년도에 필요한 노동력 수에 대해 묻기 시작했다. 그는 신중하게 모든 숫자를 기록했고 스스로 모든 수치를 더했다. 그는 자우켈에게 얼굴을 돌렸다.[17] "친애하는 동지 자우켈! 400만 명이야. 확보할 수 있나? 있나, 없나?"

자우켈은 가슴을 내밀었다. "물론입니다, 나의 총통 각하. 약속대로 이행하겠습니다. 하지만 할당량을 채우기 위해서는 점령지에서의 재량권이 필요합니다."

나는 그 실효성에 대해 몇 번이나 반대를 표했다. 수백만 명이라면 대부분은 독일 내에서 얼마든지 동원할 수 있는 일손이었다. 히틀러는 내 말을 짧게 끊었다. "노동자 동원 문제가 자네 관할이던가? 아니면 우리의 동지 자우켈의 일이던가?"

모든 논란을 배제하는 말투로 히틀러는 카이텔과 힘러에게 그들의 조직을 노동력을 동원하는 데 최대한 활용하라고 지시했다. 언제나 그랬듯, 카이텔의 대답은 뻔했다. "명심하겠습니다. 나의 총통 각하!" 그리고 힘러는 침묵을 지켰다. 이미 진 싸움이었다. 나는 작은 성과라도 얻기 위해, 자우켈에게 노동력 차출과 상관없이 보안이 필요한 공장에 필요한 인력을 지원해줄 수 있는지에 대해 물었다. 그는 과장된 태도로 문제없다고 대답했다. 나는 이어서 최우선 과제들을 정하려고 했고, 그래서 일부 공장을 위한 노동력이 확보된 후에야 노동자들을 독일로 이송하겠다는 약속을 자우켈에게서 받아내려 했다. 자우켈은 역시 여기에 동의했다. 그런데 갑자기 히틀러가 나섰다. "슈페어 장관! 그 이상 원하는 게 뭔가? 자우켈 동지가 그 정도 약속해주었으면 충분하지 않나? 이제 프랑스 생산시설 걱정은 안 해도 될 걸세."

회의는 자우켈의 입지만 강화해준 꼴이었다. 회의가 끝나자, 히틀러는 좀 더 다정한 태도를 보이며 나와 몇 마디 친근한 말을 주고받았다. 그러나 그것으로 문제는 종결되었다. 자우켈의 노동자 이송은 이루어지지 않았다. 그것은 내가 프랑스 관할 부처나 군부와 결탁해 그를 막기 위해 노력한 것과는 아무 상관이 없었다.[18] 점령지에서의 권위 상실, 프랑스 내 저항 세력의 확장, 어려운 업무를 주저하는 점령지 행정관들의 태도 덕분에 모든 계획은 실행이 어려웠다.

총통 지휘부에서 있었던 회의는 나에게만 개인적인 타격을 주었다. 히틀러가 나를 대하는 태도로 인해 내가 그의 신망을 잃었음을 누구나 눈치챌 수 있었다. 나와 자우켈의 싸움에서 승자는 보어만이었다. 그 이후 처음에는 은연 중에, 점점 더 노골적인 공격이 나의 업계 측근들에게 행해졌다. 당 사무국에서 내가 그들을 변호해야 할 일이 점점 많아졌으며, 심지어 게슈타포로부터 그들을 보호해야 하는 지경에 이르렀다.[19]

심지어는 제국의 거물급이 참석하는 가장 화려한 행사조차 내 근심을 덜어주지 못했다. 1944년 1월 12일, 카린할에서 괴링의 생일 파티가 열렸다. 우리는 모두 값비싼 선물을 들고 파티에 갔다. 그 가운데는 네덜란드제 시가, 발칸 반도에서 가져온 금괴, 값비싼 그림과 조각품 들이 포함되어 있었다. 괴링은 나에게 브레커가 만든 실물보다 약간 큰 히틀러 대리석 흉상을 갖고 싶다고 했다. 큰 도서관 안 테이블엔 선물이 높이 쌓였다. 괴링은 그것을 손님들에게 선보이고 자신의 건축가가 생일을 맞아 준비한 건물 설계도를 자랑했다. 괴링의 궁전 같은 집을 두 배 더 크게 증축한다는 내용이었다.

화려한 식당에는 잔칫상이 성대하게 차려졌고 하얀 제복을 입은 고용인들이 쉴 새 없이 진기한 요리들을 날랐다. 해마다 그랬듯이 풍크가 축하 연설을 했다. 그는 괴링의 능력과 자질, 위엄에 대해 칭송하며 '위대한 독일인' 괴링을 위해 건배를 제안했다. 풍크의 과장된 표현은 기묘할 정도로 현실과 대비를 이루는 듯했다. 파괴와 파멸을 배경으로 하는 섬뜩한 축하연이었다.

식사 후 손님들은 카린할의 여러 방으로 흩어졌다. 밀히와 나는 이러한 허식에 뿌려진 돈의 출처가 궁금했다. 밀히는 최근 괴링의 오랜 친구이자 제1차 세계대전의 유명한 전투기 조종사 뢰르처가 괴링에게 한 차 가득 이탈리아 암시장에서 구한 물건들을 실어 보냈다고 말했다. 주로 여성용 스타킹, 비누와 같은 구하기 힘든 물품들이다. 뢰르처는 밀히에게도 물건을 들여오면 암시장에 팔 수도 있다고 귀띔해주었다고 한다. 독일 내 암시장에서 가격을 일정 수준으로 유지하기 위해 만들어진 가격표도 있었다. 그리고 밀히에게 떨어질 상당한 이익도 이미 계산되어 있었다. 밀히는 물건을 파는 대신 차에서 꺼내 직원들에게 나누어주었다. 곧 나는 괴링이 차떼기로 물건을 팔아 주머니를 채우고 있다는 소문을 전해 들었다. 곧 괴링을 위해 이 일을 해오던 제국 항공부 국장 플라게만이 밀히의 감독에서 벗어나 괴링의 직속으로 들어갔다.

괴링의 생일과 관련된 개인적인 경험도 있다. 내가 프로이센 주 의회의

자격으로 매년 6,000마르크의 돈을 받게 된 이후, 해마다 괴링의 생일을 앞두고 돈의 상당 부분이 주의회에서 준비하는 괴링의 생일선물 비용으로 차감된다는 편지를 받았다. 심지어 나에게 물어보는 절차조차 없었다. 그러나 이 일에 대해서 밀히에게 이야기하자 그는 항공부 기금에서도 같은 일이 벌어지고 있다고 말했다. 매년 생일 때마다 거액의 돈이 괴링의 계좌로 이동하고, 제국원수는 이 돈으로 어떤 그림을 살지 결정한다는 것이다.

우리는 이 돈이 어마어마한 괴링의 지출에서 일부를 차지할 뿐임을 알고 있었다. 하지만 업계에서 누가 괴링에게 돈을 대는지는 알 수 없었다. 그러나 곧 밀히와 나는 돈줄의 존재를 확인할 기회를 가졌다. 한번은 괴링이 전화를 해 우리 조직 내의 인사가 자신의 후원자를 다소 예의 없이 대했다고 말했기 때문이다.

라플란드에서 경험했던 일들은 이 타락한 위선의 세계와 상상하기도 힘든 기막힌 대조를 이루었다. 나를 더욱 우울하게 했던 것은 불안정했던 히틀러와의 관계였다. 2년 가까이 지속된 긴장 상태는 이제 대가를 치르기 시작했다. 서른여덟 살의 나이에 나는 이미 기운이 다했고 게다가 무릎의 통증이 가시지 않았다. 나에게는 더 이상 여력이 남아 있지 않았다. 아니면 모든 것이 단순한 도피였을까?

1944년 1월 18일 나는 병원에 입원했다.

평소 세상에서 가장 아름다운 오페라하우스라고 흠모해오던 '파리 오페라'를 방문한 히틀러. 오른쪽 끝이 슈페어다.

에펠탑을 배경으로 선 히틀러와 슈페어가 기록영화 촬영기사 앞에서 자세를 취하고 있다.

슈페어가 파리에 독일 독수리상을 세우기 위해 제작한 모형을 히틀러에게 보여주고 있다.

에펠탑을 둘러보고 돌아가는 히틀러 일행. 히틀러의 오른쪽에 슈페어와 헤르만 기슬러가, 왼쪽으로 아르노 베커의 모습이 보인다. 그 뒤에 마르틴 보어만과 카를 브란트가 따르고 있다.

호텔 리츠에서 피아니스트 알프레드 코르토를 만나
환하게 웃고 있는 마르가레테 슈페어, 1941년.

프랑스 생산장관 비슐론과 슈페어가 1943년 9월 잘츠기터에
새로 문을 연 강철공장을 시찰하고 있다.

공사 중인 아돌프 히틀러 광장. 히틀러는 이탈리아를 방문해 무솔리니의
로마 개조를 인상 깊게 본 후, 자신의 이름을 딴 광장을 베를린 도시계획 안에 끼워 넣었다.

히틀러의 무솔리니 기념탑 스케치.

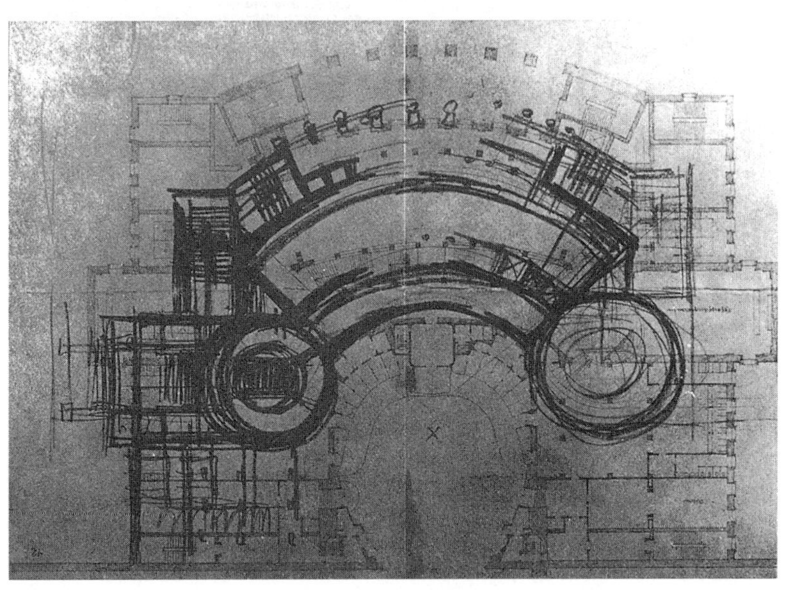

히틀러의 린츠 대극장 계획안.
히틀러는 린츠를 베를린, 빈과 같은 대도시로 탈바꿈시키고자 했다.

괴링 저택 맞은편에 위치한 기념관인 군인회관의 모형(빌헬름 크라이스의 설계), 1938년.

빌헬름 크라이스, 군인회관 내 성소.

ADOLF HITLER

Hauptquartier BERLIN, DEN 25/Juni 1940

Berlin muß in kürzester Zeit durch seine bauliche Neugestaltung den ihm durch die Größe unseres Sieges zukommenden Ausdruck als Hauptstadt eines starken neuen Reiches erhalten.

In der Verwirklichung dieser nunmehr w i c h t i g s t e n B a u a u f g a b e d e s R e i c h e s sehe ich den bedeutendsten Beitrag zur endgültigen Sicherstellung unseres Sieges.

Ihre Vollendung erwarte ich bis zum Jahre 1950.

Das Gleiche gilt auch für die Neugestaltung der Städte München, Linz, Hamburg und die Parteitagbauten in Nürnberg.

Alle Dienststellen des Reiches, der Länder und der Städte sowie der Partei haben dem Generalbauinspektor für die Reichshauptstadt bei der Durchführung seiner Aufgaben jede geforderte Unterstützung zu gewähren.

슈페어에게 모든 역량을 베를린, 뮌헨, 린츠, 함부르크 재건과 뉘른베르크의 당 청사에 집중하라고 주문하는 히틀러의 칙령. 히틀러는 이 문서를 실제로는 6월 28일에 서명했지만, 프랑스의 항복을 받아낸 6월 25일로 적었다.

3부

23

병상에서
Abstieg

친위대 지도자이자 유럽 스포츠계에서 유명한 무릎 전문의 게프하르트 박사는 적십자 호헨리헨 병원을 운영하고 있었다.* 위치는 베를린에서 북쪽으로 100킬로미터 정도 떨어진 호수 인근이었다. 나는 그가 힘러의 절친한 친구라는 것을 알지 못한 채 치료를 받았다. 거의 두 달을 간소한 가구만 갖추어진 병실에서 지냈다. 다른 방 하나에 내 비서들이 진을 쳤고, 내가 일을 계속하고자 했기 때문에 군수부로 연결되는 직통전화가 병실에 설치되었다.

제3제국의 각료로서 질병에 시달린다는 것은 특별한 어려움을 유발했다. 히틀러는 거물급 인사를 제거할 때 병치레를 주된 이유로 내세우곤 했다. 따라서 정치권 내에서는 히틀러의 측근 가운데 누가 '아픈가'에 대해 모두들 귀를 쫑긋 세우게 마련이었다. 따라서 진짜 '병'에 걸린 나는 가능하면 활동을 계속해야만 했다. 더욱이 나는 관할 기관의 일을 다른 사람에게 맡길 수가 없었다. 마치 히틀러처럼 나에게도 적당한 대리인이 없었

* 게프하르트는 벨기에의 레오폴 3세와 벨기에 사업가 대니 하이네만의 무릎을 치료하기도 했다. 뉘른베르크 재판에서 나는 게프하르트가 강제수용소에서 죄수들을 대상으로 실험을 했음을 알게 되었다.

던 것이다. 친구들과 측근들이 나를 쉬게 해주기 위해 최선을 다했지만, 회의와 전화는 자정까지 이어졌고, 침대에서 온갖 지시가 내려졌다.

다음의 사건들이 말해주듯 나의 부재가 진실의 일부를 드러내기도 했다. 내가 병원에 도착하자마자 새로 임명한 인사 책임자 에르빈 보어에게서 전화가 걸려 왔다. 흥분한 목소리였다. 자신의 사무실에 자물쇠로 잠긴 서류함이 있는데 도르슈가 그 상자를 당장 토트 조직 지휘부로 옮기라고 명령했다는 것이다. 나는 강하게 반대하며 서류 상자는 원래 있던 곳에 두어야 한다고 주장했다. 보어의 말에 따르면, 며칠 뒤 베를린 관구 본부 사람들이 짐꾼 몇 명을 대동하고 나타나 서류 상자를 옮기겠다고 했는데, 상자도, 그 안에 든 서류도, 모두 당의 재산이라고 주장했다는 것이다. 보어는 어떻게 해야 할지 모르겠다고 말했다. 나는 괴벨스의 측근인 나우만에게 겨우 연락을 취해 이 조치를 연기시킬 수 있었다. 당 간부들이 서류함 뚜껑에 자물쇠를 채워 잠가두었다. 나는 뒤쪽 나사를 풀어서 서류함을 열도록 시켰다. 다음 날 보어가 사진이 있는 서류들을 한아름 가지고 병원을 찾았다. 나의 오랜 측근들과 관련된 서류로, 내용은 하나같이 부정적이었다. 대부분은 당에 적대감을 보인다는 혐의를 받고 있었고 몇몇 경우는 게슈타포의 조사를 권고한다는 내용도 있었다. 나는 당이 군수부에 연락책을 심어놓았다는 사실도 알게 되었다. 그는 바로 크사버 도르슈였다. 연락책이 있었다는 것만큼이나, 그 장본인이 도르슈라는 사실이 놀라웠다.

가을 이후 나는 군수부 관리들 가운데 한 사람을 진급시키려고 애썼지만, 최근 들어 형태를 갖춘 군수부 내 배타적인 파벌이 그를 좋아하지 않았다. 인사 책임자는 온갖 이유를 대며 피하기에 바빴고, 나는 마침내 강제로 내 사람을 승진 명단에 올리도록 시켰다. 병이 악화되기 직전 나는 보어만으로부터 날카롭고 냉랭한 거절의 답을 들었다. 나는 이 비밀문서 가운데서 그 날카로운 대답의 초안을 발견할 수 있었다. 그것은 도르슈와 인사 책임자 하세만(나는 그 자리에 보어를 임명했다)이 작성한 것이었다. 보어만의 거절은 이 초안을 한 자도 틀리지 않고 그대로 따랐다.*

침상에서 나는 괴벨스에게 전화를 했다. 베를린 관구장이었던 괴벨스는 베를린 내 모든 당 조직을 책임지고 있었다. 괴벨스는 나의 오랜 보좌관 게르하르트 프렝크가 승진해 군수부로 자리를 옮기기에 적합한 인물이라는 점에 즉시 동의했다. “도대체 어떻게 그런 일이! 모든 각료들이 당원인 마당에, 만일 우리가 그를 신뢰하지 않는다면 지금의 자리에도 있을 수 없을 걸세.” 괴벨스는 말했다. 그러나 나는 군수부 내에서 누가 게슈타포의 스파이 노릇을 하고 있는지 알 수 없었다.

병중에도 내 자리를 지키려고 노력했지만 그것은 힘겨운 일이었다. 나는 보어만의 사무장인 게르하르트 클로퍼에게 부탁하여 당 기구들이 자신들의 업무 범위 내에서 기능을 다하라는 지시를 내리게 했다. 무엇보다도 나는 그에게 군수부에서 일하는 업계 전문가들을 주의 깊게 살펴주고, 그들이 일을 해나가는 데 장애가 생기지 않도록 해달라고 부탁했다. 내가 입원하자마자 각 관구의 당 경제고문들이 나의 시스템을 침해하기 시작했기 때문이다. 나는 풍크와, 원래는 힘러의 사람이었지만 풍크의 보좌관으로 일하고 있는 오토 올렌도르프에게 나의 업계분담론 원칙에 대해 확고한 태도를 보여주고 보어만의 경제 고문들에 맞서 지원을 보내달라고 부

---

* “총통께 올리는 보고서” No. 5, 1944년 1월 29일 자에 따르면, 도르슈는 “독일 공무원연합회 특별부서 감독관”이었다. 당 비서에게 보낸 편지다. “비르켄홀츠는 … 동지로서 어울리지 않는 행동을 했습니다. 교만할 뿐 아니라 민족사회주의 체제를 굳건히 뒷받침해야 할 관료에 어울리지 않는 행동을 하고 있습니다. 품성으로 봐도 장관의 품격에 어울리지 않습니다. … 이와 같은 이유로 저는 그의 등용을 지지하지 않습니다. 또한 부서 내부 사정도 적절치 않은 것 같습니다.” 당 비서는 모든 부처의 장차관급 인사권을 가지고 있었다. 1944년 1월 29일 나는 히틀러에게 편지를 했다. “저도 모르는 사이 당 비서와 관구에 보내진, 도르슈와 저의 전직 인사 담당관 하세만이 공동 작성한 충격적인 보고서는 정치적인 평가일 뿐입니다. 두 사람은 뒤에서 저의 공식 명령을 차단하려고 했습니다. 그들은 관구와 당의 정치기관에 통렬한 보고서를 보내 물망에 오른 후보들에게 편견을 갖도록 책략을 꾸민 것입니다. 이런 식으로 두 사람은 제국장관인 저를 욕되게 하고 있습니다.” 편지의 성격을 생각해 나는 이 편지를 히틀러의 부관을 통해 그에게 직접 전달했다.

탁했다.

자우켈 역시 나의 부재를 이용해 '군수산업 관련자들 전체를 대상으로 끝까지 헌신해줄 것을 호소'하는 등 입지 강화를 시도하고 있었다. 사방으로 뻔뻔스러운 공격에 포위된 나는 히틀러에게 우려를 알리고 도움을 청했다. 나흘 동안 타이프로 스물세 쪽짜리 편지를 썼다는 사실은 내가 얼마나 많은 걱정을 하고 있었는지 잘 말해준다. 자우켈의 권력 남용과 보어만 이하 관구 경제고문들의 공격적인 행동이 가장 큰 걱정거리였다. 나는 히틀러에게 내가 관할하는 모든 사안에 대해 나의 무조건적인 권위를 인정하는 성명을 발표해달라고 청했다. 나는 격한 어조로 히틀러에게 포젠 회의에서 분개한 관구장들에 대한 조치를 요청했었고, 이제 그때 성공하지 못했던 일을 다시 한 번 요구하는 셈이었다. 나는 공장 관리부서에 지시를 내리고 문제점을 지적하고 조언해주는 전 기관이 내 손으로 통제되어야만 전체 군수 생산이 정상적으로 진행될 수 있다는 말도 덧붙였다.[1]

나흘 뒤 나는 다시 히틀러에게 허심탄회한 말투의 편지를 보냈다. 사실 우리 사이에 솔직한 태도는 이제 불가능해진 상태였다. 히틀러에게 군수부 내에서 나의 프로그램을 무화시키려는 비밀스러운 음모가 진행되고 있다고 알렸다. 그리고 배반의 계획이 진행 중이며 토트의 부관들로 이루어진 작은 파벌을 도르슈가 이끌고 있고, 그들이 나와의 신뢰를 깨뜨려버렸다고 말했다. 따라서 나는 도르슈 자리에 내가 신뢰할 수 있는 사람을 앉힐 수밖에 없다는 말도 적었다.[2]

히틀러의 사전 허가도 없이 그가 총애하는 자를 해고하겠다는 내용을 담은 이 마지막 편지는 분명 경솔한 행동이었다. 나는 인사에 관한 문제는 반드시 히틀러에게 적절한 시기에, 대단히 기술적인 암시를 통해 알려야 한다는 제3제국의 규칙을 어긴 것이다. 거기다 나는 히틀러에게 단도직입적으로 그가 총애하는 인물에게 불충의 혐의를 씌웠던 것이다. 편지를 복사해 보어만에게 보낸 행동 역시 바보 같은 짓, 아니면 무모한 도전이었다. 그것은 뒤에서 일을 꾸미는 데 도가 튼 히틀러의 측근들에 대해 내가 알고 있는 바를 거스르는 행위였다. 어쩌면 고립된 입장에서 취할 수밖에 없었던 저항의 몸짓이었는지도 모른다.

병은 나를 권력의 핵심인 히틀러로부터 너무도 멀어지게 했다. 그는 내가 편지를 통해 했던 모든 제안, 요구, 불만에 대해 어떤 부정적인 혹은 긍정적인 반응도 하지 않았다. 나는 마치 텅 빈 공중을 향해 편지를 보낸 듯한 기분이 들었다. 그에게서는 답장이 오지 않았다. 나는 더 이상 히틀러의 총애를 받는 각료도, 그의 유력한 후계자도 아니었다. 보어만의 몇 번의 속삭임과 몇 주간의 입원이 나를 궤도에서 떨어뜨려 놓았다. 이것은 주변 측근들이 화제로 삼는 히틀러의 기벽과도 관련이 있었는데, 그는 한동안 눈에 보이지 않는 사람을 외면해버리는 경향이 있었다. 만일 그 당사자가 한동안 보이지 않다가 다시 측근들 사이에 나타난다면 상황은 변했을 수도, 변하지 않았을 수도 있다. 나의 환상은 깨졌고 히틀러와 연결되어 있던 개인적인 감정의 끈도 끊어져버렸다. 변해버린 상황에 화가 났고 절망스러웠다. 건강마저 잃은 나는 피로와 체념에 짓눌렸다.

얼마 후 우연찮게 히틀러가 20년대부터 함께해온 동지 도르슈와 거리를 둘 뜻이 없음을 알게 되었다. 몇 주 동안 히틀러는 공공연히 도르슈를 치켜세웠고, 일부러 시간을 내어 밀담을 하는 일도 있었다. 이런 일들은 나와는 상대적으로 도르슈의 입지를 강화시켰다. 괴링과 보어만, 힘러는 중력의 중심이 어떻게 옮겨 가는지 이해했고 이 기회를 이용해 나를 철저히 파괴하려 들었다. 믿을 수 없지만 이들은 각자의 이익을 위해 노력했으며, 동기도 달랐고 서로 대화하는 일도 드물었다. 아무튼 도르슈를 제거할 가능성은 산산이 흩어져버렸다.

다리에 깁스를 해 20일 동안 꼼짝 없이 누워 있어야 했다. 덕분에 분노와 실망에 대해 곱씹어볼 시간이 많았다. 다시 일어설 수 있게 된 지 몇 시간이 지나지 않아 등과 가슴에 극심한 통증이 밀려왔다. 가래에 섞여 나온 혈액을 검사한 결과 폐에 문제가 있음이 확인됐지만, 게프하르트 박사는 근육 류머티즘이라는 진단을 내리고 내 가슴을 봉독으로 마사지했다. 처방은 술파닐아미드, 키니네, 몇 가지 진통제였다.[3] 이틀 뒤, 다시 극심한 통증이 밀려왔다. 상태가 위독한 듯했지만 게프하르트는 류머티즘이라는 주장을 굽히지 않았다.

이 무렵 아내가 브란트 박사를 찾아갔고 그는 즉시 베를린 대학의 내과 의사이자 자우어부르흐의 조수였던 프리드리히 코흐 박사를 나에게 보내주었다. 브란트는 히틀러의 주치의였을 뿐만 아니라 공중보건 위원이었다. 그는 코흐 박사에게 나의 치료와 관련된 모든 책임을 일임하고 게프하르트의 처방과 치료를 금지했다. 브란트의 지시에 따라 코흐 박사는 내 병실 가까이 머물면서 밤낮으로 내 곁을 지켜주었다.*

사흘 동안 상태는 호전되지 않았다. 코흐는 보고서에 다음과 같이 기재했다. "상태 위중. 심각한 호흡기 질환, 청색증, 심장 박동의 극심한 증가, 고열과 통증을 수반한 기침, 근육통, 혈액 섞인 가래. 모든 증상을 비추어 볼 때 색전증으로 사료됨."

의사들은 아내에게 최악의 사태를 준비하라고 일렀다. 하지만 비관론과는 반대로 나는 행복감에 빠져들었다. 작은 병실이 커다란 홀처럼 보이기도 했다. 3주 동안 지겹게 바라보던 평범한 옷장도 화려한 조각에 희귀한 나무로 세공된 진열장으로 변했다. 삶과 죽음 사이를 오락가락하면서 한 번도 체험하지 못했던 행복감을 경험했다.

내가 회복하기 시작하던 무렵, 친구 로베르트 프랑크가 어느 날 밤에

---

* 1944년 2월 11일, 게프하르드 박사는 히틀리의 주치의이자 브린트의 라이벌인 모렐에게 편지를 써 코흐 박사를 나의 치료에서 배제하려고 했다. 그는 모렐을 내과적 도움을 받는다는 명목으로 불러들이려 했지만 모렐은 다른 일 때문에 짬을 낼 수 없었다. 그러나 모렐은 내 상태를 전화로 전해 듣고 가래에 피가 섞여 나오는 증상을 억제하려면 비타민K를 주사하라고 지시했다. 코흐 박사는 이 지시를 거부했고, 몇 주 뒤 모렐을 완전히 무능한 인물로 평가했다.

코흐 박사와 나누었던 확신에 찬 이야기를 들려주었다. 그 말은 어쩐지 불길해 보였다. 내가 위독한 상태에 있는 동안 게프하르트 박사가 코흐 박사는 너무 위험하다고 판단한 수술을 계속 권유했다. 코흐가 처음부터 수술의 필요성에 대해 검토하기를 거부하고 단호히 반대하자, 게프하르트는 어색하게 발을 빼면서 자신은 그저 의견을 한번 내보았을 뿐이라고 말했다는 것이다.

프랑크는 나에게 이 이야기를 비밀에 부쳐달라고 부탁했다. 코흐 박사는 강제수용소로 끌려가지 않을까 두려워하고 있었으며, 나에게 정보를 제공한 이는 분명 게슈타포와 사이가 틀어질 게 뻔했다. 나는 히틀러와 이 문제에 대해 이야기할 마음이 없었고, 사실 이 이야기는 누설되지 않는 편이 나았다. 그의 반응은 뻔했다. 불같이 화를 내다가 모든 일이 완전히 불가능하다고 선언해버리거나 보어만을 호출하는 특별 단추를 눌러 힘러 주변 인물들을 모두 체포할 수도 있다.

당시 이 사건은 나에게 오늘날로 치면 조잡한 스파이 소설 정도의 충격밖에 주지 못했다. 당내에서도 힘러는 무자비하고 얼음처럼 냉혹한 성격으로 악명 높았다. 누구도 감히 그와 심각한 논쟁을 하지 못했다. 더욱이 기회가 온 셈이었다. 작은 합병증만 와도 나는 완전히 주저앉을 것이고 그 누구도 의혹을 품지 않을 것이다. 이 에피소드는 후계자 자리를 놓고 벌어지는 권력투쟁에서도 등장한다. 나의 위치는 많이 위태로워지긴 했지만 이러한 음모가 필요할 정도로 아직은 강력했고 따라서 음모는 계속될 것이 분명했다.

우리가 슈판다우 형무소에서 함께 있을 때, 풍크가 1944년 당시에는 힌트를 주는 데 그칠 수밖에 없었던 한 사건의 자세한 내막을 들려주었다. 1943년 가을 이따금씩 제프 디트리히의 친위대 부대가 주연을 열었던 일이 있었다. 손님 중에는 게프하르트 박사도 포함되어 있었다. 풍크는 이 이야기를 친구이자 당시 디트리히의 부관인 호르스트 발터로부터 들었다고 했다. 상황을 보아 게프하르트가 친위대 지도부 인사들에게 힘러는 슈페어를 위험인물로 여기고 있으며 사라지는 게 바람직하다는 발언을 했다는 것이다.

병원에 갇혀 있는 동안 불안감은 증폭되었고, 건강 상태를 생각하면 절대 불가능했지만 나는 거의 필사적으로 퇴원을 원했다. 2월 19일, 나는 다급하게 보좌관들에게 회복기를 보낼 만한 곳이 있는지 찾아보게 했다. 게프하르트는 온갖 치료상의 이유를 들며 내 마음을 돌리려고 했다. 심지어 3월이 시작되어 내가 다시 자리에서 일어났을 때도 그는 출발을 막았다. 하지만 열흘 뒤 인근 병원이 미 제8항공단의 집중 폭격으로 피해를 입자 게프하르트는 폭격의 목적이 나라는 것을 이해하는 듯했다. 하룻밤 사이 그는 나의 거동 능력에 대한 견해를 바꾸었다. 3월 17일, 나는 마침내 억압적인 병실을 떠날 수 있었다.

전쟁이 끝나기 직전 나는 코흐 박사에게 모든 상황의 전말을 물었지만 그의 대답은 내가 이미 알고 있는 내용뿐이었다. 나의 증상에 대해 게프하르트와 격한 논쟁을 벌였다는 것, 그런 가운데 게프하르트는 코흐가 의사일 뿐만 아니라 '정치적 의사'이기도 하다는 발언을 했다고 한다. 한 가지 분명한 것은 코흐의 말을 빌자면, 게프하르트가 나를 자신의 병원에 되도록이면 오랫동안 묵게 하려고 했다는 사실이다.[4]

1944년 2월 23일, 밀히가 나의 병실을 방문했다. 그는 나에게 미국의 제8, 그리고 제15항공단이 독일의 전투기 제조산업에 공격을 집중했다고 알려주었다. 그 결과 우리의 전투기 생산은 최소한 그다음 한 달 동안은 3분의 1로 줄었다. 밀히는 자신의 제안서를 보여주었다. 루르를 담당하고 있는 조직이 그 지역의 폭격 피해를 성공적으로 복구했으므로, 우리는 항공 생산의 위기를 극복하기 위해서 두 개의 부서, 항공부와 군수부의 능력을 함께 끌어 모을 '전투기항공 참모진'이 필요하다는 내용이었다.

제안서의 내용을 보건대 내 입장에서는 물리치는 것이 현명해 보였다. 그러나 나는 심한 압박을 받고 있는 공군을 돕기 위해 무엇이든 하고 싶었고, 거기에 동의했다. 우리 둘, 나와 밀히는 전투기항공 참모진 군사조직을 나의 군수부에 통합하는 첫 번째 발걸음이라는 사실을 너무도 잘 알고 있었다. 이는 내가 한 번도 맡아 보지 못한 일이었다.

침대에 누워 나는 괴링에게 전화를 했다. 그의 입장에서는 이러한 파트너십을 거절하는 것이 당연했다. 그는 내가 자신의 영역을 '침범'한다고 받아들였다. 나는 그의 거절에 주저앉지 않았다. 대신 나는 히틀러에게 전화를 걸었고, 그는 우리 생각을 긍정적으로 받아들였다. 하지만 내가 새로운 조직의 책임자로 한케를 생각하고 있다고 말하자, 히틀러는 곧 차갑고 부정적인 태도로 돌변했다. "나는 자우켈을 노동력 공급 책임자로 앉혔을 때 엄청난 실수를 했었지." 히틀러는 전화통화에서 말했다. "관구장으로서 불가역적인 결정을 내려야 하는 위치였는데도 그는 언제나 협상과 타협만을 일삼았네. 다시는 관구장을 그런 자리에 임명하지 않을 걸세!" 이야기를 하는 도중 히틀러는 점점 더 화가 치미는 듯했다. "자우켈 한 사람이 모든 관구장의 권위를 깎아먹고 말았어. 자우어에게 그 일을 맡기도록 하겠네!" 이 말을 끝으로 히틀러는 대화를 끝내버렸다. 짧은 시기 동안 히틀러는 내가 천거한 인사를 두 번이나 거부한 셈이다. 전화통화 후반부에 히틀러의 목소리가 얼마나 냉랭하고 퉁명스러웠는지 나는 느낄 수 있었다. 아마도 다른 일 때문에 이미 기분이 좋지 않은 상태였으리라. 그러나 밀히도 자우어를 신뢰하고 있었고 그는 나의 와병 중에 계속 영향력을 길러왔으므로, 히틀러의 결정을 두말 않고 받아들였다.

비서 샤우프가 측근들의 생일이나 누가 병을 앓고 있다는 소식을 알려줄 때, 히틀러의 태도는 사람에 따라서 큰 차이가 있다는 것을 수년간의 경험을 통해 알고 있었다. 간소한 '꽃과 편지'는 미리 적힌 메시지에 히틀러의 사인만 넣어서 전해진다. 꽃의 종류도 비서들이 알아서 정한다. 편지에 히틀러가 몇 줄이라도 친필로 인사를 써넣으면 영예로운 것으로 받아들여졌다. 히틀러가 특별히 마음을 쓰는 사람일 경우, 샤우프에게 카드와 펜을 가지고 오게 해 직접 글을 써넣는다. 가끔 어떤 꽃을 보낼지 정해주기도 한다. 과거의 나는 몇몇 영화배우, 가수들과 함께 최고의 영예를 받는 그룹에 속해 있었다. 입원 직후 히틀러에게서 꽃 한 바구니와 함께 타이프로 찍힌 의례적인 메시지를 받는 순간, 내가 측근의 권력 사다리에서 제일 아래로 추락했다는 사실을 깨달았다. 그간 그의 정부에서 가장 중요한 각료였지만 말이다. 병자로서 나는 필요 이상으로 민감하게 반응했다. 히틀러는 두세 번 건강에 대해 묻는 전화를 했다. 그리고 매번 나 스스로 병을 부른 것이라는 책망을 잊지 않았다. "왜 그런 산속에서 스키를 탔나! 내가 미친 짓이라고 늘 말했지. 발에 그렇게 긴 나무판을 끼우다니. 그 작대기들을 모조리 불 속에 던져버리라고!" 그러면서 히틀러는 항상 농담으로 대화를 마무리하려는 어색한 시도를 계속했다.

코흐 박사는 아직 나의 폐를 오버잘츠베르크의 차가운 공기에 노출시켜서는 안 된다고 경고했다. 위대한 바로크 건축가 피셔 폰 에를라흐는 잘츠부르크의 주교 겸임 제후의 명령에 따라 잘츠부르크 인근, 지금은 히틀러의 게스트하우스인 클레스하임 궁전의 공원에 우아한 곡선형의 집을 지었다. 이제 그 건물은 클로버잎 궁전으로 불리고 있다. 3월 18일, 새로 수선된 클로버잎 궁전이 나의 휴양지로 정해졌다. 같은 시각, 헝가리의 통치자인 호르티 제독이 주궁에서 히틀러의 마지막 무혈입성인 헝가리 진군 협상에 참여하고 있었다. 내가 도착한 날 저녁 히틀러는 협상 중간에 시간을 내어 나를 방문했다.

10주 만에 히틀러를 다시 본 순간, 나는 그의 코가 지나치게 펑퍼짐하고 피부색은 누르스름하다는 것을 처음으로 깨달았다. 그의 얼굴이 불쾌감을 일으킨다는 것도 알게 되었다. 내가 편향되지 않은 시각으로 히틀러를 보기 시작했다는 최초의 신호였다. 거의 3개월 동안 나는 그의 개인적 영향력에 노출되지 않았고, 동시에 그로부터 모욕이나 책망도 받지 않았다. 열광적인 세월이 몇 해나 지나고 나서야, 나는 처음으로 그를 추종해

온 나 자신에 대해 생각해볼 기회를 가졌다. 예전에는 히틀러의 몇 마디 말에, 간단한 몸짓에 피로감이 날아가고 새로운 에너지가 충만해지곤 했다. 하지만 지금 이렇게 다시 만나 히틀러가 다정히 대해주어도 피곤은 풀리지 않았고 바닥난 기운도 보충되지 않았다. 내가 바라고 기대했던 것은 가능하면 빨리 아내, 아이들과 함께 메란으로 떠나는 것이었다. 나는 그곳에서 여러 주를 보내며 기력을 회복할 참이었다. 하지만 이제는 기력을 회복해 무엇에 사용할지 알 수 없었다. 목표를 상실한 것이다.

그럼에도 불구하고 클레스하임에서 닷새를 보내는 동안, 적들이 거짓과 음모를 동원해 나를 영원히 제거하고자 했음을 깨달았을 때 나의 자기 확신은 다시 힘을 받기 시작했다. 히틀러가 다녀간 뒤 괴링이 내 생일을 축하하기 위해 전화를 걸었다. 나는 그 기회에 건강이 많이 회복되었음을 조금은 과장해서 알리려고 했다. 그는 안타깝기보다는 즐거운 듯한 음성으로 말했다. "이봐, 어찌 된 셈인가. 자네 이야기를 믿을 수 없구먼. 게프하르트 박사가 어제 한 이야기에 따르면 자네는 심각한 심장병을 앓고 있고 나을 가능성이 없다고 하더군. 그러니까, 그걸 자네도 몰랐다는 말이구먼!" 내가 그동안 이루어놓은 업적을 칭송하면서도 괴링은 나에게 임박해 있는 죽음에 대해 계속 암시했다. 엑스레이와 심전도 검사에서 이상이 발견되지 않았다고 말했지만,* 괴링은 내가 잘못 알고 있을 것이라며 내 설명을 받아들이려 하지 않았다. 괴링에게 거짓말을 한 이는 게프하르트였다.

히틀러 역시 눈에 띄게 풀이 죽어서 그의 오랜 친구들에게 "슈페어는 회복하지 못할 걸세!"라고 한 말이 우연히 아내의 귀에 들어왔다. 히틀러

---

* 도르슈는 차이츨러에게도 이렇게 말했다. "슈페어 장관은 회복이 힘들기 때문에 다시 복귀하지 않을 겁니다"(1944년 5월 17일, 차이츨러의 메모). 뒷날 차이츨러는 이 일을 전체적인 음모 중에서도 재미있는 일화였다고 말했다. 코흐 박사는 1944년 5월 14일 자 추가 진단서를 다음과 같이 작성했다. "5월 5일, 엑스레이와 심전도 검사를 실시했으나 그 어떤 이상 증세도 발견되지 않음. 엑스레이 검사 결과 심장은 완전히 정상임이 확인됨."

는 게프하르트와도 이야기를 나누었는데 게프하르트는 내가 다시는 업무를 수행할 수 없을 정도로 망가졌다고 선언했다.

아마도 히틀러는 우리가 함께 꿈꾸었던 건축 프로젝트에 대해 생각했을 것이고, 이제 불치의 심장병 때문에 나는 더 이상 그 일을 수행하지 못할 것이라고 여겼을 것이다. 어쩌면 그는 오래전에 죽은 그의 첫 번째 건축가 트로스트 교수를 떠올렸을지도 모른다. 어쨌든 그날 히틀러는 클레스하임으로 나를 깜짝 방문했고, 심부름꾼이 휘청거리면서 겨우 들어야 할 정도로 큰 화환을 가지고 왔다. 보기 드문 일이었다. 그러나 히틀러가 떠난 지 얼마 후 힘러의 전화를 받았다. 히틀러가 게프하르트 박사를 친위대 그룹의 지도자로서, 또 의사로서 나의 건강관리 책임자로 임명했다는 내용이었다. 이로서 코흐 박사는 나에게서 손을 떼게 되었고, 나는 게프하르트가 보낸 친위대 대원들의 경호를 받게 되었다.[5]

마치 내가 병상에 누워 있는 동안 마음속으로 느꼈던 거리감을 눈치채기라도 한 듯, 3월 23일 히틀러가 다시 한 번 나를 찾았다. 그가 반복해서 오랜 정을 입증하려 했지만, 히틀러에 대한 내 감정은 뚜렷이 감지될 정도로 식어 있었다. 예전의 친근함을 나를 다시 보고 나서야 기억해내는 히틀러의 모습이 고통스러웠다. 건축가로서, 군수장관으로서 나의 업적은 고작 몇 주 동안 생긴 틈을 이어주기에도 충분치 않았던 것이다. 나는 히틀러처럼 무거운 짐을 진 사람이라면, 극단적인 압박감 속에서 살아가는 사람이라면, 당연히 잠시 눈에 보이지 않는 측근을 잊을 수도 있다고 생각했다. 그러나 지난 몇 주간 히틀러의 전체적인 행동은 내가 그의 측근 가운데 얼마나 하찮은 존재인지를, 또 결론을 내리기에 앞서 논리와 객관적 사실을 전혀 고려하지 않는 그의 성향을 여실히 드러내주었다. 아마도 나의 냉랭함을 눈치챈 히틀러는 나를 위로할 양으로 자신의 건강도 악화되고 있다고 우울하게 말했다. 실제로 히틀러가 시력을 잃을지도 모른다는 진단이 나오기도 했다. 브란트 박사가 내 심장에 이상이 없음을 곧 알릴 것이라고 말했지만 히틀러는 대답하지 않았다.

고옌 성은 메란 위쪽으로 가장 높은 지대에 있었다. 그곳에서 나는 군수장관으로서는 가장 아름다운 6주를 보냈다. 가족들과 함께한 유일한 시간이기도 했다. 게프하르트 박사는 언덕에서 조금 떨어진 곳에 머물렀지만 진료시간을 마음대로 정하지는 않았다.

메란에 머무르는 동안 괴링은 나에게 묻거나 혹은 알리지도 않고 나의 부관인 도르슈와 자우어를 히틀러와의 회의에 데리고 다녔다. 괴링의 입장에서 보면 갑작스러운 행동이었다. 분명 괴링은 이것이 수년간의 부침 끝에 자신을 히틀러에 이은 제국의 2인자로 다시 세울 기회라고 여겼을 것이다. 그는 위험스럽지 않은 내 부관을 활용해 나의 분야에서 자신의 영향력 강화를 꾀했을 것이다. 더욱이 그는 내가 곧 자리에서 물러날 가능성이 높다는 소문을 퍼뜨렸다. 그리고 내가 입원한 몇 주 동안 북도나우 관구장 아이그루버에게 총감독관 마인들에 대한 당의 평판을 물었다. 괴링은 자신과 절친한 마인들을 히틀러에게 언급해 나의 후계자로 부각시킬 생각이었다고 설명했다.[6] 이미 사무장으로서 많은 업무를 수행하고 있던 라이도 마찬가지로 자신의 입장을 제시했다. 슈페어가 물러나면 자원해서 나의 일을 떠맡겠다고, 자신은 잘해낼 수 있다고 말이다.

한편, 보어만과 힘러는 나의 부서장들에 대한 히틀러의 신뢰를 떨어뜨리기 위한 중상모략을 계속했다. 전해 들은 이야기로는 히틀러가 그 가운데 세 사람(리벨, 뵈거, 시버)에게 너무도 화가 나서—히틀러는 이 사실을 나에게 알릴 필요도 느끼지 못했을 것이다—이 세 사람은 경질될 위기에 처해 있다고 했다. 히틀러가 클레스하임에서 우리의 친밀함을 되살린 듯한 태도를 잊는 데는 몇 주밖에 걸리지 않았다. 프롬과 차이츨러, 구데리안, 밀히, 되니츠를 제외하고는 오로지 경제장관인 풍크만이 병중인 나에게 따뜻함을 보여준 지도자급 인사였다.

여러 달 동안 히틀러는 산업시설을 동굴이나 대규모 방공호 속으로 이전해 폭격과 관계없이 생산을 계속해야 한다고 요구했었고, 나는 늘 폭격기를 콘크리트 건물로는 막을 수 없으며 생산시설을 지하나 육중한 콘크리트 방공호 안으로 옮기려면 몇 년이 걸릴 것이라고 대답했다. 더욱이 운이 좋게도 군수품 생산시설에 대한 적의 공습은 마치 홍수로 지류들이 넘쳐흐르는 강 가운데의 널찍한 삼각주를 표적으로 삼는 격이었다. 만약 우리가 이 삼각주를 보호하려 시도한다면, 산업시설이 집중되어 있는 깊고 좁은 강바닥을 공격하라고 적에게 일러주는 꼴이라고 나는 주장했다. 이렇게 주장하면서 나는 화학업계와 광산, 발전소와 함께 다른 악몽을 떠올렸다. 1944년 봄, 당시 영국과 미국이 이러한 생산라인 가운데 하나를 완전히 파괴할 것이고, 이로 인해 산업시설을 보호하려는 우리의 모든 노력이 조롱당할 것이 확실해 보였다.

4월 14일, 괴링이 주도권을 쥐고 도르슈를 불러들였다. 히틀러가 원하는 거대한 방공호는 토트 조직만이 완성할 수 있는 것이라고 괴링은 진지하게 말했다. 도르슈는 토트 조직이 특별히 점령지 사업에 매여 있다고 지적했다. 토트 조직은 독일 내 건설프로젝트에 대해서는 권한이 없었다. 그러나 괴링의 손에는 방공호의 설계도가 있었다. 비록 그 설계도가 프랑스용으로 만들어진 것이었지만 말이다.

그날 저녁 도르슈는 히틀러에게 불려 갔다. "자네에게만 그 정도 규모의 건축물을 독일 내, 혹은 바깥에서 지을 수 있는 권한을 주겠네." 히틀러는 말했다. 그다음 날 도르슈는 장소 몇 곳을 물색해, 여섯 곳의 지하시설을 짓는 데 필요한 행정적·기술적 사항들에 대해 설명했다. 한 군데만 해도 9만 3,000제곱미터에 달하는 규모였다. 도르슈는 건설 프로젝트를 1944년 11월까지 끝내겠다고 약속했다.[7]

히틀러는 무섭도록 충동적인 칙령을 내려 도르슈를 자신의 직속으로 두고 방공호 건설을 건설 분야 최고의 우선과제로 정했다. 하지만 지하 방공호 공사를 6개월 안에 시작하기 힘들다는 것은 누구나 쉽게 예견할 수 있었다. 너무 잘못된 길을 가고 있을 때 올바른 길을 찾는 것은 그리 어렵지 않다.

아울러 히틀러는 나의 관할권을 심각하게 침해하는 그 프로젝트에 대해 당사자에게 알려야 한다는 생각조차 하지 않았다. 상처받은 자긍심, 개인적으로 모욕을 당했다는 느낌은 4월 19일 내가 히틀러에게 솔직한 편지를 써서 그의 결정사항에 대해 질문할 때 명확히 드러났다. 이것은 오랫동안 이어지게 될 일련의 편지들과 각서들 가운데 첫 번째 것으로, 의견 불일치 뒤에 숨겨져 있던 나의 독립성이 드러나기 시작한 사건이다. 독립성이 가시화되기까지는 오랜 시간이 걸렸다. 히틀러의 도발적인 권력에 굴종해온 지 수년 만이었고 나의 통찰력은 아직도 둔감했다. 그럼에도 불구하고 나는 당면한 문제에 대해 좀 더 선명하게 발언하고 있었다. 처음에는 그토록 중요하게 여겨지던 건축 프로젝트들이 이제는 순전히 망상에 지나지 않는다고 히틀러에게 말했다. "이미 최소한의 임무를 수행하기에도 크나큰 어려움이 있기 때문입니다. 즉 그것은 독일 노동자들과 외국인 노동자들을 보호하고, 동시에 우리의 군수 공장들을 다시 재건하는 문제겠지요. 모든 장기적인 건축 프로젝트는 보류되어야 합니다. 이미 건설 중인 군수공장 공사조차도 군수 생산을 위한 기본 물품 조달을 위해서 계속 중단시켜야만 합니다."

이러한 종류의 논쟁과 함께 내가 알지 못하는 사이 처리된 일에 대해 히틀러를 비난했다. "저는 언제나, 각하의 건축가였던 시절에도 조수들이 독립적으로 일을 할 수 있도록 한다는 원칙을 지켜왔습니다. 이 원칙이 가끔 심각한 실망을 안겨주기도 한다는 것을 인정합니다. 모든 사람이 그런 신뢰를 받을 가치가 있는 것은 아니니까요. 어느 정도 이름을 얻고 나면 저를 대수롭지 않게 생각하는 친구들도 있었죠." 히틀러는 내가 도르슈를 빗대어 말하고 있다는 것을 어렵잖게 눈치챘을 것이다. 계속 이어지는 나의 태도는 분명 꾸짖는 투였다. "하지만 그런 경우가 생기더라도 저는 그 원칙을 확고하게 지켜왔습니다. 제 생각으로는 그것이 한 인간이 주체적으로 창조에 임할 수 있는 유일한 방법이었기 때문입니다. 지위가 높아질수록 더욱 그렇습니다."

현재 상황에서 건축과 군수 생산은 나뉠 수 없는 것이라고 나는 지적했다. 도르슈가 점령지에서의 건축을 책임지는 것도 좋지만, 독일 내에서 이러한 작업의 감독 주체를 분리해야 할 필요가 있다고 말을 이었다. 토트의 전직 조수인 빌리 헤네를 그 일에 추천했다. "두 사람 모두 자기 일을 해내기에 충분한 역량을 가지고 있습니다. 충직한 측근인 브루크만의 지휘 아래에서 그들은 자신들의 일을 해낼 수 있을 것입니다."[8]

히틀러는 나의 제안을 거절했다. 5주 뒤인 1944년 5월 26일, 브루크만은 전임자 토트와 마찬가지로 갑작스러운 비행기 사고로 사망했다.

편지는 나의 오랜 측근인 게르하르트 프렝크가 히틀러의 생일 전날 저녁에 그에게 전달했다. 편지는 나의 견해가 받아들여지지 않는다면 사임하겠다는 말로 끝맺음 되었다. 최고의 소식통이라고 할 수 있는 수석 비서 요한나 볼프에 따르면 히틀러는 내 편지를 읽고 불같이 화를 냈다. 그리고 히틀러는 다음과 같이 흥분하며 소리를 질렀다. "이젠 슈페어마저도 정치라는 게 뭔지 깨달았군그래."

그는 6주 전에도 이와 비슷한 반응을 보였다. 제국 지도급 인사들을 강도 높은 공습으로부터 보호하기 위한 베를린 벙커 건설을 내가 취소시킨 때였다. 분명 그는 내가 고집을 부리기 시작했다는 인상을 받았을 것이다. 하여간 히틀러는 나를 비난했다. 벙커 사건에 관해, 히틀러가 내가 병중이라는 것에는 아랑곳하지 않고 보어만을 통해 "총통 각하의 명령은 모든 독일 국민이 수행해야 하며 고의로 무시되거나 지연되어서는 안 된다. 만일 어길 시에는 책임자는 즉시 게슈타포에 체포되어 강제수용소로 보내진다"는 사실을 분명히 알려 왔다.[9]

내 편지에 대한 히틀러의 반응을, 역시나 간접적으로 알게 된 직후, 오버잘츠베르크의 괴링에게서 전화가 걸려 왔다. 괴링은 내가 사임 의사를 밝혔다는 소문을 들었고, 정통한 정보에 따르면 사임을 하면 총통이 직접 업무를 관장할 것으로 알려져 있다고 말했다.

우리는 한 시간 반 동안이나 격론을 벌였고, 결국은 한 가지 계획에 동의했다. "사임하는 대신 내가 병을 오래 끌다가 장관직에서 조용히 사라진다"는 것이었다.

괴링은 여기에 진심으로 찬성했다. "바로 그걸세. 그 방법밖에 없어. 우리는 마땅히 그렇게 해야 하고 각하께서도 분명 받아들이실 거야."

히틀러는 유쾌하지 않은 상황에서는 대립을 피하는 경향이 있었다. 다른 사람을 통해서 혹은 나와 직접 만나 필요한 결정을 내려야 하는 상황이었던 터라 그는 감히 나에게 물러나라고 하지 못했다. 그리고 1년 뒤 우리가 공공연하게 등을 돌렸을 때도 장관자리를 내놓으라고 요구하지 못할 만큼 그는 소심했다. 그러나 돌이켜보면 히틀러를 그렇게 분노하게 했으므로 사임은 마땅한 결론이라고 인정해야 했다. 다시 말해 그의 측근이었다면 알아서 물러났으리라는 뜻이다.

당시 동기야 어찌 되었든 나는 사임하고 싶었다. 나는 매일 남쪽 하늘을 바라보며 종말의 조짐을 느끼고 있었다. 미군 제15항공단의 폭격기들이 도발적으로 저공비행을 하며, 이탈리아 기지에서 알프스 산맥을 넘어와 독일의 산업시설들을 노렸다. 독일의 전투기는 한 대도 볼 수 없었고 대공포도 전무했다. 완전한 무방비 상태의 풍경은 그 어떤 보고서보다 정확하게 진실을 말해주었다. 시간을 끌면서 퇴각할 때 잃은 무기들은 보충하고 있지만, 공습 아래서는 그마저도 곧 끝날 것이라는 비관적인 생각에 빠져들었다. 무자비하게 다가오는 재앙을 생각하면, 괴링이 제시한 계획은 얼마나 마음을 끄는 것인가. 책임져야 하는 자리에 있는 대신 조용히 사라지는 것 말이다. 그러나 내가 노력을 중단해 히틀러와 그의 정권의 종말을 앞당기는 일은 일어나지 않았다. 우리의 불화에도 불구하고 그런 생각은 들지 않았고, 지금 비슷한 상황에 다시 처한다 해도 마찬가지일 것이다.

나의 현실 도피는 4월 20일, 절친한 측근인 발터 롤란트의 방문으로 중단되었다. 나의 사임설이 업계에 파다했다. 롤란트는 나에게 간청했다. "장관께서는 지금 그만두실 권리가 없습니다. 업계는 오로지 장관을 따르겠다는 뜻 하나로 지금까지 매달려왔어요. 그들이 어떻게 될지 상상하기 어렵지 않을 겁니다! 우리에게 지금 중요한 일은 패전 후에 과연 누구를 의지해서 난관을 헤쳐 나가느냐 하는 것입니다. 그런 우리를 도우시려면 지금 그 자리에 계셔야 합니다!"

지금 기억으로는 '초토화된 세상'의 광경이 내 앞에 떠오른 것은 그때가 처음이었던 것 같다. 절망에 빠진 지도부가 전면적인 파괴를 명령할지도 몰라 두렵다는 이야기를 롤란트가 했기 때문이다. 바로 그날, 어떤 기운이 내 안에서 소용돌이쳤다. 그것은 히틀러와는 무관했다. 국가와 국민에 대한 책임감이었다. 가능한 한 많은 산업시설을 파멸에서 구해 패전을 극복해내야 한다는 의지였다. 하지만 당시 그 생각은 막연하고 그림자 같은 느낌으로만 떠올랐다.

몇 시간 뒤, 새벽 1시 즈음이었다. 육군원수 밀히와 카를 자우어, 프렝크 박사가 전화를 걸어왔다. 그들은 전날 늦은 오후부터 시찰을 계속해 이제 막 오버잘츠베르크에서 돌아오는 길이었다. 밀히는 나에게 히틀러의 구두 메시지를 전해주었다. 히틀러는 자신이 나를 얼마나 높이 평가하고 있는지 그리고 나와의 관계에는 티끌만큼의 변화도 없음을 알리고자 했다. 마치 사랑 고백 같았다. 23년 뒤, 밀히는 당시 히틀러의 발언을 자신이 약간 부풀렸다고 털어놓았다.

몇 주 전이었다면 그러한 특별 메시지에 감동받아 마음은 행복감으로 흘러넘쳤을 것이다. 나의 대답은 다음과 같았다. "아니네, 나도 이제 지겨워. 더 이상은 원하지 않아."* 밀히와 자우어, 프렝크는 나와 논쟁을 벌였다. 나는 긴 시간 동안 그들과 맞섰다. 히틀러의 행동은 바보스럽고 무책임해 보였지만, 롤란트가 나의 새로운 책임을 제시한 이상 군수장관의 자리를 저버리고 싶지는 않았다. 여러 시간에 걸친 입씨름 끝에 나는 도르슈가 내 관할로 돌아오고 군수 생산 체계가 이전 상태로 돌아간다는 조건으로

* 육군원수 밀히는 지금도 내가 그때 괴테의 『괴츠 폰 베를리힝겐』에 나오는 거친 표현을 썼다고 주장한다.

백기를 들었다. 대규모 방공호 건설과 관련해서는 히틀러의 뜻을 따르기로 했다. 그것은 더 이상 중요한 문제가 아니었다.

바로 다음 날 히틀러는 내가 그날 밤 작성한 서류에 서명했다. 도르슈가 나의 관할 아래에서 방공호 건설을 계속하고, 방공호가 최우선 과제가 된다는 내용이었다.[10]

그러나 사흘 뒤, 내가 이치에 닿지 않는 일에 말려들고 있다는 것을 깨달았다. 히틀러에게 다시 편지를 쓰는 수밖에 없었다. 그 프로그램은 알고 보니 나에게 악역을 떠맡겼다. 내가 만일 지하 방공호를 짓는 도르슈에게 물자와 노동력을 지원하면, 다른 업계의 요구를 충족시키기 어려웠다. 그렇다고 해서 도르슈에게 지원을 아낀다면 끝없는 항의와 영원히 이어지는 '사유서'를 써야 할 것이 분명했다. 나는 히틀러에게 만일 도르슈가 지하 방공호와 경쟁이 되는 다른 건설 프로젝트까지 맡는다면 상황은 지속될 거라고 말했다. 그리고 현재 상황에서 최선의 해결책은 전체적인 건설 부문과 군수 무기산업을 분리하는 길밖에 없다고 결론지었다. 또한 도르슈가 건설 총감독관을 맡아 히틀러의 직속으로 들어가야 한다고 제안했다. 그렇지 않으면 나와 도르슈의 개인적인 관계 때문에 일이 더욱 복잡해질 거라고 덧붙였다.

이 시점에서 나는 편지 쓰기를 중단했다. 히틀러와 직접 만나 검토해야 할 문제라고 느끼기 시작했기 때문이다. 나는 오버잘츠베르크로 날아가려고 했지만 걸림돌이 하나 있었다. 게프하르트 박사가 나의 건강과 안전은 자신의 책임이라며 오버잘츠베르크로의 시찰을 허락할 수 없다고 제지하고 나섰다. 며칠 전 코흐 박사는 내가 비행기 여행을 해도 무리가 없다고 말했음에도 불구하고 말이다.** 게프하르트는 마침내 힘러에게 전화

** 나는 코흐 박사를 조용히 메란으로 초대했다. 게프하르트는 브란트에게 코흐가 기피 인물이라고 불만을 제기했는데, 몰라야 될 일을 너무 많이 안다는 이유였다. 코흐는 4월

를 했고 힘러는 나의 여행을 허가했지만 히틀러와 만나기 전에 자신을 먼저 만나야 한다는 조건을 달았다.

힘러는 솔직하게 말했다. 이런 경우 솔직함이 훨씬 바람직한 태도다. 그 문제에 관한 회의는 괴링이 참석한 가운데 이미 열렸고, 별도로 건설 전담 기구를 편성하는 방침이 정해졌다고 했다. 도르슈가 총괄하고 군수부와는 독립된 체계라고 했다. 힘러는 나에게 더 이상 일을 어렵게 하지 말라는 부탁을 했다. 그의 이야기는 뻔뻔하기 짝이 없었지만, 나도 이미 같은 결론에 도달한 상태였으므로 우리의 대화는 기분 좋게 끝났다.

오버잘츠베르크 집에 도착하자마자 히틀러의 부관이 나를 티타임에 초대한다는 뜻을 알려 왔다. 그러나 나는 히틀러와 공식적인 분위기에서 논의하고 싶었다. 친근한 티타임 자리에서는 그동안 우리 두 사람 사이에 쌓여온 불편한 감정이 매끈하게 포장될 것이 분명했다. 그것이야말로 내가 가장 피하고 싶은 상황이었다. 나는 초대를 거절했다. 히틀러는 나의 특별한 의도를 깨달았고 잠시 후 베르크호프에서 만나자는 약속을 전해 왔다.

히틀러는 유니폼과 모자를 착용하고 손에는 장갑을 끼고 베르크호프 입구에 서 있었다. 그는 공식적인 손님을 대하듯 나를 응접실로 안내했다. 그의 모든 행동이 인상적이었다. 이러한 장면을 연출하는 의도를 짐작할 수 없었기 때문이다. 히틀러는 나의 마음을 흔들어놓는 온갖 특별대우를 해주었다. 아마 이 순간부터 히틀러와의 극히 분열증적인 관계가 시작된 것 같다. 나는 그의 행동을 통해 독일제국의 불길한 운명을 천천히 깨달았

20일 메란에서 떠났다. 코흐는 이렇게 진술했다. "슈페어 장관이 메란에 머물 때 나는 게프하르트와 두 번째로 충돌했다. 그 당시 슈페어는 나에게, 아마 히틀러를 만날 목적이었겠지만, 오버잘츠베르크까지 비행기로 여행해도 되는지 물었다. 나는 고도를 1.8~2킬로미터 이상을 유지하는 조건에서 여행을 허가했다. 게프하르트가 내 결정을 전해 듣고는 한바탕 난리를 피웠다. 그는 내가 '정치인의 의사'가 될 수 없다며 다시 한 번 비난했다. 호헨리헨에서도 느꼈지만 게프하르트가 슈페어를 자기 관리 아래 두길 원한다는 인상을 받았다."

다. 히틀러의 매력은 빛을 잃지 않았고 사람을 다루는 데 여전히 천재성을 발휘했지만, 더 이상 그에게 무조건적인 충성을 보이는 것은 힘든 일이 되어버렸다.

다정한 환영 인사뿐 아니라 뒤에 이어진 대화에서도 상황의 반전을 느낄 수 있었다. 히틀러가 나의 비위를 맞추고 있었다. 예를 들어, 그는 건축 관련 업무가 나에게서 도르슈의 관할로 넘어가는 것에 대해 납득하지 않았다. "분야를 나누지 않기로 결정했네. 자네도 알겠지만 건축 프로젝트를 맡길 만한 사람이 없어. 토트 박사가 이 세상 사람이 아니라는 건 정말 불행한 일이지. 나에게 건축이 의미하는 것이 무엇인지 슈페어 장관도 잘 알지 않나. 제발 이해해주게. 자네가 건축에 필요하다고 생각하는 모든 조치를 무조건 허가하겠네."[11]

이렇게 말하면서 히틀러는 자신의 입장을 뒤집었다. 나는 히틀러가 바로 며칠 전에 건축 관련 일을 도르슈에게 일임하겠다는 결정을 내렸음을 힘러에게 들어서 알고 있었다. 자주 그랬듯이 히틀러는 얼마 전까지 견지했던 주장을 한순간에 바꾸고 도르슈의 감정 역시 무시했다. 이러한 즉흥성은 히틀러가 사람에 대해 가지는 심원한 경멸감을 대변해준다. 나는 그의 변심이 오래가지 않을 가능성까지 고려해 이러한 결정은 장기적인 검토 후에 내려져야 한다고 답했다. "만일 각하의 결정이 문제가 되어 다시 논란이 불거지면 저는 진퇴양난에 빠지게 됩니다." 히틀러는 마음을 바꾸지 않을 것이라고 약속했다. "나의 결정은 최종적인 거야. 더 이상 생각을 바꾸지 않겠네." 그는 심지어 파직 위기에 처한 군수부 부서장 셋에 대해서도 책임을 묻지 않겠노라고 말했다.*

우리의 대화가 끝났을 때, 히틀러는 나를 데리고 옷방으로 가서 모자

---

* 히틀러는 나의 부서장들에 대한 힘러의 의혹을 알려주었다. 시버는 독일을 떠날 계획을 하고 있으며, 리벨 시장은 정적이 많고, 배거 장군이 믿을 사람이 못 된다는 내용이었다.

와 장갑을 착용하고는 문까지 배웅해주려 했다. 그의 행동은 지나치게 공식적인 색깔을 띠고 있었다. 나는 측근다운 비공식적인 말투로 위층에서 히틀러의 공군 보좌관인 벨로와 만나기로 했다고 말했다. 그날 저녁 나는 예전처럼 히틀러, 에바 브라운, 그의 측근들과 벽난로 앞에 앉았다. 대화는 조금씩 지루하게 이어졌다. 보어만이 레코드판을 듣자고 제안했다. 바그너의 아리아가 올려졌고 곧 슈트라우스의 「박쥐」가 울려 퍼졌다.

격렬한 부침, 긴장과 분노가 지난 후, 그날 저녁 내 기분은 유쾌했다. 모든 염려와 갈등의 이유가 깨끗이 사라진 듯했다. 불확실성으로 가득했던 지난 몇 주간은 너무도 힘든 시간이었다. 친밀함과 존중이 없이는 나는 어떤 일도 할 수 없었다. 괴링과 힘러, 보어만과의 권력 투쟁에서 내가 승리했다는 느낌이 들었다. 나를 끝장냈다고 믿었던 그들은 이제 이를 갈게 될 것이다. 이미 짐작은 하고 있었지만, 아마 히틀러는 이제야 어떤 게임이 진행되고 있었는지, 누가 잘못된 방향을 제시했고 누구를 신뢰해야 하는 것인지 깨달은 듯했다.

다시금 그토록 친밀한 반경 안으로 나 스스로를 이끈 동기를 따져보면, 쟁취한 권력을 지키고 싶은 욕망이 내 안에 있었기 때문이다. 히틀러의 권력의 반경 안에서만 빛난다고 스스로를 영원히 속일 수 있다고 생각하진 않았지만, 여전히 투쟁할 만한 가치는 있는 듯했다. 나는 그의 추종자의 한 사람으로서 그의 관심과 영광과 위대함을 내 주변으로 끌어 모으고 싶었다. 1942년까지는 건축가라는 직업이 히틀러로부터 독립된 일종의 자부심을 허용했다고 느꼈다. 그러나 그 이후부터 나는 순수한 권력을 휘두르고, 사람들을 여기저기 배치하고, 중요한 문제에 대해 최종 결정을 내리고, 수십억 마르크의 지출을 논의하고 싶은 욕망에 유혹당했고 중독되었다. 나는 내가 사임할 준비가 되어 있다고 믿었지만, 권력과 함께 오는 이 찔한 자극을 너무도 그리워하고 있었다. 근래에 내가 품었던 깊은 불신은 업계의 요청과 히틀러의 여전한 매력에 완벽히 사그라졌다. 우리 관계는 확실히 위기를 맞고 있었다. 나의 충성심은 흔들렸고 모든 것이 예전처럼 될 수 없다는 것을 나는 알고 있었다. 그러나 그 순간 나는 다시 히틀러의 영향력 안에 들어가 만족감을 느꼈다.
이틀 뒤, 도르슈를 나의 새로운 건축 담당관으로 소개하기 위해 다시 히틀러를 찾아갔다. 그는 내가 예상했던 태도를 보였다. "모든 것을 자네 의사에 맡기겠네, 친애하는 슈페어 장관. 군수부 내의 모든 정책을 책임지고 진행하게나. 누구를 임명하는지도 자네 소관일세. 물론, 도르슈의 임명에 대해서는 나도 찬성하네. 하지만 건축과 관련된 모든 지휘권은 자네에게 있어."[12]

나는 승리한 듯했다. 그러나 승리가 그렇게 중요하지만은 않다는 것도 깨달았다. 다음 날 모든 상황이 뒤바뀔 수 있었다.

나는 냉정한 태도로 괴링에게 새로운 상황을 알렸다. 전시경제 4년계획에 포함되는 건축 부문의 지휘자로 도르슈를 지명한 것은 마땅히 그를 무시한 처사였다. 나는 신랄한 어조로 다음과 같이 편지를 썼다. "원수께서도 무조건 허락하실 것으로 믿습니다." 괴링은 퉁명스럽고 화가 난 듯한 답장을 보내왔다. "군수장관의 모든 의견에 동의하네. 공군의 모든 건설 관련 기관도 도르슈의 관할로 두도록 했네."[13]

힘러는 아무런 반응을 보이지 않았다. 이런 경우 힘러는 미꾸라지처럼 잘도 빠져나갔다. 보어만과 관련해서는 2년 만에 처음으로 내가 승기를 잡은 셈이었다. 보어만은 내가 위력적인 쿠데타를 일으켰고 지난 몇 개월 동안 벌인 자신의 은밀한 작전이 수포로 돌아갔다는 것을 알아챘다. 그는 이런 역전 상황에서 나에 대한 원한을 드러낼 만한 배짱도 힘도 없었다. 은연중에 무시하는 듯한 내 태도를 상당히 힘들어하던 그는 함께 찻집으로 산책을 가던 중 적당한 기회가 오자마자 과도하게 정다운 태도로 나에 대한 거대한 음모에 자신은 끼지 않았다고 말했다. 어쩌면 그의 말이 사실이었는지도 모른다. 그러나 나는 그를 믿을 수 없었고 어쨌든 그는 나에 대한 음모가 있었음을 인정한 셈이었다.

곧 그는 람머스와 나를 자신의 오버잘츠베르크 집으로 초대했다. 나는 그의 인간적인 몰개성에 다시 한 번 놀랐다. 갑작스럽게, 다소 즉흥적인 태도로 보어만은 술자리를 제안했고 밤이 깊어지자 나와 람머스에게 친근한 호칭인 'Du'(너)를 사용하자고 청했다. 그러나 바로 다음 날, 나는 보어만의 친교 시도 따윈 없었다는 듯 행동했고, 람머스는 보어만에게 친근한 호칭을 쓰기 시작했다. 하지만 그것이 람머스를 위기로 몰아넣는 보어만의 무자비한 행동까지는 막지 못했다. 보어만은 나의 매정한 태도에 대해서는 별 반응을 보이지 않았고 오히려 더 다정하게 대했다. 히틀러가 나를 부드럽게 대하듯 말이다.

1944년 5월 중순 함부르크 조선소를 방문했을 때, 관구장 카우프만이 나에게 조용히 이런 이야기를 들려주었다. 관구장들에게 했던 내 연설이 벌써 1년 반 전 일이지만 나에 대한 그들의 원망은 사그라지지 않았다는 것이다. 거의 모든 관구장이 나를 싫어하며, 보어만이 그들의 증오심을 부추기고 있다고 그는 말했다. 카우프만은 내 신변에 위협이 닥칠 수도 있음을 일러주었다.

이 이야기를 히틀러와의 회의에서 거론할 필요가 있었다. 히틀러는 나에게 다시 은근히 특별대우를 해주었다. 처음으로 나를 베르크호프 2층 서재로 불러올린 것이다. 그곳은 히틀러가 대단히 비밀스럽고 친근한 이야기를 나누는 장소였다. 그는 마치 친한 친구와 같은 살가운 목소리로로 관구장들을 자극하는 행동은 절대 피하라고 조언했다. 복잡한 문제를 일으킬 여지가 있으니 그들의 힘을 과소평가하지 말라고도 했다. 그리고 관구장들의 문제점에 대해서 자신도 잘 알고 있다고 덧붙였다. 대부분이 단순한 허풍쟁이로 거칠기는 하지만 충성스러운 부류의 사람들이며, 그런 그들을 있는 그대로 받아들여야 한다는 것이었다. 히틀러의 음성은 앞으로는 나와 관련된 문제에서 보어만의 영향력이 끼어들지 못할 것임을 암시하고 있었다. "그래, 분명 항의가 있었네. 하지만 그 문제는 내 선에서는 이미 결정된 거야." 히틀러는 말했다. 보어만의 또 다른 공격이 실패로 돌아간 것이다.

히틀러 자신도 아마 복잡하게 얽힌 감정 안에 갇혀 있었을 것이다. 그는 나에게 나쁘게 받아들이지 말라고 부탁하는 투로 제국 최고의 훈장을 힘러에게 수여하겠다는 뜻을 밝혔다. 친위대 사령관의 특별한 공로는 훈장을 받기에 충분하다고 거의 사과하듯 설명했다.* 나는 기분 좋게 전쟁이 끝날 때까지 기다리겠노라고, 그때는 내가 건축가로서 성취한 예술과 과학에 대해 최고의 훈장을 받고 싶다고 말해주었다. 그럼에도 불구하고 히틀러는 자신이 힘러에게 하는 대접을 내가 어떻게 받아들일지 걱정하는 눈치였다.

그날 정말 걱정이 되었던 것은 혹 보어만이 히틀러에게 영국 신문『옵서버』(1944년 4월 9일 자) 기사를 보여주지 않을까 하는 것이었다. 그 기사는 나를 당의 강령과는 동떨어진 인물로 묘사하고 있었다. 보어만의 행동이 눈에 선했고 그의 통렬한 논평도 귀에 훤히 들리는 듯했다. 보어만보다 한 발 앞서기 위해 나는 선수를 쳤다. 번역된 기사를 농담과 함께 히틀러에게 건네준 것이다. 히틀러는 법석을 떨며 안경을 찾아 쓰고 기사를 읽기 시작했다.

> 슈페어는 어떤 의미에서는 오늘날 독일에서 히틀러나 힘러, 괴링, 괴벨스, 기타 다른 장성들보다 더 중요한 인물이다. 그들은 사실상 거대한 파워 머신을 이끌며, 가장 극한 압박감 속에서 최고의 노력을 이끌어내는 책임을 맡은 슈페어의 보조역할을 하고 있는 셈이다. 그 안에는 축소된 형태의 '경영 혁명'이 존재한다.

---

* 자선 단체를 설립한 사람에게 주는 독일기사단 훈장이었다. 히틀러의 마음이 바뀌는 바람에 힘러는 훈장을 받지 못했는데, 이 훈장은 주로 사후에 수여하는 것이 관례였다. 내가 받고 싶다고 한 훈장은 국가 훈장이다. 다이아몬드 여러 개가 깊이 박혀 있고 너무 무거웠기 때문에 수여받을 때 상의 안쪽에 펜던트를 달아야 할 정도였다.

> 슈페어는 화려하거나 눈길을 끄는 나치 당원은 아니다. 그에게 관습적인 정치관 이외에 무엇이 있는지는 알려져 있지 않다. 그는 일과 경력을 준다면 다른 정당이라도 함께했을지도 모른다. 그는 성공한 평범한 사람으로, 옷을 잘 입고 예의 바르며 청렴하고 아내와 여섯 자녀들과 함께하는 생활 방식에서 중산층적인 면모가 돋보인다. 다른 지도자급 인사에 비해 독일적 또는 나치적 특성이 나타나지 않는 편이다. 모든 교전국에서 점점 비중이 커지는 인물 유형을 상징하고 있다. 순수한 기술 관료로 거대한 배경이 없으며, 계급의식에서도 자유로운 똑똑한 젊은이라는 점에서 그러하다. 또한 세상에서 자신의 삶을 펼쳐보고자 하는 것 외에 다른 목적이 없고, 자신의 기술적·관료적인 역량 외에는 그다지 기대지 않는 점에서도 그러하다. 이렇게 가냘픈 스타일이 오늘날 최고위직을 차지하게 된 것은 심리적·정신적으로 부담을 느끼지 않기 때문이요, 그가 우리 세대의 엄청난 기술적·체계적인 기구를 다루는 편안함 때문이다. … 이제 그들의 시대가 왔다. 히틀러와 힘러는 없어도 되지만, 슈페어와 같은 유형의 인간들은 앞으로 오랫동안 세상에 존재할 것이다. 이 특별한 사람에게 어떤 일이 일어나든 관계없이 말이다.

히틀러는 긴 기사를 단숨에 읽고는 신문을 접어 나에게 돌려주었다. 말은 하지 않았지만 대단히 감탄한 듯한 태도였다.

그다음 몇 주, 그리고 몇 달 동안, 이런 모든 상황에도 불구하고 히틀러의 멀어진 거리를 나는 더욱 실감하게 되었다. 틈새는 조금씩 벌어졌다. 한번 흔들린 권위를 되찾는 것만큼 어려운 일도 없을 것이다. 처음으로 히틀러에 반기를 든 실험을 하고 나자, 나는 점점 사고와 행동에서 독립적으로 변해갔다. 히틀러는 변한 나의 태도에 화를 내기보다는 당황해했고, 심지어는 힘러, 괴링, 보어만 등과 함께 내린 결정을 번복할 정도로 내 비위를 맞추기 위해 애썼다. 비록 나도 양보하는 부분이 많았지만 한 가지 귀중한 교훈을 얻게 되었다. 히틀러 앞에서 단호한 태도를 보이면 원하는 바를 더욱 크게 얻을 수 있다는 것을.

그럼에도 불구하고 이런 상황이 히틀러에 대한 나의 신념을 흔들지는 않았다. 기껏해야 통치 시스템의 엄정성에 대한 의심 정도였다. 또한 나는 국민들에게 요구되는 희생을 지도급 인사들은 치르려 하지 않는다는 점에 분개했다. 그들이 무분별하게 인력과 자산을 소비하는 것, 오로지 자신의 더러운 음모에만 정신이 팔려 있는 것, 서로에게조차 비도덕적인 치부를 내보이고 있다는 것 등이 나의 분노를 부채질했다.

나는 천천히 자유로워졌다. 여전히 머뭇거리기는 했지만 작별을 고하기 시작했다. 예전의 삶, 임무, 히틀러와 나를 이어주던 끈 그리고 나를 그 상황까지 이끌어간 경솔함에 말이다.

24

세 번 진 전쟁
Der Krieg dreifach verloren

1944년 5월 8일, 나는 업무에 복귀하려고 베를린으로 돌아갔다. 그로부터 나흘 뒤인 5월 12일을 나는 잊을 수 없다. 그날 기술적인 부분에서 전세가 판가름 났기 때문이다.* 그때까지 우리는 많은 무기를 잃었음에도 불구하고, 무기 생산량을 필요치에 가까스로 맞춰내고 있었다. 그러나 미군 제8항공단이 중부와 동부 독일에 있는 연료 생산시설에 935차례나 대낮 폭격을 가하면서 새로운 공중전이 시작되었다. 그것은 곧 독일 군수 생산의 종말을 의미했다.

다음 날 나는 폭격을 맞은 로이나 공장의 기술자들과 함께 부러지고 꼬인 파이프관 시스템을 헤치고 지나갔다. 화학 공장들은 폭격으로 엄청난 타격을 입었다. 아무리 긍정적으로 생각해도 몇 주 안에 생산을 재개한다는 것은 불가능해 보였다. 폭격 이후 우리의 생산량은 하루 5,850톤

---

* 물론 그전에도 루르 저수지나 볼베어링 공장의 폭격처럼 심각한 상황이 없지는 않았다. 그러나 적의 공격은 언제나 집중력이 부족해 목표물들을 옮겨 다니거나 엉뚱한 곳을 폭격했다. 1944년 2월, 적은 거대한 비행기 기체 공장에 공습을 가했다. 사실 더 중요한 곳은 기체 공장보다는 엔진 공장이었다. 엔진 생산량에 따라 비행기 생산이 결정되었기 때문이다. 엔진 공장이 파괴되었다면 비행기 생산은 정체되었을 터다. 게다가 엔진 공장은 기체 공장과 달리 숲이나 계곡으로 분산할 수도 없었다.

에서 4,820톤으로 급격히 떨어졌다. 한편, 항공유는 총 5만 7,400톤이 남아 있었고, 이는 19개월 정도 더 버틸 수 있는 양이었다.

1944년 5월 19일, 폭격 사후 조치를 취한 후 나는 오버잘츠베르크로 날아갔다. 히틀러는 카이텔과 함께 나를 맞이했다. 나는 상황을 다음과 같이 보고했다. "적은 우리의 취약점에 타격을 입혔습니다. 놈들이 계속 그런 식으로 치고 들어온다면, 제국의 연료 생산은 바닥으로 추락할 겁니다. 우리는 적의 공군 참모진이 우리처럼 산만하기만을 바라는 수밖에 없습니다."

언제나 히틀러의 비위를 맞추려고 전전긍긍해온 카이텔은 즉시 자신이 재량껏 손실을 메우겠다고 말했다. 그는 히틀러가 자주 사용하는 논거를 댔다. "그동안 우리가 얼마나 많은 위기를 잘 극복해왔소!" 그리고 히틀러 쪽으로 몸을 돌려 이렇게 말하는 것이었다. "이번 참사도 잘 이겨내겠습니다. 나의 총통 각하!"

그러나 이번에는 히틀러도 카이텔의 낙관주의에 동참하지 않는 듯했다. 상황 논의를 위해 괴링, 카이텔, 밀히, 업계 인사인 크라우흐, 플라이거, 뷔텔피시, 기획물자국 국장인 케를이 불려 왔다.* 괴링은 에너지 산업 관련자들을 제외시키기에 바빴다. 이렇게 중요한 사안은 비밀리에 논의되어야 한다는 것이 그의 주장이었다. 그러나 이미 히틀러가 회의 참석자들을 결정해둔 상태였다.

나흘 뒤, 우리는 베르크호프의 냉랭한 현관홀에서 회의를 주재할 히틀러를 기다리고 있었다. 그에 앞서 나는 에너지 업계 인사들에게 히틀러에게 가감 없이 현실을 말해달라고 당부해두었다. 그러나 괴링은 회의 시작 전 마지막 몇 분을 쥐어짜 참석자들에게 너무 비관적인 발언은 삼가라는

---

* 크라우흐는 화학 공장 감독관이었고, 플라이거는 석탄 담당 제국 감독관이자 중요 연료 공장의 관리인이었다. 뷔텔피시는 로이나 공장 사장이었고, 피셔는 I. G. 파르벤 이사회 의장이었다.

주의를 주기에 여념이 없었다. 그는 아마도 히틀러가 자신에게 사태의 책임을 물을 것이 두려웠던 모양이다.

몇몇 군 고위 인사가 앞서 진행된 회의를 마치고 헐레벌떡 들어왔다. 곧 히틀러의 부관이 우리를 불렀다. 히틀러는 우리에게 손을 흔들며 인사를 했지만 동작은 무뚝뚝하고 공허했다. 그는 우리에게 앉으라고 말하고 최근의 공습으로 벌어진 사태를 파악하기 위해 회의를 소집했노라고 밝혔다. 히틀러는 업계 인사들에게 그들의 소견을 물었다. 그들은 냉정하고 통계 수치에 밝은 사업가들로서 만일 이러한 공습이 계속된다면 상황은 절망적이라는 의견을 진술했다. 물론 처음에는 히틀러도 "우리는 잘 극복해낼 겁니다" 혹은 "더 혹독한 시련도 이겨냈습니다"와 같은 말로 그와 같은 비관적인 전망을 떨쳐버리려고 했다. 카이텔과 괴링은 히틀러의 이런 태도에 한술 더 떠서 미래를 확신했고, 사실에 입각한 그들의 주장을 일소해 퇴색시키려 애썼다. 특히 카이텔은 연료 재고에 관해 조금 전과 같은 말을 되풀이했다. 그러나 업계 경영자들은 히틀러의 측근들보다 단호했다. 그들은 자신들의 입장을 굽히지 않았고 자료와 비교 수치를 동원해 주장을 뒷받침했다.

갑자기 히틀러의 태도가 돌변해 그들에게 최대한 객관적인 용어로 상황을 분석해달라고 요구했다. 마침내 히틀러가 고통스러운 현실에 대해 이야기를 듣겠다는 태도를 보인 것이다. 모든 은폐와 거짓 낙관론, 거짓말을 하는 측근들에게 혐오감이 치민 듯했다. 스스로 회의 결과를 정리했다. "내 판단으로는 연료, 부나고무, 질소 공장들이 전쟁을 수행하는 데 가장 민감한 요소인 것 같소. 중요한 군수물자들이 몇 안 되는 공장에서 생산되고 있기 때문이오."[1]

회의 시작 무렵에는 무신경하고 멍해 보이던 히틀러였지만, 마지막에는 냉철하고 강인하며 날카로운 통찰력을 가진 지도자라는 인상을 남겼다. 그러나 몇 달 뒤, 이미 최악의 타격을 입은 시점에서 히틀러는 더 이상 자신의 통찰력을 인정하지 않으려 했지만 말이다. 괴링은 전실로 돌아오자마자 히틀러에게 불안과 무가치한 비관론으로 부담을 안겼다며 우리를 나무랐다.

차가 도착했고 히틀러의 손님들은 여흥을 위해 베르히테스가덴 호프로 출발했다. 이런 경우 히틀러는 베르크호프를 회의 장소로만 여겼고 호스트로서의 의무감은 가지지 않았다. 회의 참석자들이 떠나자 그의 개인적 측근들이 위층에 있는 방에서 쏟아져 나왔다. 히틀러는 몇 분 동안 방에 들어가 있었고 우리는 연결된 복도에서 기다렸다. 그는 지팡이와 모자, 검은 망토를 챙겨 입었다. 찻집을 향한 일상적인 산책이 시작된 것이다. 그곳에서 우리는 커피와 케이크를 들었다. 벽난로의 불꽃은 바스락거리는 소리를 내며 타올랐다. 사소한 이야기들이 이어졌다. 히틀러는 좀 더 정다운 세계로 빠져들었다. 그가 얼마나 그것을 필요로 하고 있었는지 명확히 느낄 수 있었다. 히틀러는 우리 머리 위에 머물고 있는 위험에 대해서는 한마디도 하지 않았다.

두 번째 폭격이 있었던 1944년 5월 28일과 29일은 우리가 16일간의 결사적인 재건 끝에 생산량을 겨우 예전 수준으로 끌어올린 시점이었다. 이번에는 미 제8항공단 폭격기 400여 대만 동원됐지만 타격은 첫 번째 폭격의 두 배였다. 동시에 미 제15항공단은 루마니아 플로예슈티에 위치한 주요 정유시설에 공습을 가했다. 이제 생산량은 절반으로 떨어졌다.[2] 오버잘츠베르크에서 업계 인사들이 폈던 비관론이 5일 뒤에 바로 적중한 것이다. 괴링의 허장성세는 무가치했다. 이후 이어지는 히틀러의 발언은 괴링의 입지를 더욱 낮은 곳으로 끌어내렸다.

괴링의 추락을 최대한 활용하기 위해 내가 재빨리 움직였던 것은 실용적인 이유 때문만이 아니었다. 전투기 생산에서 좋은 실적을 올림으로써 군수부가 모든 공군 군수 생산을 관할해야 한다고 히틀러에게 제안할 수 있는 정당한 근거를 마련하고자 했다.[3] 그리고 내가 병으로 입원해 있을 때 괴링이 저질렀던 기만행위를 보복하고 싶었다.

6월 4일, 나는 오버잘츠베르크에 앉아 작전을 지시하는 히틀러에게 "괴링에게 압력을 넣어 그가 자발적으로 공군 군수 생산을 나의 부서로 넘기게 해달라"고 청했다.

히틀러는 괴링에 대한 나의 도전 방식에 반대하지 않았다. 그는 이러한 작은 장치가 괴링의 자존심과 특권을 배려하는 것이라고 이해했다. 그는 나의 제안을 받아들였고 단호한 태도로 말했다. "공군 군수 생산은 군수부에서 담당해야 하네. 더 이상 논의할 필요도 없는 일이야. 바로 제국원수에게 사람을 보내 내 뜻을 전하겠어. 자네는 괴링과 함께 세부적인 사항만 논의하면 되네."[4]

바로 몇 달 전만 해도 히틀러는 그의 오랜 전사에게 직선적인 이야기를 피했었다. 심지어 나를 괴링이 머무는 외진 로민텐 히스까지 보내서 좋지 않은 소식을 전달하게 했는데, 무슨 내용인지는 기억나지 않는다. 당시 괴링은 나의 임무를 알아차렸음이 분명했고, 평소와는 달리 나를 극진히 대접했다. 말과 마차를 준비시켜 드넓은 사냥터를 몇 시간이나 돌았고, 요점도 없는 이야기들을 쉼 없이 지껄였다. 결국 나는 임무를 수행하지 못한 채 히틀러에게 돌아갔다. 괴링은 내가 말을 꺼낼 기회조차 주지 않았던 것이다. 히틀러는 괴링에 대해 잘 파악하고 있었으므로 나의 난감함을 이해했다.

그러나 이번에는 괴링도 친절함을 가장해 요점을 피하려고 하지 않았다. 토론은 오버잘츠베르크에 있는 괴링의 집 서재에서 이루어졌다. 히틀러가 미리 논점을 일러준 상태였고, 괴링은 히틀러의 변덕을 심하게 힐난했다. 불과 2주 전에 히틀러가 건설 분야를 나에게서 떼어 올 거라며 모든 것은 결정이 끝났다고 괴링에게 말했음을 알게 되었다. 그러고 나서 나와 잠시 대화를 한 후 자신의 말을 모두 없던 걸로 한 셈이었다. 언제나 그런 식이었다. 불행히도 총통 히틀러는 결코 확고한 결단력을 가진 인물이 아니었다. 괴링은 히틀러가 원한다면 당연히 공군 군수 생산을 나에게 넘기겠다고 체념한 듯 말했다. 그렇지만 모든 것이 당황스러웠다. 얼마 전까지만 해도 히틀러는 내가 너무 많은 일을 관할한다고 판단하지 않았던가.

나는 좋고 싫음에 대한 히틀러의 너무도 갑작스러운 변화를 눈치채기 시작했다. 그런 성향이 곧 나의 미래에도 위협이 될 것임을 깨달았지만, 괴링과 나의 역할 변화에 관해서는 어느 정도 정당한 판단이었다고 생각했다. 그렇다고 하더라도 나는 괴링을 공개적으로 초라하게 만들고 싶진 않았다. 히틀러의 칙령을 준비하는 대신 나는 괴링 스스로 공군 군수품 생산의 책임을 나에게 일임하는 형식을 준비했다. 괴링은 그런 내용의 칙령을 발표했다.[5]

내가 공군 군수품을 전담하게 된 것은 적의 공습이 불러온 혼란에 비하면 미미한 사건이었다. 2주의 공백 직후—그들의 공군력은 공습을 준비하느라 거의 소진되었을 것이다—연합군은 새로운 종류의 공습을 시작해 연료 공장 여러 곳의 가동을 완전히 정지시켰다. 6월 22일 항공연료 생산이 90퍼센트 감소했다. 이제 하루 생산량은 632톤에 불과했다. 공습이 잠시 주춤하는 사이 7월 17일이 되었을 때 우리는 다시 예전의 40퍼센트 수준인 2,370톤의 연료를 생산할 수 있었지만, 나흘 뒤인 7월 21일 하루 생산량은 120톤으로 뚝 떨어졌다. 연료 공장 가운데 98퍼센트가 가동을 중단했다.

무참한 공습 후에, 적은 우리에게 거대한 로이나 화학 공장을 부분적으로 재건할 여유를 주었다. 7월 말에는 항공연료 생산량이 609톤으로 올라섰다. 그 무렵에는 평소 생산량의 10퍼센트만 달성해도 승리로 간주되었다. 공습으로 화학 공장의 파이프라인 시스템이 파괴되었기 때문에 더 이상의 치명적인 피해란 의미가 없었다. 인근에서 폭탄이 터지는 충격만으로도 이곳저곳에서 파이프들이 새기 시작했다. 복구는 불가능했다. 8월 생산량이 예전의 10퍼센트에 도달했고, 9월에 5.5퍼센트, 10월에 다시 10퍼센트를 회복했다. 1944년 11월, 생산량이 28퍼센트(1일 생산량 1,633톤)를 기록했을 때는 우리 스스로도 놀라고 말았다.[6]

"독일군에서 작성한 난삽한 색상의 보고서에 따르면, 독일의 위태로운 상황에 대한 이해가 부족하다고 장관이 우려하고 있다"라고 1944년 7월 22일 자 나의 업무일지에 기록되어 있다. 그 '장관'은 6일 뒤 연료 상황에 대한 보고서를 히틀러에게 보냈다. 이 보고서의 구절구절은 6월 30일에 보낸 보고서와 거의 일치했다.* 둘 다 7월과 8월에는 항공유와 다른 연료들을 모두 소진할 수밖에 없으며 차후에는 더 이상 좁히기 힘든 격차가 벌어질 것으로 전망했다. '비극적 결과'로 이어질 수밖에 없다는 결론이었다.[7]

어두운 전망 속에서 나는 비극적 결말을 피하기 위한, 적어도 연기하기 위한 다양한 대안을 제시했다. 무엇보다도 히틀러에게 우리의 모든 역량을 동원할 수 있는 권한을 요청했다. 나는 무기 부문을 성공적으로 이끌어온 에드문트 가일렌베르크에게 관련된 전권을 주어 모든 방법을 총동원해 자원을 확보하고, 다른 생산 부문을 축소하며 숙련된 기술자들을 차출해서 연료를 비축하게 할 수 있도록 해달라고 제안했다. 처음에는 히틀러도 거절했다. "그렇게 하면 탱크 생산이 줄어들 걸세. 그래선 안 돼. 어떤 경우에도 있을 수 없는 일이야."

그동안 위기에 대해 우리가 충분히 논의했음에도 불구하고 히틀러가 아직 상황의 중대성을 이해하지 못하고 있음이 분명했다. 연료가 없으면 탱크를 만들어내는 것이 아무 의미가 없다고 나는 반복해서 설명했다. 히틀러는 내가 탱크 생산을 늘리겠다고 약속하고 자우어가 이 약속을 재확인한 후에야 나의 제안을 허가했다. 두 달 뒤, 노동자 25만 명이 수소화 공장 보수작업에 투입되었다. 군수 생산에 필수적인 숙련 노동자 상당수가

---

* 5월 22일, 히틀러의 공군 보좌관이자 내 친구 폰 벨로 대령을 총통 연락관으로 임명하는 데 성공했다. 1944년 5월 22~25일 총통의사록 항목 8을 보면, 벨로의 임명은 "총통의 발언을 잘 주지하기 위함"을 목적으로 하고 있다. 이 체제는 내가 병상에 있을 때 겪었던 것과 같은 돌발 상황을 막고자 한 것이었다. 폰 벨로는 이후 나의 보고서를 히틀러에게 전달해주는 역할도 담당했다. 보고서를 히틀러에게 내가 직접 전달하는 것은 의미가 없었다. 내용을 요약하라고 요구하거나 내 말이 끝나기 전에 차단했기 때문이다. 폰 벨로는 히틀러가 내 보고서들을 주의 깊게 읽었고 줄을 치거나 메모를 하기도 했다고 전했다.

동원된 것이다. 1944년 가을 무렵, 그 수는 더욱 증가해 35만 명에 달했다.

비망록에서도 밝혔지만, 나는 지도부의 몰이해에 깜짝 놀라고 말았다. 내 책상 위에는 기획부서가 작성한 1일 생산 손실, 파손된 공장, 재가동하는 데 걸리는 시간에 관한 자료들이 쌓여 있었다. 하지만 우리 계획은 적의 공습을 막아내거나 최대한 줄어든다는 가정 아래에서야 실현 가능한 것들이었다. 1944년 7월 28일, 나는 보고서를 통해 히틀러에게 "제국 영토를 방어할 상당 규모의 전투기 부대를 보유하게 해달라"고 청했다.[8] 나는 거듭 그에게 "제국 내 수소화 공장을 보호하는 데 전투기를 투입하고 8월과 9월에 부분적인 생산이라도 가능하게 할 것인지, 아니면 지금까지의 작전을 유지해 9월과 10월에 연료 부족으로 독일 공군이 국내외에서 발이 묶이는 상황을 맞을 것인지" 간곡하게 물었다.*

히틀러에게 이런 질문을 던진 것은 두 번째였다. 5월 말 오버잘츠베르크 회의 이후, 그는 갈란트가 세운 계획을 승인했었다. 전투기 생산을 늘려 항공단을 구성하고 국내 산업시설 보호를 담당하게 한다는 내용이었다. 카린할에서 열린 회의에서 연료업계 대표단이 상황의 긴박성에 대해 재차 설명하자 괴링은 그의 '제국' 항공대가 전장으로 향하는 일은 결코 없을 것이라고 엄숙하게 약속한 바 있었다. 하지만 침공이 시작되자 히틀러와 괴링은 전투기들을 프랑스로 투입했고, 몇 주 안 가 항공대 전체가 아무런 성과도 없이 괴멸되었다. 이제 7월 말, 히틀러와 괴링은 새로이 약속했다. 전투기 2,000대가 자국 방어를 위해 조직되었고 9월 가동을 앞두고 있었다. 그러나 또다시 상황 인식에 대한 기본적인 실패가 익살극을 연출했다.

돌이켜보면, 1944년 12월 1일 군수회의에서 나는 이렇게 말했다. "효

---

* 갈란트의 말에 따르면, 당시 제국에는 주간 공습을 막기 위한 전투기가 200여 대밖에 남아 있지 않았다.

율적인 공습을 계속 퍼붓는 적들이 독일의 경제 사정을 잘 파악하고 있다는 점을 우리는 깨달아야 합니다. 우리의 폭격과는 반대로 그들의 폭격은 정밀하게 계획된 것으로 보입니다. 다행히 적이 새로운 작전을 구사한 것은 지난 하반기 혹은 3분기 전으로 생각됩니다. 그전까지 적은 그들의 입장에서 봤을 때 어리석은 작전에 매달려 있었습니다." 이미 2년 전 1942년 12월 9일 자 미국의 전시경제부 보고서가 "소수의 핵심 산업시설을 철저히 파괴하는 것이 많은 곳에 작은 타격을 안기는 것보다 훨씬 효율적"이라고 언급했다는 사실을 그 당시엔 몰랐다. 전문가들이 지적한 바에 따르면, 선별 폭격 효과는 누증되었고, 한번 도입된 그 계획은 포기하지 말고 결단력을 가지고 추진되어야 한다고 그들은 주장했다.[9]

그 생각은 옳았지만, 실천에는 허점이 많았다.

1942년 8월, 히틀러는 해군지도부에게 적이 큰 항구를 점령하지 못한다면 그들의 침공이 성공하지 못할 것이라고 확언했다.[10] 항구를 장악하지 못하면 해안에 상륙한 적은 독일군의 반격에 맞설 수 있는 충분한 보급을 받지 못할 것이라는 지적이었다. 프랑스와 벨기에, 네덜란드 해안의 엄청난 길이를 고려해볼 때, 상호방어를 하기에 충분히 가까운 거리에 완벽한 토치카 라인을 짓는 일은 독일 건설업계의 역량으로는 불가능했다. 더욱이 토치카에 배치할 병력도 부족했다. 따라서 히틀러는 대규모 항구를 토치카로 둘러싸고 해안 지역에는 감시 벙커만 드문드문 세워두었다. 약 1만 5,000개의 작은 벙커를 지어 적이 상륙에 앞서 개시할 공습에 대비하도록 했다. 그러나 히틀러도 알고 있었듯이 실제 공격이 진행되면 병사들은 바깥으로 뛰쳐나오게 마련이다. 방어 자세는 전투에 기본이 되는 용기와 주도권을 저해하기 때문이다.

히틀러는 이러한 방어 장치를 세세한 부분까지 직접 설계했다. 그는 주로 밤 시간을 이용해 다양한 형태의 벙커와 토치카를 설계했다. 스케치에 불과했지만 정확도는 상당히 높았다. 한껏 자화자찬하는 태도로 히틀러는 자신의 디자인이 전선 군인들의 요구와 딱 맞아떨어진다는 말을 자주 했다. 공병대는 히틀러가 디자인한 벙커와 토치카를 수정 없이 채택했다.

토치카 건설을 위해 우리는 2년간의 강도 높은 작업과 37억 독일마르크, 1,330만 세제곱미터의 콘크리트를 투입했다.[11] 게다가 군수공장에서 사용할 120만 톤의 철을 전용하기도 했다. 이 모든 비용과 노력은 완벽한 낭비에 불과했다. 영리하고 기술적인 작전으로 적은 상륙 후 2주 만에 모든 방어벽을 통과해버렸다. 잘 알려진 바대로, 침공부대는 그들의 항구를 스스로 건설했다. 아로망슈와 오마하 해안에 세밀하게 준비된 계획에 따라 램프를 비롯한 항만 시설을 지었다. 이런 식으로 적은 군수품과 필요한 물자, 식량, 보충 병력 등을 지원받을 수 있었다.* 우리의 방어 계획은 수포로 돌아갔다.

히틀러가 연말에 서부 해안 방어감독관으로 임명했던 롬멜은 상당한 선견지명의 소유자였다. 히틀러는 임명 직후 롬멜을 동프로이센 지휘부로 초대했다. 그곳에서 내가 다음 차례를 기다리고 있었기 때문이다. 롬멜이 히틀러에게 다음과 같이 당돌하게 말했을 때 그들의 토론은 다시 한 번 격해졌다. 긴 회의를 마치고 롬멜이 육군원수를 벙커 밖으로 배웅하는 모습을 볼 수 있었다. "우리는 적이 상륙하는 그 지점에서 궤멸시켜야 합니다. 항구 주변에 설치한 토치카는 별 효과가 없을 겁니다. 해안선을 따라 구식 장벽과 방어막을 세우는 것이 그들의 상륙을 방해하는 데 효과적일 테고, 우리 공격도 힘을 얻을 수 있을 겁니다."

---

* W. S. 로스킬의 『비디에서의 전쟁』(런던, 1961) 3권 2부의 내용을 보면, 이 항구들을 이용하지 않으면 상륙이 불가능하다고 되어 있다. 선박 400여 척이 사용되었고, 그 무게만 총 150만 톤에 달했다. 이들 중 일부는 방파제 역할을 하기 위해 침몰되었다. 태풍으로 건설 기간은 두 배로 늘어났다. 그러나 열흘 후 항구는 모양을 갖추기 시작했고, 7월 8일부터 영국이 만든 아브랑슈 항구에서 매일 6,000톤 물량이 쏟아지기 시작했다. 미국 측 항구는 완성되지 못한 상태였다.

롬멜은 간결하고 단호한 태도를 고수했다. "만일 우리가 즉시 적들을 물리치지 않으면 대서양 방벽과 상관없이 그들의 침공은 성공할 것입니다. 트리폴리와 튀니스에 있는 목적지를 향해 집중적인 폭격이 이어졌기 때문에, 독일 최고의 부대도 힘을 쓸 수 없었습니다. 만일 그 폭격을 막지 못한다면 다른 작전은 모두 허사가 될 겁니다. 방어선도 마찬가지입니다."

롬멜의 말투는 예의바르긴 했지만 냉정했다. 모든 이들이 당연히 붙이는 "나의 총통 각하"라는 표현을 쓰지 않는 것도 특징적이었다. 그는 기술 전문가라는 명성도 얻고 있었다. 히틀러의 눈에 비친 롬멜은 서방과 전쟁을 치르는 데 있어서 전문가였다. 그것이 히틀러가 롬멜의 비판을 묵묵히 받아들인 유일한 이유일 것이다. 그럼에도 히틀러는 집중 폭격에 대한 마지막 입장 표명을 하려고 기다리는 듯했다. "오늘 내가 원수에게 집중 폭격과 관련해서 일러두고 싶은 게 있소." 히틀러는 우리 두 사람을 실험용 차량으로 데리고 갔다. 완전 무장한 트럭에 8.8센티미터 구경의 지대공 미사일이 장착되어 있었다. 병사들이 미사일 발사 시의 속력과 측면 충격 보호장치에 대한 시범을 보였다. "앞으로 몇 달 동안 몇 대나 인도할 수 있나, 자우어?" 히틀러는 물었다. 자우어는 몇백 대라고 약속했다. "이 대공포를 이용해 우리 군에 대한 적의 집중 공습을 막아볼 생각이네."

이러한 아마추어적 미숙함에 대해 논쟁을 포기했기 때문이었을까? 하여간 롬멜은 측은하다는 듯 경멸적인 미소로 답했다. 기대했던 확신에 찬 반응이 나오지 않자 히틀러는 퉁명스럽게 작별 인사를 하고는 기분이 좋지 않은 듯 벙커로 돌아가 버렸다. 나는 자우어와 회의 약속이 잡혀 있었다. 그는 조금 전의 일에 대해서는 언급하지 않았다. 나중에 침공이 시작된 후에, 제프 디트리히가 나에게 롬멜의 정예부대가 대규모 공습으로 입은 절망적인 피해에 대해 생생하게 설명해주었다. 폭격에서 생존한 병사들도 균형감각을 완전히 상실해 무감정 상태에 빠졌다. 그들은 전혀 부상을 입지 않았는데도 며칠이 지나도록 전의가 되살아나지 않았다고 한다.

6월 6일, 나는 베르크호프에 있었다. 오전 10시경 히틀러의 군 보좌관이 그날 아침 일찍 적의 공습이 시작되었다고 알려 왔다.

"총통께서는 깨어나셨나?"

그는 머리를 저었다. "아뇨, 이 소식은 아침식사를 하신 후에 전할 생각입니다."

그즈음 히틀러는 적이 공습 목표 지역에서 병력을 분산시키기 위해 위장 공격을 하고 있다는 주장을 되풀이했다. 따라서 그 누구도 히틀러를 깨워 상황을 오판했다는 질책을 듣고 싶지 않았던 것이다.

몇 시간 뒤 베르크호프 살롱에서 있었던 상황회의에서 히틀러는 적이 자신을 오판으로 이끌려 할 뿐이라는 생각을 그 어느 때보다 단호하게 말했다. "자네 기억나나? 우리가 받은 수많은 보고서 가운데 오직 하나만이 적의 상륙지점과 시간을 정확히 예고했네. 나는 아직 본격적인 침공은 이루어지지 않고 있다고 확신하고 있어."

적의 정보기관이 실제 목표 지점에서 엉뚱한 곳에 병력을 배치하도록 의도적으로 잘못된 정보를 흘리고 있다고 히틀러는 주장했다. 정확한 보고를 잘못된 것으로 받아들이면서 히틀러는 이제 노르망디 해안이 적의 목표 지점이라는 자신의 정확한 판단마저 뒤집고 있었다.

그에 앞선 몇 주 동안 히틀러는 친위대, 국방군, 외무부 등 서로 경쟁하는 정보기관으로부터 적의 상륙 시간과 장소에 대해 상충하는 정보를 입수했다. 다른 일에서도 그렇듯이 이번에도 히틀러는 전문가들도 하기 힘든 일, 즉 정확한 정보를 가려내고 어떤 정보기관이 더욱 신뢰할 만하며 적의 참모부까지 꿰뚫고 있는지에 대한 판단을 자신이 도맡았다. 그는 정부기관들을 경쟁력 없다고 폄하하면서, 점점 더 격렬하게 싸잡아서 공격했다. "고위 정보기관원들이 연합군에게 얼마나 뇌물을 받아먹는지 아나? 그래서 일부러 잘못된 보고서를 작성하는 거라고. 나는 이것을 파리 지휘부 쪽으로 넘길 마음도 없네. 분명히 다시 취소하게 될 테니까. 이 보고서는 우리를 불안에 떨게 할 뿐이야."

그날의 가장 긴급한 결정이 내려진 때는 정오가 지나서였다. 프랑스에 있는 국방군총사령부의 예비 병력을 미영 연합군의 교두보에 대항하는 곳으로 배치하겠다는 내용이었다. 병력 이동의 최종 결정권은 히틀러에게 있었다. 그는 이들 병력은 임박한 전투에 대비해 움직여서는 안 된다는 서부 전선 독일군 총지휘관 룬트슈테트 육군원수의 요청도 묵살하는 듯했다. 늦어진 결정 때문에 두 개 사단은 더 이상 6월 6~7일 밤을 이용해 행군을 진행할 수 없었다. 낮 동안에는 적의 폭격 때문에 움직일 수 없었다. 이들은 적과 마주치기 전부터 이미 심각한 인명과 물적 손실로 고통받고 있었다.

전쟁의 판도가 결정된 날은 예상과는 달리 평온하게 지나갔다. 유달리 극적인 상황에서 히틀러는 침착함을 유지하려고 애썼고, 참모진도 그의 자기 통제를 흉내 냈다. 불안감이나 걱정을 드러내 보이는 모습은 전반적인 분위기를 거스르는 행동으로 간주되었을 것이다.

그러나 이어진 며칠, 몇 주 동안, 특유의 부조리한 불신 속에서 히틀러는 적의 침공은 단지 병력을 엉뚱한 곳으로 파견하도록 만들기 위한 속임수일 뿐이라고 굳게 믿고 있었다. 진정한 침공은 다른 장소, 즉 병력의 공백이 발생한 곳에서 일어날 것이라는 주장을 되풀이했다. 해군 역시 그 지역을 대규모 상륙작전을 펴기에는 적합하지 않은 것으로 보고 있다고 히틀러는 자신 있게 말했다. 한동안 그는 결정적인 공격이 칼레 해안 인근에서 이루어질 것으로 보았다. 마치 적군이 자신이 옳았음을 입증해주리라고 확신하고 있는 듯했다. 히틀러는 1942년 이후 칼레 주변에 적의 상륙을 저지하기 위한 목적으로 수 미터에 달하는 콘크리트 방공호 아래에 대

---

* 적은 히틀러의 더욱 단호한 모습을 기대했다. W. F. 크레이븐과 J. L. 케이트의 『제2차 세계대전의 공군』 3권에 따르면, 작전 개시일과 그 이후 여러 날 동안 철교 열두 개가 파괴되고 센 강의 다리 열네 개가 미군 제9항공단에 의해 폭파되었다. 목적은 칼레 인근에 집결해 있던 독일군 15군단을 막는 것이었다.

규모의 해군 함포들을 배치해두었다. 히틀러는 칼레에 주둔하고 있는 제 15군단을 노르망디 해안으로 이동시키지 않았다.*

도버 해협을 건너 공격할 것이라고 히틀러가 믿은 데에는 다른 이유가 있었다. 55개의 진지가 도버 해협을 따라 세워졌고 그곳에서 매일 '비행폭탄' 100개가 런던을 향해 발사될 예정이었다. 히틀러는 본격적인 침공은 이곳 진지를 목표로 실행될 것이라고 가정했다. 그는 연합군이 노르망디에서 시작해 순식간에 도버 해협 인근을 점령할 수 있다는 가능성을 부인했다. 오히려 그는 적의 교두보로 공격을 좁혀 들어가 적을 섬멸할 수 있을 가능성에 무게를 두고 있었다.

히틀러와 우리 모두는 새로운 무기 V1이 위력을 보여주어 적진을 초토화시키기를 고대했다. 우리는 그 위력을 지나치게 과대평가하고 있었다. 나는 비행폭탄의 속도가 의심스러웠기 때문에 히틀러에게 구름이 낮게 깔려 있을 때에만 폭탄을 발사하자고 건의했다.[12] 그러나 히틀러는 내 말에 관심이 없었다. 6월 22일, 히틀러의 성급한 명령에 따라 첫 번째 V1 제트 폭탄이 발사되었다. 우선 열 개만 발사가 가능했고 그 가운데 다섯 개만 런던에 도달했다. 히틀러는 자신이 급하게 일을 밀어붙인 것은 잊고 실패에 대한 분노를 미사일 제작자들에게 퍼부었다. 상황회의에서 괴링은 잘못을 자신의 반대파인 밀히에게 뒤집어씌우느라 바빴다. 히틀러는 이번 프로젝트가 헛된 실수라는 이유를 붙여 비행 폭탄 생산을 중단하라고 결론지을 생각이었다. 그때 공보 담당관이 V1의 파괴력에 대한 조금 과장되고 선정적인 런던 언론의 보도내용을 그에게 전해주었고, 히틀러의 태도는 즉각 바뀌었다. 그는 생산을 늘리라고 지시했고, 괴링은 항공부의 위대한 업적이 언제나 자신의 관심 때문이었다고 강조했다. 그날의 희생양이었던 밀히에 대한 이야기는 한마디도 없었다.

침공 이전 히틀러는 적이 상륙하는 즉시 프랑스로 가서 작전을 직접 지휘하겠다고 강조했다. 이를 위해서는 엄청난 비용과 함께, 수십 킬로미터의 전화선이 깔리고 두 개의 지휘부가 토트 조직에 의해 건설되어야 하며, 대량의 콘크리트와 값비싼 설비들이 필요해진다. 히틀러 자신이 장소와 지휘부의 규모를 결정했다. 히틀러는 프랑스를 빼앗겼을 때 최소한 지휘본부 중 하나는 미래 독일의 서부 국경을 위해 필요하며, 요새로서의 역할을 할 수 있다는 말로 엄청난 비용을 정당화했다.

6월 17일, 그는 W2로 불린 프랑스 지휘부들을 방문했었다. 수아송과 라봉 사이에 위치하고 있었다. 히틀러는 그날 오버잘츠베르크로 돌아왔고 골이 난 듯 심사가 꼬여 있었다. “롬멜은 완전히 겁을 먹었더군. 패배주의자가 되어버렸어. 지금 같은 때는 낙관주의자만이 뭔가를 성취할 수 있는 법이지.”

이런 말이 나오면 롬멜의 직위 해제는 시간문제가 된다. 히틀러는 여전히 적의 교두보에 맞서는 자신의 방어 작전이 절대적이라고 생각했다. 그러나 바로 그날 저녁 히틀러는 나에게 W2가 프랑스 저항 운동의 중심지에 있어 안전하지 않을 것 같다고 말했다.

6월 22일, 영미 연합군이 처음으로 괄목할 성과를 얻었고 동시에 소련의 반격이 시작되었다. 소련의 공격은 독일의 제25사단을 파멸로 이끌었다. 이제 붉은 군대의 진격은 여름에도 멈추지 않았다. 세 곳의 전선, 서부, 동부, 하늘이 무너졌음에도 히틀러는 의심의 여지없이 강한 배포와 엄청난 인내심을 과시했다. 오랜 권력투쟁의 시련이 히틀러의 의지는 물론이고, 괴벨스와 다른 초기 측근들을 강하게 단련시켰을 것이다. 아마도 이른바 ‘투쟁 시기’의 경험을 통해 히틀러는 주변 사람들에게 절대로 불안감을 내색해서는 안 된다는 교훈을 얻었던 모양이다. 그의 측근들은 위급한 시기에 히틀러가 보여주는 침착성에 감탄했다. 그것 하나만으로도 히틀러가 내리는 결정에 충분한 신뢰를 보냈다. 히틀러는 언제나 자신을 바라보는 많은 눈을 의식하고 있었고, 한순간이라도 평정을 잃을 경우 파급될 좌절감을 잘 알고 있었다. 그의 자기 통제는 마지막 순간까지 계속된 놀라운 의지의 산물이었다. 그는 빠른 노화와 병, 모렐의 실험과 점점 더 무거워져 그를 휘청거리게 만드는 압박감에도 불구하고 스스로로부터 평정을 짜냈다. 그의 의지는 아무도 단념시키거나 지치게 하기 힘든 여섯 살짜리 아이의 그것처럼 부주의하고 거칠게 느껴졌다. 어떻게 보면 히틀러의 자기 통제는 우스꽝스럽기도 했지만 동시에 존경심을 불러일으키기도 했다.

패배만이 거듭되던 시기에 현상적으로 드러난, 승리에 대한 이런 확신을 단순히 히틀러의 활력만으로는 설명할 수 없었다. 슈판다우 형무소에서 풍크가 말해준 바에 따르면 히틀러가 자신의 주치의들을 계속 감쪽같이 속일 수 있었던 것은 스스로 자신의 거짓말을 믿었기 때문이다. 이런 태도는 괴벨스의 선전 활동에도 기본이 되었다고 풍크는 덧붙였다. 스스로의 궁극적 승리를 믿었다는 가정 없이는 히틀러가 보인 굳건한 태도를 설명할 길이 없다. 어떻게 보면 그는 스스로를 숭배한 셈이다. 히틀러가 앞에 세워둔 거울은 자신의 모습뿐만 아니라 신성한 섭리에 의해 약속받은 그의 소명을 비추었고, 그의 신념은 자신의 앞길에 반드시 존재하는 '행운의 전환점'에 기반을 두고 있었다. 자기 암시로 스스로를 강하게 만드는 것이 히틀러의 방식이었다. 현실이 그를 위기로 몰아넣을수록 더욱 고집스럽게 운명의 의지에 대한 확신을 내세우며 반발했다. 당연히 그는 군사적인 사건을 정확히 이해했다. 그러나 그것을 자신의 신념으로 변화시켰고 심지어 패배마저 섭리가 내려주는 앞으로의 승리에 대한 비밀스러운 약속으로 간주했다. 가끔 그는 상황이 절망적이라고 깨닫곤 했지만, 결국은 운명이 자신의 편에 서줄 것이라는 기대 속에 결코 흔들리지 않았다. 히틀러의 근본적인 정신적 문제를 지적한다면, 자신의 행운의 별에 대한 흔들리지 않는 믿음이라고 할 수 있다. 그는 태생적으로 종교적인 인간이었지만 믿음을 향한 의지가 자기 확신으로 변질되었을 뿐이다.[13]

히틀러의 광적인 신념은 측근들에게도 영향을 주었다. 나는 이제 모든 것이 종말을 향하고 있다는 것을 분명히 인식했다. 그럼에도 불구하고 나는 더욱 자주, 비록 나의 특정한 분야에 한해서였지만, "상황의 회복"을 언급했다. 이런 확신이 피할 수 없는 파멸을 인식한 것과는 별개로 존재했다는 게 이상하다.

1944년 6월 24일, 린츠에서 있었던 군사회의에서 나는 여전히 다른 사람들에게 자신감을 전파하려고 애쓰고 있었다. 그때 나는 단단한 벽에 부딪힌 것 같았다. 나의 연설문을 지금 와서 읽으면 그 경솔함에 깜짝 놀라게 된다. 진지한 청중들에게 우리의 전력투구가 성공을 거둘지도 모른다고 설득했던 나의 노력에는 기이한 점이 있다. 나는 연설을 마치며 군수 분야에서는 닥쳐오는 위기를 극복할 것이며, 앞으로 우리는 지난 몇 해 동안의 군수품 생산 성과를 다시 보여줄 거라며 확신에 차서 이야기했다. 즉흥 연설을 하면서 나는 격해지고 말았다. 현실적으로 완전히 환상에 지나지 않는 희망사항이었다. 다음 몇 달 동안 우리가 생산을 늘릴 수 있음을 입증하는 것이 문제였다. 그렇다면 나는 왜 히틀러에게 모든 노력이 곧 쓸모없어질 것이라는 냉정한 보고서를 썼던가? 후자는 이성의 행위였고 전자는 순수한 믿음의 행위였다. 이렇듯 완벽한 분리는 히틀러의 측근들이 겪을 수밖에 없었던 기이한 착란이 어떤 것인지 적나라하게 보여준다.

내 연설의 마지막 한마디만이 히틀러에 대해서든, 혹은 나의 측근들에 대해서든 관계없이 개인적인 충성을 넘어선 책임감에 대해 언급하고 있다. 다른 사람들에게는 단지 과장된 말로 들렸을지 몰라도 내게는 중대한 의미가 있었다. "우리는 우리의 임무를 다해야 합니다. 그래야만 독일 국민들을 지킬 수 있을 것입니다." 이 말은 더욱이 업계 인사들이 듣고 싶었던 말이었다. 이렇게 말하면서 나는 롤란트가 4월에 나를 찾아와 부탁했던 더욱 고차원적인 책임감을 정식으로 받아들였다. 책임감에 관한 생각은 내 머릿속에서 자라고 있었다. 나는 아직도 가치 있는 임무가 남아 있음을 깨닫기 시작한 것이다.

그러나 내가 사업가들에게 믿음을 주지 못하고 있다는 점은 분명했다. 연설 이후 계속된 회의에서 나는 절망적인 이야기들을 숱하게 들었다.

열흘 전 히틀러는 업계 인사들 앞에서 연설을 하겠노라고 약속했었다. 나의 노력이 명백하게 실패한 후, 나는 히틀러의 연설을 통해 그들의 사기가 높아질 수 있기를 간절히 고대했다.

전쟁이 시작되기 전 보어만은 히틀러의 명령에 따라 베르크호프 인근에 플라터호프 호텔을 지었다. 오버잘츠베르크를 찾는 사람들이 쉬기 위한, 혹은 히틀러와 가까운 곳에서 밤을 보낼 수 있는 특별한 기회를 갖도록 하기 위한 목적이었다. 6월 26일 군수업계 대표단 100여 명이 플라터호프의 커피숍에 모였다. 린츠 회의에서 나는 그들의 불만이 부분적으로는 경제 문제에 당 기구들의 간섭이 커지는 데 있다는 것을 알 수 있었다. 사실 일종의 민족사회주의적인 관행이 점점 더 득세하고 있는 듯했고, 수많은 당 조직들이 거기에 힘을 보태고 있었다. 그들은 이미 국가 소유의 모든 생산시설을 당 구역에 분산시켜 그들의 조직에 복속시켰다. 특히 국비로 설비를 갖추고 운영되지만 감독관이나 숙련 노동자들, 기계설비는 사기업에서 제공하는 수많은 지하공장은 전쟁이 끝난 후 국영으로 넘어올 수밖에 없을 것 같았다.[14] 군수품 생산 분야에서 업계의 전문성에 의존했던 우리의 시스템도 민족사회주의 경제 원칙에 합류될 가능성이 높았다. 우리 조직이 효율성을 갖출수록 당 지도부에서는 이를 사기업의 종말로 여기게 되었다.

나는 히틀러에게 업계의 불안을 고려해달라고 부탁했고, 그는 나에게 연설 내용에 포함시킬 중요한 문장 몇 개를 적어달라고 했다. 앞으로 닥칠 힘든 시기에 국가적 지원이 있을 것이고, 지역의 당 조직으로부터 독립성이 보장될 것이라는 내용을 적어주었다. 끝으로 나는 히틀러에게 "비록 지하공장의 경영으로 일부 생산시설이 국가 소유가 되었지만, 사유 재산의 불가침성을 확인해달라"고 청했다. 만일 히틀러가 "전후 자유경제와 국영산업 거부"를 이야기하면 참석자들을 안심시킬 수 있을 것이었다.

히틀러는 이러한 내용의 연설을 했고 내가 제시한 요점을 중점적으로 설명했다. 그러나 연설을 하는 내내 그는 마치 말더듬 증상으로 고통받는 듯 보였다. 계속 말실수를 하고 우물거렸으며, 중간에서 문장을 끊거나 문법을 무시했고 가끔 혼동하기도 했다. 이 연설은 히틀러의 극심한 고갈 상태를 입증하고 있었다. 바로 그날 전선의 상황이 악화되었다. 이제 연합군이 주요 항구인 셰르부르를 점령하는 것을 막기란 불가능해 보였다. 셰르부르를 점령하면 적들은 보급 문제를 해결하고 병력 증강도 손쉽게 해낼 것이다.

무엇보다 히틀러는 모든 관념적인 편견을 배제했다. "단 하나의 법칙만이 존재하기 때문입니다. 간단히 말해, 그 자체로 유용한 것만이 올바르다는 것입니다." 이렇게 말하면서 히틀러는 사고의 현실적인 방법론을 고수하며 업계에 했던 약속들을 다시금 훼손했다.

히틀러는 자신의 역사철학과 막연한 진화론을 마음껏 역설했다. 그는 혼란스러운 표현을 사용하며 관중에게 다음과 같이 자신했다.

> 창조력은 형태를 만들 뿐 아니라 자신의 영향력 아래 형상화된 것을 점령하고 관리합니다. 이것이야말로 개인 자본이나 개인 재산, 혹은 개인 소유 등과 같은 표현을 통해 우리가 보통 의미하는 것이지요. 따라서 미래는 공산주의자들의 주장과는 달리, 평등이라는 이상에는 속하지 않을 겁니다. 반대로 더 심오한 인간성이 시간의 흐름과 함께 진화할 것입니다. 이것은 좀 더 개인적인 업적이 되겠지요. 책임감을 갖고 성취해나가는 자들에 의해, 진화는 성취된 어떤 것, 그것이 가리키는 방향이 최선이라는 원칙을 따를 겁니다. 진정 고차원적인 발전을 위한 기반은, 즉 모든 인류의 한층 높은 발전은 개인의 주도권이 독려되는 속에서 이루어질 겁니다. 전쟁이 우리의 승리로 끝나면 모든 독일 경제의 개인적인 주도권은 역사상 가장 위대한 시대를 맞이하게 될 겁니다. 그때 이루어질 모든 창조적인 일들을 생각해보십시오. 제가 할 일이 고작 몇 개의 국가 건축 부서나 경제 부서를 세우는 것이라고 상상하지 마십시오. … 그리고 독일의 평화 경제에 위대한 시대가 도래하면 저의 관심사는 한 가지가 될 겁니다. 독일 산업계의 가장 탁월한 인재들이 일

> 을 하도록 돕는 것입니다. … 저는 여러분이 전쟁 수행에 필요한 임무에 협조해주신 데 대해 감사합니다. 제가 드리는 지극한 감사의 표현으로 저는 여러분에게 거듭해서 감사를 표할 것이고, 그 어떤 독일인도 내가 나의 체제에 해를 끼쳤다고 말하지 않을 것이라는 확신을 가지고 이 자리를 떠나시길 바랍니다. 전쟁이 끝나고 나면 독일 산업은 최고의 전성기를 구가할 것이고, 여러분은 오늘 저의 이야기를 언젠가 되새기게 될 약속으로 받아들이시길 바랍니다.

이렇게 문장이 뒤엉키고 불안하고 산만한 연설을 하면서 히틀러는 거의 박수조차 받지 못했다. 모두는 할 말을 잃었다. 아마도 이런 냉담한 반응이 그로 하여금 태도를 바꾸어 패전할 경우 우리 모두를 기다리고 있는 일들을 묘사하며 업계 지도자들을 협박하게 만들었는지도 모른다.

> 만일 우리가 전쟁에 지게 된다면 의심할 여지없이 독일의 민간 업계도 살아남을 수 없을 것입니다. 살아남기는커녕, 전 독일의 국민들이 파괴된 상황에서 산업 역시 전멸해버리겠지요. 적들은 독일의 경쟁력을 바라지 않습니다. 그리고 이것은 표면적인 이유이고 거기에는 좀 더 근원적인 문제가 도사리고 있습니다. 우리는 두 가지 시각 사이에서 싸워왔습니다. 모든 대량생산을 국가가 통제하면서 인류가 수천 년 전 원시 상태로 퇴보하거나 아니면 인류는 더욱 강한 개인적 주도권을 가지고 발전해나가거나 하는 것입니다.

몇 분 뒤 히틀러는 다음과 같은 논점으로 되돌아갔다.

> 여러분, 만일 전쟁에 진다면 평화 시의 경제로 되돌아가는 문

> 제에 대해 생각할 필요는 없을 겁니다. 그때가 되면 우리 모두는 지금의 세계에서 다음의 세계로 자신을 어떻게 이동할 것인가 골몰해야 합니다. 누군가는 살아남을 것이고, 어떤 이들은 교수형을 당하게 될 것이고 굶어죽거나 시베리아로 가서 강제노동을 할 수도 있겠지요. 이것이야말로 패배한 우리가 맞이할 현실입니다.

히틀러의 이 연설은 다소 조롱하는 듯한 뉘앙스를 풍겼고, 거기에는 분명 '비겁한 부르주아 영혼'들에 대한 희미한 경멸감이 스며 있었다. 관중들도 그 사실을 눈치챘다. 이 연설이 업계 인사들에게 새로운 동기를 줄 것이라는 나의 희망을 꺾기에 부족함이 없었다.

아마도 히틀러는 보어만의 참석에 자극되었을 것이고 그에게 경고를 받았을 것이다. 어쨌든 내가 요청하고 그가 약속했던 평화 시의 자유 경제에 대한 선언은 정확도가 많이 떨어졌고[15] 내가 기대했던 것만큼 명쾌하지 못했다. 그러나 연설 도중 나온 몇 개의 훌륭한 문장은 녹음을 해 군수부 자료로 삼기에 충분하다고 생각했다. 히틀러는 기꺼이 나에게 녹음을 허락했고 편집에 관해 의견을 내보라고 하기도 했다. 그러나 내가 히틀러에게 다시 이야기를 꺼내자마자 보어만이 연설문의 공개를 막고 나섰다. 이번에는 히틀러가 내 청을 거절했다. 그는 먼저 원고를 편집해야 한다고 말했다.[16]

25

실책, 비밀무기, 친위대
Fehldispositionen, Wunderwaffen und SS

상황이 악화되면서 히틀러는 반대 의견에 더욱 마음의 문을 닫았고, 어느 때보다 강력한 독재자로 변해갔다. 정신적 동맥경화는 기술적인 면에서도 중대한 위기를 초래했다. 그로 인해 가장 소중한 '비밀 무기'가 쓸모없는 것이 되어버렸기 때문이다. Me-262기는 쌍발 엔진이 달린 시속 800킬로미터의 속력을 자랑하는 최신 전투기로, 전투력으로 봐도 적의 전투기를 압도했다.

내가 아직 건축가이던 1941년 초, 로스토크에 있는 하인켈 항공기 공장을 방문한 적이 있다. 그곳에서 테스트 스탠드에 고정된 최초의 제트 엔진이 귀를 멍하게 만들 정도로 큰 굉음을 뿜어내는 것을 들었다. 전투기를 제작한 에른스트 하인켈은 전투기 생산에 혁명적인 방법을 도입해야 한다고 주장했다.[1] 1943년 9월 레흘린 비행 시험장에서 열렸던 군수회의에서 밀히는 나에게 조용히 방금 받은 전보를 하나 전해주었다. Me-262의 대규모 생산을 위한 준비를 중단하라는 히틀러의 명령이었다. 우리는 그 명령을 교묘하게 피해가기로 결정했지만 이전처럼 최우선 과제로 추진할 수는 없었다.

약 3개월 후인 1944년 1월 7일, 밀히와 나는 긴급히 지휘부로 불려 갔다. 영국이 새로운 제트기 실험에 성공했다는 언론기사 때문에 히틀러의 마음이 바뀐 것이다. 히틀러는 이제 조바심을 치며 같은 종류의 전투기를 가능한 한 빠른 시일 내에 많이 만들어내기를 원했다. 그동안 히틀러가 매번 전투기 제작에 끼어들어 시행착오를 유발했기 때문에 우리는 1944년 7월부터 시작해 한 달에 여섯 대 이상은 생산할 수 없었다. 그러나 1945년 1월부터는 한 달에 210여 대를 생산할 수 있었다.[2]

회의 도중 히틀러는 전투용으로 제작된 제트기를 폭격기로 사용할 계획이 있다고 밝혔다. 항공 전문가들은 어찌할 바를 몰랐지만 결국에는 합당한 주장이 힘을 얻을 것이라고 믿었다. 그러나 정반대의 일이 일어나고 말았다. 히틀러는 고집스럽게 더 많은 폭탄을 싣기 위해서 전투기에 탑재된 모든 무기를 제거하라고 명령했다. 또한 제트기는 뛰어난 속력으로 적의 공격을 피할 수 있기 때문에 스스로를 방어할 필요는 없다고 주장했다. 새로운 전투기의 성능을 심하게 불신했던 히틀러는 날개와 엔진의 부담을 덜 수 있는 높은 고도에서의 직선 비행을 원했다. 그리고 조종사들에게 아직 성능이 입증되지 않았으므로 속도를 줄여 기체에 무리를 주지 말라고 명령했다.[3]

450킬로그램 정도의 폭탄을 장착할 수 있는, 원시적인 조준 기능만을 갖춘 작은 폭격기로서의 성능은 우스꽝스러울 정도로 형편없었다. 반면, 전투기로서는 한 대만으로도 독일 전역에 끝없이 폭탄 세례를 퍼붓고 있는 미국의 4발 엔진 미국 폭격기 여러 대를 격추시킬 수 있는 놀라운 성능을 발휘했다.

1944년 6월 말, 괴링과 나는 다시 한 번 히틀러에게 이 점을 이해시키려고 시도했지만 역시 헛수고였다. 한편 조종사들이 새 전투기를 시험 운행했지만 미국 폭격기들을 감히 공격하지 못했다. 히틀러의 편견을 깨기가 불가능해지고 말았다. 궤변에 가까운 그의 수상대로라면 이런 종류의 제트기는 빠른 회전과 고도 변화 때문에 조종사들을 육체적 긴장에 노출시키며, 느리지만 회전이 빠른 적기에 비해 속력이 약점이 된다는 것이었다.[4] 이 전투기들이 폭격기를 호위하는 미군 전투기보다 높은 고도에서 비행이

가능하고, 놀라운 속력으로 움직임이 둔한 폭격기들을 마음대로 공격할 수 있다는 사실은 히틀러의 관심을 끌지 못했다. 우리가 히틀러의 마음을 돌리려고 하면 할수록, 그는 더욱 고집스럽게 자신의 입장을 고수했다. 우리를 누그러뜨리기 위해 히틀러는 앞으로 언젠가는 그 제트기들을, 부분적으로나마 전투기 용도로 사용하겠다고 말했다.

그 전투기들은 그때까지 몇 가지 견본만 만들어진 상태였다. 그럼에도 불구하고 히틀러의 명령은 장기적인 군사작전에 영향을 줄 수밖에 없었다. 참모진이 이 새로운 전투기가 공중전에서 중대한 전환점을 가져올 것으로 기대했기 때문이다. 전세가 절망적으로 기운 상황에서 전투기에 대한 조금의 지식이라도 있는 사람들은 너 나 할 것 없이 나서서 문외한인 히틀러의 생각을 돌리고자 노력했다. 요들 장군, 구데리안, 모델, 제프 디트리히, 공군 지도급 장성들은 두말할 나위 없었다. 그러나 히틀러는 자신의 군사적 전문성과 기술적인 지식에 맞서는 공격으로 받아들여 불같이 화를 냈다. 1944년 가을, 그는 마침내 전투기 문제에 대한 더 이상의 논의를 중단함으로써 모든 논쟁을 밀쳐내버렸다.

내가 신임 공수사단장 크라이페 장군에게 전화를 걸어 전투기에 대한 9월 중순 보고서에서 히틀러에게 전달할 내용을 논의했을 때, 그는 나에게 문제를 회피하지 말아달라고 강력히 조언했다. Me-262에 대해 언급하기만 해도 히틀러는 발끈할 것이라는 말도 덧붙였다. 나는 그를 위해 문젯거리를 만들어주면 되고, 히틀러는 공군 참모총장이 나를 부추겼다고 짐작할 것이었다.

그의 경고에도 불구하고 나는 여전히 전투기를 폭격기로 사용하는 것은 말이 안 되며, 우리의 상황을 고려하면 중대한 실수라고 한 번 더 설득하고 싶었다. 나는 여기에 대해 모든 조종사들과 장교들이 같은 생각이라고 강조했다.[5] 그러나 히틀러는 나의 권고를 논의조차 하지 않았다. 그렇게 헛된 노력 끝에 나는 그 싸움에서 물러나고 말았고, 업무를 내 분야로 한정시켰다. 사실 어떤 제트기를 생산할 것인지와 마찬가지로, 그것들을 어떤 용도로 사용하는가는 나의 소관이 아니었다.

1944년에 대량생산이 예정되어 있던 신형 무기는 비단 제트기만이 아니었다. 우리는 원격조정 비행폭탄을 보유하고 있었는데, 제트기를 능가하는 속도의 로켓기였다. 또 적기의 엔진에서 나오는 열파를 추적하는 로켓 미사일, 음향에 반응해 지그재그로 항해하는 전함을 명중시키는 어뢰 등이 있었다. 새 지대공 미사일의 개발도 마무리되었다. 제작자인 리피셔는 지금까지 알려진 그 어떤 제트기보다 앞선 성능의 전익(全翼) 제트기를 설계한 적도 있었다.

우리는 글자 그대로 지나친 개발 프로젝트에 시달리고 있었다. 우리가 몇 개의 항목에만 집중했다면 훨씬 빨리 무기를 완성할 수 있었을 것이다. 급기야 무기 개발을 담당하고 있는 여러 부서들이 위원회를 열어 앞으로는 새로운 아이디어를 지나치게 좇지 않고, 지금까지의 아이디어 가운데서 선택해 집중적인 개발을 추진하기로 결정을 내리기도 했다.

연합군의 모든 전술적인 실패에도 불구하고, 그들의 공습을 용이하게 도와 목적을 이루도록 해준 이는 히틀러였다. 제트 전투기의 생산을 연기하고 나중에는 그것을 폭격기로 전용했던 히틀러는 이제 우리의 새로운 로켓으로 영국에 보복하려 했다. 1943년 7월 말부터 업계의 생산력은 훗날 V2로 알려지게 된 거대한 미사일 생산에 집중되었다. V2는 14미터 길이의 로켓으로 13톤이 넘는 무게를 자랑한다. 히틀러는 매달 이 미사일을 900기 이상 생산하라고 명령했다.

어리석기 짝이 없는 생각이었다. 1944년 적의 폭격기들이 몇 개월에 걸쳐 매일 3,000톤의 폭탄을 떨어뜨렸다. 그리고 히틀러는 24톤의 폭발물을 실은 로켓 30기를 가지고 매일 영국에 보복 폭격을 시도했다. 이것은 폭격기 열두 대의 탑재량에 불과했다.[6]

나는 히틀러의 이 결정을 따랐을 뿐만 아니라 지원하기까지 했다. 아마도 그것이 나의 가장 중대한 실책이었을 것이다. 우리의 역량을 지대공 방어 로켓 생산에 쏟아 붓는 편이 훨씬 나은 결과를 가져올 수 있었다. 지대공 로켓은 이미 '폭포'라는 암호명으로 1942년에 개발이 끝나 있었고, 페네뮌데에서 베르너 폰 브라운†의 지휘를 따르는 로켓 제작 기술자들과 과학자들의 역량을 잘 활용했다면 그 시점에서 즉각적인 대량생산이 가능했다.*

약 7.6미터 길이의 폭포 로켓은 방향 빔을 따라 약 300킬로그램의 폭탄을 장착할 수 있었고, 고도 15킬로미터까지 비행이 가능했으며, 적의 폭격기를 놀라운 정확도로 명중시켰다. 밤낮, 구름, 추위, 안개에도 영향을 받지 않았다. 이 작고도 저렴한 미사일은 후에 매월 900기 정도 생산되었지만, 서둘렀다면 수천 기 정도는 가능했을 것이다. 지금도 나는 그 로켓이

---

† Wernher von Braun(1912~77): 제2차 세계대전 당시 독일의 로켓 개발을 주도했고, 종전 후 미국으로 건너가 냉전시대 미국의 우주 개발에 핵심 역할을 했다.

* 히틀러의 반대 외에도 페네뮌데에서 육군용 무기를 개발하고 있다는 점에서 상황은 복잡했다. 공군의 방어력은 공군의 문제였다. 야심이 큰 육군과 공군이 이해를 놓고 충돌했다는 점을 고려하면 육군은 자신들이 페네뮌데에 설립한 시설들을 공군에 양보할 수 없었다. 양 군의 경쟁은 공동 연구과 개발마저 어렵게 했다(16장 345쪽 각주 참조). 페네뮌데의 역량을 전부 동원했다면 '폭포'를 더 일찍 생산할 수 있었을 것이다. 1945년 1월 1일에야 과학자 2,210명은 '폭포' 생산에, 135명은 지대공 로켓 프로젝트 '태풍'에 투입되었다.

1943년 6월 29일, 비극적인 결정이 내려지기 두 달도 채 남지 않은 시점에서 화학 담당 제국위원 크라우흐 교수는 나에게 자세한 통신문을 보내 자신의 의견을 피력했다. "공군용 무기 개발을 촉구하는 자들은 공포의 가장 좋은 대응은 공포라는, 그리고 영국에 대한 로켓 공격은 분명이 독일제국에 대한 공급 감소로 이어질 것이라는 원칙을 주장하고 있습니다. 설혹 대규모 장거리 로켓이 무제한 생산 가능하다 하더라도, 물론 지금으로선 불가능한 일이지만, 경험으로 미루어 이는 합당하지 않은 주장입니다. 그 반대로 영국에서 이전까지 민간인들에 대한 무차별 공격을 반대해오던 이들이 … 우리 로켓 공격으로 마음을 바꾸었고, 독일 인구 밀집 지역에 무차별 대규모 공습을 촉구하고 있습니다. 우리는 사실 이 같은 공격에 취약한 편입니다. … 폭포의 C2 장비와 같은 지대공 무기 개발에 역점을 두어야 할 필요가 여기 있습니다. 우리는 당장, 그것도 대규모로 이를 도입해야 합니다. … 다시 말해 모든 전문가, 기술자, 인력을 투입해 지대공 무기 개발에 집중한다면, 그 효과는 다른 프로그램에 비해 월등할 것입니다. 긴급한 무기 프로그램의 연기로 결국 승자와 패자의 운명이 엇갈리겠죠."

제트 전투기와 힘을 모았다면 1944년 봄 이후 우리 산업시설에 대한 연합군의 공습을 물리칠 수 있었을 것으로 믿는다. 하지만 엄청난 노력과 비용이 장거리 로켓 제작에 투입되고 있었다. 장거리 미사일은 1944년 가을 마침내 실전에 투입될 수 있었지만, 완전한 실패작으로 판명 나고 말았다. 최대 규모의 비용이 투입된 프로젝트가 가장 큰 실패로 끝나버린 것이다. 로켓 제작은 우리의 자긍심이자 한동안은 내가 가장 관심을 기울인 사업이기도 했지만, 결국은 잘못된 투자로 입증되었다. 무엇보다도 그 실패는 우리의 방어적인 공중전을 패배로 끝나게 한 원인이었다.

1939년 겨울 이후, 나는 페네뮌데 개발센터 사람들과 긴밀히 접촉했다. 비록 처음에는 건축과 관련된 일에만 참여했지만 말이다. 정치색이 없는 젊은 과학자들, 발명가들과 어울리는 것이 좋았다. 그들을 이끌고 있는 베르너 폰 브라운은 목적의식과 현실적인 미래관을 갖춘 27세의 젊은이였다. 그렇게 젊고 검증되지 않은 팀이 오랜 시일이 걸리는 수억 마르크짜리 프로젝트를 떠맡게 된 것이 신기했다. 조금은 가부장적인 발터 도른베르거 대령의 지휘 아래 이 젊은이들은 행정 절차에 구애받지 않고 마음껏 일할 수 있었고, 유토피아적인 아이디어들을 실험해볼 수 있었다.

그들의 작업은 1939년에 겨우 밑그림이 그려져 희미한 빛만을 내고 있었지만, 나에게는 신비한 환상으로 다가왔다. 나는 젊은 과학자들의 환상적인 비전과 수학적인 공상에 강한 자극을 받았다. 페네뮌데를 방문할 때마다 나는 무의식적으로 그들과 동질감을 느끼곤 했다. 그들과의 공감은 1939년 히틀러가 로켓 프로젝트를 긴급 우선순위에서 삭제하고 자동적으로 그와 관련된 노동력과 물자의 지급을 중단하라는 명령을 내렸을 때 더욱 견고해졌다. 무기청과의 암묵적인 합의 아래, 나는 그들의 허가를 받지 않고 페네뮌데 시설 건설을 계속할 수 있었다. 당시 나 말고는 아무도 할 수 없는 일이었다.

내가 군수장관에 임명된 후, 당연히 나의 관심은 대규모 무기사업에 집중되었다. 히틀러는 그러나 극단적으로 회의론을 견지했다. 그는 제트기와 원자폭탄 프로젝트에서 보여주었듯이, 제1차 세계대전의 기술적인 경험을 넘어서는 모든 혁신에 대해 근본적인 불신을 품었고 자신이 잘 알지 못하는 시대를 불길하게 여겼다.

1942년 6월 13일, 독일 육해공군의 군수담당관인 공군 원수 밀히, 비첼 제독, 프롬 장군은 나와 함께 페네뮌데로 날아가 원격조정 로켓의 첫 발사를 참관하기로 했다. 우리는 공터 앞에 모였고, 소나무 사이 4층 건물 높이에 신기하게 생긴 미사일이 설치되었다. 도른베르거 대령, 베르너 폰 브라운을 비롯해 다른 전문가들도 우리와 마찬가지로 흥분에 가득 찬 채 기다리고 있었다. 나는 젊은 발명가들이 이 실험에 얼마나 큰 희망을 걸고 있는지 알고 있었다. 폰 브라운과 연구팀에게 이번 실험은 하나의 무기를 개발하는 것이 아니라, 미래의 기술로 발걸음을 내딛는 순간이었기 때문이다.

수증기 한 줌이 연료탱크가 가득 찼음을 알려주었다. 예정된 순간, 처음에는 비틀거리는 움직임으로, 나중에는 풀려난 거대한 거인의 포효처럼 로켓은 천천히 발사대에서 솟아올랐고 아주 짧은 찰나 마치 불꽃의 거드름을 피우듯 보이더니, 낮은 구름 속으로 사라지고 말았다. 베르너 폰 브라운의 얼굴이 빛났다. 나도 기술의 기적 앞에 천둥과 같은 충격을 받았다. 그 정확도와 중력의 법칙을 무력화시켜 13톤의 거대한 물체를 추가의 기계 장치 없이 공중으로 쏘아 보낸 기술이란.

1분 30초 정도 흐른 후, 로켓이 가까운 곳에 떨어졌음을 알리는, 빠르게 확산되는 굉음이 들렸다. 기술자들은 발사체가 믿을 수 없이 먼 거리를 날았다고 설명했다. 모두가 그 자리에 얼어붙었다. 미사일은 겨우 800미터 거리에 떨어졌다. 나중에 알았지만 유도장치에 고장이 있었다. 그럼에도 과학자들은 만족해했다. 가장 난제였던 로켓을 땅 위로 쏘아 올리는 문제를 해결했기 때문이다. 히틀러는 그러나 계속해서 '막강한 의심'을 거두지 않았고 유도장치가 개발될 수 있는지 의아해했다.[7]

1942년 10월 14일, 나는 히틀러에게 더 이상 의혹을 품을 필요가 없음을 알릴 수 있었다. 두 번째 로켓이 성공적으로 발사돼 193킬로미터를 정확히 비행한 후, 4킬로미터 반경 안에 있는 목표물을 정확히 타격한 것이다. 사상 처음으로 인간의 발명품이 고도 100킬로미터라는 미개척 공간을 스쳐 지나갔다. 마치 꿈을 향한 첫 발걸음 같았다. 그제야 히틀러도 생생한 흥미를 나타냈다. 언제나 그렇듯 그의 욕망은 즉각적인 불꽃을 당겼다. 그는 로켓이 실전에 투입되기 전에 "전면전을 수행하는 데 필요한" 5,000기의 미사일이 준비되어야 한다고 주장했다.*

나는 대량생산을 위한 준비에 착수했다. 1942년 12월 22일, 비록 로켓을 대량생산하기에 앞서 상당한 개발 과정이 필요했지만, 히틀러에게 생산을 위한 명령에 서명하게 했다.[8] 나는 이런 식으로 일을 급하게 추진하며 모험을 해볼 심산이었다. 이미 마무리된 과정과 페네뮌데로부터의 약속을 고려하면, 최종 기술자료는 1943년 7월까지 가능할 것 같았고, 그 시점에서 우리는 바로 생산에 돌입할 수 있었다.

1943년 7월 7일 아침, 나는 히틀러의 요청에 따라 도른베르거와 폰 브라운을 지휘부로 초대했다. 총통은 V2 프로젝트에 대한 세부 사항을 듣고자 했다. 히틀러가 회의를 끝낸 후, 우리는 함께 영화홀로 향했고 그곳에는 이미 폰 브라운의 조수 몇 명이 기다리고 있었다. 간단한 소개가 끝나고 조명이 꺼지자 컬러 영상이 돌아갔다. 거대한 로켓이 발사대에서 치솟아 성층권으로 사라지는 장엄한 장면을 히틀러가 처음 목격한 순간이었다. 폰 브라운은 조금의 두려운 기색도 없이 소년처럼 천진한 열정으로 자신의 이론을 설명했다. 질문이 있을 수 없었다. 히틀러는 완전히 압도되

* "제작에 다섯 달 이상이 소요되는 장거리 로켓 5,000기도 폭발물을 3,750톤밖에 탑재할 수 없다. 영미의 연합 공습에 투입된 폭격기들은 무려 8,000톤의 폭발물을 실을 수 있다"(1942년 10월 13~14일, 총통의사록 항목 25).

었다. 도른베르거가 여러 가지 구조적인 문제에 대해 설명했고, 나는 히틀러에게 폰 브라운이 교수에 임명되어야 한다고 건의했다. "좋아. 그 문제를 마이스너와 당장 협의하게. 필요하다면 내 사인이라도 하겠어." 히틀러는 충동적으로 말했다.

히틀러는 페네뮌데에서 온 과학자들에게 유달리 다정한 작별 인사를 건넸다. 그는 대단히 감동했고 상상력을 발동하기 시작했다. 벙커로 돌아온 히틀러는 그 프로젝트의 가능성에 상당히 흥분을 느끼는 듯했다. "A4는 전쟁의 판도를 좌우할 수 있는 프로젝트야. 그걸 사용해 영국을 공격한다면 얼마나 멋지겠나! 결정적인 무기가 될 걸세. 더군다나 비교적 적은 비용으로 생산할 수 있다니. 슈페어, 자네가 A4 프로젝트에 전력을 다해주길 바라네! 노동력과 물자는 필요한 대로 즉각 공급받도록 하고. 알다시피 나는 탱크 프로그램에 서명할 계획이었네만, 결정을 바꾸겠어. 프로그램에 내용을 약간 변경해서 탱크와 A4를 최우선 공동사업으로 지정하겠네. 그러나…." 히틀러는 덧붙였다. "이번 프로젝트에는 독일인들만 투입하게나. 만일 적들에게 이 소식이 새어 나간다고 생각해봐, 안 될 일이지."[9]

둘만 남게 되자 히틀러가 나에게 강조한 것은 단 한 가지였다. "자네가 잘못 알고 있는 거 아닌가? 그 친구가 서른한 살이라고? 내가 보기엔 더 어려 보이더군!" 히틀러는 그토록 젊은 과학자가 기술적 돌파구를 마련하는 데 큰 역할을 했고, 그로 인해 미래의 기술이 달라질 거라는 사실이 놀라운 모양이었다. 그때부터 히틀러는 가끔 자신의 이론을 자세히 설명하곤 했는데, 우리 시대에는 사람들이 인생의 황금기를 쓸데없는 일에 낭비한다는 내용이었다. 과거 알렉산더 대왕만 하더라도 스물세 살에 광대한 제국들을 점령했고, 나폴레옹도 30대에 빛나는 승리를 거두었다. 이런 이야기를 하면서 그는 가끔 베르너 폰 브라운을 넌지시 언급하곤 했다. "그토록 젊은 나이에 페네뮌데의 기적을 창조하다니."

그러나 1943년 가을, 우리의 기대가 성급했음이 드러났다. 약속과는 달리 7월이 되어도 최종 청사진이 나오지 않았으므로 대량생산에 돌입할 수 없었다. 수많은 오류의 가능성이 발견되었다. 특히 로켓에 탄두를 부착할 경우 미사일이 대기권으로 재진입하는 순간 설명할 수 없는 조기 폭발이 발생했다.[10] 이외에도 풀지 못한 과제들이 많이 남아 있었다. 나는 1943년 10월 6일 연설에서 "새로운 무기를 전적으로 신뢰하는 것은 성급한 일"이라고 경고했다. 그리고 개별적인 제작과 대량생산에는 상당한 기술적 차이가 있으며, 이번과 같이 복잡한 구조의 무기를 생산할 때는 적지 않은 부담으로 작용한다고 덧붙였다.

거의 1년의 시간이 지났다. 1944년 9월이 시작되면서 영국을 향해 미사일이 발사되었다. 히틀러가 상상했던 대로 한 번에 5,000기가 아니라 25기만 발사대에 올랐다. 그러고 나서는 열흘 동안 단 한 기도 발사되지 못했다.

히틀러가 V2 프로젝트에 대해 관심을 갖게 된 이후 힘러가 나서기 시작했다. 6주 뒤 그는 히틀러에게 사업의 기밀을 보장하기 위한 가장 간단한 방법을 제안했다. 강제수용소 죄수들의 노동력만 사용한다면 무기 생산과 관련한 외부 접촉이 일어나지 않을 것이라는 주장이었다. 그들은 편지 서신도 불가능하다고 힘러는 덧붙였다. 이와 함께 그는 모든 필요한 기술자들도 죄수들 가운데서 차출하자고 했다. 업계에서 제공할 것은 경영진과 전문가들뿐이었다.

히틀러는 이 계획에 동의했고 더 설득력 있는 대안을 찾지 못했던 자우어와 나는 선택의 여지가 없었다.[11]

이를 위해 우리는 친위대 지도부의 협조를 위한 지침을 만들어야 했고, 중앙노동기구로 명명되었다. 내 보좌관들이 내키지 않아 하며 작업을 시작했는데 그들의 우려는 곧 현실로 드러났다. 공식적으로 우리는 생산의 책임자로 남았지만, 자세히 살펴보면 친위대 지도부의 월등한 권한에 복속되는 형국이었다. 힘러는 우리 관할 분야에 관여했고 우리는 그를 도와야 했다.

힘러는 개인적 혹은 정치적 비중에 따라 자신이 협의해나가야 할 거의 모든 부처 장관들에게 친위대 내부의 명예 직위를 수여했다. 그는 특히 나에게 특별대우를 해주었는데, 거의 수여하는 일이 없는 군장성과 동급인 친위대 최고총통직을 권했다. 그 명예가 얼마나 특별한 것인지 알 수 있었지만 나는 정중하게 그의 제의를 사양했다. 앞서 육군뿐만 아니라[12] 돌격대, 기동군단(NSKK)이 권한 고위 명예직도 모두 고사했다는 이유였다. 딱 잘라 거절하기보다는 부드럽게 사양하기 위해, 나는 예전에 가지고 있던 만하임 친위대 대원 자격을 갱신하겠다는 뜻을 밝혔다. 내가 대원으로 이름이 올라 있지 않음을 의심치 않으면서 말이다.

힘러가 그러한 고위 명예직을 수여한 것은 자신이 지배하지 못하는 분야에서 영향력을 획득하고, 자신의 방식대로 일을 추진하려는 의도였다. 나의 의혹은 적중했다. 힘러는 군수 생산 분야에서 자신의 주장을 관철하기 위해 갖은 노력을 기울였다. 그는 수많은 죄수를 기꺼이 제공했고, 1942년부터는 내 보좌관 수가 많다며 압력을 가하기 시작했다. 우리가 이해한 바로는 힘러는 강제수용소를 거대한 현대식 공장으로 바꾸길 원했다. 특히 군수 분야에서 친위대가 직접적인 통제권을 행사하길 원했다. 프롬 장군은 그 무렵 군수품의 강제적 생산이 초래할 위험에 대해 나의 주의를 촉구했고, 히틀러는 그가 나의 편에 서 있음을 확실히 해주었다. 하여간 우리는 전쟁을 앞에 두고 벽돌과 화강암을 약속해주는 친위대 프로젝트라는 괴로운 경험을 감내하고 있었다. 1942년 9월 21일, 히틀러가 하나의 결정을 내렸다. 죄수들은 업계의 군수 생산 조직의 감독 아래에서 생산 활동에 임하도록 한다는 내용이었다. 힘러의 야망은 당분간 위축될 수밖에 없었다. 최소한 군수 분야에서는 말이다.[13]

처음에는 죄수들이 마치 주말을 맞는 듯한 기분으로 도착하지만 몇 달도 지나지 않아 완전히 지쳐버리기 때문에 수용소로 되돌려 보내야 하는 실태를 공장 관리자들이 불평했다. 훈련 기간만도 몇 주가 걸리고 교관은 구하기 힘들었으므로, 몇 달마다 새로운 그룹으로 교체할 여력이 없었다.

우리의 불평으로 친위대는 수용소의 위생 상태와 식량 배급에 상당한 개선을 보여주었다. 나는 시찰 도중 죄수들 중에 편안하고 영양 상태가 좋은 얼굴들을 훨씬 많이 발견할 수 있었다.[14]

군수 생산 분야에서 우리가 어렵게 얻어낸 독립성은 히틀러의 명령으로 와해되었다. 히틀러는 대규모 로켓 생산 공장을 친위대의 통제 아래 설립하라고 지시했다.

하르츠 산맥의 외딴 골짜기에는 중요한 군사 화학물질을 보관할 목적으로, 전쟁 이전에 넓게 이어진 동굴들이 건설되어 있었다. 1943년 12월 10일, 나는 V2 생산을 위해 이곳에 지어지고 있는 대규모 지하시설을 시찰했다. 기나긴 홀을 따라 죄수들이 기계를 설치하고 가스관, 수도관 등을 바삐 옮기고 있었다. 그들은 무표정한 얼굴로 나를 보았고 우리가 지나칠 때까지 기계적으로 푸른 능직의 죄수용 모자를 벗어 들었다.

나는 뉘른베르크 재판에서 증인으로 출석했던 파리 파스퇴르 연구소 소속 교수의 증언을 잊을 수 없다. 내가 공사 현장을 시찰한 바로 그때에 중앙노동기구에 있었다고 했다. 그는 어떤 감정적인 발언도 배제한 채 객관적으로 공장의 비인간적인 상황을 진술했다. 그 기억은 너무도 고통스러운 것이고 그가 어떤 증오심도 나타내지 않고 슬픈 표정으로 띄엄띄엄 말을 이어갔기 때문에 더욱 가슴에 파고들었다. 인간이 그렇게까지 비루해질 수 있다는 것이 충격적이었다.

죄수들의 상황은 비참하기 그지없었다. 그들을 떠올릴 때마다 깊은 당혹스러움과 개인적인 죄책감이 나를 사로잡는다. 시찰이 끝나고 난 뒤 담당자들에게 들은 바에 따르면, 죄수들의 위생 상태는 불량했고 질병이 만연했다. 습기 찬 동굴 안에서 기거했기 때문에 사망률도 대단히 높았다.* 그날 나는 필요한 물자와 장비를 동원해 인근 언덕에 막사를 짓도록 명령했다. 게다가 위생 상태와 식사를 개선하도록 친위대 막사의 지휘관들에게 압력을 넣었다. 그들은 그렇게 하겠다고 약속했다.

그때까지만 해도 사실 그 문제에 대해 별다른 관심을 기울이지 않았고, 친위대 지휘관들은 곧 문제가 개선될 것이라고 약속했다. 내가 조치를 취하기 위해 나선 것은 1944년 1월 14일이었다. 1월 13일 군수부 모든 부서의 의료 감독관인 포슈만 박사가 중앙노동기구의 위생관리 수준에 최하 등급을 부여했다. 다음 날 나는 부서장 한 사람을 공장으로 파견했다.[15] 이와 동시에 포슈만 박사도 다양한 의료 조치를 마련하기 시작했다. 며칠 뒤 내가 병원에 입원하는 바람에 그 일은 진행이 중단되었지만, 5월 26일 업무에 복귀하자 포슈만 박사는 강제수용소에 민간인 의사들을 배치했다고 보고했다. 그러나 장애는 남아 있었다. 같은 날 나는 로베르트 라이로부터 불쾌한 편지를 받았는데, 포슈만 박사가 공식적으로 이 사안에 개입하는 데 대해 항의하는 내용이었다. 수용소의 의료 행위는 자신이 관할하는 업무라고 강조하며 대단히 분개한 말투로 내가 포슈만 박사의 행위를 질책하고 그의 개입을 금지해야 한다고 주장했다.

나는 그의 요청을 들어줄 아무런 근거가 없다는 내용의 답장을 보냈다. 오히려 군수부는 죄수들이 적절한 진료를 받는지에 대해 큰 관심을 가지고 있다고 덧붙였다.[16] 그날 나는 포슈만 박사와 상의했다. 나는 모든 조치를 브란트 박사와 협의해 이행했고 인권에 대한 점은 차치하더라도 우리의 입장은 논리적으로도 하등 하자가 없었다. 나는 라이의 반응에 전혀 신경 쓰지 않았다. 히틀러 역시 우리가 겪어온 당의 관료주의를 힐난하리라는 확신이 들었다. 오히려 이 같은 관료주의에 대해 냉소적인 발언을 할 거라고 짐작했다.

이후 라이로부터는 아무 소식도 들리지 않았다. 힘러 역시 자신이 원

* 수용소가 우리에게 준 충격은 1943년 12월 10일 업무일지에 우회적으로 표현한 내용을 통해 알 수 있다. "12월 10일 아침, 장관께서 하르츠 산에 지어진 새 공장을 시찰했다. 시찰을 나선 간부들은 임무를 마치기 위해 안간힘을 써야 했다. 그들 중 일부는 너무 심한 충격을 받았기 때문에 마음을 추스르기 위해 억지로 휴가를 떠나야 했다."

한다면 누구에게라도 타격을 입힐 수 있음을 입증하는 데 실패한 상태였다. 1944년 3월 14일, 힘러는 베르너 폰 브라운과 두 사람의 조수를 체포했다. 친위대 본부에 보고된 죄목은 이들이 전시 생산보다 평화 시의 프로젝트에 우선순위를 부여함으로써 군수부 원칙을 어겼다는 것이다. 사실 폰 브라운과 그의 연구진은 먼 미래에는 로켓이 미국과 유럽 간의 편지 배달에 쓰일 것이라는 자신들의 생각을 자유롭게 말하고 다녔다. 호기심에 가득 찬 순진한 태도로 공상에 빠져든 나머지, 한 사진 잡지에 그들의 공상과 상상을 담은 설계도를 게재했던 모양이다. 히틀러가 클레스하임에서 요양하고 있는 나를 방문해 더없이 친절한 태도를 보여주었을 때 나는 그것을 기회로 삼아 체포되어 있는 과학자들의 이야기를 꺼냈고, 히틀러는 곧 그들을 석방하겠노라고 약속했다. 그러나 석방되기까지는 1주일이 지나야 했고 무려 6주 후에도 히틀러는 이 문제를 자신이 처리한 것에 대해 투덜거렸다. 히틀러의 말에 따르면 "폰 브라운은 반드시 필요한 인물이기 때문에 기소당해서는 안 되지만 그 사건의 파장이 만만치 않다"는 것이었다. 힘러로서는 자신의 목적을 달성한 셈이었다. 이제는 로켓 개발에 참여하는 주요 인물이라도 힘러의 강압적인 손에서 자유로울 수 없게 되었다. 그들이 만일 다시 체포되는 날엔 나도 그들을 풀어줄 수 있는 입장이 못 되었다.

힘러는 오랫동안 친위대의 자산이 될 수 있는 기업을 세우고자 노력해왔다. 나에게만 그렇게 보였는지도 모르지만, 하여간 히틀러는 힘러의 계획에 냉담했고 나는 최선을 다해 히틀러의 마음이 돌아서지 않도록 노력했다. 아마도 이러한 갈등이 나의 병중에 힘러가 보여준 기이한 행동의 원인이었을 것이다. 내가 누워 있는 동안 그는 친위대가 대규모 사업을 운영하는 것은 엄청난 이득이라고 마침내 히틀러를 설득하는 데 성공했다. 1944년 6월 초, 히틀러는 친위대가 원자재에서 제조까지 아우르는 기업 왕국을 이룰 수 있도록 도와주라고 나에게 요청했다. 그가 내세우는 이유는 터무니없었다. 친위대의 힘이 충분히 강해져야 자신의 후계자가 정권을 이어받아도 친위대의 예산을 감축하려는 재정부의 견제를 물리칠 수 있다는 것이었다.

그 후, 내가 군수장관직에 오르면서 두려워했던 일들이 이어졌다. 최소한 나는 힘러의 생산시설이 "반드시 나머지 무기와 군수품 생산시설과 함께 같은 기관의 통제를 받아야 한다"는 점을 주장할 수 있었다. "지난 2년간 3군의 군수품 생산체제를 통합시키기 위해 많은 노력을 쏟은 상태에서 한 조직만이 독립하는 상황을 막기 위해서"였다.[17] 히틀러는 내가 힘러와 불화를 겪게 될 경우 나를 지지하겠다고 약속했지만 얼마나 지지해줄지 깊은 의혹을 품지 않을 수 없었다. 친위대 사령관 힘러가 나를 베르히테스가덴 인근 자신의 집으로 초대했다. 그가 히틀러에게서 우리의 대화내용을 전해들은 것이 분명했다.

힘러는 가끔 히틀러 저리 가라 할 정도로 지적 비약을 펼치는 공상가처럼 보였다. 그러나 힘러는 냉철한 이상을 갖춘 현실주의자로 자신의 원대한 정치적 목표가 무엇인지 정확히 알고 있었다. 우리의 논의가 계속되는 동안 그는 정다운 친근감을 표했는데, 강제된 듯한 느낌이어서 결코 자연스럽지는 않았다. 그는 항상 지금의 참모진 가운데 목격자가 있다는 점을 강조했고 방문객의 논점을 귀 기울여 듣는 참을성을 보여주었다. 이는 당시로서는 찾아보기 힘든 미덕이었다. 토론 도중의 힘러는 인색하고 현학적인 태도를 자주 보였다. 이미 자신이 말하고자 하는 바를 정리해둔 것 같았다. 그는 자신이 특정 분야를 제외하고는 우둔하다는 인상을 주는 것에 대해서는 별 관심이 없는 듯했다. 잘 돌아가는 기계처럼 정확하게 업무를 추진한 친위대에게는 마치 힘러의 냉혹한 성격이 엿보였다. 하여간 항상 창백한 인상이 그의 비서들의 업무방식에도 정확히 반영된다는 생각이 들었다. 모두 젊은 여성들인 그의 속기사들은 결코 미인은 아니었지만 대단히 성실하고 진지해 보였다.

힘러는 공들여 준비한 광범위한 내용의 기획서를 건넸다. 나의 와병 중에 친위대는 자우어의 저지 노력에도 불구하고 중요한 군수업체인 만프레트-바이스 헝가리 공장을 인수했다. 이것을 구심점으로 뻗어나가는 기업연합을 체계적으로 건설하고 싶다고 설명했다. 이어 거대한 기업을 조성하는 데 도움을 줄 전문가를 한 사람 소개해줄 수 있는지도 물었다. 잠시 생각한 후 나는 전시경제 4년계획을 위해 대규모 제철공장을 세웠던 파울 플라이거를 추천했다. 플라이거는 정력적이고 독립적인 사람으로 업계에 발이 넓어 지나치거나 무분별한 확장을 막을 수 있을 듯했다. 그러나 힘러는 마음에 들지 않는 모양이었다. 그 뒤로 힘러가 나에게 조언을 구하는 일은 다시 없었다.

힘러의 측근인 오스발트 폴, 한스 쥐트너, 고틀로프 베르거 등은 협상에 임할 때는 거칠고 무자비한 태도를 보였지만, 성격은 그런대로 괜찮았다. 첫인상에는 참아줄 만한 평범함도 있었다. 그러나 다른 두 사람은 그들의 상관과 마찬가지로 얼음장 같은 분위기를 풍겼다. 라인하르트 하이드리히와 한스 카믈러는 금발에 푸른 눈, 긴 얼굴의 소유자로 항상 깔끔하게 차려 입었고 예의 발랐다. 어느 순간이든 예기치 못한 결정을 내리는 능력을 가지고 있었고, 일단 마음을 먹으면 고집스럽게 밀어붙이기도 했다. 힘러는 카믈러를 보좌관으로 임명하는 의미심장한 결정을 내렸다. 이념적으로 까다로웠음에도 불구하고 인사 문제에서 힘러는 당적 보유 기간을 신경 쓰지 않았다. 그는 정열과 기민한 지성, 열정과 같은 자질을 더욱 중요하게 여겼다. 1942년 봄, 힘러는 항공부 건설 부문의 고위 간부였던 카믈러를 친위대 건설 부문의 지휘관으로 발탁했다. 그리고 1943년 여름에는 그에게 로켓 프로그램을 맡겼다. 어쩔 수 없이 협조하는 과정에서 나는 카믈러가 냉혹하고 무자비한 책략가임을 알게 되었다. 그는 목적을 좇을 때 사악하고 치밀했으며 광적이기까지 했다.

힘러는 그에게 많은 업무를 맡겼고 기회 있을 때마다 히틀러에게 데리고 갔다. 곧 힘러가 카믈러를 나의 후계자로 세우려 한다는 소문이 나돌기 시작했다.[18] 그때만 해도 나는 카믈러의 장점만 보고 있던 상황이었고 오히려 그의 객관적인 차가움을 좋아하기까지 했다. 많은 업무에서 파트너 역할을 맡았던 카믈러는 나와 겨루고자 하는 의도가 있었겠지만, 경력이나 일하는 태도에서 꼭 거울을 들여다보듯 나와 흡사했다. 그도 안정된 중산층 출신이었고 대학을 졸업한 후 건축 관련 일로 '발탁'되었다. 그리고 자신이 잘 알지 못했던 분야에서 놀랍고도 빠른 성과를 거두었다.

전쟁 중에는 노동력 공급이 모든 산업 분야에서 가장 핵심적인 요소가 된다. 40년대가 시작될 무렵 친위대는 빠른 속도로 여러 개의 노동수용소를 지었고 항상 수감자들로 가득 채웠다. 1944년 5월 7일 자 편지에서 군수부 간부 발터 시버는 친위대가 사업 확장을 위해 그들의 권위를 남용해 노동력을 동원하고 있다며 나의 주의를 촉구했다. 더욱이 친위대는 군수부 산하에서 일하고 있는 외국인들에게 군침을 흘렸고, 급기야는 사소한 위반을 핑계로 외국인들을 체포해 수용소로 보내기 시작했다.* 나의 부관들은 1944년 봄 친위대가 이런 수법을 동원해 매월 3만 명에서 4만 명의 노동자들을 우리에게서 빼앗아간다고 추산했다.

1944년 6월 초, 나는 히틀러에게 "1년에 50만 명을, 더구나 많은 노력을 들여 숙련시킨 노동자들을 빼앗기는 것을 참을 수 없다"고 항의하고, 그들을 "가능하면 빠른 시일 내에 원래 있던 작업장으로 돌려보내야 한다"고 주장했다. 히틀러는 나에게 힘러와 의논해보라고, 아마도 내가 원하는 쪽으로 처리해줄 것이라고 일렀지만[19] 힘러는 나와 히틀러에게 사실을 부정하며 그런 일은 있을 수 없다고 반박했다.

기회 있을 때마다 관찰한 바로는 죄수들도 점점 더 커지는 힘러의 사

---

* 시버 박사의 말이다. "친위대는 지금까지 상당한 외국인 노동자들을 빼 갔는데, 특히 군수 공장에서 일하던 러시아 사람들이 많이 빠져 나갔습니다. 이러한 인력 유출은 특히 상급대장 폴이 열성적으로 추진하고 있는 사업 이권 확장 때문입니다." 1944년 5월 26일 군수회의에서 카믈러는 친위대가 운영하는 기업을 위해 "보호 감호 중인 5만 5,000명을 이송했다"는 사실을 자랑스레 이야기했다.

업 확장 욕망을 두려워하는 듯했다. 1944년 여름 린츠 제철공장들을 순방했던 기억이 난다. 그곳에서는 죄수들이 다른 노동자들과 자유롭게 어울리고 있었다. 그들은 우뚝 솟은 기계 위에서 숙련공의 조수 역할을 하고 있었다. 그들은 친위대가 아니라 군의 관리 아래에서 일했다. 스무 명가량의 러시아인과 마주쳤을 때 나는 통역사에게 그들이 대우에 만족하는지 물어보게 했다. 그들은 그렇다는 뜻의 제스처를 취해주었는데, 겉으로 드러나는 표정이 그들의 주장을 확고하게 뒷받침하고 있었다. 중앙노동기구 산하의 동굴에서 만난, 소진되어가고 있는 사람들과는 대조적으로 이들은 질 좋은 식사를 하고 있었다. 그리고 내가 강제수용소로 돌아가고 싶은지 묻자 소스라치는 듯한 표정을 지었다. 그들의 얼굴에는 순식간에 지극한 공포가 드리웠다.

나는 더 이상의 질문은 하지 않았다. 그들의 표정에서 모든 것을 알 수 있는데 질문이 무슨 소용이란 말인가. 지금 그 당시의 느낌에 대해 질문을 받는다면—진짜 느낌이 어땠는지, 어떤 형상의 연민, 흥분, 당황, 분노가 치솟았는지, 오랜 시간 분석해본다면—이런 대답이 나올 것이다. 시간은 긴박하게 흐르고 있었고 생산량과 생산 통계에 온 정신이 팔려 있는 상황에서, 인간 본연에 대한 모든 생각과 느낌이 흐려져 있었다고 말이다. 한 미국인 역사학자가 내가 사람보다는 기계를 좋아했다고 말한 일이 있다.[20] 그는 틀리지 않았다. 고통받는 죄수들의 모습은 나의 감정에는 영향을 주었지만 행동에는 영향을 주지 못했다. 느낌이라는 수준에서는 오로지 감수성만이 등장한다. 반면 결정이라는 영역에서 나는 실용성의 원칙에 지배받았다. 뉘른베르크 재판에서 나에 대한 기소 내용은 주로 군수 공장에 죄수들을 동원한 행위에 관한 것이었다.

통계자료에 의존하는 법원의 재판 원칙에 따르면, 내가 힘러의 상관이었다면, 그래서 군수공장에 더 많은 수의 죄수들을 투입했다면, 그리하여 더 많은 사람에게 생존의 기회를 주었다면 나의 죄는 더 커질 수 있었다. 역설적으로 내가 만일 그런 의미에서 더 큰 죗값을 치를 수 있었다면 지금, 마음은 훨씬 편했을 것이다. 그러나 지금 나의 심정을 침식해 들어오는 것은 뉘른베르크의 원칙, 혹은 내가 구했던 인명이나 구할 수 있었던 사람들과는 별 상관이 없다. 어쨌든 나는 제도 아래에서 움직이고 있었으니까. 더욱 견디기 힘든 것은 내가 죄수들의 얼굴에 거울처럼 반사되는 히틀러 정권의 골상학을 읽는 데 실패했다는 점이다. 내가 수주 혹은 수개월이라도 더 지속되도록 강박적인 노력을 기울였던 그 정권의 실체를 말이다. 내가 입장을 취해야만 했던 정권의 바깥에서는 그 어떤 도덕적인 기반도 발견하지 못했다. 가끔 나는 스스로에게 묻는다. 이 젊은이는 진정 누구였던가. 이젠 너무도 낯설어진, 25년 전 린츠 제철공장의 작업장을 시찰하고 중앙노동기구의 동굴 속으로 내려가던 그 젊은이는 누구였던가.

1944년의 여름 어느 날, 남슐레지엔 관구장이자 친구인 카를 한케가 나를 만나러 왔다. 이전에는 나에게 폴란드와 프랑스의 독립 투쟁에 대해, 죽고 다친 사람들과 그들의 고통과 분노에 대해 자주 이야기하며 동정심과 측은지심을 엿보게 해주던 한케였지만, 1944년 여름날에 그는 내 사무실의 초록색 가죽의자에 혼란스러운 표정으로 앉아 있었다. 더듬거리는 와중에도 자꾸 말이 중간에 끊겼다. 그는 나에게 북슐레지엔의 강제수용소 시찰 초청에 절대 응하지 말라고 조언했다. 그 어떤 상황에서도 절대 가서는 안 된다는 것이었다. 그는 그곳에서 표현하는 것이 금지되어 있고 표현될 수도 없는 어떤 것을 본 것이다.

난 자세히 캐묻지 않았다. 힘러에게도, 히틀러에게도 묻지 않았고 친구들과도 그런 이야기를 하지 않았다. 결국은 수용소에서 어떤 일이 일어나는지 알고 싶지 않았기 때문에 조사하지 않았던 것이다. 한케는 아마도 아우슈비츠에 관한 이야기를 했을 것이다. 한케가 나에게 경고하던 그 순간, 모든 책임이 현실로 되돌아왔다. 내가 뉘른베르크 재판의 국제법정에서 제국의 지도급 인물로서 과거의 일에 대한 전체적인 책임을 함께 나누어야 한다고 말했을 때, 그때의 순간이 내 마음속에 가장 먼저 떠올랐다. 그 이후부터 나는 피할 수 없이 도덕적으로 오염되었기 때문이다. 나의 길에서 이탈하도록 만들 뭔가를 발견할지도 모른다는 두려움에서, 나는 눈을 감아버렸던 것이다. 이러한 고의적인 무지는 전쟁의 막바지에 내가 행했을지도 모르는, 혹은 행하기 위해 노력했던 모든 선행을 압도하는 것이다. 선의의 행동들은 그 오염 앞에서 아무것도 아닌 것이 되어버린다. 그 순간에 내가 실패했기 때문에 오늘날에 이르기까지, 지금 이 순간에도 나는 온전히 개인적으로 아우슈비츠에 대한 책임을 통감한다.

26

발키리 작전
Unternehmen Walküre

폭격을 당한 수소화 공장을 시찰하면서 나는 연합군의 융단폭격 정확도에 충격을 받았다. 그들의 폭격 능력이라면 단 하루 만에 라인 강의 다리를 전부 파괴할 수도 있다는 생각이 번개처럼 뇌리를 스쳤다. 당장 전문가들에게 폭탄구덩이가 찍힌 항공사진 위에 라인 강의 다리를 그려보라고 지시했다. 그 그림은 나의 공포를 확인해주었다. 또 만일의 경우 보수를 용이하게 하기 위해 강철 대들보를 다리 인근으로 이동해두었고, 도선 열 대와 부교 하나를 건설하라는 명령도 내렸다.[1]

열흘 뒤인 1944년 5월 29일, 나는 흥분한 상태로 요들에게 다음과 같은 편지를 보냈다.

> 저는 라인 강의 다리들이 모조리 파괴될지도 모른다는 생각에 두려움에 떨고 있습니다. 최근 적의 폭격 빈도수를 보면 얼마든지 가능한 일이지요. 만일 적이 서부 점령지에 교통을 두절시킨 다음, 대서양 방벽으로 상륙하지 않고 독일의 북부 해안을 택한다면 어떻게 될까요? 독일의 북부 해안 상륙을 위해 필수조건인 공중전에서 이미 절대적 우위를 점하고 있는 이상 불가능한 일이 아닙니다. 어쨌든 그들로서는 대서양 방벽을 직접

> 공략하는 것보다는 훨씬 인명 피해를 줄일 수 있는 방법이 될 테니까요.

독일 내부에서는 동원할 수 있는 군대가 거의 남아 있지 않았다. 만일 함부르크나 브레멘 공항이 낙하산부대에 점령당하고 이 지역의 도시들이 적의 수중에 넘어갈 경우, 내가 두려웠던 것은 상륙한 적들이 어떠한 저항도 받지 않고 며칠 안에 바로 베를린과 기타 지역들을 함락시킬 수 있다는 점이었다. 서부에 주둔 중인 세 개 군단은 라인 강 때문에 길이 막힐 것이고, 동부에 있는 병력은 방어에 발이 묶여 있다. 어쨌든 그들이 개입하기엔 너무 먼 거리였다.

나의 두려움은 히틀러의 엉뚱한 주장만큼이나 충격파를 던졌다. 다음날 나는 오버잘츠베르크로 갔고, 요들은 빈정거리는 투로 내가 올 줄 알았다며 어느새 책상에서 머리를 굴리는 전략가가 된 것 같다고 비아냥댔다. 다행히 히틀러는 나의 생각에 충격을 받은 모양이었다. 1944년 6월 5일 요들의 다이어리 내용이다. "독일에서는 해골 같은 사단이 만들어질 것이다. 위기 상황이 오면 예비군들과 회복기 환자들이 편입될 것이다. 슈페어는 대포 프로그램을 통해 무기를 공급할 것이다. 전역을 하고 고향에 머무는 사람들은 약 30만 명, 이는 곧 10~12개 사단에 해당하는 수치다."[2]

요들도 나도 알지 못했지만 이 작전을 위한 구상은 오래전부터 존재해왔다. 1942년 5월 이후, '발키리'라는 암호명으로 명명된 이 작전에는 국내에서 분규나 긴급 상황이 발발했을 때 신속히 독일 내에 있는 조직과 예비군을 동원할 수 있는 단계를 자세하게 규정하고 있다.[3] 그러나 히틀러는 이제야 이 작전에 관심을 보이기 시작했다. 1944년 6월 7일, 발키리 작전에 대한 특별회의가 오버잘츠베르크에서 열렸다. 카이텔, 프롬과 함께 폰 슈타우펜베르크 대령 등이 참석했다.

히틀러의 수석보좌관 슈문트는 슈타우펜베르크 백작을 프롬의 참모장으로 임명해 쇠약한 프롬 장군을 대신해 작전 개시 때 병력 투입을 맡겼다. 슈문트의 설명에 따르면 슈타우펜베르크는 독일군 내에서 가장 순발력 있고 능력이 뛰어난 장교였다.[4] 히틀러도 나에게 슈타우펜베르크와 가까이 막역하게 일해보라고 가끔 일렀다. 전쟁 도중 입은 부상에도 불구하고 (그는 한쪽 눈과 오른손, 왼손가락 두 개를 잃었다) 슈타우펜베르크는 젊은이다운 매력을 간직하고 있었다. 그는 신기할 만큼 시적이면서도 정확해 그에게 미친 양립할 수 없을 것 같은 교육의 영향을 보여주었다. 그는 시인 슈테판 게오르게의 모임에 참여하는 동시에 참모진 활동을 했다. 그와 나는 슈문트의 권유와 관계없이 서로 쉽게 어울렸다. 영원히 그의 이름을 떠올리게 될 그 사건 이후, 나는 그의 성격에 대해 가끔 생각할 때마다 횔덜린의 다음 표현만큼 딱 어울리는 문장을 찾지 못했다. "나긋나긋한 정신에 경직된 형식을 부과하는 환경에 처해 있다는 사실을 고려하지 않는다면, 그는 극단적으로 부자연스럽고 모순적인 성격으로 보일 것이다."

7월 6일과 8일에 추가 회의가 있었다. 히틀러와 카이텔, 프롬을 비롯한 장성들이 베르크호프의 큰 창이 있는 살롱 원탁 테이블에 앉았다. 슈타우펜베르크는 내 곁에 자리를 잡았고, 여느 때와 마찬가지로 불룩한 서류가방을 들고 있었다. 그는 예비군 투입 계획에 대해 설명했다. 히틀러는 주의 깊게 들었고 이어지는 토론에서 대부분의 제안을 수용했다. 마침내 그는 제국 내 군사작전에서 지휘관들이 모든 권한을 갖고, 정치적 기구들, 특히 제국국방위원의 역할을 하는 관구장들은 보조 역할을 한다는 결정을 내렸다. 히틀러의 칙령에 따르면 군 지휘관들은 관구장과 협의 없이 직접 제국과 지방정부에 필요한 지침을 전달할 수 있었다.[5]

우연인지 의도적인지는 몰라도 당시 반란에 가담했던 주요 인물 대부분이 베르히테스가덴에 모여 있었다. 내가 알기로는 그들이 암살 음모를 짠 것은 슈티프 준장이 준비한 폭탄을 가지고 실행에 옮기기 바로 며칠 전이었다고 한다. 7월 1일 나는 프리드리히 올브리히트 장군을 만나 노동자들을 징집하는 문제를 논의했다. 그때까지도 카이텔과 나는 그 문제에 대해 의견 일치를 보지 못하고 있었다. 그리고 올브리히트는 네 개의 군으로 분리되어 있는 군 체제에서 필연적으로 발생하는 문제들에 대해 불만을 제기하는 일이 잦았다. 다른 군의 질시만 없다면 수십만 명의 젊은 공군을 활용할 수 있을 거라고 그는 말했다.

다음 날 나는 베르히테스가덴에서 병참 지휘관인 에두아르트 바그너 장군을 만났다. 통신대의 에리히 펠기벨 장군, 참모장 부관인 프리츠 린데만 장군, 육군최고사령부 헬무트 슈티프 준장도 함께였다. 그들은 모두 음모 가담자였고 몇 달 뒤면 망자가 될 사람들이었다. 아마도 반란 계획이 계속 연기되다가 막 실행 결정이 내려진 시점이었던 것 같다. 중대 결심을 하고 난 후 누구나 그렇듯이 그들은 겁날 것이 없다는 듯한 태도를 보였다. 전선의 절망적인 상황을 아무것도 아닌 것으로 치부해버리는 태도에 대한 놀라움이 나의 업무일지에 기록되어 있다. "병참 지휘관 바그너 장군은 지금의 어려움은 사소한 것이라고 주장했다…. 장성들은 동부 전선의 상황이 더 이상 중요한 문제가 아니라는 듯 지나치게 자신에 찬 태도를 보였다."[6]

1, 2주 전만 해도, 바그너 장군은 같은 상황을 지극히 비관적인 태도로 설명했었다. 그는 독일군이 계속 퇴각할 경우 군수업계에 제기할 요구사항을 대략적으로 설명했다. 그의 요구사항은 너무 많아서 충족할 수 없었다. 지금 생각해보니 그의 유일한 목적은 히틀러에게 독일군이 무기를 공급받지 못하고 있으며 참담한 나락으로 떨어지고 있다는 상황을 알리는 것이었다. 나는 그 회의에 참석하지 않았지만 참석했던 측근인 자우어는 히틀러와 함께 자신보다 나이가 훨씬 많은 병참 지휘관을 아이처럼 나무랐다고 했다. 그때 나는 변함없는 우정을 보여주기 위해 그를 방문했고, 모든 문제가 그에게 더 이상 중요치 않다는 것을 알게 되었다.

우리는 부적절한 조직 체계에서 유발되는 낭비에 대해 자세히 논의했다. 펠기벨 장군은 군 내의 모든 부서가 별개의 통신 네트워크를 사용함으로써 빚어지는 인력과 물자의 낭비를 설명했다. 예를 들어, 공군과 육군은 아테네와 라플란드까지 통신 케이블을 따로 깔았다. 경제적인 문제는 차치하고라도 이런 문제에 서로 협조만 했다면 훨씬 효율적이었을 것이다. 그러나 히틀러는 어떤 변화도 받아들이려 하지 않았다. 모든 군을 위한 일관된 방향의 군수품 생산이 가져 올 장점을 내가 직접 도해로 그려 보이기도 했다.

반란 가담자들과 솔직한 대화를 자주 나누기는 했지만 그들의 계획에 관해서는 어떤 기미도 눈치채지 못했다. 단 한 번 뭔가 진행되고 있다는 것을 감지했지만 그것도 그들과의 대화를 통해서는 아니었다. 오히려 힘러의 발언에서 힌트를 얻었다고 하는 게 정확하다. 1943년 어느 늦은 가을날, 힘러는 지휘부 내에서 히틀러와 대화를 나누고 있었다. 나는 바로 곁에서 있었고 본의 아니게 두 사람의 이야기를 듣게 되었다.

"그럼 각하께서도 동의하시는 겁니다. 제가 그 배후인물과 이야기를 나누어보고 저도 힘을 보태는 척할까요?"

히틀러는 고개를 끄덕였다.

"뭔가 조짐이 있어요. 만일 제가 그 친구의 신뢰를 얻기만 하면 그들에 대해 좀 더 자세히 알 수 있을 겁니다. 그리고 만일 각하께서 제3자에게 정보를 입수한다면 그것이 저의 의중임을 아셔야 합니다."

히틀러는 알겠다는 몸짓을 취했다. "물론이야. 나는 자네를 100퍼센트 신뢰하네."

나는 보좌관 한 사람에게 "배후인물"이 누구를 뜻하는 거냐고 물었다. "아, 예. 프로이센 재정장관인 포피츠를 말씀하시는 겁니다."

역할은 우연히 결정된다. 한동안 운명은 불확실해 보였다. 7월 20일 내가 반란의 중심지인 벤틀러슈트라세에 서 있을지,* 아니면 진압에 나선 정권

---

* 군 최고사령부가 벤틀러슈트라세에 있었고, '빌헬름슈트라세'가 총리 청사를 가리키듯 거리 이름이 건물 이름과 동일하게 사용되었다.

의 중심지인 괴벨스의 저택에 머물고 있을지.

7월 17일, 프롬이 그의 참모장 슈타우펜베르크를 시켜 7월 20일 벤틀러슈트라세에서 점심식사를 한 후 논의할 것이 있다며 만남을 청했다. 하지만 그날 오전엔 경영인들과 정부 관리들을 대상으로 한 군수 관련 연설이 오래전부터 잡혀 있었기 때문에 나는 거절할 수밖에 없었다. 그럼에도 불구하고 슈타우펜베르크는 20일 점심 약속에 참석해야 한다며 더욱 간곡히 청했다. 내가 반드시 있어야 할 자리라고 설명했다. 하지만 그날 아침 연설이 상당히 힘들 것이라 생각되어, 프롬을 다시 만나 회의를 하기는 어렵다는 뜻을 밝혔다.

연설은 11시쯤 멋진 설비를 갖춘 홀에서 시작되었다. 선전부 소유였지만 괴벨스가 사용하라고 내어준 곳이었다. 베를린에 남아 있던 각료들과 사무관들, 고위 관료들 200여 명이 참석했다. 실질적으로 베를린의 정치 실세 모두가 모인 셈이었다. 연설은 영토 수호를 위해 헌신을 다하자는 호소로 시작되었다. 하도 자주 했던 이야기라 내용을 외울 지경이었다. 그러고는 현재의 군수 생산 현황을 보여주는 각종 그래프에 대한 설명이 이어졌다. 도표를 두고 설명이 이어졌다.

라슈텐부르크 총통 지휘부에서 슈타우펜베르크의 폭탄이 터진 것은 내 연설이 거의 끝나고 괴벨스가 주최자로서 마무리 인사를 할 무렵이었다. 만일 폭도들이 능란하게 동시다발적으로 거사를 계획했다면, 열 명의 사병을 거느린 대위 한 사람의 힘으로 연설 장소에 와 있는 많은 정부 주요 인사들을 체포할 수도 있었을 것이다. 아무것도 모르는 괴벨스는 풍크와 나를 선전부 집무실로 데리고 갔다. 우리는 최근의 습관대로 국내 병력을 활성화하기 위해 어떤 조치를 취해야 할지 의논했다. 그런데 갑자기 작은 확성기에서 다음과 같은 보고가 흘러나왔다. "지휘부에서 긴급 전화입니다, 괴벨스 장관님. 디트리히 박사께서 연결되어 있습니다."

괴벨스는 급히 스위치를 켰다. "연결해주게." 그는 책상으로 가서 수화기를 들었다. "디트리히 박사? 네, 괴벨습니다…. 뭐라구요? 총통 암살 기도가 있었다고요? 방금 말입니까? 총통은 무사하시단 말씀이죠? 알겠습니다. 슈페어 막사에요? 더 알려진 사항은 없나요? … 각하께서는 토트 조직 노동자들의 소행으로 짐작하신다구요?”

디트리히는 말을 길게 할 형편이 못되었다. 대화는 거기서 끝이 났다. 발키리 작전이 수행된 것이다. 그동안 히틀러와 공개적으로 논의해왔던 예비군 병력 동원 계획을 폭도들이 그들의 거사에 엮어 넣은 것이다.

‘바로 그거였어.’ 괴벨스가 방금 들은 이야기를 반복하고 토트 조직에 대한 의혹을 언급하고 있을 때, 이 생각이 번개처럼 뇌리를 스쳤다. 만일 그 의혹이 사실이라면, 내 위치도 위험했다. 보어만은 내가 토트 조직의 책임자라는 꼬투리를 잡아 얼마든지 새로운 음모에 엮어 넣을 수 있을 것이다. 당장 지금도 내가 라슈텐부르크 지휘부를 드나드는 일꾼들에 대한 보안 조치에 대해 대답하지 못하자 괴벨스가 불같이 화를 내고 있지 않은가. 내가 할 수 있는 말은 고작 수백 명의 노동자들이 총통의 벙커를 보완하기 위해 매일 제한1구역에 드나들고 있으며, 그동안 히틀러는 내 막사에서 지내고 있는데 그나마 큼직한 회의실을 갖추고 있고 내가 없으면 막사가 비기 때문이라는 것뿐이었다. 괴벨스는 그런 부주의함에 머리를 저으며 말했다. 그런 상황에서는 세상에서 가장 엄중하게 제한되고 보안이 유지되어야 할 지역에 누구나 드나들 수 있다고 말했다. “보호 조치에서 중요한 게 도대체 뭐요!” 그는 마치 책임을 져야 할 보이지 않는 그 누군가에게 하듯 말을 뱉어냈다.

곧 괴벨스는 나에게 작별 인사를 했다. 그와 나는 그토록 긴박한 상황에서도 장관다운 예의를 버리지 않았다. 히틀러의 군 보좌관이었다가 이제 전방 부대를 지휘하고 있는 엥겔 대령이 늦은 점심을 먹자고 나를 기다리고 있었다. 내가 ‘대리독재자’의 임명을 제안했던 보고서에 대한 그의 생각이 궁금했다. 대리독재자는 명성이나 위세를 고려치 않고 독일군 내 얽혀 있는 세 겹 네 겹의 조직 체계를 바로 통과할 수 있는 특별한 권력을 가지며, 분명하고 효율적인 체계를 세울 수 있는 인물을 뜻했다. 이 보고서는 며칠 전에 완성되었고 우연히 7월 20일이라는 날짜로 기록되어 있었다. 또한 반역에 가담한 것으로 보이는 군부 인사들과 토론하며 얻은 많은 구상이 담겨 있었다.*

총통 지휘부에 전화해 자세한 내막을 물어야 한다는 분명한 생각이 들지 않았다. 아마 엄청난 사건이 일어난 혼란 상황에서 전화 받는 것도 귀찮을 거라고 지레짐작했던 모양이다. 게다가 내가 관리하는 조직이 폭동에 연루되었다는 의혹도 거북하게 여겨졌다. 점심식사 후 나는 일정대로 외무부의 클로디우스 대사와 만남을 가졌다. 그는 "루마니아 석유 보호 조치"를 보고했다. 그러나 회의가 끝나기도 전에 괴벨스에게 전화가 걸려왔다.[7]

그의 음성은 아침과는 사뭇 달랐다. 흥분되고 쉰 목소리였다. "지금 당장 회의를 중단할 수 있소? 이리 와요. 긴급 상황이오! 아니요, 전화로는 이야기할 수 없소."

나는 클로디우스와의 이야기를 즉시 중단해야 했다. 오후 5시경 나는 브란덴부르크 문 남쪽에 위치한 괴벨스의 집에 도착했다. 그는 2층 사무실에서 나를 맞이했다. 그는 급하게 말했다. "방금 지휘부에서 연락을 받았소. 독일 전역에서 군사 폭동이 발생했어요. 이런 상황에서 슈페어 장관과 함께 있는 게 나을 것 같아서요. 난 가끔 너무 성급해지는 경향이 있

---

* 1944년 7월 20일 보고서에서 나는 업계 관련 일을 하면서 얻은 경험을 군 행정에 적용해보았다. 올브리히트나 슈티프, 바그너 등의 참모진과 대화하며 알게 된 지식을 끌어들였다. 1,050만 명이 징집되었지만 230만 명만 전선에 투입된 사실을 예로 들어, 수치에 조작이 있다고 설명했다. 수많은 하부 조직에 기반을 둔 상부 조직들은 여러 방면에서 자신의 우세를 보이려고 애썼다. 보고서는 계속된다. "이런 식으로 독일군 안에는 3군과 무장 친위대, 토트 조직, 노무대를 위한 조직들이 편제돼 있습니다. 그리고 이들은 각각 자율권을 가지고 있습니다. 의복, 음식, 통신, 정보, 건강, 보급, 이송에 관해 각기 다른 조직을 운영하고, 각기 다른 지휘부와 다른 장비들을 갖추고 있습니다. 그 결과," 나는 이렇게 결론지었다. "인력과 물자가 낭비되고 있습니다."

죠. 나의 실수를 막아줄 수 있을 겁니다. 우리는 신중히 대처해야 해요."

폭탄을 맞은 듯한 충격이 나를 괴벨스 이상의 흥분 상태로 몰고 갔다. 프롬, 차이츨러, 구데리안, 바그너, 슈티프, 펠기벨, 올브리히트, 린데만 등과 나눈 대화들이 머릿속을 전광석화처럼 스쳤다. 동시에 전방의 암울한 상황과 연합군의 성공적인 반격, 사기 충천한 소련군, 연료 공급을 위한 우리의 노력이 무산될 위험에 처했다는 현실과 함께 우리가 자주 비난했던 히틀러의 초보자적인 태도, 당혹스러운 결정들, 고위급 장성들에게 했던 무례한 행동들, 계속되는 격하와 모욕 행위 등이 주마등처럼 스쳐갔다. 그러나 그때까지도 슈타우펜베르크, 올브리히트, 슈티프와 그들의 동료가 폭동의 중심인물이라는 생각은 미처 하지 못했다.

나중에 알게 되었지만, 괴벨스는 그때 슈타우펜베르크가 주동자로 떠오르고 있다는 사실을 알고 있었다. 그러나 그에 대해서는 아무 말도 하지 않았고 내가 도착하기 직전에 히틀러와 전화통화를 했다는 말도 하지 않았다.**

사무실 창문은 거리 쪽으로 나 있었다. 내가 도착한 몇 분 뒤 중무장한 군인들이 철모를 쓰고 벨트에는 수류탄을, 손에는 기관총을 든 채 소규모의 전투 행렬을 만들어 브란덴부르크 문 쪽으로 향해 가고 있었다. 그들은 총을 위로 올린 채 모든 교통을 통제했다. 그러는 동안 중무장한 군인 두 사람이 공원과 이어진 벽 쪽 문으로 올라서서 보초를 섰다. 나는 괴벨스를 불렀다. 그는 상황의 중대성을 깨닫고는 옆방 침실로 가서 상자 안에서 알약 몇 알을 꺼내 코트 주머니에 넣었다. "이건, 만일의 사태를 대비

** 히틀러가 괴벨스에게 협의가 어느 쪽으로 기울고 있는지 말했다고 볼 수 있다. 라슈텐부르크 지휘부에서는 이즈음 이미 슈타우펜베르크를 체포하라는 명령이 내려져 있었다. 프롬도 오후 6시 무렵에는 의혹의 대상이 되었을 터다. 히틀러는 프롬을 직위해제하고 힘러를 앉혔다. 괴벨스가 나에게 모든 것을 말해주지 않은 점으로 미루어 그는 나를 완전히 믿지 못했던 것 같다.

하는 거요!" 이렇게 말하는 괴벨스의 얼굴에 긴장의 표정이 역력했다.

우리는 부관 한 사람을 보내 이들 보초병들에게 어떤 명령이 내려졌는지 알아오게 했다. 그러나 그들은 입을 열려고 하지 않았고, 다행히 한 사람이 "아무도 들어오지도 나가지도 못합니다"라고 짧게 내뱉었다고 한다.

괴벨스의 전화통화는 끊이지 않았고 사방에서 혼란스러운 소식이 계속 전해졌다. 포츠담 주둔 병력이 이미 베를린을 향해 진군하기 시작했다는 소식, 인근 지역 주둔 병력도 움직이기 시작했다는 보고가 들어왔다. 폭동에 대한 무의식적인 거부감에도 불구하고 내 마음속에서는 그 어떤 것에도 관여되지 않은 듯한 기이한 감정이 일었다. 불안하고 단호해 보이는 괴벨스의 모든 흥분된 행동이 마치 나와는 아무 관련이 없는 듯했다. 상황은 절망적으로 보였고 괴벨스는 극도로 불안해했다. 그러나 전화가 계속 작동하고 있었고, 라디오에서도 폭도들의 성명이 나오지 않았다. 괴벨스는 상황이 불확실하다고 판단했다.

음모자들이 방송, 통신을 중단시키거나 장악하지 못하고 있다는 점은 이해하기 힘들었다. 그들은 몇 주 전에 세부 계획을 완성했을 것이다. 괴벨스의 체포나 베를린 장거리 전화 시설이나 전보국, 친위대 통신센터나 중앙우체국, 주요 방송사, 샤를로텐부르크에 있는 라디오 방송국 점령 등을 말이다.[8] 군인 몇 명만으로 괴벨스의 사무실에 들이닥쳐 손쉽게 그를 체포할 수 있었을 것이다. 권총 몇 자루가 우리가 가진 보호 장구이자 무기의 전부였다. 괴벨스는 미리 준비해둔 청산가리로 체포되는 상황은 피할 수 있었겠지만, 음모자들은 가장 유력한 맞수를 그런 식으로 제압할 수도 있었을 것이다.

놀라운 사실은 위기의 시간 동안 반군을 제압할 수 있는 병력을 가지고 있던 유일한 인물인 힘러와 연락이 닿지 않았다는 점이다. 힘러는 은신해 있는 것이 분명한 듯했고 괴벨스는 아무리 생각해봐도 힘러가 그런 행동을 할 이유가 없다며 더욱 분개했다. 그는 몇 번이고 친위대 사령관이자 내무장관인 힘러에 대해 불신을 표했다. 괴벨스가 심지어 힘러 같은 인물까지도 의심했다는 사실은 그 몇 시간을 지배했던 엄청난 불안감을 상징한다.

괴벨스는 나에게도 의심을 품어 전화통화를 하는 동안 나를 옆방에 가 있게 했던 것일까? 그는 의심을 숨기려는 수고도 하지 않았다. 나중에는 나를 감시하기 위해 불러들인 게 아닐까 하는 생각까지 들었다. 혐의가 이미 슈타우펜베르크에게, 당연히 그의 상관인 프롬에게도 함께 쏠리고 있었기에 그럴 가능성이 더욱 높았다. 어쨌든 괴벨스는 나와 프롬의 친분에 대해 알고 있었고 프롬에 대해서는 오래전부터 "당에 적대적 인물"이라고 언급해왔던 터였다.

프롬에 대한 생각도 떠올랐다. 괴벨스가 나를 자신의 방에서 내보냈을 때 나는 벤틀러슈트라세에 있는 전화교환소를 연결해 프롬 장군을 부탁했다. 현재 상황에 대해 가장 잘 알고 있을 듯했다. 하지만 다음과 같은 답이 돌아왔다. "프롬 장군께서는 자리에 안 계십니다." 그때 이미 프롬은 벤틀러슈트라세의 모처에 감금되어 있었을 것이고 나는 그 사실을 알지 못했다. "그럼 그의 보좌관을 연결해주시오." 그러나 아무도 전화를 받지 않는다는 말이 전해졌다. "그럼 올브리히트 장군 부탁해요."

올브리히트는 곧바로 전화를 받았다. "장군, 어떻게 된 거요?" 나는 평소 하던 대로 약간 농담 투로 말했다. 그런 말투로 골치 아픈 상황을 부드럽게 넘겨온 우리였다. "지금 해야 할 일이 있는데 괴벨스 장관의 사무실에 있어요. 군인들 때문에 꼼짝 할 수가 없구먼."

올브리히트는 사과했다. "죄송합니다. 착오가 있었던 것 같습니다. 곧 시정하겠습니다." 그러고는 내가 더 질문을 하기 전에 전화를 끊어버렸다. 나는 괴벨스에게 전화통화에 대해 이야기하지 않았다. 전화통화의 분위기와 대화 내용은 나와 올브리히트가 내통하고 있다는 분위기를 풍겨 괴벨스의 의심을 더욱 부추길 가능성이 있었기 때문이다.

그러는 사이, 내가 있는 방에 베를린 관구장의 대리인 샤흐가 들어왔다. 하겐이란 사람이 그와 이야기를 나누더니, 군을 풀어 베를린 정부청사를 포위하고 있는 레머 소령이 민족사회주의 신봉자임을 확인했다. 괴벨스의 계획은 레머를 설득해 이리로 부른 다음 이야기를 나누어보는 것이었다. 레머가 그럴 용의가 있음을 알자 괴벨스는 나를 자신의 사무실로 다시 불렀다. 그는 레머를 설득해 자신의 편으로 세울 수 있을 것으로 믿었고 나에게 함께 있어 달라고 했다. 히틀러에게는 이미 알렸다고 했다. 그는 지휘부에서 기다리며 언제든 소령과 대화할 준비를 하고 있었다.

레머 소령이 들어왔다. 괴벨스는 자제하고 있었지만 긴장했다. 그는 모든 일이 이 순간에 달려 있다고 느낀 듯했다. 반란의 운명과 자신의 운명 모두가. 지극히 평범한 분위기의 몇 분이 흘렀고 이야기는 끝났다. 폭동의 패배였다.

괴벨스는 소령에게 총통에 대한 자신의 충성을 맹세했다. 레머도 히틀러와 당에 대한 충성을 맹세함으로써 답변했지만 히틀러가 사망한 것으로 알고 있었다. 따라서 지휘체계에 따라 폰 하세 소장의 명령에 따를 것이라고 말했다. 괴벨스는 유달리 떨리는 목소리로 반박했다. "총통께서는 살아계시네!" 레머는 처음에는 한 발 뒤로 물러나더니 믿을 수 없다는 듯한 표정을 지었다. "살아계셔. 몇 분 전에도 통화했다네. 야망에 찬 어리석은 도당이 군사 폭동을 시작했지. 가증스럽기 짝이 없네. 추악한 책략이야. 역사상 가장 추악한 책략이지 뭔가."

난감했던 젊은 장교는 히틀러가 살아 있다는 소식에 크게 안심한 듯했다. 그는 정부 관공서 구역을 차단하라는 이해할 수 없는 명령을 받았던 것이다. 기쁜 듯, 조금은 믿을 수 없다는 표정으로 레머는 우리를 바라보았다. 괴벨스는 레머에게 역사적인 순간이 왔다는 것, 역사 앞에 막중한 책임감이 그의 어깨에 지워졌다는 점을 강조했다. 운명이 한 사람에게 이와 같은 기회를 주는 경우는 드문 일이며, 기회를 던져 버리는 것도, 기회를 살리는 것도 모두 자신에게 달린 문제라고 괴벨스는 말했다.

이제 할 일은 이 말이 레머의 마음을 어떻게 변화시켰는지, 괴벨스가 어떻게 승리했는지 바라보는 일뿐이었다. 선전장관은 비장의 카드를 꺼내 듣고 있었다. “나는 지금 총통 각하와 전화통화를 할 걸세. 자네도 함께야. 각하께서 자네 상관의 명령을 무효화할 수 있는 명령을 직접 내리실 걸세. 알겠나?” 괴벨스는 조금은 신랄한 투로 말을 끝맺고는 라슈텐부르크로 전화를 연결했다.

선전부와 총통지휘부의 전화선은 직통으로 연결되어 있었다. 곧 히틀러가 수화기를 들었다. 괴벨스는 상황을 간단히 설명한 후 수화기를 소령에게 넘겨주었다. 레머는 히틀러의 음성을 바로 알아들었고 차렷 자세로 전화를 받았다. 다음과 같은 말만 반복했다. “옛! 그대로 수행하겠습니다! 나의 총통 각하! … 옛!”

괴벨스는 다시 수화기를 받았고, 히틀러는 결정된 사안을 말했다. 하제 장군의 자리에 레머 소령을 임명하고 그에게 베를린 내 모든 군사지휘권을 맡긴다는 내용이었다. 레머는 이와 동시에 괴벨스의 명령도 수행해야 했다.

반란은 실패로 돌아갔다. 그러나 그날 저녁 7시 괴벨스가 라디오 방송에 나와 히틀러에 대한 암살 시도가 있었지만 총통은 무사하며 집무를 계속하고 있다고 발표한 시점에서는 반란이 완전히 분쇄된 상태가 아니었다. 괴벨스는 이런 식으로 반군들이 외면하고 있던 기술적인 장치를 적극 활용했다.

괴벨스의 확신이 너무 이른 것이었을지도 모른다. 그가 방송을 내보낸 직후, 기갑여단이 페어벨리너 광장에 도착했고 레머의 명령을 거부하고 있다는 소식을 들었을 때 의혹은 다시 피어났다. 그들은 구데리안 장군만이 자신들을 지휘할 수 있다는 입장을 레머에게 전하고는 군인 특유의 퉁명스러운 태도로 “누구든 복종하지 않는다면 쏘겠다”고 경고했다. 그들의 전력이 레머보다 월등했으므로 그들의 태도에 따라 모든 것이 결판날 것으로 보였다.

전반적인 혼돈 상황에서 이 부대가 반란군에 속하는지 정부군에 속하는지 구분할 수 없었다. 괴벨스와 레머는 모두 구데리안이 군사 폭동의 가담자일 가능성이 높다고 보았다.[9] 여단의 지휘자는 볼브링커 대령이었다. 내가 잘 아는 사람이었으므로 전화 연결을 시도했다. 내가 받은 메시지는 확실했다. 그들은 반란을 진압하러 온 것이다.

나이가 좀 든 축에 속하는 150명 정도의 베를린 방위대대가 괴벨스의 정원에 모여 있었다. 괴벨스가 연설을 시작하기 전에 그는 이렇게 말했다. "일단 내가 그들을 확신시키면 우리가 이기는 거요. 내가 어떻게 하는지 잘 보라고!" 어느덧 주변은 어두워졌다. 조명이라고는 건물 창에서 새어 나오는 불빛뿐이었다. 괴벨스의 첫마디가 시작되자 군인들은 대단한 집중력을 보이며 기본적으로 그다지 중요하지 않은 연설에 귀 기울였다. 괴벨스는 승리자인 양 지극히 자신감 있는 태도를 연출했다. 익숙하고 진부한 말들을 개인적인 권고로 바꾸어놓는 그의 연설은 뛰어난 최면 효과가 있었다. 군인들의 얼굴을 바라보기만 해도 괴벨스가 자신의 주변에 모여 있는 군중들에게 어떤 능력을 발휘하고 있는지 알 수 있었다. 그의 이야기는 명령하거나 위협하지 않고도 오랫동안 훈련된 충성심을 이끌어냈다.

11시가 가까워져 올 무렵 볼브링커 장군이 내가 머물고 있던 방으로 들어왔다. 음모자들은 체포되었고 프롬 장군이 벤틀러슈트라세에서 반역 가담자들을 즉석 재판에 처하려고 한다는 소식을 전했다. 나는 그런 행위로 인해 프롬이 위험해질 수 있음을 깨달았다. 무엇보다 히틀러는 스스로 그들을 처단할 방법을 찾아내고자 했다. 자정이 지나서 나는 즉결 처형을 막고자 급히 차를 달렸다. 볼브링커와 레머도 함께였다. 완전히 불이 꺼진 베를린의 벤틀러슈트라세 지휘부는 탐조등만 오락가락하며 기이하고 오싹한 풍경을 연출했다. 어두운 스튜디오에서 혼자 밝게 빛나는 영화의 배경처럼 극적인 장면이었다. 길고 날카로운 그림자가 지휘부 건물을 너욱 견고하고 깎아지른 듯 보이게 했다.

내 차가 벤틀러슈트라세에 접어들자 친위대 장교 한 사람이 티어가르텐슈트라세 인도에 차를 세우라고 신호를 보냈다. 나무 아래, 거의 식별이

안 되는 어둠 속에 게슈타포 사령관인 칼텐브루너와 무솔리니를 구출했던 슈코르제니가 대원들을 거느리고 서 있었다. 어두운 그림자들은 마치 망령처럼 보였고 몸짓도 그러했다. 우리가 인사를 했지만, 그들은 구둣발 움직이는 소리도 내지 않고 침묵을 지켰다. 평소의 과시적인 소란스러움은 흔적도 없었다. 장례식장에 온 듯 모든 것이 고요했고 대화조차 목소리를 죽여 가며 이루어졌다. 나는 칼텐브루너에게 프롬의 즉결 재판을 막으려고 왔다고 설명했다. 칼텐브루너와 슈코르제니가 군을 싫어할 것으로 예상했다. 게슈타포는 언제나 군을 라이벌로 여겼기 때문에, 어쨌든 군의 기강 해이에 대해 조금은 고소해 할 걸로 생각했었다. 하지만 두 사람은 냉담한 태도로 군 내부의 문제이니 상관할 바가 아니라고 대답했다. "우리는 개입하고 싶지 않고 개입하지도 않을 겁니다. 어쨌든 즉결 재판은 벌써 끝난 것 같습니다."

칼텐브루너는 친위대가 반란군을 진압하거나 그들을 처벌하는 데 관여하지 않았다고 말해주었다. 그는 심지어 부하들이 벤틀러슈트라세 지휘부에 들어가는 것조차 금지했다고 말했다. 친위대가 개입하면 분명 군과 새로운 갈등이 생겨날 테고 긴장이 더욱 높아질 것을 우려한 조치였다.[10] 그러나 이러한 전술적인 사고는 오래가지 못했다. 불과 몇 시간 뒤 친위대의 여러 조직들은 음모에 가담한 장교들을 처벌하고 처형하는 데 전권을 휘둘렀다.

칼텐브루너가 말을 채 끝내기도 전에 벤틀러슈트라세 뒤쪽 밝게 불이 비치는 곳에서 육중한 그림자 하나가 나타났다. 제복을 완벽히 차려 입은 프롬이 나른한 발걸음으로 혼자 우리에게 다가오고 있었다. 나는 칼텐브루너와 그 일행에게 인사를 하고 어둠 속에서 나와 프롬에게 다가갔다. "폭동은 끝났소." 그는 엄청나게 자신을 절제하며 말했다. "방금 필요한 명령을 내리고 오는 길이오. 한동안 나는 예비군 총사령관으로서의 자격이 상실되어 있었지. 그들이 나를 방에 가두었소. 내 참모장과 가까운 측근들이 말이오!" 점점 커지는 그의 음성에서 분노와 불안이 느껴졌다. 그는 참모진을 처형한 행위를 다음과 같은 말로 합리화했다. "그들을 지휘하는 주체로서 반란 가담자들에 대한 즉결 재판은 나의 의무였소." 그의 음성은 고통스러운 중얼거림으로 변해갔다. "올브리히트 장군과 참모들, 슈타우펜베르크 대령은 죽었소."

프롬은 우선 히틀러와 통화하길 원했다. 나는 그에게 군수부로 가자고 했지만 말을 듣지 않았다. 그는 괴벨스를 만나고자 했다. 선전장관이 자신을 좋아하지도 믿지도 않는다는 것을 나만큼이나 잘 알고 있었는데도 말이다.

괴벨스의 사저에서는 베를린 방위사령관 하제 장군이 체포되어 있었다. 그는 내가 있는 곳에서 괴벨스에게 상황을 설명하고 히틀러와 전화 연결을 부탁했다. 그러나 괴벨스는 대답 대신 프롬을 다른 방으로 보냈고, 동시에 나에게도 나가달라고 한 후 히틀러에게 전화를 걸었다. 20여 분 뒤 다시 돌아온 괴벨스는 문으로 와서 보초병 한 사람을 불러 프롬의 방 앞에 세워두었다.

그 누구와도 연락이 되지 않았던 힘러가 도착한 때는 자정이 지나서였다. 묻기도 전에 그는 연락두절을 소상히 설명했다.* 반란이 일어났을 경우에는 검증되고 진실된 대처법이 있다는 것이었다. 되도록 중심부에서 멀리 떨어져 외부에서 개입한다, 그것이 최상의 전략이라고 했다.

괴벨스도 그 말에 동의하는 듯했다. 그는 기분이 좋아져서 힘러에게 사건의 전말을 자세히 이야기했다. 물론 약간 극화해 자기 혼자 모든 상황을 해결했다고 강조했다. "놈들이 그렇게 멍청한 짓을 하다니! 기회는 많았지요. 멍청하기는! 천하의 바보들! 나 같으면 어떻게 했을까 생각해보기

* 힘러는 오후 5시에 내려진, 즉시 베를린으로 돌아오라는 히틀러의 명령을 이행하는 것을 주저했다. 처음에는 자신의 지휘부에 머무르고 있다가 밤늦은 시각이 되어서야 베를린에 착륙했는데, 템펠호프 비행장을 피해 도시 외곽의 변두리 활주로를 선택했다.

도 했어요. 왜 라디오 방송국을 점령해서 유언비어를 퍼뜨리지 않았는지. 문밖에는 보초병들을 세워두었지만 나는 얼마든지 다닐 수 있었고, 각하께 전화도 할 수 있었어요. 뭐든 안 되는 게 없더군요! 내 전화선도 그대로 두었어요. 많은 기회들을 모두 망쳐버렸죠. 한심한 것들!"

괴벨스는 군인들이 전통적인 명령체계에만 너무 의존했다고 평가했다. 그들은 하급자들이 자신의 명령을 그대로 수행할 것이라는 사실을 믿어 의심치 않았다는 것이다. 그것 하나만 봐도 반란은 실패로 돌아갈 수밖에 없었다. 괴벨스는 태연히 자화자찬하며 이렇게 덧붙였다. 그들은 최근 들어 민족사회주의 강령이 독일인들을 정치적으로 사고하게 만들었음을 잊고 있었다고 했다. "이제는 그런 군벌 도당이 많은 사람을 꼭두각시처럼 따르게 만들기는 어려워졌어요." 갑자기 괴벨스가 말을 중단했다. 그는 내가 함께 있는 것이 거북한 듯 이렇게 말했다. "사령관과 따로 좀 의논할 게 있소, 슈페어 장관. 그럼, 오늘은 이만."

다음 날인 7월 21일, 주요 각료들이 총리 청사에 모두 소집되어 반란 진압을 축하했다. 초대장에는 나의 주요 보좌관인 도르슈와 자우어도 함께 참석하라는 말이 덧붙여져 있었다. 다른 장관들은 보좌관들을 데리고 오지 않았기 때문에 유별나 보였다. 히틀러는 다정한 말을 건네며 이들을 맞이했지만 나에게는 형식적인 악수뿐이었다. 히틀러의 측근들도 눈에 띄게 차가운 태도를 보였다. 내가 방에 들어가자마자 대화는 중단되었고 사람들은 자리를 떠나거나 다른 쪽으로 몸을 돌렸다. 히틀러의 민간인 보좌관인 샤우프가 나에게 의미심장한 태도로 이렇게 말했다. "이제 암살 음모의 배후가 누구인지 밝혀졌소." 그러더니 나를 지나쳐 가버리는 것이었다. 나는 아무것도 알 수 없었다. 나를 제외한 자우어와 도르슈는 가까운 측근들의 차 모임에도 초대를 받았다. 모든 것이 이상했고, 대단히 불쾌했다.

그동안 히틀러 측근들의 비난으로 애매한 구름에 싸여 있던 카이텔은 마침내 수심을 털어낸 듯했다. 폭발 직후 먼지 속에서 살아난 카이텔은 바로 곁에 히틀러가 무사히 서 있는 것을 보고 달려가 이렇게 외쳤다고 한다. "나의 총통 각하, 무사하셨군요, 무사하셨군요!" 히틀러는 그 이야기를 여러 번 반복했다. 상식과는 달리 상황은 카이텔에게 유리해졌다. 히틀러가 그를 저버리지 않았음이 확실해 보였다. 그는 여느 때보다 카이텔에게 친근하게 굴었고, 카이텔이 반역자들을 가혹하게 처단할 적임자라고 생각하는 듯했다. "카이텔 장군도 죽임을 당할 뻔했지. 그러니 놈들에게 자비를 베풀긴 힘들 걸세." 히틀러는 외쳤다.

다음 날이 되자 히틀러는 다시 나에게 따뜻하게 굴었고 그의 측근들도 마찬가지였다. 카이텔, 힘러, 보어만, 괴벨스와 내가 참석한 가운데 히틀러가 주재한 회의가 찻집에서 열렸다. 나에게는 한마디 공치사도 없이 히틀러는 내가 2주 전에 제안한 의견을 주제로 삼았고 괴벨스를 전시국내자원총동원위원장에 임명했다.[11] 죽음을 모면했다는 사실이 히틀러를 더욱 단호하게 만들었다. 그는 나와 괴벨스가 1년 이상 요청해왔던 제안을 실행에 옮기려고 하고 있었다.

그리고 히틀러는 지난 며칠간 일어난 사건으로 주제를 옮겼다. 그는 전쟁에서도 위대한 전환점이 도래했다고 믿는 듯 자신만만한 모습이었다. 반역은 끝났고 새롭고 훌륭한 장군들에게 지휘권이 주어질 것이라고 말했다. 이제 스탈린이 투카체프스키를 숙청하는 과정에서 전쟁을 성공적으로 이끌 결정적인 한걸음을 내딛었다는 사실을 깨닫게 되었다고 말했다. 참모진을 숙청함으로써 스탈린은 차르 시대가 막을 내린 후 관직에 나온 참신하고 활기찬 인물들을 등용할 여유를 가지게 되었다는 것이다. 히틀러는 계속해서 자신은 항상 1937년 모스크바 재판이 조작이라고 생각했지만, 7월 20일에 큰 사건을 겪고 보니 그들에게 뭔가 숙청당할 연유가 있을지도 모른다는 생각이 들었다고 말했다. 새로운 증거가 나온 것은 아니지만, 러시아와 독일의 참모진이 협력해 반역 행위를 공모할 가능성을 배제하지 않는다고 말을 이었다.

여기에 모두가 동의했다. 괴벨스는 가담 장성들에게 경멸과 모욕에 가득 찬 발언을 쏟아냈다. 내가 그를 진정시키려는 발언을 하자 괴벨스는 매섭게 쏘아붙였고 히틀러는 조용히 듣고만 있었다.*

통신 부대 지휘관인 펠기벨 장군이 가담자라는 사실에 히틀러는 다시 한 번 분노를 폭발했다. 분노에는 원한과 경멸이 자기 합리화와 뒤섞여 있었다.

> 최근 러시아에서 벌인 모든 훌륭한 작전이 실패한 이유를 알겠군. 반역 행위가 있었던 거야! 반역자들만 없었더라면 우린 오래전에 승리할 수 있었지. 이제 역사 앞에 나의 정당성이 입증되는군. 이제 펠기벨이 스위스에 전보를 치거나 러시아에 내 작전을 모두 폭로했는지 확인해야겠어. 모든 방법을 동원해 조사해야 해! 나에게는 실책이 없었던 거야. 군 지도부에서 의견 일치를 본 일에 대해 반대할 때 아무도 나를 믿지 않았지! 모두가 한 사람에게 위협당한 거야! 내가 무장 친위대를 그렇게 여러 사단 육성한 것이 우연이라고 생각하나? 난 그때 이미 반대 세력에 대항해야 함을 알고 있었지. 군 감찰관을 둔 것도 가능한 한 세력을 분산하려고 그랬던 것이고.

히틀러는 다시 한 번 음모자들에게 지독한 분개를 표했다. 그들 모두를 "절멸시켜 숨통을 끊어 놓을 것"이라고 선언했다. 그리고는 자신에게 반대했던 사람을 기억나는 대로 거명하고는 그들을 반역자에 포함시켰다. 샤

---

* 1944년 7월 23일, 라이는 『공격』지에 히틀러 정권이 당내 원로 군부 인사들에 대한 숙청을 시작했음을 알리는 내용의 사설을 실었다. "가문과 혈통을 욕되게 해 어리석고 역겨울 정도로 부패했으며, 하잘것없는 존재로 전락한 고급 파벌들로 인해 국가사회주의는 유대인들의 빈축을 사고 있다. … 우리는 이와 같은 역겨운 자들을 발본색원해야 한다…. 죄 있는 자들을 체포하는 것에서 그칠 것이 아니라, 그 뿌리까지 멸해야 할 것이다."

흐트는 군 재무장의 방해자였고, 불행히도 그는 너무 유약했다고 히틀러는 말했다. 그는 즉시 샤흐트를 체포하라고 명령했다. "헤스도 마찬가지야. 그 놈도 돼지 같은 반역자들과 함께 교수형에 처해야 해. 처음으로 반역을 시도해서 선례를 남긴 놈이지."

이런 식으로 하나씩 분풀이를 하고 난 후에야 히틀러는 진정되었다. 엄청난 위험에서 살아난 자의 감사함을 표현하며, 그는 모든 암살기도 사건의 전말을 반복해서 정리했다. 그리고 이 사건이 암시하고 있는 전환점, 이젠 손이 닿을 곳으로 가까이 다가온 듯한 승리에 대한 언급도 잊지 않았다. 그는 반란이 실패했다는 현실에서 더욱 자신감을 찾았고 모두 그의 낙관론에 기꺼이 동조했다.

얼마 지나지 않아 공사 중이던 히틀러의 벙커가 완성되었다. 이 공사 때문에 히틀러가 내 벙커에 머물다가 7월 20일 사건이 터졌던 것이다. 만일 건축물이 당시의 상황을 상징한다면 그의 벙커가 그러했다. 바깥에서 보면 마치 고대 이집트 무덤 같았지만, 알고 보면 창도 없고 직접적인 환풍장치도 없는 거대한 콘크리트 덩어리에 지나지 않았다. 단면도상으로 봐도 콘크리트 비중이 적절한 수준을 훨씬 넘고 있었다. 그것은 5미터 두께의 콘크리트 벽으로, 외형으로 보나 수치로 따져보나 히틀러를 바깥 세계와 단절시키고 있었다. 히틀러 자신의 망상 속에 스스로를 가두는 꼴이었다.

참모총장 차이츨러는 7월 20일 밤에 해임되었다. 나는 가까이 머물고 있었으므로 다행히 그의 지휘부에 가서 인사를 할 기회가 있었다. 자우어도 한사코 함께 가겠다고 해 막지 못했다. 우리가 이야기를 나누는 동안 차이츨러의 부관 귄터 스멘트 대령(몇 주 뒤에 처형당할 운명이었다)이 보고를 하러 들어왔다. 자우어는 곧 의혹을 느꼈다. "두 사람이 인사할 때 주고받은 의미심장한 표정 보셨어요?" 그는 나에게 물었다. 나는 짜증난다는 듯 대답했다. "아니." 곧 나와 차이츨러만 남게 되자 스멘트가 방금 베르히테스가덴에서 참모부의 안전을 확인하고 오는 길이라는 것을 알 수 있었다. 차이츨러가 이 일에 대해 이야기하는 도중에 보인 너무도 태연한 태도가 음모자들이 그에게 속을 터놓지 않았다는 나의 직감에 힘을 실어주었다. 나는 자우어가 우리의 만남에 대해 히틀러에게 자세히 보고했는지는 알지 못한다. 총통지휘부에서 사흘을 머문 뒤 7월 24일 새벽, 나는 다시 베를린으로 향하는 비행기에 올랐다.

친위대 대장 칼텐브루너에게서 곧 방문하겠다는 연락이 왔다. 그는 한 번도 나를 찾아온 적이 없었다. 나는 당시 다리에 문제가 생겨 자리에 앉아서 그를 맞이했다. 칼텐브루너는 나를 자세히 관찰하는 것 같았고 7월 20일 밤에 보았을 때와 마찬가지로 위협적인 분위기를 풍겼다. 인사치레를 생략하고 그는 본론으로 들어갔다. "벤틀러슈트라세의 금고에서 7월 20일 반역자들이 만들어놓은 정부 구성안이 발견되었소. 슈페어 장관은 군수장관으로 이름이 올라 있더군요."

칼텐부르너는 나에게 그 사실을 알고 있었는지 물었다. 평소처럼 공식적이고 예의 바른 태도였다. 그가 나를 믿을 용의가 있다고 말했을 때 깜짝 놀라는 표정이 내 얼굴을 스쳤을 것이다. 그는 질문을 중단하고, 대신 주머니에서 서류를 한 장 꺼냈다. 음모자들의 정부 구성안이었다. 국방군 조직이 유달리 부각되어 있는 점으로 미루어 분명 장성들이 만들었을 것이다. "대참모"가 3군을 조율하고 그 휘하에 국내군 사령관이 군수 업무까지 책임지는 것으로 되어 있었다. 그 옆에 여러 개의 작은 박스 가운데 "군수부: 슈페어"라는 진하고 깨끗한 글자가 보였다. 그 곁에는 연필로 "만일 가능하다면"과 의문부호로 된 회의의 표현이 써 있었다. 연필로 글자를 적은 누군가의 덕택으로, 그리고 7월 20일 점심 약속을 수락하지 않은 덕분에 나는 목숨을 구할 수 있었다. 신기하게도 히틀러는 한 번도 이 일에 대해 이야기를 꺼낸 적이 없다.*

---

* 이 조직도는 벤틀러슈트라세에서 발견된 초안과 내용이 흡사하다. 섭정으로 추대된 베크 장군이 서명할 계획이었다. 그것은 "전시 임시 내각"이었고, 장관 후보자들의 이름도

7월 20일 반란이 성공하고 그들이 나에게 군수장관 자리를 계속 맡아 달라고 부탁했다면 내가 어떤 대답을 했을까 생각해보았다. 나는 과도기에 한해서 그 자리를 수락했겠지만 마음의 갈등을 피할 순 없었을 것이다. 이제 반역에 가담한 인물들과 그들의 동기를 알고 있는 상황에서 판단해보건대, 그들에게 짧은 기간이나마 협조하는 것이 히틀러에 대한 나의 충성심을 잊게 해주었을 것이다. 그들은 명분을 앞세워 나를 설득했을 것이다. 하지만 그런 식으로 반란 정부에 계속 남는 일은 표면적인 명분이 불분명하고, 심리적인 이유로도 불가능했을 듯하다. 만일 내가 히틀러 정권의 도덕적인 면을 파악하고, 나도 그 정권에 부분적으로 일조했음을 깨닫게 된다면, 히틀러 이후의 정부에서 더 이상 자리를 차지하고 있을 수는 없었을 것이다.

다음 날, 다른 모든 부처와 마찬가지로 군수부도 회의실에서 충성 맹세 모임을 가졌다. 회의 시간은 20분도 채 걸리지 않았다. 내가 했던 연설 중에 그날처럼 힘없고 애매한 연설은 없었을 것이다. 보통은 일반화된 타개책을 분명히 강조하는 편이지만, 이때는 히틀러에 대한 신념과 그의 위대함을 설파했고, 평생 처음으로 "승리 만세"(Sieg heil)라는 구호로 연설을 끝맺었다. 이전까지만 해도 이렇게 판에 박은 구호를 외쳐야 할 필요성을 전혀 느끼지 못했었다. 내 성격과 자긍심에 어울리지 않는 태도였다. 하지만 이제 나는 불안을 느꼈고 타협을 시작했으며 알 수 없고 불투명한 상황에 직면해 있었다.

나의 두려움이 무엇인지 바로 알아낼 수는 없었다. 내가 체포되었다는 소문이 돌았고 이미 처형되었다는 말도 있었다. 이는 아직 드러나지는 않

올라 있었다. 군수장관은 차기 총통예정자인 괴르델러의 지휘를 받게 되고 거기에는 내 이름이 적혀 있었지만, 물음표와 함께 '쿠데타가 성공한 이후 수락의 뜻을 묻는다'는 메모가 적혀 있었다[『7월 20일』, 한스 로이체 편집(본, 1961)].

왔지만 나의 위치가 위험하다는 여론을 반영하는 것이었다.[12]

그러나 보어만이 나에게 포젠에서 열리는 관구장 회의에서 군수 생산과 관련된 연설을 해달라고 청했을 때 모든 불안은 일소되었다. 그러나 7월 20일의 악몽은 아직 계속되고 있었다. 이 회의를 계기로 공식적인 나의 입지는 회복되었지만 아직도 냉랭한 편견의 기류가 느껴졌다. 한 자리에 모인 당 원로들 가운데서 나는 혈혈단신인 듯한 기분이 들었다. 내 연설이 시작되기 직전 관구장과 사무장 들에게 했던 괴벨스의 한마디보다 당시 분위기를 잘 표현한 말은 없을 것이다. "드디어 슈페어 장관께서 모습을 드러내셨습니다."[13]

1944년 7월 우리의 군수 생산은 정점에 달했다. 당 지도부를 자극하지 않고, 내 입장을 악화시키지 않기 위해 나는 조심스럽게 전체적인 언급을 삼갔다. 대신, 히틀러가 부여한 새로운 사업에서 나의 조직이 그때까지 달성한 성과와 관련 통계자료만 산더미같이 안겼다. 할당량을 초과 달성한 자료를 보면 당 지도부 인사들도 나와 내 조직의 필요성을 절감할 것이었다. 내가 다양한 예를 들며 국방군이 부품을 충분히 확보했지만 사용하지 않았음을 설명하자 분위기가 훨씬 부드러워졌다. 괴벨스는 큰 소리로 "사보타지, 사보타지!"라고 외쳐 지도부가 7월 20일 반란 행위 이후 얼마나 단호한 입장을 취하고 있는지 드러냈다.

회의 참석자들은 포젠에서 지휘부로 이동했다. 다음 날 히틀러의 연설이 예정되어 있었다. 직위로 봐서 나는 이들 사이에 낄 수 없었지만,[14] 히틀러는 특별히 나를 초대했고 나는 뒷줄에 자리를 잡았다.

히틀러는 반역 사건의 결과에 대해 이야기했다. 다시 한 번 그는 그간의 전쟁 작전 실패를 군장성들의 반역 탓으로 돌리며, 미래에 대한 강한 희망을 피력했다. 자신의 일생에서 이보다 더 확신을 느낀 순간이 없었노라고 히틀러는 말했다.[15] 비록 지금까지는 자신의 노력이 반란자들에 의해 고의로 파괴되었지만, 이제 그들은 정체가 드러나 처단되었다고 강조했다. 결국은 이번 군사폭동이 미래를 두고 볼 때는 다행스러운 사건이라고 말을 이었다. 히틀러는 사건 직후 가까운 측근들에게 했던 말을 단어 하나 바꾸지 않고 반복했고, 논리라고는 전혀 없었음에도 불구하고 그의 자신감이 발하는 마법에 나도 사로잡힌 듯했다. 하지만 다음과 같은 말이 그의 입에서 나온 순간, 나는 깜짝 놀라며 도취에서 빠져나왔다. "만일 독일이 이 전쟁에서 패배한다면 그것은 독일이 너무도 약했기 때문입니다. 우리가 역사의 시험을 견뎌내지 못해 결국은 파멸할 수밖에 없었다는 의미가 되는 것입니다."[16]

히틀러는 놀랍게도 측근을 칭송하지 않는다는 평소의 관행과는 달리 나의 성과와 업적에 대해 언급했다. 반드시 필요하다고 생각했기 때문일 것이다. 관구장들의 냉담한 태도 때문에라도 내가 계속 성공적으로 임무를 수행하기 위해서는 특별한 격려가 필요하다는 걸 눈치챈 것이다. 그는 반란 사건 이후에도 나와의 친밀한 관계에 변함이 없음을 당 지도부에 분명히 했다.

새로이 강화된 입지를 이용해 나는 7월 20일 이후 숙청의 파도에 휩쓸리고 있는 지인들과 측근들을 도왔다.* 반면 자우어는 무기청 소속의 슈나이더 장군과 피츠너 대령을 해임했고, 히틀러는 곧 이들의 체포를 명령했다. 슈나이더의 경우, 기술적인 문제에서는 판단 능력이 떨어진다는 히틀러의 말을 자우어가 한 번 인용했을 뿐이고, 피츠너는 전쟁 초기에 히틀러가 원하는 타입의 탱크 제작을 지지하지 않았다는 혐의를 받고 있었다. 그런 행동들이 이제 고의적인 반역 행위로 치부되었다. 그러나 히틀러는 이런 점에서는 유순한 편이어서 내가 두 사람의 일에 관여하자 더 이상 무

---

* 그레고르 얀센이 『장관 슈페어』에서 구체적으로 기술했듯이, 나는 내 영향력을 사용해 일부 인사를 석방시켰다. 그들 가운데는 슈파이텔 장군, 출판업자 주어캄프, 자이들리츠 장군의 부인과 그의 처남, 에베하르트 바르트 박사 등이 포함되어 있었다. 또한 슈베린 백작과 차이츨러 장군, 하인리히 장군, 경제 인사 푀글러, 뷔허, 마이어, 슈티네스, 하니엘, 로이터, 마이넨, 괴르델러에 의해 연루된 로이슈 등의 석방을 도왔다.

기청 일을 할 수 없다는 조건을 달고 곧 그들의 석방을 허락했다.[17]

8월 18일, 지휘부에서 히틀러의 기이한 심리 상태를 목격했다. 그는 이제 장교와 장성 들을 전면적으로 불신하고 있었다. 서부 전선 지휘관인 클루게 육군원수가 사흘 전에 7군단을 방문하기 위한 여정에 올랐지만, 시간이 지났는데도 도착하지 못하고 있었다. 클루게 원수가 부관과 통신기사 한 사람만을 데리고 전선으로 다가가고 있다는 보고가 들어오자, 히틀러는 온갖 추측을 구체적인 수준으로 하기 시작했다. 급기야 클루게가 연합군과 미리 약속한 장소로 이동 중인 게 분명하며 그곳에서 항복 협상을 할 거라고 단정했다. 그러나 그런 소식이 전해지지 않자 히틀러는 공습이 원수의 시찰을 가로막았고 그의 반역 의도를 약화시켰다고 주장했다. 내가 지휘부에 도착했을 무렵 이미 히틀러는 클루게를 해임하고 지휘부로 소환하라는 명령을 내린 상태였다. 그런데 잠시 후 클루게 원수가 시찰 도중 심장마비를 일으켰다는 소식이 전해졌다. 육감에 눈을 번뜩이며 히틀러는 게슈타포에게 그의 시신을 철저히 조사하라고 명령했다. 클루게의 사인이 독약에 의한 것임이 드러나자 히틀러는 더욱 의기양양했다. 비록 그가 죽음의 순간까지 히틀러에게 충성을 맹세하는 편지를 남겼음에도 불구하고 히틀러는 클루게가 반역 행위를 계획하고 있었다고 확신했다.

지휘부에 머무르는 동안 나는 히틀러 벙커의 큰 지도 테이블 위에 놓인 칼텐브루너의 보고서를 보았다. 그의 부관 가운데 나에게 친절했던 친구에게 부탁해 이틀 밤 연이어 보고서를 읽었다. 나는 아직도 스스로 안전하다고 생각할 수 없었다. 내가 7월 20일 이전에 했던, 비판받을 여지가 있는 많은 이야기들이 이제는 죄를 뒤집어쓸 수 있는 단서가 되었다. 그러나 체포된 자들 가운데 그 누구도 나를 걸고넘어지지 않았음을 알게 되었다. 반란자들은 히틀러의 예스맨들을 가리켜 내가 제일 좋아했던 표현을 차용했다. "머리를 끄덕이는 당나귀들."

그 테이블 위에 사진들이 산더미처럼 쌓인 날도 있었다. 다른 생각에 잠긴 채 나는 한 장을 집어 들었지만 곧 다시 내려놓고 말았다. 처형 현장의 사진이었다. 죄수복 차림에, 넓고 진한 색 끈이 목에 매여 있었다. 내 곁에 있던 친위대 장교 한 사람이 이렇게 설명했다. "그건 비츨레벤입니다. 다른 사람 사진도 보여드릴까요? 처형 장면을 모두 찍어두었죠."

그날 저녁 처형 장면을 담은 필름이 영사실에서 상연되었다. 나는 그것을 볼 수도, 볼 마음도 없었다. 그러나 괜한 주목을 끌지 않기 위해 일이 많이 밀렸다는 핑계를 대고 빠져나왔다. 많은 사람들이 그 필름을 보았는데 대부분은 친위대 하급장교들과 민간인들이었다. 국방군 소속 장교는 단 한 사람도 없었다.

산책을 마치고 지휘본부로 돌아가고 있는 히틀러와 슈페어, 1942년 여름, 우크라이나.

군수장관에 취임한 직후 괴링과 이야기를 나누는 슈페어.

1942년 괴링의 생일파티에 참석한 슈페어.

군수 관계자, 탱크 설계자, 탱크 부대 사령관들이 탱크 시험장에 모두 모였다.
앞줄 왼쪽부터 슈페어, 구데리안 장군, 포르셰.

슈페어가 튀링겐에 위치한 탱크 시험장에서 새로 개발된 무한궤도 모터사이클을 테스트하고 있다.

히틀러가 슈페어와 나란히 베르크호프에서 찻집까지 걸어가고 있다.
“우리는 종종 아무런 말없이, 각자의 생각에 빠진 채 나란히 걸었다.”

히틀러가 메르세데스-벤츠 사에서 새로 생산한 트럭을 살펴보고 있다.
왼쪽에서부터 슈페어, 미확인, 베를린(메르세데스-벤츠 사 사장), 히틀러.

1943년 히틀러의 지휘본부에 전시된 신형 탱크를 확인하고 있는 슈페어와 자우어, 히틀러.

탱크 설계자 포르셰와 군수장관 슈페어가
새로 개발된 티거 탱크 프로토타입을 테스트하고 있다.

티거 탱크 시험 운행 후에 열린 회의. 모자 위에 고글을 올린 이가 탱크의 설계자 페르디난트 포르셰이다. 그 뒤로 체펠린 비행선을 만들었던 후고 에크너의 모습이 보인다.

히틀러가 자살한 뒤 독일의 국가수반에 오르게 되는 해군제독 되니츠와 슈페어가 군수회의에 참석해 이야기를 나누고 있다, 1943년.

1943년 10월에 열린 해군 군수 회의에 참석한 독일의 산업계 인사들.

미 제8항공단이 감행한 슈바인푸르트 폭격, 1943년 10월 14일.

제3제국에서 가장 탁월한 대중선동가이자 연설가였던 히틀러와 요제프 괴벨스가
오버잘츠베르크 베르크호프의 테라스에서 이야기를 나누고 있다.

27

무너지는 서부 전선
Die Welle von Westen

7월 1일 아침, 나는 히틀러에게 무기력한 3인위원회 대신 괴벨스에게 후방지원 임무를 맡기는 게 어떠냐고 제안했다. 그때는 몇 주 뒤 일어날 나와 괴벨스의 세력 반전을 예상하지 못했다. 반란 가담자들이 내 이름을 자신들의 정부 구성 리스트에 올린 탓에 내 입지가 불안해졌기 때문이다. 지도부는 당에 충분한 힘이 없어 사태가 잘못되고 있다고 주장하고 나섰다. 만일 당이 제 갈 길을 찾았다면 많은 장성들을 배출했을 거라는 주장이었다. 관구장들은 공공연하게 1934년에 돌격대가 국방군에 편입된 것을 탄식했다. 그들은 이제 와서 국민군을 창설하려 했던 시도를 아쉬워했다. 군을 창설했다면 민족사회주의 정신이 고취된 장교 군단이 탄생했을 테고, 그렇게만 되었더라면 이렇게까지 전세가 기울지는 않았을 거라고 계속 불평을 늘어놓았다. 당은 최소한 민간 부문이라도 자신들이 관할해야 할 시점이 왔다고 믿었고 열정적으로 주장을 폈다.

포젠에서 관구장 회의가 열리고 1주일 후, 아르투르 틱스 군수감독위원회 위원장이 "관구장, 돌격대 지휘관, 당 지도부 인사들이 언제든지 사전 인가 없이 군수 생산에 관여하기로 결정했다"고 나에게 통보했다. 3주 후부터는 당의 의도에 따라 '명령의 이중체제'가 작동하기 시작했다. 무기청이 관구장들의 독단적인 간섭과 압력에 굴복하자 시스템 전체에 극심한

혼란이 초래됐다.[1]

괴벨스는 관구장들의 야망과 모험을 더욱 부추겼다. 그는 점점 자신을 정부 각료라기보다 당 지도부 인사로 여기는 듯했다. 보어만과 카이텔의 지지를 등에 업고 괴벨스는 대규모 징병을 계획하던 중이었다. 이런 계획성 없는 개입은 생산에 중대한 차질을 빚을 뿐이었다. 1944년 8월 30일, 나는 각 부서장들에게 군수 생산을 관구장들에게 일임하겠다는 뜻을 알렸다.[2] 나는 항복할 작심이었다.

그런 결심까지 한 것은 뒤에서 힘이 되어줄 사람이 아무도 없었기 때문이다. 대부분의 각료들도 마찬가지겠지만, 오래전부터 나는 히틀러 앞에서 그런 문제를 거론할 수 없게 되었다. 특히 당과 관련된 사안은 더 말할 나위도 없었다. 대화 도중 논란의 여지가 보이기만 해도 히틀러는 논의를 피했다. 사정이 이렇다 보니 편지를 보내는 편이 훨씬 가능성 있는 접근이었다.

9월 20일, 나는 히틀러에게 장문의 서한을 보내 당 지도부가 나에 대해 반감을 가지고 있다고 털어놓았다. 그리고 나를 제거하고자 혹은 무시하고자 하는 그들의 노력, 비난과 위협에 대해 설명했다.

7월 20일 사건으로 "내 주변을 형성하고 있는 많은 업계 인사들의 신뢰가 의혹과 불신으로 바뀌었습니다"라고 나는 말했다. 당은 나를 비롯한 나의 측근들이 "반동적이며 편중된 경제관에 묶여 있고 당에 대해서는 소원하다고 비난합니다"라고 이어갔다. 괴벨스와 보어만은 내가 이끄는 군수부와 업계분담론과 관련된 조직들이 "반나치 성향이거나 반동적인 인사들의 집합소"라며 공공연히 조롱하고 있었다. "모든 것이 이들이 제안하는 당의 정책을 기준으로 평가된다면, 이런 상황을 무릅쓰면서까지 나와 나의 조직에 부여된 전문적인 직무를 성공시키겠다는 마음은 별로 없습니다"라고 밝혔다.[3]

편지는 다음과 같이 계속되었다. 오로지 두 가지 조건 아래서만 나는 군수 문제에 대한 당의 목소리를 허용할 것이라고 말했다. 관구장들과 보어만의 관구 경제 고문들이 군수 문제에 관한 한 나에게 복속될 것과 "명령 체계와 관할권을 확실히 수립한다"는 조건이었다.[4] 여기에 덧붙여, 나는 히틀러에게 다시 한 번 원칙을 강조했다. "업계 전체가 공장 관리자들에 대한 신뢰를 바탕으로 움직이는 업계분담론에 의해 운영되든지, 아니면 다른 체계에 의해 운영될 것인지에 대한 명확한 결정이 요구됩니다. 또한 나의 판단으로는 공장 관리자가 자신의 공장을 책임진다는 원칙은 가능한 한 강력하게 지켜지고 강화되어야 합니다"라는 내용이었다. 편지는 이미 검증되어 성공작으로 판명된 기존의 체계에 그 어떤 변화도 가져와서는 안 된다고 촉구하고, "미래에 어떤 경제 지침을 취해야 할지를 명백하게 결정해야 한다"는 말로 끝을 맺었다.

9월 21일, 나는 지휘부에서 히틀러에게 편지를 전했다. 그는 편지를 말없이 받아서 죽 읽어보더니, 버튼을 눌러 비서를 불렀고 역시 무표정한 얼굴로 보어만에게 전하라고 일렀다. 괴벨스도 그 자리에 있었다. 히틀러는 "이 문제는 괴벨스와 보어만이 함께 논의해 결정할 것"이라고 답변했다. 나는 완전히 낙담했다. 이런 종류의 논쟁에 끼어드는 것을 꺼리는 히틀러를 이해하기 힘들었다.

몇 시간 뒤 보어만이 나를 자신의 사무실로 불렀다. 히틀러의 벙커와 몇 발자국밖에 떨어지지 않은 곳이다. 그는 와이셔츠 차림이었고 불룩 나온 배 위로 멜빵을 걸치고 있었다. 반면, 괴벨스는 신경을 써서 차려 입은 듯했다. 괴벨스는 히틀러의 7월 25일 칙령을 언급하면서, 이제부터 자신의 전권으로 군수부를 직속으로 두겠다고 분명하게 선언했다. 보어만도 찬성했다. 나는 이제 괴벨스의 휘하에 들어간 것이다. 그 외의 부분에 대해서는 내 문제로 히틀러에게 영향력을 행사하려는 더 이상의 시도를 하지 않았다. 보어만은 나에게 특유의 투박하고 나무라는 듯한 말투로 이야기했고, 괴벨스는 위협적인 자세로 듣고 있다가 냉소적인 뉘앙스를 풍기면서 끼어들었다. 내가 그렇게 원했던 연대가 드디어 이루어진 것이다. 비록 괴벨스와 보어만 사이의 연대라는, 예상치 못한 형식을 띠게 되었지만 말이다.

히틀러는 편지에 대해 언급하지 않았다. 그러다가 이틀 뒤, 내가 제안한 공장 감독들에 대한 칙령에 서명함으로써 공감의 신호를 보냈다. 편지를 통해 제시했던 나의 요구사항을 지지한다는 의미로 해석될 수 있었다. 보통 이런 경우는 보어만이나 괴벨스를 제쳐버린 승리로 간주할 수 있었지만, 당내에서 히틀러의 권위는 더 이상 예전 같지 않았다. 그의 동지인 당 간부들은 히틀러의 권위를 무시하기 일쑤였고, 경제 문제와 관련해서는 히틀러의 입장과 반대에 서기도 했다. 내분의 첫 신호였다. 이제 당 기구들과 히틀러의 측근들도 그 영향에서 자유롭지 못했다. 연기를 피워 올리기 시작해, 그리고 몇 주가 지나면서 더 골이 깊어진 그 갈등이 점점 더 과격해지면서 부작용은 날로 심각해졌다.[5] 당연히 히틀러는 그 탓을 점령지의 상실과 연관 지었다. 그는 징집을 주장하는 괴벨스의 입장과 군수품 생산 증가를 원하는 내 입장 사이에서 갈팡질팡하고 있었다. 처음에는 둘 중 한쪽의 편을 들다가 문득 다른 사람의 편을 들고, 이어지는 논쟁에 머리를 끄덕였다. 그러다가 적의 폭탄이나 전진하는 적군의 소식이 양쪽의 주장을 하나씩 순서대로 완전히 피상적인 것으로 만들어버렸고, 급기야 논쟁 자체, 히틀러의 권위에 대한 의문조차 무의미하게 만들었다.

정치적 파워게임과 심심하면 덤벼드는 정적들에 지친 나는 베를린을 떠나 있는 것이 편했다. 나는 곧 장거리 전방 시찰을 다니기 시작했다. 전선 경험이 더 이상 실제적인 도움이 되지 않았기에 군수 분야와 관련해서는 별로 얻을 게 없었지만, 그럼에도 아직은 시찰과 현장 지휘관들로부터 얻은 정보를 종합해 지휘부에서 내려지는 결정에 영향력을 행사하고 싶었다.

그러나 시간이 흐르면서, 결과만 따지고 보면 나의 모든 보고가 서면이든 구두든 관계없이 전혀 실실적인 도움이 되지 못했다는 사실을 인정해야 했다. 예를 들어, 전선의 장군들은 지친 병력을 새로운 병력으로 보충하고, 독일 내 공장에서 아직은 생산되고 있는 무기와 탱크 들을 보급해달라고 청했지만, 히틀러와 힘러 그리고 새로 임명된 예비군 사령관은 적에게 패배한 군대는 저항할 정신력을 완전히 소진했기 때문에 이른바 국민 보병여단과 같은 새로운 군을 조직하는 편이 낫다는 생각을 갖고 있었다. 그들은 패배한 군인들은 "피 흘리며 죽어가 전멸하는 것이 마땅하다"고 말하곤 했다.

이런 이론이 초래한 결과는 1944년 9월, 비트부르크 부근에 배치된 다양한 전투 경력을 가진 한 기갑사단을 방문했을 때 똑똑히 목격할 수 있었다. 전장 경험이 풍부한 지휘관은 바로 며칠 전 새롭게 배치된, 경험 없는 여단이 맞은 비극의 현장으로 나를 데리고 갔다. 충분히 훈련받지 못한 병사들은 목적지로 가는 도중 서른두 대의 새 판터 탱크 가운데 열 대를 운전 미숙으로 잃었다. 지휘관의 말에 따르면, 도착한 스물두 대의 탱크 역시 정찰도 제대로 하지 않은 상태에서 마구잡이로 배치되면서 뚫린 공간에 완전히 노출되어 있다가 미군의 대전차포의 공격을 받아 열다섯 대가 파괴되었다고 한다. "그 탱크들을 노련한 나의 부대원들이 사용했다면 상황이 어땠을까요?" 지휘관은 비통해했다. 나는 이 사건을 히틀러에게 설명하면서, 이 일은 "새로운 징병은 기존 병력을 교체하는 것에 비해 상당한 위험이 있음을 보여준다"는 신랄한 결론을 내렸다.[6] 그러나 히틀러는 생각을 바꾸지 않았다. 상황회의에서 히틀러는 자신의 보병 복무 경험으로 미루어, 병사들은 보급이 어려울 때만 무기 관리에 신경을 쓴다고 지적했다.

그 밖의 전선 시찰을 통해 서부 전선에서 특정 사안에 대해 적과 합의를 이끌어내려는 노력이 진행되고 있음을 알게 되었다. 시찰 도중 아른헴에서 무장친위대 비트리히 장군이 격노하는 모습을 목격했다. 전날, 그의 제2기갑부대가 영국의 공수부대를 섬멸했다. 작전이 진행되는 동안 비트리히 장군은 독일의 전선 바깥에 적이 야전병원을 세우는 것을 용인했다. 그러나 당 지도부는 영국과 미국의 조종사들을 모두 죽여야 한다고 난리를 쳤고, 비트리히 장군을 거짓말쟁이라며 비난했다. 당에 대한 비트리히의 격렬한 비난은 그가 친위대 장군이라는 점에서 더욱 충격적이었다.

그런가 하면, 히틀러의 전 육군보좌관이자 현재 뒤렌에서 제12보병 사단을 지휘하고 있는 엥겔 대령도, 자신의 주도로 적군과 합의해 전투를 잠시 쉬는 동안 부상병들을 구출할 수 있게끔 조치했다. 지휘부에서는 그런 사례를 언급하지 않는 편이 현명했다. 경험으로 미루어 히틀러는 이런 조치를 기강이 해이해졌다는 신호로 치부할 것이 분명했기 때문이다. 사실, 우리는 히틀러가 프로이센 장교 사회의 기사도 정신을 경멸하는 모습을 자주 보았다. 오히려 히틀러는 전투 상황에서 인간적인 배려라는 것은 있을 수 없으며, 동부 전선의 예를 들어 강인함과 단호함은 전투 정신을 더욱 강화시키는 효과를 유발한다고 말하곤 했다.

이런 히틀러도 묵묵히, 내심 주저하며, 적과의 합의를 용인했던 일이 있었다. 1944년 가을, 영국 함대가 그리스의 군도에 남아 있는 독일군의 보급을 본토로부터 차단했다. 전 해상을 영국이 장악하고 있었음에도 불구하고, 독일군은 아무런 어려움 없이 본토까지 항해가 허용되었다. 때로는 영국 해군의 눈에 띄었는데도 무사히 통과할 수 있었다. 그 답례로 독일은 영국군이 점령할 때까지 테살로니키를 러시아로부터 지켜주기로 약속했다. 요들의 제안이었다. 작전이 끝나자 히틀러는 이렇게 공언했다. "이게 마지막이야. 앞으로 적과 협상하는 일은 없을 걸세."

1944년 가을, 전선 장군들과 업계 지도자들, 관구장들은 이제 미군과 영국군이 그들의 우세한 힘을 이용해 거의 무장해제되었고, 끝없는 공격으로 탈진한 독일군을 마음껏 유린할 것으로 예상했다.[7] 그 누구도 적을 막을 수 없었고, 조금의 현실감각이라도 있다면 '마른의 기적'†과 같은 일이 우리를 위해 일어나줄 거라고 기대할 수 없었다.

독일 내부와 점령지에서 모든 산업시설을 파괴하기 위한 준비가 군수부 관할 아래 진행되고 있었다. 소련에서 퇴각이 이루어지는 동안 다시 영토를 점령한 적이 아무런 도움을 받을 수 없도록, 모든 관할구역에 불을 지르는 초토화 작전을 행하라는 명령이 내려진 바 있었다. 연합군이 노르망디의 교두보에서 진군을 시작하자마자 히틀러는 또다시 비슷한 명령을 내렸다. 처음에는 이런 파괴 명령 뒤에도 작전상의 계산이 숨어 있었다. 적으로 하여금 기지 구축과 재점령한 지역으로부터의 보급을 어렵게 하고, 기술적 보수와 전기와 가스 공급을 방해하며, 장기적으로는 군수 생산시설을 건설하는 데 차질을 주는 수준에서 파괴가 이루어졌다. 종전이 아직 멀다고 여긴 상황에서는 그런 조치가 합당해 보였다. 그러나 패배가 피할 수 없이 눈앞에 다가와 있는 이상 모든 것은 의미를 잃었다.

희망이 없어지자, 나는 미래의 재건을 어렵게 할 파괴 행위를 최소한으로 줄여 전쟁을 끝내고 싶었다. 나는 아직 히틀러 추종자들 사이에 뚜렷이 번지고 있는 전면적인 파멸이라는 병적 분위기에 젖어들지 않았다. 히틀러는 점점 더 무모하게 전면적인 파멸을 향해 나아가고 있는 듯 보였다. 그러나 나는 바로 히틀러의 논리를 사용해, 아주 간단한 술책으로 그의 허를 찌를 수 있었다. 희망 없는 상황에서도 히틀러는 항상 잃은 영토는 다시 되찾을 수 있다고 주장해왔고, 그 논리를 그대로 되풀이한 것이다. 우리가 곧 그 땅을 회복하면 군수 생산시설이 필요하게 될 거라고 설득했다.

6월 20일 연합군의 반격이 시작된 직후, 미국은 독일이 방어하고 있는 전선을 붕괴시켜 셰르부르를 포위했다. 나는 이 논쟁을 효과적으로 사용했다. "현재의 난관 때문에 산업시설을 포기하는 것은 말도 안 되는 일"이라는 히틀러의 선언이 기본이 되었다.[8] 새로운 지시는 연합군의 반격이 성

† 제1차 세계대전의 전황을 결정지은 전투로, 프랑스군은 이때 독일군의 후퇴를 두고 '마른의 기적'이라고 불렀다. 개전 초기 승승장구하던 독일군의 기세는 1914년 9월 벌어진 마른 전투를 계기로 반전된다. 프랑스는 이 전투의 승리로 수도 파리를 지켜낼 수 있었고, 전쟁의 조기 종결을 꿈꾸던 독일의 시도는 물거품이 되었다. 마른 전투는 제1차 세계대전의 그 유명한 참호전의 시발점이기도 하다.

공할 경우 보안 조치가 취해지고 있는 프랑스 내 일부 공장에서 일하는 프랑스 노동자 100만 명을 독일로 이송하라는 것과 같은 이미 하달된 히틀러의 명령을 지휘관들이 회피할 구실을 마련해주었다.[9]

히틀러는 다시 한 번 프랑스 내 산업시설의 전면적인 파괴를 주장하고 나섰다. 그럼에도 불구하고 8월 19일, 연합군이 아직 파리 북서쪽에 머물고 있던 시점에서 나는 히틀러를 설득해 곧 적의 손으로 넘어갈 산업시설과 발전 설비를 파괴하기보다는 마비시키는 데 동의하게 만들었다.* 그렇지만 근본적인 변화를 이끌어낼 수는 없었다. 우리의 후퇴는 일시적이라는 전제 아래서 모든 사안을 개별적으로 풀어나가야 했다. 시간이 경과하면서 우리의 논쟁은 점점 우스꽝스러운 것이 되어갔다.

8월 말, 적군이 롱위와 브리에 인근 광물 생산의 중심지로 진격해 들어가자 상황은 변했다. 이들 광산이 있는 로렌 지방은 실질적으로 1940년에 제국의 영토로 편입된 곳으로, 나는 관구장의 지배권에 대항해 즉각 조치를 취했다. 관구장을 설득해 이 지역을 무사히 적에게 양도하기는 불가능했으므로, 나는 바로 히틀러에게 청해 강철 광산과 산업시설을 보존하라는 허가를 받아내 관할 관구장들에게 알렸다.**

9월 중순 자르브뤼켄에서 헤르만 뢰흘링은 나에게 독일이 프랑스 광산들을 가동 상태에서 넘겨주었다고 전했다. 우연히도 광산 양수기에 에너지를 공급하는 발전시설이 아직도 우리의 수중에 남아 있었다. 뢰흘링은 나에게 광산 내 양수기에 계속 전기를 공급할 것인지 물었다. 나는 그렇게 하라고 했고, 마찬가지로 군 지휘관들에게도 연합군의 손에 넘어간 리에주 시내 병원과 리에주 시와 발전소를 가로지르는 전선에 전기 공급을 계속하자고 제안했다.

9월 중순부터는 독일 내 산업시설에 대해서 어떤 조치를 취해야 하는지를 묻는 질문에 직면했다. 물론 경영인들은 공장시설의 파괴에 결사 반대였다. 놀랍고 다행스럽게도, 점령 지역의 일부 관구장들도 같은 생각이었다. 전쟁과 우리 삶 모두가 기이한 상황에 처해 있었다. 음모와 왜곡, 진솔하지 못한 완곡한 대화 속에서 다른 이의 견해를 철저하게 간파해 편을 만들었다. 솔직하게 말했다간 생명이 위험해질 수도 있는 상황이었다.

미리 위험에 대비하기 위해서, 나는 독일 전선지대 공장의 비파괴 정책에 대해 히틀러가 알고 있어야 할 내용을 9월 10~14일의 시찰 보고서 형식으로, 전선에 근접한 공장에서도 충분한 수준의 생산이 계속되고 있다고 알렸다. 전선과 가까운 아헨 지역의 공장에서 하루 400만 개의 탄약을 생산할 수 있다면, 적의 포격이 쏟아진다 해도 생산을 계속해 마지막 순간까지 탄약을 공급하는 게 합당하다는 것이 나의 요점이었다. 또한 아헨의 탄광에서 과거와 마찬가지로 쾰른에 에너지를 계속 공급해 군대에 하루

---

* 이 결정과 나의 사후 조치에 대해서는 1946년 9월 30일, 국제군사재판소가 다음과 같은 발표를 통해 명확히 하고 있다. "전쟁이 끝나는 시점에서 그(슈페어)는 히틀러의 면전에서 독일의 패배를 주장하고, 독일과 점령지의 생산설비에 대한 무의미한 파괴 행위를 중단하자고 촉구한 얼마 안 되는 용기 있는 인사 가운데 하나였다. 그는 개인적으로 상당한 위험을 무릅쓰고 히틀러의 초토화 작전에 맞서 서방 지역과 독일 내에서 명령 불복종을 이끌었다"(총통의사록, 1944년 8월 18~20일, 항목 8).

** 히틀러의 명령에 따라 쾰른 관구장(그로에)이 벨기에를 책임지고 있었다. 모젤 관구장(지몬)은 룩셈베르크와 미네케 지역을, 자르-팔라티나테 관구장(뷔르켈)은 모이르테와 모젤 사이 지역을 관리했다. 히틀러의 동의에 확신을 얻은 나는 1944년 9월 5일, 다음과 같은 편지를 지몬 관구장에게 보낼 수 있었다: "만일 미네테와 룩셈부르크, 근방 공업지역이 적에게 함락되어도 생산시설을 파괴하지 않고 가동 마비 수준으로 제한하기 위한 계획이 필요합니다. 특히 전자 관련 설비는 공장 전체를 파괴하지 않고도 주요 기계 부품들을 제거하기만 하면 가능합니다. 우리는 미네테 지역을 수복할 수 있을 것으로 믿어야 합니다. 이들 공업지역 없이는 전쟁을 수행할 수 없기 때문입니다. 러시아에서의 경험으로 미루어보아도 생산시설들은 여러 번 주인이 바뀌었지만 크게 손상되지 않았습니다. 양쪽 모두 자신들의 필요에 따라 공장을 사용하기 때문입니다. 석탄과 철강 관련 업계에도 이 같은 내용의 지시가 전해졌습니다."

석탄과 철강업계는 위의 내용에 특별한 당부까지 첨언된 지시문을 받았다. "함락 위험이 있는 벨기에, 네덜란드, 자르의 석탄 생산시설에 이 지시가 적용되어야 한다. 광산에서 가동되는 펌프는 온전한 절차에 따라 가동을 계속해야 한다."

몇 톤이라도 연료를 댈 수 있다면 문을 닫는 것은 말이 안 된다고 주장했다. 무엇보다 전선에서 보일 정도로 가까이 있는 발전소를 폐쇄한다는 것은 엄청난 실수임에 틀림없었다. 이 발전소에서 나오는 전기에 군의 통신망과 민간인들이 의존하고 있었기 때문이다.

이와 함께 나는 관구장들에게 텔레타이프 메시지를 보내 히틀러의 결정을 언급하면서 산업시설을 파괴하는 행위를 엄중 경고했다.[10]

갑자기 모든 노력이 수포로 돌아가고 말았다. 내가 베를린으로 다시 돌아왔을 때, 중앙위원회 위원장 리벨이 반제에 위치한 기술전문가를 위한 게스트하우스에서 새로운 사실을 알려주었다. 내가 자리를 비운 동안 히틀러가 독일 영토 내에서 초토화 작전을 가차 없이 수행하라는 중대 명령을 모든 부처에 내렸다는 것이다.

우리는 혹시 모를 도청의 위험을 피하기 위해 게스트하우스의 잔디밭을 거닐었다. 햇살이 찬란한 늦은 여름이었다. 리벨이 총통의 이번 포고령으로 어떤 일이 벌어질지 설명하는 동안, 호숫가를 따라 돛단배가 천천히 떠가고 있었다. 적에게 넘어간 땅에는 그 어떤 독일 국민도 거주해서는 안 된다. 적의 땅에 남아 있는 배신자들은 자신들이 그 어떤 문화시설도 없는 사막에 남았음을 깨닫게 될 것이다. 산업시설은 물론이고 정유, 수도, 전기, 전화교환 설비도 철저히 파괴되어야만 한다. 간단히 말해 삶을 유지하는 데 필요한 모든 것을 파괴할 참이었다. 배급카드 기록과 결혼 서류, 주민등록 서류, 은행 자료 등도 예외가 아니다. 또한 식량 공급도 불가능하다. 농장은 불타고 가축들은 도살된다. 가까스로 폭격 피해를 입지 않고 보존되었던 예술작품들도 모두 파괴된다. 기념관, 궁전, 성, 교회, 극장, 오페라하우스 등도 사라질 것이다. 며칠 전, 『민족의 파수꾼』 1944년 9월 7일 자에는 히틀러의 명령으로 이와 같은 파괴주의를 옹변하는 논설이 실렸다고 한다. "단 한 톨의 밀도 적의 식량이 되어서는 안 되며, 그 어떤 독일인의 입도 적에게 정보를 줄 수 없고, 그 어떤 손도 적을 도와선 안 된다.

모든 교두보가 파괴되고 모든 길은 막히며, 죽음과 파괴와 증오만이 그들을 맞이한다는 사실을 적은 깨달을 것이다."[11]

시찰 보고서를 통해 나는 전쟁으로 고통받는 국민들에 대한 히틀러의 동정심을 유발하고자 했다. "아헨 지역에서 비참한 피난 행렬이 이어지고 있습니다. 갓난아기들, 돌배기 아이들 할 것 없이 모두 길을 떠나고 있습니다. 프랑스가 1940년에 그랬던 것처럼 말입니다. 주민 소개가 계속된다면 이러한 광경은 더욱 증가할 것입니다. 주민 소개 명령을 제한해주십시오." 나는 히틀러에게 "서부로 가서 피난 행렬을 직접 보고 확인하십시오. 국민들이 각하에게 무엇을 원하고 있는지"라고 촉구했다.[12]

그러나 히틀러는 가지 않았다. 오히려 그 반대였다. 아헨 주지사 슈메어가 주민 소개를 위해 모든 방법을 동원하지 않았다는 사실을 알고는 그의 직위를 해제하고, 당에서 쫓아낸 뒤 일반 사병으로 강등해 전선에 배치해 버렸다.

파괴 명령을 무효화하기 위해 히틀러를 설득하는 것은 소용없는 일이었고, 독자적인 조치를 취하기에는 나의 힘이 부족했다. 그럼에도 나는 만약을 위해 히틀러의 허락이 떨어질 경우 보어만의 손으로 서부 지역 관구장 여덟 명에게 보내게 될 텔레타이프 전송문을 강박적으로 작성했다. 히틀러의 마음을 돌리기 위한 하나의 전략이었다. 나는 그가 최근에 내린 과격한 명령에 대해서는 한마디도 언급하지 않았다. 그대신 여러 사안을 개별적으로 언급하며 이전의 결정을 다시 검토하고, 일종의 전체적인 원칙을 수립할 것을 요청했다. 나는 다시 한 번 마음속 깊이 히틀러가 믿어 의심치 않았던, 혹은 그런 척했을지도 모를 최후의 승리를 암시했다. 만일 그가 자신의 초토화 명령을 취소하지 않는다면, 그는 패배를 인정하는 셈이 될 것이다. 인정한다면 그는 자신의 주장을 뒷받침할 모든 기반을 약화시킨다. 나의 글은 통렬하게 시작됐다.

총통께서는 최근에 잃은 영토들을 곧 다시 수복할 것입니다.

> 서부 지역이 무기와 군수 생산의 핵심 지역인 만큼, 지금까지 내려진 모든 조치는 차후 이 지역이 수복, 재건되어 생산시설이 제 기능을 다할 가능성을 고려하여 실행되어야 합니다. … 최후의 순간까지 산업시설은 '파괴 조치'로 인해 불필요한 폐기물로 전락해서는 안 되며 … 광산 지역 발전소들은 갱도 내 수위가 조절될 수 있도록 보존해야 합니다. 만일 펌프 시설이 작동되지 않아 갱도가 물에 차버리면, 앞으로 정상 회복을 위해 수개월이 소요된다는 점을 감안해야 합니다.

나는 즉시 지휘부에 전화를 걸어 이 메시지가 히틀러에게 전해졌는지 물었다. 메시지는 전해졌고, 비록 한 부분이 수정되었지만 이미 공표된 상태였다. 나는 여기저기 내용이 잘려나가고 파괴 행위를 강조하는 문장이 들어가 있을 것으로 예상했다. 그러나 놀랍게도 히틀러는 한 부분을 자필로 수정하고는 전문을 그대로 남겨두었다. 그는 승리를 확신하는 문장에서 약간 힘을 뺐다. 첫 문장이 다음과 같이 바뀌어 있었다. "최근에 잃은 영토의 일부분은 반드시 수복될 것이다."

보어만은 이 메시지에 강력한 표현을 덧붙여 관구장들에게 보냈다. "총통을 대신해 나는 제국장관 슈페어의 통지문을 여러분에게 보낸다. 이 내용들은 엄격하게 무조건적으로 준수되어야 함을 알린다."[13] 이제 보어만마저 나와 같은 편에 섰다. 그는 우리가 후퇴하는 지역에서 전면적인 파괴 행위가 벌어졌을 경우 얼마나 두려운 결과를 낳을 수 있는가에 대해서 히틀러보다 잘 이해하고 있는 듯했다.

그러나 히틀러가 "서방에 빼앗긴 점령지들을 수복한다"는 표현을 들먹인 것은 단지 체면 때문이었다. 만일 독일군이 성공적으로 전선을 지켜낸다 해도 물자 부족으로 몇 달 안에 종말을 맞을 수밖에 없다는 것을 히틀러도 깨닫고 있었기 때문이다. 한편, 요들은 전략적인 주의를 지적하면서 군수 산업과 관련해 내가 이전에 제기했던 전망을 보완했다. 즉, 독일군이 지나치게 넓은 점령지에 흩어져 있다는 지적이었다. 요들은 너무 큰 먹이를 삼켜 기민함을 잃은 뱀의 예를 들어 상황을 설명하며, 핀란드와 북부 노르웨이, 이탈리아 북부, 발칸 반도의 대부분 지역을 포기해야 한다고 설파했다. 그렇게 해야 우리는 티사와 사바 강, 알프스 북단을 따라 지정학적으로 더욱 효과적인 방어 태세를 갖출 수 있고, 많은 사단의 병력을 자유롭게 활용할 수 있다는 것이다. 히틀러는 처음에는 반대하며 버텼지만, 8월 20일 마침내 이 지역들을 포기할 경우 자원 확보가 어느 정도 타격을 받을지에 대한 상황 파악을 허가했다.[14]

그러나 내가 보고서를 완성하기 사흘 전인 1944년 9월 2일, 핀란드와 소련 사이에 휴전이 맺어져 독일군은 9월 15일까지 철수하라는 요구를 받았다. 요들은 바로 나에게 전화를 걸어 상황 파악을 요청했다. 히틀러의 기분은 급선회했다. 그는 이제 자발적인 후퇴를 조금도 용인할 수 없다는 태도를 보였다. 요들은 날씨가 나빠지기 전에 라플란드에서 속히 후퇴해야 한다고 압박했다. 가을부터 라플란드에서는 눈보라가 시작되고, 그럴 경우 독일군은 막대한 인명 피해를 피할 수 없다고 호소했다. 히틀러는 다시 1년 전 소련의 망간 광산을 포기할 당시의 주장을 되풀이했다. "만일 북라플란드의 니켈 광산을 잃는다면 우리 군수 생산도 몇 달을 못 버티고 끝장날 것이오."

논란은 오래 지속되지 않았다. 소련과 핀란드가 휴전을 맺은 지 사흘 뒤인 9월 5일, 나는 자원 전쟁은 이미 끝났다는 보고서를 특사 편으로 요들과 히틀러에게 보냈다. 핀란드의 니켈 광산 때문이 아니라 터키의 크롬 광석 운반이 차단되었기 때문이다. 군수 생산이 그대로 진행될 경우(공습을 생각해보면 이것은 상당히 위선적인 가정이지만) 크롬 재고는 내년 6월 1일을 기해 바닥난다는 계산이 나왔다. "처리 공정에 필요한 시간까지 고려한다면, 군수 생산은 크롬에 달려 있습니다. 따라서 1946년 1월 1일이 되면 전체 생산이 중단될 것으로 보입니다."[15]

히틀러의 반응이 예측불허가 된 지는 오래였다. 나는 무기력한 분노의 폭발을 받아들일 마음의 준비를 했다. 그러나 예상 외로 히틀러는 나의 보고를 조용히 수용했고 아무런 결론도 내리지 않았다. 그리고 요들의 주장과 반대로 라플란드에서의 철수를 10월 중순까지 연기했다. 전반적인 군의 상황으로 볼 때, 나의 보고로 히틀러의 마음이 바뀔 여지는 없었다. 전선은 동부와 서부에서 모두 무너지고 있었고, 1946년 1월 1일이라는 날짜도 히틀러에게는 천국의 시간 같았을 테니까.

당시 우리는 연료 부족으로 더욱 어려움을 겪고 있었다. 7월에 나는 연료가 부족하므로 9월 안에는 모든 작전상의 이동을 중단해야 한다는 내용의 편지를 히틀러에게 보냈었고, 이제 그 예상이 현실화되고 있었다. 9월 말에 나는 다시 히틀러에게 서한을 보냈다. "날씨가 화창함에도 불구하고 크레펠트에 주둔해 있는 전투부대가 보유한 서른일곱 대가 넘는 전투기는 하릴없이 이틀간 휴식을 취해야 할 형편입니다. 사흘 뒤에야 급유가 가능한데, 그것도 약 스무 대가 아헨까지 출격할 수 있을 양만 가능합니다." 며칠 뒤 내가 베를린 동쪽에 위치한 베르노이헨 비행장을 방문했을 때 연료 부족으로, 하루 한 시간 정도의 비행훈련만 가능한 수준이었다.

그런가 하면 육군도 연료 부족으로 사실상 움직이기 힘든 상황이었다. 10월 말, 포 강 남쪽에 주둔한 10군단을 시찰한 후 나는 히틀러에게 다음과 같이 보고했다. "그곳에서 150대의 트럭 행렬과 마주쳤는데, 트럭 한 대마다 소 네 마리가 매달려 끌고 있었다. 탱크와 트랙터에 의해 견인되는 트럭도 많았다."[16] 물론 요들 장군은 상황의 절박함을 나보다 더 잘 알고 있었다. 아르덴 공격을 위한 1만 7,600톤의 연료(예전의 2.5일 생산분)를 확보하기 위해 요들은 1944년 11월 10일부터 다른 부대의 연료 공급을 중단했다.[17]

한편 수소화 공장이 입은 폭격 피해는 전체 화학업계에 간접적인 영향을 미치고 있었다. 나는 히틀러에게 이렇게 보고할 수밖에 없었다. "이미 만들어진 폭탄을 폭발물로 채우기 위해서는 소금의 공급을 늘려야 합니다. 상황은 이미 한계에 도달해 있습니다." 1944년 10월부터 우리가 만드는 폭탄에는 20퍼센트가량의 암염이 들어 있었고, 이로 인해 폭발의 효과가 현저히 떨어진 상태였다.[18]

이와 같은 절망적인 상황에서 히틀러는 마지막 남은 카드를 헛되이 내던져버림으로써 희망을 말살했다. 도저히 이해하기 힘든 일이지만, 이 시기에 우리는 전투기 생산에 열을 올리고 있었다. 전쟁 후반부에 1만 2,720대의 전투기들이 군에 인도되었는데, 1939년 독일군이 보유했던 전투기는 771대에 불과했다.[19] 7월 말, 히틀러는 두 번째로 조종사 2,000명을 모집해 특별 훈련을 실시하는 데 동의했다. 우리는 그때까지도 집중적인 공중전을 통해 미국의 공군력에 타격을 주어 폭격을 중단시킬 수 있기를 바라고 있었다. 미군 폭격기들은 출격 후 목표물을 폭격하고 다시 기지로 돌아갈 때까지, 평균 965킬로미터를 이동하는 동안 측면이 노출되어 있었다.

전투기 부대 지휘관 아돌프 갈란트 장군과 내가 머리를 맞대고 고민한 결과, 한 대의 미군 폭격기를 떨어뜨리기 위해 우리는 평균 한 대의 전투기를 독일 땅 위에서 잃어야 한다는 계산이 나왔다. 그러나 양측의 물적 손실은 1:6, 조종사의 희생은 1:2가 될 것이라는 예측이었다. 거기다가 추락하는 우리 전투기 조종사들 가운데 절반이 낙하산을 타고 안전하게 피신할 수 있을 테지만, 독일 땅에 떨어지는 적의 조종사들은 수용소에 갇히게 된다. 적이 인적·물적, 훈련 수준에서 우세하다고 가정하더라도 분명 우리에게 득이 되는 싸움이었다.*

8월 10일 무렵, 갈란트는 대단히 흥분한 기색으로 함께 비행기를 타고

---

* 1944년 5월 25일 중앙기획위원회가 밝혔다. "5월에 완성될 전투기 수가 너무 많아 참모진은 더 이상 제국의 영토에 폭격을 가할 수 없을 정도로 적에게 타격을 입힐 수 있다고 믿었다. 만일 전투기 다섯 대가 폭격기 한 대를 감당한다면, 폭격기는 분명 추락할 것이다. 그리고 추락하는 적의 폭격기 한 대는 우리 전투기 한 대의 가치에 상응했다."

지휘부로 가자고 청했다. 히틀러가 자기 멋대로 결정한 내용 가운데 하나를 새로운 칙령으로 발표한 것이다. 곧 완성될 2,000대의 전투기로 이루어진 제국의 전투 비행대를 갑자기 서부 전선으로 배치한다는 내용이었다. 그동안의 경험으로 미루어 서부 전선으로 배치되는 전투기 부대는 얼마 버티지 못하고 전멸할 것이 뻔했다.

히틀러는 우리가 찾아온 이유를 알고 있었다. 그는 자신이 지난 7월에 했던, 전투기를 활용해 수소화 공장을 폭격으로부터 막겠다는 약속을 어겼음을 잘 알고 있었다. 그는 상황회의에서는 논란이 일 것으로 짐작했는지 나중에 우리만 따로 불러들였다.

나는 조심스럽게 새 명령의 유용성에 의혹을 제기하며 이야기를 시작했다. 격한 감정을 억누르고, 가능하면 차분하게 군수 생산의 참담한 상황을 보고했다. 나는 통계자료와 스케치를 제시하며 폭격 피해가 계속됐을 때 예상되는 결과에 대해 설명했다. 여기에 히틀러는 불안과 분노를 느끼는 듯했다. 비록 내 이야기에 조용히 귀 기울였지만 그의 표정과 떨리는 손과 손톱을 물어뜯는 행동 등이 히틀러가 얼마나 엄청난 긴장을 느끼고 있는지 드러내주었다. 내가 가능한 모든 전투기를 동원해 폭격기를 막아야 한다는 점을 충분히 입증했다고 생각하며 말을 끝냈을 때, 히틀러는 감정을 더 이상 억제하지 못했다. 그의 얼굴은 시뻘개졌고 눈동자는 공허하게 허공을 응시했다. 그러더니 갑자기 고래고래 소리를 내질렀다. "군사 작전은 내가 할 일이야! 자네 일인 군수품이나 열심히 만들라고! 남의 일에 참견 말고." 나와 단둘이 있는 자리였다면 히틀러는 좀 더 수용적인 태도를 보였을 것이다. 갈란트의 존재 때문에 그는 이해심과 인내심을 상실했다.

히틀러는 돌연 모든 논의를 중단하고 회의를 끝내버렸다. "더 이상 이러고 있을 시간이 없군." 나는 너무노 당황한 채로 갈란트와 막사로 돌아왔다.

다음 날, 다시 베를린으로 돌아가려던 참에 히틀러는 샤우프를 통해 우리를 찾았다. 그의 분노는 더욱 맹렬했다. 말은 점점 빨라졌고, 중간에 더듬거리기까지 했다.

> 나는 더 이상 전투기를 생산하라고는 하지 않겠네. 전투기 부대는 이제 해체되어야 할 판이야. 전투기 생산을 당장 중지해! 즉시! 알겠나? 자넨 언제나 숙련된 기술자들이 모자란다고 불평했지, 안 그런가? 노동자들을 대공포 생산에 모조리 투입시키게. 모두 대공포를 만들도록 해. 물자를 전부 그쪽으로 투입해! 이건 명령이야. 즉시 자우어를 지휘부로 보내. 당장 폭탄 제조 설비를 건설해. 자우어에게도 이 사실을 일러주게. 규모는 지금의 다섯 배…, 그러니까 수십만 명을 대공포 제조에 집중시키란 말이야. 매일 외신에서는 대공포의 위협에 대해 보도하고 있지. 놈들은 대공포는 무서워하지만 전투기에는 눈도 깜짝 안 해.

갈란트는 전투기 부대를 독일 내에서 활용한다면 훨씬 많은 폭격기를 격추시킬 수 있다고 설명하기 시작했다. 하지만 말을 꺼내자마자 곧 중단해야 했다. 우리 두 사람은 다시 물러날 수밖에 없었다. 사실 쫓겨났다고 하는 편이 옳다.

찻집으로 와서 나는 베르무트를 펴마셨다. 위가 극심한 스트레스를 받은 것 같았다. 평소에는 조용하고 침착한 갈란트가 그토록 혼란스러워 보이기는 처음이었다. 그는 자신의 전투기 부대가 해체된다는 사실을 납득하지 못했다. 더구나 적의 면전에서 겁을 먹고 도망치는 형국이다. 나는 히틀러의 격분에 어느 정도 익숙해져 있었고 그의 결정은 보통 일련의 세부적인 조정 과정을 통해 폐지되거나 수정된다는 것을 알고 있었다. 나는 갈란트를 안심시켰다. 전투기 생산을 위해 건설된 생산 설비들을 대공포 생산을 위해 사용할 수는 없으며, 우리의 문제는 대공포의 부족이 아니라 대공포에 사용될 탄환과 폭탄의 부족이라고 나는 지적했다.

자우어도 히틀러가 따를 수 없는 명령을 내렸다고 느끼고는 히틀러에게 다음 날 대공포 생산은 주로 긴 총신을 연마하는 특수 장치에 달려 있다고 신중하게 설명했다.

나는 자우어를 대동하고 지휘부로 다시 가서 명령의 세부 사항을 논의했다. 안타깝게도 히틀러의 명령은 이미 공식문서로 작성되어 전송된 상태였다. 긴 입씨름 끝에 히틀러는 원래 입장에서 조금 양보해 대공포 증산량을 다섯 배에서 2.5배로 낮추었다. 그는 우리에게 1945년 12월이라는 시한을 제시하며 할당량을 채우라고 했고, 이와 함께 대공포에 사용될 포탄 생산도 두 배로 늘리라고 주문했다.[20] 우리는 스물여덟 개 이상의 항목에서 히틀러를 그다지 흥분시키지 않고 합의에 다다를 수 있었다. 그러나 내가 독일 내에서 방어 임무를 맡을 전투기 부대가 필요하다고 역설하자, 히틀러는 다시 화를 내며 내 말을 가로막고 전투기 대신 대공포 생산을 늘리라는 명령을 되풀이하며 회의를 일방적으로 끝내버렸다.

이것은 나와 자우어가 복종하지 않은 최초의 명령이었다. 나는 내 생각과 판단에 따라 행동했고, 다음 날 군수부 직원들에게 이렇게 발표했다. "우리는 어떤 경우라도 현재의 전투기 생산을 유지해야 합니다." 사흘 뒤, 나는 공군 업계 대표들을 모아 회의를 열고 그들에게 전투기 생산의 중요성에 대해 강조했다. 갈란트도 참석한 자리였다. "전투기 생산을 급격히 늘림으로써 우리는 국내 군수 생산시설의 파괴라는 최대의 위험에 대처할 수 있을 것입니다."* 한편 히틀러는 어쩐 일인지 진정이 되어서는 갑자기, 한마디 말도 없이, 제한적인 전투기 프로그램을 최우선 사업 범주에 포함시키자는 나의 제안을 허가해주었다.

---

* 1944년 8월 21일과 24일 업무일지에는 다음과 같은 인용이 적혀 있다. "전투기 생산을 절반으로 줄이라는 히틀러의 명령이 있었지만, 7월 2,305대, 12월 2,352대로 생산량은 같은 수준을 유지했다."

당시 우리는 여러 분야의 군수 생산을 중단하지 않을 수 없는 상황에 처해 있었다. 그리고 히틀러가 점점 더 노골적으로 암시하기 시작한 새로운 개발도 그만두어야 했다. 히틀러는 비밀병기가 전세를 결정할 것이라며 장성들과 당 지도부를 부추기고 있었다. 내가 사단을 방문할 때마다, 장교들은 신기하다는 미소를 띠며 나에게 비밀병기가 언제 나오느냐고 물었다. 나는 그런 환상 따위를 원하지 않았다. 희망은 조만간 낙담으로 바뀌기 때문이다. 나는 히틀러에게 서한을 보냈다.

> 곧 새롭고 대단한 무기가 나올 것이라는 믿음이 전 군에 퍼져 있습니다. 그들은 새 무기가 며칠 혹은 몇 주 내에 나올 것으로 기대합니다. 물론 고위급 장성들도 같은 생각입니다. 이 상황이 과연 바람직한 것인지 의문이 듭니다. 지금처럼 어려운 시기에 짧은 시간 안에 채워질 수 없는 희망에 들뜨는 것, 그 후 곧바로 겪게 되는 실망은 군의 사기에 치명타입니다. 국민들 역시 비밀무기의 기적을 매일 학수고대하는 상황이고, 우리가 최후의 시간이 이미 닥쳐왔음을 알고 있는지, 그래서 이 새로운, 이미 창고에 보관되어 있는 무기들이 더 이상 필요하지 않은 것인지 의아해하고 있습니다. 이런 선전이 적절한 것인지 의문입니다.**

** 1944년 9월 10~14일 시찰 보고서를 참조하라. 며칠 전인 8월 31일, 나는 동료에게 이렇게 말했다. "나는 신무기에 지나친 중요성을 부여하는 정신병적 분위기에 동참할 생각은 없네. 마찬가지로 그들의 선전 속에서 과도하게 부각된 군수장관직에 대해 책임을 질 생각도 없어." 1944년 12월 1일, 레흘린에서 새 무기가 시연된 후, 나는 측근에게 말했다. "자네도 봤겠지만, 우리에게 기적의 무기가 없어. 앞으로도 없을 거고. 기술 전문가의 입장에서 언제나 정치인들이 말하는 기적은 없다는 것을 분명히 해왔네…. 내가 전방을 시찰하는 동안 많은 지휘관이 여기에 관심을 보였는데, 병사들이 그 신비로운 병기에 큰 기대를 하고 있기 때문이었지. 그런 환상은 재앙의 징조일 뿐이네."

개인적인 자리에서 히틀러는 내 생각이 옳다고 인정했다. 그럼에도 불구하고 내가 듣기로, 히틀러는 계속 비밀병기에 대한 희망을 국민들에게 제시하고 있었다. 1944년 11월 2일, 나는 괴벨스에게 다음과 같은 편지를 썼다. "실현 불가능한 것에 희망을 갖도록 국민들에게 부추기는 현명하지 못한 처사입니다. … 언론과 과학계, 잡지에서 더 이상 독일 군수 생산의 성공을 암시되지 않도록 조치해주실 것을 선전장관께 요청합니다."

괴벨스는 비밀병기에 대한 언급을 중단시켰다. 그렇지만 이상하게도 소문은 계속 부풀어올랐다. 뉘른베르크 재판에서 선전부 장관의 최측근이었던 한스 프리체가 괴벨스가 특별조직을 만들어 소문을 퍼뜨리도록 했다는 사실을 밝힌 후에야 그 이유를 알 수 있었다. 또 왜 그 소문이 섬뜩할 정도로 군수부의 미래 예측 자료와 똑같았는지도 말이다. 저녁에 함께 모여 열었던 군수부 회의에서 우리는 얼마나 자주 새로운 기술 진보에 대해 논의했던가. 심지어는 경우에 따라 원자 폭탄에 대한 이야기도 오갔던 걸로 기억한다. 괴벨스의 보좌관이 보고 임무를 핑계로 그 회의에 자주 참석했었다.

그토록 혼란스러운 시기에는 누구나 희망을 품을 이유를 간절히 원했고, 소문은 뿌리를 내릴 수 있는 기름진 토양을 가진 셈이었다. 한편, 국민들이 신문기사를 믿지 않은 지 오래였다. 그러나 거기에도 예외가 있었다. 전쟁의 종말을 앞두고 절망에 빠진 많은 국민들이 그들의 희망을 점성술난에 기대고 있었다. 신문의 점성술 코너는 선전부의 통제를 받았고, 여러

몇 주 뒤 1945년 1월 13일, 일단의 장성과 지휘관이 나에게 물었다. "아직도 기대할 만한 새로운 무기가 있는 겁니까? 지난 3개월 동안 새 무기에 대한 선전이 극에 달하지 않았습니까?" 나는 답했다. "제 입장에서는 그런 헛소문에 반대하는 것 외에 아무 말씀도 드릴 수 없습니다. 제가 선전 책임자도 아니고요…. 기적의 무기를 기대해선 안 된다고 저는 거듭해 말해왔습니다. 또한 이 선전이 완전히 잘못되었다고 총통께 여러 번 말씀드렸습니다. 독일 병사들을 속일 뿐 아니라 전투력을 저하시킬 소지도 있으니까요…. 전쟁을 단숨에 끝내버릴 비밀무기 따위는 없습니다. 앞으로도 그럴 가능성은 없습니다."

가지 다양한 이유로, 내가 훗날 뉘른베르크에서 알게 된 바에 의하면, 이들은 여론에 영향을 주는 도구로 사용되었다. 날조된 별점이 우리가 통과해야 할 어둠의 계곡에 대해 이야기하고, 곧 놀라운 일, 기쁜 일이 생길 것을 예언했다. 오로지 별점 안에서만 제3제국은 여전히 희망적이었다.

28

파멸의 나락
Der Absturz

1944년 봄 이후 나의 관할로 통합 운영되던 군수 업계가 늦가을부터 분열되기 시작했다. 먼저, 거대한 로켓 프로젝트가 앞서 설명했듯이 친위대 휘하로 들어갔다. 그러고 나서 몇몇 관구장들이 일을 꾸며 자신의 구역에 있는 군수 생산시설을 접수해버렸다. 히틀러는 그것을 지원했다. 예를 들어, 튀링겐 관구장 자우켈이 히틀러가 '국민 전투기'로 일컬었던 단발 엔진 전투기의 대량생산을 위해 지하 공장시설을 짓겠다고 청하자 그것을 용인했다. 하지만 그 무렵, 독일 경제는 이미 최후의 단말마를 맞이하고 있었기 때문에 이러한 분열이 별 타격이 되지는 않았다.

그럼에도 최후의 노력을 기울인다면 원시적인 무기를 가지고도 이겨낼 수 있고, 기술적 곤경도 타개할 수 있다는 희망이 제기되었다. 이 희망은 점점 심각해지는 혼란을 상징한다고 볼 수 있었고, 개개 병사의 용기가 적의 기술적 우위를 대치해야 하는 상황에 처했음을 의미했다. 1944년 봄, 되니츠는 유능한 해군 중장 하이어를 등용해 1인용 잠수함과 그 외의 소형 해군 전투기종의 생산을 맡겼다. 그러나 상당한 분량을 생산할 수 있었던 8월 즈음에는 연합군의 반격이 성공해 모든 것이 늦어버리고 말았다. 힘러는 힘러대로 '자살 부대'를 조직해 유인 로켓을 적의 폭격기에 부딪혀 폭발시킨다는 계획을 짜고 있었다. 당시 우리가 구상하던 또 다른 원시적인 무기를 하나 더 예로 든다면 판처파우스트라는 대전차 화기였다. 이것은 들고 다니는 작은 로켓으로, 우리에게 부족한 대전차포를 대신하는 것이었다.*

1944년 늦가을, 히틀러가 갑자기 방독면 문제를 거론하며 자신의 명령을 수행하는 직속으로 특별위원을 임명하고, 가스전에 대비하여 전 국민을 보호하라며 서둘러 프로그램을 시행했다. 비록 방독면 생산이 월 230만 개까지 급증했지만 도시 인구의 전체에게 보급하기 위해서는 상당한 기간이 필요했다. 따라서 당 기구들은 종이 마스크 사용을 비롯해 전통적인 방독법 지침을 인쇄해 배포했다.

당시 히틀러는 적이 독일의 대도시를 목표로 가스전을 시작할지도 모른다고 경고했다.** 그러나 히틀러가 국민 보호 조치를 맡겼던 카를 브란트 박사는 그럴 가능성이 희박하다고 보고, 이러한 광적인 조치를 우리가 시작할 가스전을 무사히 마무리하기 위한 준비로 추측했다. 우리의 '비밀무기' 가운데는 '타분'이라는 이름의 독가스가 있었다. 이것은 기존의 모든 방독면을 뚫고 들어가며 극소량만으로도 치명적인 타격을 줄 수 있었다.

본래 화학자였던 로베르트 라이가 어느 날 나를 자신의 특별열차 편으로 1944년 가을 존트호펜에서 열린 회의에 데리고 갔다. 평소와 마찬가지

---

* 미군의 바주카포를 본떠 만든 것으로 1944년 11월에 99만 7,000개가 만들어졌다. 12월에는 125만 3,000개, 1945년 1월에는 120만 개가 생산되었다.

** 1944년 8월 5일, 처칠은 영국이 독일에 대해 독가스전을 치를 수 있는지에 대한 보고서를 쓰게 했다. 보고서에 따르면, 영국이 보유한 3만 2,000톤의 겨자 가스와 포스겐 가스가 독일 내 2,500제곱킬로미터에서 위력을 발휘할 수 있을 것으로 나타났다. 이 면적은 베를린, 함부르크, 쾰른, 에센, 프랑크푸르트, 카셀을 합한 것보다 큰 면적이다. 다피트 어빙의 『제3제국의 비밀병기』(함부르크, 1969)를 참조하라. 내가 1944년 10월 11일 카이텔에게 보낸 편지(RLA 1302/44)에 따르면, 1944년 여름 독일의 화학공장이 폭격 피해를 입기 전까지 겨자 가스 3,100톤과 타분 가스 1,000톤이 매월 생산되었다. 우리 입장에서는 5년 동안 영국의 공급량을 뛰어넘는 대량의 독가스를 비축해둔 셈이었다. 어쩌면 독일의 가스 생산시설은 전쟁 기간에 확충된 것으로 볼 수도 있다.

로 우리의 대화는 독한 와인을 마주하고 진행되었다. 점점 심해지는 그의 말더듬증이 초조함과 두려움을 누설하고 말았다. "아시겠지만, 새로운 독가스가 개발됐다고 들었어요. 총통께선 반드시 그걸 써야 합니다. 독가스를 사용해야 해요. 지금 바로 말이오! 지금 안 쓰면 언제 쓰겠소! 마지막 기회요. 여러분들도 지금이 적기임을 각하께 설득해야 해요." 나는 아무 말도 하지 못했다. 라이는 이와 비슷한 대화를 이미 괴벨스와 나눈 듯했다. 괴벨스가 화학 업계에 있는 나의 측근들에게 가스의 효과에 대해 물었기 때문이다. 괴벨스는 바로 히틀러에게 타분 가스를 사용하자고 촉구했다. 히틀러는 분명 가스전에는 반대해왔지만, 이제 지휘부에서 열리는 상황회의에서 가스를 사용해 소련군의 진군을 막을 수 있다고 은근히 말하기 시작했다. 그는 애매한 표현을 사용해 서방도 소련의 진격이 중단되길 바라고 있기 때문에 소련에 대한 가스전을 납득할 거라고 주장했다. 하지만 아무도 나서서 찬성하지 않았기 때문에 히틀러는 그 주제를 다시 거론하지 않았다.

당연히 장성들은 상상할 수 없을 정도로 끔찍한 일이 벌어질 수도 있다는 걸 알고 있었다. 1944년 10월 11일, 나는 카이텔에게 직접 편지를 써서 화학 시설이 폭격을 맞아 우리에게는 청산칼리와 메탄올과 같은 기본적인 물질도 남아 있지 않음을 알렸다.* 따라서 11월 1일이면 타분 생산이 중단되어야만 하고, 겨자 가스도 필요량의 20퍼센트 이상 생산이 어렵다고 설명했다. 카이텔은 분명 히틀러에게 어떤 상황에서도 독가스 생산을 감축해서는 안 된다는 명령을 받았을 것이다. 그러나 그러한 명령은 현실과 너무도 동떨어져 있었다. 나는 보고도 없이 기본 화학제품을 임의로 할당했다.

---

* 1944년 10월, 독가스 제조에 필요한 원료들이 계속 생산되고 있었다. 메탄올(1943년 월간 2만 1,500톤)은 1944년 10월에 1만 900톤, 청산칼리(1943년 1,234톤)는 1944년 10월에 336톤이 생산되었다.

11월 11일, 나는 연료 업계 전체가 폐쇄 일로에 있음을 알리는 보고서를 작성했다. 6주가 넘게, 루르 지방으로 오가는 교통이 차단되고 있었다. 나는 히틀러에게 편지를 썼다. "제국의 모든 경제 조직의 특성을 고려할 때, 라인-베스트팔렌 공업지구의 생산 중단이 독일 전 경제와 전쟁 수행에 엄청난 부담을 주고 있음이… 명백해졌습니다. 가장 중요한 군수 생산시설들이 파멸 위기에 처해 있습니다. 현 상태로는 폐쇄를 피할 방법이 없습니다."

루르에서 석탄 공급이 중단되면 석탄은 순식간에 바닥나고, 정유시설 가동도 어려워질 것이다. 석유와 마가린 공장이 문을 닫을 위기에 처해 있고, 병원으로 공급되는 석탄조차 부족한 실정이라고 나는 말을 이었다.[1]

상황은 글자 그대로 종말로 치달았다. 전면적인 혼란 상황이 펼쳐지기 시작했다. 곳곳에서 관구장들이 자신들의 필요를 충족하고자 열차를 세워 석탄을 빼앗는 일이 벌어지면서, 석탄 열차는 더 이상 목적지에 도달하지 못했다. 베를린의 건물들은 난방이 되지 않았고 가스와 전기는 제한적으로 공급됐다. 총통부에서는 불평이 쏟아져 나왔다. 석탄 당국이 총통부가 겨울을 나는 데 필요한 석탄을 전부 다 보급할 수는 없다고 통보했기 때문이다.

이런 상황에서는 더 이상 군수 생산 프로그램을 진행할 수 없었다. 그저 일부 부품 생산만 시도할 뿐이었다. 재고가 모두 떨어지면 군수 생산은 전면 중단될 것이다. 이런 결론을 이끌어내면서 나는, 물론 적의 공중전 전략가들도 그랬겠지만, 공장에 쌓여 있는 물량을 과소평가했다.[2] 조사 결과, 군수품의 대량생산은 아직 가능했다. 물론 몇 달밖에 지속될 수 없었지만 말이다. 히틀러는 섬뜩할 만큼 침착한 태도로 이른바 최후의 "긴급 혹은 보충 프로그램" 실시에 동의했다. 이 조치가 무엇을 의미하는지 명백했지만 그는 한마디도 하지 않았다.

이 무렵 히틀러는 상황회의에서 모든 장성들이 있는 가운데 이런 말을 했다. "우리는 다행히 군수 생산의 천재를 발견했습니다. 바로 자우어입니다. 그는 모든 난관을 극복할 겁니다."

토말레 장군이 약삭빠르게 끼어들었다. "나의 총통 각하, 슈페어 장관께서 계십니다."

"나도 알아," 히틀러는 방해받은 것이 화가 났는지 무뚝뚝하게 대답했다. "그러나 이 상황을 이끌어야 할 사람은 바로 자우어야."

이상하게도 나는 이렇게 고의적인 모욕을 별 괴로움 없이 삼킬 수 있었다. 나는 이미 히틀러로부터 멀어져 있었다.

1944년 10월 12일 서부 전선이 다시 안정되자 전선 상황에 대한 논의가 재개되었다. 히틀러는 상황회의 중 나를 곁으로 부르더니 한마디도 대꾸하지 말라고 미리 주의를 주었다. 그러더니 곧 서부 전선에 총력을 집중시켜 대규모 공격을 계획하고 있다고 밝혔다. "자네는 독일 내 건설 기술자들을 모아서 특별부대를 조직하게. 만일의 경우 철도 수송이 중단될 수 있으니까 차량을 충분히 확보해. 모든 종류의 다리를 지을 수 있도록 준비하게. 1940년도의 서부 전선에서 승승장구하던 때와 비슷한 인원과 물자 구성을 유지해."[3] 나는 히틀러에게 동원할 수 있는 트럭이 충분치 않다고 항변했다. "다른 일은 일체 미루어져야 해. 그 어떤 결과를 초래하더라도. 이번 공격은 적에게 큰 타격이 될 것이야. 반드시 성공해야만 해." 히틀러는 격앙된 목소리로 소리쳤다.

11월 말, 히틀러는 이 공격에 모든 것을 걸었음을 재차 강조했다. 성공을 확신했기 때문에 이것이 마지막 시도라고 태연히 말할 수 있었다. "만일 실패한다면 전쟁을 훌륭하게 끝낼 모든 가능성이 사라지는 걸세. 그러나 우린 잘해낼 거야." 그는 덧붙였다. 그의 이야기는 곧 광범위한 주제로 확장되었고 다시금 광기를 띠었다. "서부 전선에서 단 하나의 돌파구! 바로 그걸세! 미국 놈들을 파멸과 공포로 몰아넣을 거야. 우리는 놈들의 중심부를 뚫고 나가 안트베르펜까지 진격한다. 그럼 적은 보급항을 잃을 거고 광활한 고립 지역에 갇히겠지. 포로 수십만이 생길 거야. 러시아에서 했던 것처럼 똑같이 해보는 거야!"

이 무렵 나는 폭격으로 절망적 상황에 빠진 루르 지역에 대해 논의하려고 알베르트 푀글러를 만났다. 그는 나에게 무뚝뚝하게 물었다. "언제 그만두게 될까요?"

나는 히틀러가 마지막 공격을 위해 모든 것을 걸고 있다고 알려주었다.

푀글러는 고집스럽게 말했다. "하지만 히틀러도 결국은 그만두어야 한다는 걸 잘 알고 있지 않을까요? 우린 너무 많은 것을 잃을 겁니다. 산업시설이 몇 달 더 이런 식으로 타격을 받는다면 어떻게 재건이 가능하겠어요?"

"내가 보기에는 히틀러가 마지막 카드를 내는 것 같소."

푀글러는 회의적인 표정이었다. "물론 마지막 카드겠죠. 여기저기에서 생산이 중단되고 있어요. 이번 공격은 소련을 겨냥한 겁니까? 그보다는 동부 전선에서 중압감을 덜려는 목적이겠죠?"

나는 대답을 피했다.

"역시 동부 전선 쪽일 겁니다. 미친 사람이 아니고는 동부 전선에 손을 놓고 서쪽에서 밀려오는 적을 막으려는 생각은 안 할 테니까요."

11월부터 육군 참모총장 구데리안 장군은 반복해서 히틀러의 주의를 소련군이 집결해 있어 위험이 가중되고 있는 북슐레지엔 쪽으로 돌리려고 시도했다. 당연히 그는 서부 전선을 방어하는 군대를 동쪽으로 옮겨서 전면적인 와해를 피하고자 했다. 뉘른베르크 재판에 섰던 피고인들은 히틀러가 원한 것은 단지 동부의 피난민들과 러시아 수용소에 갇혀 있던 독일군 포로들을 구하는 것뿐이었다는 논거를 들며 1944~45년 겨울 이후까지 전쟁을 지속하고자 했던 노력을 정당화하려고 했다. 그러나 당시 히틀러가 내린 결정은 그 반대였다.

이 '마지막 카드'를 가능하면 확실하게 사용해야만 한다고 나는 판단했었다. 나는 B군단을 지휘하던 육군원수 모델이 임시변통으로 군수품을 지급받도록 조치했다. 공격이 시작된 12월 16일, 나는 베를린을 출발해 본 인근 사냥터에 마련된 작은 지휘부로 향했다. 밤사이 제국철도청의 디젤기차에서 나는 라인 강의 동쪽 조차장에 화물열차들이 가득 서 있는 것을 보았다. 적의 공습으로 공격에 필요한 물자 운송이 제대로 이루어지지 못하고 있었다.

모델의 지휘부는 아이펠 산 삼림이 우거진 좁은 계곡에 있었다. 그곳은 부유한 사업가 소유의 거대한 사냥터였다. 모델은 적의 정찰기의 주목을 받지 않기 위해 벙커를 짓지 않았다. 전선을 향한 기습공격이 성공해서 모델은 기분이 좋아 보였다. 그의 군대는 신속히 전진하고 있었다. 날씨도 히틀러가 원하던 꼭 그 상태였다. 히틀러는 이렇게 말했다. "날씨가 나빠야만 해. 안 그러면 작전을 성공시킬 수 없어."

부대를 따라가면서 나는 최대한 전선 가까이 머무르려고 했다. 전진하는 군의 사기는 높았다. 구름이 낮게 깔려 적의 정찰이 불가능한 상황이었기 때문이다. 하지만 공격 이튿날, 수송이 혼란 상태에 직면하고 말았다. 3차선 고속도로에 진입한 자동차들은 한 번에 30센티미터 이상 움직이지 못했다. 탄약을 실은 트럭 사이에 끼어 있던 내 차도 한 시간 동안 평균 3킬로미터로 움직이고 있었다. 날씨가 갤까 두려웠다.

모델은 혼란 상황에 대해 여러 가지 이유를 들었다. 예를 들어, 새로 구성된 군대의 체계, 후방의 혼란 등이었다. 하지만 이유가 무엇이었든 간에, 이 모든 장면은 독일군이 예전의 출중한 조직력을 잃어버렸다는 것을 보여주었다. 히틀러가 3년간 지휘권을 휘두른 결과였다.

힘겹게 행군하는 우리의 첫 목적지는 무장 친위대 제6군단의 북쪽 날개에 해당하는 폭파된 다리였다. 나는 내 임무를 다하기 위해 모델에게 부서진 다리를 가능한 한 빨리 보수할 방법을 찾겠다고 약속했다. 나의 모습을 본 군인들은 의심스러운 눈초리였다. 내 부관 가운데 한 사람은 이런 말을 들었다고 했다. "다리를 고쳐놓지 않았다고 총통이 군수장관을 나무랐다니까. 그래서 싹 고쳐놓으려고 여기까지 온 거야." 그러나 다리 건설은 대단히 늦어질 수밖에 없었다. 신중하게 선발한 토트 조직의 기술자들이 교통난 때문에 큼직한 자재, 설비와 함께 라인 강 동쪽에 발이 묶여 있었기 때문이다. 다리 건설에 필수적인 자재들이 부족하다는 이유 하나만으로 공격의 종말은 더욱 앞당겨졌다.

연료 부족도 작전을 방해했다. 무장한 전투 편대는 충분한 연료도 없이 공격을 시작했다. 낙관적인 경솔함에 휩싸인 히틀러는 독일군이 미군을 정복하고 그들의 보급품을 쓸 수 있을 것으로 기대했다. 공격을 멈추어야 할 상황이 되자, 나는 루르 지역에 있는 석유 공장에 전화를 걸어 임시 변통으로 연료를 유조열차 편으로 보내라는 명령을 내렸다. 열차는 전선에 겨우 도달할 수 있었다.

그러나 그나마 이런 식의 보급도 며칠 뒤 구름 한 점 없는 화창한 날씨에서는 중단되고 말았다. 하늘이 온통 적 전투기와 폭격기로 새까맣게 뒤덮였다. 낮에는 속도가 빠른 승용차로도 움직이기 힘들었다. 은신처가 되는 작은 숲이라도 만나면 반갑기 그지없었다. 이제 보급품 운반은 밤에만 가능해졌다. 운반 차량은 실상 아무것도 안 보이는 암흑 속에서 길을 더듬으며 나무에서 나무로, 한 걸음씩 나아갔다.* 12월 23일, 공격이 실패로 돌아갔음에도 불구하고 히틀러는 계속하라는 명령을 내렸다고 모델이 말했다.

12월 말까지 나는 공격 지역에 머물면서 여러 사단을 방문했다. 공중에는 낮게 비행하는 적기들이 떠 있었고 포탄이 쏟아졌다. 기관총 공격 배

---

* 1944년 12월 31일 나는 시찰 보고서 형식으로 히틀러에게 다음과 같은 편지를 썼다: "차는 헤드라이트를 끈 채 밤에만 움직여야 합니다. 낮에 움직이는 것은 위험하고 밤에는 천천히 갈 수밖에 없습니다. 우리 도로 사정은 적에게 뒤지지 않지만, 우리 군대는 적의 절반 또는 30퍼센트의 속도밖에 내지 못하고 있습니다. 적은 밝은 대낮에 마음대로 움직일 수 있고, 밤에도 불을 훤하게 밝히고 다닙니다. 그리고 아이펠과 아르덴 지역의 도로 상황은 특히 보급품 운반에 심각한 장애가 되고 있습니다. … 고속도로는 기복이 심하고 굽어 있어 마치 알프스 산속을 달리는 수준입니다. … 전투 작전은 위에서 하달되고 내려오는 명령은 보급 문제의 심각성을 고려하고 있지 않습니다. 모든 전술에서 보급은 부차적인 문제로 취급됩니다. … 그러나 보급이 면밀히 계산되지 않으면 작전이 성공할 가능성은 전무합니다."

치를 한 독일군의 끔찍한 결과를 목격했다. 수백 명의 독일군 병사들이 좁은 지역에 몸을 쭉 펴고 쓰러져 있었다. 모두 한 자리에서 소탕된 것이다. 늦은 저녁, 나는 전직 하사관 출신으로 현재는 무장 친위대를 지휘하고 있는 제프 디트리히를 찾았다. 벨기에 국경이 보이는 국경마을 후팔리즈에 그의 지휘부가 있었다. 함께 투쟁 시기를 겪은 초창기 당 원로 가운데 한 사람이지만, 특유의 단호한 태도를 보이며 심정적으로 이미 히틀러와는 다른 길을 가고 있었다. 우리의 대화는 곧 최근 내려진 일련의 명령으로 모아졌다. 히틀러는 점점 더 고집스럽게 "어떤 대가를 치르더라도" 포위된 바스토뉴를 점령해야 한다는 칙령을 내렸다. 그는 아무리 친위대 정예부대라 할지라도 미군을 그렇게 쉽게 무너뜨릴 수 없다는 사실을 히틀러가 받아들이려 하지 않는다고 불평했다. 그들이 강력한 적이라는 것을 히틀러에게 이해시키기는 불가능하다고 했다. "게다가," 디트리히는 말을 이었다. "우린 탄약도 제대로 공급받지 못하고 있소. 적의 공습으로 보급로가 끊겨버렸으니까."

마치 우리의 무기력함을 입증이라도 하려는 듯, 한밤중 대화는 저공비행하며 폭탄을 퍼붓는 적의 4발 엔진 폭격기 부대에 의해 중단되었다. 비명소리와 폭발음, 붉고 노란 조명으로 빛깔을 입은 자욱한 연기, 윙윙 돌아가는 엔진소리, 그 어디에서도 우리 병사들이 반격하는 모습은 찾아볼 수 없었다. 나는 히틀러의 작전상 착오가 만들어낸 기막히도록 무기력한 독일군의 모습에 넋이 나갔다.

어둠을 틈타 12월 31일 새벽 4시에 나의 참모부 연락책인 만프레트 폰 포저와 함께 디트리히의 지휘부를 빠져나왔다. 우리가 히틀러의 지휘부에 도착한 때는 그다음 날 새벽 2시였다. 끝없이 적의 폭격기를 피해 은폐 장소를 찾다보니, 320킬로미터 조금 넘는 거리를 오는 데 22시간이나 걸린 셈이었다.

히틀러가 아르덴 공격을 지휘하고 있는 서부 지휘부는 지겐베르크에서 북서쪽으로 1.5킬로미터 떨어진 바트 나우하임 인근, 풀숲이 우거진 외딴 계곡의 끝자락에 있었다. 숲속에 작은 토치카로 위장하고 있는 히틀러의 벙커는, 그가 머무는 다른 모든 벙커와 마찬가지로 육중한 시멘트 천장과 벽으로 지어져 있었다.

내가 군수장관에 오른 후 세 번, 나는 히틀러와 직접 만난 자리에서 새해 인사를 전할 수 있었다. 하지만 그럴 때마다 항상 뭔가가 나의 의도를 방해했었다. 1943년에는 비행기가 얼어버렸고, 1944년에는 전선에서 돌아가려고 북극해 해안에서 출발했지만 엔진이 고장나버렸다.

내가 겹겹의 장벽을 지나 히틀러의 벙커에 도달한 시각은 1945년이 밝은 지 두 시간이 지난 시점이었다. 너무 늦지 않게 도착한 듯했다. 그의 측근들과 의사들, 비서들, 보어만, 총통 지휘부에서 발이 묶여 있는 장성들을 제외하곤 모일 사람들은 다 모여 샴페인을 마시는 히틀러 주변에 둘러앉아 있었다. 알코올이 모든 이의 긴장을 풀어준 듯했지만 분위기는 가라앉아 있었다. 유일하게 히틀러만이 독한 술을 마시지 않았는데도 취해 있었다. 그는 도취감에 빠진 듯했다.

비록 새해가 지나간 해의 절망적 상황을 몰아내주진 못했지만, 그래도 새로운 달력으로 시작할 수 있다는 데 대한 감사를 느끼는 것 같았다. 히틀러는 1945년의 긍정적인 전망에 대해 이야기했다. 지금의 저점은 곧 극복될 것이라고 그는 말했다. 결국은 우리가 승리할 테니까. 좌중은 그의 예언을 침묵 속에서 받아들였다. 보어만만이 열성적으로 히틀러의 생각을 되풀이했다. 두 시간 이상 히틀러가 경솔한 낙관론을 설파하고 나자, 나를 비롯한 그의 측근들은 의혹을 느끼고 있음에도 불구하고 이유를 알 수 없는 낙천적인 기분이 되었다. 히틀러의 자력이 아직도 힘을 발휘했던 것이다. 논리적으로 따져서는 그런 확신을 갖는다는 것이 불가능한 시기였다. 히틀러가 당시 상황을 프리드리히 대제의 7년 전쟁 종전 당시와 비교하는 순간 우리는 제정신이 들었다. 우리가 군사적 전멸이라는 현실을 앞두고 있다는 암시였기 때문이다.[4] 하지만 그 누구도 그 사실을 입 밖으로 내지 않았다.

사흘 뒤, 카이텔과 보어만, 괴벨스가 참석한 전체 상황회의에서 우리는 비현실적인 희망을 주입받았다. 이제 국민 총동원령(levée en masse)을 내리면 전세가 역전될 것이라는 이야기가 나왔다. 내가 여기에 반대하고 나서자 괴벨스가 모욕적인 태도를 보였다. 나는 전면적인 징병은 독일 내 전 산업 분야를 총체적인 파국으로 이끌 것이라고 주장했다.[5] 실망과 경멸이 섞인 눈초리로 괴벨스가 나를 노려보았다. "그렇다면 슈페어 장관, 군인 몇 십만 명이 없어서 전쟁에 지는 역사적 과오를 범하자는 말이오? 왜 단 한 번도 우리 의견에 수긍하지 않는 게요! 뭐가 문제인지 생각해보시오!" 잠시 동안 우리는 화가 난 채 돌처럼 굳어 결말을 내지 못한 채 서 있었다. 그러자 히틀러가 괴벨스의 손을 들어주며 승리를 장담했다.

군수 관련 토론이 이어졌다. 괴벨스와 함께 그의 차관 나우만이 히틀러의 손님격으로 참석했다. 최근 들어서 계속 그랬듯이, 히틀러는 논의 과정에서 나를 완전히 무시했다. 그는 내 의견도 묻지 않고 바로 자우어에게 고개를 돌리곤 했다. 나는 가만히 듣는 역할만 했다. 회의가 끝나자 괴벨스는 내가 자우어에게 밀려나면서도 너무도 초연한 태도를 보인 것이 충격적이었다고 말했다. 그러나 모든 것이 공허한 대화에 불과했다. 아르덴 작전의 실패는 전쟁이 이미 끝났음을 의미했다. 독일 점령군이 남아 있었지만, 단지 혼란스럽고 무기력한 저항으로 어느 정도 늦춰질 뿐이었다.

이제 말싸움을 피하는 이는 비단 나 혼자만이 아니었다. 전반적으로 무관심의 기류가 지휘부를 에워쌌다. 단지 무기력과 과도한 업무, 히틀러의 심리적인 영향력만으로는 설명하기 힘든 것이었다. 격렬한 충돌, 적대감, 파벌, 히틀러의 총애를 얻기 위해 애쓰던 억지 아부, 잦은 패배의 책임을 다른 쪽으로 떠넘기려 당원들 사이에 흐르던 지난 수년간의 긴장 대신 무관심한 고요만이 흐르고 있었다. 이제는 종말을 기다리는 것이다. 예를 들어, 자우어는 힘러 대신 불레 장군을 육군의 군수 책임자로 앉히는 데 성공했다.* 힘러의 세도가 약해졌음을 입증하는 일대 사건이었지만 아무도 이를 거론하지 않았다. 더불어 더 이상 어떤 일에 대한 의욕도 보이지 않았다. 피할 수 없는 종말에 대한 자각이 곳곳에 그림자를 드리우고 있었기 때문에 무슨 일이 일어나도 관심을 끌지 못했다.

나는 전방 시찰로 베를린에서 3주나 떠나 있었다. 더 이상 수도에 앉아 작전을 지휘할 수 있는 형편이 아니었다. 도처에 번지고 있는 혼란은 중앙 군수조직의 지침을 점점 더 복잡하고 무의미하게 만들었다.

1월 12일, 구데리안이 예상했던 대로 소련이 대규모 공격을 감행했다. 독일의 방어선은 광활한 지역에 걸쳐 전부 분쇄되었다. 심지어 서쪽에 그대로 서 있는 2,000대에 달하는 독일의 최신식 탱크도 더 이상 소련군의 우세를 저지할 수 없었다.

며칠 뒤 우리는 태피스트리가 걸린 히틀러의 집무실 전실인, 이른바 총리 청사 대사관실에 빙 둘러서서 상황회의가 시작되기를 기다리고 있었다. 구데리안이 도착하자—그는 오시마 일본 대사를 방문하느라 좀 늦게 도착했다—평범한 흑백의 친위대 제복을 입은 병사가 히틀러의 집무실 문을 열어주었다. 우리는 손으로 짠 무거운 양탄자를 지나 창가의 지도 테이블로 갔다. 거대한 테이블 표면은 오스트리아산 대리석 판으로 되어 있었다. 피처럼 붉은색 위에 태곳적에 생겨난 산호초의 하얀 횡단면이 드러나 보였다. 우리는 창가에 자리를 잡았고 히틀러는 우리를 바라보고 앉았다.

쿠를란트에 머물던 독일군이 무참하게 당했다. 구데리안은 이곳을 포기하고 군을 발트 해로 이동시켜야 한다고 주장했다. 언제나 후퇴하자는 주장이 나오면 그랬듯 히틀러는 이번에도 반대였다. 구데리안은 양보하지 않았고 히틀러는 계속 고집을 부렸다. 점점 언성이 높아졌고, 마침내 구데

---

* "자우어는 반복해서 히틀러에게 힘러의 부관이자 친위대 상부 그룹 지휘자인 쥐트너가 우리가 여러 해 동안 구축해온 업계분담론 원칙을 깨고 있다고 항의했다. 전말을 전해 들은 히틀러는 너무도 화가 나서 힘러를 교체해버렸다"(총통의사록, 1944년 1월 3~5일, 항목 24).

리안은 드러내놓고 히틀러에게 맞섰다. 회의 도중 처음 목격하는 장면이었다. 아마도 일본 대사관에서 마신 술의 힘을 빌린 듯, 그는 모든 금기를 내동댕이쳤다. 두 눈은 불같이 타오르고 수염도, 글자 그대로 빳빳이 서 있는 모습으로 대리석 테이블 끝에서 히틀러를 노려보았다. 히틀러 역시 자리에서 벌떡 일어났다.

“병사들의 목숨을 구하는 것은 우리의 의무입니다. 아직은 시간이 남아 있어요!” 구데리안은 공격적인 목소리로 소리쳤다.

분노한 히틀러가 맞받아쳤다. “장군은 그곳으로 가서 전투를 계속하시오. 우리는 그 땅을 포기할 수 없소!”

구데리안은 계속해서 단호하게 고함쳤다. “그토록 무의미하게 병사들의 목숨을 희생시킬 수는 없습니다. 마지막 기횝니다! 지금 당장 철수해야 합니다!”

그 누구도 생각지 못한 일이 일어났다. 구데리안의 공격적인 태도에 히틀러는 눈에 띄게 질린 표정이었다. 돌이켜보건대, 히틀러는 구데리안의 주장보다는 말투에서 풍기는 불복종의 기운을 참을 수 없었던 모양이다. 놀랍게도 히틀러는 군사적 논쟁으로 주제를 바꾸어버렸다. 군대의 퇴각은 전체적인 해체와 심지어 방어를 계속하는 것 이상의 더 큰 희생을 초래할 수도 있다고 주장했다. 구데리안은 모든 퇴각의 전략적인 세부 사항은 이미 준비되어 있고 바로 실행이 가능하다고 더욱 강력하게 지적했다. 히틀러 또한 자신의 주장에서 절대 물러서지 않았다.

이 충돌이 권위의 해체를 나타내는 신호였을까? 히틀러는 아직도 최종 결정권을 가지고 있었다. 아무도 그 방에서 나가지 못했고 자신이 앞으로 일어날 일에 더 이상 책임이 없다고 선언하지 못했다. 때문에 히틀러의 권위는 아직은 원천적으로 지켜지고 있었다. 비록 몇 분간이었지만 우리는 히틀러의 궁정 안에서 글자 그대로 마비된 듯한 상태를 경험했다. 이번에는 차이츨러가 반대 의견을 부드러운 태도로 표현했다. 비록 히틀러의 뜻에 반대하고 있었지만, 그의 음성에는 존경과 충성심이 남아 있었다.

모든 참석자가 공공연한 논쟁을 벌이게 된 최초의 순간이었다. 달라진 분위기가 손에 잡힐 듯 느껴졌다. 새로운 세상이 우리 앞에 모습을 드러냈다. 분명 히틀러는 아직 체면을 유지하고 있었다. 그것은 대단한 거래였다. 동시에 초라한 거래이기도 했다.

소련군의 빠른 진군 소식이 전해지는 가운데, 나는 다시 한 번 슐레지엔을 시찰해 산업시설을 보존하라는 내 명령이 지역 당국에 의해 무시되고 있지나 않은지 확인하는 것이 좋겠다는 생각이 들었다. 1945년 1월 21일, 나는 오펠른으로 가 새로 임명된 육군원수 쇠르너를 만났다. 그는 이미 허울뿐인 군 조직에 자신이 새로 임명되었다고 말했다. 연이은 패전 과정에서 탱크와 중무기는 파괴되거나 적에게 포획되었다. 아무도 소련군이 얼마나 가까이 와 있는지 알지 못했다. 어쨌든 지휘부 장교들은 떠나고 있었고 우리가 머무른 호텔에도 손님은 몇 사람에 불과했다.

내 방에는 케테 콜비츠의 에칭 작품 「라 카르마뇰†」이 걸려 있었다. 증오로 일그러진 얼굴을 한 군중이 단두대를 둘러싸고 처절하게 춤을 추는 장면이다. 한쪽 끝에는 우는 여인이 엎드려 있다.

전쟁이 종말을 향해 숨 가쁘게 치닫는 절망적인 상황에 나는 점점 더 불안에 사로잡혔다. 이 작품의 괴상한 인물들이 단속적인 잠 속에서 나를 좇았다. 낮 동안에 억눌려, 활동하는 동안 숨죽여 있던 끔찍한 종말에 대한 강박이 그 모습을 드러냈다. 분노와 실망에 가득 찬 군중이 봉기해서 저 그림 속에서처럼 권력자들을 죽이지 않을까? 친구와 지인 들은 가끔 우리의 어두운 운명에 대해 이야기했다. 밀히는 제3제국 지도부의 운명은 적에게 달려 있음을 확신했고, 나 또한 마찬가지였다.

---

† La Carmagnole: 프랑스혁명 당시 민중들이 광장에서 춘 춤으로 유명하다. 혁명의 승리를 축하하고 독재 정치의 패배를 알리기 위한 춤이었다. 원래는 이탈리아에서 전해 왔다고 한다.

총통 연락책인 벨로 대령의 전화가 악몽으로부터 나를 깨웠다. 지난주에 나는 히틀러에게 루르 지역이 완전히 차단되었기 때문에 북슐레지엔은 잃을 수밖에 없고, 그렇게 되면 조만간 독일 경제의 파국이 불가피하다고 다급하게 지적한 바 있다. 1월 21일, 텔레타이프를 통해 나는 다시 한 번 히틀러에게 북슐레지엔의 중요성을 강조하고 "최소한 1월 생산량의 30~50퍼센트를 쇠르너의 부대에 보급해야 한다"고 요청했다.[6]

이 메시지의 목적은 또한 구데리안의 주장에 힘을 실어주기 위함이었다. 그는 아직도 서부 지역에서의 공방을 끝내고, 기능을 할 수 있는 군대를 모아 동부 전선으로 이동시키기 위해 히틀러를 설득하고 있었다. 동시에 나는 소련군이 "그들의 보급 작전을 가까운 곳에서 진행하고 있고 지금처럼 눈 덮인 상황에서는 멀리서도 눈으로 볼 수 있으며, 독일 전투기들이 서부 전선에서 가시적인 성과를 내지 못하고 있는 만큼 전투기들을 이쪽으로 투입한다면 큰 성과를 올릴 수 있을 것"이라고 지적한 바 있었다. 벨로 또한 히틀러에게 이 점을 강조했지만, 히틀러는 비꼬는 듯 냉소하며 내 주장이 그럴듯하다고 했지만 그 어떤 명령도 내리지 않았다고 전했다. 히틀러는 그의 진정한 적이 서부에 있다고 믿었던 것일까? 히틀러는 스탈린 정부와 연민은 아니더라도 동질감이라도 느꼈던 것일까? 히틀러가 예전에 했던 발언들을 떠올려보면, 이런 식으로 해석될 여지가 있으며, 당시 히틀러의 행동을 설명할 수 있는 동기를 찾을 수도 있을 듯하다.

다음 날 나는 슐레지엔의 공업 중심지인 카토비츠로 향했지만 도착하지는 못했다. 살얼음이 언 길을 회전하다가 차가 육중한 트럭과 부딪혔다. 가슴 부위가 운전대와 충돌했는데, 운전대가 비틀어질 정도의 충격이었다. 나는 마을 여인숙 계단에 앉아 창백하고 지친 모습으로 숨을 쉬려고 헐떡였다. "그러고 계시니까 진짜 패전국의 각료처럼 보이는 걸요." 포저가 놀리듯이 말을 걸었다. 차는 쓸 수 없는 상태였고, 나는 구급차에 실려갔다. 내가 정신을 차리고 침상에서 내려왔을 때, 카토비츠에 있는 부관이 전화를 걸어 우리의 비파괴 정책이 잘 실천되고 있다고 알려 왔다.

베를린으로 돌아오는 길에, 브레슬라우 관구장인 한케가 나에게 당사 건물을 보여주었다. 위대한 건축가 싱켈의 작품으로 최근에 개축한 것이었다. “러시아 놈들은 절대 이 건물을 손에 넣을 수 없을 겁니다.” 그는 격한 음성으로 말했다. “차라리 내 손으로 불태우겠어요.” 나는 항의했지만 한케는 물러서지 않았다. 적의 손으로 넘어가는 한 브레슬라우가 어찌 되든 관심이 없다는 것이었다. 하지만 설득 끝에 그에게 예술작품의 중요성을 이해시킬 수 있었고, 마침내 그도 파괴주의를 포기했다.*

베를린으로 돌아온 나는 히틀러에게 시찰 중에 찍은 참담한 피난 행렬을 담은 숱한 사진 가운데 일부를 보여주었다. 아낙네들과 아이들, 노인들이 매서운 추위 속에 가련한 운명을 향해 고통스레 발걸음을 내딛는 광경이 히틀러에게 동정심을 불러일으킬지도 모른다는 희미한 희망 때문이었다. 그래서 서부 전선에 배치되어 있는 병력의 일부라도 이동해 소련군의 진군을 저지할 수 있을지도 모른다고 기대했다. 그러나 내가 사진을 보이자 그는 거칠게 옆으로 밀쳐버렸다. 그 사진들이 관심을 끌지 못한 것인지, 아니면 너무도 깊은 충격을 준 것인지 구분하기 어려웠다.

1945년 1월 24일, 구데리안이 리벤트로프 장관을 찾았다. 그는 군의 상황을 설명하고 짤막하게 독일이 전쟁에 패배했음을 선언했다. 리벤트로프는 망설이다가 히틀러에게 즉시 이 사실을 보고함으로써 상황을 모면하고자 했다. 그는 놀라워하는 말투로 참모총장이 전황에 대한 개인적인 견해를 피력했음을 알렸다. 두 시간 뒤에 열린 상황회의에서 히틀러는 몹시 흥분한 태도로 그 어떤 패배주의적인 발언도 중대 처벌을 받을 것이라고 선언했다. 또 모든 보좌관은 자신에게 직접 모든 것을 보고할 수 있음도

---

* 그러나 오래가진 않았다. 몇 달 뒤 한케는 인명이나 역사성은 아랑곳하지 않고 브레슬라우를 파괴했다. 심지어 그의 절친한 친구이자 시장 슈필하겐 박사를 공개 교수형에 처하기도 했다. 그 후 디자이너 플래트너에게 듣기로는 블레슬라우가 함락되기 직전 자신은 몇 대 남지 않은 헬리콥터를 타고 도시를 탈출했다고 한다.

알렸다. "나는 지금의 전세에 대한 일반화와 결론을 내리는 일을 금지하겠소. 그것은 나의 직무요. 앞으로는 전쟁에 패배했다는 말을 입 밖에 낼 시에는 누구든지 반역으로 간주하겠소. 직위의 고하를 막론하지 않고 당사자와 그 가족에게 처벌이 돌아감은 물론이오!"

그 누구도 감히 말대꾸를 할 수 없었다. 우리는 가만히 듣고 나서 조용히 회의실을 나왔다. 그때부터 새로운 손님이 상황회의에 동참했다. 그는 뒷자리를 지키고 있었지만 그 존재만으로도 막중한 효과를 발휘했다. 바로 게슈타포 수장인 에른스트 칼텐브루너였다.

히틀러의 위협과 점점 더 극렬해지는 돌발성을 지켜보던 나는 1945년 1월 27일, 군수 생산조직에서 중요 인물 300명을 골라 지난 2년간의 군수 생산 최종자료를 보냈다. 그리고 건축과 관련된 나의 측근들에게 사진과 설계도를 모아 안전한 장소에 보관하라고 일렀다. 여유 시간도 없었을 뿐더러 내 감정과 우려를 숨기고 싶지도 않았다. 그들은 이런 나의 행동이 지금까지의 나와 결별하는 것임을 이해하고 있었다.

1월 30일, 나는 연락책인 폰 벨로를 통해 히틀러에게 보고서를 전했다. 참으로 기막힌 일이지만 그날은 히틀러가 집권한 지 꼭 12주년이 되는 날이었다. 나는 중공업과 군수 생산 분야에서는 이미 전쟁 종료를 선언했다. 그리고 현실을 고려해볼 때 식량과 가정용 난방, 전기 공급이 탱크, 비행기 엔진, 무기 생산보다 우선한다고 결론지었다.

미래의 군수 생산에 대한 히틀러의 헛된 기대를 뿌리 뽑기 위해, 앞으로 세 달 동안 예상되는 탱크 생산과 무기, 군수품 생산 차트를 함께 제시했다. 보고서는 다음과 같은 말로 끝맺고 있다. "북슐레지엔 함락 이후 독일의 군수 생산은 더 이상 전방에서 요구하는 군수품과 무기, 탱크를 대충이라도 감당할 수 없게 되었습니다. … 이제는 적의 물적 우위를 우리 병사들의 용맹으로 상쇄하는 것이 불가능합니다." 물자의 부족은 독일 병사들이 독일 땅에서 자신의 조국을 지키기 위해 싸우기 시작하면 발휘되는 기적과 같은 용기로 메워질 수 있다고 히틀러는 반복해서 주장해왔다. 내가 보고서를 보낸 목적은 여기에 대한 그의 반응을 끌어내는 것이었다.

보고서를 받은 다음부터 히틀러는 나를 무시했고 회의 자리에서도 나를 없는 것으로 치부했다. 그러나 2월 1일, 그는 마침내 나를 불렀고 자우어도 함께 오라고 지시했다. 상황에 비추어 나는 유쾌하지 않은 충돌을 예상했다. 그러나 우리 두 사람을 자신의 서재로 불러들이는 것을 보고 그가 공언해왔던 '패배주의'를 처벌하기 위해서 부른 것은 아님을 깨달았다. 히틀러는 분노를 폭발할 때 그 대상을 앞에 세워두지만, 이번에는 친절하게 커버가 씌워진 편안한 의자를 권하기까지 했다. 그는 자우어 쪽으로 고개를 돌렸다. 긴장한 듯한 목소리였다. 그는 감정을 억제하고 있었다. 히틀러가 내 반대를 무시하고 평소와 마찬가지로 군수 생산에 관한 문제를 논의하려는 당혹스러운 시도를 하고 있음을 감지했다. 결심한 듯 차분한 태도로 히틀러는 다음 몇 달간의 생산 가능성에 대해 논의했다. 자우어는 긍정적인 요인을 거론하며 나의 보고서가 담고 있는 비관적인 어조를 상쇄하려 애썼다. 히틀러의 낙관주의가 허무맹랑하게 보이지는 않았다. 결국, 지난 몇 년간 나의 예측은 상당히 자주 잘못된 것으로 입증되지 않았던가. 적이 내가 예상한 만큼 일관성 있게 작전을 추진하지 않았기 때문이다.

나는 대화에 참여하지 않고 우울하게 앉아 있었다. 히틀러는 회의가 끝날 무렵에야 내 쪽으로 고개를 돌렸다. "슈페어 장관은 군수 생산 전망에 대해 나에게 보고할 합당한 권리가 있네. 그러나 이러한 정보를 그 누구에게도 알려서는 안 되며, 이 보고서의 복사본을 주는 것도 금지하네. 그러나 마지막에 보낸 그래프와 같은, (이때 히틀러의 음성은 차갑고 통렬했다) 내용은 나에게도 보내지 말게. 상황에 대한 결론을 내리느라고 수고할 필요는 없어. 최종 결론은 나에게 맡겨두게." 그의 음성은 부드러웠고 흥분한 기색은 전혀 없었다. 입술 사이로 홀연 휘파람이라도 불 듯 태연한 모습이었다. 이런 경우가 펄펄 뛰며 화를 내는 것보다 훨씬 명확하고 치명적이었다. 화가 났을 때 했던 말들은 다음 날이면 쉽게 돌이켜질 수 있었다. 그러나 이번에는 히틀러의 최종 결론을 듣고 있음을 직감할 수 있었다. 그는 우리를 물러가게 했다. 히틀러는 나에게는 냉담했고 자우어에게는 다정했다.

나는 이미 1월 30일에 포저를 시켜 보고서 사본을 여섯 부 만들어 참모부 여섯 개 부서에 보내도록 했었다. 히틀러의 명령에 따르기 위해 나는 보낸 보고서를 돌려보내 줄 것을 요청했다. 히틀러는 구데리안과 다른 사람들에게 보고서를 읽지 말고 되돌려 보내라고 명령했다.

나는 즉각 다른 보고서를 준비했다. 내가 알기로는 자우어도 군수 문제에 관한 한 기본적으로 나와 같은 견해를 가지고 있었다. 이번에는 자우어에게 보고서를 쓰게 했고 그의 서명을 받기로 했다. 이것만이 히틀러 스스로 인정하게 만드는 유일한 방법이었다. 내가 베르나우에서 열었던 비밀회의가 불안했기 때문이었다. 그곳에는 탄환 생산을 담당하고 있는 디터슈탈이 소유한 공장이 있었고, 자우어와 나를 포함해 모든 참석자는 군수 생산 파산이라는 의견을 담은 보고서를 작성해 히틀러에게 보내야 한다는 데 동의했다.

자우어는 뱀장어처럼 몸을 뒤틀었다. 아무래도 서면 보고는 무리라고 생각하는 모양이었다. 대신 히틀러와의 다음 회의에서 나의 비관적인 전망에 동의하는 데 찬성했다. 그러나 다음 회의 역시 틀을 벗어나지 못했다. 내가 보고를 끝내자 자우어가 침울한 분위기를 걷어내려고 애썼다. 그는 최근 메서슈미트 생산 업체와의 논의 내용을 정리하고 서류 가방에서 4발 엔진 폭격기의 초기 설계안을 꺼내놓았다. 뉴욕까지 한 번에 이를 수 있는 폭격기를 만들기 위해서는 정상 조건이라 해도 수년이 걸릴 일이었지만, 히틀러와 자우어는 뉴욕의 마천루에 폭탄을 퍼부을 상상만으로도 황홀경에 빠져들었다.

1945년 2월과 3월 내내, 히틀러는 가끔 여러 가지 경로를 통해 적국과 접촉하려는 시도를 하고 있음을 은연중에 암시했지만 자세히 설명하는 일은 없었다. 나는 히틀러가 그 어떤 탈출구도 남아 있지 않다는, 협상은 총체적으로 불가능하다는 분위기를 조성하려고 애쓴다는 인상을 받았다. 얄타 회담이 열릴 즈음, 히틀러가 공보 담당인 로렌츠에게 내리는 지시를 들었다. 그는 독일 언론의 반응이 마음에 들지 않은 듯이 더 날카롭고 공격적인 톤을 요구했다. "얄타에 모인 전쟁광들은 비난받아 마땅해. 놈들이 우리 국민들을 향해 그 어떤 제안도 내놓지 못하도록 심한 모욕과 공격을 가해야 할 걸세. 그 깡패 같은 놈들이 원하는 건 독일 국민과 정부의 괴리지. 언제나 말했듯이, 항복은 불가능하다!" 그는 잠시 머뭇거렸다. "역사는 되풀이되지 않는다!" 그의 마지막 라디오 연설에서 히틀러는 이 생각을 그대로 차용해 확신하듯 말했다. "이 정치가들은 민족사회주의당이 이끄는 독일에 영향력을 행사하기 위한 모든 시도를 할 것입니다. 미국 특유의 유치하고 공허한 감언이설에 독일 국민은 넘어가지 않을 것입니다." 히틀러는 국민을 대변하는 절대적 직무에서 자신을 해방시켜줄 존재는 오로지 자신을 그 자리에 임명한 사람이라고 강변했다. 히틀러가 의미한 것은 '전능한 신'이었고 그에 대해서 연설 도중 여러 번의 암시가 있었다.[7]

전쟁에서 승승장구하는 동안, 히틀러는 주변의 장성들과 폭넓게 어울렸다. 그러나 정권 막바지에 이르자 그는 정치가로서 인생을 함께 시작했던, 오래된 동지들로 이루어진 최측근의 무리 속으로 숨어버렸다. 밤마다 히틀러는 괴벨스와 라이, 보어만 등과 몇 시간씩 함께 보냈고, 누구도 이들 사이에 끼어들 수 없었다. 아무도 그들이 무슨 이야기를 하는지 몰랐다. 초창기 시절을 회고하고 있는지, 아니면 다가오는 종말과 그 뒤에 벌어질 일들에 관한 이야기를 나누는지 짐작할 수 없었다. 나는 패배 후의 일을 논의하지 않을까 귀를 기울여보았지만 헛된 노력이었다. 그들은 지푸라기라도 잡겠다는 태도였고, 희미한 반전의 가능성도 진지하게 받아들였다. 그들은 국가의 운명을 그들 자신의 운명만큼 중대한 것으로 받아들일 준비가 되어 있지 않았다. "미국 놈들, 영국, 러시아 놈들에게 폐허만 남겨줄 것이다." 언제나 같은 결론이었다. 히틀러도 괴벨스나 보어만, 라이처럼 과격한 발언을 하지는 않았지만 여기에 동의하고 있었다. 몇 주 후에는 그 누구보다 과격한 생각을 가지고 있었던 이가 히틀러였음이 만천하에 드러나게 된다. 다른 사람들이 말로 표현하는 동안, 그는 정치인답게 허식 속에 진심을 숨겨왔던 셈이다. 결국 국가 존립의 기초를 파괴하라는 명령을 내린 장본인은 히틀러였다.

2월 초의 상황회의에서 본 지도는 수없이 뚫린 전선과 포위된 지역으로 가득 찬 비극적인 그림이었다. 나는 되니츠를 곁으로 끌어당겼다. "뭔가 조치가 있어야 되지 않겠소?"

되니츠는 그답지 않게 불퉁한 태도로 말했다. "저는 단지 해군을 대표하러 와 있습니다. 그 외의 일은 제 소관이 아닙니다. 총통께서 모든 것을 아시겠지요."

매일 지도 테이블을 중심으로, 고집스럽게 앉아 있는 히틀러를 대하던 사람들이 한 번도 단체 행동을 생각해보지 않았다는 사실은 주목할 만하다. 괴링은 오래전에 와해되었고 기운이 쇠진한 상태였다. 그럼에도 괴링은 전쟁이 발발한 그날 이후, 히틀러에게 일어난 근본적인 변화를 현실적으로, 환상을 가지지 않고 바라보았던 몇 안 되는 인물 가운데 하나였다. 만일 괴링이 제국의 2인자로서 나를 비롯해 카이텔과 요들, 되니츠, 구데리안 등과 함께 힘을 모아 히틀러에게 최후통첩을 했다면, 히틀러도 받아들였을지 모른다. 그러나 히틀러는 항상 그런 종류의 대결을 피했다. 그는 만장일치의 지도력이라는 허구를 포기하기 힘들어했다.

2월 중순의 어느 저녁, 나는 카린할로 괴링을 방문했다. 나는 군사 지도를 보면서 그가 휘하 사단 병력을 사냥터 주변에 집결시켜 둔 것을 알게 되었다. 오랫동안 그는 공군의 실책에 대한 희생양이었다. 상황회의가 열리는 동안 히틀러는 장성들 앞에서 습관적으로 가장 폭력적이고 모욕적인 말로 괴링을 비하했다. 심지어 괴링과 독대를 할 때는 더욱 잔혹했다. 나는 가끔 대기실에서 기다리는 동안 히틀러가 그에게 호통치는 소리를 듣곤 했다.

그날 저녁 카린할에서 나는 괴링과 특별한 친밀함을 쌓았다. 전례없는 일이었다. 명품 와인 라피트-로칠드가 벽난로 앞에 준비되고, 심부름꾼들에게 들어오지 말라는 지시가 내려졌다. 나는 솔직한 태도로 히틀러에 대한 실망감을 표현했다. 괴링은 나를 이해하며 실망을 숨기지 않고 털어놓았다. 괴링은 훨씬 나중에 내가 히틀러와 함께했기 때문에 그에게서 벗어나기가 훨씬 쉬울 것이라고 말했다. 초창기부터 일상과 투쟁을 함께해온 자신은 그에게 더 강하게 묶여 있으며, 더 이상 멀어질 수 없다고 말했다.

며칠 뒤, 히틀러는 카린할 부근에 집결해 있던 낙하산부대를 베를린 남쪽 전선으로 배치했다.

이 무렵, 친위대 고위 관계자가 나에게 힘러가 중대 결심을 하고 있음을 넌지시 일러주었다. 1945년 2월 친위대 사령관 힘러가 비스툴라 군단의 지휘권을 넘겨받았지만 진군하는 소련군은 그도 저지할 수 없었다. 히틀러는 이제 힘러마저 비난하고 나섰다. 힘러의 개인적 위상은 전선에 있던 몇 주 때문에 모두 사라져버렸다.

그럼에도 모두 여전히 힘러를 두려워했다. 특히 나는 어느 날 밤 힘러가 상의할 일이 있어 방문하겠다는 뜻을 전해왔을 때 몸이 떨릴 정도로 그가 두려웠다. 힘러가 나를 찾았던 적이 없었기 때문이다. 더욱이 나와 더불어 여러 번 솔직한 대화를 했던 신임 군수부 중앙본부장 테어도어 후프파우어가 같은 시간에 게슈타포 사령관 칼텐브루너의 방문을 받을 것이라고 알려 왔을 때 나의 긴장감은 더욱 솟구쳤다.

힘러가 들어서기 전 보좌관이 귓속말을 해주었다. "혼자 오셨습니다." 사무실에는 유리창이 없었다. 며칠마다 폭격으로 부서지기 때문에 새로 해 넣지 않은 것이다. 전기도 들어오지 않았기 때문에 테이블 위에는 가련한 촛불 하나가 흔들리고 있었다. 우리는 코트로 몸을 감싼 채 얼굴을 마주했다. 그는 사소한 문제들을 언급했고 별 의미 없는 질문을 했다. 전선 상황을 이야기하더니 아리송한 말을 했다. "내리막길을 가는 동안에는 언제든지 계곡으로 내려갈 길이 있소, 슈페어 장관. 그리고 골짜기에 도달하게 되면 다시 위로 올라가는 길이 시작되지요."

나는 그의 격언 같은 말에 동의도 반대도 표하지 않았고, 대화 내내 대답을 간단히 끝냈다. 그는 곧 일어났다. 나는 힘러가 무엇을 원하는지 알 수 없었고, 같은 시간에 칼텐브루너가 후프파우어를 방문한 이유도 알 수 없었다. 아마도 그들은 나의 비판적인 태도를 전해 듣고는 동지를 찾고자 했을지 모른다. 우리의 생각을 그저 한번 듣고 싶었을지도 모른다.

2월 14일, 나는 재정장관에게 편지를 보내 "1933년 이후에 불어난 나의 개인 재산을 제국에 기부하겠다"는 뜻을 밝혔다. 마르크를 안정시키기 위한 조치였다. 마르크의 가치는 강제적인 방편에 의해서 겨우 유지되고 있었지만 강제 조치의 힘이 다하자마자 붕괴할 것이 뻔했다. 재정장관 슈베린 크로지크 백작은 나의 제안을 괴벨스와 의논했고, 괴벨스는 번지르르한 말로 반대를 표했다. 선전장관 괴벨스가 자신도 재산 기부에 동참해야 한다는 압력을 느꼈다면, 많이 신경이 쓰였을 것이다.

내가 했던 다른 구상들도 마찬가지로 이 역시 받아들여지지 않았다. 지금 생각해보면 당시에 내 마음은 낭만과 환상의 지배를 받았던 것 같다. 1월 말, 나는 절망적인 전세에 대해 신중한 태도로 선전차관인 베르너 나우만과 의논했다. 마침 둘 다 선전부 방공호에 머물고 있어서 우연찮게 이야기를 나누었다. 최소한 괴벨스는 명석함과 논리를 지니고 있을 거라는 생각에, 나는 히틀러에 대한 최후의 일격을 구상해보았다. 내 구상은 정부와 당과 군 지휘관들의 합동작전이었다. 독일 국민의 생존권이 보장된다면 지도부는 적에게 항복할 것이라는 포고령을 히틀러가 발표한다는 식이다. 역사를 되돌아보면, 워털루 전쟁에서 영국에 패했던 나폴레옹도 자신을 희생하고 다른 모든 이의 죄를 면하려는 바그너풍의 장엄한 생각을 했던 것 같다. 나의 구상을 실행에 옮기지 않은 것은 다행이었다.

업계 출신 측근들 가운데 뤼셴 박사는 개인적으로 가장 나와 가까운 사람이었다. 그는 독일 전기업계 대표이자 감독위원회 위원이며, 지멘스 사와 관련한 개발 연구 부문을 이끄는 70세 노장이었다. 그의 노련한 경험 덕에 나는 많은 것을 배웠다. 그는 독일 국민이 앞으로 겪게 될 고난을 예측했지만 결국은 극복해내리라고 확신하고 있었다.

2월 초, 뤼셴 박사가 파리저 광장 뒤 군수부 뒤쪽 건물에 있던 나의 작은 집을 방문했다. 그는 주머니에서 신문 한 장을 꺼내 건네주며 말했다. "히틀러의 『나의 투쟁』에서 요즘 사람들이 가장 자주 인용하는 말이 뭔 줄 아나?"

나는 신문을 읽었다. "민주주의의 직무는 국가가 영웅적으로 파괴되지 않고 현실적으로 보존됨을 보장하는 것이다. 이 목적을 향해 난 모든 길은 정당하다. 그것을 따르는 데 실패한다면 분명 직무유기라는 범죄에 해당할 것이다." 그는 두 번째의 적당한 인용문을 찾아냈다. 뤼셴은 계속 읽었고, 나에게 다른 조각을 건네주었다. "국가의 권위는 그 목적이나 그 자체로서는 존재할 수 없다. 그럴 경우 지구상의 모든 반역 행위가 신성하고 공격 불가한 것이 되기 때문이다. 만일 하나의 인종 집단이 국가권력에 의해 멸망한다면, 이 민족의 모든 개개인의 반역은 권리일 뿐만 아니라 의무이다."[8]

뤼셴은 이 신문을 남겨두고 말없이 떠났다. 불안해진 나는 방 안을 이리저리 거닐었다. 내가 지난 몇 달 동안 전달하려고 했던 내용을 히틀러가 스스로 말하고 있었다. 이제 결론만 내려지면 그만이다. 히틀러는 본인이 표명한 정치 활동의 기준으로 평가하면, 국민에 대해 반역 행위를 저지르고 있는 셈이었다. 히틀러가 모든 것을 빚지고 있으며 자신의 명분 때문에 희생당하고 있는 그 국민들을 말이다. 분명 내가 히틀러에게 진 빚보다 큰 부채일 것이다.

그날 밤, 나는 히틀러를 제거하기로 결심했다. 나의 준비는 분명 초기 단계는 넘어섰으며, 조금은 우스꽝스러운 상황이 되어가고 있었다. 그러나 동시에 나의 결심은 정권의 본질과 배우들의 캐릭터가 와해되고 있다는 신호탄이었다. 히틀러 정권이 한때 건축가가 되고 싶은 마음밖에 없었던 나를 어디로 몰아갔는지 생각하면 진저리가 난다. 심지어 종말에 가까운 시점에서도 나는 그와 가끔 얼굴을 맞대고 앉아 예전에 세웠던 건축 계획들을 떠올리곤 했고, 그러는 내내 비록 많은 부분 의견 불화를 겪었지만 아직도 나와 닮은 구석이 있으며 그 누구보다 나에게 관대함을 보여주었던 그를 죽일 독가스를 구할 방법을 생각했다. 여러 해 동안 나는 히틀러의 가신으로 살아왔고, 인간적인 삶은 존재하지 않았다. 모든 것이 남의 일처럼 여겨졌다. 이제 그 정권이 나를 변하게 했음을 깨닫는다. 나는 기만과 음모, 비열함의 초대권에 함께 엮였을 뿐만 아니라 살인까지 떠올리고 있었다. 나 자신이 그 왜곡된 세계의 일부가 되었다. 12년 동안 철저하게 살인자들 사이에서 살아왔으니까. 이제 히틀러 정권의 몰락을 앞두고 히틀러와 다른 모든 사람들의 영향을 받아들인 나는, 그를 제거해야 한다는 도덕적 충동에 사로잡혔다.

뉘른베르크 재판에서 괴링은 나를 조롱했고 나를 제2의 브루투스라고 표현했다. 몇몇 피고들은 다음과 같은 말로 나를 질책했다. "당신은 총통에 대한 맹세를 저버렸어." 그러나 맹세에 대한 강요는 공허한 것이다. 그것은 단지 독립적인 사고라는 의무를 저버리기 위한 방편이었다. 어떻게 보면 히틀러 자신도 그 자신이 1945년 2월에 나에게 했듯이, 이 허위의 논쟁에서 논리를 제거해버렸으니까.

총리 청사의 뜰을 거닐면서 나는 히틀러의 벙커와 이어지는 환기구 입구를 보았다. 작은 수풀로 은폐되어 있는 환기구는 지면과 같은 높이에 창이 나 있었고 얇은 창살로 막혀 있다. 공기는 필터를 통해 걸러진 후 안으로 들어간다. 하지만 타분 가스를 차단할 수 있는 필터는 없었다.

나는 기회를 잡기 위해 탄약 제조를 책임지고 있는 디터 슈탈과 가까워졌다. 게슈타포가 전쟁 결말과 관련된 패배주의적 발언을 문제 삼아 그를 심문한 일이 있었다. 형벌은 무거웠고, 그는 나에게 도움을 청했었다. 다행히 브란덴부르크의 슈튀르츠 관구장과 알고 지낸 덕분에 그를 구해줄 수 있었다.

2월 중순 뤼센이 다녀가고 며칠 뒤, 나는 베를린 방공호의 작은 방에서 슈탈과 마주앉았다. 엄청난 폭격이 계속되는 바깥 상황이 솔직한 대화 분위기를 만들어주었다. 콘크리트 벽과 철문, 딱딱한 의자가 놓인 으스스한 방에서 우리는 총통부의 상황과 그곳에서 추진하는 참혹한 초토화 정책에 관한 이야기를 나누었다. 도중에 슈탈이 내 팔을 잡으면서 외쳤다. "끔찍한 일이 벌어질 겁니다, 끔찍한 일이요!"

나는 조심스럽게 새로운 독가스에 대해, 그리고 그것을 구할 수 있을지를 물어보았다. 유별난 질문이었지만 슈탈은 기다리고 있었다는 듯이 대답했다. 대화 도중 침묵이 흐르자 내 입에서 이런 말이 튀어나왔다. "전쟁을 끝내는 유일한 방법이 있소. 나는 총통 벙커에 독가스를 집어넣을 작정이오."

비록 우리 두 사람이 친근한 관계라고 할 수 있었지만, 나 자신의 지나친 솔직함에 스스로가 깜짝 놀라고 말았다. 그러나 슈탈은 놀라움이나 흥분의 기색은 전혀 보이지 않았다. 그는 침착하게 며칠 안에 구할 방법을 찾아보겠다고 대답했다.

며칠 뒤 슈탈은 무기청 탄약 책임자인 소이카 소령과 연락을 취했다고 전했다. 슈탈의 공장 안에서 독가스 실험을 위한 포탄을 제조할 예정이라고 말했다. 독가스 공장의 중간급 이상의 직원이라면 군수부나 무기감독위원회보다 더 쉽게 타분 가스를 얻을 수 있었다. 슈탈과의 대화로 나는 타분 가스가 폭발이 있은 직후에만 유효하다는 것을 알게 되었다. 그렇다면 나의 목적을 위해서는 그리 실용적이지 못했다. 폭발은 얄팍한 환기통을 뒤흔들어버릴 게 뻔했다. 이제 3월에 접어들었다. 그러나 나는 계속 계획에 골몰했다. 이것만이 한밤중에 만나 담소를 나누는 히틀러뿐만 아니라 보어만과 괴벨스, 라이를 한 번에 보낼 수 있는 유일한 방법이었기 때문이다.

슈탈은 기존에 사용되던 독가스를 구하기로 마음먹었다. 총리 청사가 건설된 이후 나는 그 건물의 책임 엔지니어인 한셸과 친분을 유지하고 있었다. 나는 그에게 공기 필터를 너무 오래 사용해서 새것으로 교체해야 한다고 제안했다. 실제로 히틀러는 가끔 내가 있는 자리에서 공기가 나쁘다고 불평했다. 그러나 내가 준비되기도 전에 한셸은 필터 장치를 제거했고, 그 순간 벙커는 무방비 상태였다.

그러나 만일 내가 가스를 즉시 얻을 수 있었다 하더라도 나의 계획은 무산되었을 것이다. 지상 환기구를 다시 한 번 점검했을 때, 상황은 변해 있었다. 무장 친위대원들이 건물 전체의 지붕 부분에서 보초를 서고 있었고 서치라이트까지 가설되었다. 뿐만 아니라 땅 위로 환기구 창이 뚫려 있던 부분에는 3미터 높이의 굴뚝이 세워져 있었다. 접근하기 힘든 높이였다. 나는 소스라치게 놀랐다. 암살 계획이 들통난 것일까. 그러나 모든 상황이 우연의 일치였다. 제1차 세계대전 당시에 독가스 때문에 한동안 실명했던 적이 있던 히틀러는 가스가 공기보다 무겁다는 점을 들어 굴뚝을 세우게 했다.

계획이 좌절된 것에 오히려 마음이 놓였다. 그 3, 4주 동안 정보가 새어나갔는지 전전긍긍했기 때문이다. 가끔 나는 내 생각이 표정으로 나타나지 않을까 두려웠다. 어쨌든, 1944년 7월 20일 이후에는 누구든지 가족이 소환 조사를 받을 가능성이 있었다. 나의 아내 그리고 여섯 아이들까지도 말이다.

높이 솟은 굴뚝은 내 계획을 좌절시켰을 뿐만 아니라, 머릿속에서 암살에 관한 생각 자체를 사라지게 했다. 나는 더 이상 히틀러의 제거를 임무로 느끼지 않았다. 이제 내가 할 일은 히틀러의 파괴 명령을 좌절시키는 것이었다. 비록 여러 가지 감정이 뒤섞이긴 했지만 나는 애착과 모반, 충성, 분노에서 해방되었다. 두려움의 문제를 차치하고라도, 나는 손에 총을 들고 히틀러를 겨눌 수 없었다. 나를 압도하는 그의 자력은 최후의 순간까지도 강하게 남아 있었다.

당시 극심했던 감정적인 혼란은, 내가 그의 비도덕성을 너무도 잘 알고 있었음에도, 그의 파멸과 그가 완벽한 확신을 가지고 건설했던 세계가 무너지는 모습에 마음의 고통을 억누를 수 없었다는 점에서도 드러난다. 그 시점부터 히틀러에 대한 나의 감정에는 혐오감과 연민, 매혹이 뒤섞여 있었다.

게다가 나는 두려움에 사로잡혀 있었다. 3월 중순, 논의가 금지되었던 패배한 전쟁에 관한 보고서를 히틀러에게 보냈다. 이번에는 나의 개인적인 편지도 함께 보내기로 했다. 떨리는 손으로, 각료들만 사용할 수 있는 초록 잉크로 편지를 써내려갔다. 내 비서가 『나의 투쟁』의 인용문을 특별히 큰 활자체로 써내려간 종이 뒷장에 초안을 쓴 것은 우연만은 아니었다. 이런 방법을 동원해 나는 히틀러에게 패전을 앞두고 그가 생각했던 '반역'의 의미를 상기시키고 싶었다.

편지는 이렇게 시작된다. "이 밀봉된 보고서는 제가 보고해야만 하는 내용을 담고 있습니다. 제국의 군수장관으로서, 생산 책임자로서, 그것은 각하와 독일 국민에 대한 저의 의무입니다." 여기서 나는 잠시 멈추었다가 독일 국민을 각하 앞으로 옮겼다. "이 편지가 저의 운명에 중대한 변화를 가져올 것을 알고 있습니다."

내가 지금까지도 보관하고 있는 편지의 초안은 이 말로 끝맺었다. 나는 이 초안을 바탕으로 편지를 작성했다. 이제 내 운명은 히틀러의 손에 맡겨져 있었다. 마지막에 조금 수정한 부분이다. "… 이 편지가 아마도 저의 운명에 중대한 변화를 가져올지도 모르겠습니다."

29

최후의 심판
Die Verdammung

전쟁이 종말을 맞을 즈음, 나는 일을 하며 초조함과 안도감을 동시에 느꼈다. 어쨌든 서서히 끝나가는 군수 생산에 대한 걱정도 자우어에게 떠넘겼다.[1] 내 일은 업계와 최대한 밀접한 관계를 유지하면서 물자 보존, 전후 경제로의 이행과 관련된 긴급한 문제를 논의하는 것이었다.

모건도 계획[†]은 히틀러와 나치당의 통치를 도와준 셈이 되었다. 히틀러와 나치당의 패배가 모든 국민의 운명을 결정짓는다는 자신들의 주장에 대한 증거로써 모건도 계획을 들먹이는 한에서는 그랬다. 많은 사람이 실제로 이 위협에 영향을 받았지만, 우리는 오래전부터 앞으로 일어날 일에 대해 다른 견해를 가지고 있었다. 히틀러와 그의 도당은 점령된 땅에서 모건도 계획과 비슷한 목적을 훨씬 더 극단적으로 추구했다. 그러나 체코슬로바키아와 폴란드, 노르웨이와 프랑스 등의 산업은 다시 일어섰다. 독일의 의도와는 반대로 목표를 위해 산업을 일으키려는 심리가 패배주의자들

---

† Morgenthau Plan: 독일이 다시는 전쟁을 일으키지 못하게 하기 위해서 미국 재무장관 헨리 모건도 2세가 제안한 계획이다. 독일을 두 개의 독립국가로 분할하고, 루르나 슐레지엔 같은 공업 생산지는 국제사회가 관리하며, 모든 중공업시설을 파괴하거나 해체하는 것을 골자로 한다. 1944년 9월 15일 루스벨트와 처칠에 의해 승인되었다.

의 절망보다 컸기 때문이다. 그리고 일단 산업의 부활을 위해 나선다면, 사람들을 먹이고 입히고 월급을 주기 위해서는 기본이 되는 경제 기반을 보존해야 된다는 사실을 절감할 것이다.

어쨌든 이러한 일들이 점령지에서 일어나고 있었고, 우리는 독일의 부활을 위한 하나의 조건이 생산시설의 보호와 보존이라는 걸 알고 있었다. 특히 히틀러 암살을 포기하고 난 후, 전쟁의 끝을 위한 내 임무는 모든 어려움에 맞서 이념이나 민족주의적인 편견 없이 산업시설을 보호하는 데 집중되었다. 그러나 이것은 제국정부의 공식 정책과는 반대 방향이었다. 나는 거짓과 속임수, 분열의 길을 가기 시작했고 그 길을 따라야만 했다.

1945년 1월 상황회의에서 히틀러는 나에게 외신 보도를 건네주었다. "자네도 알겠지만, 난 프랑스의 모든 시설을 파괴하라고 명령했었네. 그런데 프랑스의 생산이 몇 달 만에 다시 전쟁 전 수준을 회복했어. 어떻게 이런 일이 가능한가?" 히틀러는 화난 눈초리로 나를 노려보았다.

"이건 선전용 보도 같습니다." 나는 침착하게 대답했다. 히틀러도 선전용 언론기사에 대해 잘 알고 있었다. 그 일은 그대로 넘어갔다.

1945년 2월, 나는 다시 헝가리의 정유공장과 아직까지 보존되고 있던 북슐레지엔의 석탄 광산, 체코슬로바키아, 단치히 등을 시찰했다. 가는 곳마다 현지에 파견된 군수 책임자들로부터 내 방침에 따라 시설을 보존하겠다는 약속을 받아냈고, 장성들마저 나의 노력에 동감을 표했다.

시찰 도중 헝가리의 발라톤 호수에서 흥미로운 장면을 목격했다. 히틀러의 명령에 따라 대규모 공격을 준비하고 있는 친위대 부대가 눈에 띄는 곳에 배치되어 있는 것을 보았다. 그 작전은 극비에 속한 것이었고, 군복에 정예부대의 배지를 달고 있는 모습이 더욱 기이했다. 가장 우스꽝스러운 점은 '기습공격'을 위해 눈에 훤히 보이는 곳에 머물고 있는 이 친위부대가 발칸 반도에서 강력한 전선을 형성하고 있는 소련군을 무찔러 전세를 역전시킬 것이라는 히틀러의 믿음이었다. 그는 발칸 지역 주민들이 소련군의 통치에 염증을 느낄 것으로 생각했다. 암울했던 몇 주 동안 히틀러는 몇 번의 작전만 성공하면 모든 것을 바꿀 수 있다고 자신을 설득해왔다. 아마도 소련에 대항하는 민중봉기도 가능할 것이고, 볼셰비키주의자들에 대한 반감 때문에 주민들이 독일에 동정적이리라고 예상했다. 그러나 그것은 환상이었다.

이어서 방문한 단치히에서 나는 비스툴라 군단의 총지휘관인 힘러의 지휘부를 방문했다. 지휘부는 편의시설을 갖춘 기차에 있었다. 우연히 나는 힘러와 바이스 장군의 대화를 듣게 되었다. 힘러는 정형화된 대답으로 패전 지역을 포기하자는 모든 요청을 거절하고 있었다. "이미 내가 명령한 바대로요. 총통께 대답할 내용이나 생각해두시오. 만일 그 지역을 잃게 된다면 내가 직접 책임을 묻겠소."

다음 날 내가 바이스 장군을 찾았을 때는 이미 밤사이에 철수가 이루어진 상태였다. 바이스는 힘러의 협박이 별로 신경 쓰이지 않는 듯 보였다. "나는 내 군대에 불합리한 명령을 내려 인명을 희생시키지 않을 것입니다. 나는 가능한 일만 하겠소." 히틀러와 힘러의 위협은 힘을 잃고 있었다. 돌아오는 길에, 나는 군수부 사진사를 시켜 고통과 침묵 속에서 이어지는 끝없는 피난 행렬을 필름에 담도록 했다. 그러나 히틀러는 이번에도 사진을 보지 않았다. 짜증이라기보다는 체념한 태도로 히틀러는 널찍한 지도 테이블 위에 놓인 사진들을 멀찍이 밀쳐버렸다.

북슐레지엔으로 가는 도중 나는 하인리치 장군을 만났다. 그는 지각 있는 사람이었고, 패전을 앞둔 마지막 몇 주 동안 우리는 은밀한 협력관계에 있었다. 2월 중순, 우리는 전쟁이 끝난 후 독일의 동남 지역으로 석탄을 운반하기 위해 필요한 철로를 그대로 보존하기로 합의했다. 우리는 함께 인근의 리브니크 광산을 방문했다. 광산은 바로 전선이 보이는 곳에 있었지만 소련군은 작업을 허용하고 있었다. 적도 우리의 산업시설 보존 정책을 존중하는 듯했다. 폴란드 노동자들도 변한 상황에 적응하고 있었다. 태업을 하지 않으면 자신들의 일터를 보존해주겠다는 우리 약속에 보답이라도 하려는 듯이, 그들은 어느 때보다 효율적으로 일했다.

3월 초, 나는 루르를 찾아 닥쳐온 종말과 새로운 시작을 위해 무엇을 준비해야 할지 궁리해보았다. 그쪽 업계는 교통 문제에 가장 불만을 품고 있었다. 석탄과 철강 공장이 그대로 남았지만 다리가 파괴되는 바람에 석탄과 철광산, 제련소 사이에 물자 순환이 이루어지지 않았다. 나는 그날 해결책을 논의하기 위해 모델 원수를 방문했다.* 그는 격분해 있었다. 히틀러에게 근방 레마겐 지역에 있는 적을 공격하라는 명령을 받았다고 했다. 몇 개의 사단을 투입해 다리를 수복하라는 것이었다. "군대는 이미 무기를 잃었고 나는 더 이상 싸울 힘이 없어요. 사단 하나가 중대 하나보다 못한 실정입니다! 모든 게 최악이죠. 지휘부에서는 상황이 어떻게 돌아가는지 눈치도 채지 못하고 있소. … 물론 패배에 대한 책임은 나에게 있소만…." 히틀러의 명령에 부아가 치민 모델은 나의 제안을 쉽게 받아들였다. 그는 루르 지역에서 전투가 벌어진다 해도 반드시 필요한 다리와 철로 시설을 파괴하지 않겠다고 약속했다.

교량 폭파는 미래 재건을 생각하면 최악의 수였다. 이를 막기 위한 조치로 '국내 시설 파괴 방침'에 대한 포고령을 구데리안 장군과 협의해[2] 준비했다. 그 목적은 "국민들을 위한 물자 수송을 저해할 수 있는 모든 파괴 행위를 금지한다"는 것이었다. 파괴가 반드시 필요한 부분도 있겠지만 가능하다면 최소한에서 그쳐야 하며, 교통 중단도 일부로 제한해야 한다는 내용이다. 구데리안이 책임을 지고 이 포고령을 동부 지역에 선포할 작정이었다. 그러나 동부 지역 전체를 책임지고 있는 요들 장군에게 서명을 요구하자 그는 이를 카이텔에게 알렸고, 카이텔은 포고령 초안을 가지고 히틀러와 의논해보겠다고 했다. 결과는 뻔했다. 다음 상황회의에서 히틀러는

* 같은 날 모렐은 독일 최대 규모의 제약 회사 바이엘-레버쿠젠을 포병 기지로 사용하지 않기로 결정했다. 또한 이 공장을 보존한다는 사실을 적에게 알리고 보존을 요구하는 데 동의했다.

구데리안의 제안을 두고 한바탕 난리를 피우고는 파괴 명령을 더욱 강력하게 되풀이했다.

3월 중순, 나는 히틀러에게 다시 한 번 보고서를 보내 종전을 앞두고 있는 이 시점에서 취해져야 할 조치들에 대한 견해를 피력했다. 그 서한 내용은 히틀러가 최근 내렸던 모든 금지령을 위반하고 있었다. 며칠 전 나는 업계 측근들을 모아 베르나우에서 회의를 열고, 전선 상황이 아무리 절망적이라도 생산시설의 파괴를 막아야 하며 이를 위해 모두가 목을 내놓아야 할 상황이라고 역설했었다. 동시에 다시 한 번 모든 군수부 산하 기관 관계자들에게 원칙적으로 파괴 행위를 금한다는 명령을 회람시켰다.[3]

히틀러가 보고서를 읽도록 만들기 위해, 첫 장에는 일상적인 석탄 생산에 대한 내용을 담았다. 그러나 두 번째 장부터 이미 최악의 실적을 내고 있는 군수 생산 리스트를 제시했다. 나는 식량, 가스, 전기와 같은 국민의 필요사항을 우선 강조했다.** 그러다가 갑자기 "독일 경제의 최종적인 몰락은 분명" 4~8주 안에 닥쳐올 것이며, 종전 후에는 "전시 체제를 유지할 수 없다"고 강변했다. 그러고 나서 히틀러에게 노골적으로 부탁했다.

** 우리는 이미 몇 주 전에 완벽한 계획을 마련해두었다. 2월 19일, 히틀러가 칙령으로 나에게 "모든 교통수단을 군과 군수 업체, 농장, 가장 긴요하게 사용할 수 있는 생산업자들에게 분배하고, 선적의 우선순위를 정하라"는 명령을 내린 지 하루 뒤, 나는 연이은 명령을 "교통 상황과 관련한 명령"을 통해 발동했다. "독일의 힘을 유지하는 데 필수적인 설비를 보존하는 데 최우선순위를 둔다. 가능한 한 식량을 비롯한 생활필수품은 주민에게 배분한다." 화물적재량이 예전의 3분의 1 수준으로 떨어지면서 발생한 운송 위기 속에서 나는 이러한 결정을 내릴 수밖에 없었다.

식량부 차관 리케의 도움으로, 1945년 3월 2일 기획부의 칙령을 얻어낼 수 있었다. 이로 인해 나는 식품 업계와 농기계 공장에 전기와 석탄을 공급하고 수소화 공장에 앞서 질소화 공장을 먼저 보수하라는 명령을 건술국에 내릴 수 있었다. 이 명령은 내가 우선순위에 관해 내린 마지막 명령이다. 군수업계에 대해서는 언급조차 하지 않았다. 제도 철도국이 더는 임무를 수행할 수 없다고 밝힘에 따라, 긴급한 군수품 이송을 위해 군수부에서 보유해두었던 트럭들은 필요한 양의 연료를 공급받아 내년 수확을 위한 종자를 운반하는

"그 누구도 독일 국민의 운명이 한 개인의 운명과 묶여 있다는 관점을 가질 권리는 없습니다." 최후를 몇 주 앞둔 지도부의 의무는 "가능한 모든 방법을 동원해 국민을 돕는 것"이라고 말했다. 편지는 다음과 같은 말로 끝맺었다. "이 시점에서 정부가 우리 국민의 삶에 지장을 줄 파괴를 선도하는 것은 의미가 없습니다."

그때까지 나는 히틀러의 정책에 반대하면서 공식적인 정책에 따르는 척 낙관주의적인 입장을 가장해왔다. 우리가 영토를 곧 회복할 것이기 때문에 공장이 파괴되어서는 안 된다는 주장이었다. 이제 처음으로, 내 입장을 공공연히 드러낸 셈이다. "비록 수복이 어려운 경우라도 국가의 자원은 보존되어야 합니다. 또한 국가의 안녕을 위해서라도 다리를 파괴해서는 안 됩니다. 전후의 열악한 사정을 감안한다면, 교통체계를 다시 구축하는 데에만 수년이 걸리기 때문입니다. … 파괴는 독일 국민이 살 수 있는 가능성을 차단하는 행위입니다."*

아무 준비 없이 이 보고서를 히틀러에게 전할 용기는 없었다. 그의 반응은 예측할 수 없었고, 나를 즉시 사살하라는 명령도 내릴 수 있었다. 그

데 투입되었다. 이 기간에 우리는 베를린의 창고마다 식량을 가득 채워 넣고 마지막 몇 달을 준비하는 특별 임무를 수행했다. 교육부 차관 진치는 나의 제안을 받아들여 우리 트럭을 활용해 베를린 박물관이 소장한 귀중한 예술품들을 잘레 강 소금굴에 따로 보관하도록 했다. 덕분에 이 귀중품들은 오늘날까지 보존되어 현재는 베를린 달렘미술관에 소장되어 있다.

* 이 보고서에서 나는 베를린을 예로 들어 다리가 모두 폭파될 경우 어떤 일이 일어날지 설명했다. "계획대로 다리가 전부 파괴된다면 식량 공급이 중단될 것이고 공업 생산과 시민들의 생명도 몇 년 비디지 못할 것입니다. 이러한 파괴는 베를린의 죽음을 의미합니다." 또한 루르 지역을 파괴할 때 초래될 결과를 지적하기도 했다. "만일 작은 수로와 계곡을 잇는 철교나 고가교가 폭파된다면 루르 지역은 다리를 수리하는 데 필요한 물자도 운반할 수 없는 곳이 됩니다." 3월 15일 보고서에서 나는 히틀러에게 적이 가까이 올 경우를 대비해 암호명 하나로 식량을 포함해 민간과 군이 보유한 물자를 시민들에게 바로 배포할 수 있는 체계를 준비해야 한다고 촉구했다.

래서 나는 스물두 장으로 되어 있는 이 보고서를 나의 총통 지휘부 연락책인 폰 벨로 대령에게 주면서 적당한 때에 내용을 요약하라고 지시했다. 그러고 나서 히틀러의 부관인 율리우스 샤우프에게 부탁해 곧 다가오는 나의 마흔 번째 생일을 위해 히틀러의 헌정용 사진을 갖고 싶다는 뜻을 전하도록 했다. 나는 지난 12년간 그의 사진을 한 번도 청하지 않았던 히틀러의 유일한 측근이었다. 이제 정권과 우리 두 사람 관계의 종말을 앞에 두고, 내가 비록 그에게 반대해왔고 패배가 눈앞에 다가와 있지만, 그를 경애하고 그 사진이 가진 특별함을 가치 있게 여긴다는 것을 알리고 싶었다.

나는 아직도 걱정되는 일이 많았다. 보고서를 전한 후 그의 즉각적인 손길이 닿기 힘든 곳에 가 있기로 했다. 그날 밤, 나는 이미 소련군의 위협을 받고 있는 쾨니히스베르크로 날아가기로 했다. 그곳에서 측근들과 회의를 열고 다시 한 번 불필요한 파괴 행위를 금지한다는 뜻을 확인할 참이었다. 동시에 히틀러에게도 작별을 고할 생각이었다.

그리고 3월 18일, 나는 운명의 보고서를 가지고 상황회의에 참석했다. 가끔 회의가 히틀러의 화려한 집무실에서 열리지 않는 일도 있었다. 히틀러는 내가 7년 전에 설계했던 총리 청사 집무실을 방공호 구석 서재에다 재현했다. 감상적이고 뒤틀린 말투로 히틀러는 말했다. "음, 자네도 알지, 슈페어. 자네의 아름다운 건축물이 상황회의에는 어울리지 않는구먼."

그날 회의 주제는 패튼의 군대에 의해 위협받고 있는 자르 지역의 방어였다. 러시아 망간 광산 때와 마찬가지로 히틀러는 나를 보며 지원을 구했다. "여기에 모인 신사분들에게 자르 광산을 잃는 것이 어떤 의미인지 한 번 말해보게나."

"그것은 파멸을 앞당긴다는 뜻이겠죠." 나는 무심결에 불쑥 말해버리고 말았다. 놀라고 당황한 채 우리는 서로를 마주보았다. 나도 히틀러만큼이나 깜짝 놀랐다. 어색한 침묵이 흐른 뒤, 히틀러는 화제를 돌렸다. 그날, 서부 지역을 책임지고 있는 육군원수 케셀링이 진군해 들어오는 미군에 대항한 싸움에서 주민들이 부정적인 역할을 하고 있다고 보고했다. 많은 주민이 독일군이 마을에 들어오지 못하게 막고 나섰다는 것이다. 마을 대표단이 장교들을 찾아와서는 자신들을 보호해주지 않아도 좋으니 마을을 파괴에서 구해달라고 간청하고 있고, 대부분의 군대는 이러한 간절한 호소에 굴복하고 있다고 했다.

한 순간의 주저함도 없이 히틀러는 바로 카이텔 쪽으로 몸을 돌리고 지휘관과 관구장 들에게 명령을 내리라고 말했다. 적에게 점령될 위험이 있는 전 지역에서 주민을 소개시키라는 내용이었다. 카이텔은 충실하게도 테이블 구석에 앉더니 명령문을 작성했다.

참석했던 장군 한 사람이 나서서 수십만 명의 주민을 소개하는 것은 불가능하다는 사실을 히틀러에게 납득시키려 했다. 더 이상 기차도 운행되지 않고, 교통이 마비된 지 이미 오래였다. 히틀러는 완고했다. “그럼 걸으라고 해!” 그 역시 어렵다고 장군은 말했다. 피난을 떠나기 위해선 비축 물자가 필요하며, 행렬은 외딴 지역을 통과하도록 해야 하는데 주민들은 제대로 된 신발조차 없는 상황이라고 설명했다. 하지만 그는 말을 끝맺을 기회도 갖지 못했다. 히틀러가 들은 척 만 척 몸을 돌려버렸기 때문이다.

카이텔은 명령문을 작성해 낭독했고, 히틀러는 승인했다. 내용은 다음과 같다.

> 교전 지역에 주민들이 남아 있으면 안전하지 않을 뿐 아니라, 전투에 임하는 독일군에게도 큰 어려움이 된다. 따라서 총통께서 다음과 같은 칙령을 발표하셨다. 전선 바로 아래부터 시작해 라인 강 서쪽 또는 자르-팔라티나테 주민들은 즉시 그 지역을 떠난다. … 이동은 전체적으로 남동쪽 방향으로, 세인트 벤델, 카이저슐라우테른과 루트비히스하펜 이남을 향하도록 한다. 세부 사항은 G군단과 관구장들의 협의 아래 결정될 것이다. 관구장에게는 당 총비서가 같은 내용을 전달할 것이다.
>
> — 독일군 사령관(서명), 원수 카이텔*

히틀러가 결정을 내렸을 땐 아무도 반대하지 않았다. "이젠 국민들 걱정할 여유도 없군요." 보어만의 총통 연락책인 찬더와 함께 나는 방을 나왔다. 찬더는 절망감에 빠져 있었다. "불가능한 일이에요. 끔찍한 일이 일어날 겁니다. 아무런 준비도 되어 있지 않아요!"

충동적으로 나는 쾨니히스베르크로 떠나는 것을 포기하고 그날 밤 서쪽으로 가 도울 일을 찾아보겠다고 말했다.

상황회의는 끝났다. 이미 자정이 넘은 시간이었다. 나는 이제 마흔 살이 되었다. 나는 히틀러에게 잠시 시간을 내줄 수 있겠냐고 청했다. 그는 비서에게 말했다. "내가 서명한 사진을 가져와." 그는 다정한 축하인사와 함께 사진을 내밀었다. 붉은 가죽 케이스에는 총통의 상징이 박혀 있었다. 히틀러는 보통 은도금한 액자에 끼운 자신의 사진을 이 상자에 넣어주었다. 나는 감사의 말을 한 후 상자를 테이블에 놓은 뒤, 준비한 대로 나의 보고서를 전달하려 했다. 그 순간 히틀러가 말했다. "요즘엔 몇 글자라도 손으로 쓰는 게 힘들어. 자네도 알겠지만 워낙 손떨림이 심해서 말이지. 서명도 하기 힘들 때가 있네. 몇 글자 썼네만…, 알아보기 힘들 거야."

나는 상자를 열고 메모를 읽어보았다. 정말 알아보기 힘든 글자들이었다. 특별히 다정한 말투로 나의 직무와 오래된 우정에 감사를 표하는 내용이었다. 이런 순간에 답례로 그의 모든 사명이 좌절될 것이라는 냉정한 보고서를 전달하기란 쉬운 일이 아니었다.

---

* 히틀러의 갑작스러운 태도 변화로 인한 혼란의 전형적인 예를 볼 수 있다. 바로 직전, 같은 날인 3월 18일, 카이텔이 텔레타이프로 다음과 같은 메시지를 보냈다. "총통께서는 적에게 위협을 받고 있는 모든 지역에서의 철수와 소개 정책을 철저히 시행하기로 무조건적으로(!) 결정하셨습니다." 그러나 이 명령에 복종하지 않은 이들은 완벽히 "보호받았다". "철수와 소개가 진행되는 동안 군사작전과 식량 및 석탄 운반이 지연되어서는 안 됩니다." 이튿날인 1945년 3월 19일, 보어만은 히틀러의 마지막 명령에 대한 시행령을 발표했다. 시행령에는 다음과 같은 내용이 담겨 있다. "만일 교통 이용이 불가능할 때는 말이나 소나 끄는 마차를 이용한다. 필요하면 남성들은 걸어서 이동한다."

히틀러는 말없이 보고서를 받았다. 이 순간의 어색함을 메우기 위해 나는 그날 밤 비행기 편으로 쾨니히스베르크로 가는 대신 차를 타고 서부 전선으로 갈 거라는 사실을 알렸다. 차와 기사를 수배하기 위해 벙커에서 전화를 거는데, 히틀러로부터 오라는 지시가 전해졌다. "생각해봤는데, 자네가 내 차와 내 운전기사인 켐프트카를 쓰는 게 좋을 거 같아서." 나는 온갖 변명을 대며 사양했다. 히틀러는 마지못해 내 차를 쓰도록 허락했지만, 기사만큼은 켐프트카를 데려가라고 주장했다. 나는 조금 불안해졌다. 나에게 사진을 건네줄 때의 다정함, 언제나 나를 굴복하게 만들었던 따뜻함이 그의 태도에서 흔적도 없이 사라져버렸기 때문이다. 돌아서 나올 때는 그의 불쾌함을 느낄 수 있었고, 문에 도달했을 즈음 히틀러는 대답을 허용하지 않으려는 듯 잘라 말했다. "자네의 이번 보고서에 대해서는 문서로 답장을 받게 될 걸세!" 잠시 말이 끊어지더니 얼음장 같은 음성이 이어졌다. "만일 전쟁에 진다면, 독일 국민들 역시 패배자가 되는 거야. 그들의 생존을 위해 무엇이 필요한지 생각할 필요는 없어. 반대로, 우리가 모든 것을 파괴하는 것이 최선일지도 몰라. 미래는 승리자의 것이야. 어떤 싸움에서든 마지막까지 버티며 살아남은 자들이 가장 열등하지. 우수한 이들은 이미 모두 목숨을 잃을 테니까!"[4]

마침내 차에 올라 시원한 밤공기를 들이마시고 나서야 마음이 놓였다. 히틀러의 기사가 내 곁에, 참모부의 내 연락책인 포저 대령이 뒷자리에 앉았다. 켐프트카는 차례로 운전하자는 데 동의했다. 시간은 새벽 1시 반을 지나 있었다. 우리가 날이 밝아 적의 폭격기들이 나타나기 전까지 아우토반으로 480킬로미터를 달려 서쪽, 나우하임 인근 참모총장의 지휘부에 도달할 수 있느냐는 속력에 달려 있었다. 우리는 무전기로 적의 야간 전투기들의 움직임 보고를 들으며 무릎에 눈금지도를 펼쳐두었다. "적기가 넘버—에 출현… 모기들 넘버—에 나타남… 넘버—지점에 전투기 출현." 이런 식으로 우리는 적의 정확한 위치를 파악했다. 적이 나타나면 우리는 전조

등을 끄고 길가를 따라 천천히 움직였다. 적기가 사라짐과 동시에 전조등을 최고로 밝히고 안개등을 켠 다음 아우토반을 미친 듯이 질주했다. 아침이 되었지만 우린 아직도 달리고 있었다. 구름이 낮게 깔려 있어 적기가 움직이긴 힘들었다. 지휘부*에 도착해, 우선 나는 몇 시간 눈부터 붙였다.

정오 무렵, 케셀링과 회의를 했지만 결론이 나지 않았다. 그는 지독히 군인답고 단순한 태도를 보였고, 히틀러의 명령에 대해 논의하려 하지 않았다. 그의 참모진 가운데 나치당 관계자가 오히려 논리적인 태도를 보였다. 우리가 성의 테라스에 나와 이리저리 거닐 때 그는 히틀러를 노하게 할 수도 있는 주민들의 행동에 대한 보고를 최선을 다해 자제하도록 하겠다고 약속했다.

참모진과 간단한 식사를 하는 동안 케셀링이 나의 생일을 축하한다며 간단히 건배를 하자고 제안했을 때, 적기 편대가 갑자기 윙윙 바람소리를 내며 성을 향해 공습을 가하는 비상사태가 벌어졌다. 순간 난사되는 기관총에 유리창이 부서졌고, 일제히 바닥에 몸을 엎드렸다. 그제야 경보 사이렌이 울려 퍼지기 시작했다. 첫 번째 폭탄이 눈에 보이는 거리에서 터졌다. 양옆으로 폭발음이 난무하는 와중에 우리는 연기와 석고 횟가루를 헤치고 벙커로 내려갔다.

분명 서부 전선의 방어 지휘부를 목표로 삼은 공격이었다. 폭탄이 쉴 새 없이 떨어졌다. 벙커는 흔들렸지만 직접적인 충격을 받지는 않았다. 공습이 끝났을 때 우리는 계속 회의 중이었고, 자르 지역의 사업가인 70대의 헤르만 뢰흘링까지 합세해 있었다. 대화 도중에 케셀링은 뢰흘링에게 자르가 며칠 뒤에 함락될 것이라고 말했다. 뢰흘링은 그 소식을 무덤덤하

* 지휘부는 절벽 꼭대기에 있는 작은 성 안에 있었고 벙커까지는 계단으로 연결되어 있었다. 이 건물은 내가 1940년에 히틀러를 위해 지은 것이지만, 당시 히틀러는 사용하지 않겠다고 했다.

게 받아들였다. "우리는 전에도 자르를 잃은 적이 있소. 그리고는 되찾았지요. 내가 비록 늙었지만 되찾는 것을 볼 수 있을 거요."

시찰의 다음 목적지는 하이델베르크였다. 그곳에는 남서 독일의 군수 생산 조직들이 이전해 있었다. 생일을 맞아 부모님을 잠시 뵐 수 있는 절호의 기회였다. 낮에는 적의 폭격기들 때문에 아우토반에 나갈 수 없었다. 그러나 어린 시절부터 다니던 곳이라 온갖 샛길을 다 알고 있었기 때문에 뢰흘링과 나는 오덴발트를 지나 차를 몰았다. 따뜻하고 화창한 봄날이었다. 처음으로 우리는 솔직한 태도로 이야기를 나누었다. 뢰흘링은 예전에는 히틀러를 숭배했지만 전쟁을 계속한다는 것은 말도 안 되는 망상이라는 입장을 확실히 했다.

하이델베르크에 도착한 것은 늦은 저녁이었다. 자르에서 들려오는 소식은 나쁘지 않았다. 파괴 행위를 위한 조짐은 보이지 않는다는 내용이었다. 이제 며칠 뒤면 연합군의 수중으로 넘어갈 곳이기 때문에 히틀러의 명령도 그다지 힘을 발휘하지 못했다.

철수하는 군대로 막힌 길을 힘겹게 헤쳐 나가는 동안 우리 모습은 지치고 부상당한 군인들과는 너무도 대조적이었다. 팔라티나테 와인 산지에 위치한 군 지휘부에 도착한 시각은 자정 무렵이었다. 친위대 지휘관 하우서는 그의 사령관보다는 비이성적인 명령을 이해하는 데 지각을 발휘할 줄 아는 사람이었다. 그는 소개 명령을 이행하는 것은 불가능하고 다리 폭파는 무책임한 짓이라는 입장이었다. 5개월 후 내가 전쟁 포로의 신분으로 베르사유에서 트럭으로 이송될 때 자르와 팔라티나테를 지나면서, 그곳의 철로 시설과 교량이 거의 온전하게 남았음을 알 수 있었다.

팔라티나테와 자르의 관구장인 슈퇴르는 주민 소개 명령을 따를 수 없다고 단호하게 선언했다. 관구장과 군수장관이자 생산 책임자 사이에서 예전 같으면 상상할 수 없는 내용의 대화가 이어졌다.

"만일 소개령을 이행하지 않아서 총통이 이유를 묻는다면 내가 명령이 취소되었다고 말했다고 하시오."

“아니오. 정말 고마운 말이지만, 그건 내가 져야 할 책임이오.”

나는 주장했다. “하지만 그런 일이라면 얼마든지 난 죽을 각오가 되어 있습니다.”

슈퇴르는 고개를 저었다. “아니오. 벌은 내가 받겠소. 나 혼자 책임지고 싶소이다.” 이 부분이 우리가 합의하지 못한 유일한 쟁점이었다.

우리의 다음 도착지는 모델 원수의 지휘부였다. 베스터발트에서 200킬로미터 떨어진 곳이다. 오전에 저공비행하는 적기의 모습이 보여서 큰 도로를 포기하고 샛길을 타 작고 평화로운 마을에 도착했다. 이곳에 군의 지휘부가 있다는 사실을 믿을 수 없을 정도로 장교나 군인, 자동차, 사이클의 모습을 찾아볼 수 없었다. 낮 동안에는 모든 차량 운행이 금지되어 있었다.

마을 여관에서 나는 모델과 마주앉아 지크부르크에서 시작했던 루르 지역 철로 보존에 관한 이야기를 계속 이어갔다. 이야기를 나누던 중 장교 한 사람이 텔레타이프 메시지를 가지고 들어왔다. “이거 큰일이군.” 모델이 놀라고 당황스러운 표정으로 말했다. 좋지 않은 소식임을 직감했다.

그것은 내 보고서에 대한 히틀러의 “서면 답신”이었다. 3월 18일 내가 제안했던 것과 정반대의 내용이었다. “제국 내 모든 군시설과 교통, 통신, 산업시설, 물자 공급 시설뿐만 아니라 자원들도 파괴되어야 한다.” 이것은 독일 국민들에게 내리는 사형 선고나 다름없었다. 땅 위의 모든 것을 불태워 초토화한다는 원칙을 가장 극단적인 방식으로 적용하고 있었다. 이 칙령은 나의 힘을 더욱 제한했다. 산업시설 보존을 위해 내가 내렸던 명령들이 모두 공공연하게 철회되었다. 이제 관구장들은 파괴 명령을 수행해야 하는 입장이 되었다.[5]

그 결과는 상상조차 하기 힘들었다. 언제까지가 될지 모르는 시간 동안 국민들은 전기도 석유도 식수도 교통수단도 없이 생존해야 한다. 모든 철로 시설과 운하, 수문, 부두, 선박, 증기 기관차들이 파괴될 것이다. 산업시설이 파괴되지 않는다 하더라도 전기도 석유도 물도 없는 상황에서 가동은 불가능하다. 간단히 말해, 저장 시설도 전화기 한 대도 없는 중세 시대에 독일 국민들은 내팽개쳐지게 될 것이다.

모델의 태도로 보아 나의 상황이 바뀐 것이 분명해졌다. 그는 이제 냉담한 태도를 보였고, 루르 지역의 산업시설 보존에 대한 더 이상의 논의를 피했다.[6] 지치고 정신이 혼미해진 나는 한 농가에 몸을 뉘었다. 잠들지 못한 채 몇 시간을 뒤척이다가 밖으로 나가 들판을 거닐고 언덕에 올랐다. 아래쪽으로 평화로운 마을 풍경이 햇살과 옅은 안개 속에 펼쳐졌다. 자우어란트의 언덕을 지나 멀리 지크와 루르 강 사이 동네까지 보였다. 한 사람이 이 땅을 폐허로 만드는 것이 어찌 가능한가라는 생각이 들었다. 나는 이끼 풀 위에 앉았다. 모든 것이 비현실적이었다. 그러나 땅은 톡 쏘는 향기를 내뿜고 식물의 새싹이 대지를 뚫고 고개를 내밀고 있었다. 돌아올 무렵에는 해가 지고 있었다. 나는 결심을 굳혔다. 그 명령은 절대 시행되어서는 안 된다. 저녁에 나는 루르 지역회의를 소집했다. 베를린 상황부터 살펴보는 것이 나을 듯했다.

자동차가 나무 아래 은신처에서 나타났다. 공중에 적기들이 떠다녔지만, 밤새도록 희미한 불을 밝힌 채 동쪽을 향해 달렸다. 켐프트카가 운전을 하는 동안 나는 회의와 관련된 자료들을 찾아보았다. 대부분은 지난 이틀 동안 했던 회의 내용들이다. 나는 페이지들을 죽 넘겨보았다. 그러고는 아무도 알아볼 수 없게 찢어서 바람에 조각조각 날려 버렸다. 차가 멈춰 서 있는 동안 우연히 자동차 발판을 보았다. 차가 달리면서 생기는 강한 바람이 그 배신의 조각들을 발판 구석에 쌓고 있었다. 나는 슬쩍 종잇조각들을 길가 구덩이 쪽으로 차 넣었다.

30

히틀러의 최후통첩
Hitlers Ultimatum

탈진은 사람을 무관심의 상태로 이끈다. 그래선지 3월 21일 오후 총리 청사에서 히틀러를 만났을 때 조금도 화가 나지 않았다. 그는 나에게 시찰에 대해 물었지만 무뚝뚝한 태도였고 자신의 "서면 답신"을 언급하지 않았다. 그 이야기를 꺼내는 것 자체가 의미가 없었다. 나에게 들어오라는 말도 없이 그는 한 시간 동안이나 켐프트카의 보고를 들었다.

나는 입지가 축소되는 것은 신경 쓰지 않은 채 그날 저녁 구데리안에게 내 보고서의 복사본을 넘겨주었다. 카이텔에게도 주었지만 그는 받지 않겠다고 했다. 그는 마치 보고서가 위험한 폭발물이라도 되는 양 공포에 떨었다. 어떤 상황에서 히틀러의 명령이 내려졌는지 알아보려 했지만 헛수고였다. 마치 7월 20일 음모 때 내 이름이 내각 명단에서 발견되었을 때처럼 나를 둘러싼 분위기는 냉랭했다. 히틀러의 측근들은 나를 냉대받는 존재로 여기고 있었다. 가장 많은 관심을 기울였던 산업시설 보존 분야에서 내 영향력이 사라지고 있었다.

당시 히틀러가 내린 두 가지 결정은 그가 극도로 무자비해지기로 굳게 결심했다는 것을 알려주었다. 3월 18일 국방군은 네 명의 장교가 레마겐에 있는 라인 강의 다리를 제시간에 폭파하지 않았다는 이유로 처형되었다는 성명을 발표했다. 모델은 그들이 아무 죄가 없다고 말했다. "레마겐

쇼크"는 전쟁이 끝나는 순간까지 많은 군 책임자들을 공포로 몰아넣었다.

그날 나는 히틀러가 프롬 장군의 처형을 명령했다는 소식도 들었다. 아니 암시를 받았다고 하는 편이 옳을 것이다. 몇 주 전 티라크 법무장관이 식사 중 다음 코스가 나오기를 기다리는 동안 나에게 즉흥적이고 무관심한 태도로 말했다. "프롬도 곧 목이 달아나게 될 거요!" 그날 밤 프롬을 비호하려 했던 나의 노력은 아무 효과가 없었다. 티라크가 관심을 기울이지 않았기 때문이다. 며칠 뒤, 나는 법무장관에게 다섯 페이지 분량의 편지를 써서 프롬이 받고 있는 혐의를 반박했다. 그 내용은 지금까지도 기억이 난다. 또한 그의 변호를 위한 증인으로 법정에 나설 수도 있다고 제안했다.

각료가 이런 요청을 한 것은 전례 없는 일이었다. 사흘 뒤인 3월 6일, 티라크는 증언을 하고 싶다면 히틀러의 허가를 받으라는 짤막한 답변을 보냈다. "총통께서는 프롬과 관련해서 슈페어 장관에게만 예외적으로 출석을 허용할 마음은 없으시다고 합니다. 따라서 저는 장관의 진술을 받아들일 수 없습니다."[1] 그의 처형은 내 앞에 놓인 위험을 다시 한 번 일깨워주는 계기가 되기에 충분했다.

그러나 나는 고집을 꺾지 않았다. 3월 22일 히틀러가 군수회의에 참석하라고 했을 때, 나는 자우어를 대신 보냈다. 회의 기록을 보면 히틀러가 현실을 가차 없이 무시했음이 분명히 드러난다. 군수 생산이 중단된 지 오래였지만, 그들은 1945년이 아직도 자신들의 의도대로 움직일 거라 믿는지 머릿속을 사업계획으로 가득 채우고 있었다. 예를 들면 존재하지 않는 철강 원자재 생산에 대해 논의했고, 8.8센티미터 구경의 대전차포 생산을 '최대한'으로 끌어올려야 하고, 21센티미터 박격포 증산 결정을 내리기도 했다. 또 신무기 개발을 상상하며 흥분하기도 했다. 낙하산부대를 위한 최고의 발사 속도를 낼 수 있는 새로운 라이플총, 그 외에 30.5센티미터 구경의 슈퍼박격포에 대한 내용도 있었다. 몇 주 안에 기존 탱크를 변형한 다섯 가지 신종 탱크를 선보인다는 내용이 히틀러의 명령으로 회의록에 기록되었다. 게다가 히틀러는 고대 그리스의 화약에 관해 조사해보길 원했다. 그리고 폭격용인 Me-262를 가능한 한 빠른 시일 내에 전투 전용기로 개조하라고 지시했다. 이 마지막 명령은 그가 1년 반 전에 모든 전문가들의 반대를 뿌리치고 추진했던 실책을 암묵적으로 인정하는 셈이었다.[2]

나는 3월 21일 베를린으로 돌아왔다. 그로부터 사흘 뒤 아침, 영국군이 루르 북쪽 전선인 라인 강을 넘어 순조롭게 진격해오고 있다는 소식을 접했다. 우리의 군대는 모델의 말대로 무기력했다. 1944년 9월까지만 해도 비록 무기가 없는 상황이었지만 우리의 열성적인 군수 생산에 힘입어 새로운 전선을 빠른 시일 내에 구축할 수 있었다. 이제는 모든 것이 불가능해졌다. 독일은 함락되고 있었다.

나는 다시 차를 달려 루르 지역으로 향했다. 전후 재건을 위해서는 생산시설의 보존이 필수적이라는 생각뿐이었다. 베스트팔렌에 이르러 타이어가 펑크 나는 바람에 멈추어야 했다. 날이 어두워지는 줄도 모르고 나는 들판에서 농부들과 이야기를 나누었다. 놀랍게도 여러 해 동안 그들의 머릿속에 주입된 히틀러에 대한 신념은 아직도 강건했다. 히틀러는 절대 전쟁에 지지 않을 것이라고 농부들은 말했다. "총통은 틀림없이 아직 비밀무기를 숨기고 있어요. 아마 마지막 순간에 그것들을 사용하겠죠. 그러면 전세가 대번에 달라질 겁니다. 이건 속임수일 겁니다. 적들을 독일 영토 깊숙이 유인하려는 거예요." 심지어는 정부 관료 가운데서도 이런 믿음을 가진 자들을 심심찮게 목격했다. 일부러 비밀무기를 감추었다가 마지막 순간에 영토 깊숙이 쳐들어온 적들을 가차 없이 몰살할 거라는 내용이다. 풍크도 나에게 이런 질문을 했던 일이 있다. "우리는 비밀병기를 가지고 있는 거죠? 전세를 뒤집을 수 있는 그런 무깁니까?"

바로 그날 밤 나는 루르 지역을 총괄하고 있는 롤란트 박사와 그의 중요 보좌관들과 회의를 시작했다. 루르를 관할하는 세 명의 관구장들은 히틀러의 명령을 따르겠다는 입장이었다. 불행히도 우리의 기술고문이자 당 기술국 국장이기도 한 회르너가 관구장들의 요청에 따라 파괴 계획서를 작성했다. 안타깝게도 회르너는 가까운 시일 내 루르 지역의 공업설비를 파괴한다는 자신의 세부 계획을 설명했다. 오랜 세월 복종에 길들여진 태도였다. 그의 계획은 기술적으로는 대단히 훌륭했다. 석탄 광산은 물에 잠기고, 향후 몇 년을 위해 비축해둔 석탄은 기중기를 파괴함으로써 사장된다. 바지선들은 시멘트를 가득 실어 침몰시켜서 항구와 루르 지역 내 운하에서 수송 활동을 차단한다. 적이 북부 루르 지역에서 빠른 속도로 진격해 오고 있기 때문에 관구장들은 다음 날부터 이 계획을 실행에 옮기겠다고 했다. 그러나 보유하고 있는 차량이 없어서 군수부에 의존해야 했다. 그들은 폭약과 뇌관, 퓨즈 등이 광산에 충분히 남아 있다고 생각했다.

롤란트는 당장 믿을 만한 탄광 광부 20여 명을 군수부 사무소가 있는 란트스베르크의 옛 티센 성으로 불렀다. 간단한 회의 끝에, 물론 이것이 가장 타당한 행위였지만, 모든 다이너마이트와 뇌관과 퓨즈를 광산 갱저 속으로 집어 던지기로 합의했다. 그 가운데 한 사람은 얼마 안 되는 연료로 모든 군수부 트럭을 루르 지역 바깥으로 옮기기로 했다. 필요하다면 트럭과 기름은 전투부대의 처분에 맡겨둘 수도 있다. 마침내 나는 롤란트와 그의 부관들이 관구장의 철거반에 대항해 발전소와 산업시설을 지키는 데 사용하도록, 아직도 수천 개씩 만들어지고 있는 기관단총 50정을 제공하기로 약속했다. 자신의 일터를 지키고자 결심한 사람들의 손에서 이 무기는 상당한 위력을 발휘할 것이다. 경찰과 당 조직들은 얼마 전 자신들의 무기를 전부 군에 지원하는 조치가 취해졌기 때문이다. 사실상 이것은 공공연한 반역 행위였다.

같은 시간, 관구장 플로리안, 호프만, 슐레스만 등은 란겐베르크의 한 호텔에서 만나고 있었다. 히틀러의 지시를 모조리 어긴 나는, 다음 날 관구장들을 내 편으로 끌어들이려는 시도를 감행했다. 나는 플로리안 뒤셀도르프 관구장과 격렬한 논쟁을 벌였다. 그는 만일 독일이 전쟁에 패한다면 그것은 히틀러나 당의 잘못이 아니라 독일 국민의 잘못이라고 단정했다. 이러한 비극을 겪고도 살아남는 자들은 가장 보잘것없는 존재라는 것이다. 그러나 호프만과 슐레스만에게는 나의 논리를 어느 정도 납득시킬 수 있었다. 그럼에도 불구하고 그들은 어찌할 바를 몰라 했다. 총통의 명령에 복종해야 하며 그 누구도 그 책임에서 벗어날 수 없다고 말했다. 보어만이 국가적 생존기반을 철저하게 파괴하라는 한층 극단적인 히틀러의 명령을 전해오자 더욱 당혹스러워했다.* 히틀러는 다시 한 번 명령했다. "우리가 현재 통제할 수 없는 지역, 적에게 함락될 위험이 있는 지역에서는 모든 주민을 소개해야 한다." 그리고 반대자에 대비해 다음의 지시문을 첨부해 선수를 쳤다. "그동안 보고된 많은 자료로 인해 총통께서도 주민 이주의 어려움에 대해서 잘 알고 계신다. 총통의 명령은 정확하고 성실하게 이행되어야 한다. 주민 소개의 절대적 필요성에는 의문의 여지가 없다."

라인 강과 루르 강 서쪽에서 피난 온, 만하임과 프랑크푸르트 등지의 수백만 주민은 대부분 튀링겐과 엘베 강 저지대에 정착해야 했다. 옷도 제대로 입지 못하고 먹지도 못한 도시민들은 위생시설도 거처도 음식도 갖추지 못한 상태에서 시골 지역으로 밀려들었다. 굶주림과 질병, 곤궁을 피

---

* 칙령의 내용은 다음과 같았다.

답신: 소개 지역에서 이동해 오는 독일 국민에게 다음과 같은 명령을 전한다.

1945년 3월 19일, 총통께서는 이미 여러분에게 전해진, 또는 여러분이 받게 될 파괴 명령을 발동하셨다. 동시에 총통께서는 우리가 현재 통제할 수 없는 지역, 적에게 함락이 예상되는 지역에서 모든 주민이 이동해야 한다는 무조건적 명령을 내렸다. 또한 전선 인근 지역의 관구장들에게 전면 소개를 위해 인간적으로 가능한 모든 방법을 동원해, 모든 위험 지역에서 친애하는 독일 민족(Volksgenosse, 인종적 뉘앙스가 강한 표현)을 한 사람도 빠짐없이 이동시켜야 할 의무를 부과하셨다. 그동안 많은 보고를 통해 이동에 어려움이 많다는 점은 총통께서도 주지하고 계신다. 총통의 명령은 철저하고 강제적인 이행을 그 조건으로 한다. 소개에 대한 절대적 필요성에 대해서는 논란의 여지가 없다.

너무 많은 숫자의 독일 국민을 이동시키는 것이 어렵다고 해서 그들 모두에게 독일 내 은신처를 제공하는 것도 거의 불가능하다. 우리 독일인 모두에게 쉴 곳을 마련한다는 힘든 사명 역시 성취되어야 하지만, 총통께서는 영토 내 주민 또한 지금 상황에서 필요한 이해심을 발휘해주기를 기대하고 계신다. 우리는 모든 지역에서 가능한 방법을 총동원해 지금의 위기를 극복해야 한다.

할 도리가 없었다.

관구장들은 회의를 열고 당은 더 이상 이러한 이주를 실행할 힘이 없다는 데 동의했다. 그러나 플로리안은 도시 전체에 벽보로 붙일 뒤셀도르프 당 조직의 단호한 요청서를 크게 낭독함으로써 우리를 당황하게 했다. "적의 진격이 가까워 옴에 따라 남아 있는 모든 건물을 불 지르고 모든 주민을 이동시킨다. 적의 앞에는 불타버린 폐허만 남게 될 것이다!"[3]

다른 두 관구장들은 입장을 정하지 못한 상태였다. 그들은 총통의 명령에 대한 나의 입장을 받아들일 용의가 있었다. 루르 산업은 군수 생산에 있어 중요하고, 더욱이 앞으로 루르 수복을 위해 배치된 군대에게 군수품을 공장에서 직접 공급하는 것이 가능했기 때문이다. 따라서 그다음 날부터 계획되어 있는 발전소의 파괴는 연기되었다. 그리고 전면 파괴 명령을 한시적 가동 마비로 대체 실행하기로 했다.

회의를 마치자마자 나는 모델의 지휘부를 찾았다. 그는 최대한 산업시설 부근에서는 전투를 자제해 파괴 정도를 낮추겠다고 약속했다. 또한 공장 파괴 명령을 내리지 않겠다고 확언했다.[4] 나머지 부분에 대해서 그는 다음 몇 주 동안 롤란트 박사 측과 긴밀히 연락을 취해 조치하겠다고 했다.

모델로부터 미군이 프랑크푸르트를 향해 진격하고 있다는 소식을 들었다. 전선을 정확히 규정하기도 힘든 상황이 되었고, 케셀링의 지휘부는 동쪽으로 이전했다. 새벽 3시, 나는 나우하임에 있는 케셀링의 옛 지휘부에 도착했다. 그의 참모장인 베스트팔 장군과 이야기를 나눈 결과 그 역시 히틀러의 파괴 명령을 자비로운 방향으로 받아들이고 있었다. 참모진은 밤사이 적이 얼마나 행군해 왔는지 알지 못했지만, 우리는 동쪽 우회로를 택해 슈페사르트와 오덴발트를 지나 하이델베르크로 갔다. 로르라는 작은 마을을 지났는데, 독일군은 이미 퇴각한 상태였다. 묘한 관망이 깃든 고요가 거리와 광장에 감돌고 있었다. 교차로에서 독일 병사 하나가 바주카포 서너 개를 곁에 두고 서 있었다. 그는 나를 보더니 깜짝 놀랐다.

"여기서 누구를 기다리나?" 나는 그에게 물었다.

"미군을 기다리고 있습니다." 그는 대답했다.

"미군을 기다려 무엇을 하려고?"

그는 머뭇거리다가 대답했다. "여기서 빠져나갈 생각입니다."

다른 모든 곳에서와 마찬가지로 여기서도 사람들은 전쟁이 끝났음을 알고 있었다.

하이델베르크의 바덴과 뷔르템베르크의 군수 담당자들은 바덴의 관구장 바그너의 명령에 따라야 했다. 그는 내가 태어난 도시를 비롯해 바덴 내 모든 도시의 수도와 석유시설을 파괴하라고 명령했다. 우리는 이 명령을 무효화할 간단한 방법을 발견했다. 우리가 먼저 가서 가짜 명령문을 준비한 후 그 서한을 적에게 함락되기 직전 우편함 속에 넣는 것이다.

미군은 이미 20킬로미터 떨어진 만하임을 점령했고 천천히 하이델베르크로 다가오고 있었다. 나인하우스 하이델베르크 시장과 밤새 논의를 한 끝에 친위대 장군 하우서에게 편지를 씀으로써 고향 도시를 위해 최후의 일조를 할 수 있었다. 자르 지역과 관계된 일로 안면이 있던 사이였다. 그에게 하이델베르크를 병원도시로 선포하고 전투 없이 항복하라고 부탁했다. 새벽에 나는 부모님을 만나 작별을 고했다. 우리가 함께했던 마지막 순간에 부모님의 모습에서 고난에 처한 사람들에게 나타나는 섬뜩한 평온과 고요를 느낄 수 있었다. 내가 차에 오를 때 두 분은 현관 앞에 서서 나를 배웅했다. 아버지는 차로 다시 한 번 달려왔고, 내 손을 마지막으로 꾹 쥐면서 조용히 내 눈을 바라보았다. 아마 영원히 다시 볼 수 없음을 예감했던 모양이다.

무기도 장비도 없이 퇴각하는 군대가 뷔르츠베르크의 거리를 메우고 있었다. 새벽 동이 틀 무렵, 멧돼지 한 마리가 숲에서 튀어나와 병사들이 녀석을 잡느라고 소란을 피웠다. 뷔르츠부르크에서는 헬무트 관구장을 방문했다. 그는 나에게 근사한 아침식사를 대접했다. 맛이 기막힌 소시지와 달걀에 대해 찬탄하는 동안, 관구장은 지극히 사무적인 태도로 슈바인푸르트의 볼베어링 공장을 파괴하라는 히틀러의 명령을 따를 거라고 설명했다. 공장 간부와 당 간부들이 이미 다른 방에서 지시를 기다리고 있었다. 파괴 계획은 치밀했다. 특수 기계의 석유 보관통은 모두 불 지른다. 적의 공습이 기계에 불이 붙으면 쓰지 못하는 고철 덩어리가 된다는 것을 그들에게 가르쳐주었다. 처음에는 그러한 파괴 행위가 어리석은 일이라는 걸 설득할 수 없었다. 그는 나에게 총통이 언제 비밀무기를 사용할 것인지 물었다. 그는 보어만과 괴벨스로부터 무기의 사용이 임박했다고 들었다는 것이다.

지금까지 그래왔던 것처럼, 나는 비밀무기가 존재하지 않음을 해명해야 했다. 헬무트가 그나마 지각 있는 축에 속한다는 것을 알고 있었기 때문에 히틀러의 초토화 명령을 수행하지 말라고 부탁했다. 지금 상황에서 산업시설과 다리 등을 파괴해 주민들이 삶을 이어갈 수 있는 기반을 빼앗는 것은 미친 짓이라고 주장했다. 나는 독일군이 반격을 하기 위해 슈바인푸르트에 집결해 있고 우리의 군수 시설을 다시 탈환하게 될 것이라고 말했다. 이 말은 거짓이 아니었다. 지도부가 사실 조만간 반격을 계획하고 있었기 때문이다. 볼베어링 없이는 전쟁을 계속할 수 없다고 했던 오래되어 식상해진 나의 주장이 효과를 발휘했다. 내 말을 납득했는지 아닌지 모르지만, 헬무트는 슈바인푸르트의 생산시설을 초토화시켰다는 영원한 오명을 그다지 탐내지 않았다.

뷔르츠베르크 이후 날씨는 개었다. 우리는 가끔 적을 만나기 위해 무기 없이 걸어서 행진하는 몇몇 소규모 부대와 마주칠 뿐이었다. 이들은 최후의 공격을 위해 양성되던 훈련병들이었다. 마을 주민들은 정원에 구덩이를 파느라 분주했다. 집안의 가보와 귀중품 들을 묻고자 하는 것이었다. 가는 곳마다 친절하고 온순한 시골 사람들과 마주쳤다. 그러나 낮게 비행하는 적기를 피하기 위해 우리가 자신들의 지붕을 은폐물로 삼기를 원하는 사람은 아무도 없었다. 자신들이 위험에 빠질 수 있기 때문이었다. 창밖으로 이렇게 소리치는 사람들도 있었다. "장관님, 죄송하지만 길 아래 다음 집으로 가시면 안 될까요?"

사람들이 너무도 태평하고 체념적이었기 때문에, 또 장비를 잘 갖춘 부대가 아무 데도 보이지 않았기 때문에 큰 교량들을 다이너마이트로 폭파할 준비를 하는 모습은 베를린 집무실에서 생각했던 것보다 훨씬 광적인 장면으로, 더 큰 충격으로 다가왔다.

튀링겐의 중심가와 마을들에는 주로 돌격대원인 당원들이 제복을 입고 거리를 정처 없이 걸어 다녔다. 자우켈은 이미 '대징집'을 선포해 노인들과 열여섯 살짜리 소년들까지 동원했다. 이들은 최전방에 투입됐던 '소년병'들이었지만 아무도 그들에게 무기를 지급해주지 않았다. 며칠 뒤 자우켈은 다시 마지막까지 싸우라는 지시를 내리고 자동차를 탄 후 남부 지역으로 떠나버렸다.

3월 27일 늦은 저녁, 나는 베를린에 도착했다. 상황은 바뀌어 있었다.

그동안 히틀러가 이미 로켓 무기를 담당하고 있는 친위대 지휘관 카믈러를 모든 현대적 항공기의 책임자로 임명한 상태였다. 나는 항공 분야의 생산 지휘권을 박탈당한 셈이었다. 더욱이 카믈러가 군수부 내 비서들을 임명했는데, 이는 조직적이고 관료적인, 구제불능의 알력을 형성하고 있었다. 또 히틀러는 괴링과 나에게 칙령에 서명하고 카믈러의 지휘권을 받아들이라고 요구했다.

나는 이 마지막 굴욕에 화가 나고 모욕감을 느꼈지만 반대 없이 서명했다. 그날 나는 상황회의에 참석하지 않았다. 거의 동시에 히틀러가 구데리안에게 휴가를 주었음을 포저를 통해 알게 되었다. 공식적으로 건강상의 휴가로 알려져 있지만, 내부 사정에 익숙한 이들은 구데리안이 돌아오지 않을 거라는 걸 알고 있었다. 이로 인해 나는 히틀러의 군부 측근들 가운데 유일하게 행동으로 나를 지원해주고, 뿐만 아니라 계속해서 나의 길을 가도록 격려를 아끼지 않았던 한 사람을 잃게 되었다.

비서가 히틀러의 초토화 작전과 일치하는 통신대 지휘관의 명령을 전달했다. 전화선과 우체국, 철도 시스템, 수로, 경찰, 송전시설 등을 모두 파괴하고 절단한다는 내용이었다. 방법으로 '폭파, 방화, 해체' 등이 제시되었다. 모든 전화, 전신, 송전국, 장거리 전화교환국, 철탑, 안테나, 라디오 방송국의 방송과 수신 장비들이 '완벽하게 무용지물'이 된다. 적이 통신시설을 수리해 한시적으로 사용하는 것을 막기 위해 모든 부품, 케이블과 전선, 심지어 스위치 도표와 케이블 도표, 사용 설명서들까지 파쇄된다.[5] 그러나 알베르트 프라운 장군은 이처럼 야만적인 명령을 수행하기에 앞서 자신이 직접 판단 내리겠다고 나에게 귀띔해주었다.

이외에도 나는 군수 생산이 자우어에게 이관될 것이라는 비밀 정보를 입수했다. 그러나 전시 생산 총감찰관으로 임명된 힘러의 지휘 아래서였다.[6] 나를 떨궈내겠다는 히틀러의 의도로 보였다. 조금 뒤 샤우프에게 전화가 걸려 왔다. 유달리 쌀쌀맞은 목소리로 그날 저녁 총통이 만나길 원한다고 전해주었다.

지하 깊은 곳 히틀러의 집무실로 안내되었을 때 상당히 불안했다. 히틀러는 혼자 있었고 얼음처럼 차가운 태도로 나를 맞았다. 악수도, 나의 인사에 대한 대답도 하지 않은 채 날카롭고 낮은 목소리로 말을 시작했다. "보어만의 보고를 통해 자네가 루르 지역의 관구장들과 만남을 가졌다는 사실을 알게 되었네. 자네가 그들에게 압력을 넣어 내 명령을 이행하지 않도록, 전쟁이 끝났음을 선포하도록 종용했다고 들었네. 그런 행동이 어떤 결과를 초래하는지 알고 있겠지?"

잠시 후 뭔가 오래전 일을 회상하려는 듯 그의 음성이 부드러워졌다. 긴장이 누그러지고 거의 평소와 가까운 목소리였다. "자네가 내 건축가만 아니었다면 응당의 대가를 받았을 게야."

공공연한 반항의 표시로, 얼마간은 너무나 필요했기 때문에, 나는 용감하기보다는 거의 충동적으로 대답했다. "필요하다고 여기시는 조치를 취해주십시오. 개인적인 이유로 배려하지 않으셔도 됩니다."

갑자기 히틀러는 말문을 잃은 듯했다. 짧은 침묵이 흘렀다. 그는 친근한 태도를 유지했고 나는 그가 이미 깊이 생각한 후 나름의 결정을 내려 두었음을 눈치챘다. "자네는 과로했고 몸도 좋지 않아. 그래서 난 자네에게 휴가를 주기로 결심했네. 군수부 일은 차관을 임명해 맡기도록 하겠어."

"아프지 않습니다. 저는 건강합니다." 나는 단호하게 대답했다. "저는 휴가를 가지 않겠습니다. 만약 원하신다면 저를 장관직에서 해임하십시오."

나는 이 말을 하면서도 괴링이 이미 1년 전에 이러한 해결을 거절했음을 기억해냈다. 히틀러는 이제 단호하게 말했다. 마치 최후통첩을 하는 어투였다. "나는 자네를 해임하지 않아. 내가 원하는 건 지금 당장 휴가를 떠나는 거야."

나는 고집을 굽히지 않았다. "저는 누군가 제 이름으로 한 일을 책임질 수 없습니다." 회유의 느낌을 풍기며 거의 맹세하듯 나는 덧붙였다. "저는 그럴 수 없습니다, 나의 총통 각하." 대화 도중 처음으로 그의 상징인 존칭을 사용하기도 했다.

히틀러는 꿈쩍도 하지 않았다. "자네에게는 선택권이 없어. 해임은 불가하네." 그러고 나더니 자신의 약점을 암시하는 제스처를 취하며 덧붙였다. "외교적·정치적인 이유로 나는 자네를 해임할 수 없어."

나는 용기를 얻어 되받아쳤다. "저도 휴가를 떠나는 것이 불가능합니다. 군수장관 자리에 있는 한 업무를 계속할 것입니다. 저는 환자가 아닙니다!"

긴 침묵이 이어졌다. 히틀러는 자리에 앉았고 나 역시 묻지도 않고 자리에 앉았다. 편안해진 목소리로 히틀러가 말을 이었다. "슈페어, 자네가 스스로 전쟁이 아직 끝나지 않았음을 확신한다면 일을 계속해도 좋아."

나의 보고서에서, 보어만의 보고를 통해, 히틀러는 내가 이 상황을 어떻게 받아들이고 있는지, 내가 어떤 결론을 내리고 있는지 잘 알고 있었다. 그가 나에게 원하는 것은 립서비스였다. 앞으로 다른 이야기를 하지 않겠다는 뜻의 구두 성명이었던 것이다.

"아시겠지만, 저는 그 부분을 약속할 수 없습니다." 나는 진지하게, 그러나 공격적이지 않은 태도로 대답했다. "우리는 전쟁에서 졌습니다."

히틀러는 다시 깊은 생각에 빠졌다. 그는 자신의 삶에서 경험한 어려운 상황들에 대해서 이야기했다. 완전히 패배한 것으로 보였지만 끈기와 에너지, 열정을 가지고 극복해냈던 일들이다. 그는 끝없이 이야기를 계속했다. 초창기 투쟁 시기의 기억에 사로잡혀 논점은 샛길로 빠지고 있었다. 그는 1941~42년 겨울의 예를 들었고 위협적인 교통대란, 심지어 군수 생산에서 이룬 나의 엄청난 업적을 거론하기도 했다. 나는 독백을 여러 번 들은 바 있고 거의 외울 지경이었으므로, 단어 하나 빠뜨리지 않고 읊조릴 수도 있었다. 그는 목소리 톤도 바꾸지 않았지만, 바로 그 단조로움이 설교를 더욱 강렬한 것으로 만들었다. 몇 년 전에도 찻집에서 같은 느낌을 받은 일이 있었는데 그때는 최면을 일으키는 그의 눈을 피했었다.

내가 침묵을 지키며 묵묵히 그를 바라보자 히틀러는 갑자기 요구 사항을 낮추었다. "만일 자네가 아직 전쟁을 이길 수 있다는 신념을 갖는다면, 최소한 그런 믿음이라도 갖는다면, 모든 것이 해결돼." 히틀러의 태도는 거의 부탁에 가까웠다. 그가 측은해 보일 때가 압제적인 태도를 보일 때보다 훨씬 큰 호소력을 발휘한다는 생각이 잠깐 들었다. 이런 상황이면 나는 보통 마음이 약해져 양보를 하곤 했다. 하지만 이번만큼은 달랐다. 초토화 작전에 관련된 문제였기 때문에 나는 그의 마법에 굴복할 수 없었다.

나는 흥분해서 조금은 큰 소리로 말했다. "아무리 긍정적으로 생각하려 해도 그건 아닙니다. 그리고 저는 마음으로는 믿지 않으면서 승리를 믿는다고 말하는, 그런 돼지 같은 측근들 가운데 하나는 될 수 없습니다."

히틀러는 아무 말이 없었다. 그는 한동안 허공을 응시하더니 다시 그의 투쟁 시기의, 당이 집권하기 전의 경험을 이야기하기 시작했다. 최근 자주 그랬듯이 히틀러는 프리드리히 대제의 기대하지 않았던 기회에 대해 말했다. "우리는 모든 것이 잘될 거라고 믿어야만 해…. 자네는 지금 전쟁을 성공적으로 수행하길 원하는 건가, 아니면 믿음이 흔들린 건가?" 다시 히틀러의 요구는 우리 두 사람을 묶어주는 믿음의 공식적인 인정으로 낮추어졌다. "만일 자네가 최소한 우리가 패배하지 않기만을 바란다면! 자

네가 진정 전쟁의 승리를 소망한다면 내일 나에게 알려주게." 악수도 하지 않고 그는 나를 내보냈다.[7]

마치 히틀러의 처분 앞에 놓인 독일의 운명을 더욱 극화하듯, 내가 히틀러와 독대를 마치고 나온 직후 교통장관으로부터 텔레타이프 메시지를 받았다. 1945년 3월 29일 날짜였고, 내용은 다음과 같다. "목표는 버려진 영토를 교통 황무지로 만드는 것입니다. 폭발물이 부족한 상황이므로 최대한 파괴를 지속시킬 수 있는 방법을 동원해야 합니다." 파괴 대상 리스트에는 모든 교량과 도로, 기관차고와 화물역의 기술적인 시설, 생산 설비, 해협의 수문 등이 포함되었다. 동시에 기관차, 승용차, 화물차, 화물선, 바지선도 남김없이 완전히 파괴한다. 그리고 해협과 강은 가라앉힌 배들로 막는다. 모든 종류의 군수품은 초토화 작전을 위해 동원된다. 만일 폭약을 구할 수 없다면 방화를 하고, 중요 부분은 파괴된다. 오로지 전문가들만이 이 명령의 실행이 독일에 가져올 참사의 정도를 파악할 수 있다. 이 지시사항은 히틀러의 포괄적인 명령이 철저한 의미에서 어떻게 실행되었는지를 알려주는 주요 증거였다.

군수부 별관 건물 뒤 작은 임시 거처에 돌아와 나는 잠자리에 들었다. 탈진한 상태였다. 히틀러의 24시간 최후통첩에 어떻게 대응해야 할지 이리저리 고민했다. 그러다가 자리에서 일어나 편지를 쓰기 시작했다. 첫 몇 문장은 히틀러를 납득시키고 싶은 욕망과 그의 뜻을 절반이라도 들어주고 싶은 시도 사이를 일관성 없이 움직였다. 그러나 점점 내용은 단호해졌다. "제가 (1945년 3월 19일의) 파괴 명령과 긴박한 소개 명령을 읽었을 때 저는 초토화의 첫걸음이 시작되었다고 생각했습니다." 여기에서 나는 그가 최후통첩으로 제시한 질문에 대답을 주었다. "그러나 만일 이 결정적인 시기에 우리가 동시다발적이고 조직적인 방법으로 국가 존재의 기반을 파괴한다면 우리의 대의가 성공했다고 믿을 수 없습니다. 그와 같은 파괴는 국민의 권리를 너무도 가혹하게 침해하는 행위입니다. 행운의 여신은 우리에게 미소 짓지 않을 것입니다. 그러므로 국민들을 도탄으로 빠뜨리는 조치를 철회해달라고 각하께 간청합니다. 만일 각하께서 정책을 수정해주신다면 저는 다시 한 번 신념과 용기를 회복해 최선의 힘을 발휘해 업무에 임하겠습니다." 나는 히틀러의 최후통첩에 대한 대답을 계속 이어갔다. "이제 운명이 어느 쪽으로 돌아설지는 우리가 결정할 문제가 아닌 것 같습니다. 오로지 더 높은 섭리만이 미래를 바꿀 수 있을 것입니다. 우리가 할 수 있는 일은 강건한 자세와 흔들리지 않는 신념으로 국가의 궁극적인 미래를 위해 헌신하는 것입니다."

나는 편지 마지막에, 흔히 이런 개인적인 편지에는 마무리로 쓰기 마련인 '나의 총통 각하 만세'라는 인사를 붙이지 않았다. 대신 나의 입장을 더욱 강조하고 우리에게 남아 있는 유일한 희망을 일깨우기 위해 "신께서 독일을 지켜주실 것입니다"라는 인사로 대신했다.*

편지를 다시 읽으면서 약간 미약하다는 느낌을 받았다. 아마도 히틀러는 그 무렵 내가 쓴 모든 서한이 반역적인 의도를 표하고 있기 때문에 나에게 강경한 조치를 취할 수밖에 없었다고 생각했을 것이다. 나는 그의 비서 가운데 한 사람에게 특별히 큰 활자체로 타이핑을 부탁했다. 히틀러에게만 전할 내용이라는 생각에 손으로 알아볼 수 없게 쓴 편지였다. 그녀는 다시 전화를 걸어 이렇게 말했다. "각하께서 장관님의 편지는 절대 받지 말라고 명령하셨습니다. 직접 오셔서 말씀으로 답변해달라고 하십니다." 곧이어 오라는 명령을 받았다.

자정이 가까운 시간, 빌헬름슈트라세를 따라 수백 미터를 차로 달렸다. 거리는 폭격의 파편이 흩어져 있었다. 나는 아직도 가서 무엇을 할지, 무슨 대답을 할지 정리가 되지 않은 상태였다. 일단 맞닥뜨려볼 생각이었다.

히틀러가 내 앞에 섰다. 자신 없는 모습으로 조금은 걱정스러운 표정이었다. 그는 무뚝뚝하게 물었다. "그래서?"

잠시 동안 나는 혼란스러웠다. 그는 이미 모든 것을 결정한 상태였다. 그러나 그때 아무런 생각이나 결심 없이 이런 말이 불쑥 튀어나오고 말았다. "나의 총통 각하, 저는 언제나 각하 뒤에 서 있습니다."

그는 대답하지 않았지만 조금 흔들리는 듯했다. 잠시 머뭇거리더니 내가 들어와 인사할 때도 하지 않던 악수를 하고 손을 흔들었다. 히틀러의 두 눈에 눈물이 맺혔다. 요즘 들어서는 자주 있는 일이었다. "그럼 된 거야." 그는 말했다. 그의 태도는 얼마나 안심이 되었는지를 간명하게 보여주고 있었다. 나 역시 순간적으로 눈에 보이지 않는 그의 감정적 격발에 잠시 마음이 흔들렸다. 다시 한 번 우리 둘 사이의 오랜 우정이 되살아난 듯

---

* 전체적인 편지 내용은 다음과 같다.

이렇게 중대한 시점에서 제가 물러난다면, 각하의 명령에 의한 경우라도, 저의 충실한 측근들은 물론이고 독일 국민을 저버리는 죄를 짓는 것이라는 생각이 듭니다. 그럼에도 저는 각하께 단도직입적으로 꾸미지 않고 앞으로 일어날 일에 대해 말씀드려야 할 의무감을 느낍니다. 이로 인해 제가 감당하게 될 일은 생각하지 않겠습니다. 다른 측근들과는 달리 저는 항상 솔직하게 이야기를 했고, 앞으로도 그럴 생각입니다….

저는 미래의 독일 국민을 믿습니다. 정의롭고 엄중한 섭리를 믿으며 따라서 신을 믿습니다. 1940년 우리가 승리를 이어가던 시절에도, 우리 지도부 인사들이 내면적인 인격을 잃어가는 모습을 보며 저는 고통을 느꼈습니다. 절제와 내면적 겸손함으로 우리 스스로를 섭리 앞으로 이끌어야 할 시간이었습니다. 그랬다면 운명은 우리 편에 서주었을 것입니다. 그러나 우리는 스스로 균형감각을 잃었고 승리가 너무도 쉽다고 여겼습니다. 우리는 쉽게 얻어진 승리에 도취되어 앞으로의 싸움을 위해 자신을 단련했어야 할 1년이라는 소중한 시간을 낭비했습니다. 이 때문에 우리는 1944년과 1945년의 결정적 순간을 준비되지 않은 채로 맞아야 했습니다. 새 무기들이 1년 일찍 준비되었더라면, 독일은 지금 다른 상황을 맞고 있을 것입니다. 마치 신의 섭리가 경고라도 하듯이, 1940년 이후의 모든 작전이 지독한 불운 속에 실패했습니다. 기후라는 외부 요인이 지금과 같은 기술적인 전쟁에서보다 결정적이고 파괴적으로 작용했던 적은 없었습니다. 모스크바의 혹한, 스탈린그라드를 둘러쌌던 안개, 1944년 서부 대공세 때의 맑고 푸른 하늘 말입니다.

친애하는 총통 각하께서 우리 삶을 인간적으로 유지해주신다면, 저는 영예롭게 확신과 미래에 대한 믿음을 가지고 직무를 다할 것입니다. 저는 더 이상 1945년 3월 19일 내려진 각하의 명령이 결국은 어떻게 우리에게 마지막 남은 산업적 역량을 분쇄하고 국민들에게 공포와 두려움을 일으킬지 논쟁하고 싶지 않습니다. 이 문제들은 가장 중요한 최우선 과제들이지만 지금은 그 말씀을 드리려는 것이 아닙니다. … 각하께서는 저의 내면적인 갈등을 이해하실 것입니다. 우리가 바로 자신의 삶의 근원을 파괴하려고 한다는 것을 제가 알고 있는 한, 제 일에 몰두할 수도 없고 직원들에게 노력을 독려하는 순간에도 확신을 느낄 수 없습니다.

느껴졌다.

나는 재빨리 이 상황을 활용할 방법을 생각해보았다. "저는 무조건적으로 각하 편입니다. 그렇다면 각하께서도 관구장들보다는 저를 믿고 칙령 실행을 맡겨주십시오."

그는 나에게 즉시 서명할 테니 서류를 작성해 오라고 했다. 그러나 논의 도중 그는 산업시설과 다리의 파괴에 관해서는 한 치의 양보도 하지 않았다. 작성된 서류를 가지고 나는 방을 나갔다. 새벽 1시경이었다.

총리 청사의 방 아무 곳에 들어가 나는 "1945년 3월 19일 칙령의 일사불란한 실행을 위해"라는 말로 명령문을 작성했다. 더 이상 논의를 피하기 위해 그 조항들을 무효화할 시도도 하지 않았다. 단지 두 가지를 명확히 했을 뿐이다. "실행은 군수 및 전시생산부의 조직원들과 조직에 의해서만 실시된다. 군수 및 전시생산부는 나의 허가 아래 실행 지시를 하달한다. 세부 조항은 제국국방위원들에게 일임할 수 있다."*

이리하여 나는 군수장관의 권리를 되찾았다. 명령문에 내 활동 반경을 넓힐 수 있는 문장 하나를 슬쩍 끼워넣었다. "산업시설의 기능을 한시적으로 마비시킴으로써 파괴와 유사한 효과를 낼 수 있다." 그러나 히틀러를 달래기 위해 특별히 중요한 공장의 전면적인 파괴는 나의 명령에 따라 행해진다는 내용의 조항을 하나 더 첨가했다. 물론 그런 명령은 내려지지 않았다.

히틀러는 떨리는 손으로 몇 군데 수정한 다음 연필로 서명했다. 아무런 논쟁도 없었다. 그는 첫 번째 문장을 수정함으로써 자신이 모든 상황을 통제하는 위치에 있음을 재차 확인했다. 나는 내용을 되도록이면 뭉뚱그려 작성했고 파괴 조치의 목적을 "적이 이 시설과 설비들을 사용하여 전력을 증강하는 것"을 막기 위함이라고 설명했다. 상황실 지도 테이블 뒤에 피곤에 절어 앉아 있던 히틀러는 그 범위를 산업시설로 국한했다.

히틀러는 자신이 중대한 양보를 하고 있다는 것을 느끼고 있었다. 히틀러가 서명을 한 뒤에 우리는 조금 대화를 했고 나는 그가 "초토화 작전은 독일과 같은 작은 나라에서는 별 효용이 없다. 그것은 러시아와 같은 광대한 땅에서 그 목적을 달성할 수 있다"는 점을 인정할 용의가 있음을 느꼈다. 나는 이 내용을 메모해 따로 보관했다.

언제나 그렇듯이 히틀러의 행동에는 양날이 있었다. 그날 저녁 그는 사령관들에게 "진격 중인 적에 대한 저항을 가장 극단적인 수준으로 강화하라. 이를 위해 민간인에 대한 배려도 허용하지 않는다"는 명령을 내렸다.[8]

---

* 명령문은 다음과 같다.

총통

총통 지휘부
1945년 3월 30일

1945년 3월 19일 칙령의 일사불란한 실행을 위해 다음의 내용을 명령한다.

1. 생산 설비 파괴를 위해 내려진 명령은 적이 그들의 이익을 위해 설비를 사용하는 것을 막고자 하는 데 그 목적이 있다.

2. 우리 전력을 손상할 수 있는 모든 조치는 금한다. 비록 공장이 파괴되지 않고 적에게 함락될 위험이 있다 하더라도 생산은 최후의 순간까지 계속되어야 한다. 식료품 공장을 비롯한 모든 종류의 산업시설은 적에게 즉각적인 위협을 받기 전까지 유지되어도 무방하다.

3. 적의 사용을 막기 위해 다리와 교통시설을 파괴해야 하지만, 산업시설의 기능을 한시적으로 마비시킴으로써 파괴와 유사한 효과를 낼 수 있다. 주요 생산시설들(예를 들어, 탄환공장, 핵심 화학공장 등)의 전면 파괴는 군수 및 전시생산 장관인 나의 명령에 의해서만 가능하다.

4. 산업 단지와 공장의 마비나 파괴 신호는 관구장이나 국방위원들이 발하고 그 과정을 감독할 수 있다.

5. 명령은 군수 및 전시생산부 기관이나 조직원들만 실행할 수 있다. 당과 주, 군의 기구들은 필요할 경우 조력할 수 있다. 군수 및 전시생산부는 나의 허가 아래 명령 실행을 위한 지시사항을 발동할 수 있다. 세부 조항은 제국국방위원들에게 일임할 수 있다.

6. 이 명령 조항은 전투 임박 지역의 공장과 설비에 적용된다.

(서명) 아돌프 히틀러

이 명령은 산업시설에만 적용되었다. 선박과 철도시설, 통신과 다리에 대한 파괴 명령은 계속 유효했다.

그로부터 한 시간 만에 나는 사용이 가능한 모든 모터사이클과 자동차, 일손을 수배해 인쇄소와 텔레타이프 사무실로 급히 달려갔다. 나는 회복한 권위를 이용해 이미 진행 중인 파괴 행위를 중단시킬 생각이었다. 새벽 4시에야 실행 명령을 발동할 수 있었다. 전제된 대로, 히틀러의 권위를 빌릴 필요는 없었다. 나는 단호하게 산업시설과 발전소, 가스시설, 상수도시설, 식품공장 보호를 위해 내렸던 나의 모든 이전 명령을 갱신했다. 히틀러가 3월 19일 철회했던 내용들이다. 또한 전면적인 파괴를 위한 세부 지침을 곧 발표하겠다고 약속했다. 물론 그런 일은 일어나지 않았지만.

역시 히틀러의 허가 없이, 나는 10~12개의 식료품 수송 열차가 포위된 루르 지역 인근으로 계획대로 출발하도록 지시했다. 국방군 조직 참모인 빈터 장군과 협력해 나는 다리 파괴를 중지하는 포고령을 작성했지만 카이텔이 이를 좌절시켰다. 또 국방군 의복과 식료품 보관 책임자이자 친위대 지휘관 프랑크와 합의 아래 민간인들에게 보급품을 나누어주기로 했으며, 체코슬로바키아와 폴란드를 관할하는 군수부 책임자 말차허에게 북슐레지엔 지역의 다리 파괴를 막는 임무를 맡겼다.[9]

다음 날 올덴부르크에서 나는 네덜란드 제국 감독관인 자이스-인크바르트를 만났다. 차량으로 이동하는 도중 짬을 내어 평생 처음으로 총 쏘는 연습을 해보았다. 조심스레 말을 이어가던 자이스-인크바르트는 놀랍게도 자신이 적과 대화 창구를 열어두었음을 인정했다. 그는 네덜란드에 더 이상의 피해를 가하고 싶지 않았고, 특히 대규모 홍수가 발생하는 일은 막고자 했다. 대홍수는 히틀러가 의도하던 일이었다. 나는 올덴부르크로 돌아오는 도중 함부르크 관구장 카우프만과 만나 비슷한 합의를 이끌어냈다.

3월 3일 내가 돌아온 직후 수문과 댐, 해협의 다리 등의 폭파를 금지한다는 명령을 발동했다.[10] 생산시설과 관련해서 점점 더 많은 텔레타이프 메시지가, 더욱 긴박하게 쏟아져 들어왔다. 나는 일일이 모든 작업이 잠정적으로 중단된다는 답변을 전해주었다.*

다행히도 이와 같은 결정을 내리면서 나는 여러 가지 도움을 받을 수 있었다. 나의 정치 부관인 후프파우어 박사는 주요 부처의 고위 간부들과 연대해 히틀러 명령의 효과를 최대한 축소하려고 노력했다. 그들 가운데는 보어만의 부관인 게르하르트 클로퍼도 포함되어 있었다. 우리는 보어만에 대한 지원 업무를 모두 중단해버렸으므로, 그의 명령은 말하자면 허공을 향해 내려지는 셈이었다. 제3제국의 최후를 앞두고 보어만은 벙커 안에서 히틀러를 조종했을지 모르나 바깥에서는 이미 새로운 법이 세상을 통치하고 있었다. 친위대보안방첩부(SD) 사령관인 올렌도르프조차 당시 정기적으로 나의 근황에 대해 보고받았지만, 자신이 중단할 것을 허락했다고 훗날 감옥에서 말했다.

사실 1945년 4월, 나는 정부 부처 간부들의 협력 아래 히틀러, 괴벨스, 보어만을 전부 합친 것 이상의 영향력을 발휘했던 것 같다. 군부 쪽으로 새로운 참모진이자 예전에 모델의 참모로 일했던 크레프스 장군과 좋은 관계를 유지했다. 요들과 불레, 통신대 사령관인 프라운 등도 점점 더 현실에 대해 이해하는 모습을 보여주었다.

---

* 예를 들어, 위베라이터 관구장은 다음과 같은 메시지를 보냈다.

무전메시지 PZR No.5 5/6 1830 4/3/35
제국장관 알베르트 슈페어 앞
베를린 W8

3월 19일 내려진 총통의 명령과 관련해, 우리 관구에서 상황과 관계없이 보존해야 할 군수공장이 어떤 것인지에 대해 세부 지시사항을 요청합니다. 군 상황이 너무도 유동적이기 때문에, 적이 기습공격을 해 와 이곳을 함락할 가능성은 언제나 있습니다. 말부르크, 슈타이어, 다임러-푸흐-그라츠에 있는 비행기 공장과 이전해 온 공장들을 어떻게 처리해야 할지 묻고 싶습니다. 북슈티리아에 있는 군수 공장들의 운명은 남도나우 지역의 전황에 따라 정해지겠지요. 그러나 저에게는 아무런 정보가 없습니다. 드라우와 무르에 있는 수력 발전소와 증기 발전소는 적의 손에 함락되기 전에 파괴해야 할까요? 이곳에서는 전선 상황을 알 수 없기 때문에 장관님의 지침이 필요합니다.

(서명) 위베라이터 관구장

히틀러가 만일 나의 행적을 알았다면, 국가원수에 대한 대역죄를 저질렀다고 여겼을 것이다. 나는 최고의 형벌을 각오하고 있었다. 이중 행위를 펼치는 동안 나는 단 하나의 원칙만을 생각했다. 최대한 히틀러와 가까운 관계를 유지할 것! 내가 자리를 비우면 새로운 의혹의 여지를 키우겠지만, 계속해서 모습을 보이면 기존의 의혹마저 통제하고 무화할 수 있다. 자살하고 싶은 마음은 없었으므로, 베를린에서 100킬로미터 떨어진 울창한 사냥터에 비상 은신처를 마련해두었다. 롤란트가 퓌르슈텐베르크 왕자 소유의 사냥지 오두막 가운데 하나였다.

4월이 시작되었지만 히틀러는 상황회의 중에 여전히 적에 대한 반격을 논했고, 연합군에 측면 공격을 가하자는 이야기를 꺼냈다. 연합군은 이제 카셀을 지나 빠른 속도로 아이제나흐로 향하고 있었다. 히틀러는 계속해서 병력을 이곳저곳으로 파견했다. 잔인하고 유령 같은 싸움이었다. 내가 전방 시찰에서 돌아와 전날의 병력 이동에 대해 확인하면서 기입할 수 있는 내용이라고는, 지나온 지역에서 아무것도 볼 수 없었고 도중에 본 군대는 중화기 하나 없이 달랑 총 한 자루만 들고 있는 병사들뿐이라는 것이었다.

나 역시 매일 참모부 연락책들이 전달하는 최근 정보를 가지고 소규모

나의 답변은 다음과 같다.

위베라이트 관구장, 그라츠에게
총통의 1945년 3월 30일 칙령에 따라 초토화 작전은 더 이상 효력이 없을 알려드립니다. 모든 설비와 공장은 적이 사용할 수 없도록 가동 마비 조치가 취해져야 합니다. 거의 모든 경우에서 기술자들에 의한 전문적 조치로 충분하며, 이것은 총통의 명령에도 부합하는 것입니다. 이는 관구장께서 언급하신 모든 생산시설에도 적용됩니다. 3월 30일 총통 명령은 3월 19일 명령의 다양한 해석을 막고, 시설 마비 조치라는 무조건적인 뜻을 지키기 위해 내려진 것입니다. 따라서 파괴 행위는 마비 조치가 효과를 발휘할 수 없을 때만 취해질 수 있습니다. 더욱이 총통께서는 생산은 마지막 순간까지 계속되어야 한다고 말씀하셨습니다. 발전소에는 가동 마비 조치만 취해져야 합니다.

(서명) 슈페어

회의를 열고 있었다. 이것은 군이 민간 부처에 군 관련 정보를 주지 못하도록 했던 히틀러의 지시를 정면으로 어기는 행위였다. 포저는 나에게 그날 하루 적이 어디를 점령했고, 앞으로 24시간 안에 어디까지 도달할 것인지 상당히 정확한 정보를 제공했다. 이와 같은 보고는 총리 청사 지하 벙커 회의에서 보고되는, 의도적으로 애매하게 뭉뚱그린 정보와는 차원이 달랐다. 히틀러의 회의에서는 아무도 소개나 퇴각에 관해선 거론하지 않았다. 마치 크레프스 장군과 참모진은 이제 히틀러에게 정확한 정보 제공을 포기하고, 혼자 전쟁 게임에 심취할 수 있도록 내버려두는 듯 보였다. 전날 저녁의 상황회의에서 전해진 정보와는 달리, 바로 그다음 날 도시와 여러 개 지역들이 적에게 함락되는 일이 있어도 히틀러는 침착함을 유지했다. 이제 그는 더 이상 몇 주 전처럼 측근들에게 비난을 퍼붓는 행동을 하지 않았다. 그 역시 포기한 듯 보였다.

4월이 시작되면서 히틀러는 서부지역 총사령관인 케셀링을 불러들였다. 나는 우연히 이 괴상한 회의에 참석하게 되었다. 케셀링이 절망적인 상황을 히틀러에게 설명하려고 했지만, 히틀러는 바닥을 바라보며 쐐기 대열로 아이제나흐로 진격하는 미군을 탱크 수백 대를 이용한 측면 공격으로 섬멸할 방법에 대해 설명했다. 케셀링 원수는 더 이상 말을 잇지 못했다. 히틀러는 적에게 엄청난 타격을 가해 연합군을 독일 바깥으로 밀어붙이겠다고 말했다. 그리고 미군이 벌지 전투에서는 승리했지만, 자신들의 실패를 인정하기에는 너무도 무능하다는 점을 장황하게 설명했다. 케셀링은 잠시 난색을 표하고 히틀러의 환상에 동의하는 모습을 보이더니 짐짓 진지한 태도로 논의를 시작했다. 나는 화가 치밀었다. 그러나 일어나지도 않을 전투에 흥분하는 것은 아무런 의미가 없었다.

이후 이어진 회의에서 히틀러는 다시 측면 공격에 대해 설명했다. 나는 가능한 한 무덤덤한 태도로 끼어들었다. "모든 것이 파괴된 후에는 다시 수복해봤자 별로 좋을 것도 없습니다." 히틀러는 아무 말하지 않았다. 나는 한술 더 떠서 말했다. "다리를 그렇게 빨리 건설할 수는 없습니다."

그는 기분 좋은 태도로 말했다. "걱정 말게, 슈페어 장관. 내 명령과는 달리 모든 다리가 파괴되진 않았을 거야."

나 역시 기분이 좋아져서, 거의 농담하듯 명령이 제대로 이행되지 않았다는 소식에 왜 안심이 되는지 모르겠다고 대답했다. 놀랍게도 히틀러는 내가 준비한 새로운 칙령을 검토할 준비를 하고 있었다.

내가 카이텔에게 초안을 보여주자 처음엔 노발대발했다. "왜 또 내용이 바뀌는 건가! 우리는 이미 파괴 명령을 받았네. 전쟁을 하다 보면 당연히 다리는 폭파되게 마련이지." 하지만 결국 나의 초안에 동의했고 문장에 사소한 수정을 가했다. 히틀러도 새로운 지시사항에 서명했다. 이제 공식 명령은 교통과 통신설비를 마비시키는 수준에서 파괴 행위를 중단하고, 다리의 폭파는 최후의 순간까지 미루는 것으로 변경되었다. 모든 것이 끝나기 3주 전, 나는 다시 마지막 성명에 대한 히틀러의 허가를 받아냈다. "모든 파괴와 소개 행위와 관련해 우리가 다시 잃어버린 영토를 탈환했을 때, 독일 국민이 시설을 다시 사용할 수 있어야 한다는 점을 명심할 것."[11] 히틀러는 놀랍게도 다음 조항을 붙이기까지 했다. "비록 교량이 파괴되기 전에 적에게 점령당할 위험이 있다 하더라도" 파괴는 연기된다는 것이었다.

같은 날, 통신대 사령관 프라운 장군이 1945년 3월 27일 명령을 무효화하고 모든 파괴 명령을 철회했다. 심지어 전쟁이 끝난 뒤 통신 네트워크 구축을 위해 당장 필요해질 부품들을 그대로 보관하라는 명령을 은밀히 내리기도 했다. 히틀러의 통신 네트워크를 파괴하라는 명령은 아무리 생각해도 의미가 없다고 그는 말했다. 적은 자신들의 케이블을 사용해 무선국을 세울 것이기 때문이다. 나는 통신 사령관이 통신설비를 모조리 파괴하라는 명령을 취소했는지는 알지 못한다. 여하튼 카이텔은 새 지침 발동을 거부했다. 히틀러의 최근 칙령에 근거해, 더 심오한 해석을 가능하게 한다는 이유였다.[12]

카이텔 덕분에 나는 히틀러의 4월 7일 명령에서 이끌어낸 논리로 불분명한 명령 체계를 확립할 수 있었다. 3월 18일에서 1945년 4월 7일까지 19일 동안, 명령 체계에 대한 열두 개 이상의 서로 상충되는 칙령이 선포되었다. 그러나 이 같은 혼란스러운 지휘 체계는 선의를 가진 자들이 미래의 혼란을 최소화하는 것을 가능하도록 도와주었다.

31

12시 5분
Fünf Minuten nach zwölf

1944년 9월에 선전부 차관 베르너 나우만이 나를 방문해 라디오 방송 연설을 통해 전쟁 의지를 북돋아달라고 부탁한 바 있었다. 괴벨스의 계략임을 의심한 나는 그 부탁을 물리쳤다. 그러나 이제 히틀러가 나의 입장에 동조하고 있는 상황이니, 방송 연설을 통해 무의미한 파괴 행위를 피하도록 일반 대중에게 권고할 필요를 느꼈다. 히틀러의 4월 7일 칙령이 발표되자마자 나는 나우만에게 연설할 의향이 있다고 전하고, 차를 몰아 외딴 슈테흘린 호숫가에 있는 밀히의 사냥 오두막을 찾았다.

전쟁이 종말로 치달으면서 우리는 앞으로 닥칠 일들을 준비하고 있었다. 필요할 경우 나 자신을 지키기 위해 나는 가끔 호숫가 옆에서 꼭두각시를 세워두고 사격 연습을 했다. 그 와중에 틈을 내 라디오 연설문을 작성했다. 저녁 무렵, 연사하면서 꼭두각시를 몇 번 명중시켰을 때는 우쭐한 기분이 들었다. 그리고 연설문에 나 자신을 정확하게 드러내지 않고서도 충분히 메시지를 전달할 수 있을 듯했다. 와인 잔을 앞에 두고 나는 밀히와 그의 친구에게 연설문을 크게 낭독했다.

"병사 개개인의 헌신을 대체할 수 있는 놀라운 능력을 가진 비밀무기의 존재를 믿는 것은 실책입니다!" 우리가 점령 지역에 산업시설을 파괴하지 않았고, 우리 영토 내에서도 국민의 삶의 기반을 지키는 것을 의무로 여기고 있다는 부분을 강조했다. "이러한 필요를 무시하는 모든 광적인 사람들은 중대 처벌을 받아야 합니다. 그 이유는," 나는 당시 흔히 들을 수 있던 특유의 과장된 언어로 계속했다. "그들은 독일 국민의 가장 소중한 재산에 대해, 우리 국가적 생명의 원천에 대해 죄를 짓고 있기 때문입니다."

나는 대부분의 영토를 수복할 것이라는 그럴듯한 말을 한 후, 교통장관이 자주 쓰던 "교통 불모지"에 대해 강조했다. "우리는 모든 능력과 방법을 동원해 이런 계획을 무산시켜야 합니다. 만일 우리가 기민하게 행동하고 위기 상황에서도 상식을 잃지 않는다면, 내년 수확 시기까지 식량을 보존할 수 있을 것입니다."

나는 낭독을 마쳤다. 평온하고 냉정한 태도로 밀히가 말했다. "의미는 확실하게 전달되지만 게슈타포도 이 내용을 들을 텐데요."

4월 11일, "연설 원고를 들고 총통에게 오라"는 전화를 받았을 때는 이미 라디오 방송국의 녹음 트럭이 군수부 정문 앞에 도착해 일꾼들이 집무실에 케이블을 깔고 있었다.

나는 대외용으로 자극적인 부분이 뭉뚱그려진 특별 원고를 준비했었다.[1] 하지만 실제 방송에서는 원본을 읽을 생각이었다. 나는 특별 원고를 가지고 히틀러에게 갔다. 히틀러는 벙커 집무실에 앉아 비서와 함께 차를 마시고 있었다. 나를 위해 세 번째 찻잔이 준비되었다. 그의 바로 앞자리에 앉아 그렇게 친근하고 편안한 분위기에서 마주 본 것이 얼마만이던가. 그는 공식적인 자리인 것처럼 얇은 금속테 안경을 썼다. 꼭 학교 선생 같은 느낌이었다. 그는 연필을 쥐더니 몇 페이지를 읽다가 문장 전체를 삭제하기 시작했다. 논란을 피하면서 그는 가끔 부드러운 음성으로 이렇게 말했다. "이건 빼고, … 이건 불필요해." 비서는 편안한 태도로 히틀러가 옆에 둔 페이지들을 집어 들있다. 그는 쭉 읽어보더니 아깝다는 듯 말했다. "이런, 이렇게 멋진 문장을요." 히틀러는 친절한 태도로 나를 내보내면서 말했다. "새로 작성해보게."*

가지를 모두 치고 나니 원고는 요점을 잃었다. 그리고 히틀러의 허가가 나지 않으면 제국 방송국의 장비를 사용할 수 없었다. 나우만마저 그 일에 대해서 언급하지 않았으므로, 나는 방송 연설에 대해 잊었다.

1944년 12월, 베를린 필하모니 오케스트라의 연말 연주회가 있었다. 빌헬름 푸르트벵글러가 나를 지휘자실로 초대했다. 경계심을 누그러뜨리는 초월한 태도로 우리가 전쟁에 이길 가능성이 있는지 단도직입적으로 물었다. 내가 패전이 가까워지고 있다고 하자 그는 고개를 끄덕였다. 같은 결론을 내렸던 것이다. 나는 그가 위험에 처해 있다고 느꼈다. 보어만과 괴벨스, 힘러 등이 푸르트벵글러의 솔직한 발언들과 그가 블랙리스트에 오른 작곡가 힌데미트를 옹호했다는 것을 잊지 않고 있었기 때문이다. 나는 그에게 스위스에서 열릴 예정인 순회공연을 마치고 독일로 돌아오지 말라고 조언했다. "그러면 저의 오케스트라는 어떻게 되는 겁니까?" 그는 외쳤다. "내가 책임지죠." 나는 그의 단원들을 보호해주겠다고 약속했다.

1945년 4월, 필하모닉 총감독인 게르하르트 폰 베스터만에게서 괴벨스의 명령에 따라 베를린 수호를 위해 오케스트라 단원들이 징집된다는 연락을 받았다. 나는 괴벨스에게 전화를 걸어 왜 단원들이 국민돌격대에 징집되어선 안 되는지 설명했다. 선전장관은 날카롭게 책망했다. "오케스트라를 특별한 수준으로 키운 사람은 바로 나요. 내가 주도하고 돈을 퍼부어가며 지금의 세계적인 수준의 오케스트라를 만들었소. 다른 사람들은 그런 말을 할 자격이 없소. 오케스트라는 우리와 운명을 함께해야 하오."

히틀러가 전쟁을 시작하면서 예술가들이 징집되는 것을 막기 위해 취했던 조치를 떠올렸다. 나는 폰 포저 대령을 징집위원회로 보내 단원들의 징집 서류를 없애버리도록 하고, 재정 지원을 위해 군수부 주도로 몇 개의

---

* 뉘른베르크에 수감되어 있을 때 자우어는 히틀러가 그때 당시 "그래도 슈페어가 제일 나아"라고 말했다고 전해주었다.

연주회를 계획했다.

"브루크너의 4번 교향곡 「낭만적」이 연주되면 끝이 가까워졌다는 의미야." 나는 친구들에게 말했다. 마지막 연주회는 1945년 4월 12일에 열렸다. 함락을 눈앞에 두고 있는 베를린 필하모닉 홀은 난방이 되지 않았기 때문에 연주를 듣고자 하는 사람은 코트로 몸을 감싼 채 웅크리고 있어야 했다. 연주회가 열릴 시점에는 전기 공급도 중단된 상태였지만, 나는 조명을 위해 하루 동안 전기 공급을 끊지 말라는 명령을 내렸다. 베를린 시민들은 분명 놀랐을 것이다. 첫 곡으로 나는 브륀힐데의 마지막 아리아와 「신들의 황혼」 피날레를 주문했다. 약간은 진부하지만 제국의 최후를 암시하는 우울한 곡이었다. 베토벤의 바이올린 협주곡에 이어 브루크너의 교향곡이 연주되었다. 구조적인 마지막 마무리 때문에 내가 좋아하던 곡이다. 이 연주회를 끝으로 나는 오랜 세월 동안 음악을 듣지 못했다.

내가 군수부로 돌아오자 급히 전화를 달라는 총통 보좌관의 메모가 와 있었다. "도대체 어디 계셨어요? 각하께서 기다리고 계십니다."

내가 벙커에 도착하자 히틀러는 최근에는 보기 힘들었던 애정을 표하며 달려 나왔다. 그는 손에 신문을 움켜쥐고 있었다. "여기, 읽어봐! 여기! 아마 믿기지 않을지도 모르겠네. 이걸 보라고!" 그는 다급하게 말했다. "내가 항상 예언했었지. 기적이 일어났어. 내가 옳지 않았나! 전쟁은 진 것이 아니야. 여기를 봐! 루스벨트가 죽었어!"

히틀러는 좀처럼 진정되지 않았다. 신의 섭리가 자신을 굽어보고 있다는 증거라고 말했다. 괴벨스와 측근들은 기뻐 날뛰며 전세가 바뀔 것이라는 히틀러의 믿음이 적중했다며 입에 거품을 물고 외쳐댔다. 이제 역사는 반복된다. 프리드리히 대제가 마지막 절망적인 순간에 승리를 성취했던 것처럼. 브란덴부르크 의회의 기적! 또다시 여제가 죽고, 역사적 전환점이 도래할 것임을 괴벨스는 외치고, 외치고, 또 외쳤다. 잠시 동안의 이 광기는 지난 몇 달간의 기만적인 낙관주의의 베일을 벗겨냈다. 이어서 히틀러는 지쳐서 자리에 앉았다. 의자 깊숙이 몸을 묻는 모습이 유리되고 뭔가에 홀린 것처럼 멍해 보였다. 그러나 나는 여전히 희망이 없음을 알고 있었다.

루스벨트의 죽음으로 갖가지 환상들이 새로이 싹을 피웠다. 며칠 뒤 괴벨스가 나에게 서방 중산층과 친밀한 편이니 장거리 비행기를 타고 미국으로 날아가 새 대통령인 트루먼을 만나보는 게 어떻겠냐고 제안했다. 그러나 이러한 구상은 곧 자취를 감췄다.

4월 초 어느 날, 나는 우연히 예전 비스마르크의 거실에 들어가게 되었다. 그곳에서는 라이가 일당의 무리에 둘러싸여 있었는데, 그 가운데는 샤우프와 보어만, 몇몇 보좌관들과 심부름꾼이 있었다. 라이는 나를 보더니 급히 다가와 소식을 전했다. "살인광선이 개발되었소. 간단한 설비만 있으면 대량생산이 가능하다는군. 내가 문서를 자세히 읽어봤소. 그건 분명 살인광선이었소." 보어만이 머리를 끄덕이며 확인했다. 라이는 계속했다. 언제나처럼 말을 더듬으며, 나를 책망하려는 듯했다. "군수부에서는 그 발명가의 제안을 거절했다고 들었소. 천만다행으로 그 사람이 나에게 편지를 보냈소. 이제 슈페어 장관이 맡아서 생산에 임해주어야겠어요. 당장 말이오. 지금 이보다 더 중요한 일이 어디 있겠소."

라이는 군수부의 부당함을 비난했고 지나치게 관료화되었다고 말했다. 그가 하는 모든 이야기가 너무도 어처구니가 없어서 나는 반대할 마음조차 생기지 않았다. "지당하십니다. 그럼 그 일을 직접 맡으시면 어떻겠습니까? 그렇게만 해주신다면 살인광선 총감독관으로 필요한 전권을 위임하겠습니다."

라이는 그 제안에 기뻐했다. "물론 그러겠소. 슈페어 장관의 휘하라도 상관없어요. 어쨌든 난 화학자 출신이니까."

나는 실험을 제안했고 발명가가 자신의 실험토끼를 사용하도록 권했다. 미리 약을 먹인 동물을 사용해 사기를 치는 경우가 허다하다고 나는 덧붙였다. 며칠 뒤 나는 정말 라이의 부관으로부터 전화를 받았다. 실험에 필요한 전기장비 목록을 전해주었다.

우리는 이 광대극을 계속하기로 마음먹었다. 친구이자 전자업계 지도자 뤼셴에게 전말을 이야기한 다음, 그 발명가가 원하는 장비를 구해달라고 부탁했다. 그는 곧 응답해주었다. "회로 차단기만 제외하면 다 구할 수 있네만, 그 사람이 원하는 속력을 가진 차단기를 구하기가 힘들어. 하지만 자네도 알듯이, 그게 꼭 있어야 한다고 주장하지 않나." 뤼셴은 웃으며 말을 이었다. "하지만 놀랍게도 내가 확인한 바에 의하면 그 차단기는 지난 40년 동안 만들어진 일이 없었네. 1900년경에 출간된 중등학교 물리 교과서 구판에 언급되어 있을 뿐이라네."

적군이 어디까지 접근하고 있다는 온갖 추측들이 난무했다. 라이 역시 심혈을 기울여 그다음 이론을 발전시켰다. "소련군이 동쪽에서 우리를 공격한다면, 독일 피난민들의 물결이 떼를 지어 서쪽으로 향하게 되고, 그렇게 되면 마치 나라를 옮기는 결과를 초래해 소련군이 물밀듯이 들어와 그 지역을 점령하게 될 것입니다." 히틀러조차 이런 괴상한 이론을 비웃었지만, 마지막에 가서는 라이를 가까이 두려 했다.

4월 중순, 에바 브라운이 갑자기 베를린으로 와 다시는 히틀러의 곁을 떠나지 않겠다고 선언했다. 히틀러는 그녀에게 뮌헨으로 돌아가라고 재차 권했고, 나 역시 특별 비행기 편에 그녀의 자리를 마련했다. 그러나 에바 브라운은 고집스럽게 거절했다. 벙커 안에 있던 사람들은 누구나 그녀가 왜 히틀러를 찾아왔는지 알고 있었다. 비유적으로 표현하자면, 아니 현실적으로 말해, 그녀의 존재와 함께 사신이 벙커 안으로 들어온 것이다.

히틀러의 주치의이자 1934년 이후 오버잘츠베르크에서 함께 어울렸던 고정 멤버인 브란트 박사는 그의 아내와 아이들을 곧 미국에 함락될 튀링겐에 남겨두었다. 히틀러는 여기에 대해 약식 군법회의를 지시했는데 재판관은 괴벨스와 히틀러 유겐트 대장인 악스만, 친위대 장군 베르거로 구성되었다. 그러나 검사와 판사 역할을 모두 하며 재판을 주재한 것은 히틀러였다. 그는 브란트의 혐의를 확정하고 사형을 구형했다. 자신의 가족을 오버잘츠베르크로 안전하게 데려올 수 있었음에도 그곳에 남겨두었다는 죄목이었다. 게다가 그가 아내를 밀사로 삼아 미국으로 비밀문서를 보냈다는 혐의도 있었다. 수년간 히틀러의 비서실장을 맡아온 여성이 눈물을 터뜨리며 말했다. "각하를 이해할 수 없어요." 힘러가 벙커로 내려와 혼란스러워 하는 측근들에게 사실을 주장했다. 군법회의가 시작되기 전, 주요 증인에 대한 심문이 예정되어 있었지만 힘러는 음흉하게 말했다. "증인은 찾을 수 없을 것 같습니다."

이 사건으로 나 역시 당혹스러운 상황에 빠졌다. 4월 6일에 가족들을 홀슈타인 인근 카펠른 별장으로 보냈기 때문이다. 발트 해의 대도시와는 멀리 떨어진 곳이다.* 이제 그 일이 갑자기 범죄가 되었다. 히틀러가 에바 브라운을 시켜 내 가족들이 어디 있는지 물었을 때, 나는 베를린 인근 친구 집에 보냈다고 거짓말했다. 히틀러는 만족했지만 오버잘츠베르크로 후퇴하게 되면 모두 함께갈 것을 약속하라고 했다. 그때의 히틀러는 알프스의 요새에서 최후의 결전을 계획하고 있었다.

괴벨스는 히틀러가 베를린을 떠난다 해도 자신은 남아 베를린에서 최후를 마칠 것이라고 선언했다. "아내와 아이들도 모두 나와 함께 죽을 것입니다. 미국 놈들이 가족들을 이용해 나에 대한 악선전을 할 게 뻔하니까요." 그러나 내가 4월 중순 슈바넨베르더로 괴벨스 부인을 방문했을 때, 그녀는 아이들마저 희생되어야 한다는 사실을 받아들이지 못하고 있었다. 그럼에도 불구하고 그녀는 남편의 결정을 따랐다. 며칠 뒤, 마지막 순간에는 우리 이송 함대의 바지선이 밤을 틈타 슈바넨베르더 괴벨스 영지에 정박해 있을 것이라고 괴벨스 부인에게 알렸다. 엘베 강 서쪽 지맥으로 이동

---

* 그 무렵 독일 각 지역이 어떻게 분할될 것인지 윤곽이 잡히고 있었다. 홀슈타인은 영국에 복속될 것으로 보였다. 나는 영국이 나치 고위관리의 가족들에게 신사적으로 대해줄 것으로 믿었다. 또한 그 지역은 되니츠가 관할하는 있는 곳이었으므로 전쟁이 끝나면 가족과 바로 합류할 계획이었다.

할 때까지 그녀와 아이들은 갑판 아래 숨어 있으라고 권했다. 음식을 충분히 준비한다면 한동안 들키지 않고 그곳에 머물 수 있을 것이었다.

히틀러가 전쟁에 패배하면 목숨을 끊겠다고 선언한 이후, 그의 많은 측근들은 서로 경쟁하듯 자살 말고 다른 길은 없다고 외쳐댔다. 그러나 나는 그들이 적의 심판을 받을 도덕적 의무가 있다는 생각이 들었다. 공군 장교 가운데 가장 빼어난 두 사람인 바움바흐와 갈란트는 나와 함께 최후의 며칠간 힘을 합해 히틀러의 가장 중요한 측근들에게 손을 써서 그들의 자살을 막는 괴상한 계획을 수립했다. 저녁마다 우리는 보어만과 라이, 힘러가 자동차 편으로 베를린을 빠져나가 폭격에서 안전한 교외 마을로 간다는 것을 발견했다. 우리 계획은 단순했다. 적의 야간 폭격기들이 하얀색의 조명탄을 떨어뜨리면, 자동차들은 즉시 멈추고 승객들은 들판으로 피신한다. 신호탄이 터지는 경우에도 대응은 같다. 바로 그때 자동소총으로 무장한 한 무리의 군인들이 여섯 명으로 구성된 보디가드들을 제압하면 되는 것이었다.

조명탄을 내 거처로 옮기고 군인 선발과 세부 사항에 대한 논의가 이루어졌다. 총체적인 혼란 시기이므로 체포된 사람들을 안전한 장소로 데리고 오는 것은 가능했다. 놀랍게도, 라이의 전 참모장인 후프파우어는 보어만에 대한 거사는 전선에서 경험을 쌓은 당원들이 수행해야 한다고 주장했다. 아무도 당내에서 보어만만큼 미움을 사고 있는 인사는 없다고 후프파우어는 말했다. 관구장 카우프만도 자신에게 "총통의 메피스토펠레스를 죽일 기회가 필요하다"고 주장했다.

그러나 우리의 다소 공상적인 계획을 들은 참모총장 토말레 장군은, 밤 시간에 거리를 걸으며 이야기를 나누던 중, 신의 판단에 우리가 끼어들 필요는 없다는 확신을 심어주었다.

한편, 보어만은 자신만의 계획을 추진하고 있었다. 브란트 박사가 체포된 후 보어만의 부관 클로퍼가 브란트 체포는 보어만이 추진했으며, 나를 타깃으로 비슷한 일을 꾸미고 있다고 경고해주었다. 보어만은 분명 내가 히틀러에게 영향력을 행사하는 데 브란트가 버팀목이 되었다고 추측했을 것이다. 물론, 그것은 틀린 생각이다. 클로퍼는 나에게 말을 할 때 특히 조심해야 한다고 주의를 주었다.[2]

적의 무선을 통해 들은 몇 가지 뉴스가 마음에 걸렸다. 하나는 레닌의 책을 읽었다는 이유로 군법회의에 회부된 조카를 내가 힘을 써 풀려나게 해주었다는 것이고,[3] 또 하나는 언제나 당에 거부감을 느끼던 내 측근 카를 헤틀라게가 체포 직전에 있다는 소식이었다. 그리고 스위스의 한 신문은 전직 육군 총사령관 폰 브라우히치와 내가 연합군과 항복 협상을 할 수 있는 유일한 인물이라고 보도하기도 했다. 아마도 적은 그러한 보도를 고의적으로 퍼뜨려 지도부의 분열을 획책했을 것이다. 아니면 모두 헛소문이었을 수도 있다.

이 무렵, 와해를 겪던 군부는 몇몇 믿을 만한 참전 장교들을 내 집으로 보내 주둔하게 했다. 비상사태를 대비해 그들은 바퀴가 여덟 개 달린 무장 정찰 차량을 준비하고 베를린을 빠져나갈 방책을 마련해두고 있었다. 지금까지도 그 일이 누구의 지시로 이루어진 것인지 나는 모른다.

베를린 함락이 임박했다. 히틀러는 라이만 장군에게 베를린 방어의 책임을 맡겼다. 원래 라이만은 발트 해안에서 프랑크푸르트에서 남쪽으로 100킬로미터 거리에 있는 오데르 강까지 주둔하고 있던 군단의 사령관이었던 하인리치 장군의 휘하에 있었다. 하인리치는 내가 신뢰하던 사람이었다. 오랫동안 친교를 유지해왔고 최근 그가 나를 도와 리프니커 석탄 광산을 보존할 수 있도록 도왔기 때문이다. 라이만이 베를린의 모든 다리를 폭파할 준비를 시작하자, 나는 차를 몰아 프렌츨라우 인근에 있는 하인리치의 지휘부를 찾아갔다. 4월 15일이었다. 소련군이 베를린을 향해 대규모 공격을 감행하기 바로 전날이다. 기술적인 보완을 위해 나는 베를린 시 도로 총감독관 랑어와 베를린 철도국장 베크를 대동했다. 나의 요청에 따라 하인리치는 라이만에게 회의에 참석하라고 명령했다.

두 전문가가 파괴 계획은 베를린의 죽음을 의미한다고 설명했다.[4] 그러나 베를린의 책임자는 히틀러의 명령을 거론하며 모든 방법을 다 동원해 베를린을 지켜야 한다고 말했다. "저는 싸워야 합니다. 그러기 위해서는 다리를 폭파해야 해요."

"중요 공격이 이루어지는 쪽에서만 말인가?" 하인리치가 끼어들었다.

"아닙니다. 전투는 전 지역에서 이루어질 것입니다." 라이만이 대답했다.

나는 만일 시가전으로 확산된다면 중심가의 모든 다리도 폭파될 것인지 물었다. 라이만은 그렇다고 대답했다. 이제 뭔가 고차원적인 논리가 필요했다. 나는 지금까지 써오던 전형의 논리를 펴기 시작했다. "그렇다면 장군은 승리를 확신하기 때문에 싸운다는 거요?" 나는 물었다.

라이만은 잠시 주춤했지만, 이 질문에 대해서는 긍정적으로 대답하는 길 외에는 방법이 없는 듯했다.

"만일 베를린이 완전히 파괴된다면, 조만간 베를린의 산업도 종말을 맞을 것입니다. 산업이 없이는 전쟁을 이길 수 없어요."

라이만은 난처한 상황에 빠졌다. 어떻게 해야 할지 판단을 내리지 못했다. 다행히 하인리치 장군이 다음의 구체적인 방안을 제시하며 그를 난감함에서 구했다. 그는 교통의 주요 동맥인 베를린 주요 철로와 고속도로에 설치한 발파 장약에서 폭발물을 모두 제거하고, 다리는 실제 군사 작전이 시행될 경우에만 폭파하라고 지시했다.*

부관들이 방을 나간 후 하인리치가 나에게 살짝 일러주었다. "이 지시대로 하면 베를린에서 폭파되는 다리는 없을 거요. 베를린에서는 실제로 전투가 일어나지 않을 테니까. 만일 소련군이 베를린으로 진격해 들어온

---

* 베를린에 있는 다리 950개 가운데 여든네 개가 폭파되었다. 하인리치 덕에 많은 다리가 무사할 수 있었다. 게다가 내 측근인 랑거와 쿰프는 전투가 일어나는 도중에도 다리 폭파를 막는 작업을 계속했다.

다면, 우리의 날개 중 한쪽이 북쪽으로 밀리고 다른 쪽은 남쪽으로 밀리게 됩니다. 북쪽에서 우리는 동서 운하를 축으로 방어선을 형성하게 될 것이고…, 다만 운하의 다리들이 걱정이 되는군요."

나는 그 말이 이해되었다. "그렇다면 베를린이 삽시간에 함락된다는 말씀이군요?"

하인리치는 동의했다. "최소한 많은 저항을 받지는 않을 거요."

다음 날인 4월 16일 아침, 나는 일찍 일어났다. 이 전쟁의 마지막 결전인 소련군의 베를린 침공을 지켜보고 싶었기 때문이다. 폰 포저 대령과 나는 브리젠 인근 오더브루흐보다 높은 곳에 올랐다. 그러나 짙은 안개가 끼어 있어서 아무것도 보이지 않았다. 몇 시간 후 산속 주민 한 사람이 모든 군대가 퇴각 중이고 소련군들이 곧 이리로 몰려올 것이라는 소식을 전해주었다. 우리도 후퇴해야 했다.

우리는 30년대의 기술적인 기적이자, 오데르에서 베를린으로 수송하는 데 큰 역할을 했던 니더-피노의 거대한 선박용 엘리베이터를 탔다. 36미터 높이의 철제구조물 곳곳에 폭파 장비들이 교묘하게 설치되어 있었다. 이미 멀리 떨어진 곳에서 인위적인 폭발음이 들려왔다. 공병대 중위 한 사람이 달려와 폭파 준비가 완료되었음을 보고했다. 이곳 사람들은 아직도 3월 19일 내려진 히틀러의 파괴 명령을 따르고 있었고, 그렇다면 포저가 마지막 순간에 내린 그 반대의 명령은 참으로 다행스러운 것이었다. 그러나 분명 4월 3일 내려진, 모든 수로를 온전하게 보전한다는 명령이 아직도 모든 군 전체에 전달되지 못한 것을 알고 나는 상심했다.

통신시설이 모두 와해되어버린 마당에 새 명령을 텔레타이프로 내린다는 것은 불가능했다. 그러나 하인리치 장군이 나의 의견에 공감하는 모습을 보고, 나는 곧장 대중에게 직접 호소해서 그들의 이성을 일깨우기 위해 나섰다. 전쟁의 혼란 한복판에서 하인리치 부대가 장악하고 있는 지역 내에 있는 라디오 방송국 한 곳을 나에게 내어달라고 청했다.

차를 타고 32킬로미터를 달린 끝에, 나와 포저는 괴링의 동물왕국인

쇼르프하이데 숲에 도착했다. 나는 경호원들을 보내고 나무 그루터기에 앉아 단숨에 모반의 연설문을 작성했다. 겨우 닷새 전, 히틀러는 나의 공식 연설문을 심하게 검열해 연설 자체를 무의미하게 만들었었다. 이번에는 공장과 다리, 수로, 철로와 통신시설을 파괴하는 국방군과 국민 돌격대 징병들을 저지하기 위해 "모든 가능한 방법, 필요하다면 무기까지 사용하는" 저항을 요구하고, 실질적으로 파괴 행위를 막을 수 있는 연설을 하고 싶었다. 또한 유대인을 포함한 정치범들을 해치지 말고 연합군에게 양도하고, 전쟁포로와 외국인 노동자들이 고향으로 돌아가는 길을 막지 말라는 요청도 포함했다. 연설문은 베어볼프* 활동을 금하고, 도시와 마을이 전투 없이 항복할 것을 호소했다. 나는 엄숙한 어조로 우리는 "언제나 존재하고 영원히 남을 독일의 미래"에 대해 굳게 믿고 있다는 내용으로 연설을 끝마쳤다.[5]

나는 연필로 급히 갈겨쓴 메시지를 베를린 전기공사 총감독인 리하르트 피셔에게 보냈다. 적에게 함락될 때까지 쾨니히스부스터하우젠에 있는 독일 최대의 라디오 방송국에 전기 공급을 해달라고 부탁하는 내용이었다.[6] 베어볼프의 메시지를 주기적으로 내보내던 그 방송국은 마지막으로 베어볼프 활동을 금하는 내용의 내 연설을 방송했다.

늦은 밤, 나는 하인리치 장군을 다시 만났다. 지휘부를 다시 담스뮐로 이전한 상태였다. 잠시 동안 라디오 방송국은 '전투 지역'에 속하게 되고, 그런 다음에는 독일 정부에서 연합군으로 통제권이 이양될 것이었다. 바로 이 시점에서 내가 연설을 해야만 한다. 하인리치는 그러나 내 연설이 채 끝나기 전에 소련군이 밀려들어올 것이라고 생각했다. 그는 나에게 연

* '베어볼프'는 독일 내에서 연합군에 대항해 최후의 게릴라 항쟁을 계속하기 위해 조직되었다. 연합군은 이들의 위협을 심각하게 받아들였지만, 전쟁이 끝난 후 이들이 괴벨스의 선전조직에 불과하다는 사실이 드러났다. 연합군에 대한 독일 내 항쟁은 전무했다.

설을 녹음해 자기에게 맡기라고 제안했다. 그는 소련군이 들어오기 직전에 방송을 내보내겠다고 약속했다. 그러나 뤼셴이 백방으로 물색했지만 녹음기를 구할 수가 없었다.

이틀 뒤, 관구장 카우프만이 나에게 긴급 메시지를 보내 함부르크로 즉시 와달라고 했다. 해군이 항만 시설을 폭파할 준비를 하고 있다는 것이다. 회의에는 업계 대표들과 야적장 관계자, 항만당국, 해군이 참석했고 관구장들이 보존을 원칙으로 함에 따라 아무것도 파괴하지 않는다는 결론이 내려졌다.[7] 아우센알스터에 있는 가정집에서 나는 카우프만과 논의를 계속했다. 중무장한 학생들이 그의 호위를 맡고 있었다. 그는 나에게 함께 있을 것을 권했다. "장관께서는 여기에 우리와 함께 계시는 게 가장 좋을 겁니다. 여기서는 안전해요. 비상사태가 일어나도 저의 부하들을 믿을 수 있습니다."

그럼에도 불구하고 나는 베를린으로 돌아왔다. 당의 역사 속에서 "베를린의 정복자"로 일컬어지던 그가 도시를 파괴하는 일로 삶을 마감한다면 그 명성을 잃을 것이라고 히틀러에게 주지시켰다. 이 말이 비록 우스꽝스럽게 들릴 수도 있지만, 우리가 그때 공유하던 사고 구조에 꼭 맞아 들었다. 특히 괴벨스는 자살을 택함으로써 자신의 사후 명성을 높일 수 있다고 믿고 있었다.

4월 19일 상황회의가 열렸고 히틀러는 모든 물자를 집중해 베를린 밖에서 결전에 임하자는 괴벨스의 제안에 응하겠다고 말했다. 비록 그곳이 베를린의 관문이었지만 말이다.

32

전멸
Die Vernichtung

최후의 마지막 몇 주 동안, 히틀러는 강건함을 잃어갔다. 히틀러가 허물어지는 모습은 이미 몇 해 전부터 감지되었다. 그는 다시금 다가가기 쉬운 사람이 되었고, 싫은 감정을 숨기는 참을성까지 보여주었다. 1944년 겨울만 해도 나와 어울려 전쟁의 결말에 대해 토론을 벌이는 것은 상상조차 할 수 없는 일이었다. 초토화 작전에 대해서도 전에 없이 유연한 태도를 보여주었고, 내 라디오 연설에 조용히 귀 기울이는 모습도 예전 같으면 생각하기 힘들었다. 그는 다시 한 번 논쟁에 마음을 열었다. 하지만 몇 년 동안 보여온 변화는 긴장이 완화되면서 생기는 부드러움이 아니라 정신이 와해되고 있다는 조짐이었다. 그는 마치 모든 목적을 잃은 사람 같았다. 기존의 궤도를 계속 돌고 있는 것은 그저 남아 있는 운동에너지 때문일 뿐. 히틀러는 자신에 대한 통제력을 잃었고 앞으로 닥칠 일에 굴복하고 있었다.

그 당시 아돌프 히틀러의 존재감은 미미했다. 하지만 그것이야말로 히틀러 고유의 특성인지도 몰랐다. 지난날을 돌이키며 나는 가끔 스스로에게 질문한다. 이 불가해성과 실체의 부재야말로 소년 시절부터 자살에 이르기까지, 히틀러를 이루던 본질이 아니었을까. 그가 저지른 파괴와 살상은 그것을 통제할 수 있는 인간적인 감정이 내면에 존재하지 않았다는 것을 보여준다. 자신의 내면에 어떤 누구도 접근시킬 수 없었던 것은 존재의 핵심이 죽어 있고 텅 비어 있었기 때문이리라.

히틀러는 노인처럼 오그라들었다. 팔다리를 떨며 힘겹게 발을 끌어 구부정하게 걸었다. 목소리조차 예전의 권위를 상실한 듯 떨렸으며, 넘치던 힘은 사라지고 무덤덤한 어조로 바뀌었다. 흥분할 때면 더욱 노쇠한 기색이 역력해 갈라진 목소리를 내곤 했다. 아직도 강퍅한 성미는 남아 있었지만, 노인의 성격이라기보다는 오히려 아이들 짜증에 가까웠다. 안색은 흙빛으로 변해갔고 얼굴은 부어올랐다. 무엇보다 그토록 깔끔하고 단정하던 군복 매무새가 흐트러졌으며, 간혹 떨리는 손으로 음식을 먹다가 흘린 듯 얼룩이 묻어 있기도 했다.

빛나는 승리의 시간을 곁에서 지켜보았던 측근들에게 히틀러의 변화는 충격으로 다가왔다. 나 역시 더 이상 예전의 히틀러가 아닌, 너무도 초라해진 그에게 연민을 느꼈다. 희망이 사라진 지 오랜 시간이 지난 후에도 그는 해체된 부대나 연료가 없어 날 수 없는 공군 사단을 작전에 투입하라는 지시를 되풀이했다. 모두가 침묵 속에서 귀를 기울였던 것은 연민 때문이었을 것이다. 또 그가 점점 더 현실에서 괴리되어 자신만의 환상 속으로 빠져드는 모습에 누구도 대꾸하지 못했던 것도 같은 이유였다. 히틀러는 동서의 충돌이 바로 분쟁의 촉발점이며, 피할 수 없는 상황이라고 거듭 강조하곤 했다. 누구도 그 말의 공허함을 모를 리 없었지만, 그의 반복되는 이야기에는 일종의 최면 효과가 있었다. 예를 들어, 지금이야말로 자신의 힘으로 또 서방과 연대해서 볼셰비키 사상을 무너뜨릴 때가 왔다고 목소리를 높일 때 그리고 자신은 그 순간만을 위해 살아왔으며 이제 최후의 시간을 기다린다고 확신할 때, 정말 그럴듯했다. 자신의 최후를 기다리는 침착함에 우리는 공감과 존경심을 느끼기까지 했다.

히틀러는 더욱 온화해졌고 개인적인 기분을 기꺼이 표출했다. 짙은 그늘이 드리워져 있다는 점만 제외한다면, 당시의 히틀러는 20년 전 나와 처음 어울리던 시절을 연상케 했다. 그는 특히 오랜 세월 함께 해온 여성들에게 자상했다. 전사한 부하의 미망인인 융어 부인에게 각별한 애정을 보였고, 빈 출신 요리사와 비서로 일해온 볼프, 크리스티안도 히틀러가 최후의 몇 주 동안 곁에 두고 가깝게 지낸 사람들이다. 마지막 몇 개월 동안 히틀러는 이들과 차나 식사를 즐겨 했다. 남자들은 거의 곁에 두지 않았고, 나 역시 그 무렵에는 식탁에 초대받는 일이 드물었다. 에바 브라운을 알게 되면서 히틀러는 많은 변화를 보였지만, 친밀한 교우관계를 유지하던 주변 여성들에게 소홀하지는 않았다. 절망적인 시기에 남자보다는 여자가 더욱 헌신적이라는 단순한 믿음이 그를 지배했던 것 같다. 히틀러는 가끔 부하들의 충성심을 의심하기도 했다. 예외가 있다면 보어만, 괴벨스, 라이 등이었고, 이들은 마지막 순간까지 그에게 믿음을 주었던 것 같다.

그늘이 드리워진 히틀러를 중심으로 명령체계는 여전히 기계적으로 작동하고 있었다. 그것은 마치 모터가 멈춘 후에도 남아 있는 관성 같았다. 이 여분의 힘은 심지어 최후의 순간, 히틀러의 의지가 뿜어내는 빛이 희미해지는 순간까지도, 장성들로 하여금 오던 궤도를 계속 따라 돌게 만들었다. 히틀러가 뜻을 접은 이후에도 빌헬름 카이텔이 계속해서 다리를 폭파하느라 고군분투했던 것처럼 말이다.

이 무렵 히틀러는 참모진 내의 기강이 무너지고 있음을 분명 눈치챘을 것이다. 예전에는 히틀러가 방 안에 들어오면 모두가 일제히 일어서 그가 착석할 때까지 기다렸지만, 이젠 히틀러가 들어오든 말든 잡담이 계속됐고 아무도 의자에서 일어나지 않았으며, 일부는 부하들에게 하던 명령을 계속했다. 과음한 참모들은 의자에서 곯아떨어지기까지 했고 대놓고 큰 소리로 지껄여대는 이들도 있었다. 히틀러는 의도적으로 이런 변화들을 모른 척 무시했다. 그러나 나에게는 악몽 같았다. 사람들은 총리 청사에서 일어나는 몇 달간의 변화에 적응해갔다. 태피스트리가 사라졌고 벽에 걸려 있던 그림들이 내려졌다. 카펫은 걷혔으며 값비싼 가구들은 공습에 대비해 다른 곳으로 옮겨졌다. 벽에는 얼룩이 지고 가구 배치는 이가 빠진 듯 산만했으며, 여기저기 신문들이 널려 있었다. 텅 빈 잔과 접시 들, 누군가 의자 위에 던져놓은 모자. 총리 청사는 마치 이사를 앞둔 집처럼 어수선했다.

언제부턴가 히틀러는 계속되는 공습 때문에 잠을 못 이루고 집무에 방해를 받는다며 청사의 위층을 사용하지 않았다. 벙커에서라면 최소한 잠은 잘 수 있을 거라고 말했다. 히틀러는 곧 지하 벙커 속으로 모습을 감추어버렸다.

히틀러가 자신의 무덤 속으로 미리 숨어버렸다는 사실은 상징적으로 중요한 의미를 갖는다. 콘크리트와 흙으로 전면이 둘러싸인 벙커의 고립성은 그가 하늘 아래 바깥세상에서 일어나는 비극에서 단절되었다는 사실에 마지막 방점을 찍었다. 그는 이제 세상과의 모든 관계를 끊은 것이다. 히틀러는 젊은 시절부터 보인, 받아들이기 힘든 현실에서의 도피 마지막 단계에 이르러 있었다. 나는 비현실적인 벙커 세계에 이름을 지어주었다. 그곳은 '망자의 섬'이었다.

히틀러의 최후가 가까워지고 있던 1945년 4월에도, 나는 여전히 린츠 재개발 계획도를 앞에 두고 히틀러와 함께 벙커에 앉아 조용히 지난날의 꿈을 되새겨보곤 했다. 두께가 4.8미터가 넘는 콘크리트 지붕 위에 다시 1.8미터의 흙이 덮여 있는 그의 서재 지붕은 베를린에서 가장 안전한 곳이라고 해도 과언이 아니었다. 가까운 곳에서 대규모 폭발이 있을 때마다, 그 육중한 벙커도 흔들리며 충격파를 베를린의 모래 토양으로 전달하고 있었다. 그때마다 히틀러도 깜짝 놀라곤 했다. 제1차 세계대전의 용감무쌍한 상등병은 이제 무엇이 되어버린 것일까? 그는 이제 난파선이었고, 자신의 반사작용을 더 이상 숨기지 못하는 신경 다발에 지나지 않았다.

히틀러는 마지막 생일을 맞았지만 축하행사는 없었다. 예전 같으면 차량행렬이 이어지고 의장대가 사열하며 제국의 고위인사들과 외국 사절들이 축하인사를 했을 것이다. 모든 것이 잠잠했다. 히틀러는 행사를 위해 벙커에서 나와 청사로 올라갔다. 청사는 마치 히틀러의 초라한 상태를 보여주듯 방치된 상태였다. 정원에서 히틀러 유겐트 정예부대의 사열이 있었다. 그는 몇 마디 말을 하고는 소년 한두 명의 어깨를 두드려주었다. 음성은 낮았다. 그러다 히틀러는 돌연 행사를 중단했다. 아마도 자신에게 주어진 유일한 역할이 동정의 대상이 되는 것이라는 걸 깨달은 모양이었다. 그의 측근 대부분은 이 민망한 행사를 피하기 위해 평소대로 군사 상황회의에 참석했다. 모두가 할 말을 잃었다. 히틀러는 어쩔 수 없이 축하인사를 담담하게, 내키지 않는 태도로 받았다.

잠시 후 자리에서 일어난 우리는 평소 하던 대로 벙커 안 비좁은 공간에서 지도테이블을 둘러싸고 모였다. 히틀러는 괴링을 마주 보고 의자에 앉았다. 항상 옷차림으로 주목을 끌었던 괴링은 지난 며칠 동안 유별나게 유니폼을 자주 바꿔 입었는데, 망측하게도 은회색 제복을 벗고 미군 유니폼과 같은 짙은 황록색 제복으로 바꿔 입고 나타났다. 5센티미터 너비의 황금술이 달린 견장이 사라지고, 단순한 모양의 어깨 장식에 계급장과 제국원수를 나타내는 금빛 독수리가 핀으로 꽂혀 있을 뿐이었다. "꼭 미군 장군 같군 그래." 누군가 나에게 속삭였다. 그러나 히틀러는 괴링의 바뀐 복장에도 신경을 쓰지 않는 듯했다.

임박한 적의 공격에 대한 논의가 이어졌다. 그 전날에는 베를린에 머물지 않고 대신 알프스 산의 요새로 옮겨 가는 문제가 거론되었지만, 밤사이 히틀러는 생각을 바꾸어 베를린을 지키며 저항하는 쪽으로 결론을 내렸다. 그러나 모든 사람이 오버잘츠베르크로 지휘부를 옮겨야 하며 지금이 바로 움직여야 할 시점이라고 주장하기 시작했다.

괴링은 바이에른 숲은 여전히 우리가 통제하고 있고 베르히테스가덴으로 향한 마지막 탈출로는 언제든 차단될 수 있다고 지적했다. 히틀러는 화를 냈다. "나는 은신처로 몸을 피하면서 어떻게 병사들에게 결전을 치르라고 요구할 수 있겠나!" 새 제복을 입은 괴링은 히틀러와 마주 보고 앉아 창백한 안색으로 땀을 흘렸다. 히틀러가 말을 이으며 흥분 상태에서 웅변을 계속하자 그의 눈은 더욱 커졌다. "내가 여기에서 죽든지, 마지막 순간에 오버잘츠베르크로 날아가든지는 운명에 맡기겠네!"

회의가 끝나고 장성들이 물러가자마자 괴링은 히틀러 쪽으로 고개를 돌렸다. 무척 혼란스러운 모습이었다. 그는 남부 지역에 긴급한 임무가 있어서 그날 밤 베를린을 떠나야 한다고 말했다. 히틀러는 공허한 눈길로 그를 바라보았다. 히틀러는 베를린을 지키고 목숨을 운명에 맡기겠다는 자신의 결단에 스스로 감복한 듯 보였다. 몇 마디 무심한 말을 하고 나서 그는 괴링과 악수를 했다. 자신이 괴링을 꿰뚫어보고 있다는 내색은 하지 않았다. 나는 두 사람에게서 불과 몇 미터 떨어져 있었고, 역사적 순간을 지켜보고 있음을 감지했다. 제국의 지도부가 두 동강이 나는 순간이었다. 이것으로 히틀러의 생일날 있었던 상황회의는 종료되었다.

다른 참석자들과 함께 나는 보통 때처럼 자유롭게 방을 나왔다. 히틀러에게 따로 인사도 하지 않았다. 우리의 원래 의도를 잊었는지, 포저 대령은 그날 밤 나에게 떠나라고 당부했다. 소련군이 이미 베를린을 향한 최후의 공격을 개시했고, 빠른 속도로 전진하고 있다고 했다. 지난 며칠 동안 피난을 위한 모든 준비를 해둔 상태였다. 중요한 짐들은 미리 함부르크로 보냈고, 제국 철도청 소유의 이동식 주택 두 채가 플뢴에 있는 되니츠의 지휘부 인근 오이틴 호수에 있었다.

함부르크에서 나는 다시 카우프만을 방문했다. 나와 마찬가지로 그도 엄청난 손실을 감수하며 아직도 전투가 이어지고 있다는 사실을 납득하기 힘들다고 판단했다. 그의 태도에 용기를 얻은 나는 나무 그루터기에 앉아 작성한 연설문을 보여주었다. 그가 납득을 할지 자신이 없었다. "이 연설을 하셔야 해요. 왜 아직까지 가지고 있었어요?"

내가 곤란한 상황을 설명하자 그가 제안했다. "그럼 함부르크 방송국에서 하시겠습니까? 라디오 방송국 기술 책임자는 믿을 수 있는 사람입니다. 최소한 녹음은 가능할 거예요."[1]

그날 밤 카우프만은 나를 함부르크 방송국의 기술진이 지어둔 벙커로 데리고 갔다. 버려진 방을 지나니 작은 녹음 스튜디오가 나왔다. 카우프만은 나를 두 사람의 음향 엔지니어에게 소개했다. 그들은 내가 찾아온 이유를 잘 알고 있었다. 어쩌면 이 낯선 기술자 두 사람의 손에 내 목숨이 달려 있을 수도 있다는 생각이 머리를 스쳤다. 나 자신을 보호하고 그들의 공모를 얻어내기 위해, 나는 연설을 시작하기 전에 나중에 그들이 내 연설에 동의할 것인지 아니면 녹음테이프를 파괴할 것인지 결정을 내릴 수 있다고 말해주었다. 그리고 나는 마이크 앞에 앉아 연설문을 읽어 내려갔다. 엔지니어들은 아무 말도 하지 않았다. 깜짝 놀라는 듯했고 드러내 말하지는 않았지만 내 입장을 이해하는 것 같았다. 어쨌든 그들은 어떤 반대 행동도 하지 않았다.

카우프만이 녹음한 테이프를 가지고 갔다. 내 허가를 받지 않고 이 테이프를 방송할 수 있다고 말해주었다. 제국의 최후를 앞둔 상황이 오히려 내 마음을 가볍게 해주었다. 만일 내가 보어만을 중심으로 한 정적들의 음모로 암살된다면, 혹 히틀러가 나의 행동에 대해 전해 듣고 나를 사형시킨다면, 히틀러가 죽고 그의 후계자가 히틀러의 초토화 작전을 그대로 계승한다면….

하인리치 장군에게는 베를린을 수호할 의도가 없었기 때문에 수도의 함락과 제국의 멸망은 며칠 안에 닥쳐올 운명이었다. 내가 친위대 장군 베르거와 에바 브라운에게 전해 듣기로는,[2] 히틀러는 4월 22일 자살을 감행할 계획이었다. 그러나 그는 하인리치의 자리에 낙하산부대 지휘관이었던 슈투덴트 장군을 새로 임명했다. 히틀러는 그를 가장 용감한 장성이라고 생각했고, 동시에 그의 우둔함이 최악의 상황에서 그를 지켜줄 것으로 믿었다. 책임자 교체만으로 히틀러는 다시 용기를 얻었다. 이와 동시에 카이텔과 요들은 모든 병력을 베를린으로 투입하라는 지시를 받았다.

이 시점에서 나는 할 일이 없었다. 군수 산업이라는 것은 더 이상 존재하지 않았다. 그럼에도 불구하고 나는 뭔가 해야 한다는 강렬하고 내적인 강박에 사로잡혀 있었다. 별다른 이유는 없었지만 그날 밤은 가족들과 여러 번 주말을 보냈던 빌스나크 별장에서 보내고 싶었다. 그곳에서 나는 브란트 박사의 조수를 만났다. 그를 통해 브란트가 베를린 서쪽 교외 지역에 있는 한 저택에 죄수의 몸으로 감금되어 있음을 알게 되었다. 그는 장소를 자세히 설명하고 전화번호도 알려주었다. 그 집을 지키고 있는 친위대 대원들은 그다지 고압적이지 않다고 했다. 우리는 베를린을 장악하고 있는 이 혼돈 속에서 브란트 박사를 구할 수 있을지 의논해보았다. 또한 나는 뤼셴을 다시 만나고 싶었다. 그를 설득해 소련군을 피해 서방으로 피신하도록 하고 싶었다.

이러한 이유로 나는 마지막으로 베를린으로 향했다. 그러나 모든 이유 뒤에 숨어 있는, 강렬하게 나를 끌어당기는 존재는 바로 히틀러였다. 마지막으로 그를 만나 작별 인사를 하고 싶었던 것이다. 그제야 마치 이틀 전에 몰래 도주한 듯한 느낌이 들기 시작했다. 그것이 오랜 세월 함께 해온 우리의 마지막이었던가. 수많은 나날, 설계도를 앞에 두고 우리는 마치 동료나 친구처럼 시간을 보냈다. 셀 수 없이 많은 시간 동안 그는 오버잘츠베르크에서 나와 내 가족을 맞았고, 다정하고 세심한 주인 노릇을 하지 않았던가.

그를 만나고 싶은 강렬한 욕망은 다시 한 번 나의 모순을 드러낸다. 내 이성은, 비록 너무 늦었지만 히틀러의 생명이 끊어지는 것이 절박하다고 판단했다. 내가 히틀러에게 반대하려고 했던 모든 행동 이면에는 히틀러가 생각하고 있는 초토화 작전을 막으려는 의도가 숨어 있었다. 그 전날 녹음된 나의 연설문보다 우리 두 사람의 극명한 견해 차이를 드러내는 증거가, 내가 초조하게 그의 죽음을 기다렸다는 증거가 또 있을까? 그리고 바로 그 죽음에 대한 기대가 또다시 히틀러와의 감정적인 유대감을 느끼게 해주었다. 내 연설이 그가 죽은 후에 방송되었으면 하는 바람은, 나 역시 그에게서 돌아서버렸음을 히틀러가 영영 알지 못했으면 하는 마음에서 비롯된 것이었다. 몰락한 통치사에 대한 연민은 점점 더 강해졌다. 히틀러의 추종자들은 아마도 최후의 순간에 비슷한 감정을 느꼈을 것이다. 히틀러라는 한 사람을 중심으로 의무감과 헌신에 대한 맹세, 충성, 감사의 감정이 뒤섞여 있었고, 여기에 개인적인 비극과 국가적 파멸에 대한 씁쓸함이 덧입혀졌다.

오늘날까지도 나는 내가 마지막으로 히틀러를 만나려는 생각을 행동으로 옮겼다는 사실이 감사하다. 그에 대한 엄청난 거부감에도 불구하고 12년을 함께해온 동지로서 마땅히 해야 할 일이었다. 그때는 거의 기계적인 충동에 의해 빌스나크를 출발했다. 떠나기 전 아내에게 간단히 편지를 보내 격려의 말과 함께, 나는 히틀러와 함께 죽을 생각이 없다는 점을 분명히 전했다. 베를린에서 88킬로미터 떨어진 곳, 함부르크를 향하는 차량이 모든 도로를 막고 있었다. 고물이 다된 차들과 리무진, 트럭, 운반 차량, 사이클, 심지어 베를린 시 소속 소방차도 보였다. 이 수만 대의 차량을 헤치며 앞으로 나아간다는 것은 불가능했다. 갑자기 연료를 어디서들 구했는지도 의문이었다. 아마 이런 경우를 대비해 수개월 전부터 따로 모아둔 것이리라.

키리츠에 사단 지휘부가 하나 있었다. 그곳에서 나는 브란트 박사가 갇혀서 사형선고를 기다리고 있는 저택으로 전화를 걸었다. 그러나 힘러의 특별 명령에 따라 그는 이미 북쪽으로 이송된 뒤였다. 뤼셴과도 연락이 되지 않았다. 그럼에도 베를린으로 가겠다는 결심을 바꾸지 않았고, 히틀러의 부관에게 전화를 걸어 내가 그날 오후에 도착할지도 모른다는 사실을 알렸다. 사단 지휘부에서 확인한 결과 소련군은 빠르게 진격해 오고 있었지만, 베를린이 포위되기까지는 약간의 여유가 있었고 하벨 강 인근 가토 공항은 당분간 우리의 통제 아래 남아 있을 듯했다. 포저와 나는 규모가 커 시험 비행장으로 사용되던 메클렌부르크 레흘린 공항으로 향했다. 그동안 여러 번 시험 비행에 참석했기 때문에 그곳에서 나는 꽤 알려진 인물이었다. 비행기 한 대 정도는 내 몫으로 사용할 수 있을 것 같았다. 전투기들이 포츠담 이남에 주둔해 있는 소련군에 대해 저공 공격을 시작하고 있었다. 지휘관은 내가 훈련용 비행기로 가토 공항까지 갈 수 있도록 도와주었다. 그곳에서 착륙 속도가 낮은 단발 정찰기인 슈토르크 호 두 대가 다음 목적지까지 우리를 데려다줄 것이다. 마지막 준비를 하는 동안 나는 지휘부로 가서 소련군의 위치를 확인했다.

일단의 전투기들의 엄호 속에 900미터 이상의 고도를 유지하며, 전투 지역을 몇 킬로미터 거리로 지나쳐 남쪽으로 향했다. 전망은 더할 나위 없이 아름다웠다. 하늘에서 내려다보니, 제국 수도에 벌어지는 전쟁은 아무것도 아닌 것처럼 보였다. 150년간 무사히 지켜온 베를린이 이제 다시 적군에게 함락되고 있다. 싸움은 내가 숱하게 지나다녀서 익숙해진 도로와 마을, 작은 촌락들의 기이할 정도로 평화로운 풍경 속에서 벌어지고 있었다. 눈으로 볼 수 있는 광경은, 성냥을 켤 때 번쩍하듯 대포나 포탄에서 순간적으로 번쩍하는 불빛과 불타는 농가 건물들뿐이었다. 베를린 동쪽 지역에서는 안개 속에서 흐릿하게 연기의 소용돌이들이 감지되었다. 비행기의 엔진 소리 때문에 전장에서의 소음은 흐려졌다.

호위를 해주던 전투기들이 포츠담 남쪽 목표물 공격에 나섰고, 우리는 가토 공항에 착륙했다. 비행장은 버려진 상태였다. 오직 요들의 부관으로 히틀러의 참모진에 속했던 크리스티안 장군이 막 비행기로 떠날 채비를 하고 있었다. 우리는 몇 마디를 주고받았고, 나와 내 부관은 두 대의 슈토로크에 올랐다. 차도 위를 날았기 때문에 모험에 나선 듯한 기분이었다. 슈토로크는 내가 히틀러의 50번째 생일날 밤 함께 달렸던 길 위로 미끄러졌다. 대로에 있던 운전자들은 깜짝 놀랐을 것이다. 우리는 브란덴부르크 문 바로 앞에 착륙한 후 군용 차량을 세워 총리 청사까지 데려달라고 했다. 늦은 오후였다. 빌스나크에서 베를린까지의 160킬로미터 거리를 열 시간 걸려 도달한 것이다.

히틀러를 만나는 일이 내게 위험할 수도 있었다. 그의 기분은 침울한 상태였지만 이틀 만에 나를 보면 어떨지 짐작할 수 없었다. 그러나 나는 더 이상 신경 쓰지 않았다. 물론 나는 우리의 조우가 무사히 끝나기를 원하고 있었지만, 좋지 못한 결과를 초래할 가능성도 감안했다.

내 손으로 7년 전에 건설한 총리 청사는 이미 소련군의 포격으로 불붙고 있었다. 그러나 아직 직격탄의 피해는 없었다. 이곳의 포격 피해는 지난 몇 주 동안 미 공군의 폭격으로 군수부 건물이 파괴된 것에 비하면 미미한 수준이었다. 나는 불에 타 쓰러진 기둥들을 넘어, 무너지기 시작한 천장을 지나 응접실로 들어갔다. 몇 년 전 우리가 저녁시간을 보내곤 하던 곳이다. 오래전 비스마르크가 사교 모임을 열기도 한 곳이지만, 이제 히틀러의 보좌관 샤우프가 내가 아는 몇몇 사람들과 어울려 브랜디를 마시고 있었다. 내가 전화를 했음에도 불구하고 그들은 나를 기다리지도 않았던지, 내 모습을 보고 깜짝 놀라는 듯했다. 샤우프의 다정한 환대로 미루어 총통 지휘부에서는 아직도 나의 함부르크 행적을 알지 못하고 있는 것이 분명했다. 샤우프가 나의 도착을 알리기 위해 방을 나갔다. 그러는 동안 나는 포저 대령에게 총리 청사 전화교환원의 도움을 받아 뤼셴에게 연락을 취해 이리로 오도록 하라고 부탁했다.

샤우프가 돌아왔다. "총통께서 기다리고 계십니다." 지난 12년 동안 얼마나 자주 이 말을 들으며 히틀러가 있는 곳으로 안내되었던가. 그러나 벙커까지 내려가는 50여 개의 계단을 밟으면서 떠오른 생각은 내가 온전한 몸으로 이 계단을 다시 올라올 수 있을까 하는 것이었다. 아래에서 처음 마주친 사람은 보어만이었다. 그는 나를 맞이하기 위해 그리 달갑지 않은 예의를 차리며 다가왔다. 그의 태도는 나를 안심시켰다. 보어만이나 샤우프의 표정을 보면 히틀러의 기분을 정확히 알 수 있기 때문이다. 겸손한 태도로 보어만은 말했다. "각하와 말씀을 나눌 때… 분명히 우리가 베를린을 지켜야 할지, 베르히테스가덴으로 가야 할지 물으실 겁니다. 지금은 독일 남부로 가서 그 지역을 장악해야 하는 시점입니다. 지금이 마지막 기회에요. 그러니까 잘 설득해서 비행기를 타실 수 있도록 해주셨으면 합니다. 아셨죠?"

그 벙커 안에서 목숨에 집착하고 있는 유일한 사람이 있다면 바로 보어만이었다. 그는 3주 전만 해도 승리하지 못하면 그 자리에서 죽음을 맞이해야 한다며, 모든 나약함을 극복할 것을 요구했었다.[3] 나는 불확실한 대답을 남겼다. 거의 간청하는 듯한 그의 태도에서 뒤늦은 승리를 느꼈다.

나는 벙커 안 히틀러의 집무실로 들어갔다. 나를 맞이하는 그의 태도에는 몇 주 전 내가 충성을 맹세했을 때 보인 따뜻함은 찾아볼 수 없었다. 아무런 감정도 느껴지지 않았다. 공허하고 소진되고 생명력 없는 존재가 보였다. 히틀러는 예의 그 업무적인 태도를 취하며 되니츠의 능력에 대해 물었다. 무심코 물어본 것이 아니라, 자신의 후계자에 대해 구상하고 있다는 직감이 들었다. 지금도 나는 되니츠가 기대치 않은 순간에 자신의 몫이 된 희망 없는 유산을, 현명함과 위엄과 책임감을 가지고 청산했다고 생각한다. 보어만이나 힘러는 할 수 없는 일이었다. 나는 되니츠 제독에 대해 호감을 표하고 히틀러를 기쁘게 해줄 만한 일화들을 소개했다. 그러나 오랜 경험을 바탕으로 되니츠를 두둔하는 듯한 발언은 하지 않았다. 그랬다간 상황을 반대 방향으로 몰아갈 위험이 있었으니까.

갑자기 히틀러가 물었다. "자네는 어떻게 생각하나? 내가 여기 남아야 할까, 아니면 베르히테스가덴으로 날아가야 할까? 요들의 말로는 내일이 마지막 기회라는구먼."

말이 끝나기 무섭게, 나는 그에게 베를린에 남아야 한다고 조언했다. 오버잘츠베르크에 가서 무엇을 할 것인가? 베를린이 함락된 이상 전쟁은 어쨌든 끝난 것이라고 나는 말했다. "제가 보기에는, 꼭 그래야 한다면, 각하께서는 초라한 산골보다는 이곳 수도에서 제국의 총통으로서 마지막을 맞이하는 것이 나을 것 같습니다."

다시 한 번 나는 깊은 감동을 느꼈다. 그때는 내 조언이 훌륭하다고 믿었지만 사실은 그렇지 못했다. 어쨌든 히틀러가 오버잘츠베르크로 갔다면 베를린 전투가 적어도 1주일은 일찍 끝났을 테니까.

그날은 임박해 있는 선환점이나 아식 희망이 있다는 말은 하지 않았다. 다소 무감각하게, 지친 듯 그리고 마치 정해진 순서인 양, 히틀러는 자신의 죽음에 대해 이야기했다. "나 역시 여기 남겠다는 결심을 했어. 단지 자네 생각을 묻고 싶었네." 차분한 태도로 그는 말을 이었다. "전투는 하지 않을 생각이야. 그러다간 다칠 수도 있고 살아서 러시아 놈들의 손에 붙잡힐 수도 있지. 적이 내 육신에 모욕을 가하는 것 역시 원치 않아. 내 시신을 화장해달라는 명령을 내려두었네. 브라운 양도 나와 함께 이승을 하직하고 싶어 해. 내가 먼저 그녀의 이마를 쏠 생각이야. 나를 믿어주게, 슈페어. 내 목숨 하나 끝내는 것은 어렵지 않아. 순식간에 나는 모든 것으로부터 벗어나는 거지. 고통스러운 존재로부터 해방되는 걸세."

마치 이미 죽은 자와 이야기를 하고 있는 듯한 착각이 들었다. 분위기는 점점 더 묘해졌다. 비극은 그 끝을 향해 치닫고 있었다.

마지막 몇 달 동안, 나는 가끔 히틀러를 증오했다. 거짓말을 하고 그를 속였다. 그러나 그 순간 혼란스러웠고 마음이 흔들렸다. 그때, 나 자신도 놀랄 말을 해버렸다. 낮은 음성으로 파괴 명령을 이행하지 않았고 시설을 보존했다고 고백한 것이다. 잠시 동안 히틀러의 두 눈에 눈물이 맺혔다. 그는 아무런 반응도 보이지 않았다. 몇 주 전까지만 해도 그에게 그토록 중요한 문제였지만 이제는 너무도 멀어진 일이었다. 내가 말을 더듬으며 베를린에 남겠다고 말했을 때 히틀러는 공허하게 나를 바라보았다. 그는 대답하지 않았다. 아마도 히틀러는 내가 그럴 마음이 없다는 것을 알아챘는지도 모른다. 그 이후 나는 스스로에게 묻곤 했다. 히틀러는 최후의 몇 달 동안 내가 명령과는 반대되는 일을 했다는 것을 직감으로 알고 있지 않았을까. 그리고 나의 보고서에서 그 사실을 추론해내지 않았을까. 또한 명령을 거역하는 나의 행동을 허용함으로써 인격의 신비스러운 다중성의 새로운 예를 보여주는 것은 아닐까. 지금도 알 수 없는 일이다.

잠시 후 상황 보고를 위해 육군 참모총장인 크레프스 장군이 들어왔다.* 그의 보고에 의하면 변화된 상황은 없었다. 군총사령관 히틀러는 언

---

* 크레프스는 '병'으로 휴가를 가 있는 구데리안의 대행이었다. 히틀러는 공식적으로 독일군 총사령관의 자리를 카이텔에게 일임하고 자신의 관할 구역을 베를린으로 제한했다. 그러나 히틀러는 현실을 스스로 인정하지 않으려 했다. '베를린 사령관 히틀러' 역시 벙커

제나 전방 지휘관들에게 상황 보고를 받았다. 사흘 전까지만 해도 벙커 상황실에 고위 장성들, 국방군과 친위대 각 군의 장성과 지휘관들이 들어차서 비좁았지만, 이젠 모두 떠나버렸다. 괴링을 비롯해 되니츠, 힘러, 카이텔, 요들, 공군 사령관 슈타프 콜러 등 주요 장성들이 베를린을 떠났다. 단지 계급이 낮은 연락책들만이 남았을 뿐이다. 보고의 내용도 바뀌어 있었다. 전해오는 보고는 단지 모호하고 단편적인, 외부에서 수집된 내용들뿐이었다. 참모총장도 짐작 이상의 소식을 전할 수 없었다. 히틀러 앞에 펼쳐진 지도에는 베를린과 포츠담 인근 지역만 나타나 있었다. 그러나 여기서도 소련군의 진격 상황에 대한 정보는 내가 몇 시간 전에 확인한 내용을 커버하지 못했다. 소련군은 이미 오래전에 지도상에 나타난 지점을 지나 훨씬 가까운 곳까지 와 있었던 것이다.

히틀러가 방금 자신의 임박한 죽음에 대해 그리고 시신 처리에 대해 나와 논했음에도 불구하고, 상황회의에서 다시 낙관주의를 펼치는 모습에 놀라지 않을 수 없었다. 하지만 예전의 설득력은 사라졌다. 크레프스는 히틀러의 이야기를 참을성 있고 예의 바른 태도로 경청했다. 과거, 상황이 분명 절망적인데도 히틀러가 계속해서 긍정적인 결론에 집착하는 모습에, 그가 강박관념에 사로잡혀 있다고 생각했다. 이제 분명해진 것은 그가 두 가지 이야기를 동시에 말한다는 사실이었다. 히틀러는 얼마나 오랫동안 우리를 속여왔던가? 전쟁에 졌다는 것을 깨달았던 순간에, 모스크바 길목에서 겨울을 맞은 이후, 스탈린그라드 참사 이후, 연합군의 반격 이후, 1944년 12월 아르덴 전투 이후, 얼마나 많은 위선과 치밀한 계산이 있었던가? 그러나 내가 목격한 것은 단지 그의 기분이 급격하게 변하는 모습

를 떠나지 않았고 모든 명령을 자기 책상에서 내렸다. 4월 23일 회의는 '간이' 상황회의라는 이름이 붙었는데, 베를린 내외곽 주둔 부대의 장성이 아무도 참석하지 않았기 때문이다.

에 불과했을지 모른다. 그는 크레프스 장관과 함께 있을 때도 나와 이야기를 나누던 순간 못지않게 진지했다.

보통은 몇 시간씩 걸리던 상황회의는 짧게 끝났다. 그 간결함은 지휘부에 남아 있는 모든 것이 죽음의 단말마를 시작했음을 알리는 것이었다. 그날의 히틀러는 심지어 신의 기적이 이루어지는 꿈같은 이야기도 삼갔다. 우리는 히틀러의 간단한 몇 마디 말을 마지막으로, 숱한 실책과 태만, 범죄가 저질러졌던 그 방을 떠났다. 히틀러는 나를 보통의 손님처럼 대했고, 내가 특별히 그를 만날 목적으로 베를린까지 왔다는 사실을 모른 체했다. 우리는 다음 날 또 만날 사람들처럼 담담한 태도로 악수도 없이 헤어졌다.

바깥에서 괴벨스를 만났다. "어제 총통께서 대단히 중요한 결정을 내리셨소. 서부 지역에서 전투를 중단해 미·영군이 어려움 없이 베를린으로 입성하도록 말이오." 여기에 다시 몇 시간 동안 사람들을 흥분시킬—조만간 새로운 것으로 대체되겠지만—어쨌든 희망을 불러일으킬 수 있는 망상이 등장했다.

괴벨스는 자신의 아내와 여섯 아이들이 벙커 안에서 히틀러의 손님으로 살고 있다고 말했다. 역사적 장소에서 생을 마감하기 위해서라는 것이 이유였다. 히틀러와는 반대로, 괴벨스는 자신의 사고와 감정을 철저하게 통제하고 있었다. 그가 인생을 정리했다는 기미는 전혀 보이지 않았다.

늦은 오후였다. 친위대 의사가 나에게 괴벨스 부인이 심장 발작 때문에, 매우 허약해진 상태로 고통받으며 침대에 누워 있다고 알렸다. 그녀에게 나의 방문을 받아줄 것을 청하는 메시지를 보냈다. 그녀와 단둘이 이야기를 나누고 싶었지만, 괴벨스가 대기실에서 기다리고 있다가 지하 깊은 곳의 작은 방으로 안내해주었다. 초라한 침대에 누워 있는 그녀의 안색은 창백했다. 아이들에게 되돌이킬 수 없는 최후의 순간이 다가오고 있음에 심한 고통을 느끼는 듯했지만, 그녀는 낮은 목소리로 사소한 잡담만 했다. 남편 괴벨스가 바로 곁에 앉아 있었기 때문에 우리의 화제는 그녀의 몸 상태에 제한되었다. 내가 자리에서 일어나려고 하는 순간에야 괴벨스

부인은 자신의 진정한 감정을 암시했다. "최소한 하랄트(그녀가 첫 남편과의 사이에서 낳은 외아들)만이라도 살아 있다는 것이 얼마나 기쁜지 몰라요." 나 역시 마음대로 말을 할 수 없는 입장이라 할 말을 찾기 힘들었다. 그런 상황에서 무슨 할 말이 있겠는가? 우리는 어색한 침묵 속에서 작별 인사를 했다. 그녀의 남편은 단 몇 분도 우리 두 사람만의 작별 인사를 허용하지 않았다.

한편, 대기실에서는 흥분된 부산함이 느껴졌다. 괴링에게서 전보가 도착한 것이다. 보어만은 서둘러 전보를 히틀러에게 가지고 갔다. 나 역시 호기심에 무작정 그를 따라 들어갔다. 전보에서 괴링은 만일 히틀러가 베를린 요새에 남는다면 자신이 제국의 통치권을 수임해도 되는지 묻고 있었다. 그러나 보어만은 괴링이 쿠데타를 일으켰다고 주장했다. 아마도 이것은 히틀러를 베르히테스가덴으로 날아가게 해, 그곳에서 통치권을 행사하게 하고자 하는 보어만의 마지막 술책이었는지도 모른다. 처음에 히틀러는 이 소식에 그날 하루 그가 보였던 무관심으로 반응했다. 그러나 새로이 괴링으로부터 무전 메시지가 도착해 보어만의 주장에 힘이 실렸다. 나는 벙커 안이 혼란스러운 틈을 타서 그 메시지를 받아 적어 주머니에 넣었다. 그 내용은 다음과 같다

> 리벤트로프 제국장관께
> 총통에게 청해 4월 23일 오후 10시까지 지시를 내려달라고 했소. 아마 그 시점에 총통이 제국의 정무를 처리할 자유가 박탈당한 것이 분명하다면, 그의 1941년 6월 29일 칙령이 효력을 발휘할 것이오. 칙령에 따르면 내가 그의 후계자로서 모든 직함을 이어받게 되오. 만일 4월 23일 자정까지, 총통에게서 혹은 나에게서 아무런 지시를 받지 못한다면, 즉시 비행기 편으로 나를 만나러 와주시오.
>
> (서명) 제국원수, 괴링

보어만에게 새로운 일거리가 생겼다. “괴링이 반역에 가담했습니다!” 그는 흥분해서 외쳤다. “괴링이 벌써 제국의 각료들에게 전보를 보내 자신의 직위를 이용, 오늘 밤 12시를 기해 각하의 자리를 빼앗으려고 하고 있습니다, 총통 각하!”

히틀러는 첫 번째 전보가 도착했을 때 침착함을 유지했지만, 모든 것이 다시 보어만의 뜻대로 돼가고 있었다. 히틀러는 즉시 괴링에게서 후계자 지위를 박탈했다. 무전 메시지는 보어만이 작성했다. 그리고 총통에 대한 반역과 민족사회주의에 대한 불충죄를 씌웠다. 이어서 만일 괴링이 스스로 건강상의 이유를 들어 모든 공직에서 물러난다면, 처벌은 하지 않겠다는 내용이 덧붙여졌다.

보어만은 마침내 히틀러를 무기력에서 깨워냈다. 쓰디쓴 혐오와 무위, 자기 연민, 절망이 뒤섞인 거친 분노가 뒤따랐다. 붉어진 얼굴과 쏘아보는 눈길로, 히틀러는 마치 자신의 측근들이 앞에 있다는 사실도 잊은 듯 고함을 질러댔다. “그동안 나도 다 알고 있었어. 괴링은 게으른 인간이지. 그는 공군을 말아먹었어. 그는 제국 내에서도 부패가 가능하다는 것을 보여주었지. 게다가 마약에 중독됐고 말이야. 나는 다 알고 있었다고.”

그렇다면 히틀러는 모든 것을 알고 있으면서도 조치를 취하지 않았다는 뜻인가.

너무도 갑작스럽게, 히틀러는 다시 맥없이 늘어졌다. “좋아, 다 괜찮아. 괴링에게 항복 협상을 시키지. 전쟁에 진 마당에 누가 하든 무슨 상관인가.” 여기에는 독일 국민에 대한 경멸감이 담겨 있었다. 항복문서에 서명할 목적이라면 괴링으로도 충분했다.

소동이 지나간 뒤 히틀러는 탈진했고, 그날 하루 종일 보여준 기진맥진한 상태로 되돌아갔다. 수년간 그는 자신을 지나치게 혹사시켰다. 극단적인 의지를 불사르며 점점 확실해지는 종말의 기미를 밀쳐내려 애써왔다. 이제 히틀러에게는 이 모든 것을 은폐할 힘이 더 이상 남아 있지 않았다. 그는 포기하고 있었다.

약 30분 뒤, 보어만이 괴링의 답장을 가지고 들어왔다. 심한 심장발작으로 모든 직위에서 물러난다는 내용이었다. 히틀러는 그동안 불편한 고위직 관료들을 해임하는 대신 병이 났다는 이유를 들어 자리에서 내몰았다. 최고위 지도부의 단합된 모습을 국민들에게 보이기 위해서였다. 지금, 모든 것이 끝나가는 순간에도 히틀러는 대외적으로 예의를 차리는 습관을 버리지 못한 것이다.

이제야, 너무도 늦은 시간에, 보어만은 자신의 목표를 달성했다. 괴링은 제거되었다. 보어만은 괴링의 약점을 알고 있었다. 제국원수에게 너무 많은 권력이 부여되었다는 이유로 그는 괴링을 증오했고, 이제 그를 넘어뜨린 것이다. 그 순간 나는 괴링에게 연민을 느꼈다. 괴링이 충성을 이야기하던 모습이 떠올랐다.

보어만이 마련한 간단한 폭풍우는 지나갔다. 「신들의 황혼」 몇 소절이 들려오다가 이제 연주가 끝난 것이다. 하겐은 무대를 떠났다. 놀랍게도 히틀러가 나의 요청을 받아들였고, 나는 전율을 느꼈다. 슈코다 공장에 있는 체코 출신의 관리자들이 소련군이 점령할 경우 우리에게 협조했다는 이유로 위해를 당할 가능성이 높았다. 그들은 불안에 떨고 있을 것이다. 그러나 예전에 미국 업계와 협조했던 일이 있었기 때문에, 미군 지휘부로 피신할 수 있다면 안전을 보장받을 수 있을 것이다. 히틀러는 며칠 전에 그들의 안전을 위한 제안에 강하게 반대했었다. 그러나 이제 체코 관리인들이 안전한 쪽으로 피신할 수 있게 하는 명령서에 서명하려는 것이다.

내가 히틀러와 논의하고 있을 때 리벤트로프가 기다리고 있다는 사실을 보어만이 알려주었다. 히틀러는 신경질적인 반응을 보였다. "몇 번이나 말해야 알겠나. 만나고 싶지 않네." 무슨 이유에선지 리벤트로프를 만나야 한다는 것이 그를 화나게 했다.

보어만은 물러서지 않았다. "장관께서는 각하께서 불러주실 때까지 충실한 개처럼 기다리며 한 발자국도 움직이지 않으시겠답니다."

그 표현이 히틀러의 마음을 누그러뜨렸다. 그는 리벤트로프를 들어오게 했다. 그들은 둘만의 시간을 가졌다. 분명 히틀러는 그에게 체코인들의 피신 계획에 대해 말했을 것이다. 그러나 그렇게 위급한 상황에서도 리벤트로프 외무장관은 자신의 관할권을 주장했다. 복도에서 마주쳤을 때 그는 불평했다. “그 일은 외무부 소관이지 않소.” 이어서 조금은 부드러워진 음성으로 말했다. “이런 특별한 경우라면 나도 반대하지 않겠소. ‘서류에 외무장관의 제안으로’라는 표현이 들어간다면 말이오.” 나는 그 말을 붙여 넣었고 리벤트로프는 만족했으며, 히틀러는 서명했다. 이것이 내가 알기로는 히틀러의 외무부 관련 마지막 공식 업무였다.

그러는 동안 지난 몇 달간 아버지처럼 도움을 주던 나의 고문 프리드리히 뤼셴이 지휘부에 도착했다. 그를 베를린에서 떠나게 하려는 나의 노력은 허사였다. 우리는 서로에게 작별 인사를 했다. 훗날 뉘른베르크에서 그가 베를린 함락 후에 자살했다는 소식을 들었다.

자정 무렵, 에바 브라운이 친위대 대원을 시켜 나를 침실과 응접실로 쓰던 벙커 안 작은 방으로 초대했다. 그 방에는 멋진 가구들이 놓여 있었는데, 몇 년 전 내가 그녀를 위해 설계해주었던 고급 가구들을 총리 청사 위층 두 개의 방에 두었다가 여기로 가지고 온 것이다. 전체적인 조화로 보나 따로따로 보나 그 가구들은 음울한 지하 방의 분위기와 전혀 어울리지 않았다. 그 부조화를 완성이라도 하듯, 상자 손잡이에 자신의 이름 첫 글자를 박아 넣은 네잎 클로버가 놓여 있었다.

히틀러가 없었기 때문에 솔직한 대화를 나눌 수 있었다. 그녀는 이 벙커 안에서 죽음을 기다리는 사람들 가운데 차분함을 유지하는 유일한 존재였다. 다른 사람들은 모두 정상이 아니었다. 괴벨스는 영웅심에 도취되었고, 보어만은 목숨에 연연해했으며, 히틀러는 지쳐 있었다. 괴벨스 부인은 완전히 탈진한 상태였다. 에바 브라운만이 행복한 평온을 내뿜고 있었다. “작별 의식을 위해 샴페인 한 병 어때요? 과자도 좀 먹을까요? 분명히 오랫동안 식사를 하지 못했을 테죠.”

나는 그녀의 염려에 감동받았다. 벙커에서 여러 시간을 보낸 후, 나의 시장기를 걱정해준 최초의 사람이었다. 심부름꾼이 모에 에 샹동 샴페인 한 병과 케이크, 과자를 준비해왔다. 다시 우리 두 사람만 남았다. "아시겠지만, 이렇게 오셔서 다시 만나니 정말 기뻐요. 각하께서는 당신이 명령을 어기고 있다고 생각하셨어요. 이렇게 오신 걸 보니 사실은 그 반대였죠?" 그 질문에 대해 나는 대답하지 않았다. "어쨌든 각하는 오늘 당신이 해주신 조언을 염두에 두고 있어요. 이곳에 남기로 마음을 굳히셨어요. 저도 마찬가지고요. 그 뒷이야기는…, 물론 말씀 안 드려도 짐작하시겠죠. 각하께서는 나를 뮌헨으로 돌려보내려고 했지만 내가 거절했어요. 저는 마지막 순간을 위해 이곳에 온 거예요."

그녀는 이 벙커 안에서 인간적인 배려를 할 줄 아는 유일한 사람이었다. "왜 그렇게 많은 사람들이 죽어야만 했을까요?" 그녀는 물었다. "다 아무것도 아닌데…. 어쩌면 한 걸음 늦을 뻔했어요. 어제 상황이 너무 위급해서, 러시아 사람들이 베를린을 순식간에 점령할 뻔했거든요. 각하께서도 막 포기하려고 했답니다. 그렇지만 괴벨스가 겨우 설득했어요. 덕분에 아직 이렇게 살아 있는 거죠."

그녀는 편안하고 소탈하게 이야기를 이어갔다. 간혹, 마지막 순간까지 계략 꾸미기에 여념이 없는 보어만에 대해 분통을 터뜨리기도 했다. 하지만 그녀는 반복해서 이곳 벙커에서 행복하다고 말했다.

그때가 새벽 3시경이었다. 히틀러가 다시 잠에서 깨어났다. 나는 그에게 작별 인사를 하고 싶다고 청했다. 그날 하루의 일로 나는 지쳐버렸고 내가 스스로 통제력을 잃게 될까 봐 두려웠다. 제 나이보다 늙어 보이는 한 남자가 몸을 떨며 마지막으로 내 앞에 섰다. 지난 12년 동안 헌신해온 존재다. 마음이 흔들렸고 혼란스러웠다. 하지만 나와 마주 선 그 남자는 아무런 감정적 동요도 일으키지 않았다. 그의 말도 손도 차갑기만 했다. "이제 떠나는가? 좋아, 또 봄세(Auf Wiedersehen)!" 나의 가족에게 인사도, 축복의 말도, 감사의 말도, 작별 인사도 하지 않았다. 잠시 동안 나는 침착함을 잃어 다시 돌아오겠다고 말했다. 하지만 히틀러는 거짓말이라는 걸 눈치챘을 것이다. 그는 관심을 다른 쪽으로 돌렸고 나는 방에서 물러났다.

10분 뒤, 그 누구와도 이야기를 나누지 않은 채 나는 총리 청사를 떠났다. 한 번 더, 바로 옆 건물인 내가 설계했던 새 총리 청사를 거닐어보고 싶었다. 조명이 전혀 없었기 때문에 명예의 뜰에 서서 몇 분간 작별을 고하는 것으로 만족해야 했다. 뜰의 윤곽은 어두운 밤하늘 속에서 거의 드러나지 않았다. 건물을 본다기보다 느꼈다고 해야 할 것이다. 마치 산속에서 밤을 맞은 것처럼 사방은 괴기할 정도로 고요했다. 예전 같으면 깊은 밤까지 스며들던 도시의 소음은 흔적도 없이 사라지고 없었다. 이따금씩 소련군의 포탄이 터지는 폭발음만 들릴 뿐이었다. 이것이 나의 마지막 총리 청사 방문이었다. 몇 년 전, 내 손으로 지었던 건물, 온갖 설계도와 기대와 미래에 대한 꿈들…. 이제 폐허가 된 그 건물을 두고 떠나려고 하고 있었다. 내 삶의 황금기도 고스란히 그곳에 남긴 채.

"어떠셨어요?" 포저가 물었다.

"천만다행이지 뭔가. 바덴의 막스 왕자와 같은 역할을 할 필요가 없게 되었어."† 나는 안심하며 대답했다. 이별 당시 히틀러가 보인 차가움을 정확하게 이해하게 되었다. 엿새 뒤, 정치적 유서를 통해 히틀러는 나를 배제하고 한동안 총애하던 자우어를 내 후임자로 임명했기 때문이다.

브란덴부르크 문과 승리의 기둥 사이의 도로는 이제 붉은 등을 단 활주로로 바뀌어 있었다. 일꾼들이 얼마 전 폭격으로 패인 구덩이를 모두 메워두었다. 우리는 무사히 출발했다. 비행기 오른쪽, 승리의 기둥 위로 쏜살

---

† 바덴의 막스 왕자는 제1차 세계대전이 끝날 무렵 황실 총리였다. 그는 황제의 패배를 선언하고 정전 협상을 진행해 독일 정부를 사회주의자들에게 이양했다. 그의 행동은 많은 비판을 받았다고 한다.

같이 치솟는 그림자가 보이더니 기체가 하늘로 날아올랐다. 흔들림조차 없었다. 베를린 안팎 여러 곳에서 큰 불길들과 대포의 불꽃이 보였다. 마치 반딧불이들이 돌아다니는 듯했다. 그 광경으로 미루어 아직 베를린에 대규모 폭격이 시작되지 않았음을 알 수 있었다. 우리는 대포의 불꽃 사이, 아직도 고요한 어둠이 남아 있는 공백 쪽으로 향했다. 5시가 다 되어 먼동이 틀 무렵, 레흘린 비행장에 도착했다.

나는 전투기 한 대를 준비시켜 프라하 제국위원 마를 헤르만 프랑크에게 슈코다의 체코 관리인들의 피신에 관한 총통의 명령을 전달하도록 했다. 그 메시지가 제대로 전달되었는지 확인할 방법은 없었다. 저공비행하는 영국 전투기에 시달리고 싶지 않았기 때문에 함부르크행 출발을 저녁으로 연기했다. 비행장에서 40킬로미터 떨어진, 1년 전 내가 알 수 없는 음모 속에서 입원해 있던 병원에 힘러가 머물고 있다는 소식을 들었다. 우리는 슈토로크 기를 타고 인근에 착륙한 후 그를 방문하기로 했다. 힘러는 나를 보더니 상당히 놀라는 표정이었다. 내가 입원했던 바로 그 병실로 나를 안내했고, 게프하르트 박사도 와 있어서 분위기는 더욱 묘했다.

언제나 그렇듯, 힘러는 동료나 정부 각료들에게 보이는 특별한 예의를 차려 친근하면서도 효과적으로 접근을 차단했다. 그는 나의 베를린 방문에 대해 큰 관심을 보였다. 히틀러가 괴링을 어떻게 처분했는지 이미 들어 알고 있었을 테지만, 그 이야기는 묻지 않았다. 내가 괴링의 사임을 약간은 주저하며 설명했을 때도, 그는 대수롭지 않다는 태도를 보였다. “이제 괴링이 후계자가 될 거요. 우리는 이미 오래전부터 그렇게 알고 있고 나는 그의 수상이 될 겁니다. 히틀러가 없이도 우린 괴링을 국가원수로 만들 수 있소. 슈페어 장관도 그가 어떤 사람인지 알지 않소.” 그는 전혀 당황하는 기색도 없이 묵인하는 듯한 미소를 지으며 덧붙였다. “당연히 그 결정을 내릴 사람은 나요. 새로운 내각 구성을 위해 이미 여러 각료들과 연락을 취하고 있소. 곧 카이텔이 올 텐데….” 아마 힘러는 내가 한 자리 부탁하러 그를 방문한 것으로 생각했을 것이다.

힘러는 아직 환상 속에서 헤매고 있었다. "유럽은 앞으로도 나를 필요로 할 거요. 그들은 경찰의 성격을 띤 장관으로서 나를 원할 거요. 아이젠하워도 나와 한 시간만 보낸다면 그 사실을 인정하겠지. 그들은 내게 의지하지 않으면, 희망없는 혼란뿐이라는 걸 곧 깨닫게 될 거요." 그는 강제수용소를 국제적십자사로 이관하는 문제와 관련해서 베르나도테 백작과 접촉했던 이야기를 했다. 그제야 나는 함부르크 인근 작센발트에 왜 그렇게 많은 적십자 차량들이 주차되어 있었는지 이해할 수 있었다. 지금까지 그들은 주로 종전이 되기 전에 정치범들을 석방하는 문제를 논의했었다. 그런데 이제 힘러가 승리자들과 거래를 해 이득을 취하려는 것이다. 히틀러도 나와의 마지막 만남에서 분명해졌듯, 이러한 생각들을 뒤에 감추고 있었다.

어쨌든 힘러는 자신의 정부에 나를 내각에 기용하라는 희미한 가능성조차 배제하고 있었다. 냉소적인 말투로 비행기를 제공해줄 테니 히틀러에게 작별 인사라도 하는 것이 어떻겠냐고 제안했지만 그는 거절했다. 지금은 그럴 시간이 없다는 것이다. 그는 냉정하게 설명했다 "지금은 새 정부를 준비해야 하오. 게다가 그런 비행으로 모험을 하기에는 나라는 존재가 미래의 독일을 위해 너무도 중요해요."

카이텔의 도착으로 우리의 대화는 끝났다. 나가는 길에 카이텔의 단호한 음성을 들을 수 있었다. 히틀러 앞에서 과장된 감정으로 충성을 맹세하던 그 목소리는 이제 힘러에게 변치 않는 헌신을 약속하며 자신을 그의 처분에 맡긴다고 선언하고 있었다.

그날 저녁 나는 함부르크로 돌아왔다. 관구장은 즉시 나의 연설을 함부르크 방송에서 방송하겠다고 제안했다. 그러니까 히틀러가 죽기 전에 말이다. 그러나 그 시각 베를린 벙커에서, 일어날 수밖에 없는 드라마를 생각하자, 나는 계속해서 반대할 동기를 잃어버렸다는 것을 깨달았다. 다시 한 번 히틀러는 심리적으로 나를 마비시키는 데 성공했다. 자신에게 그리고 다른 사람들에게, 지금의 비극 상황에서 개입은 옳지 않으며 의미가 없다는 이유를 들어, 내 마음의 변화를 합리화했다.

나는 카우프만에게 작별을 고하고 슐레스비히-홀슈타인을 향해 출발했다. 우리는 오이틴 호수의 이동식 주택으로 들어갔다. 가끔 앞으로 일어날 일을 기다리고만 있을 뿐인 되니츠나 다른 참모진들을 방문했다. 그러던 1945년 5월 1일, 되니츠가 히틀러 후계자로서의 권리에 관한 대단히 압축된 무전 메시지를 받는 자리에 함께 있게 되었다.* 히틀러는 되니츠를 제국의 새 대통령에 임명했다. 괴벨스는 총리, 자이스-인크바르트는 외무장관에, 보어만은 당 장관이었다. 이 메시지와 함께 보어만이 곧 되니츠를 만나기 위해 오겠다는 소식도 전해졌다.

"말도 안 돼!" 되니츠는 소리쳤다. 자신을 권력 광대극의 주인공으로 만들었기 때문이다. "누가 무전 메시지를 본 사람 있나?"

무전기사와 그 메시지를 직접 전한 부관 뤼데 노이라트뿐이었다. 되니

* 첫 번째 메시지, 1945년 4월 30일, 오후 6시 35분.

해군제독 되니츠
전직 제국원수 괴링 대신 총통께서는 되니츠 제독을 후계자로 임명하셨습니다. 공문을 작성 중입니다. 현재 상황에서 필요한 모든 조치를 취해주시기 바랍니다.

보어만

두 번째 메시지, 1945년 5월 1일, 오후 3시 18분.

해군제독 되니츠 (극비! 장교를 통해 전달)
총통께서 어제 오후 3시 30분에 서거하셨습니다. 4월 29일에 남긴 유지에 따라 되니츠 제독을 제국 대통령에, 괴벨스 장군을 총리에, 사무장 보어만을 당 장관에, 자이스-인크바르트를 외무부 장관에 임명합니다. 총통의 유언에 따라, 그의 유지는 보존을 위해 베를린 바깥으로 이송돼 당신과 쇠르너 원수에게 전해질 것입니다. 보어만이 오늘 상황을 논의하기 위해 방문할 것입니다. 군과 국민에 대한 발표 방법과 시점은 제독에게 맡기겠습니다.

수령 확인.

괴벨스 보어만

츠는 무전기사에게 발설하지 않겠다는 맹세를 받고, 메시지 내용을 극비에 부쳤다. "보어만과 괴벨스가 정말 이리로 온다면 어떻게 해야 할까요?" 그는 단호하게 말했다. "나는 결코 그들과 협조하지 않을 겁니다." 그날 저녁 우리는 보어만과 괴벨스를 감금해야 한다는 데 합의했다.

이리하여 히틀러는 되니츠에게 그의 첫 공식 집무로 불법에 해당하는 일을 감행하게 만들었다. 공식 문서의 은폐였다.** 이것은 그동안 이어진 기만과 배신, 위선과 음모의 사슬 가운데 가장 마지막 고리였다. 힘러는 비밀 협상을 통해 총통을 배신했다. 보어만은 히틀러의 감정을 조종해 괴링을 제거하는 술수를 썼다. 괴링은 연합군과 협상을 하려고 했다. 카우프만은 영국과 내통하려고 했으며, 나에게 라디오 시설을 제공하려 했다. 카이텔은 히틀러가 살아 있는데도 새 통치자를 섬기려고 했다. 그리고 나 역시 지난 몇 달 동안 나를 발탁해 키워준 사람을 기만했다. 심지어 나는 그를 암살하는 방법을 고민하기도 했다. 우리 모두는 우리가 대표하고 있는 통치구도 속에서, 또한 히틀러에 의해 어쩔 수 없이 내몰렸다고 믿었다. 히틀러 역시 우리 모두와 자기 자신과 국민들을 기만했다.

기만의 고리 속에서 제3제국이 종말을 맞았다.

** 엄밀히 말해, 되니츠는 자신이 히틀러의 후계자라는 것을 합법적으로 주장할 수 없었다. 독일 제국의 헌법은 국가 수장은 선거를 통해 선출한다고 정하고 있기 때문이다. 그의 정당성은 적법성보다 그의 선임자 히틀러의 카리스마에 근거한 것이다. 이 점은 되니츠가 지속적으로 히틀러의 유지와 유언에 호소하는 행동을 통해 공식적으로 확인된 것이라고 할 수 있다. 때문에 그가 처음으로 대통령직을 수락하기로 결정한 후에는 히틀러 유지의 중요성에 소홀했던 되니츠의 최초 공식 행동은 불법으로 여겨진다.

자신이 선정한 내각을 후계자에게 인계하겠다는 히틀러의 뜻은 정치인으로서 가장 부조리한 행동이었다. 다시 말해, 그는 과거의 경우와는 달리 누가 최종 결정권을 가지는가를 분명히 하는 데 실패한 것이다. 히틀러는 내각이나 대통령보다는 총리에게 더 많은 권한을 주고 있다. 히틀러의 유지를 살펴보면 되니츠는 총리나 다른 각료들이 그 직위에 부적절한 것으로 밝혀지더라도 그들을 해임할 수 없었다. 대통령이 가질 수 있는 가장 중요한 권한을 되니츠는 가질 수 없었다.

5월 1일 저녁 히틀러의 사망 소식이 전해졌을 때, 나는 되니츠의 지휘부 작은 방에서 잠을 자고 있었다. 붉은 가죽 케이스에 담긴 히틀러의 사진을 옆에 둔 채. 내 비서가 짐 가방에 넣은 것이다. 나의 신경은 극도로 흥분했다. 사진을 꺼내들자 통곡의 발작이 휘몰아쳤다. 그것으로 히틀러와의 관계는 끝났다. 이제야 그 마법이 풀려 사라진 것이다. 남은 것은 묘지와 파괴된 도시, 슬피 우는 수백만 명의 사람들 그리고 강제수용소의 이미지뿐이었다. 그 순간에 이 모든 영상이 머리에 떠올랐던 것은 아니다. 그러나 그 영상들은 내 안에 존재하고 있었다. 나는 지칠 대로 지친 상태에서 깊은 잠에 빠져들었다.

2주 뒤, 드러나는 강제수용소의 범죄 행위에 망연자실한 채로 나는 슈베린-크로지크 각료회의 의장에게 편지를 썼다. “독일의 전 지도부는 국민들이 겪고 있는 고초에 대해 책임이 있습니다. 지도부의 모든 구성원은 그 책임을 인정하고 국민들 대신 속죄에 나서야 할 것입니다.”

이 편지와 함께 내 인생은 분절되었고, 그 분절은 지금까지 계속되고 있다.

무르만스크 전방의 참호에서. 슈페어 왼쪽은 북부 독일군 사령관인 헹글 장군이다.

밀히와 슈페어, 1944년 6월

대서양 연안에 세워진 독일군 벙커.

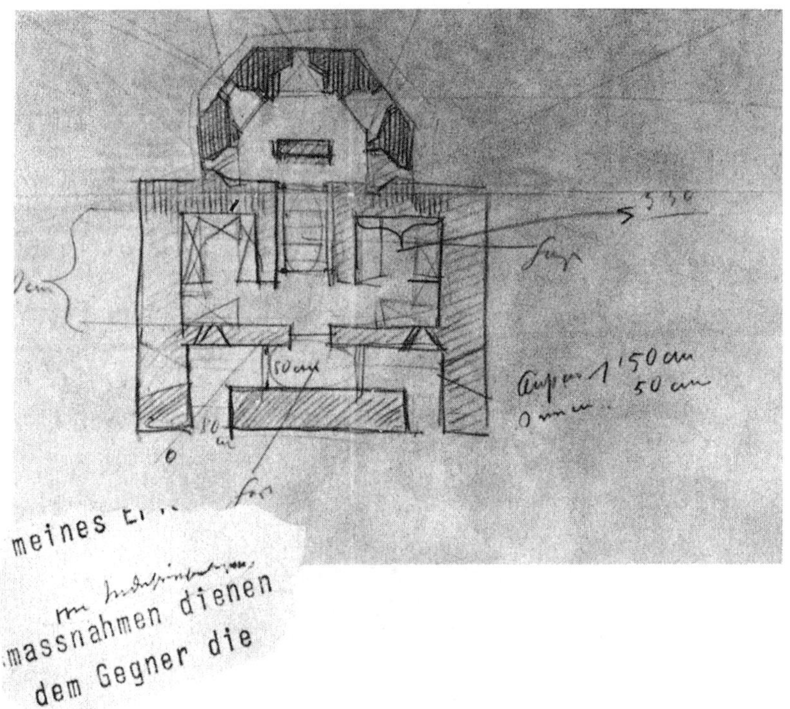

구체적인 항목까지 지적하면서 손수 설계한 히틀러의 벙커 도면.
수전증이 있는 노인처럼 떨린 히틀러의 필체, 1945년 3월.

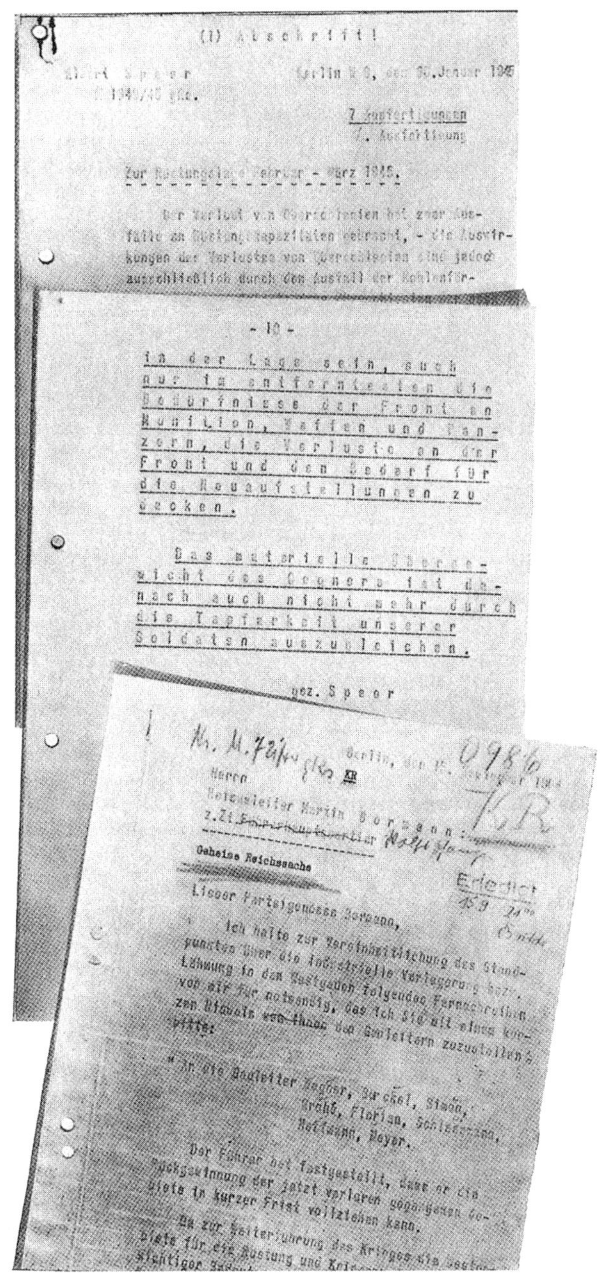

(I) Abschrift!

Albert Speer — Berlin W 8, den 30. Januar 1945

Nr. 1949/45 gRs.

7 Ausfertigungen

7. Ausfertigung

Zur Rüstungslage Februar - März 1945.

Der Verlust von Oberschlesien hat zwar Ausfälle an Rüstungskapazitäten gebracht, - die Auswirkungen des Verlustes von Oberschlesien sind jedoch ausschließlich durch den Ausfall der Kohlenför-

- 10 -

in der Lage sein, auch nur im entferntesten die Bedürfnisse der Front an Munition, Waffen und Panzern, die Verluste an der Front und den Bedarf für die Neuaufstellungen zu decken.

Das materielle Übergewicht des Gegners ist danach auch nicht mehr durch die Tapferkeit unserer Soldaten auszugleichen.

gez. Speer

Berlin, den [illegible] September 194[illegible]

Herrn Reichsleiter Martin Bormann
z.Zt. Führerhauptquartier

Geheime Reichssache

Lieber Parteigenosse Bormann,

Ich halte zur Vereinheitlichung des Standpunktes über die industrielle Verlagerung bzw. Lähmung in den Westgauen folgendes Fernschreiben von mir für notwendig, das ich Sie mit einem kurzen Hinweis von Ihnen den Gauleitern zuzustellen bitte:

" An die Gauleiter Wagner, Bürckel, Simon, Grohé, Florian, Schlessmann, Hoffmann, Meyer.

Der Führer hat festgestellt, dass er die Rückgewinnung der jetzt verloren gegangenen Gebiete in kurzer Frist vollziehen kann.

Da zur Weiterführung des Krieges die Westgebiete für die Rüstung und Kriegs[illegible]

텔레타이프, 서신, 회의록 등을 꼼꼼하게 모아둔 슈페어의 메모 뭉치는 이 책을 저술하는 밑바탕이 되었다.

16.IV.1945

4.

Als der für die Produktion aller Betriebe, für die Erhaltung ~~aller~~ der Straßen, Wasserstraßen, Kraftwerke und als der für die Wiederherstellung des Verkehrs verantwortliche Reichsminister befehle ich daher im Einvernehmen mit den obersten Kommandostellen der Wehrmachtteile.

5

1/. Die Zerstörung oder Lähmung einer Brücke, eines Betriebes gleich welcher Art, einer Wasserstraße oder von Bahn- und Nachrichten-Anlagen ist ab sofort untersagt.

6.

5/. Jeder, der sich dieser Anordnung widersetzt, schädigt bewußt und entscheidend das deutsche Volk und ist damit sein Feind. Die Soldaten der Wehrmacht und des Volkssturms sind angewiesen, gegen diese Volksfeinde mit allen Mitteln, notfalls mit der Schußwaffe einzugreifen.

* * *

산업시설 보호를 호소하기 위한 라디오 연설문.

Mein Führer,

… mich noch einmal

Ich gehe dabei nicht im Einzelnen darauf ein, daß Ihr Zerstörungsbefehl vom 19.III.1945 durch sofortige Maßnahmen die letzten industriellen Möglichkeiten nehmen muß und daß sein Bekanntwerden in der Bevölkerung größte Bestürzung auslöst.

Das sind alles Dinge, die zwar entscheidend sind, aber an dem Grundsätzlichen vorbeigehen.

Ich bitte Sie daher, nicht selbst am Volke diesen Schritt der Zerstörung zu vollziehen.

21

Haltung und unerschütterlichen Glauben an die ewige Zukunft unseres Volkes dann beitragen.

Gott schütze Deutschland

Speer

Berlin, den 29.III.1945

산업시설과 다리 및 교통시설을 파괴하라는 명령을 철회해달라고 히틀러에게 요구하는 슈페어의 편지. '나의 총통 각하'로 편지는 시작된다.

산업시설과 교통시설의 파괴를 통제하기 위해
회의 중인 슈페어, 말차허, 하인리치, 1945년 2월, 슐레지엔.

파괴된 레마겐 다리, 1945년 3월. 히틀러는 파괴 명령을 제시간에 수행하지 않은
담당장교를 사형시킴으로써 '초토화' 계획을 고수해나갔다.

연합군에 앞서 베를린으로 진격한 소련군의 탱크.
오른쪽 아래는 탱크의 포탑을 지면에 설치해 대전차포로 활용한 독일군의 장비가 보인다.

포격으로 떨어진 독일 독수리상을 바라보고 있는 소련군 병사들.

잔해더미로 뒤덮인 총리 청사의 홀.

파괴된 총리 청사의 대리석 갤러리, 1945년 5월.

파괴된 총리 청사 내 "명예의 뜰".

파괴된 총리 청사의 대연회장, 1945년 5월.

독일 독수리상 잔해 위에 올려진 히틀러의 두상 조각, 1945년 5월.

히틀러의 주검으로 추정되는 시체가 담긴 나무상자. 총리 청사 내 정원, 1945년 5월.

총리 청사가 함락되기 전, 부인과 여섯 명의 아이들과 함께 자살한
선전장관 괴벨스의 불에 탄 시신.

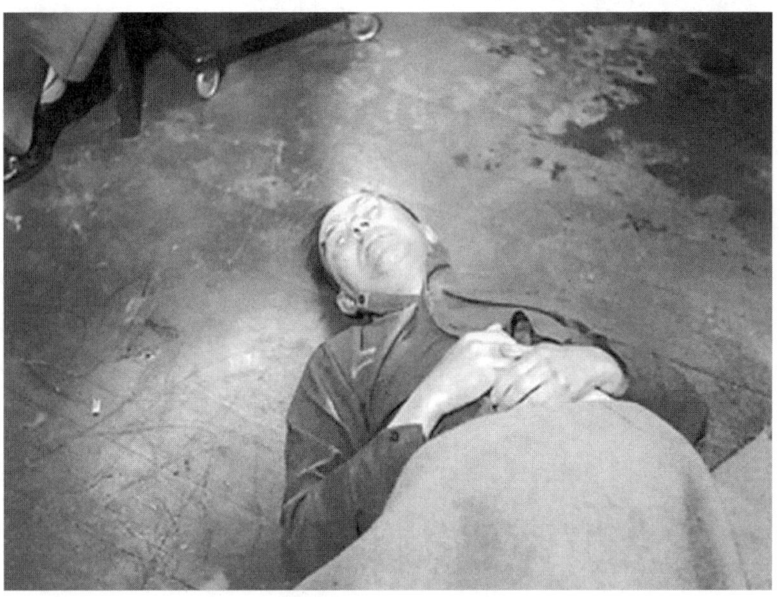

연합군에 의해 체포되었으나 뉘른베르크 전범재판이 열리기 전에
음독자살한 친위대 대장 힘러.

전범재판이 열렸을 당시의 뉘른베르크. 11개 연합국의 폭격으로 완전히 파괴되었다.

뉘른베르크 전범재판이 열린 '정의의 법정' 전경.

법정 내부 모습. 왼쪽에 피고석이, 그 뒤로 통역 부스가, 오른쪽엔 판사석이 자리하고 있다.
그 사이에 변호석와 검사석이 위치해 있다.

뉘른베르크 전범재판. 피고석에 선 나치 제국의 2인자 괴링.
체포되었을 때보다 약 30킬로그램이 빠졌다고 한다.

뉘른베르크 전범재판.
육군참모총장 빌헬름 카이텔.

뉘른베르크 전범재판.
관구장이자 강제수용소 노동력 동원의 책임자였던 프리츠 자우켈.

뉘른베르크 전범재판.
해군 대제독 카를 되니츠.

뉘른베르크 전범재판.
게슈타포 사령관 에른스트 칼텐브루너.

뉘른베르크 전범재판.
나치 사상의 이론적 토대를 마련한 알프레트 로젠베르크.

네덜란드 점령지 제국감찰관 아르투르 자이스-인크바르트.

국방군 참모총장 알프레트 요들.

나치당 서열 3위 루돌프 헤스.

뉘른베르크 전범재판의 최종 선고가 있기 전, 최후 발언을 하고 있는 슈페어.

자신의 감방에서 문서를 작성 중인 알베르트 슈페어, 1946년.

뉘른베르크 전범재판의 주요 피고인들과 각각의 형량.

에필로그

33

영어의 몸
Stationen der Gefangenschaft

새로운 국가수반인 카를 되니츠는 여전히 민족사회주의의 이념에 사로잡혀 있었고, 나도 마찬가지였다. 그 정도는 우리가 생각했던 것보다 심했다. 12년 동안 우리는 민족사회주의 정권을 위해 일해왔다. 극적인 전환은 값싼 기회주의로 보였다. 그러나 히틀러의 죽음은 오랜 세월 동안 우리를 결박하고 있던 정신적 끈을 끊어주었다. 되니츠에게 히틀러의 죽음은 훈련받은 장교의 객관성을 표면화시켰다. 되니츠는 국가를 대표하게 된 순간부터 가능한 한 빠른 시일 내에 전쟁을 종결지으려 노력했고, 그 일이 마무리된다면 우리의 할 일도 모두 끝나는 것이었다.

1945년 5월 1일, 군총사령관으로서의 되니츠와 에른스트 부슈 원수 간에 첫 군사회의가 열렸다. 부슈는 함부르크로 향해 오는 영국군에 공격을 가해야 한다고 주장했고 되니츠는 모든 공격 행위를 반대했다. 우리가 해야 할 일은 동쪽에서 돌아오는 피난민을 위해 서쪽으로 향하는 도로를 가능한 한 오랫동안 열어두는 것이라고 그는 말했다. 뤼베크 근처에서 병력 이동으로 길이 차단되어 있었다. 되니츠는 서쪽 지역에서 연기된 독일군의 작전은 피난민들의 이동을 위해 계속되어야 한다고 주장했다. 부슈는 되니츠 제독이 더 이상 히틀러의 정신을 승계하지 않는다는 사실에 법석을 떨었지만, 그런 훈계에 움직일 되니츠가 아니었다.

그 전날, 새로운 국가원수와의 논쟁에서 힘러는 새 정부에 자신이 낄 자리가 없음을 이해하게 되었다. 그럼에도 불구하고 그는 다음 날 예고도 없이 되니츠의 지휘부에 모습을 드러냈다. 점심때였기에 되니츠는 나와 힘러를 식사에 초대했다. 물론 특별히 친근한 태도를 보인 것은 아니었다. 그는 힘러를 좋아하진 않았지만, 얼마 전까지 막강한 권력을 누렸던 사람에게 경멸을 보내는 일은 온당치 못하다고 생각했다. 힘러는 카우프만 관구장이 저항 없이 함부르크를 내놓을 거라고 전했다. 영국군의 입성에 앞서 주민들에게 나누어줄 전단이 인쇄되는 중이라고 힘러는 말했다. 되니츠는 분개했다. 만일 모든 사람이 자기 마음대로 행동한다면, 새 국가원수의 임명은 아무런 의미가 없다고 말했다. 내가 함부르크로 가서 카우프만을 만나보겠다고 했다.

카우프만은 자신의 지휘부에서 학생 경호원들에게 둘러싸여 안전한 보호를 받고 있었다. 그 역시 되니츠 못지않게 화를 냈다. 함부르크 군 지휘관은 도시를 사수하기 위해 전투를 벌이라는 명령을 받았다고 그는 말했다. 항복하지 않으면, 엄청난 공습을 감행하겠다는 영국군의 최후통첩이 있은 직후였다. "내가 브레멘 관구장의 전례를 따라야 한다고 생각합니까?" 그는 말을 이었다. "그는 시민들에게 마지막까지 싸우라고 선언한 후 자신은 몸을 피했어요. 엄청난 폭격으로 도시는 폐허가 되었소." 함부르크를 위해서 전투를 피하기로 결심했다고 말했다. 그리고 만일 필요하다면 도시를 지키겠다는 세력과 힘으로 맞서겠다고 덧붙였다.

나는 되니츠에게 전화를 걸어 함부르크에서 폭동이 일어날 위험이 있다고 보고했다. 되니츠는 잠시 생각할 시간을 달라고 했고, 한 시간 뒤 함부르크 지휘관에게 저항 없이 항복하라는 명령을 내렸다.

4월 21일 내가 함부르크 방송국에서 연설문을 녹음했을 때, 그는 우리 두 사람이 영국군의 포로가 되는 게 어떻겠냐고 제안했다. 그는 그 제안을 다시 했다. 나는 거절했다. 최고의 폭격기 조종사 베르너 바움바흐가 앞서 제안했던 한시적인 도피 계획도 거절했다. 바움바흐는 전쟁 기간 내

내 장거리 4발 엔진 수상비행기를 몰고 노르웨이 북부에서 그린란드의 기상센터 사이를 왕래하며 보급품을 날랐다. 그는 나와 내 친구들을 그 비행기에 태우고 그린란드의 조용한 만으로 가 독일 점령 후 몇 개월을 조용히 보내자고 제안했다. 책은 이미 상자에 싸두었고, 약과 필기도구와 엄청난 분량의 종이(나는 바로 회고록 집필에 착수할 생각이었다) 등도 준비된 상태였다. 우리는 라이플총과 접이식 보트, 스키, 텐트, 낚시용 수류탄, 식량도 준비했다.* 우데트의 영화 「SOS 아이스버그」를 본 후부터 그린란드에서의 긴 휴가를 꿈꾸기도 했었다. 그러나 되니츠가 국가수반에 올랐다는 소식에 나는 고통과 참을 수 없는 낭만 속에서 계획을 취소했다.

내가 오이틴 호수로 돌아가려고 길을 나섰을 때, 불타는 유조차와 자동차들이 폭발한 뒤 길가에 쓰러져 있고, 하늘엔 영국 전투기들이 날고 있었다. 슐레스비히에서는 군용 차량과 일반 차량, 걸어가는 군인과 민간인들이 뒤섞여 도로가 꽉 막혔다. 가끔 나를 알아보는 사람들이 있었지만 아무도 분노에 찬 말은 하지 않았다. 나에게 인사하는 그들의 태도에는 뭔가 친근하고 서글픈 듯한 어색함이 깃들어 있었다.

플뢴 지휘부에 도착한 것은 5월 2일 저녁이었다. 되니츠는 이미 영국군을 피하기 위해 플렌스부르크로 옮겨 가 있었다. 나는 막 되니츠를 따라나서려는 카이텔과 요들을 만날 수 있었다. 되니츠는 여객선 파트리아 호에 지휘부를 이전해두었다. 우리는 선장실에서 함께 아침식사를 했다. 내가 다리를 포함한 모든 시설 파괴를 금지하는 칙령을 내밀자 되니츠는 서명했다. 이리하여 나는 3월 19일, 히틀러에게 요구했던 모든 조항에 승인을 받아냈다. 비록 너무 늦었지만 말이다.

---

* 당시 그린란드는 너무 멀고 고립되어 있어서 집중적인 정찰이 이루어진다고 해도 큰 위험이 없었다. 기상센터를 오가는 비행기는 영국까지 갈 수 있는 충분한 연료를 실을 수 있었고, 그곳에서 1945년 늦가을 우리는 변장할 계획이었다.

되니츠는 이미 연합군에게 함락된 지역 국민들에게 모든 힘을 다해 재건에 나서자고 주장한 내 연설의 효과를 느끼고 있었다. 이 연설은 마비될 정도의 공포와 최근 몇 달간 이어진 끝없는 환멸 이후, 독일 국민들을 무기력에서 깨우기 위한 것이었다. 되니츠가 나에게 원했던 것은 플렌스부르크 인근 뮈르비크의 한 해군학교에 세워진 정부 지휘부로 가 새 외무장관인 슈베린-크로지크에게 연설문을 보여주라는 것뿐이었다. 외무장관 역시 현 정부의 정책 몇 가지를 안내하는 내용을 덧붙여서 방송을 하도록 허가해 주었다. 그는 나에게 내용을 받아 적게 했다.* 내가 플렌스부르크 스튜디오에서 연설문 원고를 읽는 동안, 아직 우리의 수중에 있어 방송이 가능한 코펜하겐과 오슬로 방송국이 연결되어 있었다.

스튜디오에서 나오자 힘러가 기다리고 있었다. 독일은 아직 노르웨이, 덴마크와 같은 중요한 영토를 고수하고 있었다. 그는 뻔뻔한 태도로, 그 영토들을 담보로 우리의 안전을 보장받자는 제안을 반복했다. 노르웨이와 덴마크 정도면 협상을 통해 전혀 피해를 입히지 않고 양도하겠다고 약속함으로써 이득을 취할 수 있다는 말이었다. 그러나 내 연설은 우리가 이 땅들을 전투나 다른 요구조건 없이 양도하겠다는 뜻을 밝히고 있었고, 따라서 이것은 불리하기만 한 연설이었다고 힘러는 논박했다. 그는 정부의 모든 공식 발표에 검열제도를 도입하자고 제안해 카이텔을 놀라게 했다. 스스로 기꺼이 그 책임자가 되겠다고 나서기도 했다. 그러나 바로 그날 되니츠는 이미 노르웨이 제국위원 테르보벤의 비슷한 제안을 물리친 바 있

* 이 연설은 내가 함부르크의 라디오 방송국에서 1945년 4월 21일 녹음했던 연설의 축약이었다. 슈베린-크로지크가 불러준 내용은 다음과 같다. "단지 이러한 이유로 (시민들의 희생을 줄이기 위한) 되니츠 제독은 싸움을 계속할 수밖에 없다. 아직도 계속되고 있는 투쟁의 유일한 이유는 소련군으로부터 탈출한 독일인을 보호하고, 그들에게 위협당하거나 죽임당하는 것을 막는 것이다. 독일의 영웅적 투쟁의 마지막 목표, 시민의 희생을 줄이는 것은 지금까지 전쟁을 강인하게 견뎌온 우리 독일 국민이 반드시 지켜야 할 의무이다."

었다. 5월 6일, 되니츠는 모든 점령지, 네덜란드와 체코슬로바키아 일부, 덴마크와 노르웨이에서 일체의 파괴 행위를 금지하는 명령을 발동했다. 이것은 힘러가 요구했던 담보 정책에 대한 최후의 거절이었다.

되니츠 제독은 플렌스부르크가 곧 영국군에게 함락될 위기에 처해 있음에도 불구하고 덴마크나 프라하 등지로 정부를 옮기자는 제안도 거부했다. 힘러는 프라하를 강력히 주장하고 나섰는데, 역사적인 의미가 덜한 플렌스부르크보다는 프라하가 훨씬 독일 정부의 지휘부로 어울린다는 이유였다. 그는 프라하로 옮김으로써 새 정부가 해군의 영향력에서 벗어나 친위대 세력으로 들어갈 것이란 말은 쏙 빼두었다. 되니츠는 마침내 활동 반경을 독일 국경 넘어 확장하지 않을 것임을 명확히 함으로써 이러한 논쟁을 불식시켰다. "영국군이 우리를 붙잡으려 한다면 그렇게 하라고 해요."

며칠 뒤, 몽고메리 원수와 연락이 되자마자 힘러는 요들에게 편지를 주며 몽고메리에게 전해주라고 부탁했다. 영국군 연락책인 킨즐 장군이 나에게 말하기를 힘러가 몽고메리 원수와 안전통행 조건 아래 면담을 신청했다는 것이다. 만일 그가 포로로 잡혔다면, 그는 비스툴라 군단의 총사령관이라는 직책에 있었으므로 전쟁 협정에 따라 고위 장성으로 대우받을 권리가 있다고 주장했을 것이다. 그러나 편지는 전달되지 못했다. 요들은 자신이 편지를 파기해버렸다고 뉘른베르크에서 밝혔다.

흔히 있는 일이지만, 위기 상황에서 사람의 본성이 드러나는 법이다. 한때 우크라이나의 제국위원이자 동프로이센의 관구장이었던 코흐는 플렌스부르크에 나타나 잠수함 한 대를 요구했다. 남미로 탈출하겠다는 것이었다. 로제 관구장 역시 같은 요구를 했다. 되니츠는 간단히 거절했다. 나치당의 최고령 사무장인 로젠베르크는 당의 해체를 요구하며, 해체 명령은 자신만이 내릴 수 있다고 주장했다. 며칠 뒤 로젠베르크는 다 죽어가는 상태로 뮈르비크에서 발견되었다. 그는 자신이 독약을 복용했다고 주장해 자살 시도가 의심되었지만, 확인 결과 과음으로 밝혀졌다.

반면 용기 있는 자들도 많았다. 많은 지도급 인사들이 홀슈타인으로 향하는 피난민들의 행렬에 몸을 숨기지 않았다. 네덜란드 제국위원 자이스-인크바르트는 밤사이 PT-보트를 타고 적의 방어선을 지나 되니츠와 나를 찾아와 사안을 의논했다. 그는 새 정부의 각료직을 거절했고 다시 보트를 타고 네덜란드로 돌아갔다. "내가 있을 자리는 그곳입니다. 가자마자 체포되겠죠."

1945년 5월 4일 독일 북부지방에서 휴전이 성립되었고 사흘 뒤인 5월 7일, 모든 전선에서 무조건 항복이 이루어졌다. 하루 뒤, 베를린 인근 카를스호르스트에 주둔하던 소련군 지휘부에서 카이텔과 세 사람의 지휘관이 대표로 가 항복을 체결했다. 카이텔의 말에 따르면, 항복을 체결한 후 괴벨스의 선전에서 예의도 지성도 없는 야만인으로 표현되던 소련군 장교들이 그들에게 샴페인과 캐비어까지 곁들인 정찬을 제공했다.* 카이텔은 분명 제국에 종말을 고하고 수백만 명의 독일군을 전쟁포로로 만든 항복문서에 서명한 직후, 배고픔의 고통만 덜 뿐인 승리자의 식탁에 올려진 샴페인쯤은 거절하는 것이 낫다는 생각을 미처 하지 못했을 것이다. 승자의 손짓에 흐뭇해하는 그의 모습은 위엄과 예의가 서글플 정도로 부족하다는 사실을 입증했다. 어쨌든 상황은 스탈린그라드와 비슷했다.

영국군은 플렌스부르크를 포위했다. 이제 독일 정부가 권위를 행사할 수 있는 공간은 협소한 고립 지역뿐이다. 룩스 장군의 책임 아래 "국방군 조정위원회"가 파트리아 호에 신설되어 되니츠 정부에 대한 연락사무소 역할을 시작했다. 항복이야말로 패한 전쟁을 마무리하는 되니츠 정부의 마지막 할 일이라 여겨졌다. 우리에겐 더 이상 행동의 자유가 없었고 할

---

* 1945년 5월 6일, 『베를리너차이퉁』은 추이코프의 지휘부에서 전해진 소식을 다음과 같이 보도했다. "항복문서에 서명한 후, 카이텔과 그 일행은 소련군이 임의로 쓰고 있는 저택에서 캐비어와 보드카와 샴페인을 접대 받았다. 이 정찬은 연합군의 연회와 다를 바가 없었다."

수 있는 일은 항복으로 인해 발생하는 모든 문제를 종결짓는 것뿐이었다. 1945년 5월 7일, 나는 최후 선언문을 발표하자고 제안했다. "우리는 연합군이 민족사회주의 정권에서 책임질 만한 자리에 있는 다른 모든 사람과 똑같이 우리에게도 이전 행위에 대해 설명을 요구할 것이라고 기대합니다." 이 발언을 하면서 나는 우리의 조치에 대해 모든 오해의 여지를 없애고 싶었다.[1]

그러나 내무장관을 맡게 된 제국비서 슈투카르트는 견해가 달랐다. 그는 되니츠를 국가원수이자 히틀러의 합법적인 후계자라고 주장하는 내용의 보고서를 썼다. 되니츠는 독일제국의 국가원수직에서 물러날 권리가 없으며, 계속 자리를 지켜 국가를 보존하고 미래 정부의 합법성을 지켜야 한다는 내용이었다. 되니츠는 처음에는 나의 입장에 동조했지만 슈투카르트의 의견에 지지를 표했다. 그 결과, 되니츠 정부는 15일을 더 지속할 수 있었다.

영국과 미국의 기자들이 먼저 도착했고, 너무도 상이한, 비현실적인 희망들을 피력하는 기사들이 작성되었다. 동시에 친위대 제복이 사라졌다. 밤사이, 베게너와 슈투카르트, 올렌도르프가 민간인으로 변해 있었다. 힘러의 측근인 게프하르트는 적십자 측 장군 행세를 했다. 이어, 새 정부의 구성이 속속 모습을 드러냈다. 독일제국의 군복을 그대로 입고 있던 되니츠는 바그너 장군을 군사 내각의 수장으로, 베게너 관구장을 민간 내각의 수장으로 임명했다. 한동안 논쟁이 있은 후 국가수반은 계속해서 해군제독의 지위를 보존할 수 있도록 결정되었다. 정보국도 설치되었다. 예전에 사용하던 라디오 수신기는 이제 새로운 소식들을 전하고 있었다. 히틀러가 타던 커다란 메르세데스 리무진들도 다시 플렌스부르크로 달려와 되니츠를 정부 지휘부에서 450미터 떨어진 거처로 실어다 주기 시작했다. 하인리히 호프만의 스튜디오에서 사진사가 달려와 새 정부의 활동을 촬영했다. 나는 되니츠의 보좌관에게 비극이 희비극으로 탈바꿈하고 있다고 말했다. 정확히 말해 되니츠는 항복하기까지 분별력 있게 행동했고 신속히 종전을 끌어냈다. 그러나 이제 그는 상황을 복잡하게 만들기 시작했고, 우리 입장은 혼란에 빠졌다. 새 정부 각료인 바케와 도르프뮐러 장관이 아무런 소식도 없이 사라져버렸다. 소문에 따르면 그들은 아이젠하워의 지휘부로 불려 가 독일 재건 계획 초안을 작성하고 있다고 했다. 최고사령부 장관 카이텔도 포로로 체포되었다. 새 정부는 무기력했고 승리자들은 그에 대해 통지조차 하지 않았다.

우리는 공백 상태에서 성명을 작성했다. 독일 정부의 하잘것없는 입지를 허위 조치를 통해 상쇄하려고 노력한 것이다. 매일 아침 각료 열 명이 참석하는 내각회의가 이른바 각료실에서 열렸다. 전에는 교실로 사용되던 곳이었다. 슈베린-크로지크는 마치 지난 12년 동안 열리지 못했던 회의를 보충이라도 하려는 듯 애쓰는 모습이었다. 우리는 페인트 칠이 된 테이블과 학교 내에서 모아 온 의자를 사용했다. 한번은 회의 도중 식량장관이 창고에 보관해두었던 호밀위스키를 몇 병 가지고 왔다. 우리는 교실에서 컵과 유리잔을 구해 와서는 술을 마시며 시대의 흐름에 맞추어 어떻게 개각할 것인지 논의를 벌였다. 종교장관직을 새로 만들어야 한다는 주장에 짐짓 열띤 논쟁이 벌어지기도 했다. 잘 알려진 종교학자의 이름이 거론되었고, 니묄러 목사를 적임자라고 주장하는 이들도 있었다. 결국 내각은 "사회적으로 수용"되어야 했다. 사회민주주의 신봉자들과 진보주의 인사들이 우리 자리를 대신해야 한다는 나의 제안은 묵살되었다. 식량장관의 보급품이 회의 분위기를 북돋웠다. 우리가 스스로를 우스꽝스럽게 만들기 시작했다는 생각이 들었다. 아니면 우리는 이미 우스꽝스러워졌는지도 몰랐다. 항복 당시의 진지함은 어디론가 사라져버렸다.

5월 15일, 나는 슈베린-크로지크에게 편지를 썼다. 새 정부의 구성원들은 연합군이 신뢰할 수 있는 인물들로 구성되어야 한다는 내용이었다. 히틀러의 측근들은 물러나고 각료들은 새 인물로 바뀌어야 했다. 더욱이 나는 "과거에 있었던 일이지만, 샴페인 판매상을 외무부 장관에 앉히는 것은 예술가가 빚을 갚기를 기대하는 것만큼이나 바보 같은 짓"이라는 말까지 했다. 그리고 "경제 및 전시생산 장관의 자리에서 물러날 수 있게 해달라"고 요청했다. 답장은 없었다.

항복협정 이후, 미군과 영국군의 하급 장교들이 나타나 태연하게 "우리의 각료석"이 마련된 방들을 여기저기 돌아다녔다. 5월 중순의 어느 날, 미국인 중위가 내 방에 오더니 이렇게 물었다. "슈페어 씨가 어디에 있는지 아십니까?" 나는 내 신분을 밝혔다. 그는 미군 지휘부에서 연합군의 폭격에 대한 자료를 수집하고 있는데, 정보를 제공해줄 수 있겠느냐고 물었다. 나는 그렇게 하겠다고 대답했다.

며칠 전에 홀슈타인 공작이 나에게 플렌스부르크에서 몇 킬로미터 떨어진 곳에 있는 글뤽스부르그 성을 나와 가족들의 거처로 사용하라는 제안을 해왔었다. 그날 나는 물 위에 지어진 16세기 성에서 아이젠하워 대통령 부속기관인 미군전략폭격조사단(USSBS) 소속 내 또래의 민간인들과 자리를 함께했다. 우리는 폭격과 관련된 양측의 실책과 특수성에 대해 논의했다. 다음 날 아침, 나의 부관이 미군 고위 장성들을 비롯한 많은 장교들이 성문 앞에 도착했음을 알렸다. 독일군 소속 경비병들이 받들어총을 했고* 미군 제8항공단 폭격부대 지휘관인 F. L. 앤더슨 장군이 독일병사들의 호위 아래 나의 거처로 들어왔다. 그는 나에게 대단히 정중한 태도로 회의에 참석해주어서 감사하다는 뜻을 표했다.

그 이후 사흘 동안 우리는 체계적으로 공중전에 대한 다양한 현상을 검토했다. 5월 19일, 미국전략폭격조사단 단장인 프랭클린 돌리어, 부단장 헨리 C. 알렉산더, 그의 보좌관 갤브레이스 박사, 폴 니츠, 조지 볼, 질크리

---

* 휴전이 성립된 이후에도 되니츠 정부의 군대는 가벼운 무기를 소지할 수 있었다. 1945년 5월 19일 회의록에 따르면 나는 그 회의에서 다음과 같이 말했다. "나의 행동에 대한 오해를 막기 위해 신뢰를 쌓을 수 있는 조치를 취할 필요를 느끼지 못합니다. 정치적인 면은 다른 부분에서 검증될 것입니다."

스트 대령, 윌리엄스 등의 방문을 받았다. 나는 일을 해나가면서 그 폭격 사단이 미군에서 차지하는 중요성을 새삼 실감했다.

다음 며칠 동안, 우리의 '폭격 대학'에는 동지 같은 분위기가 넘쳤다. 그 분위기는 괴링이 패튼 장군과 함께한 샴페인 아침식사가 전 세계적인 기삿거리가 되는 바람에 갑작스레 끝나버렸다. 그에 앞서서 앤더슨 장군은 나의 경력에 대해 미묘하게 칭송하는 발언을 했다. "내가 이 사람이 하는 일을 알았다면, 미군 제8항공단을 모두 출동시켜 그를 지하로 내려 보냈을 것이다." 제8항공단은 2,000여 기 이상의 막강한 주간 폭격기로 구성되어 있다. 앤더슨 장군이 나를 늦게 안 것이 행운이라고 해야겠다.

내 가족은 글뤽스부르그에서 40킬로미터 떨어진 곳에 머물고 있었다. 내가 너무 일찍 체포되는 최악의 사태를 염려해, 나는 차를 몰아 플렌스부르크의 포위 지역에서 벗어났다. 영국군이 별다른 주의를 기울이지 않았던 덕분에 다시 포위된 지역으로 들어갈 수 있었다. 거리를 순찰하는 영국군들은 내 차에 관심을 보이지 않았다. 마을에는 육중한 탱크들이 서 있었고, 대포들은 방포에 싸여 있었다. 나는 무사히 가족들이 머물고 있는 농장에 도착할 수 있었다. 나의 장난 같은 출현에 가족들은 기뻐서 날뛰었고, 그런 일이 몇 번 반복되었다. 그러나 아마도 영국군의 무관심을 지나치게 남용한 듯했다. 5월 21일, 나는 내 차로 플렌스부르크로 이송되어 첩보기관 본부에 감금되었고, 자동소총을 든 병사의 감시를 받았다. 몇 시간 뒤 풀려났지만 차는 온데간데없었다. 영국군은 자신들의 차에 나를 태워 글뤽스부르그 성으로 데리고 갔다.

이틀 뒤 이른 아침, 부관이 급히 달려왔다. 영국군이 성을 포위하고 있다고 했다. 영국군 하사관 한 사람이 내 방으로 들어와서 내가 포로의 신분임을 밝혔다. 그는 허리띠에서 권총을 풀어 테이블 위에 자연스럽게 놓았다. 그리고는 짐을 쌀 시간을 주기 위해 방을 나갔다. 곧 트럭 한 대가 나를 다시 플렌스부르크로 이송했다. 차가 도로를 달리는 동안 수많은 대전차포들이 글뤽스부르그 성을 겨누고 있는 모습이 보였다. 그들은 여전히 내가 이루기 힘든 일들을 성취해낼 것이라고 생각하는 듯했다. 잠시 후, 매일 해군학교에서 게양되던 제국의 전쟁깃발이 영국군에 의해서 내려졌다. 되니츠 정부가 노력했음에도 불구하고, 그들이 새로운 실체가 아님을 입증하는 것이 있다면, 그것은 바로 전쟁깃발이었을 것이다. 플렌스부르크에서 새 정부를 출범하면서도 나와 되니츠는 그 깃발을 그대로 남겨두기로 했다. 새로움을 대표하는 척할 수는 없었기 때문이다. 플렌스부르크는 단지 제3제국의 마지막 무대에 불과했을 뿐이다.

보통 최고 권력자의 위치에서 추락할 경우, 사람들은 엄청난 내면적 위기를 겪게 마련이다. 생각해보면 놀라운 일이지만 나는 받아들일 수 있을 정도의 혼란 외에는 경험하지 않았다. 또한 빠르게 수감자의 처지에 적응해갔다. 이것은 지난 12년 동안 복종하는 훈련을 해왔기 때문인 듯하다. 내면적으로 나는 이미 히틀러 정권 아래서 한 명의 죄수였다. 드디어 매일 결정을 내려야 한다는 중압감에서 해방되었다. 처음 몇 달 동안 예전엔 경험하지 못했던 깊은 잠에 빠지면서 훨씬 생기를 되찾았다. 마음도 느슨해졌지만 겉으로는 드러내지 않으려고 노력했다.

플렌스부르크에 도착해서 되니츠 정부의 모든 구성원을 대기실 비슷하게 생긴 방에서 다시 만나게 되었다. 우리는 주변에 옷가방과 소지품들을 늘어놓은 채, 벽에 죽 늘어선 벤치에 앉았다. 그때 우리 모습은 마치 배에 오르기를 기다리는 이민자들 같았다. 서글픈 분위기였다. 한 사람씩 바로 옆방으로 불려 들어가 죄수로 등록되었다. 적의 처분에 운명을 맡긴 새 죄수들은 분노와 모욕감에 잠겨 우울한 모습으로 돌아왔다. 내 차례가 되었을 때, 역시 당혹스러운 신체검사를 받아야만 했다. 아마도 힘러의 자살 때문인 듯했다. 그는 검 안에 독약을 숨겨두고 있었다.

되니츠, 요들과 나는 작은 정원으로 안내되었다. 위층 창에서 놀라울 정도로 많은 기관총이 우리를 겨누고 있었다. 신문 사진기자들과 영화 카메라맨들에게도 기회가 주어졌다. 나는 되도록이면 뉴스거리를 찍기 위한 이 요란한 상황에 별 신경을 쓰지 않는 듯한 태도를 보였다. 그러고 나서 우리는 대기실에 있던 다른 사람들과 함께 몇 대의 트럭에 나뉘어 빽빽이 태워졌다. 커브를 돌면서 보니 앞뒤로 30~40대가량의 무장 호위차량이 달리고 있었다. 한동안 혼자 경호원도 없이 차를 타고 다녔던 나에게는 큰 호강이 아닐 수 없었다. 공항에 도착해서는 두 대의 쌍발 화물기에 올랐다. 우리는 옷가방과 나무상자를 깔고 앉았는데, 벌써부터 '죄수' 같은 냄새가 물씬 풍겼다. 어디로 향해 가고 있는지 알 수 없었다. 오랜 세월 동안 우리는 자신의 목적지를 결정하는 것을 당연하게 여겼지만, 이제 어디로 향하고 있다는 것을 모른다는 사실에 익숙해지기 위해서는 어느 정도의 노력이 필요했다. 나에게는 평생 단 두 번의 행방을 알지 못하는 여행이 있었고 그 여행의 최종 목적지는 뉘른베르크와 슈판다우였다.

비행기는 해안지대를 지나 오랜 시간 북해 위를 날았다. 런던으로 가는 것일까? 비행기는 남쪽으로 선회했다. 지형과 도시의 생김새로 미루어 프랑스를 지나는 것 같았다. 대도시가 나타났다. 누군가 랭스라고 주장했지만 그곳은 룩셈부르크였다. 비행기가 착륙했다. 바깥에는 미군들이 두 줄로 정렬해 있었다. 그들은 기관총을 들고 좁은 간격으로 마주 보고 서 있었기 때문에 그 사이를 비집고 지나가야 했다. 이런 환영식은 갱 영화에서 범죄자들이 법정에 나가는 장면에 주로 나온다. 무개 트럭에 오르니 거친 나무 벤치들이 있었고, 경비병들이 총을 들고 기다리고 있었다. 몇 개의 마을을 지났는데, 주민들은 우리를 향해 휘파람을 불고 고함을 질렀다. 욕설을 했지만 이해할 수는 없었다. 내 수감생활의 첫 장이 시작된 것이다.

우리는 큰 건물에 도착했다. 몬도르프에 있는 팰리스 호텔이었다. 로비로 들어가니 괴링과 제3제국의 전 지도부 인사들이 안쪽에서 서성거리는 모습이 보였다. 제국의 모든 고위 계급이 다 모여 있었다. 장관, 원수, 사무장, 제국비서, 장성 들까지. 그 모두가 바람에 날리다 결국 이곳으로 모아진 쓰레기들 같았다. 모여 있는 모습은 끔찍했다. 나는 한쪽 구석으로 가서, 되도록이면 공간의 조용함 속으로 녹아들고 싶었다. 딱 한 번 케셀링과 이야기를 나누면서, 왜 히틀러의 명령이 두절된 뒤에도 다리 폭파 작업을 계속했는지 물었다. 그는 융통성 없는 군인다운 태도로 전투가 진행되는 한 다리는 폭파해야 한다고 대답했다. 총지휘관으로서 그에게는 부하들의 안전이 급선무였던 것이다.

곧 계급에 대한 논쟁이 시작되었다. 괴링은 히틀러가 초창기에 공인한 후계자였고, 되니츠는 히틀러가 최후의 순간에 지명한 국가원수이다. 그러나 제국원수로서 괴링은 가장 계급이 높은 군 장성이라고 할 수 있다. 새 수반과 버려진 후계자 사이에서는 누가 (우리와 경비병들을 제외하곤 아무도 없는) 몬도르프 팰리스 호텔에서 우선권을 가질 것인지, 누가 우두머리가 될 것인지에 대해 보이지 않는 신경전이 벌어지고 있었다. 합의점은 찾아지지 않았다. 곧 두 사람의 수장은 문 앞에서 마주치는 것을 피하게 되었고, 식당에서는 각각 다른 테이블에 앉아 자신의 무리를 이끌었다. 괴링은 특히 예전의 지위를 결코 잊는 법이 없었다. 한번은 브란트 박사가 자신이 잃은 것에 대해 언급하자 괴링이 퉁명스럽게 끼어들었다. "오! 이런, 그만 입을 다물게! 자네는 불평할 것도 없어. 어쨌든 자네가 가졌던 것들이 뭔가! 그러나 난! 나야말로…."

몬도르프로 옮겨 온 지 2주가 채 지나지 않아서 내가 다른 곳으로 이송된다는 연락을 받았다. 그때부터 미군들은 나에게 공손한 태도를 보이기 시작했다. 동료 죄수들은 마치 내가 독일 재건을 위해 부름이라도 받을 듯 지나치게 낙관적으로 해석했다. 실상 연합군이 우리의 힘을 빌리지 않고 재건 사업을 해나가기 힘들다는 생각을 누구나 하고 있었기 때문이다. 그들은 나에게 친구나 친지 들에게 안부 인사를 전해달라고 부탁했다. 호텔 입구에 차 한 대가 대기하고 있었다. 이번에는 트럭이 아니라 리무진이었고, 나의 호송병도 기관총을 든 병사가 아니라 공손하게 경례를 붙이는 중위였다. 우리는 서쪽으로 차를 몰아 랭스를 지나 파리로 향했다. 시내 중심가에서 중위가 정부 건물 앞에서 내렸고, 곧 지도와 새로운 지시 사항을 가지고 돌아왔다. 우리는 센 강을 따라 올라갔다. 혼돈스럽긴 했지만 바스티유로 향하는 것 같았다. 나는 그곳이 오래전에 폭격으로 파괴되었다는 것을 잊고 있었다. 중위는 불안해 보였다. 그는 계속 거리 이름을 살펴보았고 나는 그가 길을 잃었다는 것을 알고는 안심했다. 학교에서 배운 서툰 영어를 사용해서 길을 안내하겠다고 제안했다. 중위는 한동안 망설이더니 우리의 목적지가 베르사유에 있는 트리아농 팰리스 호텔이라고 일러주었다. 내가 잘 아는 곳이었다. 1937년, 파리 국제박람회 독일 전시관을 설계하면서 머물렀던 곳이다.

문 앞에 서 있는 화려한 차량과 의장병 들의 모습에서 이 호텔이 포로수용소가 아니라 연합군의 지휘부라는 것을 깨달았다. 사실 그곳은 아이젠하워의 지휘부였다. 중위는 안으로 들어갔고 나는 조용히 앉아서 고위 장성들이 차량으로 도착하는 모습을 지켜보았다. 오래 기다린 후, 하사관 한 사람이 나오더니 우리를 대로 아래쪽으로 인도했다. 몇 군데 잔디밭을 지나 작은 성에 도착했고, 성문은 손님을 맞으려는 듯 열려 있었다.

몇 주 동안 셰네 성에서 머물렀다. 나는 별관 3층 작은 방에 갇혀 있었다. 가구는 거칠었다. 군용 침대와 의자가 전부였다. 창은 철조망으로 막혀 있었고, 무장 경비병 한 명이 문밖을 지켰다.

다음 날 작은 궁전을 정면부터 감상할 기회가 있었다. 고목으로 둘러싸인 채, 성은 작은 공원에 자리하고 있었다. 높은 담장 너머로 베르사유 궁전의 뜰이 살짝 보이기도 했다. 섬세한 18세기 조각들이 목가적인 분위기를 연출했다. 매일 30분씩 산책이 허용되었는데, 무장 경비병이 뒤를 따랐다. 다른 수감자들과의 접촉은 금지되었지만, 며칠 지나면서 그들에 대해 조금씩 알 수 있었다. 거의 모두가 저명한 기술자, 과학자, 건축가, 철도 전문가 들이었다. 전 장관 도르프뮐러의 모습도 보였다. 비행기 설계 전문가인 하인켈 교수와 그의 조수 한 사람도 알아볼 수 있었다. 함께 일했던 사람들을 꽤 찾을 수 있었다. 이곳에서 생활한 지 일주일이 지나면서 경비병이 사라지고 혼자 산책할 수 있는 자유가 주어졌다. 단조롭고 고독한 시간이 막을 내리자 심리 상태 또한 호전되었다. 새 포로들이 도착했다. 군수부에서 일하던 다양한 계급의 관료들이었다. 그들 가운데는 프렝크와 자우어도 있었다. 우리는 독일의 과학기술에 대해 관심이 있는 미·영군의 기술 전문가들과도 이야기를 나누었다. 내 부관들과 나는 군수 기술에 대한 우리의 지식을 그들에게 제공하는 것이 바람직하다는 데 합의했다.

나는 많은 도움은 줄 수 없었다. 세부 사항에 대해서는 자우어의 지식이 훨씬 나았다. 영국의 낙하산부대 지휘관인 소령 한 사람이 드라이브에 함께 데리고 감으로써 음울한 시간에서 구출해주었을 때 나는 큰 고마움을 느꼈다.

우리는 작은 궁전 뜰과 공원들을 지나 프랑수아 1세의 아름다운 창작품 생제르맹에 도착했다. 그곳에서 센 강을 따라 파리로 향했다. 부지발에 있는 유명한 레스토랑 코크 하르디를 지나갔다. 내가 장 콕토, 블라맹크, 데스피오 등 파리의 예술가들과 어울려 많은 시간을 보낸 곳이다. 곧 샹젤리제에 도착했다. 소령은 나에게 산책을 권했지만 그의 입장을 생각해 사양했다. 나를 알아볼 사람이 얼마든지 있을 수 있기 때문이다. 콩코드 광장을 지나 우리는 센 강변으로 갔다. 사람들이 훨씬 적어서 함께 산책할 수 있었다. 생 클루를 지나 셰네 성 수용소로 돌아왔다.

며칠 뒤, 큰 버스 한 대가 뜰 앞에 서 있는 것이 보였다. 그 안에 타고 있던 '관광객'들은 우리와 함께 지내게 될 사람들이었다. 그 가운데는 샤흐트와 군수청장을 지냈던 토마스 장군도 있었다. 새로 온 포로들 중에는 독일의 강제수용소에 갇혀 있다가 남부 티롤에서 미군에 의해 풀려나 카프리로 옮겨진 후 이곳으로 온 사람들이 포함돼 있었다. 그 가운데 니묄러 목사가 있다는 소문이 돌았다. 그를 개인적으로 알지 못했지만 허약한 노인의 모습이 보였다. 백발에 검은 양복 차림이었다. 건축가 플레트너와 하인켈, 나는 그가 니묄러가 분명하다고 결론을 내렸다. 우리는 오랜 세월 강제수용소에 갇혀 있던 흔적이 역력한 그 노인에게 깊은 동정심을 느꼈다.

플레트너가 직접 가서 우리의 마음을 표했다. 그러자 노인은 바로 그의 말을 정정했다. "티센, 내 이름은 티센이라오. 니묄러는 저기 서 있는 저 사람이오." 정말 그곳에 니묄러가 서 있었다. 아직 젊고 침착해 보이는 모습으로 파이프 담배를 피우고 있었다. 그는 기나긴 수용소 생활의 고난이 어떻게 극복될 수 있는지 보여주는 놀라운 사례였다. 훗날 니묄러의 모습이 종종 떠오르곤 했다. 버스는 궁전 정원으로 들어왔고, 며칠 뒤 태우고 왔던 사람들을 태우고 사라졌다. 티센과 샤흐트만 이곳에 남았다.

아이젠하워의 지휘부가 프랑크푸르트로 옮겨질 때, 약 열 대의 미군트럭이 줄지어 나타났다. 죄수들은 나무 벤치가 있는 무개 트럭 두 대에 나눠어 탔다. 다른 트럭에는 소지품들이 실렸다. 파리 시내를 지날 때, 차가 멈춰서는 길목마다 사람들이 몰려와 욕설과 위협적인 말들을 외쳤다. 파리 동쪽 지역 풀밭에서 멈추어 오후의 휴식을 취했다. 경비병들과 죄수들이 함께 어울리는 평화로운 분위기가 연출되었다. 첫날 목적지는 하이델베르크였다. 나는 우리가 그날 밤 하이델베르크에서 묵지 않는다는 사실이 다행스러웠다. 죄수의 몸으로 고향에 돌아가는 것이 고통스러웠기 때문이다.

다음 날, 만하임에 도착했다. 도시는 생기가 없었다. 거리는 황량했고 건물들은 부서져 있었다. 독일군 사병 하나가 찢어진 군복을 입고 길가에 멍청하게 서 있었다. 수염이 덥수룩한 얼굴에 등에는 종이 상자를 지고 있다. 전형적인 패잔병의 모습이었다. 나우하임에 이르자 차는 아우토반으로 올랐다. 곧 가파른 길을 올라 크란스베르크 성에 도착했다. 내가 1939년 겨울에 재건한 성이다. 괴링이 지휘부로 사용하던 곳으로, 5킬로미터 떨어진 곳에는 히틀러의 지휘부가 있었다. 2층짜리 별관은 괴링의 수하들과 심부름꾼을 위해 증축된 곳이다. 우리는 그 별관에 짐을 풀었다.

이곳은 베르사유와는 달리 철조망이 없었다. 별관 꼭대기에서도 경치를 조망할 수 있었다. 내가 디자인했던 정교한 철문도 잠기지 않은 채 열려 있었다. 죄수들은 성 안에서 자유롭게 움직일 수 있었다. 5년 전, 나는 성 위쪽으로 90센티미터 높이의 담장에 둘러싸인 과수원을 만들었다. 우리는 그곳에서 편안히 드러누워 타누스 숲의 경관을 감상했고, 아래쪽 크란스베르크 마을에서 부드럽게 올라오는 굴뚝 연기를 바라보았다.

자유를 찾았지만 굶주리고 있을 독일 국민들에 비하면, 우리는 미군과 똑같이 배급받으며 지나치게 잘 지내고 있었다. 그러나 마을에서는 포로수용소에 대한 이야기가 떠돈다고 했다. 마을 사람들은 우리가 구타와 굶주림 속에서 고초를 겪고 있다고 믿었고, 레니 리펜슈탈이 탑의 지하실에 갇혀 있다는 소문도 돌았다. 이곳으로 이송된 까닭은 전쟁의 기술적인 부분에 대해 심문을 받기 위해서였다. 그래서 각 분야의 전문가들을 따로 모아둔 것이다. 군수부 지도부 전체와 각 부서의 지도자들, 탄약, 탱크, 자동차, 선박, 비행기, 섬유, 화학 분야의 최고 전문가들이 모여 있었다. 포르셰 교수와 같은 디자이너도 있었다. 그러나 심문은 거의 없었다. 대부분은 자신들이 아는 정보를 모두 제공하면 석방될 것으로 믿고 있었기 때문에 이를 불평하기도 했다. 베르너 폰 브라운과 그의 조수들도 며칠 동안 이곳에 머물렀다. 그와 조수들은 미국과 영국으로부터 러브콜을 받았다고 했다. 우리는 그 문제에 대해 논의했다. 러시아인들 역시 경비가 삼엄했던 가르미슈 수용소에서 부엌에서 일하는 심부름꾼을 통해 그에게 비밀리에 연락을 취해 왔다고 한다.

나머지 사람들은 아침 일찍 일어나 운동을 즐기고, 과학에 대한 강의를 하면서 무료함을 달랬다. 샤흐트가 감정을 실어 멋지게 시 낭송을 하기도 했다. 1주일에 한 번씩 쇼가 공연되었다. 우리의 처지가 주제가 될 때도 있었다. 가끔씩 그 풍자에 눈물이 날 정도로 웃었다.

어느 날 아침, 6시가 막 지나서 전 보좌관 한 사람이 나를 흔들어 깨웠다. "방금 라디오에서 뉴스를 들었습니다. 장관님이랑 샤흐트가 뉘른베르크로 가서 재판을 받는답니다." 나는 평정을 유지하려고 애썼지만 충격은 컸다. 제국 지도부의 한 사람으로서, 그 정권이 저지른 범죄에 대한 책임을 져야 한다고 믿고 있었지만, 막상 현실을 받아들이는 것은 쉽지 않았다. 언젠가 신문에 났던 뉘른베르크 형무소의 내부 사진을 보고 공포를 느꼈던 적이 있었다. 몇 주 전, 정권의 최고위 지도자 몇 명이 그곳에 수감되었다는 소식을 들었다. 나와 샤흐트는 곧 쾌적한 수용소에서 뉘른베르크 형무소로 옮겨 가게 되겠지만, 아직 몇 주의 시간이 남아 있었다.

뉘른베르크는 내가 중대 범죄로 기소될 것임을 의미했지만, 나에 대한 미군의 태도를 보면 그런 느낌이 들지 않았다. 미군들은 밝게 말했다. "곧 석방되겠죠. 모든 것이 잊힐 겁니다." 윌리엄스 병장은 재판을 견디기 위해서는 체력이 필요하다며 나의 식사량을 늘려주었다. 그리고 영국인 지휘관은 나를 태우고 드라이브에 나서기도 했다. 우리는 경비병 없이 둘이서 타누스 숲을 지나 큰 과일나무 아래 앉아 있기도, 숲을 거닐기도 했다. 그는 카슈미르에서 곰 사냥을 했던 이야기를 들려주었다.

9월의 날씨는 아름다웠다. 9월 말, 미군 지프 한 대가 정문을 통과해 들어왔다. 나를 데리러 온 것이다. 영국인 지휘관은 처음에는 나의 인도를 거절했지만 프랑크푸르트로부터 명령이 떨어지자 어쩔 수 없었다. 윌리엄스 병장은 나에게 엄청난 양의 비스킷을 챙겨주었고 더 필요한 것이 없는지 여러 번 물었다. 내가 지프에 올라 탈 무렵, 전 수감자들이 뜰에 모여들었다. 그들은 나의 안녕을 빌어주었다. 작별 인사를 건네는 영국인 지휘관의 따뜻하고 곤혹스러운 눈빛을 영영 잊을 수 없을 것이다.

34

뉘른베르크
Nürnberg

그날 저녁 나는 프랑크푸르트 인근에 위치한 악명 높은 오버우르젤 심문 수용소로 옮겨졌다. 담당 상병이 거친 조롱의 말로 인사를 대신했고, 저녁 식사는 멀건 수프에 내가 챙겨 온 영국 비스킷을 씹는 것으로 끝냈다. 아름다운 크란스베르크 성이 그리웠다. 그날 밤은 미군의 거친 고함, 불안에 떠는 대답, 비명을 들으며 보냈다. 아침에 경비병과 함께 지나가는 독일군 장성과 마주쳤다. 그의 얼굴에는 지치고 절망적인 기색이 역력했다.

마침내 우리는 캔버스천으로 덮인 트럭에 올라탔다. 다른 사람들과 빽빽하게 끼어 앉았는데, 그들 중에는 슈투트가르트 시장 슈트뢸린 박사, 헝가리 총독 호르티 제독 등의 모습이 보였다. 행선지는 알 수 없었지만 뉘른베르크가 분명했다. 도착했을 때는 이미 날이 어두워져 있었고 문은 열려 있었다. 몇 개의 감방이 이어져 있는 복도에 잠시 서 있었다. 몇 주 전 신문에서 본 것과 똑같았다. 미처 알아차리기도 전에 나는 이미 그 가운데 한 칸에 들어가 갇혀버렸다. 내 맞은편에는 괴링이 자신의 감방문에 난 틈새[1] 사이로 나를 바라보며 고개를 끄덕였다. 짚으로 된 요, 너덜하고 더러운 낡은 담요, 무표정하고 무관심한 보초병들. 4층짜리 건물 전체가 수감자로 가득 찼지만 등골이 오싹한 침묵만이 흐를 뿐이었다. 가끔 수감자가 심문을 받기 위해 나올 때, 철커덩 문이 열리는 소리만이 고요를 깰 뿐이다. 내 맞은편 방에 갇힌 괴링은 쉬지 않고 이리저리 서성거렸다. 주기적으로 그의 육중한 몸이 틈새 사이로 보였다. 곧 나도 감방 안을 걷기 시작했는데, 처음엔 앞뒤로 나중엔 공간을 최대한 활용하기 위해 원을 그리며 돌았다.

1주일 동안, 나는 불확실한 상황에 유기되어 있었다. 그런 후 변화가 왔다. 보통 사람들에겐 별것 아니겠지만 나에게는 엄청난 변화였다. 4층 햇살 밝은 방으로 옮겨진 것이다. 방도, 침구도 훨씬 좋았다. 뉘른베르크 관리를 맡고 있던 앤드러스 미군 대령이 처음으로 내 방을 방문했다. "만나서 반갑소." 그는 몬도르프 수용소 지휘관이었을 때 극히 엄격한 태도로 알려져 있었다. 그의 인사에서 약간의 조롱이 느껴진다는 생각이 들었다. 이곳에서는 독일 사람들을 볼 수 있어서 반가웠다. 요리사와 식당 당번들, 이발사 등은 독일인 전쟁포로 가운데 뽑은 자들이었다. 그들 역시 수감의 의미를 알고 있었으므로, 경비병들이 없을 때는 우리에게 친절하게 대했다. 속삭이는 말로 신문기사 내용을 알려주었고 격려와 용기를 북돋워주는 말도 잊지 않았다.

감방 안 높다랗게 달린 창을 열면 상체를 비출 수 있을 정도의 햇살이 들어왔다. 나는 빛이 기울어 사라질 때가지 바닥에 담요를 깔고 자세를 바꾸어가며 햇빛을 쏘였다. 전등도 책도 신문도 없었다. 나는 완벽히 홀로 남겨졌고 외부의 도움 없이 내 안에서 싹트고 있는 우울과 싸워야 했다.

자우켈이 종종 내 방 앞을 지났다. 그는 나를 볼 때마다 인상을 썼고 우울한 표정과 당황하는 모습이었다. 마침내 내 감방문이 열렸다. 미군 병사 한 사람이 나를 기다리고 있었다. 그의 손에는 내 이름과 심문 장교의 방이 적힌 메모지가 있었다. 우리는 뜰을 지나고 계단을 걸어 내려가 "뉘른베르크 정의의 법정"에 도착했다. 가는 길에 심문을 받고 나오는 풍크와 마주쳤다. 지치고 풀 죽은 모습이었다. 우리가 베를린에서 마지막 만남을 가졌을 때는 둘 다 자유의 몸이었다. "이렇게 또 만나는군요!" 그는 지나가면서 소리쳤다. 타이를 매지 않고 구겨진 양복 차림에 누르스름하고 건강하지 못해 보이는 안색을 한 그의 모습에서, 내 모습도 비슷하리라는 것을 유추할 수 있었다. 여러 주 동안 거울을 보지 못했고, 앞으로 여러 해 동안 비슷한 상황일 것이다. 지나다 보니 몇 명의 미군장교 앞에 서 있는 카이텔이 보였다. 그 역시 충격적일 정도로 초췌했다.

젊은 미군장교가 나를 기다리고 있었다. 그는 친절하게 의자를 권했고 여러 가지 사안에 대해 설명을 요구했다. 분명 자우켈은 외국인 노동자 이송과 관련해 나를 책임자로 거론해서 곤란함을 회피했을 것이다. 미군 장교는 호의적이었고 자신의 판단에 따라 객관적인 진술서를 작성했다. 나는 마음이 놓였다. 몬도르프를 떠난 이후 "자리에 없는 사람에게 죄를 씌우는" 행위에 대해 여러 번 들었었기 때문이다.

곧 나는 토머스 도드 부장 검사에게 보내졌다. 그의 질문은 날카롭고 공격적이었으며 우리는 여러 번 충돌했다. 나는 비겁해지고 싶지 않아 숨김없이 솔직하게 대답했다. 앞으로 있을 변호를 그다지 고려하지 않았고 정상참작에 도움이 될 수 있는 세부적인 내용들을 일부러 무시했다. 감방에 돌아오자 '꼼짝없이 올가미에 걸렸다'는 생각이 들기 시작했다. 이 진술이 내 혐의의 핵심 내용이 되었다.

하지만 동시에 심문으로 인해 일종의 쾌활함을 되찾을 수 있었다. 변명을 하지 않고 꾀부리지 않은 행동은 올바른 것이라고 나는 믿었고, 지금도 믿고 있다. 불안 속에서, 그러나 단호한 심정으로, 미리 통지된 다음 심문을 기다렸다. 그러나 나는 불려 가지 않았다. 이유는 잘 모르겠지만, 아마도 검사는 나의 솔직함을 좋게 평가한 듯했다. 그 뒤로 소련 장교들이 몇 번의 예의 바른 심문을 했는데, 화장을 짙게 한 속기사가 배석했다. 그들의 모습은 그때까지 가지고 있던 소련군에 대한 정형화된 이미지를 완전히 깨는 것이었다. 내 대답이 끝나면 그들은 어김없이 고개를 끄덕이며 "타크, 타크"라고 말했다. 그 말이 "그렇군요, 그래서요"라는 뜻임을 곧 알게 되었다. 하루는 소련군 대령이 물었다. "하지만 당신은 히틀러의 『나의 투쟁』을 읽지 않았소?" 책장을 죽 넘겨본 것이 전부였다. 히틀러가 이미 내용이 뒤떨어진 책이라고 말한데다가 읽기 어려웠기 때문이다. 내가 읽지 않았다고 말하자 대령은 큰 소리를 내며 웃었다. 모욕감을 느낀 나는 대답을 취소하고 읽었다고 답변을 수정했다. 그 책을 읽지 않았다는 말을 아무도 믿지 않을 것이기 때문이었다. 그러나 재판 과정 내내 이 거짓말이 나를 괴롭혔다. 반대 심문에서 소련 측 검사는 내가 스스로 한 말을 번복했다는 사실을 물고 늘어졌다. 진실만을 말하겠다고 선서했지만, 그 심문에서 거짓을 말했음을 인정해야 했다.

10월 말, 피고들이 아래층으로 옮겨졌다. 다른 수감자들은 모두 떠난 후였기에 건물 안에는 기괴스러운 고요가 흘렀다. 스물한 명의 피고만이 재판을 기다리고 있었다.*

영국에서 루돌프 헤스가 이송되어 왔다. 청회색 코트 차림에 두 사람의 병사 사이에서 손에 수갑을 찬 모습에 멍하면서도 고집스러운 얼굴이었다. 여러 해 동안, 나는 육중한 제복을 입은 그들의 모습에 익숙해져 있었다. 그들의 옷은 지나치게 권위적이거나 화려하고 값비싸 보였다. 이제는 모든 장면들이 비현실적이었다. 가끔 나는 꿈을 꾸는 것 아닌가 하는 생각을 했다.

그럼에도 우리는 이미 죄수들처럼 행동하고 있었다. 예를 들어, 그들이 제국원수나 육군원수, 해군제독, 장관, 사무장이었던 시절에는 미군 심리학자가 실시하는 지능 테스트를 받게 되리라고 상상이라도 했을까? 이제 모두가 저항하기는커녕, 최고의 성적을 내서 자신의 능력을 확인하려고 애쓰고 있었다.

---

* 스물두 번째 피고인 보어만은 궐석재판을 받았다. 로베르트 라이는 재판이 시작되기 전에 자살했다.

놀랍게도 기억력, 순발력, 상상력 등을 평가한 시험의 최고점자는 샤흐트였다. 지능 테스트는 나이가 들수록 가산점을 주기 때문에 그가 1위를 기록했다. 자이스-인크바르트가 모든 사람을 깜짝 놀라게 하며 실질적인 점수에서 최고치를 기록했다. 괴링 역시 가장 뛰어난 부류에 속했다. 나는 중간 정도였다.

우리가 개별 수감된 며칠 뒤, 장교 몇 명으로 구성된 위원회가 우리 동의 죽음 같은 고요를 깨고 나타났다. 그들은 감방들을 개별 방문하기 시작했다. 몇 마디씩 말을 주고받는 소리가 들렸지만 무슨 말인지 알아들을 수는 없었다. 드디어 내 방문이 열리더니 프린트된 기소장이 조용히 건네졌다. 예비 심문이 끝나고 본격적인 재판이 시작된 것이다. 나는 단순하게 각자 다른 내용으로 기소될 것이라고 믿었지만, 이제 우리는 하나의 실체로 기소당했고, 그 내용은 기소장에 적힌 대로 극악무도한 범죄였다. 기소장을 다 읽고 나니 절망이 나를 짓눌렀다. 그러나 절망 속에서도 나에게 일어난 일과 나의 역할에 대해, 재판 과정에서 어떤 입장을 고수할 것인지 판단이 섰다. 나의 운명을 그다지 중한 것으로 여기지 말자, 목숨을 건지기 위해 애쓰지 말자, 집단 책임을 피하지 말자. 내 변호사의 반대와 재판 과정의 모든 고통에도 불구하고 나의 결심은 흔들리지 않았다.

기소장을 받은 후 혼란을 느끼며, 아내에게 편지를 썼다.

> 이제 내 삶은 끝난 것으로 여겨야 할 듯해요. 그렇게 해야만, 적절한 방법으로 이 모든 것을 마무리지을 수 있을 것 같소. 나는 여기에 한 개인이 아닌 독일제국의 장관으로 서 있소. 나에게는 가족을 돌보거나 자신을 돌볼 수 있는 권리가 없소. 지금의 유일한 소망은 내가 스스로의 입장을 지킬 수 있을 만큼 강해지는 것이오. 이상하게 들릴지 모르겠지만, 모든 희망을 포기하는 순간 유쾌해지고, 기회가 있다고 생각하면 불안과 두려움이 엄습한다오. 아마도 내가 굳은 결심을 한다면 다시 한 번 독

일 국민을 도울 수 있을 것 같아요. 아마도 그렇게 해야만 하겠지…. 그렇게 할 사람이 여기에는 그리 많지 않소.*

이와 함께 형무소의 심리학자인 길버트가 방마다 기소장 복사본을 가지고 다니며, 피고들에게 하고 싶은 말을 쓸 기회를 주고 있었다. 다른 동료 피고들이 쓴 회피적이고 거드름 피는 진술이 보였다. 나의 코멘트를 적는 순간 길버트는 깜짝 놀랐다. "재판은 필요하다. 비록 독재 체제였지만, 그토록 끔찍한 범죄 행위에 대해 공동의 책임을 져야만 한다."

이 견해를 열 달간의 재판 과정 동안 고수한 것을 지금도 나의 내면에서 우러난 최대한의 용기라고 믿는다.

기소장과 함께 우리는 독일인 변호사들의 이름이 적힌 긴 리스트도 받았다. 특별히 따로 생각해둔 변호사가 없다면, 우리는 직급에 따라 변호사를 선택할 수 있었다. 정신을 집중해 읽어보아도 아는 이름을 발견할 수는 없었다. 모르는 사람들뿐이다. 그래서 나는 법정에 선택권을 맡겼다. 며칠 뒤 '정의의 법정' 1층으로 내려가보니, 테이블 한쪽에 두꺼운 안경을 쓴 호리호리한 저음의 남자가 자리에서 일어서는 것이 보였다. "동의하신다면, 제가 변호를 맡게 될 것 같습니다. 베를린에서 온 한스 플레흐스너라고 합니

---

* 1945년 10월 17일, 아내에게 보낸 편지. 이후에도 이 문제에 대해서 나는 아내에게 편지를 쓰곤 했다. 1945년 12월 15일 편지 내용이다. "난 이제 어쩔 수 없이 재판정에 서야 하오. 독일 국민의 운명을 생각하면, 내 가족에 대해 걱정하는 것은 지나친 일인 것 같소." 다음은 1946년 3월에 쓴 편지 내용이다. "나는 이곳에서 값싼 변명을 견딜 수 없소. 당신은 날 이해해주리라 믿어요. 만일 내가 수백만 독일 국민이 헛된 이상으로 큰 고통을 겪었음을 잊는다면, 결국 당신과 아이들은 나를 수치스러워 하게 될 것이기 때문이오." 1946년 4월 25일 부모님께 쓴 편지다. "제가 자신을 위해 싸우고 있다는 생각에 위안을 얻지 마십시오. 우리는 모두 순풍을 타게 되리라는 기대 없이 자신이 했던 일에 책임을 져야 합니다."

다.” 다정한 눈빛의 겸손한 태도였다. 기소에 대해 여러 가지 세부 사항을 논의하면서 그가 지각 있고 과장하지 않는 태도를 보인다는 것을 알았다. 마지막으로 그는 나에게 서류 양식 하나를 건네주었다. “이걸 가지고 계십시오. 저를 변호사로 선택하실지 생각해보세요.” 나는 그 자리에서 서명했고 그 선택을 후회하지 않았다. 재판을 하는 동안 플레흐스너는 신중하고 기민했다. 하지만 더욱 중요한 것은 10개월의 재판 과정 동안 우리는 많은 부분 마음이 통했고 우리의 관계가 진정한 우정으로 발전해 오늘날까지도 이어지고 있다는 사실이다.

초기 심문 때에는 피고의 외부 접촉이 차단되었지만, 이젠 분위기가 느슨해져서 사람들과 함께 마당을 거닐며 감시자 없이 이야기를 나눌 수 있었다. 재판, 기소, 국제사법재판소의 효력, 불명예에 관한 마음 깊은 분노에 대해, 그들의 의견에 대해 마당을 돌며 듣고 또 들었다. 스무 명의 피고인들 가운데 나와 입장을 같이하는 이는 한스 프리체 한 사람뿐이었다. 그와 함께 책임의 원칙에 대해 구체적으로 의논해볼 수 있었다. 시간이 흐른 후에는 자이스-인크바르트도 내 생각을 이해하는 듯했다. 다른 사람들과는 논의 자체가 불필요한 시간 낭비였다. 우리는 다른 언어를 사용하고 있었다.

다른 문제에 대해서도 우리는 모두 의견을 달리했다. 재판에서 히틀러의 통치를 어떤 시각으로 해석할 것인가가 중요한 문제였다. 괴링은 히틀러 정권의 일부 행위에 대한 입장 표명을 삼갔지만, 히틀러에 대한 역성을 들고 나섰고 우리의 유일한 희망은 이 재판을 기회로 히틀러 정권에 대한 긍정적인 전설을 만들어내는 것이라고 주장했다. 그런 식으로 독일 국민을 기만하는 것은 옳지 않다는 생각이 들었다. 또한 그것은 국가 전체가 미래로 나아가는 것을 어렵게 하는 위험한 발상이었다. 오로지 진실만이 과거로부터 고리를 끊게 해준다.

승리한 적이 분명히 자신을 죽일 것이라고 생각했지만, 50년만 지나면 그의 시신은 대리관에 뉘어지고 국가 영웅 또는 순교자로 국민의 추앙을 받게 될 것이라고 생각하는 모습에서, 나는 괴링의 진실한 동기를 통찰할 수 있었다. 대부분의 수감자들이 비슷한 꿈을 꾸고 있었다. 다른 문제에 대해서는 괴링의 주장이 그다지 효용을 발휘하지 못했다. 우리는 모두 같은 운명이고 모두가 사형선고를 받을 것이며 예외는 없다고 그는 말했다. 변호를 위해 애를 쓰는 것도 소용없는 짓이라는 주장이었다. 나는 이렇게 말했다. "괴링은 대규모 수행원들을 이끌고 발할에 가고 싶어 안달이군." 하지만 나중에 확인한 바지만, 괴링은 그 어느 누구보다 열성적으로 자신의 변호에 힘을 쏟았다.

몬도르프와 뉘른베르크에서 괴링은 마약 중독을 체계적으로 치료받았기 때문에, 어느 때보다 건강한 모습이었다. 그는 놀라울 정도로 에너지에 차 있었고, 피고인들 가운데 가장 강단 있는 성격을 휘둘렀다. 나는 그 모습이 너무도 안타까웠다. 전쟁이 일어나기 수개월 전, 혹은 전쟁이 고비를 겪던 중차대한 시기에 괴링이 이처럼 강한 모습을 보인 적이 없었기 때문이다. 그랬다면 괴링은 권위와 인기에서 히틀러가 무시할 수 없는 유일한 존재가 되었을 것이다. 사실 괴링은 우리 앞에 와 있는 파멸을 볼 수 있었던 몇 안 되는 사람 가운데 하나였다. 그러나 국가를 구하는 것이 가능했던 시기에 그 기회를 내던져버렸던 그가, 이제 되찾은 강인함을 이용해 국민을 눈가림하는 것은 더욱 터무니없고 지독한 범죄처럼 보였다. 겉으로 드러난 그의 모든 입장은 속임수였다. 한번은 수용소 마당에서 헝가리 유대인 생존자들에 관한 이야기가 나온 일이 있었다. 괴링은 차디찬 음성으로 말했다. "그래, 아직도 살아남은 자들이 있다는 얘긴가? 모두 씨를 말린 줄 알았는데, 빠져나온 놈들이 있구먼." 그 말에 나는 소스라치게 놀랐다.

히틀러 정권의 전체적인 책임을 받아들이겠다는 나의 맹세는 심각한 심리적 위기를 수반하는 일이었다. 위기에서 빠져나오는 길은 자살을 통해 재판을 피하는 것뿐이었다. 한번은 수건을 이용해서 아픈 쪽 다리를 묶어 정맥염을 유발하려고 했다. 또 시가에서 추출된 니코틴도 부서지고 물에 녹으면 치명적이라는 크란스베르크에서 있었던 과학 강연 내용을 기억해내, 오랫동안 부서진 시가를 주머니 깊숙이 넣고 있기도 했다. 그러나 의도에서 행동으로 이르는 길은 멀고도 멀었다.

일요일마다 있었던 예배가 큰 힘이 되어주었다. 크란스베르크에 머물 때만 해도 나는 예배 참석을 거부했다. 약해 보이고 싶지 않았던 것이다. 그러나 뉘른베르크에서는 그러한 젠체하는 감정을 모두 버렸다. 상황의 압박감이 나를 비롯해 헤스와 로젠베르크, 슐라이허를 제외한 대부분의 피고들을 작은 예배당으로 이끌었다.

우리의 의복은 따로 보관되어 있었다. 수감생활을 하는 동안 미군은 검게 염색된 개버딘 작업복을 지급했다. 의복 담당관이 감방을 찾아왔다. 어떤 옷을 세탁해서 재판에 입고 나갈지 선택할 권리가 주어졌다. 소매 단추까지 담당관과 의논해서 결정했다.

1945년 9월 19일, 앤드러스 대령의 조사를 마지막으로 우리는 조용히 비어 있는 법정으로 들어갔다. 각각 한 사람의 경호원이 따랐고 소매 커프스는 할 수 없었다. 좌석은 미리 정해져 있었다. 제일 상석에 괴링, 헤스, 리벤트로프가 앉았다. 나는 뒷줄 끝에서 세 번째 자리였다. 내 오른쪽에는 자이스-인크바르트, 왼쪽에는 폰 노이라트였다. 마음에 드는 배치였다. 슈트라이허와 풍크는 내 바로 앞쪽이다.

나는 재판이 시작된 것이 기뻤다. 모든 피고는 같은 바람이었다. 이 모든 것이 어서 끝났으면!

재판은 미군 측 검사인 로버트 H. 잭슨 대법관의 웅장하고 위협적인 연설로 시작되었다. 하지만 연설 도중, 히틀러 정권의 범죄에 대해 독일 국민이 아니라 피고들을 기소한다는 한 문장이 나를 안도케 했다. 이러한 논리는 내가 바라던 것과 완전히 일치했고 재판의 결과에 부차적인 영향을 미칠 것 같았다. 즉, 전쟁 도중 선전에 의해 추동되고, 각종 범죄 행위가 드러나면서 극에 달했던 독일 국민을 향한 증오심이 우리 피고들 쪽으로 방향을 돌리게 된 것이다. 현대의 전쟁에서는 정부의 최고위 지도부가 그 결과에 따른 책임을 져야 한다. 그 이유를 정확히 따지자면 그들은 이전까지 어떤 위험도 감수하지 않았기 때문이다.* 담당 변호사는 우리가 져야 할 책임에 한계선을 긋고자 했지만, 그에게 보낸 편지에서 나는 전체적인 틀 안에서 보면 나의 이익을 위해 우리가 논의하고 있는 모든 것이 그리 중요하지 않으며 오히려 우스꽝스럽게 보인다는 생각을 명확히했다.

여러 달 동안, 자료와 진술서가 쌓여갔다. 이것은 범죄가 저질러졌음을 입증하기 위한 것들이고 그 가운데 어떤 것에 특정 피고가 연관되어 있는지는 고려되지 않는다. 끔찍한 일이었지만, 재판이 진행될수록 우리의 신경이 점점 무뎌졌기 때문에 견딜 만해졌다. 지금도 그때 본 사진과 서류, 명령서들이 계속 떠오른다. 너무도 참혹해서 믿기 힘들었지만 그 어떤 피고도 진실성에 의심을 품지는 않았다.

매일 일상이 되풀이되었다. 아침부터 정오까지는 재판이 있었다. 그 다음에 식사를 하러 정의의 법정 위층으로 올라간다. 2시에서 5시까지 오후 재판이 진행되고, 감방으로 돌아와 얼른 옷을 갈아입고 정장을 다림질하는 곳으로 보내진다. 저녁을 먹은 후에는 피고 변호를 위한 회의실로 가서 밤 10시 정도까지 변호사와 재판 과정에 대해 의논하고, 차후 변론을 위해 필요한 사항을 메모한다. 그러고 나면 지친 몸으로 감방에 돌아와 바로 곯아떨어진다. 토요일과 일요일에는 재판이 열리지 않았지만, 변호사와의 회의는 더 오랜 시간 계속되었다. 마당 산책을 30분 이상 하기도 어려운 날들이었다.

---

* 1945년 12월 21일, 아내에게 쓴 편지. "내가 만일 군수징관이 아니었다면 일반 군인이었을 거요. 그랬다면 어땠겠소? 전쟁은 5년 동안 계속되었소. 긴 시간이었지. 나는 더 극심한 괴로움과 가혹한 운명을 견뎌야 했을 거요. 나는 지금 상황을 감사히 받아들이겠소. 이것으로 독일 국민을 위해 무언가 할 수 있다면 말이오." 1946년 8월 7일, 아내에게 쓴 편지. "지금과 같은 상황에서 자신만의 목숨에 연연해서는 안 되오. 전쟁에 나간 군인은 생명의 위협을 무릅써야 했고, 다른 선택의 여지는 없었소."

우리가 같은 처지에 처해 있음에도 불구하고, 피고들 사이의 연대는 좀처럼 이루어지지 않았다. 우리는 몇 개의 그룹으로 나뉘었다. 일례로 "장군들의 정원"이 별도로 만들어졌다. 낮은 울타리로 나머지 수용소 마당과 구분되는 가로 6미터, 세로 6미터에 불과한 좁은 구역이었다. 너무 비좁아 불편했지만 군부 인사들은 그곳에 따로 모여 터벅터벅 걷곤 했다. 우리 민간인들은 이 구분을 존중했다. 점심식사를 위해 형무소 측에서 몇 개의 방을 임의대로 사용할 수 있도록 해주었고, 나의 식사 파트너는 프리체와 풍크, 시라흐 등이었다.**

그러는 동안 우리는 다시 희망을 품게 되었다. 전체적인 기소에 이어, 각 피고에 대한 세부적인 기소가 따로 이루어짐으로 인해 목숨을 건질 가능성이 높아졌기 때문이다. 여기에는 분명한 구분이 있었다. 우리에게 가해진 혐의 내용이 비교적 가벼운 것들이었기 때문에 프리체와 나는 가벼운 형량을 받을 수도 있었다.

그러나 법정에서 대면하는 얼굴들은 적의와 차가운 도그마가 가득했다. 예외가 있다면 통역사들의 부스다. 그곳이라면 친근한 끄덕임 정도는 기대할 수 있었다. 영국과 미국의 검사들 가운데서도, 역시 일종의 연민을 느끼는 듯한 이들이 있었다. 그러나 언론에서 우리가 받을 형벌에 대해 경쟁적으로 예측 기사를 내놓기 시작하면서 나는 다시 위축되었다. 교수형 후보자 명단에 가끔 우리 이름이 오르기도 했다.

변호의 마지막 준비를 위해 며칠 공백을 둔 후 '반격'이 시작되었다. 몇몇 피고들은 여기에 큰 희망을 걸었다. 괴링이 증인석에 서기 전에 그는 풍크

** 교소도 심리학자 G. M. 길버트는 저서 『뉘른베르크 일기』(뉴욕, 1947), 158쪽에서, 감옥 측은 "괴링이 다른 피고들을 해치지 못하도록 하기 위해 수감자들을 그룹별로 분리했다"고 밝히고 있다.

와 자우켈 등에게 모든 책임을 자신이 지고 그들을 책임에서 벗어나게 해주겠다고 약속했다. 초기 진술에서 괴링은 어느 정도의 용기를 보였고 이 약속을 지켜나갔다. 그러나 진술이 후반부로 접어들면서 세부 사항에 대한 질문이 이어지자 그의 약속을 믿고 있던 이들의 얼굴에서 실망의 기색이 역력해졌다. 괴링이 자신의 책임을 하나씩 부인하기 시작했던 것이다.

괴링과의 싸움에서 잭슨 검사는 예측불능의 상황을 자주 연출했다. 그의 두툼한 가방에서 계속 새로운 자료들이 튀어나왔다. 그러나 괴링은 적이 그 문서의 본질을 알지 못한다는 점을 악용했다. 마지막에 가서 괴링은 회피, 교란작전, 부인 등의 방법을 사용하며 목숨을 건지기 위한 필사적인 싸움을 계속했다.

다음 피고로 나선 리벤트로프와 카이텔 역시 이와 다르지 않았다. 그들도 모든 책임을 회피했다. 자신의 서명이 들어 있는 서류가 제시되면 무조건 히틀러의 명령이었다고 설명했다. 너무 화가 치밀었던 나는 불쑥 "엄청난 월급을 받는 우편 배달부들"이라고 외쳤고, 이 말은 나중에 전 세계 신문을 장식했다. 지금 생각하면 그들의 주장도 틀린 것이 아니었다. 그 사람들은 히틀러의 명령을 전달하는 것 이상의 역할을 하지 못했다. 반면 로젠베르크는 용기와 일관성을 보여주었다. 그의 변호사가 계속 이데올로기를 버리도록 설득했지만 소용이 없었다. 히틀러의 변호사였고 훗날 폴란드 총독에 임명되었던 한스 프랑크 역시 자신의 책임을 인정했다. 풍크는 논리적이고 능숙하게 진술했고, 나는 그에게 연민을 느꼈다. 샤흐트의 변호사는 모든 수사학적인 기술을 동원해 자신의 피고를 반역적인 모사꾼의 혐의에서 벗어날 수 있도록 노력했지만, 그의 노력은 면책의 증거를 강화시키기보다는 약화시키는 결과를 초래하고 말았다. 되니츠는 자신과 잠수함을 위해서 열심히 싸웠다. 그의 변호사가 미국의 태평양 함대 지휘관인 니미츠 제독의 진술서를 제시했을 때는 대단히 만족한 듯했다. 자신도 독일 해군 지도부와 똑같은 원칙으로 잠수함전을 이행했다는 내용이었다. 라에더는 객관성이 돋보였고, 자우켈의 간단명료함은 안쓰러웠다. 요들의 정확하고 냉철한 변호는 강한 설득력을 발휘했다. 그는 상황을 통제하는 것처럼 보이는 몇 안 되는 사람 가운데 하나였다.

피고 진술은 좌석 배치 순서대로 이루어졌다. 옆자리에 앉았던 자이스-인크바르트가 증인석에 올라서자 내 불안감은 점점 커졌다. 변호사였던 자이스-인크바르트는 자신의 처지에 대해 아무런 환상도 가지고 있지 않았다. 그는 노동자 이송과 인질의 총살에 직접적으로 관여했다고 말했다. 그는 자신을 통제하는 듯했고 일어난 일에 대해서 책임을 지겠다는 결론으로 진술을 마무리했다. 교수형을 결정짓게 한 그 진술을 마친 며칠 후, 그때까지 러시아에서 행방불명 된 것으로 알려져 있던 그의 아들에 대한 다행스러운 소식이 전해졌다.

증인석에 올라서자 무대 공포증이 엄습했다. 나는 급히 독일인 의사가 미리 준비해준 안정제를 삼켰다. 내 앞에는 열 걸음 정도 떨어져 플레흐스너가 피고 변호인석에 서 있었다. 내 왼쪽으로 높은 단상에 판사들이 자리했다.

플레흐스너는 그의 두꺼운 원고를 열었다. 질의와 응답이 시작되었다. 진술을 시작하면서 나는 말했다. "만일 히틀러에게 친구가 있었다면 나는 분명 절친한 친구 중 한 사람이었을 겁니다." 이 말을 통해 나는 지금까지 검찰도 생각해보지 않은 부분을 설명하려고 했다. 제시된 자료에 관한 세부 사항들이 오랫동안 논의되었다. 나는 오해를 바로잡았지만, 사과하거나 회피하는 말투는 쓰지 않았다.* 짤막한 문장으로 나는 히틀러의 명령을

---

* 법정에서 나는 강제노동 프로그램에 대한 책임을 인정했다. "나는 자우켈이 노동력을 제공해준 것에 고마운 마음을 가졌습니다. 그리고 간혹 군수품 생산이 할당량을 채우지 못했을 때는 자우켈을 탓했습니다. … 물론 나는 외국인 노동자들이 군수 공장에서 일하고 있다는 것을 알고 있었고 여기에 동의했습니다. … 독일의 점령지에서 (강제로) 노동력을 충당한다는 자우켈의 노동 정책을 내가 용인했다는 사실은 이미 분명히 밝혔습니다. 노동자들은 대부분 자기 의지와 상관없이 끌려 왔고, 나는 그 정책에 반대하지 않았습니다. 오히려 1942년 가을부터 최대한 많은 노동자를 독일로 이송해 오려고 노력했습니다."

이행한 책임을 인정했다. 나는 모든 정부의 명령을 하부 조직에 전달하는 자리에 있었다. 그러나 모든 지도부 인사는 받은 명령을 검증하고 판단해야 하며, 그 명령에 대한 공동 책임을 진다. 비록 그것이 강제로 수행된 것이라도 말이다.

내가 중요하게 생각하는 것은 1942년 이후 행해진 모든 정책은, 어디에서 누구에게 행해진 것이든, 히틀러의 범죄 행위도 포함해서 지도부가 집단적인 책임을 져야 한다는 것이었다. "정치인에게는 개별적인 책임이 있습니다."

> 명령 이행에 대해 정치인은 책임을 져야 합니다. 그러나 이를 넘어서서 자신이 정권의 지도부 가운데 한 사람이었다는 데서 발생하는 집단적인 책임이 있습니다. 국가의 통치자를 둘러싼 측근 인사들이 아니라면, 누가 이 일련의 사태를 책임져야 합니까? 그러나 집단적인 책임은 세부적인 사항이 아니라 근원적인 문제에만 적용되어야 합니다. 아무리 독재 체제라 하더라도 지도자들의 집단 책임은 존재합니다. 참사가 일어난 마당에 그 누구도 이 책임을 회피해선 안 됩니다. 만일 전쟁에서 승리했다면, 정권의 지도부는 분명 집단 책임을 열렬히 옹호하고 나섰을 것입니다. 정권의 수장이 독일 국민과 세계 시민에 대한 책임을 회피해버린 이상 저에게 그 의무가 있습니다.[2]

나는 열성적인 태도로 자이스-인크바르트에게 주장했다.

> 상황이 바뀌었다고 생각해보십시오. 만일 전쟁에 이겼다면 우리 모두는 어땠을까요? 모두가 자신의 이익을 찾고 공을 주장하기 위해 나서는 모습이 눈에 훤히 보이지 않습니까? 지금은 그 반대입니다. 화려한 장식과 훈장과 선물 대신 사형 선고가

모두에게 나누어지는 것입니다.

지난 몇 주 동안 플레흐스너는 군수부와 관련 없이 발생한 일에 대한 책임에서 나를 벗어나게 하기 위해 노력했지만 별 소용이 없었다. 그는 나의 태도가 치명적인 결과를 초래할 것이라고 말했다. 그러나 책임을 인정한 후 내 영혼은 훨씬 편안해졌다. 내가 그 길을 비켜가려고 하지 않았다는 것이 기쁘다. 이 문제를 명확히 정리한 후에야 나의 두 번째 진술, 즉 전쟁 말기에 일어난 일들을 설명할 수 있을 것으로 믿었다. 독일 국민을 위해서는 전쟁 말기의 자료를 공개하는 것이 중요했다. 만일 그들이 패전 후 자신들의 삶의 기반이 될 수 있었던 모든 것을 파괴하려는 히틀러의 의도를 알게 된다면, 과거로부터 등을 돌리는 데 도움이 될 것이다.* 히틀러를 신격화하는 의도에 완전히 배치될 수 있는 자료들이 있었다. 그러나 나의 생각은 괴링과 다른 피고들의 강한 반대에 부딪혔다.[3]

법정에서 히틀러 암살 계획을 언급했다. 그의 초토화 정책이 얼마나 위험한 것인지 알리고 싶었기 때문이다. 나는 말했다. "자세한 이야기는 하고 싶지 않습니다." 판사들은 머리를 맞댔다. 재판장이 나를 돌아보았다. "우리는 자세한 이야기를 듣고 싶군요." 과장처럼 들릴까 봐 걱정되어 자세한 내막을 밝히고 싶지 않았지만, 주저하며 이야기를 했다. 암살 계획에 대한 진술을 최후 변론에서 제외하겠다는 변호사의 의견에 합의했다.[4]

우리는 정해진 심문 자료로 다시 돌아왔고 내 증언의 결론 부분은 빠른 속도로 전쟁 말기 부분을 정리했다. 특혜를 받고자 하는 인상을 주지 않기 위해 의식적으로 내 발언을 설명했다. "정책에 반하는 것이 그렇게

---

* 1946년 6월, 아내에게 보낸 편지. "나에게 가장 중요한 것은 내가 최후의 순간에 대해 진실을 말할 수 있느냐 하는 것이오. 그것은 독일 국민이 꼭 알아야 할 내용이라오." 8월 중순에 보낸 편지. "내가 우리 국민을 도울 수 있는 최선의 길은 전체적인 광기에 대해 진실을 말하는 것뿐이오. 물론 나에게 이로울 것도 도움을 받고자 하는 마음도 없소."

위험했던 것은 아닙니다. 1945년 1월부터 시작해, 독일 내에서는 공식적인 정책에 반대되는 행위가 가능해졌습니다. 지각 있는 사람들은 그러한 조치를 환영했습니다. 관련자들은 우리의 명령이 (혹은 반대 명령이) 무엇을 의미하는지 알았을 것입니다. 연륜 있는 당 지도부라도 그 시기에는 국익의 편에 섰습니다. 우리는 힘을 모아 히틀러의 광기 어린 명령들을 많은 부분 차단할 수 있었습니다."

플레흐스너는 안도의 모습을 보이며 그의 원고를 정리해 변호사석으로 돌아갔다. 미국인 대법관 잭슨 판사가 심문인 자리에 섰다. 그것은 놀라운 일이 아니었다. 전날 저녁, 미국인 장교 한 사람이 급하게 내 감방을 찾아와 잭슨이 직접 나를 반대 심문할 것이라고 알려주었기 때문이다. 평상시 태도와는 달리 잭슨은 조용하게 심문을 시작했다. 거의 자비로운 음성이었다. 그는 자료와 질문을 통해 내가 수백만 명을 동원한 강제노동에 대해 집단 책임을 인정한다는 것을 확인한 후, 호의적인 태도로 증언의 두 번째 부분으로 넘어갔다. 그는 내가 히틀러의 면전에서 전쟁에 졌음을 선언할 용기를 가진 유일한 사람이었다고 말했다. 나는 끼어들어 구데리안과 요들을 비롯해 많은 군 지휘관들 역시 히틀러에게 도전했다고 보충했다. 그가 추가 질문을 했을 때 "그럼 증언 외에 추가의 음모가 있었다는 말인가요?" 나는 약간 얼버무리는 대답을 했다. "그 당시에는 음모를 짜는 것이 어렵지 않았습니다. 거리에서 만나는 누구나 끌어들일 수 있었을 겁니다. 누군가에게 시국에 대해 묻는다면, '다들 미쳐 날뛰고 있소'라고 대답했을 겁니다. 그리고 만일 용기가 있다면, 자신이 도울 일이 없는지 제안했을 겁니다. 지금 생각하는 것처럼 그렇게 위험한 일이 아니었습니다. 제정신이 아닌 사람이 단지 몇십 명 있었고, 다른 800만 명은 상황 파악을 하기 시작하면서 지극히 합리적이었습니다."[5]

소련 측 검사 대표인 라진스키 장군의 반대 심문이 있고 난 후—통역 미숙으로 그의 질문 내용은 거의 알아들을 수 없었다—플레흐스너가 한 번 더 앞으로 나왔다. 그는 열두 명의 증인들이 기록한 한 뭉치의 성명서를 배포했다. 그것으로 나의 변론은 마무리되었다. 수 시간째 지독한 위통이 엄습하고 있었다. 감방으로 돌아온 나는 육체적 고통과 정신적 피로감으로 침상에 몸을 던졌다.

35

판결
Folgerungen

마지막으로 검사들이 앞으로 나왔다. 그들의 최종 발언으로 재판은 끝난다. 우리에게도 최후 진술만이 남아 있었다. 지금부터의 발언은 라디오로 방송되기 때문에 특별히 중요했다. 독일 국민에게 연설을 할 수 있는 마지막 기회일 뿐만 아니라, 책임을 인정하고 과거를 정면으로 직시하면서 우리가 잘못된 길로 인도되어 파국에 빠졌음을 전 국민에게 알릴 수 있는 마지막 기회이기도 했다.[1]

9개월간의 재판은 우리를 변화시켰다. 자신을 합리화하기 위한 공격적인 단호함으로 재판에 임했던 괴링조차도, 그의 마지막 진술에서는 만천하에 드러난 끔찍한 범죄에 대해 이야기하고, 참혹한 집단학살을 비난하고 납득할 수 없음을 인정했다. 카이텔은 다시 그런 범죄에 말려드느니 차라리 죽음을 택하겠다고 말했다. 프랑크는 히틀러와 독일 국민이 지게 된 죄에 대해 설명했다. 그는 "정치적 악은 파멸과 죽음에 이른다"는 구제불능의 경우를 경고했다. 그의 연설은 지나치게 공들인 듯했지만 내 생각의 핵심을 표현한 것이기도 했다. 슈트라이허도 최후 진술에서 히틀러의 "유대인 대학살"을 비난했다. 풍크는 자신을 수치심으로 가득 채우는 소름끼치는 범죄에 대해 이야기했다. 샤흐트는 "내가 막고 싶었던, 필설로 다 하기 힘든 참상에 영혼 깊은 곳까지 흔들린다"고 말했다. 자우켈은 "재판 과정에서 드러난 범죄로 마음 깊은 충격을 받았다"고 했다. 파펜은 "악의 힘은 선의 힘보다 강하다"는 것이 입증되었다고 말했다. 자이스-인크바르트는 "두려운 극단"에 대해 말했다. 프리체는 "500만의 인명을 살상한 것은 미래에 대한 무시무시한 경고"라고 말하기도 했다. 그러나 이들은 모두 자신의 책임을 부인했다.

어떻게 보면 내 소망이 이루어진 셈이다. 법률적인 죄는 대부분 우리 피고들에게 집중되었다. 그러나 그 저주받은 시대에, 인간적 타락 외에 하나의 요소가 역사 안으로 편입되었다. 그 요소는 히틀러의 전제정치를 역사적인 선례들과 구분하는 것이었고, 시간이 가면서 중요성이 더해지는 것이었다. 인류에 대한 공격을 위해 조금의 양심의 가책도 없이 모든 지식을 사용했던 기술 관료의 최고대표자로서,* 나는 이미 발생한 사건을 시인했을 뿐만 아니라 이해하기 위해 노력했다. 내 최후 진술의 일부이다.

> 히틀러 정권은 현대 과학기술 위에 세워진 산업국가 최초의 독재정권입니다. 그 정권은 완벽한 수준으로 기술적인 도구를 이

---

* 물론 기술관료들이 자신에게 내려진 명령을 무조건 이행하려는 경향은 독일에만 국한된 것은 아니었다. 1년 후, 헨리 L. 스팀슨(1929~33, 미 국무장관; 1911~13, 1940~45, 미 전쟁장관)은 『외교문제』(1947), "뉘른베르크 전범재판: 법의 이정표"에 다음과 같이 썼다: "현대의 삶과 과학기술 발달 아래, 모든 전쟁은 극단적으로 잔인해질 수 있음을, 그리고 그 전쟁에 참여한 사람들은 비록 자신을 지키기 위해서라지만 잔인한 전쟁으로부터 피할 수 없음을 우리는 잊어서는 안 된다. 현대전은 그 파괴력을 제한할 수 없고 필연적으로 모든 참가자를 파멸시킨다…. 최근 있었던 두 번의 세계대전을 면밀히 살펴보면, 침략국과 승전국이 채용하는 무기와 전술의 비인간화가 지속적으로 강화되고 있음을 확인할 수 있다. 일본의 침략을 분쇄하기 위해서, 니미츠 제독이 밝혔듯이, 우리는 무차별적인 잠수함 작전을 할 수밖에 없었다. 이는 우리가 제1차 세계대전에 개입했던 이유와 크게 다르지 않다. 연합군이 공군력을 전략적으로 사용하면서 독일과 일본 땅에서는 민간인 수만 명이 희생되었다. … 적과 마찬가지로 우리 역시 가장 핵심적인 도덕적 문제는 전략이 아니라 전쟁 그 자체이고, 또한 전쟁의 지속은 인간 문명의 파괴로밖에 이어질 수 없다는 것을 입증하는 데 기여했다."

> 용해 국민을 지배했습니다. 라디오와 대중 연설을 포함하는 기술적 도구에 의해 800만에 달하는 독일 국민이 한 개인의 의도에 복속된 것입니다. 전화와 텔레타이프, 무선 통신은 최고 지도자의 명령이 하부 기관에 직통으로 전달되는 것을 가능하게 했고, 하부 기관들은 그 권위에 복종해 비판 없이 명령을 수행했습니다. 이리하여 많은 정부 기관과 군사조직은 사악한 명령을 직접 전달받았습니다. 과학기술의 도구는 시민의 근황을 밀착해 살피는 것을 가능하게 했고, 범죄 조직의 운용이 극비리에 진행되는 것 역시 도왔습니다. 외부에서 보면, 국가 조직이 전화선의 케이블 속에 어지러이 뒤얽혀 있는 듯하지만, 바로 그 전화선을 통해 독재자의 의지가 직접적으로 전해졌던 것입니다. 과거의 독재자는 그를 둘러싼 지도부 인사들의 지혜로운 도움을 필요로 했습니다. 따라서 정치인들에게 독립적인 사고와 행동이 가능했던 것입니다. 현대의 독재정권은 조력자들 없이도 유지될 수 있습니다. 통신기술 하나로 하급 지도부를 기계처럼 부릴 수 있습니다. 이리하여 명령을 무비판적으로 수용하는 계층이 생겨난 것입니다.

이 시기의 범죄 행각은 히틀러 인격의 부산물만은 아니었다. 그 정도의 참혹한 일들이 일어날 수 있었다는 것은 히틀러가 이러한 기술적 도구를 사용할 수 있었던 최초의 독재자였기 때문이다.

나는 견제 없는 절대 독재와 과학기술의 힘이—그 힘을 사용하고 또 그에 의해 조정당하는—결합했을 때의 상황을 생각해보았다. 이 전쟁은 원격 조정되는 로켓과 음속으로 나는 비행기와 원자폭탄과 화학전에 대한 가능성 속에서 종결되었다고, 나는 말을 이었다.

5년에서 10년 정도 후에는 원자폭탄이 실린 로켓이 출현할 것이고, 그렇게 되면 단 열 명이 몇 초 만에 뉴욕 중심부에서 100만 명을 살상하는 시대가 올 것이며, 또한 전염병을 퍼뜨려 수확을 망치는 것도 가능하다고 진술했다. "과학기술이 발달할수록 위험은 커집니다. 고도로 발달된 군수 경제를 이끌었던 전직 장관으로서 마지막으로 하고 싶은 말은, 만일 새로운 전쟁이 일어난다면 인류의 문화와 문명이 말살될 것이라는 점입니다. 이번 전쟁에서 끔찍한 모습으로 선보이기 시작한 인류를 파멸하는 데서 자신의 일을 완성하는 고삐 풀린 과학과 기술을 아무도 막을 수 없습니다."[2]

"우리는 모두 악몽을 꾸고 있습니다." 나는 말을 이었다. "그 악몽은 언젠가 지구상의 국가들이 과학기술의 지배를 받게 될 것이라는, 히틀러 독재정권 아래서 현실화되기 시작한 위협입니다. 오늘날 전 세계는 과학기술의 위협에 직면해 있습니다. 그러나 현대의 독재정권 아래서 위협은 더욱 피할 수 없어 보입니다. 따라서 기술이 발달하면 할수록, 개인의 자유와 인간이 기술에 대한 평형추가 될 수 있다는 자각을 위해 본질적인 의지가 필요한 것입니다. 따라서 이 재판은 인간적인 세상을 위한 기본 법칙을 세우는 데 기여해야 할 것입니다. 지금까지 일어난 일과 그토록 중요한 목적과 비교한다면 내 운명이 가지는 의미는 무엇입니까?"

재판의 모든 과정이 끝난 후, 나의 상황은 내가 예상한 대로 절망적이었다. 마지막 문장은 나의 신념을 논리적으로 공언하기 위한 것이 아니었다. 내 삶도 종말에 가까워지고 있다는 생각이 들었다.[3]

판결이 내려지기 전까지 법정은 무기한 휴정이었다. 우리는 4주라는 기나긴 시간을 기다렸다. 견디기 힘든 모호함으로 가득 찬 이 시간 동안, 그에 앞선 8개월 동안의 정신적인 고통에 지칠 대로 지친 나는 프랑스혁명을 다룬 디킨스의 소설 『두 도시 이야기』를 읽었다. 그는 바스티유 감옥의 죄수들이 평온 속에서 고대했던 것들과 그들이 쾌활한 고요함으로 그들의 운명을 기다렸음을 묘사하고 있다. 하지만 나에게는 그런 내면의 자유가 찾아오지 않았다. 소련 측 검사가 나의 사형을 적극 주장하고 있었다.

1946년 9월 30일, 새로 다려진 양복을 차려 입고 우리는 마지막으로 피고석에 앉았다. 법원은 중대한 순간을 위해 카메라 기자와 사진사 들의 출입을 불허했다. 예전에 우리의 표정을 읽기 위해 넓은 법정을 환히 밝히던 스포트라이트는 꺼져 있었다. 판사들이 법정에 들어오고 피고와 변호사, 검사, 방청객, 언론 기자들이 마지막 경의를 표하며 자리에서 일어섰을 때 법정 안은 몹시 음울한 분위기였다. 여느 때와 마찬가지로 재판장 로렌스 경이 모든 방향으로 인사하고 우리 피고들에게도 인사를 하고 자리에 앉았다.

판사들은 차례로 여러 시간 동안 단조로운 음성으로 독일 역사의 가장 끔찍한 장을 읽어 내려갔다. 지도부의 죄를 규탄하는 것이 독일 국민을 면책해준다는 믿음이 들었다. 만일 독일 청년들의 오랜 지도자이자 히틀러의 최측근 인사였던 발두르 폰 시라흐가, 그리고 독일군 재무장이 시작되던 시기에 경제장관을 맡았던 할마르 샤흐트가 전쟁을 준비하고 공격적으로 이행한 혐의에서 벗어나게 된다면, 여성과 어린이는 차치하고라도 어떻게 일반 사병들에게 죄를 씌울 수 있단 말인가? 만일 라에더 제독과 히틀러의 대리인 헤스가 반인륜 범죄에 대해 죄가 없다고 한다면, 어떻게 독일의 기술자들이나 노동자들에게 책임을 물을 수 있단 말인가?

나는 또한 이번 재판이 승전국의 점령 정책에 직접적으로 영향을 주기를 바랐다. 그들은 이제 우리 독일 국민을 범죄자 취급하며 마음대로 다룰 수 없을 것이다. 이런 생각 속에서 나에 대한 주요 혐의에 대해 떠올려보았다. 그것은 강제 노역이었다.[4]

각 피고에게 내려진 판결에 대한 사유도 발표되겠지만 아직 판결은 공개되지 않았다.[5] 나의 혐의는 냉철하고 객관적인 방식으로 기술되었다. 심문 기간에 내가 했던 주장이 잘 반영되어 있었다. 외국인 노동자들을 이송한 데 대한 책임이 거론되었다. 그리고 내가 힘러의 계획에 반대한 것이 오로지 생산성이라는 전략적인 이유 때문이었다는 것, 강제수용소 수감자들을 저항 없이 활용하고 소련의 전쟁 포로들을 군수 생산에 투입했다는 사실도 언급되었다. 그리고 나의 죄목에는 내가 강제 동원을 실시하면서 그 어떤 인간적이고 윤리적인 고려도 하지 않았고, 외국인 노동자 동원 정책을 지지했다는 내용이 추가되었다.

사형 선고가 확실시되는 피고들도 판사들이 판결문을 읽어 내려가는 동안 침착함을 잃지 않았다. 침묵 속에서, 그 어떤 감정도 드러내지 않고, 그들은 듣고 있었다. 내가 무너지는 모습을 보이지 않고 모든 과정을 견뎌냈다는 것 그리고 불안하긴 했지만 여전히 강인함과 냉철함을 가지고 판결문을 들었다는 사실이 지금도 믿기지 않는다. 플레흐스너가 말했다. "판결문 내용으로 봐서 아마 4, 5년 징역형이면 족할 겁니다."

다음 날, 우리들은 개인별 형량이 발표되기 전 마지막으로 얼굴을 마주했다. 장소는 '정의의 법정' 지하였다. 우리는 한 사람씩 작은 엘리베이터에 탔고 올라간 사람은 돌아오지 않았다. 위쪽에 있는 법정에서 형량이 발표되었다. 드디어 내 차례가 왔다. 미군 병사 한 명과 엘리베이터에 탔다. 문이 열렸고 나는 법정의 작은 단상에 판사들을 마주 보고 섰다. 이어폰이 건네졌다. 내 귀에서 선고의 말이 울려 퍼졌다. "알베르트 슈페어, 징역 20년."

며칠 뒤 나는 심판을 받아들이고 승전 4개국에 대한 항소권을 포기했다. 우리가 세계를 대상으로 저지른 범죄를 생각한다면 그 어떤 처벌도 무겁지 않다. 나는 몇 주 뒤 내 일기장에 이렇게 적었다. "세상에는 사과를 해도 처벌을 받아야 할 일이 있다. 그 죄가 너무도 무거워 인간이 할 수 있는 사과는 미미하기 짝이 없기 때문이다."

그로부터 25년이 지난 오늘날, 중대한 특정 죄목만이 내 양심을 짓눌렀던 것은 아니다. 도덕적 태만은 이러저러한 항목으로 설명할 수 있는 것이 아니라, 히틀러 정권의 전말에 적극 동참했던 내 행동 속에 존재하는 것이었다. 나는 세계 정복을 목적으로 한 전쟁에 참여했다. 우리 피고들은 여기에 대해 한 줌 의혹도 가지지 않는다. 더욱이 능력과 에너지를 총동원해 나는 그 전쟁을 여러 달 연장했다. 또 새 베를린의 상징이 될 돔형 대회의장에 지구를 상징하는 화관을 씌우는 데 찬성하기도 했다. 이웃 나라를 복속시키는 것은 히틀러의 꿈이었다. 히틀러가 자주 입에 올렸던 프랑스는 소국으로 몰락할 것이고, 벨기에와 네덜란드, 심지어 부르고뉴 지역도 제국에 병합될 것이다. 폴란드와 소련의 국가 주체성은 뿌리 뽑힐 것이고, 국민들은 노예로 전락한다는 생각이었다. 또한 히틀러는 누구에게든 유대인 말살 의지를 숨기지 않았다. 그것은 1939년 2월 30일 연설 내용에도 공공연하게 드러나 있다.[6] 비록 실제로 이런 문제에 대해 히틀러의 입장에 동의한 것은 아니지만, 나는 그 목적에 부합하는 건물을 설계했고 무기를 생산했다.

그다음 이어진 20년의 세월을 나는 승전국의 감시 아래 슈판다우 형무소에서 수감자 신분으로 보냈다. 그 승전국들과 싸우기 위해 히틀러가 벌인 전쟁을 이끌었기 때문이다. 동료 수감자 여섯 명이 내가 가까이 접할 수 있었던 유일한 사람들이었다. 그들을 통해 내가 한 일이 어떤 영향을 미쳤는지 알 수 있었다. 그들은 전쟁 통에 세상을 떠난 가족과 연인을 그리워했다. 특히 그곳의 소련군 경비병들은 예외 없이 우리와의 전쟁으로 가까운 친척이나 형제, 아버지를 잃은 사람들이었다. 그러나 그들 가운데 누구도 나에게 개인적인 원한을 품지 않았을 뿐더러, 원망의 말 한마디 입에 담는 것을 보지 못했다. 내 존재의 극한 쇠퇴기에 평범한 사람들과 접촉하면서 연민과 박애, 인간에 대한 이해와 같은 오염되지 않은 감성과 마주칠 수 있었다. 이 감성들은 수감생활의 규칙을 초월하는 것이었다. 내가 군수 및 전시생산 장관으로 임명되기 전날, 내가 동상에 걸리지 않도록 도와준 한 우크라이나 농부와 마주쳤던 일이 있었다. 그때는 고맙기는 했지만 그를 이해할 수는 없었다. 이제, 모든 것이 지나가 버린 순간, 나는 다시 한 번 모든 적대감을 뛰어넘는 인간의 따뜻함을 느끼게 되었다. 그리고 지금, 마침내, 나는 모든 것을 이해하고자 한다. 이 책 역시 그러한 이해를 위해 쓰인 것이다.

나는 1947년 감방 안에서 써내려갔다. "전쟁의 재앙은, 수백 년 동안 진화해온 현대 문명의 취약함을 입증해주었다. 우리는 지진을 견딜 수 있는 땅에 살고 있지 않음을 잘 알고 있다. 사악한 충동은 자신들끼리 힘을 보태며 성장해, 현대 세계의 복잡한 기관들을 냉혹하게 흔들어 해체할 수 있게 되었다. 여기에 의지에 의한 유예는 존재하지 않는다. 자동화 체계는 몰개인화를 촉발해 점점 더 개인의 책임감을 움츠러들게 할 것이다."

기술 발전의 가능성에 눈이 먼 나는, 거기에 내 삶의 황금기를 바쳤다. 그러나 지금 과학기술에 대한 나의 견해는 지극히 회의적이다.

글을 마치며

나는 단지 과거를 기록하기 위해서가 아니라 미래에 경고하기 위해서 이 책을 썼다. 뉘른베르크에 있었던 수감 첫 한 달 동안, 나를 짓누르는 중압감을 벗어나기 위해 글을 쓰기 시작했고 꽤 많은 분량을 써내려갔다. 이 작업은 1946~47년 착수한 연구와 기록의 자극제가 되었다. 마침내 1953년 3월, 나는 회고록을 체계적으로 써보기로 결심했다. 외로움의 압박감 속에서 이 글이 쓰였다는 사실이 단점으로 작용할까, 아니면 장점으로 작용할까? 회고록을 쓸 당시 스스로와 다른 사람들을 판단할 때 내가 보인 무자비함에 내 자신이 소스라치게 놀라곤 했다. 그렇게 1954년 12월 26일, 초벌 원고가 완성되었다.

1966년 10월 1일, 슈판다우에서 석방되었을 때 2,000쪽가량의 글이 내 손에 남았다. 여기에다 코블렌츠에 있는 연합군 문서보관소의 군수부 자료를 참고해 이 회고록을 완성했다.

2년간 많은 문제를 함께 논의해준 편집자들이 큰 도움을 주었다. 특히 울슈타인과 프로필레엔 출판사 대표 볼브 요프스트 지들러 그리고 출판사 자문위원 요아힘 페스트에게 감사의 뜻을 전한다. 그들의 예리한 문제의식이 이 책의 전반적인 관점과 심리적이고 상황적으로 어떻게 접근할 것인지 그 접근의 틀을 제시해주었다. 14년 전, 초벌 원고에 쓴 히틀러와 그의 정권 그리고 나의 기여에 대한 근본 입장이 그들과의 대화를 통해 재확인되고 강화되었다.

이와 함께 파리 유네스코의 알프레트 바그너 박사, 연합군 문서보관소의 토마스 트룸프와 헤트비히 징거 여사, 요들과 괴벨스의 출판되지 않은 자료들을 열람하게 해준 데이비드 어빙에게도 고마움을 전한다.

옮긴이의 글

'기억'의 미망 속으로

지은이 알베르트 슈페어는 '히틀러의 건축가', '제국의 2인자', '나치 정권의 천재' 등으로 알려져 있다. 평범한 건축학도에서 히틀러의 건축가로, 제2차 세계대전 중에는 37세의 나이로 전시 생산 체제를 이끈 독일의 군수장관으로 활약했고, 종전 후에는 전범으로 20년을 복역했다. 뉘른베르크 전범 재판에서 나치의 주요 각료들 중 유일하게 사형을 면한 인물이기도 하다.

이 책은 슈페어의 회의록, 일지, 전보, 서신, 히틀러와의 중요한 대화 내용을 기록한 2만 2,000여 건의 메모를 바탕으로 완성된 자서전이자 제3제국에 대한 내밀한 반추이다. 수감 직후인 1946년부터 메모 수준의 기록을 해나가다가 1953년 본격적으로 집필에 나서 1954년 초벌 원고가 완성되었다. 석방 3년 뒤인 1969년 독일에서 *Erinnerungen*(기억)이란 제목으로 출간되었다. 나치 수뇌부의 증언이라는 점에서 폭발적 관심을 모았고 히틀러 연구의 기폭제가 되기도 했다. 메모가 습관이었던 슈페어의 비상한 기억력, 기록과 자료 보존을 중시하는 독일인의 습성이 아니었다면 제3제국 중심부의 모습이 이토록 구체적으로 우리에게 전달될 수는 없었을 것이다.

정치에 무관심했던 청년 슈페어는 나치의 신념이 아니라 히틀러 개인에게 끌렸으며, 히틀러가 쓴 책 『나의 투쟁』을 읽지 않았다고 밝혔다. 당시의 많은 독일인처럼 독재자, 인종주의자의 발톱을 감추고 있던 히틀러에게 인간적으로 매료되었던 것이다. 어려운 경제 상황에서 일을 찾지 못해 좌절하던 슈페어에게 히틀러는 꿈을 펼칠 드넓은 무대를 선사했다. 슈페어가 설계했지만 완성하지 못했던 건축물들은 히틀러가 품었던 "게르만 대제국"을 향한 망상적 소망을 엿보게 하며, 히틀러와 함께 꿈꾸었던 미래 베를린의 광대한 도시계획 모형들은 알 수 없는 두려움과 허망함을 자아낸다. 그는 자신의 "메피스토펠레스"를 찾아 영혼을 던진 것이다.

슈페어는 오랫동안 히틀러의 최측근이자 친구로 함께했다. 그래서 『기억』을 통해 예술을 사랑하는 지도자에서 냉혹한 독재자로, 종전을 앞두고 판단력을 상실한 무기력한 패배자로 변해가는 아돌프 히틀러의 모습을 가까이에서 생생히 전달할 수 있었다. 뿐만 아니라 괴벨스, 괴링, 보어만 등 나치와 관련되어 피상적으로 인식되던 이름들이 『기억』에서 개성을 가진 인간으로 되살아난다.

『기억』은 나치 정부의 유일한 내부자 증언이자 사료로서 가치를 가지고 있지만 '슈페어의 두꺼운 자기변명'이라는 논란이 뒤따르기도 한다. 통렬한 반성이라기보다 자기변호, 자기변명에 가깝다는 비판이다. 히틀러 연구가 요하임 페스트는 슈페어는 "일부 민감한 문제에서는 두리뭉실하게 핵심을 피하고 있다"고 지적한다. 가장 논란이 되는 것은 유태인 학살과 아우슈비츠를 알지 못했다는 슈페어의 주장이다. 전시 노동 및 생산을 책임진 군수장관이 어떻게 그럴 수 있었겠느냐는 것이다.

슈페어가 주도면밀하게 스스로에 대한 신화를 만들어냈다는 시각도 있다. 사학자 에버하르트 예켈은 냉소적이다. "슈페어는 누구에게나 사랑받았다. 히틀러가 가장 아끼는 건축가였고, 1942년부터는 가장 사랑받는 장관이었으며, 뉘른베르크 전범 재판에서도 가장 호감을 주는 피고인이었다. 그리고 독일 사회에서 가장 인기 있는 사회복귀자가 되었다."

그러나 한 가지 기억해야 할 사실은 전 군수장관 슈페어는 전범재판이 시작된 이후 일관되게 나치 지도부의 집단적 범죄를 비난하며 스스로 책임을 인정했다는 것이다. 괴링을 비롯한 다른 1급 전범들이 처음엔 뉘른베르크의 법정을 히틀러 정권의 "합당함"을 전 세계에 드러내는 기회로 활용하고자 했고, 시간이 흐르면서 목숨을 구하기 위해 서로에게 책임을 전가하느라 급급한 모습을 보인 것과는 사뭇 대조적이다. 당시 그의 발언은 자신의 태도가 판결과 형량 선고에 어떤 파장을 미칠지 알지 못한 상태에서 행해졌다. 슈페어를 제외하고는 단 한 사람, 폴란드 총독을 지낸 한스 프랑크가 죄를 인정하고 반성을 표했지만 그에게는 사형이 선고되었다. 정상적인 판단이나 예측이 불가능한 극도의 혼란 속에서 자신의 책임을 인정하는 것은 '주도면밀한 계산'만으로 할 수 있는 일이 아니었을 것이다.

자기반성과 자기변호는 어쩌면 명확히 나누어 구분하기 힘든 일인지도 모른다. 범죄나 실책을 인정하고, 그로 인해 져야 하는 책임과 죄의식에 대해 기술하는 것은 과거의 자신에 대한 또 다른 설명이기 때문이다. 자서전이나 회고록을 통해 잘못을 반성하고 왜 그런 판단을 했는지 되돌아보는 것은 불분명한 기억에 의존해 자신의 삶을 해명하는 하나의 과정이라고 할 수 있다.

> "권력을 위해 문화의 의미를 함부로 왜곡해 이용하겠다는 히틀러의 의도가 공공연히 드러나 있었다. 이런 말에 한때는 깊은 감동을 받았다는 사실을, 나의 기억을 도무지 이해할 수가 없다. 그때는 왜 그랬던가."(99쪽)

하급자들이 사형을 선고받았음에도 불구하고 슈페어가 20년형에 그친 것은 이러한 반성이 받아들여졌고 그 반성의 능력이 재판부의 판단에 영향을 미쳤기 때문일 것이다. 전쟁이 막바지에 이르러 모든 시설을 파괴하라는 히틀러의 명령에 맞서 독일의 유산과 산업시설을 보호하려고 노력했다는 점도 참작되었겠지만 말이다.

슈페어는 평생 나치의 행위를 공공연하게 비판했다. 그는 히틀러와 나치 정권의 죄악을 인정하고 드러내는 것이 미래를 위해 필요하다는 믿음을 가지고 있었다. 히틀러가 후세에 희생자나 영웅으로 받아들여질 수 있는 일말의 가능성을 차단하고자 했다. 그는 "히틀러 전제정치를 역사적 선례들과 구분하"고자 했으며(826쪽), "(뉘른베르크) 재판은 인간적인 세상을 위한 기본 법칙을 세우는 데 기여해야 할 것"이라고 말했다(832쪽). 그의 의도는 성공한 것으로 보인다.

> "아우슈비츠와 마이다네크에서 어떤 일이 벌어졌는지 몰랐던 것도 사실이다. … 그러나 고립의 정도와 극단적 회피, 무지의 수위는 결국 나 자신이 정한 것이라는 결론에 도달했다. … 나는 대답할 말이 없다. 그 어떤 사죄도 불가능하다."(192쪽)

그가 진정 아우슈비츠의 실상을 알지 못했는지, 알았지만 단지 그의 '기억'이 무지를 택해 회피한 것인지, 우리는 알 수 없다.

— 2016년 5월 28일, 김기영

주

— 다른 식으로 표기되지 않았거나 가족의 편지, 모든 문서, 편지, 연설, 업무일지 등에 나오지 않은 내용은 코블렌츠 연방문서보관소에 색인 번호 R3(제국 군수 및 전시생산부)에 따라 분류되어 있는 자료를 참고한 것이다.

— 업무일지는 1941년부터 1944년까지의 부서의 일과 기록이다.
초기에는 건축감찰관으로서, 나중에는 군수장관으로서의 활동이 기록되어 있다.

— 총통의사록(Führerprotokoll)은 히틀러의 업무를 기록한 것이다.

1 출생과 어린 시절

1 1192년부터 600년 동안 폰 파펜하임 가문 출신의 제국원수들은 독일군 병참부대 장성이 되었다. 그들은 군 감독관직과 군용도로, 교통, 보건을 책임졌다[K. Bosl, *Die Reichskanzleihsministerialität* (Darmstadt, 1967)].

2 음악과 문학에 대한 이 발언들과 루르 지역의 점령 및 인플레이션에 대한 이야기들은 미래의 아내에게 보낸 편지 내용 중 일부이다.

3 Heinrich Tessenow, *Handwerk und Kleinstadt* (1920)의 결론 부분.

2 직업과 소명

1 이 인용문과 그 뒤에 이어지는 말들은 테세노의 제자 볼프강 융어만이 1929~32년에 있었던 강의 내용을 노트에 메모해두었던 것으로, 출간되지 않은 내용이다.

2 기억을 통한 인용.

3 갈림길

1 *Die neue Reichskanzlei* (München: Zentralverlag der NSDAP, 연도 없음) 참조.

5 건축적 과대망상

1 괴테는 1787년에 쓴 『타우리스의 이피게니에』에서 "최고의 남자"라 할지라도 결국은 "잔인함"에 익숙해지고, "마지막에는 자신이 경멸하던 것을 당연시 여기게 된다"고 썼다. 즉, 습관이 그를 "냉혹하고 이해하기 힘든 사람"으로 만들어버리는 것이다.

2 이를 위해 우리는 가능한 한 철골과 콘크리트와 같이 마모되는 현대 건축자재들을 피하기로 계획했다. 높이에도 불구하고 벽은 바람을 견딜 수 있게 했다. 정역학적인 요소들도

함께 계산되었다.

3 Sir Neville Henderson, *Failure of a Mission*(New York, 1940), 72쪽.

4 두 그림 모두 히틀러의 공식 화가 크니르 교수가 사진을 보고 그린 것이다. 히틀러는 항상 그의 작품을 칭찬했다. 후기의 사진을 보면 크니르가 히틀러 아버지의 초상화도 담당했음을 알 수 있다.

5 1944년 독일의 군수물자 생산은 710억 마르크에 달했다. [Wagenführ, *Die deutsche Industrie im Kriege 1939~1945*(Berlin, 1954), 88쪽]. *Die deutsche Bauzeitung, Vol 1898*, Nos. 5, 9, 26, 45에 독일의 국가적 축하 행사 장소에 대해 자세히 나와 있다.

6 1936년에 지어진 베를린 올림픽스타디움은 28만 세제곱미터에 불과했다.

7 히틀러가 1939년 1월 9일 총리 청사 노동자들에게 했던 비공개 연설에서.

6 위대한 임무

1 *Reichsgesetzblatt*, 1937년 1월 30일, 103쪽 참조.

2 이런 식으로 조차장, 철도 대피장, 수리장이 베를린 바깥에 위치하게 되어 더 이상 시내의 건축적 발전의 걸림돌이 되지 않았다.

3 이곳 면적은 8,150에이커. 오늘날 표준 인구밀도인 에이커당 48명을 적용하면, 약 40만 명이 거주하게 된다.

4 베를린 도시계획 공모전에서 최우수상을 수상한 브릭스와 겐츠머 교수가 세운 도시계획은 2000년까지 베를린에 인구 1,000만 명을 수용한다는 구상이 깔려 있다[*Die deutsche Bauzeitung*, No. 42(1910)].

5 존 버캐르트(MIT 학장)와 부시 브라운은 미국건축가협회(AIA) 100주년 기념 저서 *The Architecture of America*(1961)에서, 공식적으로 표현되는 파시스트와 공산주의자, 민주주의자의 건축적 취향에는 별 차이가 없다고 주장했다. 워싱턴 D. C.의 신고전주의 건축을 예로 들어 버캐르트는 연방준비위원회 건물(크리트 설계, 1937), 로마식 원형 건축물인 제퍼슨 기념관(포프 설계, 1937), 국립미술관(포프 설계, 1939), 대법원, 문서국 건물을 거론했다.

7 오버잘츠베르크

1 1862~1924년 네오고딕 양식으로 지어졌으며, 탑은 슈테판 대성당보다 1미터 낮도록 제한되었다.

8 새 총리 청사

1 베를린 스포츠궁전에서 1939년 9월 9일 히틀러는 새 총리 청사 건립을 기념하는 연설을 했다. 대중에게 공개되지 않은 이 연설에서 그는 다시 한 번 청사가 얼마나 짧은 기간에 지어졌는지 언급했다. 1935년에 이미 히틀러는 나에게 총리 청사의 보수확장 설계도를 만들라는 지시를 내린 바 있었다.

2 친위대 상부 지휘관이자 친위대 의무대 지휘관이었던 그라비츠 박사가 그에게 조언한 것

이다.
3 울트라셉타일.
4 일리야 메치니코프는 박테리아, 독소, 면역에 관한 연구로 1908년 노벨상을 수상했다.
5 1938년 8월 2일, 베를린의 '독일 강당'에서 있었던 비공개 연설에서 새 총리 청사의 상량식을 축하했다.
6 히틀러의 연설 내용, 1939년 1월 9일.
7 프리드리히 호스바흐, Friedrich Hossbach, *Zwischen Wehrmacht und Hitler 1934~1938* (Göttingen, 1949), 207쪽.
8 오늘날의 테오도르-호이스 플라츠.
9 히틀러에게 보낸 보고서 내용, 1944년 9월 20일.
10 *Die Reichskanzlei* (München: Eher-Verlag), 60쪽.

9 총리 청사의 하루

1 히틀러는 관구장, 지인, 당 원로 등의 특권계급 인사들과 매일 수많은 회의를 했다. 그러나 내가 보기엔 그 어떤 중대 사안도 다루어지지 않았다. 히틀러는 식탁에서 만담하는 식으로 장시간 이야기했고, 마음속에 품었던 온갖 주제들을 두서없이 건드렸다. 그러다 보니 대화는 사변적인 주제로 빠지기 일쑤였다. 히틀러의 약속 일정은 실제 업무량과는 상당히 다른 모습이었다.

10 절제되지 않은

1 이 건물은 1941년 업무일지에 언급되어 있다.
2 대로와 포츠담머슈트라세 교차로에 있는 관광부 건물.
3 "오페라하우스는 경제부 맞은편에, 교향악단 건물은 식민지부를 마주본다" 1941년 업무일지: 1941년 무렵, 건축가 클라이는 나에게 군이 아프리카에 적합한 최고사령부 견본주택을 설계 중이라고 보고했다.
4 1943년 5월 12일 자 괴벨스의 일기8. "프리드리히 대제에게 고전주의 양식의 웅장한 묘를 선사해 상수시 공원에 세우든지, 아니면 앞으로 만들어질 전쟁부 건물 내 군인회관으로 옮겨져야 한다."
5 베를린 개선문은 아치의 구경까지 합해 236만 6,000세제곱미터에 달한다. 파리의 개선문이 49개 들어갈 수 있는 크기다. 전몰장병기념관은 길이 250미터, 깊이 90미터, 높이 80미터였다. 그 뒤 공터에는 300×450미터의 새 총사령부 건물이 들어설 예정이었다. 전실에는 괴링의 새 청사 계단이 있고, 면적은 48×48미터, 높이 42미터였다. 이 건물을 짓는 비용은 최소한 1억 6,000만 제국마르크로 예상되었다. 새 베를린 시청은 길이가 450미터에 달한다. 중심 구조물의 높이는 60미터다. 해군사령부 건물의 길이는 320미터, 새 경찰청은 280미터다.
6 1938년까지 전쟁장관을 지낸 폰 블롬베르크 육군 원수는 1938년 결혼했다. 결혼식에는 히틀러와 괴링이 참석했다. 결혼식 직후 신부가 매춘부 출신이었다는 사실이 드러나면서 블롬베르크는 사임을 종용받았다. 이 일로 군부에 대한 나치당의 영향력이 커지게 된

다. 블롬베르크는 괴링, 힘러, 히틀러가 꾸며낸 음모의 희생양이었을 것이다. 자세한 내막은 Hans Bernd Gisevius, *To the Bitter End* (Boston: Houghton Mifflin Company, 1947)을 보라.

7 새 총리 청사 상량식 기념 연설, 1938년 8월 2일.

8 알베르트 슈페어, "제국수도의 새계획", *Der Baumeister* (München, 1939), No. 1. 우리의 건물 설계도는 자세한 내용이 거의 알려지지 않았지만 베를린에서 코미디의 주제가 되었다. 울리히 폰 하셀은 그의 일기에서 푸르트벵글러가 아마도 나에게 이렇게 말했을 것이라고 적고 있다. "자신이 구상한 거창한 설계로 건물을 짓는다는 건 정말 대단해요." 나는 이렇게 대답하는 것으로 되어 있다. "만일 누군가 당신에게 이렇게 말한다면 어떨까요. '이제부터 교향곡 9번은 무조건 하모니카로만 연주하시오.'"

9 업무일지, 1941년 3월 28일.

10 업무일지, 1941년 4월 29일.

11 업무일지, 1941년 3월 31일.

11 세계

1 설계에 따르면, 새 의사당은 2,100제곱미터에 달한다.

2 이 프로젝트를 위해 당시에 그려진 연습용 스케치가 아직 남아 있다. 1936년 11월 5일, 히틀러는 내가 제출한 기초 설계도를 기반으로 스케치를 했다.

3 30미터 높이의 기둥은 직경 3미터의 붉은 화강암 덩어리로 만들어졌다. 전쟁이 발발하자 스웨덴에서 화강암을 채석했다.

4 2,100만 세제곱미터는 다음과 같이 구성되었다. 940만 세제곱미터의 돔이 있는 원형홀, 950만 세제곱미터의 사각형 단상, 네 개의 전실이 220만 세제곱미터, 망루가 8,000세제곱미터였다.

5 K. Lankheit, *Der Tempel der Vernunft* (Basel, 1968)에 따르면, 이 건물의 돔은 에티엔느 불레가 프랑스 혁명이 주창한 "이성"을 찬미하기 위해 설계한 것으로 되어 있다. 직경이 260미터에 달했다.

6 서로 다른 토질이 뒤섞인 상태를 보완하고 기반 자체의 무게를 더해 밀도를 높이기 위해, 건설 기술자들은 단단한 320×320미터의 석판을 32미터 깊이까지 놓자고 주장했다.

7 이 장방형 공간의 한쪽은 500미터, 다른 쪽은 450미터였다.

8 히틀러는 1936년 11월 5일과 1937년 12월, 1940년 3월에 이 건물에 대한 스케치를 그렸다. 빌헬름슈트라세에 있는 비스마르크의 공식 사저는 1만 3,000세제곱미터였다. 새 총통궁은 사무실과 업무공간을 제외하고도 190만 세제곱미터 크기로 1950년 완공 예정이었다. 실제 새 총통궁은 120만 세제곱미터였으며, 제국원수 괴링의 것을 훨씬 능가하는 것이었다. 괴링의 청사는 55만 세제곱미터였다. 이 때문에 히틀러는 괴링의 건물에 대해 다시 거론할 필요를 느끼지 못했다.

정원에서 본 히틀러 궁의 전면 길이는 280미터로 루이 16세의 베르사유 궁의 576미터에는 미치지 못하는데, 이는 애당초 부지의 길이가 짧았기 때문이다. 그래서 나는 두 개의 별채를 본관과 직각으로 놓는 U자 형 구도를 따랐다. 별채의 길이는 195미터였다. 별채까지 모두 합하면 전면은 670미터이고 이 경우 베르사유 궁보다 90미터 더 길다.

총통궁의 평면도는 아직도 보관되어 있다. 평면도를 보면 히틀러의 공간 활용 계획과 개인 공간의 배치를 떠올릴 수 있다. 대광장을 지나면, 기념비적인 문을 지나 110미터 길이의 명예의 뜰에 들어선다. 이곳은 기둥으로 둘러싸인 두 개의 정원으로 연결된다. 명예의 뜰을 지나면 접견실이 나오고, 이어 두 개의 스위트룸이 나타난다. 총통궁에는 길이가 250미터에 달하는 스위트룸이 대여섯 개나 있다. 그중 북쪽에 면한 스위트룸은 무려 380미터다. 스위트룸을 지나면, 으리으리한 식당으로 통하는 전실이 나타난다. 92×32미터, 면적 3,000 제곱미터이다. 비스마르크의 사저 전체가 1,200제곱미터에 불과했기 때문에 이 식당 안에 쏙 들어갈 만하다. 일반적으로 식당은 1인당 1.5제곱미터가 소요되므로, 이곳에는 무려 2,000여 명의 손님들이 한꺼번에 들어갈 수 있다.

9 백악관의 접견실(동쪽 방)은 1,631세제곱미터다. 히틀러의 접견실은 2만 1,000세제곱미터! 1938년 총리 청사의 외교관의 길은 220미터였지만 새 청사는 504미터다. 방문객은 34×36미터의 접견실을 지나, 반원통형 둥근 천장이 있는 180×67미터 홀, 28미터짜리 정사각형의 방, 235미터 길이의 미술관을 지나 28×28미터의 전실에 도착하게 된다. 두꺼운 벽의 두께로 인해 방 길이와 전체 길이가 다르게 계산되었다.

10 여기에는 광장 남서쪽의 비서실 건물도 포함되어 있다. 비서실 건물 역시 새 총리 청사에 포함되기 때문에, 전체 크기는 140만 세제곱미터가 된다. 반면 이민국 건물은 2만 세제곱미터에 불과하다.

11 1938년 상량식 기념 연설에서 히틀러는 다음과 같이 말했다.

저는 독일제국의 총리지만, 시민의 한 사람이기도 합니다. 시민으로서 저는 아직도 집권하기 전에 살던 뮌헨 저택에 살고 있습니다. 그러나 제국의 총리로서, 독일의 총통으로서 저는 독일이 그 어느 나라 못지않은 위풍당당한 청사를 갖길 원합니다. 아니, 다른 나라를 능가해야 합니다. 옛 궁전으로 들어가기에는 나의 자존심이 허락하지 않는다는 것을 국민 여러분은 이해하실 겁니다. 저는 그렇게 할 수 없음을 알렸습니다. 새 제국은 새로운 공간을 창조하고, 그에 어울리는 건축물을 갖추게 됩니다. 저는 오래된 궁전으로 들어가지 않을 것입니다. 다른 나라들, 모스크바에서는 국가수반이 크렘린 궁 안에 머물고 있습니다. 바르샤바에는 벨베데레, 부다페스트에는 쾨니히스부르크, 프라하에는 흐라드쉰 성. 어딜 가나 오래된 건물에 웅크리고 있습니다. 저의 소망은 간단합니다. 새로운 독일 제국이 필요로 하고, 독일 역사의 장엄한 건축물 앞에 부끄럽지 않을 공관입니다. 그러나 무엇보다도 새 독일 공화국은 과거 왕궁의 하숙인도 동거인도 아닙니다! 그들이 크레믈린과 흐라드쉰 등의 옛 성에 처박혀 있을 때, 우리는 우리 시대의 건물을 지어 제국의 위엄을 떨칠 신전을 받들 것입니다…. 누가 이 건물에 들어오게 될지 저도 모릅니다. 그들의 계급에 관계없이, 신이 원하는, 독일 민족의 가장 훌륭한 아들이 될 것입니다. 한 가지 말씀드릴 수 있는 것은 세상 그 누구도 우리 독일의 아들을, 그가 비록 최하층 계급 출신이라 해도 무시할 수 없다는 것입니다. 누군가 독일을 대표해야 할 소명을 받게 되면, 그는 세상 모든 왕과 황제와 동급이 될 것입니다.”

1939년 1월 9일 헌정식 연설.
저는 이른바 대통령궁으로 들어가는 것을 거부했습니다. 왜일까요. 친애하는 독일 국민 여러분, 그곳은 한때 체임벌린 경이 거주했던 곳입니다. 대독일 제국의 총통은 한때 체임벌린이 머물렀던 집에 들어갈 수 없습니다. 차라리 그런 궁전으로 이사하느니 개인 아파트 5층에 사는 것이 나을 것입니다. 나는 결코 구독일 공화국의 행태를 이해할 수 없습니다. 그 신사들은 자신들을 위해 공화국을 세우고, 구제국을 없앴습니다. 그리고 그들은 체임벌린의 옛집에 들어가 살았습니다. 이렇게 체통이 안 서는 일이 또 있습니까, 노동자 여러분! 그들은 자신들의 나라에 새 얼굴을 줄 수 있는 꿋꿋함을 가지지 못했던 것입니다. 나는 그 일을 하기로 결심했습니다. 새 제국이 자신만의 공관을 갖게 되는 일은 이제 우리의 굳은 의지에 달려 있습니다.

히틀러 자신과 나만 알고 있던 그의 미래 청사진을 생각해보면, 자신의 개인적인 권위를 과시하고자 하는 열망을 합리화하기 위해 그가 깊이 고민했던 것은 당연하다.

12 나는 이 홀의 경우 1세제곱미터당 200마르크, 다른 건물들은 1세제곱미터당 300마르크의 비용을 예상했다.

13 친위대 막사는 남역 남쪽에 있었다. 히틀러의 정부 중심지에서 6.4킬로미터 정도 떨어진 거리다. 대독일경호연대는 돔홀에서 860미터밖에 떨어져 있지 않았다.

12 그럴듯한 시작

1 *Völkscher Beobachter* 1939년 8월 23일 자: "목요일 새벽(8월 22일), 2시 45분경, 북극광이 장관을 연출했다. 슈테른베르크 관측소에서 북서와 북쪽 하늘을 향해 관찰할 수 있었다."

2 히틀러의 부관 폰 벨로가 보고한 발언.

3 기억의 일부.

4 1937년 11월 23일, 존토펜 오르덴스베르크의 헌정식에서 갑자기 박수갈채가 이어졌다. 히틀러가 조용한 관중에게 연설을 마치고, 자리에 모인 당 지도부를 향해 이렇게 외쳤기 때문이다. "우리의 숙적은 영국입니다!" 그때 나는 터져 나온 박수갈채와 히틀러가 돌연 영국을 표적으로 삼았다는 사실에 깜짝 놀라고 말았다. 나는 히틀러의 부질없는 기대 속에서나마 영국이 특별하게 자리 잡고 있었다고 믿었기 때문이다.

5 1944년 6월 26일, 마침내 히틀러는 오버잘츠베르크에서 산업계 인사들을 모아 두고 한 연설에서 이렇게 말했다. "나는 1899년, 1905년, 1912년의 과오를 되풀이하고 싶지 않습니다. 그 과오란 마냥 기다렸던 것, 기적을 바라며 우리가 싸우지 않고 뭔가를 얻을 수 있다고 믿었다는 것입니다."

6 히틀러는 헤르만 라우슈닝에게, 만일 전쟁에서 이기지 못하면 나치 지도부는 전 유럽 대륙을 지옥으로 끌고 내려가는 것을 택할 것이라고 말했다[라우슈닝, 『히틀러의 연설』(런던, 1939)].

7 "또 다른 독일이라고 할 수 있는 독일 국민이 이제 그들을 치고 들어오기 시작한 전쟁으로 공포에 질려 있다는 느낌을 받았다. … 확실한 것은 베를린의 전체적 분위기가 지독히 암울하고 우울했다는 것이다"[Sir Neville Henderson, *Failure of a Mission* (New York, 1940), 202~203쪽].

13 극단

1 업무일지, 1941년: "5월 12일, 슈페어 감독관은 총통과 오버잘츠베르크에서 대광장에서 있을 퍼레이드에 대해 의논했다. 슈문트 대령도 참석했다. 총통은 이미 부처 청사 건물 앞에 전망대를 세우는 것에 대해 심사숙고했다. 군대는 남쪽에서 북쪽으로 개선문을 지나 그들이 참여했던 전투 순서대로 행진할 것이다."

2 1941년 2월 19일, 내가 민족사회주의당 재무 담당자에게 보낸 편지에 따르면, 해당 도시들은 아우크스부르크, 바이로이트, 브레멘, 브레슬라우, 쾰른, 단치히, 드레스덴, 뒤셀도르프, 그라츠, 하노버, 하이델베르크, 인스부르크, 쾨니히스베르크, 메멜, 뮌스터, 올덴부르크, 포젠, 프라하, 자르브뤼켄, 잘츠부르크, 슈테틴, 발트브뢸, 바이마르, 볼프스부르크, 부퍼탈, 뷔르츠부르크였다.

3 히틀러와 있었던 회의 내용 메모, 1941년 1월 17일. 1941년 1월 20일 내가 보어만에게 보낸 보고서에서 나는 그의 부서의 건축감독관직을 거절했다. 1941년 1월 30일, 라이 박사에게 편지를 써 '노동의 아름다움'과 독일 노동 전선의 모든 건축 프로젝트 감독 업무를 사임했다. 업무일지에 따르면, 모든 당사 건축 감독은 당 재무 담당인 슈바르츠에게 이관되었다. 나는 건축에 관계된 글의 검열과 민족사회주의의 복지 프로젝트를 맡게 될 관구 건축가를 임명할 권리도 반납했다. 나는 로젠베르크에게 우리가 함께 발간하는 건축 잡지 『제3제국의 예술』에 내 이름을 민족사회주의당 건축총감독관이라는 직책을 빼고 실으라고 알렸다.

4 공사를 중단하자고 했던 제안에 대한 토트 박사의 답변은 업무일지에 기록되어 있다.

5 이 자료들은 1941년 업무일지 최종 보고서에서 발췌한 것이다. 1941년 3월 말과 9월 초의 기록을 보면, 노르웨이에 2,400만 세제곱미터의 화강암 원석과 927만 세제곱미터의 가공 화강암 공급을 요구했다. 또 스웨덴에 421만 세제곱미터의 원석과 530만 세제곱미터의 가공석을 요구했다. 스웨덴하고만 연간 200만 제국마르크에 달하는 양을 10년간 인도받기로 계약을 맺었다.

6 히틀러의 이 성명은 업무일지 1941년 11월 29일에 기록되어 있다. 로라이 제독에게 내려진 이 명령은 업무일지에 인용되어 있다.

7 업무일지, 1941년 5월 1일과 6월 21일; 총통의사록, 1942년 5월 13일, 항목7.

8 업무일지, 1941년 11월 24일, 1942년 1월 27일.

9 업무일지, 1941년 가을과 1942년 1월 1일.

10 업무일지, 1941년 11월 11일.

11 업무일지, 1941년 5월 5일.

14 새로운 임무

1 토트 박사가 보낸 편지 내용, 1941년 1월 24일.

2 1944년 5월 10일 자 업무일지에 이 내용이 나의 연설의 일부로 인용되어 있다. "1940년 토트 박사가 무기탄약장관으로 임명되었을 때 총통께서는 나를 공식적으로 부르셨습니다. 그는 나에게 군에 무기와 물자를 공급하는 토트의 업무가 너무 과중하기 때문에 건설 프로젝트까지 해나갈 수 없다고 말했습니다. 나는 총통에게 나를 건설책임자로 임명하는 문제를 재고해달라고 부탁했습니다. 토트 박사에게 이 일이 얼마나 중요하고, 그가 그만

두기까지 얼마나 갈등을 했을지 너무도 잘 알고 있었습니다. 결정을 다시 한다면 토트 박사도 매우 기뻐할 것입니다. 총통은 그 문제를 재고했습니다."

3 1942년 5월 8일, 내가 임명된 지 3개월 후, 히틀러는 로젠베르크에게 다시 한 번 확인했다. "총통께서는 그러고 나더니 여러 번 반복해서 슈페어의 장관직은 평화 협정이 체결되는 순간 무효화될 것이라고 말했다. 그 직책은 다른 사람들에게 넘겨져야 한다는 것이다"(로젠베르크의 메모, 뉘른베르크 자료 1520 PS.). 같은 맥락에서 나는 1944년 1월 25일 히틀러에게 편지를 썼다. "친애하는 각하. 전쟁 중이든 전쟁 후이든, 저는 결코 정계에 발을 디딜 마음이 없다는 것을 분명하게 강조할 필요성을 느낍니다. 저는 지금의 일을 전시 특별 봉사라고 여기고 있습니다. 그리고 언젠가 장관이나 정치인의 역할보다 예술적인 일에 몰입할 수 있는 순간이 오기를 학수고대하고 있습니다."

4 2월 12일 자 업무일지 참조: "슈페어 장관이 취임한 후 장관의 영역을 침범하려는 시도(풍크, 라이, 밀히)는 즉시 눈에 띄었고 미연에 차단되었다." 라이의 이름이 여기에 거론된 것은 군수장관 임명 직후, 그가 베를린 당 기관지 *Angriff*에 반대의 글을 실었기 때문이다. 이로 인해 히틀러의 문책을 받게 된다(괴벨스 일기, 1942년 2월 13일, 25일).

15 준비된 즉흥곡

1 경제 고문들에게 행한 연설 내용, 1942년 4월 18일.

2 1942년 11월 5일 나에게 보낸 통신문에서, 괴링은 이 사실을 다음과 같이 간접적으로 확인했다. "그렇다면 나는 서로 상충되는 목표를 가지고 업무를 추진하는 것을 피하기 위해 일부 권한을 장관께 위임하겠소. 그렇지 않다면, 나는 전시경제 4년계획 감독관직을 사임하게 해달라고 총통께 청을 드렸어야 할 테지요."

3 군수 총감독관과 관련된 칙령 내용.

4 업무일지, 1942년 3월 2일.

5 발터 라테나우, *Gesammelte Schriften* (1917) 가운데 5권 Die neue Wirtschaft 참조.

6 군수부의 활동에 대해 기술한 글은 많이 있다. Gregor Janssen의 *Das Ministerium Speer*와 Rolf Wagenführ, *Die deutsche Industrie im Kriege 1939~1945* (Berlin, 1954) 등은 무기 생산 조직과 생산 통계에 대해 나보다 훨씬 상세하게 기술하고 있다. 직무 할당에 대한 칙령(1943년 10월 29일)에 따르면, 감독 위원회와 위원들은 단결 촉구, 각 생산 파트의 다양한 활용을 위한 원칙 마련, 원자재의 효율적 활용, 희귀 금속을 절약하기 위한 대체 자원 확보, 특정 생산 금지 품목 설정, 비교 수치 통계 작성, 정보 교환, 효율적인 광석 분쇄 독려, 새로운 공정 개발, 생산 방식 제한, 기업의 생산 스케줄 결정, 집중 생산, 역량의 변환과 강화, 노동력 제공, 업무 재분장 및 지시, 기계의 배분과 사용, 전기와 가스의 효율적인 사용, 기타 관련 업무에 대한 책임을 지고 있었다.

개발위원회 의장은 하나의 개발 프로그램에 투입되는 시간과 기술적 위험을 고려해, 앞으로 충분한 군사 경제적 활용 가능성이 있는가, 그 품목에 적합한 생산시설이 있을 경우 개발에 착수해야 하는가 등을 결정해야 했다.

7 인사 담당관 보어의 1944년 6월 7일 보고문.

8 업무일지, 1942년.

9 『독일 군수 생산 통계』 1945년 1월. 이 자료는 각 군수품 가격에 근거한 통계자료이며, 수

치를 과장하지 않기 위해 물가 상승은 고려되지 않았다. 독일의 육해공 3군을 위한 군수 생산에서 무기 생산이 대표하고 있는 화폐가치는 29퍼센트에 달하므로, 화폐가치가 두 배가 되면 전체 군수 생산 통계에 큰 영향을 줄 것이다.

군수 생산에서 가장 중요한 세 영역에서 이루어진 높은 효율성은 다음의 조사에서 확인할 수 있다.

1. 탱크의 수는 1940~44년 다섯 배 증가했고, 전체 중량은 7.7배 증가했다. 이러한 결과는 노동력 270퍼센트 증대와 철강 소비 222퍼센트 증가의 결과이다. 이리하여 1941년 생산 수준과 비교할 때, 탱크 부문에서는 노동력의 79퍼센트, 철강의 93퍼센트를 절감할 수 있었다.

2. 육·해·공군의 전체 무기 생산 1941년 가격지수는 102를 기록했다. 1944년에는 306으로 증가했다. 세 배에 달하는 증가는 67퍼센트의 노동력 증가와 182퍼센트의 강철 소비 증가와 함께 이루어진 것이다. 마찬가지로 여기서도, 대량생산이 도입된 지 오래였음에도 불구하고, 각 품목당 59퍼센트 인력 절감과 9.4퍼센트의 강철 소비 감소가 이루어진 셈이다.

3.전체 대포의 가격지수는 1941~44년 3.3배 증가했다. 이는 33퍼센트에 불과한 노동력 증가와 50퍼센트의 강철 소비, 38퍼센트의 구리 소비 증가에 힘입은 것이다(세 가지 예의 백분율은 1944년 7월 16일 바르트부르크 연설 내용이다).

농업과 임업 관련 조직들도 군수 분야와 유사한 자율적인 구도로 편제되었고, 마찬가지로 높은 성과를 올렸다.

10 1942년 4월 18일 연설. 신뢰의 원칙을 활용함으로써, "행정적인 관료주의 관점에서 본다면 불가능에 가까운 성과를 이루었습니다." 나는 말을 이었다. "전시경제에 심각한 장애가 되는 체제 역시, 우리가 계속 힘을 모은다면 무너뜨릴 수 있습니다."

2년 뒤인 1944년 8월 24일 군수부 보좌관에게 "공장 관리자들과 기술자들에게 이토록 많은 신뢰를 부여한 것은 참으로 특별한 일이야"라고 말한 것은 분명 과장된 부분이 있었다.

14일 전인 1944년 8월 10일, 나는 역시 업계 인사들에게 연설했다. "우리의 관리 시스템은 우리 각자를, 개개의 근로자에 이르기까지, 전면적인 의혹에 노출시키고 있습니다. 어느 순간 마치 국가를 배신한 듯 여겨질 수 있습니다. 하지만 두세 배의 안전조치가 구축되어 있습니다. 예를 들면 한 공장 관리인이 가격 담합과 같은 일을 꾸미고도 무사히 넘어갔을 때, 그는 잉여소득세에 걸리고, 이어서 의례적인 세금망에 포착됩니다. 결국은 아무런 이득도 남지 않게 되는 것이죠. 독일 국민에 대한 이러한 태도는 근본적으로 바뀌어야 합니다. 앞으로는 불신의 자리에 신뢰가 들어설 것입니다. 불신을 신뢰로 바꾸는 것 하나로, 행정조직에서, 60~80만의 인력을 줄일 수 있게 될 것입니다." 물론 이 사람들을 나는 군수 공장으로 보내고 싶었다.

11 히틀러에게 보낸 편지 내용, 1944년 9월 20일, 27장에 인용됨.

12 친애하는 군수부 직원들에게 했던 연설, 1944년 8월 1일.

13 업무일지, 1943년 2월 19일.

14 편지, 1944년 9월 20일.

15 "군수 산업 보호를 위한 총통 칙령", 1942년 3월 21일.

16 1944년 5월 26일, 친위대 그룹 지휘관인 카믈러가 사보타지의 혐의를 들어 BMW 모터

공장 감독관을 체포해 간 후, 나는 부서장들과 몇 차례 회의를 열고 "군수 산업에서 근로자 실책에 대한 절차 지침"을 제시하였다. "법원이나 친위대가 문제에 관여하기 전에, 업계 내부 기관이 실책을 우선적으로 처리한다. 장관은 해당 근로자가 심리를 받기 전에 체포나 구형이 내려지는 조치를 받아들이지 않는다"(업무일지).

17 이 장의 주제와 관련해 1944년 6월 6일 에센에서 행해진 연설을 참조.

18 9개월 전, 나는 쏟아져 들어오는 편지를 막기 위해 헛된 시도를 했었다. 중요하지 않은 편지는 나의 서명 복사본과 함께 다음과 같은 도장이 찍혔다. "발신자에게 돌려줄 것, 전쟁과업과는 상 없는 내용!"(업무일지, 1943년 2월 11일).

19 1941년 대포 생산은 대전차포와 대공포를 모두 포함한 것이다. 1941년 기관총과 비행기 생산은 1918년의 절반 수준이었다. 그러나 화약과 폭탄 제조 및 지뢰/수중지뢰에 필요한 다이너마이트 사용이 증가하면서 생산이 250퍼센트 증가했다. 군수품과 비행기에 대한 통계는 제한적으로만 비교가 가능하다. 1918년 이후, 군사 무기에 대한 기술적인 기준이 상당히 높아졌기 때문이다. 오랫동안 군수품 생산은 제1차 세계대전 시의 수준을 넘어서지 못하는 침체기를 겪었다. 1944년 8월 11일 연설에서 나는 명확한 비교를 제시했다. "제1차 세계대전 동안 많은 분야에서 더 나은 성과가 있었습니다. 그리고 특히 군수품에서는 1943년 수준보다 높았습니다. 최근 들어서야 최고 수준에 이르렀습니다. 독일과 점령지, 오스트리아의 생산량을 모두 합쳐 과거의 전성기를 넘어섰습니다."

20 우리의 전시경제에서 조성된 정교하고 권위적인 관료주의는 다음의 기이한 현상을 통해 잘 설명된다. 이 내용은 1942년 4월 28일 연설을 통해 말한 바 있다.

1942년 2월 11일, 올덴부르크에 있는 한 군수업체가 라이프치히에 있는 업체에 약 1리터의 알코올을 주문했다. 우선 제국 전매국에서 발행하는 청구서가 필요하다. 올덴부르크 업체는 청구서를 발급받고자 신청서를 제출했지만 신청서는 경제부로 넘어갔다. 경제부는 긴급한 필요를 입증하는 증명서를 요구했다. 경제부는 이 문제를 하노버에 있는 지역사무국으로 넘겼다. 지역사무국은 알코올이 공업적 목적으로만 사용된다는 확인서를 요구했고 이를 확보했다. 5주 뒤 3월 19일, 하노버 사무국은 이 문제를 베를린에 있는 경제부로 반환했음을 밝혔다. 3월 26일, 올덴부르크 기업은 상황을 문의했고, 알코올 제공이 허가되어 이미 전매국으로 통보되었다는 말을 들었다. 이와 함께 경제부는 알코올에 대해 긴급관할권을 가지고 있지 않기 때문에 이와 같은 일을 문의하는 것은 의미가 없다는 이야기를 들었다. 앞으로는 전매국에 신청서를 제출해야 한다는 것이었다. 이 기업은 애초에 전매국에 신청서를 냈다고 주장했지만 소용이 없었다. 업체는 3월 30일에 다시 전매국에 신청서를 냈고, 12일 뒤 전매국은 이 업체의 월간 알코올 소비량에 대해 질문했지만 1리터의 알코올은 관계가 없다며 서류 제출을 면제해주었다.

처음 신청서를 낸 지 8주 후, 이 업체는 기분 좋게 심부름꾼을 유통업소로 보냈다. 그러나 농업국 산하기관인 식량배급위원회의 확인서를 먼저 받아야 한다는 말을 들었다. 문의 결과, 식량배급위원회는 식음용 알코올에 대해서만 확인서를 발급하기 때문에 공업적 사용은 취급하지 않는다는 것이다. 그러는 동안 4월 18일이 되었고, 긴급하고 특정한 용도였음에도 이 업체는 2월 11일 신청한 알코올을 구할 수 없었다.

16 태만

1 거의 3년 뒤인 1945년 1월 27일 최종 보고서에서 이렇게 말했다. "지금 이루어지는 역량 집중과 문제 해결 상황을 고려할 때 우리는 1940년과 1941년에 1944년의 군수 생산치를 이룰 수도 있었습니다."

2 『더 타임스』(*The Time*), 1942년 9월 7일, "슈페어 계획 실행." 군수부의 활약에 대해 관심을 보였던 것은 『더 타임스』 뿐만이 아니었다. 당시 영국의 다른 신문도 나와 관련된 뉴스를 싣곤 했다.

3 1942년 4월 18일 연설.

4 1944년 3월 20일: 공장개조/전환위원이 보어만에게 보낸 통신문 "1944년 3월 1일, 귀하의 지시에 따라 중요 태피스트리 공장과 예술 관련 상품의 생산 중심 시설이 폐쇄되지 않도록 조치를 취했습니다." 1944년 6월 23일 보어만이 보낸 편지 내용: "슈페어 장관께. 수공업 위원회에서 (장관께서 잘 알고 계신) 페페를레 사에 내려진 액자 몰딩과 그림액자 등의 생산 중단 명령을 거론했습니다. 그 회사가 국립미술관에서 받은 특별 인가는 받아들여지지 않았습니다. 총통께서 페페를레 사의 생산에 더 이상 차질이 빚어져서는 안 된다고 생각하고 계신다는 사실을 장관께 알려드리라는 요청을 받았습니다. 그 회사는 각하의 특별 주문을 받은 상품들을 많이 제작하고 있습니다. 장관께서 생산부에 적절한 지시를 내려주시길 바랍니다. 하일 히틀러! 친애하는 보어만 드림."

5 총통의사록, 1944년 6월 20일, 항목18에는 내가 히틀러에게 "현재 2만 8,000명 이상의 노동자들이 총리 청사의 부속 건물을 짓는 데 투입되어 있다"고 보고한 것으로 기록되어 있다. 1944년 9월 22일 나의 비망록에는 3,600만 마르크가 히틀러의 안전을 위해 뮌헨 인근 라슈텐부르크 벙커를 짓는 데 사용되었고, 1,300만 마르크가 역시 뮌헨 인근 풀라흐 벙커를 건설하는 데 쓰였다고 적혀있다. 이 벙커는 히틀러가 뮌헨을 방문했을 때 안전하게 머물기 위한 곳이다. 그리고 1억 5,000만 마르크는 이른바 "거인"이라는 벙커촌을 조성하는 데 사용되었다. 이것은 바트 샤를로텐브룬에 지어진 25만 2,000세제곱미터 크기의, 철근콘크리트와 약간의 석조로 지어진 벙커이다. 7,844세제곱미터의 통로, 6개의 다리가 있는 58킬로미터의 도로, 100킬로미터의 관이 연결되어 있었다. "거인" 단지에 사용된 콘크리트는 1944년 독일 국민 전체가 방공호를 짓기 위해 사용한 콘크리트의 양보다 많았다.

6 나의 주도로, 프랑코니아의 군수부 대리인인 책임 건축가 발라프가 괴링에게 이의를 제기한 일이 있었다. 괴링은 보복으로 발라프를 강제수용소로 보내버렸다. 발라프는 1942년 3월 21일 히틀러의 칙령을 근거로 나중에 석방되었다.

7 중앙기획위원회에서 한 연설 내용.

8 이 무렵 나의 측근들은 사회주의자인 영국 노동장관 어니스트 베빈이 이룬 성과에 대해 보고했다. 그는 전국의 노동자들을 군부대처럼 조직해 어디든 필요한 곳으로 이동할 수 있도록 했다. 훗날 감옥에서 이 조직의 놀라운 실적에 대해서 읽게 되었다. "영국의 군수산업은 그 어느 참전국보다 강하다. 여성을 포함한 전 국민은 하나의 거대하고 기동력 있는 노동 군단으로 바뀌어, 전장에 있는 군대처럼 어디든 필요한 곳으로 이동한다. 영국의 국민 총동원령은 베빈의 업적이다"(*Mercator*, 1946). 1942년 3월 28일 자 괴벨스의 일기를 보면 우리도 처음에 국민 총동원령에 대해 고려했음을 알 수 있다. "자우켈이 인력 동원위원에 임명되었다…. 독일에서 100만 명의 노동력을 더 동원하는 것이 어려운 일은

아닐 것이다. 우리는 반복되는 실패에 겁먹지 말고 열정적으로 일해야 한다."

9 1941년 11월 9일. 『국제 군사 재판 의사록』(영어판), Vol. 13, 553쪽 참조.

10 2년 뒤인 1944년 1월 28일, 나는 자우켈에게 다음과 같이 항의했다. "언론 보도를 보니 영국에서는 여성 동원이 상당히 이루어지고 있는 것 같습니다. 14~65세 인구 3,300만 중에서 2,230만 명이 군대나 기업체에서 일하고 있습니다. 여성 인구 1,720만 중에 710만 명이 전업으로, 330만이 시간제로 고용되어 있습니다. 그러니까 총 1,040만 명만이 경제활동에 참여하는 것이죠. 하지만 이와 대조적으로 독일에서는 14~65세 3,100만 여성 인구 중에서 45퍼센트인 1,430만 명이 전업 노동자로 일하고 있습니다. 영국에 비해 현저히 낮은 비율입니다." 따라서 우리에겐 예비 노동력의 16퍼센트, 혹은 490만 명의 동원 가능한 여성 노동력이 있는 셈이었다(뉘른베르크 문서 006 슈페어). 전쟁 전인 1939년 6월에 지루프 노동부 차관이 550만 명의 여성 인력을 군수 산업에 동원하자고 제안했다는 것을 그때는 알지 못했다. 이미 1,380만 명의 여성이 군수 산업에 참여하고 있었다. 그는 또 일반직종에서 일하고 있는 200만 명의 여성노동력을 금속, 화학, 농림 분야에 투입할 수 있을 것으로 보았다(1939년 6월 23일 자 제국 국방위원회 회의록, 뉘른베르크 문서 3787P.S).

11 1942년 4월 20일, 자우켈이 약속한 내용(뉘른베르크 문서 016P.S).

12 Charles Webstern & Noble Frankland, *The Strategic Air Offensive against Germany* (London, 1961), Vol. 4, 473쪽. 1939년 6월, 영국은 120만 명의 가정부를 부렸지만, 1943년 6월에는 40만 명에 불과했다. 독일에서는 그 수가 1939년 5월 31일 158만 2,000명에서 1943년 5월 31일, 144만 2,000명으로 거의 줄지 않았다.

13 이 통계자료는 1942년 4월 18일, 지역 경제 고문들을 대상으로 했던 연설 내용이다. 1942년 연간 3,120만 톤의 미가공 철을 생산했지만, 이 중 280만 톤이 아직 군수 생산에 사용되지 못하고 있었다.

14 그때까지 하네켄 장군이 이 문제를 담당했다. 그는 히틀러와 괴링에 비해 입지가 취약했다.

15 뉘른베르크 재판에서 검찰의 입장에서는 결정을 유보할 수 있는 권리가 괴링의 죄를 무겁게 했다. 심문 당시 나는 명확한 의식으로 이렇게 선언할 수 있었다. "괴링은 나에게 아무런 도움이 되지 않았을 겁니다. 우리는 실용적인 입장을 취해야 했습니다." 검사 측은 이 진술을 받아들였다.

16 1942년 4월 27일 중앙기획위원회 첫 회의에서, 월간 생산되는 미가공 철 200만 톤 가운데 98만 톤이 육해공군을 위한 군수품 생산에 할당되었다. 이는 할당량이 37.5퍼센트에서 49퍼센트로 증가했음을, 또 제1차 세계대전 시의 46.5퍼센트를 능가함을 뜻한다(1942년 4월 27일 자 중앙기획위원회 회의록). 1943년까지 우리는 이 비율을 52퍼센트로 올렸다(1943년 5월 4일 자 중앙기획위원회 회의록). 이리하여 1943년도 군수 업계는 내가 장관직에 오르기 이전과 비교해 590만 톤의 미가공 철을 더 사용할 수 있었다. 철강 생산 증가량은 130만 톤에 이르렀다.

17 바겐퓌르는 『전시 독일 경제, 1939~1945』(베를린, 1954)에서 영국과 독일의 소비재 생산의 감소를 비교했다. 1938년도 수치를 100으로 설정할 때, 1940년 독일은 여전히 100이었지만 영국은 87을 기록했다. 1941년에는 독일 97, 영국 81, 1942년에는 독일 88, 영국 79였다. 여기에 전쟁 전 영국에서는 실업률이 높았고, 생활수준이 독일에 미치지 못했음을 고려해야 한다.

18 총통의사록, 1942년 6월 28~29일, 항목11.

19 총통의사록, 1942년 3월 5~6일, 항목12; 1942년 3월 19일, 항목 36; 1942년 5월 13일, 항목20; 1942년 5월 18일, 항목9. 1942년 5월 21일, 업무일지에는 도르프뮐러의 파산 선언과 그가 나에게 '교통감독관'을 제안했다는 내용이 기록되어 있다.

20 총통의사록, 1942년 6월 28~29일, 항목11.

21 1942년에 우리는 겨우 2,637량의 기관차를 생산했고, 1941년에는 다양한 모델을 생산하느라 전체 생산은 1,918량에 불과했다. 1943년, 하나의 표준 모델을 채용해, 5,243량을 생산했다. 이는 1941년의 2.7배, 1942년의 두 배에 해당하는 실적이다.

22 총통의사록, 1942년 5월 30일.

23 업무일지, 1942년 5월 6일.

24 업무일지, 1942년: "6월 4일 슈페어 장관은 베를린으로 돌아갔다…. 그날 저녁 하르나크 하우스에서 원자 충돌과 우라늄 기계의 발전(그대로 인용), 사이클로트론에 대한 강연이 있었다."

25 1944년 12월 19일에도 나는 우라늄 프로젝트를 지휘하고 있던 게를라흐 교수에게 편지를 썼다. "작업에 어려움이 있으면 무엇이든 돕겠습니다. 비록 군수산업 쪽으로 막대한 양의 인력을 투입하고 있지만, 교수님의 프로젝트에 필요한 소수(?)의 인원은 언제고 지원할 수 있습니다."

26 총통의사록, 1942년 6월 23일, 항목15에는 다음의 내용만이 기술되어 있다. "원자 분열과 프로젝트 지원 내용에 대해 총통께 간단히 보고했다."

27 업무일지, 1942년 8월 31일과 1944년 3월. 1940년에 1200톤의 우라늄 광석이 벨기에에서 채취되었다. 국내 요아히미슈탈 광산에서는 채취 작업이 그렇게 시급하게 이루어지지 않았다.

17 총사령관 히틀러

1 94절, 2,222항목으로 이루어진 총통의사록은 온전한 상태로 보존되어 있어서 당시 회의에서 논의되었던 사항들을 정확하게 보여준다. 회의가 끝나고 나면 나는 전체적인 주제들을 받아 적게 했고, 자우어와 다른 참석자들은 자신들의 분야와 관련된 내용을 기술했다. 그러나 이 기록이 회의 내용을 있는 그대로 보여주는 것은 아니다. 우리가 내린 결정의 권위를 높이기 위해, 흔히 다음과 같은 말로 문장을 시작했다. "총통께서 결정하시길…" 혹은 "총통의 견해에 따라…". 심지어 우리가 어떤 주제를 놓고 충돌하거나, 우리가 했던 제안에 대해 히틀러가 뚜렷한 반대를 보이지 않았을 경우에도 이 표현을 애용했다. 여기서는 나도 보어만과 다를 바 없었다. 1942년 회의록을 보면, 나는 히틀러와 스물다섯 번의 군수 관련 회의를 25번 한 것으로 되어 있다. 이 횟수는 1943년에는 24번, 1944년에는 13번으로 줄어들어 나의 입지가 약화되었음을 보여준다. 1945년 2월부터는 나 대신 자우어를 참석시켰기 때문에 히틀러와 함께 군수 문제를 논할 수 있는 기회가 두 번밖에 없었다. W. A. 뵐케가 편집한 W. A. Boelcke, ed., *Deutschelands Rüstung im Zweiten Weltkrieg: Hitlers Konferenzen mit Albert Speer 1942~1945* (Frankfurt am Main, 1969) 참조.

2 체코 38탱크를 모델로 함. 1944년 10월, 나는 다시 한 번 히틀러에게 경량 탱크 제조에

관해 설득하려 했다. "남서 전선(이탈리아)에서 들어온 보고에 따르면, 미국의 셔먼전차가 기동력이 대단하다고 합니다. 셔먼은 산악 지형도 오르는데, 우리 탱크 전문가들은 불가능하다고 했던 일입니다. 셔먼은 중량에 비해 강력한 엔진이 특징입니다. 제26기갑사단의 보고에 의하면, 평평한 땅(포 계곡)에서 기동력은 우리 탱크보다 월등하다고 합니다. 기갑부대나 관련 병사들은 가볍고 기동성 좋은 탱크가 생산되길 눈이 빠지게 기다리고 있습니다. 성능이 좋은 포만 장착한다면 필요한 전투력도 확보될 것이고요."

3 1944년 6월 26일 경제계 인사들이 대규모 참석했던 히틀러의 오버잘츠베르크 연설에서 인용.

4 내 기억이 맞다면, 그 사관생도들이 훈련받던 학교는 아스트라칸 인근을 담당하고 있었다.

5 11월 20~24일 나는 오버잘츠베르크에 머물렀다. 히틀러는 11월 22일 그곳을 떠나 라슈텐부르크 지휘부로 향했다.

6 운터덴린덴에 있던 국립오페라하우스는 폭격으로 파괴되었지만, 1941년 4월 18일 괴링의 명령으로 다시 지어졌다.

18 음모

1 1943년 1월 8일에 내려진 소집령 이후 3주 만에 히틀러는 탱크의 생산 할당량을 늘리라는 포고령을 내렸다.

2 1943년 중앙기획위원회 회의. 의제는 "독일 노동자 100만 명을 군수공장으로 옮긴다"는 것이었다. 내 요구는 받아들여지지 않았다. 분야별 고용 인원은 다음과 같다. 미전략폭격조사위원회 자료 *Effects of Strategic Bombing*에서 발췌한 수치로, 원자료는 『제국 통계청 전시경제 노동력 대차대조표』이다.

	1943. 5	1944. 5
무역, 금융, 보험	3,100,000	2,900,000
행정	2,800,000	2,800,000
교통	2,300,000	2,300,000
공예, 기능 예술	3,400,000	3,300,000
사회 서비스	1,000,000	900,000
가정 고용인	1,400,000	1,400,000
	14,000,000	13,600,000

당시 많은 젊은이들이 입대한 상황이기 때문에 줄어든 40만 명은 퇴직에 의한 것이라고 볼 수 있다. 1944년 7월 12일, 나는 히틀러에게 다시 주장했다. "전쟁에서 폭격 단계는 폐허 속에서 레스토랑이나 놀이터가 없어도, 가정의 안락함 없이도, 매일 우리가 원하는 필요를 채우지 못해도 삶이 완벽하게 가능하다는 것을 보여줍니다. 산업이나 금융도 예전 실적의 극히 일부에 해당하는 거래로 생존할 수 있습니다…. 대중교통을 이용하는 승객들은 불길에 티켓이 모두 불타버려도 차비를 낼 수 있고, 세무당국은 재무국의 서류가 모두 파괴되어도 세금을 계속 받는 것과 마찬가지입니다."

3 자우켈은 1943년 1월 8일 각료실에서 열린 회의에서 모든 사람의 반대를 무릅쓰고 여전히 여성 노동력은 필요하지 않으며, 인력은 충분하다고 주장했다(업무일지).

4 히틀러의 시각은 같은 기간 괴벨스의 일기에서 묘사되는 내용과는 대조를 이룬다. 괴벨스는 분명 전쟁에 승리하면 자신의 일기 중 일부를 출판하려 했을 것이다. 아마도 히틀러에 대한 모든 비판을 억압한 장본인이지만, 개인 자료가 사전 경고 없이 검열을 받을 수도 있다는 것을 두려워했다.

5 괴벨스는 일기를 통해 오버잘츠베르크와 히틀러 지휘부, 베를린 괴링의 사저에서 있었던 회의에 관해 자세히 기술하고 있다.

19 제국의 제2인자

1 카이텔은 다음과 같이 지시했다. "1943년 7월 5일 이후 동부에서 잡힌 전쟁포로들은 최고사령부 수용소로 보내질 것이다. 그곳에서 즉시 노동에 투입되거나 인력동원위원회 혹은 광산으로 옮겨진다"(문서 USA 455).

히틀러의 반응은 예상하기 힘들었다. 1942년 8월 19일 디에프에 상륙한 캐나다군이 그곳에서 벙커를 짓고 있던 토트 조직 노동자들을 살해한 사건이 있었다. 캐나다군은 노동자들이 갈색 군복에 나치 상징물을 팔에 차고 있었기 때문에 특수 전투병으로 오인했다. 총통 지휘부에서 요들이 나를 옆으로 부르더니 이렇게 말했다. "총통 각하 앞에서는 이번 일을 얘기하지 않는 편이 좋겠네. 당장 복수 작전을 명령할지도 모르지 않나." 나는 아무 말도 하지 않았다. 하지만 내가 토트 조직 내의 군수부 담당자에게 이 내용을 지시하는 것을 잊었기 때문에, 도르슈가 그 사건을 총통에게 보고하고 말았다. 그러나 히틀러의 반응은 위협적인 복수 작전과는 거리가 멀었다. 히틀러는 순순히 최고사령부가 토트 조직 근로자들이 전투복과 유사한 작업복을 입고 있다는 사실을 중립국인 스위스를 통해 연합군 측에 알리지 못하는 태만을 범했다는 요들의 주장을 인정했다. 그때 나는 나치 완장도 떼어내야 한다고 주장했지만 히틀러는 받아들이지 않았다.

2 준비 기간이 너무 길어졌기 때문에, 겨울이 오기 전에 대규모 요새를 짓는 것은 불가능해 보였다. 히틀러는 봄부터 시작해 6~7개월간 동부에 한 달에 20만 세제곱미터의 시멘트를 지원하라고 명령했다(총통의사록, 1943년 7월 8일, 항목14). 총통의사록 1943년 5월 13~15일 자 항목14를 보면 대서양 방벽을 위해 60만 세제곱미터의 시멘트가 사용된 것으로 되어 있다. 히틀러는 심지어 "그에 상응해 대서양 방벽의 건설 공사 규모를 줄인다"는 의견도 받아들였다.

3 1943년 10월 초에야 히틀러는 바로 며칠 전에 이 강을 소련군이 건넜음에도 불구하고 "상비군 후방 전선이 드네프르 전선 바로 뒤에 구축되어야 한다는 주장"을 철회했다(총통의사록, 1943년 9월 10일~10월 1일, 항목27).

4 잠수함 제조 공정을 단순화하려는 노력은 성공을 거두었다. 예전의 잠수함은 건선거(dry dock)에서 제조하는 데 11개월 반이 걸렸다. 이제 조립식 제조 덕분에 건조 시간은 조선소에서 2개월로 크게 단축되었다. 조선소는 적의 주요 공습 목표였다(오토 메르커가 제공한 자료, 1969년 3월 1일).

5 1944년 겨울, 조직의 해체가 군수 산업에도 지장을 주기 시작했다. 그러나 해군 무기 프로그램이 전면 가동되면서, 1945년 1~3월 U-보트 83척이 인도되었다. 영국폭격조사단 보고서 『독일 U-보트 생산지에 가한 전략폭격의 효과』에 따르면, 같은 기간에 잠수함 44

대가 조선소에서 파괴되었다. U-보트까지 합해 1945년 1/4분기에 파괴된 잠수함은 월 42대에 달했다. 확실히 해군 증강 프로그램은 전체 조선 산업에 부정적인 영향을 미쳤다. 항해 선박건조 수는 폭격으로 인해 1943년 181척에서 1944년 166척으로 9퍼센트 감소했다.

20 폭격

1 USSBS(미전략폭격조사위원회)는 1943년의 피해를 9퍼센트('지역 연구 분과 보고서' 도표P, 도표QS18)로 산정했다. 1943년 생산된 중형 탱크 1만 1,900대 중 손실이 1,100대였음을 의미한다.

2 정확한 조준능력을 가진 우리의 8.8센티미터 대공포는 가장 위력적인 무기이자 적이 두려워하는 대전차포였다. 1941~43년, 독일은 중량급 대공포(구경 8.8~12.8센티미터)를 1만 1,957대 생산했다. 그러나 그들 가운데 대부분은 독일 내 혹은 국경지역에 대공포로 배치되어야 했다. 같은 기간, 1만 2,006대 중량급 구경의 포(7.5센티미터 이상)가 인도되었지만 8.8센티미터 이상은 1,155대에 불과했다. 8.8센티미터 이상 구경에 사용하기 위해 생산된 포탄 1,400만 발은 대전차포용으로 써야 했다. 대전차포용 포탄은 1,290만 발만이 인도되어 있었다.

3 총통의사록, 1942년 6월 4일, 항목41: "제국원수를 지지하면서, 제국원수와 그로에 사이의 전화통화에 대해 총통과 논의."

4 뫼네 계곡 저수지의 저수량은 1억 3,400만 톤, 조르페 계곡 저수지는 7,100만 톤이었다. 루르 지역에서 남은 두 곳의 저수지 저수량을 합해도 3,330만 톤밖에 되지 않았다. 이는 필요량의 16퍼센트였다. 1969년 2월 27일 작성된 발터 롤란트 박사(전쟁 말기에 루르 지역을 책임졌던 군수부 엔지니어)의 자료를 보면, 만일 루르 지역의 모든 저수지가 파괴되었다면, 석탄 공장과 용광로의 냉각수 부족으로 루르 지역 전체 생산량이 65퍼센트 줄어들었을 것으로 나타났다. 또한 펌프 설비의 일시적인 고장으로 가스 생산이 큰 감소를 보이기도 했다. 주요 소비자들은 필요량의 50~60퍼센트밖에 공급받지 못했다(업무일지, 19434년 5월 19일).

5 총통의사록, 1943년 9월 30일~10월 1일, 항목2; 업무일지, 1943년 10월 2일.

6 업무일지, 1943년 6월 23일: "영국 공군이 폭격 목표 선정에 부분적인 성공을 거두자, 슈페어 장관도 우리 공군의 폭격 목표 선정에 관심을 가지기 시작했다. 담당 장교의 말에 따르면, 예전에는 공군 참모진이 군수 시설에는 거의 신경을 쓰지 않았다. 장관은 롤란트 박사(철강 전문가), 플라이거 총감독(석탄업계 대표), 배거 장군(무기청장) 등으로 위원회를 구성했다. 의장으로는 카를 박사(발전소 업계)를 임명했는데, 이 일을 맡기 위해 군 조직에서 옮겨 왔다." 6월 28일 총통에게 위원회 구성을 보고했다(총통의사록, 항목6).

7 예를 들면, 드네프르 지역의 경우 전체 업계가 발전소 한 곳에 의존하고 있었다. 1969년 2월 12일 작성된 전력공급위원 리하르트 피셔 박사의 보고서를 보면, 70퍼센트의 전력 손실로 전 생산 공정의 가동이 중단될 수 있는 것으로 나타났다. 나머지 30퍼센트는 일상생활을 위한 것이기 때문이다. 당시 독일이 점령하고 있던 스모렌스크에서 모스크바 외곽 발전소까지 595~692킬로미터였고, 우랄지역까지는 1,794킬로미터였다.

8 Hermann Plocher, *The German Air Force versus Russia*, 1973 (Air University,

1967), 223쪽.

9 총통의사록, 1943년 12월 6~7일, 항목22: "러시아 작전에 대한 카를 박사의 제안을 총통께 보고하고 상세한 관련 자료를 제시했다. 총통은 다시 한 번 기습 공격만이 효과를 얻을 수 있다는 나의 제안이 타당하다고 강조했지만, 공군이 주장한 한 사단을 세 곳의 작전에 투입하는 것에는 반대의견을 표했다."

10 업무일지, 1944년 6월 중순: "적은 처음으로 체계적으로 군수산업의 특정 분야를 공격하기 시작했다. 우리 군수 시설의 약한 고리를 의식한 슈페어 장관은 러시아 경제에 대한 조사에 착수하게 했다. 만일 파괴될 경우 군수산업에 막대한 영향을 미칠 수 있는 특정 목표물들이 거론되었다. 슈페어 장관은 1년 동안 공군을 설득해왔다. 비록 편도 비행이 불가피하더라도 말이다." 그리고 총통의사록 1944년 6월 19일 자 항목37에는 다음과 같이 쓰여 있다. "총통은 우랄 지역과 볼가 강 상류 지역의 발전소 파괴가 전쟁에 중대한 영향을 미칠 것이라고 여긴다. 그러나 현재의 폭격기 부대의 편제와 보급은 충분하지 않다고 생각한다." 1944년 6월 24일, 나는 3월부터 내 계획에 관심을 보이고 있던 힘러에게 기술 보좌관인 카를 박사를 불러 그 계획에 대한 설명을 들어보라고 청했다. 가능하면 나도 참석하겠다고 했다. 문제는 편도 비행 지원자를 구하는 것이었다. 공격이 끝나면 조종사는 비행기를 외딴곳에 버리고 낙하산을 타고 내려와 독일군 전선 쪽으로 와야 했다.

11 7월 25일, 자정이 막 지난 후에, 791대의 영국 폭격기가 함부르크를 공습했고, 7월 25일과 26일에는 235대의 미군 폭격기들이 주간 공습을 감행했다. 이어서 7월 27일 영국 폭격기 787대가 두 번째 야간 공습에 나섰고, 7월 29일 777대가 나타나 세 번째 야간 공습을 감행했다. 연이은 대규모 폭격은 8월 2일 750대의 영국 폭격기들의 임무를 마지막으로 끝났다.

12 『전시 생산을 위한 속성 통계 보고』(1945년 1월)에 따르면 8월 17일 공습 이후 볼베어링 전체생산량은 911만 6,000개에서 832만 5,000개로 감소했다. 8월 초순까지 생산 설비가 전면 가동되고 있었기 때문에, 중순에 하락한 것이 틀림없다. 이때 생산량이 375만 개로, 17퍼센트 떨어졌다. 52.5퍼센트의 생산이 슈바인푸르트에 집중되어 있었기 때문에 이 한 번의 폭격으로 34퍼센트의 생산시설이 타격을 입었다. 참고로 7월에는 직경 6.3에서 24센티미터짜리 볼베어링 194만 개가 생산되었다.

13 RAF(영국공군) 설문 답변, 『폭격의 효과』, 20쪽. Charles Webster & Noble Frankland, *The Strategic Air Offensive against Germany*, Vol. 2, 62쪽에 따르면 폭격작전 지휘관 버폰 준장은 슈바인푸르트의 중요성을 잘 알고 있었다. 첫 폭격이 있기 이틀 전 그는 바텀리 공군 중장에게 편지를 써 미군의 주간 공습 이후에는 반드시 강력한 야간 공습이 뒤따라야 한다고 강조했다. 그리고 출격하는 폭격기 조종사들에게 다음의 선언문을 들려주자고 제안했다. "주간 포격과 함께 오늘 밤 작전이 이번 전쟁의 분수령임을 역사는 입증할 것이다. 작전이 모두 성공적으로 수행된다면 독일의 저항력은 분쇄되어 조기 종전에 큰 역할을 할 것으로 본다." 그는 조종사들이 "모든 중요한 생산 공정에는 볼베어링이 필수적"이고, 불과 물에 약하기 때문에 "글자 그대로 수백만 개의" 볼베어링들이 "엄청난 고철덩어리"로 변할 수 있다는 것을 인식하길 원했다. 그는 조종사들에게 그들이 "하룻밤 동안 그 어느 장병들이 할 수 있는 일보다 많은 일을 할 기회"라는 것을 인식시키려고 했다. 그러나 해리스 공군중장은 베를린 폭격작전을 계획하고 있었다. 슈바인푸르트에 맞먹는 그의 중요 목표 리스트에는 비행기 공장이 있는 라이프치히, 고타, 아우크스부르크, 브룬

슈비크, 비너-노이슈타트 등의 도시들이 포함되어 있었다.

14 291대 중에 61대의 폭격기가 공격 도중 격추되었다. 1943년 10월 14일, 두 번째 폭격이 이루어진 후, 7월과 비교해 슈바인푸르트 내 시설 60퍼센트를 포함, 전체 생산시설의 32퍼센트가 파괴되었다. 독일 내 6.3~24센티미터 구경의 볼베어링 생산시설은 67퍼센트 급감했다.

15 특정 기계에는 50퍼센트의 볼베어링만 사용했다.

16 해리스 공군중장은 슈바인푸르트의 추가 공습을 반대했다. 그는 루르 지역의 댐, 몰리브덴 광산, 수소화 공장 등과 같이 주요 산업시설을 목표로 하는 전략적 폭격이 성공하지 못했다고 주장했다. 그러나 그는 그러한 실패가 단지 추가 작전이 없었기 때문이라는 사실을 깨닫지 못했다. 1944년 1월 12일, 바텀리 중장은 찰스 포털 중장에게 아서 해리스 경에게 "최대한 신속히 슈바인푸르트를 파괴하라"는 명령을 내리라고 촉구했다. 1월 14일, 해리스에게 영미 공군 참모들이 "적의 전쟁 수행에 핵심이 되지만 공격에 취약한 주요 산업시설에 선별적 공습을 가한다"는 전략에 만장일치로 합의했다는 소식이 전해졌다. 해리스는 반대했지만, 1월 27일 슈바인푸르트를 공격하라는 명령이 떨어졌다(웹스터와 프랭클랜드, 앞의 책). 1944년 2월 22일이 되어서야 미·영 공군은 주야 합동작전을 펼치며 이 명령을 시행하기 시작했다.

17 8.3센티미터 이상 구경의 볼베어링 생산량은 1943년 7월 194만 개에서, 1944년 4월 55만 8,000개로 감소했다. 사용 가능한 수는 1943년 7월, 911만 4,000개에서 1944년 4월, 383만 4,000개로, 42퍼센트의 급락세를 보였다. 1944년 4월 생산량과 함께 적이 우리에게 그달 내내 재건을 허용했음을 고려해야 한다. 따라서 연이은 폭격으로 인한 파괴 정도는 이보다 훨씬 심했다. 폭격에도 불구하고 볼베어링 생산시설은 일부 보호되었다. 5월 생산량은 4월에 비해 25퍼센트 증가해, 6.3센티미터 구경 볼베어링 생산이 70만 개에 달했다. 6월에는 100만 3,000개, 9월에 860만 1,000개를 생산해 폭격 이전의 94퍼센트 수준을 회복했다.

18 『독일 군수 생산 지수』, 1945년 1월 항목.

19 업무일지, 1944년 1월 7~11일.

20 업무일지, 1944년 8월 2일. 이날 나는 다음과 같은 포고령을 발동했다. "베어링 공장의 지하 이전은 시급한 문제다. 필요한 인력은 지금까지 확보되지 않았다. 관련 기관이 그들의 업무를 이행하지 않았기 때문이다(!)" 몇 달 전 1944년 5월 10일, 나는 위원회에 설명했다(몇 개의 중요 문장만 기록됨). "베어링과 기타 등등이 특히 보급이 어렵다. 이 문제가 탱크나 대포를 만드는 일만큼 급하고 중요하다는 것을 이해시킬 방법이 없다. 끈기 있게 설득하는 수밖에. 전투기위원회(신속하고 체계적인 전투기 생산을 위해 조직된 특별위원회)의 책임도 아니다. 오래된 걱정들이 떠나질 않는다. 선전 기술에 대해서는 아는 것이 없으니." 포고령을 발표하는 것만으로는 불충분했다. 제3제국에서도, 전쟁 중에도. 우리는 역시 관계자들의 손에 맡겨질 수밖에 없었다.

21 독일뉴스통신(DNB) 보도, 1943년 8월 21일, 22일.

21 1943년 가을의 히틀러

1 "환자는 육체적, 정신적 휴식을 위해 자신의 욕망을 자연스럽게 조절하지 못하고 극도의

긴장상태를 무시한다…. 의식적인 의지가 무의식적인 부인에 의해 내팽개쳐지고, 환자는 이를 광적으로 긴장된 지나친 노력으로 극복하려 한다. 환자가 자신에게 휴식을 허락하면 쌓여온 과도한 피로는 사라진다. 그러나 대신 이 피로는 무의식적인 '반대를 위한 반대 심리'에 이용되어 뿌리 깊은 열등감을 위장시킨다"[R. Brun, *Allgemeine Neurosenlehre* (Basel, 1954)].

2 총통의사록, 1943년 11월 13일~15일, 항목10: "국립 극장과 뮌헨의 프린츠레겐텐 극장의 보수는 군수부에서 지원한다." 이 공사들은 마무리되지 못했다.

3 폭발물 업체들은 육군과 지대공무기에 사용되는 군수품 생산 증가 속도를 따라잡지 못하고 있었다. 폭약 생산지수는 1941년 103에서 1942년 131, 1943년 191, 1944년 226으로 계속 증가했다. 폭탄을 포함한 군수품 생산 지수는 1941년 102, 1942년 196, 1943년 247, 1944년 306으로 크게 증가했다. 이 두 가지 지수만으로 직접적인 비교는 어렵지만, 폭탄이 많이 생산되어도 그 안을 채울 폭약이 충분치 않았음을 알 수 있다.

4 총통의사록, 1943년 6월 18일: "루르 지역을 직접 시찰하는 것이 필요하다고 지적했다. 시간이 나는 즉시 총통께서는 시찰에 나설 것이다." 그러나 히틀러는 결국 시간을 내지 못했다. 괴벨스 역시 한 달 뒤 자신의 일기(1943년 7월 25일)에서 이렇게 쓰고 있다. "무엇보다도 이 편지들은 반복해서 총통이 왜 심한 폭격피해를 입은 지역을 방문하지 않았는지 묻고 있다."

5 괴벨스는 가끔 일기에 히틀러의 말을 기록해두기도 했다. 예를 들면, 1943년 9월 10일에는 다음과 같이 적혀 있다. "오늘 우리가 엄청난 비극으로 받아들일 수밖에 없는 일을 미래에는 행운의 일부로 여길 수도 있다. 시간이 흐르고 다시 위기와 재난이 닥쳐오면, 역사적인 관점에서 볼 때 우리의 처지가 최고의 기회였음이 입증될 것이다."

6 업무일지, 1943년: "재빨리 대처함으로써 슈페어 장관은 총통으로부터 자신을 이탈리아 군수 생산의 책임자로 삼는다는 칙령을 받아냈다. 이미 9월 12일 서명이 이루어졌고, 13일, 무솔리니 동지의 탈출 이후에도 그 권리가 유효함을 재확인하기 위해 다시 서명을 했다. 슈페어 장관은 이탈리아의 새 파시스트 정권 수립이 '이탈리아 산업이 독일 군수 산업의 필요에 기여하도록 한다'는 목적에 방해요인이 될 것을 걱정했다."

22 퇴락의 길

1 우크라이나에 위치한 이 탄광은 1942년 4월 다시 채굴을 시작할 예정이었고, 동시에 군수품 제조업체를 인근 전선에 지을 계획이었다. 1943년 8월 말, 소련군의 작전이 성공하면서 이 계획들은 수포로 돌아갔다. 이른바 보헤미아와 모라비아 보호령은 친위대가 통제하고 있었고, 그들의 권위에 감히 도전할 사람은 없었다. 그곳에서는 모든 종류의 언론 기사들이 친위대를 위해 조작되었다. 1943년 여름, 군수부는 보헤미아와 모라비아의 설비와 숙련된 노동력을 활용해 매월 1,000대의 경량급 탱크를 추가로 만들자는 제안을 했다. 1943년 10월, 히틀러는 마침내 힘러에게 친위대 생산을 중단하고 군수부 조직에 독일 내에서와 같은 권한을 부여하라고 명령했다(업무일지, 1943년 10월 8일). 그러나 1943년 말까지 그 지역의 생산 설비를 가동할 수 없었기 때문에, 최초의 '체코 탱크'는 1944년 5월이 지나서야 완성되었다. 1944년 11월에는 387대가 생산되었다.

2 총통의사록, 1943년 9월 11~12일, 항목14.

3 업무일지, 1943년 9월 17일 "공식 게스트하우스에서 늦은 저녁식사를 하기 전에 마지막 토론이 있었다. 슈페어 장관이 다시 한 번 비슐론과 상의를 한 후였다. 비슐론은 자우켈의 노동 정책에 대한 개인적인 논의를 하고 싶다는 뜻을 밝혔었다. 프랑스 정부는 그에게 그 문제에 대해 공식적인 거론을 금지했다. 1944년 3월 1일, 중앙기획위원회 회의에서 케를은 다음과 같이 보고했다. "(슈페어와 비슐론의) 논의 결과, 자우켈의 영향력으로부터 보호받아야 하는 특정 업체들에 대한 계획이 나왔습니다. 이 계획에 독일은 엄숙히 지지를 표했고, 군수장관이 서명함으로써 입장을 재확인했습니다."

4 업무일지, 1943년 9월 21일.

5 총통의사록, 1943년 9월 30일~10월 1일, 항목22.

6 히틀러의 직속 부하인 관구장들이 얼마나 공식적인 정책을 무시했는지에 대한 기괴한 예가 하나 있다. 라이프치히에는 제국 모피교역국이 있었다. 하루는 관구장 무츠만이 모피교역국 국장에게 국장의 후임자로 친구를 임명했음을 통보했다. 국장은 베를린 중앙정부에서 임명하는 직책이었기 때문에 경제부는 격렬하게 항의했다. 그러나 관구장은 국장에게 며칠 안에 자리를 비우라고 명령했다. 이러한 힘의 충돌에서 경제장관은 기상천외한 방안을 강구했다. 국장 자리가 관구장의 친구에게 넘어가기 바로 전날 밤, 경제부에서 파견한 트럭들이 모피교역국 사무실을 베를린으로 이전해버린 것이다. 물론, 기존 국장과 관련 서류들도 모두 함께였다.

7 1943년 11월 30일 있었던 연설에서 나는 앞으로의 일을 위해 원칙을 세웠다. "도시 중심가는 엉터리 심미안을 근거로 재건되어서는 안 됩니다. 재건이라 함은 도시를 전쟁 이전의, 그리고 전후에 더욱 극심해질 것으로 예상되는 교통 체증에서 구해내야만 합니다. … 분명한 것은 우리는 가능한 한 효율성을 최대한 살리는 입장을 고수해야 한다는 점입니다." 1943년 12월 18일, 관구장들에게 보낸 통신문에서 나는 이 문제에 대해 설명했다. "건물 철거는 대규모 공사를 필요로 하고 거기에는 당장 구할 수 있는 많은 인력이 동원될 것입니다…. 만일 우리가 도시 재건 계획을 미리 구상해둔다면, 전후 귀중한 시간을 도시 계획을 위해 낭비할 필요가 없습니다. 그리고 장기적으로 볼 때 도시의 계획적인 발전을 저해하게 될 임시변통의 조치에 의존할 필요도 없을 것입니다…. 만일 현재 우리 군수 산업에서 볼 수 있는 것과 같은 결단과 혁신적인 에너지로 공사에 임한다면 엄청난 물량의 주택이 매년 지어질 것입니다. 따라서 이를 위해 크게 생각할 필요가 있습니다…. 면밀히 준비하지 않으면 전쟁이 끝난 직후 몇 년 뒤면 완전히 받아들이기 힘든 조치들에 의존할 수밖에 없습니다."

8 Manstein, *Aus einem Soldatenleben* (Bonn, 1965).

9 나의 보고서, "독일 철강생산에서 니코폴과 크리보이로그의 중요성"(1943년 11월 11일).

10 나의 보고서, "군수 생산에 사용되는 합금 및 발칸반도와 터키에서 수입되는 크롬의 중요성"(1943년 11월 12일).

11 『히틀러의 상황회의』에 기록된 1943년 12월 20일 히틀러와 자우어의 선화통화 잠조.

12 업무일지, 1943년 10월 13일: "지금 부서장들의 가장 골치 아픈 문제는 한 사람 이상의 업계 대표들을 각 부서에 배치한다는 슈페어 장관의 계획이다. … 실제적인 결과보다는 개인적인 자질이 중요하기 때문에 반발이 일 수 있다."

13 게르하르트 프렝크 박사와 에르빈 보어.

14 언제나 같은 기종의 비행기를 사용하는 되니츠를 제외하고, 나는 정기적으로 전용기를

사용하는 유일한 지도급 인사였다. 각료들에게는 더 이상 전용기가 지급되지 않았다. 최근에는 히틀러도 거의 비행기를 사용하지 않았고, '전직' 조종사였던 괴링은 '새 기종'을 두려워했다.

15 총통의사록, 1944년 6월 28일, 29일, 항목55: "총통은 일반적인 라이플의 형태가 아니면 소형기관총 생산에 동의하지 않겠다고 단호하게 말했다. 게다가 그는 라이플이 전투에 훨씬 적합하다는 확신을 가지고 있었다." 1944년 1월 14일, 라플란드에 다녀온 지 2주 후 보병 무기 프로그램이 시작되었다. 그 성과는 다음과 같다.

	1941	1943	1944. 11
라이플	133,000	209,000	307,000
소형기관총	—	2,600	55,100
신형라이플 41과 43	—	7,900	32,500
기관총 42와 43	7,110	14,100	28,700
라이플 탄약	6,000,000	203,000,000	486,000,000
소형기관총 탄약	—	190,000	104,000,000
총류탄	—	1,850,000	2,987,000
지뢰	79,000	1,560,000	3,820,000
수류탄	1,210,000	4,920,000	3,050,000
바주카 포탄	—	29,000	1,084,000

16 업무일지, 1944년 1월 4일: "슈페어 장관은 힘러와 카이텔의 도움으로 자우켈 작전의 위협적인 반응을 막을 수 있기를 바랐고, 전차를 타고 힘러가 주재하는 회의에 참석했다. 회의에는 배거(군수국장), 슈멜터(인력동원부), 옐레, 케를(기획국장) 등이 참석했다. 의제는 프랑스에서 독일로 노동자를 이송하는 문제에 대한 결정권을 누가 가질 지에 대한 것이었다."

17 람머스의 메모(미국 증거자료 225): 1944년 1월 "슈페어 장관은 추가로 150만 명의 노동자가 필요하다고 설명했다. 이 문제는 철 원석 생산량을 늘릴 수 있느냐에 달려 있었다. 만일 이것이 불가능하다면 추가의 노동력이 필요하지 않을 것이기 때문이다. 자우켈은 1944년에 최소한 250~300만의 새로운 노동력을 국내로 이송해야 하며, 그렇지 않으면 생산이 위축될 것이라고 말했다…. 히틀러는 인력동원위원 자우켈이 최소한 400만 명을 점령지에서 조달해야 한다고 결론지었다."

18 1944년 1월 4일 텔레타이프를 통해 군수부 파리 본부로(뉘른베르크 문서 04 슈페어), 자우켈에게는 1944년 1월 6일 편지로(문서 05 슈페어) 전했다. 뉘른베르크 국제전범재판소는 판결문에서 이렇게 선언했다. "이들 (제한된) 산업시설의 근로자들은 독일 이송을 당하지 않을 수 있었고, 독일 이주 명령을 받은 근로자는 이들 중 한 공장에 취업함으로써 강제 이주를 피할 수 있었다. … (형량을 줄일 수 있는 정황으로서) 슈페어의 정책이 많은 사람들을 고향에 남을 수 있게 했다는 사실은 반드시 인정되어야 한다…."

19 업무일지, 1944년 1월.

23 병상에서

1 총통 보고서, No. 1, 1944년 1월 25일.

2 총통 보고서, No. 5, 1944년 1월 29일. 군수부의 어려움에 대해 12쪽 정도 기술되어 있다.

3 진료기록, 1944년 1월 18일: "입원 당시 환자는 탈진 상태…. 왼쪽 무릎 관절에서 심한 고름이 흐름." 1944년 2월 8일, "허리 왼쪽 신근에 극도의 통증, 이어 등근육에 통증이 있다. 요통의 경우처럼 전방으로 향하는 통증. 심한 근육 류머티즘의 소견…." 그러나 그 병원 내과 전문의 하이스마이어 박사는 늑막염의 증상이라고 기재했다. 게프하르트는 그의 진단을 무시했고 자신의 오진에 따라 나를 치료했다.

4 코흐 박사의 진술, 1947년 3월 12일(뉘른베르크 문서 2602): "치료 과정에서 나와 게프하르트 박사 사이에 이견이 있었다. 나는 호헨리헨의 습한 기후가 슈페어 장관의 회복에 나쁜 영향을 줄 것이라고 생각했고, 진찰 결과 충분히 움직일 수 있다는 결론을 내렸다. 나는 그에게 남쪽(메란)으로 가라고 제안했다. 게프하르트는 여기에 격렬히 반대했다. 그는 힘러의 영향력을 이용했고, 몇 차례 전화통화를 통해 힘러와 이 문제를 논의했다. 그의 행동은 납득이 되질 않았다. 나는 게프하르트가 의사라는 지위를 이용해 정치적 게임을 하고 있다는 인상을 받았다. 그러나 그것이 무엇인지 몰랐고, 알아내려고 애쓰지도 않았다. 나는 의사였을 뿐이다. 나는 여러 번 게프하르트의 마음을 돌리려고 그를 설득했고, 마침내 내 힘으로 되지 않을 듯싶어서 힘러에게 직접 이야기하기로 했다. 족히 7~8분은 이어진 전화통화 결과 나는 겨우 슈페어를 메란으로 보낼 수 있었다. 당시에도 의료적인 문제에 대해 힘러가 결정권을 가지고 있다는 것이 이상하게 여겨졌지만, 그다지 신경을 쓰지는 않았다. 나에게는 의도적으로 의료적인 사안 외에는 모든 정보가 차단되어 있었기 때문이다. 이 외에 내가 나타나 그를 지켜주자 슈페어가 매우 안심하는 모습을 보였다는 점을 이야기하고 싶다."

1945년, 북슐레지엔에서 경미한 트럭 충돌사고가 일어났을 때 나는 가벼운 부상을 입었다. 그때 게프하르트는 특별기를 타고 와 나를 자신의 병원으로 데려가려 했다. 나의 부관인 카를 클리퍼가 별 이유 없이 게프하르트의 계획을 거절했다. 그는 뭔가 이유가 있음을 나에게 암시했을 뿐이다. 전쟁이 끝날 무렵, 프랑스의 비숄론 장관이 호헨리헨 병원에서 게프하르트에게 무릎 수술을 받았다. 그는 몇 주 뒤 폐색전증으로 사망하고 말았다.

5 업무일지, 1944년 3월 23일: "한편 친위대 사령관 힘러는 게프하르트 박사에게 친위대 상부그룹 지휘관 자격으로 슈페어 장관의 안전을 책임지게 했다."

6 나는 1944년 6월 23~26일 린츠에서 열렸던 군수 회의에서 아이그루버 관구장에게 이 사실에 대해 들었다.

7 인용을 포함해서 이 설명은 도르슈의 1944년 4월 17일 보고서와 나의 1944년 8월 28일 보고서를 따른다. 동시에 괴링은 도르슈를 국내에서 전투기를 안전하게 보관하기 위해 지어지는 지하 격납고 건설 책임자의 자리에 앉혔다. 지하 격납고 건설이 논의된 4월 18일 회의에 내가 프렝크를 대신 보내자 괴링은 프렝크를 참석시키지 않았다.

8 당 원로인 부르크만은 베를린과 뉘른베르크의 건설 프로젝트와 관련해 히틀러의 가까운 측근이었다.

9 보어만의 메시지, 1944년 3월 1일.

10 같은 날 히틀러는 다음과 같은 내용의 나의 초안에 서명했다. "토트 조직 지휘부 감독관에 정부행정감독 도르슈를 임명해, 내가 지시한 6곳의 지하 격납고 건설을 감독하게 한다.

그의 군수부 직위는 그대로 유지한다. 군수장관은 프로젝트의 신속한 이행을 위해 필요한 준비를 마친다. 특히 격납고 건설과 다른 중대 프로젝트의 균형을 유지한다. 필요할 경우, 우선권에 대한 나의 명령을 구한다."

11 이와 함께, 이어지는 인용문들은 업무일지와 1944년 5월 10일 연설에서 발췌한 것이다. 이 연설에서는 회의 내용을 간단하게 설명했다.

12 1944년 5월 10일 연설 내용.

13 1944년 4월 29일 내가 보낸 편지에 대한 괴링의 5월 2일 답장.

24 세 번 진 전쟁

1 총통의사록, 1944년 5월 22~23일, 항목14.

2 5월 12일 있었던 첫 공격은 우리 시설의 14퍼센트를 파괴했다. 이 수치와 본문에 나와 있는 수치는 1944년 6월 30일과 7월 28일 히틀러에게 보낸 보고서와 나의 1944년 9월 6일 조사자료 "공중전의 효과"에 기록된 것이다.

3 야간 및 주간 전투기 생산은 1944년 1월 (폭격이 있기 전) 1,017대에서, 6월 2,034대로 증가했다. 1943년 월평균 생산은 849대에 불과했다. 나는 괴링의 비난에 대해 다음과 같이 스스로를 합리화했다. "나는 이 일을 근거로 내가 지난 2년 간 공군 군수품을 빼내 육군의 무기를 증강했다는 제국원수의 비난은 잘못된 것임을 총통께 설명할 것입니다. 폭격에도 불구하고 전투기 생산은 세 달 만에 두 배가 되었습니다. 그리고 이것은 제국원수의 주장대로 육군의 물량을 빼돌려서가 아니라, 공군 군수 산업 내에 남아 있던 재고 물량을 소화했기 때문입니다"(총통의사록, 1944년 6월 3~5일, 항목20).

4 총통의사록, 1944년 6월 3~5일, 항목19.

5 1944년 6월 20일 칙령. 괴링은 다음과 같은 지시를 통해 자신의 위신을 지키려고 했다. "독일 공군의 증강은 군수장관이 공군총사령관과의 전술적인 요청과 기술적인 세부 사안들을 잘 고려하여 이행해야 한다."

6 연료 공장에 폭격이 시작되기 4주 전인 1944년 4월 19일, 나는 히틀러에게 편지를 썼다. "1939년 우리의 수소화 업계는 (자동차 연료를 포함해) 200만 톤의 석유를 생산하였고, 1943년까지 새로이 설비를 증강함으로써 생산량은 570만 톤으로 늘어났습니다. 그리고 설비공사가 올해 완료되면 연간 석유 생산량은 710만 톤에 달할 것으로 보입니다." 새로운 설비에 들어간 기계와 부품들은 연간 140만 톤, 1일 3,800톤의 석유를 추가로 생산했고, 이제는 파손된 공장을 수리하는 데 요긴하게 사용되었다. 그러고 보면 1942년 히틀러가 추가 설비 증강을 밀고 나갔던 것이 좋은 결과를 가져온 셈이다.

7 1944년 6월 30일 보고서. 일부 생산은 계속되었지만, 1944년 12월까지 공습으로 우리는 114만 9,000톤의 비행기 연료를 잃게 되었다. 카이텔의 비축분 두 배에 달하는 양이다. 49만 2,000톤의 생산량 손실이 있었기 때문에 이론적으로 이 비축량으로 8월까지 견딜 것으로 예상되었다. 이 비축분으로 9월까지 간신히 버텼지만, 전투기 출격을 위험할 정도로 제한한 덕분이었다.

일반 석유와 디젤 생산시설은 여기저기 분산되어 있었기 때문에 이를 파괴하는 것은 대단히 힘들다. 1944년 7월 가솔린 생산이 37퍼센트, 디젤연료 생산은 44퍼센트 하락했다. 1944년 5월, 가솔린과 디젤연료 비축량은 합해서 76만 톤이었다. 폭격 전까지 생산량은 23만 톤이었다.

1944년 3/4분기 동안 독일 내 월간 폭탄 투하량은 11만 1,000톤이었다. 이 중 연료 생산시설에는 5월에 1/12 정도(5,160톤), 6월에는 1/5(20만 톤)로 떨어졌다. 1944년 10월, 영국공군의 폭격량은 이전의 1/17, 미공군은 1/8에 불과했다. 그러나 11월이 되자 영국은 1/4, 미국은 1/3을 연료 공장에 투하했다[W. F. Craven & J. L. Cate, *The Army Air Forces in World War* II (Chicago, 1949)와 Wagenführ, *Die deutsche Industrie im Kriege 1939~1945* 참조]. 영국군의 소이탄과 폭탄을 함께 사용한 야간 공습이 연료공장과 정유공장에서 큰 파괴력을 발휘한 것으로 나타났다. 11월 이전 영국은 루르와 해안 지역에서 쉽게 접근할 수 있는 목표물들을 가격할 큰 기회를 놓친 바 있다.

8 보고서, 1944년 7월 28일.

9 Craven & Cate, 앞의 책, Vol. 2.

10 히틀러는 1942년 8월 13일 카르텔과 슈문트, 크랑케 제독, 공병대 지휘관 야코프, 도르슈, 내가 있는 자리에서 이 지침을 만들었다(총통의사록, 1942년 8월 13일, 항목48).

11 1944년 6월 5일 기록. 게다가 프랑스에서 거의 17만 세제곱미터가 잠수함 펜과 다른 프로젝트에 사용되었다.

12 총통의사록, 1944년 5월 22~23일, 항목16. V1의 개발은 밀히의 적극적인 참여로 빠른 진전을 이루었다. 밀히는 페네뮌데 로켓 시험장에서 진행되는 복잡한 과정에 비해 얻어지는 결과가 미미하다는 것을 알게 되었다. 군수부까지 반대하는 상황이었지만 그는 적은 비용과 노력을 들여서 기존의 모든 기능을 그대로 발휘할 수 있는 새로운 로켓을 개발하고 생산할 수 있다는 확신을 주었다.

13 세 번의 참패 이후인 1944년 6월 26일, 업계인사들에게 한 연설에서 히틀러는 말했다. "우리는 악마와 지옥의 사신이 우리 앞에 제시하는 이 모든 시험을 이겨내야 최후의 승리를 얻을 수 있다는 생각을 합니다…. 나는 그렇게 교회를 열심히 다니는 사람은 아니지만 내면적으로는 신을 깊이 믿고 있습니다. 나는 신의 법칙에 순종하며 용맹히 싸우는 자들과 항복하지 않고 계속 그 힘을 모아 언제나 앞으로 나아가는 자들을 신은 결코 저버리지 않으리라 믿습니다. 오히려 그들은 섭리에 따라 축복을 받게 될 것입니다. 그리고 그 축복은 역사상 모든 위대한 인물들(!)에게 나누어졌습니다."

14 3주 전, 1944년 6월 6일 에센 연설에서 나는 이러한 성향을 비난하고, 평화 시에는 업계를 감독하는 기구들이 해체될 것임을 약속했다.

15 총통의사록, 1944년 6월 19~20일, 항목20: "총통에게 연설을 위한 기본적인 자료들을 제시했다. 그는 만족스러워했다."

16 보어만은 연설문을 공개하자는 제안을 거절했다(1944년 6월 30일 자 편지). 이 내용은 Es spricht der Führer, ed. *Hildegard von Kotze and Helmut Krausnick* (Gütersloh, 1966)에 나와 있다.

25 실책, 비밀무기, 친위대

1 전쟁 말기 지도부의 관심 부족으로 1년 반 이상 연기되었다는 것을 갈란트로부터 들었다.

2 이 수치는 프로그램225에서 취합된 것이다. 그러나 이 프로그램은 1944년 3월 1일부터 부분적으로만 적용될 수 있었다. 프로그램에 따르면 Me-262는 다음의 할당에 따라 생

산될 계획이었다. 1944년 4월 40대, 7월 60대로 증산. 10월까지 50대 유지. 1945년 1월 210대로 증산, 4월 440대, 7월 670대, 10월 800대.

3 총통의사록, 1944년 7월 7일, 항목6. 나의 의혹에도 불구하고 히틀러는 "생산 중인 Me-262는 폭격기로 전용되어야 한다"는 주장을 고집했다.

4 총통의사록, 1944년 7월 10~22일, 항목35.

5 시찰 보고서, 1944년 9월 10~14일.

6 미국 *U. S. Air University Review*, Vol. 17, No. 5(1966년 7~8월)에 따르면 4발엔진 B-17기(플라잉 포트리스)한 대를 건조하는 데 20만 4,370달러가 들었다. V2 한 대에는, 다피트 어르빙의 정확한 자료에 따르면, 11만 4,000제국마르크, 즉 B-17의 1/6의 비용이 든 것으로 나타났다. 6대의 로켓에 4.5톤의 폭탄 적재가 가능했다. 이들은 목적을 달성하고 나면 파괴된다. 반면 B-17기 한 대는 어떤 임무도 가능하다. 한 번에 1,600~3,200미터를 비행할 수 있고, 목표물에 2톤의 폭탄을 투하할 수 있다. 베를린에만 4만 9,400톤의 폭탄과 유산탄이 떨어져 20.9퍼센트의 주거 지역을 파괴했다[Charles Webster & Noble Frankland, *The Strategic Air Offensive against Germany* (London, 1961)]. 같은 양의 폭탄을 런던에 투하하기 위해서는 6만 6,000대의 중량급 로켓이 필요했을 것이다. 이는 건조에만 6년이 걸린다.

괴벨스의 주제로 열린 선전 회의에서(1944년 8월 29일) 나는 다음과 같이 인정해야 했다. "V2가 어떤 방식으로든 심리적인 확신을 줄 수는 있겠지만, 기술적인 면으로만 본다면… 어떤 확신도 내릴 수 없습니다. 저의 이야기에는 심리적인 효과는 포함되지 않습니다. 말씀 드릴 수 있는 것은 새로운 무기 하나를 만들기 위해서는 시간이 걸린다는 것입니다…. 실제로 어떤 위력을 발휘할지, 어느 정도를 이루어낼 수 있을지 확인하기 위해서는 더욱 그렇습니다."

7 총통의사록, 1944년 6월 23일, 항목21.

8 1942년 12월 12일 내려진 명령은 기획자들의 프로젝트 설계 완성과 기계 주문을 가능하게 해주었다. 여러 달이 소요되는 일이었다. 설계자들은 공급업체와 협상을 시작할 수 있었고 필요한 물품의 생산을 서둘러 주문할 수 있었다.

9 총통의사록, 1944년 7월 8일, 항목18, 19, 20.

10 세부 사항은 David Irving, *Die Geheimwaffen des dritten Reiches* (Gütersloh, 1965) 참조.

11 총통의사록, 1944년 9월 20~22일, 항목24.

12 나의 전임자 토트 박사는 공군의 명예 여단장이었다. 이 명예직은 훨씬 높은 계급의 반대자와 맞설 때 불리하게 작용했다. 이것은 내가 명예직 수여를 사양하는 데 충분한 이유가 되었고, 꼭 그런 이유가 아니더라도 나에겐 탐탁지 않은 관례였다.

13 총통의사록, 1942년 9월 20~22일, 항목36.

14 군수품납품국장 발터 시버 박사는 1944년 5월 7일 편지에서(뉘른베르크 문서 104 P.S) 강제수용소의 부속기관으로 "노동 수용소"를 세우는 것은 합당하다고 주장했다. 친위대 내에서도 많은 논란이 있었지만, "기술적이고 인도적인 개선이 도덕성을 보완한다"는 이유였다.

15 업무일지, 1944년 1월 13일.

16 라이의 1944년 5월 26일 편지와 이튿 날 보낸 나의 답장.

17 총통의사록, 1944년 6월 3~5일, 항목21.

18 E. Georg, *Die wirtschaftlichen Unternehmungen des SS* (Stuttgart, 1963)을 보라.

19 총통의사록, 1944년 6월 3~5일, 항목21.

20 Eugene Davidson, *"Albert Speer and Nazi War Plan,"* Modern Age, No. 4 (1966).

26 발키리 작전

1 이 방안은 중앙기획위원회 1944년 5월 19일 회의에서 승인되었다. 7일 후인 1944년 5월 26일, 적은 공습을 시작해 센 강의 다리 26개를 순식간에 파괴해버렸다.

2 1944년 6월 5일 자 요들의 일기와 총통의사록, 1944년 6월 8일, 항목4: "총통은 적의 침입을 대비해 마련한 지침에 합의했다. 이 내용은 5월 29일 요들에게 보낸 편지에 밝힌 바 있다."

3 세부 칙령, "관련: 발키리"는 1943년 7월 31일 예비군총사령관 프롬 장군에 의해 발동된 것으로, 1943년 5월 26일 칙령에 대한 세부 사항이다.

4 1945년 3월 3일, 프롬의 구명을 위해 티라크에게 보낸 편지.

5 히틀러의 1944년 7월 13일 명령.

6 업무일지, 1944년 7월 9일.

7 업무일지, 1944년 7월 20일.

8 *Der 20. Juli* (Berlin: Berto-Verlag, 1961)에 일정표가 나와 있다.

9 2년 뒤 제출된 레머의 보고서에 분명히 나와 있다.

10 1945년 3월 3일, 티라크에게 보낸 편지.

11 총통의사록, 1944년 7월 6~8일, 항목2.

12 칼텐브루너가 보어만에게 1944년 10월 12일 제출한 보고서 참조. Karl Heinrich Peter, *Spiegelbild einer Verschwörung* (Stuttgart, 1961).

13 발터 풍크로부터 전해 들은 이야기.

14 나는 당내에서는 부서장의 위치였기 때문에 관구장들보다 직위가 낮았다. 관구장들은 당 회의에 참석할 권한이 있었다.

15 히틀러의 연설 내용 가운데 일부는 책으로 출판되었다. Domarus, *Hitlers Reden* (München, 1965)참조.

16 1946년 6월 20일 나의 뉘른베르크 증언 참조. 나는 샤흐트를 또 다른 증인으로 지명할 수 있었다.

17 업무일지, 1944년 8월 말과 9월 20일.

27 무너지는 서부 전선

1 보좌관들에게 한 연설, 1944년 8월 31일.

2 업무일지, 1944년 8월 10일과 31일.

3 편지, 1944년 9월 20일.

4 이 요청은 보어만의 야망에 정면으로 대치되는 것이다. 나는 히틀러에게 "군수품과 전시생산 관련 분야에서 당 총비서(보어만)의 개입 없이 관구장들에게 필요한 명령을 내릴 수

있도록 해달라"고 요청했다. "관구장들은 나에게 직속으로 보고해야 하고, 군수품과 전시 생산에 관련된 문제에 관해서는 언제나 바로 연락이 닿을 수 있도록 대기해야 한다." 그러나 보어만의 뿌리 깊은 권력 체계는 그가 관구장들에게 지속적으로 새로운 업무를 부여하는 데에 의지하고 있었다. 그는 "모든 정보는 원칙적으로 자신을 통해서" 전해지고, "일관성을 지킨다는 명목으로 관구장들에게 주어지는 모든 명령도 자신이 하달한다"는 입장을 견지하고 있었다. 이런 식으로 그는 각료들과 행정 명령의 집행자들 사이에 절묘하게 끼어들었다.

5 업무일지에 따르면, 1주일 뒤 10월 초순에 "괴벨스 박사와 보어만, 관구장과 당 기구들이 계속 군수품 공장에 대해 비난을 가하고 있었다. 슈페어 장관은 이제 앞으로 군수 문제에 관련될 사람들을 진정시키려고 애썼다. 괴벨스 박사와 논의했음에도 불구하고 슈페어 장관은 반복해서 번복했다. 관구장들에 대한 충고, 훈계는 결코 괴벨스 박사를 지나가는 법이 없었다. 전화통화는 언제나 충돌을 일으켰다. 긴장과 분노가 양쪽에서 일었다." 약 1주일 뒤 내가 받은 대접에 분개한 나는 문화선전 중앙지국에 "내 이름이 더 이상 언론에 오르지 못하게 하라"는 명령을 내렸다.

6 시찰 보고서, 1944년 9월 26일~10월 1일 참조. 한 달 뒤, 남서부 군단 시찰(1944년 10월 19일~25일)에 대한 보고서에서 나의 의견을 지지한 구데리안 참모총장을 거론하며, 9월에 전투부대는 극히 일부밖에 보급을 받지 못했음을 지적했다.

병참 담당관에게 문의한 결과 9월에는 다음의 품목이 모든 전선의 전투부대에 직접 지급된 것으로 나타났다.

	전선사단 지급분	신규부대 지급분
권총	10,000	78,000
소형 기관총	2,934	57,660
기관총	1,527	24,475
2센티미터 포	54	4,442
3.5센티미터 포	6	948
7.5센티미터 포	180	748
8센티미터 박격포	303	1,947
12센티미터 박격포	14	336
경량 야전 곡사포	275	458
중량 야전 곡사포	35	273
트럭	543	4,736
무한궤도식 트렉터	80	654
탱크	317	373
자주포	287	762

7 1944년 9월 시찰 보고서에 따르면, 메츠 인근에 배치된 제1군단은 140킬로미터에 이르는 전선을 담당하고 있었다. 이를 위해 야포 112대와 탱크 52대, 중량급 대전차포 116개, 총 1,320정을 보유하고 있었다. 그러나 주요 산업시설이 밀집해 있는 아헨 지역을 방어하

는 제81군단에게는 야포 33대, 탱크 21대, 중량급 대전차포 20대 밖에 없었다. 나는 보고서에서 히틀러에게 이렇게 전했다. "중무기의 지급 상태가 너무도 열악해서 전선은 언제라도 붕괴할 위험이 있습니다. 적이 탱크 100대에 병사 다섯씩만 태워서 진격해도 중무기가 없는 1만 명의 병사들은 당할 수밖에 없습니다."

8 총통의사록, 1944년 7월 19~22일, 항목9.

9 뉘른베르크 문서 RF. 71 참조. 이 문서에는 자우켈이 1944년 4월 26일에 이미 히틀러에게 다음과 같은 내용의 명령을 발동하도록 제안했다는 그의 발언이 인용되어 있다. "서부전선 사령관과 프랑스, 벨기에, 네덜란드의 지휘관들에게. 적의 침략이 있었을 경우 작업이 가능한 노동력은 모든 방법을 동원해 전원 적의 손으로부터 보호한다. 국내의 군수 산업은 최대한 많은 노동력을 절실히 필요로 한다." 1944년 5월 8일, 자우켈과 프랑스 정부 협상의 공식 회의록에는 다음과 같은 내용이 포함되어 있다. "자우켈 관구장은 적이 침략할 시 가능한 한 많은 노동력을 가장 효율적으로 독일로 이송하도록 하는 계획을 세워 담당자에게 배포했다고 말했다"(업무일지).

10 1944년 9월 13일, 루르 지역 관구장들에게 다음과 같은 전보가 전해졌다. "원칙에 따라, 공장시설은 다양한 부품들, 특히 전기적인 부품을 안전하게 제거해 일시적으로 마비될 수 있도록 조치한다." 광산과 철강업계에도 최후의 수단으로 이와 같은 계획이 준비되었다. 이런 식으로 산업시설들을 거의 파괴에서 제외할 계획이었다.

11 제국 공보실장 직무대리 헬무트 쥔더만의 1944년 9월 7일 사설 인용. 몇 주 뒤 쥔더만은 나에게 사과하며 문장 하나하나까지 히틀러의 지시에 의한 것이라고 고백했다.

12 시찰 보고서, 1944년 9월 10~14일.

13 1944년 9월 16일, 보어만은 이와 같은 히틀러의 명령을 서부 점령지(네덜란드, 프랑스, 벨기에)와 제국의 동부, 남부, 북부 지역 관구까지 확대 실시하는 데 찬성했다. 1944년 9월 19일 군수위원회 위원장과 군수 감찰관들에게 보낸 편지에서, 생산시설이 파괴되지 않고 적에게 넘겨지는 모든 경우 책임을 내가 지겠다고 밝혔다. "생산시설 무력화 명령이 너무 늦게 전해졌을 경우, 급하게 파괴하는 것은 보존하는 것보다 폐해가 클 것입니다." 9월 17일에는 만일 라인 강 서쪽 무연탄과 유연탄 광산이 점령된다면, 기술 감독들은 핵심 직원들 몇몇과 함께 남아 "갱도의 침수 및 다른 피해가 일어나지 않도록 조치한다"는 명령이 내려졌다. 1944년 10월 5일, 발전소에 군수부 직속 중앙전력기구의 지시가 전해졌다.

14 1944년 9월 5일 보고서 참조. "총통은 '최소 경제구역'을 설정했다. 이는 지역 내에서 구할 수 있는 자원과 시설만을 이용해 얼마나 오래 군수품 증산이 이루어질 수 있을지 자세히 규정하기 위한 것이다"(총통의사록, 1944년 8월 16~20일, 항목5).

15 1944년 9월 5일 보고서. 니켈과 마그네슘 공급이 크롬보다 5개월 더 지속되었다. 그리고 우리가 수천 킬로미터에 이르는 구리 고압선을 알루미늄으로 교체했기 때문에, 구리는 17개월분이 확보되어 있었다. 구리는 한동안 가장 구하기 힘든 자원이었다.

16 이 인용은 시찰 보고서, 1944년 9월 26일~10월 1일; 10월 19일~25일; 12월 7일~10일에서 발췌.

17 요들의 1944년 11월 10일 일기.

18 광물소금을 첨가해 폭발력을 키우는 내용은 나의 1944년 12월 6일 질소 공급에 대한 보고서 내용 가운데 일부이다. 질소는 폭약 제조에 필수적인 물질이다. 폭격 이전에 독일과 점령지에서 생산되는 질소는 월간 9만 9,000톤에 달했다. 1944년 12월, 2만 500톤으

로 떨어졌다. 1944년 9월 4,100톤의 첨가물이 3만 2,300톤의 폭약을 만드는 데 사용되었다. 10월에는 8,600톤의 첨가물이 3만 5,900톤의 폭약 제조에 사용되었고, 11월에는 9,200톤이 3만 5,000톤을 위해 사용되었다(1945년 1월 기획부 내부 보고서).

19 기술국이 1945년 2월에 발간한 "생산량 조사"에 따르면, 비행기 공장에 공습이 있기 전인 1944년 1월에, 인도된 주야간 전투기는 1,017대였다. 2월에 폭격이 진행되는 와중에서도 990대가 인도되었고, 3월 1,240대, 4월 1,475대, 5월 1,755대, 6월 2,034대, 7월 2,305대, 8월 2,273대, 9월 2,878대였다. 이러한 증가는 다른 기종, 특히 다양한 기종의 생산을 줄이면서 이루어진 것이다. 『독일 군수 생산 지수』(1945년 1월)에 따르면, 생산된 항공기의 전체 중량지수는 1944년 1월 232에서 9월 310으로 34퍼센트 증가에 그쳤다. 이 기간에 생산한 전체 항공기 중 전투기가 차지하는 비중은(중량 기준) 47.7퍼센트에서 75.5퍼센트로 증가했다.

20 총통의사록, 1944년 8월 18~20일, 항목10.

28 파멸의 나락

1 보고서, 1944년 11월 11일.

2 우리의 화학업계가 무너졌다면 1944년에서 1945년으로 넘어가는 겨울 사이에 전쟁을 끝내려고 했던 적의 희망은 분명 이루어졌을 것이다. 전체적으로 볼 때, 교통 상황이 기대 이상으로 빨리 회복되었기 때문에 매일의 화물차 적재가 1945년 1월에도 여전히 매일 7만 량에 달하는 화물차에 적재가 가능했다. 2월에 3만 9,000량, 3월에도 이전의 9분의 1에 달하는 1만 5,100량을 기록했다. 재고량이 많았던 덕에 군수 업계는 원재료를 주로 사용하는 품목을 중심으로 할당량을 채우고 있었다. 전체 군수품 생산지수는 1944년 277(1943년 223)을 기록했다. 1945년 1월에 18퍼센트 하락해 227까지 떨어졌고, 2월에는 36퍼센트 감소해 175를 기록했다. 1945년 3월에는 50퍼센트가 떨어져 145를 기록했고 이는 예전의 9분의 1 수준이었다. 1943년 22만 5,800톤의 무기가 생산되었다. 1945년 1월, 군수품 생산은 17만 5,000, 즉 1943년 수치의 75퍼센트에 머물렀다. 단, 질소는 8분의 1을 넘어서지 못했다. 1943년, 탱크, 대전차포, 중량급 대포, 자주포의 월평균 인도 수는 1,009였고, 1945년 1월에는 1,766을 기록했다. 1943년에는 1만 453대의 트럭과 경량급 트랙터가 생산되었고, 1945년 1월에는 5,089대를 기록했다. 1943년에는 1,416대의 반무한궤도트랙터가 만들어졌지만 1945년 1월에는 916대로 줄었다. 하지만 이들 무기를 움직이기 위한 연료의 생산 역시 25퍼센트로 감소되었다. 화학업계의 참담한 상황이 우리의 전투 역량을 저하시키는 데 결정적인 요인이었다.

3 총통의사록, 1944년 8월 18~20일, 항목10 참조.

4 히틀러는 엘리자베트 여제의 죽음이 프리드리히를 이미 결정된 패배에서 구원했다고 믿었다.

5 총통의사록, 1945년 1월 3~5일, 항목23.

6 1945년 1월 21일, 히틀러에게 전한 텔레타이프 메시지와 1945년 1월 16일 보고서 내용.

7 히틀러의 라디오 연설, 1945년 1월 30일.

8 첫 인용문은 1935년 출판된 『나의 투쟁』 693쪽, 두 번째 인용문은 104쪽에 수록되어 있다. 뉘른베르크 감방에서 나는 그다음 인용문이 780쪽에도 있다는 것을 발견했다. 그 문

장은 앞의 두 문장을 완성하는 것이었다. “오늘날, 권력욕에 사로잡혀 법과 권리를 짓밟는 자들, 우리 국민을 궁핍과 폐허로 이끄는 자들, 조국이 고통받을 때 자신을 동족의 생명보다 가치 있다고 여기는 자들은 엄정한 법의 심판을 받을 것이다.”

29 최후의 심판

1 나는 히틀러에게 군수 생산 현황을 보고하는 일을 자우어에게 일임했다. 1월 20일 기록에 따르면, 나는 히틀러와 마지막 군수회의를 가졌고, 이후 2월 14일, 26일과 3월 8일, 22일에 있었던 히틀러의 정례 군수회의에는 모두 자우어가 참석했다.

2 1945년 3월 15일 초안은 육군공병단 지휘관 참모장인 군델라흐의 기술적인 지원으로 준비된 것이다.

3 회람 형식으로 전달된 지시 사항, 1945년 3월 12일.

4 1945년 3월 29일 히틀러에게 보냈던 편지에 그의 발언을 인용했다. 나는 그 말을 다음과 같이 완화했다. “내가 만일 각하를 오해한 것이 아니라면…” 그러나 이 표현은 히틀러에게 자신이 그런 발언을 하지 않았다고 위장할 수 있는 여지를 주기 위한 것이었다. 그 편지에서 나는 히틀러의 발언이 나에게 미친 영향에 대해 다음과 같이 요약했다. “각하의 이야기는 나를 뼛속까지 흔들었습니다.”

5 제국 내에서 반드시 이행해야 할 총통의 파괴 명령은 다음과 같다.

우리 국민의 생존을 위해서는 적의 전투력을 약화시킬 수 있는 모든 방법을 동원해 적의 진군을 막아야만 한다. 적의 전력에 가장 영속적이고 치명적인 타격을 입히기 위해 직간접적인 모든 기회를 최대한 활용하고자 한다. 우리가 적에게 빼앗긴 땅을 다시 수복할 경우 파괴되지 않았거나 한시적으로 가동 중단 조치가 취해졌던 교통과 통신, 생산, 유통시설을 다시 사용할 수 있으리라는 기대는 환상일 뿐이다. 적이 물러갈 때 그들은 우리에게 초토화된 땅만을 남길 것이며 우리 국민들의 생존에 대해서는 하등의 고려도 하지 않을 것이 분명하다.

따라서 나는 다음과 같이 명령한다.

1. 모든 군사, 교통, 통신, 산업, 식품 유통시설 및 적이 당장 혹은 조만간에 전력 증강을 위해 사용할 수 있는 제국 내 모든 자원을 파괴한다.

2. 시행 책임자는 교통, 통신시설을 포함해 군 시설을 담당하는 조직의 수장, 관구장, 자원 및 산업 유통시설의 국방위원이다. 필요할 경우 군 병력은 관구장과 국방위원을 도와 임무를 수행한다.

3. 이 내용을 즉시 모든 군 지휘관들에게 전달한다. 여기에 반하는 지시 사항은 효력이 없다.

이 칙령은 3월 18일 보고서를 통해 전한 나의 요청과 완전히 대치되는 내용이다. “만일 적이 제국의 영토 깊숙이 진격해 오는 사태가 발생한다면, 그 누구도 산업시설과 탄광, 발전소, 교통시설, 내륙수로 등의 시설을 파괴할 권리를 갖지 못하도록 확실한 조치가 필요합니다. 계획대로 다리를 폭파한다면 지난 몇 년간 이루어진 폭격보다 교통 흐름에 더 오래, 더 심하게 장애를 일으킬 것입니다.”

6 케셀링은 다음의 메모를 덧붙였다: "모든 군총사령관들의 참여를 위해" 명령을 이행하지 않은 모든 책임은 그의 부관이자 육군원수 모델이 떠맡는다.

30 히틀러의 최후통첩

1 티라크 법무장관에게 보낸 1945년 3월 3일 편지와 3월 6일 그의 답장 참조.

2 자우어의 서명이 있는 총통회의록, 1945년 3월 22일 참조.

3 내가 아는 한 플로리안은 결국 이 선언문을 출판하지 않았다. 독일 국민의 무가치함에 대한 발언은 이전의 토론에서 했을 가능성이 크다.

4 히틀러는 군 지휘관들에게 폭이 8~15킬로미터에 이르는 "교전지역" 내 파괴를 책임질 것을 명령했다.

5 "3월 18일 총통 칙령 시행지침(관련: 통신시설)"이 3월 27일 오후 4시에 발표되었다. 내용은 다음과 같다.

> 통신시설은 발파, 방화, 철거함으로써 파괴한다. 완전히 사용이 불가능하도록 조치해야 할 품목은 전화, 텔레그래프, 음향 증폭시설, 전화교환국(도입선 포인트, 교환대, 접속 배선함, 철탑, 시간 여유가 된다면 지상 라인과 장거리 케이블 포함), 모든 타입의 텔레그래프 설비, 케이블과 와이어, 공장 기록(케이블 설계도, 배선도, 설비 세부도 등), 주요 무선 시설(방송, 송신시설, 탑, 안테나). 특히 중요한 부분은 더욱 주의를 기울여 파괴한다. … 나우엔, 쾨니히스부스터하우젠, 제젠, 레마테, 벨리츠 등의 라디오 방송국을 포함한 국가적 자산이나 그 주변 지역에 대해서는 곧 특별 지시가 내려질 것이다.

6 내가 석방된 후 군수부 부서장 가운데 한 명이었던 제바우어가 내가 입원한 동안 히틀러가 이미 자우어를 후계자로 선택했다고 알려주었다.

7 1945년 4월 27일 마지막 상황회의에서, 히틀러는 한층 날카로운 반응을 보였다. "내 명령을 이행하는 데 실패하는 것은 즉각적인 죽음을 의미하네. 당 지도부 인사라 해도 그건 무모한 짓이지…. 내 명령을 받은 당고위직이 그런 짓을 한다는 건 생각하고 싶지 않네." (『슈피겔』, No. 3, 1966. 속기 기록).

8 요들을 통해 전해진 그 명령은 3월 29일 발표되어, 3월 30일 보어만에 의해 관구장과 사무장들에게 전달되었다.

9 이 지침과 조치들은 1945년 3월 30일 자 '비밀문서록'에 열거되어 있다.

10 내가 관할하는 수로 감독관들에게 보낸 텔레타이프 메시지는 다음과 같다. "1945년 3월 30일 발표된 총통의 명령을 근거로 하여 수문, 갑문, 댐, 도개교, 항구 시설에 대한 파괴 행위는 나의 특별명령이 내려지기 전까지 엄격히 금지된다. 이 명령문을 복사하여 독일군 작전 지휘부로 보내고, 하급 군 조직에 전달을 요청한다."

11 히틀러의 1945년 4월 7일 칙령은 다음과 같다(히틀러가 지운 부분은 괄호 안 표기).

> 1945년 3월 19일에 발동된 명령의 통일된 이행을 확인하기 위해 나는 교통과 통신설비에 대해 다음과 같이 지시한다.
>
> 1. 작전상 중요한 다리는 반드시 이와 같은 방식으로 파괴되어 적이 사용할 수 없도록 한다. 다리를 파괴해야 할 지역이나 구역(강, 아우토반 구간 등)은 군 사령부가 사례별로

지정한다. 대상 다리가 파괴되지 않았을 시 최고 형벌이 내려진다.

2. 이외의 모든 교량은 적의 진군으로 국방위원회와 교통부, 군수 및 전시생산부 등이 이 지역의 생산이나 교통을 정지한 후에 파괴가 가능하다.

최후의 순간까지 생산을 유지하기 위해 나는 1945년 3월 30일 칙령을 통해 명령한다. 교통은 마지막 순간까지 유지할 것을 명령한다(적의 빠른 진군으로 다리가 적의 수중에 넘어갈 위험이 있더라도 시행. 하지만 1번에 해당되는 다리는 제외).

3. 운송에 필요한 모든 물품과 시설(각종 제품, 철로, 선로 자갈, 정비소)뿐 아니라 우편, 철도, 개인회사 등 통신 관련 시설들은 효과적으로 기능을 마비시킨다. 모든 파괴와 소개 조치를 시행하면서 명심해야 할 것은, 1번에 해당하는 경우는 제외하고, 함락된 지역을 수복하면 이들 시설이 독일 국민을 위한 생산에 사용될 수 있어야 한다는 점이다.

12 1945년 4월 7일, 카이텔은 작전상 중요한 다리의 전면 파괴에 대한 지시 사항만 적힌 "긴급한" 텔레타이프 메시지를 전했다. 그는 히틀러가 내린 칙령의 모든 긍정적인 요소에 대한 긍정적인 해석을 회피함으로써 그 효과를 반감시켰다.

31 12시 5분

1 연설문 초고는 1945년 4월 8일에 작성되었다. 언론용 초고는 1945년 4월 10일에 만들어졌다.

2 게르하르트 클로퍼 박사는 1947년 7월 그의 진술서에서 다음과 같이 밝혔다. "얼마 후, 슈페어 장관은 후프파우어 박사에게 브란트에 대한 음모가 꾸며지는 동안 그를 공식적으로 변호하려는 자신의 의도에 대해 내가 어떤 생각을 가지고 있는지 묻도록 부탁했다. 그래서 나는 그에게 이 음모는 브란트 박사뿐 아니라 슈페어 장관을 목표로 하고 있다고 전했다. 나는 책략을 꾸민 보어만에게 공격을 개시할 빌미를 주지 않기 위해서라도 슈페어가 공식석상에 나타나서는 안 된다고 조언했다."

3 히틀러의 공군 보좌관 폰 벨로가 이 일을 담당했다.

4 나는 이런 결과를 1945년 3월 15일 보고서를 통해 히틀러에게 대략적으로 설명했다. 이 책의 29장, 690쪽 각주 참조.

5 1945년 4월 16일 작성된 연설의 전문은 다음과 같다.

역사상 문명인이 이와 같은 고통을 겪은 사례는 아직 없습니다. 파괴와 전쟁의 상처가 이토록 엄청났던 적도 없습니다. 인류 역사상 우리 독일 국민들보다 위대한 인내심과 단호함, 헌신으로 전쟁의 고통을 견뎠던 민족은 없습니다. 지금 여러분 모두가 존재의 핵심이 흔들리는 충격을 받고 있습니다. 여러분의 사랑은 증오로 변하고, 인내심과 단호함은 탈진과 무관심으로 바뀌어가고 있습니다.

결코 있어서는 안 되는 일입니다. 이 전쟁에서 독일 국민들이 보여준 결단력은, 만일 역사가 정의롭다면, 앞으로 최고의 영광으로 드러날 것입니다. 특히 이 순간 우리는 지나간 일로 흐느끼고 한탄해서는 안 됩니다. 오로지 필사적인 노력만이 우리의 운명을 지탱해 줄 것입니다. 그러나 현실적으로, 이성적으로 지금 필요한 핵심적인 일이 무엇인지 결정함으로써 스스로를 도울 수 있습니다.

그리고 이제 우리는 하나의 중대 임무가 남았음을 알게 되었습니다. 이미 큰 상처를 입은 삶의 기반을 강탈해가는 행위만은 막아야 한다는 것입니다. 우리의 일터를 보존하고, 교통망을 지키고, 먹고, 입고, 추위를 피하는 데 필요한 설비들을 보호하는 일이야말로 국가의 힘을 유지하는 데 첫 번째 전제조건이 될 것입니다. 이제 전쟁이 막바지에 이른 시점에서 우리는 경제에 타격을 줄 수 있는 모든 행위를 막아야 합니다.

생산 및 도로, 수로, 발전소의 유지와 교통망의 재건을 책임지고 있는 장관으로서, 군 최고 수뇌부와의 합의 아래에 다음과 같이 명령합니다.

1. 교각, 공장, 수로, 철도, 통신설비에 대한 파괴나 기능 마비 행위는 지금 이순간부터 금지된다.

2. 다리에 설치된 모든 폭발물의 뇌관을 제거하고, 다른 파괴와 기능 마비를 위한 장비들을 제거한다. 만일, 기능 마비가 이뤄진 공장이 있다면 제거된 부품을 원상복구한다.

3. 공장, 철로, 통신망 보호를 위한 지역별 조치들을 즉시 발동한다.

4. 이 지시 사항은 국내뿐만 아니라 노르웨이, 덴마크, 보헤미아, 모라비아, 이탈리아 등에서도 적용된다.

5. 이 지시에 반하는 행동을 하는 자는 독일 국민들에게 심각하고 의도적인 피해를 입히는 것이므로 적으로 간주한다. 군인과 민병대는 이와 같은 행동을 하는 자들을 모든 방법을 동원해 저지하고, 필요할 경우 총기로 대응한다.

폭파 대상인 다리를 보존하는 것은 적에게 작전상 도움을 주는 행위이다. 이러한 이유로, 무엇보다 인도적인 차원에서 우리는 적에게 작전상 중요한 목표물이라 할지라도 독일 내 도시와 마을에 대한 공습을 중단할 것을 요청한다. 적에게 포위된 도시나 마을은 절차에 따라 항복한다. 방어수단이 취약한 도시는비무장 도시임을 공표한다.

종전을 앞두고, 권리 침해와 심각한 실책을 방지하기 위해, 그리고 독일 국민들의 이익을 위해 다음의 지침을 내립니다.

1. 전쟁포로와 외국인 노동자는 작업장에 남는다. 이미 떠난 자는 고향을 향한다.

2. 강제수용소 내의 유대인을 포함한 정치범들은 반사회범들과 분리한다. 정치범들은 상해를 입히지 않고 점령군에게 인도한다.

3. 유대인을 포함한 모든 정치범에 대한 처벌은 특별한 조치가 있을 때까지 보류한다.

4. 적에 항거해 국민민병대에 참여하는 것은 자유의사에 따른다. 민병대는 국내의 법과 질서를 지키는 의무를 가진다. 적의 점령이 시작될 때까지 민족사회주의 당원들은 의무적으로 민병대와 협조해 끝까지 국민을 위해 싸운다.

5. 베어볼프와 이와 유사한 조직은 즉각 활동을 중단한다. 그들은 적에게 보복의 빌미를 제공하고 국가적 강건함의 뿌리를 흔든다. 질서를 위한 의무사항을 준수하는 것은 독일 국민의 생존을 위해 필수적인 전제조건이다.

전쟁으로 빚어진 독일의 참상은 오로지 30년 전쟁과 견줄 만합니다. 그러나 기아와 전염병으로 희생된 인명은 비교할 사례를 찾기도 힘듭니다. 도덕적이고 관대한 승리자로서, 비록 패배했지만 용감하고 훌륭히 싸운 독일 국민들에게 걸맞은 명예와 삶의 필수조건을 제공할 것인지는 오로지 적이 결정해야 할 문제입니다.

그러나 우리 모두는 최악의 상황을 피하기 위해 자신의 몫을 다할 수 있습니다. 앞으로 몇 달 동안 여러분은, 끔찍한 폭격이 계속되는 동안 독일의 노동자들과 공장 감독관들, 철도 직원들이 보여주었던 결단을 모아 더욱 강한 의지로 재건에 나서야 합니다. 감각을 마비시키는 공포와 끝없는 실망은 무기력 상태를 가져왔고, 그것은 당연한 일입니다. 그러나 우리는 일어서야 합니다! 신은 극한의 상황에서도 포기하지 않는 자들을 도울 것입니다.

바로 앞일을 걱정하며 저는 이미 적에게 점령당한 지역에 대해 다음과 같은 지침을 내립니다.

1. 가장 중요한 임무는 손상된 철로의 복구이다. 따라서 적이 이를 허용하거나 명령할 경우 가능한 모든 방법을 동원해, 원시적인 방법을 사용해서라도 복구 작업에 나서야 한다. 교통망을 이용해 극심한 식량 부족이 만연한 지역, 자칫 기아가 발생할 지역에 식량을 수송해야 하기 때문이다. 그리고 교통이 복구되어야 헤어진 가족과의 상봉이 가능하다. 따라서 철로를 복구하는 것은 국민 개개인에게도 중요한 문제이다.

2. 전쟁 기간에 놀라운 성과를 보여준 산업시설과 수공업 노동자들은 당분간 철로 정비에 전력을 다할 의무를 가진다. 다른 임무는 제쳐둔다.

3. 지난 6년의 전쟁 동안, 자신만의 원칙을 훌륭히 지켜온 독일의 농부들은 자율적으로 수확을 조절해왔다. 앞으로 다가올 몇 년 동안 수확량을 가능한 최대한 끌어올린다. 농부들이 작물을 생산하는 데 반드시 주지해야 할 사항이다. 그들은 지금 독일의 전 국민을 위해 무엇을 해야 할지 알고 있을 것이다.

4. 교통망을 활용한 수송에서 식량은 최우선권을 가진다. 식량제조 업체들은 전기와 가스, 석탄, 땔감 등을 가장 우선적으로 공급받아야 한다.

5. 정부기관을 해체할 필요는 없다. 기관 책임자들은 업무를 정상적으로 유지하는 데 전적인 책임을 지닌다. 상부의 지시 없이 자리를 이탈하는 자는 독일 국민들에게 죄를 짓는 것이다. 국민들을 혼란 상황에서 구하기 위해서는 행정기관이 필요하다.

만일 우리가 지난 몇 년 동안 발휘했던 것과 같은 의지를 보여준다면, 독일 국민들은 더 이상의 타격을 입지 않고 살아날 것입니다. 교통망은 두세 달이면 충분히 복구될 수 있습니다. 우리의 분석에 따르면, 다음 수확기까지 간소하지만 충분한 식량이 오데르 강 서쪽 지역에 공급이 가능합니다. 적이 이를 허용할지는 두고 봐야 합니다. 그러나 나의 모든 힘을 모아 마지막 순간까지 국민의 생존을 위해 헌신할 것을 맹세합니다.

지난 수개월간 독일이 받은 군사적인 손실은 충격적입니다. 운명은 더 이상 우리 것이 아닙니다. 오로지 자비로운 신의 섭리만이 우리의 미래를 바꿀 수 있을 것입니다. 그러나 우리 자신은 스스로를 도울 수 있습니다. 맡은 바 임무에 충실하고 적을 위엄과 자신감을 가지고 맞이하며, 동시에 가슴으로 겸손을 간직하고 자성하며, 독일의 미래를 굳건하게 믿는 것입니다. 독일은 영원히, 언제나 존재할 것입니다.

신께서 이 나라를 지켜주시길!"

6 메모 내용은 다음과 같다.

1945년, 4월 16일
친애하는 피셔 씨에게
통신망이 곧 단절될 예정이기 때문에 아마도 라디오 송신기에 의지해 기존 지침을 발표해야 할 것 같습니다. 예를 들면, 파괴 행위보다는 기능 마비를 권장하는 내용입니다. 마지막 순간까지 쾨니히스부스테하우젠의 베어볼프 방송국을 포함해 방송국에 전기 공급을 중단하지 말길 바랍니다. 적은 방송을 통해 시설이 점령되었음을 발표한 후에야 전기 공급을 중단할 것입니다. ―슈페어

7 그다음으로 나는 군총사령관이자 원수인 부슈를 찾아갔다. 그는 전투가 벌어진다 하더

라도 함부르크의 엘베 강 다리들을 파괴하지 않겠다고 약속했다. 동시에 그는 엠스 지역에 있는 비스무어 발전소(1만 5,000킬로와트)를 군 기지로 사용하지 않는 데 동의했다. 조만간 석탄의 선적이나 이동이 어려워질 것이기 때문에 이 발전소는 함부르크에 비상 전력을 공급하기 위한 중요한 수단이었다.

32 전멸

1 히틀러가 함부르크를 요새라고 선언했음에도 불구하고 카우프만은 함부르크의 항복을 위해 영국과 접촉을 시도했다. 4월 22일, 쾨니히스부스터하우젠 방송국은 더 이상 사용할 수 없었다.

2 친위대 지휘관인 베르거가 뉘른베르크에서 알려준 사실이다.

3 이미 결정된 독일의 군사적 분할안에 따라 북부 지역은 되니츠가 관할하고, 히틀러는 남부 지역을 맡았다. 그러나 1945년 4월 2일 보어만이 다음과 같이 주장하며 당에 도전했다. "적의 공격 아래 총통의 명령 없이 자신의 관구를 떠나는 자, 마지막 순간까지 싸우지 않는 자는 비굴한 겁쟁입니다. 그는 배반자이며 그에 합당한 대우를 받아야 합니다. 용기를 모아 나약함을 극복합시다. 명예를 위해 외칩시다. 승리 아니면 죽음을 달라!"

33 영어의 몸

1 되니츠의 1945년 5월 7일 편지. 나는 이미 그의 "민간 내각 수장" 베게너를 통해 되니츠에게 다음의 내용을 전달했다. "점령된 지역과 제국의 최후 점령지를 인도하는 문제가 해결되는 즉시, 나는 지금 맡고 있는 두 부처의 장관직에서 물러날 것입니다. 그리고 지금 구성하고 있는 새로운 정부에는 참여할 수 없습니다." 되니츠는 나에게 자리를 지켜달라고 부탁했다. 5월 15일, 나는 다시 다음의 요청을 슈베린-크로지크에게 전달했다. "각료 이름이 거론되는 문서에 다음의 내용을 덧붙여주시오. (1)슈페어는 적당한 인물이 후임 경제생산장관으로서 임명되고 자신은 연합군의 처분에 맡기는 것이 옳다고 판단한다. 그의 경험은 제조업과 건축업의 과도적 이행기에 한시적으로 활용할 수 있다…."

34 뉘른베르크

1 오크 나무로 만든 육중한 감방문에는 약 25센티미터 폭의 정사각형 구멍이 나 있어 죄수의 감시가 가능했다.

2 이 인용문들은 플레흐스너의 변호인 심문과 잭슨의 반대 심문 내용 가운데 일부다.

3 1946년 8월 아내에게 보낸 편지에서 나는 동료 피고들의 반응에 대해 설명했다. "그들은 대부분 전쟁 말기의 나의 활동에 대해 못마땅한 시각을 가지고 있소. 만일 그때 나의 행동이 발각되었다면 그들이 무슨 짓을 했을지 상상이 가오. 가족들에게도 적지 않은 피해가 갔을 것이오."

4 잠시 침묵 후 나는 판사석을 향해 대답했다. "유쾌한 일이 아니기 때문에 자세한 내막은 밝히고 싶지 않습니다. 나는 법정이 원할 경우에만 진술할 것입니다. … 당시의 나의 활동을 언급해 스스로를 변호하고 싶지는 않습니다."

5 잭슨의 반대 심문에 답하는 내용.

35 판결

1 일반적으로 제시된 자료의 진위에 대해서는 변호사나 피고인들이 이의를 제기하지 않았다. 만일 이의가 제기될 경우 검찰은 증거자료에서 그 서류를 제외한다. 여기에는 단 하나의 예외가 있었다. 바로 히틀러가 그의 전쟁 야욕을 밝히고 있는 호스바흐 문서이다. 호스바흐는 자신의 회고록에서도 그 기록의 신뢰성을 확언하고 있다.

2 거의 20년 후인 1963년 8월 20일, 케네디 대통령은 기자회견에서 이렇게 말했다. "우리가 지금 가지고 있는 능력으로 … 한 시간에 300만 명을 살상할 수 있습니다"(『뉴욕타임스』, 1963년 8월 21일 자).

3 8월 중순 나는 가족들에게 최후 진술에 대해, 그리고 재판 결과에 대한 전망을 적어 보냈다. "모든 가능성에 대해 마음의 준비를 해야겠소. 판결이 난 후 누가 가장 동정의 대상이 될지 미리 말하기는 힘드오. … 플레흐스너는 점점 비관적이 되고 있소. 나는 개인적인 운명을 앞으로 내세워서는 안 되는 입장이라오. 내 마지막 발언도 개인 사정에 대한 이야기는 아닐 것이오." 1946년 9월 초에 보낸 편지. "어제 나는 최후 진술을 마쳤소. 내 의무를 다하기 위해 다시 한 번 노력했소. 그러나 그것이 인정될지는 의문이오. 지금 아무도 인정해주지 않는다 해도, 나는 홀로 곧고도 좁은 길을 가야만 하오."

4 이 희망은 헛된 것이었다. Eugene Davidson, *The Trial of the Germans* (New York, 1966)에서 지적했듯, 이미 1946년 2월 17일 연합군관리법 No. 3에 따라 클레이 장군은 미국 점령지 내에 강제 노동정책을 도입했다. 1947년 3월 28일 나의 뉘른베르크 일기에는 이렇게 적혀 있다. "노동자의 강제 이송은 국제적인 범죄다. 비록 다른 나라들이 우리가 예전에 했던 일을 지금 하고 있더라도 나의 형량을 거부하지는 않겠다. 독일 전쟁포로에 관한 논의 뒤에서 누군가 강제 노동에 대한 법을 지적하고, 그 의미와 뉘른베르크 법정의 기소를 지적할 것이라고 확신한다. 만일 여러 달 동안 계속해 강제 노동이 공공연하게 범죄로 치부되지 않는다면 이 논의가 우리의 언론에서 공개적이고 중요하게 다루어질 수 있을까? "다른 이들"이 똑같은 실책을 범하기 때문에 나의 형량이 "부당하다"는 확신은 형량 그 자체보다 나를 더욱 우울하게 한다. 그렇다면, 문명화된 세계에 대한 희망은 없을 것이다. 모든 실책에도 불구하고 뉘른베르크 재판은 인류를 한 걸음 더 나아가게 해주었다. 그리고 나의 20년 수감생활이 독일의 전쟁포로들을 한 달이라도 일찍 집으로 돌아갈 수 있게 해준다면 그것으로 충분하다."

5 분명 승리자는 그들이 물리친 적을 심판하게 된다. 이것은 되니츠의 판결에서 명확하게 드러난다. "(경고도 없이 선박을 침몰시키라는) 명령은 되니츠가 (런던)의정서를 위반했음을 보여준다. … 전쟁이 시작된 첫날부터 미국은 태평양에서 무차별적인 잠수함 전을 진행해왔다는 니미츠 제독의 답변을 고려해볼 때, 되니츠의 형량은 그의 국제규정 위반에 근거하는 것이 아니다." 이런 경우 기술적인 발전(항공기 사용, 항법 발달)이 국제 협정에 우선하며, 그것을 압도하고 밀어낸다. 현대 과학기술이 어떻게 셀 수 없이 많은 인간의 죽음이 적법화될 수 있는지, 인도주의를 손상하는 새로운 법적 개념을 창조했는지 새로운 예가 제시된 것이다.

6 히틀러는 1942년 1월 30일에 했던 주장을 반복했다. "전쟁은 유대인들의 생각대로 끝나지는 않을 겁니다. 그들은 유럽-아리아인들의 멸망을 바라고 있습니다. 이번 전쟁으로 유대인들이 멸종될 것입니다."

찾아보기

ㅅ

ㅌ

ㅎ

지은이 알베르트 슈페어(Albert Speer)

1905년 만하임의 중산층 가정에서 태어난 슈페어는 아버지의 뒤를 이어 건축가가 되었다. 건축가 테세노의 조교로 일하던 무렵 히틀러와 민족사회주의 이념을 접하고 나치당에 가입한다. 나치당 청사 개조, 뉘른베르크 전당대회 무대 연출로 히틀러의 눈에 띄어, 이후 베를린을 비롯해 독일 주요 도시 개발 계획을 입안하고, 총리 청사를 건설하는 등 '히틀러의 건축가'로 활약했다. 1942년 37세의 나이로 최연소 군수장관에 임명되었으며, 제국의 2인자로 불릴 만큼 히틀러의 총애를 받았다.

종전 후 연합군에 체포되어 괴링, 히믈러, 로젠베르크, 카이텔, 리벤트로프, 슈트라이허 등과 함께 뉘른베르크 전범재판에 회부된다. 슈페어는 나치 지도부의 집단 책임을 주장하며 연합군 검사 측으로부터 '최고의 피고인', '선량한 나치'로 불렸다. 빼어난 자기변호와 죄를 시인하는 태도로 나치 각료 중 유일하게 교수형을 면해 20년형을 선고받았다.

메모광이었던 슈페어는 슈판다우 형무소에서 편지, 일기, 업무일지 등을 바탕으로 기억을 되살려 회고록을 작성, 1966년 출소와 동시에 *Erinnerungen*(기억)라는 제목으로 출간해 베스트셀러 작가가 되었다.

1981년 영국 방문길에 올랐다가 심장마비로 사망했다.

옮긴이 김기영

부산대학교 독어독문학과, 이화여자대학교 통번역대학원 한영과를 졸업했다. KBS1 라디오 외신 캐스터로 활동했으며, 중앙대학교 통번역대학원 강사, 부산대학교 영어영문학과 bk21 영상번역사업단 계약교수를 역임한 바 있다. 현재는 부산대학교 영어영문학과 전임대우강사이다. 옮긴 책으로 『낯선 밤의 그림자』『난쟁이』『비버족의 표식』『사랑』『남자의 아름다운 폐경기』 등 다수가 있다.

알베르트 슈페어의 기억
히틀러에 대한 유일한 내부 보고서

알베르트 슈페어 지음
김기영 옮김

초판 1쇄 발행 2007년 2월 12일
개정판 1쇄 발행 2016년 6월 24일
개정판 2쇄 발행 2018년 6월 24일

발행처 도서출판 마티
발행인 정희경
편집장 박정현
편집 서성진
마케팅 최정이
디자인 오새날

등록번호 제2005-22호
주소 서울시 마포구 동교로12안길 31, 2층 도서출판 마티(04029)
전화 02. 333. 3110
팩스 02. 333. 3169
이메일 matibook@naver.com
블로그 blog.naver.com/matibook
트위터 twitter.com/matibook

ISBN 979-86000-11-34-2 (03920)
값 37,000원